国家社科基金“抗战时期中国受害者PTSD研究

——以南京大屠杀受害者为中心”（批准号：09BZS021）

江苏省优势学科基金　南京大学人文基金

南京大屠杀史研究

Nanjing Datushashi Yanjiu

（增订版）

张生 等 著

上

凤凰出版社

图书在版编目（CIP）数据

南京大屠杀史研究 / 张生著. -- 增订版. -- 南京 : 凤凰出版社, 2015.12（2023.2重印）
ISBN 978-7-5506-2292-0

Ⅰ. ①南… Ⅱ. ①张… Ⅲ. ①南京大屠杀一研究 Ⅳ. ①K265.607

中国版本图书馆CIP数据核字(2015)第259738号

书　　名	南京大屠杀史研究(增订版)
著　　者	张　生 等
责任编辑	陈晓清
出版发行	凤凰出版传媒股份有限公司 凤凰出版社(原江苏古籍出版社) 发行部电话025-83223462
出版社地址	江苏省南京市中央路165号,邮编:210009
照　　排	南京凯建图文制作有限公司
印　　刷	江苏凤凰通达印刷有限公司 江苏省南京市六合区冶山镇,邮编:211523
开　　本	718毫米×1005毫米　1/16
印　　张	60.5
字　　数	1115千字
版　　次	2015年12月第1版
印　　次	2023年2月第2次印刷
标准书号	ISBN 978-7-5506-2292-0
定　　价	348.00元(全二册)

(本书凡印装错误可向承印厂调换,电话:025-57572508)

本书分工：

张　生，第一部分、第四部分、第五部分、第十部分、第十一部分、第十三部分。全书主旨，全书统稿，全书注释重置和原始出处核定。

董为民，学术史，第三部分。

郭昭昭，第二部分。

王卫星，第六部分

姜良芹，第九部分。

严海建，第十二部分。

屈胜飞，第七部分。

王金静，第八部分。

全书照片由张生、董为民选辑。

蔡志鹏、刘宁、张梓晗输入本书文字。

目　录

序 …………………………………………………………………………………（1）

自　序 ……………………………………………………………………………（1）

增订版序 …………………………………………………………………………（1）

导论:学术史 ……………………………………………………………………（1）

一、从南京大屠杀的发生看日军的战略时机选择

——以日方思虑为中心的考察 ……………………………………………（18）

（一）选择战争 ……………………………………………………………（18）

（二）选择南京 ……………………………………………………………（21）

（三）选择屠杀 ……………………………………………………………（24）

二、南京大屠杀前后南京市民生活秩序的变迁 ……………………………（31）

（一）常态生活秩序终结与防御期生活秩序来临 ………………………（32）

（二）空位期的逼近、来临与延续 ………………………………………（64）

（三）过渡期的胶着与“常态化”殖民秩序的系统创设 ………………（119）

（四）城内外信息传递 ……………………………………………………（147）

（五）治安应对 ……………………………………………………………（171）

（六）房产问题 ……………………………………………………………（194）

（七）商品交易市场的关启 ………………………………………………（215）

（八）水电设施的破坏与恢复 ……………………………………………（238）

（九）城内外交通运输的阻滞与开启 ……………………………………（250）

（十）医疗救助 ……………………………………………………………（263）

结语:战争、秩序变迁与市民生活 …………………………………………（284）

三、南京大屠杀期间的西方在宁人士 ………………………………………（295）

（一）南京沦陷前的西方人士群体 ………………………………………（295）

(二) 西方人士与国际救援机构 …… (337)
(三) 面对大屠杀的西方人士 …… (398)
(四) 西方人士与日、中三方关系 …… (470)
(五) 西方驻宁外交人员 …… (502)
(六) 大屠杀之后的西方人士 …… (516)
四、南京大屠杀的"德国视角"
——以德国外交档案为中心 …… (529)
(一) "德国视角"的人员组成 …… (529)
(二) "德国视角"的核心:南京大屠杀的真相 …… (535)
(三) "德国视角"与英美人士的互动 …… (544)
(四) "德国视角"与德国利益 …… (552)
五、"美国视角"中的南京大屠杀 …… (561)
(一) "美国视角"的人员构成和留宁动机 …… (561)
(二) "美国视角"的文本及其传播 …… (565)
(三) "美国视角"的核心:大屠杀的真相 …… (570)
(四) "美国视角"与美国利益 …… (576)
六、日本史料中的南京大屠杀 …… (583)
(一) 日本军方文献 …… (583)
(二) 日军官兵日记与书信 …… (603)
(三) 日军官兵与随军记者回忆 …… (617)
(四) 日本主要报纸报道 …… (633)
七、南京大屠杀时期的粮食问题
——以"安全区"为中心 …… (659)
(一) 南京沦陷前的粮食供应状况与日军的粮食政策 …… (659)
(二) 南京安全区国际委员会与日方的粮食交涉 …… (675)
(三) 大屠杀时期南京居民的食物与生活状态 …… (701)
八、南京大屠杀对南京环境的影响 …… (719)
(一) 环境与南京城市发展 …… (719)
(二) 日军对南京社会生活环境的破坏 …… (729)
(三) 日军对南京自然环境的破坏 …… (751)
(四) 日军破坏南京环境个案研究 …… (759)
九、南京大屠杀期间市民财产损失的调查与统计
——基于国内现存档案资料的初步分析 …… (770)
(一) 抗战期间的调查与统计 …… (770)

（二）抗战胜利后的调查与统计 …………………………………………… (777)
（三）对大屠杀期间南京市民财产损失的推算 ……………………………… (782)
（四）余论：南京市民财产损失的影响 ……………………………………… (789)
十、南京大屠杀受害者 PTSD 初步研究 ……………………………………… (794)
（一）PTSD 概念的引入…………………………………………………………… (794)
（二）南京大屠杀受害者 PTSD 诸症候 ……………………………………… (797)
（三）魏特琳个案 ……………………………………………………………… (802)
十一、从南京大屠杀看中国抗战前途
——南京西方人士的观察和预判 ………………………………………… (808)
（一）仇恨心态和抵抗意志的激发 ………………………………………… (809)
（二）日本国家形象的恶化和对中国的同情 ……………………………… (812)
（三）中国抗战必胜的前途 ………………………………………………… (817)
十二、南京审判 ………………………………………………………………… (823)
（一）南京军事法庭的成立 ………………………………………………… (823)
（二）军事法庭的设置与构成 ……………………………………………… (830)
（三）南京大屠杀案的立案与审结 ………………………………………… (836)
（四）审判的社会参与 ……………………………………………………… (854)
（五）对战后南京大屠杀案审判的反思 …………………………………… (863)
十三、远东国际军事法庭南京大屠杀案审判中的辩护及其“遗产”
——以控、辩双方质证为中心的考察 …………………………………… (867)
（一）辩护方对起诉方出庭证人和宣誓证词的质证 ……………………… (871)
（二）辩护方的证人、宣誓证词及控方的质证 …………………………… (878)
（三）松井石根的宣誓证词和质证 ………………………………………… (887)
（四）日本右翼对东京审判辩护方遗产的继承 …………………………… (895)

索　引 ………………………………………………………………………… (906)
参考文献 ……………………………………………………………………… (923)
相关人名、舰名译名对照表 ………………………………………………… (939)
后　记 ………………………………………………………………………… (942)
增订版后记 …………………………………………………………………… (944)

表格目录

表 1　南京市民国元年至民国二十五年历年人口统计表 ……………………（32）
表 2　南京市民国二十六年六月份城区与乡区人口数及出生死亡率比较表 …（33）
表 3　1937 年 1—6 月的南京物价 ……………………………………………（38）
表 4　截止 1937 年 10 月 14 日日军各师团伤亡情况……………………………（45）
表 5　南京市政府划拨粮食数量和国际委员会实际收到粮食数量对照表 ……（89）
表 6　难民收容所检查报告 ……………………………………………………（106）
表 7　主要商业街道房屋毁坏及被抢劫的数字 ………………………………（222）
表 8　主要商业街道房屋及财产损失 …………………………………………（222）
表 9　南京西方教会机构一览表 ………………………………………………（299）
表 10　南京西方教会学校一览表…………………………………………………（300）
表 11　南京西方教会会社一览表…………………………………………………（301）
表 12　南京德国财产状况统计(1938 年 1 月) …………………………………（305）
表 13　南京安全区国际委员会成员名单(1937 年 11 月 29 日) ………………（314）
表 14　国际红十字会南京分会成员名单…………………………………………（315）
表 15　在宁西方人士名单(1937 年 12 月 21 日) ………………………………（316）
表 16　南京大屠杀期间常驻南京的西方人士……………………………………（322）
表 17　南京大屠杀期间往来南京的西方人士名单………………………………（323）
表 18　西方在宁人士来源结构表…………………………………………………（324）
表 19　沦陷时期江南公司部分职员薪金表………………………………………（328）
表 20　国际救济委员会预算来源…………………………………………………（387）
表 21　留在南京家庭的房屋和动产损失及其原因………………………………（394）
表 22　农户损失的具体项目………………………………………………………（394）
表 23　安全区内难民收容所的清单(1937 年 12 月 17 日) ……………………（419）
表 24　难民收容所内部组织结构…………………………………………………（421）

表 25 金大难民生产调查表(1938 年 2 月 11 日) …………………………… (438)
表 26 金大主要建筑中的难民课程…………………………………………… (447)
表 27 重建委员会各办公室家庭调查统计表(1938 年 2、3 月) ……………… (447)
表 28 重建委员会物资发放及介绍工作统计表(1938 年 2、3 月) …………… (448)
表 29 重建委员会现金救济表(1938 年 2 月 7 日—3 月 31 日) ……………… (449)
表 30 国际委员会(救济委员会)与日方粮食交涉函件目录………………… (494)
表 31 起诉方证据总结中的西方人士相关证据为法庭判决书采信的比较…… (517)
表 32 南京市 1927—1936 年历年人口统计表 ……………………………… (660)
表 33 南京市主要农作物产额调查表(民国二十四年度)…………………… (661)
表 34 1932—1934 年南京水道米粮输入数量表 …………………………… (662)
表 35 南京市部分慈善团体财产估数及主要工作…………………………… (664)
表 36 开始调查的第一周城市各区的粮食来源……………………………… (703)
表 37 全面侵华战争前日本国内出现的重要环境污染事件………………… (720)
表 38 战前日本政府制定的环境保护法案…………………………………… (720)
表 39 中央党政机关财产损失统计…………………………………………… (731)
表 40 日军对于南京道路、沟渠之毁坏情况统计表 ………………………… (732)
表 41 南京部分学校损失情况统计表………………………………………… (734)
表 42 南京市商店家数分区统计表…………………………………………… (736)
表 43 首都空袭期间敌机投弹发生火灾一览表……………………………… (739)
表 44 南京市区被毁坏和被抢劫的房屋数目统计…………………………… (743)
表 45 南京郊县房屋损失情况………………………………………………… (746)
表 46 1937 年 12 月 10 日至 1938 年 2 月 15 日南京天气状况统计表 ……… (758)
表 47 主要商业街道房屋毁坏及被抢劫的统计……………………………… (761)
表 48 留宁住户房屋及财产损失概况………………………………………… (771)
表 49 南京原有住户房屋及财产损失概况…………………………………… (772)
表 50 留宁住户与南京原有住户各类损失比较……………………………… (773)
表 51 南京市财产直接损失概况表(截止 1944 年 6 月) …………………… (776)
表 52 抗战期间南京市民财产损失概况……………………………………… (779)
表 53 大屠杀期间 5865 户南京市民家庭的财产损失统计(1937.12—1938.3)
……………………………………………………………………………… (783)
表 54 1945 年 9 月—1947 年 12 月零售物价指数 1937 年 1 月至 6 月=1 …… (785)
表 55 市民王嶷峰财产损失报告单(1946 年 1 月 24 日) …………………… (788)
表 56 市民郭文贤财产损失报告单(1946 年 1 月 11 日) …………………… (788)

序

张生同志和他弟子们的著作即将问世，有幸成为该书最早的读者，我首先要向他们表示衷心的祝贺！

日本侵华战争中发生的南京大屠杀，至今已经过去了75周年。而对这一残暴事件的国际性的审判，也已经过去了60多年。但是直到今天，人们对这一事件的关注似乎仍不减当年，而围绕这一事件的讨论与争论，也构成影响中日关系的重要问题之一。因此，我们不能不随着时代的变化、视野的扩展和认识水平的提高，不断深化对这一事件的研究。这是在新的时期这一研究成果出版的重要意义。

在事件发生75年后的今天，我们终于可以从三个层面对南京大屠杀进行全方位的分析与研究，即：作为历史事件的南京大屠杀，作为法律案的南京大屠杀，和中国国民认知中的南京大屠杀。这三个层面并不是孤立存在，而是相互影响、相互作用的。

作为历史事件的南京大屠杀，有各种主体、各种角度、各种立场、各种用意、各种载体的记录，它们之间的相互映照，显示出各自的说服力和缺憾。在文献渐近穷尽的今天，我们可以看出的核心事实是：1937年12月，南京被日军占领后，发生了中国近代史上空前、世界近代史上亦为罕见的惨剧。数以万计的中国人被日军以各种理由加以戕害，南京十数年建设的成果毁于一旦，影响及于今日。

在基本事实的层面，我们看到：日本近代军国主义及其激发的全民战争狂热；日本战争战略的变迁；松井石根、朝香宫鸠彦王等扩大战争、膺惩中国的决心；日本外交人员与军方的一致与分歧；日本政府和军部内部的不同考量；各种层级的“屠杀令”；日军中弥漫的对中国人的蔑视和报复心理；乃至日军官兵在屠杀中的不同态度等等，一一呈现。国民政府持久抗战战略及其在局部的反复、错误；南京卫戍军的顽强与雪崩式溃退；南京居民的撤退、留守，乃至“改朝换代”心理；中国人苦难中的沉默、反抗与逆来顺受、苟且，甚至伤害同胞并存；市民生命财产遭受的巨大伤害与顽强的生命力；社区的破坏与重建；“不信青史尽成灰”的操守与政治性暧昧；汉奸、伪政权浮出台面，及其复杂角色等等，次第展开。西方人士留守南京、看护南京的动机；西方国家政府基于国家利益在大屠杀期间的反应;民间意见与官方态度的分歧;西方人士与日方交涉的过程和策略;"安全区"的运行及其功能;西方人士与中国民众的互动;西方人士对南京大屠杀消息的传播;西方人士在南京的存在对日军占领模式、殖民模式的影响等等,均明晰可见。所有这些,构成了战争前后南京的全息图景。

严酷的史实甚至超过了任何想象:在进出南京的交通要道挹江门,中国人的尸体堆到几英尺高,日军的卡车来回碾压,噗噗地冒出血水;仅佐佐木部队就屠杀战俘15000人;守备太平门的一个日军中队长也能带领屠杀1300人;密布南京的水塘里扔满了尸体,日军官兵和中国居民都得饮用被染红的脏水;被害中国官兵身上的现金被搜集、流通于南京,称为"臭票"……上至70多岁、下至六七岁的妇女、女孩被普遍侮辱,甚至国际安全区官员的女眷、从事医疗救助的护士也不例外,仅1937年12月16日一个夜晚,金陵大学及附近即有1000余名妇女被强奸;日军性暴力多为集体行为,在光天化日或被害者亲人面前进行;日军性暴力伴随杀害,并造成性病爆发,被害妇女怀孕、意外生育,以及长期遭受"创伤后应激反应障碍"等病痛折磨;"慰安妇"广告堂而皇之张贴于南京闹市区,有妇女被数百次强奸……有组织的抢劫和焚烧,造成南京地区巨量财产损失,仅就5800多户的不完全统计,损失即达1.6亿元法币(战前币值);日军官兵收获巨大,有人每月竟能汇回国内上千日元;伪自治委员会首脑、安全区委员会主席等,亦在被洗劫之列,日军抢劫之后,怂恿、默许中国贫苦妇孺进行偷盗,掩盖自身罪行;南京地区的铜铁等金属当时即作为战争物资被运回日本,文物书籍等自难幸免……日军操纵下的公开贩毒、销售,使南京毒品泛滥,烟馆等遍地开花,虽在西方人士目击下亦不避讳,每月盈利达数百万元。

大屠杀非惟中西人士熟知,即使日军官兵,亦在其日记、书信中详加描写,甚至在中国人头颅与被害妇女的裸身前拍摄照片炫耀其"勇武"。日方高层当然也心知肚明,所以,日本艺妓、女演员等在大屠杀期间即被组织到南京,拍摄她们安抚中国孩子的和美照片;珍馐美味运到南京,招待西方在宁人士;更有日军士兵驮背中国大娘、帮中国居民担水等"杰作"问世,企图扭转在国际社会中传播的日军残暴形象。

当然,史实中亦有悖论式事实:日军为引导南京居民离开西方人士的庇护,在安全区外免费发粮;个别日军官兵与西方人士相处良好,参加礼拜,赠送日常生活用品,甚至有救助中国居民的个案;个别宪兵,因看守难民营得到西方人士好评;南京日军警备部队的军纪也有程度上的差别。

南京大屠杀的历史本体是宏大、多面的,而作为法律案,必须在纷繁复杂的头绪中厘清因果关系,找出责任人,裁定其应负责任。中国国防部审判战犯军事法庭(南京),依据国际法和当时中国的国内法,以对谷寿夫审判和判决为中心,确定谷寿夫及会攻南京之日军将领对屠杀负责。对田中军吉、向井敏明、野田毅的审判，则确定战争中屠杀战俘及非战斗人员的犯罪性质。联合国远东国际军事法庭（东京），依据国际法和美国法庭一般规则，围绕松井石根明知南京大屠杀发生、却没有采取有效措施加以制止的渎职行为，明确了南京大屠杀的证据链体系和事件性质。两场审判的效力，均为日本政府在《旧金山和约》中加以承认，也是今天整个国际社会看待南京大屠杀的基本立场所在。

审判唤起了集体记忆，亦引发了较为广泛的社会参与。判决的结果在一定程度上安抚了南京居民受到的伤害，伸张了正义。但两场审判均在不同程度上留有缺憾和后遗症。特别是东京审判，由于政治考量、资料搜集不够充分等原因，未能全面、彻底厘清南京大屠杀的历史真相和战犯责任，其中辩护方的证据和质证思路，竟成为后来日本右翼企图翻案的思想源泉。

南京大屠杀的发生已经 75 周年了，中国国民对其认识不断变化、演进。1945 年，蒋介石核定日本战犯时，将“政治负责部分”如近卫文麿等 41 人“一律删除”；“军事负责者”等“亦一律免除”，其中包括松井石根；仅以土肥原贤二、板垣征四郎、东条英机、谷寿夫等“特务工作之恶贯满盈者为主”（蒋介石 1945 年 10 月 14 日日记）。其不问究竟、条理不明的“以德报怨”政策，主导了国民政府对南京大屠杀的清算思路。南京审判、东京审判中，中方准备工作之粗疏，参与过程之马虎，应与此有关。据台之后，因政治变迁和盟友关系，国民党官方对南京大屠杀“选择性遗忘”。中国大陆方面，随着朝鲜战争的爆发，对大屠杀期间西方人士、尤其是美方人士作用的认识发生颠覆性变化；此后长时间中，一厢情愿地以“日本人民也是战争受害者”、“发动战争的是一小撮日本军阀和军国主义分子”为言说主轴，忽略否认侵略战争责任的日本社会的危险倾向，对日本进步力量的反省也置若罔闻，只在日本帝国主义侵华史中简略提及，以至普通国民几乎遗忘。1980 年代后，随着“教科书事件”的发生，以“侵华日军南京大屠杀遇难同胞纪念馆”的建设、布展为契机，南京大屠杀被“重新发现”。在“前事不忘后事之师”的语境下，认清历史真相以促进中日真正友好成为研究与认知的支点，使南京大屠杀迅速成为中日关系中最显性的因素之一。

1990 年代以后，伴随爱国主义和民族主义的勃兴，中国国民普遍知晓了南京大屠杀。日本右翼不断挑衅、刺激，各种文献次第发现，受害者和目击者调查的持续开展，案例大量积累，广泛的新闻报道，频繁的纪念活动，全城鸣笛哀悼，等等，相关信息的扩散和再构造，使国民中的受害者意识和“命运共同体”观念得到强化。在学术研究获得长足进展的同时，国民对南京大屠杀的认知，成为与政治、社会紧密互动的思潮性存在，并与慰安妇、细菌战、化学战、强制劳工、无差别轰炸等其他战争遗留问题交互响应。特定情况下,对南京大屠杀的态度,成为评价历史与现实的依据。

进入21世纪,中国学界的南京大屠杀史研究已经渐渐成熟为一门有着自己概念、范畴、对象、文献体系、学科标准的新的专门史。作为学术研究的一个领域,中国学界的南京大屠杀史研究超越了谴责侵略、追究暴行的一般性的道德评判,而使国民之认知有了新的观照:战争对人性的影响,战争中的人道主义,大屠杀中相关群体的内部复杂性,战争国际法,战争暴行的比较研究,南京大屠杀在人类共同历史中的地位,与战争加害国民众历史认识的互动,促进其对战争责任与战后责任的思考,战争后遗症的治疗与救平,战后和平的构造,等等,进入了人们的视野。学术研究与国民认知之间的良性互动,成为现实的可能。

我与张生先生相识已久,对他在历史学学术领域的努力耕耘,特别是他将具有历史哲学深度的思辨方法融入其研究题目的尝试有极其深刻的印象。这本作为专注于史实的新的成果,体现了他多年对南京大屠杀问题深刻的思考。相信这本书的出版,将有助于关心该问题的学者及广大的读者进行进一步的研究和认识。慎终追远,实事求是,是本书的宗旨,也是作为历史学者的共同目标。

在本书即将面世之际,写了上面的话,以表达我的感触与心情。

中国抗日战争史学会会长　步　平

2011年11月于北京

自 序

研究南京大屠杀史,至少以下七个方面的问题不能也无法回避。其中,宏观、中观和微观,交错呈现,交叉影响:

1937 年 12 月日军攻占南京时,日本军方人士表示,在第三方人士的目击下,完成对敌国首都的占领,在世界史上没有先例。这种看法,并不符合历史事实。但被占领的南京,确实滞留了二十多名外国人士,他们的国家在中日战争中尚处于中立状态。但他们不是旁观者,而是深深地介入其中。他们通过安全区国际委员会、国际红十字会南京分会等平台组织起来,在国民政府和南京特别市当局西迁的情况下,承担了部分的市政管理职能,从而与南京的日军、日本外交机构、日军扶持的傀儡政权发生交涉,对后者行为形成压力和监督。他们对南京沦陷前后日军行为的观察、记录、分析和传播,使南京大屠杀为时人所知,并成为国际事件。

第二,早在中日战争全面爆发前,中国的两大政党国民党和共产党,均对随时可能发生的战争设定了持久战战略,并作了相应的部署,南京的沦陷,毋宁说是预料之中的事。但日军中以松井石根为代表的一些人,却以为占领被视为"抗日堡垒"的国民政府首都南京,就可以歼灭中国的有生力量,摧毁中国的抗日意志,使中国"威服",从而速战速决。双方认知中,对南京的定位,存在重大差异。

第三,占领南京后,日方内部存在一定分歧。日军高层的一些人,抱持"膺惩中国"的想法,支持、放任,或者默许日军官兵的暴行,"屠杀令"的客观存在,显示了他们的犯罪故意;而以日方外交人员为主体的一些人,对战争法规、世界形势认知较为清晰,出于维护日本长远利益的目的,认为暴行有损日本国家和日军的形象,甚至有意让一些西方人士的抗议和对暴行的揭露流传到南京之外,认为这样可以施加压力,迫使日军有所收敛(英国外交人士语)。他们之间的分歧,使得与世隔绝的南京出现小小的缝隙。当然,这一分类不是绝对的,日本外交机构中恶棍与日军官兵沆瀣一气,日军中也存在个案性质的救助中国人行为。

第四,南京大屠杀前后,南京存在三个基本的人群:西方人士、日方人员、无助的中国军民。由于西方人士提供人道救助和善意安排，中国人自然地倾向并依赖之；日军暴行使中国人畏惧并疏离，但欲建立殖民统治秩序，又必须将中国人置于其管理之下。形成两面三方的博弈局面。国际安全区本是日军默许下运行的临时机构，实力决定博弈的结果：安全区的难民在日军甄别、“安民”、关闭难民所、发粮等威逼利诱的措施下，渐渐解散回家，安全区国际委员会被迫改组为“新秩序”下边缘性的慈善救济机构——南京国际救济委员会。

第五，南京大屠杀的高潮期持续了约 6 个星期，之前的轰炸和围攻，之后不时发生的日军暴行，都给南京居民极大的生存和精神压力，但生活在苦难中还必须继续。迫于战争威胁，南京居民的行为和生活状态呈现出和平时期罕见的情况：大批年轻女孩仓促间结婚；史无前例的大规模迁徙、到周边地区“跑反”和京沪线难民的涌入，改变了南京的人口结构；政府机构、文教科研机构、厂矿企业的搬迁，使得精英、知识阶层几乎完全消失，留在南京的多为贫苦无告的下层民众，甚少有人给予他们战时生活必要的指导，陷入听天由命的随波逐流之中；日军大规模的抢劫，南京被占领后就业渠道十分狭窄，使得居民本就十分脆弱的承受战争压力的经济能力被摧毁，整个地区陷入极端贫困之中；利用一切可得的资源生存下去，成为幸存者压倒性的任务，稀饭是许多人长期的主要食物，情急之下，在日军洗劫商店、住宅后，中国妇孺也有盗窃行为发生。

第六，南京大屠杀受害者可见的、显性的伤害，在事发当时，就被高度关注。暴行案例的积累和显性伤害的展示、宣传，是目击者、记录者的笔下焦点。其实，相对于幸存者在极端恐怖的环境中受到的软性、隐形伤害，这只是冰山一角。实际上，南京大屠杀幸存者的 PTSD(创伤后应激反应障碍)等心理创伤普遍存在，构成了南京大屠杀史研究中易被忽视的另一个层面，而且，这种伤害往往伴随受害者终身。与之相伴，社区的破坏，人际关系的变更，个体生活史的颠覆，等等，均处于时人和多数今人视野之外。

第七，战后，两场审判涉及到南京大屠杀，审判的结果，在《旧金山和约》等国际安排中，得到各国政府、包括日本政府的确认，成为讨论南京大屠杀性质和责任的法律基础。两场审判确立的是非意义巨大，是战后日本获得新生的历史起点，但无论是东京审判，还是南京审判，在程序和实体上，不同程度地存在可议之处，成为日本右翼的攻击要点。中国学界对两场审判的贯通性研究，还在初步状态。

本书绝不敢自称是对上述七个方面问题的精准回答，但表达了我们回答这些问题的勇气，以及我们继续努力、不断深化对上述问题理解的决心。

我深知，作为中国学者的研究，尽管我们无意接受学术之外规范的约束，但也不可避免地受到受教育经历、环境和认知水平的限制，所以，在酝酿、写作本书的漫长过程中，我们注意倾听来自日本的声音，即使是右翼分子的狡辩和否认，我们也视为某种意义上的挑战与鞭策，“激励”自己求知求真。

友人们的意见促进了我们的思考。我要特别感谢大江健三郎先生。在座谈中，我曾经提出，那些日本兵，在国内，很多人是孩子的好爸爸、女人的好丈夫、爸妈的好孩子，为什么到了南京，就成为无恶不作的野兽？大江健三郎表示赞成这种思考的路向，同时进一步提出：那些在南京犯下杀人、强奸、抢劫罪行的士兵，回到日本后又切换了身份，很多人重新成为孩子的好爸爸、女人的好丈夫、爸妈的好孩子，这背后又是什么样的心理转变？战争扭曲人性的机制和过程，至今仍值得深长思索。

朋友们的思考照亮了那些长期被我们忽视的盲区。山田正行教授（大阪教育大学）从日军在云南的性暴行模式出发，指出：日军多采用集体方式施暴，说明他们清醒地意识到是在敌对的环境中从事犯罪活动，是有组织的战术行为，目的在于从心理上给予中国人彻底打击——对女人身体的占领显示其征服者身份，中国男人则因为无力解救而负疚终生。他认为，日军军纪总体上是严格的，所以，暴行是在上级的命令或暧昧的默许下发生的。他说，上海派遣军司令官朝香宫对南京暴行负有责任，战后，他立即取消了“宫”的称号，以此来切断与天皇的联系，防止追究天皇的战争责任。实际上，日本政府长期注意不把肮脏的战争罪行与天皇联系到一起，这影响了对战争的反省和认识。

平子友长教授（一桥大学）、渡边宪正教授（关东学院大学）和山科三郎教授是我新认识的朋友，他们提出，日本人的受害者意识妨碍了他们对自己加害者身份的认知，对于受到其加害的中国人民，理应反省、道歉，给予赔偿。日本政府是承认南京大屠杀和侵略战争对中国和亚洲人民的伤害，但同时又不断有人发出否定的声音，这不是真正的反省，因而不能得到中国人民的彻底谅解。他们进一步提出，不仅要追究日本发动侵略战争的原因和责任，也要追究那些老牌帝国主义国家长期的殖民、侵略“示范”和责任，从而在全世界范围内对战争的起源和责任做深刻的清算，以使人类最终告别战争。这一天的来临虽然遥远，但他们表示，决不能因此放弃这一代人的责任。

需要说明的是，朋友们的意见并不是总与我们一致。著名的南京大屠杀史研究专家笠原十九司早年曾见过毛泽东主席，他对于日军暴行造成的南京人员伤亡有精深的研究，对日本的战争责任亦有判明，但他一直用“南京事件”而不是“南京大屠杀”来指称那一段历史。求同存异，在坦诚的学术研究基础上达成共识，是南京大屠杀史研究的必由之路。

战争意味着对生命的摧残和伤害,侵略战争尤然;战争虽已远去,但厘清责任,才能真正总结教训。战后初期,德国普通民众曾经认为,战时德国的罪恶是希特勒和纳粹"一小撮"的事,与自己无关;随着时间的推移和反省的深化,他们意识到,每一个人和千千万万的其他普通百姓一起,也曾不同程度地涉入,负有自己应负的责任。在日本,有无数的证据表明,普通民众曾狂热地支持过对华战争。即以"百人斩"为例,绝非个案——成千上万的日本民众高价购买军刀,送给出征的子弟亲人,支持他们在中国战场上演类似的"勇武传";天皇的近侍出征中国时,也得到了御赐的军刀。每一个日本国民都负有责任,是很多日本学者的结论,却被我们一些研究者长期忽视。促使日本当局"以史为鉴",需要我们更为科学和全面的研究。

在南京大屠杀75周年之际,谨以此书献给遇难者,幸存者,以及所有和我们一样期待正义与和平的人们。

张　生

2012年1月于南京

增订版序

2012年清明，在南京民间抗日战争博物馆举办了《南京大屠杀史研究》（上下册）新书出版的新闻发布会。如今又到了清明，这是十二届全国人大常委会第七次会议决定将每年12月13日定为南京大屠杀死难者国家公祭日之后的第一个清明。

国家公祭，通过庄严隆重的仪式，把一段历史凝固成了记忆，这记忆，不仅仅是南京人的，也不仅仅是中国人的，它是全人类关于战争与和平的共同记忆——在人类结成相亲相爱的命运共同体之前，他们已经有太多的教训需要记取。国家公祭，是官方公开仪式，其程序包含了许多共识性的意涵，而现代大众传媒的介入，让南京市民、中国国民乃至世界人民获得共时性的认知和体验。

国家公祭每年只在特定的日子里举行，“侵华日军南京大屠杀遇难同胞纪念馆”屡经扩建，则提供了常态化的公共空间，这一空间自建成之时，便有了自我诉说和表达的能力。来自世界各地的参观者，置身其中，他们的主观体验和思考，与空间自身的言说形成互动，从而形成对于南京大屠杀的全景式感受和进入。

可以说，南京大屠杀死难者国家公祭及其场境，已经形成无法推拒的巨大政治性、社会性、情感性存在，其感染力不言而喻。

与此同时，南京大屠杀史学术研究在过去的三年间也取得了进展，其中张宪文教授率领我们完成《南京大屠杀全史》，张连红、孙宅巍教授主编的《南京大屠杀研究：历史与言说》集中了很多优秀研究者的新成果，姜良芹教授和我在《历史研究》相继发表了专题论文。值得注意的是，孙江教授和王楠等人正在运用新的方法和理论，架构新的研究框架，探索新的深化南京大屠杀研究的路径。

虽然，曾经喧嚣的日本右翼这几年陷入执拗的沉寂，缺乏有影响的“成果”，国际学术界也已经普遍确认南京大屠杀作为历史史实的存在，从而使得相关研究显得不像前几年那么“热闹”。然而，在我看来，这正是南京大屠杀史研究成长为一门严肃学科应有的体征。在突破前的寂静之时，根据新的研究，对《南京大屠杀史研究》（上下册）做出修订，既是适宜的，也是必要的。

明乎此,我还想沿着列菲伏尔、布迪厄、海德格尔和现代科学的思路再往前走走。在我看来,南京大屠杀史,不同于中国历史的其他片段,以其对于中国国民压倒性的巨大影响,及其在中国近代历史对内对外言说中的突出地位,形成了一个巨大的"引力场",使得时间在其中获得实体性的存在——时间与场境融为一体,或者说,时间成为场境的有机组成部分。以精确时间为标尺的南京大屠杀史从而可以"切成段"、"分成块",当然也视"引力场"各场域的规模和强度,部分或总体地结合在一起。

历史存在者是历史学科的研究对象,历史研究中,宏大叙事或微观爬梳都是常见的,但都有特定语境和上下文界定的边界。而在南京大屠杀史研究中,宏观和微观超越了"常理"。

就宏观而言,可以是最大的国际性事件通过现代物理学设想的"虫洞"同屏呈现:美国总统罗斯福、国务卿赫尔对远东局势的判断和态度;日本陆海军的竞争性并进和整个国家在通往世界大战之路上的"暴走";希特勒在中日间的冷血、"理性"的选择;英帝国面对南京暴行的超常冷漠和反向规劝——它劝西方传教士们不要再收集日军犯罪证据——"那没用";《真理报》谴责日军暴行、同情中国抗战背后浮现的斯大林剪影;墨索里尼的偏袒性中立——当时那个世界的"治安场"中,没有人真正对南京大屠杀无知。

就微观而言,时间的标尺在历史研究常见的年月日之后,分解到了凌晨、上午、中午、下午、晚上、深夜,甚至小时和分钟。时间细分的结果是时间"变慢了",拉贝说,"人们觉得自己像个重病人,以恐惧的目光注视着时针走动,觉得它走得太慢了,一天好像有 100 个小时而不是 24 小时",魏特琳说,"时间似乎凝固了"。时间"变慢",使得我们有条件审视无以数计的历史细节,同时开辟多个观察"窗口",并把时间赋予它们的特性牢记于心。

1937 年 12 月 19 日,也许只是南京大屠杀期间"普通"的一天,举例的缘起,是因为首先看到《东京朝日新闻》守山特派员这天发自南京的电稿:

> 在住宅区,男孩和女孩爬上坏马车,一边玩一边唱歌。……教堂传来恬静的赞美歌声,这是美国牧师约翰·马吉,在硝烟散去后集中安下心的支那信徒进行祈祷的高潮。今天是星期天啊。……今天在日本大使馆内的广场上,日本兵向难民分发点心和年糕,还将牛奶、罐头送给抱婴儿的母亲。一派亲善光景。

"创作"式报道的潜在真相,是它设定了自己的言说对象(for whom)。但日本记者明确说这一天是星期天,而当时南京唯一的外科医生——鼓楼医院医生威尔逊在这天的日记体书信中写道:"我猜是星期天。"每天为受害者做好多台手术,他累得迷糊了。这天早上,他和其他外国人去日本大使馆交涉,见了秘书田中,"他自己深表同情,但他无力控制军方"。"回家的路上",威尔逊发现日军士兵在丹尼尔家抢劫,将他们赶走。然后查房。下午动手术,取出一只眼睛,另做了 5 个"小手术"。吃晚饭的时候,"柏睿德的厨师和朱先生就进来了,……他们是来喊人去他们那儿阻止日本人强奸他们的女人。"与此同时,看到太平路几个大街区着火了。然后有报告说,日军士兵钻到鼓楼医院护士的床上。

同一天,大批惊恐的妇女和姑娘涌入金陵女子文理学院难民营。魏特琳的日记已经具体到小时。上午 8 点,日本大使馆官员和一个日本人来到学校,因为难民营大米不够了,魏特琳要求他们把她带到安全区总部。见到宋煦伯,宋煦伯答应 9 点送米过来。回学校路上,很多父母兄弟央求魏特琳收留他们家的年轻女性。然后,魏特琳被一次次叫出来对付日本兵,其中在教工楼 538 房间,"我看见一个家伙站在门口,另一个正在强奸一名姑娘。"下午,魏特琳对来访日军军官讲述日军暴行。晚上,4 名日军宪兵来站岗。入夜,看到城里至少三处燃起大火。

时间逐步和事件结合起来,每一个时段、每一个场景、每一个视角下的南京大屠杀图像清晰起来,自成块状的历史,又像可以拼合的图版。下面是 1937 年 12 月 19 日根据安全区档案被进一步分解、精确到分钟的历史:

上午 8:30,美国传教士费吴生的司机李文元一家被日军抢劫,他们家 8 口人住在珞珈路 16 号德国人的房子里,门上有纳粹卐字旗,仍被抢 7 箱衣物、两篓家庭用具、6 床羽绒被、3 顶蚊帐、吃饭碗碟和 50 元现金,陷入一贫如洗的境地。

下午 3:00,日军士兵闯入鼓楼医院,麦克伦和特里默要求其离开时,他朝他们开了枪,幸亏打偏。

下午 3:30,一些喝醉的日军士兵闯入红卍字会(按:当时中国的一个民间慈善组织)主席陶锡三(按:后出任伪南京自治委员会主席)位于莫干路 2 号的住宅,撬开其箱子,史迈士和施佩林制止了"这场很可能是有预谋的抢劫"。

下午 4:45,贝德士被喊去平仓巷 16 号,日军洗劫了房子,纵火将其彻底烧塌。

下午 5 时许,一个年轻男子被送到安全区总部,他被日军无缘无故刺伤胸部。费吴生和史迈士前往日本大使馆报告日军暴行,并将该男子带到鼓楼医院。

下午 6:00,6 名日军士兵摸黑爬入拉贝先生住宅,拉贝用手电照射一名士兵时,此人用手枪对准他。拉贝喝令 6 人从原路爬出去,他们要拉贝打开大门让他们走出去,"拉贝拒绝给他们这个面子"。

下午 6:00,安全区一个职员来喊贝德士、费吴生和史迈士去汉口路 19 号,驱赶房子里面正在强奸妇女的4名日军士兵。士兵被赶走后,妇女和儿童被转移到金陵大学主楼。

……

每一个时点的事件,都蕴藏着众多的信息,值得研究者(已经携带着众多关于南京大屠杀的“先在性”知识、见识和信息,并被其形塑)仔细解读和分析。时间在南京大屠杀中的“实体化”,加上场境的细化和具体,使得南京大屠杀本身在经过几十年的今天,仍然可以感性地触摸到,它有“历史的温度”——加害者日军,在每个犯罪现场的“到场”,令当时德国人士指控的“兽性机器”具象化到恐怖地“生动”,无数芸芸众生的日军官兵在命令之下的蓄意犯罪已被解释为汉娜·阿伦特所说的“平庸之恶”,实际上其犯罪手段的花样翻新和突破人类底线,早已体现“邪恶想象力”无远弗届的“创造性”;受害者国人,生命在每一分钟里的被蹂躏和消逝,让时间成为了暴力的“同谋”——1949年后,南京大屠杀被长期遗忘,时间成为另一种“暴力”;中立者西方人士,当时就是南京大屠杀“时间—场境综合体”的现场目击者、记录者和参与者,今天更成为研究者进入南京大屠杀场境、跨越历史和现实的接引使者。南京大屠杀史,有自己的研究概念和范畴,有自己的价值判断,甚至路径依赖也有自己的“范式”,正是其与时间实体融合、获得“更高”维度的体现。

时间已经“开始”,空间已经“觉醒”,非欧几里得时空综合体中的南京大屠杀史研究不可能仍然“平滑”,这对我们提出了更高的要求。

这次增订工作量巨大,具有内在逻辑的内容的补充、丰富自不待言,注释的重置尤费心力,增加了大量的外文原始出处,以便有兴趣者追踪研究。尽管预先声明有乞求免责的嫌疑,但确实,增订本还远远没有完全体现著作者的新思虑,也没有揭橥其他研究者的精研妙思可能打开的广阔天地,所以,本书还只是阶段性的成果,恳请指正。

张 生
2015年清明

导论:学术史

2010年1月,中日共同历史研究报告正式公布。南京大屠杀被双方学者确定为中日共同历史研究中的"关键词",是"日中间的论争点而被媒体关注"[①]。但参与研究的日方学者的感受却是,与共同历史研究中其他方面展开的"热烈的辩论"相比,南京大屠杀的"相关争论并不激烈"[②]。

南京大屠杀无疑是日军侵华暴行的代表性事件,对南京大屠杀的态度被视为日本对过去侵略历史的反省深度。近30年来,有关南京大屠杀问题一直是中日官方和民间舆论争辩的话题,民众情绪的催化剂,也是两国学术界相互辩驳的学术焦点。或许正是因为中日间讨论南京大屠杀的敏感性[③],甚至被大众媒体看成决定中日共同历史研究项目成败的标志点,才使得双方学者较为充分地使用了"同一题目,交换意见、充分讨论、各自表述"的研究原则,对有较大争议的话题并未加以深入论述[④]。造成南京大屠杀问题并不如"册封体制"、"华夷秩序"等问题争论激烈的"反常"现象。

但没有激烈争论,并不意味着问题不存在、或者已经解决。真正拔去对南京大屠杀的认识问题这一"哽在日中友好交流喉咙上的一根刺"[⑤],是中日学者需要真正面对的问题。深入的实证研究,国际化的时代视野,在事实的基础上就南京大屠杀逐渐达成共识,应是解决这一问题的必由之路。

---

① [日]庄司润一郎:《"日中历史共同研究"之回顾——以南京事件为主体》,《抗日战争研究》2010年第4期,第11页。中国学者也认为"关于南京大屠杀的内容自中日共同历史研究项目启动以来,一直是学界和媒体报道、讨论的焦点"。张连红:《如何记忆南京大屠杀——中日共同历史研究中的学术对话》,《抗日战争研究》2010年第4期,第5页。

② [日]庄司润一郎:《"日中历史共同研究"之回顾——以南京事件为主体》,《抗日战争研究》2010年第4期,第11页。

③ 有日本学者认为"在中国人民所受到的教育与记忆中,南京大屠杀是日本侵华战争的残忍、残暴的标志性事件。"[日]笠原十九司:《日中历史共同研究与南京大屠杀论争在日本的终结》,《抗日战争研究》2010年第4期,第20页。

④ 张连红:《如何记忆南京大屠杀——中日共同历史研究中的学术对话》,《抗日战争研究》2010年第4期,第8页。

⑤ [日]笠原十九司:《日中历史共同研究与南京大屠杀论争在日本的终结》,《抗日战争研究》2010年第4期,第20页。

回顾自南京大屠杀发生以来对这一暴行研究的历史,可知从暴行出现的那一刻起,就因为战时的环境、日军刻意的掩盖和毁灭证据、战后东亚地区的冷战等原因,而使得真相难以一目了然[①]。但是,经过海内外几代研究者的不懈努力探索,南京大屠杀正逐渐显露出真相,并发展成为一门崭新的专门史。试分海外和中国两部分简要论述之。

(一) 海外

1937 年 12 月南京大屠杀发生之时,西方主流媒体已有相当数量的报道,但为铺天盖地的其他战时新闻所湮没。实际上,不仅日本的盟国德、意等严格限制本国媒体报道日军暴行的消息,甚至欧美其他各国政府也并不鼓励这种报道,其背后有政治或策略上的考量。美国总统罗斯福甚至在日军偷袭珍珠港导致太平洋战争爆发后,得知本国飞行员为日军虐杀的消息时,还出于使舆论更有利于执行对德作战优先的考虑,下令美国陆海军"采取有效措施,防止从逃脱战犯那里传出来的故事被发表或流传"[②]。

第二次世界大战结束后,盟国曾在东京组织审判日本甲级战犯的法庭,在东亚各地也组织了审判日本乙、丙级战犯的法庭。为审判日本战犯,日军在东亚各占领地实施暴行的证据被搜集以供法庭定罪之需,相当数量有关南京大屠杀的证据因此得以采集和保存下来[③]。但是,随着冷战格局在东亚地区的迅速形成和不断强化,清算日军战争罪行的目标并未得到彻底实现[④]。南京大屠杀等日军战争罪行在东亚一度"热战"的紧张气氛中淡出了人们的视野。

日本是南京大屠杀的加害方,也是南京大屠杀史研究除中国之外的另一中心和

---

① 日本政府在投降前夕,为掩盖战争罪行下令销毁了大约 3 万件"关于战俘待遇、监狱卫生、监狱警卫、限制及惩罚战俘及拘留犯之条例"的文件。*Stars & Stripes*, *Japanese version*, *November* 18, 1945, Numerical Case Files Relating to Particular Incidents and Suspected War Criminals, International Prosecution Section, 1945—1947, Entry 319 of Preliminary Inventory NM—11, Records Group 331, Records of the Allied Operational and Occupation Headquarters, World War II, The National Archives II, Maryland, U.S.A..引自:魏楚雄:《历史与历史学家:海外南京大屠杀研究的争议综述》,《历史研究》2009 年第 5 期,第 154 页。

② 魏楚雄:《历史与历史学家:海外南京大屠杀研究的争议综述》,《历史研究》2009 年第 5 期,第 155 页。

③ 东京法庭共搜集了近 5000 份证据文件,审讯记录更是有 5 万余页。南京法庭则发掘了多个掩埋大屠杀民众遗体的"万人坑",找到了有关慈善团体从事掩埋尸体工作的记录表,访问了数千名有关证人。

④ 对日本甲级战犯的审判,更侧重于日本对英美利益的侵犯和对英美盟军战俘的暴行。南京军事法庭的审判则因国际局势的变化和中国内战的爆发而匆匆结束。

较早的发源地。

南京大屠杀发生之后,由于日本严格的战时新闻管制,国内民众并不广泛知晓。战后东京审判开始,才使得日本民众知道日本军队在各占领地区暴行的大量存在。然而,冷战的开始,使得美国从根本上改变了占领政策,将日本视为对抗苏联的战略伙伴而加以扶植。1948 年底,盟军最高统帅部“特赦”了包括 10 多名甲级战犯在内的各级日本战犯。甲级战犯岸信介甚至于 20 世纪 50 年代成为日本首相。在这种氛围下,有关南京大屠杀等日本战争罪行的记载从日本国内教科书中消失了。

20 世纪 60 年代中期,随着中日关系的改善,一些日本学者得以访问中国。早稻田大学的教授新岛淳良、洞富雄等因而得知南京大屠杀这一日军犯下的罪行。新岛淳良通过媒体向日本国民披露了南京大屠杀的存在。洞富雄 1968 年发表了全世界第一篇关于南京大屠杀的专题学术论文。

1971 年 6 月至 7 月,日本著名记者本多胜一来华旅行,先后到访十数个中国城市,找寻当年日军暴行的遗迹并采访受害人。他回国后写作的系列报道,在日本国内发行量最大的报纸之一——《朝日新闻》连载,并于第二年出版单行本。在以《中国之旅》和《在华日军》命名的这两部采访记录中,涉及南京大屠杀暴行的部分所占篇幅并不突出,却因其规模之庞大和无比的残暴血腥引起日本国内的广泛关注,使得南京大屠杀问题成为日本国内舆论的热点话题。英国记者田伯烈于 1938 年用英文写成的《外人目睹之日军暴行》于当年被译成日文出版。

有关南京大屠杀存在的舆论引起了日本保守势力的反弹。记者铃木明在著名的右翼杂志发表《“南京大屠杀”之谜》一文,对“百人斩”等南京大屠杀中的典型事件提出质疑①。日本著名评论员山本七平和曾任松井石根秘书的田中正明等也起而攻击本多胜一等人的著作,否认南京大屠杀的存在。日本右翼政客石原慎太郎等人则支持虚构派对南京大屠杀的否定。作为回应,洞富雄出版了《南京事件》②一书。该书被学者认为是第一本公开发表的南京大屠杀研究专著③。

1975 年,日本历史学家家永三郎就文部省逼迫其在编写的中学教科书中“美化战时的日本”,起诉至东京地方法院。家永三郎的胜诉,使得“许多日本初中和高中的教科书都提及了南京大屠杀或谈到许多中国居民在惨案中被杀害”,“这场大辩论稍稍冷却”④。

---

① 其后铃木明出版的文集也以《“南京大屠杀”之谜》为名。对这一题名的误译被认为是“虚构派”标签的由来。参见程兆奇:《南京大屠杀研究的几个问题》,《史林》2010 年第 4 期,第 109 页。

② [日]洞富雄:《南京大屠杀》,毛良鸿等译,上海:上海译文出版社,1987 年。

③ 程兆奇:《南京大屠杀研究的几个问题》,《史林》2010 年第 4 期,第 109 页。

④ 魏楚雄:《历史与历史学家:海外南京大屠杀研究的争议综述》,《历史研究》2009 年第 5 期,第 160 页。

1982年,因《朝日新闻》报道日本文部省企图在教科书中替换“侵略”一词,引起了中国、越南、韩国等曾被日本占领的东亚各国官方的抗议。日本政府在外交压力下最终就修改教科书一事表示道歉,官方层面事态平息。有关南京大屠杀的激烈争论却由此再次在日本学者中爆发,有学者认为相关立论者可分为三派:“一派承认南京大屠杀及大量中国无辜平民被虐杀之史实;另一派声称南京惨案纯为虚构;第三派则承认日军有战争虐行,但认为在南京大屠杀中被杀害的中国人数远没有中国历史学家所认定的那么多。”[①]即:“大屠杀派”、“虚构派”和“中间派”。另有学者则认为情况要复杂的多,“中间派”还因主张被屠杀人数的多少,分为“小屠杀派”和“中屠杀派”[②]。

1984年3月,屠杀派学者洞富雄、本多胜一、笠原十九司、藤原彰等人组成了“南京事件研究调查会”,定期聚会研讨,出版了数十本专著和论文,并汇编出版了史料集。与此同时,一批日本二战老兵也站出来披露其在中国所亲历的暴行真相。最为著名的莫过于东史郎,他于1987年出版了自己的战时日记。曾根一夫、山本武等人的回忆录也揭露了亲历的屠杀、抢劫、强奸、纵火等日军暴行。加上日军第十六师团师团长中岛今朝吾日记的公布,在日本普通民众中引起了巨大的震动。

20世纪90年代以来,泡沫经济的破产使得日本国内右翼分子更加得势,他们的活动得到了更多政客的支持。更为重要的是,虚构派频繁出现在日本各类媒体上,向普通民众灌输他们的观点[③]。和早期主要是有着战时经历、从事记者等行业的“业余人士”相比,执教于日本各大学的东中野修道、藤冈信胜、北村稔等人的加入,使虚构派阵营显得愈加“专业化”。虚构派还聚集起来成立了“南京学会”,东中野修道为首任会长,每年出版一本“南京学会年报”。该会成员写作了大量新著:如松村骏夫《南京大屠杀的大疑问——大屠杀外国资料的彻底分析》[④](展转社,1998年),东中野修道的《南京大屠杀的彻底检证》[⑤](展转社,1998年)和北村稔的《南京事件的探究》(文艺春秋社,2001年)。北村稔通过发掘田伯烈曾是国民党中央宣传部“顾问”等“把柄”,进而认为“南京事件”从源头上就是国民党策划的反日宣传,在虚构派中“备受推崇”[⑥]。

有学者将虚构派的主要观点概括为:“战前南京人口只有20万,日军不可能屠杀

---

① 魏楚雄:《历史与历史学家:海外南京大屠杀研究的争议综述》,《历史研究》2009年第5期,第160页。

② “小屠杀派”指主张被杀人数在一万左右,“中屠杀派”指主张被杀人数在四万余人。参见:程兆奇:《南京大屠杀研究的几个问题》,《史林》2010年第4期。

③ 与此相对,因为有着在自己同胞面前揭露日军暴行的压力,屠杀派几乎不参与公开的媒体辩论。

④ [日]松村俊夫:《南京大屠杀大疑问》,赵博源等译,北京:新华出版社,2001年。

⑤ [日]东中野修道:《南京大屠杀的彻底检证》,严欣群译,北京:新华出版社2000年。

⑥ 程兆奇:《南京大屠杀研究的几个问题》,《史林》2010年第4期,第109页。

30 万人；南京陷落后人口在不断增加，说明日军军纪严明，没有发生大屠杀；没有任何人目击到尸骨如山；东京审判是凭传闻资料就做了判决，没有任何直接证据；‘百人斩’是捏造的新闻；崇善堂等慈善团体埋葬尸体的数量不可信；日军杀害便衣兵属于战斗行为；中国溃兵杀害和抢掠了中国民众，而不是日本士兵；南京大屠杀证人李秀英、夏淑琴等人是假证人；留在南京的西方人士是反日分子，其书信、日记不可信；田伯烈是国民党中宣部的顾问，其《外人目睹之日军暴行》是国民党的反日宣传等。”①其中有些观点颇具学术面向，非早期虚构派的感情“立论”可比，在日本民众中有着相当的影响。

与之相对，屠杀派在 20 世纪 90 年代以来却比较沉寂。只有笠原十九司出版了几部专著：如《南京难民区百日》②（岩波新书，1997 年），《南京事件与日本人》（柏书房，2002 年）。笠原十九司等人还利用研究中积累的资料编辑了《南京事件资料集(1)美国关系编》（青木书店，1992 年）和《德国外交官所见的南京事件》（大月书店，2001 年）。

随着争论的深入、持久，欧美等国的学者也参与进来，成为南京大屠杀史研究中近些年来的新动向。

1997 年以来，有关南京大屠杀的英文论著“迅速涌现”③。当年美国亚洲研究年会上，乔治·华盛顿大学的美籍华裔学者杨大庆召集了一次有关南京大屠杀的小组讨论，其后结集出版了《历史学中的南京大屠杀》一书④。

同一年，美籍华裔作家张纯如女士写作了《南京浩劫——被遗忘的大屠杀》⑤，成为全美畅销书，在西方世界产生了重大影响。该书运用大量当时不为人所知的中外文资料，全面厘清了南京大屠杀的基本要素，对西方人士的贡献有前所未有的论述，向世界公众介绍了大屠杀本为世人所知、却又被遗忘的深层原因。张纯如女士在写作此书的过程中，奔波于欧美亚三大洲之间，发掘出大量其时还不为人知或少人问津的中外文资料，从当事人后人那里得到了弥足珍贵的私人日记、书信和其他文献。包含丰富信息、史料价值极为重要的德国人拉贝的日记，即在张纯如的悉心搜寻下得以再现世间。

美籍华裔吴天威教授上世纪 90 年代介绍了德国使馆官员罗森当时提交给德国

---

① 张连红：《中日两国南京大屠杀研究的回顾与思考》，《南京大学学报》2007 年第 1 期。

② [日]笠原十九司著，李广廉、王志君译：《难民区百日——亲历日军大屠杀的西方人》，南京：南京师范大学出版社，2005 年。

③ 魏楚雄：《历史与历史学家：海外南京大屠杀研究的争议综述》，《历史研究》2009 年第 5 期，第 160 页。

④ 程兆奇：《南京大屠杀研究的几个问题》，《史林》2010 年第 4 期，第 109 页。

⑤ [美]张纯如：《南京浩劫——被遗忘的大屠杀》，杨夏鸣译，北京：东方出版社，2008 年。

外交部门的档案,盟国外交官的身份和大量暴行的记载,使得罗森档案当即引起巨大反响。陆束屏搜罗了英美记者的目击报道和分析,编成《南京大屠杀——英美人士的目击报道》[①]。他的另一本书 *They were in Nanjing*: *The Nanjing Massacre Witnessed by American and British Nationals*[②],简要介绍了亲历南京大屠杀的英美人士生平和大屠杀发生期间的作为。耶鲁神学院图书馆 Martha Lund Smalley 根据该馆所藏贝德士档案等编成史料集 *American Missionary Eyewitness to the Nanking Massacre*, 1937—1938[③]。

在美日裔学者的新书,如:山本昌宏的《南京——一个暴行的剖析》、吉田俊的《"南京大屠杀"是如何构建的——日中美南京大屠杀的历史和记忆》、若林正的《南京暴行——让图像复杂化》,则借鉴西方史学发展的新趋势,试图运用实证手段,对现有文献史料做精细的检证[④]。澳大利亚学者 David Askew 则对亲历南京大屠杀的人数进行了详细考求[⑤]。加拿大学者卜正民等编辑了有关南京大屠杀的史料集[⑥]。

(二) 中国

在中国,南京大屠杀发生之时,各类报刊曾有所报道,蒋介石等政要也有记录。但在战争之中,未及深入思考和追究。国民政府还都之后,曾对日军南京大屠杀暴行专门进行了调查。1946 年 6 月 23 日,南京临时参议会根据蒋介石的指示,成立了"南京大屠杀案敌人罪行调查委员会"[⑦]。在南京成立的军事法庭曾就南京大屠杀案进行审判,谷寿夫、野田毅、向井明敏、田中军吉等人被判有罪并处以死刑。然而,国内政局的变化,使得调查并没有深入下去,审判也草草结束。

---

① [美]陆束屏编译:《南京大屠杀:英美人士的目击报道》,北京:红旗出版社,1999 年。

② [美] Suping Lu, *They were in Nanjing*: *The Nanjing Massacre Witnessed by American and British Nationals*, Hong Kong University Press, c2004.

③ [美]Martha Lund Smalley , *American Missionary Eyewitness to the Nanking Massacre*, 1937—1938, Yale Divinity School Library, c1997.

④ 程兆奇:《南京大屠杀研究的几个问题》,《史林》2010 年第 4 期,第 109 页。

⑤ [澳] David Askew, *The International Committee for the Nanking Safety Zone*: *An Introduction*, Sino Japanese Studies, vol. 14, April, 2002.

⑥ [加]Timothy Brook, ed., *Documents on the Rape of Nanking*, Ann Arbor, MI: The University of Michigan Press, 1999.

⑦ 该会的名称也被认为是侵华日军攻占南京前后的大量暴行用"南京大屠杀"来代指的缘由。张连红:《中日两国南京大屠杀研究的回顾与思考》,《南京大学学报》(哲学·人文·社会科学版)2007 年第 1 期,第 101 页。

进入20世纪60年代,中国重新开始相关史料的发掘和研究。在南京大屠杀的发生地,南京大学历史系的高兴祖教授组织学生采访幸存者以获得口述资料。1962年,南京大学历史系日本史小组写作了《日本帝国主义在南京的大屠杀》,以内部资料的形式刊刻了油印本,这是1949年后中国国内最早的研究之作。

由于各种原因,南京大屠杀研究在相当长的时期内难以真正开展。经过相当时期的沉寂之后,南京大屠杀的研究才得以继续。

1. 20世纪80年代,南京大屠杀研究因日本"教科书事件"的连锁反应得以重启。

1982年,日本有关中学教科书将二战时期对东亚各国的侵略用"挺进"一词加以表述,为日本文部省审定通过。此事经各国媒体报道后,引起包括中国在内的原日本侵略受害国的强烈抗议,被称为"教科书事件"。为此次事件所激化,作为日本暴行标志的南京大屠杀成为中日间的热点问题。中国学术界由此开始关注南京大屠杀,并将此一暴行同批判日本军国主义联系起来①。

在民众的呼吁下,1983年南京市政府决定建设南京大屠杀遇难同胞纪念场馆。以此为契机,在地方政府的推动下,由专家学者组成的南京大屠杀课题组得以成立,从最基本的史料搜集开始,重新走上中断多年的南京大屠杀学术研究之路。在前期调查研究的基础上,"侵华日军南京大屠杀遇难同胞纪念馆"于1985年建成。向民众展示日军暴行的罪证之外,搜集、整理和研究南京大屠杀也是该馆的重要工作。

南京大屠杀史料编辑委员会在对大量幸存者进行采访调查,于1985年编辑出版了载有104名受害者证词的《侵华日军南京大屠杀史料》②,同期搜集的有关南京大屠杀暴行的照片,编成《侵华日军南京大屠杀暴行照片集》③。1987年,中国第二历史档案馆等机构利用各自馆藏档案,编成《侵华日军南京大屠杀档案》④。与此同时,台湾地区也编辑出版了有关史料,如秦孝仪主编的大型资料丛书《革命文献》第108辑和109辑即为《日军在华暴行:南京大屠杀》。

高兴祖教授也重新开始中断多年的南京大屠杀史研究,写作了《日军侵华暴行:南京大屠杀》⑤一书,并发表文章,如:《"南京大屠杀"的事实不容抹杀——评田中正明的九点质疑》⑥,对日本右翼的否定言论进行了驳斥。

可以说,国内南京大屠杀研究由"教科书事件"的触发而兴起,源于对日本淡化、

---

① 傅曾:《南京大屠杀与日本军国主义》,《近代史研究》1983年第2期。

② 南京大屠杀史料编辑委员会编:《侵华日军南京大屠杀史料》,南京:江苏古籍出版社,1985年。

③ 南京大屠杀史料编辑委员会编:《侵华日军南京大屠杀暴行照片集》,南京:江苏古籍出版社,1985年。

④ 中国第二历史档案馆、南京市档案馆等编:《侵华日军南京大屠杀档案》,南京:江苏古籍出版社,1987年。

⑤ 高兴祖:《日军侵华暴行:南京大屠杀》,上海:上海人民出版社,1985年。

⑥ 高兴祖:《"南京大屠杀"的事实不容抹杀——评田中正明的九点质疑》,《日本问题》1986年第4期。

以致否定在中国暴行的回应和反驳。此阶段研究工作的重点是:(1) 相关史料的搜集和整理;(2) 基本事实的梳理和介绍;(3) 对日本否定言论的批驳。

2. 进入 20 世纪 90 年代,南京大屠杀史研究全面铺开。

经过 80 年代的起步阶段,90 年代的南京大屠杀史研究进入全面发展时期。高兴祖教授撰写了一系列学术文章,其中《关于南京大屠杀的研究及其现实意义——兼驳石原慎太郎的谎言》①驳斥日本政客石原慎太郎否认日军存在暴行的言论,就南京大屠杀的几个关键问题进行了论述;《侵华日军第十六师团在南京的血腥暴行》②、《日军第十六师团南京中山门外屠杀真相》③、《南京大屠杀期间日军在金陵大学的暴行》④等论文则集中考证了日军占领部队在南京具体地点、具体时间所实施的具体暴行;《五十八年回顾:日本关于南京大屠杀事件的争论》⑤、《"南京大屠杀"事件研究现状和今后的课题》⑥等文章对其时日本及国内南京大屠杀论争的问题加以分析,并指示了将来研究的方向。

1995 年,旨在加强学者间交流,推进南京大屠杀史研究的侵华日军南京大屠杀史研究会在南京成立。1998 年,南京师范大学成立南京大屠杀研究中心作为专门从事此项研究的学术机构。在专门学术团体和机构的推动下,南京大屠杀史的研究全面铺开。

孙宅巍研究员是长期从事南京大屠杀研究的资深学者。由他领衔、多名学者参与的学术专著《南京大屠杀》⑦于 1997 年出版。该书建立了国内南京大屠杀研究的基本范式。同年,他与吴天威合著了《南京大屠杀:事实及记录》。刘惠恕所著《南京大屠杀新考》⑧则就南京大屠杀的若干关键问题和重大事件进行了学术考证。

20 世纪 90 年代,南京大屠杀史料采集整理工作也有相当成果。1994 年,侵华日军南京大屠杀遇难同胞纪念馆根据长期采访幸存者所得,编成《侵华日军南京大屠杀幸存者证言集》⑨,共收录了 642 位南京大屠杀受害者、目击者的证言。1995 年《日本

---

① 高兴祖:《关于南京大屠杀的研究及其现实意义——兼驳石原慎太郎的谎言》,《抗日战争研究》1991 年第 2 期。

② 高兴祖:《侵华日军第十六师团在南京的血腥暴行》,《抗日战争研究》1994 年第 4 期。

③ 高兴祖:《日军第十六师团南京中山门外屠杀真相》,《历史研究》1995 年第 4 期。

④ 高兴祖:《南京大屠杀期间日军在金陵大学的暴行》,《南京大学学报》1997 年第 4 期。

⑤ 高兴祖:《五十八年回顾:日本关于南京大屠杀事件的争论》,《南京大学学报》1995 年第 3 期。

⑥ 高兴祖:《"南京大屠杀"事件研究现状和今后的课题》,《抗日战争研究》1996 年第 4 期。

⑦ 孙宅巍主编:《南京大屠杀》,北京:北京出版社,1997 年。

⑧ 刘惠恕:《南京大屠杀新考》,上海:上海三联书店,1998 年。

⑨ 侵华日军南京大屠杀遇难同胞纪念馆编:《侵华日军南京大屠杀幸存者证言集》,南京:南京大学出版社,1994 年。

帝国主义侵华档案资料选编:南京大屠杀》[①]由中华书局出版,较为全面地公布了其时发现的有关南京大屠杀的中、日、美等各国的档案资料。

华中师范大学章开沅教授详细查阅了藏于耶鲁大学神学院图书馆的原金陵大学历史系教授贝德士的资料,利用称为《贝德士文献》(Bates' Papers)的这些档案资料,章开沅先后编译和撰写了《南京大屠杀的历史见证》[②]、《南京:一九三七年十一月——一九三八年五月》[③]、《天理难容——美国传教士眼中的南京大屠杀(1937—1938年)》[④]、《从耶鲁到东京:为南京大屠杀取证》[⑤]等书,使南京大屠杀期间在宁西方人士群体广为人知,他们所留下的档案也得以大量介绍给国内学界。

《东史郎日记》[⑥]等日本老兵的战时日记、回忆录也相继被译成中文版发行。

90年代的研究与此前相比,更具学术性,从被动反驳转入全方位、系统性的研究,建立了自己的研究框架。史料的发掘也走出国门,外文档案被大量译介到国内。国外的研究成果也进入中国学者的视野。相关研究团体和机构的建立,也使学者之间的沟通加强,合作研究得以开展。

3. 新世纪以来,南京大屠杀史的研究进入不断深化的成熟时期。

2002年,旅居日本多年的程兆奇研究员出版《南京大屠杀研究——日本虚构派的批判》[⑦]一书,对日本虚构派的论著进行了全面的介绍,就他们的观点进行了系统的批驳。在其另一部著作《日本现存南京大屠杀史料研究》[⑧]中,程兆奇本着"入室操戈、求真论理"的思路,简介了几乎所有日本现存的相关史料,并就史料的价值做出评述。他还在这些史料的基础上,就日军军风纪等问题进行了考辨。

2005年,孙宅巍的专著《澄清历史——南京大屠杀研究与思考》[⑨],凭藉对陆续发现的新史料的梳理,加上多年的悉心思考而新见迭出,对南京大屠杀很多方面的重要史实进行了详细的补充论证。

顺着张纯如女士的足迹,以《拉贝日记》为基础,黄慧英进一步发掘出拉贝手稿及

---

① 中央档案馆、中国第二历史档案馆、吉林省社会科学院合编:《日本帝国主义侵华档案资料选编:南京大屠杀》,北京:中华书局,1995年。

② 章开沅:《南京大屠杀的历史见证》,武汉:湖北人民出版社,1995年。

③ 汤美如主编,章开沅编译:《南京:一九三七年十一月——一九三八年五月》,香港:三联书店(香港)有限公司,1995年。

④ 章开沅编译:《天理难容——美国传教士眼中的南京大屠杀(1937—1938年)》,南京:南京大学出版社,1999年。

⑤ 章开沅:《从耶鲁到东京:为南京大屠杀取证》,广州:广东人民出版社,2003年。

⑥ [日]东史郎:《东史郎日记》,张国仁等译,南京:江苏教育出版社,1999年。

⑦ 程兆奇:《澄清历史——南京大屠杀研究与思考》,上海:上海辞书出版社,2002年。

⑧ 程兆奇:《日本现存南京大屠杀史料研究》,上海:上海人民出版社,2008年。

⑨ 孙宅巍:《澄清历史——南京大屠杀研究与思考》,南京:江苏人民出版社,2005年。

亲属访谈记录，写作了《南京大屠杀见证人拉贝传》[①]。黄慧英的努力，使得拉贝这位南京大屠杀期间在场的重要的第三国证人，在中国的生活史和南京大屠杀期间的经历得以清晰展现。张连红教授和张生教授、王卫星研究员、杨夏鸣教授等则依据《魏特琳日记》和大量英文资料合著了《魏特琳传》[②]，详述了南京大屠杀期间的另一位目击者魏特琳救助中国难民、尤其是中国妇女的贡献。戴袁支先生通过实地调查和海外寻访，将少为人知的丹麦人辛德贝格的生平，尤其是南京大屠杀期间的行为在其新作《1937—1938：人道与暴行的见证——经历南京腥风血雨的丹麦人》[③]中加以细致的论述。

在史料发掘方面，取得了里程碑式的成果，即近几年来陆续出版的《南京大屠杀史料集》[④]。2005 年到 2006 年，张宪文教授主编，张生、王卫星、张连红、杨夏鸣等副主编的《南京大屠杀史料集》出版 28 册，共 1500 余万字。2008 年这部史料集扩展到 55 册，增加了从德国、美国、英国等地区发掘的新史料，还有近年来新增的幸存者调查报告，并整理出有 2 万多名录的受害者名单。2010 年，这部史料集再次得到大幅度扩充，新出史料由多位学者远赴日、美、英、德等国征集，总数达到 72 册。该套史料集大部分资料为一手资料，也包括此前出版的《拉贝日记》、《魏特琳日记》等，收录了英、美、德、日和中国各地档案馆、图书馆的文献资料、口述资料，为研究者提供了极大的方便。几十位学者的共同努力，使得有关南京大屠杀的加害者、受害者、第三方资料得到了迄今为止最全面、系统的呈现。《南京大屠杀史料集》的出版，实际上使得关于南京大屠杀不存在的谬论被彻底攻破。

目前，研究论文总篇幅达到了以千计的规模，围绕着南京大屠杀各个领域提出各自见解。相关论文的众多使得全面的介绍和分析难以进行，以下就重要主题及部分论文做一简介：

南京攻略战及南京大屠杀的发生　关于南京大屠杀的发生是否偶然，学者们从不同角度给出了自己的理解。王卫星研究员的《日军部署及战略意图与南京大屠杀的原因》[⑤]一文就日军中支那方面军的战略意图及进攻部署和南京大屠杀发生之间的必然联系进行了论证。张生教授的《从南京大屠杀的发生看日军的战略时机选择——以日方思虑为中心的考察》则仔细梳理了日方的相关文献，指出南京大屠杀的

① 黄慧英：《南京大屠杀见证人拉贝传》，上海：百家出版社，2002 年。

② 南京师范大学南京大屠杀研究中心主编：《魏特琳传》，南京：南京出版社，2001 年。

③ 戴袁支：《1937—1938：人道与暴行的见证——经历南京腥风血雨的丹麦人》，南京：江苏人民出版社，2010 年。

④ 张宪文主编：《南京大屠杀史料集》，江苏人民出版社 2005、2006、2008、2010 年。

⑤ 王卫星：《日军部署及战略意图与南京大屠杀的原因》，《江海学刊》2007 年第 6 期。

发生时间、地点等均非偶然。崔巍在《战争进程与南京大屠杀》中通过对日军南京攻略战进攻过程的细致分析,提出了南京大屠杀发生时间及形态的必然性。高晓星教授在《日军航空队袭击南京的暴行》①一文中对日军在战争期间对中国的空袭活动进行了论述,指出日军无差别轰炸已经造成南京大量无辜平民的伤亡。

南京大屠杀到底由谁负主要责任,是长期为学界关注的问题。王天平的《朝香宫鸠彦与南京大屠杀》②和高凡夫的《日本天皇裕仁与南京大屠杀》③分别指出日本天皇裕仁和日本皇族朝香宫鸠彦对南京大屠杀的发生具有战略指导和直接指挥的责任。王卫星的《南京大屠杀时日军官兵心态探讨》④主要借助日军官兵日记等记载,就日军官兵施行各类暴行时的心态进行了细致的分析。杨夏鸣在《南京暴行:日军行为背后的制度安排》⑤一文中认为南京大屠杀的发生有着深刻的制度原因,日军普通士兵的暴行后面是日本国内政治、教育、军事体制等长期制度化的因素在起作用。

日军各类暴行 孙宅巍和张连红分别撰写了《论南京大屠杀中的性暴力问题》⑥和《侵华日军在金女大的性暴行》⑦,就南京大屠杀期间日军在南京普遍发生的性暴行和金女大难民收容所内的性暴行进行了论述,指出性暴行是日军南京大屠杀的重要组成部分,大量性暴行的发生给中国妇女造成了巨大的伤害。马振犊研究员在论文《侵华日军暴行与纳粹暴行原因比较研究初探》⑧中对日军暴行和纳粹暴行进行了比较,就两类暴行的异同提出了自己的见解。程兆奇的《南京大屠杀中的日军屠杀令研究》⑨,通过对现存的日军组织和官兵个人记录进行梳理,证明中岛今朝吾等高级军官的日记和第六十六联队第一大队战斗详报中的有关记录,从上至下厘清了屠杀命令的证据链。程兆奇另一篇论文《侵华日军军风纪研究——以第十军为中心》⑩通过对侵华日军的第十军和中支那方面军法务部日志及近年面世的第十军法务部长日记等有限的文献,证明日军所到之处进行了频繁的强奸、杀人、放火、抢劫,所谓日军军风纪特优的论调完全经不起日军自己保存文献的检验。

南京大屠杀创伤记忆 日军暴行的直接伤害一直是研究者关注的重点,而创伤

① 高晓星:《日军航空队袭击南京的暴行》,《抗日战争研究》1998年第1期。
② 王天平:《朝香宫鸠彦与南京大屠杀》,《档案与建设》2001年第2期。
③ 高凡夫:《日本天皇裕仁与南京大屠杀》,《南京社会科学》2004年第8期。
④ 王卫星:《南京大屠杀时日军官兵心态探讨》,《民国档案》1997年第4期。
⑤ 杨夏鸣:《南京暴行:日军行为背后的制度安排》,《江海学刊》2007年第6期。
⑥ 孙宅巍:《论南京大屠杀中的性暴力问题》,《民国档案》2000年第4期。
⑦ 张连红:《侵华日军在金女大的性暴行》,《钟山风雨》2001年第6期。
⑧ 马振犊:《侵华日军暴行与纳粹暴行原因比较研究初探》,《民国档案》2007年第2期。
⑨ 程兆奇:《南京大屠杀中的日军屠杀令研究》,《历史研究》2002年第6期。
⑩ 程兆奇:《侵华日军军风纪研究——以第十军为中心》,《近代史研究》2004年第3期。

记忆的研究长期被忽视。张连红的系列论文《南京大屠杀与南京市民的创伤记忆》①、《南京大屠杀的后遗症:幸存者的创伤》②等拓展了南京大屠杀研究的这一领域,指出日军暴行的严重伤及受害者的精神健康,并持续到受害者生命的最后一刻。张生的《南京大屠杀受害者 PTSD 初步研究》③论文,则借助心理学和精神病学的专业知识,通过对南京大屠杀亲历者的日记、回忆和口述材料,指出日军暴行给这些受害者的心灵造成的深度创伤。刘燕军的论文《南京大屠杀的历史记忆(1937—1985)》④梳理了南京大屠杀发生以来在中国民众心目中的记忆的历史。

遇难人数及相关人口问题 遇难者人数是南京大屠杀的核心问题之一,相关资料的发掘使这个问题更深入的探讨成为可能。曹必宏的《南京伪组织掩埋遇难同胞尸体数字考》⑤一文利用南京自治委员会等日本当局扶植的傀儡组织掩埋队活动的详细记录,特别是其掩埋尸体的确切数字,为进一步探讨侵华日军南京大屠杀遇难者人数提供了新的空间。孙宅巍的系列论文《南京大屠杀遇难同胞中究竟有多少军人》⑥、《论南京大屠杀遇难人数认定的历史演变》⑦、《如何解读东京审判对南京大屠杀遇难人数的认定》⑧则从几个方面对南京大屠杀遇难者人数问题提出了自己的看法,通过实证的数据分析,对日本右翼掩饰屠杀中国军人的谬论进行了驳斥,使得南京大屠杀遇难者人数的研究有了新的进展。针对日本右翼提出沦陷之时,南京市内总人口数少于中国方面认定的遇难者人数等质疑,张连红的论文《南京大屠杀前夕南京人口的变化》⑨和《南京大屠杀遇难人口的构成——以南京市常住人口为中心》⑩,用相关统计资料说明南京大屠杀发生前夕南京市内有 50 万左右的人口数量,进而分析了遇难人口的构成成分。朱成山的《南京大屠杀期间国际安全区遇难者的考证——南京大屠杀 70 周年祭》⑪一文,则对南京国际安全区内被日军杀害的遇难者人数进行了

---

① 张连红:《南京大屠杀与南京市民的创伤记忆》,《江海学刊》2003 年第 1 期。

② 张连红:《南京大屠杀的后遗症:幸存者的创伤》,《江海学刊》2006 年第 3 期。

③ 张生:《南京大屠杀受害者 PTSD 初步研究》,《抗日战争研究》2009 年第 4 期。

④ 刘燕军:《南京大屠杀的历史记忆(1937—1985)》,《抗日战争研究》2009 年第 4 期。

⑤ 曹必宏:《南京伪组织掩埋遇难同胞尸体数字考》,《民国档案》2000 年第 4 期。

⑥ 孙宅巍:《南京大屠杀遇难同胞中究竟有多少军人》,《抗日战争研究》1997 年第 4 期。

⑦ 孙宅巍:《论南京大屠杀遇难人数认定的历史演变》,《江海学刊》2001 年第 6 期。

⑧ 孙宅巍:《如何解读东京审判对南京大屠杀遇难人数的认定》,《南京师范大学学报(社会科学版)》2007 年第 6 期。

⑨ 张连红:《南京大屠杀前夕南京人口的变化》,《抗日战争研究》2004 年第 3 期。

⑩ 张连红:《南京大屠杀遇难人口的构成——以南京市常住人口为中心》,《南京师范大学学报(社会科学版)》2007 年第 6 期。

⑪ 朱成山:《南京大屠杀期间国际安全区遇难者的考证——南京大屠杀 70 周年祭》,《南京社会科学》2007 年第 8 期。

考证。

西方人士、安全区及中国慈善机构 西方人士是南京大屠杀期间的第三方。他们的存在使得日军的暴行有了中立的观察和记录者。由于有着相对的活动自由和较高的文化程度,他们留下了丰富的记载。同时,他们成立的安全区等救济组织也在一定程度上制约了日军的暴行,给了中国难民极大的帮助。朱成山的《亲历南京大屠杀的外籍人士人数考》[①]对大屠杀期间曾逗留南京的西方人士的数量进行了统计。彭剑的《被忽视的一幕历史真实》[②]、《仇日乎,反日乎——试析南京大屠杀期间美国传教士对日军之态度》[③]等论文则分别对西方人士试图调停中日双方及在宁美籍传教士群体在南京大屠杀前后的作为,受日军压迫下态度的转变进行了讨论。彭剑《被忽视的受害者——南京大屠杀中美国传教士的另一面相》[④]一文,将作为中国难民救助者的美国传教士,同时也受到日军暴行伤害的史实作了初步介绍。徐立刚的《南京大屠杀前后留宁欧美侨民的内心世界》[⑤]根据留宁欧美侨民的日记和其他文献,对当时这些西方人士在南京沦陷前后的心态变化做出了分析,再现了他们从沦陷前对日军军纪充满期待到目睹暴行之后的转变。黄慧英的《拉贝在"南京大屠杀"期间行为及思想变化简析》[⑥]则以德国商人、南京安全区国际委员会主席拉贝为个案,通过拉贝在日军进城前后心态变化的历程,反映出作为盟国公民的拉贝在暴行面前对日军军纪的幻灭过程。《拉贝日记》是拉贝在南京大屠杀期间写下的私人记录,因其为安全区国际委员会主席的原因,也包含着丰富的安全区档案史料。正是由于这本日记的巨大的证据力,使得日本右翼试图将之诬为"反日的宣传"而一劳永逸地打入另册。程兆奇的《〈拉贝日记〉是"无根的编造"么?——对〈真相·南京事件——检证拉贝日记〉的检证》[⑦],则用可靠的史料驳斥了日本虚构派对《拉贝日记》的刻意无端污蔑,充分肯定了拉贝日记的客观真实性。张生《从南京大屠杀看中国抗战前途——南京西方人士的观察和预判》[⑧]通过西方人士在日军进入南京前后心态的变化,反映出日军暴行使得西方人士开始怀疑日本在战争中的前景,认为日军暴行激发了中国人的抵抗意志,中

---

① 朱成山:《亲历南京大屠杀的外籍人士人数考》,《抗日战争研究》2005 年第 4 期。

② 彭剑:《被忽视的一幕历史真实——南京保卫战期间唐生智利用外侨谋求休战始末考析》,《长白学刊》2006 年第 3 期。

③ 彭剑:《仇日乎,反日乎——试析南京大屠杀期间美国传教士对日军之态度》,《南京社会科学》2004 年第 6 期。

④ 彭剑:《被忽视的受害者——南京大屠杀中美国传教士的另一面相》,《南京社会科学》2003 年第 8 期。

⑤ 徐立刚:《南京大屠杀前后留宁欧美侨民的内心世界》,《民国档案》2001 年第 1 期。

⑥ 黄慧英:《拉贝在"南京大屠杀"期间行为及思想变化简析》,《民国档案》1997 年第 4 期。

⑦ 程兆奇:《〈拉贝日记〉是"无根的编造"么?——对〈真相·南京事件——检证拉贝日记〉的检证》,《近代史研究》2002 年第 2 期。

⑧ 张生:《从南京大屠杀看中国抗战前途——南京西方人士的观察和预判》,《民国档案》2006 年第 4 期。

国抗战在早期的挫折后必然会有转机直至取得最后的胜利。

西方人士成立的安全区在日军暴行之下尽管并不绝对安全,但还是发挥了不可替代的作用,成为中国难民绝无仅有的栖身之地。孙宅巍的《试论南京大屠杀中的“安全区”》[①]对南京安全区的发起、存续及在大屠杀期间的作用进行了论述。王卫星在《论南京国际安全区的成立》[②]中详细讨论了中外人士发起成立安全区国际委员会、设立安全区的过程。西方人士的巨大贡献、安全区的名称和大量中国难民在安全区内被杀害之间的悖论,是南京大屠杀研究中的重要问题之一。杨夏鸣《论南京“安全区”功能的错位及其原因》[③]通过大量史料的梳理,指出西方人士组织安全区的贡献和“安全区不安全”这一历史现象之所以出现的前因后果。张连红的《南京大屠杀时期的日军当局与南京安全区》[④]和《南京大屠杀时期的南京市自治委员会与安全区国际委员会》[⑤]等论文,就西方人士在南京大屠杀期间多方面的贡献进行了讨论,详细考察了西方人士在南京大屠杀期间与日本当局、日方扶植的自治委员会之间冲突和合作并存的微妙关系,生动再现了西方人士救助难民行动中的努力、智慧与艰辛,通过分析指出,西方人士倡议成立和管理的安全区违背了日军当局的战略意图,南京安全区最后被迫解散实际上早已注定。经盛鸿的《南京大屠杀前后的金陵大学(鼓楼)医院》[⑥]则介绍了由西方人士维持的教会医院——金陵大学医院在南京大屠杀前后救助中国民众的过程,这所医院是其时唯一为普通难民服务的正规医院。

暴行的传播 南京大屠杀发生后长期少为人知,成为日本右翼否定南京大屠杀的重要“把柄”。经盛鸿的《战时日本传媒对南京大屠杀的掩盖与粉饰》等数篇论文,就南京大屠杀发生之时,日本记者没有报道日军暴行的制度原因进行了分析,指出日本军方对不利消息采取了全面、严格的封锁。

东京审判及南京审判 战后日本战犯审判问题,从审判进行之时就一直是日本和西方学界关注的热点话题。南京大屠杀案的审判是战犯审判的重要组成部分,松井石根因为在南京大屠杀发生时的不作为而被定罪判处死刑,使得日本右翼常常借否定南京大屠杀案审判达到全面否定战犯审判公正性的目的。杨夏鸣的《东京审判确认日军南京大屠杀罪行的证据》[⑦]一文,根据审判的英文档案,较早较全面地介绍了

---

① 孙宅巍:《试论南京大屠杀中的“安全区”》,《南京社会科学》1992 年第 5 期。

② 王卫星:《论南京国际安全区的成立》,《民国档案》2005 年第 4 期。

③ 杨夏鸣:《论南京“安全区”的功能及其错位》,《抗日战争研究》2000 年第 4 期。

④ 张连红:《南京大屠杀时期的日军当局与安全区》,《近代史研究》2001 年第 3 期。

⑤ 张连红:《南京大屠杀时期的南京市自治委员会与安全区国际委员会》,《民国档案》2007 年第 4 期。

⑥ 经盛鸿:《南京大屠杀前后的金陵大学(鼓楼)医院》,《民国档案》2010 年第 2 期。

⑦ 杨夏鸣:《东京审判确认日军南京大屠杀罪行的证据》,《南京社会科学》1997 年第 12 期。

东京审判中对南京大屠杀暴行定罪的证据。宋志勇的论文《美国对日政策与东京审判》[①]和《东京审判与日本的对策》[②]分别就国际局势的演变,美国对日占领政策的调整对东京审判进程的影响,以及日本当局对东京审判的微妙态度进行了论述。程兆奇的《从〈东京审判〉到东京审判》[③],从电影《东京审判》铺陈开来,就东京审判的若干关键问题及各方的立场导致对东京审判认识的偏差等问题进行了论述,使得东京审判的全貌得以精致地重现。王希亮的《解析"东京审判史观"及其实质》[④]则对日本学界所谓"东京审判史观"的提出及其实质内容做了详细的考论。张生等《东京审判南京大屠杀案的辩护——以控、辩双方质证为中心的考察》[⑤]和程兆奇的系列论文《南京大屠杀是东京审判的编造么?》[⑥]、《松井石根战争责任的再检讨——东京审判有关南京暴行罪被告方证词检证之一》[⑦]、《小川关治郎证词的再检讨——东京审判有关南京暴行罪被告方证词检证之二》[⑧],就东京审判过程中控辩双方的关键证词进行了全面梳理,揭示出日方证人在法庭上的种种伪证,并将有关东京审判的研究扩展到了法庭之外,通过比对当时的各方文献,验证了东京审判并非"胜利者的审判",是建立在可靠的证据基础上的。严海建的论文《对战后南京大屠杀案审判的再认识》[⑨]对南京审判的过程重新进行了梳理;其另一篇论文《国民政府对南京大屠杀案审判的社会影响论析》[⑩]则就南京审判在法庭之外所产生的社会影响,及南京审判的媒体传播在早期南京大屠杀社会记忆形成中的作用加以论述。

新发现史料的介绍 新史料的发现是历史研究得以继续的新鲜养料,是揭示历史真相的必由之路。相关史料的发掘和刊布也给南京大屠杀研究带来新的突破口。王卫星、杨夏鸣、张生等均为《南京大屠杀史料集》的副主编,都曾远赴海外各地搜罗相关档案文献,并译介到国内。王卫星的《有关南京大屠杀的英国外交档案的史料价

---

① 宋志勇:《美国对日政策与东京审判》,《南开学报》2003 年第 4 期。

② 宋志勇:《东京审判与日本的对策》,《日本学刊》2004 年第 1 期。

③ 程兆奇:《从〈东京审判〉到东京审判》,《史林》2007 年第 5 期。

④ 王希亮:《解析"东京审判史观"及其实质》,《世界历史》2008 年第 5 期。

⑤ 张生、翟意安:《东京审判南京大屠杀案的辩护——以控、辩双方质证为中心的考察》,《抗日战争研究》2008 年第 4 期。

⑥ 程兆奇:《南京大屠杀是东京审判的编造么?》,《近代史研究》2002 年第 6 期。

⑦ 程兆奇:《松井石根战争责任的再检讨——东京审判有关南京暴行罪被告方证词检证之一》,《近代史研究》2008 年第 6 期。

⑧ 程兆奇:《小川关治郎证词的再检讨——东京审判有关南京暴行罪被告方证词检证之二》,《江海学刊》2010 年第 4 期。

⑨ 严海建:《对战后南京大屠杀案审判的再认识》,《南京师范大学学报》(社会科学版)2008 年第 3 期。

⑩ 严海建:《国民政府对南京大屠杀案审判的社会影响论析》,《福建论坛(人文社会科学版)》2011 年第 4 期。

值》[①]就英国档案馆中所藏南京大屠杀相关档案的内容和价值做了介绍。杨夏鸣的《美国国家档案馆资料记录的南京大屠杀》[②]和《美国〈时代周刊〉1937—1941 年有关日军轰炸南京和大屠杀的报道》[③]分别就美国国家档案馆馆藏档案和美国主流媒体的报道内容,说明南京大屠杀在发生前后,美国官方和舆论均有论及,而不是日本否定派所宣称的审判日本战犯时所捏造的罪行。张生的《德国档案中的南京大屠杀》[④]和《侵华日军南京大屠杀的"德国视角"——以德国外交档案为中心》[⑤],对德国档案馆中所藏南京大屠杀文献进行了介绍,强调了"德国视角"的重要,其时盟国的记载更说明了南京大屠杀的客观真实性。姜良芹、吴润凯的《从市民呈文看南京大屠杀》[⑥]通过对中国第二历史档案馆所藏南京大屠杀之后的市民呈文,给南京大屠杀的研究开拓了一个长期为人忽视的方面。

其他相关研究 郭必强的《国民政府秘密组织赴日揭露南京大屠杀真相述评》[⑦],揭示了长期不为人知的国民党战时宣传的一个细节。马振犊的论文《日军大屠杀期间南京军民反抗问题研究》[⑧]则就沦陷前后,南京市内的中国军民反抗日军问题进行了探讨。高鹏程等《南京大屠杀时期红卍字会活动的两面性》[⑨]一文探讨了长期不为人所知的中国慈善组织红卍字会在南京大屠杀期间的活动,该会是慈善组织,但与日方关系密切,其首脑陶锡三曾出任自治委员会会长。红卍字会的活动既有切实帮助中国难民的一面,也有着助敌统治的另一面。张连红的《国民政府对南京大屠杀案的社会调查(1945—1947)》[⑩],就抗战胜利后国民政府进行的相关调查史料进行了梳理,说明国民政府的调查既保留了众多一手数据,也存在着组织不严密、统计不细致等技术问题。

中日共同历史研究在共同报告完成之后,密切参与的中日学者张连红、庄司润一郎和笠原十九司分别在《抗日战争研究》发表论文:《如何记忆南京大屠杀——中日共

---

① 王卫星:《有关南京大屠杀的英国外交档案的史料价值》,《档案与建设》2002 年第 3 期。

② 杨夏鸣:《美国国家档案馆资料记录的南京大屠杀》,《抗日战争研究》2005 年第 4 期。

③ 杨夏鸣:《美国〈时代周刊〉1937—1941 年有关日军轰炸南京和大屠杀的报道》,《民国档案》2006 年第 4 期。

④ 张生:《德国档案中的南京大屠杀》,《抗日战争研究》2005 年第 4 期。

⑤ 张生:《侵华日军南京大屠杀的"德国视角"——以德国外交档案为中心》,《南京大学学报(哲学·人文·社会科学)》2007 年第 1 期。

⑥ 姜良芹、吴润凯:《从市民呈文看南京大屠杀》,《抗日战争研究》2007 年第 1 期。

⑦ 郭必强:《国民政府秘密组织赴日揭露南京大屠杀真相述评》,《南京社会科学》2002 年第 12 期。

⑧ 马振犊:《日军大屠杀期间南京军民反抗问题研究》,《抗日战争研究》2007 年第 4 期。

⑨ 高鹏程等:《南京大屠杀时期红卍字会活动的两面性》,《南京社会科学》2010 年第 6 期。

⑩ 张连红:《国民政府对南京大屠杀案的社会调查(1945—1947)》,《江海学刊》2010 年第 1 期。

同历史研究中的学术对话》[1]、《"日中历史共同研究"之回顾》[2]和《日中历史共同研究与南京大屠杀论争在日本的终结》[3]等,站在各自角度对共同历史研究的进程、分歧所在、交涉过程及最终报告的文本给出了自己的理解。

另外,相关学者发表了众多的综述性论文[4],对南京大屠杀研究各个阶段的情况进行了总结,对各方观点予以解读和归纳,就下一步研究方向进行了展望。

南京大屠杀史研究学术化的重要特征之一,就是近些年来国内高校每年均有数篇有关南京大屠杀史研究的学位论文,尤其集中在南京大学和南京师范大学[5]。相关的未刊学位论文对南京大屠杀研究的众多领域有所开拓,很多作者也通过学位论文写作的训练,成长为南京大屠杀研究的新生力量。

---

① 张连红:《如何记忆南京大屠杀——中日共同历史研究中的学术对话》,《抗日战争研究》2010年第4期。

② [日]庄司润一郎:《"日中历史共同研究"之回顾——以南京事件为主体》,《抗日战争研究》2010年第4期。

③ [日]笠原十九司:《日中历史共同研究与南京大屠杀论争在日本的终结》,《抗日战争研究》2010年第4期。

④ 如高兴祖:《五十八年回顾:日本关于南京大屠杀事件的争论》,《南京大学学报》(哲学·人文·社会科学版)1995年第3期;高兴祖:《"南京大屠杀"事件研究现状和今后的课题》,《抗日战争研究》1996年第4期;陈安吉:《"南京大屠杀史"研究的历史回顾和今后的任务》,《民国档案》1997年第4期;张连红、许书宏:《近几年来国内南京大屠杀研究综述》,《江海学刊》2000年第5期;李寒梅:《中国学术界对"南京大屠杀事件"的研究》,《太平洋学报》2005年第8期;张卫波:《近十年"侵华日军南京大屠杀"研究述评》,《中共党史资料》2006年第3期;王希亮:《日本学术界"南京大屠杀事件"论争及各派论点评析》,《抗日战争研究》2006年第4期;张连红:《中日两国南京大屠杀研究的回顾与思考》,《南京大学学报》(哲学·人文·社会科学版)2007年第1期;陈红民、傅敏:《南京大屠杀研究的回顾与前瞻》,《抗日战争研究》2008年第4期;程兆奇:《南京大屠杀研究的几个问题》,《史林》2010年第4期;魏楚雄:《历史与历史学家:海外南京大屠杀研究的争议综述》,《历史研究》2009年第5期。

⑤ 如彭剑:《南京大屠杀期间留宁美国传教士心态研究》,2002年华中师范大学历史学院硕士学位论文。许书宏:《恐惧的记忆——南京大屠杀幸存者的心路历程》,2003年南京师范大学社会发展学院硕士学位论文。张朔人:《抗战时期的江南水泥公司》,2005年南京师范大学社会发展学院硕士学位论文。钱春霞:《新闻媒体中的南京大屠杀——以〈新华日报〉〈南京日报〉〈扬子晚报〉为例(1950—2004年)》,2006年南京师范大学社会发展学院硕士学位论文。王晓艳:《南京大屠杀前后留宁西方人士研究——以在宁中、西、日三方关系为中心》,2007年南京大学历史学系硕士学位论文。顾碧:《南京大屠杀前后的鼓楼医院研究》,2009年南京师范大学社会发展学院硕士学位论文。2011年6月,董为民、郭昭昭均以相关研究获得南京大学博士学位,其成果成为本书组成部分。

一、从南京大屠杀的发生看日军的战略时机选择

——以日方思虑为中心的考察

日军在南京进行的大屠杀，震惊了世界。从当时到今天，不断有人试图挖掘这一惨剧背后的原因。通常，日军的军国主义教育、日军后勤供应不足以及与之相联系的就地征发政策、日军在进攻过程中的惨重伤亡和官兵普遍的报复心理、日军军纪废弛等等，是主要的着眼点。这些研究，无疑加深了我们对南京大屠杀史的认识。

但是，著者也注意到，就地征发等情况，存在于日本侵华的整个过程之中，但像南京这样被屠城的，却是鲜有其例（自然，日军兵锋所及，到处造成严重的生命和财产损失）。为什么在日军扛着所谓“道义战争”旗帜的当口就发生了南京大屠杀？南京大屠杀在日军的全面侵华战争中具有多大程度的偶然性和必然性？

在思考和研究的过程中，著者认为，离开日军全面侵华的战争战略，是不能准确理解南京大屠杀的发生的。因为，日中矛盾是当时东亚国际关系的主要矛盾，日本又是矛盾的主要方面。从日方的思虑和选择出发，透视南京大屠杀的最终发生，可以清晰地看出日军侵华的战略时机选择。

（一）选择战争

日军发动全面侵华战争的战略时机选择，其认为是：中国以抗日为主要诉求的国家整合取得了突破性进展，不立即发动战争，不仅今后再也无法战胜中国，甚至可能导致中国收复东北主权。

七七事变的发生，过去多解读为“东方会议”以来反映在“田中奏折”中长远计划使然。代表日本签署无条件投降书的重光葵曾说：“后来东亚发生的事态，和随之日本所采取的行动，恰似以田中奏折作为教科书按其所提示步骤进行的，因此外国对田

中奏折的怀疑是难以澄清的。”[①]的确，七七事变是日本全面侵华行动的一环。

但不可否认的是，七七事变表面上具有一定的“偶然性”，为什么日军要在“西安事变”后的半年就发动全面侵华战争？为什么在九一八事变的主要策划人石原莞尔等人反对在中国消耗国力、从而不利于日本准备对苏作战的情况下，日军仍决然进行全面侵华战争？窥一斑而知全豹，著者尝试从一些似乎少人注意的点出发，整理出思考的线路。

须磨弥吉郎曾任日本驻南京总领事，1937年1月18日卸任，3月15日，他在日本工业协会进行了一次演讲，题目叫《日支关系的现状及将来》，这是很值得我们今天深入其中、咀嚼其意味的重要文献，因为它在一定程度上代表着当时的日本对中国形势的判断，也可以说是理解日本发动全面战争的重要逻辑文本。

须磨弥吉郎认为，“西安事变”说明中国实现了统一，统一使中国出现了近代以来前所未有的现象：“在日清战争时期，如果你去四川、云南等山区省份的话，一般人也不知道自己的国家正在同日本打仗。当然这里面也有交通不便的原因。就是这样对外界漠不关心的支那，一到绥远事件发生，就全国各地到处都掀起了支援绥远军的运动，有的地方歌舞音乐停播3日，有的地方连歌舞厅也将门票收入的两成捐出来支援绥远军，可见其热诚度之高。更有甚者，为了支援绥远军，有一个地方的牢房里的犯人都捐了款，这种事情恐怕在全世界也不曾有过先例。这种热诚是从哪里来的呢？刚才我从两方面讲过支那对日本的感情——普通百姓的排日感情在支那已经变得相当严重，绥远事件正是衡量其严重程度的标尺。”

因为听众都是操控日本经济命脉的财阀，须磨非常坦率，他认为，中国新局面的实现，日本有其功在焉。“为了实现这个统一，曾经有过两个目标，或者称之为两个情况。一个是来自日本的压迫。当然，毋宁说正是这种压迫才让支那获得了一次走向统一的机会，我认为这是不争的事实。现在即使支那人也在讲，说蒋介石政权得以像今天这样基础稳固，支那国力变得强盛，这其中有两个原因，其一是日本的侵略，其二是……。说起来也真有意思，我就把他的名字说出来吧，他就是担任监察院长的于右任。”而统一的动因，须磨判断为：“所谓统一，并不是可以单靠军阀或者政府就可以实现的，而是像学生运动所象征的那样，它是在统一的愿望深入国民人心形成了一个举国一致的运动之后才得以实现的。”[②]

---

① ［日］重光葵：《日本侵华内幕》，齐福霖等译，北京：解放军出版社，1987年，第20页。

② ［日］中村元督编：《日支関係の現状及び将来》（須磨南京総領事の演説筆録），1937年4月20日东京印刷株式会社印刷，同月24日社团法人日本工业俱乐部发行，非卖品。日本国会图书馆（东京）藏。以下引此演讲不另注明。本文献由南京大学历史系曹大臣博士搜集、南京大学日语系雷国山博士翻译，特此致谢。

当代的民族主义理论认为,强调来自外部的威胁和敌忾情绪是民族国家建构的基本模式之一①。须磨为此提供了未经证实的证据:“1931 年,也就是距今 6 年前,国民政府招聘了德国的塞克特。当时蒋介石向塞克特提了两个问题。一个是问支那军队如何才能变得强大,另外一个是对日本应当采取什么样的政策。对于第一个问题,塞克特回答说,支那要想变得比日本强大,武器是必需的,飞机也是必需的,但是从我组建和运作德国国防军的经验和体会来看,今天支那的当务之急,是要在军队中培养一种敌视日本的心理。”在这里,证据本身的真实性已经不重要,其重要性在于它成为须磨的论述路径——即中国国家的整合是与反日紧密关联的,或者说,在须磨看来,中国统一的强化,必然意味着反日的强化。

须磨举他与孔祥熙的会谈为例:“孔祥熙——他是事实上的行政院长——说,要我说,要把日支关系搞好,满洲问题就那个样子是不行的,给满洲问题‘设定一个旁白’的事我是完全反对的,如果不给这个满洲问题一个解决方案的话,日支间不可能有圆满的对话。于是我就借着这个话追问他,你希望什么样的解决方法呢?他回答说,日本对满洲的投资——他是个投资家——看起来是单纯的投资,如果是投资那么我们就承认,但是满洲国的主权我们希望你们还给支那方面。归还之后支那方面也许会要么是自发地像大不列颠对待爱尔兰那样给予满洲国‘自治领’的地位,要么像大不列颠对待加拿大那样处理,这个支那会自发地处理,说一千道一万,满洲国不归还给支那的话我们是谈不起来的。”须磨就此评论道:“支那已经在做关于满洲的梦了。这必须看作是刚才我讲的一个证据,它证明支那正是在实现了安内即实现了统一之后才渐渐看出了日本的软肋,并进而在对我进行试探。”

既然中国国家整合意味着反日,日本需要做些什么呢?那些动辄“和平、提携”的外交公文总是闪烁其辞,倒是日本在华居留民协会的一位负责人回忆他在战争爆发之初离开南京的情形,直白地揭示了日方的心态:

> 我想起了事变爆发前不久,我曾对大城户大佐说:“南京的市民军训如果再持续两年的话,日本反而应该不是对手了吧。”大城户大佐听了回答说:“要不了两年,只须再过半年我们就会赶不上的。”所以也不知是有幸还是不幸,就在日本还有可能取胜的时候爆发了事变,我觉得这实在是上天的保佑,我深深感到这是神国日出之国(日本)的幸运。同时我深深祈愿本次事变是日支冲突的最后一

① [英]厄内斯特·盖尔纳:《民族与民族主义》,韩红译,北京:中央编译出版社,2002 年,第 148 页。

次，是彻底打垮抗日的蒋政权，并使其回归到日支亲善的正途上来的一次良机。①

在中国强大到日本无法制服之前动手侵略，并不仅仅是这些居留民的意见，它是一种弥漫于日本社会的“舆论”，日军高层显然以之为决策基点。

1937年3月，日本驻中国大使馆武官喜多诚一，日本中国驻屯军参谋和知鹰二、大桥熊雄向日军参谋本部提出：“在收复满洲以前，蒋介石政权的抗日政策恐继续不变。希望以我对华北让步取消抗日政策之类的见解是极大的错误……上述日中关系的恶化，不能设想用一般的手段即可调整。”他们同时设想了对苏联开战的可能，提出：“应在对苏开战前，首先予中国一击，用以挫伤蒋政权的基础。”②接着，东京开始流传：“七夕的晚上，华北将重演柳条沟(湖)一样的事件。”③

1937年7月6日，在日方也承认“芦沟桥附近，日中两军的冲突大有一触即发之势”的背景下，日本外相广田弘毅在内阁会议上提出：在如今抗日、排日的漩涡中，纵想实现日中亲善，也难望取得成效。日本对此，虽深为不满，但看来除毅然推行正确政策外，别无他途。“全体阁僚表示同意”④。七七事变于是成为表面偶然的必然。

(二) 选择南京

南京被选择为日军的进攻目标，是因为当时的南京被日本认定为中国抗日的中心，不攻占南京，便不能惩罚中国的抗日并迫使中国改变政策。

战争发生之初，日军重点在华北。但上海随即出现紧张局面，重光葵分析说：“华北的日中冲突，敏感地反映于上海，排日侮日的风潮立即在那里泛滥。”不说中国的抗日情绪是日本长期侵略的结果，却说因为中国抗日，所以日本要侵略，这是那个时代日本军政界的共同逻辑。但重光葵显然深谙日军的行事规律，他说，“陆军在北方制造事件，在上海的海军也必然要挑起某些事端”⑤，结果战争的重心很快转移到长江三角洲，南京面临威胁。

---

① [日]庄司得二：《日本居留民志》，南京居留民团发行，1940年版。日本国会图书馆藏。本文献由南京大学历史系曹大臣博士搜集、南京大学日语系雷国山博士翻译，特此致谢。

② [日]日本防卫厅战史室编纂：《日本军国主义侵华资料长编》(上)，天津市政协编译委员会译校，成都：四川人民出版社，1987年，第293页。

③ [日]今井武夫：《今井武夫回忆录》，本书翻译组译，上海：上海译文出版社，1978年，第16页。

④ [日]日本防卫厅战史室编纂：《日本军国主义侵华资料长编》(上)，第297页。

⑤ [日]重光葵：《日本侵华内幕》，第129—130页。

但在“八一三事变”爆发时,南京还未被列为进攻目标。1937 年 8 月 15 日,日军上海派遣军的任务被指定为“与海军协作,歼灭上海附近的敌人,占领上海及北部地区主要战线,保护帝国臣民”[①]。同年 11 月 7 日,华中方面军编成,其时,上海中国军队已成不支之势,但华中方面军的任务仍未扩大到南京,“华中方面军的任务是,与海军协作挫败敌军战斗意志,为寻找结束战争的机遇而歼灭上海附近的敌人”[②]。同日,日军指示华中方面军的作战地域“大体是苏州、嘉兴一线以东地区”[③]。11 月 20 日,日军参谋次长致电松井石根的参谋长,提示他们已经超出预定作战地域[④]。11 月 24 日,日军最终废除了华中方面军的原定作战区域[⑤],标志着在日本官方层面选择了南京。同日,华中方面军发布命令:“与中国方面舰队协同,迅速攻占南京。”[⑥]

日军从以上海为目标发展到以南京为目标,与松井石根本人的坚持有很大关系,在 1937 年 8 月 16 日的日记中,松井石根写道:“我军应该以迅速进攻南京为目的,向中支那派遣必要兵力(约五个师团),必须一举推翻南京政府。”[⑦]此后,松井不断向日本政府和军部高层陈述其意见,要求增兵。9 月 23 日,石原莞尔的离职和表现激进的下村定的接任为其主张带来了希望。10 月 14 日,松井趁日海军政务次官到上海慰问之机,提出:“鉴于江南地区的敌军抵抗顽强之现状,要在一两个月之内结束这场战争,使战事告一段落是非常困难的。”[⑧]为今后扩大战事预埋伏笔。10 月 20 日,他要求从参谋本部来上海的铃木中佐转告参谋本部各要员:“我军的最终目标是南京”、“战略要点归根到底就是攻打南京”[⑨]。根本无视日军指导当局的意见。11 月 15 日,松井石根利用机会,做参谋本部谋略科长影佐祯昭和陆军省军务局科长柴山兼四郎的工作,说明今后攻打南京的必要性,“基本上得到了他们的理解”[⑩]。形成多方施压的态势。与此同时,华中方面军实际已经突破作战地域限制,向南京追击。日本政府和军部终于决定进攻南京后,松井在日记中写道:“我欣喜地感到,这些天我那些竭力

---

① 《临参命第 73 号》,王卫星、雷国山编:《日本军方文件》,张宪文主编:《南京大屠杀史料集》第 11 册,南京:凤凰出版社、江苏人民出版社,2006 年,第 1 页。

② 《临参命第 138 号》,王卫星、雷国山编:《日本军方文件》,第 4 页。

③ 《临命第 600 号》,王卫星、雷国山编:《日本军方文件》,第 6 页。

④ 《参谋次长致松井集团参谋长电报》,王卫星、雷国山编:《日本军方文件》,第 9 页。

⑤ 《大陆电第 18 号》,王卫星、雷国山编:《日本军方文件》,第 10 页。

⑥ 《华中方面军第二期作战计划大纲》,王卫星、雷国山编:《日本军方文件》,第 20 页。

⑦ 《松井石根阵中日记》,王卫星编:《日军官兵日记》,张宪文主编:《南京大屠杀史料集》第 8 册,南京:凤凰出版社、江苏人民出版社,2005 年,第 23 页。

⑧ 《松井石根阵中日记》,王卫星编:《日军官兵日记》,第 97 页。

⑨ 《松井石根阵中日记》,王卫星编:《日军官兵日记》,第 129 页。

⑩ 《松井石根阵中日记》,王卫星编:《日军官兵日记》,第 103—104 页。

鼓动的意见终于奏效了。”①

松井石根强烈坚持占领南京、清除抗日堡垒的意见，在当时日本各界是有广泛基础的。曾居留南京的日本侨民庄司得二回忆了战争爆发前的南京：

> 在南京普通市民最初开始军事训练时，我还认为那没什么了不起，所以没怎么在意。但过了两三年后，我注意到南京市民中的青壮年的面色表情严峻起来了，眼里也泛起了活泼的光芒，做事时腰板都很有气势。当我把这一观察告诉雨宫大佐时，他说："谁接受了军训后都会那样的，没什么大不了的。"我才知道教育的力量是多么具有威力，其后，我就开始对支那的军训成果给予较多的关注了，结果我才知道他们的训练是很认真彻底的，我不由的感到了一种威胁。②

日本驻南京总领事馆则报告了芦沟桥事变后的南京情形："随着战局的扩大和延伸，南京的抗日意识也高涨到了无以复加的地步，……过激的抗日分子开始对滞留中的国人施压，以前可以自由游览的南京近郊名胜及周边山地开始以军事禁区为由而禁止国人游览，市内的各家剧院纷纷播放着宣传抗日影片，大肆煽动观众情绪，致使市民大众抗日意识日益浓厚，市内处处显出紧张之色。"③

陆军省军事课长田中新一也在日记中阐述了占领南京的意义："进攻南京，乃因无视我方寻求重返日华提携大道所致。松井军司令官最后劝降的目的也在于此。""始终不能放松膺惩抗日政权"，"世界正处于变革时期，如果了解当今世界趋势，自当看出只有在亲日的基础上，中国国家组织才能获得成功，""中国事变乃东亚之一悲剧，但为使悲剧不再重演，日本此际不能回避彻底手术。就此意义而言，攻占南京只是中国问题之序幕，真正的持久战则自今日始。"④

松井石根个人的意见何以能压倒日本政府和军部的预定方案而成为事实？这与日军当时的风气息息相关。当时的日军，有所谓"下克上"的传统，激进的前线官兵总是能突破政府和军部划定的界限，而事后不仅会得到政府的追认和支持，还会赢得荣誉和奖励。所以，"很多人想通过第二次满洲事变，建立'功勋'，成就功名心。"⑤松井长期窥伺中国，1935、1936 年曾广泛游历中国南北，结论是："日支关系每况愈下，日

---

① 《松井石根阵中日记》，王卫星编：《日军官兵日记》，第 140 页。

② ［日］庄司得二：《日本居留民志》，南京居留民团发行，1940 年版。日本国会图书馆藏。

③ ［日］日本外务省外交史料馆藏：《外务省警察史：支那之部（中支）：在南京总领事馆》，第 48 卷（5—23），东京：不二出版，2001 年，第 205—207 页。

④ ［日］日本防卫厅战史室编纂：《日本军国主义侵华资料长编》（上），第 403—404 页。

⑤ ［日］重光葵：《日本侵华内幕》，第 112 页。

趋恶化。最近的形势如前所述,使我痛心的感到几乎成了不得不举起铁锤逼迫支那当局反省的局面。”[①]松井石根个人的“痛心”,在他受命为上海派遣军司令后,有了挟持日本政府和军部的机会。而在明显的侵略利益面前,他们愉快地合流了。

问题是,攻占南京并不能使中国的抗日意志破碎。事实上,日军占领南京前后,正是中国的抗日民族统一战线比较巩固的时期,全国抗日意志高涨。如何将推动日军占领南京的期望与中国的现实情况结合起来,避免被拖入日军最为忌惮的持久战泥潭,引起了日本内部一些人的“反省”。对石原莞尔颇为服膺、一度反对扩大战事到南京的堀场一雄分析说:

> 治理东亚要从解放中国和日华合作开始。最近中国最大的苦恼是日本的威胁和苏联的赤化。与此同时,日本应为中国指明道路,加以善导,并帮助其实施必要的统一。只要消除中国的受威胁之感,就能走上日华合作大道……[②]

堀场一雄离开近代以来日本的侵略给中国造成的无尽灾难,奢谈日华合作,与松井石根相比,也只是五十步笑百步。但客观地说,“消除中国的受威胁之感”永远是中日友好的前提之一,而占领南京的日军并不愿意正视战争激发了中国国民爱国主义和民族主义的事实,他们有了另外一个更加惊人的选择。

(三) 选择屠杀

选择屠杀,最主要的原因是日军把暴行作为一种战略行为,企图通过在当时的中国首都运用恐怖、野蛮、极端的手段,摧毁中国的抵抗意志和能力,达其战争目的。

在美国国家档案馆里,保存着一份日军士兵的阵中日记,由山梨县一个叫保坂晃的人在战后寄给盟军司令部军法处。内中提到:1937 年 11 月 29 日,他们在常州郊外某处,“奉命”用机关枪射杀平民 80 余人[③]。

这份藉藉无名的日记提示我们,日军展开的屠杀是在上级命令下进行的,而屠杀早在冲向南京的过程中即已开始。到了南京,日军第 16 师团长中岛今朝吾在 1937 年 12 月 13 日的日记中写道:

---

① 《松井石根阵中日记》,王卫星编:《日军官兵日记》,第 22 页。

② [日]堀场一雄:《日本对华战争指导史》(内部发行),北京:军事科学出版社,1988 年,第 107 页。

③ Rg153,Entry180,Box5,National Archieves II of USA, Maryland.

> 基本上不实行俘虏政策，决定采取全部彻底消灭的方针。但由于是以1000人、5000人、10000人计的群体，连武装都不能及时解除。……事后得知，仅佐佐木部队就处理掉约15000人，守备太平门的一名中队长处理了约1300人。在仙鹤门附近集结的约有七八千人。……处理上述七八千人，需要有一个大壕，但很难找到。预定将其分成一两百人的小队，领到适当的地方加以处理。[①]

这个在司令部里命令剑士高山用俘虏试刀的师团长[②]，可以说是凶残成性，他选择直接命令属下进行屠杀。作为当地日军最高指挥官的松井石根，选择的是明知暴行发生、却不制止的态度，也就是放任屠杀。远东国际军事法庭的判决书指出："他（按：指松井）既有权力，也有义务控制住他的军队和保护不幸的南京市民。""根据他自己的观察和属下的报告，他一定已经意识到了正在发生的事情。他承认他曾从宪兵和领事馆官员那里听说了他的军队的某种程度的非法行为。有关这些暴行的每日报告被递交给日本在南京的外交代表，并被转呈东京。法庭认为有充分的证据显示松井石根知道正在发生的事情。他没有采取任何措施，那些能抑制这些暴行的措施。"[③]作为东京审判的注脚，松井石根1937年12月20日日记中记载了敏感信息，他说："有一阵子，我将士中有少数人员出现过掠夺和强奸行为，这多少也是在所难免的实际情况。"[④]松井石根把施暴者扩大到"将士"，而不是个别士兵，是特别"坦承"之处，值得咀嚼。而据暴行发生时担任日本外务省东亚事务局局长石射猪太郎作证，南京大屠杀期间，日本外相广田弘毅和他本人均从各种渠道了解到了日军的暴行，广田为此与当时的陆相杉山进行了交涉，石射猪太郎也提醒了陆军军务局第一课长，但有关南京日军暴行的报告仍不断送来，而"广田外相并没有与陆相一起频繁地或多次处理这个问题，只有一到两次。"[⑤]

综上所述，日军从上到下选择暴行的态度是清晰的。问题是，为何要选择在南京进行屠杀？

松井石根事后总结日军南京暴行有两个原因：

> 1. 自从上海登陆以来，我军将士一直进行残酷艰难的战斗。这些战斗使将

---

① 《中岛今朝吾日记》，王卫星编：《日军官兵日记》，第280页。

② 《中岛今朝吾日记》，王卫星编：《日军官兵日记》，第278页。

③ 《判决书（有关南京大屠杀）》，杨夏鸣编：《东京审判》，张宪文主编：《南京大屠杀史料集》第7册，南京：凤凰出版社、江苏人民出版社，2006年，第611、610页。

④ 《松井石根阵中日记》，王卫星编：《日军官兵日记》，第153页。

⑤ 《证人出庭作证与回答质证：石射猪太郎》，杨夏鸣编：《东京审判》，第507—520页。

战前的南京新街口。选自张宪文主编:《南京大屠杀史料集》第28册,曹必宏等编:《历史图像》(以下简称"《历史图像》")。

战前的南京鼓楼广场。选自卢海鸣、杨新华主编:《南京民国建筑》。

战前的南京国民政府大门。选自《历史图像》。

战前南京中华门地区。选自《历史图像》。

士们对敌军产生了强烈的仇视情绪。

2. 在进行激烈且快速的追击战时,我军给养以及其他物资未能得到及时补充。[①]

松井石根的这一总结,说出了部分事实,但并没有多少说服力。比如,1944 年的衡阳战役艰苦程度不逊南京战役,日军经 3 个月才得到城池;而当时日军的补给更加困难,中美空军取得制空权,日军只能夜间行军,到冬天还穿着夏装。占领以后,中国军民被害甚重,但毕竟没有发生类似南京大屠杀的事件。所以,考诸东京审判时松井石根仍高唱他毕生致力于中日友好的狡猾,著者认为,松井石根既认为暴行"在所难免",他的这一解释只能视为知道自己日记将流传后世的故意之作。

钮先铭是南京保卫战时国民革命军教导总队工兵营营长,大屠杀期间,他化装成和尚,匿伏于南京永清寺、鸡鸣寺,8 个月后逃出。他说:"不久我回到大后方,与情报同志再三研判敌情,大家的结论是:日方以为既已攻下中国首都,我们必会作城下之盟谈和。为了削弱我们的人力与兵源,不惜违反人道和国际法,来进行集体屠杀。"[②]著者认为,此论较近事实。选择在南京施暴,跟南京的特殊地位有关,因为占领南京,本非单纯的战术安排;而日本政府在屠杀甚烈时就于南京扶植傀儡政权,企图使中国人屈服于它所谓的"东亚新秩序"。日军进行南京大屠杀在此背景下应有其政治和战略上的逻辑。

所以,进一步的问题是,日军南京大屠杀达其政治和战略目的的机制为何?

日本大阪教育大学山田正行教授对此有深刻的见解。他以性暴力为例说,把大屠杀期间日军的性暴力解释为军队混乱所造成,是不对的。他提出,当时日本军队纪律较严,没有混乱,各种迹象表明,大屠杀期间的性暴力是军方下令进行的,希望通过性暴力打击敌人。他进一步解释说:在日军士兵的胁迫下,中国男性只能眼睁睁地看着女性被侮辱,很挫败、很沮丧,而男性的无能为力又会使中国女性充满蔑视和悔恨。

山田教授以他在云南的调查为例,云南一个农村的 25 名妇女曾遭到日本士兵的性暴力。每个妇女至少受到 5 名日本士兵的轮奸。山田教授推断说,这样的安排说明日军有敌对的环境中生理、安全等方面的考虑,这种性暴力事件是有计划有组织的犯罪。他说,性行为的隐私性与集体性暴力的公开性是矛盾的,唯一的解释就是上面

① 《附:松井石根"支那事变日志拔萃"》,王卫星编:《日军官兵日记》,第 194 页。

② 钮先铭:《佛门避难记》,张生编注,南京:南京师范大学出版社,2005 年,第 70 页。

下达了这样的命令，这是作为作战战略来执行的。[①]

山田正行教授的推断有根据吗？还是让事实说话。

的确，南京大屠杀期间日军的强奸案件极少是单人所为，多数情况下，成群结队的日军当着受害者家属进行犯罪。国际安全区主席拉贝记述到："昨天夜里（按：指1937年12月16日夜）约有1000名姑娘和妇女遭强奸。此时听到的消息全是强奸。如果兄弟或丈夫们出来干预，就被日本人枪杀。"[②]身处南京的德国大使馆政务秘书罗森报告称："每晚都有日本兵冲进设在金陵大学院内的难民营，他们不是把妇女拖走奸污，就是当着其他人的面，包括当着家属的面满足他们的罪恶性欲。同谋犯把受害者丈夫或父亲拘留，并迫使这些人充当他们败坏自己家庭名誉见证人的情况屡见不鲜。"[③]

当时，藏匿意大利驻南京总领事馆的教导总队辎重营长郭岐所记述的一个案例更加完整，是对山田正行教授理论的典型注脚：

> 那一天，隔壁洋楼门外来了几十名鬼子兵，领章有黑有黄，但却既无部队番号，又无官长……先把大客厅里的男人统统撵走，再将半老徐娘们拉了过来，当着小孩子的面，光天化日，明目张胆，就在大客厅里，把半老徐娘们的衣裳剥得精光，然后集体演出丑剧，三对一，五对一，去而复来，周而复始……孩子们几会见过这种骇人的场面，一个个的全都吓哭了……客厅外，庭院里，那些女人们的丈夫们，一个个失魂落魄，面红耳赤。有人伏在墙上，哀哀的哭，有人双手抱头，木立不动……一个兽欲已达、裤带犹未系好的鬼子兵快步走出门来，上了大街，又遇见了一队鬼子兵，又是好几十名……这一批紧跟着又一哄而入……[④]

"领章有黑有黄，但却既无部队番号，又无官长"，说明日军有意识隐瞒身份；不让中国男人走远而使他们难堪，说明日军达到了他们的目的；公开地呼朋唤友参与，说明日军知道在南京强暴妇女不会被惩处。松井石根坦承："这些坏事都是在混乱的战

---

① 《学术沙龙：南京大屠杀中性暴力问题的心理研究》，载中日网，http://www.sjhistory.net/site/newxh/xxdt-mb_a2007032915761.htm。并参照著者听演说的笔记。

② 拉贝1937年12月17日日记，[德]约翰·拉贝：《拉贝日记》，刘海宁、郑寿康、杨建明等译，张生修订，张宪文主编：《南京大屠杀史料集》第13册，南京：凤凰出版社、江苏人民出版社，2007年，第156页。

③ 《罗森给德国外交部的报告》（1938年1月15日），张生编：《外国媒体报道与德国使馆报告》，张宪文主编：《南京大屠杀史料集》第6册，南京：凤凰出版社、江苏人民出版社，2005年，第327页。

④ 郭岐：《陷都血泪录（节录）》，张连红编：《幸存者的日记与回忆》，张宪文主编：《南京大屠杀史料集》第3册，南京：凤凰出版社、江苏人民出版社，2005年，第167—168页。

斗中发生的,因此,没能对所有肇事者进行审判也是无可奈何的实情”[①],南京大屠杀的主要罪行并不是“在混乱的战斗中发生的”,而是在日军控制了局面、中国军人放下武器、老百姓几无反抗的情况下发生的,松井的解说倒说明了日军官兵之间的默契。

把暴行作为战略手段,是侵华日军的一大“发明”,南京大屠杀的发生于此方可得到逻辑通顺的解释,这就说明:南京大屠杀绝非战争状态下的偶然事件。此后,慰安妇制度推广到日军整个占领区,来维系日军战斗力,也是出于同样的战略考量。

综合上文,可以看出,日军的战略时机选择环环相扣,虽表面常有出人意表之处,而内在逻辑一致,南京大屠杀是日军战争战略演进的自然结果。在此基础上,综合各种远近原因,才能全面理解南京大屠杀的发生。

长期以来,日方资料、特别是来自南京大屠杀指挥者的资料,在屠杀发生的根本原因上不断制造头绪,转移注意力,值得我们深入思考。以松井石根和他的副参谋长武藤章为例:

1946 年 3 月 8 日,托马斯·莫罗上校审问松井石根。问 1937 年 12 月 13 日至 16 日进城的日军是新部队还是老部队,是否由富有经验的军官指挥? 松井明确回答:“他们都是由有经验的军官指挥的训练有素的部队”,“我从没有听到这些军队在中国的其他地方有劣迹。”[②]1946 年 4 月 22 日,埃尔顿·海德等审问武藤章时,武藤表示:“在南京和马尼拉犯下暴行的军队是在匆忙中招募的,他们没有受过正规的军事教育。”[③]何故如此矛盾? 看了后文,原来,松井石根是想说明,他指挥的部队纪律严明,自己要求又非常严格,不可能进行大屠杀;而武藤章却想说明,从 1915 年派兵西伯利亚后,日军暴行渐增,南京是发生了暴行,但他为改善日军的教育付出了艰苦的努力。他们为了对自己有利、强调不同方面的原因说明,如果我们纠缠于南京的日军是老兵还是新兵、日军士兵当时是否有饭吃之类的枝杈问题,并以此为基础来讨论屠杀的发生,是很容易只见树木、不见森林的[④]。

---

① 《附:松井石根“支那事变日志拔萃”》,王卫星编:《日军官兵日记》,第 194 页。

② 《审问松井石根记录》,杨夏鸣编:《东京审判》,第 222—223 页。

③ 《审问武藤章记录》,杨夏鸣编:《东京审判》,第 278 页。

④ 本部分主体发表于《南京师范大学学报》2007 年第 6 期,收入此书时略有修改。

二、南京大屠杀前后南京市民生活秩序的变迁

南京大屠杀前后，南京市民生活秩序的变迁有着清晰的轨迹。本书用“常态生活秩序”、“防御期生活秩序”、“空位期生活秩序”、“过渡期生活秩序”、“‘常态化’殖民生活秩序”五个阶段来描述1937年7月至1938年4月间这一秩序的变迁。

常态生活秩序 战前的南京，通过十年建设，凝炼了自己的特色。作为国民政府首都，南京聚集了各行各业人才，具备了和平、发展、稳定的大环境，给南京市民提供了生活满足和生存意义追寻的空间——具备一个常态社会的基本特征，常态社会赋予了南京市民常态的生活秩序。

防御期生活秩序 1937年8月15日，日军开始轰炸南京，南京工商业逐步停业，基础设施不断受到破坏，市民离城此起彼伏，政府和文教机构陆续西迁。这时，和平、发展、稳定的大环境渐渐远去，南京市民全面进入了应对日军攻击的防御期生活秩序，直到1937年12月13日南京沦陷。

空位期生活秩序 1937年12月13日，南京沦陷，日军进城后，制造了南京大屠杀，烧杀抢掠遍布全城，司令官纵容不作为，社会治安被破坏到了极点，保命成了这段时间南京市民生活的主题。原来的政权撤离了，新政权没有建立。虽然安全区委员会竭尽全力与日军折冲，但其合法性不足，二十多人的力量难以应付全副武装的犯罪大军。这时，南京城市管理陷入了权力真空，市民进入空位期的生活秩序。这种局面一直延续到1937年底。

过渡期生活秩序 1938年1月1日，华中方面军扶植的傀儡政权——南京自治委员会开始运作，南京城市管理权力真空的局面就此终结。南京自治委员会的职能相当于维持会，过渡性色彩极为浓厚。在自治委员会接手城市管理权的过程中，华中方面军也积极物色头面人物出场，组建功能完备的华中伪政权，但需要一个过程。这段时间内，由于东京对南京政策不明，华中方面军高级将领也有自己的打算，自治委员会“自治权”不强，无力扭转权力主体成为犯罪主体的局面，日军的烧杀抢掠依旧没有得到全面有效的控制。不过，由于南京内外信息传递成功、欧美使领馆官员进入，

南京警备师团换防等系列因素的影响，南京日军的暴行趋于缓解，这段时间，南京市民生活在过渡期的生活秩序里，这种局面一直延续到2月中旬，东京对华中方面军[①]高级将领大调整后，才发生根本转变。

“常态化”殖民生活秩序 1938年2月18日，新任华中派遣军司令畑俊六本着“因势利导”建立华中伪政权的思路上任。上任后，南京大规模烧杀抢掠的局面整体得到控制。这时，东京全面代替华中派遣军思考华中伪政权建设，畑俊六与东京保持一致，系统创设南京“常态化”殖民生活秩序，伪中华民国维新政府和督办南京市政公署的成立，既是这项工作推进的结果，也是此项工作走向深入的标志。

(一) 常态生活秩序终结与防御期生活秩序来临

1. 战前南京市民常态生活秩序概况

1927年南京国民政府建立，后于4月24日成立了南京市政厅，6月1日改称南京市政府，下设市政会议、参事室、秘书处、土地局、教育局、社会局、工务局、财政局、公安局、卫生局、铁路管理处、市政管理处、公园管理处、旗民生计处等议事和办事机构。

上述机构承担了城市管理的相关职能，在此基础上，南京大规模建设拉开了帷幕。经过十年建设，南京人口快速增长、城市空间持续扩张、基础设施日益完善、经济生活日益活跃，南京的面貌焕然一新，俨然已成为中国政治、军事和文化中心。

(1) 人口增长与城市管理

民国初年，南京有20多万人口，到了1927年，增长到36万。从1928年开始，增速加快，至1935年，人口突破百万。据统计：

表1 南京市民国元年至民国二十五年历年人口统计表

年 份(民国纪年)	人 数
元 年	269000
二 年	269000
三 年	377120
四 年	368800
五 年	378200

① 在华中方面军高级将领调换的同时，华中方面军改名为华中派遣军。

续表

年　份(民国纪年)	人　数
六　年	377549
七　年	376291
八　年	392100
九　年	392100
十　年	380200
十一年	380900
十二年	401500
十三年	395500
十四年	395900
十五年	395900
十六年	360500
十七年	497526
十八年	540120
十九年	577093
二十年	653948
二十一年	659617
二十二年	726131
二十三年	795955
二十四年	1013320
二十五年	1006968

资料来源:经盛鸿等编:《战前的南京与日机的空袭》,张宪文主编:《南京大屠杀史料集》第1册,南京:凤凰出版社,江苏人民出版社,2005年,第7—8页。

上述人口总量中,城区人口占主要部分,根据南京市民国二十六年(1937年)6月份城区与乡区人口数及出生死亡率比较表显示城区人口数为855632人,乡区人口为161182人:

表2　南京市民国二十六年六月份城区与乡区人口数及出生死亡率比较表

项别 区别	人口数	出生数	出生率	死亡数	死亡率
城　区	855632	1498	1.75	1200	1.40
乡　区	161182	281	1.74	146	0.90

续表

项别 区别	人口数	出生数	出生率	死亡数	死亡率
总　计	1016814	1779	1.75	1346	1.32

资料来源:经盛鸿等编:《战前的南京与日机的空袭》,张宪文主编:《南京大屠杀史料集》第1册,南京:凤凰出版社,江苏人民出版社,2005年版,第4—5页。

因为人口激增、城市规模扩张,城市规划也得到了重视。1928年1月,南京国民政府专门成立了首都建设委员会,负责制定《首都建设计划》,系统推进南京的市政建设。

《首都建设计划》将市区划分为:设于紫金山南面的中央政治区;设于鼓楼北面的傅厚岗一带的行政区;设在旧城区内的住宅区;设在明故宫一带的商业区;设在鼓楼、五台山一带的文化区和分别设在长江南北两岸的工业区。1930年10月3日,国民政府第96次国务会议通过《首都干道定名图》。该图按照新的道路系统,根据其分布地域功能的不同,作了以下排列和定名:

中轴干路:包括中山路、中央路、中正路、中南路和汉中路。各线走向如下:中山路——起中山门,迄下关江边。鼓楼以北名中山北路,鼓楼至新街口为中山路,新街口至中山门为中山东路。中央路——起鼓楼迤北达中央门。中正路——自新街口迄珠宝廊(白下路、建邺路连接点)。中南路——自珠宝廊中正路南向段。汉中路——自新街口至汉西门。

西北干路:以我国18个省名,并按各省面积的大小比照路线长短和上缴国库款额,顺序命名。

东北干路:以五洲公园原具五洲之义命名,如环海路、观海路、横海路等。中央政治区明故宫附近各干路,分别以三民主义命名,如民生路、民权路、大同路、博爱路等。

南城干路:多处于市区南部旧城域,以今中华路、洪武路为中轴线。旧城域内古城遗址历史悠久,因此干道命名均与历史典故有关①。

在首都建设委员会的主持和规划下,南京先后修建了40多条道路。在主干道两侧还建了一批办公楼、金融机构、商贸酒店和文化设施。一部分建筑在保留传统特色的基础上,吸收了西方建筑的优点。新街口周围的影剧院、银行、商场等建筑,则完全仿照西式。江苏路一带新住宅区皆以古迹名胜地为路名。不过,这时的南京也留有一大片没有改造的旧宅区,被称为棚户区,棚户大部分集中于北区(下关一带),南区(秦淮河一带)和西区(水西门一带)。棚户区市民生活水平较低,多是底层贫民。

① 南京公路管理处史志编审委员会:《南京近代公路史》,南京:江苏科技出版社,1990年,第110—115页。

在人口增长、城市规模持续扩张的同时，南京基层政权建设也逐步完善。南京国民政府建立时共分为3个区：南京市区、江宁县和总理陵园区。到了战前，已形成了11个自治区的行政建制。据研究："南京市区级政权也有过较大的变动，市政府成立之初，划南京市城厢及浦口原有地区为市辖地区，仅划全市为南京市区、江宁县和总理陵园区三个区，但未设置相应机构。此后，划全市为东、西、南、北、中、下关六个区，仍没有区级政权。到1931年7月，南京开始推行地方自治，成立区机构为自治重要内容。由于当时南京市区内的荒地很多，农业的发展在南京经济中还占有重要地位。为整理农业起见，划全市为二十一个区。区设区公所，办理区内自治并协助市政府工作。但区公所往往事务系于一人，组织简陋；1932年将二十一个自治区划为八个自治区，与警察局辖区一致。1934年省市边界交割，一些乡镇划归南京市管辖，故又成立孝陵卫、燕子矶、上新河三区，这样，全市共有自治区十一个。另有一区为陵园区。陵园区内人口极少，多为驻军、陵园管理人员（公务员）和少数农民。"①

国民政府建立后，南京设置了3个区，到了1937年，增长到11个。不仅数量增加，区级政权以下的相应机构——区公所也逐步完善。初期的区公所人员设置和管理运作都比较简单，后由于工作需要，在区公所下设置了民政、经济、文化、保安、户政五组，协助市一级机关工作。此后，为了扩大政权的渗透力，国民政府在区公所下全面推行保甲制度，要求不论城乡，一律开办保甲，力图加强对基层社会的管理。

国民政府建立后，南京的城市治安也得到了高度重视。1927年南京市政府成立的时候，设置了公安局，负责全市治安、户籍管理、交通管理、维持社会风气等公共安全事项。

鉴于首都治安的重要性，从1928年开始，陆续有人动议将公安局划归内政部管辖。对此，南京市政府据理力争，未能扭转局面。1929年3月2日，南京国民政府第22次国务会议决定："将南京市公安局改名为首都公安局，由内政部直辖。经南京市政府力争，又在首都公安局的组织大纲上，规定在市行政范围以内，市政府仍有直接指挥的权力。至1929年，国民政府颁布《首都警察组织法》，将原来的首都公安局改名为首都警察厅，使其完全独立于市政府以外，只是在组织法中加上一句，'首都警察厅对于首都特别市市政，有协助进行之责'。"②

在首都警察厅下面，也设置了若干职能部门和业务部门："厅内设总务、保安、司法三科和督察处、特务组，外有八局九队二所。八个警察局分别管辖南京的八个城区，九队为辖燕子矶、上新河、孝陵卫三区的警察巡逻队，以及保安警察大队、侦探警

① 王云骏：《民国南京城市社会管理》，南京：江苏古籍出版社，2001年，第60页。

② 王云骏：《民国南京城市社会管理》，第63页。

察大队、特务警察大队、消防警察大队及八卦洲和花神庙巡逻队”[①],为南京市民的生产生活提供安全保障。

(2) 交通网络建设与信息平台构建

南京国民政府建立后,南京对外开放步伐加快,交通网络也逐步得到了完善。交通网络可以分为长途交通和市内公共交通,也可分为铁路交通、公路交通、航运和空运交通。南京交通网的建设,既是凸显南京作为特别市的需要,也是扩大首都辐射力的必然。在既有基础上,通过十年建设,战前南京的交通网络日趋完善,有力支撑着南京内外资源和信息的交流。

资料显示,南京近代化起步与下关开埠关系密切,南京现代交通网络的起步也是如此。据学者研究:“开埠后的南京,对外联系的要求日益增加,交通通讯事业已显然不能满足发展的需要。在1904年至1911年间,沪宁铁路和津浦铁路先后建成,开通了南京与当时中国最大的两个工商业中心上海和天津的陆上交通”[②]。南京国民政府建立后,南京在东面和北面有沪宁线和津浦线的基础上,1934年到1936年,又修建了到芜湖的宁芜铁路。三条陆路动脉为南京的内外交流提供强有力的支撑。陆路交通除铁路外,还有公路。南京国民政府建立后,不断完善和修建到杭州、芜湖、上海、扬州、镇江、滁州等地的周边公路。航运业快速发展 ,最有影响力的工程是中山码头的建设,1936年3月16日正式启用。中山码头有到上海、汉口、镇江、扬州、芜湖等地的定期客船。南京的航运交通也是领风气之先,1927年底开始建设明故宫机场,2年后启用,在全国开辟了第一条民用航空线:南京到上海。

市内交通网也不断完善。清朝末年,南京就建成了市内铁路,1909年1月,下关至中正街(今天白下路)小火车开通,市内铁路初设“江口、下关、三牌楼、无量庵(今鼓楼)督署(此战随政局变动曾九易其名,解放后名长江路站)中正街共6站”[③]。后增设了丁家桥站。1936年,京市铁路不断南延,与宁芜铁路站连接。市内除了有小火车,还有客运马车、人力车、三轮车、出租车等交通工具,特别是公共汽车的运行,方便了市民的出行。1931年5月5日,由留法勤工俭学归国的吴琢之任经理的江南汽车公司开业。据记载:“公司初设于西华门(今逸仙桥旁),经营南京至句容、长兴、杭州长途汽车。1932年7月开始经营市区公共汽车,开办新街口至中山陵园的游览车;1933年11月10日承办市区2条线路;1935年7月收购兴华公司,独家经营市区公共汽车。同年10月,江南公司中央路新址落成,并建成当时全国一流水平的汽车修造厂。

① 王云骏:《民国南京城市社会管理》,第63页。

② 王云骏:《民国南京城市社会管理》,第13页。

③ 南京地方志编纂委员会:《南京公用事业志》,第17页。

该公司经营有方，业务日趋发展，至1937年，开行市内线路6条，陵园至西郊2线，长途3线，汽车由6辆增至304辆，其中市郊每日行驶120—140辆，乘客人数约12万人次。全公司职工1600人，资本由10万元增至100万元。”①

总之，在1927—1937年间，南京形成了较为完整的内外交通格局，极大地方便了市民出行。

在建设交通网的同时，南京也重视信息传输平台建设。信息传输是个复杂过程，简单概括，包括信息采集——信息处理——信息发布——媒介传递——信息接收。信息的分类也较为多元，以传输速度分类，有快速信息（如收音机、电话、电报）和慢速信息（水陆路邮政和报纸杂志投递）等项。以信息接收终端区分，有信函、收音机、电报、报纸杂志等项。10年中，上述建设均取得了丰硕成果。

南京原有无线电台一座，1928年又建成一座短波无线电台，后不断合并重组，于1935年建成了大功率的南京无线电台。与此同时，南京国民政府也重视长途电话设施建设，在交通部下设了九省长途电话工程处和专门对接上海的京沪长途电话管理处。至抗战爆发，基本建成了以南京为圆心，以重要城市为半径的全国长途电话网。长途电话四通八达，市内电话也是在原金陵电报局的基础上，全面进行了扩容改造，服务南京市民生产和生活。在邮政方面，南京不断增设新的邮局和邮所，抗战爆发前夕，南京拥有邮政支局和代办所几十处，并开通了南京与全国各省市的邮政业务。除了电台、电话和邮政，报纸和杂志也是内外信息交流的重要渠道，南京国民政府建立后，南京的平面媒体快速增多，通讯社、报社、杂志社如雨后春笋般地增长，上海的报纸和杂志也能及时送抵南京。

(3) 经济发展与公共服务完善

这一时期，南京经济快速发展，工业产业规模化增长。建成了一批大工业，如扬子电气公司、永利化学工业公司；此外，还设有机器碾米厂、机器制冰厂、机器厂、电池厂、机器煤球厂、蜡烛肥皂厂、印刷厂、无线电制造厂等工业企业。据统计，1928—1937年间，“南京新开办厂矿企业计558家，资本总额达3087.36万元，厂矿数量和资本总额均比1927年前增加了十几倍”②。上述行业的发展，解决了一部分市民的就业问题，极大地改变了南京市民的从业结构，就业人群中服务业、交通运输业、工商业占了较大比重。但是无业人员也很多，已婚的家庭妇女构成了无业人员的主体，是那一时代的特点。据大屠杀幸存者牟秀兰回忆：“我父亲牟世珍，是个卖布的，不是开布店，而是把布挂在身上，在南京城内走街串巷叫卖。我一家主要就是依靠我父亲卖布

① 南京地方志编纂委员会：《南京公用事业志》，第20页。

② 史全生：《下关开埠与南京经济的发展》，北京：方志出版社，1999年，第30页。

得来的钱维持生活，一家人全靠他了。他挣的钱基本上够家里用的了，生活上没有什么愁的。”[①]类似的记载还有很多。据大屠杀幸存者徐琦回忆：“我父亲是做小生意的，在唱经楼开了个小店，主要经营手工艺品。我一家的生活开支都依靠我父亲开店挣点钱，但是不管怎么说，吃的穿的都不用担心，可以说是安居乐业了。我母亲是家庭妇女，就在家操持家务，那时，妇女一般都不出去做活的。”[②]

因为行业差异，市民收入的差距也非常明显。总体而言，三十年代的南京，高级知识阶层如官员、大学教师、律师、会计师等收入较高，绝大多数市民的月收入都在十到二十多元，这部分群体主要由工人、船夫、车夫、零售小商业从业人员等组成，构成了南京市民的主体；此外，也不乏年收入极低的特困人口。不过当时的物价水平不同于今天，多能勉强维持生计。据统计：

表3 1937年1—6月的南京物价 价格单位：元

名称	大米	小麦	面条	大豆	玉米	牛肉	猪肉	鱼	萝卜	卷心菜
单位	担	担	担	斤	斤	斤	斤	斤	斤	斤
价格	9.63	5.84	0.089	8.83	5.55	0.27	0.34	0.18	0.036	0.29
名称	豆芽	豆油	芝麻油	酱油	高粱酒	糖	盐	原棉	粗布	细布
单位	斤	斤	斤	斤	斤	斤	斤	斤	尺	尺
价格	0.036	0.27	0.27	0.08	0.35	0.19	0.12	0.54	—	0.11
名称	衬衫衣料	Black Jesus	粗斜纹布	毛巾	长袜	线	芦苇	木柴	树枝	煤
单位	尺	尺	尺	条	双	束	担	担	担	吨
价格	0.07	0.18	0.18	0.11	0.13	0.007	0.75	0.91	0.70	25.13
名称	茶，茵陈	茶，青头	烟草，好	烟草差	香烟	蜡烛	煤油	肥皂	洋钉	
单位	两	两	两	两	包	包	斤	块	斤	
价格	0.05	0.02	0.07	0.02	0.16	0.07	0.19	0.04	0.03	

资料来源：张生编：《耶鲁文献》(下册)，张宪文主编：《南京大屠杀史料集》第70册，南京：江苏人民出版社，2010年，第622—623页。

随着经济发展、人口增长、城市规模扩张，十年建设期间，南京的水电公共设施也得到长足的发展。自来水设施建设给市民生活带来了极大便利，不过，当时只有经济基础好、离管道基础设施较近的家庭能够接通自来水。为了满足更多市民对自来水

① 《牟秀兰口述》，张连红、戴袁支编：《幸存者调查口述》(中)，张宪文主编：《南京大屠杀史料集》第26册，南京：凤凰出版社，江苏人民出版社，2006年，第518页。

② 《徐琦口述》，张连红、戴袁支编：《幸存者调查口述》(中册)，第522页。

的需求，南京市政当局在人口聚集区设置零售水站，专人管理，取水收费，方便市民生活。电力是生产和生活的又一基础，就服务生产来说，主要是以能量的获取和传输支持现代工业生产；就服务生活而言，主要是支持家庭和公共场所照明和电器使用。南京国民政府建立后，对水电公用设施建设极为重视，不断加大投入，扩大规模。通过十年建设，取得了长足的进步：

南京在有自来水厂前，市民长期饮用江水、河水和井水。清代市内有水井(浅井)5000余口。1927年国民政府定都南京后，市政府认为江河水多有污染，井水供应量不足，市民饮水卫生为目前最为切要之公用事业，建设水厂提上了日程。据记载："1929年开始筹建自来水厂，同时在市内人烟繁盛之区开凿深井6口，供市民饮用以解决水厂未建成之急需。……1933年4月1日，北河口水厂在滤池建成前先向市民供应沉淀消毒水。4月6日至10日向市民无偿送水5日。初期日供水量为1500立方米，增设各种口径管线33.7公里，利用新建成的清凉山水库调剂供水，节水用户29户多为军政机关、官员住宅和工商业户，市内设少量水站供市民购买。1933年全年出水77.33万立方米。1935年10月，南京市自来水管理处成立，直属市政府。1936年起，北河口水厂按照原设计继续建设，敷设第二根进城总管，建设快滤池等。"①

另据南京市长马超俊1937年2月做的报告显示："计自二十四年四月一日起至廿五年十二月底止，已完成之各路干管为上海路及云南路、遗族学校、归云堂、珠江路、中央路、广州路、新住宅区第四区，钞库街及大石坝街、第二进城总管、建邺路、公园路(大中桥至复成桥)评事街、彩霞街、船板巷、中央路(玄武门至梅岭)止马营平民住宅区、雨花路至五贵桥AB段、苜蓿新村、湖北路、马群镇至白水桥、娃娃桥、东海路、羊皮巷三十四标及四条巷、京芜路五贵桥至邓府山等处……，共埋干管四万四千七百六十九公尺，年前自出水以来，全市已埋管长度共为十三万八千公尺，即一百三十公里。"②由于管线铺设范围较广，加之零售水站遍布全市，用上自来水的市民越来越多。据记载："本市自来水自二十二年四月出水以来，迄今已将四载，因创办伊始，千头万绪，进展颇觉迟缓，截至二十四年三月底止，用户仅有一千六百余户，每月水费收入，亦只三万一千余元。嗣经力加整顿，锐意经营，业务乃日趋发达，用户亦逐渐增加，截至二十五年十二月底，自来水用户已激增至四千户以上，每月水费收入，亦激增至六万三千余元，较前增加一倍有奇，今后更当设法推广，以期业务蒸蒸日上。"③

---

① 南京地方志编撰委员会：《南京公用事业志》，第150—151页。

② 《南京市政府二十四年四月至二十五年十二月工作概况——对五届三中全会的报告》，经盛鸿等编：《战前的南京与日机的空袭》，张宪文主编：《南京大屠杀史料集》第1册，南京：凤凰出版社，江苏人民出版社，2005年，第41页。

③ 《南京市政府二十四年四月至二十五年十二月工作概况——对五届三中全会的报告》，经盛鸿等编：《战前的南京与日机的空袭》，第39页。

与此同时,南京重视电力设施建设。到战前,完善和建成两条线路——中华门外六里的上坊门电厂和下关电厂。前者的装机容量较小,主要供应城市路灯照明,后者是南京的动力中心。南京国民政府建立后,扩充了下关电厂,建厂初期,电厂设总务、营业、会计、机务、电务及发电所等机构,又分设有中山路办事处和下关发电所,负责全厂日常事务与输电事项,与此同步,加大装机容量:“1931 年安装了两台 5000 千瓦汽轮发电机,1934 年又增加了 1 台 1 万千瓦发电机和新式锅炉,使年发电量为 3300 万千瓦时,用户达 4 万户,较 1927 年以前增加了十余倍。1937 年,建设委员会将首都电厂与戚墅堰电厂联营,改组为扬子电气公司,增资达 1000 万元。”[①]至此,一个现代化的电厂全力运营,支持南京市民的生产和生活用电。

十年期间,南京的医疗事业也在不断进步。南京国民政府建立时,南京最大的医院是金陵大学医院。1927 年 4 月,南京国民成立时,南京市政府一度接管医院,改名南京市立鼓楼医院。1928 年 8 月,又将医院归还给金陵大学管理。金陵大学医院的科室在那个时代较为完备,设有内科、外科、产科、检验科、放射科、药局、手术室等,能够进行全科诊断和手术治疗。

十年期间,南京医疗事业最突出的进步是建立了中央医院。中央医院可追溯到 1929 年筹建的中央模范军人医院,在多方努力下,次年改建为国立中央医院,这所医院是中国自行建设的的第一所现代国立医院和国内第一家由中国人自己创建的国立西医院,曾任国民政府卫生部部长的刘瑞恒担任首任院长。

除了这些大型的医疗机构之外,南京还有一批公益的医疗机构、民间老中医以及民间郎中队伍存在,一定程度上弥补了医疗机构、病床数、医务人员短缺的弱点。

概括言之,此时,作为国民政府首都的南京,聚集了各行各业的人,具备了和平、发展、稳定的大环境,给南京市民提供了生活满足和生存意义追寻的机会。

2. 从卢沟桥事变到上海沦陷

十年建设取得的成绩来之不易,但中日关系也日趋紧张。对于日本的入侵态势,南京国民政府进行了积极的应对。1932 年一·二八淞沪抗战之后,国民政府认为上海是中国的经济中心,南京是政治中心,在两个中心之间理应构筑国防工事。当时的基本分析是:“日海军可能由长江和杭州湾进犯,空军由上海袭击南京和各大城市,陆军可能由上海附近及杭州湾北侧登录后,分两路西进,进攻南京。因此,便把京沪杭一带划分为京沪、沪杭和南京三个防御地区,并以京沪地区为防御重点。”[②]几经讨论,

① 王云骏:《民国南京城市社会管理》,第 20 页。

② 黄德馨:《京沪杭国防工事的设想、构筑和作用》,中国人民政治协商会议文史资料研究委员会编:《八一三淞沪抗战——原国民党将领抗日战争亲历记》,北京:中国文史出版社,1985 年,第 55 页。

国防工事于1934年起开工建设，至1936年基本完工。

按照当时的研判，沪宁线将是日本海陆军协同向西推进的主要路线，因此利用北有长江、南有太湖，二者之间河流纵横，又有许多高地分布等地势特点，选定"吴福线(苏州至福山)和锡澄线(无锡至江阴)为这一地区的主要阵地，并在这两阵地的前后，分别设置后方阵地和前进阵地。"①在沪杭线上，为了与吴福线和锡澄线对接，选定"乍嘉线(乍浦经嘉善至苏州)和海嘉线(海盐经嘉兴至吴江)为主要阵地，并在两线阵地前后分设后方阵地和前进阵地。"②对于南京区域防御阵地设置，也是经过精心思考，决定：

> 南京城外构筑外围阵地和复廓阵地，并在外围阵地前设警戒阵地。外围阵地选定乌龙山、栖霞山、青龙山、淳化镇、牛首山、大胜关一线，两翼依托长江天堑，形成一弧形阵地，并以东南为阵地的主要防御方向。复廓阵地以南京城墙为内廓，在环城外选定紫金山、麒麟门、雨花台、下关、幕府山要塞炮台一线为外廓阵地，形成城内城外两线，相互为用，内线便于支持外线，外线可以巩固内线。……此外，还在长江北岸浦口，构筑桥头堡阵地，以封锁渡口。警戒阵地选在后头山、大连山、湖熟、秣陵关、江宁镇一线，虽离外围阵地较远，但可使其有充分时间做战斗准备。③

总之，为了应对日本的入侵，南京国民政府在沪宁线间修了三道防线：吴福线、锡澄线和南京区域防御阵地。

卢沟桥事变后，京沪一带山雨欲来，终于在8月13日拉开了战争帷幕。纵观这一阶段的形势，用战略学家克劳塞维茨的话来说："所以在现实中，战争变成了一种正规的赌博，在其中是由时间和机会来洗牌，但就其意义而言，那不过仅为某种'强制外交'，一种更激烈的谈判方式，在其中战斗和围攻代替了外交通牒。想获得某种温和的利益以便可以用于和平谈判之中，甚至即可以算是最富有雄心的目的。"④

(1) 战争推进与上海沦陷

1937年8月15日，松井石根奉命入宫，受命担任上海派遣军司令官。谕旨要求：

---

① 黄德馨：《京沪杭国防工事的设想、构筑和作用》，中国人民政治协商会议文史资料研究委员会编：《八一三淞沪抗战——原国民党将领抗日战争亲历记》，第56页。

② 黄德馨：《京沪杭国防工事的设想、构筑和作用》，中国人民政治协商会议文史资料研究委员会编：《八一三淞沪抗战——原国民党将领抗日战争亲历记》，第56页。

③ 黄德馨：《京沪杭国防工事的设想、构筑和作用》，中国人民政治协商会议文史资料研究委员会编：《八一三淞沪抗战——原国民党将领抗日战争亲历记》，第57页。

④ [德]克劳塞维茨著：《战争论》，钮先钟译，桂林：广西师范大学出版社，2003年，第134页。

战前的南京挹江门。选自《南京民国建筑》。

1935 年的南京汉中路。选自《历史图像》。

1936年的南京中华路商业街。选自《历史图像》。

在南京第一公园举行的防空展览会。选自《南京民国建筑》。

“上海派遣军司令官应与海军协作,歼灭上海附近的敌人,占领上海及北部地区主要战线,保护帝国臣民。”①第二天,松井前往日军参谋本部接受总长的命令,据松井石根日记记载,当天接到命令后,他深感不满:

> 我谨接受的上海派遣军的任务如下:扫荡上海附近敌军,占领西方要地,保护居住在上海的居留民。该任务消极至极,只相当于前述的政府声明之附属物,令人不胜遗憾。关于同海军的协定和司令部机构的组建也不尽人意。因为,首先是陆战队的指挥关系不明确。其次是对完成任务至关重要的宣传机构不完备,等等。我察觉到,之所以这样,主要是因为参谋本部当局特别是第一部部长对上海派遣军缺乏足够的热情所致。于是我去见了本间第二部部长,陈述了自己的意见,敦促他们对此事进行研究。同时,我还见了陆相,将上述情况向他作了回报,并陈述了我自己的意见。②

松井认为此次进军应以迅速进攻南京为目标,对南京政府一面采取武力进逼,一面在经济和财政领域施压。松井这天的日记透漏了参谋本部各部门之间的意见分歧。不仅如此,参谋本部和陆军部之间意见也有相左之处,松井石根在8月16日的日记中写到:“对以上的意见,杉山陆相本人似乎没有什么异议。但是由于参谋本部的意向与此相悖,所以陆相也没有表示同意,反而提醒我,在陆军军部以外的地方,这种言行要小心谨慎。”③松井陆续拜访了陆相、外相、海军大臣、首相及寺内正毅、本庄繁等大将后,于8月20日率领第三师团、第十一师团(欠天谷支队)和独立机关枪第七大队、坦克第五大队出征了。据松井石根8月20日的日记记载“此次出征壮举,我将率领第三师团,该师团中有我原先入伍的部队步兵第六连队,还率领着我曾统率并且训练过两年的第十一师团。”④

松井率军于8月23日抵达上海,寻机登陆并展开对中国守军的攻击战。推进过程中遭受到中国守军的英勇抵抗,伤亡较大。8月30日,松井致信日本陆相杉山元,请求增加一个师团的兵力。9月3日,隶属第十一师团的天谷支队调归派遣军,但这与松井心中五个师团的总量要求还是相距甚远,于是松井通过各种途径要求日本高层关注上海战事并给予增兵。松井的努力取得了一定成效。9月8日,日参谋总长电

① 《临参命第73号》,王卫星,雷国山编:《日军军方文件》,张宪文主编:《南京大屠杀史料集》第11册,南京:凤凰出版社,江苏人民出版社,2006年,第1页。

② 《松井石根日记》,王卫星编:《日军官兵日记》,第22—23页。

③ 《松井石根日记》,王卫星编:《日军官兵日记》,第24页。

④ 《松井石根日记》,王卫星编:《日军官兵日记》,第28页。

告松井，由重藤少将指挥的台湾守备步兵四个大队、山炮一个大队等其它零星大队将派遣给上海派遣军。9月10日，东京告知松井，将临时增派第九、第十三、第一零一师团给上海派遣军。不过，对于这个结果，松井仍然不太满意，因为上述部队按计划10月底才能集结上海。

随着上海战事的吃紧，东京加快了派兵速度。9月14日，重藤支队到达上海。9月22日，第一零一师团到达。9月27日，第九师团到达。随后，第十三师团内山少将指挥的野重炮第五旅团也到达登陆。

在上述师团到达之前，日军在上海战场遭遇了较大伤亡。据松井9月28日日记记载："总计：死亡人数：2286名。负伤人数：6637人。病患人数：2825名。伤亡人数如此之多，真令人难以置信。"①10月后，由于作战兵力的增加，日军加强了对上海的进攻，但仍然受到中国守军的顽强抵抗，伤亡人数再次扩大。据统计：

表4 截止1937年10月14日日军各师团伤亡情况

	死伤数	补充数
第三师团	6026	约6500
第十一师团	6380	5000
第一零一师团	2811	未抵达
第九师团	2894	未抵达
第十三师团	156	未抵达
重藤支队	998	未抵达
谷川支队	70	
计	19835	11500

资料来源：《松井石根日记》，王卫星编：《日军官兵日记》，张宪文主编：《南京大屠杀史料集》第8册，南京：凤凰出版社，江苏人民出版社，2005年，第98页。

战事的吃紧与伤亡的扩大引起了东京的高度关注，东京当局也进行了新一轮决策，10月16日，东京告知松井石根将再增派三个师团给上海派遣军。据松井日记记载：

今天，参谋本部的铃木中佐来到这里。从他那儿得知，中央又新组建了一个军（三个师团）。正在计划让该军于11月来参加浙江的战斗。这就是我一开始所希望的，也是根据作战方针制定的计划，为此我感到异常欣喜。从这个计划可

① 《松井石根日记》，王卫星编：《日军官兵日记》，第79页。

以看出,中央部门已慢慢改变主意了。我也不会遭到剖腹的命运了。哈哈。[①]

这支部队就是柳川平助中将指挥的第十军。东京于 1937 年 10 月 20 日下达了调遣第十军的命令:"第十军司令官应该与海军协作在杭州北岸登陆,促使上海派遣军司令官能够顺利完成任务。"[②]11 月 4 日,第十军到达杭州湾,准备登陆。

到了 11 月,随着兵力的增加,日本进攻上海的步伐明显加快。与此同时,松井也收到了东京签发的让其担任华中方面军兼上海派遣军司令官的任命书:"将下列部队编入华中方面军,由华中方面军司令官松井大将指挥。……华中方面军的任务是,与海军协作挫败敌军战斗意志,为寻找结束战争的机遇而歼灭上海附近的敌人。"[③]按照东京部署,11 月 7 日,松井石根全面接管了第十军的指挥权,不过,东京也要求松井石根:"华中方面军的作战区域大体是苏州、嘉兴一线以东地区。"[④]第十军在杭州湾登陆后,日军一改单面进攻上海的路径,开始两面包抄上海,到了 11 月 9 日,日军封锁上海成功。当天,"委员长于 11 月 9 日下令分两路,一向杭州,一向南京,全线撤退。"[⑤]

11 月 12 日,上海沦陷,军委会及蒋介石均发表了《告上海同胞书》,军委会的《告上海同胞书》写道:"亲爱的上海同胞们,我军因为战略上关系,暂时从上海附近向后撤退。我们一方面用全力巩固第二阵地,必定在最短期内积极进取,来收复我们淞沪。我军这一次的撤退,是战略上有计划的撤退,绝不是战争的失败,而且真正的抗日战争,实际上从这时候方开始,这是同胞们所已确实认识而能格外奋勉的。"[⑥]

(2) 日军空袭南京

卢沟桥事变爆发后,日本驻南京使馆也启动了侨民撤离计划。八一三事变爆发后,最后一批侨民开始撤离,至 8 月 15 日撤离完毕,随后日军开始轰炸南京。据日本驻南京使馆记载:"留守的警察官安田警视等四人将上述撤离人员护送到了浦口火车站,然后他们在危险的气氛中于下午 1 点 20 分回到馆内。在这前后,支那方面拉响了空袭警报。大约 30 分后,我军七八架飞机三次出现在南京上空,向明故宫飞机场等地方投了炸弹。"[⑦]显然,南京轰炸的开启时间与日本侨民撤离完毕的时间是一致

---

① 《松井石根日记》,王卫星编:《日军官兵日记》,第 100—101 页。

② 《临参命第 119 号》,王卫星,雷国山编:《日军军方文件》,第 3 页。

③ 《临参命第 138 号》,王卫星,雷国山编:《日军军方文件》,第 4 页。

④ 《临参命第 600 号》,王卫星,雷国山编:《日军军方文件》,第 6 页。

⑤ 李宗仁:《李宗仁回忆录》,南宁:广西人民出版社,1988 年 2 月版,第 490 页。

⑥ 《军委会告上海同胞书》,马振犊等编:《南京保卫战》,张宪文主编:《南京大屠杀史料集》第 2 册,南京:凤凰出版社,江苏人民出版社,2005 年 7 月版,第 62 页。

⑦ 《1937 年 7 月 8 日南京总领事馆及官民的撤离》,张生等编:《日本的军国教育·百人斩和驻宁使馆史料》,张宪文主编:《南京大屠杀史料集》第 34 册,南京:凤凰出版社,江苏人民出版社,2007 年,第 405 页。

的。第二天，日本使馆留守警察也离开了南京，前往济南。日军对南京实施的首场空袭异常猛烈。据魏特琳 1937 年 8 月 15 日日记记载："下午，南京两次遭到空袭。这是南京首次遭到空袭，空袭异常猛烈。第一次空袭是在下午 2 时开始的。"①

自此，南京市民进入了应对空袭的防御期的生活秩序。对于空袭南京，日方制作的《中国方面海军作战》、《中国方面陆军航空作战》、《海军航空年表》等资料，中国的内政部、航空委员会和南京市政府制作的轰炸记录及损失记录表等资料，中方人士如《冯玉祥日记》、郭沫若的《在轰炸中来去》、《周佛海日记》，外籍人士如《拉贝日记》、《魏特琳日记》、《威尔逊日记》以及当时的中外新闻媒体都对日军轰炸有着全面持续的记载。据《世界红卍字会各地分会会务概况调查表中有关南京分会的埋尸活动内容节录》记载："八一五南京空袭警报，本会救济队，即于空袭解警后出发救护，伤者送请医院治疗，共计三百七十三人，死者棺殓掩埋，葬于中华门外，望江居（矶）及下关仁丹山卍会义地。在南京未陷落以前，共计掩埋七百四十具，内有日本殉国飞机员十名，掩埋中华门外义地，次年由日本海军武官杉本，来会接洽，派员偕往义地，即由杉本武官，将该飞行员尸身取出，举行火葬，随将骨灰装带回国，此为卍会实行人道主义，度生救死之实在事绩也。"②作为慈善机构之一的红卍字会③这时就已掩埋七百四十具尸体，可以想象日军空袭对南京市民生活造成的威胁。

日军轰炸南京，从战略上分析，是为了消耗中国空军，掌握上海作战的制空权。中国空军起步较晚，1937 年春在南昌成立空军司令部，空军战机也集中在南昌，据当时空军第五大队分队长王倬回忆："卢沟桥事变发生时，国民党的飞机都集中在南昌青云谱飞机场，大约有二百五十架。"④为了配合八一三淞沪抗战，空军司令下令空军战机调到安徽广德、滁县，江苏句容、苏州、淮阴、南京和浙江杭州、嘉兴、笕桥、曹娥等

---

① *Minnie Vautrin's Diary*（*August* 15，1937），Box 134 of YDL Record Group NO.11，The Archives of the United Board for Christian Higher Education in Asia，Yale University Divinity School Library Special Collections.本书魏特琳日记中译文使用[美]魏特琳：《魏特琳日记》，张宪文主编：《南京大屠杀史料集》第 14 册，南京：凤凰出版社，江苏人民出版社，2006 年，个别字句据原文略有调整，特此说明并致谢。

② 《世界红卍字会各地分会会务概况调查表中有关南京分会的埋尸活动内容节录》，孙宅巍编：《遇难者的尸体掩埋》，张宪文主编：《南京大屠杀史料集》第 5 册，南京：凤凰出版社，江苏人民出版社 2005 年，第 73 页。

③ 世界红卍字会总会 1922 年设立于北京，最早的负责人是前清道台杜秉寅，后为徐世光、熊希龄、王正廷等人。它是一个由士绅阶层领导的慈善救济组织。全国各省、市、县、镇共设分会 300 余个。南京分会成立于 1923 年，会址设南京小火瓦巷 24 号，会长陶锡三，主要从事施药、施医、掩埋、战时救济等项慈善工作。南京沦陷后，该会于难民区内宁海路 2 号设立临时办事处，欧阳都麟任救济队长，设难民收容所十处，粥厂两处，并散发衣、米、粮食等物。自 1937 年 12 月 22 日起，开始收埋被日军屠杀的难胞尸体，至 1938 年 5 月底，共收埋尸体 4.3 万余具。世界红卍字会中华总会下关分会成立于 1922 年，地点设在下关祥泰里。

④ 王倬：《中华战鹰，殊死报国》，中国人民政治协商会议文史资料研究委员会编：《八一三淞沪抗战——原国民党将领抗日战争亲历记》，北京：中国文史出版社，1985 年，第 353 页。

地。八月下旬,空军战机又陆续汇集到南京。据记载:“八月下旬,空军总指挥部命令扬州的第五大队、筧桥的第四大队和句容的第三大队全部集中于南京光华门外大校场机场。其原因是:第一,淞沪战役已经扩大,日机经常空袭南京,不能没有较为巩固的空防。第二、我们空军虽然一再获胜,但飞机损失和人员伤亡也很严重,如果把一些飞机分散在三处使用,容易被日机逐一击溃,若集中起来,统一领导,更能发挥作用。”①由于南京有中国空军战机起降,特别是这些战机时常飞往上海轰炸日军营地,更会刺激日军加大对南京的轰炸。如松井石根10月5日日记记载:“昨天,飞来一架久未露面的敌机,轰炸了虹口埠头,给我军运输部队造成一些损失。敌军真是抓到了好机会,我们绝不能麻痹大意啊。”②紧接着第二天,日军就开始了对南京的轰炸。据拉贝日记记载,10月5日,南京拉了两次警报,10月6日的日记第一句更是气愤地记录着:“多么卑鄙无耻!午夜十二时响起了警报。”③随后,这天的10时30分、14时45分、20时,日军三次轰炸南京。

中国空军总体实力落后于日军,到了十一月底,日军全面掌握了沪宁战场的制空权。据时任空军第五大队分队长的王倬回忆:“八一三战役开始时,国民党军用飞机,包括老式的在内,约有250架,大多参加了上海的战斗。到了十一月六日,我们在南京的飞机能够起飞的仅有七架,人员也伤亡不少。……十一月底,空军总指挥部和我们这些活下来的飞行人员都从南京撤退到了武汉。”④

日军不仅轰炸军事设施,也轰炸南京的党政机关和重要部门。据日本海军少将三并贞三在东京审判法庭供述:“同年9月20日,我们实施了一次空袭,袭击目标是南京政府各大机关、参谋本部和无线电台”,⑤据9月22日拉贝日记记载:“当信号(长信号)宣布第二次空袭结束后,我就坐车出去查看了全城。日本人的目标特别针对了国民党中央党部,那里还有中央广播电台的行政机关及播音室。”⑥除此以外,日军还对南京的公用设施进行了轰炸。据9月25日英国驻华代理大使豪尔发给英国外交部的电报称:“南京今天连续遭遇5次空袭,日本飞机从上午9时开始轰炸该城,一直持续到下午4时。照明系统和发电站损失惨重,根本无法正常工作,晚上9时之前整

---

① 王倬:《中华战鹰,殊死报国》,中国人民政治协商会议文史资料研究委员会编:《八一三淞沪抗战——原国民党将领抗日战争亲历记》,第358—359页。

② 《松井石根日记》,王卫星编:《日军官兵日记》,第87页。

③ 拉贝1937年10月6日日记,[德]约翰·拉贝:《拉贝日记》,第25页。

④ 王倬:《中华战鹰,殊死报国》,中国人民政治协商会议文史资料研究委员会编:《八一三淞沪抗战——原国民党将领抗日战争亲历记》,第360页。

⑤ 《三并贞三宣誓证词》(书证第2530号),张生、杨夏鸣编:《东京审判书证及苏、意、德文书》,张宪文主编:《南京大屠杀史料集》第71册,南京:凤凰出版传媒集团,江苏人民出版社,2010年,第123页。

⑥ 拉贝1937年9月22日日记,[德]约翰·拉贝:《拉贝日记》,第10页。

个南京一片黑暗，之后，当局利用郊区的某处小发电站恢复了街头照明。炸弹还落到了地处下关铁道部的火车站上方和其周围(离大使馆只有 400 码的距离)以及民用飞机场附近。我知道电报局和水厂也受到袭击，因为水供应当时中断，不过现在已恢复正常。有些炸弹投到了中央医院和中央卫生管理局楼群的中间。”①显然，日军无差别轰炸的目的是为了摧毁国民政府进行持久作战的力量，使国民政府和中国国民丧失抵抗意志。

日军对南京军事设施、党政机关和重要部门的轰炸，在地面是有间谍沟通、配合和引导的。据魏特琳 1937 年 8 月 19 日日记记载：

> 陈美玉突然风尘仆仆地来到校园，大家都很激动。她说，中央大学女生宿舍倒塌时，她正在那里。很明显，日本飞机的轰炸目标是中央大学图书馆、礼堂和科学楼，一枚炸弹落在图书馆的后面，震碎了所有窗户的玻璃；另一枚落在礼堂的后面，炸坏了礼堂的后墙；还有一枚炸毁了化学实验室，但没有击中科学楼。当时美玉的弟弟也在那里，但他俩都幸免于难。美玉的侥幸逃脱简直是一个奇迹，她躲在一个脸盆架的下面，这使倒下的墙没有砸到她。美玉认为校园里有间谍，他们用手电筒给日机指示轰炸目标。在轰炸的时候，好几所政府大学的校长正在图书馆的地下室里召开一个重要会议，但幸运的是没有人受伤。②

不仅魏特琳，很多外籍人士也对这段时间的汉奸行为有过记载。据威尔逊 1937 年 8 月 22 日日记记载：“有几个人因当奸细而被抓了起来。其中一个是离我们很近的最大商店的业主，他刚开了一家现代家具店，看上去不像第五大道的至少也跟百老汇的相似，前天最严重的空袭中，当日本轰炸机飞近时，他在他的新店屋顶上发绿色和红色信号，结果被抓住了。另一个在太平路上的富商也被抓了。”③

日军对南京军事设施、党政机关和重要部门进行轰炸，难免对外国产业造成破坏，也顾虑欧美驻南京使领馆的抗议。为此，大规模轰炸前，日方也主动给欧美使领馆打招呼，希望其通知本国侨名注意安全。如魏特琳 1937 年 9 月 20 日日记记载：“上午 9 时 30 分。美国大使馆的帕克斯顿先生来访，并宣读了日本驻上海舰队司令

---

① 《中国来电》，张生等编：《英美文书·安全区文书·自治委员会文书》，张宪文主编：《南京大屠杀史料集》第 12 册，南京：凤凰出版社，江苏人民出版社，2006 年，第 215 页。

② *Minnie Vautrin's Diary*(*August* 19,1937), Box 134 of YDL Record Group NO.11, The Archives of the United Board for Christian Higher Education in Asia, Yale University Divinity School Library Special Collections.

③ *Letter from Robert O. Wilson to multiple people*(*August* 22,1937), RG11, Box229, Folder3875, The Archives of the United Board for Christian Higher Education in Asia, Yale University Divinity School Library Special Collections.

一份很长的声明,声明称,为了尽快结束战争,毁灭南京所有的军事设施、机场和通讯中心,从明天中午开始,他们要对南京展开真正的攻击,使南京不再是军事决策中心。”①

日军对南京的空袭,轰炸力度大、持续时间长,直到攻占南京前夕,轰炸仍在进行,其中 9 月和 10 月的轰炸最为猛烈。持续的大轰炸,打乱了南京市民正常的生活秩序。

(3) 南京市民的研判与应对

卢沟桥事变爆发、淞沪战役打响、日军开始轰炸南京,随着时间推进,首都南京的不安情绪日益提升,南京市民的常态生活秩序不可避免地受到干扰,两天后,日军开始空袭南京,空袭力度日益加大。为了应对日机轰炸,南京的防空壕修建、防空兵力部署、防空演习、战时交通灯火管制等系列措施也陆续推行,这一切都以直观的方式告诉南京市民:战争来了。特别是在上海沦陷后,首都南京的气氛骤然升温,迁都随即提上了日程,11 月 12 日,与军委会发布的《告上海同胞书》同步,《中央日报》也发表了《告南京市民众》,安抚民心。

面对战火蔓延,南京市民做出应对。

a. 公职人员的研判与应对

公职人员涉及面较广,包括党、政、军、警、文教人员等,其中一些人掌握战时信息的发布权。相对普通市民而言,公职人员受教育程度较深,信息获得时间早、渠道多,对形势的分析也较为及时和全面。这一群体言行会对市民的心理产生较大的影响。战时环境下,坚守岗位是公职人员的职责所在,为解决他们的后顾之忧,在南京国民政府统一部署下,从 7 月底开始迁移公职人员家属。据 7 月 30 日《何应钦致刘光密电稿》记载:“昨(廿九日)会报会议,沿江各重镇市民,应逐渐疏散,南京市百余万人口,战时甚感不便,必要时,可先将妇孺迁移他处,各机关职员之眷属,亦宜有秘密移动之准备,以免妨害公务等语。查此事关系重大,应由军委会召集各院部会开秘密会商讨,妥拟方案,呈委座核示后,再逐渐实施,希即查照办理。”②与此可以佐证的是,身在体制外的魏特琳也得知了这一信息。据魏特琳 1937 年 8 月 2 日日记记载:“据说,昨天官员们已接到通知,要把他们的家属转移到城外,目的是减少南京的人口,解除官员们的后顾之忧,但结果却给人们造成了极大的恐慌。火车和轮船非常拥挤,车票

---

① *Minnie Vautrin's Diary*(*September* 20,1937), Box 134 of YDL Record Group NO.11, The Archives of the United Board for Christian Higher Education in Asia, Yale University Divinity School Library Special Collections.

② 《何应钦致刘光密电稿》,马振犊等编:《南京保卫战》,第 50 页。

提前数天预售。数以千计的人将要撤离。”①

公职人员家属西迁到了10月底基本结束。这段时间，日方也非常关注南京市民生活秩序的变化，多次派谍报人员来南京探听情报。如10月27日《驻沪冈本总领事致广田外务大臣函》称：“南京市内公务员和军人眷属均已避难，人口剧减。据警察厅调查，现有人口53万余，都是各机关公务员、财产无法转移者和当地商民等需要在南京坚持到底的人。一般人心尚属平静。”②并称：“政府机关均留有少数下级职员，高级职员在别处秘密办公，职员裁减很多，局课合并，目前执行工作者多系气盛的年轻人。事务紧张，义务工作，宴会全都停止。公务员像军人那样紧张，犹如北伐时期。”③

11月初，上海沦陷，刺激了南京的神经，国民政府迁都工作有条不紊地拉开了帷幕。拉贝当时担任西门子公司南京经理，和官方有着很多项目往来，对于这一时段的情况有着清晰的记载。据11月15日拉贝日记记载：“在交通部里，我确信政府正在准备撤离南京。交通部的走廊上、办公室里放满了皮箱和木箱。人们打算迁到扬子江上游的长沙去。我去了铁道部，那儿的一个杂工偷偷告诉我说，铁道部明天也要装箱打包。为什么？因为日本人已经到了昆山附近，离苏州大约30里路。有几个人断定日本人已经越过了苏州。但是，这不是真的。上海电台播音员证实了有关昆山的消息。我拜访了德国大使陶德曼④和夫人，一起喝了茶。在那儿遇见了从太原来的施佩曼将军。‘库特沃’号可能会先把妇女和其他一些贵重物品送到汉口，再回到这里接大使馆剩下的人员。‘中国政府一逃走，大使馆就得撤离。’他们这么告诉我说。否则，就留在敌占区了。”⑤

上海沦陷后，迁都一事异常紧急。因为在占领华北之后，寺内寿一率领的华北方面军自9月中旬南下，经保定、石家庄于10月底侵入河南北部，对汉口产生威胁。对此，中国方面领导人也有着基本判断。据1937年11月13日蒋介石日记记载：“抗战最后地区与基本战线，将在粤汉、平汉两铁路以西。”⑥面对华北日军给武汉的压力，迁都刻不容缓，国民政府于11月19日举行国防最高会议，正式决定迁都重庆。

b. 普通市民的研判与应对

普通市民是个宽泛的概念，既有工商业者，也有工薪阶层和底层大众。相对于公

---

① *Minnie Vautrin's Diary*(*August* 2,1937), Box 134 of YDL Record Group NO.11, The Archives of the United Board for Christian Higher Education in Asia, Yale University Divinity School Library Special Collections.

② 《驻沪冈本总领事致广田外务大臣函》，马振犊等编：《南京保卫战》，第38页。

③ 《驻沪冈本总领事致广田外务大臣函》，马振犊等编：《南京保卫战》，第39页。

④ Trautmann，有的资料音译为特劳特曼。

⑤ 拉贝1937年11月15日日记，[德]拉贝：《拉贝日记》，第64页。

⑥ [日]古屋奎二：《蒋介石秘录》(第四卷)，第36页。

轰炸南京的日军海军航空兵飞机。选自《历史图像》。

轰炸南京的日军海军航空兵飞机。选自《支那事件画报》第 11 辑。吴先斌提供。

日军飞机轰炸南京,火药厂发生爆炸,鸟瞰图。《支那事变纪念写真帖:野田、山田、横田部队》。吴先斌提供。

日军飞机轰炸南京。选自《世界画报:日支大事变号》。吴先斌提供。

职人员,他们的信息获得相对滞后,活动能力相对较弱,但作为普通市民,受大环境影响,也有各自的研判与应对。可以清晰地发现,不同于公职人员的单一西迁,选择西迁的市民多是经济基础较好、后顾之忧较少的。经济基础不好、后顾之忧较大的市民则多选择迁移到农村居住。据南京大屠杀幸存者李健口述:"为了躲避日军对南京的轰炸,1937 年农历七月十一日,我和丈夫、孩子、妹妹一起到江宁县湖熟镇乡下避难。娘家的人,除舅舅留下看管房屋外,其余都下乡去了。"①据南京大屠杀幸存者韩湘琳口述:"在日军侵占南京以前,十一月初,国民党政府决定迁都武汉,高级官员都开始陆续西迁。十一月中旬,一般市民也有往乡下逃难的。"②普通市民家庭在迁移时,多将老年人留在家中看护房产。正如史迈士在调查报告中提到的:"年纪大的人总认为他们能够躲过野蛮的暴力,他们往往最不情愿离开自己业已面临危险的家园。"③

除了西迁、迁移农村避难,还有部分普通市民留在了南京。面对日军的空袭,他们只能积极配合修建防空洞,继续过着应对轰炸的生活。据拉贝 1937 年 9 月 7 日日记记载:"在所有的院子和花园里,在公共场所和街道上,人们都在紧张地构筑防空洞。除此以外,一切仍然很平静。"④面对日军持续的空袭,紧张是不可避免的,但是他们还是逐渐学会了适应。据拉贝 1937 年 10 月 20 日日记记载:

> 《大陆报》(南京版)的一个编辑说,南京人已经习惯了日机的空袭。这说法显得有些夸张。他还说空袭警报信号已经成了每天的家常便饭。不过这个情况倒是确确实实的!第一次警报时,人们根本不走出办公室,最多是机械地整理好办公桌上的东西。……危险过去了,大家就又平静地去做各自的工作,仿佛什么事也没有发生。当然,有时还会热烈地讨论一下轰炸的程度以及可能造成的损失,但是不久就会平静下来。大家都在忙着工作,要想一些别的事情。⑤

对于空袭的逐步适应,不是因为普通市民麻痹大意,在他们看来,日军攻打南京还有一段时间,到了最危险的时候再做打算。果然,到了上海战局日益恶化的时候,南京普通市民还是表现了紧张和担忧。据 1937 年 11 月 14 日拉贝日记记载:"中国

① 《李健口述》,张连红、张生编:《幸存者调查口述》(上册),张宪文主编:《南京大屠杀史料集》第 25 册,南京:凤凰出版社,江苏人民出版社,2006 年,第 75 页。

② 《韩湘琳口述》,张连红、张生编:《幸存者调查口述》(上册),第 265 页。

③ 《人口状况与伤亡损失》,姜良芹等编:《前期人口伤亡与财产损失调查》,张宪文主编:《南京大屠杀史料集》第 15 册,南京:凤凰出版社,江苏人民出版社,2006 年,第 14 页。

④ 拉贝 1937 年 10 月 20 日日记,[德]约翰·拉贝:《拉贝日记》,第 6 页。

⑤ 拉贝 1937 年 10 月 20 日日记,[德]约翰·拉贝:《拉贝日记》,第 43 页。

人目前都很悲观，人人都撇着嘴，踱来踱去。这当然可以理解。形势简直糟糕透了。”①

c. 欧美外籍人士的研判与应对。

这一群体在南京工作，有的工作多年，也算南京市民的一分子，他们的观察、感受、判断与应对具有重要的意义。能够看出，他们对局势的发展充满关心，对国际形势的演变和自己国家的态度表示关切，对自身的去留有过复杂的思考，对于离开南京的善后事宜进行过规划，对于留在南京的作用也进行过分析。他们人数不多，但能量很大，随着局势的演变，这点日益凸显。

欧美外籍人士主要有两类，一是外交人员，二是工商业者、文教人员和传教士。这些人多受过良好的教育，视野开阔，对于日军在上海挑起的战火，均给予了密切的关注，如 1937 年 9 月 23 日，英国代理驻华大使豪尔（Hall）发给英国当局的电报称："昨天的空袭表明日本已经开始将摧毁南京的威胁付诸行动。迄今为止，他们的军事行动大多局限于城南，但是昨天炸弹却主要落在城北，这里聚集着大量外国人的利益，也是外交使团驻扎的地区。"②德国人对此也极为关注。据拉贝 1937 年 10 月 29 日日记记载：

> 上海防线的战斗对我们大家的情绪都产生了影响，在这场战斗中，除去双方都有巨大损失以外，其他一切肯定也都超过了至今有过的程度。这样，日本人在上海实际上也许已经或接近达到了他们的目的。……我们在这里作过许多估计和讨论，日本人是否能够突破扬子江上的水雷封锁区，并攻占扬子江的防御工事。如果出现了这种情况，南京就会面对日本的舰队，那将会是一个令人痛心的结局，不过我们还没有到这个地步，也有些人认为这是不可能的。③

这时的拉贝对战局的发展还是乐观的，10 天之后，他又突然从乐观转为悲观。据拉贝 1937 年 11 月 9 日日记记载：

> 在上海的日本将军松井 10 天前曾预言在 11 月 9 日将中国军队赶出上海。他言中了。他同时还声称，随着上海的陷落，战事也就告结束。如果他在这件事上也言中的话，我不会反对。……我认为，日本人将会采取的下一个步骤是，全

---

① 拉贝 1937 年 11 月 14 日日记，[德]约翰·拉贝：《拉贝日记》，第 63 页。

② 《中国来电》，张生等编：《英美文书·安全区文书·自治委员会文书》，第 213 页。

③ 拉贝 1937 年 10 月 29 日日记，[德]约翰·拉贝：《拉贝日记》，第 51 页。

力把中国政府即蒋介石统帅赶出南京。我可以设想这事也不会太难。……我希望(上帝保佑)不会到这一步。万一真的到了这一步,到那个时候我宁愿待在'库特沃'号轮船上。不过,别说不吉利的话了!你这个呆瓜!上帝保佑!上帝保佑!上帝保佑!我们还是别去管那种预言了。冥思苦想得越多,一个人的情绪就越糟。①

这段时间,留在南京的欧美外交人员,工作异常繁忙。他们既要向本国政府汇报军事进展,也要保护各国侨民及注意自身安全,更要在中国政府面前表现出高姿态。概括起来,就是要努力平衡好国家荣誉与个体安全的关系。一个典型的事例发生在1937年9月20日这一天,日本通知驻南京的各国使领馆:日军航空兵将于9月21日对南京展开大规模轰炸,要求欧美外籍人士撤离南京。在外交事务上,这是一个难题。面对警告,英国、法国、德国外交人员立场坚定,将自愿避难的侨民转移到长江军舰上,自己则留在南京城。相反,美国大使约翰逊(Nelson Johnson)没有采取一致行动,而是进入军舰避难。据拉贝1937年9月21日日记记载:

昨天(9月20日)通过德国大使馆传来上海日军司令官的消息,从今天(9月21日)中午起,将再次开始加强对南京的轰炸,因而告诫所有的外国人尽快离开南京。日本人甚至要求英国、法国和美国以及几个有军舰航行在扬子江下关段的较小国家的大使馆,通知他们的军舰离开现在的停泊处,转移到长江的上游或下游去,否则它们会因轰炸受到危害,日本对可能造成的损害概不负责。结果是:英国和法国在其答复中声明,他们认为没有理由改变他们军舰的停泊地点,……与此相反,美国大使则带着他的全体使馆人员登上了美国军舰"吕宋"号,打算按照日本人的建议行事。②

显然,前者受到了中国政府和民众的称赞。据9月22日英国驻华代理大使豪尔发给外界的电报称:"(中国)外交部长今天向我表示深切谢意,高度赞赏我们不撤离南京大使馆的做法,因为这给了中国人以极大的鼓舞。"③后者遭到了批评。据魏特琳1937年9月20日日记记载:"吴博士④回来了,看起来对自己很不满意。她说她对巴

① 拉贝1937年11月9日日记,[德]约翰·拉贝:《拉贝日记》,第58页。
② 拉贝1937年9月21日日记,[德]约翰·拉贝:《拉贝日记》,第7—8页。
③ 《中国来电》,张生等编:《英美文书·安全区文书·自治委员会文书》,第209页。
④ 指金陵女子文理学院的院长吴贻芳。

克[①]发了火，并要他转告大使馆她对使馆决定撤离的看法。她认为这是不友好的行为，也正是日本希望外国政府所做的事。后来，巴克给她写了封信，告诉她已把她的话转告了约翰逊大使。”[②]

约翰逊大使也感受到了舆论的压力，很快返回使馆，并和英、法、德建立了一致的立场。据1937年9月22日英国驻华代理大使豪尔发给外界的电报称：“重新建起的共同立场(各国大使馆留在南京)给中国政府以极大的道义上的影响，他们对我们的所作所为表示高度赞赏。”[③] 9月24日英国驻华代理大使豪尔发给英外交部的电报又写到：“假如有掩体作防护不会遇到太大的风险，而且可以和中国政府保持有意义的接触的话，我认为出于国家威望的考虑，非常有必要让大使馆尽可能长期开放。”[④]

对非外交人员来说，主要是平衡生命安全与人生理想。随着战火的逼近，驻南京的各国使领馆官员，积极履行本职工作，劝说本国侨民疏散撤退。据魏特琳1937年8月27日日记记载：“晚上9时。美国大使馆的信使送来了一封信，他们要求所有男人和妇女撤退。这是封措辞毫不含糊的信。大使馆内的所有妇女明天将撤离。我个人很感激大使馆的态度。”[⑤]因为危险随时可能发生，绝大多数侨民在各国使馆的组织下，陆续迁离南京，留下的也按照使馆安排，做好了应急方案，准备随时前往长江上的军舰避难。据拉贝1937年10月9、10日日记记载：“大使馆的罗森博士现在也成了船上的常住客人，这个人的言谈举止给我的印象很深。他坦率地承认说，他对轰炸很害怕，有过教训。他如此坦率，不是每个人都做得到的。”[⑥]

按照国际惯例，两国发生战争，作为第三国国民如果没有参与军事行动，应得到保护，尤其是身处南京的外籍人士背靠强大的西方各国，在多重因素的影响下，初步决定战时留在南京，如魏特琳、贝德士(Miner Searl Bates)、拉贝、史迈士(Lewis Smyth)、费吴生(George Fitch)等等。据拉贝1937年9月21日日记记载：

> 昨天夜里，我自己对这情况从各个方面作了充分的考虑。我从比较安全的北戴河回到这里来不是出于冒险的兴趣，而首先是为了保护我的财产，为了代表

---

① 此为音译，中文名为卜凯，金陵大学农业经济系教授。其前妻为赛珍珠。

② *Minnie Vautrin's Diary*(*September* 20, 1937), Box 134 of YDL Record Group NO.11, The Archives of the United Board for Christian Higher Education in Asia, Yale University Divinity School Library Special Collections.

③ 《中国来电》，张生等编：《英美文书·安全区文书·自治委员会文书》，第211页。

④ 《中国来电》，张生等编：《英美文书·安全区文书·自治委员会文书》，第215页。

⑤ *Minnie Vautrin's Diary*(*August* 27, 1937), Box 134 of YDL Record Group NO.11, The Archives of the United Board for Christian Higher Education in Asia, Yale University Divinity School Library Special Collections.

⑥ 拉贝1937年10月9—10日日记日记，[德]约翰·拉贝：《拉贝日记》，第27页。

西门子洋行的利益。当然洋行不会期待我为洋行而被打死在这里。我绝对不想为了任何东西轻率地去拿我的生命冒险。但是,这里还有一个道德问题,我作为一个"正派的汉堡商人"至今还无法跳越过去。我们的中国佣人和职员连同他们的家属约有30人,他们都在看着"主人"。如果他留下来,他们就忠实地站在他们的岗位上直到最后一刻;如果他跑了,那么洋行和私人的房子不仅会无人居住,而且有可能被人抢劫一空。撇开最后一点不说,迄今我还无法作出辜负人们对我寄予信任的决定。"①

拉贝的这番话是发自肺腑的,随着上海的沦陷,很多外籍人士心中的"生命安全与人生理想"的冲突更加强烈,马吉(John Magee)、福斯特(Ernest Forster)、威尔逊(Robert O.Wilson)、施佩林②(Eduard Sperling)、克勒格尔(Christian Kreöger),……留下的人无一例外。而恰恰是这群经过深思熟虑、充满理想主义的"南京帮",最后关头留在了南京,组织了安全区委员会,帮助了南京难民。

3. 从进军南京到占领江阴要塞

(1) 日军进军概况

1937年11月12日,上海沦陷。在淞沪战役进行时,上海派遣军就做出了攻打南京的计划。据多田骏在东京审判法庭陈述:"占领上海的计划是在上海事件发生时制定的,在淞沪战役过程中又制定了占领南京的计划。"③松井石根出征之前,也有这番谋划。但是考虑到占领上海作战的艰辛、"苏嘉制令线"的限制,部分上海派遣军高层将领主张暂时休整,再行进攻。但是此时的第十军侵略情绪高涨,僭越了"苏嘉制令线",并积极向东京请命进攻南京。11月20日,东京当局来电提醒松井,告知其领导的第十军违背了作战命令。但是,东京很快又改变了决定,11月24日,东京当局根据前线战事总结、第二期作战计划和参谋的调研分析,废除了"苏嘉制令线",下达了进军南京的命令。收到东京命令后,松井石根下令华中方面军:

上海派遣军占领无锡后,若能以一部封锁江阴要塞,则攻克之。大致以一个师团之兵力,于扬子江左岸地区作战,并于南京北部地区截断津浦铁路。其主力重点保持于丹阳—句容一线,击破当面之敌,进至磨盘山脉西侧。第十军大致以一个师团之兵力,自广德—宁国—芜湖一线,进抵南京背后。其主力重点保持于

---

① 拉贝1937年9月21日日记,[德]约翰·拉贝:《拉贝日记》,第8页。

② 也有翻译成:史波林、斯伯林、斯波林。

③ 《多田骏宣誓证词》(书证第251号),张生、杨夏鸣编:《东京审判书证及苏、意、德文书》,第11页。

宜兴—溧阳一线，击破当面之敌，并进抵溧水附近。酌情以一部占领杭州。[①]

这是一个包围南京的作战计划。前文已述，首都南京有三道军事防线。此前，日军从两翼攻击上海，上海沦陷后，吴福线也随之瓦解，这时的锡澄线压力空前。11 月 20 日，东京设立了大本营，“大本营由陆海军的统帅参谋以及各相关机关组成，从事参谋指挥要务，参与作战计划，协调陆海两军”。[②] 11 月 23 日，江阴无锡间发生激战。两天后，无锡沦陷。据松井石根 1937 年 11 月 25 日日记记载：“今晨，第九师团、第十一师团的部分兵力占领了无锡。第十六师团的部队也随之在市内扫荡。这一来，江阴要塞的背面就归我所有了。这样攻打南京就更容易了。”[③]锡澄线一端沦陷，另一端江阴要塞的防守显得岌岌可危。据记载：“十一月二十六日，我军放弃锡澄线后，江阴要塞已限于孤立。”[④]

1937 年 12 月 1 日，东京正式下达了“大陆命第 8 号”，命令华中方面军与海军协同，进攻南京。第二天，松井向全军下达了进攻南京的命令。据松井石根 1937 年 12 月 2 日日记记载：

今晨，我向全军下达了进攻南京的命令，又作为方面军司令官对官兵进行了训话。并命令第十军从 12 月 3 日开始前进；派遣军于 12 月 5 日开始前进。同时还敦促海军迅速开赴江阴附近，并打开要塞，开通长江水路。随着全军的进攻进程，派遣军的部分兵力(约一个师团)将登陆去江北。计划切断江北运河和津浦铁路线。另外，今天还召集原田少将和楠本大佐来我处，命令他们今后负责组编特务部的任务，并告诉他们我关于今后方面军作战目标的一些意见。还命令他们制定具体方案。[⑤]

在日军的猛烈攻击下，虽然中国守军浴血抵抗，还是没有保住江阴要塞，至 12 月 2 日，要塞失守。

江阴要塞失守，南京门户大开，从淞沪战区到南京一马平川，已无险可守，日军认

---

① 《华中方面军第二期作战计划大纲》，王卫星、雷国山编：《日军军方文件》，第 20 页。

② 《宫中设立大本营》，王卫星编：《〈东京日日新闻〉与〈大阪每日新闻〉报道》，张宪文主编：《南京大屠杀史料集》第 58 册，南京：凤凰出版社，江苏人民出版社，2010 年，第 39 页。

③ 《松井石根日记》，王卫星编：《日军官兵日记》，第 136 页。

④ 《第二战区送沪会战经过概要》，中国第二历史档案馆编：《抗日战争正面战场》(上册)，南京：凤凰出版社，2005 年，第 455 页。

⑤ 《松井石根日记》，王卫星编：《日军官兵日记》，第 143 页。

为:“江阴要塞的陷落,使以江阴为中心的扬子江封锁线失去了意义,我舰队可以与陆军的进击相呼应,由扬子江溯江而上,对敌人的后方造成重大威胁”。[①] 这时,东京高层为凸显皇族的荣耀,任命王室成员朝香宫鸠彦[②]亲补上海派遣军司令官,以加强对进攻南京的组织配备。据松井石根 1937 年 12 月 4 日日记记载:“今夜东京来了电报,得知上面解除我兼任上海派遣军司令官一职,由朝香宫殿下亲补派遣军司令官。真令我诚惶诚恐、感动不已。于是我立即向全军通报了这条电文,同时命令部下研究利用一切可以利用的手段,在殿下任职期间,做好殿下食宿行的安全警备工作。”[③]

(2) 南京防御紧张局面的形成

面对日军咄咄逼人的进攻态势,南京国民政府展开了密集性讨论。对于是否扼守南京,观点不一。在吴福线失守后,蒋介石连续召开三次幕僚会议,时任国民政府军令部第一厅(作战厅)厅长的刘斐回忆:“战局的演变,使蒋介石筹建了多年的吴福线和锡澄线国防工事,丝毫没有起到阻止敌人前进的作用,出乎意外地迫使他急于解决南京防守的问题。蒋为解决这个问题,十一月中旬连续在他的陵园官邸召开了三次高级幕僚会议。”[④]据李宗仁回忆:“委员长首先便问我说:‘敌人很快就要进攻南京了,德邻兄,对南京守城有什么意见?’我回答说,我不主张守南京。我的理由是:在战术上说,南京是个绝地,敌人可以三面合围,而北面又阻于长江,无路可退。以新受挫折的部队来坐困孤城,实难望久守。”[⑤]李宗仁的意思是:“作有计划的撤退,实行节节抵抗。则我虽退不败,敌虽胜不武,以空间换取时间,达成消耗战之目的。”[⑥]

会上,根据敌我状况分析,刘斐认为,南京不易死守,但又认为“南京是我国首都所在,不作任何抵抗就放弃,当然不可。但不应以过多的部队争一城一地的得失,只用象征性的防守,作适当抵抗之后就主动地撤退。”[⑦]蒋介石认为刘斐的看法正确,并强调南京是国际观瞻所系,理应进行防守维护颜面。

至于如何防守,两天后又召开了一次会议,根据刘斐回忆:“过了两天,大约是十一月十五、六日,接着开第二次高级幕僚会议。参加的人比上次多一点,除了何应钦、白崇禧、徐永昌和我之外,还有唐生智、谷正伦,另外还有一个人,姓名记不清了。谈

---

① 《我舰队即将溯江而上》,王卫星编:《〈东京日日新闻〉与〈大阪每日新闻〉报道》,第 100 页。

② 1887 年生,1910 年与明治天皇的女儿结婚。南京大屠杀期间担任日军上海派遣军司令官,对大屠杀负有重大责任,但由于属于皇族,战后美国方面未追究其罪责,1981 年死去。

③ 《松井石根日记》,王卫星编:《日军官兵日记》,第 145 页。

④ 刘斐:《抗战初期的南京保卫战》,马振犊等编:《南京保卫战》,第 346 页。

⑤ 李宗仁:《李宗仁回忆录》,第 490 页。

⑥ 李宗仁:《李宗仁回忆录》,第 493 页。

⑦ 刘斐:《抗战初期的南京保卫战》,马振犊等编:《南京保卫战》,第 347 页。

到守南京的问题时，唐生智主张南京非固守不可。他的理由是：南京是我国首都，为国际观瞻所系，又是孙总理陵墓所在，如果放弃南京，将何以对总理在天之灵？因此，非死守不可。”[①]又过了一天的晚上，接着开第三次幕僚会议。根据高级将领的回忆，这次会上，唐生智依旧高调，蒋介石也就确定了“阶段性守卫南京计划”，唐生智在11月20日先行到职(命令24日方才发表)，组织南京卫戍司令长官部。同日，国民政府宣布迁都重庆，消息很快公布。据1937年11月20日拉贝日记记载：“下午6时，一家中国报纸出了一期专刊，宣布中国政府要迁移到重庆。南京中央广播电台证实了这个消息，同时宣布要为保卫南京战斗到最后一滴血。”[②]

后来，在评价南京保卫战时，李宗仁把主要责任归咎于蒋介石，他认为：“试问在长期抗战的原则下，多守一两日和少守一两日，究竟有多少区别？但在用兵上说，有计划的撤退和无计划的溃败，则相去远甚。”[③]另一个观点是指责唐生智缺乏战略眼光，一时冲动守南京，日军攻城时，组织撤退不力，自己又率先逃跑，战略决策和战术指挥均出现重大失误。对此，唐生智认为让自己防守南京是蒋介石在将自己的军，他在这样写到：

> 上海战事开始后不久，刘湘到南京，曾见过蒋介石等许多人，也来看过我，我也回看了他。刘问过我关于上海、南京战事的看法，我说：“上海的战事是不能长久打下去的，只有拖住敌人一个时候，并利用这个时机，在后方休整部队和作好长期抗战的准备工作。至于南京的问题，的确不大好办，守是要守的，就是没有完整的部队来守。不过，依我的看法，可以派一个军长或总司令率领几个师来守卫南京，以阻止敌人迅速向我军进逼，从而赢得时间，调整部队，以后再撤出南京，以拖住敌人。”刘说：“听蒋说，准备要你守南京。”我说：“根本没有这个必要，要我守，我只好拼老命。”他说：“你看能守多久？”我说：“天晓得。”刘在临走时，对我说：“我这次所见到的人，只有你对我讲了真心话。”直到上海的部队将要全部撤退的时候，蒋介石在中山陵园的住宅内，召开了一次会议，我也在座。他提出了守南京的问题，并问大家说：“守不守？”他自己又说：“南京一定要守。”我说：“我同意守南京，掩护前方部队的休整和后方部队的集中，以阻止和延缓敌人的进攻。”他说：“哪一个守呢？”当时，没有一个人作声。他说：“如果没有人守，我自己守。”我说：“用不着你自己守，派一个军长或总司令，带几个师或几个军就行

① 刘斐：《抗战初期的南京保卫战》，马振犊等编：《南京保卫战》，第348页。

② 拉贝1937年11月20日日记，[德]约翰·拉贝：《拉贝日记》，第70页。

③ 李宗仁：《李宗仁回忆录》，第493页。

了。”……下午，蒋又找我去，对我说：“关于守南京的问题，要就是我留下，要就是你留下。”我说：“你怎能够留下呢？与其是你，不如是我吧！”他立即问：“你看把握怎么样？”我说：“我只能做到八个字：‘临危不乱，临难不苟’”。我自从九一八事变回到南京以后，始终是主张抗日的，同时，担任的工作也是筹划抗日的工作。上海战事开始时，我又兼任军法执行总监部总监，我能违抗命令，不守南京吗？加之，在这种情况下，蒋介石这样来将我的军，我明知其不可为而为之。事后，有人说我办蠢事，我说：“世界上有些事也是要蠢人办的。”在当时情况下，我虽患重病，还不得不担任守南京的任务。①

1937年11月25日，蒋介石发表了重要讲话，随后调兵遣将，组织南京防守。据记载：“唐司令长官勋鉴：兹颁定首都卫戍部队战斗序列如下：(一) 司令长官唐生智，(二) 第七十二军孙元良部，(三) 第七十八军宋希濂部，(四) 首都警备军谷正伦，(甲) 桂总队，(乙) 宪兵部队，(五) 其他特种部队之一部。”②

紧随其后，11月27日，唐生智发表“与南京共存亡”的讲话，并将南京城防御计划递交最高当局，决定：

一、第八十八师以主力位置于雨花台附近，任水西门、中华门至武定门及雨花台之守备。二、第三十六师以主力位置于龙王庙附近，担任玄武门、红山、幕府山至挹江门之守备，并与幕府要塞协同作战。三、教导总队以主力位置于小营(中央军校西)，担任光华门、中山门至太平门及天堡城之守备，并以一团归要塞邵百昌司令指挥，任乌龙山要塞守备。四、宪兵队以主力位置于清凉山附近，担任定淮门至汉中门及清凉山之守备，并于龙潭、汤水、淳化等处各派兵一连，处置退回之散兵，待命撤回。五、警察队担任城内秩序之维持及交通点、重要仓库、自来水塔、电灯厂等处之守护。六、要塞部队固守乌龙山、幕府山之要塞地区，并掩护长江封锁线。七、防空队以七公分五高射炮位置于五台山附近，其余分别位置于大校场及下关等处，主任城市、大校场、轮渡、自来水塔、电灯厂之掩护。八、运输、通讯、卫生、补给等项，另行拟定计划。③

南京防御计划出台后，全城启动了军事管制。对于这一阶段的南京秩序，有很多

① 唐生智：《卫戍南京之经过》，马振犊等编：《南京保卫战》，第341—342页。

② 《蒋介石致唐生智电》，马振犊等编：《南京保卫战》，第57页。

③ 《唐生智策定南京城防御计划》，马振犊等编：《南京保卫战》，第33—34页。

的资料记载，1937 年 11 月 27 日《驻沪冈本总领事致驻北平森岛参事官电》称："目前，南京市内军队和军需品通过，难民四处乱窜，混乱不堪。同时，因医院里的中国人全部逃走，在下关车站和其他地方的约 4000 名伤兵向后方运送，但无人治疗，遂有 3 名美国医生和 4 名护士看不下去，强硬要求蒋立即支出 3 万美元，开始救济。"①这段时间，欧美外籍人士也极为关注南京国民政府高层的动态。据福斯特 11 月 24 日给妻子的信记载："我开车去市内看玛丽・陈小姐，她是金陵大学校长的妹妹，她把难民和救济的经费转交给我，并带我看可供士兵和难民使用的物资。"②福斯特提到的陈小姐是教育部次长杭立武的妻子。密切关注南京局势演变的同时，欧美驻南京使领馆官员更是频繁地向本国政府汇报南京情况，据 11 月 30 日英国驻南京使馆武官发给英外交部的电报称："南京局势正急剧恶化。显然所有人都在想方设法逃离该城。已经离开的有：陆、海军部长，陈诚将军，外交部的所有负责人，市长和'银行家们'。卫戍部队指挥官(不是唐生智)生病，警察局长还在犹豫不决。传言四起：一旦需要，警察会先期开拔，宪兵队将紧随其后，作战部队最后离开。大街上到处是身份不明的士兵，当局正渐渐失去对局势的控制。"③此时的南京，由于政府部门的快速西迁，军队的精力放在战争准备上，城市的管理职能逐步废弃。据福斯特 12 月 2 日给妻子的信记载："昨晚我在火车站过了一夜。那儿的情况很不好，原来帮忙的一些机构现在关门撤走了，那些应该负责的人现在漠不关心。一切重担都压在我们肩上。英国使馆的几名官员曾过来察看情况。士兵们受的罪惨不忍睹，负责机关的失职让人不可容忍。"④

南京的气氛变得更加紧张。据记载："无锡陷落以来，南京方面更为不安，……军事委员会军医署长刘瑞恒已经率领军医和护士撤往汉口。"⑤形势万分危急，南京管理无人，渐至失控。据 1937 年 11 月 28 日拉贝日记记载："罗森博士把昨天与最高统帅谈话的下述结果告诉了我。对'未来的防御战是只限制在城外，还是在城内也继续进行'这个问题的回答是：我们对两种情况都有准备。对下一个问题即'如果出现了最坏情况，谁来维持秩序，即谁将作为最后一位行政长官留在城里，动用警察的力量来制止不法民众的骚乱'，卫戍司令长官唐将军答道：在这种情况下，日本人有责任维持秩序。换言之，没有行政官员留在这里，没有人为千百万市民的公众利益牺牲自己！

---

① 《驻沪冈本总领事致驻北平森岛参事官电，马振犊等编：《南京保卫战》，第 46 页。

② 《福斯特致妻子函》，章开沅等编：《美国传教士的日记与书信》，张宪文主编：《南京大屠杀史料集》第 4 册，南京：凤凰出版社，江苏人民出版社，2005 年，第 93 页。

③ 《关于要员行踪的绝密信》，张生等编：《英美文书・安全区文书・自治委员会文书》，第 220 页。

④ 《福斯特致妻子函》，章开沅等编：《美国传教士的日记与书信》，第 95—96 页。

⑤ 《南京快速防备》，王卫星编：《〈东京日日新闻〉与〈大阪每日新闻〉报道》，第 84 页。

多么‘美好’的前景!! 上帝啊,但愿希特勒愿意帮忙!”[①]对于这一消极说法,拉贝深感失望。

不过,由于蒋介石夫妇没有离开南京,还是给了市民一丝安慰。据福斯特 11 月 26 日给妻子的信记载:“火车站的情况有所好转。黄上校又出了一大笔钱建立个医疗站,委员长本人昨天去了火车站视察情况。”[②]另据威尔逊 12 月 3 日给外界的信记载:“正当我要离开医院的时候,黄上校正好随同蒋介石夫人(宋美龄)从正门进来了,所以带他们两位到俄罗斯人那里。夫人还有其他任务,是空军的最高负责人。我是第一次见到她,的确,她正如其最诚实的朋友所说的那样,她使人着迷也不感到奇怪。她举止非常优雅,令人着迷,是一个很出色的女性。她和委员长说感谢我们在这里所做的一切,并拿出水果和糖果给伤病员,然后匆匆离去了。”[③]。

(二)空位期的逼近、来临与延续

1. 日军推进与空位期的逼近

(1) 日军推进概况

按照华中方面军统一部署,第十军从 12 月 2 日开始从南面挺进南京。据记载:“12 月 2 日,在接到方面军关于攻占南京的命令后,军立刻命令第一一四师团沿宜兴——溧阳——溧水道路首先向溧水以北地区挺进;第六师团沿长兴——广德——定埠——洪蓝埠道路首先向溧水以西地区挺进;第十八师团沿广德——十字铺——建平——洪蓝埠道路首先向小丹阳镇附近追击。国崎支队从广德——建平——水阳镇——太平府道路方面渡江进抵扬子江左岸,然后进抵浦口附近,截断敌人的退路。”[④]上海派遣军随后从丹阳、句容方向挺进南京。在进攻南京的军事部署上,日军采取大迂回、大包围的作战方针,以数路大军直趋南京。进军途中,不断布网包围南京,上海派遣军兵分四路、第十军兵分三路,加上从镇江渡江执行大迂回、大包围方针的天谷支队,正面攻击南京的共有 8 路大军,[⑤]直逼南京区域防御阵地。

南京区域防御阵地分为外围阵地和复廓阵地,并在外围阵地前设警戒阵地。外

---

① 拉贝 1937 年 11 月 28 日日记,[德]约翰·拉贝:《拉贝日记》,第 86 页。

② 《福斯特致妻子函》,章开沅等编:《美国传教士的日记与书信》,第 94 页。

③ 《金陵大学医院的信件》,张生等编:《英美文书·安全区文书·自治委员会文书》,第 171 页。

④ 《中支那方面陆上作战经过概要》,王卫星:《日军文献》(上),张宪文主编:《南京大屠杀史料集》第 56 册,南京:凤凰出版传媒集团,江苏人民出版社,2010 年,第 53 页。

⑤ 王卫星:《日军部署及战略意图与南京大屠杀的原因》,《江海学刊》,2007 年第 6 期。

围阵地选定乌龙山、栖霞山、青龙山、淳化镇、牛首山、大胜关一线，两翼依托长江天堑，形成一弧形阵地，并以东南为阵地的主要防御方向。复廓阵地以南京城墙为内廓，在环城外选定紫金山、麒麟门、雨花台、下关、幕府山要塞炮台一线为外廓阵地，形成城内城外两线，相互为用。内线便于支持外线，外线可以巩固内线。……此外，还在长江北岸浦口构筑桥头堡阵地，以封锁渡口。警戒阵地选在后头山、大连山、湖熟、秣陵关、江宁镇一线。

日军的挺进速度很快，12 月 7 日，日军抵达汤山，首次进犯汤山被击退后，第二天加强了攻击力度。据其判断："看来支那军试图凭借该防御阵地进行最后的殊死抵抗。这最后的抵抗只不过是掩护留在南京的支那要员逃出南京而已。与此相对应，我军则早已对南京形成了包围圈，目前是不慌不忙、从容不迫地展开攻略战"。[①] 很快，从东面和南面展开了对南京的围堵，对此，《东方杂志》曾刊载文章详细进行了描述：

> 日军即配备雄厚兵力，以镇江、句容、溧水三据点为目标，分兵数路，于十二月三日晚起同时开始进攻。我军事当局以上述三据点系南京之屏藩，当即调集精锐重兵，严密防守，并严令各部队须与阵地共存亡，未得命令，绝对不能退后。自十二月四日晨起，溧阳、溧水间一带，展开猛烈战事，我军同时又由广德、泗安沿公路反攻长兴，以抄袭日军后路。至四日，句容、溧水、镇江相继失守，日军当分三路直攻南京：一自句容以北绕至汤水镇北，九华山之背面，沿小路而攻麒麟门；二自句容正南之天王寺，沿石五路攻我光华门东南之淳化县；第三路则自溧水北击秣陵关，对南京成半包围形势。同时，日军又分兵一支攻芜湖，以制南京之背。至七日，南京已陷于紧张状态中，四郊炮声，清晰可闻。留京外侨皆纷登炮舰。城中街道充满军事设施，政府官署亦由军队驻守，窗口均架设机关枪。我守军并于七日起对于军火库、汽油库、飞机库及工场等开始作有系统之破坏。一切布置就绪后，蒋委员长亦于当日晨乘飞机离京。十二月九日，日司令松井竟投函唐生智将军，要求和平让城，并限于十日正午答复。[②]

1937 年 12 月 9 日，日军占领了南京外围阵地淳化镇等地，兵临城下的日军投函南京卫戍司令唐生智将军，要求其在一天内投降。一天等待，没有得到回应，日军下

---

① 《如今皇军是游刃有余！为堂堂入城，最后的一击》，王卫星编：《〈东京朝日新闻〉与〈读卖新闻报道〉》，张宪文主编：《南京大屠杀史料集》第 59 册，南京：凤凰出版传媒集团，江苏人民出版社，2010 年，第 146 页。

② 《南京沦陷经过》，马振犊等编：《南京保卫战》，第 136—137 页。

用竹排保护起来的南京中山陵。《支那战线写真全集:上海战线》。吴先斌提供。

南京明故宫机场。选自《南京民国建筑》。

1937 年 9 月 25 日，全国经济委员会实验处与卫生署合办的公共卫生人员训练所图书室被炸毁。选自《历史图像》。

令攻城,面对日军强大的火力,中国守军进行了顽强地抵抗,但还是抵挡不住日军的进攻,至12月12下午,唐生智下达了撤退命令,南京陷入一片混乱。

(2) 南京政府高层最后撤退

当日军逼近南京外围阵地,离城也到了最后时刻。12月7日,蒋介石离开了南京。据他的卫士队长俞洁民回忆:

> 一九三七年十二月四日,日军推进到南京以东句容、镇江、秣陵关一线,实现了对南京的包围,同时对南京城施行日夜轰炸,蒋介石不得不由陵园官邸搬移到清凉山林蔚文的别墅暂住。在离开陵园官邸前,他到富贵山、尧化门、仙鹤门、孝陵卫和下关等处转了一圈,视察了有关军、师的防御工事和阵地设施。这天晚上九点许,蒋介石在防空洞里召见了我。他情绪低沉。他先问了一下卫士们的情况,关照我写好卫士名册,并一式两份交侍从室。当时蒋介石身边的侍卫官和警务员一共只有十几个人。他命令我率领两班军装卫士,暂留南京,归南京卫戍司令长官部节制,主要任务是看守两只停泊在下关码头的小兵舰,意在稳住军心,向守城部队官兵说明有蒋介石的卫士看守着兵舰,蒋介石就没有离开南京。侍卫室的其余人员是十二月五日和七日两天先后撤离南京的。蒋介石是七日凌晨五点多钟,乘敌机尚未出动的间隙,乘坐美龄号机走的。那天我在明故宫机场警戒,送他上机,美龄号在一小分队飞机的保护下,飞往江西庐山,经湖南衡山到达武汉。①

紧随其后,一批高层要人陆续撤离。据蒋公毅12月7日日记记载:“南城一带的炮声,较昨日来得更清晰。因为今晚白副总长离京北上后,偌大的一所住宅,只有我们几个住着,未免太寂寞了,所以决定移住福昌饭店。它的建筑都是钢骨水泥异常坚固,好像在心理上比较来得安静些。”②因为高级官员的离开,原定每晚由中外人士参加的碰头会,显得冷清了很多。据程瑞芳12月8日日记记载:“今晚到国际委员会去开会,政府人员一个没有到,大概都走了。”③当天,美国驻南京使馆的工作人员也向本国政府汇报了中国官员的撤离,电文写到:“确信市长已经离开了。几天前曾经到我们这里,说帮助和地方当局谈判的两位外交部的基层职员今天也好像藏到什么地方

① 俞洁民:《警卫蒋介石飞离南京》,马振犊等编:《南京保卫战》,第365页。

② 蒋公毅:《陷京三月记》,张连红编:《幸存者的日记与回忆》,张宪文主编:《南京大屠杀史料集》第3册,南京:凤凰出版社,江苏人民出版社,2005年,第55页。

③ 《程瑞芳日记》,张连红编:《幸存者的日记与回忆》,第9页。

消失了。通过挹江门来到江岸至今还容易。不过,已经不允许中国人从这里进入城内了。昨天晚上,保安人员围着城墙外侧的下关区挨家挨户边走边警告大家说,要跨过长江到浦口去。”①

(3) 欧美使领馆最后撤离

蒋介石离开南京后,欧美驻南京使领馆官员也随即登上了长江上的军舰。德国人大多上了停在长江的“库特沃”号,美国人大多上了“巴纳”号,英国人大多上了“瓢虫”号。此时在下关接应外籍人士的舰船还有“黄埔”号、“蜜蜂”号以及一些商船,这些船上不仅有外籍人士,也搭乘了跟欧美使领馆人员熟悉的部分中国难民。登船前,虽然各国使馆对留在南京的侨民下达了最后撤离通知,但是还有一批外籍人士坚定的留了下来,决心在战争期间保护各国在南京的不动产和中国难民。据威尔逊12月7日给外界的信件记载:

今天下午收到了大使馆最后的警告,告诉我们说,让那些还在这里盼望动身的美国人明天早上9时30分乘美国炮舰“巴纳”②号出发。根据一天所收集来的情报说,有9人预定离开南京,大部分好象是大使馆工作人员和新闻记者。13位我们的同伴和医院里的外国工作人员决定留下来。撇下病人怎能走呢?……已经有数百人拥入这个难民区了,给他们吃住成了占用委员会时间的问题。当然医院是一个必不可缺的环节。日军现在已经到达了离城市25英里的地方,那叫句容镇,以前曾经是一个很大的军用机场。据说有炮声了,但我没有听到。不过,不久很快就能听到了吧。家庭成员是舍尔·贝德士、刘易斯·史迈士、普拉默·米尔斯③、休伯特·索恩④和我。菲奇还没有来。此外,一个叫斯提尔的年轻人是《芝加哥每日新闻报》的记者,他和大家同吃同住。特里默⑤留在他的家里。我忘记说麦克伦⑥来了,狄克去了牯岭。麦克伦帮我们做医院里的实际业务工作,开车到处跑,是不可缺少的人物。⑦

(4) 百姓的出城与进城

日军即将兵临城下,政府官员和外籍人士快速撤离,给老百姓的心理也带来了较

---

① 《南京的状况——12月8日》,张生等编:《英美文书·安全区文书·自治委员会文书》,第55页。

② 英文名为Panny,也译为“帕奈”。

③ 英文名Plummer Mills,也译为米尔士。

④ 英文名为Hubert L.Sone,也译为宋尼,中文名宋煦伯。

⑤ 英文名为C.S.Trimmer,也译为德利谟。

⑥ 英文名为James H. McCallum,中文名麦克伦。

⑦ 《金陵大学医院的信件》,张生等编:《英美文书·安全区文书·自治委员会文书》,第172—173页。

大的冲击。每个家庭都开始了最后的抉择,据大量资料记载,可以清晰地发现,此时南京普通百姓的流动具有双向性:部分市民匆忙离开离京;剩下的很多市民进入国际安全区。

孙锦云日记描述了当时逃离南京的紧张气氛:

> 12月5日校长袁元从外面回校,惊慌地说:"南京危险了!我们赶快离开这里。"他的家在天津,关山遥遥,兵荒马乱,单身独自不敢走,我的爱人陈品竹让他和我们先到盐城。12月6日清晨,我们雇了两个人挑东西和小孩。陈品竹说:"不能走南京,经江宁镇过江。"便问挑夫:"江宁镇离此多少里?你送到那,要多少钱?"他们说:"大约四十多里,你给我们四块钱一天。"那时一般的工匠两角钱一天。……12月7日中午,我们来到一个镇边,便到一家饭店准备用餐,但进去一看,却是冰锅冷灶。老板对我们说:"对不起你们,我家停业不做了,你们到街里面看看可有饭卖?小宝宝丢在我家,带小孩飞机来轰炸时是不让进防空洞的。"老板把小宝宝抱去,老板娘替宝宝洗脸,还在小鼻子上点胭脂。到了下午,我们到江宁镇时,公路上正在过兵,街上不让过客停留,逃难过江的人都到大河口。大河口搭个很大的草棚,地上摆些稻草和芦席,让人停留食宿,生活上必须的东西都有供应。……12月9日过江。傍晚,我们来到桥林,住进一家旅馆。[①]

逃进安全区的动作迅速加快。据福斯特12月5日致妻子的信记载:"随着日军逐日逼进,要顾及这么多人,我们觉得最好离开下关,把中国工人也带进城 ,昨天一直忙于打包搬运;仆人们下午进来说,粥厂已准备好。我们让苦力搬来所有的食品盒。我们要靠它们维持一段日子。我们还带来了电唱机和唱片,我们带来两张床,因为可能会有更多人搬进来。"[②]此外,还有一些郊区的农民穿越城门进入安全区。据《纽约时报》12月8日刊登的F·提尔曼·杜丁[③]的专稿称:"位于中山陵南部主要公路上的孝陵卫附近的村庄已经被烧成废墟,冒着浓烟。那些事先没有去避难的居民们,背着少的可怜的行李逃往南京,他们时而停下,回头悲伤地凝望着他们原来家的所在。"[④]

由于人员的大量涌入,安全区的街道出现了拥挤。据拉贝1937年12月9日日

---

① 孙锦云:《逃难日记》,张连红编:《幸存者的日记与回忆》,第1—2页。

② 《福斯特致妻子函》,章开沅等编:《美国传教士的日记与书信》,第96—97页。

③ 英文名 Tillman Durdin,也译为德丁。

④ [美]F·提尔曼·杜丁:《中国军队在抵抗中》,张生编:《外国媒体报道和德国使馆报告》,张宪文主编:《南京大屠杀史料集》第6册,南京:凤凰出版社,江苏人民出版社,2005年,第49页。

记记载:"路灯熄灭了,在夜幕中,可以看见伤员在街道上蹒跚,……安全区的街道上挤满了带着大包小包的难民。原来的交通部(武器装备部)已经对难民开放,仅仅一会儿的时间,里面就挤满了人。我们关闭了两个房间,因为在里面发现有武器弹药。难民中也有逃兵,他们扔掉了自己的军服和武器。"①这时的南京,市民生活的空间层次特别的清晰,明显的分为四个层次:城中城(安全区内各难民收容所)内城(安全区)中城(安全区界外到城墙)外城(城墙外)。

(5) 军人突围

日军12月9日抵达南京外围阵地后,给了唐生智将军一天的时间,望其投降。第二天中午,没有回音,日军开始攻城。到了12月12日上午,唐生智希望安全区委员会出面打白旗斡旋。据史迈士12月12日给家人的信记载:"我们惊讶地发现他们11时许就回来了,说唐将军希望我们派一个直接向日军提出停火三日的协议!于是我们一起商议具体事宜:由施佩林出面,手持白旗和白标语:'请不要射击!我们有口信给你们。'"②结果,被日军拒绝。

12日中午,唐生智签发了撤退令:"一、敌情如贵官所知。二、首都卫戍部队决于本日晚冲破当面之敌,向浙、皖边区转进。……六、各部队突围后运动务避开公路,并须酌派部队破坏重要公路桥梁,阻止敌之运动为要。七、各部队官兵应携带四日份炒米及食盐。八、予刻在卫戍司令部,尔后到浦镇。"③12月12日下午三点,又追加了一份撤退命令:"一、本部各部队奉命向徽州附近地区转进。二、本司令部直属部队及三十六师着于今(十二)日晚渡江,向乌衣、花旗营附近先集结待命。三、各部队之行动,如另表规定。"④

这时,撤退最好的时机已经丢失,日军包围圈即将收网,南京一片混乱。关于这一天的混乱与惨状,有着大量的文字描述,如费吴生12月12日日记记载:

普遍的骚乱从今天午后开始。(中国)士兵从南面拥出城外,有许多经过安全区,但他们行为良好,很守秩序。唐将军请求我们协助安排与日军休战,施佩林先生答应打白旗送信——但为时已晚。他(指唐生智——译者)于当晚逃走,很快传出消息,全城已陷入混乱。当他们出城走向下关和江边时已造成恐慌。好几英里路上随地抛弃着步枪、弹药、皮带、军装、车辆——各种各样军事辎重弃

① 拉贝1937年12月9日日记,[德]约翰·拉贝:《拉贝日记》,第122页。
② 《史迈士致家人函》,章开沅等编:《美国传教士的日记与书信》,第226—227页。
③ 《唐生智关于从南京城撤退命令稿》,马振犊等编:《南京保卫战》,第36—37页。
④ 《唐生智关于从南京城撤退命令稿》,马振犊等编:《南京保卫战》,第37页。

> 置路上。车辆挤压、倾翻、燃烧;城门那里有更多车辆挤坏、燃烧——一次可怕的大屠杀——死尸堆积逾英尺。城门紧闭,极端恐怖的是:士兵爬上城墙,用绳索、绑腿和皮带,或者是把衣服撕成布条,把自己垂下城外,许多人跌死。但江上的情景或许最令人伤心,有一队大帆船,显然难以承载大群意欲逃向江北的人群,超载的船只倾覆沉没,数千人淹死。还有好几千人试图用江边木材制筏,结果也遭到同样的命运。另外数千人得以逃离,但其中许多人可能会遇到日机(一日或两日后)的轰炸。①

从费吴生的日记可以看出,从12月12日下午开始,南京城内和江边都出现了混乱,很多军人在渡江时死亡,也有不少军人侥幸逃到了江北。② 之所以渡江成功,一个最重要的原因是日军在南京北面包围速度慢了一拍,比原计划迟了一天到达浦口,给军人撤离提供了一个惊险的机会。据克勒格尔1月13日的私人报告记载:"幸运的是,日军的进攻并没有想象的那么快。他们原来预定在12日到达浦口。13日傍晚,长江上的日本军舰开始开炮,直到晚上还能听见炮声和中弹的声音。幸运的是,这种攻击也迟到了24小时。"③

(6) 外籍人士面对现实

在南京外围阵地沦陷前,国民政府高层和欧美使领馆官员离开了南京,前者去了汉口,后者多是暂留在长江的军舰上,而且认为日军入城后会很快安民,几天后就能回到南京,履行工作,照看不动产。

此时,留在南京城内的外籍人士共有二十多人。据12月10日费吴生日记记载:

> 我们现在形成一个27人组成的团体——18个美国人,5个德国人,1个英国人,1个奥地利人和2个俄国人。城外江面"帕奈"舰上有2个使馆留守人员帕克斯顿和艾奇逊(Acheson)与另外6个人。美孚和亚细亚火油公司的机动船上有更多的人,这是一艘准备做水上旅馆的废船,载有包括德国大使馆罗森先生在内的大约二十个外国人和四百多个中国人,还有其他的船只。所有人都期盼着早日返回这个城市。我们不知道他们中间会死多少人,不过任何人回家都必需花费很多时间。他们将见到的是什么样子的南京?④

---

① 《费吴生日记》,章开沅等编:《美国传教士的日记与书信》,第68页。

② 其中有相当一部分随江水流飘到了八卦洲,再由红卍字会八卦洲分会在后续几个夜晚用小船送到江北。

③ 《外交资料:克勒格尔的私人报告》,张生编:《外国媒体报道和德国使馆报告》,第318页。

④ 《费吴生日记》,章开沅等编:《美国传教士的日记与书信》,第67—68页。

如何应付撤退的中国军队？欧美外籍人士很是担心。据魏特琳1937年12月11日日记记载："在今晚的记者招待会上，我们有20人——都是外国人，除了4名记者、2名德国人、1名俄国小伙子外，其余都是传教士。贝茨报告说，中国军队指挥部已经失灵，情况令人沮丧。"[①]如何面对想象中的日军？外籍人士也是非常担心。据魏特琳12月12日日记记载"今晚，城里是不会有多少人睡觉的。……刚好一年前的今天，蒋将军在西安事变中被拘留。"[②]虽然有着无限的担心，他们也只能面对现实。

2. 空位期的全面来临

1937年12月12日，留在南京的市民很多进入了安全区，还有部分市民，因为没有来得及、看护房产等种种原因，住在自家的房产内。这一天，日军攻城战到了最后的阶段，南京守军在这天下午开始了全线撤退。面对危急的形势，拉贝领导的安全区委员会对形势展开了预判，有的悲观，有的乐观，有的不确定。总体而言，此时大家还是建立了"一个基本前提和两个可能走向"的心理秩序图。一个基本前提：命运掌握在取得胜利的军队手中；两个可能走向：一、南京将迎来暗无天日；二、根据以往经验，短暂的混乱后日军将会安民。

出乎意料的是，南京没有发生中国军人撤退时的集体抢劫，面对这一形势，部分人认为最困难的时期已经过去。拉贝这天的日记写了很多，睡觉前他想到了自己的员工，想到了自己和家人，还是较为坦然的，有担心，也有一丝乐观。其12月12日日记记载："我入睡前的最后一个念头是：谢天谢地，最困难的时刻过去了！"[③]与拉贝有一丝乐观不同，也有人悲观，认为不确定时期即将到来。费吴生12月12日日记记载："我们在南京曾度过的愉快、平静、有秩序的时光就此结束，而在这里我们曾经期望更好的未来。"[④]魏特琳12月13日日记记载：

> 在经历了猛烈的炮击与轰炸后，城市异常平静。三种危险已经过去——士兵的抢劫、飞机的轰炸和大炮的轰击，但我们还面临着第四种危险——我们的命运掌握在取得胜利的军队手中。今晚人们都十分焦虑，因为不知道未来会

---

① *Minnie Vautrin's Diary* (*December* 11, 1937), Box 134 of YDL Record Group NO. 11, The Archives of the United Board for Christian Higher Education in Asia, Yale University Divinity School Library Special Collections.

② *Minnie Vautrin's Diary* (*December* 12, 1937), Box 134 of YDL Record Group NO. 11, The Archives of the United Board for Christian Higher Education in Asia, Yale University Divinity School Library Special Collections.

③ 拉贝1937年12月12日日记，[德]约翰·拉贝：《拉贝日记》，第133页。

④ 《费吴生日记》，章开沅等编：《美国传教士的日记与书信》，第69页。

怎样。[①]

这天晚上睡觉前,魏特琳写到:“今晚,南京没有电灯,没有水,不通电话和电报,没有报纸,没有广播。我们与你们所有的人确实被一个无法穿透的区域隔开了。明天,我将通过美国军舰‘帕奈号’,向吴博士和纽约发一个电报。迄今为止,金陵女子文理学院的员工及建筑物均安然无恙,但我们对今后几天的命运毫无把握。”[②]

12 月 13 日,南京沦陷,日军进城。据费吴生日记记载:“上午 11 点,安全区首次得到有关他们(进城)的报告。”[③]随后,烧杀抢掠全城铺开,空位期全面来临。

这时,中国官员西迁了,欧美使领馆官员在长江军舰上,南京留下了几十万的老百姓和二十多位外籍人士,城市的政治生态系统发生了改变。南京明显分为三大群体:日军、安全区委员会和国际红十字会南京分会的外籍人士、中国军民(没有了身份差别,统称难民)。不同于常态社会的阶层互动,在这样一个生态系统中,日军享有绝对的话语权和生命主宰权。一个日军士兵在写给日本朋友的信中这样描述:“一天天过去了,南京市越来越变成日本的城市了,我想今后会有许多有趣的事情。”[④]与日军强权对应的是,难民彻底丢掉了表达的权力。作为第三主体的外籍人士的存在显然成了南京难民和日军的重要缓冲,但是由于人数少、与本国信息沟通中断,其能量的发挥受限。即使如此,他们还是尽了最大的努力。

(1) 联系日军高级指挥官

12 月 13 日,日军进城,到达安全区已是中午。据史迈士 12 月 13 日给家人的信记载:“下午 1 时回家途中我们看见日军已到了广州路,我们开车到那儿,看见约六个日本兵组成的先遣队,这是我们的第一次遭遇,却决不是最后一次。”[⑤]下午 4 点,魏特琳第一次和日军交锋。据记载:“下午 4 时。有人告诉我们,西面山头上有好几个日本兵。我去南山公寓察看,在我们的‘西山’顶上果然站着几个日本兵。不久,另一名工人叫我,说有一个日本兵进了我们的家禽实验场,索要鸡和鹅。我立刻赶到那儿,

---

① *Minnie Vautrin's Diary*(*December* 13, 1937), Box 134 of YDL Record Group NO.11, The Archives of the United Board for Christian Higher Education in Asia, Yale University Divinity School Library Special Collections.

② *Minnie Vautrin's Diary*(*December* 13,1937), Box 134 of YDL Record Group NO.11, The Archives of the United Board for Christian Higher Education in Asia, Yale University Divinity School Library Special Collections.

③ 《费吴生日记》,章开沅等编:《美国传教士的日记与书信》,第 69 页。

④ 《C 致 B 的信》,王卫星编:《日军官兵日记与书信》,张宪文主编:《南京大屠杀史料集》第 9 册,南京:凤凰出版社,江苏人民出版社,2006 年,第 378 页。

⑤ 章开沅等编:《美国传教士的日记与书信》,第 229 页。

我打手势告诉他，这里的鸡不是出售的，他很快就走了。碰巧，他是一个有礼貌的人。”①

与老百姓争相躲避日军形成强烈反差的是，外籍人士积极与日军正面交锋，并迫切希望会见日军高级指挥官。据史迈士 12 月 13 日给家人的信记载：“回到办公室我们决定由拉贝和我立即和日军交涉。我们找到懂日语的克拉，一起动身去向日本人（尽量找高级官员）解释 3 件事：安全区、新成立的红十字会以及进入安全区的一些缴械士兵。”②

混乱局面下与日军高级指挥官接头是极其重要的，但也是困难重重，他们只能沿路打听，在金陵神学院附近，他们见到一位骑自行车的日军，说在新街口附近的汉中路能找到一个军官。果然如其所说，他们于是向这个军官解释上述三件事。据史迈士 12 月 13 日给家人的信记载：“我们试图向军官解释安全区的概念，并在地图上指给他看，发现他的地图上并未标明安全区。他说只要没人向日军射击，医院就会确保无恙，对于缴械士兵，他却没有说什么。”③

可以说，这三个问题是日军进城后安全区委员会对南京市民生活秩序进行的顶层设计。但是 13 日见到的这位军官不是高级指挥官，为此，还得继续寻求对接。据资料显示，14 日这天，他们还是没有见到日军高级指挥官。15 日，约见高级指挥官的事实现了。据拉贝 12 月 15 日日记记载：“我们同指挥官和福田先生告别时，原田将军走了进来，他当即表示要我们带他去安全区转一圈看看。”④这一天，拉贝就这份南京市民生活秩序的顶层设计方案和日军指挥官进行了沟通，日军指挥官以纪要的形式回复了安全区委员会：

> 1. 在城内搜索中国士兵。2. 在安全区入口处设置日本岗哨。3. 市民应尽快重新回到自己的家中。4. 如何处理已经解除武装的中国士兵，您交给日军办理，您可以相信日军是有人道主义的。5. 中国警察可以在安全区内巡逻，但必须解除武装，仅携警棍。6. 贵委员会在安全区储备的 1 万担米可以供难民使用，但是我们的日本士兵同样也需要米，必须允许他们在区内购买粮米。（关于区外储备的粮米，没作明确表态。）7. 电话和水电供应必须恢复。我们定于今天下午和

① *Minnie Vautrin's Diary* (*December* 13, 1937), Box 134 of YDL Record Group NO. 11, The Archives of the United Board for Christian Higher Education in Asia, Yale University Divinity School Library Special Collections.

② 《史迈士致家人函》，章开沅等编：《美国传教士的日记与书信》，第 229 页。

③ 《史迈士致家人函》，章开沅等编：《美国传教士的日记与书信》，第 230 页。

④ 拉贝 1937 年 12 月 15 日日记，[德]约翰·拉贝：《拉贝日记》，第 143 页。

拉贝先生视察这些设施,我们将在视察后制定相应措施。8. 从明天起将对城市进行清理,我们急需劳工,请委员会在这方面提供帮助。我们明天需要 100 个—200 个劳工,干活付酬。[1]

对于上述内容,安全区委员会有着基本的判断。第一条内容让他们心中没底,后面的几条内容简单明了,一切只能看局势发展,因为南京市民生活秩序设计的话语权掌握在日军手中,安全区委员会拿出的顶层设计方案,日军可以束之高阁。在权力不对称的前提下,处理好和日军的关系非常困难。据拉贝这天的日记记载:"人们对手榴弹和炸弹已经习以为常,现在要做的是同占领军搞好关系。对一个欧洲人来讲,这不是一件难事,但是对委员会主席来讲,要胜任这一点,并不简单。"[2]

(2) 日军否定安全区委员会的顶层设计方案

安全区委员会在力图和日军高级指挥官对接的同时,日军的暴行也在推进。其实,从进城那天起,日军的暴力机器就一直在运转。按照日军攻占南京的部署,进城后立即开始"扫荡",并执行不留俘虏的政策。据中岛今朝吾 12 月 13 日日记记载:"今日中午高山剑士来访,当时恰有七名俘虏,遂令其试斩。还令其用我的军刀试斩,他竟出色地砍下两颗头颅。"[3]这一不留俘虏的政策在师团以下得到了全面的贯彻。据上海派遣军第十三师团一〇三旅团长山田栴二 12 月 15 日日记记载:"派本间骑兵少尉去南京,联系处理俘虏的事宜和其他事宜。命令说将俘虏全部杀掉。"[4]据上海派遣军第十三师团步兵第六十五联队联队长两角业作记载:"军下达命令要处理所有的俘虏!"[5]据上海派遣军第十三师团步兵第六十五联队第四中队步兵少尉宫本省吾 12 月 17 日记载:"下午参加了盛大的南京入城仪式,亲眼目睹了这一庄严而具有历史意义的场面。傍晚回来,立刻出发加入了对俘虏兵的处决。由于已杀了两万多人,士兵杀红了眼,结果,竟向友军发难,杀死杀伤友军多人。"[6]显然,不留俘虏的政策在日军的各个层级都得到了贯彻和执行。

此时,南京的空位期已全面来临。前文已述,南京市民生活的空间明显地分为四个层次:外城(城墙外)中城(安全区界到城墙)内城(安全区)和城中城(安全区的难民收容所)。在这四层空间格局中,安全区委员会成员的主要活动范围是安全区(内城)

---

① 拉贝 1937 年 12 月 15 日日记,[德]约翰·拉贝:《拉贝日记》,第 142—143 页。
② 拉贝 1937 年 12 月 15 日日记,[德]约翰·拉贝:《拉贝日记》,第 144 页。
③ 《中岛今朝吾日记》,王卫星编:《日军官兵日记》,第 278 页。
④ 《山田栴二日记》,王卫星编:《日军官兵日记与书信》,第 3 页。
⑤ 《两角业作手记》,王卫星编:《日军官兵日记与书信》,第 16 页。
⑥ 《宫本省吾阵中日记》,王卫星编:《日军官兵日记与书信》,第 32 页。

以及安全区周边的地方。因此，拉贝同日军高级指挥官沟通的时候，对离安全区较远的地区尤其是外城发生的情况了解很少。随后，日军从外城深入中城和内城，以清缴残兵为名，分片扫荡，青壮年命悬一线。据许传音在东京审判的法庭陈述："随后，日军开始按户检查，拿走他们找到的食品和其他东西，并且带走他们认为可以为军队服役的适龄的青壮年男子，把他们和解除武装的士兵捆绑在一起，驱赶着前往某地或就地枪杀。"[①]屠杀青壮年也是按照日军高级将领的命令执行的，如第九师团步兵第六旅团的旅团长秋山义兖命令："应将所有青壮年都当作残兵败卒或便衣队逮捕监禁。"[②]

很快，日军的屠杀机器开到了安全区。他们以安全区混入便衣兵为名，在安全区乃至难民所进行了烧杀抢掠。据 12 月 16 日魏特琳的日记记载："今夜我问菲奇[③]情况怎样，在恢复正常秩序方面取得了哪些进展？他回答说：'今天简直是地狱，是我一生中经历的最黑暗的一天。'当然对我来说也是这样。"[④]费吴生深感黑暗，源于安全区遭到了侵扰。安全区的名字寓意着在战乱的南京，这里能够为南京难民提供避难，但日军以粗暴的烧杀抢掠告诉了南京市民："安全区不安全"。

"安全区"内放下武器的中国官兵被杀更令安全区委员会痛心疾首。在 12 月 12 日晚的那场大撤退中，不少军人进入了安全区，一开始，安全区委员会天真地认为只要中国守军放下武器，向日军投降，按照国际惯例，可以保留生命。于是积极组织军人集体缴械，再由安全区委员会出面与日军交涉。结果是令人失望的。据蒋公毅 12 月 28 日日记记载："司法院收容所，被敌人硬捕去上千无抵抗的弟兄，都被敌人弄死；外侨们认为这是国际救济委员会的失败，深自引责，美侨李格斯[⑤]，且曾因此痛哭过一次。"[⑥]费吴生面对很多解除武装的士兵被日军抓去杀害后，也深刻意识到当初判断的失误。据费吴生日记记载："那四个跋山涉水来自广东的士兵，昨天勉强地把武器交给我，我不知道这里有没有他们？或者是那个来自北方的满身绷带的中士，当他决定自己命运时仍然用混浊的眼光乞求着我，我是多么愚蠢，告诉他们日本人会保全他们的生命。我们曾经真诚地希望他们在日军许诺下继续活下去，至少当日军到达时秩序会有某种程度的重建。我们很难想到，我们将亲眼目睹当代无与伦比的残暴与野

---

① 《许传音宣誓证词》(书证第 205 号)，张生、杨夏鸣编：《东京审判书证及苏、意、德文书》，第 2 页。

② 《有关实施扫荡的注意事项》，王卫星、雷国山编：《日本军方文件》，第 111 页。

③ George A. Fitch，中文名费吴生。

④ 《1937 年 12 月 16 日日记》，[美]魏特琳：《魏特琳日记》，第 150 页。

⑤ Charles H. Riggs，今译里格斯，中文名林查理。

⑥ 蒋公毅：《陷京三月记》，张连红编：《幸存者的日记与回忆》，第 66 页。

蛮。因为更恶劣的日子继续到来。”①缴械兵是安全区委员会在日军进城时最担心的三件事之一,在提交给日军高级指挥官的南京市民生活秩序顶层设计方案中,明确期望日军网开一面,但是遭到了彻底的否定。

此外,日军对于国际红十字委员会接管的伤兵医院的救护工作,也是极力阻拦。红十字会伤兵医院的组建有着中国军方背景,在危急形势下,当时的军医负责人金诵盘联系安全区委员会,将伤兵医院交由安全区委员会运作。安全区委员会随即以国际红十字会南京分会的名义来运作伤兵医院,由马吉和福斯特负责。据史迈士 12 月 13 日致家人的信记载:

> 在办公室,我们得知龙上校给了拉贝先生 30000 元钱用于筹备红十字会。我迫不急待地要在 10 时以前组织委员会。我们拉上马吉和福斯特,我几乎一手指定委员会的成员、其主席及秘书等。马吉首先立即去接伤员,我又建议他作为主席,福斯特作为秘书,去指定的三个地方——外交部、铁道部和军政部,看那儿的人员是否配合得力。我与米尔士及其他人立即着手印刷传单,告诉人们在“关键时刻”的注意事项。②

日军进城后,起初外籍人士还是能够随便出入外交部、铁道部和军政部这些伤兵收留地,但 14 日下午就被禁止入内了。

对于安全区委员会最关心三件事:安全区、进人安全区的一些缴械士兵和新成立的国际红十字会,日军均不予重视,从根本上否定了安全区委员会为南京市民生活秩序的顶层设计方案,直接导致空位期的长时间延续。据安全区委员会③秘书史迈士在 1938 年 3 月 8 日《给朋友函》中写到:“我在研究社会学时经常听说‘空位期’的恐怖状况。我们经历了南京沦陷,经历了 12 月 12 日晚中国军队的撤退,经历了从星期天下午中国将军离开至星期三日本最高指挥官到达的一段无政府时期,我仍然没有看到任何由平民造成的混乱!所有的混乱都是日本人制造的,从 13 日晚上开始,听起来像天方夜谭,与我们所期待的完全不一样。也许是我们对安全区组织有序,也许是英勇的中国工人保持供电、供水及电话线路畅通,在 12 月 12 日晚之前我们在混乱的汪洋里保持了一片绝对的秩序:但只有一个原市政府的职员留下,连警察局长都跑走了!新闻报道中提到焚烧只在城外,不住城内。换句话说,我们为日本人把一切都安

---

① 《费吴生日记》,章开沅等编:《美国传教士的日记与书信》,第 71—72 页。

② 《史迈士致家人函》,章开沅等编:《美国传教士的日记与书信》,第 228—229 页。

③ 1938 年 2 月 18 日后改名为南京国际救济委员会。

中国空军轰炸长江上的日舰。选自蒋纬国主编:《抗日御侮》第5卷。

被击落的日军飞机。选自《拉贝日记》。

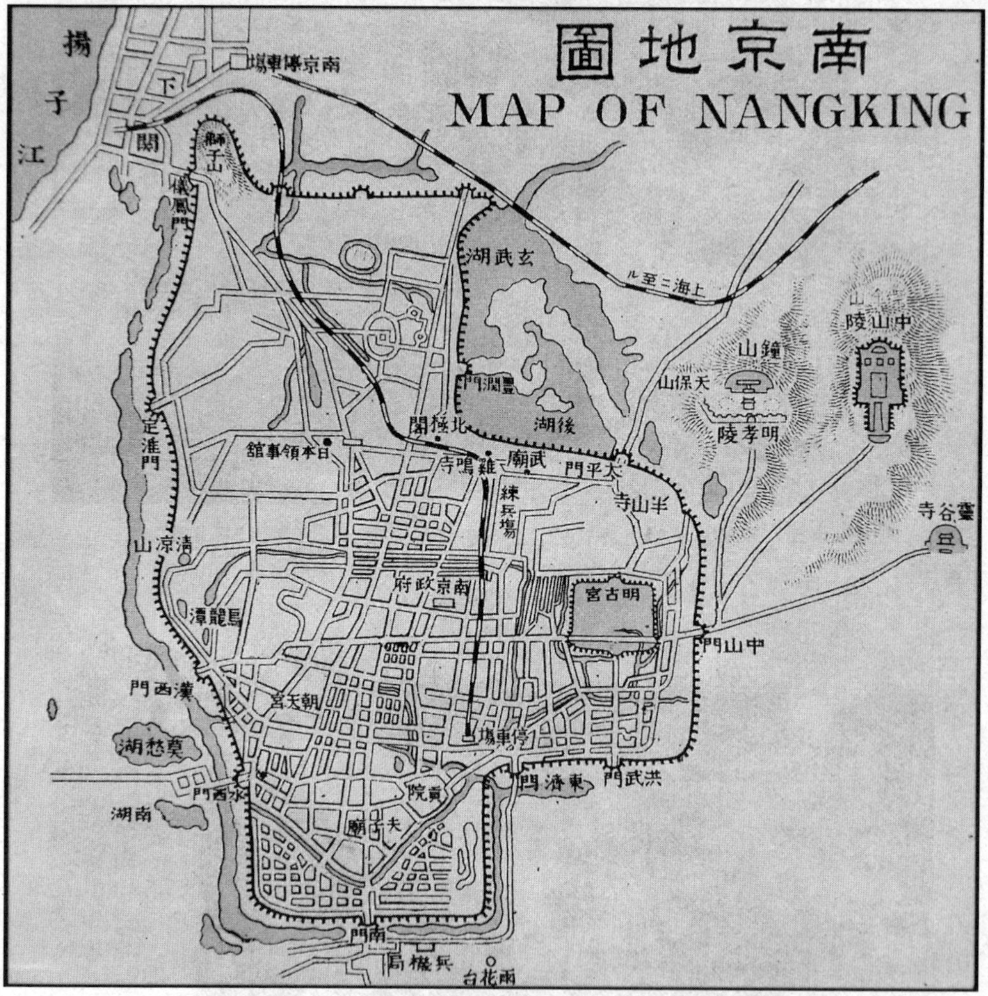

当时的南京地图。选自《支那事件画报》第 11 辑。吴先斌提供。

排好了，让他们和平地接管市民，在一两天内让基本设施正常运行。可他们公然熟视无睹，放弃机会。”①

3. 空位期的延续——难民区登记

日军没有采纳安全区委员会安排好的“秩序”，和平地接管难民。反之，在全城推行烧杀抢掠。据记载：“在占领南京后的13日到入城式的17日前夜，日本军的虐杀规模最大”。② 这样一来，安全区委员会估算的“短暂的空位期”也就长期延续。面对日军持续的暴行，外籍人士除了抗议还是抗议。抗议的方式多种多样：第一、以安全区委员会的名义抗议。从12月16日开始，拉贝每天汇总日军的暴行，递交给日本驻南京使馆官员。如12月19日，拉贝向日方通报了日军连续几日犯下的70桩罪行。12月20日又向日方通报了26项罪行(序号为71号—96号)。12月21日，12月22日又向日方通报了26项罪行(序号为97号—113号)；第二、外籍人士以国家为单位进行抗议。据史迈士12月18日致家人的信记载：“我们起草了最详尽的一封信，要求用一切可能的军事手段恢复秩序……然而那天情况变得更为糟糕，日军到处抢劫、强奸。拉贝和我决定作为德方和美方代表要求采取行动，那时是下午5时30分，只看见冈崎一个人在屋里，所以只得对他讲。拉贝开门见山地说，他是一个德国纳粹分子，德国最高荣誉的膺获者，德国领导的代表。我强调我们只是对保障人民的人道主义权益感兴趣。冈崎说他下午已让福田去和军队商议。”③对于此项举措，史迈士印象深刻，在东京审判法庭作证时依旧清晰记得。据史迈士在东京审判法庭陈述：“起初由我负责起草抗议信函，后来拉贝建议：考虑到我们分属不同国家，我们采取轮流签署的方式。在日军占领南京后的最初六星期，我们几乎每天都要发出两封抗议信。通常其中一封由拉贝和我亲自交给日本大使馆；另一封则由信使送出”；④第三、外籍人士集体前往日本使馆抗议。面对一周来秩序的持续恶化，外籍人士气愤到了极致，于是约定前往位于鼓楼的日本使馆抗议。据魏特琳1937年12月21日日记记载：“今天下午，南京所有的外国人给日本使馆送去了一份请愿书，要求为了20万南京市民以及日本军队的自身形象，恢复南京的和平。由于我刚去过日本使馆，所以我没有

---

① 《史迈士致朋友函(1938年3月8日)》，章开沅等编：《美国传教士的日记与书信》，第281—282页。

② [日]松本重治：《通向昭和史的证言》，王卫星编：《日军官兵日记与回忆》(下)，张宪文主编：《南京大屠杀史料集》第61册，南京：凤凰出版集团，江苏人民出版社，2010年，第779页。

③ 《史迈士致家人函》，章开沅等编：《美国传教士的日记与书信》，第236页。

④ 《起诉方宣读的证人证词》，杨夏鸣编：《东京审判》，张宪文主编：《南京大屠杀史料集》第7册，南京：凤凰出版社，江苏人民出版社，2005年，第195页。

同他们一起去。”①

连续的抗议,加之日本使馆官员在日本军方和外籍人士之间的折冲,还是取得了些许效果。据时任日本驻南京使馆参赞的日高信六郎在东京法庭供述:“一些关于传闻日本军人为非作歹的报告,由外国侨民送交给总领事。但是,这些报告大部分出自耳闻,由于总领事没有时间去调查事情的究竟,因而将这些报告都转往在东京的外务省和在南京的军方。看来在东京的外务省将这些报告知会了陆军省。”②日高信六郎认为这些报告到了陆军省也是有其它证据支撑的。据时任日本外务省东亚事务局局长石射猪太郎在东京审判法庭陈述:“大约在 12 月 13 日,我国军队胜利进入南京。有鉴于此,我国驻南京代理总领事福井淳从上海返回他的岗位。他从南京向外务省递交的第一份报告就是有关当地我国军队暴行的。当时外相对此事感到警觉和担心,敦促我迅速采取一定的措施查禁此类不光彩的行径。我答复他,该电报报告的副本已经交给陆军省,我还准备在即将举行的陆军省、海军省和外务省联席会议上告诫军事当局注意这类行为。这次联席会议很快就在我的办公室举行了。”③而且石射猪太郎还陈述:“我得知,广田外相曾经请求杉山陆相针对南京暴行事件迅速采取严厉措施。”④

对于外籍人士的“多管闲事”,日方表示了强烈的不满,正如日方高级将领和特务部门的日记、信件和回报中所说,南京市民对欧美人士的依赖心极强。因此,大规模的军事行动一结束,日方就开始思考如何将聚集在欧美外籍人士周围的中国人遣散回家。

难民回家的前提的治安环境的改善,由于日军烧杀抢掠毫无收敛之意,一些难民回家路上遭遇不幸的消息很快又会传出,导致更多的难民不敢离开安全区。事态进入了一个胶着期,此时日军最期望的状态是:难民离开安全区回家,面对日军的烧杀抢掠不得反抗。不过只要有欧美外籍人士在场,这是一个难以实现的悖论,因此对立在继续,屠杀在继续,空位期在延续。鉴于日军牢牢掌握南京秩序的主导权,可以以任何借口让对立面活得更加痛苦和艰辛。在这样的背景下,难民登记被日军提上了

---

① *Minnie Vautrin's Diary* (*December* 21, 1937), Box 134 of YDL Record Group NO. 11, The Archives of the United Board for Christian Higher Education in Asia, Yale University Divinity School Library Special Collections.

② *IMTFE EXHIBIT NO.* 2537, RG238, Entry14, Box245, Location: 190/10/23—24/1—4. National Archives II of USA, Maryland.

③ *IMTFE EXHIBIT NO.* 3287, RG238, Entry14 (PI－180), Box290, Location: 190/10/24－25/5－1. National Archives II of USA, Maryland.

④ *IMTFE EXHIBIT NO.* 3287, RG238, Entry14 (PI－180), Box290, Location: 190/10/24－25/5－1. National Archives II of USA, Maryland.

日程，其用意一举多得：继续扫荡，征服中国人意志，为自治委员会运作做铺垫。

根据战争学家克劳塞维茨的理解，战争的目的是："军事权力必须予以毁灭，那就是要把它减弱到一种不能再继续作战的状态。……国家必须加以征服，因为从国家之内又可能再组成一支新的军事力量。但即便上述二者均已做到，只是敌人的意志尚未屈服，则战争也还不能算是已经结束"①。可以说，日军进城时的屠杀俘虏、杀害投降兵、滥杀青壮年已是最大限度地打击了南京现存、潜在的军事力量；下一步的工作就是使南京市民的意志屈服，只有这样，才能为殖民秩序建立打下基础。难民区人口登记是其中一招。

日军进城时，根据对安全区周围军装散落情形的判断和情报人员的汇报，认定有成批军人脱下军装混进了安全区。据12月15日《步兵第七联队命令》记载："依据对至今（15日）抓获的俘虏所作的调查情况，几乎都是些下级军官及士兵，可以认定没有军官。估计是换成便衣隐藏在难民区里。"②可以说，安全区登记又是扫荡的延续。

1937年12月22日，拉贝日记记载："宪兵总部的两名日本人今天来拜访我，并通知我说，日本人现在要自己建一个难民委员会，所有的难民都必须登记。"③面对占领当局的这一"正当"要求，安全区委员会只能配合。据魏特琳1937年12月29日日记记载："这个区以及其他地区的男子登记工作还在继续。早在9时以前，长长的队伍一直排到大门外很远的地方。今天，日本人比昨天厉害得多。昨天，他们叫当过兵的人自己承认，并许诺给他们工作和工资。今天，日本人检查他们的手，并把他们认为可怀疑的人挑出来。当然，被挑出来的许多人从未当过兵。无数母亲和妻子要我为她们的儿子或丈夫说情，他们是裁缝、做烧饼的、商人。不幸的是，我无能为力。"④

（1）军人甄别

军人甄别的情景给很多参与难民登记的人留下了深刻记忆。据南京大屠杀幸存者吴芝生口述："1937年冬月二十三日（送灶节）上午，我同芝堃到德商西门子电器公司驻京办事处（今小粉桥附近）去买米，当时买米的人很多，正簇拥着买米时，忽然来了三四个日本兵，他们抓男人看头、看手，检查中央军。"⑤

当时的安全区确实躲藏了一批军人，其中不乏高级将领，中央教导总队的营长、团长就有好几位，他们文化程度较高，有着很多翔实的记载。据郭岐在《陷都血泪录》

---

① [德]克劳塞维茨著：《战争论》，钮先钟译，桂林：广西师范大学出版社，2003年10月版，第16页。

② 《步兵第七连队战斗详报》，王卫星、雷国山编：《日军军方文件》，第128页。

③ 拉贝1937年12月22日日记，[德]约翰·拉贝：《拉贝日记》，第203页。

④ *Minnie Vautrin's Diary*（*December* 29，1937），Box 134 of YDL Record Group NO.11，The Archives of the United Board for Christian Higher Education in Asia，Yale University Divinity School Library Special Collections.

⑤ 《吴芝生口述》，张连红、张生编：《幸存者调查口述》（上册），第20页。

中回忆:

> 日本皇军的检查手续既严密而又彻底,加诸每一个中国人,他们照例要从头"摸"到脚,从外"摸"到里,决不轻易放过你身上的任何一个部位。中国人能以通过日军的检查,首先得经过下列五道关口。一、洗劫——身上的钞票、钢笔、手表、铜板、皮夹、皮带,每一样稍微能值两文的东西,都会先被日军抢去;——皇军不愿意当众在尸首身上搜劫。二、摸头——由于战时我军多半剃光头,所以日军检查的第二步是"摸头",摸摸看有没有蓄发?蓄得够不够长,否则,就地枪决。三、验额——验出来额头上有钢盔印子的,必是我军,一样当场处死。四、瞄腰——脱下裤子来瞄一眼,但凡腰上有系过皮带的痕迹者,日军一律认作我军,手一挥,拉过去,执行死刑。五、看手——命中国人把双手张开来细细验看,如果有右手持过枪的老茧,那就毫无疑问的是军人了,也是当下处决,毫不容情的。万一有天大的幸运者,幸能逃过了这上列的五道关口,也休想就此逃出鬼门关,由日本兵挥之使去。因为在上列五项检查通过以后,还有更可怕的一关,详加盘诘,不厌其详。①

其实,在登记时,日军还有更严厉的手段,即利用方言来甄别军人就十分毒辣,因为参加南京保卫战的军队有川军和广东籍的外地军队,方言较重,祸从口出,部分军人因此丢了性命。日军另有手段是:把大量的男性难民带到金陵女子文理学院登记,让女难民认领亲人。日军在中国汉奸配合下,以此办法又拉出一批军人枪杀。据大屠杀幸存者熊秀芳回忆:"还有一次,从别的地方拖来了很多年轻人,华小姐就对大家说:'你们去认亲吧,这样就可以救救你们的同胞了。'华小姐的心很好,让我们去救救我们的同胞。没有被认出的人,就被带到江边,被日本人用机关枪扫射。"②

这样一轮军人的甄别,持续到 1938 年 1 月 6 日左右,一大批军人被拉出去杀害,也有一批青壮年遭遇横祸。

(2) 难民精神控制

在社会学的理解中,思想的定格需要仪式的支撑。登记期间,日军也导演了一幕幕具有舞台效应的仪式,控制南京市民的思想,让南京难民感受亡国奴的现实。据孙宝贤回忆:

---

① 郭岐:《陷都血泪录》,张连红编:《幸存者的日记与回忆》,第 185—186 页。

② 《熊秀芳口述》,张连红,戴袁支编:《幸存者调查口述》(中册),第 503 页。

二十三日上午九时，日军就在学校周围布设岗哨后，再派兵进入学校，首令各教室之难民集中在一个大操场上，女人和小孩集中在一起，不检查。男人集中在操场中央。国际委员会原在各教室难民中，选派一人为管理员，今天把管理员集合在一起，并成二批对立，中间留一空道约三公尺。一切布妥后，先由一个中国汉奸(翻译)，站在桌子上说话，他说听说你们中间有中国兵、中国伙夫在里面，如有的话，你们可以自动站出来，我们绝对保障你的性命，每天只叫你们扫扫地，修修路，每天工作还给你们二毛钱，如果不站出来，一经查出，马上枪毙。……嗣即开始检查，每一人要由管理员中间通过，每过一个人管理员就问，你有没有保人，你的保人是谁，如果他说的保人亦承认保他，就算通过了，到一边有保人的地方去，如果没有保人，即另到一边去，没有保人的人，每到五六十人，即由日兵枪队押着上汽车，开到雨花台枪毙。①

将难民集中到操场，男性集中到操场中央，中间摆着一张桌子，汉奸站到桌子上致辞，再让男性难民一个个过关，极具舞台效应，凸显日军征服难民思想的居心。

登记既是对军人的一次甄别，也是在完成一个仪式，让南京难民感受亡国奴的现实，这与日军的战略是一致的。不过，上海派遣军在此事上表现了特别的“积极性”，而它之所以有如此动力，是因为登记附带杂项，可以满足日军多重私欲。在登记的同时，伴随着抢劫。此外，日军也在登记过程中物色长相不错的年轻女性，白天登记，晚上施行强奸。有时还为日军慰安所的成立物色人选。

4. 安全区的运作与空位期的生命卫护

安全区委员会核心成员主要来自美、德等国，这些人因为共同的理想信念留在了南京，但他们职业不同，个性鲜明。

贝德士有着极强的国际观，章开沅先生曾这样评价：“从贝德士遗稿中可以看出，他是较清醒也是较早向国际社会发出日本军国主义必将推进大规模侵略战争的警告的少数美国学者之一。”②

魏特琳有着极强的历史感。其 1938 年 3 月 24 日日记记载：

今天我的脑海中往事历历在目，我不时地想起 11 年前的这一天发生的事！当时，我们高兴地迎来了新的一天，有消息说，北方军队正在悄悄地撤退，革命军队已经进城了；接着传来了威廉(William)博士不幸遇难的悲惨消息和新军强烈

---

① 孙宝贤：《南京沦陷前后及被难脱险经过详情实记》，张连红编：《幸存者的日记与回忆》，第 105 页。

② 章开沅：《从耶鲁到东京——为南京大屠杀取证》，广州：广东人民出版社，2003 年，第 15 页。

的排外情绪,我们焦急地等待着;在附近的山上出现了令人恐惧的黑影;我们撤退到金陵大学里。那天晚上大约这个时候,我和约翰·赖斯纳(John Reisner)向外看着这个城市,黑暗中只看见焚烧外国建筑物的火焰。我真想知道,1949 年 3 月 24 日的南京会是什么样。[①]

面对 1938 年 3 月 24 日的南京现状,魏特琳想到了 11 年前的 1927 年 3 月 24 日,同时她也展望 11 年后 1949 年 3 月 24 日的南京,看到这些时间节点,你会惊讶于魏特琳的细腻和敏锐。

围绕在安全区委员会的外籍人士还有很多:勇敢直率的施佩林、擅理繁剧的米尔士[②]、社会调查意识极强的史迈士[③]……,还有拉贝,他是个商人,也是个感情丰富、人文修养极高的德国公民,兼具诗人的气质和人道的情怀。

在中国政府撤离南京前,事实上把南京的城市管理权交给了拉贝先生领导的安全区委员会。在拉贝的理解中,担任安全区委员会主席极具戏剧化效应:

一个人将来会变成什么样,有时是意想不到的!两年前在北戴河的一次茶会上,陶德曼博士用这么一句话来和我打招呼:"看,南京市长来了。"我当时听了他的玩笑还有些不高兴(那时我是南京地区小组副组长)。可是现在,这句玩笑几乎要变成真的了。当然,一般情况下,一个欧洲人是不可能成为一个中国城市的市长的。但是现在出现了这么一个情况:前一段时间一直和我们合作的马市长昨天离开了南京。于是委员会不得不开始在难民区内处理应由市政府处理的市政管理工作和问题。这样,我真有点像一名"执行市长"了。拉贝呀拉贝,你得意忘形了![④]

市长乃一市资源的分配者、市政的管理者,从能力上观察,拉贝的素养与战时"南京市长"的要求较为匹配。但是,从权力角度分析,显然缺少合法性支撑。

安全区的提议、筹划、启动与战局紧密关联。上海沦陷后,鉴于饶神父[⑤]在南市开办安全区的经验,欧美外籍人士提议在南京也设立一个国际安全区,在中日交战时,

---

① *Minnie Vautrin's Diary*(*March* 24,1938), Box 134 of YDL Record Group NO.11, The Archives of the United Board for Christian Higher Education in Asia, Yale University Divinity School Library Special Collections.

② W. Plummer Mills,有资料译为米尔斯。

③ Lewis S. C. Smyth,有资料译为斯迈思。

④ 拉贝 1937 年 12 月 8 日日记,[德]约翰·拉贝:《拉贝日记》,第 116 页。

⑤ Reverent Jacquinot,也有译成雅坎诺,中文名饶家驹。

可以保护难民。1937年11月20日,国民政府宣布西迁,紧接着,江阴要塞失守,形势非常紧张。据拉贝12月1日日记记载:"晚上8时,在首都饭店和马市长、林勋欣(音译)、林度信(音译)、谢晓春(音译)和刘泽方(音译)共进晚餐。中国人和我先后致辞。除此以外,没有讨论什么值得注意的事情。反正这是一次'告别宴会'。韩先生和他那位怡和通砖瓦厂的朋友孙先生被我任命为粮食委员。韩先生喜笑颜开,他有生以来还没有担任过这么高的职务呢。我当然也是首次任命这么高的职务。"[①]这段记载,有着权力交接班的意思。在此,我们可以对南京安全区国际委员会的性质展开分析,它的确不是官方机构,但是又绝非简单的民间机构,它超越了民族国家的局限,在关键时刻,勇于担当,挽救生灵,在国际和平史上具有典范意义。

蒋介石对南京保卫战的定位是"阶段性防守",拉贝对安全区委员会的定位也是"阶段性担当",在12月8日的日记中,拉贝强调:"由于在目前的紧急形势下没有其他出路,所以国际委员会只有非常不情愿地承担了由马市长转授的负责安全区行政管理工作的责任。一旦困难时期过去,委员会承担的责任也将随即停止,并将应南京市政府的请求将这种责任归还给市政府。"[②]

对于南京国际安全区的研究,学界有着相当的积累[③],著者将在前辈学者研究的基础上,围绕南京市民生活秩序的主旋律,动态揭示安全区委员会在南京危急尤其是"空位期"的努力与坚守。

(1) 权力交接与安全区委员会"合法性"获得

安全区面积不大,东面以中山路北段(从新街口到山西路广场)为界;北面以山西路广场沿西到西康路(即新住宅区的西南界路)为界;西面以由西康路向南到汉口路交界(即新住宅区的西南角),又向东南成直线到上海路与汉口路交界处为界;南面以汉中路与上海路交界处到原起点的新街口为界。这个区域的边界都用旗帜作记号,在旗帜上面有一个红十字,红十字以外再有一个红圆圈,并在旗上写了"难民区"三字。

作为紧急时期成立的救济组织,"合法性"获得是工作顺利开展的前提。对于安全区运作的合法性,著者认为要具备以下五个方面:团队一致性形成、中国政府的认

① 拉贝1937年12月1日日记,[德]约翰·拉贝:《拉贝日记》,第94—95页。

② 拉贝1937年12月8日日记,[德]约翰·拉贝:《拉贝日记》,第120页。

③ 如孙宅巍:《试论南京大屠杀中的"安全区"》,《南京社会科学》,1992年第5期;杨夏鸣:《论南京"安全区"功能的错位及其原因》,《抗日战争研究》,2000年4期;张连红:《南京大屠杀时期的日军当局与南京安全区》,《近代史研究》,2001年3期;王卫星:《论南京国际安全区的成立》,《民国档案》,2005年4期;张连红:《南京大屠杀时期的南京市自治委员会与安全区国际委员会》,《民国档案》,2007年4期;潘涛:《南京安全区的宗教符号分析》,《南京社会科学》,2008年10期。

同、本国使馆的力挺、民众的拥护和日方的承认。团队一致性形成是前提、中国政府认同是基础、本国使馆力挺是保障、民众的配合是动力、日方的默认是关键。

a. 团队一致性形成是前提。关于安全区设置的提议,据学界研究,起于11月中旬,最早提议设置安全区的不是拉贝。学界据大量资料互证,认为是金陵大学的几位外籍教授[①]首先提议,事后征求了拉贝的意见。据拉贝1937年11月22日日记记载:"下午5时,国际委员会开会讨论成立一个南京平民中立区。大家选我当'主席',我推辞不掉,为了做件好事,我让步了。但愿我能够胜任这个也许会变得十分重要的职务"。[②] 选举拉贝是因为他的特殊身份:德国公民、国社党成员、非外交人员。拉贝对主席一职是乐于接受的,并认为这能体现人生价值。他也有信心做好这份工作,因为有一支战斗力很强的团队。据拉贝12月1日日记记载:"许尔特尔打电话来说:罗森博士请德国人集中一下,商量什么时候必须登上三桅帆船。结果是:克勒格尔、施佩林、年轻的希尔施贝格和哈茨(一个奥地利工程师),这些先生们全都要留在这里帮助我。"[③]不仅德国人一致支持拉贝,美国人也表示了空前的热情。据魏特琳1937年12月7日日记记载:"上午10时30分。我去了安全区国际委员会总部,同他们讨论了有关可以带进安全区的物品的通知等事宜。斯迈思、米尔斯和菲奇把他们的所有时间都花在这件事和许多其他事情上。看见英国、德国、美国的商人同传教士在一起密切合作,真是太好了。"[④]由此可见,由于共同的理想和信念,安全区委员会管理团队能够达成一致。

b. 中国政府认同是基础。对安全区委员会的工作开展,中国政府也非常支持,除了军事部署外,多给予了充分的授权。在安全区委员会成立之初,拉贝也曾担心过中国政府的态度。据1937年11月25日拉贝日记记载:"我从收音机里听到,汉口方面对建立中立区表示担忧,因为事先没有征求中国政府的意见。"[⑤]第二天国民政府教育部次长杭立武博士就明确告诉他不用担心。据11月26日拉贝日记记载:"杭立武博士刚才在回答我的询问时告诉我说,我们不必为中国政府是否同意建立中立区一事担心,最高统帅本人已经表示赞同。"[⑥]

南京国民政府的支持不是停留在口头上,也有切实的行动,他们分几次送来资金

---

① 张生:《国民政府时期的金大》,张宪文主编:《金陵大学史》,南京:南京大学出版社,2002年5月版,第85页。

② 拉贝1937年11月22日日记,[德]约翰·拉贝:《拉贝日记》,第73页。

③ 拉贝1937年12月1日日记,[德]约翰·拉贝:《拉贝日记》,第94页。

④ *Minnie Vautrin's Diary* (*December* 7, 1937), Box 134 of YDL Record Group NO.11, The Archives of the United Board for Christian Higher Education in Asia, Yale University Divinity School Library Special Collections.

⑤ 拉贝1937年11月25日日记,[德]约翰·拉贝:《拉贝日记》,第79页。

⑥ 拉贝1937年11月26日日记,[德]约翰·拉贝:《拉贝日记》,第82页。

并划拨粮食物资，南京市长马超俊更是积极协助。据美国驻南京使馆的工作人员 12 月 7 日汇报的南京状况记载："市长昨天晚上还在南京。大家都认为他完全是为了所谓安全区的工作而留下来的。"[①]马超俊直到日军围城前夕才离开南京，既是高姿态的需要，也是支持安全区委员会工作的切实体现。在防御期的紧急时刻，经马超俊协调，国民政府划拨大米 30000 袋、面粉 10000 袋给安全区委员会做储备。得到通知后，安全区委员会立即组织运输。据拉贝 12 月 8 日日记记载："为了将储存在城外的米面运进来，粮食委员必须拥有一支机动的车队，但是在目前的情况下这一点很困难(注：城郊正在燃烧)。到昨天为止他一共筹集到了 12 辆车运进了 6300 袋米(相当于 7875 担)。"[②]直至日军进城前夕，仍在运输。据南京大屠杀幸存者韩湘琳口述：

> 十二月十二日，我去下关运米，因我当时在国际救济委员会担任管理难民区粮食的工作。我带着几个人从珠江路到下关去，沿路看到很多散兵，三五成群，向下关走去。当时，挹江门东边的一个城门已经堵塞不通，西边的一个门半开着，才能走过一辆车子。周围都是铁丝网、麻袋等阻碍物。十二月十二日晚，我又带了六七个搬运工人去下关运米。一路上只见满地都是丢弃的子弹、军服、皮箱和行李等物品，城外已经看不到其他行人了。当时，城内百分之八九十的居民已经逃入难民区。[③]

战争环境下的粮食运输极其艰难，由于一些粮食储备地较远，加上交通工具短缺，短时间内还是没有将全部划拨粮运进安全区的储备地——金陵大学礼堂。1938 年 1 月 26 日拉贝在致阿利森、普里多-布龙、罗森博士的信对南京政府划拨的粮食和国际委员会实际收到的粮食进行了总结：

表 5　南京市政府划拨粮食数量和国际委员会实际收到粮食数量对照表

	供货单开列	实际收到	日本当局没收	
米	2.0009 万袋	9076 袋	1.0933 万袋	每袋 96 公斤
面粉	1 万袋	0 袋	1 万袋	每袋 50 磅

资料来源：[德]约翰·拉贝：《拉贝日记》，张宪文主编：《南京大屠杀史料集》第 13 册，南京：凤凰出版社，江苏人民出版社，2006 年，第 420 页。

依照上述数据计算，安全区委员会在南京沦陷前储备了 200 万斤左右的大米，这

① 《南京的状况——12 月 7 日》，张生等编：《英美文书·安全区文书·自治委员会文书》，第 52 页。

② 拉贝 1937 年 12 月 8 日日记，[德]约翰·拉贝：《拉贝日记》，第 119 页。

③ 《韩湘琳口述》，张连红、张生编：《幸存者调查口述》(上册)，第 266 页。

构成了安全区储备粮的重要组成部分,为安全区委员会的运作打下了坚实的基础。对此,安全区委员会成员也有着非常正面的评价。据史迈士 1938 年 3 月 8 日给朋友的信记载:“我们承受着安全区的‘日本时期’的压制,我们几乎忘记了它的‘中国阶段’。亏得南京的中国市长有先见之明,给了我们委员会 2400 多吨大米和 500 吨面粉,以及 80000 元现金,使我们在这个冬天得以解救老百姓,现在上海也筹到一些其他基金。”①

对于南京国民政府的支持,安全区委员会有着正面评价,不过,他们也有两点不满:第一、守城司令唐生智答应尽快促成安全区的非军事化,拆除军事设施,但速度太慢;第二、面对南京的必然沦陷结局,为避免攻城的伤亡和破坏,安全区委员会两次斡旋中国政府和平交出南京,遭到拒绝。第一次是 11 月 28 日。据拉贝日记记载:

> 施佩林接我去参加下午 3 时在斯迈思博士家举的委员会会议。会上正式任命菲奇先生为委员会总干事,杭立武博士为中方共事总干事。我们认为,在得到日本当局消息以前,我们不可能采取进一步行动。米尔斯牧师建议我们尽快做一次尝试,即提请中国最高领导人(最高统帅和唐将军)注意,从军事角度看,固守南京是荒唐的,能否考虑和平让出这座城市,这样做是不是更好一些。杭立武博士反驳说,现在不是采取这种行动的适当时机,我们要耐心等待,直到得到日本当局同意建立中立区的肯定答复。②

很快,安全区委员会得知蒋介石对这一问题的态度:坚守南京,不可交城。对于中方的态度,安全区委员会虽然遗憾,也表示理解。但这一观点在他们心中一直是一个方案,直到日军攻城前夕,安全区的委员们还在和唐生智将军商讨能否让出南京、避免毁城。

1937 年 12 月 9 日,日军攻城战即将开启,拉贝代表安全区委员会前去斡旋唐生智将军,唐生智表示同意,但示意需要得到蒋介石的授权。据当天拉贝日记记载:“这个时候我们拿定主意,走出重大的一着,当然对这一着棋我们自己也没有多大把握。我们想再面见唐将军一次,力争说服他放弃对内城的保卫。令我们感到十分意外的是,唐将军竟然表示同意,但条件是我们必须征得最高统帅蒋介石的同意。我和米尔斯牧师,还有贝茨博士在龙上校和一名士兵的陪同下来到了美国炮艇‘帕奈’号上,通

---

① 《史迈士致朋友函(1938 年 3 月 8 日)》,章开沅等编:《美国传教士的日记与书信》,第 281 页。

② 拉贝 1937 年 11 月 28 日日记,[德]约翰·拉贝:《拉贝日记》,第 86—87 页。

过美国大使馆的艾奇逊先生发出了下列电报。”①根据拉贝后来的日记，可以判定，12月9日晚，汉口的中国外交部收到了此电报。但是根据拉贝10号的日记记载，这一提议再次遭到了中国政府拒绝，拉贝很是失望，再次发报给美国大使、德国大使和蒋介石，希望其改变初衷，依旧没有结果。

12月12日，日军对南京发起了猛攻，南京即将沦陷，唐生智主动邀请安全区委员会出面调停，这时，显然已经错过了最好的时机。据拉贝日记记载：

> 早晨8时，炮击再度开始。中午11时，龙和周奉唐将军之命来请我们做最后一次努力，签订停火3天的协议。在这3天内，守城部队撤退，然后将城市交给日本人(和原先的想法一样)。我们起草了一份新的致美国大使的电报、一封在电报发出前应由唐将军先行寄给我们的信件以及一份和谈代表应遵守的行为规则，规则的内容是：和谈代表在白旗的保护下，在阵地前沿向日军最高指挥官递交有关停火协议的信件。施佩林毛遂自荐充当和谈代表。整个一个中午，我们都在等待着回唐将军那儿取那封必要的信件的龙和周。到了晚上快6时的时候，龙来了。他说，我们的努力已经没有用处了；对停火来讲，一切已经太晚了，日本人已经到了城门边上了。对这件事我并不感到悲哀，对这种结局我也从来没有悲哀过，因为我从一开始就不喜欢这种最后努力的做法。事情很明显，唐将军想不经过最高统帅的批准便签订停火协议。在通知日本人时，“投降交城”这四个字是无论如何不能提到的。在起草停火的申请或请求时，一定要让人觉得这个动议仿佛是由国际委员会提出的。换句话说，唐将军打算躲在我们的身后，因为他预料到最高统帅和在汉口的外交部会有严厉的指责，他害怕受到这个指责。他想把全部的责任都推到委员会及其主席拉贝的身上。这是我很不喜欢的！②

c. 本国使馆力挺是保障。对于安全区委员会的设置和运作，驻南京欧美使领馆给予了认可和支持。安全区委员会的外籍人士之所以毅然决然地留在南京，保护难民，一是因为有共同的理想和信念的支撑，二是因为他们有欧美各国政府和驻华使馆做后盾。据1937年11月24日英国驻华代理大使豪尔发给英国外交部的电报记载：“一个非官方的中外委员会正企图在南京为难民建立一个安全区，类似于在上海南市成功建立的难民安全区。我和美国大使祝福这一计划获得成功，并开始发挥与日本

---

① 拉贝1937年12月9日日记，[德]约翰·拉贝：《拉贝日记》，第121页。

② 拉贝1937年12月12日日记，[德]约翰·拉贝：《拉贝日记》，第130—131页。

当局进行沟通的渠道作用以支持这一行动。”①

英美使馆积极支持,德国使馆也不例外,并积极帮助拉贝化解安全区委员会组织运转过程中的突发事件。据 11 月 22 日拉贝日记记载:“大使同意委员会草拟的有关建立安全区的建议,该建议将通过美国大使馆(有一个电台)电发给上海美国总领事馆再转交给日本大使。我们已经获得了英国大使和美国大使的同意。我们在委员会会议上决定:在上海日本大使收到电报以前,不准公开发表电报内容。我们十分希望我们向日本人发出的呼吁不是枉费唇舌”②。拉贝想在日方同意前,暂时向媒体保密递交给日方的建立安全区的提议。可是很快出了个突发事件,路透社泄露了这一秘密。据 11 月 23 日拉贝日记记载:“斯迈思博士打来电话说,路透社在发电报时已经无意中把我们关于建立安全区的秘密泄露出去了。我们让人正式发电报致歉,以免激怒上海的日本当局。”③面对突发事件,德国使馆官员毅然站出,解释这一行为是由德国人领衔,希望日本能够理解。据拉贝 11 月 24 日日记记载:

> 前面提到,路透社提前发出了关于国际委员会计划的电报。斯迈思博士立即对此表了态,即对这条消息做了如下更正:为平民百姓建立一个中立区的倡议不是美国大使馆,而是一个私人性质的委员会发起的。罗森博士昨天中午就从广播里听到,东京已经根据路透社电报的消息提出了抗议。东京方面问道,已经离开了南京的美国大使馆与这些计划究竟有什么关系。罗森博士随即在美国海军的帮助下,向上海德国总领事馆发去了下面的电报:由德国西门子的代表拉贝领导,其成员为英国、美国、丹麦和德国人的本市国际私人委员会,基于某些城区在以往的空袭中免遭破坏这一事实,请求中国人和日本人针对南京可能直接卷入军事行动这一情况,建立一个平民保护区。美国大使将此项建议通过总领事馆转交给了上海日本大使和东京。新的保护区在特别情况下只向非战斗人员提供安全庇护。与此同时当然仍旧希望以往受保护的城区今后也完好无损。鉴于主席职务由德国人担任,恳请对这一人道主义的建议予以非正式的、然而同样热情的支持。我这里只有记录手册。请转发东京。你们及东京大使馆的答复尽可能通过美国海军发到这里。④

---

① 《中国来电》,张生等编:《英美文书·安全区文书·自治委员会文书》,第 218 页。

② 拉贝 1937 年 11 月 22 日日记,[德]约翰·拉贝:《拉贝日记》,第 73 页。

③ 拉贝 1937 年 11 月 23 日日记,[德]约翰·拉贝:《拉贝日记》,第 76 页。

④ 拉贝 1937 年 11 月 24 日日记,[德]约翰·拉贝:《拉贝日记》,第 77—78 页。

12 月 9 日对南京发起总攻前的日军。选自《支那事变写真全辑》(中)。吴先斌提供。

日军第十六师团在常熟梅里镇附近行军。选自《历史图像》。

攻击至灵谷寺的日军。选自《历史图像》。

在南京东面山岳地带行军的日军片桐部队。选自《支那事变画报》第 11 辑。吴先斌提供。

这一电报是罗森(Rosen)签发的,可见其处理突发事件的冷静,也凸显了拉贝角色的特殊性,更折射了战时的大国关系。

d. 民众的配合是动力。安全区的设立是为了保护没有离开南京的难民,市民对安全区委员会的了解和认同也与战局紧密关联。据米尔士 1938 年 3 月 18 日致家人的信记载:"9 月份,随着袭击事件的增多,人们开始大量逃离。至 11 月底和 12 月初,只有那些无法脱身、或由于种种原因决定继续坚持的人留了下来。接下来就进入了安全区的艰苦历程,警察四处奔波并劝说留下来的人们搬进安全区。……南京城由此进入了安全区时期。"①

大体而言,当时滞留南京的民众有如下几种类型:第一、最后想走没有走成型。据南京大屠杀幸存者史荣禄口述:"1937 年,日本侵略南京时,我逃往江北避难。后因没有米吃,又过江来取米。谁知过来后,日本兵就封了江,无法再到江北去,我只好躲在家中。"②据南京大屠杀幸存者翟经纶口述:"1937 年,我在首都警察厅第一厅任班长,家在六合县,有父母、哥嫂和妻儿。日军侵占南京前两天,我奉命撤离,没有走成;想回六合,又无船渡江,只得到难民区投奔姨父。12 月 14 日,我和姨父一家在陶谷新村一个国民党官员未建成的小洋房里住了下来。"③第二、身体不便不想离开型。据南京大屠杀幸存者李秀英口述:"1937 年 12 月 13 日下午,日本军队一进城,就开始杀、烧、淫、掠。我的丈夫已经逃到江北乡下避难,我因有七个月身孕,行动不便,就和父亲留在城内未走,躲在五台山一所小学的地下室里。"④第三、守护房产型。据南京大屠杀幸存者张玉珍口述:"姐姐住在城南石坝街的白塔巷口,姐夫姓秦,以前在汉口做工,后来靠收房租在南京糊日子,他有三进房子,祖上传下来的。他舍不得房子,所以不去难民区。"⑤第四、因贫穷无法离开型。据南京大屠杀幸存者高秀琴口述:"1937 年,我 17 岁,随父在汉中门外织芦席,卖芦柴,以此维生。日本兵进城前,已有人去难民区。因我家没钱,与别的许多穷人一样,还留在家里。"⑥第五、偶发原因未走型。据南京大屠杀幸存者朱寿义口述:"我是基督徒……我从小在南京,南京危险了,我要逃扬州。我带着老婆、儿女一起到水西门。一条小船上铺了一条芦席,刚要上船,上帝在我耳边说话了:'船漏水了,不能去,要死在江里的!'我说:'回去!'花了七八块钱,

---

① 《米尔士致妻子(1938 年 3 月 18 日)》,张生编:《耶鲁文献》(下册),张宪文主编:《南京大屠杀史料集》第 70 册,南京:凤凰出版传媒集团、江苏人民出版社,2010 年 12 月版,第 813 页。

② 《史荣禄口述》,张连红、张生编:《幸存者调查口述》(上册),第 9 页。

③ 《翟经纶口述》,张连红、张生编:《幸存者调查口述》(上册),第 61 页。

④ 《李秀英口述》,张连红、张生编:《幸存者调查口述》(上册),第 72 页。

⑤ 《张玉珍口述》,张连红、张生编:《幸存者调查口述》(上册),第 243 页。

⑥ 《高秀琴口述》,张连红、张生编:《幸存者调查口述》(上册),第 38 页。

要了两部黄包车,又拖回来。回到青年会,碰到费吴生和密尔士牧师。他们说:'不去好,你搬到安全区去吧。'"[①]据大屠杀幸存者马良友回忆:"在日本人进城之前,我家进了难民区。我家没有跑反,因为当时听信了迷信的说法,说什么逃'难''守不难',就没有走"[②]

值得指出的是,安全区并不是从一开始就得到了南京市民的充分认可,特别一些反面传言,导致小部分市民对安全区存在误解。据拉贝 1937 年 12 月 4 日日记记载:"难民们开始陆陆续续搬进安全区。一份小报(蚊报)反复告诫中国人,不要进入'外国人'的难民区。这家煽动性的报纸写道,即使城市遭到炮击,中国人也应当正视危险,这是每一个中国人的义务。"[③]

此外,安全区早些时候发布的《安置市民及分发食物的暂行措施》,容易给市民产生"要有经济基础才能进入安全区"的误解。据拉贝 1937 年 12 月 4 日日记记载,安全区委员会提供给新闻界一份专稿,公告了《安全区安置市民及分发食物的暂行措施》[④]:

一、安置

1. 安全区内还没有做好大规模安置市民的准备。目前的战局还没有达到必须这么做的地步。2. 为了在紧要关头(也就是最后的时刻)将逃进安全区内的人数控制到最少程度,委员会建议,各个家庭可以和亲朋好友私下协商现在就安排好自己的住处。委员会保留在必要的情况下在这些房子里安置难民的权利。3. 一个负责安置难民的特别委员会目前正在区内忙于了解所有可以考虑安置难民的房屋的情况。凡是无法通过私人关系在区内找到住处的难民,该委员会将通过协商解决。不到万不得已(也就是战局紧迫)时,将不实施该办法。一旦这个时刻到来,将会发布正式通告,正式宣布启用安全区。4. 私下协商仅适用于私房,不包括公共建筑或学校。5. 安全区内可供使用的空间有限,故家具或类似的财产不得带进区内。只允许携带铺盖、衣物和食品。

二、膳食

1. 目前区内还没有足够的食品储备供大量难民食用,所以现在已经搬进安全区的难民必须备有至少能维持一周生活的食品。2. 建议专事米、面和其他食

① 《朱寿义口述》,张连红、张生编:《幸存者调查口述》(上册),第 239 页。
② 《马良友回忆》,张连红、戴袁支编:《幸存者调查口述》(中册),第 508 页。
③ 拉贝 1937 年 12 月 4 日日记,[德]约翰·拉贝:《拉贝日记》,第 100 页。
④ 拉贝 1937 年 12 月 4 日日记,[德]约翰·拉贝:《拉贝日记》,第 100—101 页。

品以及燃料供应的商人现在就进入区内继续经营。3. 储备专供委员会在区内分发用的大米和面粉，待私商的粮食库存全部用尽时再使用。一旦出现这种情况，储备的粮食将交给持有委员会执照的私商出售。

三、运输工具

委员会急需卡车和板车向区内运送储备物资，为此请求无偿或有偿地将运输工具提供给委员会使用。

四、安全区的启用时间

中方军事人员及其全部军用设施没有离开该区域之前，无法正式启用安全区来安置难民。

这份《安全区安置市民及分发食物的暂行措施》的确蕴含了入住安全区要有经济基础的潜台词，只是说在必要时刻，安全区委员会才会采取必要措施。到了 12 月 7 日，最后一批南京国民政府高层官员离开南京，为了全面应对眼前工作，拉贝对新闻界发布了一个新闻稿[①]，这份新闻稿，明显不同于 4 号的版本。虽然"经济基础的潜台词"没有太多的变化，但强调了身无分文的人也可以进驻，有难民粥厂提供膳食。

一、今天下午(大约过了 16 时)，已经开始在山西路交叉路口处安置界旗。

二、根据警察局方局长的报告，唐将军已经发布命令，从安全区境内撤出全部军事设施。我们的总稽查(施佩林先生)确认，高射炮阵地已经从五台山撤出，此外我们还注意到，其他一系列军事设施也正准备运走。

三、今天晚上发布了通告，要求所有店主将商店迁进安全区，并尽可能多地将储存的商品带进安全区。

四、今天晚上还向中国报界提供一份公告文本(附后)，该公告将于明天在安全区域内广为张贴，公告用通俗易懂的语言向市民介绍安全区的意义。

五、同时还向中国报界披露安全区的行为守则，该守则也将于明天在安全区内广为张贴。下面是该守则中特别关于住宿和膳食问题的几个要点：

1. 住宿：

(1) 建议市民尽可能在安全区内达成私人住房协议。需交付的房租应尽可能的低，绝不应超过和平时期通行的价格。

(2) 安全区内的公共建筑以及学校是给没有能力签订私人住房协议的最贫穷的人预留的。学校只有在迫不得已的情况下才予以开放。

---

① 拉贝 1937 年 12 月 7 日日记，[德]约翰·拉贝：《拉贝日记》，第 113—114 页。

(3) 对于居留在公共建筑物和学校的家庭,其家庭成员可以共同安置在一起,但是寝室的安置将根据性别区分。该住宿的安置是免费的,为了能安置大规模的难民,向每人提供的寝室面积不超过16平方英尺。

(4) 在安全区启用后,若以上设施不足以安置全部难民,委员会将要求安全区内所有空房或仅得到部分使用的房屋的主人免费接纳剩余的无家可归者。

2. 膳食:

(1) 指定分发给委员会并由委员会储备的大米、面粉由经过委员会特许的私商出售。

(2) 穷人的膳食(稀饭)由红卍字会和红十字会负责管理的粥厂以低价提供。粥厂分别位于五台山、金陵大学附近,以及山西路交叉路口。

3. 安全区的启用时间:

(1) 一旦中国军方撤出全部军事设施,委员会将向双方(中方和日方)正式宣布启用安全区。

(2) 公共建筑物和学校设施将尽快开放,安置最贫穷的人,开放事宜将另行公布。

(3) 安全区的最终开放还将通过报纸的专版予以公布。

总之,由于12月4日和12月7日的两个公告的发布、留京警察走街串巷式的宣传、部分地区配合战争烧毁市民住宅等系列原因,难民逐步向安全区集结。据拉贝12月7日日记记载:“现在可以看见贫穷的百姓带着生活用品和铺盖从四面八方进入我们的安全区,这些人还不是最贫穷的,他们只是先头部队。他们还有点钱财,可以花钱借住在安全区内的亲戚朋友处。”①

12月9日,日军兵临城下,12月10日,日军对南京城发起了总攻,安全区内拥挤的局面开始形成。据12月10日费吴生日记记载:“大批难民如同潮水般涌入安全区。我们已经占用了大部分学校房屋——金陵女子文理学院、军事学校和其他学校,现在只有启用最高法院、法学院和外侨房屋,打开他们锁上的门并且派出我们自己的警卫。紫金山外可以看到两只日本飞艇,可能是用为炮兵观测。”②很快,安全区内人满为患。据拉贝12月11日日记记载:“安全区的街道上已经挤满了人,他们对炮击的轰鸣声已经不介意了,他们比我更加相信‘安全区’。实际上安全区并不‘安全’,这里仍然有武装士兵,想将士兵清理出去的所有努力都是徒劳的。看来一个中国将军

① 拉贝1937年12月7日日记,[德]约翰·拉贝:《拉贝日记》,第111页。

② 《费吴生日记》,章开沅等编:《美国传教士的日记与书信》,第67页。

的话顶不了什么用！可悲呀！我们无法像原来计划的那样通告日本人：安全区内已经没有军队。”[①]

e. 日方默认是关键。对于这一点，张连红教授已专门撰文[②]进行论述，清晰地表明了：日军没有完全否认安全区，但也没有承认安全区。为此，安全区存在的合法性大打折扣，而这一点，对南京市民空位期的生活秩序影响深远。

(2) 合法性不足下的工作开展

对于安全区委员会运作的记载，拉贝日记提供了第一手准确资料。基本的逻辑是：上海南市饶神父的经验，金陵大学外籍教师的提议，杭立武、马超俊等中方高层的支持，提议拉贝当主席，拉贝在思想层面构思工作布局到安全区委员会进入实质化运作。据资料显示，1937 年 11 月底是安全区委员会从思想层面过渡到实质化运作的转折点。一是因为江阴要塞危急，二是南京警察局长王固磐留京无望。据 1937 年 11 月 29 日拉贝日记记载：

> 施佩林打来电话说，警察厅厅长王固磐下台了，任命了一个新人接替他的位置。斯迈思博士就此报告说，这个新人或许会留在这里，就是说，不会带着他的警察部队逃跑。这回终于有了一个好消息。下午 4 时召开了委员会会议。我们必须有所进展，无论以什么方式，即使日本人不承认中立区。[③]

第二天，拉贝决心克服困难，完成使命。据拉贝 11 月 30 日的日记记载：“人们想在芜湖也建立一个中立区，请我们出主意。而我们自己在这方面还不知所措，因为我们当中还不曾有一个人面对过这么艰巨的任务。但是，我们会完成它的，无论如何必须克服困难。”[④]

就在这一天，他列出了安全区委员会急需解决的一系列问题[⑤]，涉及经费、警察、安全区军事设施、伙食、运输工具、难民住宿、公共设施、卫生医疗，同时明确了国际委员会人员名单，也算是初步的人事部署。随后于 12 月 4 日发布了《安全区安置市民及分发食物的暂行措施》，7 日再次细化措施并交给报界公布，发表了《告南京市民书》。12 月 7 日安全区边界开始竖旗。据拉贝日记记载：“我们在山西路入口处竖起

---

① 拉贝 1937 年 12 月 11 日日记，[德]约翰·拉贝：《拉贝日记》，第 129 页。

② 张连红：《南京大屠杀时期的日军当局与南京安全区》，《近代史研究》，2001 年第 3 期。

③ 拉贝 1937 年 11 月 29 日日记，[德]约翰·拉贝：《拉贝日记》，第 88 页。

④ 拉贝 1937 年 11 月 30 日日记，[德]约翰·拉贝：《拉贝日记》，第 90 页。

⑤ 拉贝 1937 年 11 月 30 日日记，[德]约翰·拉贝：《拉贝日记》，第 91 页。

第一批委员会旗帜时,美联社记者还给我们摄了影。”[①]这一天,拉贝知道了德国驻华大使陶德曼的调停终结,中方高层离开了南京,欧美使领馆官员也将登船,德国驻南京使馆官员许尔特尔告诉他日军已经到汤山,即将围城,他最不期望的时刻即将来临:

> 明天所有的城门将关闭,剩余的美国人将送上美国军舰。我今天还通过美国大使馆的艾奇逊先生向德国大使馆发了一份给西门子洋行的电报,请求把应付的人身保险费通过上海德华银行付给多德韦尔公司,但愿这份电报能发过去,保险费这个月到期。今天下午,安全区已经用委员会的旗子标记出来了。接下来就是我们等待已久的艰难时刻了。我希望我们首先能健康地活下去,当然我们是沉着的,是充满勇气的!或许情况并不像我们想象的那么糟糕。上帝保佑!上帝保佑!上帝保佑![②]

按照12月4日和7日安全区委员会发布的两个安全区安置市民及分发食物的暂行措施,早期进入安全区的一部分难民,通过私人沟通,租住了安全区的私人房屋。但是随着日军兵临城下,大量难民涌入安全区,进来的穷人无力租房,按照既有计划,安全区内的公用建筑陆续开放。几个大的难民收容所,如金陵大学、金陵神学院、小桃园、金陵女子文理学院都是留在南京外籍人士的工作单位,他们的生活起居也安顿于此,在日军烧杀抢掠的高峰期有外籍人士值守,在外籍人士的要求下还驻扎日本领事警察和日军宪兵,虽然有时宪兵也参与烧杀抢掠,但总体而言,这里的难民比其它地方多了一层安全保障。据程瑞芳12月14日日记记载:“今日来的人更多,都是安全区内逃来的,因日兵白日跑到他们家里抄钱、强奸。街上刺死的人不少,安全区内都是如此,外边更不少,没有人敢去,刺死的多半青年男子。今日五百号三楼也住满了。……【金女大】现有四五千人了。”[③]

在几十个难民收容所中,工作开展的时间基本上是统一的,与蒋介石和欧美使领馆馆员离开南京相一致。据记载:“蒋委员长已离开首都的消息一传开,市民们都带上家财雪崩般涌入安全区”。[④] 关于难民收容所的运作,金陵女子文理学院留下的资

---

① 拉贝1937年12月7日日记,[德]约翰·拉贝:《拉贝日记》,第112页。

② 拉贝1937年12月7日日记,[德]约翰·拉贝:《拉贝日记》,第112页。

③ 《程瑞芳日记》,张连红编:《幸存者的日记与回忆》,第12页。

④ 《南京痛苦战栗的一个月(一个外国人的日志)》,王卫星编:《〈东京日日新闻〉与〈大阪每日新闻〉报道》,第256页。

攻至中华门的日军冈本部队。选自《支那事变画报》第 40 辑。吴先斌提供。

日军山田部队身负火焰喷射器攻击中华门。选自《支那事变画报》第 40 辑。吴先斌提供。

12 月 13 日攻击死守中山门中国军队的日军部队。选自《支那战线写真全集:上海战线》。吴先斌提供。

对南京中国军队防御阵地射击的日军野战炮部队。选自《支那事变画报》第 11 辑。吴先斌提供。

料较多。金陵女子文理学院收容所从12月8日开始接收难民入住，但是在这之前就开始了精心筹划。据魏特琳1937年12月7日日记记载："上午，一些工人还在清理中央楼、科学楼和实验学校，其他人在清理宿舍，助理注册员在写告示和牌子，而戴师傅在总务处为'引导员'做袖标。我完成了我们能够接纳的难民人数的估计，共为2750人(8所房子分配给难民，每16平方英尺1人)。"[①]为了更好的应付困局，第二天他们还做了实地练习。据魏特琳1937年12月8日日记记载："上午9时。我们实地练习了接收难民的工作，为的是准备好相关的办法。我们邻里学校的学生、大王的3个孩子和程夫人的孙子都担任了'引导员'，他们带着袖标，看起来很重要。6名工人也来帮忙。F·陈和杨师傅站在大门外，让难民以家庭为单位有序地进来。……今天晚上，我们接收了第一批难民，他们讲述了令人心碎的经历。"[②]

面对蜂拥而至的难民，几大难民收容所纷纷扩容。据1937年12月16日费吴生日记记载："我们现在有25个难民营，其中分别安置200至1.2万人。仅金陵大学校园一处就将近3万人，金女大专门收容妇女儿童，人数从3000激增至9000，后者连广场都塞满了。我们曾设想人均住处为16平方英尺，但实际上远远比这更为拥挤。由于当时没有一处是安全的，我们希望把最安全的区域放在金女大，其次则是金陵大学。"[③]据程瑞芳12月22日日记记载："此地住了九千多人了，你们想想要挤到什么地步，所幸是冬天，要是春天臭不可闻也。"[④]

处于极端恐怖的环境，生活的底线是保障生命。为了解决难民的住和吃，难民收容所做出了巨大的努力。对于住的条件，难民也没有过高的要求，能进入收容所就等于有了住处。据魏特琳1937年12月15日日记记载："昨夜是恐怖之夜，许多年轻妇女被日本兵从家中抓走。索恩先生今晨过来告诉我们水西门那边的情况。此后，我们就让妇女儿童自由地进入我们校园。同时尽可能地请求年龄大一些的妇女呆在家中，以便给年轻妇女腾出地方。许多人恳求只要草坪上有一个坐的位置就行了。"[⑤]对于吃的，带有自备粮的自行解决。对于极端穷困的和匆忙进入安全区未带自备粮的难民，由难民粥厂提供食品。据魏特琳1937年12月11日日记记载："我们正在北面

---

① *Minnie Vautrin's Diary* (*December* 7, 1937), Box 134 of YDL Record Group NO. 11, The Archives of the United Board for Christian Higher Education in Asia, Yale University Divinity School Library Special Collections.

② *Minnie Vautrin's Diary* (*December* 8, 1937), Box 134 of YDL Record Group NO. 11, The Archives of the United Board for Christian Higher Education in Asia, Yale University Divinity School Library Special Collections.

③ 《费吴生日记》，章开沅等编：《美国传教士的日记与书信》，第72页。

④ 《程瑞芳日记》，张连红编：《幸存者的日记与回忆》，第20页。

⑤ *Minnie Vautrin's Diary* (*December* 15, 1937), Box 134 of YDL Record Group NO. 11, The Archives of the United Board for Christian Higher Education in Asia, Yale University Divinity School Library Special Collections.

两幢宿舍楼之间用芦席搭个棚子，让我们熟悉的人在里面卖食品。尽管我们多次施加压力，设在我们学校大门外的粥厂仍没有开张。”[①]

随着局势的恶化，难民粥厂经过紧张的准备，也准时开张。关于难民粥厂的运作，据《南京国际救济委员会报告书》记录："正式粥厂共5处，其二为本会所办，设于收容所中；其二为红卐字会所办，大部分供收容所难民之用；其一为红十字会所办，系全部供收容所难民之用。”[②]难民粥厂的运作，需要粮食、燃料和管理队伍，上述问题解决的好坏直接影响安全区难民的生活秩序。难民粥厂启动初期，由于准备充分，运转较为顺利，但是随着吃饭人数的增多，粮食燃料日趋紧张，困难随之不断出现。据魏特琳1937年12月17日日记记载："我7时30分到校门口，给与F·陈在一起的索恩先生捎了个信，红十字会的粥厂必须有煤和米。又有许多疲惫不堪、神情惊恐的妇女来了，说她们过了一个恐怖之夜。”[③]同一天，金陵大学附中难民收容所负责人姜正云给菲奇信中说："今天早上，从索恩先生那里收到了8袋大米。但是，由于人数很多，这8袋大米显然不够。……请再给我们送来8袋大米。除了大米以外，手头上还没有煤、柴火。要是能听听您的意见，我将感到荣幸。”[④]

粮食缺乏是一大困难，需要到处寻找，但由于运输工具的缺乏，粮食运输难上加难。据12月16日费吴生日记记载："由于日本人继续偷我们的卡车与轿车，交通问题变得严重起来。我前往美国使馆，中国职员仍然留在那儿，借了艾奇逊的车让米尔士去运煤，因为我们大的难民营和三处大的粥厂都需要煤和米。”[⑤]据拉贝12月18日日记记载："我们委员会的欧洲成员不得不自己当卡车司机，为各个收容所运送粮食和燃煤。粮食委员会委员在过去的两天中不敢走出自己的家门。……粮食委员会副主任(外国人)索恩先生(神学教授)保护着收容在金陵神学院的2500名中国人，但他又不得不自己开卡车去运粮食。只要他出去，中国人就无人保护。”[⑥]

面对上述困难，宋煦伯和林查理异常辛苦，南京难民对其非常感激。据蒋公穀1938年2月15日日记记载："下午侯念言又坐汽车来访，驾车的是美侨李格斯，是最努力维护难民的生佛。难民区内各收容所施粥所需的米煤，必须要由区外搬运来的，

---

① *Minnie Vautrin's Diary* (*December* 11, 1937), Box 134 of YDL Record Group NO.11, The Archives of the United Board for Christian Higher Education in Asia, Yale University Divinity School Library Special Collections.

② 《南京国际救济委员会报告书》，张生等编：《英美文书·安全区文书·自治委员会文书》，第397页。

③ *Minnie Vautrin's Diary* (*December* 17, 1937), Box 134 of YDL Record Group NO.11, The Archives of the United Board for Christian Higher Education in Asia, Yale University Divinity School Library Special Collections.

④ 《姜正云给菲奇的信件》，张生等编：《英美文书·安全区文书·自治委员会文书》，第91—92页。

⑤ 《费吴生日记》，章开沅等编：《美国传教士的日记与书信》，第72页。

⑥ 拉贝1937年12月18日日记，[德]约翰·拉贝：《拉贝日记》，第160—161页。

若没有美侨李格斯押车，往往被敌扣去，故他总是穿着破衣服日夜不息的奔走。”[①]

除了宋煦伯和林查理，安全区委员会的其它成员只要时间允许，也积极帮助难民粥厂运送粮食和燃料。据史迈士12月21日致家人的信记载：“林查理也有好几次这样的遭遇，昨天他去运送大米和燃煤，感觉好多了，因为到了夜间他看得见自己的劳动成果。要及时供应难民营的大米和燃煤，运送任务还真不少。没有一个中国人敢开着卡车上街。米尔士周五、周六也帮助搬运米和煤，林查理则忙于遣散胡作非为的士兵。”[②]

可以说安全区的启动运作，尤其是难民收容所的设置，难民粥厂的开张，为难民顺利度过空位期做出了突出贡献，也是安全区委员会在难民中树立权威的重要支撑。

(3) 难民收容所的管理与评估

撇开历史的场景，单以直觉判断，很可能会认为，在空位期极端的环境下，聚集在安全区的全体难民一定会和衷共济，和睦相处，共度难关，共同获得照顾，大家一定会积极配合安全区委员会的工作。

这是理想主义的模型，现实环境下的安全区，存在实际的管理难题。在安全区的空间内，最多的问题发生在集体生活的难民收容所，为此，安全区委员会进行了专项评估，为维护空位期安全区难民的生活秩序，做出了突出贡献。关于这点，也留下了大量的资料，可供展开论述。

随着难民人数的激增，难民收容所的拥挤问题不断出现。据魏特琳1937年12月17日日记记载：“人群不断拥入，我们简直无法应付。即使有房间，我们也没有足够的力量来管理。”[③]此时，由于日军的烧杀抢掠得不到有效控制，难民也不敢回家，管理问题日益凸显。据魏特琳1937年12月27日日记记载：

金陵女子文理学院作为难民所的状况如何？这需要更严格的纪律来约束，然而这超出了我的能力。不用说，它是不会因为环境卫生而获得蓝绶带英国最高荣誉的。起先我们只有400名难民时，我们设想过每天打扫房间与大厅，随时捡起废纸，而现在可不是这样了，有1万名或更多的难民在这儿，除了劝说难民们不要把校园当做厕所外，我们什么也做不了。哈丽雅特所谓“草坪上可以行人”的理想在这里得到了如此充分的体现，以至于现在不再有任何草坪了。许多地方，尤其是打饭的地方则是泥土和卵石。树木和灌木丛也严重毁坏，有些灌木

---

① 蒋公穀：《陷京三月记》，张连红编：《幸存者的日记与回忆》，第75页。

② 《史迈士致家人函》，章开沅等编：《美国传教士的日记与书信》，第241页。

③ *Minnie Vautrin's Diary* (*December* 17, 1937), Box 134 of YDL Record Group NO.11, The Archives of the United Board for Christian Higher Education in Asia, Yale University Divinity School Library Special Collections.

被踩得无影无踪。一到晴天,树上、灌木上、篱笆上、围栏上,到处都挂着各种颜色的尿布、裤子等东西,当外国人来时,他们都笑了起来,并说从未见过金陵女子文理学院是如此绚丽多彩。①

魏特琳所说的管理困难,只是涉及难民生活习惯的简单问题。后来,更加复杂的问题层出不穷。据魏特琳1937年12月21日日记记载:"玛丽和程夫人要求女难民吃饭时排队,如果她们有耐心的话,这倒是需要的。我们的米饭总是不够,但有些人拿了超过她们需要的数量。"②为了解决上述问题,安全区委员会在12月底和1月初对难民收容所难民的生活进行了全面的调研和评估。据拉贝1938年1月3日日记记载:

这些报告使人们对我们委员会及其小组的不很容易的管理工作会有一个充分的了解。在工作中对个别中国人严厉一点,这是可以理解的。我们在中国,不这样做是不行的。③

拉贝日记随后列出了对20多个难民收容所的评估结果,将其制出表格,便于理解。

表6　难民收容所检查报告

序号	收容所	组织概况	特殊情况	大米分发问题	评价
1	陆军学校	3200人,分成27个小组,每组设一个组长。	几个男子给日军做苦力,有时分得大米。有商贩,有吸毒者。	每天得10袋大米。约1/3难民自行解决伙食,其余供给膳食。家庭自己做饭。每天每个成人一杯米,儿童半杯。配给免费。	一般情况令人满意的。卫生设施需大力改进,促使难民的膳食习惯改为喝粥。收容所办公室发现有2袋半大米。
2	兵库署	约8000人,以及许多在此过夜的人。	一队中国警察驻扎在此。有妇女分娩房间,有吸毒者。	每天得10袋大米。有公共厨房,每天两次分发米粥。无偿领取米粥约3000人。约2400人膳食自理。1500人有偿,每天的收入有12元。有钱难民约600人。收入用于采购日用品。也购买香烟分发给日军。	房子里有31.5袋米(贪污嫌疑),卫生糟糕,收容所长管理不善,要监督大米出售和获得收入下落,难民自带储备即将用完。

① *Minnie Vautrin's Diary* (*December* 27, 1937), Box 134 of YDL Record Group NO.11, The Archives of the United Board for Christian Higher Education in Asia, Yale University Divinity School Library Special Collections.

② *Minnie Vautrin's Diary* (*December* 21, 1937), Box 134 of YDL Record Group NO.11, The Archives of the United Board for Christian Higher Education in Asia, Yale University Divinity School Library Special Collections.

③ 拉贝1938年1月3日日记,[德]约翰·拉贝:《拉贝日记》,第270页。

续表

序号	收容所	组织概况	特殊情况	大米分发问题	评价
3	德中俱乐部	444人	每个家庭自己做饭	每天得2袋大米。分发是免费。每人一次发1升米,供2天使用。成人儿童等量。	膳食、居住较好。卫生规定要更加严格
4	贵格会传教团	800人。男性居多	部分居住草棚,日军常来抢掠强奸	每天得2袋大米。家庭自己做饭。每人每天获得7/10升有时只有4/10升大米。有时分1升。米免费分发。成人儿童等量。	要提供能够自行解决膳食的难民名单,卫生规定要更加严格。
5	汉口路小学	约1400人	难民对领导满意。	每天得2袋大米。家庭自己做饭。 难民吃干饭。分发时成人儿童等量。约150人有大米储备或有钱购米。收容所没有米出售。	房屋十分拥挤,建议组建一支卫生队,强制难民注意清洁。
6	华侨俱乐部	难民1100人,管理人员20。	日军苦力20人,有时获得米。领导无能文化程度低。	所有难民都在屋子里做饭,没有固定大米分配量。一天3—5袋。成人一天一杯米,8岁以下儿童半杯。	敦促难民们屋外做饭。 注意卫生。希望找几个有点文化的人担任这个收容所的领导工作。
7	西门子洋行	难民602人。	难民住草棚,有时一天约30人外出运煤。	每天得3袋米分配。成人每天2杯,儿童1杯。人们估计一袋米有300杯。分发无偿。每个家庭自己做饭。	空间狭小,建议部分难民迁移到司法学校。难民得米份额比别的收容所的难民多。
8	中山路司法学校	难民528管理人员9,一姓王先生,以前曾为驻日公使干过事、会日语。	受日军司令部特别庇护。日军苦力30人,男女分厕,房间多有铁床。	每天得3袋米分配。成人一天一杯米,儿童半杯,米绝大多数免费发。很少人有钱买米。人们只吃干饭。难民有三分之一是来自于南京以外的地区,大多数来自上海。	领导得好,难民满意,也许有可能把别的过于拥挤的收容所中的难民迁移到这个收容所。
9	金陵大学蚕厂	难民3304人	500多人睡棚子里。十分拥挤,卫生设施差。组织不好。	每天得4—8袋米分配。已有2天没发米,2人每天一升米。米出售,每天收入约40元。钱箱里有120元。所长的亲戚朋友能得米;大部分米被拿到收容所外面出售了;一些难民被迫到金陵大学取粥。	抱怨很多,如此的一致,以致值得对收容所领导是否合格进行一次彻底的考察。卫生设施都很不够。

续表

序号	收容所	组织概况	特殊情况	大米分发问题	评价
10	农业学校	1658人,有救护队和小组长委员会	男女分厕。有吸毒者。28人每天食物付2角钱	每天得2—3袋米分配。成人一天一听米,儿童半听。人们吃粥和干饭。大米分发三重控制。有钱的、有米的,做买卖的或吸烟的,均不给米。家庭自己做饭。	收容所领导得好。难民看来满意。收容所领导很有能力,很有成绩。
11	圣经师资培训学校	3400人	日军抢劫多,70%妇女被强奸。自从驻扎了宪兵状况有所好转。供应热水,每桶一个铜板。	每天得2—5袋米分配。目前收容所的大多数难民还有能力支付米钱,但是钱即将用尽。收容所的收入每天约有5元。收容所领导同索恩先生经常有联系。	如果局势不立即好转,难民们不能重返他们的住所并重新从事职业的话,免费分发的大米数量就必须增加。 收容所一般状况良好,领导得力。
12	金陵神学院	3116人		每天得2袋米分配。老年妇女和寡妇才能免费得到大米。其他难民必须买配给证。约四分之三的难民是贫穷的。账单由索恩先生收下。	
13	五台山小学	1640人	是在中国政府通告后3小时就接收难民的第一个收容所。	收容所目前不从国际委员会领取大米。难民从红卍字会得到配给的粥,但可能很快要依靠国际委员会供给膳食。	收容所领导得很好。
14	金陵大学附中	所长姜正云,80名助手。难民人数1.1万人(以前为1.5万人)。有40个小组。	有救护队、检查组、消防队、医务所,由中国医生和护士负责。消费联合会经营一个售货点。物价统一。	每天得12袋米分配。其中2袋出售。收入约21元。钱用于收容所必要的开支,比如购买绳索、扫帚、给日本士兵的香烟、厨房用品等。有一个中心厨房,收拾得干净整齐。燃煤由里格斯先生提供。从1月3日以来自来水管恢复供水。	我们有这样的感觉:收容所组织良好,领导有条不紊。收容所所长姜先生和学校代表苏先生之间关系似乎有些紧张。
15	大方巷军用化工厂	约2800人,难民房间都编号	苦力多,军方特别保护。最为安全的妇女逗留地。有理发、卫生设施、商务、检查、价格规定等委员会	每天得6袋米分配。分发是凭配给证进行的。约有100个难民有能力自己买米。 我们发现有13袋大米储备准备分发。分发是在早晨进行的。难民允许到大门外面去取水和处理别的事务。	检查委员会认为,这个收容所领导出色。担任领导的是一些有文化的有工作经验的先生。这个收容所的卫生状况在我们检查过的所有收容所中是最好的。

续表

序号	收容所	组织概况	特殊情况	大米分发问题	评价
16	山西路小学	约1100人		每天得3袋米分配。家庭自己做饭。约100个难民买米。但收容所内不出售大米;大米免费分发给全体收容所难民。我们在收容所发现有2.5袋米储备。据说有待分发。	收容所很肮脏,不认为收容所所长和他的助手们特别能干,也不认为他们对自己的工作感兴趣。强烈建议难民食用稀饭。
17	高家酒馆55号	770人,分成两组安置		索恩先生说每天平均向收容所提供2袋大米。然而,收容所所长说,每天只能得到1袋,有时每2天得到2袋。家庭做饭。约60人自己买米。收容所不售大米。每天向大约500人免费分发大米。成人和儿童一样。难民们食用的粥很稀。	收容所领导得尚可,地方小而拥挤,卫生规定应更好地得到遵守。一旦弄清楚索恩先生和收容所所长之间关于大米日提供量的差别,就应该向这些难民提供更多的大米。
18	金陵大学	7000人,多为妇女和儿童。男子白天来送食物。	收容所陷入了困境,因为日本人切断了供水。	每天得25—30袋米分配、3吨燃煤供应粥厂。粥厂由周庆兴领导,手下有50名助手和150名勤杂工。每天两次分发稀饭,每杯3个铜板。每天的收入有50元。周先生称,只有三分之一的难民买粥。抽查结果表明,不付钱是不可能得到稀饭的。	助手和勤杂工的数目太大。不理解为什么大学图书馆和蚕厂的难民被迫到五台山买粥。迫切地建议由国际委员会对这个收容所大米分发的领导工作进行一次仔细的核查。
19	大学图书馆	约3000人属于手工业阶层,勤劳维持生计。	难民住棚。有吸鸦片,有赌博。一部分人粗野,难处,其中几个还参加了抢劫。	收容所不从国际委员会领取大米。难民以前由大学粥厂供给膳食,但在过去的4天中大学粥厂拒绝向他们供应。	给收容所所长再派几个助手,并且采取某些措施把坏分子清除出收容所。 此外,应该采取相应的措施为收容所中的贫困者提供大米。
20	金陵女子文理学院	5000人—6000人(以前为1万人)	许多人暂时还不敢回家。一支日本宪兵队负责这个收容所的夜间安全。	每天得12袋米分配。饭在学院大门对面的由中国红十字会领导的厨房1000多人亲戚送食品生活。350人凭别在衣服上的红色配给证免费分发饭。其余在厨房以一杯3个铜板的价格买饭。以前他们在领取食物时支付现金,现在必须买配给证,配给证销售由属于学院会计室负责。每天收入为80元—100元。钱大部分已交给国际委员会。	收容所的领导是出色的。

续表

序号	收容所	组织概况	特殊情况	大米分发问题	评价
21	教堂和长老会传教团学校	所长是上海的一个木材商,目前为1000人,以前为2000人。许多人晚上来住宿。	该收容所常被日本士兵抢掠,妇女常遭强奸。	收容所中约三分之二的难民自行解决膳食,其余的难民身无分文,十分贫困。米尔斯先生于1月5日向这个收容所提供了3袋大米,并力求每两天向收容所提供相应的数量。	

资料来源:[德]拉贝:《拉贝日记》,张宪文主编:《南京大屠杀史料集》第13册,南京:凤凰出版社,江苏人民出版社,2006年,第270—302页。

上述《拉贝日记》记录的评估结果,是相当珍贵的历史资料,既揭示了某些难民收容所的管理问题,又做出了评估意见,尤其对这段时间难民生活的原生态面貌进行了全面揭示,有助于我们全面了解空位期安全区委员会在吃、住两个方面为难民做出的生命卫护的努力。

据《拉贝日记》记录,可以发现绝大多数难民收容所管理较好,姜正云领导的金大附中难民所、魏特琳领导的金陵女子文理学院等难民所给人留下了管理良好的深刻印象;但也有管理不善的难民所,如金大蚕厂、山西路小学等难民所,这也着实令安全区委员会十分担忧。在好坏的比较中,安全区委员会也做出了一项《一般性建议》:①

1. 应该尽可能同大学医院人员一起采取措施,护理各个难民收容所中的许多病人。

2. 国际委员会的救护队应定期察看各个难民收容所,负责卫生规定的严格执行。

3. 各个难民收容所应该查实那些其丈夫或抚养人被日本人拉走并没有被送回的妇女和其他人员的数目,并向日本当局提出申请为这些需要帮助的人在钱和食物方面予以足够的补助。

4. 各个收容所中的吸鸦片者和其他粗野家伙的存在应该引起特别的注意,应该找到办法和途径把这些坏分子清除出去,或者为收容所所长提供相应的保护使之免受伤害。

5. 另外,各个收容所应该查实所有其房屋或住所被烧毁或炸毁的人,并采取步骤给这些人以补偿。

---

① 拉贝1938年1月6—7日日记,[德]约翰·拉贝:《拉贝日记》,第302—311页。

6. 此外，必须重视这样一个事实，即有些中国人专门从各个难民收容所中拉妇女供日本军人用于不道德的目的。

7. 必须制定一个计划，把目前还住在草席棚和拥挤的收容所的难民迁移到较好的宽敞的收容所。

8. 应该尽快召开难民收容所全体所长会议。

9. 任命一个常务委员会来检查各个收容所。

10. 向各个收容所提供燃煤的问题必须经过特别的研究。

11. 建议对粥厂和粥厂的大米提供情况进行晨检，以避免大米分发中的不规范现象。

12. 所有出售米(或粥和饭)的收容所，尤其是那些运作过程中有额外开支的收容所，其账目应该检查。

13. 应该制定行为准则张贴到所有收容所，促使难民遵守这些准则应成为收容所所长的职责。

14. 必须为所有收容所建立一套标准卡片，便于了解支付膳食费的难民人数、需要免费提供膳食帮助的难民人数，以及他们的姓名、地址等。

15. 同样应该制定并实施大米分发的标准规定。

16. 对于各个收容所所长和他们的同事乐于奉献的救济工作，应加以表彰。

17. 应该委托国际委员会总干事根据检查委员会的调查结果制定出必要的预防措施。

在评估检查结束，《一般性建议》做出后，欧美使领馆的官员也陆续回到南京。因此，这份评估总结起着承上启下的作用，既是对既往工作的总结，也是给使领馆官员的工作汇报，守卫生命的力量在壮大、工作也在接力。

5. 空位期的结束与治安的好转

(1) 日方的考量与空位期的结束

日本原希望一鼓作气占领南京，迫使国民政府主动投降，这样日军就能在中国资源的支撑下，进一步在亚洲乃至世界推进其战略。问题是，南京陷落，南京国民政府未就投降问题进行表态。从 12 月 13 日开始，东京连续召开大本营与政府联络会议，研究和谈条件。由于多方势力的参与，各派力量争论不休，直至 12 月 21 日，才由内阁正式通过《为日华和平谈判事项给德国大使的电文》，对中国开出了四项基本条件："一、中国应放弃容共和反日满的政策，对日满两国的防共政策予以协助；二、在必要地区设置非武装地带，并在该地区的各地方，设置特殊机构；三、在日满华三国间，签订密切的经济协定;四、中国应对帝国赔款。”[1]随后,又对华中伪政权的建立进行了指导,据记载:“日本内阁于 1937 年 12 月 24 日决定的《处理中国事变纲要》中,对华中地区建立伪政权问题做了明确的规定:华中方面在军事占领区域内,考虑在时机成熟时,建立与华北新政权有联系的新政权。”[2]

显然,对于上述四项条件,国民政府是难以接受的,但是也没有及时表达的必要。因为从中国全盘抗战的部署来看,拖延时间是政略。而“日本政府中有一部分人,自从十二月攻占南京前后,由于对中国政府态度不明表示不满,就在十二月十四日成立了华北临时政府,王克敏就任了政府主席,于是一种颇有势力的意见抬起头来:把临时政府扶植起来,将来发展成为中央政府,和平谈判不以蒋介石为对手。”[3]

沿着东京政策的大方向,华中方面军也想建立一个听信于己的伪政权来管理南京。据时任松井石根助手、从事特务工作的冈田尚在东京审判法庭陈述:“8 月底我在上海登陆,当时此事件正处在初始阶段。为了转达松井将军的意愿,我立刻开始在租界里寻找我的老朋友以便把松井将军的意图转达给他们。我还获得机会和唐绍仪先生——我的一位老朋友,当时中国的一位资深政治家谈了话。另外一位非常了解日本局势的李择一先生也与我交流了看法。”[4]在包围南京之前,松井再次思考占领南京的下一步部署。据松井石根 1937 年 12 月 2 日日记记载:“今后策划的目标是:首先驱逐国民政府。如果得到了整个江苏和浙江,那么,下一步便合并安徽,然后建立政权。万一这样行不通,便利用残留在南京附近的国民党政府要员,改造国民政府,最终建立一个脱离汉口政府的国民政府。今后,随着攻占南京战斗的进程,这些工作都要随之展开。”[5]

不过,建立理想的华中伪政权,也有相当的难度。第一、华中不同于华北、东北,抗日热情更加高涨,快速物色像王克敏、殷汝耕这样的汉奸不太容易,只能先建立自治委员会、维持会这类的过渡性傀儡伪政权。对此,从上海打到南京的华中方面军也有深刻的体会。据记载:“日军在淞沪地区的进攻,遇到中国居民英勇顽强的抵抗,无法像夺占平津那样迅即夺取上海、南京、杭州等城市。因此,也就无法仿照华北那样建立地方伪政权,只能在日军实际的乡镇区县的范围内,首先建立小规模的、分散的伪组织。”[6]在这一思路的指导下,在沪宁战线上,华中方面军每占领一地,就建立一个

---

① 余子道等编:《汪伪政权全史》上卷,上海:上海人民出版社 1997 年,第 93 页。

② 余子道等编:《汪伪政权全史》上卷,第 127—128 页。

③ [日]今井武夫:《今井武夫回忆录》,第 72 页。

④ 《冈田尚宣誓证词》(书证第 3409 号),张生、杨夏鸣编:《东京审判书证及苏、意、德文书》,第 192 页。

⑤ 《松井石根日记》,王卫星编:《日军官兵日记》,第 143—144 页。

⑥ 余子道等编:《汪伪政权全史》上卷,123—124 页。

自治委员会，如 9 月 23 日建立了“宝山县自治委员会”。12 月 1 日成立了“吴县自治委员会”和“苏州自治委员会”；第二、南京系中国首都，华中伪政权头面人物身份要高。华中方面军的特务系统早期物色了唐绍仪。据记载：“1937 年 12 月中旬，华中日军特务部部长原田熊吉通过岑春煊之子岑德广和日本特务山田等人向他游说，原田本人也数次与唐会谈。以后日本特务头子土肥原也曾前往访晤，要求唐出马组织华中地区的伪政权。但是唐碍于种种原因，左观右望，对日方的要求只表示‘当需充分考虑’而已，不愿贸然答应”；①第三、将几个省市的土地和人口统一于伪政权是一件很难的工作。据德国驻日本大使 1938 年 1 月 11 日致柏林外交部的报告记载：“对于日本人来说，将已经占领的几个省组织在一起予以治理要比占领新的地区艰难得多，何况还要尽快显示出这些地区的政通人和以及日中友谊的诱人景象。因为，一方面是日本人缺少一切自主实施全面管理的基本条件，另一方面又要尽可能地避免纯粹占领或者怀有‘领土目的’的现象。为此日本人急于施出他们的传统手段，利用原已存在的管理机构，建立起小小的自治单位。”②

在这样的背景下，成立南京自治委员会成为权宜之计。难民登记开启之时，华中方面军就和拉贝沟通过此事。据拉贝 12 月 22 日日记记载：“宪兵总部的两名日本人今天来拜访我，并通知我说，日本人现在要自己建一个难民委员会，所有的难民都必须登记。”③第二天也就是 12 月 23 日，在日军的指导下，自治委员会召开了筹备会议，一周后也就是 1938 年的 1 月 1 日，自治委员会成立大会在鼓楼广场召开，虽然自治委员会的“自治权”很弱，但南京还是告别了没有政权领导的空位期阶段，随后，自治委员会开始逐步接手城市管理。

2. 欧美施压与南京治安的逐步好转

南京自治委员会于 1938 年 1 月 1 日在鼓楼广场召开了成立庆典。据史迈士 12 月 29 日给家人的信记载：“局势渐渐有了些许好转。我们刚刚和福井先生谈了几件事，主要是燃煤和大米，他告诉我们现在秩序已在恢复中，不允许士兵进入安全区，主要入口处都有宪兵把守。”④但这不是自治委员会成立的结果，只是时间上的巧合。

大量的资料表明，欧美使领馆官员的申请回归对南京秩序的些许好转起了积极的推动作用。这一群体的回归也是一波三折，前提是使馆沟通渠道的建立，中心是欧美使领馆官员强烈要求，关键是华中方面军的批准。

---

① 余子道等编：《汪伪政权全史》上卷，129 页。

② 《迪克森致柏林外交部报告》，张生、杨夏鸣编：《东京审判书证及苏、意、德文书》，第 391 页。

③ 拉贝 1937 年 12 月 22 日日记，[德]拉贝：《拉贝日记》，第 203 页。

④ 《史迈士致家人函》，章开沅等编：《美国传教士的日记与书信》，第 254 页。

日军进城后,12月15日,日本驻南京使馆的官员们回到了南京,他们的工作定位是解决外交争端,尤其要注意南京几十位外籍侨民和西方国家利益。时人一份12月15日的日记分析:“今日,日本大使馆人员进了南京城,其目的在减少倭兵对于各国侨民生命、财产之损害。”①1938年1月11日,贝德士给在上海的中华全国基督教协进会干事伯因顿的信中也概括地说:“日军入城是12月13日。大使馆工作人员15日声称是为了调和日军对外国人以及对外国人的财产带来的影响而来的。在此之前,我就和田中领事有过交往。”②

这时,影响南京市民生活秩序走向的一个动力系统就开始形成了:外籍人士和日本驻南京使馆沟通渠道的建立,并有了密集性地互动,主要是对日军暴行的抗议,在费吴生的日记中,12月19日是个“骚乱至极的日子”,那天他的日记记载:

> 史迈士和我携带载有55个新增暴行案例(均经证实)的表册再次拜访日本大使馆,并且告诉田中和福井先生今天情况更为恶化。他们保证将“尽最大努力”,并希望事情将“迅速”好转,但很显然他们对军方的影响很小甚至全无,而军事当局对士兵毫无约束。我们还被告知,最近有17个宪兵到达,他们将协助恢复秩序。用17个人来应付一支约有五万人的极端邪恶的罪犯大军!不过我们仍然喜欢日本使馆这三个人。③

不过,递交给日本使馆的抗议多是石沉大海。费吴生也知道日本使馆对军方的影响很小乃至全无。之所以如此,一是日本军方的强势,二是站在日本的立场,日本使馆还要为军人掩饰。据贝德士传出的、为国民政府获得的《南京沦陷后日军暴行概况》记载:“惟负责长官三人中之二人,实深感痛苦,曾经日人要求,请其呈报真相,以便与日军交涉。此足见日本之文职官吏,一方面为军人掩饰,一方面向军人劝告之真相。”④。

不论如何,留在南京的外籍人士和日本使馆沟通的机制已经建立了。随后,外籍人士起草了一封电报委托日本使馆发出,要求欧美使领馆官员回归。据费吴生12月20日日记记载:“我们在这所房屋中的一群人,起草了一封致上海美国总领事的信,要求立即派外交代表到这里来。因为情势已极为紧急,然后请日本大使馆将此信以

---

① 佚名:《地狱中的南京》,张连红编:《幸存者的日记与回忆》,第86页。

② 《贝德士给伯因顿的书信附记》,张生等编:《英美文书·安全区文书·自治委员会文书》,第98页。

③ 《费吴生日记》,章开沅等编:《美国传教士的日记与书信》,第74—75页。

④ 《南京沦陷后日军暴行概况》,张生等编:《英美文书·安全区文书·自治委员会文书》,第100页。

日军山田部队敢死队攻击中华门。选自《支那战线写真全集:上海战线》。吴先斌提供。

12月13日,日军千叶部队渡过秦淮河,从中华门入城。选自《支那战线写真全集:上海战线》。吴先斌提供。

12月12日,日军大塚部队攻击中华门。选自《支那战线写真全集:上海战线》。吴先斌提供。

日军部队突破中山门,14日摄影。选自《支那战线写真全集:上海战线》。吴先斌提供。

海军电报发出。”[①]对于安全区委员会的请求，日本使馆敷衍了事，消极应对。

日本使馆可以敷衍南京安全区委员会的非外交人士，但不能一味敷衍在长江军舰上和上海的欧美使领馆官员。

当时，英美五位记者获准出城，从16日开始发表报道，主要阐述日军集体杀人、抢外国人住宅、大学医院和大使府邸以及南京尸横遍野等主题。此轮新闻轰炸，让驻上海的欧美使领馆震惊。很快，美国驻上海使馆向日本驻上海使馆提出了抗议，德国使馆官员和英国使馆官员抗议也紧随其后。结合战地记者的报道，出于对南京本国利益和侨民安全的担心，三国集体要求回南京履行公务。他们进驻南京的决心已下，日本使馆没有足够的理由无限期拒绝，只能跟华中方面军沟通。此时，国际关系也很微妙，12月24日东京递交了”巴纳”号调查处理意见，美国政府原则接受，让日本松了口气。据德国驻日本大使报告：“由于日本政府迅速采取的行动，本来会导致政治上严重后果的火焰得到了较好的扑灭。”[②]但日本还是汲取了教训，定下了尽量不得罪英美的基调。因此，面对美国使馆官员申请回归南京，华中方面军给予批准。据上海派遣军参谋长饭沼守12月29日日记记载：

> 方面军参谋长通知说，由于各国大使馆人员29日来南京，要备好汽车。因为这是方面军自作主张地安排这些人来南京，甚感为难。上海的气氛和南京不同。……正在研究怎样接待来访的英、美、德、意等国的大使馆、领事馆人员时，福井书记官(南京领事)来了。据美国大使馆雇佣的支那人说，23日，日本兵到大使馆抢劫了属于支那人的私人物品，还抢劫了大使馆人员的居室，用刺刀戳门、掠夺德国大使馆的字画等等。他留下美国人写给领事的信就回去了。有人做了令人难堪的事，即便不能说全部都是真实的，也需要研究善后措施。[③]

南京的上海派遣军副参谋长上村利道12月29日日记记载：“昨天夜里，方面军通报说：英、德领事回南京时，可以提供汽车给予方便。不过今天不来南京，要推迟到明天。特务部没来人就此事进行协调。”[④]

为了做好迎接欧美使领馆回归南京的准备工作，华中方面军派冲上校先来南京部署。据史迈士12月29日致家人的信记载：

---

① 《费吴生日记》，章开沅等编：《美国传教士的日记与书信》，第75页。

② 《迪克森致柏林外交部报告》，张生、杨夏鸣编：《东京审判书证及苏、意、德文书》，第394页。

③ 《饭沼守日记》，王卫星编：《日军官兵日记》，第221页。

④ 《上村利道日记》，王卫星编：《日军官兵日记》，第251页。

> 那个军人是冲上校,刚刚从上海来,而且认定他此行来南京要保护外国人,所以他要所有的德国人集中在一地,而所有的美国人集中在另一地,然后他再设岗哨。我很高兴当时拉贝也在,我们否定了这个建议;当我正在驳斥他说安全区没有士兵时,拉贝也帮我应付——冲说我们的危险就在开火,防止中国士兵向日本士兵开火!拉贝说:"我就任安全区委员会主席时,就宣誓要尽力保护这些中国人,我决不离开他们或搬到什么保护地。"后来冲要他签字表示同意免除他们对他的保护!随后拉贝又说:"你们保护中国人,我感到安全之后再签字。"很明显,上海的德国当局一定为保护德国人及其财产,给他们施加了压力,也许美国也一样。另一个好消息是福井告诉我们,不久将来一位美国代表。①

面对欧美使领馆进驻的压力,驻扎南京的上海派遣军开始整顿军纪。据饭沼守12月30日日记记载:"下午1时30分召集驻南京及附近宿营部队的副官等人,要求进一步严整军纪风纪,特别是对外国公馆的违法行为,佐佐木少将(警备司令官)还提出注意事项和要求。方面军中山参谋来此,仅向参谋长一个人传达了对此次发生在外国公馆的违法及其他违反军纪的行为的遗憾之意。真是愧疚难言。阅读了由陆军大臣、参谋总长联名发给方面军的电报,电文说在各国动向极其微妙之际,理应充分注意。"②

总之,1937年底,南京的秩序发生了些许好转。留在南京的外籍人士多有感受。据福斯特12月28日致妻子的信记载:"情况大体好转,大批军队似已出城,市民在街上行走略有自由。他们仍感恐惧,游荡的士兵仍然抢劫与奸淫,被怀疑当过兵的男人仍然被处死。但在许多方面仍比以前有明显改进,我们感激不尽。只要有更多外国人回来协助,便将大为缓解目前的紧张情况,仅在金女大就必定超过一万妇孺。"③随着新年的到来,难民区的登记暂时搁置,但是查阅外籍人士的日记和书信,发现他们对新年放假依然感到担心,尤其害怕日军酗酒滋事。出乎意料的是,三天假日,南京治安总体没有恶化。据史迈士12月31日致家人的信记载:"拉贝今晚不关门,所以我们可以出去一会儿。威尔逊和我最好九点前回到我们睡觉的地方。但楼下开始打桥牌,我想我们不会按时回到拉贝那儿去。"④第二天史迈士致家人的信又记载:

---

① 《史迈士致家人函》,章开沅等编:《美国传教士的日记与书信》,第255页。

② 《饭沼守日记》,王卫星编:《日军官兵日记》,第221—222页。

③ 《福斯特致妻子函》,章开沅等编:《美国传教士的日记与书信》,第105—106页。

④ 《史迈士致家人函》,章开沅等编:《美国传教士的日记与书信》,第258页。

> 我们通过塔上的巡视，看到难民们晒着暖和的阳光，孩子们在金大校园里翻着筋斗……贝德士又和我走回金陵女子文理学院，看那儿是否还堆放着本周被害的死者尸体。我们绕至古林寺，穿过南边的山谷，仔细察看每一个池塘，除了几天前数起纵火事件之后贝德士在金陵女子文理学院背后看见的烧焦的尸体之外，没看见什么别的尸体。那边花园的几块地只用了不到一半，但每间农舍都荒弃了，只有几个农民在后面装白菜准备运出去卖。安全区外没有一间房子住人，连西康路以西都没有，然后我们往南顺清凉山至汉西门新门，从清凉山到新门我们沿路只见到3个平民！而那一地区过去总是熙熙攘攘。有几个日本兵在附近闲逛，也为数不多。我们途经的每一间房屋、农舍都遭过洗劫，有几家还被烧了。①

总之，华中方面军出于自身利益的思考，建立了南京自治委员会这一过渡性的傀儡伪政权，南京的空位期宣告终结。在空位期终结的时候，由于考虑到国际观瞻，南京的社会秩序也出现了相应变化。

（三）过渡期的胶着与"常态化"殖民秩序的系统创设

1938年1月1日，南京自治委员会召开了成立庆典，南京结束了没有政权管理城市的空位期。但南京的秩序又会转向何方呢？这受到诸多因素的影响。这些因素包括华中方面军、听从华中方面军调遣的自治委员会、东京高层、欧美使领馆官员、围绕在安全区委员会的外籍人士等等。根据大量资料分析，告别空位期的南京并没有立刻进入"常态化"殖民秩序，而是进入了各类主体互动博弈、治安时好时坏的过渡期胶着。据费吴生日记记载："现在是1月11日，局势有所改善，但仍然没有一天无暴行，有些简直是暴乱。"②

过渡期持续了一个多月，直到2月上旬，松井石根再次来到南京，南京大规模屠杀和奸淫掳掠方才较快好转。但不久，以松井石根为首的华中方面军高级将领还是被调整了，畑俊六大将本着"因势利导建立南京新政权"的思路上任，推进南京"常态化"殖民秩序建设。到了1938年3月28日，中华民国维新政府成立，4月，督办南京市政公署成立，在日军的监控下，机构和制度系统创设，"常态化"殖民秩序有了清晰

---

① 《史迈士致家人函》，章开沅等编：《美国传教士的日记与书信》，第260—261页。

② 《费吴生日记》，章开沅等编：《美国传教士的日记与书信》，第82页。

的框架。

1. 过渡期胶着形成的背景

(1) 东京的观点

1938年1月1日,自治委员会开始运作,但此时东京对华的态度还是难以明确。自接到《为日华和平谈判事项给德国大使的电文》后,德国驻华大使陶德曼穿插于中日之间的调停没有结果。日本期望国民政府投降,国民政府顺势拖延时间,这令东京当局不能接受,1月12日,"广田弘毅要德国大使向中国政府转告,到15日没有答复,帝国将自由行动。"[①]国民政府没有在15号给予答复,第二天,近卫内阁于发表了第一次对华声明:

> 在攻陷南京后,帝国政府仍然为了给中国国民政府以最后反省之机会,一直等到现在。然而,国民政府不了解帝国之真意,贸然策动抗战。内则不察人民涂炭之苦,外则不顾整个东亚和平。因此,帝国政府今后不以国民政府为对手,而期望真能与帝国合作之中国新政权之建立与发展,并将与此新政权调整两国邦交,协助建设复兴之新中国。[②]

"不以国民政府为对手"的声明发表之后,东京对在华中地区建立伪政权的工作也更加重视了。

大体的方向如上所述,但是这项工作何时开始切实推进是个大问题。1938年1月1日,自治委员会开始运作,虽然这时局势有了些许好转,但是日军暴行仍然大量存在,南京难民还是躲藏在安全区,不敢回家。据麦克伦1月7日日记记载:"日本军队想要中国人回家,但日本士兵继续恐吓他们,因此他们不敢从安全区出来。老百姓想重操旧业,但日本军队抢走了货物,烧毁了商店;他们想做点小买卖,但日军把他们的钱抢光了;日本人想要他们生产,但日军杀死了所有的鸡、猪、牛,所有活的东西,多么具有讽刺性啊!"[③]显然,胶着是讽刺性产生的背景,暴力是胶着中的必然。

(2) 华中方面军的举措

日军1937年12月13日进城之后,全面开始对城内外的扫荡,这时华中方面军司令松井石根坐镇苏州,扫荡工作主要由朝香宫鸠彦中将领导的上海派遣军和柳川

---

① 余子道等编:《汪伪政权全史》上卷,第95页。

② [日]今井武夫:《今井武夫回忆录》,第73页。

③ *IMTFE EXHIBIT*(*International Military Tribunal for the Far East*) *NO*. 309, RG238, Entry14, Box137, Location:190/10/21/03. National Archives II of USA, Maryland.

平助中将领导的第十军执行。17 日举行南京入城式，参与攻城的各路将领汇集南京。随后，第十军主力陆续外调，南京城内的警备统一交由中岛今朝吾十六师团下辖的佐佐木部队担负。可以说，南京此后的很多烧杀抢掠暴行都跟这支部队有密切关联。

中岛今朝吾，炮兵出身，占领南京前后均有完整的日记留存，透过他的日记可见其性情暴虐，桀骜不驯。中岛今朝吾日记记载了 1938 年 1 月 20 日和松井石根的会见："没想到这位仁君竟是个小里小气的墨守成规的人物。接着我提及在国民政府偷东西的人就是方面军的参谋时，大家都佯装不知。家具的问题上也是如此，总是小气地唠叨着。我们已占了国家，夺了人命。师团拿回一点家具还有什么好说的呢。"①

其他日军将领的日记对中岛今朝吾的秉性也有记载。据上海派遣军参谋长饭沼守 1938 年 1 月 12 日日记记载："听说第十六师团长、佐佐木少将趁着与贺阳宫殿下一同进餐的机会，一个劲地说军的坏话。"②据上海派遣军副参谋长上村利道 1938 年 1 月 17 日日记记载："今晚，在殿下府邸为第十六师团长及团队长饯行。师团长和 S 少将争吵起来。S 少将有点过分，被宫殿下狠狠训斥。俩人都争强好胜，让人看不下去。"③据松井石根 1938 年 1 月 24 日日记记载："第十六师团长因为要调防到支那北部去，所以来到了上海。看他的言行举止，我感觉他是个粗鲁之辈。特别是当他谈到部队中的掠夺现象时，竟然是一副无所谓的样子，真是令人遗憾。于是，我严厉地命令他，一定要再次严查运送的行李，凡缴获和抢劫来的物品一律禁运。"④

中岛今朝吾在进军南京途中受伤。据记载："陆军中将中岛今朝吾正在江南战线奋战。7 日下午 3 时 40 分左右，其在围攻南京的最前线指挥战斗时，其左腰部软组织受贯通枪伤"。⑤ 天生性暴加上报复心理，入城后更是飞扬跋扈，因此，让十六师团警备南京必然是南京市民的灾难。战后在南京法庭上，谷寿夫申辩："占领南京后，方面军主力部队之一的第十六师团长中岛中将被任命为警备司令官，屠杀暴行就不用说了，治安方面的问题应由该官员负全责，与我部毫无关系。"⑥谷寿夫有推卸责任之嫌，但指出中岛对南京大屠杀的重大责任是准确无误的。由于和朝香宫鸠彦的冲突，加上警备南京期间惹得系列外交麻烦，一月中旬，十六师团被调离南京。据上村利道

---

① 《中岛今朝吾日记》，王卫星编：《日军官兵日记》，第 301 页。

② 《饭沼守日记》，王卫星编：《日军官兵日记》，第 229 页。

③ 《上村利道日记》，王卫星编：《日军官兵日记》，第 261 页。

④ 《松井石根日记》，王卫星编：《日军官兵日记》，第 168 页。

⑤ 《中岛中将负伤，奋战在围攻南京的最前线》，王卫星编：《〈东京朝日新闻〉与〈读卖新闻报道〉》，第 146 页。

⑥ 《战犯谷寿夫的申辩书等译文》，胡菊蓉编：《南京审判》，张宪文主编：《南京大屠杀史料集》第 24 册，南京：凤凰出版社，江苏人民出版社，2006 年，第 461 页。

1938年1月16日日记记载:"下达第十六师团调动命令。"①据中岛今朝吾1938年1月20日日记记载:"来换防的天谷支队驻扎进来了。到目前为止,南京市民人数较少,没有力量聚众闹事,不会发生什么动乱事件。我们只是在南京平安无事的时候进驻的,却在可能发生事端的时候撤离南京,觉得有点太幸运了。但这是命令,我也没有办法。"②在欧美外籍人士的日记中,大家一致认为中岛部队调离后,南京的治安有可能进一步好转。

朝香宫鸠彦对于中岛今朝吾也有不满,松井石根的日记有数次记载。据松井石根1938年2月6日日记记录:"殿下还谈到军队中存在的军纪风纪问题,主要原因在第十六师团长及其部下身上。因为他们的言行举止太差了。这也完全和我以前所观察到的情形一样。"③此话是1938年2月6日朝香宫鸠彦和松井石根的共识,显然是时局不利于己的前提下,二者共同推卸责任之法。十六师团警备南京期间,朝香宫鸠彦也坐镇南京,对于南京发生的烧杀抢掠一清二楚,其手下的正副参谋长饭沼守与上村利道也和他多次沟通过此事,显然,他坐视不管。而且,进城后的俘虏屠杀令就是他手下的长勇下达的。东京审判时法官们对此极为关注,1946年3月8日,东京审判法官托马斯·莫罗在巢鸭监狱审讯松井石根时问到朝香宫鸠彦是不是因为和皇室的关系,才没有被追究南京大屠杀责任时,松井石根回答:"我不认为这样。在这支部队进城前10天朝香宫才加入这支部队,他和这支部队的联系时间很短。我认为他不应负责。我要说的是,倒是那些师团指挥官们应对此负责。"④松井石根将责任归咎于师团长当然没错,但显然也在为皇族掩盖责任,对于此,学界已有专门的论述。⑤

中岛当然应该对南京大屠杀负责。但是,透过松井日记可以清晰地发现,他自己对日军暴行也是听之任之的纵容态度。据松井石根1937年12月20日日记记载:"另外还听说,虽然滞留在城内的国内外人员还心存恐惧,但随着我部队人员逐渐稳定下来,他们也好像渐渐安下心来了。有一阵子,我将士中有少数人员出现过掠夺和强奸行为,这多少也是在所难免的实际情况。"⑥"多少也是在所难免",是其内心的写照。美国驻华大使约翰逊发给国内的电报,对此有过清晰的分析。美国大使约翰逊1月21日发出的电报称:"我想,陆军作为报复手段,有可能有预谋地放松了在南京的

① 《上村利道日记》,王卫星编:《日军官兵日记》,第260页。

② 《中岛今朝吾日记》,王卫星编:《日军官兵日记》,第297页。

③ 《松井石根日记》,王卫星编:《日军官兵日记》,第176页。

④ 《松井石根宣誓证词》(书证第257号),张生,杨夏鸣编:《东京审判书证及苏、意、德文书》,第24页。

⑤ 参见王天平:《朝香宫鸠彦与南京大屠杀》,《档案与建设》,2001年第2期。

⑥ 《松井石根日记》,王卫星编:《日军官兵日记》,第153页。

纪律。这么认为的证据是日军司令那冷淡而不过问的态度。”[①]

多田骏在东京审判法庭陈述时，明确指出他曾给松井石根发过电报：“通过在上海执行任务下属的报告，我听说你们的行为有失军人形象。从现在起，我命令你们要像军人行事，严守所有的军事和民事习惯。”[②]而且，多田骏强调，他给松井发了三封电报，原因是松井对前面的电报多是置若罔闻。据多田骏在东京审判法庭陈述：“我给松井将军发了两三封类似内容的电报，原因在于——在我发出第一份电报之后我得知部队的态度并没有如我所希望的那样有所改观。”[③]

对于士兵的犯罪，松井石根一味纵容；对于华中新政权的建立，松井却非常积极，但考虑到东京的态度，也不敢贸然行动，恰好物色合适人选也要一个过程，按照统筹方法，他一边物色人选，一边关注东京动态。为此，他在 1937 年底派了华中方面军参谋长塚田攻返回东京打听政治情报，1938 年 1 月 2 日，有了初步信息反馈。据松井石根 1938 年 1 月 2 日日记记载：

> 塚田参谋长也从东京回来了。根据他的报告得知以下情况：一、对于方面军的作战，参谋本部的态度极其消极。他们不打算扩大今后作战的范围。二、关于今后的善后措施，政府方面还没有下任何决心。换言之，他们也许想与国民政府妥协，也许希望成立新政权。总之，我没有料到他们至今还没有明确的决定。三、而且，政府方面对方面军今后的策略没什么热情。不用说，他们自然也就没有同意我关于希望派遣人员的建议了。特别令人难以容忍的是，尽管我直接给大臣写了书信，他却没有给我任何回答，只是对塚田参谋长说，这事应该与次官交涉。大臣这样做也太优柔寡断了。[④]

松井对这次情报刺探的结果是失望的，这段时间恰好处在陶德曼调停期间，东京还是希望蒋介石领导的国民政府能够投降，因此这样的答复也可以理解。不过，1938 年 1 月 16 日，近卫声明发表了，“不以国民政府为对手”成了东京对华政策的阶段性定调。随后，日本内阁的陆、海、外三省经过磋商，于 1 月 24 日达成一份“备忘录”，主要内容是“在华中方面，对于中国方面的现地指导，须在现地陆、海、外三个机关联络协商的基础上进行。为此，决定以在上海的陆海军特务部长及总领事组成现地联络

---

① 《在南京及芜湖的日军的残暴行为》，张生等编：《英美文书・安全区文书・自治委员会文书》，第 158—159 页。

② 《审问多田骏记录》，杨夏鸣编：《东京审判》，第 284 页。

③ 《审问多田骏记录》，杨夏鸣编：《东京审判》，第 284 页。

④ 《松井石根日记》，王卫星编：《日军官兵日记》，第 158 页。

委员会,上述委员会对现地进行必要的筹划,并决定从事指导的负责人与方法。”①

这时,东京的陆军省在物色人选;松井也希望按照自己的意愿建立华中伪政权,并派特务部长原田熊吉回东京汇报和打听情况。1938 年 1 月 27 日,有了初步反馈。据松井石根 1938 年 1 月 27 日日记记载:

> 原田少将回来了。根据他的汇报得悉,政府方面对我方制定的关于今后政治以及经济策略没有异议。但是,陆军省一直坚持利用北京临时政府来统一整个支那。对此,我颇感惊讶。当然,外务和海军是不会同意的。陆军方面好像主要受到华北方面军意见的影响。虽然参谋本部也不一定赞同他们,但陆军方面的这种思想一直阻碍着我方面军的策略和作战。②

显然,松井对于陆军省支持华北方面军建立的临时政府来统帅华中政权,十分不满。但考虑到东京陆军省、海军省、参谋本部、外务省的矛盾,他也有一丝乐观,并抓住各种机会实现其计划,不久,东京参谋本部第二部部长本间雅晴少将前来上海、南京考察,松井石根认真招待,希望本间少将支持他的计划。

2. 过渡期的胶着

(1) 自治委员会的运作

南京沦陷后,日军希望一帮有声望的大汉奸公开露面,协助日方建立伪政权。据郭歧分析:“南京没有伪组织,就日方来说,确实要比陷区同胞更着急。他们明明知道这是我国难胞消极抵制之奏效,但却由于装设电灯、修复自来水、开娼、开戏、开市等等问题始终无法解决,甚至于连街上站岗的伪警也没有一个,因此使得日方主事人急得无可奈何,”③

南京伪自治委员会于 1938 年 1 月 1 日在鼓楼召开了成立庆典大会。当天,日本驻南京总领事福井淳、南京警备司令官佐佐木到一、上海派遣军参谋长饭沼守、海军武官海军大佐中原三郎等分别上台致辞,着力强调恢复南京秩序,日中亲善、东亚共荣。

南京自治委员会会长由留学日本政法大学、担任世界红卍字会南京分会会长的陶锡三担任;副会长有两位,一位是孙叔荣,他曾是日本驻南京使馆的翻译;一位是程朗波,之前是南京的商人。自治委员会的人员组成,主要有两类群体,一类是在日本

---

① 余子道等编:《汪伪政权全史》上卷,129 页。

② 《松井石根日记》,王卫星编:《日军官兵日记》,第 169 页。

③ 郭歧:《陷都血泪录》,张连红编:《幸存者的日记与回忆》,第 237 页。

生活、学习过，懂日语的各类人士；一类是南京慈善机构的负责人。自治委员会下设总务课、财务课、救济课、警务课、工商课、交通课。

1938年1月18日，自治委员会发表了《自治委员会简章及办事细则》，随后，又对内设机构进行调整，在警务课的基础上单列了警察厅，并成立了区公所。区公所主要承担总务、户籍、家屋、救济等职责，与各课职责有所重合。根据南京宣抚班3月份情况报告："在1月末开设了五处区公所，城内四处，城外（下关）一处。此外根据民众的要求，还考虑到治安工作的需要，在市内（城外地区）很有必要增设三处临时区公所，这三处已于3月下旬增设完毕。它们是'上新河、燕子矶、孝陵卫街这三个地区'"。[①] 1月21日，自治委员会颁布警务课办事细则，1月25日颁布了区公所办事细则，1月28日颁布各课办事细则。与此同步，自治委员会逐步接管城市管理权。自治委员会里自然有很多汉奸助纣为虐、协助日军伤害百姓，也有少量正派人士为难民生活左右折冲。

松井石根领导的华中方面军对自治委员会并不看好，但还是给予了支持并抱以希望。一是为未来新政权打一个基础；二是"以华治华"，日方特别希望自治委员会促成难民回家；三是"以华治夷"，以自治委员会的成立，迫使安全区委员会认识到管理城市的"名不正，言不顺"，当自治委员会筹备大会召开的时候，日本媒体就报道："自治委员会成立的同时将解散国际委员会"。[②]

为树立自治委员会的权威，日方让自治委员会掌握战时市民生活物资调配权。在自治委员会成立庆典大会召开前一天，日军就摆出了高姿态：免费发粮，吸引难民走出安全区，接近自治委员会。据史迈士12月31日给家人的信记载："麦克伦调查了今天涌往北门桥带回大米的人流，发现日本人开放了一家米店，要大家自己去拿米。这可帮了老百姓一个大忙，但极有可能这只是一时的非常手段，不会持续下去。"[③]此外，日军也让自治委员会在安全区外设置粮店，吸引难民回家。据拉贝1938年1月8日日记记载："许博士现在也是自治委员会顾问，他告诉我说，日本人准备向该委员会赠送5000袋大米，条件是这些米不能在安全区内分发。他们要以此促使安全区的市民重返安全区外的住处。这是否能行，还要等着看！"[④]据拉贝1938年1月25日日记附录史迈士的备忘录记载："昨晚6时左右，菲奇先生及本人去升州路查看由自治委员会经营的新米店。我们发现米店还在开门营业。在前一天日本兵3次试

---

① 《南京宣抚班报告》，王卫星、雷国山编：《日军军方文件》，第361页。

② 《江南新政权的基石，南京成立自治委员会》，王卫星编：《〈东京日日新闻〉与〈大阪每日新闻〉报道》，第82页。

③ 《史迈士致家人函》，章开沅等编：《美国传教士的日记与书信》，第258页。

④ 拉贝1938年1月8日日记，[德]约翰·拉贝：《拉贝日记》，第308页。

图窃取店里的钱,于是店里的人转而这样干:在其他地方出售购米券,把钱送回办公室,在第三地供货。这家米店在双塘街上,大约是在被烧毁的卫理公会(译注:基督教中的一个差会)。过去的10天里,日本人交给这家米店500袋米。如果天气不好,日本警察便拒绝送米。自治委员会想在保泰街或其附近再开一家米店。"①

自治委员会对于此项发米、卖米的工作积极进行,一来可以在南京市民中树立威信;二来在安全区外售米,促使难民回家,获得日军认同;三来卖米获得的资金可以作为自治委员会运转的经费。据南京宣抚班3月份情况报告:

> 1月15日以后到2月末的救济物资:米11200袋(其中2000袋用来施舍给贫民);面粉10000袋(其中2000袋用来施舍给贫民);盐3670袋(其中300袋用来施舍给贫民)。3月的救济米6000袋(其中4000袋由芜湖供应);豆油387缸(来自浦口仓库,一缸200—300斤)。(二)南京需要救济的人员1月约十五万人,2月约七万五千人,3月约六万八千人。②

(2) 安全区委员会的解散

南京难民聚集在安全区,聚集在外籍人士周围,华中方面军是不能接受的,对此,摆出了不容商议的立场。据南京宣抚班2月份情况报告:

> 国际委员会于11月下旬不顾我当局明确的否认而设立了南京难民区,将残留难民全部收容至该区域,在皇军入城后继续对难民实行免费医疗、发放粮食及其他各项救助。另一方面,对皇军在难民区的行动进行监视,并积极进行带有恶意的对外宣传。……国际委员会的上述行动如果继续下去的话,很明显有百害而无一利,因此,为了抑止其活动,通过自治委员会向其发出了通告,内容是从今往后由南京自治委员会接替其对难民的各项救助活动。自此,抓住机会抑制其蠢动,结果国际委员会的活动现在实际上已经基本停止了。③

为此,华中方面军全力迫使难民收容所解散,让难民从安全区回家。这一思维不是突发奇想,而是在占领南京初期就已形成。据史迈士12月24日致家人的信记载:"田中却说:'过几天你们的难民人数将减少。'不知他的意思是士兵将会被杀死,还是

① 拉贝1938年1月25日日记,[德]约翰·拉贝:《拉贝日记》,第417页。

② 《南京宣抚班报告》,王卫星、雷国山编:《日军军方文件》,第366页。

③ 《南京宣抚班报告》,王卫星、雷国山编:《日军军方文件》,第345页。

日军胁坂部队轰击中国军队阵地。选自《支那战线写真全集:上海战线》。吴先斌提供。

日军占领的中国军队阵地。选自《支那事变画报》第 11 辑。吴先斌提供。

中山门城墙上的日军三国部队观测班。选自《支那事变画报》第 11 辑。吴先斌提供。

日军装甲部队攻击中华门。选自《支那事变画报》第 11 辑。吴先斌提供。

年轻人会被拉去做苦力，还是他们会将人们遣散回家，现在有许多房屋都被烧坏了！”[①] 1938 年的 1 月 1 日，自治委员会开始运作后，形势更加明了，对此，安全区委员会进行了数次研判。据史迈士 1938 年 1 月 5 日致家人的信记载：

> 今天中午米尔士有一个新想法。我们一直感觉到，在一些问题上，我们被迫通过自治委员会解决，而不是直接经过日本使馆。日本人迫切希望国际委员会削弱，将职权移交给自治委员会。所以米尔士建议我们要明确在此基础上开展工作，把事情上交自治委员会，极力鼓励他们直接向日本人提要求。以两件事为起点，使城市的其他地方恢复秩序，让人们回家和停止焚烧城市。我回到办公室便开始起草有关这两点的短文，然后让拉贝、克勒格尔、米尔土与贝德士提意见，使其成为一篇观点较公允的陈述。我想到可以分阶段进行。这样我们能在人们回到有疑问的地区之前更好地恢复秩序，而且更便于我们观察事态进展。这也是一个间接的途径，让士兵撤出城市的各个部分，对于整个城市来说，这可不是一步就能完成的！这是把在安全区取得部分成功的做法，一步步推行到城市的其他区域，可能从角落开始，西南角，那儿被毁坏得最少，还有人住。[②]

之所以有上述思考，原因主要有两个方面：一、安全区委员会成立时就确定了“阶段性担当”的思想；二、自治委员会成立后，安全区委员会也意识到管理城市的“名不正，言不顺”。

1938 年 1 月 6 日，日方明确向安全区委员会负责人拉贝提出了安全区委员会解散的建议，据拉贝 1938 年 1 月 6 日日记记载：

> 下午 5 时，福田先生来拜会我。他通知我，根据军事当局的决定，我们的国际委员会应予解散，我们的储备和资金由接替我们工作的自治委员会接管。我当即对要我们交出我们的财产和储备表示抗议。对接管我们的工作我们没有什么可反对的，但我们提请人们注意，在城里没有恢复秩序和安全以前，难民不可能重返大部分已被毁坏和抢劫或烧毁的他们以前的住所。我立即召集了委员会会议，会议上讨论了我对福田先生的答复，还起草了一份我们对怎么恢复安全和秩序设想的建议书。我有这样一种感觉，自治委员会(自治政府)对怎么处理事情一窍不通，尽管它有日本人作顾问。显然人们看中的只是我们的财产。人们

---

① 《史迈士致家人函》，章开沅等编：《美国传教士的日记与书信》，第 247 页。

② 《史迈士致家人函》，章开沅等编：《美国传教士的日记与书信》，第 267—268 页。

声称:钱是你们从中国政府那儿得到的,因此是属于我们的!但我们有截然相反的意见,我们会千方百计地为我们的意见辩护。在这方面我们很希望得到美国大使馆和德国大使馆的支持,尽管我们一点都不知道他们的立场。依我看,日本人向我们外国人要价太高了。[①]

在日方的施压下,安全区委员会还是进行了系统地应对。首先,考虑到烧杀抢掠没有得到有效控制,提出继续就恢复秩序问题与日方进行多方位的沟通。对此,日方只是强调安全区委员会必须解散,秩序他们会着手改变;其次,希望日方积极调配粮食支持难民救助,日方最终否定了安全区委员会在粮食获得问题上的任何打算,为此,安全区委员会只能停止了粮食销售,此项工作交由自治委员会处理;再次,安全区委员会与自治委员会积极沟通,做好难民救济工作。事实上,因为许传音等多重关系,自治委员会和安全区委员会在粮食问题上有过很多合作,据 1938 年 2 月 17 日《南京救济形势》记载:"过去三天,我们难民营一直从自治委员会的商店购买大米,但是由于自治委员会的人员害怕日方的反对,因此要求我们必须削减用这种方式购买大米的数量。不过,红十字会从城里的私人库存那里购买了 1340 袋大米,正在运往难民营。"[②]这样的话,安全区委员会可以将有限的粮食储备最大化节约下来,实行后续的难民救济;最后,安全区委员会坚决捍卫自己资金,并将自己的部分资金藏在美国大使馆和德国大使馆,为后续难民救助做好准备。

纵观拉贝 1938 年 1 月份以来的日记,多是围绕此事和日方展开博弈。到了一月底,日方明确告知安全区委员会,将于 2 月 4 日解散难民收容所,这让很多人感到非常紧张。据贝德士 2 月 1 日致妻子的信记载:"星期五,我们可能会遇到一次屠杀,在日本兵用刺刀刺向依赖我们的妇女和孩子时,我想我不会躲在一边。使馆人员明白,任何粗暴的行动都会被见证并被迅速报道。一方面日军给回家的人们免费发放食品,同时又在别处关闭(难民营)。随信寄去在安全区外张贴的一张布告"。[③] 最后是虚惊一场。据福斯特 1938 年 2 月 4 日致妻子的信记载:"今天是难民中心的人们必须搬回城市其他地方的日子。据说不愿自动搬出的人,(日本兵)要用武力胁迫他们搬出去,但我高兴地说,没有这种情况。我们去了几个收容所,一切都很平静。"[④]日方之所以没有采取暴力行动的原因,将在后文论述。

① 拉贝 1938 年 1 月 6 日日记,[德]约翰·拉贝:《拉贝日记》,第 297 页。

② 《南京救济形势》,张生编:《耶鲁文献》(下册),第 510 页。

③ 《致妻子函(1938 年 2 月 1 日)》章开沅等编:《美国传教士的日记与书信》,第 29 页。

④ 《福斯特致妻子函》,章开沅等编:《美国传教士的日记与书信》,第 128 页。

1938 年 2 月以后，南京的烧杀抢掠现象明显减少，回家的难民日益增多。在这样的形势下，安全区委员会渐渐把权力交给了自治委员会，安全区委员会解散了，代之以南京国际救济委员会。

国际救济委员会成立也不是欧美外籍人士突发的想像，一月初，考虑自治委员会成立后，安全区委员会面临角色转换，拉贝就有了初步的思考。据拉贝 1938 年 1 月 12 日日记记载："为了同日本人友好相处，我想出了一个计划。我想解散安全区委员会，成立一个国际救济委员会，在这个委员会里也应有日本代表。我是否会成功，还要等着看。这个建议首先必须同安全区委员会成员和 3 个大使馆的官员们讨论。"① 不过，拉贝的建议没有获得安全区委员会的一致同意。据拉贝 1938 年 1 月 13 日日记记载："委员会其他成员不同意我把安全区委员会改组成南京国际救济委员会的建议。他们认为我们的安全区委员会事实上得到了日本人的承认，他们担心一旦我们自动解散老的委员会，人们可能会对我们完全不予理睬。我当然服从多数，因为我们必须无条件地一致，尽管我认为，我的建议是为同日本人在友好的基础上共处并得到我们大家都希望的结果，即为防止难民饿死和使城市恢复和平与秩序，指出了唯一的出路。"②对此，拉贝只能暂时搁置自己的想法。

此后，面对治安态势的好转和日方解散安全区不容商议的立场，拉贝的想法再次提上日程，1938 年 2 月 18 日，南京安全区委员会改名为南京国际救济委员会。安全区国际委员会的名称更改，意味着它的工作内容发生全面转型，更多的工作要交给自治委员会以及下设的区公所来处理。

显然，这天是个转折性的日子，它既是安全区委员会解散、国际救济委员会成立的日子，也是华中方面军高级将领调整、畑俊六大将前来赴任的日子。南京过渡期就此终结了，南京"常态化"殖民生活秩序开始了系统的建设。以此分析，安全区委员会在此时解散也是一个恰当的时机，既没有和日军正面冲突，也没有丢下南京市民不管，可说是"因势利导"进行难民后续救济的需要。

3. 欧美使领馆官员的努力与"过渡期"胶着的突破

不难理解，过渡期的生活秩序自成一个系统，"常态化"殖民秩序又是另一个系统，系统的稳定性是区别于其它系统的规定性，因此两个系统的交接不可能是一个简单的时间过程，其中肯定有重大的推力促成了系统的突变。著者认为，欧美使领馆官员的努力是南京"过渡期"向"常态化"殖民秩序突破的重要推力。

---

① 拉贝 1938 年 1 月 12 日日记，[德]约翰·拉贝：《拉贝日记》，第 326 页。

② 拉贝 1938 年 1 月 13 日日记，[德]约翰·拉贝：《拉贝日记》，第 327 页。

(1) 欧美使领馆官员回归概况

1937 年 12 月底,美国使馆官员爱利生[①]率先获准可以回到南京。得到批准的第一时间,他就从上海启程了,12 月 31 日到达南京。据爱利生 12 月 31 日发给外界及美国政府的报告记载:

我今天下午 2 时 30 分到达南京。岸边简直成了屠杀场,可以看见市内到处都发生小规模的火灾,还听到了枪声。我跟着'瓦湖'号舰长拜会了英国'蜜蜂'号的司令。他结束了在日本海军舰艇上举行的日军当局的初次会谈后,刚刚返回。据英国军官说,任何外国人现在不准登陆南京。据说,日军司令部发言人说,在 1 月 5 号以前不允许外国人登陆。听说,所解释的理由是因为'扫荡'还在继续,有危险。[②]

这是爱利生到达南京后发出的第一份电报,毫无避讳,也预示着一场风暴。

得知使馆官员回归,留在南京的外籍人士相当高兴。据史迈士 1938 年 1 月 5 日致家人的信记载:

最好的消息是,福井来告诉我们,美国领事阿利森预期明天上午 10 时到。他原来在济南,当时米尔士与他很熟。他在东京呆过,懂日语,是个很好的人。他们不知道其他人是谁。德国使馆的罗森 10 日要来,那时候英使馆的秘书和他们的军事观察员、洛维特·弗雷泽也都要来。我们希望今天会有美国人来。但我中午去问福井,他说还有几天。我想他们是在敷衍,所以我们决定,既然已在最困难的时候靠自己挺了过来,我们现在仍能这样。但 3 个国家的代表来这儿,将会打开一个新局面。正如米尔士所说,日本人不得不规矩一点,扩大外国社区,尤其是可能有助于其他传教士和商人回来,增加"中立观察员",也能使我们不必总是递交抗议书。我对米尔士说,我们可以与自治委员会合作。我很高兴一些领事和外交代表 12 月 10 日前曾呆在南京,他们会记得当时城市的良好秩序,而今只要开车沿着城区转一圈看看表面情况,就知道现在是多么不一样。这样我们 12 月 21 日那天起草的报告以及全体签名就很有战略性。拉贝说,今天我们最好在大学医院给罗森留一张床,他一定会惊呆的!而且这些代表的到来将沟通我们与外面的世界,我就能和你有书信往来了,尽管我们写的内容必须十

---

① John Moore Allison,也译为阿利森。

② 《由于继续"扫荡",不许登陆南京》,张生等编:《英美文书·安全区文书·自治委员会文书》,第 65 页。

分审慎，不然我们就得滚蛋！尽管现在的压力主要是被困在这里——实际上，我们是能在城内自由行动的囚犯。①

1937年12月31日到达南京的爱利生，1938年1月6日才获准上岸。当天，上海派遣军和日本使馆领会了东京"各国动向极其微妙之际，理应充分注意"的旨意，高度重视对爱利生的接待工作，爱利生也积极配合，约定服从日军的重大安排。据饭沼守1938年1月6日日记记载："本乡参谋说，美国领事在中午之前上了岸，有好感。双方有约定，必须服从军的统治。"②

1月9日，德国使馆和英国使馆官员也回到了南京，上海派遣军和日本使馆也是精心接待，但对德国使馆和英国使馆官员一起回来，私下表示了不满。据1938年1月15日罗森致德国外交部的报告记载："我上车离开前，本乡少佐用德语和我告别，同时还问我为什么会和英国人同时到达，我简短地回答他说：'为什么不呢？'……他随即说：'我很遗憾您同英国人一起来。'对此我也没有当面驳斥本乡先生的无礼态度。"③

对于英德使馆官员的回国，围绕在安全区委员会的外籍人士更加高兴。据拉贝当天的日记记载：

下午2时，克勒格尔、哈茨和我前往德国大使馆。3时，上述3名德国官员在日本大使馆田中先生和福田先生的陪同下到达那里，我们用一瓶不知克勒格尔从哪儿弄来的香滨酒表示欢迎。罗森博士因汽车被偷，日本人借给(?!)他一辆豪华别克牌汽车，借给德国大使馆一辆福特牌公车。罗森发誓再也不把这两辆'漂亮的'汽车还掉。我们同沙尔芬贝格一起看了他在高楼门38号的住宅。他的住宅被抢掠，一片狼藉。……晚上8时，德国大使馆的3位先生以及克勒格尔在我这儿用晚餐(还喝了克勒格尔在沙尔芬贝格那儿弄到的酒)。我请他们讲怡和洋行的三桅帆船上乘客的命运，讲"蜜蜂"号和"帕奈"号的命运。……当我们准备坐到桌旁用餐时，我邻近的一所房屋，上海商业储蓄银行后面失火了，看来大使馆官员的到来根本不会打扰接到命令纵火的日本士兵。因为几个星期以来我对邻舍的这种照明方式已习以为常了，所以我们也就没有因这起事件而

---

① 《史迈士致家人函》，章开沅等编：《美国传教士的日记与书信》，第265页。

② 《饭沼守日记》，王卫星编：《日军官兵日记》，第226页。

③ 《罗森致德国外交部报告》，陈谦平、张连红、戴袁支编：《德国使领馆文书》，张宪文主编：《南京大屠杀史料集》第30册，南京：凤凰出版传媒集团，江苏人民出版社，2007年，第86页。

惊慌。①

欧美使馆官员的回归,既壮大了外籍人士队伍,也增强了安全区委员会的信心。因为使馆官员代表官方,对南京市民尽快摆脱烧杀抢掠的恐怖生活更具推动力,拉贝对此深信不疑。据拉贝 1 月 11 日日记记载:"这 3 个大使馆的全体先生都表示愿意接受我们就日本士兵的罪行每天作的报告,并向日本大使馆或向他们自己的政府递交这些报告。这对于我们委员会来说是大大地减轻了负担。如果这些大使馆不断地提出抗议,秩序也许很快就会恢复。"②

相对于"南京帮"的高兴,上海派遣军认为这样一来会受到"中立国"的进一步监督,心存不满。据饭沼守 1938 年 1 月 11 日日记记载:"据说,至昨天为止,来南京的外国人有:英国,领事 1 人、武官 2 人;美国,领事 1 人、秘书 2 人;德国,秘书等 3 人。英国人的办事最为得体,德国最可恶,且好像还有怂恿和蒋媾和的言行及试图探听我方意向的苗头。"③

(2) 爱利生事件

爱利生是进驻南京的第一个欧美使领馆官员。对于他的到来,外籍人士异常高兴。据史迈士 1938 年 1 月 5 日致家人的信记载:

> 我花了相当多的时间把文件一式三份整理分类,其中一份是准备给即将到来的美国代表的。他们会对我们如此直接、如此强硬地向日本使馆提出抗议表示震惊的,但我们在这种情况下心里感受的比笔下所写的更为强烈。这些记录现在都已成为历史,但它们清楚地表明了国际委员会在整个事件中采取的立场。④

爱利生回来后,围绕在安全区委员会的外籍人士与其积极互动。爱利生也与日本使馆、美国驻上海使馆、美国驻东京使馆、美国国务院就南京日军暴行积极沟通、汇报。这样一来,他与日军的冲突也就不断升温,如日本不同意爱利生在美国使馆设置无线电设备,爱利生不予理会。据福斯特 1938 年 1 月 24 日致妻子的信记载:"我们的大使馆现在有海军送来的配备操作员的无线电发报台。日本人最初是阻止,但阿

---

① 拉贝 1938 年 1 月 8 日日记,[德]约翰·拉贝:《拉贝日记》,第 317 页。

② 拉贝 1938 年 1 月 11 日日记,[德]约翰·拉贝:《拉贝日记》,第 323 页。

③ 《饭沼守日记》,王卫星编:《日军官兵日记》,第 228 页。

④ 《史迈士致家人函》,章开沅等编:《美国传教士的日记与书信》,第 266 页。

利森获胜了。他与艾斯比[①]和麦克法吉[②]两个副领事一样，都非常优秀。”[③]类似的冲突还有很多，这些都引起了日方的反感。随着时间的推移，阿利森对日军南京暴行的揭露日益扩大。据爱利生1月22日发给美国国务卿的电报记载：

> 我们依然平均一天三四件地从美国侨民那里收到有关安全区内强奸或强奸未遂的报告。如果不引起这些美国人的注意，就说不清已发生了多少事件。日军尝试着让中国难民回到他们在难民区外的家里。可是，由于很多返回的难民遭到日本兵的掠夺、强奸、枪杀等，因此抵触情绪很大。这些事件的记录记在文件夹里，放在该办事处。向驻汉口大使馆、北平、上海发报，希望由上海转发东京。[④]

第二天，爱利生又发给美国国务卿电报，其中记载：

> 今天上午我拜访了福井先生，就这件事在口头上表示了强烈抗议，并说打算将这件事立刻报告给华盛顿和东京。于是，福井恳求道：这恐怕会损害日美两国的关系，因此希望这几天不要报告此事。他再次谈及有关日军为阻止那样的事件而采取的特别手段(参照我的第31号电报，1月23日下午4时发)，并保证说，如果我等几天的话，事态会大大加以改善的。我告诉福井有必要报告该事件，并说这几天不打算宣传。因此，希望在看到过几天上述特别手段实际上是否得以实施之前，不公开这一事件。一发现有任何改善，就火速报告。向美国国务院发报，并转发驻汉口、北平、上海大使馆。希望由上海转发东京。[⑤]

爱利生的行为赢得了南京外籍人士的尊重。据福斯特1938年1月24日日记记载：

> 阿利森和英、德领事并未袖手旁观。当他们的抗议等被日本使馆官员搁置时，便通过华盛顿、伦敦和柏林与东京直接联络。这使得此地的日本人气得发

① James Espy，也译为埃斯皮。

② A. A. McFadyen，也译为麦克法恩。

③ 《福斯特致妻子函》，章开沅等编：《美国传教士的日记与书信》，第117页。

④ 《在南京日军的惨杀、强奸》，张生等编：《英美文书·安全区文书·自治委员会文书》，第160页。

⑤ 《日本人绑架少女未遂事件》，张生等编：《英美文书·安全区文书·自治委员会文书》，第162页。

疯。你可以想象,他们被告知:我们的政府认为,我们的公民财产被掠夺,在我们产业中避难的平民被未加控制的(日本)军队抓走,这些都不是无足轻重的小事。有个日本领事馆警察特别愤怒,因为阿利森向华盛顿报告他到金陵大学索要洗衣妇,但他拒绝所提供的洗衣妇,而索要另外一些年轻貌美者,其动机显然非常可疑。另一天,他也来到我们的住处,要求克拉为他提供中国姑娘。克拉问他,他们把数以百计的日本和朝鲜姑娘带到这里是为什么?他回答说,他想要的不是她们,而是中国良家女孩。现在他试图了解中国人向当局报告他拜访金陵大学的内容,今天他们抓住一个负责管理金大附中难民营的牧师,想从他那里得到有关信息,所以,我们过了一天又一天,从来不知道新的一天会带来什么。由于阿利森通过华盛顿直接与东京联络,本地日本官员变得稍微好打交道,虽然他们并非人人如此。相信他们很想杀我们,一个一个地杀。①

福斯特的记载非常清晰地说明了爱利生的努力让南京日本当局感到担心,也提到了爱利生的举动引起了日方的仇恨,尤其说到了外籍人士都不喜欢的日本使馆警察高玉对于爱利生告他的状表示特别愤怒,"相信他们很想杀我们,一个一个地杀",预示着矛盾即将激化。

果然,两天后,冲突爆发了,爱利生遭遇日军殴打。据福斯特 1938 年 1 月 26 日日记记载:

我告诉你今天发生的一些事。我们的领事阿利森先生被一个日本兵打了耳光,金大的林查理先生也受到粗暴对待。日本兵在金大一所校舍中抓走一个少女并加以奸污。她回来时,案情上报领事,他和林查理陪同少女前往她被抓走的地方。这是一个相当于宪兵司令部的地方。有几个宪兵陪同领事出入,少女被叫进这所建筑,也许是为了辨认施暴者,但不许阿利森和林查理一同进去,他们站在门内约 2 英尺处:有个士兵试图把他们推出去,当时一个官员走过来,怒气冲冲地吼叫他们是美国人,一个士兵从背后冲来并打阿利森一个耳光。当一个曾经陪同阿利森的宪兵告诉别人他是美国领事时,另一个士兵抓住林查理,揪着他的外衣衣领猛搡,直到把它撕破。但他们(坚持)等待着,直到女孩被交还他们。阿利森还拿不定主意是否报告这起事故,因为事关两国关系,他害怕会产生严重后果。就细节而言,他不该进入宪兵司令部,但士兵和官员的行为仍是不可原谅的。后者从前亦曾打过林查理的耳光,他们认为他还曾把贝德士博士推下

① 《福斯特致妻子函》,章开沅等编:《美国传教士的日记与书信》,第 117 页。

楼，当时(博士)是为一个被日本人强迫充当翻译的金大附中毕业生求情。这个青年给他妻子送回一封信，说自己将被处死。这可能是真的，因为他未能回来。[①]

根据福斯特记载，被打后，爱利生对于是否汇报此事表示过犹豫，但是经过深思熟虑后，还是将此事全面汇报给了美国政府。

日军进城后，殴打外籍人士也是时有发生。但是这一次，被打的是美国领事，美国政府随即进行了严正抗议，日方也迅疾反应。据福斯特 1938 年 1 月 28 日致妻子的信记载："据今天一点钟的电台广播，日本已对阿利森事件发表了声明。"[②]另据饭沼守 1938 年 1 月 29 日日记记载："根据来自国内的训示，日本兵强行进入美国大使馆的事件，由参谋长向阿利森美国驻中国大使馆三等秘书道歉，或者由松井司令官向美国舰队长官道歉。地点或在东京或在华盛顿，虽然尚需研究，但基本上考虑由参谋长道歉。作为条件，就此将迄今为止的事件统统解决掉。"[③]

日方如此快速地做出反应，也有着对国际形势的基本判断。据饭沼守 1938 年 2 月 1 日日记记载本间少将来南京视察时的讲话精神：

苏联的远东军备正在飞速发展，当日本将主力打入支那之际及英美彻底压制日本的情况下，苏联也有可能站出来。所以，目前日本必须不让局势恶化，与他们比耐力，别无他法。当日英发生正面冲突时，不清楚德国是否依然站在我方，将日本当自己人。面对日本的排英气氛，英国似乎一直努力不伤害日本的感情。"帕奈"号事件以来，英美在相互接近。事件刚发生时，美国似乎注意不卷入其中，但由于受到权势人物的舆论导向而变得强硬起来。美国掌握着今后国际形势的"关键"。因此在正义、人道方面不要刺激美国舆论，要绝对避免无益的纠纷。[④]

此后，欧美外交人员对日军暴行的揭露依然不减，为安抚各国外交人员情绪，日军采用糖衣炮弹拉拢欧美外籍人士。据沙尔芬贝格 1938 年 2 月 10 日记载：

日本人最近邀请我们的社交活动十分频繁。2 月 1 日是本间的邀请，……2

① 《福斯特致妻子函》，章开沅等编：《美国传教士的日记与书信》，第 120—121 页。
② 《福斯特致妻子函》，章开沅等编：《美国传教士的日记与书信》，第 122 页。
③ 《饭沼守日记》，王卫星编：《日军官兵日记》，第 236 页。
④ 《饭沼守日记》，王卫星编：《日军官兵日记》，第 237—238 页。

月3日又是大使馆参赞日高邀请全体外交官,没有军人参加,在座的只有福井总领事和一名武官。2月5日邀请全体外交官。这次是作为驻军司令官的天谷少将的客人受邀去喝茶,在座的有日高、所有的日本外交官,本乡少佐还带了几位其他军官。……2月8日4点,所有外交官又集合在我们已经非常熟悉的日本大使馆房间里,听军人音乐会。①

1938年2月16日罗森致孟买德国领事馆公函也记录了日军的宴请:"这里的原日本总领事福井不久将离开南京,赴孟买担任新职。福井先生以前曾在外务省条约局、驻华盛顿大使馆、驻渥太华公使馆工作。显然是由于对于军方的绝对服从(类似他任职时的日本大使川越茂),才被挑选担任这个职务的。如同他的班子那样,他至今的主要工作是举办宴庆活动,他们试图蒙骗外交代表们无视这里存在的状况,以此掩盖现实。"②

爱利生事件的爆发,给东京一个不好的印象,东京"就此将迄今为止的事件统统解决掉"的决心日益明确。1月底2月初,对于华中方面军和松井石根来说,是个纠结的时期,东京高层派本间少将前来南京调查,为人事调整做准备。显然,爱利生事件,为华中派遣军高级将领的调整起到了一个推动作用,也为南京市民走出过渡期的生活秩序提供了一个推力。

4."常态化"殖民秩序建设

(1)松井石根等高级将领的调任

1938年2月初,松井石根突然来到南京整顿军纪。据饭沼守1938年2月7日日记记载:"5时,松井司令官在大使馆向自治委员会成员发表讲话。6时30分,队长会餐。席间,松井司令官亦讲了话:此时此刻,要用十个士兵去安抚一个支那人,让他们崇拜我们。"③据上村利道1938年2月7日日记记载:"结束后,松井大将谈了感想,对前来参加追悼会的团队长进行训示,要求严整军纪。今晚与团队长们聚餐后,又叮嘱大家,希望大家关爱并培养真心亲日的支那人。军司令官的心情多少得到大家理解了吧。"④

松井这一姿态的背后,有着特殊的情境。1月底和2月初,东京开始考虑华中方面军和上海派遣军高级将领调整,松井隐约感觉留给自己的时间越来越少。据松井

① 《沙尔芬贝格:1938年2月10日的南京现状》,陈谦平、张连红、戴袁支编:《德国使领馆文书》,第133—135页。

② 《罗森致孟买德国领事馆公函》,陈谦平,张连红,戴袁支编:《德国使领馆文书》,第141—142页。

③ 《饭沼守日记》,王卫星编:《日军官兵日记》,第239页。

④ 《上村利道日记》,王卫星编:《日军官兵日记》,第268页。

被日军炮火毁坏的中华门前的桥。选自《支那事变画报》第11辑。吴先斌提供。

三宅长盛部队在雨花台附近发动攻击。选自《中支出征纪念写真账:三宅长盛部队》。吴先斌提供。

三宅长盛部队占领下的南京公共防空壕。选自《中支出征纪念写真账:三宅长盛部队》。吴先斌提供。

南京下关的日本军舰。选自《支那战线写真全集:上海战线》。吴先斌提供。

石根1938年2月1日日记记载：

> 于是我回官邸后，又叫来臼田和长勇，听取了他们的意见。而他们却坚决不同意我的决定，坚决希望我在任期间建立政权。根据与支那人交涉的情况看，估计可以达到目的。而且，李择一等今后会全身心地投入到建立政权的运动中去。他们就这样一个劲儿地督促我下决心。于是我同意说，一方面，无论如何还按既定方针将建立政权运动继续干下去；另一方面，督促傅筱庵等人在上海进行设立上海自治机构的运动。……为此，我决定乘本间少将还没回国，赶快召集幕僚开会，大家一起来说服本间少将，让他敦促当局下决心。今后根据形势发展，再采取临时措施。也就是说，我感觉到我必须于本月五六日去南京视察派遣军情况，并采取必要措施。这些都还需要研究和思考。[①]

时间越来越紧，在邀请唐绍仪出山不成的情况下，华中方面军特务部进行了多方公关，最后锁定了梁鸿志，希望由梁出面建立华中伪政权。梁鸿志虽在北洋政府做过高官，[②]比起唐绍仪的影响力还有很大的差距。不过，华中方面军特务部长原田熊吉对梁鸿志十分赏识，认为他是"曾经历过建立政权、解散政权这种悲喜多次的政治家。"[③]可是，梁鸿志快速登台也有着困难，领导班子、经费、场地、成立大会宣言等都需要时间来准备。松井石根意识到只能先让自治委员会有效推进难民返家，稳住局势。1938年2月6日，松井再次来到南京视察时，对曾经不看好的自治委员会表示了积极支持。据松井石根1938年2月7日日记记载：

---

① 《松井石根日记》，王卫星编：《日军官兵日记》，第172—173页。

② 梁鸿志，1882年出生于福建长乐，1903年成功中举，1904年赴北京参加会试落榜。第二年恰逢科举废除，当年冬天他来到京师大学堂求学。1908年毕业后分发到山东登莱高胶道尹公署任科长，第二年调到奉天师范学堂当教员。不久去北京学部任职，充当小京官。梁鸿志爱好诗文，并多方交接朋友。经老乡引荐，做了段祺瑞手下大将段芝贵总司令的秘书长。后在出游路上又以诗结交安福俱乐部的王揖唐，王此时和徐树铮是安福俱乐部的总负责，梁鸿志在王的安排下，担任了安福俱乐部掌管财务的会计副主任。此间发了一笔横财。1920年直皖战争爆发，段祺瑞失败，其手下的徐树铮、段芝贵、李思浩、梁鸿志等均遭到通缉。梁鸿志逃到了租界当上了寓公，各处游玩。1924年，北京政变爆发，直系曹锟被软禁，冯玉祥邀请段祺瑞、孙中山来京会谈。段祺瑞再度出山，出任北洋政府临时执政，政府秘书长一职由梁鸿志担任。1926年，段祺瑞政府再次倒台，梁鸿志也重新做起了寓公。九一八事变爆发后，来到上海和杭州居住。八一三淞沪抗战爆发后，同年12月，王克敏等一批北洋遗老在日本华北方面军的安排下成立了"中华民国临时政府"，并邀请梁鸿志北上做官，但看到临时政府位置已经排定，自己得不到合适位置，就打消了北上的念头，并考虑在华中沦陷区建立独立的伪政权，为此积极疏通关系，希望对接日本活跃在华北华中的大特务，也屡次遭到碰壁，在朋友李择一的点拨下(李择一和松井石根以及原田熊吉交往密切)，他决定直接和日本的华中派遣军接洽，被接纳。关于接洽的过程，参见陈器伯：《梁鸿志与伪维新政府》，江苏文史资料编辑部：《江苏文史资料集萃》(综合卷)。

③ 余子道等编：《汪伪政权全史》上卷，第130页。

目前,南京城内居住的30万人当中,现已有10万余人返回原来住所。回来中的大部分人正逐渐接近我部队人员。还有一半市民由于担心并得到了外国人保护而没有回来,这点十分遗憾,但情况正在明显好转。只是自治委员会的成员们看上去都是软弱无力的样子。原因之一是没有财政来源,也没有一件像样的设施。他们的意见是,目前的当务之急就是想方设法恢复交通,方便物资运输。我觉得这的确是最重要的。于是向各有关机构传达了这个情况,要求大家今后行动起来。①

这段时间,可以看出松井内心的矛盾:新政权建立需要时间,对看上去软弱无力的自治委员会也要大力支持,并希望通过改善南京军纪赢得东京态度的改变,支持他建立政权的想法。

结果是令松井石根失望的,因为华中方面军将领调整的调令随即发布。据松井石根1938年2月10日日记记载:

今天,东京还来了使者。他带来组编新的华中派遣军司令部要领及人事方面文件。根据文件得知,预定新司令官是畑大将,参谋长是川边少将。其他人选基本都是从现在的方面军及两军中挑选出来的合适人员。实际上,我的离任并非出于我的自负,任何人都认为为时尚早。这都是中央陆军部妄自尊大做法的结果。照现在这样,即使我继续任职,也不能取得好的业绩,倒不如回国后与方方面面进行交涉,从根本上重新制定今后对支政治和军事上的策略,这才是最紧要的。②

松井被调回国,原因是明显的。据分析,东京当局对松井不满主要体现在以下几个方面:

a. 松井任内的南京军纪问题。外务省东亚局局长石射猪太郎1938年1月6日日记记载:"上海来信,详细报告了我军在南京的暴行。信上所说的掠夺、强奸等惨不忍睹。呜呼,这就是皇军吗?这也许是日本国民民心颓废的表露吧。这是个很大的社会问题。"③松井石根麾下日军的行为,严重损害了日军和日本国家的形象。拉贝1938年1月7日日记记载:"我把下面这封信递交给福田先生,信中清楚地阐述了国

① 《松井石根日记》,王卫星编:《日军官兵日记》,第176页。

② 《松井石根日记》,王卫星编:《日军官兵日记》,第178页。

③ 《石射猪太郎日记》,王卫星编:《日军官兵日记》,第18页。

际委员会的立场。福田先生现在似乎知道底细,他至少表明理解我们的想法。正如他告诉我的,东京方面来了严厉的指示,南京的秩序要无条件地恢复。”①

b. 华中方面军司令部内部分歧,让东京不安。华中方面军内部,松井石根、朝香宫鸠彦以及第十军的柳川平助显然有思想不一致的地方,让东京有所顾虑。据畑俊六 1938 年 2 月 8 日日记记载:“大臣说,原先考虑到不久北方要进行战役,此时,南方部队进行整改不太适宜。但是,华中方面的三个司令部各打自己的算盘,任意行事。松井最初还说不需要如此多的军队,而近来却提出,相对于作战来说,自己来的目的主要是处理战斗以后的事情,并且说与其在华中建立比华北更大的政权,不如南主北从。而柳川司令部则从未考虑过政权问题,认为在南方只留三个师团就够了,其他部队全部调遣到北方去。殿下的司令部的意见是继续作战。这三个司令部就这样各持己见,很难对他们进行统一指挥。因此,现在参谋本部的意见是,兵力问题暂不考虑,当务之急是尽早地替换司令部。”②

c. 对松井任内的系列涉外事件表示不满。这段时间由南京日军导致的与外国人有关的、让日本在国际社会被动的涉外事件频繁发生,1937 年 12 月 12 日的“巴纳”号事件,抢劫美国大使馆事件,殴打欧美人士事件,爱利生事件,天谷少将宴请外籍人士时对外籍人士的强硬指责事件等等。这些事件让东京当局感到难堪。据上村利道 1938 年 1 月 12 日日记记载:“看到参谋总长发来的电报,要求加大力度整顿军风纪,这令我很不安。对冒犯美国大使馆事件,参谋长表示道歉。”③

在东京审判时,松井被调回国的原因也是法官们感兴趣的一大话题,但证人多强调松井回国是因为他完成了占领南京的任务,鉴于他是预备役,应该由现役将领代替,跟南京这段时间的军纪恶化没有关系。其实这一说法是站不住脚的,对于华中方面军高级将领调整,东京当局在一月下旬就有了意向。据畑俊六 1938 年 1 月 29 日日记记录:“随着支那战役告一段落,支那派遣军的军纪风纪日渐败坏,好像发生了不少抢劫、强奸之类部队最忌讳的行为。在这种状况下,将征召的预备役兵撤回国,派现役士兵替换他们。另外,上海方面的松井大将应该由现役军官替换,军司令官、师团长也有必要分批由现役军官替换。”④

1 月底和 2 月初,东京大本营派本间少将来上海和南京考察。据上村利道 1938 年 2 月 1 日日记记载:“本间少将一行乘飞机抵达。本乡少佐解释关于外国人的事

---

① 拉贝 1938 年 1 月 7 日日记,[德]约翰·拉贝:《拉贝日记》,第 303 页。

② 《畑俊六日记》,王卫星编:《日军官兵日记》,第 2 页。

③ 《上村利道日记》,王卫星编:《日军官兵日记》,第 259 页。

④ 《畑俊六日记》,王卫星编:《日军官兵日记》,第 1 页。

项。虽然本间少将说此次仅仅是来联络工作的,并非专门来调查前些日子以来军内频频发生的与外国人有关的事件。但还是含有对与外国有关的'帕奈'号事件进行现场调查的意思。”①

对于松井被召回国,安全区委员会秘书史迈士的分析很具有概括性。史迈士1938年3月8日给朋友的信中记载:“但在我们的强烈抗议下,松井将军终于亲自来到南京,叫他的士兵们放规矩一点——但这已是六周后的事,太晚了,如果12月17日那天,趁他还在这儿时出此言而且使之生效,那么一切会大不一样。”②

(2)“常态化”殖民秩序的系统创设

南京“常态化”殖民秩序建设的顶层设计,由畑俊六来全面推进。畑俊六大将在离开东京前,接受了天皇召见。据畑俊六1938年2月16日日记记载:

> 陛下接着问:“你将作何打算呢?”对此,我是这样回答的:“为完成本军之新使命,在下将兢兢业业,决不蛮干。并且竭力避免与第三国发生纠纷。最终完成大任。另外,对所属部队明令军纪,准备新战役的训练也将与两个指导方针相一致。”陛下听完我的回答,一个劲儿点头赞许。接着又问:“你将怎样对待华中伪政权呢?”于是我回答说:“在下将努力且因地制宜进行指导。”陛下又问:“是否有将那儿建成第二个满洲国的意图呢?”我回答道:“在下没有。”于是陛下大声说道:“很好。”③

畑俊六上任后,将南京治安整治放在重要位置。据爱利生2月18日发给外界及美国政府的报告记载:

> 这几天来令人感到兴奋的是可以报告南京的情况得到了显著的改善。几乎所有的中国人正不断从所谓的“安全区”回到他们以前所居住的市内的家中。尽管目前依旧不时有报告反映日军的混乱、非法行为等,但反映这些报告的数量实际上在减少,而且很明显 ,日本当局正在努力改善南京市民的生活现状。对于外国人的行动的限制也正在慢慢地缓和下来,最近被紧急要求其返回的金陵大学医院的美国医生得到许可可以重返南京。④

① 《上村利道日记》,王卫星编:《日军官兵日记,第266页。
② 《史迈士致朋友函》,章开沅等编:《美国传教士的日记与书信》,第275页。
③ 《畑俊六日记》,王卫星编:《日军官兵日记》,第3页。
④ 《南京的状况——2月18日》,张生等编:《英美文书·安全区文书·自治委员会文书》,第71页。

“因势利导地建立华中伪政权”是畑俊六上任的思想基础，到中国后，他开始切实推进南京“常态化”殖民秩序建设。日本政府于3月24日制订了相关政策，对华中伪政权的性质及与华北伪政权的关系作了明确说明，东京的构思在南京得到了贯彻。1938年3月26日，在华中派遣军特务机关人员的护卫下，梁鸿志、温宗尧、陈群、陈篆、陈锦涛、任援道、王子惠等人由上海到达南京，3月28日在国民政府大礼堂举行维新政府成立典礼。这一天还发表了成立宣言：“至于恢复秩序，抚辑流亡，安定农村，复兴商业，皆目前最急之务，谨当集合群力，逐一进行，俾我父老子弟诸姑伯姊各安常业，渐复生机。”①

伪中华民国维新政府下设行政院、立法院、司法院。行政院下设：外交部、内政部、绥靖部、财政部、教育部、实业部、交通部和秘书厅、铨叙局、考试局、统计局、典礼局、印铸局、侨务局。并规定：“行政院设议政委员会，置常务委员三人，视政务必要时召集委员会会议。行政、立法、司法院长，副院长及行政部各部部长皆为当然委员。”②

伪维新政府的运作受到日军顾问全面控制。“华中派遣军特务部长原田熊吉少将任最高顾问，率绥靖顾问谷川幸造、内政顾问五十岚翠等27名日本顾问控制了维新政府的一切事务”。③ 日军对于伪维新政府的负责人也是严格监视。据记载：“自梁鸿志在上海粉墨登场时始，日军即从工作、生活诸方予以控制和监视，曾经派美女子叫田中贞子的做梁的随员，予以监视”。④

到了1938年4月，又成立了督办南京市政公署，任援道任督办。据记载：“公署内设7处1室1厅，即秘书处、社会处、教育处、财政处、产业处、工务处、卫生处、参事室与警察厅，其下辖各区公所、图书馆、伕役管理所等”。⑤ 随后在督办南京市政公署下设了区公所，按《督办南京市政公署所属各区公所组织规程草案》规定，设城区区公所五所，乡区公所3处。城区公所每月经费概算为：区长1人160元，副区长1人100元，通译1人60元，组长3人150元，组员一等3人135元，二等3人120元，三等3人105元，助理员10人计300元，雇员20人计240元，工役12人计168元；办公费100元，预备费100元，另设坊保长办公费400元。⑥

---

① 《伪中华民国维新政府成立宣言》，中央档案馆、中国第二历史档案馆、吉林省社会科学院合编：《日本帝国主义侵华档案资料选编》（汪伪政权），北京：中华书局，2004年，第487页。

② 《伪维新政府组织大纲稿》，中央档案馆、中国第二历史档案馆、吉林省社会科学院合编：《日本帝国主义 侵华档案资料选编》（汪伪政权），第489页。

③ 张宪文主编：《中国抗日战争史》，南京：南京大学出版社，2001年，第408页。

④ 陈器伯：《梁鸿志与伪维新政府》，江苏文史资料编辑部编：《江苏文史资料集萃》（综合卷），1995年，第85页。

⑤ 王翔：《汪伪南京市政研究》，南京大学博士论文，2009年，第10页。

⑥ 《城乡区组织规程及经费概算及第五区坊保长名单职员名册》，引自王翔：《汪伪南京市政研究》，南京大学博士论文，2009年，第76页。

总之,南京"常态化"殖民秩序通过政权的系统创设得到了制度确立。据时任日本驻南京使馆参赞日高信六郎在东京审判法庭供述:"刚沦陷时,南京全城确实是混乱的,但平静逐渐得以恢复。特别是 1938 年 1 月中国市民成立了自治委员会,开始管理这座城市,并在日本军队和一般民众之间起着斡旋者的作用之后,彼此的误解和疑虑就减少了。3 月底维新政府成立,统治长江中下游地区,之后一般民众的生活就大为改观了。"[①]日高信六郎的陈述是简要的,其实转变的过程是充满周折的。新政权建立了,自治委员会也就完成使命,在 4 月底解散了,不过很多人留在了督办南京市政公署担任新的职务,如在督办南京市政公署里,原来自治委员会的詹荣光担任了参议,孙淑荣担任了秘书长,王承典担任了社会处处长,王春生担任了警察厅厅长。

日方建立的"常态化"殖民秩序是全方面的,不仅包括政治,也包括经济统制,在政权系统框架搭好后,也开始推进经济统制秩序的系统创设,以达到以战养战的目的,不过,经济统制秩序的系统创设总体上慢于政权建立的进程。

在此背景下,日方筹划并成立了华中振兴公司。据记载,华中振兴公司"乃计划先以上海为中心,谋通信、交通、矿业、电气、水产、产业及其他公共事业之复兴,其办法以中国原有设备,加入日本之资本与技术,组成中日合办公司经营之。"[②]华中振兴公司下设众多分公司,资料称:"自中日事变发生,华中各地相继沦陷之后,日方为谋重建其占领区域之经济所见,举凡华中之重要产业,均依照中日合办方针,组织中日合办公司经营之。其首先成立者为华中矿业、华中水电、上海内河航船、华中电气通讯等公司。时因感到对于此项合办公司之统制与投资、融资等事务之处理,有成立一执行国策之投资公司之必要,爰于昭和十三年(1938 年)四月卅日颁布华中振兴公司方案。"[③]

华中公司在对外称是"中日合办",其本质上由日方绝对控制,控制范围涉及经济生活的核心领域。据华中振兴公司法第十二条之规定,可办理下列事业之投资或融资:"1. 交通运输事业。2. 通信事业。3. 电气、煤气及自来水事业。4. 矿产事业。5. 水产事业。6. 其他相关事业。"[④]这一公司的运作,日本政府具有绝对的控制权。据资料记载:"政府对于华中振兴公司设置监理官,监理官认为必要时,得随时检查该公司之金库、帐表、物品等文书等,并得查询关于业务及各项计算之情况,或出席股东

---

① *IMTFE EXHIBIT NO*. 2537, RG238, Entry14, Box245, Location: 190/10/23—24/1—4. National Archives II of USA, Maryland.

② 中国第二历史档案馆编:《中华民国史档案资料汇编》(第五辑第二编附录下),南京:江苏古籍出版社 1997 年 9 月版,第 1062 页。

③ 中国第二历史档案馆编:《中华民国史档案资料汇编》(第五辑第二编附录下),第 1062 页。

④ 中国第二历史档案馆编:《中华民国史档案资料汇编》(第五辑第二编附录下),第 1063 页。

会议及其他会议，听取其汇报及意见”①。

（四）城内外信息传递

侵略战争是恶的集中呈现，不过罪恶的制造者还有遮蔽罪恶的本能。他们理想的状态是一边演绎罪恶，一边遮蔽罪恶，并在民族主义的鼓动下，让罪恶行为转化为爱国主义的叙事。华中方面军对此早有准备，并极致上演。② 在淞沪战役胶着阶段，松井石根就邀请十几名日本报社记者座谈，协调宣传口径。据松井石根 1937 年 10 月 9 日日记记载："今天下午，邀请了十几名日本报社的记者来到军司令部，进行了第一次会见。……各个报社通信员都能够很好的领会我的意思，他们在散会前都表示要以对付紧急事态的态度努力做好其通讯报道工作，并积极配合做好支援我军的工作。"③

对日军来说，操纵日本记者相对简单，拉拢欧美记者实属不易，纵观松井石根日记，从出征中国到入侵南京，他都非常重视此项工作。据 1937 年 10 月 1 日松井石根日记记载："川樾大使的使者今天带着酒来我处慰问。随行的是清水翻译。为此，我提出，希望他们要操纵好驻上海的外国新闻记者。之所以痛切地感到这种必要性，是因为国际联盟通过了非法决议。听说驻上海大使馆方面对于收买外国记者问题还没有采取任何措施。真令人惊讶万分。就算是海陆军武官们努力不够，如果现在还不尽快采取措施的话，对今后的宣传战是非常不利的。为此，我十分忧虑。另外，我也对目前的日本外交官们深表遗憾，他们一味地顾忌外国，而丝毫未做出积极的努力。"④

此后征战的日子里，松井也多次约见外国记者。据 1937 年 10 月 10 日松井石根日记记载："今天中午会见了伦敦时报通讯员（弗莱扎）和纽约时报通讯员（阿本德⑤），并向他们发表声明，表明了我个人立场。……从两人临走时的表情看出，他们对我直率的态度表示基本满意。"⑥在第十军登陆，日军占领上海前夕，松井石根再次会见了

① 中国第二历史档案馆编：《中华民国史档案资料汇编》（第五辑第二编附录下），第 1063 页。

② 关于日方对信息的控制，经盛鸿教授对此有很多专题论述，参见经盛鸿：《恶魔的吹鼓手与辩护士：战时日本新闻传媒与南京大屠杀》，南京：南京出版社，2008 年。

③ 《松井石根日记》，王卫星编：《日军官兵日记》，第 92 页。

④ 《松井石根日记》，王卫星编：《日军官兵日记》，第 82 页。

⑤ Hallett Edward Abend，也译为埃邦德。

⑥ 《松井石根日记》，王卫星编：《日军官兵日记》，第 94 页。

驻上海的外国记者,这天,他的日记记载:"今天,第一次会见了 AP、UP、路透社、哈佛斯等驻上海的各国主要通讯社的通讯员。我尽量不表现出强硬态度,向各位提示我军的方针以及我个人的意图。然后希望各国通讯员要公正,不要误导世界舆论。看上去各位都很高兴,看来他们会对未来世界舆论产生好的影响。"①当日军挺进到锡澄线时,松井石根又专门约见了弗莱扎和阿本德。据松井石根 1937 年 11 月 30 日日记记载:"今天,我召集了伦敦时报的(弗莱扎)和纽约时报的(阿本德)来我处,向他们说明了占领上海以及占领后我的态度。其间,还介绍了我为保护列国权益所费的苦心。他们很理解我的意图,并对我军公正的态度表示出尊敬和感谢之意,并且约定,一定会向本国政府通报原委。"②

日军 1937 年 12 月 13 日占领南京,彻底中断了南京的内外信息传递。外界对南京的封闭感到极度担心,因为城内还有几十万难民、数万军人、几十名外国人以及各类财产。12 月 14 日,身在汉口的美国人爱德温·马科斯在给美国朋友亚历山大·保罗的信中说:"南京市内遭到的破坏到了什么程度?一般市民是如何生活的?要了解这些方面的情报恐怕几天之内还无法弄到手吧。不过,南面从新街口转盘处,北面至山西路转盘处,东西分别以中山路和上海路为界划分的一个市区被设定为'安全区'。……国际委员会主办这项计划,是为了帮助老百姓作为难民集中住进该区,会尽可能加以部署的。结果,我们至今仍抱有这样的希望:就是不管南京攻防战以及其结果——改变统治,要将非战斗员的伤亡降低到最小程度。"③

紧急时刻,南京信息内外传递显得尤为重要,每一份信息的获得和传递都是极其不易的,信息的价值也得到了前所未有的凸显。这段时间的信息传递主要围绕京、沪两地展开,南京信息输出的意义远远大于信息的进入。出南京的信息经由上海再分别传往华盛顿、伦敦、柏林、日本、汉口等地,"南京到底发生了什么"逐步为世界所了解,随后以各种理由介入南京的外交行动也步步展开,对南京秩序的逐步好转有明显的促进作用。

1. 沦陷前南京内外信息传递的逐步阻滞

(1) 邮政投递的逐步阻滞

南京的外籍人士对于沦陷前南京邮政投递的逐步阻滞极为关注,也有很多的资料记载。总体而言,自八一三事变爆发尤其是八一五南京轰炸开始后,南京邮政投递

① 《松井石根日记》,王卫星编:《日军官兵日记》,第 126 页。

② 《松井石根日记》,王卫星编:《日军官兵日记》,第 141 页。

③ 《爱德温·马科斯给亚历山大·保罗的信》,张生等编:《英美文书·安全区文书·自治委员会文书》,第 89—90 页。

日军炫耀其缴获的中国军队旗帜。选自《支那战线写真全集:上海战线》。吴先斌提供。

松井石根在前线。选自《出征中支那》。吴先斌提供。

光华门城头上高呼“万岁”的日军。选自:《支那事变画报》第 14 辑。吴先斌提供。

日军胁坂部队登上了在城墙上修筑的突击路,向南京城内进攻。选自:《支那事变画报》第 14 辑。吴先斌提供。

周期开始有不正常的迹象。据魏特琳 1937 年 8 月 24 日日记记载:“日复一日,没有信件,没有报纸。我最后收到的一份《字林西报》是 8 月 15 日(星期天)的。”[①]魏特琳期盼的《字林西报》到了 1937 年 8 月 30 日方才收到,这天她的日记记载:“今天我收到了《字林西报》,这是 8 月 14 日以来的第一期。”[②]

尽管有战争的干扰,中国邮政人员十分努力,尽力保持邮件的畅通。据 1937 年 11 月 13 日拉贝日记记载:“中国邮局毫不屈服! 11 月 5 日的信件和 11 月 6 日—8 日的报纸刚刚从上海运到这里。和往常一样,上面又刊登着宣传与苏维埃俄国友谊的新闻报道。”[③]据 1937 年 11 月 16 日拉贝日记记载:“从上海来了一大堆邮件,注明的日期是 11 月 6 日—10 日,还有 11 月 10 日—12 日的报纸。”[④]据拉贝 1937 年 11 月 27 日日记记载:“我贪婪地把一些过期的上海报纸看完以后,最新的一批现在送到了。即便是最新最新的一期能到,我也不会感到惊奇。邮局本领真大! 全是 11 月 15 日—19 日的消息”。[⑤]

拉贝和在天津妻子的通信主要通过津浦线传递,这条线路的投递周期和沪宁线较为类似。据拉贝 1937 年 10 月 2 日日记记载:“收到的来信有:妻子从天津寄来的,落款日期 9 月 24 日。”[⑥]据拉贝 1937 年 10 月 16 日日记记载:“我刚才从德国大使馆那里收到了妻子 10 月 2 日从天津的来信。”[⑦]比起 9 月 24 日的信件,10 月 2 日天津到南京的信件传输速度明显变慢,用了 14 天。可是 11 月 9 日拉贝日记又记载:“多么有趣,刚才收到了北方来的邮件:妻子 10 月 31 日从北平来的信。”[⑧]这封信只用了 9 天,差不多是正常周期。

到了 1937 年 11 月底,南京与外界的邮政投递更加艰难了。南京外围吴福线、锡澄线和南京区域防御阵地危急,此时是 11 月底和 12 月初。战局的紧张,直接导致了南京邮政投递的更加困难。

拉贝对此有着切身的体验,前一天阅读上海报纸的兴奋刚刚过去,第二天拉贝就得到了不好的消息。据拉贝 1937 年 11 月 28 日日记记载:“下午 6 时,在英国文化协

---

① *Minnie Vautrin's Diary*(*August* 24,1937), Box 134 of YDL Record Group NO.11, The Archives of the United Board for Christian Higher Education in Asia, Yale University Divinity School Library Special Collections.

② *Minnie Vautrin's Diary*(*August* 30,1937), Box 134 of YDL Record Group NO.11, The Archives of the United Board for Christian Higher Education in Asia, Yale University Divinity School Library Special Collections.

③ 拉贝 1937 年 11 月 13 日日记,[德]约翰·拉贝:《拉贝日记》,第 63 页。

④ 拉贝 1937 年 11 月 16 日日记,[德]约翰·拉贝:《拉贝日记》,第 65 页。

⑤ 拉贝 1937 年 11 月 27 日日记,[德]约翰·拉贝:《拉贝日记》,第 86 页。

⑥ 拉贝 1937 年 10 月 2 日日记,[德]约翰·拉贝:《拉贝日记》,第 19 页。

⑦ 拉贝 1937 年 10 月 16 日日记,[德]约翰·拉贝:《拉贝日记》,第 31 页。

⑧ 拉贝 1937 年 11 月 9 日日记,[德]约翰·拉贝:《拉贝日记》,第 58 页。

会开会。邮政专员李奇通知说,邮局将正式关闭,只有几个邮票销售处和一个小邮局仍然开门。但是,还可以把信件投入信箱,有时会有人来取。李奇先生似乎有些紧张。他那迄今为止工作得相当出色的庞大班子跑得一个人都不剩。"①

随后,铺天盖地的关于南京邮政即将关闭的信息传播开来。据美国驻南京使馆的工作人员1937年11月29日记录的南京状况写到:"邮政局准备在船上开设。据说该船在附近待命,直到南京安全能够重新开展业务为止。"②1937年12月1日,《申报》报道了《蒋介石巡视南京防务》称:"邮政职员此刻在极大困苦之中办公,虽常遭轰击而未有弃职者。首都邮政当局已租定轮船一艘,俾在最后一分钟载局中职员三百五十人与彼等之眷属至安全地点。"③

12月初,江阴要塞失守,日军长驱直入,开始布局南京包围圈,这时,南京邮局的运行更加举步维艰。据美国驻南京使馆的工作人员1937年12月7日记录的南京的状况写到:"邮政投递业务到今天就停止了,可是下关邮政局还在受理寄送邮件业务。"④福斯特1937年12月7日致妻子的信也记载:"目前日本人还未破城。关于他们多快到来意见不一。邮局不再发送邮件。"⑤两天后,日军兵临城下,这一天,魏特琳记载:"现在几乎无法寄出信了,邮局不再接收任何信件。上午我写了4封信,先试着让首都饭店的一个人帮忙把信带出去,然后我到英国大使馆,最后去了美国大使馆。"⑥至此,南京邮政投递彻底中断了。

(2) 电话及无线电的逐步阻滞

电话属于快速通讯,无论是信息沟通还是互报平安,都是有条件使用电话人士的首选。八一五日军轰炸南京后,南京的电话线路日益繁忙。据魏特琳1937年9月14日日记记载:"今天早上,我试着通过长途电话与伊娃联系,可直到下午2时30分电话才接通,可见电话线路是多么忙!"⑦9月21日魏特琳日记再次记载:"7时,我去诵经厅等汉口伊娃的长途电话。昨晚就想和她联系,但邮局说电话线路太忙,我要等好几个小时。上午8时。我与伊娃通了电话,谈得不错,我告诉她,恩兰和地理系正在

---

① 拉贝1937年11月28日日记,[德]约翰·拉贝:《拉贝日记》,第87页。

② 《南京的一般情况——11月29日》,张生等编:《英美文书·安全区文书·自治委员会文书》,第48页。

③ 《蒋介石巡视南京防务(1937年12月1日)》,马振犊等编:《南京保卫战》,第84—85页。

④ 《南京的状况——12月7日》,张生等编:《英美文书·安全区文书·自治委员会文书》,第53页。

⑤ 《福斯特致妻子函》,章开沅等编:《美国传教士的日记与书信》,第97页。

⑥ *Minnie Vautrin's Diary* (*December* 9, 1937), Box 134 of YDL Record Group NO.11, The Archives of the United Board for Christian Higher Education in Asia, Yale University Divinity School Library Special Collections.

⑦ *Minnie Vautrin's Diary* (*September* 14, 1937), Box 134 of YDL Record Group NO.11, The Archives of the United Board for Christian Higher Education in Asia, Yale University Divinity School Library Special Collections.

去汉口的路上。”①

到了1937年10月,经济基础好、后顾之忧少的市民大多西迁。这些人恰恰是使用电话的主流人群,离京之前,这些家庭多是办理了停机手续。据首都电话局“军话专线台”话务领班王正元回忆:“从十月份起,用户话机,只拆不装,到十月底电话用户已减少五分之四。”②到了1937年11月20日,南京国民政府开始了西迁,南京的民用电信全部停止了。王正元说:“十一月中旬以后,民用电信全部停止。”③

这时,南京仅留下少数通讯技术骨干保障军用通话,其他人员随政府西迁。王正元回忆:“所有女职员全部撤离,同时奉令成立‘留守工程团’,负责维持首都最后军事通讯,并划归南京卫戍司令长官部节制指挥;‘军话专线台’隶属‘留守工程团’,该团团长由首都电话局总工程师黄如祖担任。该团成立后,除备足应用补充器材外,还采购了足够用六个月的食粮和生活必需品。”④这时,只有军政指挥系统和外籍人士办公居住地保持电话联系。到了日军兵临城下,南京对外的电话通讯也就彻底中断了。

不同于电话,电台的信息覆盖面广,公共影响力更大。战前,南京可以收到本地和域外电台,域外收音机也可以收到南京发出的电波。八一五后,南京市民对前线战事格外关注,千方百计收听广播,了解最新战况。鉴于南京市民收听广播的热情,日方设法发射干扰电波。据威尔逊1937年8月18日日记记载:“我和柏睿德每天晚上像锻炼似地到马克斯先生家去,在那儿我们收听来自上海、南京和马尼拉的晚间新闻。日本人尽其所能地对中国人的波长进行干扰。”⑤

日军对南京的轰炸,造成大量平民死伤。对此,南京国民政府一边在国际社会表示抗议,一边利用电台,快速将南京被炸的细节向世界报道,揭露日军暴行。一批在南京的外籍人士也积极配合,对外进行英语广播。据威尔逊1937年9月25日日记记载:“戴籁三夫人⑥(Mrs.P.D.Twinem)现在为国立中央广播电台做短波英文播音,你们可能听说过她,她和柏德睿、刘易斯·史迈士一起在这儿吃晚饭。我们帮她设计今晚播音的开场白用词,‘今天,平民流血以加仑计算,南京遭受了3次可怕的空袭’”。⑦ 这些都是对新闻管制极其严格的日军不愿面对的,因此在轰炸南京伊始,就

---

① *Minnie Vautrin's Diary*(*September* 21,1937), Box 134 of YDL Record Group NO.11, The Archives of the United Board for Christian Higher Education in Asia, Yale University Divinity School Library Special Collections.

② 王正元:《南京保卫战中的军话专线台》,马振犊等编:《南京保卫战》,第362页。

③ 王正元:《南京保卫战中的军话专线台》,马振犊等编:《南京保卫战》,第363页。

④ 王正元:《南京保卫战中的军话专线台》,马振犊等编:《南京保卫战》,第362—263页。

⑤ 《威尔逊日记》,张生编:《耶鲁文献》(上册),第16页。

⑥ 也有翻译成特威纳姆、特文兰太太、德威南夫人、特威兰、杜南夫人、特维内姆。

⑦ 《威尔逊日记》,张生编:《耶鲁文献》(上册),第37页。

全盘统筹,寻机轰炸南京的电台。据拉贝 1937 年 9 月 26 日日记记载:

> 这个时间我们不应该“高兴”——这不言而喻!韩(湘琳)先生刚才来了电话,说中央广播电台昨天受到了严重破坏,城里电台的广播电缆也断裂了。这么说,日本人达到了目的:南京的中央广播电台暂时被炸成了哑巴。[①]

因为电台遭到轰炸,南京信息的快速外传日益变得困难。更让南京市民失望的是,由于电厂经常遭到轰炸后断电,依靠电力支持的收音机不能正常使用。魏特琳 1937 年 9 月 30 日记载:“自从上个星期电厂被轰炸后,我们差不多有一星期没有听到 1 点钟的新闻了。”[②]好在南京的电力设施被炸后,又能得到及时抢修,没有彻底中断,南京市民还是能间断收听信息。据拉贝 1937 年 10 月 24 日日记记载:“晚上,收音机里传来不幸消息,说日本人已攻下了上海前线太仓城。假如这个消息确切(而这不是我们所希望的),我们可能不久就会和上海完全切断联系。”[③]即使到了 1937 年 12 月 10 日,拉贝还是收到了外界电波。据拉贝 1937 年 12 月 10 日日记记载:“中午,听电台广播说,如果唐将军不立刻撤出他的部队,日本人明天将对南京发动大规模的进攻。……日本电台报道说,南京将在 24 小时内被攻占。中国军队的士气已经明显地低落。”[④]随着日军进城,电力供应彻底中断了,电波与南京市民也暂时隔离了。

2. 沦陷后南京内外信息的非常规传递

沦陷后,南京的基础设施受到破坏,电力中断、电波随之中断,邮政投递和长途电话也全面中断了。一时之间,南京切断了与外界的信息交流,此时留在南京的人,除了被动收看日本张贴的《新申报》和《读卖新闻》,一时间没有其它信息来源。

南京的内外信息传递顿时冻结,好在信息冲关的局面很快开启:五名战地记者出城、日本使馆人员为留在南京的外籍人士进行选择性信件传递、电力恢复带来的收音机使用、欧美使领馆人员的进驻、“南京——上海——世界”信息传输平台的搭建、美国使馆无线电设备的启用、欧美人士的陆续出城等,构建着沦陷后南京内外信息的非常规传递。

---

① 拉贝 1937 年 9 月 26 日日记,[德]约翰・拉贝:《拉贝日记》,第 15 页。

② *Minnie Vautrin's Diary*(*September* 30,1937), Box 134 of YDL Record Group NO.11, The Archives of the United Board for Christian Higher Education in Asia, Yale University Divinity School Library Special Collections.

③ 拉贝 1937 年 10 月 24 日日记,[德]约翰・拉贝:《拉贝日记》,第 46 页。

④ 拉贝 1937 年 12 月 10 日日记,[德]约翰・拉贝:《拉贝日记》,第 128 页。

(1) 五名战地记者出城

南京沦陷时,城内有5名欧美战地记者。他们是派拉蒙新闻电影摄影师阿瑟·孟肯[①]、美联社的C·叶兹·麦克丹尼尔[②]、《芝加哥每日新闻报》的A·T·斯提尔[③]、《纽约时报》的F·提尔曼·杜丁[④]和路透社的史密斯[⑤]。

南京沦陷后,他们开始了出城的准备。1937年12月14日,《纽约时报》的F·提尔曼·杜丁开车去上海,但是到了句容被日军拦了回来。据拉贝12月14日日记记载:"我刚刚得到消息,德丁先生已经返回,上海之行没有任何结果。遗憾!"[⑥]对于战地记者出城,留在南京的外籍人士极为关注,这些人多有着深厚的知识功底和国际视野,面对日军的屠城无力阻止,清楚地意识到只能通过信息外传营造国际舆论给日本施加压力。于是在记者出城前,多写了信件托记者带出。费吴生12月14日日记记载:"《纽约时报》的德丁那天开车去上海,虽然我们无人相信他会顺利到达。我赶紧写信托他带走,但他到句容就被迫折回了。"[⑦]拉贝12月14日日记记载:"《纽约时报》记者德丁先生打算乘车去上海,这种想法值得称道。但是我不相信他能顺利通行,尽管如此,我还是托他带一份电报到上海"。[⑧] 威尔逊12月15日日记记载:"今天中午我回家时,发现史密斯和斯提尔要乘日本驱逐舰去上海。我匆忙上楼,将写好的东西放进我寄信的信封,在他们的轿车启动前交给了他们。"[⑨]贝德士更是准备了一份日军进城后暴行的翔实的描述,并用有针对性的语言润色,托《芝加哥每日新闻报》的A·T·斯提尔带出。

陆路走不通,他们就到下关等待路过的军舰带其前往上海,此时,从芜湖返回的处理"巴纳"号、"瓢虫"号善后事件的美国军舰"瓦胡"号等军舰路过南京回上海,于是战地记者从15号开始陆续出城。

五位记者陆续出城,从16日开始在国际主流媒体发表独家新闻。如《芝加哥每日新闻报》刊登了A·T·斯蒂尔的专稿称:"日本闯入外国人的房产,其中包括美国大使馆尼尔松·T·约翰逊的府邸。劫掠过后,看上去犹如星期日教会学校的野餐,一片狼藉。在美国人开办的金陵大学医院,他们抢去护士的手表、钱财。至少偷走两

---

① Arthur Menken,也有译成门肯。

② C.Yates Mcdaniel,也有译成耶茨·麦克丹尼尔。

③ Archibald T. Steele,也有译成阿奇博尔德·斯蒂尔。

④ Frank Tillman Durdin,也有译成德丁。

⑤ L.C.Smith。

⑥ 拉贝1937年12月14日日记,[德]约翰·拉贝:《拉贝日记》,第141页。

⑦ 《费吴生日记》,章开沅等编:《美国传教士的日记与书信》,第70页。

⑧ 拉贝1937年12月14日日记,[德]约翰·拉贝:《拉贝日记》,第140页。

⑨ 《威尔逊日记》,张生编:《耶鲁文献》(上册),第69页。

辆美国人的汽车,撕掉美国国旗。他们甚至闯入难民营,许多穷人仅有的几个铜板亦遭洗劫。这篇报道是根据我自己的亲眼所见的和日军攻占南京整个过程中都留在城内的其他外国人的目睹见闻而写成的。”①

此轮战地记者出城的新闻报道,回应了15日《纽约时报》刚刚刊登的《南京的沉默令上海害怕》:“日军占领被中国放弃的首都之后,这两天一点消息也没有,18名滞留南京的美国人的命运令人难以预料。从已经被破坏的通讯渠道得来的零星报告显示,南京中国守军和平民伤亡巨大。”②新鲜的一手消息,让美国初步获知了日军对南京美国利益的侵犯。很快,美国驻上海使馆向日本驻上海使馆提出了抗议,要求日方对美国南京不动产的损失进行调查,并让日本使馆传递书信给美国留在南京的外籍人士。

除了新闻报道,外籍人士拜托战地记者带出的信件也在重要人士之间传阅。如高斯1938年1月5日发给美国国务卿报告称:“有关日军占领南京以后的情况,所得到的情报概要已于12月24日下午6时以电报的形式发给了汉口的大使。随信寄去南京大学舍尔·贝德士写的有关日军占领南京情况的记录。该记录的复印件是由《芝加哥每日新闻报》记者阿挈包德·斯提尔亲手交给该总领事馆工作人员的。贝德士博士所记述的情报全都是事实,这些可对照一下日军占领时期在南京的斯提尔先生和其他新闻记者所报道的,是准确无误的。”③

(2)“南京—上海—世界”信息传输平台的搭建

日军于1937年8月15日开始轰炸南京,欧美驻南京使领馆为保护各国公民安全,多采用了一种应急模式——在南京附近长江江面停泊本国军舰和商船,以备外交人员和本国侨民紧急避难。此时,停在长江上的外国军舰、商船主要有“瓦胡”号、“巴纳”号、“瓢虫”号、“蜜蜂”号,以及“库特沃”号、“黄埔”号等等。

1937年12月7日蒋介石离开南京,各国使馆也紧急安排尚留南京的本国侨民最后撤离,分别登上了上述舰船。按照德国使馆的部署,罗森、许尔特尔等外交人员上了“库特沃”号,并在船上临时办公,以待局势稳定后回归南京城。为安全起见,各国舰船多聚集在芜湖和南京之间。罗森等人觉得英国“黄埔”号环境优于“库特沃”号,就于12月11日搬了上去。出乎意料的是,日军炮兵竟然对着江面上的“黄埔”号和“万通”号开火,12月12日英国扬子江海军司令派人前去芜湖向桥本欣五郎抗议。当

---

① A·T·斯蒂尔:《美国的对日抗议》,张生编:《外国媒体报道和德国使馆报告》,第93页。

② 《南京的沉默令上海害怕》,杨夏鸣、张生编:《国际检查局文书·美国报刊报道》,张宪文主编:《南京大屠杀史料集》第29册,南京:凤凰出版传媒集团、江苏人民出版社,2007年,第471页。

③ 《芜湖的状况和国旗事件以及日本占领后的南京》,张生等编:《英美文书·安全区文书·自治委员会文书》,第66页。

天下午，日军再次轰炸江面舰艇，“黄埔”号和“万通”号停在长江北岸，大家紧急离船上岸避难。可是英国“瓢虫”号和美国“巴纳”号遭到了轰炸，“巴纳”号被炸沉，这就是震惊世界的“‘巴纳’号事件”。外交抗议随即展开，但是由于美国态度和缓，日本当局也表示歉意和积极配合调查。14日，日本军舰来到事发地点，护航还能开行的“瓢虫”号、“黄埔”号、“瓦湖”号等舰船回上海。罗森等德国使馆官员一心想回南京，就登上了不去上海的“蟋蟀”号。18日，罗森等人到达南京下关港区，和在这里驻守的日本海军少将近藤进行了沟通，并要求进入南京，这一要求被日军以“还有中国残余力量在城内活动”为借口拒绝了。罗森等人只能回上海，“因此，英国的同行们和我们决定加入20日经过这里的第二个护航舰队。这个舰队在日本驱逐舰的带领下，于21日下午顺利地停靠在上海。……我在‘蜜蜂号’上通过日本人给拉贝寄过一封信，但至今也没收到回音。”[①]这封信的主题是打听南京近况，德籍人士和德国不动产情况。

信件于12月21日由近藤和日本使馆官员交给正在日本使馆抗议日军暴行的拉贝，拉贝随即回信托日使馆和近藤转给罗森：

> 您12月19日充满关怀的信函我已收悉。多谢！我很高兴能够向您通报，所附名单上的所有22名欧美人都很好。如果您能和我们一起在这里欢度圣诞节，我们将感到非常的高兴。到那时我们也许就有照明、水和电话了。两所德国的房子即大使先生的和我的房子没有受损，特劳特曼博士先生的汽车正在为军事当局效劳，您的汽车以及其他的德国汽车也同样如此。日本大使馆的各位先生都很客气。田中先生热情地答应将这封信传递给您。[②]

这封信的内容虽已隐晦，日方仍没有代为传递。没有收到拉贝的回信，21日回到上海后，罗森继续坚持进入南京，并联合英美使馆给日本上海使馆施压：“与我们一样，英国人和美国人都坚持返回南京的权利。我们也继续坚持这个权利，反对日本人的一切拖延花招。”[③]日本使馆没有足够的理由无限期反对英美德使馆官员返回南京调查保护各国不动产。12月底，上海当局决定近期允许欧美使领馆官员返回南京。

获得批准后，美国使馆的爱利生于1937年12月31日率先到达下关，开始了第二次信息冲关，还是被日方以南京不安全暂时拒绝了。1938年1月6日，待南京日军初步做好了迎接欧美使领馆官员进驻的准备后，爱利生得以进驻南京，同时给留在南

---

① 《罗森给德国外交部的报告》，张生编：《外国媒体报道和德国使馆报告》，第282页。

② 拉贝1937年12月21日日记，[德]约翰·拉贝：《拉贝日记》，第194页。

③ 《罗森给德国外交部的报告》，张生编：《外国媒体报道和德国使馆报告》，第282页。

京的美国人带来了积压的信件。据福斯特1938年1月7日致妻子的信中记载:“昨天我非常高兴地收到罗伯持主教、艾尔西娅、斯蒂文和K.P.的信,是来大使馆的美国官员带来的,都是(去年)12月12日至20日的信。”①

随后,英国、德国使馆官员于1938年1月9日进驻南京。这时,“南京——上海——世界”这一信息传输平台基本搭建完毕。这一平台运行的核心载体是使馆官员和欧美军舰。欧美军舰不定期的在京沪之间航行,为南京内外信息的传递打开了新局面,由这一渠道传递的信息可以免受检查,使得对外传递有效信息有了基础。时人1938年1月10日日记记载:“今天有位朋友告诉我,有某国差船由京往沪,我们的信可以设法带到上海,或可免受‘检查’。陆陆续续写多少日子,心碎如裂,要写也无法写下去了。”②

现代化的军舰自带通信系统。在欧美使领馆官员回归南京前,留在南京的外籍人士不能直接和停泊长江的军舰对接。使馆官员回来后,这一对接实现了。拉贝1938年1月13日日记记载:“通过英国海军的传递,我收到了上海西门子洋行的一份注明日期为1月10日的无线电报,让我处理完这里的商务尽快同韩先生一起去上海。明天我将予以答复,目前不论是外国人还是中国人都不允许离开这座城市。克勒格尔曾多次企图从日本人那儿获得许可去上海,但到目前为止每次都被拒绝了。”③欧美军舰不仅帮助接收外界电报,也能将南京信息发往上海等地。据蒋公毅1938年1月13日日记记载:“据说敌人虽将南京严密封锁,以防消息外传,但国际委员会已将他的兽态暴行辑成报告五百余条,在上几日终究由美军舰的无线电传播出去了。”④

更便利的通讯条件随之而来,爱利生率领美国使馆官员进城后,美国扬子江舰队的一名海军军官随后给美国大使馆配备了一台无线电设备,爱利生1938年1月8日发给美国政府的报告写到:

> 希翰海军少校将一套便携式的无线电设备放在了大使馆,为此我建议我们留一名操作该系统的下级军官。但是,我预想日军当局会对此反对的,于是就事先向日本大使馆说明了备有一套无线电设备是完全用于紧急避难的。可是,对方回答说,必须先向军部查询这个事。只要没有其他方面的忠告,我一直打算主张将无线电设备先安置在大使馆内。⑤

---

① 《福斯特致妻子函》,章开沅等编:《美国传教士的日记与书信》,第110页。

② 佚名:《地狱中的南京》,张连红编:《幸存者的日记与回忆》,第91页。

③ 拉贝1938年1月13日日记,[德]约翰·拉贝:《拉贝日记》,第327—328页。

④ 蒋公毅:《陷京三月记》,张连红编:《幸存者的日记与回忆》,第71页。

⑤ 《南京的状况——1月8日》,张生等编:《英美文书·安全区文书·自治委员会文书》,第67—68页。

对此，拉贝 1938 年 1 月 18 日日记记载："美国大使馆又可以发电报把一个'精彩的事件'传到华盛顿国务院。这里的美国学校今天又被抢了。抢劫者把围墙砸开一个大洞后将一架钢琴搬走。可惜美国大使馆的官员来得迟了一些，没能当场把日本兵抓住。"[①]福斯特 1938 年 1 月 24 日致函妻子："我们的大使馆现在有海军送来的配备操作员的无线电发报台。日本人最初是阻止，但阿利森获胜了。他与艾斯比和麦克法吉两个副领事一样，都非常优秀。"[②]

(3) 日本使馆协助的沪宁线信件包裹传递

自 1937 年 12 月 15 日五名战地记者相继离城到 1938 年 1 月初，这段时间恰恰是南京与外界信息沟通平台被重度破坏之时。面对极度恶化的形势，1937 年 12 月 21 日，西方在宁人士前往位于鼓楼的日本大使馆集体抗议，全体美国人请求日本大使馆通过日本海军无线电代为发报给美国驻上海总领事馆，要求向南京派驻美国外交代表，并通知大使和国务院。理由是，日方损害了美国的南京不动产。据拉贝 1937 年 12 月 21 日日记记载：

> 之所以要通过日本大使馆发送这个电报，是因为没有其他发送的可能性。这篇电文的内容非常明了，我甚至怀疑他们会不会帮助发送这份电报，当然在这种情况下，责任完全在日本人一方。美国人的确是难受极了。到目前为止我很有派头地指一下我的卐字袖标、我的党徽以及我房子和汽车上的德国国旗还能起到相应的作用，还能奏效(太棒了)，但是日本人对美国国旗却丝毫不予理会。[③]

这段日记，反映了这段时间美国在宁人士面对信息冻结的无可奈何。不过，即使在这样的大环境下，南京内外的信息传递还是如涓涓细流般存在的。著者发现，这段时间的信息传递主要通过日本使馆人员、日本军舰等进行。出去的信息，要经过日方的"安检"，据史迈士 1938 年 1 月 5 日致家人的信记载：

> 我们所有通过日本使馆的信都得"公开"——贝德士问这儿的一伙人他们能否拿走斯坦利·琼斯的公开信——我想我有一封信不会被查禁。我昨天中午带回一札信后，米尔士又去拿了一封他的信；他发现福田、田中和井并都在忙着读我们的信！他们读罢，对我的信得出结论说，得制止我发送，米尔士就建议他们

① 拉贝 1938 年 1 月 18 日日记，[德]约翰·拉贝：《拉贝日记》，第 373 页。

② 《福斯特致妻子函》，章开沅等编：《美国传教士的日记与书信》，第 117 页。

③ 拉贝 1937 年 12 月 21 日日记，[德]约翰·拉贝：《拉贝日记》，第 189 页。

撕掉,他把碎片带了回来,信上只不过随口提到一次并不严重的空袭!但这是“军事情报”!总之,我们现在知道他们的查禁是哪一类事。[①]

因为受到严格审查,南京西方人士送出有效信息极为困难。比如,收到了德国驻上海使馆菲舍尔1937年12月22日的来信后,按照福井的要求,拉贝写了回信,通过日本大使馆传到上海德国总领馆。据拉贝1937年12月30日日记记载,信件只字不提日军暴行、对日方表扬有加:

> 亲爱的菲舍尔先生:您12月22日热情洋溢的来信昨天由日本大使馆一秘福井先生转交与我,多谢。考虑到军事当局的检查和日本大使馆先生们(他们很热情,给我提供力所能及的帮助)的友谊,我不能像您希望的那样详细地回答上面提到的您那封信中的问题。[②]

日方的要求出于“恳请”,其实是强制性的。拉贝1937年12月29日日记记载:“11月19日以来将近40天了,我一直没有听到妻子的消息。福井先生恳请我不要把南京的情况写信告诉上海方面,也就是说,不要报道任何使日本大使馆不愉快的事实。我答应了他,我有别的什么办法吗?如果我的信件只有通过日本大使馆才能传递,那我就必须顺从。”[③]

信息出去有严格的检查机制,通过同一渠道进来的信息则相对容易些。进来的信件主要由日本舰船运送、日本使馆递交。拉贝1937年12月29日日记记载:“10时,福井先生和高玉先生来访,他们为我送来了上海的邮件。这是极其令人高兴的。其中有3封信是妻子从上海寄来的(最后一封信注明的日期是12月22日),还有两份公文:一是礼和洋行经理鲍尔博士给克勒格尔的公文,注明的日期是12月17日;二是大使馆参赞菲舍尔给我的公文,注明的日期是12月22日。”[④]类似的记载还有很多。

(4) 广播信号的接收

如上所述,虽然常规信息传递平台冻结了,日军也不可能控制所有信息的进出。5名战地记者的出城、欧美使领馆官员的入城对南京的内外信息进行了有限的传递。

---

① 《史迈士致家人函》,章开沅等编:《美国传教士的日记与书信》,第264页。
② 拉贝1937年12月30日日记,[德]拉贝:《拉贝日记》,第246页。
③ 拉贝1937年12月29日日记,[德]拉贝:《拉贝日记》,第245页。
④ 拉贝1937年12月29日日记,[德]拉贝:《拉贝日记》,第244页。

除此之外，还有一点，是日方较难控制的，这就是无线电广播信号。只要有电力辅助和收音机接收终端，接收信号就不是问题。资料显示，栖霞山的丹麦人辛德贝格[①]灵活应对日军的检查来到安全区，给外籍人士带来了南京沦陷后的第一缕电波讯息。

当时，栖霞山的江南水泥厂在丹麦人辛德贝格和德国人京特[②]博士的领导下，也建立了一个很大的难民收容所。那里有自备发电机和收音机，能够持续收到广播信号。史迈士 1937 年 12 月 20 日致家人的信记载："在栖霞山监察江南水泥厂的小伙子辛德贝格先生今天来到办公室，他走了 20 里路。然后登上一辆日本卡车进城：现在已不允许任何外籍人士进入或重新进入南京城。他那儿有 Delco 收音机可以收到新闻。……知道一点发生在南京城外的事情，让人感到又恢复了一些生气与活力"。[③]

据资料显示，南京电力在 1938 年元旦左右局部恢复，此时，通电的意义不仅仅是照明。据拉贝 1938 年 1 月 3 日日记记载："电台消息——《字林西报》1938 年 1 月 3 日 12 时 40 分"[④]但是由于多重原因，电力不能持续供给，经常断电。拉贝记载道："能得到几小时供电的人们不时会收到断断续续的新闻广播。"[⑤]

收音机的功能只能停留在单向度的信息获得，无法将南京信息送出，即使如此，还是令人振奋，因为外界信息的获得能够辅助对形势的研判。特别是鼓楼医院的收音机，有电力供应，就成了南京西方人士获得信息的重要平台。据麦克伦 1938 年 1 月 5 日日记记载："我在 X 光室用零星捡来的配件修好了一台收音机，昨晚收听的效果不错。同外界的联系又建立起来了。"[⑥]外籍人士去鼓楼医院收听广播后，也自发承担广播信息记录和传递的职责。蒋公毅回忆："敌人所办的《新申报》，每日张贴，所有消息，当然是反宣传的，一点真相也看不出来，幸有鼓楼医院的收音机放送的英语战讯报告，每日经他们的同人编辑为快消息，的确是详实的报道。徐先青及祁刚每天秘密的带来，我们大家相互传观，都以先睹为快。"[⑦]

(5) 传播南京信息的冲关之举——费吴生"两出一进"南京

南京信息外传的主渠道，莫过于城内外籍人士的出城。前文已述，五位战地记者出城，掀起了一轮新闻轰炸，但战地记者发表的内容局限于沦陷后几天内的新闻。到

---

① Sinderberg，也译为辛波。

② Karl Günther，也译为昆特。

③ 《史迈士致家人函》，章开沅等编：《美国传教士的日记与书信》，第 238 页。

④ 拉贝 1938 年 1 月 3 日日记，[德]约翰·拉贝：《拉贝日记》，第 267 页。

⑤ 拉贝 1938 年 1 月 5 日日记，[德]约翰·拉贝：《拉贝日记》，第 295 页。

⑥ *IMTFE EXHIBIT NO.*309，RG238，Entry14，Box137，Location：190/10/21/03. National Archives II of USA，Maryland.

⑦ 蒋公毅：《陷京三月记》，张连红编：《幸存者的日记与回忆》，第 74 页。

1938年1月中下旬,先有1月23日克勒格尔的出城,后有费吴生的出城。2月,又有费吴生的二次出城和拉贝的出城。从南京市民生活秩序变迁的角度分析,南京"常态化"殖民统治秩序的建立,与外籍人士的出城有着密切的关联。著者将以费吴生的"两出一进"为中心进行考察,动态揭示信息系统冲关与南京市民生活秩序转变的内在联系。

作为拉贝任命的安全区总干事,费吴生责任重大。1月下旬,由于日方解散安全区委员会的立场不容商议,安全区的粮食危机日益凸显,为了同日方博弈,前往上海寻求解决之策被提上日程。据费吴生的日记记载:

> 但难民吃饭问题才是我们最大的担忧:我们贮存的盐快用光了,米还有一些,但很快就会告罄。周围数英里的地区完全成了废墟,任何物品不准带进城里,除非是给日本人。脚气病例开始出现,我们急迫需要大量物品供应来阻止这场灾难。经过和日军的长期谈判,我最终获准乘"蜜蜂"号去上海。①

费吴生出城的主要目的如上所述,但是告知日方的理由是牙齿的填充物要掉了,得前往上海看牙,日方多少也知道这是费吴生的借口,更担心费吴生出城发表不利于己的信息,对其申请不予批准。1月27日,费吴生再次向日本使馆提出申请,还是被否决了。出乎意料的是,1月28日费吴生被批准去上海6天,拉贝很是惊讶,并做出了如下的分析:

> 今天田中先生出乎意料地批准菲奇先生去上海,并允许他6天后返回。后者将于明早9时搭乘英国炮艇"蜜蜂"号(普里多-布龙先生也乘此船)去上海,一个星期后将乘美国炮艇'瓦胡'号返回。我认为此事有点奇怪,特别是日方没有给他任何书面的东西,比如通行证或是诸如此类的东西。昨天晚上在我请求福井批准菲奇先生出入城申请的时候,还遭到了他的粗暴拒绝。今天他们对美国人可能好说话一些,因为这几天,他们和美国人之间发生了一些不愉快的事件。昨天一名日本士兵竟然出手击中美国大使馆代办阿利森先生的脸部,此事立即通报了华盛顿,今天作为伦敦广播的最新消息传到了这里。日本人今天就这记耳光向阿利森先生道了歉,但他们认为这事的起因是阿利森先生激怒了这名士兵,是他用日语对后者说了不得体的话。简直是胡扯!早就该有人教这些士兵

---

① 《费吴生日记》,章开沅等编:《美国传教士的日记与书信》,第83页。

已经化作一片废墟的下关方面。选自:《支那事变画报》第14辑。吴先斌提供。

日军在中山门眺望城内。选自《出征中支那》。吴先斌提供。

从中山门看成为废墟的南京街道。选自:《支那事变画报》第 14 辑。吴先斌提供。

日军到达南京中山路的部队在三呼“万岁”。选自:《支那事变画报》第 14 辑。吴先斌提供。

什么叫作得体的举止了。①

通过拉贝的分析，清晰地发现，日军突然间允许费吴生出城和爱利生事件有着密切的关联。按照计划，1938 年 1 月 31 日，费吴生乘“蜜蜂”号到达上海，因为还想着回南京，所以一再克制，在公众场合不对南京日军进行指摘。拉贝对此心知肚明：“菲奇昨天到达上海。据广播报道，他说‘南京的局势正在好转’。……菲奇的语气之所以如此的‘软’，恐怕是为了能够让他回南京吧。”②

但在私下场合，费吴生在商谈粮食问题时，还是将南京真实的情况向美国扬子江舰队司令做了详细介绍。据费吴生日记记载：

> 我在上海的第一顿午餐是与后来深受尊敬的海瑞·雅呢尔③舰队司令在他的旗舰上进行的。他像其他人一样急切想知道南京的最新消息。我不得不讲述很多遍，而且还要面见一些人，但同时，我安排购买一船大豆、大米、面粉和其他物品，要尽快运抵南京；一群美国人还要求我要尽快飞往华盛顿，向我们政府报告南京的形势。我已向日军当局许诺，无论如何我都将返回——这是准许我离开的条件——当然，我也想确保这些食物能安全运到，我向我的朋友许诺，不管怎样，我一返回就立即着手与日方谈判，争取再次获准离开。④

费吴生的出城，不仅就食品、救济基金的问题与外界进行了系统沟通，为安全区委员会尤其是后来的南京国际救济委员会的工作开展打下了坚实的基础，同时，将南京的情况全面系统地向重要人士进行了完整的介绍。

1938 年 2 月 12 日，费吴生乘坐“瓦胡”号启程回到南京，下午 3 点到达。福斯特 1938 年 2 月 12 日致妻子的信记载：“马吉开完会回来。费吴生也在会上，我想‘瓦胡’号是下午三点到的。”⑤离开上海前，费吴生为第二次回上海进行了一次精心设计，并于 2 月 23 日再次从南京回到上海。据其日记记载：

> 在上海的韦尔伯给我发了一封电报(事先安排好的)：“23 日前来上海”我仗着这封电报又一次获准离开，第二天早上 6 点 40 分乘日本军列到达上海。我和

① 拉贝 1938 年 1 月 28 日日记，[德]约翰·拉贝：《拉贝日记》，第 430 页。

② 拉贝 1938 年 2 月 1 日日记，[德]约翰·拉贝：《拉贝日记》，第 455 页。

③ Harry E. Yanell，也译为哈利·雅纳尔、为亚奈尔、亚内尔等。

④ 《费吴生日记》，章开沅等编：《美国传教士的日记与书信》，第 83 页。

⑤ 《福斯特致妻子函》，章开沅等编：《美国传教士的日记与书信》，第 128 页。

一群恬不知耻的士兵挤在一起,感到一点紧张,因为八卷关于日军暴行的16毫米电影胶卷底片缝在我的驼毛大衣的衬里,其中大部分是在金大医院里拍摄的。毫无疑问,当我们进上海时我的包会被仔细检查。如果他们发现了这些胶卷会发生什么事?庆幸的是他们没有发现,并且我一到上海就立即拿到柯达公司冲洗。大部分底片是由圣公会的约翰·马吉制作的,他后来成为华盛顿圣约翰教堂主教。这些是如此恐怖,如果不是亲眼所见,谁也不会相信。柯达公司代表给我赶制了四套胶片,当然我被要求在美国社区教堂和其他地方放映这部影片。"①

从上述日记可以了解,费吴生的第二次出城,带出了一件重要东西:马吉拍摄的八卷关于日军暴行的16毫米电影胶卷底片。此外,由于没有再回南京的顾虑,费吴生一改第一次面对媒体的低调,开启了揭露日军南京暴行的环球巡讲。费吴生去美国前,田伯烈②写了一封信给他的好朋友——美国副国务卿豪恩贝克博士:"说起去美国一事,乔治因目前处于一种心情和感情的夹缝中而下不了决心。这个夹缝就是:心情上想去华盛顿说一说,感情上不忍心抛弃那些现在还在南京不辞辛劳工作的少数外国团体。于是他听从了我的意见,不管怎样去一趟美国,如果可能,你把事实告诉国务卿好了。"③

有着安全区总干事的工作经历,有马吉拍摄的电影胶片,伴随着费吴生的讲解,南京的真实情况逐步为世界所了解。不仅如此,当胶片到达上海的时候,就由柯达公司快速拷贝,分头传送,一切都是按计划在推进——与费吴生出南京城同步,德国人罗森就电报告知德国驻上海大使馆的商务专员如何获得和传播费吴生带出的拷贝。据罗森1938年2月10日致上海大使馆商务专员公函记载:"谨随函送上致外交部报告的3份文件,请凭附上的马吉牧师写的信函购买一份电影拷贝,并通过可靠途径送交外交部。"④

可想而知,这些信息的传播,必然会给日本带来国际舆论压力,为考虑国家形象,东京重视对南京日军的约束,恢复南京秩序。

3. 沦陷后南京内外信息传递常规平台的逐步恢复

常规信息传递平台的恢复既是南京走向"常态化"殖民秩序的需要,也是构成"常态化"殖民秩序的重要组成部分。在和平年代,人们关注信息的好坏;在封闭的时段,

---

① 《费吴生日记》,章开沅等编:《美国传教士的日记与书信》,第84页。

② H.J.Timperley,也有译成丁伯莱、丁伯烈。

③ 《有关乔治·菲奇来美和纪录影片》,张生等编:《英美文书·安全区文书·自治委员会文书》,第184页。

④ 《罗森致上海德国大使馆商务专员公函》,张生、杨夏鸣编:《东京审判书证及苏、意、德文书》,第411页。

信息的进出就是信息最大的意义。但恢复信息常规化传递，需要日方的整体规划、设计与创建。随着日方对南京“常态化”殖民秩序的系统创设，南京内外信息传递常规平台也逐步恢复。

(1) 邮政逐步恢复

邮政恢复对市民日常生活的影响很大。对于邮政的恢复，西方在宁人士非常期待，常去日本大使馆交涉。据费吴生 1937 年 12 月 31 日日记记载：“显然我们还要继续练习忍耐，因为日本使馆告诉我们，还要过好几周这里的邮政服务才能恢复正常。他们告诉我们，至少还要过一个月，我们才能获准离开本市去访问上海。我们是这里的囚徒！”①

类似于中国海关，战前南京的邮政由英国人管理，以李奇先生为首的英国人也积极推动南京邮政的恢复。拉贝 1938 年 2 月 17 日日记记载：“邮政专员李奇先生正在和日本人商谈开放这里的邮政问题。直到现在为止，他还没有在受到破坏的任何地区恢复通邮方面取得成功。”②

不久，这一过程就启动了。据南京宣抚班 1938 年 2 月份情况报告：

> 邮政在性质上属于国家企业，所以关于其运营也期待着新政权的成立。随着占领地行政恢复正常，越来越感到有必要恢复邮政，所以根据递信省的调查及筹划，正在即将成立的新政权之下一步步地进行准备。南京市政府，目前预定设立下列管理局及支局。(1) 邮政管理局(南祖师巷，使用原交通部长官邸)(2) 中华楼支局(使用原来的房屋)(3) 升州路支局(使用原来的房屋)(4) 三牌路(原文如此，似为三牌楼)支局(使用原来的房屋)(5) 太平路支局(使用万全斋饭馆子的房屋)(6) 珠江路支局(使用上海银行分店)。在上述房屋外挂出了“南京市邮局房屋”的牌子。另外，在用作职员宿舍的房屋外也贴上‘禁止入内’的纸条，水电的接入正在安排当中，预计 3 月上旬职员从上海到达后就可以重新开始营业了。③

1938 年 3 月初，邮政专员李奇专门来到南京实地考察，研究邮政恢复的对策，这一工作推进的速度开始加快，据沙尔芬贝格 1938 年 3 月 21 日南京现状记载：“邮务长李齐今年三月初到过南京，他情绪是乐观的。他希望这里的 5 处邮局能在今年 3

---

① 《费吴生日记》，章开沅等编：《美国传教士的日记与书信》，第 82 页。

② 拉贝 1938 年 2 月 17 日日记，[德]约翰·拉贝：《拉贝日记》，第 551 页。

③ 《南京宣抚班报告》，王卫星、雷国山编：《日军军方文件》，第 358—359 页。

月 25 日开业,其中一处邮局就设在市民区里。”[①]

日方从“常态化”殖民秩序建设出发,也加速推进此事;与此同步,下令取消美英大使馆为中国人发信和收信的特权。魏特琳 1938 年 3 月 5 日日记记载:“美英大使馆被迫取消为中国人发信和收信的特权,这真是遗憾,因为对我们来说,这意味着那些缺乏钱而困在这里的妇女们不能随时写信求援了。”[②]

南京邮政很快就恢复了。据大屠杀幸存者宋惠芳回忆:“我们一家是跟着邮局走的。我们出去的日子不长,等南京平静下来后,我们又回来了,那时南京不是成立了什么伪政府吗。回来后,我家还住在原来的地方,父亲还是去做邮差。”[③]

正如沙尔芬贝格的判断,南京邮政于 1938 年 3 月 25 日开始尝试运作。据南京宣抚班 1938 年 3 月在《南京建设概况》的汇报中介绍:

> 尚待解决的中支那占领地区的邮政事业在 3 月 25 日开始着手进行第一个步骤,即从南京开始该项事业。以前充当部队宿舍的建康路支局也被部队善意地移交了出来,估计 4 月上旬可以开始营业。现在的邮政业务分为普通和挂号邮件两种,预定从 4 月上旬开始受理速递、包裹以及根据价格表邮寄的邮件。收集和递送将使用邮递员,也使用邮政函,在管理局及各支局进行受理。从 3 月 25 日到今天的这五天内,邮票的销售总额为 918.68 元。关于邮票,由于本地没有现货,所以在开业之前由本机构发给旅行证明,让其赶赴镇江,终于能够满足实际需要了。现在江苏省邮政管理局在京人员为:管理局 213 名,其他 248 名,合计 461 名。[④]

运作初期,邮政业务较为单一。据贝德士 1938 年 3 月 31 日在《来自南京表面经济的备忘录》记载:“虽然规模很小,但邮政局恢复了营业,直接投递信件 700 封左右,给长期离别的家庭带来了援助和希望。但是,邮政业务只限于对上海,而邮汇和小包裹还不行。一部分工作人员做了日本邮政局的标记。”[⑤]。

到了 1938 年 4 月中旬,邮政业务逐步扩大,运行逐步走向正轨。据 1938 年 4 月 12 日日本驻南京总领事花轮义敬致北平参事官森岛函附件《南京市内概况》记载:

---

① 《沙尔芬贝格:1938 年 3 月 21 日的南京现状》,陈谦平、张连红、戴袁支编:《德国使领馆文书》,第 173 页。

② *Minnie Vautrin's Diary*(*March* 5,1938), Box 134 of YDL Record Group NO.11, The Archives of the United Board for Christian Higher Education in Asia, Yale University Divinity School Library Special Collections.

③ 《宋惠芳口述》,张连红、戴袁支编:《幸存者调查口述》(中册),第 514 页。

④ 《南京宣抚班报告》,王卫星、雷国山编:《日军军方文件》,第 372—373 页。

⑤ 《来自南京表面经济的备忘录》,张生等编:《英美文书·安全区文书·自治委员会文书》,第 133 页。

"表面上是军方设施,局员全部为军嘱托。但自4月4日起按下开要领办理一般公众的日、中、西文公私电报业务。1.受理时间午前9时至午后8时(日本时间);2.办理类别日、中、西文公私电报;3.办理区域上海市内、青岛市内及河北、河南省各地同南京市内之间的到发电报。发往日本的日文电报目前不能办理,估计最近即可办理。"①显然,这时的邮政业务基本恢复了。

(2) 无线电和电话的逐步恢复

由于技术力量缺乏,这一工作的推进明显落后于邮政。据南京宣抚班1938年2月份情况报告:"占领南京后为了满足应急的需要,专门由通信队来进行这项业务,一直到现在。但是鉴于该项业务的技术性,有必要紧急派遣专家前来,所以给上海发了电报,预计将于近日到达。关于该项业务到底是民营还是官营这一根本方针,因为没有从特务部收到确切的消息,所以现在正在进行商量和安排。对于一向以进行扰乱和平宣传而闻名的广播局,我们认为当然应该进行统一经营。"②

按照既有计划,日本无线电信株式会社的的管理人员于1938年3月来到了南京,就无线电收发信号设施、营业场所等事项进行了论证。据南京宣抚班1938年3月在《南京建设概况》的汇报中介绍:

> 3月下旬,日本无线电信株式会社为了准备所在地的无线电信业务而来京,和军通信队、师团司令部进行了碰头,并立即开始物色适合安装收发信号设施的地点和营业场所。最初定在离军通信队很近的旧中央党部北边,但由于营业所的关系最后把天线和事务所设在了太平路西侧的旧国民大戏院后面,营业所则放在太平路原中华书局,大约在4月上旬可以开始业务。关于无线电信,内定其机械设备由海军供应。③

但是技术人员迟迟没有来到南京,南京宣抚班就于1938年3月17日召集了南京驻军通信队、师团司令部、兵站司令部、宪兵队、自治委员会及日本居留民会先行进行论证,并再三请求上海特务部长派遣技术人员来南京。据其介绍:

> 关于电话业务,我们再三请求上海特务部长派遣技术人员,但没有答复,而

---

① 《驻南京总领事花轮义敬致北平森岛参事官函》,姜良芹、郭必强编:《前期人口伤亡和财产损失调查》,第336页。

② 《南京宣抚班报告》,王卫星、雷国山编:《日军军方文件》,第359页。

③ 《南京宣抚班报告》,王卫星、雷国山编:《日军军方文件》,第373页。

且旧电话局的恢复估计需要相当长的时间,所以本机构和军通信队协商怎样满足一般人的需要。3月17日上午在本机构召开了碰头会,当天的出席者包括军通信队、师团司令部、兵站司令部、宪兵队、支那方面的自治委员会及日本方面的居留民会,做出了如下决定。

1. 因为要紧急恢复电话总局极其困难,所以暂时开通手摇式电话来满足民间的治安以及联络上的最基本的需要。

2. 电话总局的恢复要根据军队特务部的方针,让合适的公司来负责恢复工作。

3. 电话总机设在特务机关内。

4. 由军通信队负责提供劳力和补给外线。

5. 电话机由特务机关接收支那方面已有设备加以使用,不足部分由特务机关想办法。

民间(包括支那方面)想要申请安装电话的地方由特务机关加以选择。

根据上述决定,本机关暂且将自治委员会收集的手摇式电话机移交军通信队管理,另外还要列出并提交民间需要安装电话的地方。

接着,上海特务部将于下旬派遣三名递信省技术人员来京,所以关于本地全面恢复的要求,我们会详细地跟他们联系。①

按照计划,日方技术人员于3月底陆续到达南京,坐镇修复南京的通讯网线。4月份,南京的电话也陆续恢复了,并交由成立的华中公司管理。华中公司是日方主导下成立的,先设立了华中电信公司,后改名为华中电气通信公司。据记载:“战后华中各都市之电气设备多被破坏,日军于廿七年委任华中电信公司(日本国际电气通信会社、日本电讯电话工事会社等共同组织)办理恢复工作,旋于七月三十一日设立本公司,以谋统制经营华中各地电气通信事业,而上述华中电信公司之一切设备遂由本公司继承之。”②

电话的接通主要服务日军和伪政权办公,日方对市民安装电话有严格的限制,电话的恢复对南京市民的生活没有太大的影响。然而,这一恢复也具有象征意义。

---

① 《南京宣抚班报告》,王卫星、雷国山编:《日军军方文件》,第373—374页。

② 中国第二历史档案馆编:《中华民国史档案资料汇编》(第五辑第二编附录下),南京:江苏古籍出版社1997年,第1084页。

（五）治安应对

南京沦陷前后，治安管理一直都是影响南京市民生活秩序的重要问题，对于这一问题，现有的研究多集中于从宏观层面描述日军屠杀的残暴和南京气氛的恐怖，没有从犯罪主体和治安管理主体层面进行细致地分析，本章将做出努力。

1. 沦陷前的治安应对

沦陷前，给南京治安管理带来巨大困扰的是日军的空袭。面对空袭，必然要全力组织防空，南京警察进行了积极应对。

（1）空袭背景下治安应对

警察是社会治安的保障力量。1937 年 8 月 15 日，日军开始轰炸南京，持续造成人员伤亡和房屋、城市基础设施的破坏，需要警察维护现场、处理善后；为躲避轰炸，很多市民选择离开南京，出城道路出现拥挤，需要警察指挥交通；敌机来袭，为避免重大伤亡，需要警察执行交通管制；空袭时，有汉奸为日军飞机指引目标，需要警察抓捕、镇压。……总之，在防御期间，南京治安管理工作异常繁忙，首都警察多能恪尽职守，有条不紊地维护社会治安，其细节颇为可观。据魏特琳 1937 年 9 月 8 日日记记载：

> 今天早上来了两名警察，谈论了我们养的鹅的问题，因为当警报响起或是飞机在我们头上飞的时候，这些鹅发出可怕的叫声。我倒是认为这会使敌机飞行员误以为这里是不值得轰炸的农村，但是，我无法使他们相信这一点。我想我们将不得不对公鹅采取一些措施，因为它们叫得最凶。警察还询问了狗的情况——我们只有一只狗，在实验学校，它是一只出色的狗，总是跟着我们到防空洞，然后躲在防空洞上面等我们，直到我们出来。①

此时的治安管理，需要警察不避风险、冲在一线。据拉贝 1937 年 10 月 23 日日记记载："城南和城北遭到了持续的狂轰滥炸，估计投下了将近 30 枚炸弹。弥漫的尘雾冲天而起。13 时 15 分，一切过去了。我多次试图开车出去，到铁道部去，到中国银

---

① *Minnie Vautrin's Diary*（*September* 8，1937），Box 134 of YDL Record Group NO.11，The Archives of the United Board for Christian Higher Education in Asia，Yale University Divinity School Library Special Collections.

行去,但均被街上的军人和警察赶了回来。”①拉贝是一位细腻的商人,1937 年 10 月 17 日,拉贝给《远东新闻报》的胡尔曼写了一封信,胡尔曼将信的最后部分登在报纸上,对南京警察维持城市秩序有着非常清晰的记载:

> 同样也漆成了黑色的公共汽车还在行驶,在中央各部等单位下班时车里挤得满满的,因为政府官员都照样工作,星期天也如此!街上的秩序是无可指摘的。军人、警察和平民纠察队谦和而正确地履行着他们的义务。在两枚炸弹炸开了中山路主干道的碎石路面半个小时后,就已填补了那些坑洞,修复好了路面。修路时交通一点也没有中断。
>
> ……在云层后面,撤退的日机和追击的中国飞机还隆隆地响了好长时间。然后响起了缓和的“呜——”声,警报解除了,危险过去了!大家平静地却是大声地谈论着重去干活。
>
> 这段时间确实很有意思!没有谁埋怨无聊。现在已是晚上 10 时了,警方的戒严时间开始了,街上一切交通都已停止!②

对于沦陷前南京警察的工作表现,日方也有很多资料加以肯定。如 1937 年 10 月 27 日《驻沪冈本总领事致广田外务大臣函》称:“同往常一样,市内由宪兵、警察、武装保安队警备,重要地区警备极严,绝对禁止出入。……空袭时,30 分钟前发出警报,10 分钟前发出紧急警报,路上行人全都进入地下室避难,车马停在一定地点,街上全无人影。由于宪兵警察和防护团员的周全指挥,以及市民有秩序的行动,避难是在极其良好的秩序下进行的。”③

在常态秩序下,守土职责主要有军人承担。战争来临时,由于警察装备武器、受过训练,也会配合战争或参与战争,军警之间的界限较为淡化。警察配合军队,反之军队的宪兵也积极参与社会治安管理,分担了警察的部分工作——共同担负守土和保民之责。面对日军的进攻,南京也不例外。据《南京首都警察抗战实况》记载:

> 首都警察平时编制在警察厅之下,分设警察局九,巡逻队三,保安队特务队各一大队,水上警察一中队,局之下面再分驻所派出所,其配备采散在制,于战时运用,颇嫌迟缓。为应战时之需要,将各局警士改编为八个大队,特务队及巡逻

① 拉贝 1937 年 10 月 23 日日记,[德]约翰·拉贝:《拉贝日记》,第 45 页。

② 拉贝 1937 年 10 月 17 日日记,[德]约翰·拉贝:《拉贝日记》,第 37—39 页。

③ 《日本间谍对南京的侦查情报》,马振犊等编:《南京保卫战》,第 38—39 页。

日军占领挹江门。选自《支那事变纪念写真帖：野田、山田、横田部队》。吴先斌提供。

中山路上的日军大野部队。选自《支那事变画报》第11辑。吴先斌提供。

日军冈本部队在中华门大街上。选自《支那事变画报》第14辑。吴先斌提供。

日军列队经过国民政府门前。选自《支那事变画报》第11辑。吴先斌提供。

队则并入保安队，并扩充保安警察为三大队，以战时建制作统一之指挥，无形中增加抗战之实力。[①]

(2) 兵临城下与警察去留

1937年11月下旬，日军掌控了南京的制空权。很快，上海派遣军进攻到江阴要塞，第十军也中途分兵挺进芜湖，开始布网包围南京，南京形势日益危急。此时的国民政府已开始西迁，军人受命坚守阵地。但由于战时警察的双重身份，是随中央机构撤离、还是与军人坚守阵地？颇费思量。显然，和军队留在南京到最后一刻意味着巨大的危险；但和中央机构一起撤离，南京的治安将无人管理。安全区委员会的外籍人士对于警察厅负责人王固磐的去留也是极度关心。据拉贝1937年11月28日日记记载："有人议论说，日本人到了离芜湖大约60公里的地方，3天就可以到达这里。……警察厅厅长王固磐再次声明，还有20万中国人住在南京。我问他是否留在南京，他的回答果然不出所料：能留多久就留多久！（这就是说，他要溜！）"[②]

确实，王固磐不愿意留在南京，因此，他于11月29日被解除了职务。据1937年11月29日美国驻南京使馆工作人员给本国政府的电报记载："卫戍军接管了警察的指挥权，因此警察局长被解除了职务。"[③]这封电报的措辞有些倒置，不是因为卫戍军接管了警察指挥权，王固磐才被解除了职务，而是王固磐不愿担当责任，职务才被解除。王固磐解职后，南京治安管理权由卫戍军宪兵司令肖山令少将兼任。据1937年11月30日拉贝日记记载："我正在努力收集更详细的资料，想知道留下来的市民有多少。这时传来了谣言，说那个本想给我提供'相当准确'资料的人，即前警察厅厅长王固磐先生被捕了。他辞去自己的职务，是因为他不是军人，感到不能胜任这一工作。"[④]

据1937年12月24日罗森给德国外交部的报告称："由于这里可以作为考虑的人选的中国人缺少足够的勇气，他们全都宁愿逃往汉口，不想留在首都。最后委员会只好自己来管理安全区，使拉贝先生实际上成了南京市市长的角色。"[⑤]同日，罗森给德国外交部的报告称："在这期间，我和英国和美国的同行们在蒋介石那里采取了一个步骤，对他说明设立一个由警察维持秩序的市民机构，对南京一旦被占领十分有利。这个步骤的唯一成果是促使蒋介石要求一个至今接近我们的德语讲得很好的警

---

① 《南京首都警察抗战实况》，马振犊等编：《南京保卫战》，第235—236页。

② 拉贝1937年11月28日日记，[德]约翰·拉贝：《拉贝日记》，第87—88页。

③ 《南京的一般情况——11月29日》，张生等编：《英美文书·安全区文书·自治委员会文书》，第48页。

④ 拉贝1937年11月30日日记，[德]约翰·拉贝：《拉贝日记》，第90页。

⑤ 《罗森给德国外交部的报告》，张生编：《外国媒体报道和德国使馆报告》，第277页。

察厅厅长王固磐留下来,后者表示拒绝,随即被撤了职。”[①]这说明,安全区委员会本想让懂德语的王固磐留在南京设立一个由警察维持秩序的市民机构。

到了日军攻城之时,首都警察便一分为三了:

一是坚守在抗战前线,战败而退。这支部队在守城时也冲在一线,牺牲很大。据《南京首都警察抗战实况》记载:

> 我以步枪手榴弹为唯一之武器,几经肉搏,仅少数员警随同退军经江心洲辗转渡至北岸,检点人数,才三百余人耳。此三百之员警,幸得副厅长方超、第六警察局长任建鹏之率领,于十三日上午随军退却,循津浦线北行,沿途收编。然浮水渡江脱险来归之警士,亦仅寥寥数十人耳。抵徐州后,略事编整,抵达汉皋。警厅保安警察队原有一千七百余人,战后仅存一百余人,亦由保安总队长赵世瑞率领,先后到达汉口,奉命改编为内政部警察总队。[②]

二是自行撤退了一部分。据 1937 年 12 月 11 日美国驻南京使馆的工作人员汇报给本国政府的电报记载:“今天下午,与市区联系的陆路电话线遭到了破坏。报告说,发电和供水业务停止了。今天下午,‘巴纳’号舰移动之前,我们看见了警察正在河岸准备渡江避难。其后,又目击到数百名警察以同样的目的争先恐后地涌向下关地区。因此,我不由地想起南京市内已经没有警察了吧。”[③]

三是在卫戍司令的安排下,450 名警察进入安全区维持治安,由安全区委员会指挥调配。日军进城后,他们依旧坚守岗位,外籍人士的日记和书信对这一群体多有记录。据拉贝 1937 年 12 月 18 日日记记载:“此外我们昨天还请求,将原中国政府分配给我们安全区的 450 名着装警察交给即将组建的由日本领导的警察部队。同时我们还希望,前面提到的 90 名着装警察也能编入这支警察部队。关于那 45 名‘志愿警察’,希望能将他们送回我们总部,或者通告我方,已将他们安置在何处工作。对这 450 名分配给我们安全区的着装警察,我们列有一个花名册。如需要,该名册可提供给贵方。”[④]在此特别要指出的是,上述 450 名警察在安全区委员会的指挥下,尽职尽责,在南京沦陷前做了以下工作:(1) 在安全区启动难民收容时,挨家挨户要求老百姓尽快进入安全区;(2) 看守安全区边界,引导难民有序进入,负责区内治安。据拉

---

① 《罗森给德国外交部的电报》,张生编:《外国媒体报道和德国使馆报告》,第 278 页。

② 《南京首都警察抗战实况》,马振犊等编:《南京保卫战》,第 237 页。

③ 《南京的状况——12 月 11 日》,张生等编:《英美文书·安全区文书·自治委员会文书》,第 62 页。

④ 拉贝 1937 年 12 月 18 日日记,[德]约翰·拉贝:《拉贝日记》,第 162 页。

贝 1937 年 12 月 8 日日记记载:“以第一区警察局方局长和阎清鹏(音译)局长为首的警察,合作得非常出色。他们将看守安全区边界,并负责区内的治安。已经分配给安全区 400 名警察,他们将佩戴上有安全区标记的袖章。”①

2. 沦陷后的治安应对

日军进城后,军队掌握社会秩序的绝对控制权。根据进城前的部署,各师团对扫荡区域拥有治安处置权。1937 年 12 月 17 日举行入城式之后,华中方面军决定将南京治安统一交由十六师团的佐佐木到一少将管理。据中岛今朝吾 1937 年 12 月 18 日日记记载:“将来大概是要第十六师团负责南京附近前线的警备吧,尽管军司令部要来南京,但仍将国民政府官署拨付第十六师团使用,以彰显师团的荣耀。……以此仪式表明攻占南京的战役基本结束,但实际上整顿南京的工作才刚刚开始。”②

佐佐木到一担任南京警备司令从 1937 年 12 月 21 日开始。据佐佐木到一这天的日记记载:“全军整顿装备。各师团要撤出城去。我师团负责警备南京城内及其周边地区。我奉命担任南京地区(包括周边地区)警备司令官。”③1938 年 1 月中旬,十六师团调离南京,天谷少将于 1938 年 1 月 22 日接任南京警备司令。据佐佐木道一这天的日记记载:“同第十一师团的天谷少将换防,向他交代了警备司令官的任务后,再次向北支那转移。”④

大量资料显示,1937 年 12 月 21 日前,日军的烧杀抢掠极其惨烈,南京的社会治安被破坏到了极致,并直接导致了 12 月 21 日外籍人士前往位于鼓楼的日本大使馆的集体抗议。十六师团的佐佐木到一接任南京警备司令后,日军的烧杀抢掠没有得到有效控制,并延续多日,后略有变化。到了 1938 年 2 月初,得知东京对于自己的不满,松井石根抵达南京整顿秩序,天谷也有配合,南京社会治安好转。畑俊六大将本着“因势利导建设新政权”的思路上任,南京的社会治安才渐渐进入日方主导的“常态化”殖民秩序,“被统治者承认统治者的统治,统治者允许被统治者生存”的秩序开始加快推进。

(1) 权力主体成为犯罪主体

资料显示,沦陷后的南京,犯罪群体主要有两类:日军和安全区内的小偷,日军犯罪的主要表现是烧杀抢掠;小偷犯罪的主要表现是偷盗安全区房屋内被日军大规模抢劫后遗留的物品,在上海路、豆菜桥等地交易。对于安全区小偷,西方人士虽然表

---

① 拉贝 1937 年 12 月 8 日日记,[德]约翰·拉贝:《拉贝日记》,第 120 页。

② 《中岛今朝吾日记》,王卫星编:《日军官兵日记》,第 283 页。

③ 《佐佐木到一日记》,王卫星编:《日军官兵日记》,第 321 页。

④ 《佐佐木到一日记》,王卫星编:《日军官兵日记》,第 322 页。

示反感,也只是停留在道德谴责层面。他们分析认为,安全区小偷现象的存在,是日军故意纵容、掩盖自身犯罪事实的结果,其目的是将安全区财产的丢失与损坏归责于中国人。

这段时间,南京的治安问题主要是日军的烧杀抢掠。1938 年 1 月 10 日,贝德士写了一封信,并巧妙地传给了外界的很多友人:"难民大多被抢走钱财,连微薄的衣物、被褥和食品,也至少部分遭到抢劫。这种行为极其残酷,结果在第一周或开头十天,人人脸上都露出了绝望的神情。"①到了天谷任内,这种暴行没有得到扭转。据拉贝 1938 年 2 月 2 日日记记载:"在过去的 3 天当中共有 88 起日军士兵的暴行登记在案。这甚至超过了去年 12 月份我们经历的最糟糕的时期。当我把这份报告递交到日高手中的时候,他对这些'日本流氓'的行为表示遗憾。据说,前一批野蛮的部队已在 1 月 28 日调走,他们在离开南京之前又干了一些坏事。但对此他辩解道,此类事件在部队换防的时候会偶尔发生。这类借口我以前也听说过。遗憾的是我们有证据表明,最近报告的一系列强奸事件和其他事件是新部队所为。"②据上村利道 1938 年 2 月 13 日日记记载:"看了宪兵报告,有关军风纪方面的事仍相当多,还有许多违背常规、想像不到的事。都是酗酒造成的,极为遗憾。"③

对于日军南京暴行,东京有所表态。1938 年 1 月 8 日,东京大本营陆军部参谋长载仁亲王给华中方面军司令官发了关于军风纪要求的电文:"近来,于军风纪所不齿之事时有发生并日见增多。实不欲信之,然不得不有所存疑。想来是,一人之失态,影响全队之真正价值;一队之过错,终伤及全军之圣业。"④ 1938 年 1 月 9 日,华中方面军参谋长塚田攻将此信转发给了两军参谋长、直辖部队长和中支监。其实,驻扎南京的上海派遣军清楚地知道南京日军的军纪败坏,如上海派遣军参谋长饭沼守 1937 年 12 月 24 日日记记载:"从军纪风纪、皇道精神来衡量的话,部队进行了令人厌恶的抢劫,特务兵中尤其多,要坚决地设法使部队重新振作起来。……虽然部队逐渐出现作风粗暴倾向,因为有在北支那制止这种风气的经验,故控制这种风气是有把握的。"⑤但制止不力,风气不改。据上海派遣军副参谋长上村利道 1938 年 1 月 8 日日记记载:"根据宪兵报告,军纪方面的不轨行为甚多。真为那些应征归队的少尉、准尉级军人不知廉耻的行为感到遗憾。"⑥

---

① 《贝德士致朋友函》,章开沅等编:《美国传教士的日记与书信》,第 17 页。

② 拉贝 1938 年 2 月 2 日日记,[德]约翰·拉贝:《拉贝日记》,第 455 页。

③ 《上村利道日记》,王卫星编:《日军官兵日记》,第 270 页。

④ 《参谋总长关于军风纪的要求》,王卫星、雷国山编:《日军军方文件》,第 15 页。

⑤ 《饭沼守日记》,王卫星编:《日军官兵日记》,第 215 页。

⑥ 《上村利道日记》,王卫星编:《日军官兵日记》,第 257 页。

正如时人讽刺的，南京"这里没有暴动，没有火警，没有任何犯罪的案子，除了倭兵的捣乱，除了他们种种不法的行为。"①

(2) 治安管理主体多元化

南京沦陷后，其实有治安管理主体。首先，军队内部设有宪兵，宪兵的任务是约束士兵；其次，虽然日本驻南京使馆没有约束日军的能力，但出于担心涉外事件的爆发，使馆官员及其领导的使馆警察还是尽力对士兵的犯罪行为进行阻止；再次，西方在宁人士积极阻止日军犯罪，保护中国人生命财产。上述群体都担负了治安管理之责，治安管理的主体呈现了多元化特征，具体表现如下：

a. 宪兵的阻止犯罪与参与犯罪。宪兵是沦陷后南京治安管理的一支力量，对普通士兵具有约束力。据资料显示，起初全南京只有 17 名正式宪兵，也有一些带着宪兵袖章执法的士兵。据时人日记记载："维持全城秩序的只有十七个所谓'宪兵'，而到处乱跑的疯狗似的倭兵乃在五万以上。而其所谓'宪兵'，说来伤心。即便倭兵，只要肩膀上缠了一块符号，就摇身一变，成为'宪兵'了，这块符号自有特殊的意义"。②

当时日军的宪兵总部设在南京的小粉桥，制度上说，宪兵对普通士兵是具有约束力的，比起普通士兵，也处于权力的上层。统观这一时期宪兵的表现，有部分宪兵能够负责，劝阻日军的犯罪。据魏特琳 1937 年 12 月 18 日日记记载："我们立即来到日本使馆，报告了我们的困难、经历以及星期五晚上发生的事情，然后，我要了一封可以带在身上的信，以便用它将进入校园的日本兵赶走。我还要求在学校门口贴上告示。这两个要求他们都答应了。回来时我高兴得难以形容。日本使馆的田中副领事还说，他将去找两个日本宪兵在夜里站岗。……由于有米尔斯先生和两名宪兵在大门口守卫，数日来我第一次安静地上床睡觉，并认为一切都将会好起来。"③一周后，魏特琳日记记载："自从校门口有宪兵站岗、巡逻以来，零星的士兵几乎不再来了，这减轻了我们不少负担。"④另据魏特琳 1937 年 12 月 25 日日记记载："今夜又是一个平安之夜，25 名宪兵在大门外、在宁海路和汉口路巡逻。几个星期以来，我第一次安稳地睡了一夜。"⑤

---

① 佚名：《地狱中的南京》，张连红编：《幸存者的日记与回忆》，第 90 页。

② 佚名：《地狱中的南京》，张连红编：《幸存者的日记与回忆》，第 90 页。

③ *Minnie Vautrin's Diary*（*December* 18，1937），Box 134 of YDL Record Group NO.11，The Archives of the United Board for Christian Higher Education in Asia，Yale University Divinity School Library Special Collections.

④ *Minnie Vautrin's Diary*（*December* 24，1937），Box 134 of YDL Record Group NO.11，The Archives of the United Board for Christian Higher Education in Asia，Yale University Divinity School Library Special Collections.

⑤ *Minnie Vautrin's Diary*（*December* 25，1937），Box 134 of YDL Record Group NO.11，The Archives of the United Board for Christian Higher Education in Asia，Yale University Divinity School Library Special Collections.

魏特琳对宪兵既有肯定之处,也有很多负面的批评记载。对日军宪兵犯罪记录最多的是贝德士,贝德士发现一些宪兵直接参与了抢劫、强奸犯罪,据1938年1月10日他给美国驻南京大使馆的信记载:

> 下面请允许我报告一下影响到美国财产以及美国一位市民的一件事情。从这件事可以清楚地看到军队缺乏纪律以及在这个地区的宪兵具有很难令人满意的品质和行为。……两个士兵将找到的两个女人带到了小桃园(语言学校,现在的大学农业经济系)对面天津路上的一所房子里。据说在那里有20个士兵。这两个女人今天早上趁士兵洗脸的时候逃了出来。里格斯和这两个女人都认得宪兵穿的带袖章的军装。从这两个女人对出事地点周围大楼、门、建筑种类的描述,可以知道她们所说的地点就是这个地区的宪兵队本部。以防里格斯弄错,又找了平仓巷13号的女人确认,这个女人说的和原先那个女人说的是一致的。另外还有两点要补充说明一下。宪兵本部周围的市民,不管是外国人还是中国人都对宪兵表示不满,认为他们过分残酷,不可信任。还有,汉口路的所有的中国人的家庭都反映宪兵动不动就来抓女人。我们坚决反对不当侵害美国财产以及恶劣地从美国人家中诱拐人员,然而在这个地区,在士兵进行可耻的行为以及任意施暴的时候,我们根本感受不到安全。作为大学的卫兵,被派遣来的宪兵的所作所为也同样不认真,丝毫没有起到保护我们的效果。对您的关心表示感谢!①

贝德士对宪兵的批评是持续不断的。据贝德士1938年1月13日给美国驻南京大使馆的信中记载:"由于军队的毫无秩序,南京已经处在一个非常危险的环境里。从几天前开始,在中学的校门口就有宪兵驻守了。但是,与其说他们是在辛苦地保护难民,还不如说他们用武器来寻求特别的食物或是对慰安的兴趣更浓。晚上,他们一个个都睡在应他们的要求准备好的舒适的床上。"②

由正反两方面的证据可以说明,此时的宪兵具有两面性:有阻止日军犯罪的功能,也有参与犯罪的事实。

b. 日本使馆官员和领事警察的折冲。日本使馆官员和领事警察是沦陷后南京治安管理的一支力量。日本驻南京使馆人员配置中,设有专职的领事警察。资料显示,1935年日本驻南京使馆共有警察8名,1936年9月,驻南京总领事向日本外务大臣申请增加警察编制,应对更加复杂的事务,东京同意了这一申请,至1936年12月,日

---

① 《给美国驻南京大使馆的书信》,张生等编:《英美文书·安全区文书·自治委员会文书》,第95—96页。

② 《给美国驻南京大使馆的书信》,张生等编:《英美文书·安全区文书·自治委员会文书》,第108页。

本驻南京使馆警察达到14人,[①]当1937年8月15日南京轰炸开启后,留在南京的最后4名警察于16日离开南京。

日军12月13日占领南京后,领事警察于12月14日返回南京,12月15日,日本使馆工作人员也回到了南京。他们的主要工作是安抚西方在宁人士,避免和第三国的纠纷。由于西方在宁人士非常关心南京治安,日本使馆必然会牵扯其中,在日军和西方在宁人士之间起到了一个折冲的作用。据驻扎南京的上海派遣军参谋长饭沼守1937年12月25日日记记载:"下午,日高参事官(按:日高信六郎,供职于日本驻南京大使馆)福井领事(按:福井淳,驻南京代理总领事)前来,围绕各种话题进行了探讨。主要的意思是,如有可能,派兵去外国大使馆和领事馆站岗,使得他们放心。此外,还说要尽可能快地请对我有用的外国人到南京来。"[②]显然,日本使馆和上海派遣军就南京治安问题有着沟通,但是这样的沟通对上海派遣军的约束力是很小的。为此,日本使馆常将日军暴行汇报给东京外务省,由外务省和陆军省沟通,再由陆军省发出指令约束日军暴行。据贝德士陈述:"在最初的三个星期里,我几乎每天都要带着打印好的书面报告或信件去日本大使馆,经常和负责此事的官员进行会谈。这些官员包括福井(Fukui)先生,他有领事头衔;一位姓田中(Tanaka)的先生,副领事;福田先生。后者现在是吉田(Yoshida)首相的秘书。在恶劣的环境下,这些官员确实尽了他们的微薄之力,但是他们自己也对军方势力感到恐惧,他们能做的只是将这些情况通过上海汇报给东京方面。"[③]对于使馆的这一行为,上海派遣军的某些军官表示愤怒。据时任日本南京使馆官员的福田笃泰在东京审判法庭陈述:"我是听说的,因为某位大佐——也许福井先生知道他的名字——有天他到大使馆来威胁说要烧掉使馆,因为大使馆向东京吐露了士兵们的违纪行为。"[④]

日本使馆官员不仅可以和上海派遣军折冲,还可以调动领事警察,进行治安现场管理,约束日军暴行,魏特琳对此有很多的记载。据魏特琳1937年12月25日日记记载:"今晚我们没有宪兵,大使馆给我们派来了一名警察。日本兵正在从城里撤走,一些难民回家了。"[⑤]后续几天,魏特琳记载了类似的内容。据魏特琳1937年12月26日日记记载:"又是一夜平静,前门只有一名使馆的警察,但他的存在给人一种安

---

① 《1936年驻南京总领事馆的警察事务情况》,张生等编:《日本的军国教育·百人斩和驻宁使馆史料》,第390页。

② 《饭沼守日记》,王卫星编:《日军官兵日记》,第217页。

③ 《贝德士的证词与回答质证》,杨夏鸣编:《东京审判》,第84页。

④ 《审问福田笃泰记录》,杨夏鸣编:《东京审判》,第293页。

⑤ *Minnie Vautrin's Diary* (*December* 25, 1937), Box 134 of YDL Record Group NO.11, The Archives of the United Board for Christian Higher Education in Asia, Yale University Divinity School Library Special Collections.

全感。人们说美国大使馆是宪兵的总部。”①据魏特琳 1937 年 12 月 27 日日记记载:“今夜又是平安无事,大门口还是只有一名使馆警察。一个外国人也过来和 F·陈住在一起。不知什么原因,我们实验学校的狗夜里叫个不停,我认为或许有小偷。我真不知道狗是怎么逃脱日本兵的刺刀的。宪兵白天来检查,一切平静。他们似乎是一些清白和守纪律的人,大多数人的面相和善。”②

不过对领事警察也有不少反面的资料,当时,外籍人士都讨厌一个名字叫高玉亲清的日本领事警察。据拉贝 1938 年 1 月 23 日日记记载:“高玉先生来到我的办公室,还带来了 8 个警察,看样子他们很恼火。美国大使馆在发给华盛顿的电报中说,几天前一所美国学校的钢琴被盗。现在警察局接到东京的指令,要求必须将钢琴完璧归赵。可没人知道这乐器现在何处,可能早就给人拿去生火取暖了。我把这帮人请了出去,我可不想纠缠到这种事里去。”③对高玉的厌恶,马吉说的更直白。据马吉 1938 年 1 月 11 日给妻子的信记载:“日本领事馆的工作人员,除了一名警察是个讨厌的家伙外,其余的都愿意帮助我们,他们对日军的所作所为感到羞愧,并尽量保护外国人的财产。”④

这位名字叫高玉亲清的使馆警察,后来捅出了一连串的事情,引起国际交涉,将在下文进行专述。

c.“外籍警察”的治安干预。沦陷后,留在南京的外籍人士多有制止日军犯罪的经历,他们也自认为担负了警察的职能,著者称其为“外籍警察”。在日军的控制下,对于南京的治安管理,他们虽然没有太多的发言权,但他们还是为保护南京市民的生命安全做出了最大的努力。如费吴生 1937 年 12 月 22 日日记记载:“贝德士和林查理没有吃完午饭就得把周围房屋中的日兵赶走,其中有几个是喝醉了。”⑤类似的事例比比皆是。西方在宁人士应对的手段也是多种多样,有委婉求情的,有横眉冷对的,有笑脸相送的。

“外籍警察”有一套干预预案,如蹲点值班。据费吴生 1937 年 12 月 17 日日记记载:“晚饭后我送贝德士去金陵大学,麦克伦去鼓楼医院,他们在那里过夜;然后送米

---

① *Minnie Vautrin's Diary* (*December* 26, 1937), Box 134 of YDL Record Group NO. 11, The Archives of the United Board for Christian Higher Education in Asia, Yale University Divinity School Library Special Collections.

② *Minnie Vautrin's Diary* (*December* 27, 1937), Box 134 of YDL Record Group NO. 11, The Archives of the United Board for Christian Higher Education in Asia, Yale University Divinity School Library Special Collections.

③ 拉贝 1938 年 1 月 23 日日记,[德]约翰·拉贝:《拉贝日记》,第 408 页。

④ 《马吉致妻子函》,章开沅等编:《美国传教士的日记与书信》,第 165 页。

⑤ 《费吴生日记》,章开沅等编:《美国传教士的日记与书信》,第 76 页。

尔士和史迈士去金女大，因为我们每夜都派人去那儿值班。”[①]安全区委员会秘书史迈士1937年12月27日致家人的信记载：

> 一面说恢复秩序，一面毁坏一切，威胁老百姓，叫他们无可奈何。拉贝大部分时间呆在家里守护他的家产和600个难民；克勒格尔守护他的家产；马吉、福斯特也是如此，守护着满屋子的难民，华群和戴籁三夫人不敢离开金陵女子文理学院，还得有一个外国人整日整夜在大学医院值勤。金大也是如此，只要贝德士有事离开，他们就四处寻他。所以他整日忙于东奔西跑地赶走日本兵。这些天林查理和宋煦伯是仅有的稍有成就感的两人，他们在运货、护送苦力，小心翼翼地看守着他们的卡车。他们运来大米和燃煤好让人们填饱肚子，但他们很难接济每人每日所需之用度，卡车、汽车渐渐地都不见了。[②]

对于西方在宁人士来说，白天工作非常繁忙，晚上还要蹲点值班，工作异常辛苦，于是大家想到了轮班制。据福斯特1937年12月28日给妻子的信记载：“在17号和25号我再去履行警察职责，但并未处理什么麻烦事，谢谢主。过去几天我有机会读点书，马吉在25号值夜，我在17号这里（轮值）。随后我回家吃早饭，马吉随即也回来了。他经常直到8点钟左右才起来，而这时我正进早餐。他没有回到这里来接替我，所以我决定不回家并吃中式晚饭。”[③]

“外籍警察”执法面对的对象主要是日军的暴行，绝大多数日军虽然不喜欢外籍人士的横加干预，但还是尽量保持克制，不满地离开犯罪现场。不过，也有日军控制不住情绪之时，推搡乃至殴打外籍人士，此类事情在日军进城没多久就发生过。据史迈士1937年12月16日给家人的信记载：“林查理哭着回来，他被一个军官打了两下。当晚华群让外籍人员过来。我们想应该值夜，贝德士、林查理和我三人轮流，我就在陈先生门边的小屋里睡，他们俩在新教工楼休息，那屋子是空的。”[④]几天后，宋煦伯也遭遇日军殴打。据费吴生1937年12月23日日记记载：“宋煦伯是今天横遭暴力者之一。在斯坦利·斯密司家，他发现一个军官和士兵正在扯掉美国国旗，强迫住在这里的难民离开，宣称必须利用这里作为登记中心。他必定经历一段很不好过的时间，最后被迫签字，答应把这座房屋借给他们使用两个星期。宋煦伯也不是一个能

---

① 《费吴生日记》，章开沅等编：《美国传教士的日记与书信》，第73页。

② 《史迈士致家人函》，章开沅等编：《美国传教士的日记与书信》，第253页。

③ 《福斯特致妻子函》，章开沅等编：《美国传教士的日记与书信》，第105页。

④ 《史迈士致家人函》，章开沅等编：《美国传教士的日记与书信》，第234页。

忍耐的人,他向日本使馆抗议,终于使士兵撤走。”[1]

遭遇日军暴行的不止林查理和宋煦伯,贝德士被推过,魏特琳被罚站过……,上述经历留在每一个西方在宁人士心中,难以磨灭。到了1938年3月,治安整体好转。史迈士1938年3月8日写了封信给外界的朋友,总结了这一时段大家共同的心理:

> 中国士兵并未对我们造成威胁!我们面临的唯一危险来自日本兵。当我们几乎是“无礼地”管制着日本军队时,我们是怎样逃脱的啊——他们声称城内有17名不胜任的宪兵(的确如此),但22名外国人却在成功地尝试着行使警察的职权——我们谁也解释不清。一天晚上,那是最糟糕的时候——在松井得意扬扬巡视全城的两天之后——晚饭时我们住所的几个伙伴说:“我们之中谁最先被杀死,我们就把他的尸体抬到日本使馆门口放着。”有几个人接着说:“我愿要么做那个被抬的,要么去抬别人。”每天晚上,医生充当全家人的“妈妈”,一面看护我们八个人,一面寻思第二个晚上会少哪一个。他说:“我们不可能全都活过这段日子。”但,我们都活过来了。最坏的一次是麦克伦在阿利森事件的第二天脖子被刺刀划伤。[2]

d.施佩林领导的安全区警察。安全区警察也是沦陷后南京治安管理的一支重要力量。安全区委员会成立时,就考虑到了安全区的治安问题。鉴于担心中国军队撤退时会发生大规模的抢劫,于是任命德国人施佩林为安全区总稽查。施佩林上任后,整合了一支安全区警察队伍。据拉贝1938年1月22日日记附录的施佩林给德国大使馆罗森的信记载:

> 在南京和南京周围发生战事期间,我同其他先生们冒着生命危险留在这里,并在国际委员会成立时被任命为南京安全区总稽查(警察委员)。我作为总稽查驾车巡视时,有机会亲眼看到一些好事,但更多的却是坏事。我的外勤任务并不轻松。我有650名训练有素的警察,还有一个组织得很好的平民警察队协助我。我们维持了良好的秩序。这里我必须再次证实,我受到了中国人的重视和尊敬。如同我经常看到的一样,这个民族善于忍受痛苦和煎熬,而不去抱怨或发牢骚。[3]

---

① 《费吴生日记》,章开沅等编:《美国传教士的日记与书信》,第77页。

② 《史迈士致朋友函》,章开沅等编:《美国传教士的日记与书信》,第276—277页。

③ 拉贝1938年1月22日日记,[德]约翰·拉贝:《拉贝日记》,第396页。

日军站在国民政府大门上欢呼。选自《支那事变画报》第 11 辑。吴先斌提供。

飘扬在国民政府门楼上的日军旗。选自《支那事变画报》第 11 辑。吴先斌提供。

日军占领南京市政府。选自《支那事变画报》第 11 辑。吴先斌提供。

占领南京中央党部的片桐部队高呼“万岁”。选自《支那事变画报》第 14 辑。吴先斌提供。

这封信清楚地记录了安全区警察的规模，其主体是中国政府交由安全区委员会管理的450名中国警察，南京沦陷后，这批警察的身份有着合法性危机，安全区委员会也心存担忧；此外，还有一批安全区委员会组织起来的“志愿警察”。这批“志愿警察”的组建背景，资料记载也很清晰。据拉贝1937年12月16日日记记载：

> 另有45名我方的“志愿警察”昨天下午也同样被带走。这些“志愿警察”是委员会于12月13日下午组织起来的，因为从当时的情况来看，安全区内的“着装警察”尽管必须日夜执勤，但靠他们仍然不可能完成安全区内的警务工作。这些“志愿警察”既不着装，也不拥有任何武器，他们仅仅佩戴臂章，而且从性质上看不过就如同欧洲的童子军，他们临时承担一些小型服务工作，例如帮助维持民众秩序，做一些清扫工作，在急救时帮帮忙等等。①

在这支队伍中，施佩林自始至终冲在第一线。据史迈士1937年12月21日给家人的信记载：“施佩林是总部的总稽查，他整天不时地被叫出去，几乎走遍这一地区的每家每户，现在日本兵一看见他就跑走了。士兵都是全副武装。”②

在施佩林的领导下，安全区警察也积极履行着自己的职责，主要是维持安全区内的秩序，如粥厂的排队组织、难民收容所秩序维护、难民登记的辅助。当然，这主要是一些服务性的工作，他们没有实际意义上的执法权。对于安全区的小偷，安全区警察还是能够积极干预，但对于日军的烧杀抢掠，他们不敢也不能直接制止，只能及时跑去向西方在宁人士汇报，请求其前往制止。据马吉1938年1月4日给妻子的信记载：“前天下午约5时，我离开汉森家，有事到附近的另一所房子里去，然后再到潘亭家，准备在那里吃饭。在街上和宋煦伯先生边走边谈，一个警察跑过来说，有个人被杀死了。……在我上车前，一名警察又跑来说，日本兵又回来了。我赶紧跑回，看到三名日本兵，我要他们走开，他们走了。”③

由于合法性不足，安全区警察自身也遭受着生命的威胁。1937年12月15日，日军司令给了拉贝一个备忘录，其中提到：“中国警察可以在安全区内巡逻，但必须解除武装，仅携警棍。”④没想到当天日军就逮捕了50名警察和45名“志愿警察”。据拉贝1937年12月16日日记记载：“我们的警察在执行警务时受阻，昨天在司法部执行

---

① 拉贝1937年12月16日日记，[德]约翰·拉贝：《拉贝日记》，第153页。

② 《史迈士致家人函》，章开沅等编：《美国传教士的日记与书信》，第241页。

③ 《马吉给妻子函》，章开沅等编：《美国传教士的日记与书信》，第161页。

④ 拉贝1937年12月15日日记，[德]约翰·拉贝：《拉贝日记》，第43页。

警务的50名警察遭逮捕。据在场军官称,要带走他们枪决。另有45名我方的'志愿警察'昨天下午也同样被带走。[①] 为此安全区委员会向日方进行了严正交涉。据拉贝1937年12月17日日记记载:"我们昨天向贵方指出,贵军从司法部抓走了50名着装的警察和45名'志愿警察'。在此我们还要指出,我方又有40名派驻在最高法院建筑物内的着装警察被抓走。一名日军军官对他们提出的指控是,说他们在搜查之后又将中国士兵放进了司法部建筑物,因此必须枪毙他们。"[②]

后来发现,这些被抓走的警察一部分被当成军人处决。对此,西方在宁人士非常内疚,同时更担心其他警察的生命安全。南京自治委员会运作后,安全区委员会主动将警察队伍交由自治委员会接管。据拉贝1938年1月11日日记记载:"今天下午,被日本人于12月13日解除武装的中国警察厅由自治委员会接管"[③]。此时,正值粮食危机出现,安全区委员会与日方的粮食谈判没有结果,在移交安全区警察管理权的同时,安全区委员会也写信提醒自治委员会,要求其为这些警察供应口粮。据拉贝1938年1月13日日记附录史迈士致自治委员会的信记载:"因为我们停止了用救济基金储备向前南京城市管理部门为维护秩序而派给我们的警察提供大米,我们在此把有关人员的名单寄给贵方。该名单和我们原先得到的档案名单一致。这份名单包括了奉命履行这一任务的全部警察的姓名。我们希望,贵方可以在贵方新的管理部门使用这些警察。衷心地祝贵方为南京市民的幸福作出的努力取得良好的成就。"[④]

(3) 多元治安管理主体的博弈——以"刘文彬事件"为中心

南京沦陷后,对南京治安而言,权力主体变为犯罪主体,治安问题是一元的,管理主体是多元的。众多管理主体的管理行为旨在约束日军暴行,但是由于日军高级将领对南京治安的不作为;宪兵人数少,个别宪兵也参与犯罪;日本使馆官员和使馆警察虽然会折冲日军暴力,但还是站在日方的立场;安全区警察由于合法性缺失只能维持安全区内的治安,没有实质意义上的执法权;安全区委员会和红十字会的二十多位外国人身负重任,但力量有限。

纵观上述治安管理主体,宏观而言可以分为两类:日方与西方在宁人士及其助手。在南京治安管理这一问题上,双方都做出过努力,但是不能将其混为一谈。其实,两大主体之间也有很多的冲突,这也是南京治安短时间内不能根本好转的重要原因,本节结合"刘文彬事件",动态揭示两类主体的冲突。

---

① 拉贝1937年12月16日日记,[德]约翰·拉贝:《拉贝日记》,第153页。

② 拉贝1937年12月17日日记,[德]约翰·拉贝:《拉贝日记》,第162页。

③ 拉贝1938年1月11日日记,[德]约翰·拉贝:《拉贝日记》,第325页。

④ 拉贝1938年1月13日日记,[德]约翰·拉贝:《拉贝日记》,第329页。

这一事件涉及一个地点：金陵大学附属中学；主要涉及三个人物：刘文彬、高玉和贝德士。

刘文彬是金陵大学附属中学难民收容所内一位懂日语的难民，对于刘文彬事件，贝德士有大量的记载。1938 年 1 月 10 日，贝德士写了一封信传给南京城外友人，信中写到 ：

有 3 万难民住在金大校舍各处。管理的问题很令人担心，哪怕是维持很低的生活标准。我们当中金大的正式教职员和工友寥寥无几，但他们大多数工作非常出色。志愿帮忙的人很多，由国际委员会把他们迅即召集在一起，他们前来的动机相当不纯。现在我必须谈到告密以及日本人恫吓和收买特务的问题。我本人此刻就遇到三起以上此类麻烦，我开始怀疑他们是否想使我或金大陷入绝境。例如，过去三天中发生的两件事使我对金大附中遭受损失的报告自相矛盾，这样看起来我在撒谎和欺骗日本人，并使我与这个大难民营中的负责人形成强烈反差。另一件事是一位人格高尚的翻译，不屈服于他们的威胁，拒绝离开附中难民营去为他们工作，就被他们像绑赴刑场一样抓走。①

在魏特琳的日记中，与此有着呼应。据魏特琳 1938 年 1 月 9 日日记记载："可怜的贝茨在金陵大学农学系和金陵大学附中所遇到的许多麻烦，我们这里还未遇到——难民中的负责人相互争吵，然后到日本人那里去告发对方；难民将赃物带到难民所，然后为分赃而争吵；难民内部有告密者。"②撇开这些，单就贝德士这封信的内容来说，一件事情相当明了：翻译刘文彬因为不愿意给日方服务，被日本领事警察逮捕。

金陵大学附中难民收容所负责人是姜正云，一位信奉基督教的中国人。他想营救刘文彬，但却有心无力。有鉴于此，作为金陵大学负责人的贝德士就站出来与日本使馆周旋。1938 年 1 月 11 日，贝德士给日本驻南京使馆的信中说：

1 月 8 日，就当日大学附属中学难民所的翻译刘文彬于工作中被捕一事，我写了封信。昨天傍晚，刘文彬非常恐惧地来到我这儿，对我说："吃了宪兵很多苦头，逃出来的。请把我藏起来。"我对他说："今天晚上就睡在这里，明天下午我们再商量今后的事。"今天 3 时，一名宪兵去了汉口路 23 号里格斯的家，然后又乘

① 《贝德士致朋友函》，章开沅等编：《美国传教士的日记与书信》，第 18—19 页。

② *Minnie Vautrin's Diary*（*January* 9，1937），Box 134 of YDL Record Group NO. 11，The Archives of the United Board for Christian Higher Education in Asia，Yale University Divinity School Library Special Collections.

我不在家的时候来到汉口路27号我的家中,把刘文彬逮捕了。我们已经屡次表明了我们的态度:我们不反对在难民中搜查罪犯,只要按正常的手续办,即使是到属于美国财产的地方搜查也不反对。但是此事关系到我们一名工作优秀的得力员工,并且逮捕的手续也极为异常。不要说刘文彬犯罪的证据了,连犯罪情况我们都一概不得而知。据一名宪兵讲,在我家的逮捕行为没有任何的委任和许可。这封信的复印件将立刻送往美国驻南京大使馆,明确表示对宪兵的做法以及他们不当干涉美国产业上的合法事业的不满。①

贝德士是位有国际观的学者,面对日本使馆警察两次逮捕刘文彬,将其拔高到"干涉美国产业上的合法事业"这一层面,有其特定的思考。这段时间恰巧是欧美使领馆官员归来的日子,贝德士的信底气十足,在这封给日本使馆的信中,贝德士明确告知日方,要将这一情况汇报给美国大使馆。但1938年1月14日,刘文彬遇害。

对此,贝德士万分气愤,果断地将此事的进展实时地向爱利生汇报。据贝德士1938年1月18日给美国驻南京大使馆的信记载:

发生于8号、于11号变得更加紧迫的刘文彬事件。据我们所知,日本当局没有令人满意的处理,自从您处理这件事以来,我抱着不管是因我而起的事还是和刘文彬有关的事,只要问题得以解决就行的想法,所以一直保持沉默。但是16号我因个人的事到日本大使馆去了,到高玉的房间想打听一下有关刘文彬的事,因为福井曾告诉我刘文彬的事是属高玉管理的。但是我的问题似乎使他很狼狈,说是要再问一问福井什么的,一个劲地转移话题。最后,和一些人商量了几分钟后,高玉答应明天,也就是17号来见我。但是此后我没有见到他,也没有听到任何消息。②

一事未平,一事又起,很快发生了"洗衣妇事件",贝德士抓住了高玉的把柄。这一事件缘于高玉到金陵大学附中难民收容所物色洗衣妇,当难民收容所管理人员带来几位年纪较大的妇女时,高玉说要找年轻漂亮的,动机显然不纯。贝德士告知高玉,要将此事汇报给美国大使馆,让高玉既愤怒又紧张。据拉贝1938年1月24日日记记载:

---

① 《给日本驻南京大使馆的书信》,张生等编:《英美文书·安全区文书·自治委员会文书》,第96—97页。

② 《给美国驻南京大使馆的书信》,张生等编:《英美文书·安全区文书·自治委员会文书》,第110页。

高玉先生今天又到了我们的总部,并且带了一名会说中文的级别较高的警官。高玉在一个大学难民收容所找寻女孩子的时候被贝茨博士当场抓住。他解释说,他要找几个女洗衣工和女厨子。这当然没人会信,因为在远东众所周知,洗衣和烧饭在中国是男仆们做的事儿。高玉要求恢复他的好名声。斯迈思博士记录下了整个谈话并向他指出,他肯定要把此事通知各大使馆,这当然不合高玉的心意。他明确地提请我们注意,不要打扰大使馆,随后便沮丧地离开了这里。这件事着实让总部的全体人员幸灾乐祸了一番!①

贝德士随后将这事的原委汇报给了美国大使馆,美国大使馆爱利生又将此事通报给美国政府并向东京提出抗议,矛头直指高玉。高玉做贼心虚,但还是以强势的姿态来应对此事。面对高玉的强势,贝德士继续将事态的发展汇报给美国大使馆。据贝德士 1938 年 1 月 24 日给美国驻南京大使馆的信中记载:

昨天傍晚,高玉和一个日本人(我想这个日本人是领事馆的警察,穿着黑色制服)来搜查我们学校老师兼难民区区长姜正云先生。我听说是日本人在姜的家里没找到姜,通过姜的书面报告里提到姜先生曾送给我一份报告说高玉从中学得到 5 名少女这件事,才找到我这里来的。他们还说,这是根据难民刘文彬的报告采取的行动。我可以保证姜先生不是那种中伤别人的人。他们要求在他们明天早晨再来的时候把问题搞清楚,接着他们就离开了。在我们谈话的过程中,他们的态度很严肃。不用说,刘文彬事件给所有相关的中国人包括我,都笼罩了一层浓厚的阴影。下面是三个注意事项:第一,姜先生根本没有送给我他们所说的什么报告。此处是为了保护姜正云,或者菲奇未告知贝德士。第二,难民刘文彬正因为日本人时常来抓女人这种无赖的行径,已经解除了在难民所的工作。第三,不管傍晚还是早晨,我都一直在学校,但是我没有遇到日本人。这里提到的这些情报,来自于几个可以信赖的男人。他们一直在事件现场的附近,平时一直和我互相合作。今天早晨,日本人又来了,样子不像以往那般紧张。原来是他们要求姜先生写一份声明书,来澄清姜先生通过我送到美国大使馆的一份报告里说的关于高玉的相关嫌疑。姜先生在中学以及后来在大使馆的两个钟头里,采取的主要对策是写一份声明书,表明高玉找了五六个人来洗刷。姜先生受到了严厉的讯问,不过姜先生只是说,自己不清楚别人心里的想法,只是写了自己听到的事而已,没有任何动机。在大使馆的讯问比较温和,还能接受。另一方

① 拉贝 1938 年 1 月 24 日日记,[德]约翰·拉贝:《拉贝日记》,第 411—412 页。

面,我尽力搞清楚事态的发展。在姜先生被带走一个小时后,快11点时,我去大使馆见到了福井,我对他说:“我反对说这次的事情是按正当的手续办理的,这是您应该可以理解的,我马上就去美国大使馆。”我原本认为我的这次访问会使姜先生立即被释放,问题有很大的机会得以马上解决。福井唤来了警官,说可能一会儿姜的讯问一完就会被释放。最后他对我说:“不用担心,马上就可以和他说话了。”我马上回答:“我也希望如此。”那个时候我只想马上知道姜先生的消息,所以我想把刘文彬事件的情况和盘托出。但是,福井强调说什么都不知道(关于这一事件的报告已经交给他了。去问高玉前,他就明显地表示他知道名字了)。然后,我去见您,在候客室里见到了高玉。他曾两次催我写下那个中国人的名字,但我说我要先见阁下您,于是他决定要在我之前见阁下。就像您所看到的那样,高玉和我一起进您的房间的时候,还在反复地询问那个名字。我回答他说,关于那件事他应该了解得很详细,没必要问我吧。当我说出发生纠纷的地点和时间时,他就表现出惊讶的样子。在我写下姜和刘两人的姓名后,他还反复地提那个要求,于是我终于感到他有些没有表露出来的秘密想法。于是我问:“你说的是谁的名字?”他回答道:“就是写给您报告书的那个人的名字。”我回答道:“向我报告的人有几个,可是您是知道的,我不能把他们的名字告诉您。”高玉大概是在去美国大使馆之前,见到了去找我的菲奇。据说,他对着菲奇反复地说我是个不像话的人。这份报告书由于各种各样的障碍而送交迟了。在那些障碍中,也包括和高玉以及一位中国话说得很好的警官的一次长时间的谈话(实际上,那个警官至今为止为高玉当中日文翻译),谈话的内容可以从录音机的记录中知晓。但主要的是在说这几个单纯的话题:(一)高玉为了他和他四个朋友找几个洗衣女工这么一个善良的意图,受到了数不尽的中伤。对此高玉十分苦恼。(二)他们表明,他们不承认什么手续问题或是什么不当侵入的问题。在无聊的说明和反复之后,说高玉和姜是好朋友,像昨晚、今天早晨一样,他经常拿点茶水什么的过去,用这样的话来应付我。(三)美国大使馆有封信里指责高玉的恶行,那份报告书是出自贝德士先生的。我说。据我所知,给大使馆的惟一一封信的内容是:高玉获取洗衣妇的做法,由于最近南京妇女的遭遇容易遭人怀疑,所以反对;并且,虽然我没有亲自到大使馆去报告这件事,但对那份报告我会负责。(四)高玉为了彻底保护大学和保护区的其他场所,花了很长的时间查看了大学的各个场所。然而今天早上,他们的活动遭到了恶意的攻击,由于这一件事,他们受到了伤害。(五)在安全区里,和平和善意是必要的,因此我应注意不应该相信那些怀有恶意的中国人的反日谣言。(六)重新恢复彬彬有礼的做法和相关保证是必要的。[①]

贝德士与高玉的交涉,有其向日方施压的考虑。据他1938年1月21日致妻子函记载:“我们在宣传上没有清晰的策略,……可能我们要放弃坏事和警告的间接发布,以匿名方式直接公报,直到这场博弈变得明了或是某些报复行为带来一种新形式的踟蹰。但我一直想引起世界对此的关注,从而向日本人施加压力,使他们为了修正自己的缘故,不再继续可耻的行径。”另据1938年1月22日贝德士致妻子函记载:“东京的英国大使馆也发来电报,要求对通过英国总领事收到的由鲍引登提供的暴力情形给予确认。可见,这个壶已经开始加热了,无论是在国际上还是对于个人而言,整个后果都不容小看。”[②]1938年2月1日,贝德士致妻子函称:“所有形式的呼吁和努力最终可能升级成强烈要求外国政府向东京发出呼吁,让其对当地驻军首领施压(这都要归爱利生事件和林查理与我的冒险,因为这使得这帮家伙非常怨恨)。”[③]

(4) 普遍暴行的终结与治安“常态化”

1938年2月的华中方面军人事调整,为结束无休止的全城暴力提供了前提。据南京宣抚班1938年2月情况报告:“为了协助入城的皇军部队早日恢复南京的治安,自治委员会成立后立即制定了设立警察厅的计划,并于1月10日在原首都警察厅内举行了成立仪式。随着各区公所的成立,各区也设立了警察局,他们在特务机关治安工作人员和宪兵队的指导下执行治安任务,取得了良好的成绩。但目前的治安维持是由军队及宪兵来进行的,这点自不待言,将来准备将直接维持治安的工作由军队转移到宪兵,再由宪兵转移到自治委员会。”[④]

于是,回家的难民和街上行人日益增多,新街口人来人往的局面也渐渐成型。据沙尔芬贝格1938年3月4日描写的南京现状记载:

卫戍司令官天谷少将进行了铁腕治理:暴行事件已不再听到,秩序也大有好转,所有中国人砍下用来阻挡坦克通过的树木都已被搬到了路边,因此中山陵附近的道路又畅通了。安全区现在半数难民搬走了。傍晚时分看到城里有许多人,但只有个别的黄包车,没有马车,不时也出现一只拉车的驴子。交通警察也增多了,可以看到日本的巡逻队穿过安全区,有两个中国警察陪着 ,手里拿着一

① 《给美国驻南京大使馆的书信》,张生等编:《英美文书·安全区文书·自治委员会文书》,第111—113页。
② 《贝德士致妻子》,张生编:《耶鲁文献》(上册),第168页。
③ 《贝德士致妻子》,张生编:《耶鲁文献》(上册),第176页。
④ 《南京宣抚班报告》,王卫星、雷国山编:《日军军方文件》,第343—344页。

面白旗,上面写着“清理安全区”字样,可见对此没有使用暴力。我们看到少数日本哨兵那里经常有一些孩子在和他们做游戏。①

根据国际救济委员会的整理,从2月3日到2月27日,共记载了445—459号案件。从2月27日到3月20日,共整理了460—470号案子,比起1月份显然减少了很多,也是南京治安好转的直观表现。据1938年3月3日《当前形势概述》记载:“过去两周,秩序已有很大改观。”②到了4月初,难民收容所的难民数快速降到了2.2万人。

不过,日军的零星暴行依然是存在的。据贝德士1938年3月20日致美国使馆爱利生函记载:

> 通过与个人直接接触,我们每天都知道三起或四起士兵所干的谋杀、伤害或强奸案例。还有更多是我们不知道的,因为通常有一些案例我们不一定注意到。我们没做正式报告,因为这些案例很少发生在我们的驻地。但他们很关心我们的救济工作,并且表示缺乏秩序和纪律有可能使事态更糟糕。3月11日,我和宋煦伯看见两名士兵在我们院墙连接处强奸了一名妇女。新部队最近进驻南京。即使不从人道的立场出发,而仅仅为了他们军队的荣誉,难道日军当局不会停止持续三个多月的犯罪吗?如果不给士兵清楚地下达严格的命令,很显然,日军将领是不会在意这类犯罪的。如果命令清清楚楚,那么士兵这么做就是蔑视将军。无辜者遭遇不幸,毫无安全可言。③

虽然零星暴行依然存在,不过普遍化的烧杀抢掠已经结束,“常态化”殖民秩序系统创设的“成果”初现端倪。

(六)房产问题

战争来临,有人离开了南京,有人留在了南京。无论是离开,还是留下,房产都是其共同的挂念。

---

① 《沙尔芬贝格:1938年3月4日的南京现状》,陈谦平、张连红、戴袁支编:《德国使领馆文书》,第152—153页。

② 《当前形势概述》,张生编:《耶鲁文献》(下册),第534页。

③ 《致美国使馆爱利生函》,章开沅等编:《美国传教士的日记与书信》,第25页。

1. 战争来临与房屋损毁

(1) 房屋损毁和统计

1937年8月15日,日军开始轰炸南京,给南京房产造成巨大破坏;南京保卫战对市民的房产也有损坏。南京沦陷后,更有大面积的房屋被日军烧毁。

日机空袭造成的房屋损毁记录比比皆是。如大屠杀幸存者程启祥回忆:"8月15日左右,我还记得,日本人的飞机第一次轰炸南京,我家的房子被炸坏了。"①另据南京市崇淑代用小学程志芳1947年8月汇报:"位于南京大全福巷的45间房屋于1937年9月19日被敌机炸毁,损失约90000元。"②

南京保卫战对房屋的损坏,集中在城南和下关。据马吉1937年12月9日致妻子的信记载:"星期四,我在下关时,士兵们正在烧兴中门外(兴中门在挹江门北面,邻近火车站,临江有太古、怡和、大阪、招商等码头)的房子,我不知道现在大桥饭店是否被烧掉了。"③要说明的是,上述被烧毁的房屋中有很大部分是中国军队从战术角度考虑主动放火烧毁的结果。如《芝加哥每日新闻报》12月9日刊登的A·T·斯蒂尔的专稿称:"昨晚我去了西门外的村庄。村里的人在收集财物,准备到难民区去。据说是军队下达了要放火烧村(的命令),所以必须在半夜前搬走。很多人像蚂蚁搬家似的一下子涌向了难民区。"④

日军进城后,更大面积焚毁住宅,以市内住宅为多。市民杨知礼1945年12月29日汇报:"位于凤凰西街96号的瓦房一间于12月14日被日军放火烧毁,价值约10000元。"⑤市民陆汝田1946年1月18日汇报:"位于三牌楼35号的8间新式瓦房住宅在日军攻陷南京时被日军焚毁,价值约48000元。"⑥除了战后市民的汇报,战时西方在宁人士也有直接的观察。据麦克伦1937年12月29日日记记载:"今天我试着估计财产的损失的程度,从医院到中山路和白下路约有50%的房屋被破坏,白下路约有50%被破坏,中华路到健康路有60%以上的被破坏,城市最南端约有相同百分比的房屋被烧毁,鼓楼以南至东城墙约有20%—30%被烧毁。"⑦此外,日军的日记与

---

① 《程启祥口述》,张连红,戴袁支编:《幸存者调查口述》(中册),第500页。

② 《南京市民财产损失报告单之二》,夏蓓,郭必强,姜良芹编:《抗战损失调查委员会调查统计》(上册)张宪文主编:《南京大屠杀史料集》第16册,南京:凤凰出版社,江苏人民出版社,2006年,第484页。

③ 《马吉致妻子函》,章开沅等编:《美国传教士的日记与书信》,第146页。

④ A·T斯提尔:《等待命运的南京卫戍军,战仅仅是挽救名誉》,张生编:《外国媒体报道和德国使馆报告》,第52页。

⑤ 《中华门外、通济门外等财产损失报告单》,姜良芹、吕晶、郭必强编:《市民财产损失调查》(1),第264页。

⑥ 《中华门外、通济门外等财产损失报告单》,姜良芹、吕晶、郭必强编:《市民财产损失调查》(1),第292页。

⑦ *IMTFE EXHIBIT*(*International Military Tribunal for the Far East*) *NO.*309, RG238, Entry14, Box137, Location:190/10/21/03. National Archives II of USA, Maryland.

回忆也有很多记载,如“日军军司令官对下属部队下达的‘严肃军纪’的布告早就由宪兵公布在城市的各个要地。尽管如此,不久天亮了起来,不知道是谁干的,城市各个角落的火势在蔓延。鲜红的火焰以冲天之势烧焦了天空。火焰一点一点吞食着城市里的房屋和财富”。[①] 福斯特 1937 年 12 月 26 日给妻子的信记载:“情况一天天有所好转,我想不久人们就可以回到自己家里去了;整个城市南部都被烧毁了,我们在太平路和白下路的房屋和少数几间房屋令人惊异地成了唯一的幸存物。”[②]这段记载验证了城南的破坏程度。如史迈士 1938 年 1 月 1 日给妻子的信记载:“麦克伦今天去南城看了一遍,与我们从塔上观望的估计相同,城市内只有 10%的房屋被焚烧,幸运!但主干道的商店门面全被烧了。”[③]

关于南京房屋遭受破坏全貌,沦陷后留在南京的外籍人士有过细致的调查。据《南京地区战争灾祸》记载:

> 城外 62%的房屋被烧毁了,通济门外被烧的房屋竟达 78%。城里被烧房屋的比率是 13%,其中门东区是 29%,安全区是 0.6%,房屋稀少的城北区是3.5%。[④]

对于房屋破坏的主要原因,当时外籍人士就做过辩证分析,如贝德士在《南京地区战争灾祸》前言中说:

> 紧靠城区的南京东南方某些城镇和村庄的火,是中国军队放的。他们这样做是作为一种军事上的措施——至于是否合适,那就不是我们所能决定的了。东南沿线的战事,和四天里日军对市区发起的几次中等规模的进攻,给老百姓的生命财产造成了一些小的损失。事实上,所有在市区放的火,以及在大多数农村放的火,都是日军逐步干下的(在南京,从 12 月 19 日即日军进城一个星期后直到次年 2 月初)。在调查报告报道的那段时间里,整个地区发生的大多数抢劫,实际上对老百姓所施加的全部暴行,都是日军干的——是否有正当理由证明他们合乎政事,那也不是我们所能决定的。1938 年 1 月初,逐渐出现了中国平民干的掠夺和抢劫;后来,特别是 3 月份以后,为了取得燃料,一些没人居住的房屋被

---

① [日]赤尾纯藏:《泥与血之中》,王卫星编:《日军官兵日记与回忆》(下),第 401 页。

② 《福斯特致妻子函》,章开沅等编:《美国传教士的日记与书信》,第 104 页。

③ 《史迈士致妻子函》,章开沅等编:《美国传教士的日记与书信》,第 259 页。

④ 《房屋及财产损失统计》,姜良芹,郭必强编:《前期人口伤亡和财产损失调查》,第 19 页。

拆毁了。[①]

显然,主要责任者是日军。日方的资料里也有很多可做佐证,如第十军司令柳川平助于1937年12月13日上午8时30分在南京城南的秣陵关发布《丁集作命甲号外》:"各兵团对城里的炮击自不必说,应尽一切手段歼灭敌军。为此,如有需要,烧毁城区,尤其是不要受到败兵残卒欺骗行为的蒙蔽。"[②]12月13日正午在南京东南部700米道路上无名村庄,第十军右翼队长奥少将也发布了《步第一二八旅命第66号》:"第一线两个联队应以全部主力进入城内,尽一切手段歼灭敌军。为此,如有需要即烧毁城区。尤其是勿受残敌欺骗行为的蒙蔽。"[③]高层下达命令,基层官兵坚决贯彻。据时任日军第六师团步兵第四十五联队第七中队小队长前田吉彦12月19日日记记载:"回去的路上,在经过十字路口往南去秦淮河的时候,没想到像是从路边三层楼高的西式楼房里突然冒出了黑烟,楼下还开始不断地吐出火舌。今天早上来的时候还没有一个地方着火。这些是征缴队经同意才放的火。"[④]

未被焚毁的房屋也大多遭遇抢劫。据《南京战祸写真》记载:"抢劫大体上涉及到城里73%的房屋,城外只有27%,因为那里很多房子都被烧掉了,下关区被烧掉的竟有34%。在城里,城北区被抢劫的房屋多达96%,城北东区为85%,只有一个区低于65%,那就是安全区,房屋遭到抢劫的占9%。"[⑤]日方资料中也有很多的记载,如时任日军第六师团步兵第四十五联队第七中队小队长前田吉彦12月16日日记记载:"回去的路上,街上的人比早上多得多,不知是因为允许不加限制地征缴还是随心所欲,这一带房子的门窗被任意砸坏,有很多士兵两手抱着粮食、衣服之类的东西。"[⑥]

除了惨遭焚毁和抢劫,南京很多房屋还被日军占做军营。如前田吉彦1937年12月15日记载:"师团司令部占据了市中心以南的街道。银行、银楼、宾馆饭店等宏伟壮丽的建筑物作为宿舍分别被通信部队、野战医院、病马场、兵器部等占据,简直就像摆出'此处即司令部所在地'的架势,藐视着我们这些肮脏的战士。尽管是沾了前线步兵英勇奋战的光,他们这些后方司令部的每个人威风凛凛,架子十足,看起来就像是战功的代表。真是可笑至极。"[⑦]

---

① 《贝德士〈南京地区战争灾祸〉前言》,姜良芹、郭必强编:《前期人口伤亡和财产损失调查》,第2页。

② 《丁集作命甲号外》,王卫星、雷国山编:《日军军方文件》,第209页。

③ 《步第一二八旅命第66号》,王卫星、雷国山编:《日军军方文件》,第220页。

④ 《前田吉彦日记》,王卫星编:《日军官兵日记与书信》,第500页。

⑤ 《房屋及财产损失统计》,姜良芹、郭必强编:《前期人口伤亡和财产损失调查》,第19页。

⑥ 《前田吉彦日记》,王卫星编:《日军官兵日记与书信》,第498页。

⑦ 《前田吉彦日记》,王卫星编:《日军官兵日记与书信》,第495页。

蒋介石位于中央陆军军官学校内的官邸为日军占领。选自:《支那事变画报》第11辑。吴先斌提供。

蒋介石官邸被日军占领后的内景。选自《支那事变画报》第14辑。吴先斌提供。

日军占领国民政府财政部。选自《不许可写真》。

日军占领国立美术馆。选自《支那事变写真全辑》(中)。吴先斌提供。

2. 安全区房屋利用与管理

相比之下,安全区内的房屋基本保持完好,被烧毁比例相对较低。事实上,南京沦陷后,在最黑暗的时期,南京多数难民都集中生活在这块面积只占南京八分之一的地区。这一区域为南京难民挺过极端恶化的环境提供了栖身之所。据《南京地区战争灾祸》记载:

调查报告里讲到,即使在城市沦陷14个星期以后,还有43%的人住在房屋只占总数的4%、面积只有城区总面积1/8的安全区里。虽然安全区不是日军当局组织的,但事实上安全区里没有火灾发生却是极大的好处。而且与外面的破坏和暴力比较起来,安全区里的待遇要优厚得多了。①

前文已述,从空间上划分,沦陷后的南京分为外城(城墙外)、中城(城墙到安全区)、内城(安全区)以及城中城(难民收容所)。城中城居住的难民绝大多数都是社会最底层的穷人,20多个难民收容所,收容了安全区约五分之一的人口。据福斯特1938年2月1日给妻子的信记载:

今天上午我参加难民中心主任会议。目前在这些中心约有58000人受到国际委员会照料。这些中心全部在安全区内,考察他们如何分布是有趣的。36271人或62%在美国产业,601人或1%在德国产业,17900人或31%在中国政府产业,3139人或6%在中国人的私人产业。日本人坚持这些难民必须在2月4日以前从各个中心搬出,否则将强行驱出。相关通知已张贴在各个中心,有些难民开始迁移到日本当局划定的安全地区。但在今天上午的会上,实际上每个难民营主任都报告了导致难民重返中心的事件。②

难民收容所人口高度集中。据《南京国际救济委员会报告书》记载:

各种收容所——廿五处"永久"收容所,此处以时间与篇幅关系,不容逐一细述。兹仅将其中若干处,加以叙述,以明各收容所之状况。金陵女子文理学院设一妇孺收容所,所收难民,在十二月最恶劣之时期中,其数约为一万,一月中逐渐减少,以至该期末,约为三千左右。此收容所之历史,与安全问题有密切关系。

① 《人口状况与伤亡损失》,姜良芹、郭必强编:《前期人口伤亡和财产损失调查》,第8—9页。

② 《福斯特致妻子函》,章开沅等编:《美国传教士的日记与书信》,第125—126页。

金陵大学各房屋中，共设收容所六，其中两处，完全由该校人员办理，所收容之人数，在十二月后半期为28000，其中11000均在附中校舍中。鼓楼之主要建筑物，几完全以收容妇女为限。其他一种收容所，由一群难民独立组织，然后请求本会之协助与监督，贵格会中之数百人，惠庆里(译音)之数百人，难民区外之一大群及南京城西南隅双塘长老会中之千余人均属之。此外有市立小学校舍中所设之收容所三，所收人数，在第一、二两月中，各约一千五百。最不幸者，厥为设于司法院及最高法院中之收容所，其中难民，实为军人所扫灭，其仅存者，亦于十二月十七日被逐。管理最难者，为最后关头涌入兵工署(旧为交通部)之万余人。此等人大部分为城中之最贫苦者，而此时本会之良好工作人员，又均已被调至他处各组织服务；化学研究所中之二千五百人，与前军官学校之三千二百人，其情形亦正相同。此等公共建筑物所遭兵灾，显甚于悬外旗之私人机关建筑物，而收容所主管人员之处境，亦艰险极矣。①

如此巨量的人口，只有有限的房屋可以利用。所以，安全区房产的宏观调配、难民收容所的房屋管理都不是一件简单的工作。

(1) 优化房源

安全区委员会成立时，设置了住房组，统筹难民住房。首先要寻找房源，据安全区委员会调查："难民区约占全城八分之一，其中房屋密集者仅一小部分，大部分均无甚建筑物。新住宅区亦在难民区内，其中官吏阶级所住之广厦，业已搬空，其他新式房屋，曾为知识阶级及中产阶级所居者，其住户均已西迁。此等私人产业，有时仅有佣仆或戚族留守其中。一九三七年十一月难民区委员会成立之时，区内市民之实数，约为十万余。"②

公房自不待言，因为中国政府对安全区委员会的工作全力支持，政府的公共建筑可以随时调用，张群离开前还把自己的别墅交给安全区委员会使用。安全区的外国产业因为外籍人士留在南京，像金陵大学、女子文理学院都可以用于难民收容。问题在于安全区内的"官员房、知识阶级和中产阶级的新住宅"。为扩大房源，安全区委员会和南京市政府商议征用此类新住宅，得到了市长马超俊的许可："是时得市长许可，由本会会同警察，将无人居住之屋内所存动产，封存一二室中，俾将其余空屋，供由城中其他各处迁来之难民之用。"③同时，也鼓励难民通过私人关系和有人看守的私人房

---

① 《南京国际救济委员会报告书正文》，张生等编：《英美文书・安全区文书・自治委员会文书》，第395页。

② 《南京国际救济委员会报告书正文》，张生等编：《英美文书・安全区文书・自治委员会文书》，第393页。

③ 《南京国际救济委员会报告书正文》，张生等编：《英美文书・安全区文书・自治委员会文书》，第393页。

屋管理人员沟通入住。据记载:“房舍及收容所难民区之进行——难民房舍问题之解决,系根据下列原则者,即先竭力与私人商定,作可能之准备,而将各公共建筑物及产业,留为将来扩充之用,盖恐将来危急之时,区中房屋既经住满,而留于区外最贫苦之住户等,仍将涌入区内也。”①据大屠杀幸存者丁荣声回忆:“当日本鬼子到了汤山附近时,我家老表婆婆说,这里不能再住了。于是我们又开始往城里跑。这时一起往城里跑的人中共有12个年轻的妇女,我们走到汉中路转弯处的慈悲社,看到有一幢刚造的平房,有七间,里面没有人住,但有人管理,于是我们就租住了这幢房子”②

显然,安全区委员会对安全区房源的摸底是全面的,对待不同类型房产的启用也是优化配置的。

(2) 提高房屋利用率

安全区委员会成立之时,设置了房屋管理小组,由许传音博士担任住房管理委员会主任。据许传音陈述:“我的职责是照顾在安全区里有房户和无房户的膳宿。那时,很多人有亲戚或朋友在安全区内,于是他们也到了那里。不仅是他们自己到了那里,而且也把随身的物品带过去了。对于那些没有亲戚朋友的人,我们的任务就是帮助他们找到房子并安顿下来。这些人为数众多。最后,我们为他们建了25个难民营,都在我的直接管辖下。我安排的这些房子,有民房也有公共建筑物。”③

许传音率领管理团队宏观上将难民区分为八小区。据记载:“难民区委员会,设有大规模之房舍组,将难民区划分八小区,每一小区中设一办事处以司其事,并详测各可用之地位,以便设法尽量利用。”④除了房舍组管理人员外,还有几百名警察和巡逻员也参与管理,对于霸房、霸面积的难民给予疏通和管教,甚至“逮捕”。据记载:“此时本会工作,实赖若干队未离城之警察及巡逻员四百人之友谊的有效合作。难民中之因故而遭逮捕者,殆不满六人,盖难民均有非常端正之行为也。”⑤这样的管理是有效的,目的也是明确的:“挤塞于私人房屋中之人群,或经好言相劝,或以权威压制,务使可居之屋,均得正当之利用。”⑥

在安全区开放房屋接待难民之前,安全区委员会通过媒体,告知进驻安全区的注意事项,特别是1937年12月4日和12月7日做了两次通告,在通告发布之前,安全区委员会意识到,最穷的人多是最后进入安全区,因此在房屋开放上秉持一个原则:

---

① 《南京国际救济委员会报告书正文》,张生等编:《英美文书·安全区文书·自治委员会文书》,第393页。

② 《丁荣声口述》,张连红、戴袁支编:《幸存者调查口述》(中册),第478页。

③ 《许传音的证词与回答质证》,杨夏鸣编:《东京审判》,第55页。

④ 《南京国际救济委员会报告书正文》,张生等编:《英美文书·安全区文书·自治委员会文书》,第393页。

⑤ 《南京国际救济委员会报告书正文》,张生等编:《英美文书·安全区文书·自治委员会文书》,第393—394页。

⑥ 《南京国际救济委员会报告书正文》,张生等编:《英美文书·安全区文书·自治委员会文书》,第393页。

鼓励难民提前通过私人关系入住私人产业，不到迫不得已时不开放公共产业。

随着日军攻城开启，难民快速涌入安全区，这时安全区委员会采取动态摸底方法，择时启用收拾出来的、无人看守的私人房屋，供难民居住。据记载："私人房屋，就各层之地位计之，如已达人满之境地时，即在房舍组监督之下，将较大之房屋开放，一屋住满，始开放其他一屋，以防难民中有结为伙伴，谋占较广之地位。"①后来的形势发展证明，这一思路是非常正确的，如果一开始就开启金陵大学这类的的大型难民所，势必很快人满为患，最后进来的最穷的难民将无地容身。果然"南京城东南部被攻击时，及南京陷落后，难民之逃入区内者，势如潮涌，楼梯、防空壕、旧披屋，以及难民临时以随身带来之物匆促构成之棚，均已人满。此时进入区内之难民，约为二十五万人。"②

(3) 打造"样板房"——难民收容所房屋管理

如果说安全区所有房产是安全区委员会开发的楼盘，那么难民收容所就是安全区委员会心中的"样板房"，这里集中收容的难民很多。据统计"收容所内难民平均人数，十二月后半月为 70705 人；一月份为 62500 人；二月份为 36800 人；三月份为 26700 人；四月份为 21750 人；五月份为 12150 人。"③

难民收容所有 20 多个，整体分类，分为公共建筑内的难民收容所和私人建筑内的难民收容所。为了保证难民收容所房屋使用的正常化和可持续使用，安全区委员会尽心尽力，对其进行管理。对于公共建筑难民所房舍的管理，自有一套章法："金陵大学、金陵女子文理学院及金陵神学院，由房舍组请求各该机关中人员，开放房屋，收容难民，即由房舍组指派各该机关中人员为管理员并予以协助。"④相对而言，管理由私人住宅组建的难民收容所房舍较为困难，因为这类房屋在性质上分为两类，一类是人去楼空型，一类是有人看守型，"难民之在较大之房屋内者，对管理之需要渐大，而管理时期之延长，亦为始料所不及。经数月之久，本会大部分之努力，均倾注于此种工作也。"⑤

对于前者的管理，"收容所之设于私人机关房屋中者，由房舍组指派管理员(有时且指派副管理员)以司其事。数处房屋，有由一人管理者。此等收容所之状况与人员，至不一律。"⑥对于有人看守型的私人难民收容所的管理，"其他私人机关房屋，经

① 《南京国际救济委员会报告书正文》，张生等编：《英美文书 · 安全区文书 · 自治委员会文书》，第 393 页。
② 《南京国际救济委员会报告书正文》，张生等编：《英美文书 · 安全区文书 · 自治委员会文书》，第 394 页。
③ 《南京国际救济委员会报告书正文》，张生等编：《英美文书 · 安全区文书 · 自治委员会文书》，第 395 页。
④ 《南京国际救济委员会报告书正文》，张生等编：《英美文书 · 安全区文书 · 自治委员会文书》，第 394 页。
⑤ 《南京国际救济委员会报告书正文》，张生等编：《英美文书 · 安全区文书 · 自治委员会文书》，第 394 页。
⑥ 《南京国际救济委员会报告书正文》，张生等编：《英美文书 · 安全区文书 · 自治委员会文书》，第 394 页。

管屋人之同意,有由房舍组将管理之责,付与暂寓该屋之人者。有时留居南京城中之人,为房舍组中人所熟识者,即由房舍组派为管理员,亦有由房舍组就收容难民中觅一相当之人派为管理员者,更有就难民中之杰出人物,其能力为同居难民所注意,或具有某种野心者,即由房舍组认为管理员。此等人员之设置,有固定者,有不固定者,其结果有办理极善者,有办理不力者,也有略事敲诈者,此殆必然之势也。”①在大屠杀幸存者口述调查中,也有人提到自己被安全区委员会住房组任命为管理人员的事例。据南京大屠杀幸存者刘世尧口述:“1937 年农历冬月初六,正是我父亲过 70 生辰的前两天,南京城内居民纷纷跑反找生路,听人说五台山划为难民收容所,总部设在五台山永庆寺内。我父母亲和我前妻跑到云南路口金陵大学农业专修科楼下住了下来。冬月初八,收容所总部来人联系,说已成立国际救济委员会第三十五难民收容所,要我和太平路美最时皮鞋店负责人担任小组长。当时住在三十五收容所的难民有 2000 余人,拖儿带女,扶老携幼,都认为住在难民区能保证生命的安全。”②

南京沦陷,恰逢寒冬腊月,中途也有雨雪交加之时,难民因为没有住地冻死街头的时有所闻,但总体上说,安全区委员会的房屋管理是成功的,尤其是难民收容所,特别是外籍产业中的大型难民收容所为底层穷人提供了基本生存保障。安全区委员会在评价收容所时也感慨的说:“概言之,在收容所存在期内,所中无电力、无自来水、无宣泄积水之沟渠,无电话,亦无友好适当足以求助之警察。大城中多数之人均已迁移,而难民则为大城中之最贫苦者、残废者及最无能力之人。在此种情形之下,集体生活,实为一种伟业,此种伟业常博得外人评论,谓‘此惟中国人所能忍受。惟中国人能和衷共济,彼此间无甚严重之纠纷。’”③

3. 外籍人士房产损失与纠纷处理

涉外房产主要有三大类:使馆及外交人员房产、在南京的文教卫工商业者的住宅,以及外国所有的洋行、大学、教堂等设施。第一类如位于五台山的美国大使馆、位于萨家湾 9 号的德国驻华大使陶德曼的房产;第二类如位于广州路的拉贝的住宅;第三类如金陵大学、金大附中、马吉及福斯特非常关心的城南的教堂等等。

(1) 沦陷前,抗议日军空袭对本国产业的破坏

1937 年 8 月 15 日,日军开始轰炸南京,欧美驻南京使馆对此格外关注,对日方的抗议也随之展开。在他们的理解中,南京有很多外国产业和外籍人员,日军无差别的轰炸可能导致外国公民伤亡和不动产破坏。美国的抗议尤为频繁。据 1937 年 9 月

---

① 《南京国际救济委员会报告书正文》,张生等编:《英美文书·安全区文书·自治委员会文书》,第 394 页。

② 《刘世尧口述》,张连红、张生编:《幸存者调查口述》(上册),第 62 页。

③ 《南京国际救济委员会报告书正文》,张生等编:《英美文书·安全区文书·自治委员会文书》,第 394 页。

23日《纽约先驱论坛报》报道：

美国的通牒再一次重申了昨日驻日大使约瑟夫·C·格鲁对东京政府，以及当局对日本驻美大使齐藤博表达的立场，对日本威胁美国人和一般平民的生命、干涉美国官员合法正当行为的做法表示了强烈抗议。①

英国也极为关注，9月23日英国驻华代理大使豪尔发给国内的电报称：

昨天的空袭表明日本已经开始将摧毁南京的威胁付诸行动。迄今为止，他们的军事行动大多局限于城南，但是昨天炸弹却主要落在城北，这里聚集着大量外国人的利益，也是外交使团驻扎的地区。在第一次猛烈轰炸中，英国人的房产遭受破坏，英国公司的雇员被炸死（参见我的第480号电报）。日本外交部长（按：应译为外务大臣或外相）曾保证说，他们已经指示海军和陆军当局，采取所有预防措施确保外国人的人身和财产安全，可事实反映多么令人吃惊。②

伴随着日军的轰炸，欧美使领馆一边向国内报告事态，一边也通过各种渠道对日本的轰炸表示抗议。对此，日方因考虑国际关系的微妙，不敢贸然对抗，大轰炸前多是告知欧美使领馆，并保证不会越位。

（2）沦陷后，对各国房产受损极为关注

1937年12月7日，蒋介石离开南京，随后，欧美使领馆也开始最后撤离，撤离前多将大使馆房产的管理权交给了在欧美使领馆打工的中国工作人员，并将这一授权告知了各国政府和日本外交当局，如美国驻南京使馆的工作人员1937年12月9日发给外界及美国政府的报告记载：

大使馆工作人员不在期间，美国大使馆的大楼和两个附属设施以及防空壕的管理已经委托给了两位中方书记T.C.邓（音译）和吴叶超。大使馆院内，同我们雇佣的17位特别警察一起，居住着大使馆的服务人员及其家属和中方职员，他们已经分别拿到身份证。③

---

① 《美国向日本抗议，称攻击南京违反人道主义》，张生编：《外国媒体报道和德国使馆报告》，第10页。

② 《中国来电》，张生等编：《英美文书·安全区文书·自治委员会文书》，第213页。

③ 《保护在南京的美国人》，张生等编：《英美文书·安全区文书·自治委员会文书》，第58页。

欧美使领馆官员撤离南京时,对各国的房产十分担心,既担心中国军队撤退时抢劫,又担心日军攻城时的破坏。不过,按照"经验",城市一旦沦陷,很快就会恢复秩序,因此欧美使领馆官员乘上了停在长江上的军舰,准备待局势稳定后重返南京。出乎意料的是,1937 年 12 月 12 日下午发生了"巴纳"号事件和"瓢虫"号事件,"巴纳"号被炸沉,"瓢虫"号遭遇重创,此时德国使馆官员所乘的舰船幸免中弹,随后上岸躲避。第二天南京沦陷了,处理外交事件的英美舰船开往南京上游,接应各国侨民,处理遇难者遗体。12 月 15 日,欧美舰船和日本的驱逐舰经过南京时,在南京经历攻城战的欧美战地记者登船回沪,有针对性的对日军南京暴行进行报道,同时将贝德士、拉贝等安全区委员的信件私下带到上海交给各国使馆工作人员,他们也概述了日军对欧美使领馆和欧美人士房产的抢劫破坏。欧美使领馆官员对各国在南京的房产更是担心,迫不及待地想回到南京,一查究竟。对此,日本驻上海使馆进行敷衍,并主动和欧美使领馆沟通,声称日方会积极调查南京的涉外房产损失。

德国使馆官员罗森没有随英美使馆官员一同回沪,而是乘坐另一艘舰船"蜜蜂"号于 12 月 18 日来到下关,要求进城,实地查看房产损失。此次申请被日方拒绝后,罗森随第二批日军驱逐舰护航的舰队于 21 日回到上海。不过在下关的时候,罗森托日本海军舰长给拉贝带一封信。费吴生 1937 年 12 月 21 日日记记载:"拉贝今天通过田中接到德国大使馆罗森的信,说他在停泊于下关的'蜜蜂号'舰上,但未能获准上岸,并且打听德国财产状况。"[①]收到信后,拉贝随后回了一封信。据史迈士 1937 年 12 月 21 日致家人的信记载:

> 他用华丽的德语告诉罗森,他很高兴城里还有两座德国房屋未被损坏;罗森的小车以及其他德国汽车,为日本军队提供着优良的服务;说他希望在此过圣诞节,因为那时候估计会有水、电,并通电话!然后又附了外籍人员的名单,说我们都还好。这简直是个杰作!为礼貌起见,这张回签经过日本大使馆时不能封缄。他们拒绝发这封电报,于是我们几个美国人决定在昨天要求我们的使馆人员尽快派一名外交代表,拉贝知道他必须很小心才能使事情进展顺利。他比我们老练多了![②]

21 日,罗森到达上海后,英美德三国使馆官员一致给日本驻上海使馆施压。上海的命令随即发到南京,日本驻南京使馆命令领事警察高玉调查此事,高玉于 1937

① 《费吴生日记》,章开沅等编:《美国传教士的日记与书信》,第 75 页。

② 《史迈士致家人函》,章开沅等编:《美国传教士的日记与书信》,第 239—240 页。

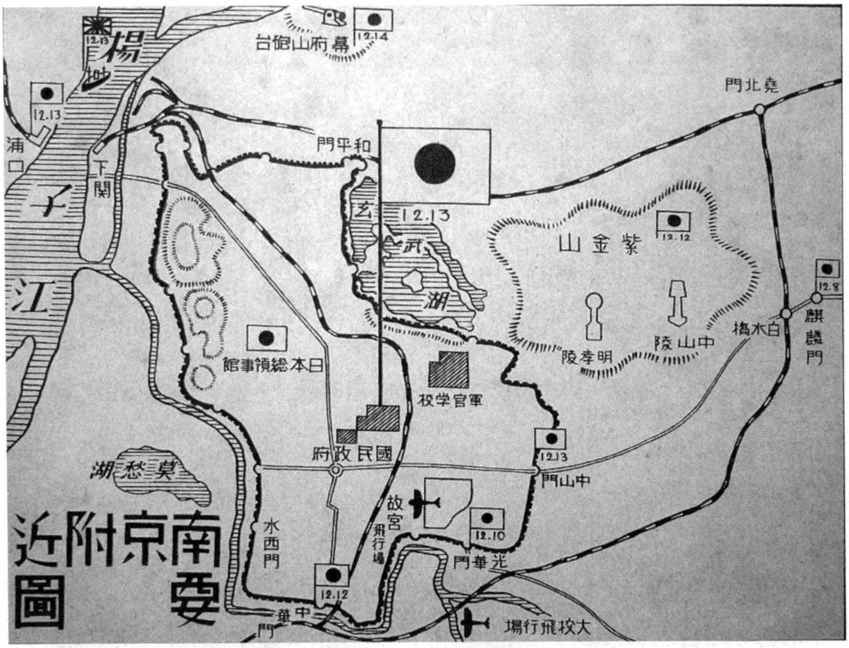

日军占领南京各要点示意图。《支那事变画报》第 11 辑。吴先斌提供。

日本街头庆祝南京陷落的广告招贴。选自《出征中支那》。吴先斌提供。

日军在南京紫金山天文台警戒,1938 年 1 月。选自《支那战线写真全集:上海战线》。吴先斌提供。

日军占领中央监察委员会。选自《南京民国建筑》。

年12月22日着手做此项工作。据拉贝1937年12月23日日记记载,"昨天晚上,警官高玉拜访了我,请我们列出一份所有外国人遭受损失的清单。"①

其实,几天前,日本驻南京使馆官员就开始关注外籍人士房产,这也是他们回到南京的基本工作之一,1937年12月15日,日本使馆官员回到南京,第三天就去给外籍人士房产贴告示。据马吉陈述:"12月18日,日本大使馆的田中副领事邀请我和他一起去南京城北的下关,辨认一处外国人的财产,他要在这处财产上贴出告示加以保护。"②

不过,南京使馆的自查不同于按照上海命令调查外籍人士房产损失,高玉也比较重视,联系在南京的各国侨民。拉贝知道此事的重要性,竭尽全力在12月23日完成对德国房产的调查。据拉贝1937年12月23日日记记载:"今天中午之前必须给所有外国人正在居住以及曾经居住的房子列出一份清单,对一个国家的大使馆来讲,这是一件轻而易举的事情,但是对我们委员会来讲,这是一件不那么容易办到的事情。但是我们还是办到了。我和克勒格尔、施佩林、哈茨共同进行了探讨,我们按区划分,及时完成了下列清单。根据这份清单,共有38所德国房子被抢劫,其中一所(黑姆佩尔的饭店)被烧毁。"③拉贝随后递交了一份德国房产受损的清单,在清单里明确提到了位于萨家湾9号的德国大使陶德曼博士的房子被部分洗劫,汽车被盗又被国际委员找到并归还;位于高楼门21号的德国大使馆行政主管沙尔芬贝格的房子被彻底洗劫;位于牯岭路20号的德国大使馆秘书罗森博士的房子被部分洗劫,汽车被盗……。

按照高玉的要求,美国人对本国的房产损失也进行了调查。据史迈士1937年12月23日致家人的信记载:"今天早上拉贝来说,领事馆警察要一份至今天2时止被抢劫的外国房屋清单。所以这就是我们马上着手做的事。当然我们给的仅是一份大概的情况报告,有关抢劫的程度,晚些时候由美国使馆确定的文件中声称(间接地)保留的权力。47幢德国房屋中据说有38幢遭到洗劫,174幢美国房屋中有158幢被劫。"④

对于外籍人士交给高玉的房产损失一览表,日方采取了冷处理策略,驻上海的欧美使领馆还是没有收到全面的损失报告。但是毫无疑问,日本使馆将这一调查汇报给了东京的外务大臣。

1937年的圣诞节前后,是一个重要的时间节点,因为12月24日本发表了"巴纳"

---

① 拉贝1937年12月23日日记,[德]约翰·拉贝:《拉贝日记》,第212页。

② 《马吉的证词与回答质证》,杨夏鸣编:《东京审判》,第113页。

③ 拉贝1937年12月23日日记,[德]拉贝:《拉贝日记》,第212页。

④ 《史迈士致家人函》,章开沅等编:《美国传教士的日记与书信》,第245页。

号事件的调查报告和处理意见,刚刚平息了美国人的情绪,为避免再次惹起美国的愤怒,东京当局对日军在南京的涉外抢劫行为做了紧急批示,12 月 28 日,陆军次官致电松井集团参谋长及该集团特务部长:

> 据冈本总领事发给外务大臣的电报,南京一名美国传教士向领事馆书面申诉如下:一、23 日晚,日本武装士兵至少四次进入南京美国大使馆院内,除掠走三辆汽车、四辆自行车、两个油灯、数只手电筒外,下级军官带领的一队人还对雇员搜身,窃取约 250 美元现金、表、金戒指、随身物品;还有士兵试图撬开锁着的帕克斯顿办公室而用刺刀刺穿了门;还有两人在试图强奸两位支那妇女时,因受到其他士兵制止而未遂。二、24 日上午 9 时,日本士兵再次进入院内,掠走两辆汽车、一辆卡车及巡警室里的面粉、大米各一袋、手电筒、现金 11.8 美元。按日高参事官就此所言,听说除强奸未遂一事外,我警察都予以确认。如果此件事属实,恐怕会使好不容易才解决的'帕奈'号事件出现逆转。因此,在和外务官员取得联系之后,尽快地采取适当处理。①

在上述房产调查紧锣密鼓进行的时候,欧美使领馆官员继续要求回到南京,1937 年 12 月 29 日,美国人爱利生获批一周后进驻南京。华中方面军的通知很快传到了驻扎在南京的上海派遣军,派遣军的参谋长们对华中方面军的这一决策表示气愤,但也无力抗拒,只能抓紧打扫屋子再请客。

(3) 欧美使领馆回归后,继续交涉房产问题

各国使馆官员回归后,随即与各国侨民进行了密集性的互动,拉贝、贝德士、史迈士等西方在宁人士集中汇报了使领馆官员离开后南京的情况,特别汇报了外籍人士房屋财产受损情况,希望借此大做文章。据史迈士 1938 年 1 月 9 日给家人的信记载:"我们原来没有打算尽力保护美国财产,但当日本使馆的人来到这儿,我们很快意识到他们只是对保护外国财产有兴趣——可悲的是连这个兴趣也微乎其微——但为中国人办事则毫不感兴趣。我们尽量利用这点优势,因为在美国产业的难民营我们有绝大多数人口。"②

对于外籍人士房产的破坏,日方也想栽赃给中国人,不过这不会赢得欧美使领馆官员的信任。比起日方的陈述,欧美使领馆官员更相信各国侨民的汇报。据拉贝 1938 年 1 月 17 日日记附录的礼和洋行克勒格尔 1 月 11 日致德国大使馆的信记载:

---

① 《陆军次官关于日本兵侵入南京美国大使馆的电报》,王卫星、雷国山编:《日军军方文件》,第 13 页。

② 《史迈士致家人函》,章开沅等编:《美国传教士的日记与书信》,第 268 页。

“关于日本部队进入南京前后下述德国人房屋的状况，根据我几天的持续察看，可以提出如下事实供你们随时使用。”[1]克勒格尔尤其强调：

> 上述6项所列房屋位于中国军队12日—13日夜里经主干道仓促撤退的道路旁。我们原来担心，德国人这些房屋会被在撤退中的中国部队砸开，但我12月13日下午的察看结果则是一切都完好无损，中国部队很守纪律。……我在这儿要特别强调，12月13日中午中国部队撤退已经过了山西路。中央路已经完全没有中国军队，同样，主要干道中山北路到国际俱乐部、高楼门、宁海路和上海路也已没有中国军队。[2]

这对日方是个巨大的压力。据福斯特1938年1月12日给妻子的信记载：

> 形势的改变得益于美、德、英使馆的官员们，日本人需要正视他们的军队抢劫了外国财产（甚至使馆）这一事实，他们设法把责任推卸给中国人，因为通常是外国人去查看他们的财产时，他们在现场看到的是日本人在抢劫，他们把弄得到的汽车都偷走了，甚至连存放在美国使馆保管的小汽车也开走了。现在日本使馆正在尽力追回被军队偷走的车，作出挽回面子的姿态。但我看此举并不合外国官员的胃口。[3]

欧美使领馆官员一边追究已损坏房产的责任，安全区委员会委员一边又及时汇报日军的最近暴行，尤其着力围绕国旗、本国布告说事。如贝德士1938年1月15日致美国使馆爱利生函：“像往常一样，有两名士兵对美国国旗、美国（使馆）或是日本（使馆）的布告毫无尊重：他们进门时这些布告都清晰可见。”[4]类似的报告还有很多，引起了美国高层的注意，如美国国务卿赫尔就致信贝德士，“请报告校园建筑建设和维修费用的情况，并确认基金保管人。”[5]

安全区委员特别是美国成员之所以密集性地汇报此类事件，不仅希望日本赔偿损失，而且希望大使馆将此事汇报给美国政府，一来将日军南京暴行告诉世界，二是在国际上给日本施加压力，希望东京约束南京日军在南京外籍产业中肆虐，并提供保

---

① 拉贝1938年1月17日日记，［德］约翰·拉贝：《拉贝日记》，第369页。

② 拉贝1938年1月17日日记，［德］约翰·拉贝：《拉贝日记》，第371页。

③ 《福斯特致妻子函》，章开沅等编：《美国传教士的日记与书信》，第112页。

④ 《致美国使馆爱利生函》，章开沅等编：《美国传教士的日记与书信》，第21—22页。

⑤ 《国务卿赫尔致贝德士》，张生编：《耶鲁文献》（下册），第496页。

护。这一动机是非常明显的,因为多数难民居住在安全区的外国产业里。据福斯特1938年2月1日给妻子的信记载:

今天上午我参加难民中心主任会议。目前在这些中心约有58000人受到国际委员会照料。这些中心全部在安全区内,考察他们如何分布是有趣的。36271人或62%在美国产业,601人或1%在德国产业,17900人或31%在中国政府产业,3139人或6%在中国人的私人产业。日本人坚持这些难民必须在2月4日以前从各个中心搬出,否则将强行驱出。相关通知已张贴在各个中心,有些难民开始迁移到日本当局划定的安全地区。但在今天上午的会上,实际上每个难民营主任都报告了导致难民更返中心的事件。妇女苦于日本兵强奸而男人则不胜其劫掠;自1月28日难民开始返回以来,仅金女大就发生40多起确凿无疑的案件。其他中心也报告许多案件。这些报告全部送交日本当局,说明他们没有履行保护回家难民的承诺。①

贝德士提出的应对时局的八点观点更是上述借机施压思想的完整表露。他1938年1月25日在给美国驻南京大使馆的信中提议:

……(七)与日本当局进行了必要的协议后,关于全部美国财产,应采取以下明确统一的意见,也即日本当局应向全军、警察机构就此事发布严格指示。另外,当局和阁下您,要在美国财产所有处准备日语布告,以便使相关工作人员能及时意识到这一问题。(八)我们认为警察的审问要向阁下通知,或是要通知领事馆警察才能进行。后者的场合,如果是我们不熟悉的警官,则要穿众所周知的制服,对在我们财产内的行为和对我们的工作人员负责。极其重大的案件,只要我们事前没有和阁下商议,就不能以审问的名义把任何佣人从我们的地方强行带走。②

4. 区公所设置与难民回家

(1)区公所设置

1938年1月1日,自治委员会在鼓楼举行了成立仪式,下设总务课、财务课、救济课、警务课、工商课、交通课。自治委员会1月18日发表《自治委员会简章及办事细

① 《福斯特致妻子函》,章开沅等编:《美国传教士的日记与书信》,第125—126页。

② 《给美国驻南京大使馆的书信》,张生等编:《英美文书·安全区文书·自治委员会文书》,第116页。

则》,明确写明了其工作的目的:"本会事务进行之目的如左:(一)解除人民困难;(二)恢复地方秩序;(三)劝导工商复业;(四)恢复地方交通。"①上述四条目的,第一条偏虚,人民此时最大的困难是生活在日军烧杀抢掠的恐怖秩序下,自治委员会难以扭转;第二条较实,日方进城后就对南京难民藏于外籍人士设置的安全区极为不满,千方百计让难民回家,这就是恢复地方秩序的真实内涵。据南京宣抚班 2 月份情况报告:"入城时城内难民人数据说约有二十五万人,他们聚集在国际委员会设定的所谓难民区内,宛如乞丐之都,这不仅对于治安维持和复兴进展是个很大的障碍,而且在国际委员会的统辖下,很容易使依赖欧美的歪风深入到难民心里。为此,应尽早组成自治委员会,确立自立自治的规范。"②第三条和第四条处于虚实之间,工商业和交通的恢复,自治委员会虽然做了一些工作,但也没有突出成绩。纵观自治委员会的工作开展,核心工作就是让难民回家,摆脱对欧美的依赖。也就是出于这样的动机,在 1 月底设立了区公所,根据南京宣抚班 2 月份情况报告:

> 考虑到自治行政的彻底化及下项所记的促使难民区解散即难民迁返原住地的需要,我们痛感有必要设置区公所,因此指导自治委员会设立了城内四区和下关区共计五区的区公所。1 月 10 日首先在城内升州路老坊巷开设了第二区公所,并依次开设了第一(城内下江考棚)第三(城内珠江路大纱帽巷)第五(下关中山桥无锡路)第四(傅佐园芜湖路)区公所,1 月底之前完成了所有区公所的开设。③

(2) 难民回家

按照日军宣抚班的分析,安全区难民之所以不愿离开,是因为不少家庭房屋被焚毁,于是让区公所来解决这一问题。据南京宣抚班 1 月 21 日报告:"由难民区搬回原居住地的计划从 1 月 10 日开始实施。除去中央地区的日本人街外,全市被分为五个区,每个区设有区长,逐渐让难民回迁到各区,对于无家可归者分给其宿舍。预计 1 月底左右可以基本上将难民分散到各区,届时难民区就可以正式撤销。"④

魏特琳 1938 年 1 月 28 日日记记载:

---

① 《南京自治委员会简章及办事细则》,张生等编:《英美文书·安全区文书·自治委员会文书》,第 437 页。

② 《南京宣抚班报告》,王卫星、雷国山编:《日军军方文件》,第 343 页。

③ 《南京宣抚班报告》,王卫星、雷国山编:《日军军方文件》,第 343 页。

④ 《南京宣抚班报告》,王卫星、雷国山编:《日军军方文件》,第 339 页。

今天下午,我参加了在“木偶政府“总部召开的安全区内各区负责人会议,这是陈先生为自治政府起的名字,我们觉得这非常准确,无法替换。一名日本军官出席了会议。会议宣布:安全区内的所有难民必须在2月4日前回家;安全区内街道上迅速蔓延的所有店铺在此之后将全部拆除。城里的秩序将得到维护,并已采取了相应的措施,当人们发现日本兵行为不轨时,可以举报,这些士兵将被处置。日本兵将被限制在一定的区域内。我们真诚地希望所有这一切都能按宣布的实施。①

“木偶政府”所言也并非空穴来风,自此,南京的治安确实有了好转。据沙尔芬贝格1938年2月17日记载:“驾车穿过市中心时,发现有了一些生气,当然大多是比较年长的人。自治委员会声称,已经有10万人回到了城里,就是说离开了安全区。”②

到了2月25日,城门也可以自由出入,难民大量地回家了。据南京宣抚班报告:“对于迁返原住地后无业的人员或老幼妇女等无独立生活能力者,由区公所将他们收容在适当的房屋内,一边进行救济,一边努力安排他们工作。”③

为了配合“常态化”殖民秩序建设,区公所按照日方的要求履行职责,安置房屋,收容救济难民,使难民走出安全区,摆脱对欧美人士的依赖。南京宣抚班1938年2月情况报告说:“在警备司令部及特务机关的指导下,在自治委员会警察厅及各区长带领的户籍、房屋、救济等各组织成员的积极活动下,迁返原住地的人数逐渐增多,截止2月底的迁返人数为:172502人”④

结合两组数据可以发现,2月中下旬是难民迁离安全区的一个高峰期。据1938年2月14日《南京救济形势》记载:“12月下旬,难民营人口数量达到高峰,我们的25个难民营有69406人。1月25日有6万人。今天24个难民营中,剩下35334人。这是1月28日日本当局向自治委员会下发命令,要求难民在2月4日前离开难民营的结果。……根据日本当局的返家家庭的登记报告,目前留在安全区的有15万人,而1月份这个数字是25万人。”⑤

3月份,难民回家不断增多,只有少数无家可归、无依无靠的人继续留在金陵女子文理学院等几个收容所。不过,这段时间,南京周边农村的治安开始恶化,土匪盛

① *Minnie Vautrin's Diary* (*January* 28, 1938), Box 134 of YDL Record Group NO.11, The Archives of the United Board for Christian Higher Education in Asia, Yale University Divinity School Library Special Collections.

② 《沙尔芬贝格:1938年2月17日的南京现状》,陈谦平,张连红,戴袁支编:《德国使领馆文书》,第143页。

③ 《南京宣抚班报告》,王卫星、雷国山编:《日军军方文件》,第346页。

④ 《南京宣抚班报告》,王卫星、雷国山编:《日军军方文件》,第345—346页。

⑤ 《南京的救济形势》,张生编:《耶鲁文献》(下),第503页。

行，不少农村难民进城想进入安全区，对此国际救济委员会做出了专门的规定。据魏特琳 1938 年 3 月 3 日日记记载："新规则是所有新来的难民，首先必须到宁海路 5 号去，由那里作出决定：是否允许入住以及如何分配。"[①]

到了三月下旬，回家的人更多了。据 1938 年 3 月 21 日《当前形势概述》记载："我们到城南进行了一次巡视，结果发现，很多一个月前被遗弃的街道，目前人满为患，而且一直延伸到城东南。"[②]

总之，自治委员会及其下设区公所以房屋安置服务着手日方"常态化"殖民秩序建设。当绝大多数难民离开安全区之后，彻底解散剩余的几处难民收容所也被提上了日程。1938 年 4 月 20 日贝德士致妻子函记载："自治委员会的人传出各种消息称，日本人在他们身后操纵着与我们打交道，另外从 5 月 1 日起，要求我们停止活动。"[③]

从 1938 年 12 月的难民涌入安全区到 1938 年春的陆续离开安全区，完成了一个秩序变迁，日方主导的"常态化"殖民秩序在南京逐步建立了。大屠杀幸存者马长发回忆说："以后，我们回到了原来的住所，但是房子已经被烧毁了。我们又自己盖房子。我利用我的手艺，做小本经营，维持家庭生存。我做的烧饼油条，有的被人家批发，有的自己在门口叫卖。"[④]大屠杀幸存者熊秀芳回忆到："从难民区回到杨公井后，我们继续开杂货店。我父亲比较勤劳。回到家后，家中的东西都被日本人抢光了，什么也没有了，于是就去借钱，重新把店开了起来。不然没有生活来源了呀？日本人喜欢吃鸡蛋，我们就从中华门批生的鸡蛋，煮熟了卖给日本人。那时中国人哪里有钱？我们主要把鸡蛋卖给日本人，一毛钱四个，钱是日本人的票子，是什么样子我不记得了。有些日本人给钱，而有些就不给钱了，如果你问他要，他还要打人呢。"[⑤]

（七）商品交易市场的关启

市场的主要功能是对资源进行有效配置。战争来临，影响了南京商品交易市场的正常运转，商品生产者、流通者和消费者多对战争和经济生活的关系进行考量。由于个体理解力差异、购买力不均等以及市场本身的不确定性等诸多原因，南京商品交

---

① *Minnie Vautrin's Diary*(*March* 3,1938), Box 134 of YDL Record Group NO.11, The Archives of the United Board for Christian Higher Education in Asia, Yale University Divinity School Library Special Collections.

② 《当前形势概述》，张生编：《耶鲁文献》(下)，第 546 页。

③ 《贝德士致妻子》，张生编：《耶鲁文献》(上)，第 199 页。

④ 《马长发口述》，张连红、戴袁支编：《幸存者调查口述》(中)，第 497 页。

⑤ 《熊秀芳口述》，张连红、戴袁支编：《幸存者调查口述》(中)第 504 页。

易市场出现了巨大波动,直至在日军攻城的战火中停滞。南京沦陷后,在各种力量作用下,南京商品交易市场又逐步恢复。

1. 沦陷前南京商品交易市场的逐步停滞

(1) 抢购风兴起与关闭风兴盛

卢沟桥事变爆发,对南京商品服务市场的影响不大,但自 8 月 15 日开始空袭南京,南京市民的不安全感逐渐升温,同时也牵动了市场的敏感神经,市场抢购风随即形成。魏特琳 1937 年 8 月 18 日日记记载:"今天一天没有空袭,真让人松了口气。晚上,凯瑟琳和我上街买食品,以防万一,但我们没买到多少。我们常去的那家商店,黄油、饼干、小甜饼和牛奶已卖完了。当我们在街上行走时,可以感到南京的市民少多了。"①

紧接着,又刮起了一股商店关闭风。8 月下旬,魏特琳上街购物时,发现"街上不像以前那样拥挤,我们有理由相信数以万计的人已离开了这座城市。许多商店已关了门。我去了两家印度商店看看能否买到洗涤用品,但这两家商店都关了门。卡什杂货店也准备关门了,经理姚先生说他在农村租了一间房子,他的大部分货物都存到那里去了,他已把他的家人送到宁波。因为没有生意,电影院、书店和精品店都关了门。"②在魏特琳的理解中,"我们正迅速返回到洞穴时代。"③

商店逐步关闭,主要有三个原因:(1) 商人经济状况较好,有能力离开南京城避难;(2) 商业需要工业支撑,工业企业的大量关闭直接导致市场供给减少,加快商店关门;(3) 南京是一个消费城市,很多商品需要从外界尤其是上海运入,前线战事紧张,影响生产和运输。到了 1937 年 9 月底,开门营业的商店越来越少。魏特琳 1937 年 9 月 21 日日记记载:"今天上午,F·陈先生去了南京的主要商业街,看看能否买到我们准备做旗帜所需的红、白、蓝布,但他说,唉,所有的商店都是铁将军把门,门关得紧紧的。"④两天后,再去购买时,还是失望而归。魏特琳不甘心,又派"程夫人去了太平路,看看能否买到做旗帜用的红、白、蓝布。同陈先生一样,她也说除了水果商店

---

① *Minnie Vautrin's Diary*(*August* 18,1937), Box 134 of YDL Record Group NO.11, The Archives of the United Board for Christian Higher Education in Asia, Yale University Divinity School Library Special Collections.

② *Minnie Vautrin's Diary*(*August* 21,1937), Box 134 of YDL Record Group NO.11, The Archives of the United Board for Christian Higher Education in Asia, Yale University Divinity School Library Special Collections.

③ *Minnie Vautrin's Diary*(*August* 31,1937), Box 134 of YDL Record Group NO.11, The Archives of the United Board for Christian Higher Education in Asia, Yale University Divinity School Library Special Collections.

④ *Minnie Vautrin's Diary*(*September* 21,1937), Box 134 of YDL Record Group NO.11, The Archives of the United Board for Christian Higher Education in Asia, Yale University Divinity School Library Special Collections.

外，所有的商店都是铁将军把门。”[①]

但是，经济生活是一切社会生活的基础，只要社会还在运转，商品交易就会存在。拉贝 1937 年 10 月 24 日日记记载：“11 时 55 分，危险过去了，余下的时间是平静的。我和沃尔特马德散了一会儿步。我们发现，在中国老板开的所谓的德国肉店的橱窗里放有爱福牌啤酒，我们赶紧把库存的 9 瓶全买了下来。埃利卡・布瑟幸福的未婚夫克勒格尔来探望我们，我们一同喝了咖啡，一起度过了愉快的几个小时。”[②]

直至南京沦陷前夕，零星的商品交易还是存在的。据七十一军第八十七师第二六一旅第五二一团副官韩时忱回忆：“十二月六日，我师从镇江乘火车到达南京，分担卫戍首都南京的防务。……初到南京，尽管日机轰炸得很厉害，但城郊附近，早上还可以买到青菜等副食品。随着战事迫近南京，轰炸加剧，店铺关闭，摊贩也逃光了，我们不得不到附近菜农家买些白菜、萝卜等物，做好饭菜，供给前方。”[③]即使到了南京沦陷的前夜，还有人冒着风险努力达成交易，经济生活穿透力之强令人惊讶。据拉贝 1937 年 12 月 12 日日记记载：“快到半夜的时候，我的院门前发出了一种可怕的沉闷的响声。我的朋友，礼和洋行的克里斯蒂安・克勒格尔(我们的财务主管，安全区的财政部长)来了。‘克里杉(译注：对克勒格尔先生的昵称)，我的天，你来这儿干什么?’‘只是来看看你怎么样!’他告诉我，主要街道中山路遍地是逃跑的中国军队扔下的军服、手榴弹和各种各样的军用物资。‘还有一件事，’克里斯蒂安说，‘刚才有人愿意出手一辆尚能使用的公共汽车，只要 20 元，您说要不要?’‘克里斯蒂安，都什么时候了!’克里斯蒂安接着说：‘我已经和他约好，让他明天到我们办公室来。’”[④]

(2) 物价上涨

由于抢购风兴起与关闭风兴盛，南京物价也随之上涨。据威尔逊 1937 年 8 月 22 日日记记载：“我的厨师在街上很难找到东西买，他实际上买的东西要花十分昂贵的价钱。”[⑤]到了 10 月份，物价仍在上涨。威尔逊 1937 年 10 月 24 日日记记载：“这儿的食品价格正稳步上扬，但我想我们能应付得了。”[⑥]

日方也关心南京物价，1937 年 10 月 27 日，驻沪冈本总领事致函广田外务大臣

---

① *Minnie Vautrin's Diary*(*September* 23,1937), Box 134 of YDL Record Group NO.11, The Archives of the United Board for Christian Higher Education in Asia, Yale University Divinity School Library Special Collections.

② 拉贝 1937 年 10 月 24 日日记，[德]约翰・拉贝：《拉贝日记》，第 48 页。

③ 韩时忱：《护卫团旗退出南京》，马振犊等编：《南京保卫战》，第 370 页。

④ 拉贝 1937 年 12 月 12 日日记，[德]约翰・拉贝：《拉贝日记》，第 132—133 页。

⑤ *Letter from Robert O. Wilson to multiple people*(*August* 22,1937),RG11,Box229,Folder3875, The Archives of the United Board for Christian Higher Education in Asia, Yale University Divinity School Library Special Collections.

⑥ *Letter from Robert O. Wilson to multiple people*(*October* 24,1937),RG11,Box229,Folder3875, The Archives of the United Board for Christian Higher Education in Asia, Yale University Divinity School Library Special Collections.

称:“市内商店大多关闭,太平路一带开业者不过四分之一,较大饭店全部歇业。物资方面,洋货、杂货品种缺乏,棉布、丝织品、毛织品等欠缺,价格为事变中[前]的一倍,卷烟也一样,米价每担 10 元(上等米)到 8 元(中等米)左右。其他土产品等未感不便。公共汽车,仅有下关、夫子庙线开通。船只的出入,因难民的往来,显得很乱。”①

这段时间内物价上涨是情理之中的事,但有两点要特别指出:

一是交通费涨速过快。据魏特琳 1937 年 9 月 20 日日记记载:“现在租车到上海要 200 美元。”②据 1937 年 11 月 19 日拉贝日记记载:“一辆马车现在要价 6 元,而汽车又租不到。”③据威尔逊 1937 年 9 月 2 日日记记载:“整个行程花了 1 小时。一路上,一件相当有趣的事情总是不断的出现。路过的人力车夫总是互相问到哪儿去,付了多少钱。事实是每个经过的车夫都会得到我的车夫的回答,然后就大笑起来,说他们走的路只有一半却收两倍的钱。”④

二是生活必需品尤其是药品价格涨速过快。拉贝 1937 年 10 月 3 日日记记载:“药品越来越紧缺。天生药房在上次轰炸中受到严重损坏(架子上的药瓶全都打碎了),已经关了门。这是唯一还有 6 瓶胰岛素的一家药房。……南京不久就不再有开门营业的药房了。我刚才还在一家小药房里弄到 2 瓶乙醚和 2 瓶酒精,还花 1.1 元买了一卷药棉,质量很差,平常只值 2 角 5 分钱。”⑤煤和油的价格也是快速增长。据 1937 年 11 月 19 日拉贝日记记载:“一罐煤油的价钱从 4.7 元涨到了 7 元。一吨煤现在 28 元,而不再是 20 元。我还能储备一吨煤和 4 罐煤油,眼下不可能得到更多的东西了。”⑥

2. 沦陷后南京商业元气大伤

(1) 商业损失和调查统计

日军进城后,虽然对交通进行管制,但还是有人乘车到市区查看,对南京商业街遭到的破坏程度进行了描述。魏特琳 1937 年 12 月 31 日日记记载:“科拉先生(一位年轻的白俄)今天去了太平路,说那里什么也不剩了,两边的大商店先被彻底抢劫一

---

① 《驻沪冈本总领事致广田外务大臣函》,马振犊等编:《南京保卫战》,第 38 页。

② *Minnie Vautrin's Diary*(*September* 20,1937), Box 134 of YDL Record Group NO.11, The Archives of the United Board for Christian Higher Education in Asia, Yale University Divinity School Library Special Collections.

③ 拉贝 1937 年 11 月 19 日日记,[德]约翰·拉贝:《拉贝日记》,第 69 页。

④ *Letter from Robert O. Wilson to multiple people* (*September* 2, 1937), RG11, Box229, Folder3875, The Archives of the United Board for Christian Higher Education in Asia, Yale University Divinity School Library Special Collections.

⑤ 拉贝 1937 年 10 月 3 日日记,[德]约翰·拉贝:《拉贝日记》,第 20 页。

⑥ 拉贝 1937 年 11 月 19 日日记,[德]约翰·拉贝:《拉贝日记》,第 69 页。

空，然后被烧毁。”[①]爱利生1938年1月8日发给美国政府的报告写到：“视察了一下南京中心的商业街，大面积遭到破坏的痕迹展现在眼前，面向繁华街道的商店、所有的建筑物被掠夺一空，几乎被焚毁。看来这大多数的破坏都是在日军进城以后干的。”[②]拉贝1938年1月17日日记记载：“昨天下午，我和罗森博士坐汽车在城里看了很多地方，我非常沮丧地回到家里。日本人在这里造成的破坏真是罄竹难书。我认为这个城市完全不可能在短时间内恢复繁荣。太平路从前是主要的商业街道，是南京人的骄傲，这条街夜晚的霓虹灯可以与上海的南京路相媲美，如今它已变成一片废墟，一切都烧光了，再也没有一所完好无损的房屋，左右两边全是瓦砾场。以前的娱乐区夫子庙连同其茶馆和大市场，同样被完全毁坏了。目之所及，全是瓦砾废墟！由谁来重建呢？回程的路上我们还到了新街口后面的国家剧院和大商场的火灾现场。这里的一切也都烧光了。先前我写过这座城市被日本人纵火烧毁了三分之一，如今我担心自己的估计大错特错了。”[③]费吴生1938年2月14日致信施彼得称：“看到今日的南京，你一定会极为痛心。约有80%的商店和近50%的住房已被烧掉。”[④]另据蒋公榖1938年2月15日日记记载：“处长与李格斯一度寒暄接谈后，乘便向他要求搭他的车开往区外一看，出新街口经太平路、夫子庙，转中山路，沿途房舍，百不存一。屋已烧成灰烬，而它的两壁，却依然高耸着，这可见敌人纵火的情形，确是挨户来的。行人除敌兵外，绝对看不到另外的人，一片荒凉凄惨的景象，令我们不忍再看，那些未烧毁的房屋，都变了敌人的店铺，大概都是菜馆糖果钟表类的，敌兵正集着，街上满置敌的运输车。间是一、二哨兵，我们的车，因系外侨开的，所以他们并不过问，由着我们往来驶行。这是事变后我们的〔第〕一次的出难民区。”[⑤]

总之，日军对于南京商店、商业街的破坏是彻底的。按照拉贝的理解：这个城市不可能在短时间内恢复繁荣。

在直观记录的基础上，《南京战祸写真》记载了南京主要商业街道房屋毁坏及被抢劫的统计数字：

---

① *Minnie Vautrin's Diary* (*December* 31, 1937), Box 134 of YDL Record Group NO.11, The Archives of the United Board for Christian Higher Education in Asia, Yale University Divinity School Library Special Collections.

② 《南京的状况——1月8日》，张生等编：《英美文书·安全区文书·自治委员会文书》，第69页。

③ 拉贝1938年1月17日日记，[德]约翰·拉贝：《拉贝日记》，第345页。

④ 《费吴生致施彼得函》，章开沅等编：《美国传教士的日记与书信》，第88页。

⑤ 蒋公榖：《陷京三月记》，张连红编：《幸存者的日记与回忆》，第75—76页。

南京大校场机场遗弃的苏制飞机。选自《支那战线写真全集:上海战线》。吴先斌提供。

1937 年 7 月 17 日,蒋介石发表庐山谈话,号召全民抗战。选自《纪念抗日战争胜利暨台湾光复 65 周年特展专辑》。

南京卫戍军司令长官唐生智

南京卫戍军副司令长官罗卓英

第二军团军团长徐源泉

第七十二军军长兼八十八师师长孙元良

表7　主要商业街道房屋毁坏及被抢劫的数字

街　道	房屋数	毁坏原因(%)			
		交战因素	纵火	抢劫	合计
1. 太平路	233	1.7	68.2	26.6	96.6
2. 中华路	319	3.1	51.4	43.9	98.4
3. 健康路	585	0.5	47.5	49.6	97.6
4. 白下路	411	3.1	34.3	61.1	98.5
5. 升州路	320		25.0	53.1	78.1
6. 中山路	498	5.0	15.5	53.6	74.1
7. 朱雀路	122		7.4	76.2	83.6
8. 中正路	340	5.9	3.8	75.9	85.6
合　计	2828	2.7	32.6	54.1	89.4

资料来源:《主要商业街道房屋毁坏及被抢劫的数字》,姜良芹、郭必强编:《前期人口伤亡和财产损失调查》,张宪文主编:《南京大屠杀史料集》第15册,南京:凤凰出版社,江苏人民出版社,2006年,第61页。

由上表可见,房屋损毁,主要发生在日军进城之后,因交战原因导致商业街道房屋毁坏的比例是极低的。西方在宁人士同时调查了主要商业街道房屋及财产损失:

表8　主要商业街道房屋及财产损失

街　道	损失额(元)	毁坏原因(%)			
		交战因素	纵火	抢劫	原因不明
1. 中华路	12452145		77.0	18.5	4.5
2. 中正路	11088775		86.6	11.7	
3. 太平路	9327530		49.7	29.0	21.3
4. 中山路	5591070		39.2	60.8	
5. 健康路	4306030		97.8	2.2	
6. 白下路	3819095	4.2	69.3	26.5	
7. 升州路	2129655		35.4	46.9	17.7
8. 朱雀路	944725		16.6	72.3	11.1
合　计	49659025		65.2	28.0	6.1

资料来源:《主要商业街道房屋及财产损失》,姜良芹、郭必强编:《前期人口伤亡和财产损失调查》,张宪文主编:《南京大屠杀史料集》第15册,南京:凤凰出版社,江苏人民出版社,2006年,第61页。

面对商业街的破坏,沙尔芬贝格感慨地说:"一切都停止了:没有旅馆、电影院、药房、商店、市场等等，什么都没有。”①

更有甚者，由于战争的来临，工商业大量关闭，就业的人数也快速递减。对于一个城市而言，市民没有持续的收入，购买力就得不到长久的维系，经济生活秩序的重建就会难上加难。据《南京地区战争灾祸》记载：

> 如果把各类就业者群的情况加以比较，我们就会发现，现在从事商业的人数是过去的2/3，但收入只有过去的26%；从事农业的人口不到过去的一半，收入则是过去的27%；从事家庭和私人服务的人不足过去的六分之一，收入是过去的47%；从事制造业和机械工业的人不到过去的十分之一，收入是过去的35%；从事一般劳务的人数是过去的八分之一，可他们的工资收入却是过去的73%。公共服务机构的就业实际上没有了，自由职业者也是一样，而干文职工作的简直就找不到了。②

2. 沦陷后的安全区商品交易市场

即使在充斥屠杀、奸淫掳掠的环境中，1937年12月21日左右，安全区内的商品交易市场开始形成。1938年1月，南京极度恶化的治安有了些许好转，安全区内的商品交易市场进一步发展并有“繁荣”之势。日军一边迫使安全区委员会解散，一边寻机解散安全区市场。到了1938年2月中旬，日军达到了目的，安全区商品服务市场的短暂“繁荣”终结。

(1) 商品交易市场的形成与扩大

日军进城后，南京的商品交易仍然存在，关键原因是安全区委员会自始至终的“市场化”管理方案为南京商品交易延续了一缕薪火。这时，安全区难民所内为满足公共需求进行的交易，是南京商品交易零星存在的主要部分。据孙宝贤1937年12月14日回忆：“委员会卖米，八块钱一包，听到这个消息，吾虽然饿了两天，亦不怕了，因为手里尚有七十余元可用也。吾在三楼与五十二师三个士兵住在一起，由谈话而认识，一天两餐稀饭，他们吃不饱，说是二餐其实每人只有一大碗，吾就拿钱教他们买米，再请他们想法子煮饭，大家来吃，就这样维持了五六天。”③史迈士1937年12月31日给家人的信记载：“大米还不是很急需，但私人贮存的快吃完了，人们急着购买；所以我们在宁海路5号的店铺，早上、下午都有人排着长长的队，生意繁忙，那是人们

---

① 《沙尔芬贝格：1938年1月13日的南京现状》，陈谦平、张连红、戴袁支编：《德国使领馆文书》，第83页。

② 《人口状况与伤亡损失》，姜良芹、郭必强编：《前期人口伤亡和财产损失调查》，第16页。

③ 孙宝贤：《南京沦陷前后及被难脱险经过详情实记》，张连红编：《幸存者的日记与回忆》，第104页。

唯一感到安全的地方。除此以外,有几个大难民营也把米卖给那些有购买能力的人,我们也私下送一些货上门。后者近几天快速增长。今天早上我们决定送一袋(1.25担)米收1元,一担仍卖9元,这样每担的价格就低于10元。每送一袋面粉上门收0.5元,每袋卖5元。这样我们希望控制定购,以免有人借此屯积粮食。我们只允许一次在普通店里限买一斗。"①

在此要说明的是,这时的安全区委员会的大米销售,不是以盈利为目的,采取限价销售、定量销售和免费分配相结合,目的是为了优化安全区储备粮的分配效率。在难民收容所内,为了更好的配置资源,做好难民服务,一些环节采取了市场化手段。据程瑞芳1937年12月19日日记记载:"今日二百号也开了一些房间,没有法子,人太多。每日来的人不少,我们不能烧水了,人太多,来不及。华在外面叫了两个人来烧水卖给难民,又有我们的老大师夫〔傅〕没有事做,叫他卖烧饭油条,在五、七两百号之中搭一棚,外面没有东西卖。"②

到1937年12月21日左右,安全区内难民自发的商品交易逐步开启,市场快速形成,商品供给不断增多、购买力也持续不减。蒋公毅1937年12月21日日记记载:"据外来的人说,所有公私房屋内的贵重家具存物,差不多全被敌人搜括〔刮〕一空,都载往下关,运回本国去了。所有剩下的不值钱的东西,纵容一般穷苦的难胞,抢夺出售,藉作将来嫁祸的遁辞。如汉西门龙蟠里军医仓库,被抢出去的白布被单,每元可买四五条,枕套每个只卖铜元四枚,上面都印有红十字的标记,他们却拿来做卖香烟的提囊,这样一来不觉使我心痛难忍。"③

第二天,他的日记又记载:"近日街上渐见有行人,大概都是一般亡命之徒。也许有的为了被生计所逼,出来做这种抢窃生涯,弄到东西,就在我们窗下上海路一带兜售,其中以旧衣居多。处长因为天气寒冷,被褥单薄,咳嗽时作,我在门口买了一条皮褥,给他铺垫。同时更买到一点蔬菜与豆酱,自国都被陷后今天才尝到新鲜菜蔬的滋味,真比三月不知肉味的肉,还好吃得多。"④类似的记载还有很多。史迈士1937年12月23日给家人的信记载:"昨天到今晨,又可以看见街道两边有小店开张了。情况有了好转。正如贝德士所说,可能会一点一点地慢慢好起来。"⑤拉贝1937年12月24日日记记载:"大家都争先恐后地想让我有更大的圣诞喜悦,非常感人!张买来了圣诞玫瑰,把房子装点了起来。他还买来了一棵小圣诞树,想为我把它装饰起来。刚

① 《史迈士致家人函》,章开沅等编:《美国传教士的日记与书信》,第256—257页。

② 《程瑞芳日记》,张连红编:《幸存者的日记与回忆》,第19页。

③ 蒋公毅:《陷京三月记》,张连红编:《幸存者的日记与回忆》,第63页。

④ 蒋公毅:《陷京三月记》,张连红编:《幸存者的日记与回忆》,第63—64页。

⑤ 《史迈士致家人函》,章开沅等编:《美国传教士的日记与书信》,第245页。

才他喜气洋洋地拿来了6支整根的蜡烛，这也不知他从什么地方为我买来的。突然所有的人都喜欢上了我。”①

从个别的交易到偶尔的几个小店，再到跳蚤市场乃至商品一条街，安全区的商品交易规模快速扩大。魏特琳1937年12月30日日记记载：“你们应该看看上海路。如果安全区之外的地方已经冷落成‘无人区’的话，那么安全区内的街道看上去像是热闹的‘大市场’——拥挤的人群、各种各样的买卖。据说，上海路形成一个正规的自由市场了，当没有日本兵时老百姓就很多。……我们希望市场很快开放。现在买不到肉，买不到鸡蛋，更买不到水果。”②

随着新的一年的来临，当拉贝路过这条商业街时，异常感叹。据拉贝1938年1月2日日记记载：

> 安全区的街道总是挤得水泄不通，数万人闲站着，为买卖讨价还价。街道两旁被流动小贩占据了，他们兜售的大多是食品、香烟和旧衣物，所有的人都戴着日本臂章或拿着日本小旗子。③

几天后，上海路上猛然间多了一些搭棚子的小店。程瑞芳1938年1月11日日记记载：“自治会要于〔与〕日人商议把难民区扩大，难民在安全区搭棚子住，现在棚子已经不少了，上海路上做生意的人都搭棚子，有的好像盖房子似的，人又多，简直路上走不通，二面搭了棚，走也窄了。要是你们回来，这条路不认识了。”④

上海路是第一条快速形成规模的马路市场，随后在安全区内的几条街上又陆续形成了新的市场。据程瑞芳1938年1月23日日记记载：“因生病十天未出去，外面改变了，上海路一带又添了许多棚子，都是做生意的，宁海路到山西路也是如此，这两条路是最热闹的地方。”⑤和程瑞芳女士在一起生活的魏特琳女士也是一个细心的人，对于生活中的细微变化总是记录在日记里。据魏特琳1938年1月20日日记记载：“今天下午，我们走到汉口路和宁波路之间，后者就是美国大使馆北面，我数了一下，上海路右侧新建了38个店铺，当然，它们是用芦席或木材粗制而成的，但在出售食品和各种赃物方面却生意兴隆。这些店铺有些是茶馆，有些是饭店。到目前为止，人们

---

① 拉贝1937年12月24日日记，[德]约翰·拉贝：《拉贝日记》，第220页。

② *Minnie Vautrin's Diary*（*December* 30，1937），Box 134 of YDL Record Group NO.11，The Archives of the United Board for Christian Higher Education in Asia，Yale University Divinity School Library Special Collections.

③ 拉贝1938年1月2日日记，[德]约翰·拉贝：《拉贝日记》，第259页。

④ 《程瑞芳日记》，张连红编：《幸存者的日记与回忆》，第32页。

⑤ 《程瑞芳日记》，张连红编：《幸存者的日记与回忆》，第35—36页。

仍不敢住在安全区外面。”①

看到安全区有了生气,安全区委员会比较高兴,在他们的理解中,一个城市没有经济生活是可怕的。史迈士在1937年12月31日给家人的信中就曾论述过经济生活的重要性:

现在最严重的问题,也是我们拿不出有效解决办法的问题,是这个200000人口的社区没有(正常的)经济生活。……从16日起,我们就一再坚持,秩序是任何正常生活的第一需要。我过去老是笑英国人动辄讲“法律和秩序”,现在才体会到对于正常的生活,它确是基本的东西。在无序的状态下一切都死气沉沉。如果他们允许城内外的农民自由耕种,那么起码他们仍保留了生存的手段。但现在农民杀死了自家的牲畜,用来食用或卖钱。所以我们这个征用时期与俄国革命早期和五年计划时很相似。任何我们开办的商业机构,只要开始运营就会改变这种状况,要经营而不要征用。如果你能看看,在这种情况下要让如此简单的机构如兑换店、米店运营是多么困难,那你就会对组织有序的生活肃然起敬的!然而,那些街边的小商贩生意倒做得不错,危险不大,收获颇丰,所以他们照常经营,物品还挺丰富,我们简直怀疑是否有些东西是从安全区外被焚烧的地方打劫来的,但现在只要能到手的东西都是宝贝。正如米尔士说的:‘我看中山路不再是主干道,上海路与宁海路才是主干道!现在那儿出于秩序的恢复而挤满了人,路两边都排列着小商小贩,汉口路是个蔬菜市场,每天早上十分拥挤,就像过去的北门桥。而城市的其他部分几乎被市民们遗弃了,除了(安全区?)以南……②

(2) 商品交易种类增多和价格波动

商品交易开展的前提是商品供给。此时的安全区没有生产,与外界也难以进行商品交流,因此安全区市场的商品供给就呈现出战乱环境下的特征:安全区偷窃行为的泛滥,为安全区商品交易市场的开启打下了基础。程瑞芳1938年1月8日日记记载:“我们是第一次到那边一带去看看。近来我们这一带上海路上人很多,广州路那边上海路没有人,因为这边有许多旧东西摆在地上卖,都是抢来的,也有卖咸菜的,有

① *Minnie Vautrin's Diary*(*January* 20, 1938), Box 134 of YDL Record Group NO.11, The Archives of the United Board for Christian Higher Education in Asia, Yale University Divinity School Library Special Collections.

② 《史迈士致家人函》,章开沅等编:《美国传教士的日记与书信》,第257—258页。

的东西很便宜,我们不敢买,也不要买人家抢来的东西。”[①]沙尔芬贝格1月也记载到:“中国人仍然不敢从安全区出来,只有白天是例外,但也都是一些老年妇女和孩子们,现在他们在日本人的眼皮底下快活的偷窃和抢劫。我们的印象是日本人乐于看到这种情况,以便推卸他们的责任。……从房屋里拖出来的都是日本人留在那里没有取走的东西,安全区这里由此成了一个快活的‘小偷市场’。”[②]

偷盗固然在道德上存在问题,但在特殊条件下,对于安全区经济生活的恢复起到了重要作用。安全区市场刚启动时,魏特琳想去买点食品,深感鸡蛋和鸡稀缺。其1937年12月23日日记记载:“现在食品越来越少,我们已有好多天没有吃过肉了,现在街上根本买不到任何东西,就连鸡蛋和鸡也买不到。”[③]一周后,福斯特的佣人就买到了三个鸡蛋。福斯特1937年12月31日给妻子的信记载:“鸡蛋一直很难买到,圣诞节前余福买了三个,用两个做了巧克力蛋糕,但我们得知别人几乎没什么吃的时候,也就没什么可抱怨的了。”[④]后来食品种类也越来越丰富。据程瑞芳1938年1月13—15日日记记载:“豆腐有卖的了,二百四十文一块,真贵。”[⑤]随后,价格有所回落,她27日的日记又记载:“街上有肉卖了,不多,听说八毛钱一斤,死鸡子还要卖一块钱一斤呢,太贵。”[⑥] 2月6日日记记载:“街上有鱼卖了,又便宜,我们每日吃鱼,我的小孙子们顶开心,有鱼,吃饭也吃快了,吃多[了]。”[⑦]

到了1月底和2月初,安全区可以从外界获得商品供应了。据福斯特1938年1月30日给妻子的信记载:“鸡蛋,如果买得到的话,每个得要八分,肉类,按其成色,一磅约5角,鱼约7角,鸡鸭按大小约1.5元,包括这些在内,所有的食物都非常少。城外渐渐有人试图将更多的食物带进来,但如果他们运进或购买,极有可能被日本兵抢去。”[⑧]

相比较而言,食物是当时市场上较贵的东西。程瑞芳1937年12月23日日记记载:“吃了两个礼拜的素菜,现在有点青菜卖了,三四百钱一斤,真贵。”[⑨]其1938年1月1日日记又记载:“咸菜、青菜又贵,我们现在吃饭的人多,又添了七个工人,因难民

---

① 《程瑞芳日记》,张连红编:《幸存者的日记与回忆》,第30页。

② 《沙尔芬贝格:1938年1月28日的南京现状》,陈谦平,张连红,戴袁支编:《德国使领馆文书》,第102页。

③ *Minnie Vautrin's Diary* (*December* 23, 1937), Box 134 of YDL Record Group NO.11, The Archives of the United Board for Christian Higher Education in Asia, Yale University Divinity School Library Special Collections.

④ 《福斯特致妻子函》,章开沅等编:《美国传教士的日记与书信》,第107页。

⑤ 《程瑞芳日记》,张连红编:《幸存者的日记与回忆》,第33页。

⑥ 《程瑞芳日记》,张连红编:《幸存者的日记与回忆》,第37页。

⑦ 《程瑞芳日记》,张连红编:《幸存者的日记与回忆》,第40页。

⑧ 《福斯特致妻子函》,章开沅等编:《美国传教士的日记与书信》,第124页。

⑨ 《程瑞芳日记》,张连红编:《幸存者的日记与回忆》,第21页。

多,这些工人只有饭吃,没有工钱,因为他们在此有保障。”①拉贝 1938 年 1 月 26 日日记记载:“安全区是南京唯一有生气的地方。一些铺面逐渐在市中心的马路上出现了。一大清早,天刚蒙蒙亮,就有中国人带着他们自认为值钱的、劫后余存的物件进入安全区,寻找有兴趣的买主。主顾们大都是些除了购买食品之外还有些节余的人。这里,熙攘的人流穿梭在店铺之间,在贫困中形成了临时的年前集市。在极度的困境之中,一切物品的价值都得按照最急需的食品和享受品的价格重新估算,比如大米、面粉、肉、盐、蔬菜以及烟!”②

在和平年代里很贵的物品这时很便宜。拉贝 1938 年 1 月 24 日日记记载:“我的男佣张今天花了 1 元 2 角钱就买了一台台式电风扇(价值约 38 元),非让我也跟着高兴不可。一些明代花瓶真品只卖 1 元钱一个。它们放在壁炉台上,仿佛在用责备的眼光看着我。只要我高兴,我可以把整所房子用各种各样稀奇古怪的玩意儿塞满,这些东西都是偷来的,价格之低如同破烂。现在贵的东西只有食品,一只母鸡要 2 元钱,也就是说抵得上两只明代花瓶。”③

4. 日军对南京“商业统制”的启动

日军允许南京商品交易市场的“恢复”,只是日本对南京全面经济统制的开始。伪政权框架搭好后,开始了南京殖民经济统制秩序的系统创设,全面服务其“以战养战”的目的。

(1) 支持自治委员会运作,建立经济管理机构

为了支持自治委员会运作,日军首先将在南京缴获的粮食物资交由自治委员会出售和分发,以打造自治委员会的合法性,这是政治层面的考量。从经济层面观察,机构的创设、工作的开展,需要经费的支撑,粮食销售所得也可以为自治委员会的工作开展筹集资金。据郭岐在《陷都血泪录》中回忆:“由于南京失陷太快,所有的军用物资,根本就来不及破坏,这正好给日本军方发了一笔大财,全部笑纳,照单全收。汽油马上发交日军使用,军米和洋面呢,又给他们做了无本生利、利上加利的好生意。”④

缴获的粮食物资是有限的,只能救自治委员会资金缺乏的一时之急。据日军南京宣抚班报告:

> 为了物色自治委员会的财源,各方面都在尽力研究方法,但由于经济资源匮

---

① 《程瑞芳日记》,张连红编:《幸存者的日记与回忆》,第 26 页。

② 拉贝 1938 年 1 月 26 日日记,[德]约翰·拉贝:《拉贝日记》,第 419 页。

③ 拉贝 1938 年 1 月 24 日日记,[德]约翰·拉贝:《拉贝日记》,第 411 页。

④ 郭岐:《陷都血泪录》,张连红编:《幸存者的日记与回忆》,第 245 页。

乏，而且三十八万人口中有不下七万人需要救济，这种实际情况使得尽早确立财政一事变得极其困难，因此我们在对难民实行粮食管制的同时，目前以直接经营粮食的利润作为委员会的主要收入。然而由于南京市及其附近的敌产物资已经用完，所以我们正在着手从后方的生产地区调入物资。另外，储藏在本地区的盐原来实行的是专卖制度，因为一直放置下去的话容易受潮而无法使用，所以暂时委托自治委员会进行销售，由该委员会设立公盐栈，另立账目着手进行盐的销售。还有，开始对散在城内的人力车进行修理，已经有七百数十辆人力车投入了城内地区的营业，人力车税的征收也已经开始。另一方面，让道路清扫队在清扫道路的同时积极收集废铁，已经收集了六百吨左右。①

连续数月的生产停滞、生活消耗以及同外界商品交流的中断，破坏了南京工商业的循环，因此，短时间内恢复工商业有一定困难。不过在趋利动机的刺激下，自治委员会还是协同日方进行了南京商品交易市场的重建。对于此项工作的潜在收益，自治委员会下属的工商课和警察厅都很垂涎，表现了空前的积极性，分别呈文自治委员会，提出了工商业复兴的思路，工商课呈自治委员会中写到：

窃查京市承自兵燹之后，百业凋敝，迩来秩序逐渐回复，亟应复兴工商业，以维市面。爰经拟定南京市工商业登记及职工登记规则一种，暨根据是项规则拟定之营业许可证式样二种，申请书式样二种，职工登记申请书及登记证式样各一种，缴费数据登记簿及通知式样各一种，呈请钧鉴。又是项工商业登记及职工登记，其中有关治安、风化、消防、交通、建筑、卫生诸端，与警察厅及与交通课有关者，应如何办理，拟请钧会饬由警察厅交通课核议，俾资遵循。又是项申请书拟由职课核准后即行填发，许可证书日终汇报备查，以省手续而资简捷。再是项许可证申请书等件，一俟奉准后，拟由课直接招商承印，俾资简捷。所拟是否有当，理合呈请钧会鉴核示遵。②

通过上述呈文，可见工商课很想通过把持审批权主导南京工商业的恢复。但是警察厅随后表示了不同意见，争执闹到了日本军方，军方最终还是将工商业恢复的推进权交给工商课，并指导工商课建立由日方主导的南京经济秩序。工作从搜集物资

① 《南京宣抚班报告》，王卫星、雷国山编：《日军军方文件》，第 362 页。

② 《市工商课为核议工商登记规则等与自委会警察厅交通课之来往文书》，张生等编：《英美文书·安全区文书·自治委员会文书》，第 465 页。

着手。南京宣抚班报告说：

> 为了搜集物资，自1月下旬以来派出了以自治委员会工商课人员为主体的调查队，前往扬州、镇江、浦镇、六合(由于治安恶劣而调查未果)溧水、芜湖等地调查当地物资。调查结果认为，在这些地方可以搜集到相当多的物资，因此在自治委员会的斡旋下于2月15日开设了中央批发市场(日用品销售统管处)。①

与此同步，华中方面军积极建设日方主导的中央批发市场。该中央批发市场于1938年2月15日开设时，主要经营粮食和杂货。中央批发市场组织和主要事项如下：

> 1. 股份制组织，资本10万元(一股10元、记名式)。2. 利润分配四成用于分红，一成作为公积金，二成作为自治委员会经费补助，一成为发起人特别利润，一成为发起人奖金，一成为因管制而失业的人员的救济金。3. 市内所有的日常必需品都由统管处统一出售，所得金额充当本市商人贷款基金。4. 为了防止不良商人操纵价格，安定民生，要筹措相当的资金，以平价销售一切日常必需品。由各商品的批发商和自治会工商课人员组成定价委员会，统一制定价格。②

从这一规定明显看出，它还兼顾了军方和自治委员会的利益。

(2) 为日方各界获利打开通道

占领南京后，占领军对日本各界获利有着整体的构思。首先是划定"日本专管侨居地"，据饭沼守1937年12月21日日记记载："在南京，计划设立的日本专管侨居地的区域包括城北三分之二以上的面积以及紫金山南麓相当大的区域拟作为目前在长崎等地避难的日本人(主要是商业经营者)所居住的地区。其连接支那人街道的中心部位及军各机关周围，禁止外国人和支那人居住。该方案也征得了殿下的同意。"③这一区域的划分，为日本商人在南京从事商品交易打下了基础。

在军方支持下，南京的日本商店陆续开业。麦克伦1938年1月初观察到："我了解日本人开始小批量卖苹果，一毛钱一个。一些其他物品也来了。"④日本人进驻南京

① 《南京宣抚班报告》，王卫星、雷国山编：《日军军方文件》，第349—350页。

② 《南京宣抚班报告》，王卫星、雷国山编：《日军军方文件》，第349—350页。

③ 《饭沼守日记》，王卫星编：《日军官兵日记》，第212页。

④ 《麦克伦宣誓证词：麦克伦日记》(书证第309号)，张生、杨夏鸣编：《东京审判书证及苏、意、德文书》，第69页。

速度很快，据南京宣抚班1938年1月21日报告记载：

随着南京复兴事业的进展和交通的恢复，进入南京的日本人逐渐增多。为了方便这些日本人居住及营业，在市中心设置了日本人街。日本人街位于市内便利之地，面积约220町步日本面积单位。各军营商店，以及饮食店、钟表店、理发店、杂货店、旅馆等的数量逐渐增多，目前约有六十家店铺，另外还有几家正在申请开业。除了军人、军属以外，在住的日本人约三百名，而且军队的政策是对进入南京的日本商人尽可能给予方便，所以预计日本人街今后将会得到迅速发展。但是由于运输不便，所以除军营商店以外，其他商店都越来越感到商品运入的困难。另外对从汉口撤退过来的日本人也特别给予方便。目前的在住者大半是这些人，初来经商的人很难有一席之地。①

到了1938年3月初，日本商店逐步形成了规模。据贝德士1938年3月3日调查记录："除了路边的小摊和当地极小的店铺外，没有中国人私人经营商店。日方经营的商店有20个—40个。但目前只有13个指定向中国人自由出售大米。没有银行。我也观察到没有常规的兑换商店。自治委员会经营一家相当规模的食品商店，批发零售粮食和一些新鲜的食物。"②他在月底完成的《来自南京关于表面经济的备忘录》记载说：

日本人的经济投资活动，无论在数量上还是在某种程度的种类上都在增加。他们主要居住在新街口东侧至大行宫后面的中山路和太平路北半边。根据最近在这一地区走动的情况看，除了所公布的情况以外，得知有71家已开始营业，所出售的主要商品依然是某种受欢迎的食品。食堂、卖杂货的摊子，当然照相馆的数量也都在增加。③

到了1938年4月份，在南京居住的日本人达到了810人，主要从事各类商业的经营。据美国驻南京使馆的爱利生1938年4月15日发给外界及美国政府的报告也称："昨天的《南京民报》的报道说：来自日本总领事的报告，在南京居住的日本人截至3月31日共为810人(男性420人，女性390人)。该报道还说，这里的日本人从事着

---

① 《南京宣抚班报告》，王卫星，雷国山编：《日军军方文件》，第340—341页。

② 《南京经济记录概述》，张生编：《耶鲁文献》(下册)，第535页。

③ 《来自南京关于表面经济的备忘录》，张生等编：《英美文书·安全区文书·自治委员会文书》，第134—135页。

45种不同的职业。其中所包含的领域有:制粉业、建筑业、电影院、保险业、印刷业、电器业、照相馆、医生、运输业、制药业、食品店、旅馆、食堂、茶馆、酒店、化妆品等。”①

(3) 金融统制

统制金融可以统制整个经济活动,带来差额利益。南京日军深知军票的一本万利和以战养战的功能,占领后就陆续发行军票,进行殖民性金融秩序建设。“军票有别于日元,因日元是由日本银行发行的法币,军票则是由日本政府发出的全年的储备的军饷,故当时军票不能在日本国内流通。它是属于经济金融掠夺的一种手段,即在每侵略一地,即强行以军票购买物资,强迫商人使用,借以达到以战养战,就地取材的目的。”②

据南京宣抚班1938年2月份报告:“军用苦力的报酬都是以军票的形式发放的,因此军队认为有必要实行军票的交换。为此,1月5日首先在难民区设立了军队司令部直接经营的军票交换所,以一袋米10元军票、一袋面粉2.5元军票的比例进行交换,后来根据解散难民区的方针,于1月15日关闭了该交换所,而在每个区(下关区除外)都设立了一处交换所。”③

为配合军票发行,日军规定在日本商店购买商品只能以军票结算。如果中国人要购买商品,只能先兑换军票,通过汇率转换,日本人获得交易利率。据程瑞芳1938年1月11日日记记载:“日兵把中国米、灰面抢去卖钱,要人到他那里去买,人先去买他的军用票,再拿军用票去买灰面,他的明〔名〕堂多得很!他的灰面用军票就便宜,人贪便宜就去买,所以人多挤不上来,有时日兵又打他们,再要年轻女子去买他就买〔卖〕,有的人买出来卖贵,这些年青女子打扮好了去买。卖香烟的不知多少,白面也有卖的了,吃的人还不少,中国人有什么办法!”④

日军为了提高军票的价值和信誉度,先制定了军票限人使用的政策。据南京宣抚班1938年2月情况报告:“因此开始时不仅是军营商店,就连一般商人也禁止向支那人出售商品,只有公用事业的从业人员和日本军队雇用和使役的人员才下发给购买许可证,允许其用军票在日本人的商店里购买商品。”⑤在购买力存在、供小于求的前提下,所谓限人发放也只会是变相抬价。据孙宝贤回忆:“新街口有一个日军贩卖部,但只卖给日军,不卖给老百姓,日兵想到赚钱的方法了,只要你有钱到贩卖部去,即看到贩卖部门口靠难民区这一边,就站了十几个日本兵手拿香烟出卖,他们在贩卖

① 《南京的状况——4月15日》,张生等编:《英美文书·安全区文书·自治委员会文书》,第72页。

② 叶德伟等编著:《香港沦陷史》,香港:广角镜出版社出版,1982年6月版,第102页。

③ 《南京宣抚班报告》,王卫星、雷国山编:《日军军方文件》,第349页。

④ 《程瑞芳日记》,张连红编:《幸存者的日记与回忆》,第32页。

⑤ 《南京宣抚班报告》,王卫星、雷国山编:《日军军方文件》,第353页。

第七十一军军长王敬久

第七十四军军长俞济时

第七十八军军长宋希濂

教导总队总队长桂永清

中国军队将领在南京郊区部署作战。选自刘晓宁编著:《话说南京》。

南京郊外的中国军队重机枪阵地。选自《话说南京》。

掩体前的中国军人。选自《话说南京》。

部卖香烟一块钱一条，在门口即卖一元五角甚至二元，他们在转手之间，就赚了五角或一元，如果他一天转卖十几条就可赚十几元，这种情形在我国部队中决不会亦不敢如此破坏军纪。"①

顺着这样的逻辑，日方又做出只允许13家商店对中国人供应商品的限店使用政策。南京宣抚班报告说："为了满足难民对日用品的需求，指定了军营商店以外的13家日本商店从2月16日开始对支那人销售日用品，凭军票进行买卖。"②"指定店销售所得军票可以在军队财务部兑换成日本银行券。支那人所需要的军票除了在军票兑换所兑换外，必要时还可通过南京市自治委员会汇总兑换。必要时可对上述兑换进行限制。军队财务部、警备司令部、宪兵队及特务机关各出一名委员，组成物价统管委员会，统管指定店的商品价格。（注）本文件2月14日得到了军队参谋长及军队财务部长的认可。"③

在发行军票的同时，占领军也允许商品交易用日元结算，中国人或西方在宁人士购买日本商店商品时，先得将本国货币兑换成日元。贝德士1938年3月31日在《来自南京关于表面经济的备忘录》中记载："日本人的商店开始营业，只使用日元。收取中国货币，会直接或间接地打打折扣。根据某种内部操作，甚至在货币交换时，以十一分之十或十分之九的比例强行掠夺。最近，有的商店抬高日元，而且夸下海口说，预备瓦解中国货币的流通。现在有个令人满意的事实是：日本当局向地方当局下令牌价固定在1元法币等于日元70分。"④

这一日元汇兑操作模式，为军人中间获利提供了可能，甚至成为某些部队的生财之道。据中岛今朝吾1937年12月19日日记记载："部队中有以中央银行纸币为目标，专门抢各地银行金库的行家。而且相对于美元来说，中央银行纸币要比日本钱值钱，因此要送到上海兑换成日本纸币。新闻记者和汽车驾驶员中有不少这类中介人，上海又有靠牟取暴利为生的掮客。在第九师团和内山旅团中，流行着这样的恶习，罪魁祸首多是辎重特务兵。而且听说陆续出现了因有钱而出逃的人。内山旅团的士兵中，有人开四个户头，共汇款3000日元，其他还有四五十人分别汇出300日元、400日元、500日元。的确是不祥之兆。"⑤

（4）安全区市场的解散与商民安置

在日军开设日本商店、统制经济秩序的时候，安全区商品市场也在快速发展。与

① 孙宝贤：《南京沦陷前后及被难脱险经过详情实记》，张连红编：《幸存者的日记与回忆》，第110—111页。

② 《南京宣抚班报告》，王卫星、雷国山编：《日军军方文件》，第350页。

③ 《南京宣抚班报告》，王卫星、雷国山编：《日军军方文件》，第356页。

④ 《来自南京关于表面经济的备忘录》，张生等编：《英美文书·安全区文书·自治委员会文书》，第134页。

⑤ 《中岛今朝吾日记》，王卫星编：《日军官兵日记》，第284页。

对待安全区委员会一样,日方对于安全区的跳蚤市场和棚户商店也不能容忍,从1938年2月开始,日军下令拆除上述棚户,解散安全区市场。据程瑞芳1938年2月6日日记记载:"上海路的棚子,早已报告他们拆走,要搬到日人指定的地方做生意,想他们回到城南去,日兵好随便。这里是安全区,外国人多,他们不能随便。到八号棚子都拆完,若不拆,他们就来拆。"[①]两天后,拆迁加速。据程瑞芳1938年2月8日日记记载:"上海路上的棚子今日多半拆走,他帮忙拆。"[②]到了2月中旬,基本拆完,这一特殊时期产生的特殊市场也完成了他的使命。

安全区市场的拆除与安全区委员会解散、难民回家的进程紧密结合,体现日方让难民改变依赖英美心理的决心。安全区市场拆除后,按照日方的统一安排,难民的商业买卖统一搬到了莫愁路。据魏特琳1938年2月25日日记记载:"米尔士说,南京似乎安定了下来。现在莫愁路变成了商业街,而以前的商业街还没有恢复,因为许多店铺都被毁坏了,如果恢复要花许多时间。"[③]

到了三月份,随着回家的老百姓日益增多,莫愁路成了南京城最繁忙的街道之一。据米尔士1938年3月13日致女儿哈里特的信:

> 莫愁路已经发生了很大的变化,他现在是南京城最繁忙的街道之一。莫愁路过去曾是一条宁静的街道,而现在街道两边每天都摆满了大量的路边市场。王师傅告诉我们,在我们房屋的前面就可以买到我们想要的任何东西。对于这种现象有两种解释。一种是当人们被迫于2月初搬出安全区时,沿上海路临时开设的商店也搬走了,其中许多商店就搬到了莫愁路南端。另一种是除了偶尔出现的食物摊外,沿街叫卖的大多数东西都是从过去的店铺中抢救出来的库存商品,这种商品由某种形式的路边市场展现出来。看起来繁忙的街道实际上是南京城的正常生活被打乱的某种程度的表现。[④]

(5) 引导南京民间经济

单靠日本人商店,很难重建南京经济生活秩序。允许南京民间经济复苏,随后成为日军思路之一。当时,回家的难民,为了弥补生计,多是操起了小买卖。据南京宣抚班1938年2月份报告:"拥有少量营业资金者在迁返原住地后,即在当地开设了简

① 《程瑞芳日记》,张连红编:《幸存者的日记与回忆》,第40页。

② 《程瑞芳日记》,张连红编:《幸存者的日记与回忆》,第40页。

③ *Minnie Vautrin's Diary* (*February* 25, 1938), Box 134 of YDL Record Group NO.11, The Archives of the United Board for Christian Higher Education in Asia, Yale University Divinity School Library Special Collections.

④ 《米尔士致女儿哈里特·米尔士》,张生编:《耶鲁文献》(下册),第811页。

单的零售商店，主要销售食品和杂货。随着交通管制的缓解，物资供给逐渐增加，这种零售店也日渐增加，到 2 月底为止，各区内的主要街道都有了零售店，一派繁荣景象。"①

对此，日方的认识有一个过程，南京宣抚班 3 月份在《南京建设概况》的汇报中介绍：

> 自从进入南京市以来，该地的复兴首先考虑的是日本人的进入，主要精力放在监督管制日本人上，无暇顾及以难民为主体的支那人的经济复兴。但随着事态的平静，先是设立了商会，后来凭借市面的流通，开始了各种营业，因此本机构也从 3 月下旬开始和商会合作，从侧面对其加以支援。根据商会的调查，现在开始营业的商店数达到了 747 家。②

南京宣抚班提到的上述商会是在日军特务部的领导下建立和开展工作的，和自治委员会有着密切的关联，根据罗森 1938 年 3 月 9 日随笔记载："本月 7 日南京成立了一个商会，会长是自治委员会的副会长程朗波，他以前是国华银行的经理，两名副会长是胡启阀和王鸣悟。会长在成立大会上的讲话中提出了商会的四项重要任务。"③

到 1938 年 4 月，南京各类小生意也日益红火，很多难民加入了做小买卖的队伍。据日本驻南京总领事花轮义敬 1938 年 4 月 12 日致北平参事官森岛函附件《南京市内概况》记载："伴随当地治安的逐渐恢复，难民归还者陆续增多，最近已达 22.8 万余人。规模虽小，但各种营业已开始，市内日趋明朗化。"④在这份报告中，提到了设置了 4 个菜市场："日常蔬菜销售，以下各区设有菜市场：第一区（膺福街）；第二区（彩霞街）；第三区（同仁街）；第四区（山西路）"⑤

总之，比起前两个月，南京民间经济力量开始了局部释放，这当中，固然有着日方的主导和引导，但更多的是源于百姓的生存本能。

---

① 《南京宣抚班报告》，王卫星、雷国山编：《日军军方文件》，第 349 页。

② 《南京宣抚班报告》，王卫星，雷国山编：《日军军方文件》，第 368 页。

③ 《罗森致汉口德国大使馆的公函》，陈谦平、张连红、戴袁支编：《德国使领馆文书》，第 163 页。

④ 《驻南京总领事花轮义敬致北平参事官森岛函》，姜良芹、郭必强编：《前期人口伤亡和财产损失调查》，第 334 页。

⑤ 《驻南京总领事花轮义敬致北平参事官森岛函》，姜良芹、郭必强编：《前期人口伤亡和财产损失调查》，第 337 页。

(八) 水电设施的破坏与恢复

1. 沦陷前水电设施运转之渐转艰难

(1) 自来水设施运转逐步停滞

日军自1937年8月15日开始轰炸南京,即将自来水厂列为轰炸目标。据魏特琳1937年9月19日日记记载:"一个在防空洞外面逗留时间比我们长的花匠估计飞来了40架飞机,后来我们在广播中听说有34架飞机从上海起飞,但实际上只有21架飞临南京。它们的主要目标是国家广播电台、自来水厂和城西供水的系统,城南的一个军事设施也被日机光顾,上述三个地方都挨了炸弹,但我还不知道遭受破坏的程度。"[①]自来水厂的破坏给南京市民的生活带来诸多不便,不过,南京还有很多水井,可以解市民生活一时之急。据福斯特1937年12月12日致妻子的信记载:"安全区挤满了人,已经无法控制:——供水已经停止,我们只得从池塘或井里抽水,极有可能供电也会马上停止。"[②]

对于单一依靠自来水的房屋,还得购买运水和储水设备。据拉贝1937年11月30日日记记载:"卡车还得去拉一个巨大的水箱,因为我担心自来水厂会断水。"[③]1937年12月1日,拉贝日记记载:"韩湘琳叫人把水箱送到了我们的院子里。"[④]一切都在拉贝的判断之中,据拉贝1937年12月11日日记记载:"上午8时,水电都停了。"[⑤]

(2) 电力设施运转竭力支撑

电厂也被日军列为重点轰炸目标。据拉贝1937年9月25日日记记载:

> 有8枚炸弹落在电厂。当时击落了一架日本轰炸机,飞机的残骸和失去脑袋的日本飞行员的尸体掉在总机房的后面。……那里的大楼看上去破坏得最惨。有几枚炸弹(据说只有两枚)击穿了房顶和配电设备上方的混凝土板,在配电房里爆炸,配电设备因此被全部破坏。几乎所有的办公室都被炸毁了,其中三

---

① *Minnie Vautrin's Diary*(*September* 19,1937), Box 134 of YDL Record Group NO.11, The Archives of the United Board for Christian Higher Education in Asia, Yale University Divinity School Library Special Collections.

② 《福斯特致妻子函》,章开沅等编:《美国传教士的日记与书信》,第100页。

③ 拉贝1937年11月30日日记,[德]约翰·拉贝:《拉贝日记》,第90页。

④ 拉贝1937年12月1日日记,[德]约翰·拉贝:《拉贝日记》,第93页。

⑤ 拉贝1937年12月11日日记,[德]约翰·拉贝:《拉贝日记》,第129页。

分之二已不复存在，余下的三分之一已被挤成一团。办公室里所有东西被炸得粉碎，楼上办公室的墙壁都炸飞了，只剩下了钢筋水泥柱，其中一部分已经开裂或是弯曲了。很粗的T形钢结构横梁很好地经受了考验，只有一个地方轻度弯曲。锅炉设备以及涡轮机奇迹般地依然存在，没有损坏，只有位于南墙的一台涡轮机(我估计是一号涡轮机)似乎受到了一点损坏，至少钢外壳上有几道箍脱落了。整个机房地板上的玻璃碎片(大约1厘米大小)达几厘米厚。肯定是由于炸弹的气浪产生一种吸力，把总机房的全部窗子向内撕拉而造成的。我和陈厂长以及几个工程师一起对大楼简单地查看了一下后，便决定由我请求我们在上海的总部派一名工程师来，查看损坏的情况，并提出意见，给予帮助，因为最高统帅对此十分关心，要求电厂尽快恢复正常。我们在黑暗中坐了片刻。晚上7时，街上的路灯又亮了。我还不清楚是哪里来的电。韩(湘琳)先生说，它来自浦口铁路照明用电发电站。[①]

日军对南京电力设施的轰炸是持续的。据拉贝1937年10月19日日记记载：“里贝先生吃饭来迟了，他说，今天他也不得不进了防空洞。日本人在电厂总机房不远处投下了一批炸弹，但电厂未受损害。里贝又一次交了好运！”[②]

电力设施的受损给南京市民的生活带来极大不便：路灯熄灭让城市一片黑暗，影响了市民夜晚出行和商品交易；电力设施的损坏也影响了交通指挥系统的运转，城市交通秩序容易陷入混乱；因为没有电力支撑，空袭警报不能运作，加大了防空管制的压力。据拉贝1937年9月25日日记记载：“16时20分，我试图和韩(湘琳)先生赶到下关去看看电厂的情况，但两次都被军人和警察挡了回来，因为城北方面还没有收到‘警报解除’的信号。突然之间，电动警报器都不起作用了，人们开始改用警察设置在交叉路口的警铃报警，看来发电厂遭到了一定程度的破坏。”[③]

不过，南京电力设施在沦陷前虽然经常遭到轰炸，但抢修较及时，直到南京沦陷才中断运转。据时任87师副师长兼第261旅旅长的陈颐鼎在《南京守城战斗的一鳞半爪》中回忆：“十二月十三日凌晨三时，我们自中山门集合地出发，以急行军速度向下关车站奔去。沿途没有遇到一个人，马路上的路灯照样亮着，玄武湖内霓虹灯仍像平日一样在闪闪放光，也没有听到枪炮声。假如没有城内三处大火燃烧得噼啪作响，

---

① 拉贝1937年9月25日日记，[德]约翰·拉贝：《拉贝日记》，第14页。

② 拉贝1937年10月19日日记，[德]约翰·拉贝：《拉贝日记》，第41页。

③ 拉贝1937年9月25日日记，[德]约翰·拉贝：《拉贝日记》，第13—14页。

谁都不会意识到这是崩溃的前夜。”[①]据日军十六师团师团长中岛今朝吾 1937 年 12 月 13 日日记记载:“事后得知,南京的电灯公司直至 13 日清晨尚在运行。”[②]

其实,沦陷前,南京电力设施每次遭到轰炸之后,是否要再次修理,电厂也犹豫不决。据拉贝 1937 年 10 月 3 日日记记载:

> 电厂的领导部门现在已决定对电厂进行修理。他们有一段时间曾经犹豫不决,考虑是否撒手不管。人们反复考虑,上次轰炸时抢救出来的机器十分宝贵,难道还要让它们再经受一次空袭?他们都很清楚,只要电厂的烟囱又冒烟,就会再次发生这样的空袭。[③]

犹豫之后还是要执行及时抢修的命令,这一命令由最高统帅蒋介石下达。此外,电力设施在每次遭到轰炸之后及时得到修理也有两个前提:

一是备用电厂的协调并网。如 1937 年 9 月 25 日大轰炸后,下关电厂遭受损失,供电突然中断,但是很快又恢复了供电。据魏特琳 1937 年 9 月 25 日记载:“电厂遭到了破坏。大约半个小时后,路灯亮了起来,但是我们被告知,电是来自刚建好的备用电厂。”[④]这个备用电厂就是位于城南的上坊门电厂。此外,津浦铁路的电厂也能和室内电网相接。据拉贝 1937 年 9 月 26 日日记记载:“呸,天皇殿下!午夜 2 时 30 分,他们还把我们从床上叫了起来!电动警报器又恢复正常了。据我此刻得到的证实,浦口津浦铁路的电厂已和南京的市内电网并网。这是一件大好事。我房子里的电灯也亮了(今天凌晨 2 时 30 分还是黑洞洞的)。”[⑤]

二是拉贝坐镇南京,协调电力设施恢复。拉贝担任南京西门子公司经理,南京很多电力电器的采购生意由西门子公司承接,他们不仅提供产品,还有一支训练有素的工程师队伍,长期居住上海,以备应急调度。如 1937 年 9 月 25 日日军对南京进行猛烈的轰炸之后,西门子公司工程师就紧急受命赶到南京,应急抢修。据拉贝 1937 年 9 月 28 日日记记载:“上午 7 时,普罗布斯特博士和安装工里贝两位先生刚从上海到达这里。他们的任务是检查被炸的下关电厂,并和电厂的有关领导商谈恢复发电事

---

① 陈颐鼎:《南京守城战斗的一鳞半爪》,马振犊等编:《南京保卫战》,第 315 页。

② 《中岛今朝吾日记》,王卫星编:《日军官兵日记》,第 278 页。

③ 拉贝 1937 年 10 月 3 日日记,[德]约翰·拉贝:《拉贝日记》,第 19 页。

④ *Minnie Vautrin's Diary*(*September* 25,1937), Box 134 of YDL Record Group NO.11, The Archives of the United Board for Christian Higher Education in Asia, Yale University Divinity School Library Special Collections.

⑤ 拉贝 1937 年 9 月 26 日日记,[德]约翰·拉贝:《拉贝日记》,第 14—15 页。

宜。”[①]里贝是一位优秀的工程师，和拉贝私人关系较好，在修复南京电力设施的过程中，做出了突出的贡献。据拉贝1937年10月18日日记记载：“里贝先生整个时间都站在电厂里他的涡轮机旁。这个漫不经心的傻瓜！他今天刚把修理好的机器重新开动了起来，所以不想让电厂立刻再停下来。”[②]拉贝1937年10月20日日记记载：“里贝先生在修复电厂中做了很好的工作。2号涡轮机已全速运转（5000千瓦），此刻正在修复3号涡轮机。中国人是否也承认这样的成绩呢？但愿如此！还有一个值得提出的事实：此刻只有我们那台老的博尔齐希锅炉在运转，它是我们6年前供的货。从那时以来它一直都在运转，根本就没有再让有名的美国锅炉生火。德国的产品质量再次证明是过硬的，但仍有人在挑我们的毛病。”[③]拉贝1937年10月26日日记记载：“里贝先生完成了在电厂的工作，他可以到长沙去了，上海却发来了电报：‘等待信示。不要急于结束工作！’我在西门子洋行工作了27年，还没有收到过这么好的电报，我真想也成为一名涡轮机装配师。”[④]因为里贝坐镇南京，可以为南京电力设施的修复提供技术保障。也因为如此，南京电力设施能够坚持运转到南京沦陷。

2. 沦陷后南京水电设施的逐步恢复

(1) 水电的恢复

日军占领南京后，拉贝领导的安全区委员会积极联系日军高级指挥官，提交了南京市民生活秩序的顶层设计方案，1937年12月15日，拉贝的信被送到了日军指挥官手里，日军指挥官以纪要的形式回复了安全区委员会，其中强调“电话和水电供应必须恢复。我们定于今天下午和拉贝先生视察这些设施，我们将在视察后制定相应措施。”[⑤]据拉贝1937年12月15日日记记载：“我们同指挥官和福田先生告别时，原田将军走了进来，他当即表示要我们带他去安全区转一圈看看。我们约好下午去察看下关发电厂。”[⑥]对此，拉贝和安全区委员会给予了密切的配合。据拉贝1937年12月15日日记记载：“11时，日本大使馆参赞福田先生来访，我们同他商谈了我们工作计划的细节。福田先生明白，尽快使发电厂、自来水厂和电话局恢复正常不仅符合我们的利益，而且也符合日本当局的利益。有关这一点，我们，或者说我，可以向他提供帮助。韩先生和我对这3个地方的情况非常了解，我相信我们能够让工程师和工人们将工厂重新运转起来。在新街口的交通银行（日军司令部）我又遇见了福田。在拜访

① 拉贝1937年9月28日日记，[德]约翰·拉贝：《拉贝日记》，第17—18页。

② 拉贝1937年10月18日日记，[德]约翰·拉贝：《拉贝日记》，第40页。

③ 拉贝1937年10月20日日记，[德]约翰·拉贝：《拉贝日记》，第41—42页。

④ 拉贝1937年10月26日日记，[德]约翰·拉贝：《拉贝日记》，第49页。

⑤ 拉贝1937年12月15日日记，[德]约翰·拉贝：《拉贝日记》，第143页。

⑥ 拉贝1937年12月15日日记，[德]约翰·拉贝：《拉贝日记》，第143页。

当时的指挥官时,他作为翻译帮了我们很多的忙。”①

正因为也符合日军利益,举行了入城式之后,华中方面军决定由中岛今朝吾的十六师团警备南京,统一南京警备任务,恢复水电设施很快提上日程。据中岛今朝吾1937年12月27—31日日记记载:

> 虽然到13日早上为止,南京都是有电灯和自来水,但是自从军队进城扫荡以后,工程师和职工都被处理掉了,所以没有开机器的人。虽然军部也在考虑解决办法,但目前没人手,这个问题何时能解决,现在还不得而知。于是,我也不指望军部,立即着手在部队里寻找曾经是电厂和自来水厂技工的士兵,结果找到四五十名。工兵部队里有技师少尉,于是命令他将那些曾当过技工的士兵集中起来,让他们检查并于18日开动机器。下关发电厂使用的是美国式机器,而日本多是德国式的,所以起初技师们有些不熟悉。于是鼓励他们大胆尝试着发动机器。最终,从城南的小发电厂着手送电。接着排除下关发电厂机器的故障,开动进煤机。努力的结果,终于在除夕夜7时30分所有宿舍的灯一下全亮了。当天下大放光明时,喜悦之情难以言表,不禁感慨万分。赶紧命令管理部,搬出一坛酒送给他们,令他们大喜。次日,技师少尉来拜年并表示感谢。就这样,这几天一直在整理线路。送电的范围也不断扩大。南京的夜晚逐渐明亮起来。1月7日左右,一楼开始通自来水。15日左右,二楼也通自来水了。南京自来水供应不足的问题解决了大半。但是,整个社会没有一个人对师团所做的努力表示感谢,更没人赞扬。人啊,就是因为头脑简单,对一切漠不关心才长寿的吧。②

水电恢复,彼此之间互相支撑。没有自来水的循环,发电锅炉的冷却不能正常进行,影响设备安全;反之,没有电力的支撑,供水的压力得不到保障。因此,水电的恢复采取了同步进行的方式。据南京宣抚班1938年报告:

> 由于电力和供水这两项事业相关联,所以最初想先恢复供电,然后供水自然就能恢复。但是南京市的饮用水缺乏越来越严重,所以就开动了柴油机来进行供水的恢复工程。另一方面,电力复原工程当初是从下关发电厂着手的,但是由于机器设备巨大,没有辅助发电厂的话就无法得到通风和供水,压力上不去,对锅炉有危险,所以马上在中华门外六里的地方开始试运行上坊门发电厂。其间,

① 拉贝1937年12月15日日记,[德]约翰·拉贝:《拉贝日记》,第141页。

② 《中岛今朝吾日记》,王卫星编:《日军官兵日记》,第292页。

虽然发现城外的线路受到过很大的破坏，但经过夜以继日的劳动，终于在今年1月1日开始对军队进行部分供电供水。[①]

根据大量资料显示，1938年1月1日，南京自来水设施初步恢复，很多人对此有着记载。史迈士1938年1月1日给妻子的信记载："早晨施佩林没找到那个卖米的人，但他告诉我们，今天城市的供水恢复了。然而，在他们检修破漏的管道前，水压还不够，所以这儿仍是没有水。"[②]据拉贝1938年1月1日日记记载："今天一早韩的住所有了水，看来一部分水管恢复了供水。在我这儿，水甚至还没有流到约两米高的厨房。据说许多管道被毁坏了，压力根本不够。"[③]

两天后，水压增大。1938年1月3日，拉贝日记记载："今天，城里自来水管得到一定的修复，我们住宅位于二楼的洗澡间也有自来水了。"[④]1938年1月10日，贝德士写给外界的信件也记载："自来水得靠电泵抽取，不过在城市地势低的地方开始有了涓涓细流。"[⑤]

由于担心瘟疫爆发，殃及日军，供水供电问题解决较快。据拉贝1938年1月10日日记记载："到现在我们城里幸亏还没有暴发瘟疫。然而，如果目前的状况继续下去，尤其是如果饮水不洁，我们就始终面临着暴发传染病的危险。"[⑥]为此，安全区委员会多次和日方交涉。据拉贝1938年1月10日日记记载："此外，我们想利用这个机会再谈一谈我们在同日本大使馆先生们的私人交谈中经常探讨的一个问题。池塘受尸体的污染大大减少了或者说破坏了安全区内的水源。这种状况的危险性在长时间的缺水时期尤其必须指出，特别是因为城市自来水管恢复得很少。"[⑦]

对此，日方也高度重视，很快，损坏管道陆续得到修复，自来水龙头全市放水也在1938年1月底实现了。据蒋公縠1938年1月29日日记记载："自来水厂及电灯厂的工友，在敌进城时，被害殉难的很多，最近敌人急欲恢复起来，而一般工友绝不愿意合作，后来经德侨史排林的担保，算是由他领工，才肯进去开工。现在自来水已经全市放水，电气则只送一条线，惟有敌人和各外侨，方可享着开灯的权利。"[⑧]

---

① 《南京宣抚班报告》，王卫星编：《日军军方文件》，第357页。

② 《史迈士致家人函》，章开沅等编：《美国传教士的日记与书信》，第261页。

③ 拉贝1938年1月1日日记，[德]约翰·拉贝：《拉贝日记》，第258页。

④ 拉贝1938年1月3日日记，[德]约翰·拉贝：《拉贝日记》，第270页。

⑤ 《贝德士致朋友函》，章开沅等编：《美国传教士的日记与书信》，第18页。

⑥ 拉贝1938年1月10日日记，[德]约翰·拉贝：《拉贝日记》，第321页。

⑦ 拉贝1938年1月10日日记》，[德]约翰·拉贝：《拉贝日记》，第322页。

⑧ 蒋公縠：《陷京三月记》，张连红编：《幸存者的日记与回忆》，第73页。

供水问题解决较快,电力设施恢复困难重重。整个过程,拉贝积极参与,缘于拉贝对南京电厂设备、电力设施和电厂职工较为熟悉。日军进城不久,就和拉贝商谈电力恢复问题。拉贝答应的同时,也担心电力工人的安全。据拉贝 1937 年 12 月 17 日日记记载:“我和菊池一起开车去下关察看发电厂和几个剩余的大米储备点。发电厂外表看起来完好无损,如果工人们对日本人的保护持信任的态度,那么估计发电厂可以在几天内恢复供电。我很乐意在这方面提供帮助。但是由于日本士兵的令人难以置信的残暴行为,要想把必要的 40 名—45 名工人募集到一起,可能性非常小。在这种形势下,我也不愿意冒险通过日本当局从上海调一名德国工程师来。”①

因此,对于组织电力工人出面配合修复电力设施,拉贝极为谨慎。据拉贝 1937 年 12 月 19 日日记记载:“在这种情况下,我是不可能为恢复发电厂发电招募到工人的。菊池先生今天为发电厂工人的事情来拜访我们,我就此向他指出,工人们都跑光了,因为他们根本不相信他们合家上下能够得到保护。”②不过第二天,拉贝还是认真去打听工人的下落。据拉贝 1937 年 12 月 20 日日记记载:“下午我和韩先生以及菊池先生去下关电厂,想从 9 个中国工人那儿打听到电厂剩下来的其他中国工人的地址。但是成效甚微,因为我们只找到了 9 个人中的 3 个人,而且这些人都是苦力。于是我们驱车回城,派施佩林和我们在电厂找到的另外一名工人继续寻找。这一次我们的运气要好一些。到明天早上应该有约 100 名工人来。这对我们来讲是一个福音,因为这样我们就可以帮助日本当局尽快恢复电厂的生产。”③

找工人的过程中,拉贝等得知了 40 多位电力工人已被日军杀害。据史迈士 1937 年 12 月 22 日给家人的信记载:“可怜的拉贝急于电厂开工,作了愿意合作的表示。但他们今天去找工人时,发现 54 个人只剩下 11 人。几天前日本兵就把其余的 43 个人枪毙了……多么残忍野蛮!”④拉贝无比气愤,但也无奈。和拉贝一样,西方在宁人士也是气愤至极,据费吴生 1937 年 12 月 22 日日记记载:“位于下关的电厂的吴工程师,给我们带来不幸的消息,曾经勇敢地坚持电厂工作至最后一天的 54 个职工中的 43 人,避难于江边的一家英国工厂——和记公司,已被当作国营事业职工抓去枪毙——其实电厂并非如此。”⑤

尽管悲愤难抑,拉贝还是继续支持日方主导的水电恢复。据拉贝 1937 年 12 月 28 日日记记载:“晚上 7 时来了一个日本工程师。我在下关已认识他,此人是在一个

① 拉贝 1937 年 12 月 17 日日记,[德]约翰·拉贝:《拉贝日记》,第 149—150 页。

② 拉贝 1937 年 12 月 19 日日记,[德]约翰·拉贝:《拉贝日记》,第 169 页。

③ 拉贝 1937 年 12 月 20 日日记,[德]约翰·拉贝:《拉贝日记》版,第 182 页。

④ 《史迈士致家人函》,章开沅等编:《美国传教士的日记与书信》,第 242—243 页。

⑤ 《费吴生日记》,章开沅等编:《美国传教士的日记与书信》,第 76 页。

预备役军官的陪同下来的，想恢复电厂供电。电厂还需要50个工人，要我明天早晨提供给他们。我答应尽力而为，因为韩会意地点点头，他会知道到哪儿招募这些人。”[①]拉贝1937年12月29日日记记载：“我为那个准备恢复电厂供电的日本工程师招到了50名工人，并另外派了30名工人供维修水厂使用。我们欧洲人同日本人一样关心尽快得到照明和水。”[②]

根据十六师团师团长中岛今朝吾的日记，南京电力设施的初步恢复是在1937年12月31日的晚上的7点30分，费吴生的日记能够与其互证。据费吴生1937年12月31日日记记载：“我们终于通过收音机与外面的世界接触，这真是大幸运了；因为上个星期天我们的房子接上了电线，现在有电了。幸运的是我们贮存的蜡烛与煤油恰好用完。”[③]

1937年的最后一天，南京电力设施初步恢复，不过由于线路布局问题，覆盖地点较少。到1938年1月3日，南京通电的房屋方才快速增多。据拉贝1938年1月3日日记记载：“中午，在安全区的几个地方甚至恢复了照明，但是1时左右电源又被切断，或许是为了防止我们收听新闻广播。斯迈思博士收到了一部分前面文字已经提到的香港无线电广播内容。有关和平的新闻，就条件而言，和我们在3个星期前已经知道的没有什么不同。看来在这期间，这方面没有取得大的进展。”[④]据上村利道1938年1月3日日记记载：“今天晚上，饭店的电灯正式通电了。我们和电灯无缘已有四个月了，现在更真切地感受到电灯的好处。”[⑤]据福斯特1938年1月3日给妻子的信记载：“今天是几周以来我们第一次重新有了电灯，这意味着我们能收到无线电广播。可惜马吉的收音机坏了……”[⑥]

供电是有范围的，到1938年1月底，绝大多数难民的房屋仍然没有通电。据拉贝1938年1月26日日记记载：“日本人从沈阳召来了3名日本工程师，他们在发电厂的中国工人的协助下恢复了中央发电机组的运转。此后我就再也不能去下关了。听中国人说，2号和3号涡轮机组靠波斯西公司的锅炉设备也投入了运转。除了日军机关外，难民区内只有少数房屋通了电。为防空袭，路灯也没有开。”[⑦]

即使如此，有限的电力恢复，其意义是深远的。因为有了电，收音机就可以派上

---

① 拉贝1937年12月28日日记，[德]约翰·拉贝：《拉贝日记》，第243页。

② 拉贝1937年12月29日日记，[德]约翰·拉贝：《拉贝日记》，第243—244页。

③ 章开沅等编：《美国传教士的日记与书信》，第82页。

④ 拉贝1938年1月3日日记，[德]约翰·拉贝：《拉贝日记》，第270页。

⑤ 《上村利道日记》，王卫星编：《日军官兵日记》，第255页。

⑥ 《福斯特致妻子函》，章开沅等编：《美国传教士的日记与书信》，第109页。

⑦ 拉贝1938年1月26日日记，[德]约翰·拉贝：《拉贝日记》，第422页。

用场,从此,听广播就成了一些人每天的必修课。美国使馆官员回归后,在使馆内装了一台无线电通讯设备,南京与外界的联系又多了一个渠道。

(2) 水电运营纳入日方统制

日军在南京原有的水电基础设施上进行的水电恢复工作,进展顺利。据南京宣抚班 1938 年 2 月份报告:

> 由于下关发电厂曾经一度被作为军事设施使用,所以去年 9 月 25 日曾遭到了一枚炸弹的袭击,所幸设备的主要部分(锅炉涡轮)没有受到损伤,在更换了内部线路以后一直运转到了 12 月 12 日。上坊门发电厂没有受到损伤,外部线路受到的破坏大部分是因为火灾,城内受到的破坏一般比较轻微。①

和电力设施一样,自来水设施的损坏也不大。据南京宣抚班报告:"水道入水口未发生故障,唯至清凉山蓄水池的管道被炸毁了。"②

恢复水电之后,即交由日本公司进行经营。据南京宣抚班 2 月份报告:

> 迄今为止,供电和供水这两项事业都是由军队直接经营的。当然,军队的移动性很大,结果经营者先后由第十六师团,经派遣军财务部,最后又到第三师团财务部。当初由于技术及劳力不足,所以首先专为满足军队的需要,在得到所属部队的许可后对外供给。但由于水电是日常生活中不可或缺的要素,而且这是促进宣传安抚工作的最好的动力,所以现在用水用电都是免费的,而且范围很广。关于所需技术及劳力不足的问题,根据军队特务部给兴中公司下达的指令,由兴中公司委托电力联盟派遣八名电力工作人员、东京市派遣两名供水工作人员来南京,现在专门以支援军队的形式担任各自的专业工作。兴中公司为了接替原先由军队经营的两项事业需要做诸多准备,首先是人员问题,除了上述人员之外,还准备从东京调派发电厂(火力组)工作人员九名以及内外线工作人员十五名,前者定于本月 9 日到达,他们将和电力作业人员一起进行内外线的配电,兴中公司还准备增加这方面的人员。关于运输能力,现有卡车两辆、自行车二十辆、小汽车一辆,另外还将增加三辆卡车。关于待遇,首先宿舍安排暂时一如从前,粮食在同第三师团协商后已得到谅解,在交通及一般经济状况恢复之前由军队负责,工资也暂时按从前惯例。现在兴中公司把中山东路江苏银行作为事务

① 《南京宣抚班报告》,王卫星、雷国山编:《日军军方文件》,第 356—357 页。

② 《南京宣抚班报告》,王卫星、雷国山编:《日军军方文件》,第 357 页。

所,正进行着各种准备活动。将来接替了军队的经营之后,准备把下关事务所移到城内,并扩大公司面积。经过上述准备,兴中公司内定于 3 月 15 日从第三师团接过经营权。①

在上述南京宣抚班报告中,提到了兴中公司。兴中公司是“日本帝国主义对旧中国华北地区进行侵略的殖民机构,设立于一九三五年十二月。总公司在北平。三菱、钟纺等均参与投资。实为‘满铁’的子公司之一。”② 1938 年 4 月 12 日,日本驻南京总领事花轮义敬致北平参事官森岛函附件《南京市内概况》记载:“目前第三师团经理部在经营,出于灯火管制的需要,除日本人的主要场所、外国使馆、中国主要机关外,一般禁止配电。最近将移交兴中公司经营,并允许一般人利用。”③同时记载:“扬子江支流水被作为取水口,利用电力驱动,为防备故障,准备一台柴油机(500 马力)。取水口虽无其他损坏,但通至清凉山配水池的铁管被炸毁,漏水严重,目前由第三师团经理部经营和修理,也和电灯一样,最近亦将移交兴中公司,可普遍利用。”④

按照日方的部署,兴中公司接管了南京水电设施的管理,很快又转由华中水电公司经营。资料称:“日军占领上海后,因军事上的需要,置电器及自来水事业于日军管理之下,进行恢复工作。自廿[七]年四月以降,大部分华方水电厂均委由兴中公司管理运营,旋于六月卅日投资二千五百万日圆,成立本公司,初步经营上海租界以外区域之水电事业,渐次扩大至整个华中占据区域。”⑤

华中水电公司接管南京水电设施后,逐步开始对市民用水用电进行收费,英国南京使馆发给外界的《1938 年 8 月 18 日南京情况报告》中记载:“华中水电公司是一家中日合资的公司,在华中一带经营水电的供给业务。从 5 月底,它开始征收电费了。缴费的依据不是电表上的刻度,而是根据每月使用灯泡的数量来征收,一个灯泡要交一个日元,根本不考虑究竟使用了几盏灯。这种收费标准在大多数情况下不公平,而且费用惊人。据报道,水费不久也要被该家公司以同样的方式征收。由于水压太低,许多房子没有水,只有一楼和直接连接主水管的房屋才有水。目前,已经开始了对用水的用户进行登记。”⑥

---

① 《南京宣抚班报告》,王卫星、雷国山编:《日军军方文件》,第 357—358 页。

② [日]今井武夫:《今井武夫回忆录》,第 2 页。

③ 《驻南京总领事花轮义敬致北平参事官函》,姜良芹、郭必强编:《前期人口伤亡和财产损失调查》,第 334 页。

④ 《驻南京总领事花轮义敬致北平参事官函》,姜良芹、郭必强编:《前期人口伤亡和财产损失调查》,第 334 页。

⑤ 中国第二历史档案馆编:《中华民国史档案资料汇编》(第五辑第二编附录下),南京:江苏古籍出版社 1997 年,第 1074 页。

⑥ 《1938 年 8 月 18 日南京情况报告》,张生等编:《英美文书·安全区文书·自治委员会文书》,第 242—243 页。

南京郊外的中国炮兵阵地。选自《纪念抗日战争胜利暨台湾光复65周年特展专辑》。

南京的中国军队炮兵阵地。选自《历史图像》。

美军宣传画册中的日本天皇形象。选自 *Jap Beast and His Plot to Rape the World*.

松井石根

朝香宫鸠彦

显然,南京的水电运营全面纳入了"常态化"殖民秩序的整体布局之中,从一个常态过渡到一个"新常态",看似回到战前起点,其实水电供应已是元气大伤。据统计:"事变前南京自来水厂最大给水量为 1125500 立方米,事变后最大给水量为 55000 立方米。"[①]据统计:"事变前南京首都电厂之发电量为 30000 千瓦,事变后平均发电量为 11000 千瓦。"[②]

(九)城内外交通运输的阻滞与开启

1. 沦陷前南京城内外交通的逐步停滞

(1) 出城交通的逐步阻塞

轰炸开始后,家住南京周边的务工人员陆续选择了返乡。据魏特琳 1937 年 8 月 31 日日记记载:"上午 8 时 30 分—9 时 50 分。我和唐先生去检查了山坡上的新房子、里夫斯先生的平房以及实验学校一间房间的音响改造的进展情况。山坡上房子的工程几乎全部停止了,只剩下两三个工人,其余的工人都回到乡下的家中去了。"[③]此外,南京作为国民政府首都,党政军及文教机构云集,稍有经济基础的、不需要坚守岗位的人多选择去长江上游。据魏特琳 1937 年 8 月 2 日日记记载:"据说,昨天官员们已接到通知,要把他们的家属转移到城外,目的是减少南京的人口,解除官员们的后顾之忧,但结果却给人们造成了极大的恐慌。火车和轮船非常拥挤,车票提前数天预售。数以千计的人将要撤离。"[④]

到了 1937 年 9 月,这一现象依旧延续。据拉贝 1937 年 9 月 7 日日记记载:"所有富裕的和经济情况比较好的中国人都早已溯扬子江而上,逃到汉口去了。"[⑤]其中有些个案是我们今天熟知的人,魏特琳 1937 年 9 月 20 日日记记载:"陈中凡先生明天去武汉,他去那儿教中文。我们想让他今天就走,但船很挤,由于身体瘦弱,他觉得自己无法承受这种旅行。"[⑥]

---

① 中国第二历史档案馆编:《中华民国史档案资料汇编》(第五辑第二编附录下),第 1080 页。

② 中国第二历史档案馆编:《中华民国史档案资料汇编》(第五辑第二编附录下),第 1078 页。

③ *Minnie Vautrin's Diary*(*August* 31,1937), Box 134 of YDL Record Group NO.11, The Archives of the United Board for Christian Higher Education in Asia, Yale University Divinity School Library Special Collections.

④ *Minnie Vautrin's Diary*(*August* 2,1937), Box 134 of YDL Record Group NO.11, The Archives of the United Board for Christian Higher Education in Asia, Yale University Divinity School Library Special Collections.

⑤ 拉贝 1937 年 9 月 7 日日记,[德]拉贝:《拉贝日记》,第 9—10 页。

⑥ *Minnie Vautrin's Diary*(*September* 20,1937), Box 134 of YDL Record Group NO.11, The Archives of the United Board for Christian Higher Education in Asia, Yale University Divinity School Library Special Collections.

由于长江是溯江而上的重要运输线，船票紧张局面也快速形成。据魏特琳 1937 年 9 月 13 日日记记载："龙博士将于明天离开南京去武昌，他几乎买不到船票。"①到了 1937 年 11 月，上海沦陷、江阴要塞危急，船票紧张局面更甚。据 1937 年 11 月 19 日拉贝日记记载："韩先生还是买不到去汉口的船票，始终无法把他的家人送到安全的地方去。佣人们睁着惊恐的大眼睛走来走去，因为大家以为我也要乘'库特沃'离去。我明确地告诉他们，不管发生什么事情，我都会留在南京。这时候，他们又高兴起来。"②到了日军围城前夕，船票紧张到了极致。据金陵女子文理学院院长吴贻芳回忆："我在 1937 年 12 月 3 日离南京去武昌时，正值日寇侵占南京前夕，国民政府在极为混乱中撤退，只能设法乘坐英商怡和公司的船。"③

船票紧张一是因为客流增大，二是因为军队对船舶的管制，使本来就供需失衡的长江运输特别紧张。据记载："船舶统制设船舶总队部，正在大力进行船舶统制，预定将所有 200 吨以下的船只和 100 吨以上民船全部编入该部。本市有相当于上述吨位的轮船 20 余只，民船 200 余只。该部已于 10 月 20 日在下关设办事处。"④

由于去长江上游一票难求，不可避免地导致船票一路上涨。据首都电话局"军话专线台"话务领班王正元回忆："十一月底以前，南京的轮船票就很难买了。自南京宣布进入战时状态后，逃难者蜂拥逃离南京，一张船票比原值高出四五倍。辗转过手的黑市票，甚至高出十数倍。"⑤更离奇的是，很多运输船只不敢靠岸，要想登船，必须高价购买轮渡船票，由小船摆渡到江心登船。据教导总队第二旅第三团团长李西开回忆 1937 年 12 月 7 日这一天的情形：

> 我和中校团附彭月翔、少校团附朱道源巡视各营阵地，见到在陵园新村的国民党高级官员的几十家郊外别墅，包括蒋介石为避免敌机轰炸的临时住所——中山门外四方城的一栋小平屋，都已人去屋空。只有部分别墅还留下少数人看守门户和不及运走的家具衣物。在林森和张学良的别墅内，还存放着许多宝贵的古文物、书籍。我对守门人员说："这些珍贵的文物书画，为什么还未运走？"守门人说："这些东西，目前无法运走，因南京城内人心惶惶，江边码头要搭船离家

---

① *Minnie Vautrin's Diary*(*September* 13,1937), Box 134 of YDL Record Group NO.11, The Archives of the United Board for Christian Higher Education in Asia, Yale University Divinity School Library Special Collections.

② 拉贝 1937 年 11 月 19 日日记，[德]约翰·拉贝：《拉贝日记》，第 69 页。

③ 吴贻芳：《金女大四十年》，《江苏文史资料选辑》(第十三辑)，南京：江苏人民出版社，1983 年，第 7 页。

④ 《驻华大使川越致广田外务大臣函》，马振犊等编：《南京保卫战》，第 40 页。

⑤ 王正元：《南京保卫战中的军话专线台》，马振犊等编：《南京保卫战》，第 362 页。

逃难的成千上万,轮船都不敢靠岸,出高价买到票的,只得乘小船到江心上轮船……。"①

在商业船票一票难求的情况下,一些人想尽办法搭乘外籍舰船离开南京。第一是找关系。据1937年11月16日拉贝日记记载:"刚才我的朋友王先生和他妻子来了。他是军事通讯学校的工程师,妻子是奥地利人。他俩想上'库特沃'。我请示了大使,遭到拒绝。妻子可以上船,但丈夫,跟每个中国人一样,不允许上船。而妻子不愿意丢下她丈夫不管。我劝他们立即(尽可能当天晚上)去汉口。他俩伤心地走了。'库特沃'号只有50个卧铺,但却要用来安置112名可能上船的德国人";②第二是贿赂。据拉贝1937年12月26日日记记载:"还听说'库特沃'号船上成立了一支类似警察的纠察队,由布伦德尔少校领导。这很有必要。因为已经查明,在德国人上船的时候,原来给德国乘客准备的二等舱已被中国人占用。这些中国乘客是由船上的中国船员(所谓茶房)偷偷带上船的(当然要收取高额酬金)。"③

与南京向西运输出现的蜂拥局面不同,南京到上海的交通自有一番景象。主要是沪宁线难民争相朝南京方向行进,与之同步的还有大批伤员运达南京。福斯特1937年11月23日给妻子的信记载:"刚刚传来空袭紧急警报。火车站的局势今天比以往更可怕、更混乱。我到达时有250名伤员,天亮前又来了750名。有一些男童子军在协助工作,但由于下雨、严寒和缺少交通工具,没有其他的志愿者出现。大部分是重伤员。——马吉还在设法通过卫生部找更多的志愿者和救护车。"④

由于战争的影响,沪宁线交通运行耗时明显延长。据魏特琳1937年8月31日日记记载:"6时,沃德(Ward)夫人和我们共进了晚餐。她今天上午才到达南京,从上海到南京的旅途花费了20个小时。她说与上海相比,南京相对宁静。在上海,一天中的大部分时间人们都能听到枪声和轰炸声。"⑤拉贝也有类似的记录,他1937年10月22日日记记载:"早上8时,沃尔特马德来了。他是今天夜里1时到达南京的,但为了不打扰我,他住到了首都饭店。从上海到南京用了18个小时。"⑥

对于沦陷前沪宁线交通的情况,日方也有归纳和总结,如1937年10月27日《驻

---

① 李西开:《紫金山战斗》,马振犊等编:《南京保卫战》,第375页。

② 拉贝1937年11月6日日记,[德]约翰·拉贝:《拉贝日记》,第66页。

③ 拉贝1937年12月26日日记,[德]约翰·拉贝:《拉贝日记》,第82页。

④ 《福斯特致妻子函》,章开沅等编:《美国传教士的日记与书信》,第93页。

⑤ *Minnie Vautrin's Diary*(*August* 31,1937), Box 134 of YDL Record Group NO.11, The Archives of the United Board for Christian Higher Education in Asia, Yale University Divinity School Library Special Collections.

⑥ 拉贝1937年10月22日日记,[德]约翰·拉贝:《拉贝日记》,第44页。

沪冈本总领事致广田外务大臣函》称：

一、上海南京间往返均利用汽车，一般都途经上海、青浦、昆山、苏州、无锡、宜兴、句容、南京，另外也可利用绕经杭州的通路。公路上往来卡车很多，路面破坏严重，且无暇修缮(青浦、无锡间尤甚)，汽车很难运转；路旁放置的颠覆和破坏的汽车数十台以上。汽车多在夜间通行，白天较少，军用卡车很少通行。关于上述情况，系在军事委员会任职的某中国人所讲。最近上海南京间的军事运输，为躲避飞机的轰炸，大多利用水路，只有不重要的军用物资用卡车运输。目前，上海北新泾到苏州间的水路，可以看到许多难民利用水路逃难。沿公路却看不到难民，仅在宜兴附近看到数十名难民在沿途坐卧。……三、对沿途行人，宪兵检查非常严格，如无相当证件，不准通行，外国人的汽车也常常是逐一检查，而句容县天王寺的检查最为严格，对经过地点逐一用电话核实。我就在此处耗费约两小时。……十三、南京上游的轮船，由于英国船和中国船同时航行，数量很多。飞机也在南京、汉口间飞行。京沪线原来的每天一次快车和南京、苏州间的普通列车，因轰炸而时常停运；津浦线浦口、济南间，每天虽有一次快车，但因军事运输和空袭，完全不能正点运行。”①

(2) 市内交通运输渐至停顿

空袭不可避免地影响了市内交通运输的正常运行，以致通往城外的主干道经常发生拥挤。据魏特琳1937年9月7日日记记载：“近来，要想赶上火车，必须提前几个小时动身，因为你永远无法预料警报是否会在你去车站的途中响起来，而使你错过火车和轮船。”②

为了配合战争，国民政府对汽车也进行了统制，路面上行驶的公共交通工具日益减少。据1937年11月1日《驻华大使川越致广田外务大臣函》称：“统制汽车总部成立以来，全市编队汽车600辆中被征发200辆，其中150辆派往前线，剩余的50辆作为宪兵司令部用车。”③在上述因素影响下，南京的公交车于11月底停运了。1937年11月25日拉贝日记记载：“今天公共汽车停运。据说所有的公共汽车都开到汉口去了。”④由于公交的停运，人力车的生意非常红火，要价也持续攀高。据南京大屠杀幸

---

① 《驻沪冈本总领事致广田外务大臣函》，马振犊等编：《南京保卫战》，第37—39页。

② *Minnie Vautrin's Diary* (*September* 7, 1937), Box 134 of YDL Record Group NO.11, The Archives of the United Board for Christian Higher Education in Asia, Yale University Divinity School Library Special Collections.

③ 《驻华大使川越致广田外务大臣函》，马振犊等编：《南京保卫战》，第40页。

④ 拉贝1937年11月25日日记，[德]约翰·拉贝：《拉贝日记》，第81页。

存者潘开明口述:“难民都跑反,拉黄包车生意好了,新街口到下关一趟能挣四角钱。没有几天,日本兵进了城,我躲到鼓楼二条巷24号的洋房里。那里是难民区,那年我刚好20岁。”①要想运送行李到下关,要价更是惊人。据陆咏黄在《丁丑劫后里门闻见录》中记载:“沦陷之前一周,城中秩序渐紊,居民自动疏散,避住各地,京芜车站及下关轮埠,行李山积,人力车一辆,索价至十元二十元不等,行者流离颠沛,城中宪兵警察维持尚力,未闻抢劫情事。”②

到了1937年11月底,为了准备南京保卫战,南京城门的关闭也提上了日程。12月1日,《申报》称:“日军刻向首都逐步前进,本城已转成一大军营,准备抵御,各要点之街道现正筑造有刺铁丝障碍物,城外则开掘战壕,并布置其他防御工程。首都主要城门现仍开启,惟较小之二门,今日已闭。蒋委员长今日曾巡视环城四周之防务,路透电社后向负责方面探悉,蒋巡视后,甚为满意,蒋夫人亦留居城中。”③两天后,城门开始关闭。据美国驻南京使馆的工作人员1937年12月3日汇报的南京状况记载:“所有的城门都用土封起来了,只部分地打开三个门:中山门和通往长江岸边的挹江门以及面向芜湖的南门。”④城门即将关闭意味着战争的逼近,出城高峰再次掀起,此时通往下关的路上人头攒动。据《芝加哥每日新闻报》1937年12月2日刊登的A·T·斯蒂尔的专稿称:“从江岸到南京北门,一直到市中心约3英里的路上,我一直逆着川流不息的逃难人流而前进。”⑤出口变小,人流增大,交通阻塞的局面形成。

到1937年12月9日,军人开始封闭挹江门,这一前往下关的主干道的关闭预示着最紧张时刻来临。据美国驻南京使馆的工作人员12月9日下午4时发给外界及美国政府的报告:“当我们通过挹江门时,人们正在用土封闭着大门,而且城外下关广大地区和城墙附近都已成灰烬。”⑥

这时,除了战斗在一线的军人,想出城的市民基本都离开了,日军也兵临城下。留在城内的南京市民开始向安全区迁移,前往安全区的道路出现拥挤。10号日军总攻击开始,难民如潮水般地涌向安全区,道路为之堵塞,直到南京沦陷。

2. 沦陷后南京城内外交通的松动与运输的启动

(1) 城内外交通的逐步松动

占领之后,日军对南京进行了全面封锁,出城交通被无限期冻结。此时,因为战

---

① 《潘开明口述》,张连红,张生编:《幸存者调查口述》(上册),第232—233页。

② 陆咏黄:《丁丑劫后里门闻见录》,张连红编:《幸存者的日记与回忆》,第517页。

③ 《蒋介石巡视南京防务》,马振犊等编:《南京保卫战》,第84页。

④ 《南京的状况——12月3日》,张生等编:《英美文书·安全区文书·自治委员会文书》,第51页。

⑤ [美]A·T·斯蒂尔:《因害怕日军,大批难民逃难》,张生编:《外国媒体报道和德国使馆报告》,第32页。

⑥ 《保护在南京的美国人》,张生等编:《英美文书·安全区文书·自治委员会文书》,第59页。

争的破坏，南京市内交通干道一片狼藉。据时任日军第六师团步兵第四十五联队第七中队小队长前田吉彦1937年12月15日日记记载："终于进入了南京市区。柏油路宽达20米左右，路两边两三层高的西式风格的店铺鳞次栉比，极为宏伟。路两侧到处可以看到防空壕沟和掩体、没有清除的敌人遗尸、武器车辆（也有新式的速射炮）等。被打断的电线四处垂挂着缠绕在一起，还在几个地方见到巨大的炸弹坑。我们简直就像是从泯灭了文化的荒漠来到这奢华大城市的阿拉伯流浪汉，发出震耳声音的摩托车驶过这些长着乱蓬蓬的胡须、穿着破烂不堪衣服的山中妖怪们的旁边。"[①]

此时，多数难民来到了安全区生活，在烧杀抢掠遍布全城的日子，陆续有人从周边进入安全区，反向流动很少见到。魏特琳1937年12月21日日记记载：

> 你们曾在南京住过的人永远也想像不出面前的街道是什么样子，那是我所看到的最悲惨的景象。公共汽车、小汽车翻倒在街上，东一具、西一具地躺着脸已发黑的尸体，到处都是被丢弃的军服，所有的房子和商店不是被洗劫一空就是被烧毁。安全区内的街上挤满了人，而在区外，除了日本兵，看不到其他人。不管悬挂哪国国旗，只要没有外国人在场，任何小汽车停在街上都是不安全的，于是，我们把使馆的汽车开回使馆。我同大王、老邵一起走回学校（我不愿独自一人行走）。[②]

虽然很少，可确实有极少量的内外交通存在：自1937年12月15日开始，五名战地记者陆续搭乘军舰离开南京，将日军南京暴行公布于世。几天后，辛德贝格从栖霞山来到安全区。据拉贝1937年12月20日日记记载："回到宁海路以后，我认识了栖霞山江南水泥厂的伯恩哈特·阿尔普·辛德贝格先生。辛德贝格先生打算将几名受伤的中国人送到南京来，因为他从收音机里（栖霞山有自己的电厂，所以有电收听收音机）听说南京的局势已经完全稳定了，电厂、水厂和电话设施都已经全面正常运转。但是当了解到这里目前的局势时，他非常惊讶。在半路上他又让人把伤员重新运回栖霞山，因为日本人不让这些伤员通行。他自己则执意无论如何也要到南京来，因此整整一大段路他都是步行走过来的，他后来搭上了一辆日本卡车，安全地通过了北城门。现在的问题是，他怎么才能重新回去。"[③]

---

① 《前田吉彦日记》，王卫星编：《日军官兵日记与书信》，第495页。

② *Minnie Vautrin's Diary* (*December* 21, 1937), Box 134 of YDL Record Group NO.11, The Archives of the United Board for Christian Higher Education in Asia, Yale University Divinity School Library Special Collections.

③ 拉贝1937年12月20日日记，[德]约翰·拉贝：《拉贝日记》，第182页。

1937年12月29日,华中方面军准许美国使馆官员在一周后回归南京,驻扎南京的日军为消除烧杀抢掠的痕迹,加紧清扫南京道路。1938年1月6日,美国使馆官员进入城内,三天后英德使馆官员也回到南京,南京城内外交通管制出现了松动的迹象。

松动的过程是缓慢的,贝德士在1938年1月10日给外界的信中写到:"至于电话或者公共汽车,或是人力车,我们连做梦都不敢想。"①市内如此,长途交通同样如此,遭受战争破坏的沪宁铁路线得到了修复,但只限于军事运输。

到了1938年1月中下旬,由于治安的好转,安全区外的街道上开始出现了交通工具和行人。魏特琳1938年1月25日日记记载:"黄包车?! 我确信这是我自12月12日以来在街上看到的第一辆黄包车。我们曾见过许多没有车胎或轮子的黄包车被藏了起来,但没有见过一辆在街上行驶,因此,我们只能步行或乘汽车。"②不过,此时出入城门依然被严格限制。据南京宣抚班1938年1月21日报告:"另外,关于城内外的通行,准备等粮食问题解决和城内清扫完毕后,解除出入限制。目前,考虑到与位于城内外的家庭的关系,只在一定程度上允许城外附近的家庭自由出入。"③

到了2月中上旬,安全区外的街道上渐渐有了生气。据魏特琳1938年2月14日日记记载:"自12月12日以来,我第二次见到黄包车。我不知道所有拉黄包车的人都到哪儿去了。"④另据魏特琳1938年2月21日日记记载:"今天坐了黄包车,这是自去年12月12日以来,我第四次看见黄包车。我还听说有100辆这样的车子已经注册,并被允许上街。宁海路、汉口路和上海路上曾一度迅速涌现出的店铺已被清除。据说,这些店铺现在集中在安全区南面的街道上。"⑤

几天后,南京市民可以自由出入城门。据南京宣抚班报告:"关于难民出入城门一事,一度曾经严格限制,但随着时间的推移,形势逐渐缓和,从2月25日开始允许自由出入。"⑥

随着城门的开放,南京迎来了沦陷后的首次出入城高峰。其中特别要强调的是,这时有一批沦陷时没有来得及撤退的军人开始寻机离开南京,参加抗战。资料显示:

---

① 《贝德士致朋友函》,章开沅等编:《美国传教士的日记与书信》,第18页。

② *Minnie Vautrin's Diary*(*January* 25,1938), Box 134 of YDL Record Group NO.11, The Archives of the United Board for Christian Higher Education in Asia, Yale University Divinity School Library Special Collections.

③ 《南京宣抚班报告》,王卫星,雷国山编:《日军军方文件》,第339页。

④ *Minnie Vautrin's Diary*(*February* 14,1938), Box 134 of YDL Record Group NO.11, The Archives of the United Board for Christian Higher Education in Asia, Yale University Divinity School Library Special Collections.

⑤ *Minnie Vautrin's Diary*(*Februay* 21,1937), Box 134 of YDL Record Group NO.11, The Archives of the United Board for Christian Higher Education in Asia, Yale University Divinity School Library Special Collections.

⑥ 《南京宣抚班报告》,王卫星,雷国山编:《日军军方文件》,第346页。

军人出城主要选择两条线路，一个是南京西面，一个是南京北面的下关。

上新河路线可以到达芜湖，再往西走能到达武汉，这条线路和城内的汉西门对接，早在2月初，就陆续有人从这条路线进入南京城的。经过细致的调查，军人孙宝贤和一帮战友乔装打扮于3月初从这条线路离开南京前往汉口。据孙宝贤回忆："经去水西门查看后，吾乃决定逃出南京，回来后，吾即集合几个老部下，和教导总队几个与吾有联系的同仁，商议逃出计划，结果愿意与吾逃出南京的，有六人。……我们决定于三月二日上午七时卅分出发，出水西门时分作四批，每批二人，每距二百多公尺出去一批。决定后各自回去，准备他可能携带的东西，并嘱咐他们要以穷苦难民的身份来准备。"①

也有一批军人乔装打扮从挹江门出城，到下关乘坐火车或轮船离开南京，军医蒋公毅和一帮战友走的就是这条路线。据蒋公毅1938年2月27日日记记载："晨三时许起来，将行装准备完毕。五时，我随处长及黄子良夫妇在第一批先走，由汉口路寓所出发，经中山路出挹江门到车站，才知道今明两日，原有难民车开行，但敌仍疑南京尚有着我们不少的官兵，乃将赴沪者逐一登记，证明他们并不是土著，可以加以检索。"②

教导总队的军官郭歧也生动描述了他从下关出城的经历："翌晨黎明，也就是民国廿七年三月十一日，我们十一人，出和记洋行的后门，在人不知鬼不觉的情形下，悄然登上雇好的渔船，十一个人一齐挤藏在船舱内，连大声的话都不敢说，驶离了渔船码头。"③

此时逃离南京的还有国民党的高级军官。据军人耿九青回忆："后来我听说国民党八十八师师长孙元良也躲在难民营中，他在脸上和身上抹了锅底灰，花了五百块钱买了一个小孩作陪伴，化装逃出城去。这件事使我受到启发，下决心设法逃走。不久，我联合了6个人，先到挹江门做了侦察，然后化装成买柴的，于1938年3月13日逃出了南京城，脱离了虎口。"④

看到这些军人逃离南京的过程，可以想象，离开南京还是相当不易，但无论如何，南京城内外的交通出现了松动。

与此同时，西方在宁人士也试探性地通行于南京。据1937年12月15日费吴生日记记载：

---

① 孙宝贤：《南京沦陷前后及被难脱险经过详情实记》，张连红编：《幸存者的日记与回忆》，第112页。

② 蒋公毅：《陷京三月记》，张连红编：《幸存者的日记与回忆》，第81—82页。

③ 郭歧：《陷都血泪录》，张连红编：《幸存者的日记与回忆》，第264页。

④ 耿九青：《南京大屠杀见闻》，张连红编：《幸存者的日记与回忆》，第497页。

柳川平助

长谷川清

中岛今朝吾

谷寿夫

佐佐木到一

片桐护郎

山田栴二

松井石根和长谷川清

松井石根在入城式上。选自《出征中支那》。吴先斌提供。

> 我开车送他回船——他还得步行40英里——行至一半路程,我们即被一个日军少佐阻止。他告诉我们,市民不允许再往北走,因为他们继续搜捕若干中国士兵,而这是很危险的。当时我们是靠近国防部,这里显然正在继续处决数百解除武装的士兵和许多无辜平民,这才是不许我们继续前进的真实原因,所以"濑田"舰的关口先生只有步行其余路程。但下午我打了这位阴郁的少佐一个马虎眼,在归途我驶向下关。我被阻止于城门,仅与我一道的路透社的斯密司和斯蒂尔还留在驱逐舰上,最后我们还是得以通过。我已经报述过城门的情况——我们确实是在两到三英尺厚90英尺长的成片尸体上开车通过。情景难以形容。我永远难忘这段旅程。[①]

有几位西方在宁人士还到南京城墙周边寻找生活物资。据麦克伦1938年1月15日日记记载:"今天我开着救护车出去,格雷丝·鲍尔[②]开着另一辆车去运白菜。他开到通济门外装货,并安全返回,在一定的程度上,我们外国人进出不成问题,这太好了。"[③]但西方人要离开南京城,必须获得日军许可,日军对此管制格外严格,克勒格尔的出城,费吴生的两次出城和拉贝2月23日的出城都受到了严格的审查。

(2) 日方主导的交通运输的初步运行

根据日方的统一安排,南京的公交运行交由兴中公司统一经营。据南京宣抚班1938年2月份报告:

> 因为南京市拥有现代的道路设施,所以适合经营公交事业,而且本市没有城市电车,以前的现代交通工具除了从下关到中华门的轻便铁轨之外,就只有所谓的江南公共汽车公司。鉴于此,我们紧急命令兴中公司订立这方面的计划并加以实行,根据该公司的申请,特务部对兴中公司下达了关于这件事的指令。自那以来,我们一直在盼望着公共汽车开始运行,但是由于内地的生产力不足,所以一直拖到了今天。其间感到汽油的供应也是一大困难,所以委托军队特务部提供便宜的汽油。这样,终于收到电报说3月9日将从上海先送来两辆公共汽车。本项事业所需要的车库及职员宿舍,准备利用中正路原江南汽车公司的设施。[④]

---

① 《费吴生日记》,章开沅等编:《美国传教士的日记与书信》,第71页。

② Grace Bauer,也有译成格瑞丝·鲍尔,中文名鲍恩典。

③ *IMTFE EXHIBIT NO.*309,RG238,Entry14,Box137,Location:190/10/21/03. National Archives II of USA,Maryland.

④ 《南京宣抚班报告》,王卫星、雷国山编:《日军军方文件》,第359页。

1938年3月9日，兴中公司从上海运来两辆公交车，第2天，将这两辆公交车投入运营。据南京宣抚班1938年3月份介绍：

> 在大家的久久等待中，终于在3月10日启用两辆新车开始营业了。其运行路线是：第一路从南京火车站经新街口到中山门，是往返线路；第二路同样是从南京火车站经过新街口，最后到太平街，也是往返线路。它们的运行时间与列车的到达出发相配合，首班车是早上6时40分，末班车是晚上7时，其间大约一小时一班车。费用方面，将全线分成六个区间，每个区间五钱，军人半价。另外由于兵站部对公共汽车的需要量很大，所以以一辆车一小时6元的包车价格供其使用。公共汽车的营业情况很好，常常客满，一辆车一天的行驶里程为990公里，汽油使用量为94加仑，使用支那人司机和女乘务员（支那人），一天的平均收入为63元。①

公交线路交给兴中公司运行是暂时的，到了1938年11月，南京公交事业转交给了华中振兴公司下辖的华中都市汽车公司运行。据记载："战后华中各都市公共汽车事业均告停顿，至廿七年一月，乃有兴中公司营业汽车行驶京、沪两地，杭州则有市营江南产业公司营业汽车行驶，旋即开始筹备设立新公司，以杭州市营江南产业公司为实物出资，并收买兴中公司之汽车，至十一月五日一切筹备手续完毕，本公司乃宣告成立。"②

除了公交车，传统的交通工具黄包车也越来越多地奔跑在城市的街道上。前文已述，在较早的日子里，魏特琳在街上就数次看到了黄包车，并坐过一次黄包车，这一交通工具的上路，看似民间自发的结果，其实也有着日方的整体思考，根据南京宣抚班1938年1月报告：

> 处于过渡期的自治委员会现在尚无财源，故今后除了出售军粮所得收入以及预备要征收的人力车税（约一千辆）之外，还准备开设由自治委员会直接经营的鱼类、蔬菜等市场，将其收入作为财源的一部分。③

由此可见，准许黄包车上路运行是为了征收人力车税，人力车税可以为自治委员

---

① 《南京宣抚班报告》，王卫星、雷国山编：《日军军方文件》，第374页。

② 中国第二历史档案馆编：《中华民国史档案资料汇编》（第五辑第二编附录下），第1092页。

③ 《南京宣抚班报告》，王卫星、雷国山编：《日军军方文件》，第339页。

会运转提供经费。到 1938 年 3 月,街上的黄包车越来越多。据沙尔芬贝格 1938 年 3 月 21 日记载:“上个星期日,我和许尔特尔先生又一次到市中心去。那里非常热闹。从巴伐利亚广场到波茨坦广场的这一段路上,我已经数到有 25 辆黄包车。”①

总之,到了 3 月上旬,依靠黄包车和 2 辆公交车支撑的南京市内交通运输初步恢复了。此时,南京的对外交通也在日方的主导下开始筹划和运作。据 1938 年 4 月 12 日日本驻南京总领事花轮义敬致北平参事官森岛函附件《南京市内概况》记载:“南京、上海间的交通利用轮船、轻油车和火车。日清轮船 3—5 天到发一次,火车一日两次,轻油车每天一次。南京、芜湖间也有火车和轮船,但一般商民乘火车和轮船均须得到军的许可,方能搭乘。一般外国人,经军方同意旅行后,方可搭乘日清轮船或本国舰船,到上海或其他地方旅行。”②

出城航运的布局有一个过程。起初日军将其交由日清公司运作,待时机成熟后方才交由华中振兴公司统筹。据记载:“日方为统治华中内河航路起见,爰于民国二十七年三月中旬以日清汽船公司为主体,设立江浙轮船公司,专营内河航运,并禁止其它一切船舶之航行。旋又将该公司解散,另行组织较为有力之统制公司,本公司乃与七月二十八日宣告成立。”③

对外交通,除了航运,还有铁路。南京沦陷后,铁路交通先由军方管理,到了第二年才成立华中铁道公司。据记载:“至廿七年春季,决定设立一个中国特殊法人,组织公司,以谋统制经营华中之铁道及长途汽车之运输事业,爰于二十八年四月三十日成立本公司,资本金为五千万元,经营江南一段之铁道约八百公里。至于江北部分至铁道,则仍为军管理,委由该公司经营之。其后于三十一年四月解除军管理。”④

由华中振兴公司接手的市内公交和出城交通运输陆续对市民开放了,但出入城的各类盘查手续名目繁多,日军对出入城市民进行盘剥和监视。据 1938 年 4 月 12 日日本驻南京总领事花轮义敬致北平参事官森岛函附件《南京市内概况》记载:“市内交通对中国人未设特别限制,只是通过城门时,对携带的物品进行检查,这是为防止中国人之间进行枪支弹药秘密交易而严格实行的。从南京前往其他地方时,须持军部发给的特别许可证。对外国人,市内交通自由,但在城外,设有散步区(从中山门到中山陵、明孝陵)允许自由散步,去其他地方时须取得军的同意,由宪兵陪同。城内交通工具主要是人力车,另外有两台属于兴中公司的公共汽车。”⑤

① 《沙尔芬贝格:1938 年 3 月 21 日的南京现状》,陈谦平、张连红、戴袁支编:《德国使领馆文书》,第 174 页。

② 《南京市内概况》,姜良芹、郭必强编:《前期人口伤亡和财产损失调查》,第 335 页。

③ 中国第二历史档案馆编:《中华民国史档案资料汇编》(第五辑第二编附录下),第 1079 页。

④ 中国第二历史档案馆编:《中华民国史档案资料汇编》(第五辑第二编附录下),第 1098 页。

⑤ 《南京市内概况》,姜良芹、郭必强编:《前期人口伤亡和财产损失调查》,第 334—335 页。

总之，南京的城内外交通运输也纳入了日方设计的框架，服务于日本的“常态化”殖民秩序建设。

（十）医疗救助

1. 沦陷前南京医疗面临的问题与对策

(1) 医务人员的西迁与金大医院的留守

日军开始无差别轰炸南京后，医院也被列入轰炸目标。魏特琳 1937 年 9 月 26 日日记记载：“下午 5 时，罗伯特·威尔逊(Robert O.Wilson)医生带吴博士、格蕾斯·鲍尔和我去中央医院，查看了昨天中午遭轰炸的后果。尽管屋顶漆了一个很大的红十字标志，但仍有 16 枚炸弹被故意地投在中央医院和卫生署所在的院落里。”[①]

轰炸开启后，南京的药房也陆续关闭。据 1937 年 11 月 4 日和 5 日的拉贝日记记载：“医生随即给我(估计是治‘傻病’)开了药特灵、洋地黄、丫啶黄、阿达林和溴剂。另外，我还主动服用了阿司匹林。我看到账单(今天这里的药价是原先的 3 倍)时，我的病已好了一半，但愿另一半会便宜一些！”[②]据 1937 年 11 月 27 日拉贝日记记载：“厨师曹(保林)还一直病着。给他开了药(碘卡扑拉尔)，可是买不到了，因为药店全都迁走了。今天，事过 5 天以后，人们才想到告诉我这件事。”[③]

医务人员有一定的经济基础，不同于公务员公务缠身，而且身怀医技，西迁后生活起居没有太多担心，因此很早加入了离城队伍。

南京国民政府于 11 月 20 日宣布迁都，这时仍然留在南京的医务人员也跟随政府快速西撤。据 11 月 24 日拉贝日记记载：

> 韩先生整个上午都在跑来跑去，打算领取那辆装着汽油和面粉的卡车，可惜他一无所获。一个司机逃跑了。第二辆卡车以及汽油和面粉已经被第八十八师看管起来了。……我本来可以用这两辆车好好帮助伤兵的。伤兵问题变得越来越严重。中央医院院长 J.亨利·刘博士走了，他留下的两个主管医生也全跑了。要不是美国的教会医生坚持到底的话，我不知道那么多伤兵会变成什么样子。[④]

---

① *Minnie Vautrin's Diary*(*September* 26,1937), Box 134 of YDL Record Group NO.11, The Archives of the United Board for Christian Higher Education in Asia, Yale University Divinity School Library Special Collections.

② 拉贝 1937 年 11 月 4—5 日日记，[德]约翰·拉贝：《拉贝日记》，第 55 页。

③ 拉贝 1937 年 11 月 27 日日记，[德]约翰·拉贝：《拉贝日记》，第 84 页。

④ 拉贝 1937 年 11 月 24 日日记，[德]约翰·拉贝：《拉贝日记》，第 78—79 页。

更大的问题是,面对大规模的西迁,金陵大学医院一些医护人员的思想也发生了动摇,到了12月1日,他们中的大部分也离开了南京。据威尔逊记载:

> 医院的医护人员到我们这里,要求在日军占领南京时,他们要离开南京。他们这样做的理由是他们听说了很多在上海和南京之间的城市里所发生的事情。这些城市有苏州、无锡、镇江、丹阳等。我们的工作人员担心生命受到威胁,纷纷希望离开南京。我们努力安慰他们。告诉他们在某种法律的保护下,陷落后的南京也没什么危险。然而我们无法说服他们,很多人离开,去了长江上游地区,医院里只剩下特里默医生——另一个美国医生,我和5名护士,以及一些选择留下来陪伴我们的清扫工。在此之前,我们医院总共有20名中国医生,大约40到50个护士和实习护士。他们是在12月1日离开南京的。[①]

12月9日是兵临城下的日子。据拉贝1937年12月9日日记记载:"我们可以听到南城门和光华门上的炮火的轰鸣声和机枪扫射声。路灯熄灭了,在夜幕中,可以看见伤员在街道上蹒跚,没人去帮助他们,已经没有医生、卫生员和护理人员了,只有鼓楼医院的几个正直的美国医生还在坚持着。"[②]

危急时刻,坚守岗位的金陵大学医院主要从事两项工作。

一是正常的救死扶伤。据威尔逊1937年12月2日日记记载:"昨天的警报拉了两回,今天是3次,一共响了103次。今天白天的袭击很严重,伴随着围绕整个城市的激烈空战。日军3架飞机被击落了。中国军方也有2架攻击机被击落了。有趣的是,我们现在正治疗2名俄罗斯飞行员。一位在头部挫伤的同时还受到枪弹袭击,另一位两三个地方有轻微的挫伤。"[③]

二是协助安全区委员会,就卫生组的运作进行统筹。安全区委员会在设置时,对于粮食、住房、治安和医疗格外重视,下设了粮食组、住房组、安全区总稽查和卫生组,卫生组的任务交给了金陵大学医院承担。主要有两位外籍医生:威尔逊和特里默;一位行政主管:麦克伦;以及年过六十的伊娃·海因兹(Iva Hynds)领导的护士队伍。据《纽约时报》1937年12月6日刊登的F·提尔曼·杜丁的专稿称:"大学医院仅有三名医师。除去军队的救急机构,该医院实际上是市内唯一的医院。弗兰克·威尔

---

① 《威尔逊的证词与回答质证》,杨夏鸣编:《东京审判》,第43页。

② 拉贝1937年12月9日日记,[德]约翰·拉贝:《拉贝日记》,第122页。

③ 《金陵大学医院的信件》,张生等编:《英美文书·安全区文书·自治委员会文书》,第170页。

逊博士乘坐仅有的一辆急救车奔赴被炸地区，为伤者治疗。”[①]12 月 9 日晚，拉贝通过新闻媒体，告知市民日军攻城时应该注意的事项。据拉贝 1937 年 12 月 9 日日记记载：“伤员可以送到鼓楼医院，要救护车请拨打电话 31624。”[②]这意味着金陵大学医院肩负的担子更加沉重。

(2) 军医队伍的伤兵救助与国际红十字医院的缘起

随着日军对南京外围三道军事防线的突破，中国军队伤兵人数日益增多，其中大批运往南京治疗。军队中也有一支军医队伍，积极救治前线伤兵。9 月下旬，因遭遇轰炸停止营业的中央医院也转入了伤兵救助。据威尔逊 1937 年 9 月 27 日日记记载：“中央医院暂时放弃了它们的驻地，就在城外的孤儿院里重新组织成一个军事医院。他们准备照看从上海前线下来的 2000 名伤员。”[③]

到了 12 月初，战局日趋紧张，留在南京的军医按照军事委员会的统一部署，交由懂德语的金诵盘统一领导，这显然有与安全区委员会对接之意。据蒋公穀 1937 年 12 月 1 日日记记载：“十二月一日前方战事已逼近首都外围，我们在金处长诵盘领导之下，紧张地计划着保卫首都的一切救护工作。”[④]同一天他的日记也记载：“军事委员会卫生勤务部刘部长偕全体部属于今晚离京赴汉。临行本允许处长代理部务以便统一指挥留京各卫生单位，后复改为留京处理部务。据闻这是经过部里的秘书考虑过的，事前我们毫无所知。不仅觉得奇突，而且有些滑稽，但处长似乎有了决心，处之泰然”。[⑤]

金诵盘处长是个负责任的、民族气节浓厚的军医，上任全力整合医疗队伍救助伤兵。据蒋公穀 1937 年 12 月 4 日日记记载：“下午三时，留京各医院收容所暨各军师军医处等主管均齐集中央路一五六号出席会议。先报告各该单位的运输、收容、医疗力量以及位置、距离等情形，再逐项讨论。最后决定卫生材料及经费的补给，应由军医署驻苏办事处负责。”[⑥]

为统一伤兵救助，金诵盘将各地伤兵和军医院集合到了外交部和军政部两处，合并收容救治。据蒋公穀 1937 年 12 月 8 日日记记载：“每天都有成千的伤兵络〔陆〕续的由城南运送进城，处长因为医院分散在各处，不便于收容；且分院在八府塘已遭到了敌弹的轰炸，决令各医院集合在外交部及军政部二处，把职务划分开来合并收容，

---

① [美]F·提尔曼·杜丁：《英国舰船遭到轰炸》，张生编：《外国媒体报道和德国使馆报告》，第 42 页。

② 拉贝 1937 年 12 月 9 日日记，[德]约翰·拉贝：《拉贝日记》，第 123 页。

③ 《威尔逊日记》，张生编：《耶鲁文献》(上)，第 40 页。

④ 蒋公穀：《陷京三月记》，张连红编：《幸存者的日记与回忆》，第 49 页。

⑤ 蒋公穀：《陷京三月记》，张连红编：《幸存者的日记与回忆》，第 50 页。

⑥ 蒋公穀：《陷京三月记》，张连红编：《幸存者的日记与回忆》，第 51 页。

这样更可减少很多的麻烦。”①

9日,金诵盘主动前往安全区委员会,商谈应急处理办法。这次会面,双方都有记载。据蒋公穀1937年12月11日日记记载:

处长因感觉到情形既然这样严重,重伤的士兵,实在无法可以尽量运送过江了,乃于下午二时,亲赴国际救济委员会,向该会主席德侨拉贝氏提议组织国际红十字会医院,冀其收容重伤官兵,俾他们可以安全住院。答称:“须电敌方,征得同意后,方有保障。”处长当即慎重声明:“我们来商请求设立国际性的医院,并非为了战事的如何变化,亦非是贪生怕死;这纯然是根据红十字会条约为人道而发的正义的请求,可以希望贵会亦应该有合理的办法。”理直气壮,该主席为之肃然动容。②

此次会谈,拉贝的日记也有记录,据拉贝1937年12月10日的日记记载:

金大夫会讲德语,他表示愿意向委员会提供帮助。他手下领导有8所军医院,全部位于安全区以外,这8所军医院安置的全是轻伤员。据金大夫讲,其中大部分人是为了保护自己而自残致伤。金大夫想把重伤员安置到我们安全区来。这种做法原本是违反协议的,但是我希望日本人知道了以后不会因此而提出责难。我告诉金大夫去和鼓楼医院的特里默大夫联系,他是我们的卫生委员会方面的负责人。根据金大夫的说法,他能提供80名中国医生。我们是一点都不知道南京还有这么多的医生。当然如果真的有那么多,而且他们能到我们这儿来,那我们是很高兴的,人越多越好。在过去的两天里,城里已经有1000名伤员了。③

双方的记载在时间和内容上有着差距,就时间来说,蒋公穀记的是11日,拉贝记载的是10日;蒋公穀记的内容措辞强烈,拉贝的记载温和平淡。但是通过字里行间可以清晰发现,二者的商谈是开诚布公的,拉贝没有推脱责任之意,当得知金大夫能提供80名医生,拉贝非常高兴,因此建议金大夫和鼓楼医院的特里默大夫联系。这时,两股医疗力量有合流之势。不过,因为军医身份特殊,南京沦陷后,他们不能随意

---

① 蒋公穀:《陷京三月记》,张连红编:《幸存者的日记与回忆》,第56页。

② 蒋公穀:《陷京三月记》,张连红编:《幸存者的日记与回忆》,第58页。

③ 拉贝1937年12月10日日记,[德]约翰·拉贝:《拉贝日记》,第124页。

暴露身份。

接管伤兵医院是把双刃剑，从人道主义出发，救死扶伤是医务工作者的天职；但毕竟接受的是军人，对安全区委员会的非军事化身份是个冲击。对此，安全区委员会想起了一个折中路线，设法以国际红十字会名义来接管，并成立南京国际红十字医院，力求名正言顺。这项工作交由马吉和福斯特领导，在医疗业务上有大学医院和军医共同参与，经费由国民政府留下来的两位军官交给安全区委员会。据魏特琳 1937 年 12 月 13 日日记记载："贝茨大约在 11 时过来。他说国际红十字会已经得到了 5 万美元，用以建立伤兵医院，第一所医院将设在外交部。已经组建了一个 17 人的委员会。"①

2. 沦陷后南京医疗开展面临的问题与对策

（1）医疗救助新问题的出现

12 月 13 日，日军占领南京，沦陷前面临的困难，这时依旧延续：医疗人才奇缺、药品供应不足；而且，沦陷后的南京医疗救助又出现了一些新问题。

a. 日军侵扰医院，给医疗救助带来巨大麻烦。据拉贝 1937 年 12 月 19 日附录大学医院致日本大使馆的信记载：

> 在此请允许我向贵方指出 12 月 18 日夜间发生在大学医院的事件。这所医院里除了有医护人员和员工，还有 150 多名病人。这所医院以前曾经享有特权，为日本大使馆的工作人员提供医疗护理。晚上将近 8 时的时候，3 名日本士兵从医院的一个后门闯入，放肆地在医院的走廊里跑来跑去。医院 65 岁的护士海因兹小姐接待并陪同了这些闯入者，尽管海因兹小姐一再声明她的手表属于私人财产，他们仍然抢走了她的手表。此外被偷走的还有 6 块怀表和 3 枝钢笔。3 人中有 2 人离开了医院，而另外一人则不知跑到什么地方去了。晚上 9 时 15 分的时候医院方面得知，剩下的那个日本士兵强行闯进了护士的寝室。我对这间房进行了检查，发现这个日本士兵和 6 个护士在房问里。当我赶到时，其中有 3 名护士已经被强奸。全体护理人员对此感到极大的震惊。②

据威尔逊医生陈述，当他赶到现场阻拦时，日军还拿着枪对着他，只不过没有开枪。这只是大学医院遭日军侵扰的开始，后来的日子，此类事件不断出现，连医院的

① *Minnie Vautrin's Diary* (*December* 13, 1937), Box 134 of YDL Record Group NO.11, The Archives of the United Board for Christian Higher Education in Asia, Yale University Divinity School Library Special Collections.

② 拉贝 1937 年 12 月 19 日日记，[德]约翰·拉贝：《拉贝日记》，第 171 页。

行政主管麦克伦也遭到日军的暴力袭击。据拉贝 1938 年 1 月 27 日日记记载:“刚才传来一个坏消息,掌管鼓楼医院的麦卡勒姆先生被两名未经允许便闯入医院的日本士兵用刺刀刺伤了脖子。幸好此伤没有性命危险。但此事非常严重,已迅速电告了美、日两国政府。”①

b. 传染病的萌芽。南京沦陷后,近 30 万难民生活在安全区,其中有几万人集中生活在难民收容所。由于饮用水不洁,卫生处理困难重重,传染病随时有爆发的可能,令安全区委员会的管理人员忧心忡忡。据拉贝 1938 年 1 月 22 日日记记载:“城里只有两名外籍医生,因此一旦发生传染病,救治的希望微乎其微。现在发现了几例白喉病人,目前这种湿冷的天气也使不少人患了感冒。疾病的增多当在意料之中。”②

c. 日军拒绝西方在宁人士进入外交部和军政部救助伤兵。伤兵医院是南京沦陷前,留京军医负责人金诵盘和安全区委员会协商的产物,以国际红十字会的名义运转。对此,日方也有所了解,日军进城后,高级将领决定将其置于死地。据中岛今朝吾 1937 年 12 月 13 日日记记载:

> 在中央大学、外交部和陆军部的建筑物内设有支那军的临时医院,支那的医护人员已全部逃走,只有部分外国人在勉强护理伤兵。由于被禁止出入,物资匮乏,伤兵迟早会自然死去。之所以利用上述建筑物收容伤兵,可能是外国人(数人?)同支那的中央要员达成的协议。因此,师团如果需要这些建筑物,就要求他们撤出。另外日本军方面因自身的伤员颇多,拒绝兼顾其他。③

由于日军高级将领的直接干预,1937 年 12 月 14 日,马吉、福斯特、克勒格尔等西方在宁人士就被禁止入内了,克勒格尔 1938 年 1 月 13 日的私人报告明确记载了 14 日下午进入伤兵医院遭遇阻拦的事:“我带了 4 名医生来到了医院,可是却被禁止入内,南京城在这期间已完全落入了日军手中。”④

伤兵医院的救助被日方彻底阻止了,直到 1938 年 1 月 20 日在得知一份内部护士传出的报告后,西方在宁人士对伤兵医院的内部情况才有所了解。据拉贝 1938 年 1 月 20 日日记记载:“我们的红十字会主席约翰·马吉牧师带来了一位中国女护士的报告。她来自设在外交部的红十字医院(专门收容伤兵),那里禁止我们外国人进入,

---

① 拉贝 1938 年 1 月 27 日日记,[德]约翰·拉贝:《拉贝日记》,第 425 页。

② 拉贝 1938 年 1 月 22 日日记,[德]约翰·拉贝:《拉贝日记》,第 399 页。

③ 《中岛今朝吾日记》,王卫星编:《日军官兵日记》,第 279 页。

④ 《外交资料:克勒格尔的私人报告》,张生编:《外国媒体报道和德国使馆报告》,第 318 页。

日军入城式全景。选自《支那事变画报》第 14 辑。吴先斌提供。

入城式开始。选自《支那事变画报》第 11 辑。吴先斌提供。

日海军由挹江门入城。选自《支那事变画报》第 11 辑。吴先斌提供。

入城式上的朝香宫鸠彦。选自《支那事变画报》第 11 辑。吴先斌提供。

只有护理人员偶尔获得准许可外出购买东西。他们就利用这机会找到我们,向我们报告。她报告说,伤兵每日的定量只有3小碗稀饭,有个中国伤兵抱怨他吃不饱而遭到一顿毒打,之后他还问日本人:‘你们之所以打我,是不是因为我饿了’,日本人便把他带到院子里,用刺刀把他活活刺死。”①几天后,拉贝得到了伤兵医院运作的完整汇报。据拉贝1938年1月25日日记记载:②

关于外交部红十字医院状况的机密档案

1. 病员:

医院里有300多名病员,全是受伤的中国士兵,其中的50人—60人已痊愈,但不允许离开医院。

2. 工作人员:

中国女护士21名

中国男护理员40名

中国勤杂工70名—80名

中国医生 约20名

日本军医2名日本男护理员4名

3. 食品供给:

中方工作人员每日两餐,分别在10时和16时,吃的是米饭和极少量的大白菜。只有屠大夫吃得稍好些。在中国医生当中,他有两个朋友,有时也会邀他们一起用餐。病员也是一日两餐,用餐时间相同,只有3碗很稀的粥。

4. 病员的治疗:

根据传到我们这里的消息说,医生听任日本人惩罚病员,其中一些人甚至被日本人绑走了。原先的病员肯定要比现在多得多,但是具体数目已无法确定。当红十字会接管这家医院时,地下室里有很多尸体,其中一部分已掩埋在亭子附近。此外还有人向我们报告说,许多病员在此期间已经死去,还有些人翻过外交部的院墙逃走了。

军政部红十字医院状况

一星期前还约有200名病员住在军政部医院。过去每天有3名外交部医院的女护士在日军士兵的带领下来到该院,最近一次是在一星期前。该院的状况据说很糟糕。伤员就躺在地上,除了一名中国医生之外再无其他人照顾他们。

① 拉贝1938年1月20日日记,[德]约翰·拉贝:《拉贝日记》,第379页。

② 拉贝1938年1月25日日记,[德]约翰·拉贝:《拉贝日记》,第414页。

女护士只在换绷带时才来一下。

(2) 南京医疗救助的超负荷运转

a. 安全区委员会和国际红十字会南京分会全力支持金陵大学医院运转。南京沦陷后,有几位美国人留守金陵大学医院,这是当时南京唯一能进行全面医疗救助的医院。具体来说,有威尔逊和特里默领导的几名医生(其中威尔逊主治外科、特里默主治内科),有伊娃·海因兹领导的几十名护士,有支持手术的检验设备和医疗设施,有麦克伦精细化的行政管理以及南京国际红十字会和安全区委员会的全力支持。其实,金陵大学医院、南京国际红十字会和安全区委员会三者之间的关系不同一般,它们的人员有着重合,工作衔接上非常顺利。据南京国际红十字会秘书福斯特 1938 年 1 月 12 日给妻子的信记载:

> 南京人民所可引以为幸者,即鼓楼医院之排除万难,继续工作;南京万国红十字会,于完成伤兵临时服务之后,转移其力量于发展贫病者之医药工作,对鼓楼医院一部分之病人,与以费用上之协助。故本会所认为必须补充之工作,已在该会主持之下,妥善进行,而本会在医药方面之工作,只须与人合作,无须直接参加矣。红十字会及鼓楼医院对人员、经费及供给上之需要,既由本会与以援助,并由本会代为吁请各界,与以援助。本会与鼓楼医院约定,将贫病者移送该院,有时由本会捐助现金,以供医药服务上之需要,或由本会代付病人之医药费。①

这份报告清晰地描述了三者之间的互动协调。另据福斯特 1938 年 1 月 12 日给妻子的信记载:“昨天上午,我忙着把医疗用品送进大学医院。当医疗卫生部在我们仍在下关时,给了我们许多医疗用品。我们把它们带进了城,现在都送往医院,因为我们用不着。”②

除了常规的应对,大学医院将主要精力放在外科伤员救治。据费吴生 1937 年 12 月 17 日日记记载:“医院迅速塞满日军残忍和兽性的牺牲品。威尔逊,威尔逊,我们唯一的医生,手肿了还得工作到夜深”。③ 对此,很多幸存者也有着清晰的回忆。据南京大屠杀幸存者孙庆有口述:“我被砍倒后大约半个多小时醒了,摸鱼收旧货的龚茂福几个人把我抬到屋里。我妈哭了,我家眷也哭了,她才 16 岁。我说:‘不要哭!’我

① 《南京国际救济委员会报告书》,张生等编:《英美文书·安全区文书·自治委员会文书》,第 406 页。

② 《福斯特致妻子函》,章开沅编译:《美国传教士的日记与书信》,第 112 页。

③ 《费吴生日记》,章开沅等编:《美国传教士的日记与书信》,第 73 页。

在屋角落里躺着，摸到了一根皮带，往血淋淋的腰上一勒，披了一件在拜堂时穿过一次的灯芯绒棉袄，被送到鼓楼医院，我娘一个个地磕头。”[①]据南京大屠杀幸存者沙官朝口述：“回到难民区以后，伤口疼得不得了，我妻子看了很着急，搀架着我到了鼓楼医院，医生看后要我住院治疗。我住院住了11天，记得睡的是267号病床。住在那里也并不安稳，因日军要常到医院检查。医生嘱咐我，不能说是被日本兵刺的，就说是轰炸受的伤。”[②]

除了外科伤员急救，金陵大学医院医护人员还要应对女性的“强奸后遗症”——性病和流产。南京大屠杀期间，虽然很多受害难民不愿声张此事，但还是有不少资料记载。据金陵女子文理学院难民收容所负责人程瑞芳1937年12月23日日记记载：“今日有一姑娘抬来，不能走回，受了几个兵的糟踏〔蹋〕，肚子胀，现在用法子，或者明天送她到医院去。将来南京的杂种还不少呢，可恨！可恨！”[③]据1938年2月13日贝德士致妻子函记载：“如今，长期以来可预见的问题出现了。今天一个妇女带着她的女儿到了大学，要求让这个怀孕的女孩流产以终止妊娠，这就是日军强奸的后果。”[④]除了流产，还有性病。据1938年2月17日《南京救济形势》记载：“遭到强奸女性可能会感染性病，这是目前的一个严重问题。人们希望我们能够迅速扩展足够的诊所服务来治疗性病，并且希望能够得到免费治疗。”[⑤]

做好医疗救助的本职工作之外，金陵大学医院医护人员还要为病员的衣食起居全程操心。此项工作同样由麦克伦承担，他付出了空前的努力。据麦克伦1938年1月7日写给外界的信中记载：

> 我们感到奉献了良好的服务。我本身很大程度上局限在医院，和医院有关，但我明白这是一项相当棘手的工作。由于医院病患已满，因此为了收容百名左右的临时患者，又启用了另一栋房子。没有缺过他们一顿饭，在停电、停水的时候，我们悄悄地进行紧急发电和供给。为了出资维持和供给，我们的财源和存货都跌落到最低点。坦白地说，我本人几次领着盗匪外出，有时候为维持医院也进行某种抢劫。我们的工作人员，除传教士以外完全是新手。但是，这些传教士从事着工作，有的还不分昼夜地工作，完成了他们高尚的服务。[⑥]

---

① 《孙庆有口述》，张连红、张生编：《幸存者调查口述》（上册），第246页。

② 《沙官朝口述》，张连红、张生编：《幸存者调查口述》（上册），第19页。

③ 《程瑞芳日记》，张连红编：《幸存者的日记与回忆》，第21页。

④ 《贝德士致妻子》，张生编：《耶鲁文献》（上册），第183页。

⑤ 《南京救济形势》，张生编：《耶鲁文献》（下册），第511页。

⑥ 《麦克伦的信件》，张生等编：《英美文书·安全区文书·自治委员会文书》，第151—152页。

这段时间的病员都是难民身份,即使治愈,也无家可归,只能由麦克伦护送回家。据麦克伦1937年12月29日给家人的信记载:“我必须把一些病人用救护车送回家,任何人回家都必须有一个外国人陪伴。我甚至是警察的官方警卫。”①

由于连日劳累,金陵大学医院的医生陆续病倒。1937年12月下旬,内科医生特里默生病了。据拉贝1937年12月26日日记记载:“刘和他的一个孩子病了,我开车把他们送到鼓楼医院的威尔逊大夫那儿,他目前一个人负责全院的工作,因为特里默大夫也病了。威尔逊大夫又给我看了一起日本士兵的新的暴行”②由于过度疲劳,1938年1月底,外科医生威尔逊也病了。据1938年1月29日拉贝日记附录的斯迈斯给博因顿的电报记载:“威尔逊大夫颈部得了病,因此南京目前就没有外科医生了。”③

总之,这段时间,无论是医院还是医生,都处于超负荷运转的状态。

b. 各类医疗资源整合,服务医疗救助。恶劣的环境也是人道主义展现的舞台。人道主义施展的主体很多,有专业的组织,有个体的行为。在南京沦陷后最危难的日子里,南京也有很多自发的医疗救助在默默进行。此时,几十万难民中也有一些粗识医学的人,如金陵大学附中的难民收容所,在所长姜正云的主持下,设置了医务所,由中国医生和护士负责。在金陵女子文理学院,收容所管理人员程瑞芳女士更是冲在医疗救助第一线。据程瑞芳1938年2月22日日记记载:

> 病人真多,现在我又看病了,因为这些人来找我,没有法子。叫他们到医院去,不去,有的不能起床,怎能叫他走,除非抬他。有的能走的,我不看,他说没有钱,只好把钱他去鼓楼医院,两毛钱挂号,药钱现在我付,医院说好了,请他们不要药钱。这样又多事,每次要写条子,所以一天到晚忙不完,夜晚有时来找我。④

此外,还有慈善机构主持的难民医院,如国际红十字会在军政部和外交部难民医院运作受阻后,又在鼓楼医院内设有难民医院。据蒋公穀1938年1月5日日记记载:

---

① *IMTFE EXHIBIT NO.*309, RG238, Entry14, Box137, Location:190/10/21/03. National Archives II of USA, Maryland.

② 拉贝1937年12月26日日记,[德]约翰·拉贝:《拉贝日记》,第227页。

③ 拉贝1938年1月29日日记,[德]约翰·拉贝:《拉贝日记》,第441—442页。

④ 《程瑞芳日记》,张连红编:《幸存者的日记与回忆》,第44—45页。

> 鼓楼医院内附设的难民医院，为美侨梅奇[①]牧师所主持。事前处长曾几度与之接洽，欲成立国际红十字会，同时他又受市政府的嘱托，成立国际性的医院，以便作为一般受伤军民医治及避难的处所，故当十二那一天，梅奇牧师即实行前议，接收外交部祁院长，无奈又被敌人赶走；乃不得已附设在鼓楼医院内，地点较为安全，工作人员都是义务的。[②]

对于这一设在鼓楼医院内部的医院，有互证资料。据马吉 1937 年 12 月 20 日给妻子的信记载："日本兵捡起一个带有铜烟锅的长烟杆狠狠地砸在老董的头上，当我到那儿时，地上还有许多血，他的脸上也是血，头上缠着止血的毛巾，我把他带到急救医院，这个医院是我用手头的基金在金陵大学医院后面开设的。"[③]

除了国际红十字会，南京的慈善机构红卍字会在开设粥厂的同时，也开设了难民医院。据程瑞芳 1938 年 1 月 21 日日记记载："华侨路有一难民医院，费钱不多，若是我开条子去可以免费，我要他们往那里去看。"[④]红卍字会设置的医疗诊所内，还潜伏着一支特殊的医疗队伍，也就是留在南京的军医。据祝晴川在《丁丑南京屠城记》中记载：

> 就副会长陈冠麟对著者介绍：……在本月 13 日前，我后方之医务人员带着器材药品没有退出挹江门者大都化装潜藏在难民区，曾来会要求收容。他们愿帮助救济难民，已将他们以红卍字分会会诊所的名义，分布设在难民区中各大收容所附近。城陷以来急救、抢救、接生日有数起，嘱著者注意要保护好这批医务人员。陈并提醒千万当心那位孙叔荣处长。[⑤]

因为红卍字会曾经参与过东京大地震救助，为日军飞行员收过尸并进行安葬。南京沦陷后，日军高层特来表示感谢，所以南京沦陷后红卍字会的工作开展较为便利，在开办难民粥厂的同时，也为难民的医疗救助做出了突出贡献。据《世界红卍字会南京分会民国 26 年至 34 年慈业工作报告书节录》"兵燹之后，疫疠丛生，公私医院诊所，均未恢复，患病之人，无处治疗，本会特设施诊所两处，专治内外各科，施医给

---

① 即约翰·马吉。

② 蒋公穀：《陷京三月记》，张连红编：《幸存者的日记与回忆》，第 70 页。

③ 《马吉致妻子函》，章开沅等编：《美国传教士的日记与书信》，第 155 页。

④ 《程瑞芳日记》，张连红编：《幸存者的日记与回忆》，第 35 页。

⑤ 祝晴川：《丁丑南京屠城记》，张连红编：《幸存者的日记与回忆》，第 475 页。

药,以济贫民。每所逐日施诊医药,总在二三百人,总计治愈人数,共达六万余人。历时八月,公私医院,多复原状,本会诊所,亦告结束。”①

类似的民间慈善机构还有很多,崇善堂是其中之一。据《崇善堂埋尸等活动状况》记载:“本堂自入难民区之后,于二十六年十二月十一日救济难民食米,五月以后,时办时停。二十七年一月六日将施诊所移入难民区,为难民治病,迄今照办。一月二十三日办掩埋工作,三月二十九日停办。”②此外,中国的红十字会也参与了医疗救助。据《中国红十字会南京分会关于难民救济工作概况节录》记载:“南京下关一带为受兵灾最惨之地,故难民染病者实无力就医,本分会爰在下关设立施诊送药所一处,内分内科及外科二项,内科系用中医中药,外科则用西医西药。每日就诊者内科以肠胃病居多数,外科则十九为皮肤病,此全系因难民环境不良,不知注重卫生所致。唯南京在事变之后,药物原料非常缺乏,当此夏令疫疠将盛行之际,有医无药,殊为可忧之事焉。”③

c. 难民的生育救助。传统中国社会有接生婆群体,因此当时妇女的生育除了去医院,也会选择接生婆在家接生。这段时间,南京小难民一个接一个出生,其中去大学医院生育的产妇较少,在安全区尤其是难民收容内生产的产妇较多。难民所内的接生也是多种多样,有的有接生婆支援。据魏特琳 1937 年 12 月 27 日日记记载:“到目前为止,难民所里共出生了 14 名婴儿,死亡 4 人,程夫人是惟一的护士,她每天超负荷地工作。”④有的靠家人接生。据拉贝 1937 年 12 月 30 日日记记载:“在我的收容所(所谓的西门子难民收容所)的草棚里,在污泥垃圾中,过去的两个夜晚出生了两个婴儿:一个男婴和一个女婴。不能为产妇提供别的栖息之地,我真感到惭愧。没有医生,没有接生婆,没有护士来帮助这些妇女;没有包扎用品,没有襁褓,只有几块肮脏的破布,这就是父母为新生儿留下的全部东西。我送给这两对夫妇每对 10 元,为此女婴取名‘多拉’,男婴取名‘约翰尼’,非常有趣!”⑤有的难民收容所有专业的生育产房,如兵库署难民收容所设有妇女分娩房间;有的没有,一切都在考验生命的终极承受。

孩子生出后,由于物质生活的极度贫乏,很多产妇没有奶水喂养婴儿。不过,到了 1938 年 1 月,由于城内外信息沟通的成功,安全区委员会及时和上海的慈善组织

---

① 《世界红卍字会南京分会民国 26 年至 34 年慈业工作报告书节录》,孙宅巍编:《遇难者的尸体掩埋》,第 75 页。

② 《崇善堂埋尸等活动状况》,孙宅巍编:《遇难者的尸体掩埋》,第 145 页。

③ 《中国红十字会南京分会关于难民救济工作概况节录》,孙宅巍编:《遇难者的尸体掩埋》,第 177 页。

④ *Minnie Vautrin's Diary* (*December* 27, 1937), Box 134 of YDL Record Group NO.11, The Archives of the United Board for Christian Higher Education in Asia, Yale University Divinity School Library Special Collections.

⑤ 拉贝 1937 年 12 月 30 日日记,[德]约翰·拉贝:《拉贝日记》,第 254 页。

沟通,并通过欧美军舰,从上海紧急运来了一批奶粉。据程瑞芳 1938 年 2 月 2 日日记记载:“现在上海来了许多鱼肝油,给难民小孩吃的,也有奶粉,为婴儿吃的。今日开始发给他们,已有多人报名,每日下午一时到三时查看他们是否常吃奶粉和鱼肝油。奶粉非得我预备好了他们吃,有好几个小孩在此生的,没有奶吃。大人没有东西吃,小孩那〔哪〕有奶吃?每礼拜磅一次,看他们长多少,在难民中找了三位智〔知〕识份〔分〕子难民帮我的忙,送奶粉,做奶粉,因为六个房子要送。”①

发放奶粉的范围越来越大,这一工作由程瑞芳统一安排。在南京治安整体好转后,应对日军侵扰的事情越来越少,程瑞芳更是将精力的很大一部分都放在奶粉和鱼肝油的发放上。据程瑞芳 1938 年 2 月 22 日日记记载:“这些吃奶粉的小婴儿真有意思,有的一礼拜长一磅,有的长半磅,看他们长胖了。”②

d. 积极联系外界医生和药品援助南京。南京沦陷后,南京与外界的信息交流平台被破坏了,向上海发送有效信息极为困难。1938 年 1 月初,随着欧美使领馆官员的回归南京、电力恢复后无线电系统的使用以及穿梭在长江上的欧美舰船的呼应,这时安全区委员会、大学医院纷纷向外界伸出求援之手。

鉴于日益严峻的医疗和防疫形势,安全区委员会秘书史迈士在美国大使馆回归的当天就给上海拍去了电报,请求援助。据史迈士 1938 年 1 月 9 日给家人的信记载:“两周来,食品一直是我们的主要话题。我们还幻想一些其他的事情。给冯秘书的电报中,我们还要求来两名外国医生和两名外国护士。我们想更多地开展医疗工作,在难民营建立流动医疗站。”③在请求医疗人员支援的同时,安全区委员会也积极向上海申请药品支援。据拉贝 1938 年 1 月 21 日附录史迈士致上海全国基督教总会博因顿电报记载:“请于 23 日(星期日)用英国炮艇运 1000 磅鱼肝油(大包装)和 200 磅包扎用药棉到大学医院。请敦促无论如何把 1 月 10 日在国际药房预订的 20 万单位白喉血清也一并送来。”④因为鱼肝油可以用来增强肺病病人的体质,抗毒血清可以用来治疗日渐抬头的白喉。

安全区委员会积极努力,金陵大学医院的医生也通过医疗渠道申请上海救援。据拉贝 1938 年 1 月 25 日附录的特里默大夫致上海克劳德·汤姆森电报记载:

> 需外科治疗的病员逐渐减少,然而其他疾病以及产科病人却大大增加!因

---

① 《程瑞芳日记》,张连红编:《幸存者的日记与回忆》,第 38—39 页。

② 《程瑞芳日记》,张连红编:《幸存者的日记与回忆》,第 44 页。

③ 《史迈士致家人函》,章开沅等编:《美国传教士的日记与书信》,第 272 页。

④ 拉贝 1938 年 1 月 25 日日记,[德]约翰·拉贝:《拉贝日记》,第 392 页。

此现在比任何时候都需要增加人手。原先我们这里有42名经考试合格的女护士、50名见习护士(女大学生)、4名美国医生、19名中国医生,现在仅有14名经考试合格的中国女护士、1名美国女护士、3名学历较低的中国医生及2名美国医生。由于目前人手短缺,医院只能维持极少的临床门诊,25个难民收容所中的6万人没有临床治疗(重复一遍:一点也没有)一些难民收容所令人感动地腾出了房间供分娩用,只是没有医生和护士。医院只能收治一些危重的病人,而同时却有大批病号躺在大学的寝室里。我们至少需要2名美国医生及2名美国女护士。布雷迪可以来,其余的人则需要熟悉中国的情况并懂中文。经过认真调查,我们不得不遗憾地报告,我们不能确定(重复一遍:不能),日军对城中的25万平民正在采取或已采取了哪些医疗措施。而且我们对他们针对南京平民做了哪些重要的医疗工作并且在医院方面做了哪些工作一无所知。①

此时的日军对外籍人士的进出有着严格的限制,因此,外界医疗人员一时难以进入南京,但是日方对于外籍人士的持续呼吁也不能置之不理,于是提出让日本医生参与医疗救助,以此敷衍外籍人士。据拉贝1938年1月22日日记记载:"关于我们为上海和香港来这里的医生申请通行证一事,刚才日本方面来消息说,他们愿意为我们给美国的鼓楼医院提供两名日本医生。我估计这项提议立刻就会遭到美国大使馆的拒绝。"②

1938年2月以后,南京形势进一步好转。也就在这段时间,外籍人士一再申请的医疗人员和药品才陆续到达南京,开始了沦陷后南京医疗救助的接力。

e. 全力应对传染病。由于难民集中生活在安全区,饮水不洁,特别是在冬春交际,各类传染疾病爆发可能性很大,在1938年1月份的时候,安全区就发现了白喉患者,③据程瑞芳1938年1月10日日记记载:

有一小孩发白喉症,医院不收,我只好搬他在五百号后面洗衣房内,没有法子,这样冷天得这种病,住这种冷的地方,这个妇人就是一个人在此带五个小孩,我怕这孩子难救。其余的病都是肚泻,吃了卑〔蓖〕麻油就好了。有的咳嗽,发热的也有,我又没有小孩咳嗽药,只好到医院去买。叫他们到医院去看,有的没有

① 拉贝1938年1月25日日记,[德]约翰·拉贝:《拉贝日记》,第415页。

② 拉贝1938年1月22日日记,[德]约翰·拉贝:《拉贝日记》,第393页。

③ 白喉是由白喉杆菌引起的急性呼吸道传染病,被国民政府列为法定传染病之一。临床特征为咽、喉、鼻部粘膜充血、肿胀并有不易脱落的灰白色假膜形成。由于细菌产生的外毒素所致全身中毒症状,严重者可并发心肌炎和末梢神经麻痹。

钱，有的怕出去，自然愿意在此看，一不要钱，二又近又方便，什么时候要来就来，告诉他们时候他们不来。发白喉症的小孩死了，他的妹也死了，一共死了十五个小孩，四个大人，两个老年人，两个中年人。①

程瑞芳既是金陵女子文理学院难民收容所的管理者，也粗懂医学常识，对这一病例的隔离处理显然是冷静的。

到了1938年1月底和2月初，虽然陆续有难民离开安全区，但还是有三分之二的难民生活在安全区，据拉贝1938年2月6日日记记载"现已有三分之一的难民撤走，但是，他们仍迫切需要帮助。"②到了2月中下旬，接近一半的人离开了安全区，但春天已经来临，防疫形势更加严峻。继出现了白喉病以后，其它各类常见传染病也有出现，如麻疹、猩红热。流感特别让安全区的管理者担心，因为感冒是不可避免的，普通感冒和流感也不容易界定，一旦有感冒病例，大家就担心会爆发流感。当然，这时最担心的是天花③的爆发，为此，给难民种牛痘是当务之急，在南京外籍人士的一再申请下，日军允许外籍医生进驻南京，布雷迪医生1938年2月21日来到南京。据魏特琳1938年2月25日日记记载：

为儿童接种疫苗的工作从下午2时开始，持续到5时20分，共为1117人接种了疫苗。布雷迪医生和3名助手承担了这一工作，地点是在户外的阳光下（南面的宿舍之间）。④

对于种牛痘，一些成年人表示不理解，拒绝接种，只能对其做说服工作。据程瑞芳1938年2月26日日记记载："今下午种牛痘，八百多人，明日再来。天气好，人多，只能在院子种，次序很好。有的地方人不肯种，医生六点钟就去难〔拦〕着大门，不让人出去，没有别的办法，因为中国人只知小孩种牛痘，大人那〔哪〕有种的。因这一班人没有受教育的，我们这边的人先讲给他们听。⑤

由于高度重视，传染病防治还是取得了成效。据《南京国际救济委员会报告书》

---

① 《程瑞芳日记》，张连红编：《幸存者的日记与回忆》，第31页。

② 拉贝1938年2月6日日记，[德]约翰·拉贝：《拉贝日记》，第489页。

③ 天花是感染痘病毒引起的，无药可治，患者在痊愈后脸上会留有麻子，天花由此得名，天花是国民政府法定的传染病之一。天花发展迅速，对未免疫人群感染后15—20天内致死率高达30%。

④ *Minnie Vautrin's Diary* (*February* 25, 1938), Box 134 of YDL Record Group NO.11, The Archives of the United Board for Christian Higher Education in Asia, Yale University Divinity School Library Special Collections.

⑤ 《程瑞芳日记》，张连红编：《幸存者的日记与回忆》，第45—46页。

日军宣传画中的入城式。选自《支那事变纪念写真帖:野田、山田、横田部队》。吴先斌提供。

国民政府前的入城式。选自《支那事变画报》第 11 辑。吴先斌提供。

日军宣传画中的入城式。选自《中支出征纪念写真账：三宅长盛部队》。吴先斌提供。

入城式上的松井石根、朝香宫鸠彦、柳川平助、长谷川清(右起)。选自《支那战线写真全集：上海战线》。吴先斌提供。

记载:“难民中一般的死亡率虽高(儿童尤甚),然尚无严重病症之流行。脚气病、痧子、猩红热之患者固多,然就当时局面而论,死亡者尚少也。一九三八年春季收容所之防疫运动中,种痘者共为 16265 人,注射伤寒霍乱预防针者,共在 12000 人以上,鼓楼医院中之病人一群,由红十字会与以一部分之扶助者,亦包括在内。”[①]。

f. 积极应对脚气病。传染病防治取得了成效,天花、流感之类的传染病没有爆发。不过有一种病例有蔓延之势,这就是脚气病。[②] 脚气病不同于脚气,它不是传染病,但对病人身体伤害极大。1938 年 2 月初,就发现了脚气病患者。据拉贝 1938 年 2 月 5 日日记记载:“今天,鼓楼医院的医生传来消息说,已有两个患脚气病的病人送进医院。这对只以大米充饥的单一营养者来说是不足为奇的。我们已电告上海求购药品。”[③]得知这个病例后,恰好安全区总干事费吴生在上海出差,于是安全区委员会秘书史迈士及时给费吴生拍电报,建议其购买治疗脚气病的药品和食品:维生素 B1 和蚕豆,因为按照医学观点,治疗脚气病以改善饮食营养为主,多食粗粮、猪肉、动物内脏,必要时口服维生素 B1 治疗。据拉贝 1938 年 2 月 6 日附录的史迈士致上海出差的费吴生的电报记载:“已发现多例脚气病病例,请尽快向医院寄发 10 加仑维生素 B 药水(我们强调的是维生素 B!),另加 60 毫升白喉抗毒血清素——这两种药请优先供给卫生署。医生建议用大豆作预防食品,请用‘瓦胡’号船运 100 袋蚕豆来。如缺货,请设法筹办一大部分。”[④]费吴生按照电报要求在上海买好了蚕豆,于 2 月 12 日回到了南京,等待食品、药品的运进。

此时在日军的监视下办成一件事非常困难,申请医生来南京用时一个多月。这次 100 吨蚕豆的运输和发放又遭遇日军的阻拦。首先日军说并不知道南京出现了脚气病。据拉贝 1938 年 2 月 14 日日记记载:“日本人声称,他们对南京的脚气病一无所知,这一点也不令人奇怪,因为他们根本不关心这里的健康状况”;[⑤]其次,日方要求蚕豆交由自治委员会在安全区外发放,安全区委员会一再声称这是大学医院的独立工作,理应由大学医院的威尔逊监督发放。其实,日方非常清楚安全区委员会、大学医院和红十字会的重合关系,对此不容商议。随后,安全区委员会通过美国大使馆在其中斡旋,私下也与自治委员会沟通,2 天后,斡旋有了初步结果,根据拉贝 1938 年 2

---

① 《南京国际救济委员会报告书》,张生等编:《英美文书·安全区文书·自治委员会文书》,第 406—407 页。

② 脚气病是一种由于人体缺乏维生素 B1 而引起的全身性疾病。主要发生在长期以白米为主食、而又缺乏其他副食补充的人群身上。患者早期表现为胃部不适、易疲劳、便秘、记忆力减退、失眠、易激动、体重下降等。病情进一步发展可发生以肢端麻木、感觉异常、站立困难等为主要表现的多发性周围神经炎,以及脚气性心脏病和脚气性精神病。

③ 拉贝 1938 年 2 月 5 日日记,[德]约翰·拉贝:《拉贝日记》,第 487 页。

④ 拉贝 1938 年 2 月 6 日日记,[德]约翰·拉贝:《拉贝日记》,第 489 页。

⑤ 拉贝 1938 年 2 月 14 日日记,[德]约翰·拉贝:《拉贝日记》,第 541 页。

月 16 日 记载:"美国大使馆的阿利森先生带来消息说,'蚕豆问题'已获解决,已准许运进蚕豆,既可以在安全区内也可以在安全区外予以分发。"①

其后又是一波三折,直到 2 月下旬才将蚕豆问题解决。

(3) 日方的医疗参与与"常态化"殖民秩序建设

日军进城,时任日军军医部长的平井大夫和上海派遣军商谈协助治疗难民,遭到了严词拒绝。据饭沼守 1937 年 12 月 21 日日记记载:

> 军医部长来此,他说在南京征缴了大量的卫生材料。另外,他建议说,让我军队为当地人进行诊疗,这是为了部队防疫,并不带有宣传和安抚之意。好像完全本末倒置了,因此要求他用剩余的力量做这事。②

西方在宁人士后来也同这位军医部长也打过交道,觉得他是一位和蔼的人。据拉贝 1938 年 1 月 22 日日记记载:"今天早晨,约翰·马吉牧师陪我和会讲一点日语的克拉到后勤军医总监平井大夫那里,我必须对他作一次回访。……平井大夫对我们的请求稍作考虑后,答应要向总参谋部提出申请。他看上去是个和蔼的、平易近人的老先生。我们今天访问他时,他身穿整齐的制服正坐在靠背椅上,让一名日本画家画肖像。"③显然,这时的日军对南京"常态化"殖民秩序的建设没有太多的思考。

到了 1938 年 1 月底和 2 月初,形势有了改变。在这样的大背景下,日方也开始参与南京市民的医疗救助。首先进行传染病的防治,因此,在藤田部队及天谷支队军医部和军队医院的支援下,制订防疫和医疗计划;其次派医生到区公所参与难民治疗,并在 1938 年 2 月 27 和 28 日在各区都设立了医疗所,定于 3 月上旬全面实施免费医疗。据南京宣抚班 1938 年 3 月情况报告:

> 第一区公所:自 1 月以后,派遣支那人医生两名、支那人护士两名、支那人药剂师两名,共计六人,实施免费医疗。第一区公所自 3 月以后增加一名日本医生进行援助(目前没有工资)。第一区公所的办公用房 4 月上旬将搬到原宪兵司令部,现在的第一区公所(原民众医院)将作为南京民众医院开放,目前正在安排当中,这项活动所需要的经费有待于外务省文化事业费的援助,已经开始着手此事。第二、第三、第四区公所自 3 月上旬开始开设了日军诊疗所,进行免费医疗。

① 拉贝 1938 年 2 月 16 日日记,[德]约翰·拉贝:《拉贝日记》,第 551 页。

② 《饭沼守日记》,王卫星编:《日军官兵日记》,第 212 页。

③ 拉贝 1938 年 1 月 22 日日记,[德]约翰·拉贝:《拉贝日记》,第 394—395 页。

另一方面,药材等不够充足,正在使用敌产品。考虑到这是个拥有三十八万人的城市,需要研究的问题不少。[①]

不过,由于难民数量众多,日军无力独自应对,所以南京市民的医疗主要还是由金陵大学医院来实施。对此,日方也深刻理解,1938 年 4 月 12 日,日本驻南京总领事花轮义敬致北平参事官森岛函附件《南京市内概况》中写到:

因事变中央医院及其他大规模中国医院都已撤离南京,现在除美国的鼓楼医院外,无一所大医院,小规模医疗单位如下:(一) 国际救济委员会附属医疗所 4 处(二) 协济医院(原金陵大学女生宿舍)(三) 济群西医社(南秀村)(四) 平民医院(阴阳营)(五) 国际救济委员会卫生组诊疗所(六) 难民医院(广州路口)(七) 自治委员会第一区及第四区公所诊所。[②]

结语:战争、秩序变迁与市民生活

从 1937 年 7 月到 1938 年 4 月,南京市民的生活秩序发生了翻天覆地的变化:常态生活秩序、防御期生活秩序、空位期生活秩序、过渡期生活秩序、"常态化"殖民秩序依次递进。在这轮递进中,两个外来观察者的描述具有总结性。

一是佐佐木到一的描述。占领南京后,佐佐木到一有着无限感慨。据佐佐木到一 1937 年 12 月 13 日日记记载:

我敢肯定站在南京城头最有感慨的人,莫过于我了。这不仅是因为我曾在这儿长住过两年半,南京是我曾经熟悉的地方。[③]

12 月 14 日,他的日记又写到:

自从民国 16 年即 1927 年 2 月国民革命军进入南京城已整整十年了。城内

---

① 《南京宣抚班报告》,王卫星、雷国山编:《日军军方文件》,第 366 页。

② 《驻南京总领事花轮义敬致驻北平参事官函》,姜良芹、郭必强编:《前期人口伤亡和财产损失调查》,第 336 页。

③ 《佐佐木到一日记》,王卫星编:《日军官兵日记》,第 317 页。

人口从当时的30万增加到现在的80万。通过剥削农民成功地建成了一个炫耀自己的现代化城市。然而,如今已成为过眼云烟,任何人目睹首都被破坏的惨状,都会感慨万分的。[①]

佐佐木到一给了南京两个特写镜头,一是记忆中的印象,一是现实的情景定格。

二是米尔士的描述,南京沦陷前,身为金陵大学教授的米尔士留在了南京,为安全区委员会的运作和难民的救助做出了突出贡献,拉贝离开南京后,米尔士担任了国际救济委员会的主席。米尔士在1938年3月13日致女儿哈里特的信中深有感慨的说:

我尤其感到高兴的是,你用不着经历亲眼看见你熟悉和热爱的南京正处于苦难之中的痛苦。正因为如此,你将可以保留一份关于这座城市的美好记忆,如熙熙攘攘的街道,忙碌且非常友善的人们,但现在,所有这些大部分都被焚毁、洗劫或破坏了。我并不是夸大其词。例如,莫愁路仍如你离开时那样,没有遭到多大破坏的还有包括大学、金陵神学院等在内的其他一些地区。但主要的商业街区和夫子庙——你习惯于新年采购的地方——现在确遭到了令人痛心的破坏。除了主要的商业街区和城南部分外,南京多数商店和房屋的基本框架未收损伤,但均遭洗劫并遭不同程度的破坏,绝大多数房屋已无人居住。[②]

二者的描述真实地反映了日本发动的侵略战争对南京的破坏,它摧残了生命,破坏了城市的基础设施,中断了南京的近代化进程。五个阶段的秩序递进,虽然从一个常态到了另一个"常态",但南京已是元气大伤。然则,南京的巨大变迁在南京市民眼中是什么样的情景呢?试以程瑞芳视角言之。

讨论南京大屠杀前后南京市民生活秩序的变迁,《程瑞芳日记》具有极其重要的史料价值。第一、其身份特殊。作为一个中国人,大屠杀期间,她和魏特琳女士共同管理金陵女子文理学院难民收容所,她既是管理者,也是难民一员;[③]第二、内容相对完整,大屠杀前后,程瑞芳女士管理金陵女子文理学院难民收容所,南京市民生活秩序的整体变迁在金陵女子文理学院有着系统的映射;第三、视角特殊。程瑞芳是个中国人,她的日记有着强烈的民族主义情绪,但她和很多欧美人士有密切往来,日记中

---

① 《佐佐木到一日记》,王卫星编:《日军官兵日记》,第319页。

② 《米尔士致哈里特·米尔士》,张生编:《耶鲁文献》(下),第810页。

③ 程瑞芳认为自己也是难民。

又有很多国际化的视角。她的日记起于1937年12月8日,终于1938年3月1日,通过她的日记,可以深刻感受到战争、秩序变迁及其对市民生活的影响。

(1) 秩序变迁的阶段性

a. 常态生活秩序。程瑞芳的日记起于1937年12月8日,没有记载南京市民常态生活秩序。

b. 防御期的生活秩序。12月8日,程瑞芳开始写日记,第一篇日记的第一句话是:"今晚到国际委员会去开会,政府人员一个没有到,大概都走了。"①这时,日军逼近南京,中国政府高层和欧美领事馆官员均已撤离。第二天,日军兵临城下,给南京卫戍司令唐生智将军一天的期限,望其投降。从这一天到12月13日南京沦陷,程瑞芳记载了南京的混乱局面。据程瑞芳1937年12月9日日记记载:"城南那边有抢劫了,没有秩序了,街上没有东西卖了。"②12月10日,日军限定的一天期限已到,没有回音,随即日军对南京城发起了总攻。这时,难民蜂拥般地来到安全区。据程瑞芳1937年12月10日日记记载:"搬至安全区的人路上不断,进到学校的也是如此。洋车没有了,路上男的、女的、老的、少的,都是自己挑、抬,飞机声、大炮声他们也不管,真是凄惨。"③面对日军的疯狂进攻,南京难民争相逃命。据程瑞芳1937年12月12日日记记载:"街上行人没有,卖东西也没有,只有难民逃命。"④通过程瑞芳的这几天日记,可以清楚地了解防御期最紧张阶段市民的生活秩序。

c. 空位期的生活秩序。12月13日,南京沦陷,空位期全面来临,程瑞芳也渐渐得知了日军的各种暴行,如强奸、抢劫和杀人。据程瑞芳1937年12月14日日记记载:"今日来的人更多,都是安全区内逃来的,因日兵白日跑到他们家里抄钱、强奸。街上刺死的人不少,安全区内都是如此,外边更不少,没有人敢去,刺死的多半青年男子。"⑤此外,还有纵火。据程瑞芳1937年12月19日日记记载:"外面的房子不是空就是烧,日兵烧房当玩意,他们也怕冷,先拿里面家具烧起来烤火,要走就走,火若燃上房子就烧了,有时放些死人在内再燃火烧房子。"⑥

面对失控的日军暴行,外籍人士不断前往日本驻南京使馆抗议,12月18日,日本使馆安排宪兵来到金陵女子文理学院维持治安,程瑞芳很快发现,宪兵对犯罪士兵没有进行有效约束。据程瑞芳1937年12月18日日记记载:"日领晚上派了两个宪兵

---

① 《程瑞芳日记》,张连红编:《幸存者的日记与回忆》,第9页。
② 《程瑞芳日记》,张连红编:《幸存者的日记与回忆》,第10页。
③ 《程瑞芳日记》,张连红编:《幸存者的日记与回忆》,第10页。
④ 《程瑞芳日记》,张连红编:《幸存者的日记与回忆》,第11页。
⑤ 《程瑞芳日记》,张连红编:《幸存者的日记与回忆》,第12页。
⑥ 《程瑞芳日记》,张连红编:《幸存者的日记与回忆》,第19页。

来了，白日不在此，因为他的宪兵少，全南京只有十七个宪兵。他们的宪兵出的布告，兵来给他们看也不理，他们只管进来。”[①]而且也有宪兵参与犯罪。据程瑞芳1937年12月20日日记记载：“他们想这里有宪兵保护，其实宪兵还是将姑娘拖在院子里奸，不是人，是畜牲，不管什么地方。”[②]

从第二周开始，日军开始对安全区难民进行登记，并声称开始安民，对于后者，程瑞芳并不相信。据程瑞芳1937年12月24日日记记载：“昨天换来看门的兵好些，街上也好些，那些不好的兵走了，到□【徐】州打仗去了。前说今日要安民，来【难】实行，我想也不会安民。”[③]金陵女子文理学院的登记比金陵大学的登记晚了几天，程瑞芳见证了金陵女子文理学院难民登记的整个过程。据程瑞芳1937年12月28日日记记载：“我们是第五区，把这些人都弄到这个院子内登记，先一排一排的训话，叫【难】民登记后回去安居乐业，都是鬼话。也是叫人自认，当兵的都出来，有一百多人出来自认，这些人不是当前阵就是死。”[④]由于没有防范意识，第一天有一百多难民承认自己是军人，当场被日军抓走，对于这批难民的命运，程瑞芳非常悲观。第二天金陵女子文理学院的登记正常进行，难民的防范意识明显增强，没有人再站出来主动说自己是军人，但是日军开始启用其它甄别方法。据程瑞芳1937年12月29日日记记载：“今日登记没有人自招，他们留下一些青年人是他们所疑心的，叫这些女难民出来承认是他们的父兄、丈夫、亲戚。有一个老太太有胆量，出来认了三个人，其实他不认得他们，她就是要救他们。有一个年青女子也是出来认说是她的哥哥，回到里面换件衣服又出来认她的亲戚，此人真可佩。”[⑤]

1937年年底，安全区的治安有了些许的好转。据程瑞芳1937年12月29日日记记载：“现在日兵清洁街道，把死人埋下土或是烧，街上死人太多。”[⑥]但是程瑞芳也了解到安全区外的秩序依旧非常混乱。据程瑞芳1937年12月31日日记记载：“近来在难民区内略为好些，区外还是不安。”[⑦]

d. 过渡期生活秩序。1938年元旦这一天，自治委员会召开了成立庆典大会，程瑞芳这天日记开篇予以记载：“中国自治会今日成立，在鼓楼开大会。每区要到一千

---

① 《程瑞芳日记》，张连红编：《幸存者的日记与回忆》，第17页。
② 《程瑞芳日记》，张连红编：《幸存者的日记与回忆》，第19页。
③ 《程瑞芳日记》，张连红编：《幸存者的日记与回忆》，第22页。
④ 《程瑞芳日记》，张连红编：《幸存者的日记与回忆》，第24页。
⑤ 《程瑞芳日记》，张连红编：《幸存者的日记与回忆》，第25页。
⑥ 《程瑞芳日记》，张连红编：《幸存者的日记与回忆》，第25页。
⑦ 《程瑞芳日记》，张连红编：《幸存者的日记与回忆》，第25页。

人,他们用两种旗子,一个日本旗,一个五色旗,每人手上拿着。”[①]自治委员会是华中方面军扶植的过渡性的傀儡政权,成立的主要目的是推进难民回家,让难民远离欧美人士保护。对此,程瑞芳非常担心难民回家后受到日军各种伤害。据程瑞芳 1938 年 1 月 11 日日记记载:“下午国际委员会加于〔入〕自治会讨论难民回家,有人没有地方,有人没有房子,回去日兵又找姑娘,又拉夫,谁敢回去?他们的军事区在城里,不在城外,人民不能自由走。”[②]

一周后,形势没有太大的改观。据程瑞芳 1938 年 1 月 17 日日记记载:“外面还是不安靖〔静〕,难民还不敢回去。现在还有五千多人,并日兵幸已调动,来一次新闹一次,害一阵人民,抢烧都有,找姑娘。有的年老的人回去,问他要花姑娘,若说没有,要他找,不找就刺死,所以年老的男人也怕回去。”[③]

到了 1938 年 1 月底,自治委员会在华中方面军的要求下,限定难民必须在 2 月 4 日之前回家。据程瑞芳 1938 年 1 月 31 日日记记载:“现在自治会要人回家去,谁有〔又〕不想回去,不安又奈何?他们定的二月四号都要回去,自然不是自治会要他们回去,背后的人要他们回去。”[④]到了 2 月初,面对日军要求难民回家,程瑞芳 1938 年 2 月 3 日日记记载:“这几日真发愁,不知如何是好,叫难民回去吧,明知不好,不叫他们回去吧又怕出事,因日人追得紧。”[⑤]面对日方的强制性要求,金陵女子文理学院采取了变通方式进行应对。据程瑞芳 1938 年 2 月 4 日日记记载:“今日报告难民,年老的回去,年青的能回去就回去,不能的等几天。其实我们心里不要他们年青人回去,出了〔处于〕这种地位真是无法。”[⑥]

2 月上旬,回家的难民开始增多。据程瑞芳 1938 年 2 月 9 日日记记载:“有许多人逃走了。今日出去参观别处难民所,本有二十五个,现在有些关了,还有十几个。”[⑦]不过,虽然这时南京秩序好转,但是日军的犯罪还是没有得到完全制止。据程瑞芳 1938 年 2 月 13 日日记记载:“近两日外面情形好一点,略为安静一点,不过有的【日】兵还是到人家里去,房子也烧了不少,抢的东西也抢完了。没有多事写”[⑧]可以发现,南京过渡期的生活秩序已接近尾声。

---

① 《程瑞芳日记》,张连红编:《幸存者的日记与回忆》,第 26 页。

② 《程瑞芳日记》,张连红编:《幸存者的日记与回忆》,第 32 页。

③ 《程瑞芳日记》,张连红编:《幸存者的日记与回忆》,第 33 页。

④ 《程瑞芳日记》,张连红编:《幸存者的日记与回忆》,第 38 页。

⑤ 《程瑞芳日记》,张连红编:《幸存者的日记与回忆》,第 39 页。

⑥ 《程瑞芳日记》,张连红编:《幸存者的日记与回忆》,第 39 页。

⑦ 《程瑞芳日记》,张连红编:《幸存者的日记与回忆》,第 41 页。

⑧ 《程瑞芳日记》,张连红编:《幸存者的日记与回忆》,第 41—42 页。

e."常态化"殖民生活秩序。1938年2月中旬,安全区委员会将城市管理权交给了自治委员会,随后改名为国际救济委员会。这时,虽然很多难民离开了安全区,但是有些难民无依无靠、无家可归,在外籍人士和自治委员会的建议下,日军同意暂留几处难民收容所,对此,程瑞芳也担心维持不了不久。据程瑞芳1938年2月18日日记记载:"今日又来了一些年轻的难民,因为别的地方收容所关了,他们不能回家,只好跑到这里来。本来是都要关门的、解【散】的,自治会要求日本【占领当局】一时不能都解散,留下几处慢慢解散,国际委员会也是这样说。现在只留下四个收容所:男金大、女金大、金陵中学、女子神学,其余四月尾都解散。不过还有一收容所自治会要留的。化学研究所留下,为远路来的人,因方便送他们回去,现在打算送远的回去,日本人也答应了。国际委员会改名了,现在是国际救济会,将来不久救济会也不能存在了。现在日本人尽力取消,不要第三者管他们的事,不过国际不答应,我怕不能长久。"①

由于治安好转,程瑞芳日记关注的重点也发生了转移,主要记载金陵女子文理学院难民收容所内发生的一些常规性的事情。据程瑞芳1938年2月27日日记记载:"这两天很平常,没有奇事记下。今日又种牛痘,又种七百多人,明日还有一天就不种了,下月再打预防针。今日又有难民由乡下来,因有土匪。现在出入城门只要有安居证就可进来。"②在这样的背景下,写完了3月1日的日记,程瑞芳就此封笔。可见南京"常态化"殖民秩序开始了系统创设。

在程瑞芳的理解中,南京秩序的持续转变离不开安全区委员会的外籍人士和欧美使领馆官员的努力。据程瑞芳1937年12月21日日记记载:"有时华到日领馆去报告他的军人不好的事,我对华说,报得多他们更要害。所幸还有两个德国人在此,光是美国人不行。现在几个美国人也无法可想,也累死了,换一句话说,若不是几个美国人在此,中国人也只有死路一条。"③

对留在南京外籍人士的努力,程瑞芳心存感激,但更期望欧美使领馆官员回归南京。据程瑞芳1938年1月5日日记记载:"简直无法通信,闷死人。若是明日美领真抵京那就好了。"④1938年1月6日,美国使馆官员回到了南京,程瑞芳立即建议魏特琳对日军暴行的抗议交由使馆官员牵头。据程瑞芳1938年1月7日日记记载:"华小姐起先常到领事馆去报告他们的兵不好,现在不大去,我叫她不去,越报告他们越

① 《程瑞芳日记》,张连红编:《幸存者的日记与回忆》,第43页。

② 《程瑞芳日记》,张连红编:《幸存者的日记与回忆》,第46页。

③ 《程瑞芳日记》,张连红编:《幸存者的日记与回忆》,第20页。

④ 《程瑞芳日记》,张连红编:《幸存者的日记与回忆》,第29页。

“慰灵祭”上的松井石根，选自《支那战线写真》第 25 辑。吴先斌提供。

日军慰灵祭。选自《支那事变画报》第 11 辑。吴先斌提供。

日军慰灵祭。选自《支那战线写真全集：上海战线》。吴先斌提供。

百人斬り"超記錄"

向井106—105野田

兩少尉さらに延長戰

【紫金山麓にて十二日淺海、鈴木兩特派員發】南京入りまで"百人斬り競爭"といふ珍競爭をはじめた例の片桐部隊の勇士向井敏明、野田巖兩少尉は十日の紫金山攻略戰のどさくさに百六對百五といふレコードを作つて十日正午兩少尉はさすがに刃こぼれした日本刀を片手に對面した

野田「おいおれは百五だが貴樣は？」向井「おれは百六だ！」……兩少尉は"アハハハ"結局いつまでにいづれが先きに百人斬つたかこれは不問、結局「ぢやドロンゲームと致さう、だが改めて百五十人はどうぢや」と忽ち意見一致して十一日からいよいよ百五十人斬りがはじまつた、十一日晝中山陵を眼下に見下す紫金山で敗殘兵狩眞最中の向井少尉が「百人斬ドロンゲーム」の顛末を語つてのち

知らぬうちに兩方で百人を超えてゐたのは愉快ぢや、俺の關孫六が刃こぼれしたのは一人を鐵兜もろともに唐竹割にしたからぢや、戰ひ濟んだらこの日本刀は貴社に寄贈すると約束したよ十一日の午前三時友軍の珍戰術紫金山殘敵あぶり出しには俺もあぶり出されて彈雨の中を「えいまゝよ」と刀をかついで棒立ちになつてゐたが一つもあたらずさこれもこの孫六のおかげだ

と飛來する敵彈の中で百六の生血を吸つた孫六を記者に示した

"百人斩"报道。选自《东京日日新闻》1937年12月14日。

恨。现在是那些西人男先生去报告,他们报告他们的,日兵还是做他们的。现在领事来了,有些事领事去报告比较有力些。”①

1938年1月9日,英国和德国使馆官员也回到了南京。程瑞芳认为各国使馆官员的到来会让日军暴行收敛。据程瑞芳1938年1月10日日记记载:“听说德国兵船也来了,也是三个德国人上岸,这样一来,各国人士上岸,他们有些事要顾面子了,表面上好一点。”②

1938年1月中旬,当日本使馆宴请贝德士、魏特琳等外籍人士时,程瑞芳认为这是日本领事在拉拢外籍人士。据程瑞芳1938年1月16日日记记载:“昨晚日领事请国际委员会的人吃饭,华也被请,我说他请灶神,将来要他们说好话。”③类似的思想在程瑞芳的日记里时有出现,拉贝回国的时候,魏特琳请拉贝做客金陵女子文理学院,这一天,程瑞芳表达了对拉贝的谢意,并希望拉贝在南京再坚持一月。当拉贝说回到德国后,将通过国际宣传给日本施加压力帮助中国人时,程瑞芳认为这是非常必要的。据程瑞芳1938年2月17日日记记载:“今日四时,请了国际委员会长来吃茶,……他人很有本事,胆量也大,因为他的行家要他回去。他走了,国际委员会不能存在了,定要改组,都要挽留他。此处难民也知道了,他〔也〕要求他【留下】。吃茶时,我也多谢他,请他再接去一月。他对我说,再待下去没有多用,我现在回到德国,能帮你们的忙还多些,现在正要人在德国说话。我想也不错,宣传,人都听他,因都是他亲眼见的。”④

对于费吴生的第二次出城,她也有同样的判断。据程瑞芳1938年2月19日日记记载:“国际委员会的费先生,他本是青年会的干事,去申费了多少口舌才去的,后来回来不几天就走了,听说他要飞到美国去作宣传的工作,早已到了美国了。”⑤

(2) 秩序变迁与市民生活

程瑞芳是金陵女子文理学院难民收容所的管理者之一,对于大屠杀前后南京难民的生活,有很多时序性地记载。程瑞芳认为自己属于难民一员,据其1938年1月2日日记记载:“昨日是阳历年,才有鹅吃呢,若不是两个西人在此,我自己买不起,也不要吃,做难民的人还想吃鹅吗?”⑥

站在难民的立场,程瑞芳每一次情绪的表露,多源于难民苦难生活的观感。在她

---

① 《程瑞芳日记》,张连红编:《幸存者的日记与回忆》,第30页。

② 《程瑞芳日记》,张连红编:《幸存者的日记与回忆》,第31—32页。

③ 《程瑞芳日记》,张连红编:《幸存者的日记与回忆》,第33页。

④ 《程瑞芳日记》,张连红编:《幸存者的日记与回忆》,第43页。

⑤ 《程瑞芳日记》,张连红编:《幸存者的日记与回忆》,第44页。

⑥ 《程瑞芳日记》,张连红编:《幸存者的日记与回忆》,第27页。

第一天的日记中，就记载了一些难民因为在安全区找不到房子，露宿街头的情景。据程瑞芳1937年12月8日日记记载："今晚由国际委员会回来，在路上许多人由城南搬到安全区，有的人找不着房子，在路上睡。"[①]日军攻城的时候，难民成批进入安全区，对于难民中的特殊群体，程瑞芳尤为关注。据程瑞芳1937年12月11日日记记载："今早死去两个小婴孩，一个只有一个多月，是闷死的，一个有三个多月，早有病的。下午又生了一个小孩，现在是生死都有，还有五六个妇人快要落月呢。"[②]

1937年12月13日，南京沦陷。面对亡国奴的现实，程瑞芳极为感伤。据程瑞芳1937年12月17日日记记载："有十二点钟，坐此写日记不能睡，因今晚尝过亡国奴的味道。……这种亡国奴的苦真难受，不是为民族争生存，我要自杀。"[③]尤其是林查理来到金陵女子文理学院，谈到有丈夫的妇女最好回家时，程瑞芳伤心至极。据程瑞芳1937年12月19日日记记载："今日中午Riggs来了，他的意思叫有丈夫的妇人回去，日兵就不如此找，因为妇人都跑到难民所，外面没有女的。那意思有丈夫回家不要紧，不比处女，若是丈夫一人在家，日兵说他是兵，因没有家。话虽不错，这些年青的妇人也苦。我听一说，我就哭了，因想到自己国家不强，受这种耻辱，何日能雪耻。"[④]

在日军占领下生活，就是"受罪"。程瑞芳1937年12月23日日记记载："他们十天，人民受的罪不少。"[⑤]"受罪"体现在方方面面，除了心理要忍受亡国奴的苦痛，正常的生活也被战争彻底地打乱，如不能正常睡眠。据程瑞芳1938年1月4日日记记载："差不多一个月没有脱衣睡觉，直到昨夜才脱衣好好的睡。"[⑥]如食品严重匮乏。据程瑞芳1938年1月日日记记载："好多时没有吃肉，见了肉大家的脸都是圆的，平时没有好菜，大家的面孔是长的，念这日记的就知道大家想吃好的。"[⑦]

很快到了1938年的农历新年，眼见难民的苦痛生活，程瑞芳极度悲伤。据程瑞芳1938年1月28日日记记载："在这压迫之下，不能不想到昔日的新年如何的热闹。今年妻离子散，有许多难民在那里苦呢，有的丈夫【被】日【兵】刺死的，有的丈夫被日兵拖去，不知生死，有的母亲哭儿子的，这种年有什么过头。"[⑧]

可是，无论如何，生活还得继续。南京治安形势好转、尤其是2月中旬后，程瑞芳

---

① 《程瑞芳日记》，张连红编：《幸存者的日记与回忆》，第9页。

② 《程瑞芳日记》，张连红编：《幸存者的日记与回忆》，第11页。

③ 《程瑞芳日记》，张连红编：《幸存者的日记与回忆》，第14—16页。

④ 《程瑞芳日记》，张连红编：《幸存者的日记与回忆》，第18页。

⑤ 《程瑞芳日记》，张连红编：《幸存者的日记与回忆》，第21页。

⑥ 《程瑞芳日记》，张连红编：《幸存者的日记与回忆》，第28页。

⑦ 《程瑞芳日记》，张连红编：《幸存者的日记与回忆》，第35页。

⑧ 《程瑞芳日记》，张连红编：《幸存者的日记与回忆》，第37页。

的日记对日军暴行的控诉减少,代之为生活的细节。据程瑞芳1938年2月23日日记记载:“我还要照应做被套,因为这里有许多棉絮没有被套,史先生他们的布厂可以织布,做好这些被,可以发给难民。我们这里的难民,我早已发了许多给没有被【的人】,他们要这些被给男人。”[1]

可以说,程瑞芳日记,是南京大屠杀前后南京市民生活秩序变迁的“标本”。[2]

---

① 《程瑞芳日记》,张连红编:《幸存者的日记与回忆》,第45页。

② 2011年6月,郭昭昭以同名博士学位论文获得南京大学历史学博士学位。

三、南京大屠杀期间的西方在宁人士

（一）南京沦陷前的西方人士群体

1937年战云袭来之前，南京作为中华民国首都，经过十年的建设，已经成为一座人口逾百万的都市。[①] 众多的西方人士来到南京，从事外交官、商人、工程师、医生、牧师、记者等职业，其中很多是阖家长期生活在南京的。

1937年7月，中日军队在卢沟桥畔相互射击的枪声，最初并未引起他们更多的关注，那只是“北平南面数英里的地方出现了麻烦”[②]。但是到8月13日，上海爆发了中日之间的大规模战斗，两天后，日本飞机开始轰炸南京。炸弹的爆炸声使得西方人切实认识到身在南京的危险。他们纷纷自行或在外交机构的帮助下撤离南京。随着战线向南京逼近，在南京的西方人士日渐减少。除了因工作需要而滞留南京和少数自愿留在南京的人外，绝大部分西方人士都撤往安全地区躲避战火。自愿选择留下的这极少数西方人士，自发成立了救助机构帮助未能撤离南京的中国平民。他们在忙碌和不安中等待着南京城易手的“第四阶段”——“日本军队进城”[③]。

---

① 1935年，除人口的正常增长外，因区划调整，南京市增加三乡区，新增人口21万多人，人口总数突破百万。参见：《南京市1912至1936年历年人口统计表(1937)》，经盛鸿等编：《战前的南京与日机的空袭》，张宪文主编：《南京大屠杀史料集》第1册，南京：江苏人民出版社，2005年，第8页。1938年初，日军驻南京特务机关报告中也认为战前南京人口约108万人。参见：《南京特务机关的宣抚工作概况(1938年1月21日—3月)》，姜良芹等编：《前期人口伤亡和财产损失调查》，张宪文主编：《南京大屠杀史料集》第15册，南京：江苏人民出版社，2006年，第308页。

② *Minnie Vautrin's Diary* (*July* 2—18, 1937), Box 134 of YDL Record Group NO.11, The Archives of the United Board for Christian Higher Education in Asia, Yale University Divinity School Library Special Collections.

③ *Minnie Vautrin's Diary* (*November* 22, 1937), Box 134 of YDL Record Group NO.11, The Archives of the United Board for Christian Higher Education in Asia, Yale University Divinity School Library Special Collections.

1. 沦陷前的在宁西方人士

南京之有外籍人口,有史记载最早可追溯到吴赤乌 4 年(241 年),西域康居国僧人康僧会从天竺来建业传播佛教,孙权为其造建初寺,康在建业定居达 40 年之久。六朝时期,日本、百济、高丽、扶南(今柬埔寨)、狮子国(今斯里兰卡)、天竺(今印度)、波斯(今伊朗),远至大秦(东罗马)都有商人来建康通商。明代,寓居南京的外国人更多,尤其是明朝迁都以前。明末以后,西方传教士开始进入南京。从明万历二十三年(1595 年)至二十八年(1600 年),天主教徒利玛窦即长期寓居南京。①

1842 年中英《南京条约》签订后,来南京的外国人陡增。近代以来,西方列强并未在南京取得租借地,所以随着战乱不时波及南京,在宁外国人的数量也随时局的变动而变化。1927 年 3 月,北伐军占领南京之时,发生了暴力排外的"南京事件",在宁外国人的生命和财产受到冲击和损害。事件中共有 6 名外国人死亡,包括金陵大学副校长美国人文怀恩。这次事件造成了整个长江中下游,尤其是在宁外国人的大撤退,"他们逃到炮艇和通商口岸寻求保护。最后有二千五百人在上海和其他租界避难,五千人离开了中国。"外国人办的中学、大学、医院和基督教青年会被关闭。②

(1) 战前南京的西方机构和西方人士

1927 年 4 月,蒋介石成立了政府,定都南京。然而国民党内还有武汉政府与其相对峙,北方还有北京政府的存在。经过蒋的下野,国民党的武汉政府与南京政府合并,南京作为国民党政权首都的地位得到确认。南京政府领导下的二期北伐取得成功,北京为北伐军占领并更名为北平。其后,南京政府通过"改订新约"得到列强承认,成为其时在国际上代表中国的中央政府。

1927 年至 1937 年的十年里,虽然中国境内规模不等的战争和武装冲突几乎一日未曾停歇,但南京相对比较平静,未有战火波及。这一时期的南京作为中华民国的首都,驻有各西方国家的使领馆机构、商业机构、教会组织等,有着相当数量的外国人在生活在南京,维持着上述机构的运转。

① 外交人员

南京政府作为中国的中央政府,在二期北伐成功后就相继被各列强所承认。然而一个很耐人寻味的现象是:即使"国民党极力迫使各国公使馆迁移,以显示外国承认这个政权是稳定的"③。实际上直至 1935 年初,除苏联以外,各国的驻华使馆并未

① 南京市地方志编撰委员会编:《南京人口志》,上海:学林出版社,2001 年,第 280 页。

② [美]巴巴拉·塔奇曼:《史迪威与美国在华经验》(上册),北京:商务印书馆,1985 年,第 143 页。

③ [美]巴巴拉·塔奇曼:《史迪威与美国在华经验》(上册),第 201 页。

设在南京。[①]

1933 年 1 月，中国和苏联外交使节升格为大使级。借此契机，南京政府曾向“伦敦、华盛顿、巴黎、东京、柏林和罗马，提出类似的问题”。直至意大利异乎寻常地同意使节升格(1934 年 9 月换文，意大利的大使 1935 年 1 月到职)，才促使其他各国相继跟进。[②]

1935 年前，美国的公使馆一直设在北平。与南京政府“经过八年交道之后”，美国才认为“这一点面子不能无限期地拖着不给”，虽然“公使馆的人心里是不情愿的”。1936 年美国大使馆(1935 年 5 月，中美两国使馆升格为大使级)才完成正式的迁移工作。[③] 和美国类似，直至 1936 年前后，各主要列强才相继将驻华公使馆升格为大使馆，并分别迁到南京。人数大为增加的西方各国在宁外交官及其家属，成为一个活跃在南京城内的西方人群体。

② 商人和技术人员

1899 年，南京开埠。“1905 年和 1908 年修建沪宁铁路和津浦铁路，南京成为南北交通枢纽，商业地位得到了进一步的加强。”[④]在这样的背景下，西方大型企业开始涉足南京。英商和记洋行即是其中之一。1911 英商和记洋行开始在南京下关江边建厂，加工和销售蛋肉类食品。

英国伦敦“合众冷藏有限公司”(又称“万国进出口公司”)老板韦斯特于 1911 年派买办韩永清、罗步洲在南京下关宝塔桥附近购地建厂，采用冰冻方法对鸡蛋及肉食品进行加工、冷藏，运销英、美和欧洲各地。1913 年正式开业，1916 年 7 月 8 日在香港注册，成立“南京英商和记有限公司”，亦称“江苏国际有限出口公司”、和记洋行或和记蛋厂。[⑤] 此外，英国的亚细亚火油公司，美国的美孚石油公司等大型企业在南京设立了分公司，建起了自己的货栈和码头。

1927 年以后，虽然中国国内并不太平，从小规模的军阀冲突，到双方集结上百万军队的中原大战，但是蒋主导下的南京政府在这些冲突中都占据了优势，使得南京一直远离战火，比较和平安宁。这时的南京政府，被普遍认为是一个思想趋新，有现代化倾向和追求的政权。在外国专家的协助下，南京政府制定了力图将南京建设成现

---

① 参见《各国驻华使馆一览表》，朱家治等编辑：《中国外交年鉴(民国二十四年)》，上海：世界书局，1935 年，第 141—142 页。

② 顾维钧：《顾维钧回忆录》(第二分册)，中国社会科学院近代史研究所译，北京：中华书局，1985 年，第 324 页。

③ [美]巴巴拉・塔奇曼：《史迪威与美国在华经验》(上册)，第 201 页

④ 张仲礼等主编：《长江沿江城市与中国近代化》，上海：上海人民出版社，2002 年，第 133 页。

⑤ 胡阁荣：《和记蛋厂——南京肉类联合加工厂》，江苏文史资料编辑部编：《江苏工商经济史料(江苏文史资料第 31 辑)》，1989 年，第 113 页。

代化国都的《首都计划》。南京政府的稳定和首都建设的展开,吸引了大批西方机构重返或来到南京。除了大型洋行,为数众多的西方中小商人,也来到南京,从事进出口贸易、旅馆业、食品业等行业。

南京政府进行现代化建设,政府投资占了很大的比重。南京政府的各个部门,利用财政资金为各行业的发展采购大量设备、原料和技术,成为各洋行争夺的巨大市场。在德国礼和洋行代理人的记忆里,其时"向南京国民党政府兜揽生意的,德商有禅臣、谦信、美最时、西门子、孔士、礼和、义泰、雅利等八家;英商有怡和、安利;美商有慎昌。"这些洋行都"在南京设有办事处和代表"。① 其中礼和洋行,是德国在华最大的商业机构,尤以军工产品著称。礼和洋行是一个合伙组织,股东是德国几个大企业主,如克虏伯等,总行设在德国汉堡,世界各国大都设有分行。设在中国的单位最多,各大商埠都设有分支机构,如上海、天津、广州、汉口、南京、重庆、太原、沈阳、青岛、昆明等等。礼和主要业务是经理以下各厂营业:一、德国克虏伯炼钢厂;二、"蔡司"光学器材厂;三、"伊默克"化学原料;四、"也得西拉"公司蛇牌卫生医疗器材;五、瑞典卜福斯炮厂;六、美国"固特异"汽车胎及橡胶制品等;七、英国"司端尼"油厂等所生产的商品;八、汉堡轮船公司。以上这些,都是闻名世界的大企业,礼和洋行是对外总代表。②

在这些洋行和中小型外资商业机构工作的西方商人和技术人员,他们构成了南京沦陷前的商人和技术人员的群体。

③ 传教士和教会机构工作人员

教会机构是西方国家在南京的重要存在之一。南京"自康熙后,天主教渐衰,道光以来,耶稣教盛行。"③1927 年的南京事件,教会机构受到冲击,大量传教士撤出南京,甚至撤出中国,直到"三十年代初期,传教士们又开始重返中国",虽然"人数从来没有达到南京事件以前那个时期的水平"④。

1935 年刊行的《首都志》记载:"今南京耶稣教徒有二千三百余人,教会八,会堂二十三所。"⑤

---

① 丁福成:《德商礼和洋行在华经营军火活动情况》,全国政协文史资料委员会编:《淘金旧梦:在华洋商纪实》,北京:中国文史出版社,2001 年,第 121 页。

② 丁福成:《德商礼和洋行在华经营军火活动情况》,全国政协文史资料委员会编:《淘金旧梦:在华洋商纪实》,第 111 页。

③ 柳诒徵等编著:《首都志》,民国 24 年刊本,台北:成文出版社有限公司,1983 年影印,第 1255 页。

④ [美]巴巴拉・塔奇曼:《史迪威与美国在华经验》(上册),第 143 页。

⑤ 柳诒徵等编著:《首都志》,第 1255 页。

表 9 南京西方教会机构一览表

教　会	教　堂	所在地
中华圣公会	圣保罗堂	太平路门帘桥
同上	道胜堂	下关挹江门外
同上	道胜外堂	浦镇金汤门大街
来复会		城北大石桥
远东宣教会	圣洁堂	大香炉
美以美会	城中会堂	估衣廊
同上	福音堂	水西门讲堂街
同上	福音堂	上新河
贵格会	灵恩堂	螺丝转湾
同上	灵恩堂分堂	下关宝塔桥
同上	灵恩堂分堂	蒋王庙
同上	灵恩堂分堂	三道高井
中华基督教会	沛恩堂	户部街
同上	长老宗福音堂	红纸廊
同上	自立会	门东半边营
同上	城南会堂	门西双塘
同上	益友社	府东街
同上	汉中会堂	汉西门四根杆子
同上	城南会堂	颜料坊
神召会	福音堂	三道高井欣欣园
基督会	基督教堂	兴中门外大街
同上	基督教堂	南门花市大街
同上	基督教堂	鼓楼南街

资料来源：柳诒徵等编著：《首都志》，第 1255—1258 页。

这些教会组织在南京的活动中，办学是很重要的一项。其所办高等学校中，尤以金陵大学和金陵女子文理学院著称。

金陵女子文理学院原名金陵女子大学，1915 年 9 月正式成立，“为八公会所创设”。1925 年冬中国女青年会所办的女子体育师范学校并入其中。1930 年 12 月经教育部核准立案，改称金陵女子文理学院。[①] 1930 年，金女院共有教职员工 47 人，其

① 依照其时的大学组织法，高等学校有三个学院才可称为“大学”，金女大只有文、理两个学院，因此改名为“金陵女子文理学院”。参见：孙海英：《金陵百房屋——金陵女子大学》，石家庄：河北教育出版社，2004 年，第 44 页。

中美国籍 14 人,英国籍 1 人,法国籍 1 人,德国籍 1 人。[①] 1936 年,金女院“迎来了一批新教师,其中既有中国人,也有美国人”[②]。

金陵大学则是历史更为悠久的教会大学。金陵大学由南京的三所教会学堂于 1910 年前后合并而成,其时设有大学部和中学。1911 年,金陵大学在美国纽约州注册,其所颁学历证书得到纽约州教育管理机构的认可。经过 20 多年的发展,至 1930 年代,金陵大学已拥有“一大学文科,二医科,三师范科,四农林科,五华言科,六高等学,七中学”,成为其时中国较为优秀的教会大学之一。《首都志》中对金陵大学的校舍规模有着详细的记载:

> 本校现有地址约在 75 英亩以上。该地址即前干河沿汇文书院与鼓楼基督书院之间。高等学大学文科华言科医科及农林科均设于干河沿前汇文书院地址之内。在其他另一地址约 8 亩为师范科及模范小学地点。至中学及本校医院仍设于鼓楼左右,今已另筑校舍于鼓楼西。本校地址上竣工后,大学文科医科及农林科诸生迁移该处。至中学现占毗连医院之校舍及地址,将改为医科之地点。本校共有课室及试验室五座,寄宿舍三座,礼堂一座,医院一所,内有新式剖症房一所,西教员住宅十七所,中教员住宅八所。[③]

其中所提及的“医院一所”,即常被称为“大学医院”的鼓楼医院,由“美以美、北长老、基督三会合办”。[④] 这所医院成为 1937 年 12 月 13 日日军占领南京城后,很长时间内对普通难民开放的惟一一所医院。

除了大学教育,南京的各教会组织还开设了中学、小学的其他学校多所,并创办了男女青年会等会社。

表 10　南京西方教会学校一览表

校　名	地　址
金陵大学	鼓楼
金陵大学附属中学	干河沿
金陵女子文理学院	陶谷

① 孙海英:《金陵百房屋——金陵女子大学》,第 119 页。

② [美]德本康夫人等:《金陵女子大学》,杨天宏译,珠海:珠海出版社,1999 年,第 91 页。

③ 柳诒徵等编著:《首都志》,第 775—777 页。

④ 柳诒徵等编著:《首都志》,第 1261 页。

续表

校　名	地　址
附属试验中学	陶谷
金陵神学院	汉西门黄泥巷
金陵女子神学	五台山
圣公会中央神学	武庙蓝家庄
赫德圣道女校	估衣廊韩家巷
进德圣道女学院	汉西门四根杆子
妇女半日学校	花市街基督会
中华女子中学暨附属小学	鼓楼保泰街
青年会中学校	府东街
汇文女子中学校	干河沿
育群初级中学及附属小学	
圣保罗小学校	太平路门帘桥圣公会
道胜小学校	海陵门外圣公会
崇文小学	兴中门外大街
益智小学校	户部街中华基督教会
汇文小学	讲堂街美以美会
智德小学	红纸廊南长老会
半边营小学校	门东长老会
益智第二小学校	门西双塘长老会
明德小学校	汉西门四根杆子长老会
汇文女小学校	富民坊美以美会
畲清女小学校	
鼓楼小学	鼓楼基督会
信德女子工艺学校	三道高井欣欣园神召会
半日女小学校	颜料坊长老会

资料来源：柳诒徵等编著：《首都志》，第1258—1261页。

表11　南京西方教会会社一览表

男青年会	府东街
女青年会	碑亭巷

续表

基督教会社	花市大街基督会
南京基督教家庭研究会	
基督教女子服务社	花市大街
灵光报社	慈悲社
唯爱社南京分社	社址未定
南京基督教协进会	估衣廊韩家巷

资料来源:柳诒徵等编著:《首都志》,第 1261—1262 页。

据 1936 年时的统计,南京共有基督教徒 2387 人。[①] 从事教会工作的西方牧师和在教会大学、教会医院工作的西方教授、医务人员,成为日军占领南京时期留在宁西方人士的主体。

④ 政府顾问

1927 年,国民党的南京和武汉政权相继武力"分共"后,指导北伐军作战的苏联军事顾问被"礼送"出境,取代他们的是德国军事顾问团。1928 年 11 月,德国人鲍尔率领首个德国军事顾问团来到南京。直至 1938 年 7 月,在德国外交部的命令下,第四任总顾问法尔肯豪森带领顾问团离开中国,"总共有 135 名德国军事顾问受到官方的认可,被派往南京的中国国民政府任职"[②]。这十年中,德国顾问团对南京政府的军队整编、军火采购、军工生产、国防设施建设甚至经济发展的全面规划都起到了重要作用。

后来成为南京安全区国际委员会主席的德国商人拉贝在其回忆录中记述了他了解的德国军事顾问团的情况:"南京已经不只是中国的首都了,而且还是一座'德国人的驻防小城'。著名的保尔上校(Bauer)在南京成立了德国指挥官顾问处,遗憾的是这位上校过早地死于天花,后来这个组织受魏茨尔将军(Wetzell)领导,现在由思克特大将(Seekt)和法肯豪森(Falkenhausen)接管,蒋介石元帅授命该顾问处重组中国军队。现在,这个军事顾问处共有 7 个将军,7 个上校,2 个中校,8 个少校,2 个骑兵上尉,1 个海军少校,11 个上尉,5 个中尉,2 个炮兵中士,3 个武器专家,2 个化学家,3 个工程师和 1 个兽医,总共是 54 个人。"[③]

---

① 柳诒徵等编著:《首都志》,第 1266 页。

② [德]费路(Roland Felber):《国民党中国的德国军事顾问——近期研究述评》,陈谦平译,《民国档案》1994 年第 1 期。

③ [德]拉贝回忆录手稿:《我在中国西门子公司的四分之一世纪》,引自黄慧英:《南京大屠杀见证人拉贝传》,上海:百家出版社,2002 年,第 91 页。

日军屠杀中国居民。中国第二历史档案馆藏。

两名被日军烧死的人力车夫。选自《拉贝日记》。

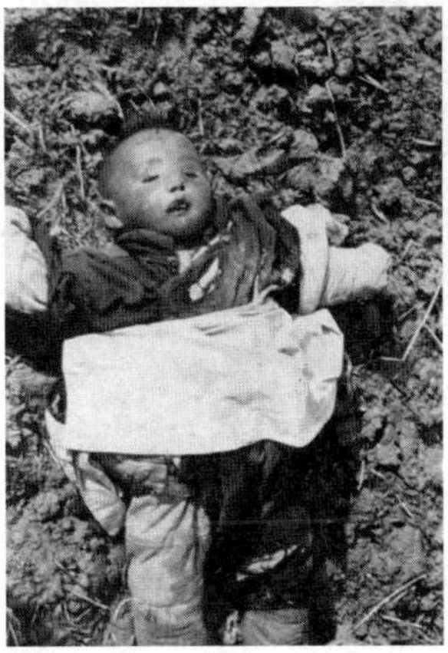

被日军杀死的中国儿童。选自《历史图像》。

在田野被日军打死的中国农民。选自《历史图像》。

被日军屠杀的中国士兵遗体。中国第二历史档案馆藏。

德国的军事顾问团以外，国民政府聘请了美国的财政顾问团等诸多其他西方国家顾问，在政治、军事、经济等领域为政府建言献策。这些西方顾问，和他们的家属、随员等，也是南京西方人群体的重要组成部分。

除上述各类在宁的西方人士群体外，还有记者、旅行者等常驻或暂访南京的西方人士，他们穿梭来往于南京和中国的其他地区。有统计显示，"民国 23 年(1934)南京外侨人口计 498 人，其中英国 61 人，美国 119 人，法国 6 人，德国 108 人，苏联 48 人，日本 123 人，其他国籍 38 人"。[①] 贝德士也称战前有 500 名西方人[②]。或许这都是不完全和保守的统计。日军占领南京后，德国使馆曾对在南京的德国人住宅有所统计，由此表可窥见此前德国人定居在南京的状况。[③]

表 12　南京德国财产状况统计

(1938 年 1 月)

序号	姓　名	地　址	序号	姓　名	地　址
1	罗德	高楼门 7 号	31	林德曼	中央门沅江新村 3 号
2	阿尔纳德	江西路 55 号	32	洛伦茨	司背后 5 号
3	瓦茨尔	颐和路 11 号	33	怡和洋行	中山北路 244 号
4	鲍姆巴赫	洛迦路 3 号	34	默克	大方巷 4 号
5	米勒(AEG)	洛迦路 12 号	35	内维格	老采社 68 号
6	鲍姆加尔特、鲍茨	高楼门 8 号	36	诺尔特	洛迦路 6 号
7	布卢默	翠微新村 14 号	37	皮洛夫	愚园路 6 号
8	博迪恩	大树根 94 号	38	皮尔纳	洛迦路 16 号
9	博勒尔	五台山 46 号	39	拉贝	小桃园
10	博尔夏德	禹清巷 3 号	40	罗森	牯岭路 20 号
11	布尔泼里斯	扬州路 21 号	41	沙尔芬贝格	高门楼 33 号
12	布瑟	琅琊路 16 号	42	谢尔	中山东路 25 号
13	施洛特	高楼门 20 号	43	施罗德	宁夏路 22 号
14	埃克尔特	苜蓿园 6 号	44	舒尔策·潘丁	三条巷 10 号

① 原文如此。各国人数之和为 503 人，而非 498 人。南京市地方志编撰委员会编：《南京人口志》，第 283—284 页。

② 《贝德士夫妇致国外朋友函》(1939 年 11 月 28 日)，章开沅编译：《美国传教士的日记与书信》，第 172—175 页。

③ 陈谦平等编：《德国使领馆文书》，张宪文主编：《南京大屠杀史料集》第 30 册，南京：江苏人民出版社，2007 年，第 78—81 页。此表为德国使馆官员在 1938 年 1 月返回南京后，对德国人住宅(有些是租住的中国房产)损失情况调查的统计，略去其描述房屋受损的部分。

续表

序号	姓名	地址	序号	姓名	地址
15	杨森	普陀路	45	施温宁	琊玡路1号
16	法肯豪森	西康路21号	46	增切克	中央路禹清新村
17	菲舍尔	汉口路20号	47	施佩曼	徐家行
18	盖尔蒂希	天竺路23号	48	施本格勒	灵隐路15号
19	格力姆普夫	中山北路446号	49	施塔克	北平路62号
20	海因里希	宁海路32号	50	施坦因布雷希	禹清里6号
21	黑姆佩尔	中山路178号	51	施坦内斯	琊玡路17号
22	希尔施贝格	上海路73号	52	斯特雷齐乌斯	上海路11号
23	雅各布	山西路81号	53	陶德曼	萨家湾
24	吉斯特	中央路绿欧新村3号	54	福克特鲁舍伟	上海路13号
25	克莱因	洛迦路13号	55	维尔克	禹清园
26	孔斯特·阿尔贝斯	中央路392号	56	威廉	黄里巷
27	克鲁姆马赫	金银街12号	57	齐姆森	琅琊路11号
28	兰道尔·马丁	上海路7号	58	齐默曼	楚云新村
29	劳滕施拉格尔	牯岭路34号	59	奥克·洛尔夫	司背后
30	雷布桑夫特	颐和路37号	60	施梅林	苜蓿园33号

资料来源:陈谦平等编:《德国使领馆文书》,第78—81页。

这份调查报告要比拉贝等人1937年12月23日完成的调查报告更加完备①,但也未完全涵盖拉贝报告中的德国住宅,可能也会有遗漏。虽然我们很难估计每处房产中居住着多少德国人,但可以肯定其中一些是全家都住在南京:包括房主夫妇和他们的子女。② 实际上,到南京受日军空袭3个月之后的1937年11月17日,德国使馆统计尚有112名德国人需从南京撤出,"其中有31位妇女,1个儿童"③。

(2) 沦陷前夕西方人士的撤离

整个民国时期国内军阀混战此起彼伏,更有反抗日本等国家侵略的战斗,当时长期生活在中国的外国人中,很多人都有着从战乱波及地区撤离的经历。当日军飞机开始空袭南京之时,西方各国的侨民就开始从南京撤离。撤侨的目的是为了避免自

① 拉贝1937年12月23日日记,[德]约翰·拉贝:《拉贝日记》,第212—215页。

② 为了使这些德国孩子受到适当的教育,拉贝曾发起建立了一所德国学校。

③ 朱成山主编:《海外南京大屠杀史料集》,南京:南京出版社,2007年,第148页。

己的国民受到战争的伤害，因而各国的撤侨行动和战局的变化直接相关。随着南京局势的日渐严峻，各国使馆的撤离工作越来越急迫，不断催促本国侨民离开南京。

1937 年 7 月之前，生活在南京的外国人中除了西方人士之外，还有不少日本侨民。日本的南京居留民团 1937 年 4 月 1 日的统计是“户口数 47 户，人口 135 人，其中成年男子 63 人，成年女性 36 人，未成年男子 17 人，未成年女子 19 人。（注：未成年是指 15 周岁以下的男子和女子。）”[①] 1937 年 7 月 1 日，日本驻宁总领事馆统计，在南京城内有日本居留民共有 154 人。[②] 日本当时侵犯中国而引发中日战争，是中国的敌国。因而，在西方国家之前，日本最先开始他们的撤侨行动。

尽管日本侨民将卢沟桥事变诡辩为是中国军队的“挑衅”，“支那军队向正在北平郊外卢沟桥演习的我北支那驻屯军丰台部队非法开枪射击”，他们还是认识到中日的敌对，“越来越感到居留民的全体撤离在所难免”。当 7 月 12 日日本侨民向代理总领事福井询问有无必要做撤离准备时，福井给予的官方答复却是“没有必要。”[③]

“中日摩擦”并没有停止迹象，而是不断升级。南京的日本居留民会于 7 月 20 日召开评议员会议，讨论了撤离准备的事项：“鉴于目前的时局，为了能在下达撤离令时能够迅速按照命令行动，事先做好撤离准备是非常必要的，暂时应按下述要求着手准备。（一）一旦撤离，人群肯定将会非常拥挤，所以行李等物品绝对是不便携带的，请大家事先只把贵重物品整理好。（二）以上贵重物品，如果您需要的话，可以事先向日清轮船公司申请代为保管，不过损失的责任要由自己承担。（三）撤离时带不走的财产，事先应整理出一个清单来。（四）残留财产的清单，应根据情况提交给总领事馆保管。（五）如果发生最坏的情况，即撤离已经不可避免的情况下，可能有人在还没决定撤离之前就想撤离，本居留民会将为申请者在上海的密勒路东馆设置避难所，可以为妇女和孩子提供一段时间的避难。（六）居留民会避难所只接受那些不得已的人员，停留期间的费用由居留民会支付。（七）关于居留民会设立的小学校的处置。万一需要撤离，除了重要文件，其余的教材、教具、书籍等按照上述决定中的有关条款执行。撤离后，除非是万不得已，否则学校不可撤废。从撤离到复归期间的该校教职员的工资由居留民会支付。除了校长之外的职员根据需要可以解雇。”[④]

到 1937 年的 8 月上旬，在南京的日本侨民已悉数逃离。[⑤] 17 日，日本外务大臣

---

① ［日］庄司得二：《日本居留民志》，张生等编：《日本军国教育・百人斩与驻宁领馆史料》，张宪文主编：《南京大屠杀史料集》第 34 册，南京：江苏人民出版社，2007 年，第 483 页。

② 《1942 年南京总领事馆报告》，张生等编：《日本军国教育・百人斩与驻宁领馆史料》，第 497 页。

③ ［日］庄司得二：《日本居留民志》，张生等编：《日本军国教育・百人斩与驻宁领馆史料》，第 484 页。

④ ［日］庄司得二：《日本居留民志》，张生等编：《日本军国教育・百人斩与驻宁领馆史料》，第 485 页。

⑤ ［日］庄司得二：《日本居留民志》，张生等编：《日本军国教育・百人斩与驻宁领馆史料》，第 489 页。

指示驻南京的代办日高关闭日本大使馆建筑，带领随员离开南京前往上海。而日本驻华大使川樾，则自7月战争爆发以来一直不在南京而在上海。[①]

1937年8月15日，日军木更津航空队的20架飞机，“在14时50分至15时30分于高度约500米轰炸了南京机场”等地。[②] 由此开始，直至南京沦陷，日军飞机持续轰炸南京。

南京受到空袭后，西方国家即紧急开始撤离其侨民，最早是组织妇女和儿童向中国内地撤退。1937年8月16日晚，即日军空袭开始的第二天，美国妇女和儿童开始撤离南京，“她们溯江而上，撤到牯岭或是汉口”[③]。同时，许多西方人士自行撤离南京，因上海附近地区正在发生战斗，向长江上游撤退成了主要途径。

至8月27日，“大部分美国妇女和儿童已经被送到扬子江上游更加安全的地方去了。还会有人周末之前离开，使这里美国侨民的人数减少到34名男子、19名妇女，其中包括大使馆员工。”[④]同一天，德国大使馆也给所有并非由于职业或其他紧急原因而留下的德国公民通知，再次劝告他们离开南京。[⑤]

日军对南京的持续轰炸，伤及中国平民，并危及西方人员和财产，遭到西方各主要国家的抗议。8月29日，在南京的美国、德国、英国、法国和意大利外交代表向日本提出抗议：“在南京市区进行的大规模的轰炸，显然就是无视作为非战斗人员的外国人，无视对中国人的生命和财产所产生的威胁”，“五国代表要求日本停止轰炸行为”。他们认为：“轰炸实际上就是不加区别地破坏教育、破坏财富，它直接关系到平民的生命及充满痛苦的死亡。”[⑥]

日军并未理睬这些抗议，轰炸从南京近郊为主，转向南京城内的“目标”。9月19日，进攻上海的日本海军第3舰队司令对第三国外交机构发出警告，表示将对南京进行更大规模的空袭，要求其它各国撤出居留南京的侨民及外交人员，以便日本使用飞机轰炸来“早日结束目前之敌对状况”：

日本海军航空队以南京系中国军事活动之主要根据地，兹为消除中国军队

---

① 《纽约时报》(1937年8月17日)，杨夏鸣等编：《国际检察局文书·美国报刊报道》，张宪文主编：《南京大屠杀史料集》第29册，南京：江苏人民出版社，2007年，第322页。

② [日]防卫厅防卫研修所战史室：《中国方面海军作战》(1)，经盛鸿等编：《战前的南京与日机的空袭》，第112页。

③ *Minnie Vautrin's Diary*(*August* 16,1937), Box 134 of YDL Record Group NO.11, The Archives of the United Board for Christian Higher Education in Asia, Yale University Divinity School Library Special Collections.

④ 《纽约时报》(1937年8月28日)，杨夏鸣等编：《国际检察局文书·美国报刊报道》，第324页。

⑤ 拉贝1937年9月7日日记，[德]约翰·拉贝：《拉贝日记》，第6页。

⑥ 张生等编：《英美文书·安全区文书·自治委员会文书》，张宪文主编：《南京大屠杀史料集》第12册，南京：江苏人民出版社，2006年，第2页。

之敌对行动，早日结束目前之敌对状况起见，将于 1937 年 9 月 21 日正午 12 时以后，对南京城内及附近之中国军队，及一切属于华军军事工作及活动之建筑，采取轰炸或其他加害手段；在此项袭击之中，友邦人士之生命和财产安全，自应严密注意。惟日本海军第 3 舰队司令长官为避免友邦人士遭受中日敌对行动中万一之危险计，不得不劝告各友邦现在居住南京城内或附近之官员及侨民，采取妥善步骤，自动撤入较为安全之地带。至于长江上之外国军舰及其他船舶，亦应停泊于下关上游，以免危险。

第 3 舰队司令长官长谷川清

昭和 12 年 9 月 19 日[①]

对日本“恫吓各国外交人员撤离南京首都”的举动，中国驻国联的代表顾维钧“向国联秘书长送去有关这一问题的照会”。[②] 国联于 9 月 28 日的总会上，全会一致通过了对日谴责的决议案：“针对这种让整个世界感到恐怖和义愤的军事行为，宣布毫无任何辩解余地，并在此严肃谴责上述行为。”[③]

日本的蛮横举动，同时遭到多数西方国家的抗议和抵制，但“华盛顿切望置身事外”。[④] 收到日军的通告，美国海军亚洲舰队司令雅纳尔向长谷川送交了备忘录如下[⑤]：

亲爱的长谷川司令：

我已经收到了由日本领事馆发来的通告。关于日本海军航空部队对南京进行的轰炸计划，上面说将于 9 月 21 日中午 12 时以后开始实施。这个通告包含了劝告外国军舰要停泊在自下三山到长江上游的区域里。

美利坚合众国海军让“吕宋”号[⑥]和“关”号两艘适合于河川条件的炮舰目前停靠在南京。这两艘船并排抛锚在太古洋行船用栈桥上。只要美国大使馆及美籍人员留在南京，这些船就必须停靠在那里。因为这两艘舰船的顶部平展着美国星条旗，所以能识别出来。

希望司令您向日本海军航空部队下达命令：千万不要向这些船只的附近投

---

① [日]阿部信夫：《支那事变战记 · 海军航空战》，经盛鸿等编：《战前的南京与日机的空袭》，第 159 页。

② 《顾维钧回忆录》(第二分册)，第 492 页。

③ 张生等编：《英美文书 · 安全区文书 · 自治委员会文书》，第 7 页。

④ [美]巴巴拉 · 塔奇曼：《史迪威与美国在华经验》(上册)，第 248 页

⑤ 张生等编：《英美文书 · 安全区文书 · 自治委员会文书》，第 3 页。

⑥ 在不同的参考文献中，相关舰船有着不同的译名，请参照附录：《相关译名对照表》。

掷炸弹。如果日本陆军的飞机在轰炸这附近时,需要您下达同样的命令。

9月22日,“南京在10时50分和13时45分之间遭受到20次多架轻、重轰炸机的袭击。许多炸弹落在了沿岸车站的附近以及市区各地”。此间,美国大使带领着使馆人员逃到了“吕宋”和“关”号美国军舰上,直至下午轰炸结束后返回使馆。[①]

美国大使的这一举动,使得其他国家进退两难。法国外长即表示“美国大使馆立即撤离南京的行动”,“使他迷惑不解”。最后,多数国家驻南京的使领馆官员“还是留在原地未动”。美国这一单方行动也引起了“南京政府的愤慨”[②],美国舆论甚至认为可能“招致对留在南京的美国人的敌意”,美国国务院“非常关注”[③]。

中国和其他欧洲国家的不满,使得当事人美国大使约翰逊不得不出面为自己撤离南京城的行为辩解。他表示“遗憾”:“因为工作30年以来,离开公馆还是第一次。”同时,他声言自己虽然上了军舰,但“没有离开南京”。只是“在目前的情况下”,他认为“不能让官员们留在使馆里,让他们置身于危险”。于是,他“带着部下转移到南京江面的船上,打算在那里执行公务,并和〔中国〕政府保持联络”[④]。各国使馆人员没有离开南京,但是很多西方人“记住了日本人的告诫,逃走了”[⑤]。

1937年11月5日,日本第十军在杭州湾北岸金山卫登陆,造成淞沪战线的中国守军腹背受敌。11月9日,上海守军全面撤退,11日,上海全部沦入敌手。日军继续向中国内地进攻。虽然日军大本营此时还没有下达明确的命令,但民国首都南京显然是日军侵略锋芒所指。

面对日益恶化的局面,11月16日国民政府国防最高会议决议:将首都迁往重庆,国民政府行政、立法、司法、监察、考试五院迁重庆,财政、外交两部迁武汉。尽管这个决定直到20日才公布,但山雨欲来风满楼,南京城内已经人心浮动,到处都是撤退迹象。拉贝即感觉到,“整个夜间大街上熙熙攘攘,汽车一辆接一辆”,“政府的大迁移开始了。”[⑥]

其时,水路是相对安全的撤退途径。中国军队为防御日本海军堵塞江阴的长江航道,前往上海的水路中断,只能溯江而上前往武汉等地区。1937年11月16日,德

---

① 张生等编:《英美文书·安全区文书·自治委员会文书》,第4页。

② 《顾维钧回忆录》(第二分册),第494页。

③ 张生编:《外国媒体报道与德国使馆报告》,张宪文主编:《南京大屠杀史料集》第6册,南京:江苏人民出版社,2005年,第11页。

④ 张生编:《外国媒体报道与德国使馆报告》,第10—11页。

⑤ 拉贝1937年9月21日日记,[德]约翰·拉贝:《拉贝日记》,第8页。

⑥ 拉贝1937年11月17日日记,[德]约翰·拉贝:《拉贝日记》,第66页。

国大使馆的侨民救援小组向德国侨民发出《1 号通知》[①]:

> 1. 因为女士们前往上海几乎是不可能的事情,而到汉口的轮船又满员了,所以紧急建议妇女和儿童马上登上"库特沃"号(Kutwo)[②]。不要随身携带过多的行李,并尽快存放在"库特沃"的仓库里,刻不容缓。
>
> 2. 怡和洋行的汽艇"汉武"会将乘客和行李送上"库特沃"。今年 11 月 17 日第一次,下午 3 点至 5 点,从中山路尽头的中山码头出发,所有行李必须在下午 3 点之前送达中山码头。乘客在船上的安置工作有施鹏勒(Spengler)先生负责。
>
> 3. 请所有人自行将行李搬上汽艇。将会设法安排一辆货车。
>
> 4. 船上的住宿会相当拥挤。现有一等舱 50 张床。而目前南京有 112 名德国人,其中有 31 位妇女,1 个儿童。大多数男士因此将必须安顿于一些临时处所(中国舱、餐厅、甲板等)。请自带行军床和被褥。
>
> 5. 所带侍从的数量受到严格限制:一个家庭最多不超过一名。
>
> 6. 建议大家及时备好现金。

德国使馆的通知中详细安排了德侨的撤退事宜,甚至每个家庭还被允许带一名佣人。拉贝于 16 日当晚就收到了德国救援小组的第一号通知。在看到第五条时,甚至想到要将他的助手韩湘琳作为佣人带上船。[③]

"跟所有其他大使馆一样,美国大使馆也在敦促他们的同胞离开南京。"[④]11 月 17 日贝德士找到魏特琳询问了两个问题:"这是美国大使馆问过每一个美国公民的两个问题。第一,现在你能撤离吗,或者你认为现在走不开? 第二,如果南京陷入非常危险的境地,你愿意到美国大使馆的防空洞来躲避吗?"[⑤]美国大使和使馆大部分工作人员撤出南京后,安排了"4 名成员留在大使馆",美国大使馆认为如果南京的形势发展到"过于混乱和危险,"有可能"危及到外国人的安全时","所有的美国人将被送到美国炮艇上去。"虽然美国动用军事手段保护在宁美国人,但并没有强制他们离开南

① 朱成山主编:《海外南京大屠杀史料集》,第 147—148 页。

② 这是一艘英国怡和洋行的仓库船,被德国使馆以每天 1000 墨西哥比索的租金包租,用于救助在南京的德国侨民。

③ 拉贝 1937 年 11 月 17 日日记,[德]约翰·拉贝:《拉贝日记》,第 66 页。

④ 拉贝 1937 年 11 月 25 日日记,[德]约翰·拉贝:《拉贝日记》,第 79 页。

⑤ *Minnie Vautrin's Diary*(*November* 17,1937), Box 134 of YDL Record Group NO.11, The Archives of the United Board for Christian Higher Education in Asia, Yale University Divinity School Library Special Collections.

京城[1]。

1937年11月22日晚间,"库特沃"号驶往汉口,德国大使随船离开南京[2]。大使馆的大多数工作人员也撤至中国政府外交部所在的汉口,"腾空了的大使馆里"只留下了3位外交人员组成的留守小组,留在南京城内的德国人也只有几个人了。意大利和法国等国家则已经完全撤走了在南京的侨民[3]。

11月28日,尚在南京的美国人被召集到美国大使馆开会。美国使馆的"侨民撤离问题专家"[4]帕克斯顿提醒他们尽可能"立刻撤离南京",即使现在不能立刻走的人也要做好撤离准备。当大使馆最终撤离到"巴纳"号上去的时候,侨民也"一道走"。帕克斯顿甚至考虑到"如果城门关闭了",使用绳索爬过城墙,大使馆已经为此选定了两个地方作为"用绳索爬出城的聚集地"。同时,大使馆要求"每个人代表自己或是所在的单位表态"。魏特琳、贝德士等人表示他们的"责任"使他们"有必要呆在这里",这个"解释"被使馆"尊重"和"接受"[5]。

12月1日,东京向发布了组成"中支那方面军"的命令,并指令其协同日本海军攻克南京[6]。此时,各国侨民的撤退也进入最后阶段。这一天美国使馆召集的侨民会议上,将仍滞留在南京的美国人分成三组:"今天能够走的和应该走的人乘一艘商船撤离;现在必须留下,但在最后时刻要乘美国军舰'巴纳号'走的人,如果必要的话,借助绳子爬城墙撤离;准备留下不走的人。"[7]同一天,德国使馆也通知德国人"集中一下","商量什么时候必须登上三桅帆船"[8]。

12月3日,美国使馆"发布了最后一次警告,要求美国人离开南京"。使馆让他们选择以下三种途径:"(1) 自行撤离;(2) 乘美舰"帕奈"号撤离;(3) 留在城内",并作出签名的书面决定[9]。"尽管战争就在眼前,但还是有美国人打算留在南京直至最

---

① *Minnie Vautrin's Diary*(*November* 19,1937), Box 134 of YDL Record Group NO.11, The Archives of the United Board for Christian Higher Education in Asia, Yale University Divinity School Library Special Collections.

② 拉贝1937年11月23日日记,[德]约翰·拉贝:《拉贝日记》,第76页。

③ 拉贝1937年11月22日日记,[德]约翰·拉贝:《拉贝日记》,第72—73页。

④ 《纽约时报》(1937年11月17日),杨夏鸣等编:《国际检察局文书·美国报刊报道》,第373页。

⑤ *Minnie Vautrin's Diary*(*November* 28,1937), Box 134 of YDL Record Group NO.11, The Archives of the United Board for Christian Higher Education in Asia, Yale University Divinity School Library Special Collections.

⑥ 王卫星等编:《日本军方文件》,张宪文主编:《南京大屠杀史料集》第11册,南京:江苏人民出版社,2006年,第7、8页。

⑦ *Minnie Vautrin's Diary*(*December* 1,1937), Box 134 of YDL Record Group NO.11, The Archives of the United Board for Christian Higher Education in Asia, Yale University Divinity School Library Special Collections.

⑧ 拉贝1937年12月1日日记,[德]拉贝:《拉贝日记》,第94页。

⑨ 朱成山主编:《海外南京大屠杀史料集》,第96页。[美]魏特琳:《魏特琳日记》,第132页。

后”,这使得美国“大使馆的留守馆员十分痛苦”①。

12 月 8 日,日军已兵临南京城下。日本总领事冈本致函领事团领袖挪威总领事亚尔,请其转达相关人员,要求南京的外侨立即撤离②。中国军方因作战需要,也宣布即将关闭城门,仍有侨民在南京的美、德等国使馆人员做了最后努力,劝说其侨民撤离南京。美国大使馆的留守小组在准备撤到“巴纳”号前,给仍在南京的美国人发出通知《传阅・给在南京的美国人》:

> 留在美国大使馆的工作人员在其他国家外交官离开南京的同时,从今天傍晚起,乘上美国“巴纳”号舰,在那里设置大使馆临时办事处。预定明天白天,大使馆工作人员返回市内的大使馆大楼。一旦可能,迅速重新开展陆上的全部业务。
>
> 如果接到通知说挹江门被关闭,“巴纳”号舰就离开现在的停泊地,准备向位于三汊河对面的停泊地移动。大使馆已经同当局采取了对策,能维持在三汊河的亚洲石油公司设施和合众国海军俱乐部之间的电话通信。但是,无法保证这样的通信能持续下去。
>
> 翻越城墙避难时所必须的绳梯,在平仓巷 3 号的 M.舍尔・贝德士博士(M. Searle Bates)(电话号码是 31789)那里保管着。合众国海军俱乐部的电话号码是 32814,亚洲石油公司设施的电话号码是 32906。③

12 月 11 日,“英国、美国的外交官们决定集体离开南京。随后,罗森博士、沙尔芬贝格和许尔特尔也登上了停靠在南京上游江面的太古公司的仓库船。”④南京城内通往下关码头的挹江门关闭,南京城内外的交通基本断绝,西方侨民的撤离行动终止。⑤两天后,日军占领南京城。

2. 留宁西方人士的结构与动机

经过日军占领南京前的种种混乱与抉择,最终还是有些西方人士留在了中国当

---

① 张生编:《外国媒体报道与德国使馆报告》,第 33 页。

② 《日本总领事申请外侨离京》,《申报》(1937 年 12 月 10 日),马振犊等编:《南京保卫战》,张宪文主编:《南京大屠杀史料集》第 6 册,江苏人民出版社 2005 年版,第 116 页。

③ 张生等编:《英美文书・安全区文书・自治委员会文书》,第 53—54 页。

④ [德]沙尔芬贝格:《在南京历险的日子》(1937 年 12 月 27 日),陈谦平编:《德国使领馆文书》,第 62 页。

⑤ 其时南京城已为日军包围,只有挹江门方向尚可安全通行。中国军方出于守城需要,将挹江门的主城门和一侧偏门关闭,并用沙袋封堵。另一侧偏门也用沙袋堵住一部分,并设有工事和哨卡,非持有首都卫戍司令部的通行证不得通过。

局已经撤走、而日军正在逼近的南京。他们目睹了日军占领南京的整个过程。他们是战争的中日双方之外的中立者,他们来自西方数个国家,有着不同的人生经历、教育背景、宗教信仰、政治倾向、职业特征,但是,共同生活在战争中的南京城使他们成为了一个独特的群体。他们与数以十万计的中国难民和数万日本占领军相比,人数极微,但作用却是独特而显著的。在这段困难的时期内,留在南京的这些西方人士组成了救助难民的民间机构,他们密切合作、互相帮助,尽全力保护着日军刺刀下的中国难民。

(1) 西方人士的来源与结构

在各方的相关资料中,有着数份留宁西方人士名单,列举了他们的姓名、国籍和所属机构。德国人拉贝在日军占领南京前后一直留在南京城内,并担任西方人士组成的难民救助组织——南京安全区国际委员会的主席,直至1938年2月23日才离开南京[①]。在其保留下的档案资料中,有着几份与在宁西方人士的名单。其一《南京安全区国际委员会成员名单》:

表13 南京安全区国际委员会成员名单

(1937年11月29日)

姓　名	国籍	地　址
1. 约翰・H.D.拉贝,主席	德国	西门子洋行(中国)
2. 史迈士博士,秘书	美国	金陵大学
3. 芒罗-福勒	英国	亚细亚石油公司
4. 马吉牧师	美国	美国圣公会
5. 希尔兹	英国	和记洋行
6. 汉森	丹麦	德士古石油公司
7. 潘廷	德国	兴明贸易公司
8. 麦凯	英国	太古洋行
9. 皮克林	美国	美孚石油公司
10. 施佩林	德国	上海保险公司
11. 贝德士	美国	金陵大学
12. 米尔士	美国	长老会
13. 利恩	英国	亚细亚石油公司
14. 特里默	美国	大学医院

① 拉贝1938年2月23日日记,[德]约翰・拉贝:《拉贝日记》,第583页。

续表

姓 名	国籍	地 址
15. 里格斯	美国	金陵大学

资料来源：拉贝1937年11月30日日记，[德]拉贝：《拉贝日记》，第92页。

这份名单与徐淑希编辑的《南京安全区档案》(Documents of the Nanking Safety Zone)中的《安全区国际委员会组成人员名单》中所列人员的姓名和次序完全相同[①]。该名单中的成员都曾表示在战斗进行期间留在南京，并为国际委员会成立南京安全区工作。但是，拉贝在该名单后加了如下附注："序号为3、5、6、7、8、9和13的先生们在被占领之前离开了南京。"[②]同时，还加入了德国人克勒格尔和美国人费吴生的名字，注明他们一直留在南京并参与了国际委员会的工作[③]。

其二，在拉贝1937年12月15日的日记中附有国际红十字会南京分会致日本大使馆的一封信，其中包含《国际红十字会南京分会》的成员名单[④]：

表14 国际红十字会南京分会成员名单

序号	姓 名	职 务
1	约翰C.马吉牧师[⑤]	主席
2	李春南先生(音译)	副主席(中国红十字会，南京)
3	洛先生	副主席
4	欧内斯特H.福斯特牧师	秘书
5	克里斯蒂安·克勒格尔先生	财务主管
6	戴籁三夫人	
7	明妮·魏特琳小姐	
8	罗伯特O.威尔逊大夫	
9	P. H.芒罗-福勒先生	
10	C. S.特里默大夫	

① 徐淑希编：《南京安全区档案》，杨夏鸣译，张生等编：《英美文书·安全区文书·自治委员会文书》，第271—272页。

② 应是日后拉贝整理其日记时，根据后来的实际去留情况加入的注解。

③ 乔治·菲奇牧师的中文名为费吴生。[德]拉贝：《拉贝日记》，第92页。在本文所参考的不同材料中，西方人士的姓名有着不同的译法，本文优先使用这些西方人士的中文名，兼顾相关研究中最常用的译名，如美国女传教士Minnie Vautrin，中文名华群，但在相关研究中通常被称为魏特琳；Rabe有中文名艾拉培，但已通译为拉贝。

④ 拉贝1937年12月15日日记，[德]约翰·拉贝：《拉贝日记》，第145页。

⑤ 原文如此，应为约翰G. 马吉牧师。

续表

序号	姓 名	职 务
11	詹姆斯·麦克伦牧师	
12	M.S.贝德士博士	
13	约翰 H.D. 拉贝先生	
14	刘易斯 S.D. 史迈士博士	
15	W.P.米尔士牧师	
16	科拉·波德希沃洛夫先生	
17	沈玉书牧师	

资料来源:[德]拉贝:拉贝 1937 年 12 月 15 日日记,《拉贝日记》,第 145 页。

《南京安全区档案》中也有同样的一份名单,姓名和排列顺序均相同[①]。名单中第 2、3 和 17 人为中国人。第 6 位戴籁三夫人,本名为 Mary Twinem,原为美国人。她在南京沦陷前后一直留在南京,帮助魏特琳女士守卫金女大。虽然戴籁三夫人为白人,但因其嫁于中国人后已加入中国籍,在美国使馆、日本使馆和西方人士自己的统计中并未将其计入[②]。第 9 位芒罗-福勒先生,已于南京沦陷前离开[③]。综合上述两份名单,参与这两个组织并于占领前后一直留在南京的西方人士共计 13 人,加上留在南京并参与国际安全区委员会工作的费吴生牧师,一共 14 人。

1937 年 12 月 21 日,留在南京的西方人士曾前往日本大使馆递交了一封抗议信,信后有全部 22 名外国侨民的签名[④]。这份全体外国侨民的名单,也被拉贝于同一天用电报发给了正在英国炮艇"蜜蜂"号上的德国大使馆秘书罗森博士[⑤]:

表 15 在宁西方人士名单

(1937 年 12 月 21 日)

姓 名	国籍	地 址
1. 约翰·H.D.拉贝	德国	西门子洋行(中国)

---

① 徐淑希编:《南京安全区档案》,杨夏鸣译,张生等编:《英美文书·安全区文书·自治委员会文书》,第 272 页。

② [日]笠原十九司:《难民区百日》,第 170 页译者注。魏特琳也曾在 1937 年 10 月 17 日的日记中写道:"玛丽·特威纳姆(戴籁三夫人的英文名)在这里,她工作得很好,无论什么地方需要她,她总是乐于帮助,但是,她已不再被算作外国人了。"*Minnie Vautrin's Diary* (*October* 17, 1937), Box 134 of YDL Record Group NO.11, The Archives of the United Board for Christian Higher Education in Asia, Yale University Divinity School Library Special Collections.

③ 拉贝 1937 年 11 月 30 日日记,[德]约翰·拉贝:《拉贝日记》,第 92 页。

④ 拉贝 1937 年 12 月 21 日日记,[德]约翰·拉贝:《拉贝日记》,第 191—192 页。

⑤ 拉贝 1937 年 12 月 21 日日记,[德]约翰·拉贝:《拉贝日记》,第 195 页。

续表

姓　名	国籍	地　址
2. 爱德华・施佩林	德国	上海保险公司
3. 克里斯蒂安・克勒格尔	德国	礼和洋行
4. R.黑姆佩尔	德国	北方饭店
5. A.曹迪希	德国	基士林克-巴达糕饼店
6. R.R.哈茨	奥地利	安全区机械师
7. 科拉・波德希沃洛夫	白俄罗斯	桑格伦电器商行
8. 齐阿尔	白俄罗斯	安全区机械师
9. C.S.特里默大夫	美国	大学医院
10. R.O.威尔逊大夫	美国	大学医院
11. 詹姆斯・麦克伦牧师	美国	大学医院
12. 格瑞丝・鲍尔	美国	大学医院
13. 伊娃・海因兹小姐	美国	大学医院
14. M.S.贝德士博士	美国	金陵大学
15. 查尔斯・H・里格斯	美国	金陵大学
16. 刘易斯・S.C.史迈士博士	美国	金陵大学
17. 魏特琳小姐	美国	金陵女子文理学院
18. W.P.米尔士牧师	美国	北方长老会
19. H.L.索恩牧师	美国	金陵神学院
20. 乔治・菲奇	美国	基督教青年会
21. 约翰・马吉牧师	美国	美国圣公会
22. E.H.福斯特牧师	美国	美国圣公会

注：此表中两人的国籍被注明为“白俄罗斯”。当时被称为“白俄”的群体是指俄国十月革命后，反对革命政权而出逃的俄国人，并非现在的“白俄罗斯”国家。在苏联成立后，并不承认他们的国籍，他们是流落在世界各地的无国籍者。资料来源：[德]拉贝：《拉贝日记》，第 195 页。

《南京安全区档案》中也有同样的一份名单①。1937 年 12 月 23 日，上海的日本军方发言人宣称，“12 月 16 日有 22 名西方人士在南京，其中包括德国人、美国人和白俄”，其后所附的外国人名单与上述名单相同②。这份留宁西方人士的名录中，包含上

① 徐淑希编：《南京安全区档案》，杨夏鸣译，张生等编：《英美文书・安全区文书・自治委员会文书》，第 306—307 页。

② 《北华捷报》(1937 年 12 月 29 日)，张生编：《外国媒体报道与德国使馆报告》，第 87—88 页。

南京街头被日军屠杀的中国人尸体。中国第二历史档案馆藏。

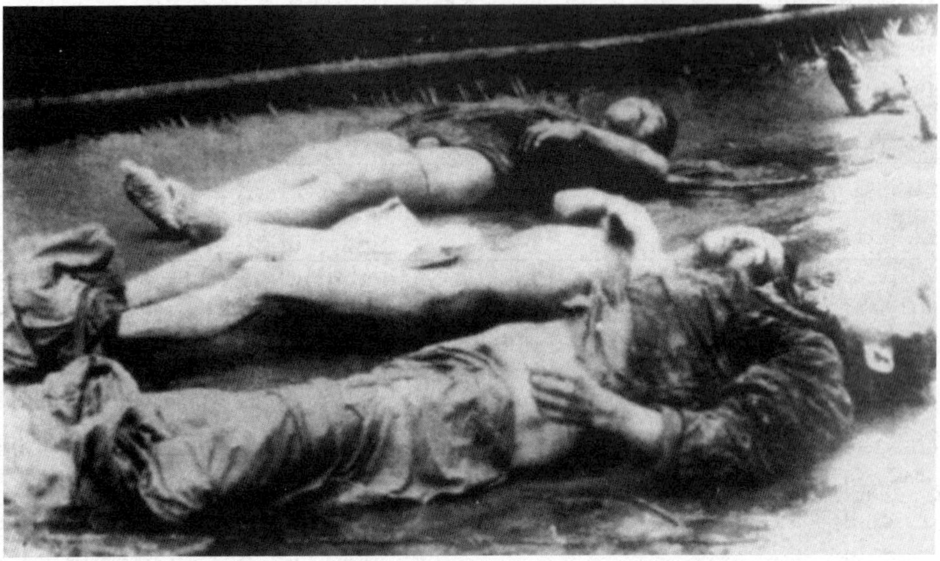

遇难者横尸街头。中国第二历史档案馆藏。

夏淑琴一家多人被害的悲惨场景。选自马吉电影镜头。

1937 年 12 月 13 日南京陷落后，在古林寺各处被日军士兵处决的人。耶鲁大学神学院图书馆藏。

述两个救助组织中的全部西方人士,是南京沦陷时南京城内常驻外侨的最完整的名单[①]。

南京郊区还有西方人士驻留,即德国人卡尔·京特和丹麦人辛德贝格[②]。他们受命在日军到达前夕赶来,负责看护栖霞山附近的江南水泥厂,以免其为日军占领。他们曾与城内的西方人士取得过联系[③]。这两位一直在南京近郊的西方人士,加上前述22位住在城内的西方人士,这24人构成了南京沦陷前后在南京的西方长期住户[④]。

此外,还有几位报道中日战争的西方记者与摄影师,在南京沦陷的时刻也在南京城内。在美国使馆留守官员于1937年12月9日发出的电文中,有一份18人的留在南京的美国人名单,其中的14名美国人与上表中的名单相同,还有4人,即弗兰克·提尔曼·杜丁、C.叶兹·麦克丹尼尔、阿瑟·门肯和A.T.斯提尔,这4人均为作战地报道的记者与摄影师[⑤]。当时的南京城内还有一位英国路透社的记者史密斯。魏特琳在1937年12月15日的日记中记载:"今天,四名外国记者搭乘日本驱逐舰到了上海。我们既得不到外界的消息,又无法向外界传递消息。"[⑥]实际上,搭乘日本驱逐舰

---

① 本文中的"西方人士"主要指拥有欧洲(不包括土耳其)和美国国籍的人,或如澳大利亚学者David Askew所说为"白种人",但未计加入中国籍的外国人,如金陵大学的戴籁三夫人(Mary Twinem)。Askew认为南京大屠杀期间有土耳其人在南京。马吉牧师也提及下关和记洋行有锡克族印度人。参见:David Askew, *The International Committee for the Nanking Safety Zone: An Introduction*, Sino Japanese Studies, vol. 14, April, 2002, pp. 3—23. [美]马吉:《致妻子函》,章开沅编译:《美国传教士的日记与书信》,第156页。

② 有记载称,在京特和辛德贝格到达江南水泥厂后,曾组织护厂队,雇佣了三名"白俄"(见:陈克俭:《江南水泥厂难民营》,《世纪》2005年第4期;张朔人:《抗战时期的江南水泥公司》,2005年南京师范大学社会发展学院硕士学位论文,中国知网中国优秀硕士论文全文数据库)。但目力所及,未曾见其他史料记载此事和他们在难民收容所保护和救济难民中发挥作用,故未计入。需要指出的是,如上注释,本文关注点在于沦陷前后留在南京,并在南京大屠杀期间发挥遏制日军暴行和救助民众的作用的西方人士,因而并未穷究西方人士的确切数量。

③ [美]马吉:《栖霞山之行的报告(1938年2月16日—17日)》,章开沅编译:《美国传教士的日记与书信》,第172—175页。

④ 1938年4月16日至5月5日,美国驻东京使馆武官考维尔曾从东京到上海和南京旅行,并有旅行笔记提交美国驻日大使格鲁。在考维尔1938年4月25日的旅行笔记中,叙述了他乘英国军舰"圣甲虫"号从南京返回上海途中,遇见同乘此舰的英国人希尔兹(Shields),他是国际出口公司(通常称为和记洋行或和记蛋厂)的经理。希尔兹最早曾参加安全区国际委员会,但后来退出,拉贝在其日记附注中认为其沦陷前离开南京。据考维尔的记载,希尔兹说他在南京陷落的时候还在南京,直到1937年12月23日离开,1938年的3月份未经日本人的许可,他就返回了南京。希尔兹说"他的到来和离去都是绝密的。"希尔兹还讲述了日军从其工厂抓走发电厂工人枪毙的事件。这一事件在拉贝和美国人的文献中均有记载。拉贝还曾于12月16日同日本人一道前往下关电厂,但是未曾提及希尔兹。考维尔的记载是目前仅见的提及希尔兹沦陷期间留在南京的文献,其他各方文献中未发现有关此事的记述,故未列入在宁西方人士的名单。参见:[美]卡波特·考维尔:《东京—上海—南京旅行笔记》,朱成山主编:《海外南京大屠杀史料集》,第87页。

⑤ 张生等编:《英美文书·安全区文书·自治委员会文书》,第57—58页。

⑥ *Minnie Vautrin's Diary* (*December* 15, 1937), Box 134 of YDL Record Group NO.11, The Archives of the United Board for Christian Higher Education in Asia, Yale University Divinity School Library Special Collections.

“津贺”(Tsuga)号离开南京的是麦克丹尼尔一人,时间是12月16日①。12月15日离开南京的其他3名美国记者和1名英国记者搭乘的是美国“瓦湖”号军舰。加上前述24人,这29位西方人士在大屠杀发生时,滞留在南京城内及近郊。

西方各国大使馆的主要官员均在南京沦陷前撤离,跟随国民政府迁往汉口,留有少数外交人员处理馆务,保护滞留南京的西方侨民。在日军抵达南京前夕,留守南京的外交官均撤往位于长江南京附近江面的军舰和商船上,以躲避战火。日军完全占领南京后,并不欢迎他们回到南京。美国大使馆的爱利生、埃斯皮和麦法迪恩等3人“乘坐‘瓦湖’号美国船由上海出发”,1937年12月31日就已经抵达南京,但日方“不允许上岸,因此继续开往芜湖”。直至1938年1月6日,“他们终于从芜湖抵达这里”②。这三位美国使馆官员是南京沦陷后第一批返回南京的西方人,此时据日军完全占领南京已三个多星期。

1938年1月8日,日本大使馆的福井告诉拉贝一个消息:“罗森博士、许尔特尔和沙尔芬贝格同英国大使馆的两个先生将于明天一起抵达这里。”③确实,1月9日,德国使馆的官员罗森博士、许尔特尔、沙尔芬贝格等3人乘坐英国“蟋蟀”号炮舰抵达南京。只是,同船到达的还有3名英国使馆官员,而不是福井通知的“两个先生”。拉贝在其当天日记中也提及是3位英国人:“随船到达的还有3名英国大使馆官员即领事普里多-布龙、上校洛维特·弗雷泽和空军武官沃尔泽先生。”接着他记述道:“但沃尔泽没有被准许上岸,因为日本人借口不知道他的到来。”拉贝对此事件的了解,应是当晚罗森等3位使馆官员在其住宅用餐时得知④。然而,罗森在致柏林德国外交部的报告中,却未曾提及英国武官被日军禁止上岸之事:“本月9日到达南京时,经过英国炮艇蜜蜂号指挥官阿姆斯特朗(Amstrong)的斡旋,我们[即我的英国同行普里多·布龙(按:应译为普里多-布龙)领事、英国武官瓦尔特·弗雷泽上校、英国空军温·沃尔瑟(Wing Commander Walser)和办事处的官员以及我们的雇员孙启成]一行登上了停靠在下关原津浦铁路轮渡码头的一艘日本军舰。”⑤罗森的这份报告中,对日方要求他们“服从”占领当局的“无礼”态度非常不满,如若确有为难其英国同行之事,他的报告中应不会不记载。同时,在英国的外交电报中提及“普里多·布龙及武官已于1

---

① [美]麦克丹尼尔:《战地记者的日记描绘恐怖的南京》,《芝加哥每日论坛报》(1937年12月18日第8版),张生编:《外国媒体报道与德国使馆报告》,第117页。

② 拉贝1938年1月6日日记,[德]约翰·拉贝:《拉贝日记》,第296页。

③ 拉贝1938年1月8日日记,[德]约翰·拉贝:《拉贝日记》,第307页。

④ 拉贝1938年1月9日日记,[德]约翰·拉贝:《拉贝日记》,第317页。

⑤ 《罗森致柏林德国外交部报告》(1938年1月15日),陈谦平等编:《德国使领馆文书》,第86页。

月 9 日到达，现居大使馆”[①]，未曾有其武官登岸被日军阻挠的情况的记述。在罗森的另一份报告中，提到 1 月 12 日英国使馆的 3 位官员，其中包括空军武官温·康曼德·沃尔泽中校[②]。

1938 年 1 月 29 日，英国领事普里多-布龙乘坐英国炮舰“蜜蜂”号离开南京前往上海，费吴生带着拉贝的部分日记同船离开[③]。拉贝在致其妻子多拉的信中提到，英国领事普里多-布龙在行前曾向拉贝等辞别，同时还介绍了其继任者杰弗里和威廉斯。此信附于 1938 年 1 月 27 日的日记之后，但信上标注的日期为 1 月 28 日[④]。这是目前所见这两位英国使馆官员在南京最早的记述。

南京沦陷后，非外交人员的西方人士最早来到南京的记载是在 1938 年 1 月 26 日拉贝日记中：“一名年轻的美国人这两天在一名日本卫兵的陪同下驱车来到这里，向日本人出售大批的木材。这批货是一家英美木材公司的。”这位年轻的美国人就是比舍普立克，他所代表的中国木材进出口公司(China Export and Import Lumber Co.)是一家“代表了美国人很多权益的英国公司”[⑤]。他曾向在南京的西方人描述了沿途所见：“在从上海至此途中的前 50 里中”，“总共只碰见了约 60 人”，南京是“唯一一座在人口方面值得一提的城市，沪宁之间的其他城市简直如绝了人烟。”[⑥]他到达南京后，曾于 12 月 31 日携同美国人马吉牧师前往下关，“去视察那里的教会产业”[⑦]。2 月 4 日，他打算乘汽车离开南京，前往上海。因为当天“是个湿冷的雪天”，而未能成行。直至 2 月 12 日，比舍普立克还未离开南京[⑧]。

经上述讨论，从南京沦陷至 1938 年 1 月底日本暴行集中发生期间，可以得出如下常驻南京和到达过南京的西方人士名单：

表 16　南京大屠杀期间常驻南京的西方人士

姓　名	国籍	所属机构
1. 约翰 H.D.拉贝	德国	西门子洋行(中国)
2. 爱德华·施佩林	德国	上海保险公司

① 张连红等编:《英国使领馆文书》,张宪文主编:《南京大屠杀史料集》第 31 册,南京:江苏人民出版社,2007 年,第 553 页。

② 拉贝 1938 年 1 月 17 日日记,[德]约翰·拉贝:《拉贝日记》,第 354 页。

③ 拉贝 1938 年 1 月 29 日日记,[德]约翰·拉贝:《拉贝日记》,第 436 页。

④ 拉贝 1938 年 1 月 27 日日记,[德]约翰·拉贝:《拉贝日记》,第 430 页。

⑤ [美]卡波特·考维尔:《东京—上海—南京旅行笔记》,朱成山主编:《海外南京大屠杀史料集》,第 84 页。

⑥ 当时南京的人口主要集中于安全区内。拉贝 1938 年 1 月 26 日日记,[德]约翰·拉贝:《拉贝日记》,第 418 页。

⑦ 章开沅编译:《美国传教士的日记与书信》,第 125 页。

⑧ 章开沅编译:《美国传教士的日记与书信》,第 127、128 页。

续表

姓　名	国籍	所属机构
3. 克里斯蒂安·克勒格尔	德国	礼和洋行
4. R.黑姆佩尔	德国	北方饭店
5. A.曹迪希	德国	基士林克-巴达糕饼店
6. R.R.哈茨	奥地利	安全区(机械师)
7. 科拉·波德希沃洛夫	白俄罗斯	桑格伦电器商行
8. 齐阿尔	白俄罗斯	安全区(机械师)
9. C.S.特里默	美国	大学医院
10. R.O.威尔逊	美国	大学医院
11. 詹姆斯·麦克伦	美国	大学医院
12. 格瑞丝·鲍尔	美国	大学医院
13. 伊娃·海因兹	美国	大学医院
14. M.S.贝德士	美国	金陵大学
15. 查尔斯·H·里格斯	美国	金陵大学
16. 刘易斯·S.C.史迈士	美国	金陵大学
17. 明妮·魏特琳	美国	金陵女子文理学院
18. W.P.米尔士	美国	北方长老会
19. H.L.索恩	美国	金陵神学院
20. 乔治·菲奇	美国	基督教青年会
21. 约翰·马吉	美国	美国圣公会
22. E.H.福斯特	美国	美国圣公会
23. 卡尔·京特	德国	江南水泥厂
24. 辛德贝格	丹麦	江南水泥厂

说明:其中3号德国商人克勒格尔于1938年1月23日乘日军火车离开南京前往上海。

表17　南京大屠杀期间往来南京的西方人士名单

姓　名	国籍	机　构	备　注
1. 阿瑟·门肯	美国	派拉蒙公司	1937年12月15日离开
2. 叶兹·麦克丹尼尔	美国	美联社	1937年12月16日离开
3. 弗兰克·提尔曼·杜丁	美国	纽约时报	1937年12月15日离开
4. A.T.斯提尔	美国	芝加哥每日新闻报	1937年12月15日离开
5. 莱斯利·史密斯	英国	路透社	1937年12月15日离开
6. 爱利生	美国	美国驻华使馆	1938年1月6日抵达
7. 埃斯皮	美国	美国驻华使馆	1938年1月6日抵达

续表

姓　名	国籍	机　构	备　注
8. 麦法迪恩	美国	美国驻华使馆	1938 年 1 月 6 日抵达
9. 罗森	德国	德国驻华使馆	1938 年 1 月 9 日抵达
10. 许尔特尔	德国	德国驻华使馆	1938 年 1 月 9 日抵达
11. 沙尔芬贝格	德国	德国驻华使馆	1938 年 1 月 9 日抵达
12. 普里多-布龙	英国	英国驻华使馆	1938 年 1 月 9 日抵达
13. 洛维特·弗雷泽	英国	英国驻华使馆	1938 年 1 月 9 日抵达
14. 沃尔泽	英国	英国驻华使馆	1938 年 1 月 9 日抵达
15. 杰弗里	英国	英国驻华使馆	1938 年 1 月 28 日抵达
16. 威廉斯	英国	英国驻华使馆	1938 年 1 月 28 日抵达
17. 比舍普立克	美国	中国木材进出口公司	1938 年 1 月 26 日前抵达

说明:备注注明的日期分为:在南京沦陷前即在南京的,标注为离开时间;在南京沦陷后回到南京的,标注为抵达时间,其中 15 号和 16 号两位英国使馆官员和 17 号美国商人的时间为在南京最早见于记载的时间。

从上述两个表格,可以看出,1937 年 12 月 13 日至 1938 年 2 月之前,有约 41 名西方人士住在或到达过南京。

表 18　西方在宁人士来源结构表

国籍	美国	德国	英国	白俄	丹麦	奥地利
人数	22	9	6	2	1	1

从职业来区分:美国人中驻留南京的 14 人,均为牧师或教会学校及医院的工作人员,曾到达过南京的美国人为记者 4 人、外交官 3 人,商人 1 人;德国人驻留南京的 6 人,均为商人,到达过南京的 3 人为外交官;英国有 5 名外交官和 1 名记者到达过南京;白俄罗斯驻留南京的 2 人,1 人为商人、1 人为技师;丹麦 1 人为商人;奥地利 1 人为技师。

1938 年 2 月,也只有荷兰和法国外交官,美国的两位传教士卡尼(kearnry)①和柏睿德(Brady)等少数几名西方人来到南京。1938 年 3 月 4 日,德国使馆的沙尔芬贝格还批评日本当局对外国人进入南京的严格管制:"这里的日本人对进出南京的事还是控制得很严,就是说,严格控制外国人进出南京。"西方人"困在这里,就像是蹲在老鼠洞里,日本人就是猫。"②

1938 年 4 月 25 日,美国驻日本大使馆武官卡波特·考维尔到南京访问,美国驻

① *Minnie Vautrin's Diary*(*February* 8,*Februay* 11,1938), Box 134 of YDL Record Group NO.11, The Archives of the United Board for Christian Higher Education in Asia, Yale University Divinity School Library Special Collections.

② 陈谦平等编:《德国使领馆文书》,第 154 页。

1937年12月12日南京陷落后，在古林寺各处被日军士兵处决的人——第二个角度。耶鲁神学院图书馆藏。

下关江边中国遇害者尸体堆积如山。选自《村瀬守保写真集》。吴先斌提供。

下关江边,日军在中国遇害者尸体上浇上汽油加以焚烧。选自《村濑守保写真集》。吴先斌提供。

日本妙法寺和尚和世界红卍字会南京分会一起掩埋尸体。选自《侵华日军南京大屠杀图集》。

南京使馆外交官爱利生告诉他："12 月 12 日以来在南京的美国人总人数包括我在内合计为 34 人。12 月 12 日以来在南京的所有西方人合计为 50 余人，这个数字包括美国和英国炮舰上的军官。"[①]得到了考维尔的报告后，美国驻日本大使格鲁 1938 年 5 月 17 日就日本仍然拒绝美国人返回南京，向日本外务大臣广田弘毅提出抗议[②]。

(2) 西方人士留守南京的动机

日军攻陷南京之时，共有 24 名西方人士留守在南京，其中 2 名在近郊的江南水泥厂。直至最后一刻，他们均有机会撤离，但他们都留了下来。其中有些人是职责所在，更多的人则是出于自愿而选择留在战火袭来的南京。在那种战争状态中，促使这些西方人士留下的原因可能很复杂，每个人都有自己的考量，同时，每个人的考量中又有多种因素存在。其中，有的人事先可能并没有考虑到自己要对保护中国难民做出贡献，而有些人则以留下来保护中国难民为主要动机。

德国人卡尔·京特和丹麦人辛德贝格，是在战线逼近南京之际，受中国启新洋灰公司之聘请，前往位于南京近郊栖霞山的江南水泥厂，以保护工厂不为日本人所占领。他们驻留南京郊区，是其职责所在。

京特 1903 年生于中国唐山，其父汉斯·京特是启新公司的德籍地质工程师，可见其与启新公司颇有渊源。也正因为如此，当日军逼近江南水泥厂之时，作为出资方的启新公司经过和江南水泥厂的设备供应方德商禅臣洋行商洽，决定委派京特作为禅臣的代表前来，代理厂务，保护工厂。

启新公司同时还委托史密斯公司即以江南水泥厂主要债权人的身份，派员进驻江南水泥厂，以兹保护。史密斯公司找到的代表即为丹麦人辛德贝格。

1937 年 11 月中旬前，辛德贝格还是英国著名记者斯蒂芬斯的助手。1937 年 11 月 11 日，辛德贝格在中日激战的上海，躲过一次劫难，在日军飞机的袭击中仅受轻伤，而斯蒂芬斯则没有那么幸运。丹麦的报纸曾对此事做了报道："昨天，英国最著名的记者之一、《每日电讯报》记者佩姆布鲁克·史蒂芬斯被炸死。当时，这名记者正与一名法国医生、几个英国同事和一位来自奥泽的 24 岁丹麦青年贝恩哈尔·辛德贝格在一起。他们当时正在徐家汇溪流边的水塔塔顶的一个平台上。一架日本飞机在他们头顶上空盘旋，并投下几枚炸弹。当这架飞机向他们逼近的时候，除了史蒂芬斯外，每个人都趴在了地上。史蒂芬斯依然站在那儿，他被炸弹击中，当场死亡。贝恩

---

① [美]卡波特·考维尔：《东京—上海—南京旅行笔记》，朱成山主编：《海外南京大屠杀史料集》，第 83 页。

② 1938 年 5 月 5 日，考维尔回到东京后，立即给格鲁看了他所写的旅行笔记。1938 年 5 月 16 日，格鲁还将考维尔的旅行笔记寄给了美国国务院驻外事务处的霍恩贝克。见朱成山主编：《海外南京大屠杀史料集》，第 68 页。《纽约时报》(1938 年 5 月 17 日)，杨夏鸣等编：《国际检察局文书·美国报刊报道》，第 545 页。

哈尔·辛德贝格距离史蒂芬斯几米远,落在平台上的炸弹碎片让他的一只腿受了轻伤。他的生命没有危险。”①

失去了英国雇主后,史密斯公司找到了他,提供了这份高薪但危险的工作。辛德贝格在1937年12月的一份信中写道:“我刚刚得到一个新工作。史密芝公司在南京创建的一个丹麦水泥厂正好在战区,我已经被派驻到那里,去升起丹麦国旗,代理这个公司。”辛德贝格提到他的新工作“薪水不菲”。他也知道这份工作“是非常危险的”,但他表示假如“能做成,是值得去冒险的。”②

1937年11月27日,卡尔·京特在中国工程师的陪同下从唐山启程,先赴上海和辛德贝格等人会合。其后,他们从上海出发,避开江南的战区,取到江北,由通州至扬州,转镇江到达栖霞的江南水泥厂③。德国大使馆于12月7日给卡尔·京特发出了有关其赴江南水泥厂驻守的证明:“查本国侨民昆德,奉派前往南京附近江南水泥厂驻守,以便保护上海德商在该厂之利益,合行给照,证明须至执照者。”④

不可否认,他们知道身在战区的危险,因“薪水不菲”,“值得去冒险”,而逆着逃难的人流来到南京⑤。辛德贝格还于行前写下了“生死状”:“我特此同意志愿前往南京附近的栖霞山江南水泥厂,战时停留期间,风险自担,假使我负伤、伤残或死亡,(除了合理的医疗费用),不对F. L. 史密斯公司或任何其他方面附带任何要求。”⑥

表19　沦陷时期江南公司部分职员薪金表

姓　名	职　务	月工资(元)	备　注
昆德	代理厂长	1000	德国籍化学专家
尼尔森	协助代厂长管理设备护厂	1000	丹麦籍史密芝公司代表
袁心武	公司副董事长	450	
陈范有	公司常务董事	400	
赵庆杰	江南厂工程安装部主任	300	
胡庆泉	机械师	100	
徐莘农	高级职员	70	主管财务

① 《奥胡斯教区时报》(1937年11月12日),陈谦平等编:《德国使领馆文书》,第333页。

② 《奥胡斯教区时报》(1937年12月29日),陈谦平等编:《德国使领馆文书》,第337页。

③ 《驻栖霞厂颜柳风报告》,陈谦平等编:《德国使领馆文书》,第270—271页。

④ 陈谦平等编:《德国使领馆文书》,第267页。

⑤ 《奥胡斯教区时报》(1937年12月29日),陈谦平等编:《德国使领馆文书》,第337页。

⑥ 见戴袁支:《1937—1938:人道与暴行的见证——经历南京腥风血雨的丹麦人》,南京:江苏人民出版社,2010年,第34页。

续表

姓　名	职　务	月工资(元)	备　注
贾瑞林	技工	20	
董祖培	普通工	10	

资料来源：引自张朔人：《抗战时期的江南水泥公司》，2005 年南京师范大学社会发展学院硕士学位论文，中国知网中国优秀硕士论文全文数据库，第 15 页。

从上表中可以看出，这两位外籍人士的工资要远高于副董事长和常务董事，更是普通工人工资的 100 倍，确实“不菲”。应当说，高薪是他们前往战区保护工厂的主要动力。

与这两位不同，留在城内的西方人士均得到各国使馆的反复告知和劝说，要求他们离开将成为战区的南京。而且，本来与他们共同在南京生活和工作的大部分同事、朋友和家人，都离开南京以策安全，但他们都出于自愿留了下来。

为了叙述便利而将留在南京城内的 22 名西方人分类的话，大致可分为：(1) 14 名美国人，他们是牧师或在教会大学与医院工作；(2) 以拉贝为代表的其他 8 人，他们来自德国、奥地利和白俄罗斯等国，他们是商人和技术人员。美国人群体留下了相对非常丰富的记录，如有魏特琳日记、威尔逊日记、贝德士文献等；而来自其他国家的 8 人中，除拉贝留有日记等记录之外，另外几人的相关文献目前发现甚少。因而，本节对后一群人的探讨，主要以拉贝为代表。

拉贝 1882 年生于德国汉堡，1909 年来到中国工作，至 1937 年已在中国生活近 30 年。受西门子公司的派遣，1931 年拉贝从北平来到公司的南京办事处工作。

当 1937 年卢沟桥事变发生时，拉贝认为“这起发生在北方的小小的事件会在当地加以调停解决的。”①即使后来“去北方的铁路因此而中断，造成了不便，”也未曾影响拉贝躲避“十分炎热”的南京的夏天，前往北戴河度假的计划。他“乘坐开滦煤矿管理局的一艘内燃机轮船”去那时已为日军占领的秦皇岛，还带着朋友施密特先生的两个女儿。在得知“上海受到了日本人的进攻”和“南京受到了猛烈的轰炸”的消息后，拉贝才“醒悟到了形势的严重性”②。1937 年 8 月 28 日，拉贝“在夜幕下”告别妻子，踏上返回南京的旅途。9 月 7 日拉贝才回到南京，“和平时期坐火车只需 40 个小时的行程”，这次花了“10 天半的时间”③。

在拉贝的中国经历中，战乱的局面可谓时常伴随着他。第一次世界大战期间，中国对德国宣战后拉贝成为敌侨，虽然未被拘禁，但受到严密的监视，房子前面始终有

---

① 这次判断失误并不是拉贝不熟悉当时的中日关系，恰恰是对时局了解的表现。当时中、日及西方主流舆论均没有认为这就将引发中日之间的全面战争，虽然主流舆论均同样认为中日之间的战争不可避免。

② [德]约翰·拉贝：《拉贝日记》，第 2 页。

③ 拉贝 1937 年 9 月 7 日日记，[德]拉贝：《拉贝日记》，第 6 页。

一个“中国密探”①。德国战败,拉贝损失了10多年积累的大部分财产,全家被遣返回国。即使是到南京工作后,当时居住于下关的拉贝在1932年“一·二八”事变几天后日军对下关的突袭中历险:

从1932年2月1日晚上到2号,南京也遭到了袭击。日本海军往城里面投掷了几颗榴弹。在下关码头首先响起了机枪和机关枪的扫射声,那里的人们是最早撤出来的。一支日本军队登陆后开始攻打中国军队。根据外国领事馆的动议,枪战于凌晨4时结束。我们整夜就这么坐着,裹着毛皮大衣,点着灯笼,揣着毛瑟手枪,在昏暗的客厅里我们痛斥日本人和中国人(特别是中国人,他们为了躲避空袭居然把电给掐断了)。因为受到那句话的启发:“宁作一时的懦夫,不愿丢掉一世的生命”,我们最终决定撤离。②

既然宁可做懦夫,也不愿丢掉性命。拉贝出于何种考虑,从安全地区回到了正在遭受轰炸的南京?在德国使馆一次又一次劝说之后,他为何坚持留在南京,甚至南京陷落之际也不曾离开?

在9月21日的日记中,拉贝写下了他前一天晚上就南京的局势“从各个方面作了充分的考虑”。拉贝坦陈“从比较安全的北戴河回到这里来”,“首先是为了保护我的财产,为了代表西门子洋行的利益”,而“不是出于冒险的兴趣”。同时,拉贝也“绝对不想”为了“洋行的或是我自己的一些破东西”而“轻率地”拿自己的生命冒险,他认为洋行也“不会期待”他“为洋行而被打死在这里”③。

拉贝之所以在9月20日的夜里有如此的思考,是因为此前一天,即9月19日,日本海军舰队司令长谷川发出了针对在南京的第三国人士的警告,宣称9月21日中午12时后将对南京城内进行大规模轰炸,要求他们立即撤离④。很多外国人,包括拉贝所熟识的一些德国人都“逃走了”。拉贝没有逃走,当然也不打算“轻率地”冒险,他为日本飞机的到来连夜做了充分的准备:

我不在南京时,我们的中国人挖了一个防空洞,现在已快要倒塌了。于是,

① 1937年和拉贝一起留在南京的德国人施佩林则要更不幸。1914年日本对德国宣战,进攻德国在中国的租借地青岛时,他正在那里。他成了日军的俘虏,在日军战俘营中被关押4年,直至德国投降,“一战”结束。拉贝回忆录手稿《我在西门子的四分之一世纪》,引自黄慧英:《南京大屠杀见证人拉贝传》,第61页。

② 拉贝回忆录手稿《我在西门子的四分之一世纪》,引自黄慧英:《南京大屠杀见证人拉贝传》,第100页。

③ 拉贝1937年9月21日日记,[德]约翰·拉贝:《拉贝日记》,第8页。

④ 长谷川的通告全文见上文。

> 我们把这肮脏的防空洞进行了整理，重新作了很好的布置：加了牢固的梁木，铺上了地板，垒上了沙袋(今天一只空袋子价值一元钱)，右边当然有入口和出口。当我们发现一根内梁木有折断的危险时，我们没有气馁，仍费力地换上了另一根。干到这里，一夜就过去了三分之二。为了对付炸弹爆炸的气浪，我们还在两个洞的门口垒起了沙袋。[①]

拉贝可是防空洞“专家”，早在1932年中日在上海作战时，拉贝就曾指导过中国邻居建筑防空洞：“吩咐他们不断地加水泥，加沙子；加厚木板，还不断地跟他们说，德国的防空洞比这要结实多了。”“作为一个德国人，我当然要在这些事情上表现出‘专家’的样子。除了这样不懂装懂之外，我还能做什么呢？”[②]这次，拉贝的“专长”再次用上了。防空洞建好后，拉贝“把全部家用药品和这期间关闭的学校的药品都搬进了防空洞里，还准备了用于遭到毒气进攻时的浸醋绷带”。21日11时，“食品和饮料”也用篮子和热水瓶“准备妥当”存放在防空洞内[③]。

22日，日军“开始了他们宣布的狂轰滥炸”。除了来拉贝和他的外国客人外，在他的防空洞里“蹲有约28个中国人”，其中拉贝认识的“还不到14个人”。拉贝的防空洞“并不比其他防空洞好多少”，“但它是在一个德国人的名下建成的，因而想必是特别牢固的”。在轰炸期间，“我的中国人，他们全都一声不响。如果没有克莱因施罗特和我说话，防空洞里就根本听不到说话声”[④]。

帮助这些战争恐怖中“一声不响”的中国人，在拉贝看来是他作为“正派的汉堡商人”所“无法跳越过去”的“道德问题”。拉贝知道他的“中国佣人和职员连同他们的家属约有30人，他们都在看着‘主人’”。拉贝此前在“中国北方的战争中”的经验表明：如果“主人”留下来，“他们就忠实地站在他们的岗位上直到最后一刻”；如果“主人”跑了，“那么洋行和私人的房子不仅会无人居住，而且有可能被人抢劫一空”。尽管洋行和私宅被抢劫“会使人感到难受”，但更重要的是拉贝觉得自己“这样一个平时毫不起眼的无用人，人们还如此信任，这怎能不令人感动”，为此，他“无法作出辜负人们”对他寄予的信任的决定[⑤]。

拉贝“也不喜欢轰炸”，但他扪心自问：“现在就撤到安全的地方去，不，这样做我

---

① 拉贝1937年9月21日日记，[德]约翰·拉贝：《拉贝日记》，第9页。

② 拉贝回忆录手稿《我在西门子的四分之一世纪》，引自黄慧英：《南京大屠杀见证人拉贝传》，第102页。

③ 拉贝1937年9月21日日记，[德]约翰·拉贝：《拉贝日记》，第9页。

④ 拉贝1937年9月22日日记，[德]约翰·拉贝：《拉贝日记》，第10页。

⑤ 拉贝1937年9月21日日记，[德]约翰·拉贝：《拉贝日记》，第8页。

还下不了决心。"[①]出于如此的考虑,拉贝试图帮助这些跟随他的这些中国人。他给了助手韩湘琳一笔预支款,使他能够把他的妻子和两个孩子送到安全的济南去。但韩湘琳十分坦率地说:"您在哪里,我就在哪里。如果您离开,我就跟您走!"其他勤杂工绝大部分来自华北地区,他们根本就不知道到哪里去为好。拉贝想至少能把那些女人们和孩子们送走。拉贝给了雇员们一笔旅费,但他们却不知道应该怎么办。"他们当然很想回到华北去,回到他们的家乡去,但那里也在打仗呀。"[②]

在战乱的中国,他们无处可去,他们更愿意跟随着拉贝。拉贝还举出了一个切身感受的战争面前无助的中国儿童的例子,来说明自己感受到的不能丢下他们逃走的道德责任:"谁要是两只手各抓住一个身子颤抖着的中国孩子,空袭时在防空洞里蹲上几个小时,他就会与我抱有同感。""在这种情况下,我可以而且应该逃走吗?我认为我不能这么做!"[③]

---

① 拉贝1937年10月9、10日日记,[德]约翰·拉贝:《拉贝日记》,第27页。

② 拉贝1937年10月9、10日日记,[德]约翰·拉贝:《拉贝日记》,第27页。

③ 拉贝1937年9月21日日记,[德]约翰·拉贝:《拉贝日记》,第8—9页。其后,拉贝还写了一段话,举出了他不离开南京的一个"理所当然"的原因:

在我的潜意识里终究还有一个最后的、不是不重要的、但对我显然是理所当然的原因,使我坚持留在了这里。我是一名德国国家社会主义工人党的党员,是有职务的,甚至还当过短时间的地区小组副组长。在我对作为我客户的中国当局和各个部委进行商务拜访时,他们一再向我提出关于德国、关于我们的党和政府的问题,我总是这么回答说:

是的——
我们是劳动者的士兵,
我们是工人们的政府,
我们是工人们的朋友,
我们不会抛弃困境中的工人(穷人)。

诚然,我作为国家社会主义者讲的只是德国的工人们,而不是中国的工人们。可是中国人对此会怎样评价呢?今天,善待了我30年之久的东道国遭遇到了严重的困难,富人们逃走了,穷人们不得不留下来,他们不知道该到哪里去,他们没有钱逃走,他们不是正面临着被集体屠杀的危险吗?我们难道不应该设法帮助他们吗?至少救救一些人吧?假如这些都是我们自己的同胞呢??

第二次世界大战结束后,纳粹党被认为是一个"犯罪组织",对被残杀的数百万无辜犹太人,和战争中几千万各国军人和平民的死亡,其中包括数以千万计的德国人,负有不可推卸的责任。在这里拉贝以自己身为纳粹党员来作为帮助中国穷人的理由。现在看来,拉贝的这个理由并不是"理所当然"的,简直是难以理解的。一直以来,拉贝在中国的善举和他的纳粹党员身份似乎很难调和,包括其时在国际委员会和拉贝共事的美国传教士们也表示出不解。威尔逊在当时的日记中写道:"拉贝的确是个纳粹,但在过去几周里,我们和他进行了密切接触后,发现他真是一个非常出色的男人,拥有一副菩萨心肠,这使我们很难将他的人格与他对希特勒的忠诚协调起来。他为安全区的成千上万难民日夜辛劳。"[美]威尔逊:《书信(日记)选译》,章开沅编译:《美国传教士的日记与书信》,第342页。很多研究者就此问题提供了自己的理解(参见:[德]哈瑙特博士著,郑寿康译:《拉贝在中国》的第五章《拉贝的纳粹党员身份》,南京:江苏教育出版社,2008年,第42—50页)。本文并不想就此问题提出自己的看法,只是想强调,作为一个客观事实,我们应注意到那个理由确实是拉贝当时的心态(拉贝此后还曾向希特勒发电报求援)。我们还认为,拉贝的这种心态无损于他对中国难民作出的贡献而理应受到的赞扬和尊敬。

拉贝并不是没有考虑过离开南京："假如日本战舰突破扬子江封锁，直达下关，用舰上的火炮轰击南京，那么，也许才该考虑到'库特沃'号轮船上来休养一段时间。"[①]当11月中旬，拉贝将他的一批行李运到"库特沃"号上的时候，他的佣人们以为他要乘船离去，"他们睁着惊恐的大眼睛走来走去"。当拉贝"明确地告诉他们，不管发生什么事情"，他"都会留在南京"时，他们"又高兴起来"[②]。"英雄精神会传染"[③]，在拉贝的勇敢精神的鼓舞下，"克勒格尔、施佩林、年轻的希尔施贝格[④]和哈茨(一个奥地利工程师)，这些先生们全都要留在这里帮助我。"[⑤]

11月19日，拉贝决定留在南京的消息传出，正在筹备设立安全区的美国传教士们邀请其加入。参加南京国际安全区委员会，是拉贝将他对自己的中国雇员和中国邻居的关心，扩大到了滞留南京的20多万中国难民。

11月23日，途经南京的德国人沃尔夫森克来拜访拉贝。在与拉贝简短交谈时，他感觉拉贝保持着"原有的幽默性格"，只是在他看来"像是绞刑架下的幽默"。他认为"拉贝不是出于商业利益留下来的，而是为了要给20万难民设立一个难民区而决定留在南京的，类似法国神甫雅坎诺在上海所做的那样"。当他对拉贝的计划表示怀疑时，拉贝说："我在国外已经工作了30多年，几乎在这里度过了一半生命，值得留在这里为这件事赴汤蹈火。"[⑥]

最后留下的在这些西方人中，美籍人士人数最多。他们都有着传教士的身份，或在教会机构工作，如鼓楼医院的医生和护士。他们此前和拉贝等德国人并不熟识。拉贝在1937年11月19日应邀到史迈士家晚餐时，才结识了他们。[⑦]

同拉贝等一样，这些美国人中很多也在中国亲身经历过战争，知道留在战斗正在

---

① 拉贝1937年10月9、10日日记，[德]约翰·拉贝：《拉贝日记》，第27页。张纯如在其著作中提及，拉贝在南京沦陷后"缺少衣物，原因是他在9月底做了一个错误的决定——将他所有的衣物都存在运送德国公民离开南京的轮船'库特沃'号上，轮船到汉口后，船员将无人认领的行李全给扔掉。这样，拉贝只剩下两套西服，他还将其中一套送给了一位中国难民，原因是拉贝认为这个难民比他更需要这套西服"。从将全部衣物送上撤离船，而身边只留两套西服这个细节也可以看出，拉贝早些时候确实准备离开南京。[美]张纯如：《南京浩劫——被遗忘的大屠杀》，第143—144页。

② 拉贝1937年11月19日日记，[德]约翰·拉贝：《拉贝日记》，第69页。

③ 拉贝1937年9月21日日记，[德]约翰·拉贝：《拉贝日记》，第8页。

④ 希尔施贝格最后并未留下。

⑤ 克勒格尔在离开南京之时的信中写道："对于我来讲，留在南京是件无可奈何的事，根本不是完全出于自愿，虽然后来也适应了这种无法避免的境况。"但是他在信中没有写明为什么会无可奈何地留在南京。拉贝1937年12月1日日记，[德]约翰·拉贝：《拉贝日记》，第94页。[德]克勒格尔：《克勒格尔致施特雷齐乌斯的信函》(1938年1月21日)，陈谦平等编：《德国使领馆文书》，第94页。

⑥ [德]沃尔夫森克：《黄种人的前线巡礼》(1943年)，陈谦平等编：《德国使领馆文书》，第43页。

⑦ 甚至到1937年12月26日的时候，拉贝还表示只是听说"魏特琳小姐，一个正直可爱的美国人"，却"还不知道她究竟是谁"。拉贝1937年11月19日、12月26日日记，[德]约翰·拉贝：《拉贝日记》，第69页、第231页。

进行的城市意味着什么,甚至曾在战乱的中国受到过战争的伤害。1927年中国内战期间,北伐军进入南京期间曾发生针对外籍侨民的排外暴力事件,时任金陵大学副校长的美国人文怀恩身亡,当时魏特琳和贝德士等人就在南京,并都曾身临险境。一位朋友在回忆文章中写到贝德士在1927年的经历:

> 贝德士一家紧张而又激动人心的岁月真正开始,是在1927年大革命时期。那时蒋介石开始掌权,免不了又是一场内部的勾心斗角。蒋介石军队得胜,在当年3月开进南京,导致了一场矛头对准美国的排外恐怖。不到几小时,每所外侨的院子都是一片混乱。当时贝德士夫人正在给周岁的儿子晨浴,只听得楼下一片脚步声,厨子跑到门口,面无人色,上气不接下气地说,当兵的现在见外国人就杀。厨子从她怀里一把抱过孩子逃走了。过了不一会儿,贝德士夫人就被士兵团团围住。她向楼上一扇窗子看去,只见丈夫双手被反绑着,一群士兵围住他并向他四周开枪乱射,还商量着把他送到何处去处置。南京各处传教士的院子里情况都一样。直到那天晚些时候贝德士夫妇才来到金陵大学,因为从前曾经商定,遇到麻烦情况时学校要充当庇护所。直到晚上,他的学生才为他找到孩子,当时被托付给了一位住在泥棚里的菜农照看。
>
> 第二天传教士们——他们每人都讲述着自己的惊险经历——被红卍字组织撤离到一艘美国炮艇上,然后去了上海。大多数人被掠夺得一无所剩,而瑟尔的情况尤其糟糕。他连眼镜也被人偷走了,好多天就像瞎子一样什么也看不见。①

魏特琳也历经同样的危险,与贝德士同船被疏散到上海。然而,"南京市内秩序尚未恢复,魏特琳就在8月间只身回到南京处理过两天校务;未经美国驻沪领事馆准许,她又置个人安危于度外,毅然与部分同事分批返回,代替暂留上海的校长负责全校行政。在大约长达6周的时间内,金女大为魏特琳为首的8位美国女教员成了南京城里唯一的一群美国人,他们都勇敢地表示自己愿意承担一切后果。"②

相对于其他西方人士,美籍传教士们留下的决心更为坚定。美国使馆的帕克斯顿曾向魏特琳等宣读日本的警告,并劝她们"离开几天"③。魏特琳觉得"当时就拒绝他有点不够含蓄",她几小时后写信给帕克斯顿表示:"我们将同我们的同事在一起,

---

① 中央档案馆、中国第二历史档案馆、吉林省档案馆合编:《日本帝国主义侵华档案资料选编·南京大屠杀》,北京:中华书局,1995年,第1052页。

② 南京师范大学南京大屠杀研究中心主编:《魏特琳传》,第20页。

③ *Minnie Vautrin's Diary*(*September* 20,1937), Box 134 of YDL Record Group NO.11, The Archives of the United Board for Christian Higher Education in Asia, Yale University Divinity School Library Special Collections.

在这种时候,我们认为自己会发挥很大作用。”魏特琳还特地声明“是自愿冒险留下的”,“无论发生什么事情”,“政府或是学院”并不“负有责任”。[①]

此后,魏特琳多次表达了类似看法:“我不能离开金陵女子文理学院的同事和邻居,因为他们需要我,有时他们可以帮助我,有时我可以帮助他们。”[②]“我觉得我在金陵女子文理学院18年的经历,以及与邻居14年的交往经验,使我能够担负起一些责任,这也是我的使命,就像在危险之中,男人们不应弃船而去,女人也不应丢弃她们的孩子一样。”[③]魏特琳将只将一种情况设定为她离开南京的前提,即“如果我们留下将威胁到中国同事的生命时”,“我们应该尽快离开。”[④]魏特琳成为金女大留守小组的负责人,带领着留守的中国职员看护着金女大的校舍。

史迈士更是在当时撰文“谴责传教士在大使馆或国务院的命令下撤离南京”,甚至还使用了“‘逃跑’这个字眼”来指责那些离开南京的传教士们[⑤]。为了使自己在大使馆的眼中显得更具留在南京的“合理性”,史迈士在大病尚未痊愈的情况下,“以前所未有的精力,为鼓楼医院组织救护车队”。[⑥] 威尔逊也认为美国医生是中国同事的榜样,如果美国人都走了,中国职员也将离开,医院就不得不关闭[⑦]。贝德士则保持着和大使馆的密切联系,因为他也“不想愚蠢地冒险”,但是“有许多大事和要事等着去做”[⑧]。贝德士接受了金大校长陈裕光的请求,成为金大紧急委员会的负责人,协同史迈士、林查理及留守中国职员,保护金大的校产。

当然,美国传教士们留下的决定中有着对所献身的教会事业的牵挂。魏特琳强调:“我们最大的感情投资是年轻的教会成员保持友好合作的关系,当人们最需要我

---

① *Minnie Vautrin's Diary*(*September* 20,1937), Box 134 of YDL Record Group NO.11, The Archives of the United Board for Christian Higher Education in Asia, Yale University Divinity School Library Special Collections.

② *Minnie Vautrin's Diary*(*November* 19,1937), Box 134 of YDL Record Group NO.11, The Archives of the United Board for Christian Higher Education in Asia, Yale University Divinity School Library Special Collections.

③ *Minnie Vautrin's Diary*(*August* 27,1937), Box 134 of YDL Record Group NO.11, The Archives of the United Board for Christian Higher Education in Asia, Yale University Divinity School Library Special Collections.

④ 魏特琳的这种想法,应与其1927年南京事件中在宁的经历有关。*Minnie Vautrin's Diary*(*September* 18, 1937), Box 134 of YDL Record Group NO.11, The Archives of the United Board for Christian Higher Education in Asia, Yale University Divinity School Library Special Collections.

⑤ *Minnie Vautrin's Diary*(*September* 18,1937), Box 134 of YDL Record Group NO.11, The Archives of the United Board for Christian Higher Education in Asia, Yale University Divinity School Library Special Collections.

⑥ *Minnie Vautrin's Diary*(*September* 20,1937), Box 134 of YDL Record Group NO.11, The Archives of the United Board for Christian Higher Education in Asia, Yale University Divinity School Library Special Collections.

⑦ *Letter from Robert O. Wilson to multiple people*(*August* 24,1937),RG11,Box229,Folder3875, The Archives of the United Board for Christian Higher Education in Asia, Yale University Divinity School Library Special Collections.

⑧ [美]贝德士:《贝德士致妻子》(1937年11月17日),张生编:《耶鲁文献》(上),张宪文主编:《南京大屠杀史料集》第69册,南京:江苏人民出版社,2010年,第153页。

们的时候,我们却离开,在我看来这是丢掉了一次需要我们服务的绝佳机会。"[①]福斯特认为:"保证中立区计划的顺利实施","是提供给我们工作人员和信徒的惟一办法。"在"战线日益逼近城市,情况越来越紧急"的情况下,"这是一个极佳的机会,以具体的方式应用基督教"[②]。

其他传教士也是在中国生活多年,甚至在中国军阀混战、土匪横行的地区工作的经历。他们对战争中可能出现的状况有着比较充分的估计,也在美国使馆的通知上签名自愿承担留在南京的后果:他们"签下了'生死状',将在南京面对任何'可预期的不幸事件'"。[③]

在他们留下的文献中,谈到的最多的是"服务"和"责任",为中国难民做他们力所能及的救助工作。"在决定留下时,他们没有表露出丝毫的英雄气概,他们只是认为这是义务,他们说,必须留下来守护教会的财产,给予中国同僚们信心,帮助现在仍在计划中的安全区——这关系到成千上万中国人的生命。"[④]

综上所述,西方人士留守南京的动机主要有如下几方面:(1) 出于人道的考虑,留在南京组织和运作难民救助机构;(2) 接受各方的委托,保护在南京的公私财产;(3) 工作职责的需要,如战地记者和摄影师;(4) 困难面前坚持自身信念和事业,主要是美国传教士们。对任何人来说,留在激战即将到来的地区都是一个艰难的决定。西方人士决定留守南京往往并非单一原因,多种因素同时出现在他们的考量之中。

南京大屠杀时期,西方人士协力救助了数十万的中国难民。拉贝留在南京的经历,"使他超越了作为一个汉堡商人平淡无奇的生涯,在中国现代史上留下了不能抹煞的一页。"[⑤]其他西方人士何尝不是如此。南京郊区栖霞山的江南水泥厂,曾在德国人京特和丹麦人辛德贝格主持成为了收容上万人的难民收容所[⑥]。这两人在南京大屠杀时期的作为无疑是高贵的举动,但他们来到南京却"绝非出于惊天动地的高贵动机"[⑦]。分析西方人士留下的现实动机,并不会否定他们的功绩。重现历史过程中他们作为不"普通"的普通人的一面,才能够理解作为传教士、纳粹党员的这些西方人士

---

① *Minnie Vautrin's Diary*(*September* 18,1937), Box 134 of YDL Record Group NO.11, The Archives of the United Board for Christian Higher Education in Asia, Yale University Divinity School Library Special Collections.

② [美]福斯特:《致家人函》,章开沅编译:《美国传教士的日记与书信》,第96、97页。

③ 朱成山主编:《海外南京大屠杀史料集》,第250页。

④ 张生编:《外国媒体报道与德国使馆报告》,第33页。

⑤ 张生:《本册说明》,[德]拉贝:《拉贝日记》,本册说明第2页。

⑥ 难民收容所在很多文献中也被称为难民营,在本文中意义相同。

⑦ 张生:《1937—1938:人道与暴行的见证——经历南京腥风血雨的丹麦人》(序三),戴袁支:《1937—1938:人道与暴行的见证——经历南京腥风血雨的丹麦人》,南京:江苏人民出版社,2010年,序言,第8页。

如何能够为中国难民贡献他们的爱心，才能够透过繁复错综、充满悖论[①]的历史现象看到人性的光辉。

西方人士决定留在南京，尤其是他们决定建立难民救助组织和设立安全区，使得即将到来的日军将不仅仅面对被统治的中国民众。日军必须面对南京城内存在西方人士和他们建立的组织。少数西方人士的滞留给南京城抹上了难以忽视的国际色彩。

（二）西方人士与国际救援机构

南京沦陷期间，由西方人士主导的数个慈善救援机构给了中国难民极大的帮助。通过这些组织，他们发挥集体的力量，在日本军事占领的缝隙中艰难地救助着无辜的中国百姓。研究这些国际救援机构的成立宗旨、组织结构和运作过程，能在很大程度上揭示西方在宁人士帮助中国难民所做出的贡献。

1. 安全区国际委员会

近代中国战乱频仍，水旱灾害频发，而政府社会控制力较弱，救灾能力不足。传教士通过教会基金和海外募捐，救助中国最为贫弱，无力度过难关的灾民、伤兵，起到了很大的作用。在可能的情况下，传教士甚至作为中间人，力图调停冲突、战争中的双方，以避免无谓的战火伤及无辜。

1937 年南京沦陷前后，在南京的传教士群体一直在做着类似的事情。在中国当局仍然控制局面的时候，他们帮助医疗能力不足的中国方面救助伤患；当南京被日军包围之际，试图调停双方停火，以免无谓的人员和财产损失；当日军占领南京之后，他们给难民提供基本的食品、住宿和医疗等照顾。还有一项事先未曾虑及的任务：当驻南京的数万日军成为一群武装暴徒的时候，拼尽全力保护中国难民，避免他们成为日军滥杀无辜的牺牲品；保护中国妇女，避免她们成为日军性暴行的牺牲品。

（1）安全区国际委员会的筹组

早在 1937 年 8 月 12 日，在南京的一些西方牧师和中国的基督徒“就聚集在一起，讨论这个城市的基督徒如何面对国家危难”。他们成立了“妇女儿童救济委员会”。9 月 26 日，这个委员会扩大为“南京基督教战时救济委员会”，并于 10 月 3 日成

---

① 曾参加国际委员会救助难民的白俄罗斯人科拉，后来竟然成为南京日本宪兵队的密探，战后为国民政府“军统”机关逮捕，并按照《惩治汉奸条例》审讯后受到监禁。参见戴袁支：《1937—1938：人道与暴行的见证——经历南京腥风血雨的丹麦人》，第 211 页。

立了12人的执行委员会,“由金陵大学校长陈裕光博士担任主席,金陵神学院院长韩德尔·李、金陵女子文理学院院长吴贻芳博士(她是中国极少数知名妇女教育家之一)担任副主席”。委员中有杭立武、米尔士、史迈士、魏特琳等。该委员会的工作是:“(1) 救济工作与南京大学医院有关,拯救空袭后的受伤平民,还有救济从下关过来的上海战区难民。(2) 公开交流工作,为救济开支集资募捐,把事实报告给中国海外的朋友。”①

随着战事不断扩大,从前线运来的伤兵集中到下关,等待过江送往后方治疗。11月7日,“战时基督教救济委员会”成立了“下关伤兵接待部”,下关道胜教堂的美国牧师马吉负责领导这一部门的工作,协助中国方面照顾在下关的中国伤兵②。后来,美国圣公会的福斯特牧师从扬州赶到南京,也加入这一工作之中③。

到1937年11月中旬,南京国民政府面对非常严峻的局势,政府的各部门都在为撤退做准备。11月15日,魏特琳在日记中表达出了对南京未来局势的担忧,她写道:“形势看来很糟。谣言四起,局势动荡。”“有谣传说交通部正在征用船只,部分工作人员已撤出了南京。我们不知道中国军队是否能遏制日军的进攻? 如果不能,南京被占领只是时间问题,那时,将会有激烈的抵抗,还是仓促的撤退?”④既然中国政府即将撤出南京,而中国百姓不可能全都离开,尤其是那些没有经济能力的底层百姓。如何帮助留在南京的难民度过“最艰难的时刻”,成为魏特琳和其他在宁的传教士们考虑的一个问题。

此前不久,法国神甫饶家驹倡议成立的上海南市难民区取得了成功。时年58岁的饶家驹为法国天主教神甫,震旦大学教授、华洋义赈会会长、国际救济基金委员会委员、上海国际救济会救济组主任,并兼上海国际红十字会难民委员会主席,致力于中国的慈善救济事业。饶神甫从1914年来到中国,至1937年已整整23年。在1932年的“一·二八”淞沪抗战时,他曾冒险出入战区救济伤兵和难民,不幸在闸北右臂中弹受伤被截肢。

1937年“八一三”淞沪抗战爆发后,中日军队在上海开始大规模的战斗。中国民

---

① 摘自拉贝的新闻剪报集选。拉贝的新闻剪报皆选自中国出版的英文报纸《大陆报》(南京版)(The China Press [NanKing Edition]),朱成山主编:《海外南京大屠杀史料集》,第137—138页。

② *Minnie Vautrin's Diary* (*November* 7, 1937), Box 134 of YDL Record Group NO.11, The Archives of the United Board for Christian Higher Education in Asia, Yale University Divinity School Library Special Collections.

③ 福斯特的夫人跟随福斯特一同到达南京,但因其不懂中文,为了让“男人们更加自由地开展工作”,她撤到汉口并转往香港。章开沅编译:《美国传教士的日记与书信》,第92页。

④ *Minnie Vautrin's Diary* (*November* 15, 1937), Box 134 of YDL Record Group NO.11, The Archives of the United Board for Christian Higher Education in Asia, Yale University Divinity School Library Special Collections.

众纷纷涌入上海公共租界和法租界以躲避战火，高峰时“达七十万人左右”[①]。由于租界人满为患，8 月 13 日、15 日公共租界工部局和法租界公董局相继宣布戒严，阻止中国难民继续涌入。大批难民滞留在法租界大门外的南市地区，集结于法华民国路上，等候租界能为他们敞开大门。因南市为中国控制的地区，时常遭到日机的直接轰炸，所以拥挤在此的难民的安全问题异常严峻。与此同时，南市本地居民大多已避入租界，更有许多公共建筑空置，可以用于安顿难民。日军在一步步逼近南市地区，如果中国军队和日军在这一地带发生地面交战，后果难以预料，很可能也会给一墙之隔的租界带来灾难。面对这种状况，饶家驹神甫等人发起设立南市难民区。

他首先征得上海各慈善团体和英、法、美等各国驻沪领事的首肯，然后联系中日双方，以求得赞同。至 11 月 5 日，他的提议正式得到中日双方的许可，11 月 8 日开始用旗帜标出安全区的边界，9 日完成了这个工作。至此，上海南市安全区开始运作。

上海南市难民区给了关注南京难民问题的人们极大的启示，他们决定如法炮制。米尔士写道：“关于安全区，我们是从上海饶神父(Father Jacquinot)的安全区得到启发的。我称之为‘饶神父区’，是因为该安全区与他的名字极有联系。”[②]贝德士在远东军事法庭作证时也曾说，国际委员会的成立是“以饶家驹神甫建立的国际委员会为榜样，这个委员会对那里大量的平民提供了相当的帮助，我们试图在相当不同的情况下在南京做相同的事”[③]。

据杭立武的回忆，是他最先提出了在南京成立安全区这个设想：“一九三七年十一月，我在南京看到报纸上报导上海有个饶神父，在上海设难民区，容纳很多妇女和小孩。我忽然动脑筋，觉得日本将来进攻南京了，我准备成立一个南京安全区国际委员会，并设立一个难民区。”那时的杭立武身兼很多要职，也是金陵大学校董会的董事长，和金陵大学的许多美国教授非常熟悉。同时，杭立武兼任中英文教基金会的总干事职务，也使得他和许多英国人、德国人有来往。从上海得到启发的杭立武“约集了一二十个外国人，我说我们要设一个难民区，他们都同意，他们认为这是为人道的事情，应该赞同”[④]。

杭立武提出这一设想约是 1937 年的 11 月 16 日。11 月 17 日，并不知晓杭立武的设想的魏特琳，也向美国驻华使馆的帕克写信，提出了类似的设想：征得中日双方

① 罗义俊：《上海南市难民区述略》，《上海师范大学学报》1990 年第 2 期。本节中有关上海南市难民区的内容，多参考此文。

② [美]米尔士：《米尔士致夫人函》(1938 年 1 月 24 日)，朱成山主编：《海外南京大屠杀史料集》，第 175 页。

③ 杨夏鸣：《论南京“安全区”功能的错位及其原因》，《抗日战争研究》2000 年第 4 期。

④ 杭立武：《筹组南京沦陷后难民区的经过》，《传记文学》(台湾)第 41 卷第 3 期。

的同意,将金陵女子文理学院作为安置贫苦妇女、儿童的安全中心。她提及"这样的事情在上海已经实行了,但为时已晚。毫无疑问,如果能及早着手进行周密的准备,将能挽救更多人的生命"。在请示了美国驻华大使后,帕克回信给魏特琳:"如果设立这样的中心,大使馆是欢迎的,并打算代向日军当局转达。"[①]当天下午5点半左右,美国人米尔士、贝德士和史迈士等三人,就设立安全区的问题专程前往帕克家中访问。根据会谈的记录显示:

米尔士人先说明了他们的设想、向军事专家以及中方要人初步咨询的结果:"(1) 在南京附近和市内进行战斗时,为了一般市民能避难,进行讨论,暂定提案设立安全区,或称为难民区、非战斗区域。(2) 关于场所,研究了几个地方,但决定城内西部地区较合适。(3) 当向大使馆罗勃兹上校征求意见时,他说,中国的军事当局会同意不把西部地区用做军事目的(因为实质上不会削弱他们的战略部署)。为什么呢?他说,假如在南京附近进行战斗,就要考虑战斗是在城市的东部或南部。(4) 关于这项计划,杭立武博士对王世杰教育部长作了说明。王部长不仅表示赞同,而且还主动向军事训练总监唐生智(现在为首都卫戍军司令)提出商量。唐将军没有陈述他的意见,但是他同意同蒋介石将军商量一下这个计划(蒋介石当时不在南京)。"

在米尔士等人问及:"如果计划具体化了,大使馆会主动将它通知给日本当局吗?"帕克的回答谈及魏特琳的提议和大使本人的意见:"关于这件事今天已经有了结论。那就是回答金陵女子文理学院明妮·魏特琳(Minnie Vautrin)女士的信所说的内容。"同时,他声明"自己也会约定乐于接受这份功劳,将这一情报传达给日本。"

然后从美国使馆官员的角度,帕克谈到了他对计划的顾虑:"如果有人知道了设定非战斗区域的计划是美国人想出来的话(也许会是这样的),其结果,两国任何一方破坏了协定的话,那么预定发起这项计划的人无疑就会受到大家的憎恶。因此,他主张提倡、推进这项计划的人为了避免自己受到失败的责难,采用一个没有误解的方法,应该由中国军当局自己主动地尝试加入到这项计划中来。"帕克进一步表示,美国大使馆在向日本当局转达安全区计划前必须知道中方已经实际接受这个提议。

米尔士等人赞同帕克的意见。米尔士还提议:如果大使晚上预计会见到孙科博士等人的话,"试着向他探询一下这个问题也是一个好主意"。在离开之前,米尔士等人还表示明天他们当中还会有人来和帕克继续探讨有关安全区的计划[②]。由此可见,"成立安全区的设想并不是某一个人提出的,而是中外人士不约而同地提出了同一设

① 王卫星:《论南京国际安全区的成立》,《民国档案》2005年第4期。

② 张生等编:《英美文书·安全区文书·自治委员会文书》,第84—85页。

中国红十字会南京分会施材所。选自《中国红十字会月刊》第35期。

中国红十字会南京分会掩埋队。选自《中国红十字会月刊》第34期。

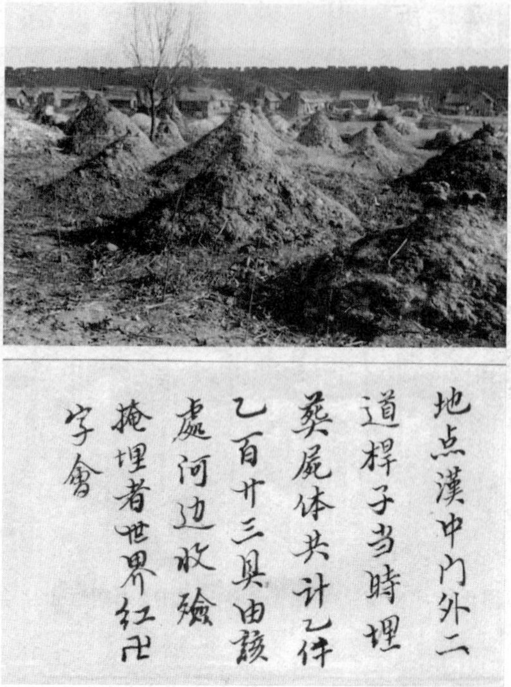

《敌人罪行照片集》之一。中国第二历史档案馆藏。

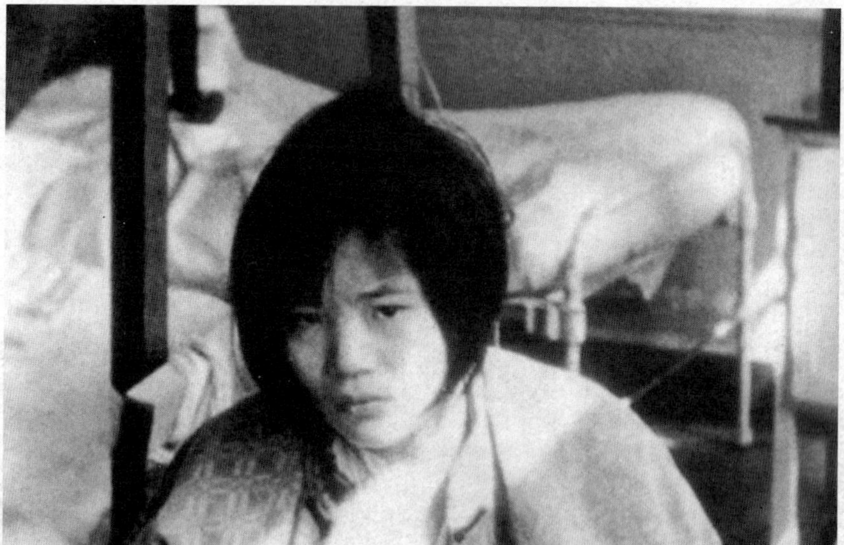

这名18岁的中国姑娘,被日军掳去38天,每天被奸污7—10次,染上严重性病后被放出,在金陵大学医院接受治疗。选自马吉电影镜头。

想”。杭立武也确实最早参与其中[①]。

当晚,美国大使约翰逊和帕克等与中国官员孙科、张群及南京市长马超俊等共进晚餐。席间,“应约翰逊大使的要求”,帕克将与米尔士等人交谈的“内容主旨向在座的中国人说明了一下”。约翰逊大使强调“话题是出自没有公务的平民,目前它还处于议论阶段”,“如果计划具体化了”,美国使馆方面“乐于斡旋向日本当局传达”。马市长“没有发表任何意见”,张群表示“对于安全区的计划,讨论这个问题还为时太早”[②]。

尽管贝德士认为建立安全区的计划是在“痛苦中勉力挣扎着”,并不非常看好成功的可能,但他们并没有放弃。[③] 贝德士、米尔士等人一直在为成立安全区而奔忙,他们积极联络尚在南京的各国人士,以组成拟议中的国际委员会。

11 月 19 日,拉贝得知此事:在南京的西方人士“成立了一个国际委员会(主要由鼓楼医院的美国医生和在金陵大学任教授的传教士组成)。委员会试图建立一个难民区,即位于城内或城外的一个中立区。一旦城市遭到炮击,非战斗人员可以躲避到那里去。”在被问及“是否愿意参加这个委员会”时,他“表示愿意”。当晚,拉贝应邀前往史迈士家吃饭时,“结识了很多美国籍的委员”[④]。

11 月 21 日,由杭立武、米尔士、贝德士、史迈士等 4 人签名的南京难民区筹备报告送交到了南京市政府[⑤]。第二天,在德国大使离开南京之前,拉贝向他介绍了委员会秘书史迈士,并征得了大使对安全区计划的同意。此前,美、英大使馆均已同意该计划。因为,当时的南京已经“没有了法国人、意大利人,所以委员会里没有法国代表及意大利代表”。贝德士在远东军事法庭作证时曾说明:“委员会成立之初是一个丹麦人为主席,有德国、英国、美国成员。”[⑥]当天的委员会会议上,拉贝被选举为主席。根据委员会的早期名单,只有一位丹麦人参与其中,即南京德士古石油公司的汉森。在国际委员会最初工作的几天时间内,由汉森任主席住持会议,直至 11 月 22 日改选[⑦]。此时汉森尚未离开南京,因当天发出的致日本当局的电报显示汉森还列名其后。

---

① 王卫星:《论南京国际安全区的成立》,《民国档案》2005 年第 4 期。

② 张生等编:《英美文书 · 安全区文书 · 自治委员会文书》,第 86 页。

③ [美]贝德士:《贝德士致妻子》,张生编:《耶鲁文献》(上),第 153 页。

④ 拉贝 1937 年 11 月 19 日日记,[德]约翰 · 拉贝:《拉贝日记》,第 69 页。

⑤ 该报告藏于南京市档案馆。引自黄慧英:《南京大屠杀见证人拉贝传》,第 157 页。

⑥ 杨夏鸣:《论南京“安全区”功能的错位及其原因》,《抗日战争研究》2000 年第 4 期,第 124 页。

⑦ 在由安全区国际委员会改组而成的南京国际救济委员会的报告书中,将 1937 年 11 月 22 日作为安全区国际委员会正式成立的日子。参见《南京国际救济委员会报告书》,张生等编:《英美文书 · 安全区文书 · 自治委员会文书》。

委员会草拟了有关安全区建议的电报,由 15 名委员签名后,发给美国驻上海总领事代为转交日本大使。委员会同时决定:"在上海日本大使收到电报以前,不准公开发表电报内容。"①然而,路透社在发电报时"无意中"将建立安全区的"秘密泄露出去了"。为此,拉贝等还"让人正式发报道歉,以免激怒上海的日本当局"②。

虽然,拉贝从收音机报道中得知"日军司令部对我们努力在本地为平民建立一个中立区的反应是友好的",但"正式答复还没有到。"③眼看日军在一步步逼近南京,而安全区的计划还没有得到日本人的许可,拉贝甚至想到通过德国政府向日方施加影响。

11 月 25 日,拉贝通过上海德国总领事馆向国社党中国分部的负责人拉曼发出电报。拉贝请求拉曼代为转发他以"西门子驻南京代表"和"南京国际委员会主席"的名义致总领事克里伯尔和希特勒本人的电报。为防止拉曼"被高额电报费吓退",拉贝特地声明由他来支付电报费用④。

11 月 26 日,杭立武告诉拉贝,他们的建议"最高统帅本人已经表示赞同"⑤。同一天,由国际委员会 10 多位委员签名的报告再次送交给南京市政府,提出了设立安全区的几项关键问题:"(一) 安全区国际委员会的责任限于与中国政府、日本当局接洽和划定安全区域。请军政当局指定人员负责安全区内的安全、食物、饮料、房舍等事项,并指定委员会与市政府之间的联络人员。(二) 安全区的目的在于保证难民的安全。因而安全区内不得有任何军事设备或军事机关,除维持治安的警士得佩有手枪外,其余任何武装人士不得在此居住,军事性质的交通运输均不得经过。并要求军政当局给一书面保证。(三) 安全区的地点必须具备易于确认,第三方或日方认为此地与军事防务无关这样的条件;其次是便利安全,与平民住宅相近,便于维持治安;与医药、食品供给地相近;同时与中立国的人民财产所在地相近,便于照料。(四) 难民区的范围划定为:东由新街口从中山北路到山西路广场为界;北面由山西路广场至西康路;西面由西康路向南沿上海路到汉中路交界处;南面由汉中路到新街口为界。"⑥

国际委员会的报告得到了中国方面的回应。中国方面正式承认安全区的设立,

---

① 其中的 8 人在南京沦陷时还留在城内。拉贝 1937 年 11 月 22 日日记,[德]约翰·拉贝:《拉贝日记》,第 73—75 页。

② 拉贝 1937 年 11 月 23 日日记,[德]约翰·拉贝:《拉贝日记》,第 76 页。

③ 拉贝 1937 年 11 月 25 日日记,[德]约翰·拉贝:《拉贝日记》,第 79 页。

④ 拉贝 1937 年 11 月 25 日日记,[德]约翰·拉贝:《拉贝日记》,第 80—81 页。

⑤ 最高统帅指蒋介石。拉贝 1937 年 11 月 26 日日记,[德]约翰·拉贝:《拉贝日记》,第 82 页。

⑥ 南京市档案馆馆藏战前秘书处档案,引自黄慧英:《南京大屠杀见证人拉贝传》,第 174 页。

授予国际委员会在安全区内相应的权限，并在人员、资金、物资等方面给予了支持[①]：

一、在市政府抽调职员若干人，成立了难民救济委员会，协助国际委员会筹备会工作。在南京安全区正式成立后，南京市政府救济委员会救济难民事务并入国际委员会统筹办理。

二、函请首都警察厅派警察若干名协助工作。市政府在11月28日先行拨米3万石交难民救济委员会暂为保管。将向委员会提供450名警察、3万担大米、1万担面粉和一些食盐，并允许拨交10万元法币现金。

三、中国当局完全确认难民区范围。在划定区域内的公共场所、学校或空用房屋，国际委员会均可拨用，作为难民的住所。

四、至于安全区中的军事机构和军事设施，卫戍司令长官唐生智将派员完成清除军事、空防设施的艰苦工作。并拨交军粮存条二张：一为米5万石；一为面粉10万包。

11月29日晚，在英国文化协会内举行的例会上，南京市长马超俊"当众宣布了国际委员会成立"[②]。此时，南京安全区国际委员会共有德国、美国、英国和丹麦的15名委员[③]。12月1日，德国使馆官员将位于安全区内宁海路5号国民政府高官张群的私宅，转交给国际委员会。第二天，国际委员会决定在此建立总部，正式开设了委员会办事处[④]。

中方的大力支持令人鼓舞，然而国际委员会却感到"很难决定是否继续开展建立难民区的工作"，因为还没有"得到日本当局的答复"。国际委员会很清楚，作为中日战争中强势的一方，日本当局的赞同是安全区得以运作最为关键的因素。如果委员会让难民搬进难民区之后，而日本人"断然拒绝"的话，委员会"将负有很大的责任"[⑤]。但战线逼近，局面迅速恶化，使得国际委员会没有时间停下来犹豫和等待。经过表决，大多数委员赞成"继续工作下去"。同时，国际委员会也为日本拒绝他们的计划留有余地，决定有关难民区"公告的行文必须十分谨慎"[⑥]。

---

① 南京市档案馆馆藏战前秘书处档案，引自黄慧英：《南京大屠杀见证人拉贝传》，第175—176页。

② 拉贝1937年11月29日日记，[德]约翰·拉贝：《拉贝日记》，第89页。

③ 名单见本节此前所引：《南京安全区国际委员会成员名单》(1937年11月29日)。

④ 此为中国外交部长张群的私宅，此前张群将其交给德国大使馆使用，被大使馆转交给国际委员会。拉贝1937年12月1日日记，[德]约翰·拉贝：《拉贝日记》，第93页。

⑤ 拉贝1937年12月1日日记，[德]约翰·拉贝：《拉贝日记》，第94页。

⑥ 拉贝1937年12月1日日记，[德]约翰·拉贝：《拉贝日记》，第94页。

12月2日,上海的饶家驹神甫转来日本当局的电报。日本当局对建立安全区的申请"予以否决"①。12月5日,美国驻上海总领事发来了日本大使的正式答复:

1. 考虑到一旦发生紧急情况,委员会不具备完全切断安全区与外界联系的自然条件与人工设施,有必要给安全区领导层提供足够的物资材料或其他特别权力,以便安全区附近发生战斗时,能够阻挡中国武装部队进入安全区寻求保护或将安全区用于军事目的。

2. 此外还必须考虑到,不论是在安全区内,还是在安全区的附近都有中国的军事设施和据点,一旦在南京发生战斗,这些设施和据点很难做到不会被中国军队使用。

3. 鉴于上述原因,日本政府认为,即使该建议受到中国当局的欢迎,但仍然不能保证做到在南京发生战斗时,能够完全阻挡住中国军队进入安全区并将安全区用于军事目的。

4. 尽管日本政府完全承认对此建议负责的领导层的高尚动机,但是在这种情况下,日本政府不承担在未来对所述区域免遭炮击或轰炸的保证义务。

5. 可以把下列情况看成是一种表态,日本军队无意对未被中国军队使用的地点或不存在军事设施或没有部署中国军队的区域发动进攻。②

日方在列举国际委员会设立安全区的不利因素后,表示不承担不进攻安全区的义务。日方答复的最后一条又表示:无意对未被中国军方用于军事目的的地区发动进攻。日本人不担保这个地区"不受轰炸或炮击","但是只要中国军队不在此设防,日本人就不打算进攻这个地方"。这种回答被认为是日本当局愿意承认,而又不想承担明确承认的义务的外交辞令式的表达。在对日方的电报进行认真解读后,日方的答复被国际委员会判定为是"暧昧的承认":日本人"故意用一些不甚确切的措辞,但已足以让我们相信计划将被允许实施"③。

国际委员会认为:只要等到中国军队完全撤离,他们就"有充足理由声明"启动安全区。而在此之前,国际委员会只能宣告:他们将"深信双方信守承诺,按计划努力推行安全区运作"。当然,日方没有明确承认,使得国际委员会承担着巨大的风险④。

---

① 拉贝1937年12月2日日记,[德]约翰·拉贝:《拉贝日记》,第95页。

② 拉贝1937年12月5日日记,[德]约翰·拉贝:《拉贝日记》,第104页。

③ [美]福斯特:《致家人函》,章开沅编译:《美国传教士的日记与书信》,第96页。

④ [美]米尔士:《米尔士致夫人函》(1938年1月24日),朱成山主编:《海外南京大屠杀史料集》,第175—176页。

国际委员会的工作进展并非一帆风顺，其内部的团结协作也有些问题。国际委员会开始运作时的成员为 15 人，但是沦陷后只有 8 人坚持在南京为安全区事务工作。

有记载称南京沦陷之前，委员会的“1 名丹麦成员和 3 名英国成员被他们的公司和政府拖走”①。实际上早期参与国际委员会的 4 名英国成员都没有在沦陷后继续参与安全区的工作。没有材料说明和记洋行的英国人希尔兹是否为没有被“公司和政府拖走”，而主动退出的第 4 人。

1938 年 4 月 25 日，美国外交官考维尔曾在英国军舰“圣甲虫”号上遇见希尔兹，并曾和希尔兹就安全区问题有所讨论。希尔兹对安全区的成立提出了相当多的批评，并在南京沦陷前退出了国际委员会。希尔兹认为：“南京安全区是一个错误。”②借助希尔兹看法，可以略见安全区设立过程中持不同观点的另一面。

希尔兹告诉考维尔，1937 年 11 月份“在大约 10 天的时间内，那个团体每天 6 点钟开会”。“当会议开始的时候，已经形成了非常一致的意见：他被邀请进来显然是为了给一小群人的决定投下国际的光晕。当他提议是否可以将中国的贫民区划为安全区时，被告知选址的问题已经通过并且已经被决定了。”希尔兹强调，在他看来安全区的划定“名义上是为平民提供保护，实际上是为美国人、德国人和富裕的中国人的财产提供保护。甚至在它被确定为安全区之前，中国人还有一门大型防空火炮在其范围内，并被继续使用”③。

从其他记载来看，希尔兹所说的会议召开的时间是准确的。在 11 月下旬时候，委员会一般于晚上 6 点在英国文化协会开会④。希尔兹与其他人观点最为相左的是关于安全区位置的选择。确实，早在米尔士等人最初找帕克讨论安全区提议的时候，安全区的位置已经基本确定。在国际委员会 11 月 22 日国际委员会致日方的电报中，安全区的位置已经通报给日方，而当时希尔兹并没有退出，他是在该电报上签名的委员之一⑤。据考维尔的记载：“在上海，希尔兹和‘圣甲虫’号的军官们都同意，对于中国的平民来说，安全区确实为他们提供了有利的设施。”⑥

以当时南京的实际情形看来，将贫民区划为安全区也是不适宜的。虽然南京的

---

① Shuhsu Hsu (ed), *the War Conduct of Japanese War*, Shanghai-Hong kong-Singapore: Kelly&Walsh Limited, 1938，杨夏鸣等编：《国际检察局文书·美国报刊报道》，第 624 页。

② [美]卡波特·考维尔：《考维尔东京—上海—南京旅行笔记》，朱成山主编：《海外南京大屠杀史料集》，第 88 页。

③ [美]卡波特·考维尔：《考维尔东京—上海—南京旅行笔记》，朱成山主编：《海外南京大屠杀史料集》，第 88 页。

④ 拉贝 1937 年 11 月 26 日日记，[德]约翰·拉贝：《拉贝日记》，第 83 页。

⑤ 拉贝 1937 年 11 月 22 日日记，[德]约翰·拉贝：《拉贝日记》，第 75 页。

⑥ [美]卡波特·考维尔：《考维尔东京—上海—南京旅行笔记》，朱成山主编：《海外南京大屠杀史料集》，第 88 页。

难民较多来自贫民区,可就近安置。但是一般而言,贫民区缺乏设立大型难民收容所的公共建筑,难以安置从其他区域迁来的难民。而且贫民区内大多是狭窄的旧式街巷,也难以形成可以集中管理的难民收容所。从江南水泥厂难民收容所的实际情况看来,居住于棚户中的难民日常生活会更加艰难①。国际委员会决定的安全区的选址在其时的新住宅区,道路宽阔,有较多大型的公共建筑,且远离可能发生激战的区域。安全区内的军事设施问题在安全区筹备时确实存在,拉贝等人曾亲自前往五台山中国军方防空火炮部署地点查看,并协调将其撤出安全区。

希尔兹还指出:"讨论时明确安全区并不向公众开放,但很快中国的难民就开始涌进被提议的地区,有人泄露了信息。""市长参加了早期的会议;当讨论的进程停止时,市长就不再出席而改让下属参加。中国人也许不想表态。"②

其他文献也证实,在讨论安全区的过程中消息被泄露出去。早在 11 月 28 日,魏特琳即在街头碰到"一群群妇女和儿童"在寻找安全区的位置③。至于中方的态度,现在还没有更多材料以窥见细节,但中方整体上取支持的姿态是可以确认的,否则安全区难以继续运作。

希尔兹有关安全区的批评大都不能成立,有关他退出安全区的实际考量还无从确切知晓④。安全区国际委员会内,确实并不是每个委员都有勇气坚持到最后。成立安全区是一项慈善之举,不能苛责那些退出的委员,而是更应当肯定坚持者的勇敢和毅力。米尔士后来写道:"南京安全区的运行仅凭我们的勇气,或者说依靠信念。"⑤可以说,希尔兹对于安全区的批评,恰是从另一面证实国际委员会在当时面临的困境及取得后来的成果所付出的艰辛努力。

(2) 沦陷前安全区的准备

筹备成立安全区之初,委员会成员的设想是:当战斗在南京城进行期间,给中国平民提供一个躲避双方炮火的安全区域,渡过权力易手产生的政权"空白期"。接下来,战斗结束后实际控制南京城的一方将负起城市管理的责任,而安全区的使命也将完结。

基于上述考虑,安全区国际委员会在 1937 年 11 月 22 日成立后直至 1938 年 2 月

---

① 参见本章有关江南水泥厂难民收容所的相关内容。

② [美]卡波特·考维尔:《考维尔东京—上海—南京旅行笔记》,朱成山主编:《海外南京大屠杀史料集》,第 88 页。

③ *Minnie Vautrin's Diary* (*November* 28, 1937), Box 134 of YDL Record Group NO.11, The Archives of the United Board for Christian Higher Education in Asia, Yale University Divinity School Library Special Collections.

④ 希尔兹自己的工厂不在安全区内可能是重要原因。参见:[美]卡波特·考维尔:《考维尔东京—上海—南京旅行笔记》,朱成山主编:《海外南京大屠杀史料集》,第 88 页。

⑤ [美]米尔士:《米尔士致夫人函》(1938 年 1 月 24 日),朱成山主编:《海外南京大屠杀史料集》,第 175—176 页。

18 日改组为南京国际救济委员会止，存在的时间大致可以 1937 年 12 月 13 日南京沦陷为界，分为两个主要阶段。

南京安全区国际委员会的成立由美籍传教士发起，其后他们广泛约集在宁的欧美各国人士参与其中，以扩大国际委员会的国际背景。至 1937 年 11 月底，国际委员会共有 15 名委员，分别来自美国、德国、英国、丹麦等国[①]。可以看出，南京国际委员会的西方委员的来源没有上海南市难民区委员会广泛。南京没有西方租界，在宁的西方人士的数量远没有上海众多，而且各国在宁的利益也不如上海那么集中。法国、意大利等国在南京的利益较少，在南京的侨民数量也不多，没有这些国家的侨民参与到国际委员会之中[②]。

南京安全区国际委员会的成立，是受到上海南市难民区成功的启发。上海南市难民区有着广泛的国际背景，其成立设想由法国神甫饶家驹提出和推动，有欧美中日各国委员的参与，并得到了各西方外交机构和租界当局的大力支持。最为关键的是，上海南市难民区得到了日方当局的许可和支持。日军陆军司令官松井石根和海军司令官长谷川清都曾以个人的名义向南市难民区捐款[③]。

成立之后的国际委员会最先想争取各委员所属国家使馆的支持。拉贝当选委员会主席的当天，德国大使陶德曼正准备乘船离开南京。在上船前，通过拉贝的介绍，陶德曼大使认识了委员会的秘书史迈士博士，“大使同意委员会草拟的有关安全区的建议”。此前，英国和美国的大使已经同意了该计划[④]。

得到英、美、德等国驻华大使的支持后，中日双方的态度是安全区计划能否实行的关键因素。在美国使馆的帮助下，中方很快表示支持该计划。1937 年 11 月 29 日，时任南京市长的马超俊当众宣布了委员会的成立。

能否争得日方的同意将决定安全区计划的成败。国际委员会 11 月 22 日会议通过的安全区计划，经美国大使馆的电台发给了上海的美国总领事，由其转交给日本大使[⑤]。为了向日本当局施加压力，拉贝甚至想到借助希特勒的力量来劝说日本同意，此事却并无下文[⑥]。12 月 2 日，通过上海的饶神甫传来的消息和 12 月 5 日收到的正式答复中，日方对安全区的计划“予以否定”，日本人不担保这个地区“不受轰炸或炮击”，却又表示“只要中国军队不在此设防，日本人就不打算进攻这个地方”。

---

① 拉贝 1937 年 11 月 22 日日记，[德]约翰·拉贝：《拉贝日记》，第 73 页。

② 拉贝 1937 年 11 月 30 日日记，[德]约翰·拉贝：《拉贝日记》，第 92 页。

③ 参见杨夏鸣：《论南京“安全区”功能的错位及其原因》，《抗日战争研究》2000 年第 4 期。

④ 拉贝 1937 年 11 月 22 日日记，[德]约翰·拉贝：《拉贝日记》，第 73 页。

⑤ 拉贝 1937 年 11 月 24 日日记，[德]约翰·拉贝：《拉贝日记》，第 78 页。

⑥ 拉贝 1937 年 11 月 25 日日记，[德]约翰·拉贝：《拉贝日记》，第 80—81 页。

收到日方正式答复后,安全区国际委员会于 12 月 6 日致电日本当局,表明继续进行安全区工作的态度:"1. 日本当局的答复国际委员会已收悉,委员会对内容已作了记录。中国当局目前正在减少区内的军事设施的数量并从区内撤出军事人员。委员会已经开始用旗子标记出区域的界限,旗子的图案是白底红圈红十字(红圈象征安全区)。在安全区转角处的地上或建筑物的房顶上水平悬挂画有上述标记的大横幅。2. 鉴于安全区内剩余的中国军事人员正在逐步撤离,同时考虑到数以万计涌进区内的难民和其他平民的忧虑和困境,委员会希望日本军队在安全区筹备期间以及设立后不要轰炸该区,也不要对该区域发动任何形式的进攻。国际委员会将努力尽快完成赋予其的工作。3. 国际委员会获悉,日本当局在答复电第 5 段中作出了承诺,我们对此表示感谢。日方承诺内容如下:可以把下列情况看成是一种表态,日本军队无意对未被中国军队使用的地点或不存在军事设施或没有部署中国军队的区域发动进攻。4. 国际委员会在此通知日本当局,共有 15 名—20 名外籍人员志愿管理安全区。外籍成员继续留守在城市表明,他们认为中国以及日本当局在安全区方面所作的保证是诚实并且可信的,此外这还表明,委员会将坚定地负责将所有有关安全区的规定实施到底。"①国际委员会的这封电报,未得到日方的回复。国际委员会将日方的沉默理解为对这封电报内容的默认②。满足日方的条件,争取其正式承认安全区成了接下来委员会努力的目标。

在得到 12 月 2 日饶神甫电文后的第二天上午,委员会就向中国军方提出撤出安全区的要求,其时的南京卫戍司令唐生智"保证从难民区中撤出全部军事人员和军事指挥所"。安全区的西南方向为五台山,是南京城内的制高点,布防的有利地形。当天下午,委员会发现安全区"西南地区的 3 个地方,中国军人重新开始了掘土作业"。委员会立即将"此事件通报了南京卫戍司令部",得到了满意的答复:"总部立即颁布命令,必须停止修筑工事。"③

同一天,唐生智复函拉贝,表达了与安全区国际委员会合作的愿望并保证撤出军事人员和设施:

> 我获悉贵委员会本着仁爱的精神,为了保护平民百姓计划在南京成立难民区。您请求我作为负责城防的司令官承诺从区内撤出所有的军事设施和指挥所

---

① 拉贝 1937 年 12 月 6 日日记,[德]约翰·拉贝:《拉贝日记》,第 109—110 页。

② 其时国际委员会已经建立了通过上海的饶家驹神甫及西方使馆与日本当局联系的渠道,这封电报应能够到达日方的手中。然而直至南京沦陷,日方并无回音。

③ 拉贝 1937 年 12 月 3 日日记,[德]约翰·拉贝:《拉贝日记》,第 99 页。

(包括交通指挥所),禁止军事人员在区域内居住或进入该区域。鉴于在上海设有这类区域的先例,考虑到这样一个区域能拯救许多穷苦人的生命并减轻他们的苦痛,我原则上完全赞同成立这么一个区域的想法。

我可以保证满足您的愿望,但同时我又必须指出实际执行所面临的困难。事情总有轻重缓急,因此有些事情必须予以考虑。

关于从安全区撤出所有军事组织和交通设施一事,我已经下达命令,根据您的愿望执行。我会尽快敦促军事人员不得在区域内居住或穿越该区域。总而言之,我会在我的权限范围内满足您的愿望,因为作为卫戍司令,我钦佩贵委员会的工作并愿意竭诚与您合作。[①]

唐生智的答复多少有着外交辞令上的客套,并强调自身的困境,给自己留足了余地。然而,在撤出安全区内的军事人员和交通设施方面却并没有含糊,表明了支持国际委员会请求的态度。

尽管有了卫戍司令唐生智的保证,在战事紧急的情况下,从安全区撤出中国军队的行动却并不顺利。作为安全区国际委员会主席,拉贝对此极为关注,并与中国军方有诸多交涉。12 月 4 日委员会发现,还有士兵"继续挖掘新的战壕并在安全区内架设军用电话设施。"[②]为此,12 月 5 日拉贝和贝德士、施佩林等人拜访唐生智,希望得到保证"立即将所有军事人员和军事指挥所撤出安全区"。当卫戍司令唐生智通知他们"要过两周才能撤离安全区"时,他们惊讶的"无法形容",认为"这简直是当头一棒"[③]。

12 月 6 日,拉贝再次写信给南京卫戍司令唐生智,在对"就您对委员会工作的首肯以及在帮助南京难民和平民方面所给予的支持表示衷心的感谢"之后,拉贝列出了唐生智"就安全区事宜所给予的详细的保证":"1. 在安全区域内不设立新的军事设施、战壕或其他掩体,同时也不得在区内留有火炮;2. 在安全区域作出明确标记后,下令禁止所有军事人员进入安全区;3. 所有属于军事指挥所或其他部门的军事人员必须逐步撤出安全区。"拉贝还进一步谈及:

委员会关切地并充满理解地注意到了您的表态,即:委员会的愿望具体实施起来会面临很大的困难。对此委员会要指出,接待大规模难民有一定的困难。他们寻求得到保护,但是只要安全区内布置有军事设施和军事人员,这种保护就

---

① 拉贝 1937 年 12 月 5 日日记,[德]约翰·拉贝:《拉贝日记》,第 106 页。
② 拉贝 1937 年 12 月 4 日日记,[德]约翰·拉贝:《拉贝日记》,第 100 页。
③ 拉贝 1937 年 12 月 5 日日记,[德]约翰·拉贝:《拉贝日记》,第 105 页。

不能得到。

委员会不否认您说法的正确,即:短时间内从安全区撤出武装军事人员比较困难。但另一方面请允许委员会冒昧地指出,由于通讯联系的难度越来越大,总有一天,当等到最后一分钟才开始从区内撤出军事设施时,几乎就不会再有机会通知日本人安全区开始启用了。而在这一段时间内日本人会轰炸区内的难民,并指责中国军方因滞留在所谓的安全区而必须对此负责。①

拉贝表达了"委员会在此对您充满同情地顾及到平民百姓的利益表示感谢",此信的最后一句话,拉贝提醒唐生智"安全区维系着许多中国人的命运。"②

12 月 8 日,贝德士也曾向拉贝报告安全区内有中国士兵的情况③。12 月 9 日,在拉贝等人和两位中国军官巡视安全区的西南界线的时候,日机来袭,附近的高射炮射击,使他们遇到一次险情④。

到 10 日,终于和中国军方就安全区西南五台山附近的界线达成协议。魏特琳在当天下午也"去了安全区的西部边界,帮助插上安全区的界旗。我们希望明天所有的中国军队都能撤走,这样,我们就可以给交战双方发电报,说明这一情况"⑤。

但同时,委员会"不断发现,区内仍然有许多军事人员"。为此,国际委员会与中国军方交涉后约定:"卫戍司令部的 3 名代表和委员会的 3 名成员共同巡视安全区,沿路遇到的每个士兵都将被逐出安全区。唐将军的 3 名代表中的任何一个人都拥有全权将士兵逐出安全区。"⑥然而,12 月 11 日,拉贝发现还是"一再有人抱怨中国军队没有撤出安全区。鼓楼医院前,而且是在安全区一侧正在构筑工事。执行这项任务的军官拒绝在街道的另一侧施工,他觉得医院一侧的沙质土丘更为合适。我和马吉开车去那里,打算平心静气地调解此事。"当天,史迈士写道:"我们整天都忙于要唐将军手下的人把士兵从安全区中清理出去,尤其是五台山一带。"⑦拉贝抱怨道:"看来一个中国将军的话顶不了什么用!可悲啊!我们无法像原来计划的那样通告日本人:安全区内已经没有军队。"⑧

---

① 拉贝 1937 年 12 月 6 日日记,[德]约翰·拉贝:《拉贝日记》,第 110—111 页。

② 拉贝 1937 年 12 月 6 日日记,[德]约翰·拉贝:《拉贝日记》,第 111 页。

③ 拉贝 1937 年 12 月 8 日日记,[德]约翰·拉贝:《拉贝日记》,第 118 页。

④ 拉贝 1937 年 12 月 9 日日记,[德]约翰·拉贝:《拉贝日记》,第 120 页。

⑤ *Minnie Vautrin's Diary* (*December* 10, 1937), Box 134 of YDL Record Group NO. 11, The Archives of the United Board for Christian Higher Education in Asia, Yale University Divinity School Library Special Collections.

⑥ 拉贝 1937 年 12 月 10 日日记,[德]约翰·拉贝:《拉贝日记》,第 125 页。

⑦ [美]史迈士:《致家人函》,章开沅编译:《美国传教士的日记与书信》,第 226 页。

⑧ 拉贝 1937 年 12 月 11 日日记,[德]约翰·拉贝:《拉贝日记》,第 129 页。

时至12月12日,拉贝“在安全区内仍然可以不断地看见佩戴黄袖标的中国军人,他们全副武装,带着步枪、手枪和手榴弹,就连警察佩戴的也不再是手枪,而是违反规定地带上了步枪。看来不论是士兵还是警察都没人遵守唐将军的命令”①。史迈士在12月12日也看见,“撤退的散兵游勇正在经过安全区”②。从这些记载中,可以看出其很不满中国军队撤出安全区的拖沓,以至于直到日军占领南京,也未能通知日方中国军队已经完全撤出安全区。

13日早晨,史迈士“继续走至汉中路和上海路的拐角处,一路上看见几个撤退的散兵游勇,他们在路边的小摊上安然地买东西。夜间安全区没什么明显的骚乱,但撤退的部队随手乱扔一些装备”③。

在日军全面占领南京的当天,也就是12月13日的日记中,拉贝写道:“回到总部后,我发现大门口非常拥挤,这里也涌来了一大批无法渡江撤退的中国士兵。他们都接受了我们缴械的要求,然后被安置到了安全区的各个地方。施佩林站在大门口,脸色非常严峻,他手里拿着毛瑟手枪,当然子弹没有上膛。他监督武器是否排放整齐,并清点数目,因为我们打算过后将武器移交给日本人。”④

米尔士在提及安全区的设立时,认为中国官员、外交使团成员、外国新闻记者和外国商人等均提供了“大力帮助”。麻烦来自军方,“中国军队与日军”。其中,“来自中国军方的困难在于他们撤出安全区的拖拉”。“中国当局答应从这个地区撤出军队,但直到(全面)崩溃以前从未彻底执行”。“我们一直未能向双方正式宣告安全区的运作,因为当中国军队已经撤退至足以使我们如实宣告时,外国炮舰已经从江面全部撤出,我们无法发出任何信息,而其他通讯渠道已完全中断”⑤。

南京安全区的筹建是仿效上海南市的饶神甫难民区,但因具体情况的不同,南京安全区面临着更多需要应对的问题。“南市随时都可以从毗邻的外国租界得到食品和其他必需品”,而南京安全区则没有如此便利的条件。身为南京安全区主席的拉贝认识到:“必须在日本人到来之前在安全区内备好米面、盐、燃料、药品、炊具和其他我也说不清楚的东西,等到了最后关头我们就什么也筹集不到了,因为那个时候我们就和外界断了联系。我们要考虑有医生、护理人员,要安排粪便的清运,要考虑安葬、警察,必要的话还要考虑后备警察,因为警察极有可能会和退下来的士兵一起撤退,如

---

① 拉贝1937年12月12日日记,[德]约翰·拉贝:《拉贝日记》,第130页。

② [美]史迈士:《致家人函》,章开沅编译:《美国传教士的日记与书信》,第227页。

③ [美]史迈士:《致家人函》,章开沅编译:《美国传教士的日记与书信》,第228页。

④ 拉贝1937年12月13日日记,[德]约翰·拉贝:《拉贝日记》,第135—136页。

⑤ [美]米尔士:《致妻子函》,章开沅编译:《美国传教士的日记与书信》,第220、221页。

果这个时候出现了暴徒闹事,那问题就严重了。”[①]

尽管安全区一直没能得到日方的明确承认,但是安全区委员会在努力争取承认的同时,并没有放弃准备工作。安全区接纳难民所需各种物资和组织的准备一直在紧张且谨慎地进行着。11月23日,拉贝为有可能得到卡车等可用于安全区的物资这样的“生日礼物”而感到高兴[②]。11月30日,于晚上6时例行的记者招待会上,拉贝宣布了安全区的位置[③]。

12月1日,国际委员会在平仓巷开会,“进行了分工,列出了人员名单”。南京市长马超俊率领着一班助手前来参加会议,并承诺拨给国际委员会“3万袋大米和1万袋面粉”[④]。国际委员会针对安全区运作需要解决的各类问题,成立了安全区管理委员会。该委员会由数个分委员会组成,中外人士20多人参与领导各项具体事务[⑤]。

到12月4日,“难民们开始陆陆续续搬进安全区”[⑥]。最早进入的难民大都来自城外的一些地区,中国军方为了守城的需要,清理靠近城墙的区域,烧毁城墙附近的一些村落的房屋[⑦]。

12月7日,国际委员会在晚上18时例行的新闻发布会上,公布了难民区规则。同时,安全区国际委员会并发布了《告南京市民书》,就安全区的成立的缘由及相关细节向报界做了通报:

告南京市民书

在不久以前,上海战争的时候,国际委员会曾经向中日双方当局建议,在南市一部分地区设立一个平民安全区。这个区域为双方所赞同的。中国当局允诺中国军队不进入指定的区域。这个区域既然没有驻兵,日方也就赞同不再攻打那个地方了。这个协定为双方所遵守的。在那个区域以外的南市各地方,虽然有恐怖和毁灭的事,然而这个难民区域却是被救了,而且又救了整千整万人的

① 拉贝1937年12月6日日记,[德]约翰·拉贝:《拉贝日记》,第108页。

② 拉贝1937年11月23日日记,[德]约翰·拉贝:《拉贝日记》,第76—77页。

③ *Minnie Vautrin's Diary* (*December* 30, 1937), Box 134 of YDL Record Group NO.11, The Archives of the United Board for Christian Higher Education in Asia, Yale University Divinity School Library Special Collections.

④ 拉贝1937年12月1日日记,[德]约翰·拉贝:《拉贝日记》,第93页。

⑤ 拉贝1937年12月4日日记,[德]约翰·拉贝:《拉贝日记》,第102—103页。

⑥ 拉贝1937年12月4日日记,[德]约翰·拉贝:《拉贝日记》,第100页。

⑦ 毋庸讳言,在靠近南京城墙的一些地区,中国军方为了守城的需要烧毁一些民居,以防为日军进攻部队用作掩体。中国军方清理战场烧毁建筑的规模和后来日军占领后的肆意纵火相比,“简直微不足道”。而日方学者却乐于用极易产生误导的文字强调中国军方的这一行动。参见张连红:《如何记忆南京大屠杀——中日共同历史研究中的学术对话》,《抗日战争研究》2010年第4期。

生命。

现在在南京的国际委员会也为本城作了同样的建议，这个区域的界址开在下面："东面以中山路北段从新街口到山西路广场为界；北面以山西路广场沿西康路(即新住宅区的西南界路)为界；西面以由西康路向南到汉口路交界(即新住宅区的西南角)，又向东南成直线到上海路与汉中路交界处为界；南面以汉中路与上海路交界处到原起点的新街口为界。"这个区域的边界都用了旗帜作记号。在旗帜上面有一个红十字，红十字以外再有一个红圆圈，并在旗上写了"难民区"三字。

为着要使上述的区域为平民成为一个安全地点，卫戍司令长官曾允诺在本区域内所有的兵士和军事设备一概从速搬出，并且允诺以后军人一律不进本区。日本一方面说："对于规定之区域颇难担负不轰炸之责。"在另一方面又说："凡无军事设备，无工事建筑，不驻兵，及不为军事利用之地点，日本军队决无意轰炸，此乃自然之理。"

看到以上中日两方面的允诺，我们希望在所指定的区域内为平民谋真正的安全。然而在战争的时候，对于任何人的安全自然不能担保的。无论何人也不应当认为进了这个区域，就可以完全保险平安。我们相信，倘然中日双方都能遵守他们的允诺，这个区域以内的人民，当然比他处的人民平安得多啦，因此，市民可以请进来吧！

南京难民区国际委员会

民国二十六年十二月八日[①]

以这个通告为标志，安全区正式开始接纳难民。尽管此时中国军人还未能完全撤出此区域，委员会也未能得到日方的正式安全保证，但在日军已经兵临城下之际，只得投入运行。这时，南京市政府已经不再运作，安全区内的市政权力实际由国际委员会来执行。

12 月 9 日，日军的"一线部队已占领了紫金山和雨花台附近，逐渐逼近城郭"[②]。形势的紧张使得南京市民纷纷前往安全区寻求庇护，"安全区的街道上挤满了带着大包小包的难民"[③]。因为难民们缺乏安全意识，国际委员会特地发出《安全区安全措

---

① 在国际委员会的英文档案中，该委员会划定的区域被称为"Safety Zone"(安全区)，而在中文文告中，为避免中国难民及日方的误解，均使用"难民区"字样。本文中的"安全区"与"难民区"指同一区域。拉贝 1937 年 12 月 7 日日记，[德]约翰·拉贝:《拉贝日记》，第 114—116 页。

② [日]松井石根:《松井石根阵中日记》，王卫星编:《日军官兵日记》，第 147 页。

③ 拉贝 1937 年 12 月 9 日日记，[德]约翰·拉贝:《拉贝日记》，第 122 页。

施》的通告：

1. 战争期间没有任何地方是绝对安全的(即使在上海的国际租界也有1000多人死于流弹、高射炮弹片、炮弹片和日本飞机及中国飞机误投的炸弹)。

2. 我们要记住，日本人从来没有保证过，不对我们的安全区进行炮击或轰炸。

3. 日本人仅仅保证在安全区内不存在中国士兵和军事设施的前提下不蓄意进攻安全区。

4. 为此我们紧急呼吁居民，空袭期间进入防空洞或地下室(瓦房同样也能保护不受高射炮弹片的伤害)。

5. 一旦城市开始遭炮击或轰炸，只要可能人人都应当进入防空洞或地下室。

6. 即便只是听到城里有步枪或机枪声，也应当进入防空洞或地下室，或以围墙作掩护。射击时，在砖结构的房子里的人不应当停留在门窗旁边。

7. 空袭、炮击、步枪或机关枪射击时，如果有人正好在街道上，而且无法很快找到安全的地方，如有可能，应当在坑里或围墙附近掩护自己。

8. 如果在城内或周围地区爆发战斗，行人不应成群结队，而应尽可能散开。

9. 伤员可以送到鼓楼医院，要救护车请拨打电话31624。

10. 发生火情请打下列电话：

大方巷消防站：31058

鼓楼消防站：31093

南京安全区国际委员会①

在如此混乱的状况下，委员会虽然竭尽全力，但安全区的各项准备工作也未能如计划中的那样准备齐全。

12月13日，日军从光华门等处攻入南京城内。随着日军的进城，南京城的实际控制权易手，安全区国际委员会面临着新的形势。在当天发布的《致难民收容所难民的重要通知》中，委员会要求难民做好自我保护，不得抵抗日军进入安全区内：“1. 紧急呼吁所有的人尽可能不要在街上逗留。2. 在最危险的时候，建议躲在房子里或不会被看见的地方为好。3. 我们提请注意，难民区是专为难民设立。我们不得不遗憾地指出，难民区无权为中国士兵提供保护。4. 如果日本人来难民区检查或巡视，必须

① 拉贝1937年12月9日日记，[德]约翰·拉贝：《拉贝日记》，第122—123页。

UNANSWERABLE PROOF OF JAPANESE DEBAUCHERY IN CHINA

This brutal picture of the forcible shaming of Chinese women was the least decadent of many that have been obtained from Japanese degenerates who were as careless of the reputation of their army as they were utterly devoid of the slightest moral sense.

CHINA NANKING BEF. 1944
FROM BOOKLET PUB. IN HANKOW BY CHINA INFORMATION COMMITTEE ENTITLED "PICTORIAL EVIDENCE OF JAPANESE ATROCITIES", WHICH SAYS ITS PICTURES ARE "AMONG THE FIRST......(OF) JAPANESE ATROCITIES IN NANKING TO REACH THE OUTSIDE WORLD AFTER THE OCCUPATION ON DECEMBER 12TH".
OSS 719717

日军侮辱中国妇女后强迫其拍照。美国国家档案馆藏。

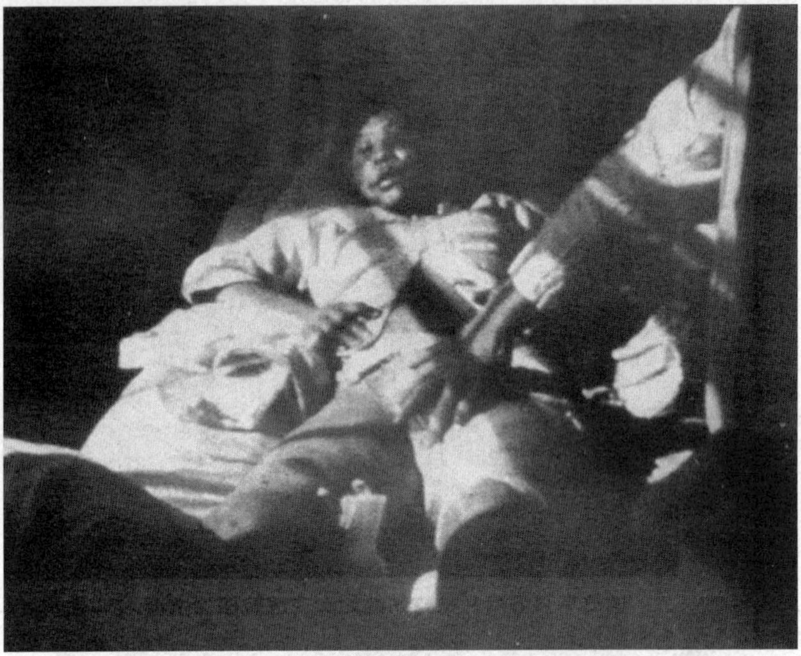

抗拒日军侮辱、被刺30多刀的李秀英在金陵大学医院。选自马吉电影镜头。

被日军侮辱的中国老妇。选自《历史图像》。

予以通行，不得向他们实施任何抵抗。”[①]

“谢天谢地，最困难的时刻过去了！”[②]这是拉贝在南京沦陷前夜写下的感受，其他外国人也有着类似的想法。史迈士写道：“最后三枚炸弹爆炸时间是13日下午”，“战争结束了。”[③]实际上，当时留宁的外国人中的大多数人都有如此的心态，他们甚至庆幸战斗的短暂[④]。在国际委员会委员们的设想中，日军进城后，很快秩序会稳定下来，难民会各自回家，安全区的使命也将结束。

(3) 沦陷后南京安全区国际委员会的运作

南京安全区国际委员会是留驻南京的西方人士自发成立的民间救济组织，是南京大屠杀发生期间南京城内最为重要的中国难民救助机构。南京沦陷后的相当时间里，它实际执行着南京安全区的主要市政职能[⑤]。国际委员会的成立得到了有关国家驻华使馆的支持，但并非是在西方政府的授意下成立，更不是西方政府的官方机构。

南京刚沦陷的几天里，委员会的努力集中在争取日本占领军对安全区的承认上[⑥]。12月13日当天，拉贝等人即冒着生命危险，离开安全区迎着日军进攻的方向主动寻找日军部队以图和日方取得联系。拉贝等人所遇到的均为日军下级军官，并不能就承认安全区的问题做出任何答复。

12月14日，国际委员会起草了致日军指挥官的信。拉贝等人带着翻译找了“约6名日本军官”，得到的答复是要委员会与“明后天才抵达的日本陆军谷寿夫将军联系”[⑦]。

14日下午，紧随日军进攻部队的几位日本外交人员返回南京[⑧]。15日，日本使馆的参赞福田访问拉贝，双方商谈了国际委员会“工作计划的细节”。双方认为“尽快使发电厂、自来水厂和电话局恢复正常”符合双方共同的利益，拉贝表示愿意提供帮助[⑨]。

福田的来访表明日方并没有忘记他们所并不承认的安全区的存在。日方正视城

---

① 拉贝1937年12月13日日记，[德]约翰·拉贝：《拉贝日记》，第136页。

② 拉贝1937年12月12日日记，[德]约翰·拉贝：《拉贝日记》，第133页。

③ [美]史迈士：《致家人函》，章开沅编译：《美国传教士的日记和书信》，第273页。

④ 参见张生：《从南京大屠杀看中国抗战前途——南京西方人士的观察和预判》，《民国档案》2006年第4期。

⑤ 国际委员会在安全区的市政职能是不完全的，国际委员会的此项权力未得到日方的明确认可，也因为自身组织的不完善。

⑥ [美]史迈士：《致家人函》，章开沅编译：《美国传教士的日记和书信》，第229页。

⑦ 拉贝1937年12月14日日记，[德]约翰·拉贝：《拉贝日记》，第137—138页。

⑧ 日本外务省外交史料馆藏：《外务省警察史：支那之部(中支)，在南京总领事馆》，第48卷(5—23)，东京：不二出版社，2001年，第207页，张生等编：《日本军国教育·百人斩与驻宁领馆史料》，第407页。

⑨ 拉贝1937年12月15日日记，[德]约翰·拉贝：《拉贝日记》，第141页。

内这块不同于其他地方的区域,一定程度上认可国际委员会的地位。日方此种态度为第二天日本总领事冈崎的访问所明确。冈崎在来访时提请拉贝注意,虽然日本人没有承认国际委员会,但委员会将"受到的待遇就如同被他们承认了一般"[①]。

16日早晨,日本使馆翻译菊池曾致函拉贝,通知日军将在安全区内搜寻中国士兵[②]。此举也表明,日方当局虽然没有明确承认国际委员会,但在事实上承认了这个机构的存在,承认国际委员会对安全区负有管理的职责,并且将国际委员会作为交涉对象。

12月15日,在日本使馆官员福田的帮助下,拉贝等人会晤了日军特务机关的负责人。日本军事当局在会谈中没有提及承认安全区和国际委员会的问题,也没有要求国际委员会立即解散。虽然没有正式的谈判过程,但日本军方对委员会此前信件的答复中包括:"5. 中国警察可以在安全区内巡逻,但必须解除武装,仅携警棍。6. 贵委员会在安全区储备的1万担米可以供难民使用,但是我们的日本士兵同样也需要米,必须允许他们在区内购买粮米(关于区外储备的粮米,没作明确表态)。7. 电话和水电供应必须恢复。我们定于今天下午和拉贝先生视察这些设施,我们将在视察后制定相应措施。8. 从明天起将对城市进行清理,我们急需劳工,请委员会在这方面提供帮助。我们明天需要100个—200个劳工,干活付酬。"[③]

上述内容表明,日本军方实际上默许国际委员会的存在,并拥有一些职权,如安全区内的部分治安权,物资支配权。日本军方希图获得国际委员会在清理城市和恢复基础设施方面的支持,说明他们某种程度上了解国际委员会所拥有的便利条件。

日本当局对待国际委员会的态度,可谓延续此前就安全区提议所回复的电报所表示的基调。一方面,在可利用的情况下默认国际委员会的存在并拥有某些权限;另一方面,不公开承认则为己方保留进一步判断和采取行动的余地。因日方处于主动的地位,他们可以随时取消对国际委员会未予公开的许可。

日方的这种态度使得安全区的地位处于不明确的状态,也使得国际委员会的处境尴尬,最终在日方的压迫下自行改组并解散安全区。然而,日方并未完全禁止国际委员会的活动也给国际委员会留下了一定的活动空间,通过与日方合作换取某些方面行动的权利,使得安全区给难民提供了一定程度的缓冲。

南京安全区国际委员会的组织结构,也是在模仿南市难民区组织结构的基础上,

---

① 拉贝1937年12月15日日记,[德]约翰·拉贝:《拉贝日记》,第151页。

② 拉贝的日记中并没有保留此信。需要注意的是,国际委员会向日方提交了大量的函件,而日方给国际委员会回应多为口头通知,书面的字句极为罕见。拉贝1937年12月15日日记,[德]约翰·拉贝:《拉贝日记》,第145—146页。

③ 拉贝1937年12月9日日记,[德]约翰·拉贝:《拉贝日记》,第142—143页。

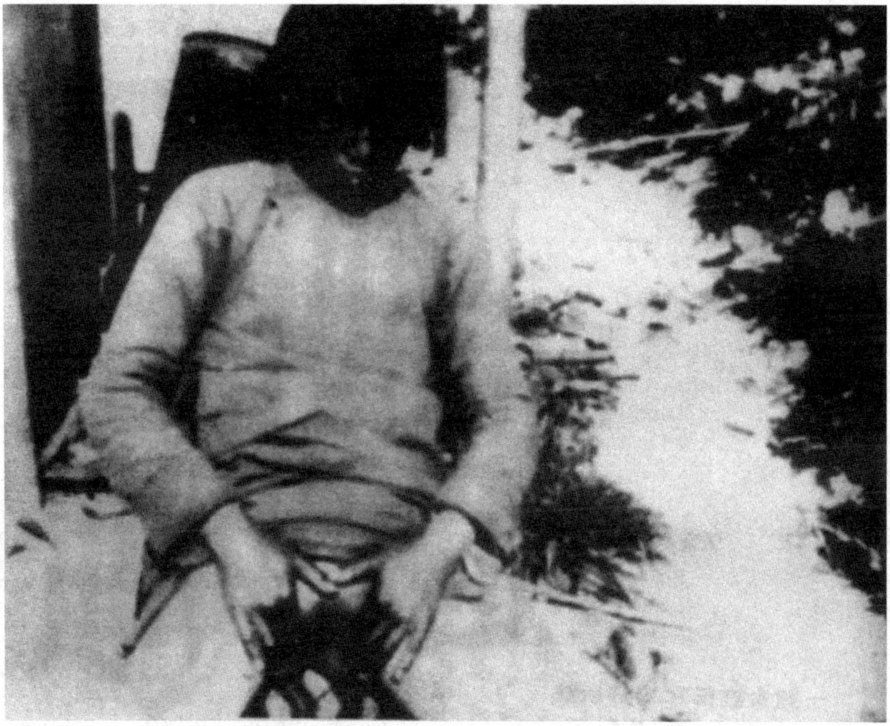

日军侮辱中国妇女，强迫其拍照。选自《历史图像》。

被奸杀的中国妇女。选自《历史图像》。

1938年1月，日军在南京开设慰安所，日军官兵蜂拥而至。选自洞富雄:《日支事变——上海派遣军司令部纪念写真帖》。

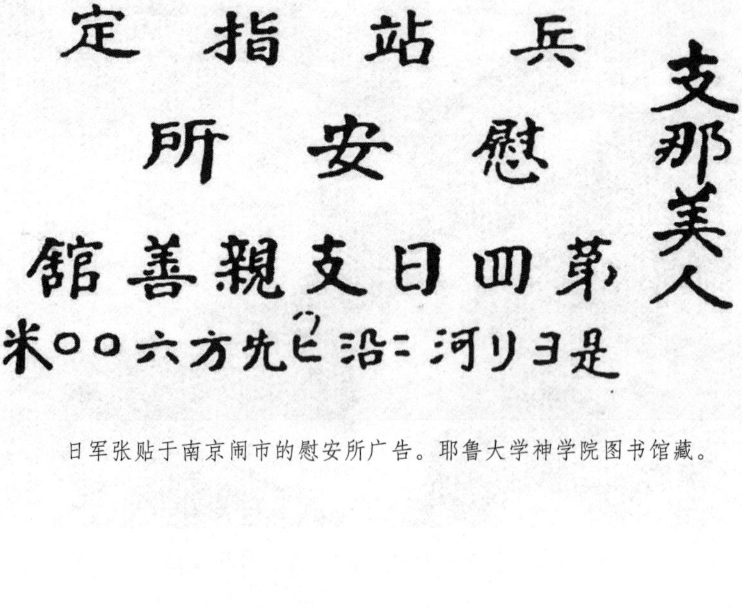

日军张贴于南京闹市的慰安所广告。耶鲁大学神学院图书馆藏。

结合其时南京的具体情况建立的。上海南市难民区的组织结构是，难民区由总办事处负责全面管理：“总办事处设主任、副主任。又设难民、居民、警卫、卫生、给养各组，各组设干事。难民区又划分为九小区，设区长一人，负责管理小区内难民与住户事宜。下设总务、文书、训导、给养、庶务、卫生、清洁、登记、调查、医务各组。区长对总办事处负责。”[①] 12 月 3 日，国际委员会会议通过安全区管理委员会的组成人员和职责分配表：

一、理事会：

1. 国际委员会主席：约翰 H. D. 拉贝

2. 秘书：刘易斯 S. C. 史迈士博士

3. 总干事：乔治·菲奇[②]

4. 副总干事：克里斯蒂安·克勒格尔

5. 中方秘书处主任：汤(忠谟)系主任

二、委员会：

1. 总稽查：爱德华·施佩林

2. 粮食委员会：韩湘琳　主　任
休伯特 L.索恩　副主任
孙耀三
朱　静
蔡朝松(音译)
晁老五(音译)
萧
C.C.孟
周保新(音译)(红卍字会)

3. 住房委员会：王　廷　主任
查尔斯·里格斯　副主任
查尔斯·吉
朱舒畅(音译)

---

① 罗义俊：《上海南市难民区述略》，《上海师范大学学报》1990 年第 2 期。

② 杭立武在其回忆录中称自己曾为安全区管理委员会的总干事，而其他文献中则为吴费生。对此，孙宅巍研究员认为可能是安全区管理委员会有中外两位总干事。从贝德士等人拜访帕克的谈话备忘录中可知，杭立武确实最早参与了安全区计划的讨论，应为安全区国际委员会的创始成员。杭立武在沦陷前数天护送北京故宫南迁文物离开南京。

欧文 C.C.朱

许豪禄(音译)

王明德

Y.S.张

王有成

4. 卫生委员会:沈玉书　主任

C.S.特里默大夫　副主任

5. 运输委员会:E.L.希尔施贝格　主任

R.R.哈茨　副主任(非委员会成员)[①]

由于留在南京的西方人士人数很少,他们是安全区运作的实际决策者,并参与各分委员会的工作。在具体事务层面,很多中国人加入了实际运作难民区的各委员会,在西方人士的带领下进行工作。据相关报告统计,前后约有 1500 多中国人直接参与安全区各项安置和救济工作[②]。

国际委员会的成立是为了管理南京安全区。国际委员会主席拉贝曾列出国际委员会管理安全区所必须面对的问题:

1. 经费

2. 警察

安全区入区检查

安全区边界守卫

警察人员的数目及其安置

3. 士兵与涉及军队的事项

撤出命令及其检查

军队开始逃跑时的措施,伤员的照料

4. 伙食

食品的数量

食品的储存和分配

5. 运输与运输工具

---

① 这份名单中的西方人士除希尔施贝格外,均在沦陷时留在南京。据拉贝记载,希尔施贝格大夫后来将生病的张群送往汉口,试图乘飞机回南京,但未能实现。[德]约翰·拉贝:《拉贝日记》,第 102—103 页、第 94 页。

② 《南京国际救济委员会报告书》,张生等编:《英美文书·安全区文书·自治委员会文书》,第 391 页。

6. 难民的住宿

监督

住房的使用和管理

(1) 公共建筑物(政府的)

(2) 学校等教会建筑

(3) 空闲的住房

芦席棚

7. 公共设施

提供水、电和电话

8. 卫生设施与医疗保健

专用厕所

垃圾和粪便的清理及运输

医院和医疗设施①

拉贝在中国有着漫长和坎坷的生活阅历,他所拟出安全区任务表可谓相当全面和细致。然而,这份任务表中并未虑及日军进城后,安全区可能面临的安全局面及其应对办法。"安全区"顾名思义应是向难民提供安全保障的区域,但其中的"安全"指的是中日交战中不被战火殃及的安全。在最早的报告中,西方人士更多将他们的计划称为"中立区"计划,即是在中日交战的时刻,划定某个特定区域暂时由西方人士管理使其中立于战争之外。战斗结束后,控制城市的一方将得到这个区域的管理权。但是,进城后的日军却给国际委员会的工作带来了始料未及的冲击。

日军进城的当天即开始扫荡安全区。12 月 13 日,日军第 16 师团师团长中岛今朝吾记载:"城内几乎未曾发现敌军,只有第 9 师团地区内有一难民营,多属妇孺和老人。"他判断"不难想像其中一定有许多换上便衣的败兵"②。日军第 9 师团占领了安全区一带,发现安全区周围的街道上"都是中国军的军装"③,也使得日军判断有"败残兵"换了便装潜藏于内。13 日下午 6 时到 8 时,日军第 9 师团的部队即"前往国际避难区扫荡残敌了"④。

除了不能阻止日军在安全区内扫荡,抓走被日军怀疑为"败残兵"的中国人之外,

① 拉贝 1937 年 11 月 30 日日记,[德]约翰·拉贝:《拉贝日记》,第 91 页。

② [日]中岛今朝吾:《中岛今朝吾日记》,王卫星编:《日军官兵日记》,第 279 页。

③ [日]水谷庄:《水谷庄日记》,王卫星编:《日军官兵日记与书信》,第 159 页。

④ [日]井家又一:《井家又一日记》,王卫星编:《日军官兵日记与书信》,第 133 页。

日军游荡士兵强奸中国妇女的暴行也难以有效阻止。

在集中安置妇女的金女大难民收容所,尽管魏特琳本人整天忙于赶走日本兵,保护妇女,晚上还有其他西方人士前往值班,帮助看护难民收容所,西方人士个人的努力虽然使得金女大的局势要好于其他地方,但是并不能有效阻止日军的骚扰。对于日本兵在安全区内抢劫、纵火和强征苦役等其他暴行,也无法从整体上加以制约,只有西方人士不顾个人安危,亲自出面干预才有成功的可能。

安全区原计划附带有救济功能。为开展救济工作,委员会在沦陷前有些相应的准备工作。日军占领后,由于和日本当局的利益并不相违,安全区发挥了相当程度的救济功能。

① 难民安置。在难民区管理委员会的管理下,鼓励难民前往安全区内有住房的亲戚朋友家居住。无法投亲靠友的,则住在委员会管理下的 20 多个难民收容所。各难民收容所的负责人带领助手进行管理,国际委员会则监督他们的工作。较大的几个难民收容所是国际委员会在南京沦陷前,利用西方建筑和公共建筑有计划地筹备成立的,如设在金陵大学和金陵女子文理学院内的难民收容所。有一些难民收容所是由难民们自发成立而得到国际委员会承认、并给予粮食等物资帮助的。甚至有国际委员会认可的难民收容所并不在安全区的界内,如由一位滞留南京的上海木材商人领导的双塘难民收容所①。

在南京沦陷后的不同时期,难民收容所的数量也在变化之中。占领南京的日军对难民任意施暴,使得城内其他地方难以生存,只有在安全区内,日军才有所顾忌。因而,其他地方的难民纷纷前往安全区,使得安全区内难民人数一度呈现急速增长趋势,且难民收容所的数量有所增加。直至 1938 年 3 月前后,难民收容所的数量才逐渐开始减少,直至 5 月份才基本关闭。

② 食品救济。国际委员会从原南京市长那里接收了相当数量的食品,但是在沦陷前并未能够全部抢运进安全区的仓库内。未能运入的粮食则在沦陷后为日军所强占,国际委员会多次交涉未果。

由于日军对汽车的抢劫,使得安全区内粮食的运输都成为难题。最危急的时刻,只有通过西方人士用自己的轿车向难民收容所运粮才使得难民不致长时间挨饿。更多时候,运粮汽车必须在西方人士的押送下,才能保证不被抢走。负责运送粮食的林查理等人为此付出了巨大的努力,甚至是冒着生命危险。

国际委员会的粮食分配渠道主要是:在安全区内开设了粮店,以供有经济能力的难民购买粮食。向各难民收容所提供粮食,根据难民的经济情况分为购买和免费发

① 拉贝 1938 年 1 月 8 日日记,[德]约翰·拉贝:《拉贝日记》,第 315 页。

放两种形式。对于没有能力做饭的难民，国际委员会协同红卍字会和红十字会设立粥厂①。

③ 医疗卫生。鼓楼医院承担了最重要的医疗救助的任务。南京大屠杀发生期间，这是难民能够期望得到帮助的惟一正规医院。因为绝大部分伤员是日军暴行造成的外伤，仅有的外科大夫威尔逊承担了极为繁重的救治工作。鼓楼医院的工作得到了国际红十字会分会的配合。马吉领导的国际红十字会分会建立了包扎所，以给轻伤患者提供便捷的简单救治②。

国际委员会领导着一支街道清洁的队伍，负责清理城市垃圾，在人口稠密的地方建立公共厕所③。各难民收容所也在国际委员会的监督下，注重内部卫生管理的工作。在鼓楼医院的技术指导下，国际委员会还在各难民收容所开展了卫生防疫工作。

国际委员会相当时期内实际上拥有安全区内的市政管理职能，但是国际委员会并未做好充分准备，相关职能难以有效实施，如对安全区内司法审判等权力的接管④。隶属于国际委员会的警察，曾抓到小偷，但是国际委员会"还没有考虑到，就连高级法院也要由我们来代理了"，结果是国际委员会的西方委员先"判处这个小偷死刑，然后减刑为 24 小时拘役"，又因为没有拘留所来关押，只得将其释放⑤。此后，在各难民收容所内也发现有吸食鸦片、聚众赌博、粗鲁滋事的"坏分子"危害内部秩序，也只能将其"清除出去"了事⑥。所幸的是，在安全区存续期间这个问题并不严重，"难民中之因故而遭逮捕者，殆不满六人"⑦。

整体而言，安全区计划"被设定的安全功能未能得到应有的发挥，而安置和救济功能却上升到主体位置"。⑧

2. 国际红十字会南京分会和其它机构

除安全区国际委员会外，其时还有其他西方人士参与的救助机构。这些机构在救助工作中团结协作，又各有侧重，同样在南京大屠杀期间有着重要的功能。

---

① 《南京国际救济委员会报告书》，张生等编：《英美文书·安全区文书·自治委员会文书》，第 397—401 页。

② [美]马吉：《致妻子函》，章开沅编译：《美国传教士的日记与书信》，第 155 页。

③ 由于日军的暴行，在很长时间内，安全区内街道的卫生工作难以开展。安全区的清洁工时常无缘无故遭日军抓捕和枪击。没有日军当局的许可，街道上的尸体长时间无人敢于收殓。池塘内更是漂浮着被日军杀害的中国人的尸体。

④ 上海南市难民区有租界当局的支持，则无此方面的问题。上海南市难民区的治安由租界警方负责，租界方面有完整的司法审判体系。

⑤ 拉贝 1937 年 12 月 11 日日记，[德]约翰·拉贝：《拉贝日记》，第 130 页。

⑥ 拉贝 1938 年 1 月 6 日日记，[德]约翰·拉贝：《拉贝日记》，第 302 页。

⑦ 《南京国际救济委员会报告书》，张生等编：《英美文书·安全区文书·自治委员会文书》，第 393—394 页。

⑧ 杨夏鸣：《论南京"安全区"功能的错位及其原因》，《抗日战争研究》2000 年第 4 期，第 137 页。

(1) 国际红十字会南京分会

1937年8月15日起,日军就对南京进行大规模的轰炸,造成南京军民伤亡。此外,上海战场战斗激烈,大量中国士兵和平民在战斗中受伤,在上海受重伤的士兵也被转移到南京接受救治,或者通过南京转运内地。因交通不畅,大量中国伤兵滞留在下关码头等待过江。而这些伤兵缺乏照料,医疗和生活难以维持。美国圣公会的马吉牧师等人即带领着教会学校的学生等志愿者在下关码头、火车站一带照料滞留的伤兵。从扬州赶来的同属圣公会的福斯特牧师也加入照料火车站伤兵的工作[①]。

西方记者注意到,"尽管迄今为止中国伤兵得到了较多的关注,但在目前形势下还远远不够。那些轻伤的士兵戴着战地绷带全部转往汉口。重伤员被送进南京的医院。这些医院经常满员,人手不足。"[②]伤兵可能面临的恶劣境遇也使得马吉等人非常着急。虽然马吉早已参加安全区国际委员会,但那是为接纳普通难民而设立的组织,伤兵问题并不在安全区的计划之内。

随着日军的逼近,南京处于撤退的混乱之中。多年的经验应使得马吉知晓,城内的伤兵难以在最后时刻全部转移到内地,更何况保卫南京的战斗将出现更多的伤兵。在被撤退的军队放弃之后,可以想见这些伤兵的处境将非常悲惨。在日军占领南京前的最后几天,马吉等人开始积极行动起来。马吉计划南京成立红十字会组织,希望能"尽最后一分钟的努力以保护南京部队医院里的几千名中国伤兵"[③]。

12月5日,由马吉领导的小组给在汉口的中国红十字会领导发出电报,"详细咨询如何组织这样一个分会"。马吉计划"建立一个地方性的红十字机构",他"通过电报敦请日本军事当局对南京的12家部队医院予以组织上的承认"。马吉试图将救治受伤的士兵的医院置于西方人士主导的慈善组织的监护之下。马吉的计划得到了中国军政部军医署署长的认可,却未得到日方的回应[④]。

马吉的计划"因为没有得到红十字会总部的答复"而"没有进展"。马吉的谨慎被作风雷厉的拉贝所批评:"要是换了我,我是不会犹豫不决的。如果好事能成,何必要请示来请示去呢?反正到最后总会同意的。"[⑤]

中国军方代表于12月12日找到国际委员会,询问"能否接收受伤的士兵"。史迈士等人"商量了一会儿,决定立即组织一个国际红十字会"[⑥]。最终于12月13日早

① [美]福斯特:《致妻子函》,章开沅编译:《美国传教士的日记与书信》,第93页。
② 《纽约时报》(1937年12月7日),杨夏鸣等编:《国际检察局文书·美国报刊报道》,第425页。
③ 《纽约时报》(1937年12月7日),杨夏鸣等编:《国际检察局文书·美国报刊报道》,第425页。
④ 《纽约时报》(1937年12月7日),杨夏鸣等编:《国际检察局文书·美国报刊报道》,第425页。
⑤ 拉贝1937年12月10日日记,[德]约翰·拉贝:《拉贝日记》,第124页。
⑥ [美]史迈士:《致家人函》,章开沅编译:《美国传教士的日记与书信》,第226页。

晨,在日军攻入南京城内但还没有到达安全区之时,马吉等人在国际委员会总部"10分钟内便建立了一个国际红十字会",并立即投入了工作[①]。筹备此事已经几周的马吉出任红十字会主席,秘书由马吉的圣公会同事福斯特牧师担任,包括拉贝、贝德士、魏特琳等西方人士在内共17名委员[②]。

与国际委员会不同,国际红十字会南京分会中有几位中国籍的成员,并且有一位中国红十字会的成员任副主席,以建立同中国红十字会的联系。因为南京在沦陷之际只有少数西方人士驻留,所以国际红十字会分会与国际委员会的人员有着相当的重叠,大部分西方委员同时也是国际委员会的主要成员。另外,秘书福斯特信中开列的国际红十字会分会的地址也是国际委员会总部所在的宁海路5号[③]。实际上,国际红十字会分会与国际委员会之间有着密切的分工合作,马吉和福斯特主要负责照顾滞留南京的中国伤兵和难民中的伤病者。

成立之后的国际红十字会分会,也在努力和日方取得联系。12月15日,国际红十字会分会的秘书福斯特致函日本大使馆,"正式提请他们注意我们成立的红十字会分会":"目前已经有大量士兵和平民受伤,为了能够应付由此形成的困难局面,我们成立了国际红十字会南京分会。我们已经采取了必要的步骤,以便该分会能得到上海国际红十字会和中国国际红十字会的承认。"福斯特还在信中请求日本使馆的帮助,使国际红十字会分会"获得南京日本军事当局的批准,以便我们开展人道主义工作"[④]。此信还附有全体委员的名单。从信中可以看出,此时的国际红十字会南京分会尚未得到上级红十字会机构的正式认可,但他们已经开始实施救治战争伤患的工作。

国际红十字会分会的经费主要来自中方的赠予。在南京沦陷之际,有中国军官将2.3万元交予马吉,专款用于救护伤病员。[⑤] 这笔经费成为国际红十字会分会的救助基金。另外,在与外界取得联系之后,国际红十字会分会也从上海的慈善机构得到相当的帮助[⑥]。

---

① 拉贝1937年12月13日日记,[德]约翰·拉贝:《拉贝日记》,第134页。

② 名单见此前所引:《国际红十字会南京分会》的成员名单(1937年12月15日)。需注意的是,这份名单中的英国人芒罗-福勒也是国际委员会的委员,但在最后时刻他"被命令离开南京,住在停泊在长江上的英国军舰上"。[美]马吉:《致妻子函》,章开沅编译:《美国传教士的日记与书信》,第147—148页。

③ 拉贝1937年12月15日日记,[德]约翰·拉贝:《拉贝日记》,第144页。

④ 拉贝1937年12月15日日记,[德]约翰·拉贝:《拉贝日记》,第144页。

⑤ 在一份拉贝保留的声明中,中方给南京国际红十字会的经费是3万元。然而,在日军占领南京后的相当时期内,由于日军的封锁,经费很难派上用场。拉贝1937年12月10日日记、1938年2月12日日记,[德]约翰·拉贝:《拉贝日记》,第124、536页。

⑥ 拉贝1938年2月11日日记,[德]约翰·拉贝:《拉贝日记》,第508页。

12月13日成立会议结束,马吉等人就带着救护车去运送重伤员。中国军方撤离后,在原军政部、外交部等处留有三个集中的伤兵临时医院。在南京沦陷前的最后时刻,这些医院中的大部分医护人员也离开南京,或躲入他处避难,这些伤兵缺乏照料,境况危险。

马吉在12日下午前往外交部伤兵医院,"发现有许多伤兵但没有医生和护士"。后来,他又与福斯特赶到三牌楼的军政部,"发现有更多的伤兵",而医护人员却正在准备撤退[①]。13日晚上,马吉召集到了"一百多名急救员开始工作",救助伤员的工作有了好转[②]。

国际红十字会分会准备就此接手中国军队的临时伤兵医院,并做了一些转运伤员和安抚医护人员的工作。

日军进城后,在全城范围内大肆搜捕被其认为有中国士兵嫌疑的人。日军发现"红十字医院(外交部)内有很多伤员"[③]。马吉在14日前往原外交部的伤兵医院时,即遭到日方的阻挠。

随着日军对这些医院的占领,马吉等人再也无法进入这些医院,无法从事帮助伤病员和管理医护人员的工作。对此,国际红十字会分会曾对此向日方提出抗议,并无效果。马吉等人所能做的事情,就是通过各种途径对这些医院提供食品和经费等方面的支持,记录下这些医院内部的情形。

在南京沦陷一个月后,日军还是不准许国际红十字会的马吉进入有关伤兵医院探视。为此,1938年1月15日马吉致函日本大使馆表示抗议:"在日本军队进入南京之前,南京红十字会负责管理外交部中国伤兵医院。尽管我们于12月15日正式向日本司令官请求准许我们继续进行我们的人道主义工作,但从12月14日以来,我们的代表没有哪个获准进入这家医院。在此期间,我们还是从不间断地向医院送去食品。我们再次请求我们准许进入这家医院,以便我们能够查明至今仍由我们负责的食品供应情况是否令人满意。由于已有一个月不了解实际情况,我们恳切盼望贵使馆能尽快答复。"[④]

日军控制下的伤兵医院内的情况非常恶劣。外交部伤兵医院内一位女护士利用外出购物的机会,来到国际红十字会报告的情形:"伤兵每日的定量只有3小碗稀饭,有个中国伤兵抱怨他吃不饱而遭到一顿毒打,之后他还问日本人:'你们之所以打我,

---

① [美]马吉:《致妻子函》,章开沅编译:《美国传教士的日记与书信》,第147页。

② [美]马吉:《致妻子函》,章开沅编译:《美国传教士的日记与书信》,第148页。

③ [日]井家又一:《井家又一日记》,王卫星编:《日军官兵日记与书信》,第133页。

④ 拉贝1938年1月16日日记,[德]约翰·拉贝:《拉贝日记》,第344页。

是不是因为我饿了?'日本人便把他带到院子里,用刺刀把他活活刺死。护士们从窗户里看到了院子中的这一处决的情景。"①

军政部红十字医院状况也非常糟糕:"一星期前还约有200名病员住在军政部医院。过去每天有3名外交部医院的女护士在日军士兵的带领下来到该院,最近一次是在一星期前。该院的状况据说很糟糕。伤员就躺在地上,除了一名中国医生之外再无其他人照顾他们。女护士只在换绷带时才来一下。"②

在日军士兵看来,南京沦陷的那一刻这些伤病的命运就已经注定悲惨。日军士兵记载了他们对待中国伤兵的态度:"部队正月前进驻支那政府建筑内,里面有两百多名支那军的伤病员,他们在一天天恢复。应该怎么样处理这帮家伙呢?如果他们要痊愈的话,当然要返回其部队。友军是如何处理的呢?按照国际惯例,是不能杀伤员的,如他们痊愈的话,就让他们到扬子江边,站在我们的枪口前,踏上长眠的旅程。如果他们没有痊愈,就让他们自己去死。悲惨的支那军伤病员真是可怜。""另外在红十字医院里也有几千名支那伤员,其中有许多是假伤员,他们都是我们的囊中之物了。"③

对于无钱治病的难民,马吉和福斯特等人将其送入鼓楼医院受免费治疗,并向医院方面提供费用。在国际委员会的报告中说明:"这里的国际红十字会特别关心中国的伤兵,对大学医院的免费治疗的病员,它按照战争前的标准为他们支付治疗费、伙食费以及三等病房的住院费。医院失去了正常的诊治收入,而原先的储备连一半的亏空都弥补不了,因此没有红十字会在这方面的支持,医院是不可能维持下去的。"④从医院的财务记录看,马吉代表国际红十字会分会向鼓楼医院三等病房免费治疗的病人每月提供5000元以上⑤。马吉利用鼓楼医院的帮助,在鼓楼医院的后面开设了急救医院,"以便作为一般受伤军民医治及避难的处所",数位原拟为伤兵医院工作的中国军医曾在此服务⑥。

在辛德贝格与城内西方人士建立联系后,马吉曾前往江南水泥厂难民收容所巡察,并帮助那里建立了简易医院⑦。

(2) 鼓楼医院

鼓楼医院由加拿大传教士马林在美国教会的资助下创办于1892年,当时名为基

---

① 拉贝1938年1月20日日记,[德]约翰·拉贝:《拉贝日记》,第379页。

② 拉贝1938年1月25日日记,[德]约翰·拉贝:《拉贝日记》,第414—415页。

③ [日]林正明:《林正明日记》,王卫星编:《日军官兵日记》,第631页。

④ 拉贝1938年2月25日日记,[德]约翰·拉贝:《拉贝日记》,第543页。

⑤ 拉贝1938年2月20日日记,[德]约翰·拉贝:《拉贝日记》,第558页。

⑥ 蒋公穀:《陷京三月记》,张连红编:《幸存者的日记与回忆》,第70页。[美]马吉:《致妻子函》,章开沅编译:《美国传教士的日记与书信》,第155页。

⑦ 参见戴袁支:《1937—1938:人道与暴行的见证——经历南京腥风血雨的丹麦人》,第143页。

督医院。1914年并入金陵大学,更名为金陵大学鼓楼医院,西方人士将其称为大学医院[①]。至1936年,医院有医生22名,护士88名[②]。

1937年10月,南京中央医院遭到日机轰炸,损坏严重。为了保护和继续救治伤员,中央医院院长沈瑞恒曾向鼓楼医院求助。威尔逊记载了金大医院紧急接收伤员的详情[③]:

> 大约5:00,我们刚把受伤的穷人安顿好,沈博士就到了金大医院,他说他想在今晚把病人和员工转移到我们医院,因为他担心日本轰炸机明天上午还会来继续轰炸。金大医院没有足够的场地和空床,因此他们请求金陵大学在毗邻的校园里让他们借用两栋宿舍楼。住在其中一栋宿舍里的大学职员都高兴地搬到另一栋宿舍楼去了,学生和员工都来帮忙搬,征集轿车的号令发出去了,金大医院的职工做了所有必要的安排,市政当局将一辆大的救护车借给他们,以顶替被炸毁的两辆救护车,它们被落在中央医院里的炸弹炸毁了。月亮令人恐惧地升起在紫金山上——但很快就隐没在平静的云彩里了——所有68名住院病人都未回家而是过来了,住在医院里的员工也安全地搬进了金大医院。

南京沦陷前,鼓楼医院的大部分医护人员也开始撤离。医院的美籍医护人员也得到美国使馆的通知,要他们离开南京。在部分外籍人士离开后,还是有几名美国人坚持留了下来。福斯特写道:"金陵大学医院为数不多的几位工作人员正英勇地履行他们的职责,其中有两位外国医生,一位中国医生;两位外国护士及几位中国护理人员。超负荷的工作以及缺乏人手已使他们疲惫不堪,中方管理者及49位其他医护人员都已撤往汉口。"[④]魏特琳也发现:"格雷斯·鲍尔除了做技术员的本职工作外,还当饮食调剂师和出纳。"[⑤]留下的美籍医护人员是:外科医生威尔逊、内科医生特里默、代理院长的牧师麦克伦、护士海因兹还有工作人员鲍恩典小姐。正是由于他们的留下,才使得医院能够维持运转,不致关闭。

---

① 英文全称为:University Hospital of Nanking。

② *University Of Nanking Bulletin* , *University Hospital report*, July 1, 1934 to June 30, 1936. Comparative studies of ratios between staff and patients,南京市档案馆藏,全宗号:1010—319。引自顾碧:《南京大屠杀前后的鼓楼医院研究》,2009年南京师范大学社会发展学院硕士学位论文。

③ 《惠勒编辑的南京信札》,张生编:《耶鲁文献》(上),第121页。

④ [美]福斯特:《致家人函(1937年12月7日)》,章开沅编译:《美国传教士的日记与书信》,第132页。

⑤ *Minnie Vautrin's Diary* (*December* 5, 1937), Box 134 of YDL Record Group NO. 11, The Archives of the United Board for Christian Higher Education in Asia, Yale University Divinity School Library Special Collections.

日军轰炸造成的伤病员日渐增加，加之其他医院的撤离，使得鼓楼医院的患者数量激增，现有的人员远远不能满足需要。在南京沦陷前夕，医院又招募了部分新的护士和工友，以帮助照料住院病人。魏特琳还曾向鼓楼医院推荐过护士及工友："大学医院的所有护士都走了，留下 200 名病人由别人来照顾。麦克伦成了总务主任，他在招募人员。今天我向他推荐了一名护士、两名女勤杂工和一名跑腿的男孩。"①

南京沦陷时，全院职工约 100 人②，但只有威尔逊是外科医生③。随着战线逼近南京，鼓楼医院也为此做了很多准备工作。医院劝说能够离开的病人出院，以便腾出床位接收亟需救治的重伤员。

鼓楼医院位于安全区的边缘，发现中国士兵在医院附近的街道上构筑工事，威尔逊医生等人和中国军官交涉，劝阻他们不要在安全区周边发生战斗。医院也转移了临街药房的药品，以免发生危险④。最终，中国军队并没有防守这个街垒，医院周围并未发生战斗。但是，进城的日军却给鼓楼医院带来了意料之外的灾难。

鼓楼医院紧邻日本大使馆，此前曾为"日本大使馆的工作人员提供医疗护理"，这使得医院方面自认为会得到日方的优待⑤。实际情况并非如美国医生的一厢情愿。

从日军进城后，鼓楼医院就不断被骚扰，医护人员的物品被抢劫，女护士被日本兵强奸。医院的情形可从威尔逊医生致日本大使馆的抗议书窥见一斑："晚上将近 8 时的时候，3 名日本士兵从医院的一个后门闯入，放肆地在医院的走廊里跑来跑去。医院 65 岁的护士海因兹小姐接待并陪同了这些闯入者，尽管海因兹小姐一再声明她的手表属于私人财产，他们仍然抢走了她的手表。此外被偷走的还有 6 块怀表和 3 枝钢笔。3 人中有 2 人离开了医院，而另外一人则不知跑到什么地方去了。"到晚上 9 时 15 分，才发现"剩下的那个日本士兵强行闯进了护士的寝室。我对这间房间进行了检查，发现这个日本士兵和 6 个护士在房间里。当我赶到时，其中有 3 名护士已经被强奸。"⑥在威尔逊医生将日本兵赶出医院的时候，有一名士兵一直在"耍弄着他那只令人恐惧的手枪"⑦。这还只是 12 月 18 日一天晚上的情形。

经历过这些事件，使得威尔逊等人即使明知"人家屋檐下不得不低头"的箴言，也

---

① *Minnie Vautrin's Diary*(*November* 26,1937), Box 134 of YDL Record Group NO.11, The Archives of the United Board for Christian Higher Education in Asia, Yale University Divinity School Library Special Collections.

② [美]麦克伦：《致家人函》，章开沅编译：《美国传教士的日记与书信》，第 206 页。

③ [美]福斯特：《致妻子函》，章开沅编译：《美国传教士的日记与书信》，第 100 页。

④ [美]马吉：《致妻子函》，章开沅编译：《美国传教士的日记与书信》，第 147 页。

⑤ 拉贝 1937 年 12 月 19 日日记，[德]约翰·拉贝：《拉贝日记》，第 171 页。

⑥ 拉贝 1937 年 12 月 19 日日记，[德]约翰·拉贝：《拉贝日记》，第 171 页。

⑦ [美]威尔逊：《书信(日记)选译》，章开沅编译：《美国传教士的日记与书信》，第 336 页。

难以控制自己对日军的态度发生不可避免地转变:“开始我对日本兵笑脸相迎,免得惹起他们的愤怒,但微笑渐渐就不起作用了,我的目光也像他们一样变得冷漠和怀疑。”①

威尔逊医生的抗议并没有带来丝毫的效果,和安全区的其他地方一样,很长时间内鼓楼医院一直处于被日军不断袭扰的状态,只能靠西方人士出面才能赶走日军。为了赶走前来骚扰的日本兵,威尔逊医生、麦克伦牧师等人都曾被日本兵以武力威胁。麦克伦甚至被枪击(未击中)和刺伤脖子。

日军的暴行也使得难民受外伤的人数激增,从医院收治的病例也能看出来。威尔逊医生所治疗的一个病例,是一名13岁的小姑娘。“当日本人13日进城时,她和她的父母亲站在防空洞入口处看着他们走过来。一个士兵走过来用刺刀捅死她父亲,又开枪杀了她母亲,并砍开了小姑娘的肘部,导致穿破骨折。她没有亲属,整整一周没人送她到医院。她在想当她不得不离开(医院)时,她能做些什么,她的双亲都被杀害了。”②到12月15日,有30人入院而没人出院③。医院“150例病人只有10人属于内科和产科,其余都是外科。”④自从南京沦陷,入院病人“大多数是带着刺刀或子弹伤口前来的”⑤。随着日军暴行长时间得不到控制,受到日军伤害的患者将鼓楼医院“所有病床都住满了”⑥。

由于有经验的医护人员的撤离,临时招募的员工训练严重不足。鼓楼医院1938年2月份的报告中写道:“我们的医生和护士人数有限,他们医疗工作的时间很少。我们现在实际上只有5名医生和30名护士,过去却有22名医生和92名护士。我们所能找到的中国医生和护士与我们的其他人员相比,他们受过的训练太少,经验也不足。有一些护士只上过一个月的急救培训班。因此我们现在的医疗业务水平并不高。我们正努力尽可能地提高全体职工的水平,对增加的人员进行试用。”⑦

由于缺乏合格的护理人员,医生的工作负荷大为增加,原本护士的工作也得由医生兼顾,尤其是仅有的外科医生威尔逊。威尔逊医生抱怨:“在20名职员中只有4名护士曾受过若干训练”。⑧ 威尔逊医生在查房时发现:

---

① [美]威尔逊:《书信(日记)选译》,章开沅编译:《美国传教士的日记与书信》,第336页。
② [美]威尔逊:《书信(日记)选译》,章开沅编译:《美国传教士的日记与书信》,第339—340页。
③ [美]威尔逊:《书信(日记)选译》,章开沅编译:《美国传教士的日记与书信》,第334页。
④ [美]威尔逊:《书信(日记)选译》,章开沅编译:《美国传教士的日记与书信》,第335页。
⑤ [美]麦克伦:《致家人函》,章开沅编译:《美国传教士的日记与书信》,第207页。
⑥ [美]威尔逊:《书信(日记)选译》,章开沅编译:《美国传教士的日记与书信》,第340页。
⑦ 拉贝1938年2月20日日记,[德]约翰·拉贝:《拉贝日记》,第559页。
⑧ [美]威尔逊:《书信(日记)选译》,章开沅编译:《美国传教士的日记与书信》,第340—341页。

有一个重病号，胸腔被穿透，病历表上写着体温是 99 度(华氏)，脉搏 80 次，呼吸 24 次。我意识到这完全不准确，就亲自做检查，结果发现心跳 120 次，体温 102.6 度，呼吸是 48 次。这个“小小”的误差是这层楼护理水平的象征。[①]

在南京沦陷前，有经济能力的病人纷纷离开南京，鼓楼医院即遇到的财政危机，沦陷后这种情况更加严重。没有撤走的市民大都属于最为贫穷的阶层，无力支付医药费用，而在日军的暴行之下，“最严重的伤员们”才被送来，医院也只能收治[②]。

医院财务报告表明：“每月总收入为 2000 元，与过去每月 2.1 万余元的收入相比大大地减少了。尽管我们的医疗活动范围没有过去大，服务内容没有过去多，但我们对病员的服务并没有减少。诚然，服务是十分重要的，这里的重病员和贫困病员都需要它。过去两个月，我们实际上每月向病员收费约 2500 元。尽管如此，我们不得已决定将 2000 元的小笔款额估算为向病员的收费收入。这些病员都是难民，他们仅有的一点现金在今后 6 个月将会大大地减少。”特里默等人估计医院“如果不想负债的话”，“每月必须筹集到 1.0748 万元”[③]。

马吉牧师领导的南京国际红十字会致力于帮助伤员，并与鼓楼医院开展合作。马吉将伤者送到鼓楼医院治疗，并向鼓楼医院提供一定数量的经费补助，以维持医院的运转。作为国际红十字会委员的拉贝也曾提议资助鼓楼医院，1938 年“1 月份红十字会提供鼓楼医院 5000 元款额用于免费治疗病人。而上个月我们从国际红十字会的款项中付给鼓楼医院的钱约为 9000 元。”[④]即便如此，医院的财务报告还是显示：“能从救济基金中得到相当于免费病员在医院实际治疗费用的款额，即每天每人约 8 角钱。”医院“过去两个月的预算通过当地的红十字会得以补足或平衡。”然而，1938 年“1 月份给我们 5000 元”，但医院“工作的实际费用达 6000 元左右”[⑤]。

此外，医院的预算中还没有考虑到扩大业务范围所需要的费用。鼓楼医院还要帮助安全区“改善公共卫生”并在“许多收容所里开设医疗诊所”。“仅在大学校区估计就住有 1.9 万名难民”，而这些人除了向鼓楼医院寻求帮助以外，没有别的途径获得医疗服务[⑥]。

医院还面临着日常运转和医护人员生活的困境。南京沦陷后的相当时期内，城

---

① [美]威尔逊：《书信(日记)选译》，章开沅编译：《美国传教士的日记与书信》，第 340—341 页。

② [美]麦克伦：《致家人函》，章开沅编译：《美国传教士的日记与书信》，第 205 页。

③ 拉贝 1938 年 2 月 20 日日记，[德]约翰·拉贝：《拉贝日记》，第 558 页。

④ 拉贝 1938 年 1 月 13 日日记，[德]约翰·拉贝：《拉贝日记》，第 329 页。

⑤ 拉贝 1938 年 2 月 20 日日记，[德]约翰·拉贝：《拉贝日记》，第 558 页。

⑥ 拉贝 1938 年 2 月 20 日日记，[德]约翰·拉贝：《拉贝日记》，第 558—559 页。

日军大肆抢劫,连婴儿车也被用来装载赃物。选自《侵华日军南京大屠杀图集》。

日军用各种交通工具装载赃物。选自《不许可写真》。吴先斌提供。

日军强迫中国百姓为其运输抢劫来的粮食。选自《历史图像》。

金陵大学中国文化研究所遭到日军抢劫后狼藉一片。选自《历史图像》。

市的水电供应中断,这给鼓楼医院的正常运转带来了不小的麻烦。医院不得不自己发电,并用水泵抽水以维持正常的诊疗能够进行。代理院长职务的麦克伦表示:"如果我们再次有水有电,事情要容易得多。但是现在灯需要照管,水需要泵抽,每天增加了我们大量劳动。"[①]

实际上,就连病人出院也得医院的西方人士开车送到较为安全的地方,中国人在街上行走非常危险,很有可能再次受到伤害。麦克伦就经常需要执行此类的任务。他写道:"我得用救护车送几个病人回家。任何人离开医院必须有一个外国人陪同。我甚至是警察的保镖。我们是如此拥挤,所以很高兴有些人能出院。这么多人无处可去,没有钱也没有衣服,这实在是个大问题。我们不能把他们治好后赶出去饿死,或被杀死,或重遭伤害。"[②]

在日军封锁下的南京城内,各种物资都极难获得,而且运输是很严重的问题,必须有西方人士在场才能保证汽车的安全。鼓楼医院的几位美国医护人员不仅要从事医疗事务,还必须为食品、燃料和其他琐事操心。他们得亲自开车去"弄些大米和燃料","去运白菜",甚至去给"牛喂草和棉籽饼"[③]。负责管理院务的麦克伦就得亲自为医院医护人员和病人的食物等具体事务忙碌,以下列举他1938年1月13日的一些活动[④]:

1. 一大早我便去和平门给一些牛喂食——那儿前天被烧了。

2. 我们又去了莲花湖附近的一个地方,在那儿弄到了卡车,在另一处我们又弄到了一车棉籽饼。我们的救护车这些天都在执行着双重任务,马上它会来运走另一车。

3. 我帮马吉给他们在汤山的一位圣公会传道师弄了一口棺材。我想他是为了反抗目前的处境而自杀的。

4. 我还弄了一桶豆油380斤。现在我们手头就有够用3个月的供给了。

5. 我决定接受另外四头牛,这样就有八头牛和两头牛犊了。这四头牛被圈在一个环境恶劣的棚里已有一个月了。我把它们牵出来,连同两头小牛、一只山羊和一只小羊,我领着这支队伍回到医院。一路上不停地吆喝,它们有的不愿意走。但我们仍然顺利返回,我把它们圈进了前面的车库。这意味着我们的病人

---

① [美]麦克伦:《致家人函》,章开沅编译:《美国传教士的日记与书信》,第206页。

② [美]麦克伦:《致家人函》,章开沅编译:《美国传教士的日记与书信》,第207页。

③ [美]麦克伦:《致家人函》,章开沅编译:《美国传教士的日记与书信》,第216页。

④ [美]麦克伦:《致家人函》,章开沅编译:《美国传教士的日记与书信》,第215页。

将享用到额外的肉食。我们也需要它，因为我们已无法像过去那样得到豆奶。

6. 我出去从救护车上取了一些白菜，人们无法给我们送来，得有人去取。

7. 又找到了一位护士，是芜湖医院的毕业生。

当西方外交人员回到南京后，鼓楼医院能够和外界取得联系，寻求帮助。通过英美的炮舰，医疗物资得到一定的补充[①]。医院方面更希望得到人员，尤其是西方医生。通过特里默医生的求助电报，可以对安全区的医疗状况和鼓楼医院实际情形有一个了解："现在比任何时候都需要增加人手。原先我们这里有 42 名经考试合格的女护士、50 名见习护士(女大学生)4 名美国医生、19 名中国医生，现在仅有 14 名经考试合格的中国女护士、1 名美国女护士、3 名学历较低的中国医生及 2 名美国医生。由于目前人手短缺，医院只能维持极少的临床门诊，25 个难民收容所中的 6 万人没有临床治疗(重复一遍：一点也没有)。一些难民收容所令人感动地腾出了房间供分娩用，只是没有医生和护士。医院只能收治一些危重病人，而同时却有大批病号躺在大学的寝室里。我们至少需要 2 名美国医生及 2 名美国女护士。布拉迪可以来，其余的人则需要熟悉中国的情况并懂中文。经过认真调查，我们不得不遗憾地报告，我们不能确定(重复一遍：不能)，日军对城中的 25 万平民正在采取或已采取了哪些医疗措施。而且我们对他们针对南京平民做了哪些重要的医疗工作并且在医院方面做了哪些工作一无所知。"[②]

(3) 江南水泥厂难民收容所

1937 年 12 月 28 日，德国人克勒格尔躲过日军的岗哨，冒险驾车出城查看形势。他在栖霞山一带看到：日军"不问青红皂白地枪杀庄稼地里的男女老幼，为此打出的口号是：'搜捕可恶的中国士兵。'许多水牛、骡马被打死在农田里或马路旁，任凭狗和乌鸦啃噬。农民们白天带着财物逃进山里，家里只留下老头老太，然而就连这些人的性命也受到了威胁。在一个小时的车程里，我连一个人都没有看见，就连较大一些的村庄也是空无一人。房子被烧光了，人被打死了，活着的人一见到汽车立即就逃得无影无踪。千佛山脚下形成了一座难民收容所，逃到里面的约有 1 万多人，全都是附近地区的农民。然而日本士兵在这里也没有丝毫收敛。他们任意拉出年轻小伙子枪毙，任意强奸少女。喝醉酒的士兵见到哪个人不顺眼就用刺刀捅死或捅伤，以此取乐，而这一地区恰恰又没有任何医治救护条件。寺庙里的佛像或被抢走或被破坏，就连和尚他们也不放过，也要加以虐待。水泥厂因为有两个外国人，一个是德国人京特

① 《南京安全区国际委员会关于形势的内部报告(1938 年 2 月 14 日)》，[德]约翰·拉贝：《拉贝日记》，第 548 页。

② 拉贝 1938 年 1 月 25 日日记，[德]约翰·拉贝：《拉贝日记》，第 415—416 页。

博士，还有一个是丹麦人，所以日军的恐怖行径有所收敛。约有 4000 名难民带着所有能带走的家产逃到那里安身。”①

克勒格尔所见到的水泥厂即是建成后尚未投入生产的江南水泥厂。江南水泥厂由中国民营企业启新洋灰公司的股东出资兴建，1937 年 7 月刚刚完成主要设备安装，10 月开始设备试车，而此时日军已开始轰炸南京并表现出了大举进攻的可能，为了避免工厂被日军强占的命运，启新公司决定委托江南水泥厂设备的主要供应商丹麦史密斯公司和德国禅臣洋行名义派员出面保护。

1937 年 12 月 5 日，德国人京特和丹麦人辛德贝格等人作为德、丹两国洋行的代表来到江南水泥厂。他们会同厂内留守的员工，升起德国和丹麦的旗帜保护厂区。为了避免为日军飞机轰炸，厂区内用油漆画了巨大的丹麦国旗作为对空识别的标志②。在日军空袭期间，这里并没有受到很大的损失。

因为厂区有外国人的保护，使得附近的居民及从外地流落至此的难民涌到这里寻求庇护，这是厂方此前所始料未及的。面对不断涌来的人群，两位西方人士给予了相当的同情和帮助。江南水泥厂难民收容所的位置被设于厂区的外围，分为南区和北区两部分。由难民沿着厂区的围墙搭起茅草棚。整个难民收容所共有约“25 个负责人”，在京特和辛德贝格的协调下管理难民③。

12 月 9 日前后中国军方撤出栖霞山，这一带为日军控制。此后，日军常来骚扰，主要以搜捕原中国士兵为由，抓捕和枪杀百姓，并掳掠妇女和财物。为应对局势，京特等人组建了护厂队，有人巡逻放哨。一旦发现有日军前来，岗哨就跑到厂区内俱乐部的楼上去找京特和辛德贝格，由他们出面与日军交涉。两位西方人士代表厂方对日军“殷殷招待，相与周旋”，以至每月需花费“三四百元”④。

尽管两位西方人士并不能根本杜绝日军的各类犯罪行径，但他们的存在使得江南水泥厂在这片地区明显要更加安全一些，通过附近难民迁移的情形能够反映这种状况。马吉在前往实地考察后发现：江南水泥厂旁边有座寺庙，“庙里有一个僧侣，这里也收容难民，他告诉我有一段时间这里曾有两万难民，但现在只有一千多人。显然

---

① 拉贝 1938 年 1 月 20 日日记［德］约翰·拉贝：《拉贝日记》，第 389 页。

② 辛德贝格声称巨幅丹麦国旗的面积有 1300 平方米，见辛德贝格自传手稿。陈谦平等编：《德国使领馆文书》，第 365 页。

③ ［美］马吉：《栖霞山之行报告（1938 年 2 月 16 日—17 日）》，章开沅编译：《美国传教士的日记与书信》，第 173 页。

④ 《驻栖霞厂颜柳风报告》（1938 年 5 月），南京市档案馆，1041—1—17，引自戴袁支：《1937—1938：人道与暴行的见证——经历南京腥风血雨的丹麦人》，第 80 页。

有些原住庙内的人移居水泥厂难民收容所,因为那里的人数激增而庙内人数减少。"[①]江南水泥厂难民收容所在高峰时期,收容逾万难民[②]。

江南水泥厂内有柴油发电机,因而可以使用收音机。受广播消息的误导,辛德贝格以为南京城内秩序已经完全恢复。1937 年 12 月 20 日,他带着人试图将几名伤员送到城内接受救治。途中遇到的日军哨兵不予放行,辛德贝格只得让人将伤员送回厂内,自己则只身前往城内。步行很长时间后,辛德贝格搭上一辆日军的卡车,终于来到了城内的安全区,并见到了拉贝等人。后来,辛德贝格借得拉贝助手韩湘琳的汽车以返回水泥厂[③]。

从此开始,生性喜欢冒险的辛德贝格成为联系城外的江南水泥厂和城内的国际委员会的桥梁,双方相互提供帮助。

辛德贝格的多次往返,带来了栖霞山附近地区日军暴行的报告,当地民众的请愿信,还成功将栖霞寺的僧侣带入城内并送回[④]。12 月 23 日,辛德贝格来到城内,送来了两份栖霞山难民致日本当局的请愿信,由 1.7 万难民签名,请求日本当局能使他们不再受到日军的侵扰。当天拉贝就致信日本大使馆的田中,将两份请愿书转交给他[⑤]。

1938 年 2 月 3 日,辛德贝格再次带着栖霞寺方丈起草、"当地 20 位知名人士"签名的信件《以人类的名义致所有与此有关的人》。此信列举了连日来的日军暴行,陈述了栖霞山一带的状况:"安置在我们这儿的难民百分之八十已失去了一切,他们的房屋被毁,牲口被杀,钱财被抢。此外,许多妇女失去了丈夫,孩子没有了父亲,大部分年轻男子遭到日本士兵的杀害,另一部分则伤的伤、病的病,躺在这里缺医少药,谁也不敢上街,害怕被杀害,而我们还只剩下少量的粮食储备。我们的农民既无水牛又无稻种,怎能春耕播种呢???"在信中,这些难民还向任何可能帮助他们的人发出最无奈的请求:"我们请求你们,不管是谁,只要能帮助我们阻止重现这种惨无人道的残暴

---

① [美]马吉:《栖霞山之行报告(1938 年 2 月 16 日—17 日)》,章开沅编译:《美国传教士的日记与书信》,第 173 页。更详尽的数字可见:《彼消此涨的两座难民营》,戴袁支:《1937—1938:人道与暴行的见证——经历南京腥风血雨的丹麦人》,第 86—93 页。

② 参见戴袁支:《1937—1938:人道与暴行的见证——经历南京腥风血雨的丹麦人》,第 70—71 页。

③ 辛德贝格借车所写的收条是写给拉贝的。但从拉贝在日记中的记载来看,汽车属于韩湘琳。可能是韩湘琳以拉贝的名义将自己的汽车借给了辛德贝格。辛德贝格的收条见戴袁支:《1937—1938:人道与暴行的见证——经历南京腥风血雨的丹麦人》,第 120 页。拉贝 1937 年 12 月 20 日日记,[德]约翰·拉贝:《拉贝日记》,第 188 页。

④ 《奥胡斯教区时报》(1938 年 3 月 6 日),陈谦平等编:《德国使领馆文书》,第 340 页。

⑤ 拉贝 1937 年 12 月 23 日日记,[德]约翰·拉贝:《拉贝日记》,第 217—218 页。

行径即可。”[①]辛德贝格还将自己见证的日本暴行案例加以整理后，提交给国际委员会[②]。

辛德贝格还在城内没有供电，无法得知外界消息的时候，给城内封闭的西方人士带来从收音机里得知的国际新闻[③]。

首次进城时得知西方人士有着食品上的困难，辛德贝格此后每次进城都会带些副食品，如鸡蛋、蔬菜和家禽。利用辛德贝格的捐赠，位于平仓巷3号几位美国人居住的卜凯家得以举办一场“圣诞晚会”。拉贝找到其他西方人士替他守卫院子后，还赶过去和“美国难兄难弟们共度片刻时光”[④]。

通过这条管道，国际委员会得以了解栖霞山地区的农村的状况，并向难民提供帮助。1938年2月16日，辛德贝格陪同马吉来到江南水泥厂难民收容所实地调查。此时已距此地沦陷2月有余，马吉途中拍摄了南京东郊沿途尸横遍野、破残不堪景象，以及日军暴行致伤者被送往水泥厂难民医院救治的纪录片。马吉在水泥厂难民收容所调查后，撰写了考察报告并提交国际委员会[⑤]。

为了救治附近的伤员，京特和辛德贝格建起了难民医院。在得到鼓楼医院赠送药品和绷带等医疗物资的帮助下，两位西方人士“在水泥厂一座房屋里开设了一个小医院和急诊室”。这里可以开展门诊，也接受住院治疗。“虽然在初期完全缺乏训练有素的医务人员，还是挽救了一些人的生命。”京特认为“农民可能更相信中药”，因而他找到“三个老中医开会，”请他们为难民收容所里的病人开内服的中药[⑥]。

京特和辛德贝格的努力无疑给曾在江南水泥厂难民收容所避难的中国难民带来极大的帮助。他们也获得当时难民们得赞颂和国际委员会的肯定。京特获得了德国政府颁发的德国红十字会二级奖章[⑦]。

然而，京特和辛德贝格是被江南水泥厂方面高薪聘请前来保护厂区的，所以工厂的利益处于他们关注的中心。他们和自愿留下组织难民区的国际委员会成员不同，仓促形成的江南水泥厂难民收容所也不同于事先划定的安全区。

安全区在选址之时就考虑到需要众多公共建筑来安置难民。其时江南水泥厂刚

---

① 拉贝1938年2月3日日记，[德]约翰·拉贝：《拉贝日记》，第469—471页。

② 章开沅：《南京大屠杀的历史见证》，武汉：湖北人民出版社，1995年，第84—89页。

③ 拉贝1937年12月23日日记，[德]约翰·拉贝：《拉贝日记》，第218页。

④ 拉贝1937年12月25日日记，[德]约翰·拉贝：《拉贝日记》，第225页。

⑤ [美]马吉：《栖霞山之行报告(1938年2月16日—17日)》，章开沅编译：《美国传教士的日记与书信》，第172—175页。

⑥ [美]马吉：《栖霞山之行报告(1938年2月16日—17日)》，章开沅编译：《美国传教士的日记与书信》，第175页。

⑦ 参见戴袁支：《1937—1938：人道与暴行的见证——经历南京腥风血雨的丹麦人》，第217页。

刚建成，面积达 2400 余亩，厂区有封闭的围墙和护厂壕沟，厂内建有众多生产厂房和工人宿舍，生活设施齐全，还有发电机等基础设备[①]。栖霞山一带的日本驻军也并不多，给难民带来的威胁也要小于城内。如果能合理开放使用这些便利设施，则难民收容所的状况会优于城内的安全区。而江南水泥厂难民收容所并没有利用这些坚固的建筑，也没有建立粥厂等便民措施，难民收容所被设置在"工厂厂区外，分南北两片"[②]。难民居住于沿着厂区围墙自己搭建的草棚内，"人挨着人，棚子靠着棚子，解手的地方都没有。下几天雨，就烧不了锅了，锅就在外面"。[③] 难民收容所中还发生过数次火灾，烧毁成片的难民草棚。因难民医院办于厂区内，厂方甚至有"医院进出之人，庞杂异常。每日病者七八十，抬着三倍之复，有探望住院者，际此土匪横行之时，设或有乔装病人混入厂方，何堪设想"等等顾虑[④]。

3. 南京国际救济委员会

南京安全区的成立，未曾得到日本军方的明确同意。虽然在日军占领南京后，默认安全区存在的事实，但是"不久日军便认为南京安全区的存在妨碍了他们对南京'新秩序'的建立"。随后，日本当局对南京安全区"采取各种手段进行压迫，直到扶植'自治政权'以取代之"[⑤]。在日方的压力下，南京安全区国际委员会改组为南京国际救济委员会，继续开展救济难民的工作。

(1) 国际救济委员会的成立

12 月 16 日，日本总领事访问拉贝，表示日方将给国际委员会以事实上承认的待遇。拉贝于 17 日致函日本使馆的福井，声明国际委员会"从未考虑寻求某种权力，与日本当局进行政治上的合作"，"我们在此重申，我们无意继续履行原南京市政府赋予我们的半行政职能。我们期望贵方能尽快担当此任，以便我们能作为一个单纯的救济组织开展工作。"[⑥]同时也指出："1937 年 12 月 1 日，南京市政府马市长将城市在特别时期的几乎所有管理职能赋予了我们，这其中包括管理警务、看管公共机构、消防、管理和支配房屋住宅的权力、食品供应、城市卫生等等。……当然，我们所获得的全

---

① 参见张朔人：《抗战时期的江南水泥公司》，2005 年南京师范大学社会发展学院硕士学位论文，中国知网中国优秀硕士论文全文数据库。

② 戴袁支：《1937—1938：人道与暴行的见证——经历南京腥风血雨的丹麦人》，第 66 页。

③ 《夏全良口述》，张连红等编：《幸存者调查口述》(中)，张宪文主编：《南京大屠杀史料集》第 26 册，南京：江苏人民出版社，2006 年，第 876 页。

④ 《徐莘农致江南水泥公司经理函》，陈谦平等编：《德国使领馆文书》，第 276—277 页。参见戴袁支：《1937—1938：人道与暴行的见证——经历南京腥风血雨的丹麦人》，第 212—213 页。

⑤ 张连红：《南京大屠杀时期的日军当局与南京安全区》，《近代史研究》2001 年第 3 期。

⑥ 拉贝 1937 年 12 月 15 日日记，[德]约翰·拉贝：《拉贝日记》，第 154 页。

权不能超出安全区的界线,而且我们在安全区也无权享有主权。"[①]

在这份声明中,国际委员会既宣称接管了安全区内的市政权力,同时又表示无意掌握权力而希望成为"单纯的救济组织"的言辞,正说明国际委员会的两难。一方面,国际委员会试图像上海南市难民区的理事会一样,可以实际控制南市地区的大部分行政权力,以便展开设想中的难民保护与救助工作;另一方面,国际委员会意识到试图拥有安全区行政权力的姿态,可能招来日方当局的猜疑甚至敌视,反而会给国际委员会的工作带来困难。国际委员会很清楚,凭借武力占领这座城市的日方当局才是拥有决定权的。

国际委员会面临着日军不实际尊重其在安全区内的管理权力的现状,同时又发现只有自己拥有更多的职权,才可能更好地保护难民。所以拉贝向日方当局表达"对'市长'这个职位感到厌烦,非常想卸任"的姿态,又试图"以委员会的名义要求立即将日本士兵撤出安全区"[②]。

日方也觉察城内安全区及其管理组织是现实存在,不能直接忽视或者强行解散。这些西方人士是"烫手的山芋",既然不能将他们劝走[③],也不能如对待中国人那样加以任意处置。日方认识到,国际委员会尚有利用价值,取合作的态度还是有利的[④]。正是这种现实,使得日方当局和国际委员会找到了相互容忍的底线,国际委员会并不挑战日方当局的官方政策,即使日方当局的政策是非常不合理、不人道的[⑤],于是日方当局也默许国际委员会在安全区内从事不与日方利益直接冲突的活动。

随着日方对南京占领措施的推进,其扶植的自治委员会成立。这使得国际委员会与日本当局之间,加入了第三种因素。虽然各方都清楚自治委员会是由日方扶植,听命于日方当局,但是日方想将其包装为拥护日方政策的南京市民自发成立的政权[⑥]。为此,日方也将市政管理具体事务交与自治委员会。国际委员会必须面对更多和自治委员会交涉的局面。

国际委员会并不是永久机构,成立之初的设想只是短暂存在以帮助难民度过政权"空白期"。沦陷后的南京,日本军事当局已经取得了城市的实际控制权。1937年12月下旬,南京自治委员会也已成立。按照国际委员会的计划,此时应是解散安全

---

① 拉贝1937年12月15日日记,[德]约翰·拉贝:《拉贝日记》,第151—152页。

② 拉贝1937年12月17、18日日记,[德]约翰·拉贝:《拉贝日记》,第158、159页。

③ 日本当局在进城前竭力劝说西方人士离开,在刚刚进城的时候也是如此,到后来却又限制他们的离开。

④ 拉贝1937年12月17日日记,[德]约翰·拉贝:《拉贝日记》,第158页。

⑤ 在西方人士的私人记载中对日方的政策,如难民登记等有诸多不满,但并未向日本当局直接提出异议。

⑥ 南京自治委员会成立后,日方要求国际委员会的有关事项必须通过自治委员会。具体交涉中,国际委员会将意见通知自治委员会,再由其通告日方,并将日方的意见转达给国际委员会。

区的时候。然而,日军的暴行还在继续,国际委员会发现安全区的存在对于保护难民更加有利,而且难民涌入安全区的趋势也使得国际委员会看到难民对他们的拥护。

自治委员会成立之后,国际委员会内部就当时面临的局面进行了讨论,认为"要设法使(国际)委员会继续存在下去",对自治委员会持合作态度,并以"最好地为(国际)委员会的目标服务或最有利于(国际)委员会的目标"作为判断合作建议的标准①。

自治委员会由中国人组成,名义上是管理南京全市的自治政权,而安全区处于南京市的范围内,由一群西方人士成立的组织却拥有着很多市政职能②,双方的矛盾不可避免。由于日本当局对国际委员会并不能简单处理,使得国际委员会对安全区的管理还在继续。但是,扶植自治委员会是日本当局的既定政策,国际委员会的解散只是时间问题。

1938 年 1 月 6 日,日本使馆的官员拜访拉贝,通知"根据军事当局的决定",国际委员会应予解散,国际委员会的储备和资金由接替国际委员会工作的自治委员会接管。拉贝则表示,"对接管我们的工作我们没有什么可反对的",但"对要我们交出我们的财产和储备表示抗议"③。

拉贝的回答"没什么可反对的",可以看出国际委员会的境遇。国际委员会并不愿意立即被解散,但也找不出能为日方所认可的"合法的"存在理由。

日方没有强行解散安全区和国际委员会,但不断加压和处处掣肘的态势越来越明显。1938 年 1 月 9 日,自治委员会的王承典告知拉贝,日方已经不允许国际委员会向难民出售大米④。10 日,日军物资供应处的石田少佐拒绝履行已达成的协议,停止向国际委员会出售大米⑤。13 日,自治委员会接管了原南京市政府撤走前划归国际委员会指挥的安全区警察机构。当天下午,借口寻找一包旧衣服,日军宪兵队派出大批荷枪实弹的宪兵包围国际委员会总部,并从四面翻墙而入进行搜查⑥。

日方的措施使得国际委员会越来越感觉到压力,老练务实的拉贝已经认识到必须改变目前同日方的紧张状况。"为了同日本人友好相处",拉贝想出了自行解散安

---

① 拉贝 1938 年 1 月 3 日日记,[德]约翰·拉贝:《拉贝日记》,第 269 页。

② 日军占领南京后,国际委员会从未拥有真正拥有原马超俊市长赋予的市政职权。如:安全区内遍布尸体,国际委员会并不能自主加以掩埋,多次向日方当局请求将之安葬,未能得到回应。国际委员会只能任这些尸体横陈于安全区街头。但是,无疑日方也认可国际委员会管理着安全区的内部治安、卫生清洁、公共建筑分配等权力。拉贝 1937 年 12 月 28 日日记,[德]约翰·拉贝:《拉贝日记》,第 242 页。

③ 1938 年 1 月 9 日,拉贝也从自治委员会成员王承典那里得到日方曾试图强行关闭国际委员会的信息。拉贝 1938 年 1 月 6、9 日日记,[德]约翰·拉贝:《拉贝日记》,第 297 页,第 316—317 页。

④ 拉贝 1938 年 1 月 9 日日记,[德]约翰·拉贝:《拉贝日记》,第 317 页。

⑤ 拉贝 1938 年 1 月 9 日日记,[德]约翰·拉贝:《拉贝日记》,第 319 页。

⑥ 拉贝 1938 年 1 月 11 日日记,[德]约翰·拉贝:《拉贝日记》,第 325 页。

全区国际委员会,“成立一个国际救济委员会”,在这个委员会内吸纳日本代表的计划[①]。国际委员会的内部讨论中,其他委员没有同意拉贝的计划。其他委员担心国际委员会已经赢得了难民的信任,解散并成立的新委员会可能导致民众“完全不予理睬”[②]。

南京安全区内难民收容所的大量存在,难民拥挤其中,使得日军宣称南京秩序恢复的谎言不攻自破。1938年1月,日军第11师团第10旅团调防南京,旅团长天谷直次郎接任南京警备司令。为了给外界南京秩序恢复、市面繁荣的印象,天谷上任后要求:“所有难民在2月4日(宣布之日的7天后)前返回原住所。如果难民不返回,难民区和难民营将被强行解散,仍滞留的难民将被日本士兵驱赶出难民营。”[③]

经过国际委员会的强烈抗议,加之此时西方诸国使馆官员也已回到南京,关注着日方的举动,日方最终放弃使用武力。日方外交官日高兴六郎会见了德国外交官罗森和拉贝,会谈中日高否认军方试图强迫解散安全区。日高向拉贝表示,可以延迟安全区的撤销时间,但请求拉贝“不要将日本方面无意强行撤销安全区的消息告诉中国人,以免使撤销工作停顿”[④]。

安全区虽然躲过这一劫难,但继续存在下去就更加艰难。与此同时,拉贝早在1月11日就得到西门子公司的通知,要其“结束商务事宜,同韩速来上海”[⑤]。拉贝回信请求上海总部同意其“在安全区委员会解散之前留在南京,因为几个欧洲人的去留实际上决定了许多人的命运”[⑥]。但是此后西门子上海总部多次来函,强烈要求拉贝“必须关闭南京办事处,最迟于2月底抵达上海”[⑦]。

拉贝即将离开,促使改组工作不得不提上安全区国际委员会的议事日程。1938年2月18日,南京安全区国际委员会理事会在宁海路5号的总部开会,理事会成员:拉贝、贝德士、米尔士、特里默、马吉、施佩林、史迈士等人出席,会议作出决议:“‘南京安全区国际委员会’自即日起以‘南京国际救济委员会’的名称继续工作,这个新名称更符合其现在的工作性质。委托秘书史迈士博士先生将更改名称事项通知各大使馆以及上海各有关救援组织。”为了使得主席职位的空缺有人替补,在拉贝的提议下还

① 拉贝1938年1月12日日记,[德]约翰·拉贝:《拉贝日记》,第326页。

② 拉贝1938年1月13日日记,[德]约翰·拉贝:《拉贝日记》,第327页。

③ 《当前局势的备忘录》(1938年1月31日),徐淑希编:《南京安全区档案》,张生等编:《英美文书·安全区文书·自治委员会文书》,第353页。

④ 拉贝1938年2月2日日记,[德]约翰·拉贝:《拉贝日记》,第455—456页。

⑤ 韩指拉贝的助手韩湘琳。拉贝1938年1月14日日记,[德]约翰·拉贝:《拉贝日记》,第336页。

⑥ 拉贝1938年1月14日日记,[德]约翰·拉贝:《拉贝日记》,第338页。

⑦ 拉贝1938年2月8日日记,[德]约翰·拉贝:《拉贝日记》,第494页。

通过另一项决议:"米尔士牧师先生被选为本委员会的副主席,因此在拉贝先生退出后就不必再选举一名新的主席。"①米尔士的当选,保证拉贝之后国际委员会工作的顺利交接。

国际委员会的更名标志着委员会放弃了日军所不能容忍的对南京安全区的管理权,南京安全区随之解散。2月16日,南京安全区国际委员会总干事费吴生书面通知自治委员会:"由前政府交给我们国际委员会的全部行政管理责任将随着自治委员会的成立而结束,并移交给现已完全承担了这种责任的贵组织。从这时起,我们委员会将是一个纯民间的救济组织。就我们的考虑,安全区也应该由此停止存在。"自治委员会也将安全区一带划为第四区,并任命了区长②。

(2) 国际救济委员会的计划

国际救济委员会是在南京安全区国际委员会的基础上蜕变而来,放弃了原南京市政府赋予的安全区市政管理权限,转而成为单纯的救济机构。国际救济委员会的成员因一些西方人士的离开而有些变动,其后也开始吸收新的委员加入。

国际救济委员会继承了国际委员会的资金和其他物资。国际救济委员会的"大部分物资来自原南京市政府提供的大米与现金,还有5月间中央政府救济委员会提供的赠款。美国许多团体,一个英国难民基金会,一群中国银行家和其他移居上海的南京老居民,也有相当的贡献"③:

表20 国际救济委员会预算来源

南京	
原南京市政府	80000
出售大米的结余	13000
南京基督教战争救济委员会	7000
小计	100000元
上海	
中国银行家协会	50000
美国红十字会	25000
英国府邸基金会	20000

① 拉贝1938年2月20日日记,[德]约翰·拉贝:《拉贝日记》,第565页。

② 拉贝1938年2月17日日记,[德]约翰·拉贝:《拉贝日记》,第552页。

③ [美]贝德士:《致朋友的传阅函》(1938年11月29日),章开沅编译:《美国传教士的日记与书信》,第48—49页。

续表

金律委员会 1900 美元	6350
扶轮国际	2500
西雅图中国俱乐部 610 美元	2035
上海南京救济协会未到账资金	19115
小计	215000 元
总计	315000 元

原注:上述一部分款项是受行情波动的债券。因此,在 300000 元的基础上制定预算。

资料来源:*Relief situation in Nanking*(*February* 14,1938),RG10,Box102,Folder866,the Miner Searle Bates Papers,Yale University Divinity School Library Special Collections.

救济委员会的工作有延续国际委员会的计划继续在原安全区内进行的部分,也有根据局势变化加以调整,在安全区外进行开展恢复生产相关工作的部分。在改组前几天,国际委员会为即将改组为救济委员会后的工作制定了预算草案①。

南京安全区国际委员会暂定预算草案

(1938 年 2 月 13 日通过)

1. 食物

50000 人两个月(3、4 月)的食物

大米 10000 袋,每袋 10 元	100000 元	
补充食物	30000 元	130000 元

2. 燃料

厨房每天 10 吨煤

600 吨煤,共两个月之用,每吨 20 元	12000 元	

3. 恢复秩序

救助离开南京回家的

5000 人每人 1 元	5000 元	

救助难民营中房子被烧毁的家庭,

2000 个家庭,每个家庭 10 元	20000 元	

用于贷款、工作救济以及特殊项目的

直接救济和分配物资	75000 元	100000 元

① *Relief situation in Nanking*(*February* 14,1938),RG10,Box102,Folder866,the Miner Searle Bates Papers,Yale University Divinity School Library Special Collections.

4. 管理(3 个月:2 月、3 月、4 月)

(1) 付给中国员工的生活费

	人	每月	3 个月
总办公室	13 人	170 元	
避难所及难民营	193 人	2350 元	
食物委员会	51 人	520 元	
卫生委员会	128 人	1640 元	
恢复秩序员工	35 人	1050 元	
	420 人	5730 元	17190 元

(2) 支出		3 个月	
汽车:4 个司机		360 元	
修理		200 元	
卡车:675 卡车大米、食物和煤,			
每卡车 2 元		1350 元	
修理费		250 元	
办公室支出	100 元	2260 元	19450 元

5. 应急资金

若无更重要的需要,用于恢复秩序	40000 元	
总计(目前可用的资金)		301450 元

在国际委员会改组之前,南京的救济形势依然非常严峻。虽然日本当局通过自治委员会一直强令难民回家,但是日军依然频发的暴行使得难民心存畏惧,安全区内人数下降缓慢,而且“预计难民营会有几万特殊的难民——特别是寡妇、丈夫被抓走的女人以及房子完全被破坏、几个月不能回家的人。”国际委员会“必须在难民营照顾这些特殊难民,这毕竟是难民营的职责所在”①。

(3) 国际救济委员会的调查

南京的经济形势因战争影响而严重倒退,日军得不到控制的长时间暴行几乎彻底摧毁了南京的经济根基。1938 年 2 月,国际委员会发现:“经济快速复苏的迹象仍然没有出现。目前形势下,南京毫无发展经济的希望,当地产品持续短缺。城墙内外,甚至是蔬菜园,着手春耕极为困难。而且,很多财产——建筑、生产工具及物

① *Relief situation in Nanking* (*February* 14, 1938), RG10, Box102, Folder866, the Miner Searle Bates Papers, Yale University Divinity School Library Special Collections.

被抢劫后的国民政府内景。选自《侵华日军南京大屠杀图集》。

劫后的南京汉西门外。选自《拉贝日记》。

劫后的汉中门地区惨状。选自《拉贝日记》。

劫后南京的凄凉。选自《一亿人的昭和史》。吴先斌提供。

资——已遭毁坏。社会上只有很少一部分人被日军或其他人雇佣从事有偿劳动。总之,所有这些实情都阻碍了未来几个月任何大规模的经济复苏。"①

早在1938年1月,国际委员会就开始考虑尽早恢复南京经济的活力,为难民将来的生活提供保障。为此目的,国际委员会筹划成立重建委员会,准备开展战后帮助难民恢复正常生活的工作,救济委员会继续从事此项计划。

为弄清南京战后的实际情况,使得救济工作能做到有的放矢,救济委员会利用金陵大学社会学教授史迈士和历史学教授贝德士的专长,进行了两项调查计划:"其一为南京战事损失之调查,其二为南京附近各县农业状况之调查。此等调查之目的,在明了人民状况,人民之物质损失及其经济恢复之前途。此种调查之结果,既为一般人所欲知,而本会亦赖其助,得将此后冬春两季之健全的救济方案加以决定也。"

1938年3月,日本当局扶植的维新政府成立,局势已经较为正常。此时,国际救济委员会就调查所做的准备工作也就绪,"调查工作物质方面之设备既具,即将人民状况及其有关之经济与社会因素,着手作一有系统之研究。"在史迈士的带领下,国际救济委员会的调查人员13人,就"城中及附近五县之居户",做了数星期的详细调查。调查的目的有二:"(一)在探知何者为经济生活之重大损害,(二)在明了战后数月人民之状况。"1938年7月,调查报告写成,"名曰《南京之战事损失》(著者史迈士)"②。

史迈士对社会调查有着丰富的经验,曾参与过卜凯主持的金陵大学农学院农业经济系为国家水灾救济委员会进行的经济调查和1932年上海事变对农村损害的调查③。国际救济委员会的调查人员中,有参与过上述调查的熟练工作人员。贝德士也参与"书写调查报告和分析调查结果的过程"④。通过报告所形成的调查统计表目录可见此项调查之严谨详实⑤:

表1　调查户数和估计人数

表2　被调查人口中年龄和性别的分布

表3　家庭的构成

① *Relief situation in Nanking* (*February* 14, 1938), RG10, Box102, Folder866, the Miner Searle Bates Papers, Yale University Divinity School Library Special Collections.

② 《南京国际救济委员会报告书》,张生等编:《英美文书·安全区文书·自治委员会文书》,第392页。

③ [美]贝德士:《贝德士〈南京地区战争灾祸〉前言》(按:此处当时译为《南京战祸写真》),姜良芹等编:《前期人口伤亡和财产损失调查》,张宪文主编:《南京大屠杀史料集》第15册,南京:江苏人民出版社2006年,第2—3页。

④ [美]史迈士:《南京地区战争灾祸》,姜良芹等编:《前期人口伤亡和财产损失调查》,第7页。

⑤ [美]史迈士:《南京地区战争灾祸》,姜良芹等编:《前期人口伤亡和财产损失调查》,第4—5页。

表 4　按日期统计的伤亡数字及其原因
表 5　暴行下伤亡者与被抓者的性别和年龄
表 6　原来各种职业的就业状况和收入
表 7　目前各种职业就业状况、收入及城市各区收入状况
表 8　开始调查的第一周城市各区的粮食来源
表 9　留在南京家庭的房屋和动产损失及其原因
表 10　留在南京家庭(按原住址)的房屋和动产损失
表 11　被毁坏和被抢劫的房屋数目
表 12　市内各区房屋及财产的损失
表 13　房屋及财产损失的项目和原因
表 14　由破坏、抢劫造成房屋及财产的损失
表 15　主要商业街道房屋损坏及被抢劫的数字
表 16　主要商业街道房屋及财产损失
表 17　宁属地区五县的人口和耕地面积
表 18　农村损失的价值
表 19　每户平均损失
表 20　农户损失的具体项目
表 21　越冬作物的估计价值
表 22　春播种子的总需要量
表 23　外迁和劳力补充
表 24　死亡者性别和年龄的比率
表 25　死亡的数字和原因
表 26　房屋损失情况
表 27　耕畜损失情况
表 28　农具损失情况
表 29　库存粮食损失情况
表 30　越冬作物种植面积
表 31　毁坏的越冬作物占种植面积的比率
表 32　已种植而未被完全毁坏的越冬作物可望收成占正常收成的比率

以下仅列举城区和农村损失的两表：

表 21　留在南京家庭的房屋和动产损失及其原因

项　目	平均每户损失	总　计	原　因				
			交战因素	纵　火	军队抢劫	其他抢劫	原因不明
房屋(自家所有)动产	271.56	12855600	496800	12291200	78600	17700	1300
1. 机器、工具	16.00	759200	—	424000	269200	29000	37000
2. 商店设备	65.01	3084600	—	1833500	1025000	150000	76100
3. 制造业的原材料	19.55	927500	—	163300	710200	37000	17000
4. 库存商品	186.71	8859300	6000	2607700	4178000	1911400	156200
5. 人力车	3.60	171000	11500	65500	79200	—	14800
经营用动产小计	290.87	13801600	17500	5094000	6261600	2127400	301100
6. 家具什物	11037	5237200	63000	1886800	1619800	796800	870800
7. 衣服和床上用品	115.43	5477200	24200	1196300	3155800	782900	318000
8. 家里的食物和供应品	7.93	376400	3500	50300	290300	15200	17100
9. 自行车	2.59	122800	12500	6000	102300	—	2000
10. 现金和珠宝	9.53	452000	—	16500	427800	2500	5200
11. 其他	29.83	1415300	57100	149000	1167300	26000	15900
家庭用动产小计	275.68	13080000	160300	3304900	6763300	1623400	1229000
动产总计	566.55	26882500	177800	8398900	13024900	3750800	1530100
合　计	838.11	39768100	674600	20690100	13103500	3768500	1531400
百分比(%)		100.0	1.7	52.0	33.0	9.5	3.8

资料来源:[美]史迈士:《南京地区战争灾祸》,姜良芹等编:《前期人口伤亡和财产损失调查》,第 55 页。

表 22　农户损失的具体项目

项目	平均每户损失	单价(元)	平均每户损失价值(元)	所有农户损失总数	所有农户损失总价值(元)
1. 房屋	(间)1.656	77.90	129.00	(间)308100	23999500
2. 耕畜	(头)		35.84	(头)	6668100
水牛	0.313	70.00	21.91	58,200	4076500
牛	0.317	55.00	7.55	25500	1404600
驴	0.213	30.00	6.38	39600	1187000
3. 农具	(件)		28.17	(件)	5241100
犁	0.509	6.50	3.31	94700	615300
耙	0.449	5.50	2.47	83700	460000
水车	0.618	33.00	20.41	115100	3798100
锄	1.976	1.00	1.98	367700	367700

续表

项目	平均每户损失	单价(元)	平均每户损失价值(元)	所有农户损失总数	所有农户损失总价值(元)
4. 库存的粮食	(市担)		22.44	(市担)	4175900
小麦	1.002	5.00	5.01	186400	931800
大麦	0.451	3.00	1.35	84000	252000
稻子	2.507	3.00	7.52	466400	1399100
玉米	0.234	2.75	0.64	43500	119700
大豆	1.563	4.30	6.72	290800	1250300
其他	0.300	4.00	1.20	55700	223000
5. 越冬作物	(市担)		4.11	(市担)	765200
小麦	0.616	5.00	3.08	114600	572900
大豆	0.212	3.00	0.63	39500	118300
油菜籽	0.019	4.50	0.08	3500	15700
蚕豆	0.042	4.00	0.17	7700	31000
豌豆	0.035	4.20	0.15	6500	27300
总计			219.56		40849800

资料来源:[美]史迈士:《南京地区战争灾祸》,姜良芹等编:《前期人口伤亡和财产损失调查》,第 64 页。

这次调查揭露出南京城内外“凄惨之景象:平民之屠杀、战前无谓之破坏与焚烧及战后大规模之劫掠与焚烧。”[①]参与撰写调查结论的贝德士写道:“我获知大量令人不寒而栗的事实,即普通民众无缘无故受害如此之深。”[②]

(4) 国际救济委员会的救济工作

在南京国际救济委员会截止 1939 年 4 月 30 日的报告书中,将救济委员会之工作“自然分为两期”。第一期从 1937 年 12 月到 1938 年 5 月底至。如此分期,是因为“至五月底难民收容所之结束为止”。救济委员会的总部也从宁海路 5 号迁至天津路 4 号金陵大学校舍中[③]。虽然安全区随着国际委员会的改组而解散,但救济委员会依然与区内的难民收容所有着密切的联系[④]。

① 《南京国际救济委员会报告书》,张生等编:《英美文书·安全区文书·自治委员会文书》,第 407—408 页。

② [美]贝德士:《致朋友的传阅函》(1938 年 11 月 29 日),章开沅编译:《美国传教士的日记与书信》,第 48 页。

③ 《南京国际救济委员会报告书》,张生等编:《英美文书·安全区文书·自治委员会文书》,第 390 页。

④ 安全区内的难民收容所并没有随着安全区的解散而立即消失,自治委员会作为新的市政当局开始管理这些难民收容所,然而难民收容所依然和救济委员会保持着密切的联系。

① 粮食救济。救济委员会继续对这些难民收容所提供粮食援助,在救济委员会的相关报告中有着这样的数字:

> 三月份中,22 处收容所中之难民,平均为 26700 人,其中 17300 人,由本会每日发米 59 包维持之,共 1821 包。
>
> 四月份中,收容所之数减为 16,难民总数,平均为 21750 人,其中 11300 人,由本会发米 31 包及麦 12 包供给之。红卍字会所办之粥厂,由本会发麦 5.5 包以助之。工赈及特种捐赠每日所费约为麦 18 包。共发米 930 包、麦 1059 包,领食粮者约 16000 人。
>
> 五月份,收容所七处,共约 12150 人,其中 7250 人依赖本会谷类之供给,每日由本会发米 4 包、麦 10.5 包。此外供给红卍字会者每日麦 4 包,用于工赈及其他捐赠者,每日约 18 包。共用米 474 包、麦 969 包,给养 11650 人。[①]

随着局势的好转,各难民收容所内的人数在不断减少,但因无家可归、亲人罹难等各类原因滞留难民收容所中的难民仍生活无着。救济委员会仍对各难民收容所提供粮食救助,并保持着和红卍字会的联系,向粥厂提供粮食,以帮助那些无法自行做饭的难民。

由于长期仅能得到维持最基本生计的粮食,缺乏营养,可能产生流行病。救济委员会还通过上海的慈善机构,获得蚕豆等副食品,分发给难民,以图改善最贫穷难民的营养状况:"本会煞费苦心,经数星期之交涉,卒由上海方面运到蚕豆 87 吨,分成 1077 袋,每袋重 161.55 磅,以之分发各难民。据本会估计,在 3、4 两月中,收容所中最贫苦之难民 17500 人,每人平均可得 2.25 磅。"另外,还通过"在发放之谷类中,加入大量糙麦",来缓解长时间来难民食粮成分单一的问题[②]。

到 1938 年 3 月,救济委员会下属的重建委员会,已经在城内建立"总办公室和四个分支机构","开足马力"开展新的工作。国际救济委员的工作包括:

② 现金救济。重建委员会的报告显示:"到 3 月份底,家庭总数达到 12145 户。所发资金总数为 42725 元,平均每户 3.52 元。在南京几乎有 1/7 家庭领到我们的救济金。"

③ 以工代赈。"例如,帮助红卍字会雇佣 200 个劳动力去掩埋尸体和棺材,帮组自治委员会第二分区雇佣 100 人清扫街道,帮助金陵大学雇佣 100 至 200 农民去太

---

① 《南京国际救济委员会报告书》,张生等编:《英美文书·安全区文书·自治委员会文书》,第 398 页。

② 《南京国际救济委员会报告书》,张生等编:《英美文书·安全区文书·自治委员会文书》,第 399 页。

平门外种地，雇佣劳动力清扫安全区。”

④ 难民邮件服务。由于正常的邮政系统尚未完全恢复，南京难民难以向外地的亲友求助。救济委员会帮助难民写信，以求得帮助。“例如，一名女士名叫罗南平夫人，住在我们的双塘收容所，她的丈夫在宜昌海关署。后来她由米尔士先生送到大学医院分娩。我们关闭双塘难民收容所后，把她带到了金陵大学救济所。”救济委员会向上海海关署人事处寻求帮助，结果和罗南平取得了联系。

通过和自治委员会的联系，国际救济委员会还帮助一些难民取得去上海的通行证。此外，在帮助难民存取现金，发放衣物等方面国际救济委员会也做了很多工作①。

由国际委员会改组而来的国际救济委员会与日方当局之间仍有摩擦。日本当局曾指令傀儡的南京市政当局，借故逮捕救济委员会的 7 名中国工作人员，强令救济委员会解散，并试图将全体西方委员也驱逐出南京。

对日方封杀救济委员会的举动，德国使馆的分析是：“日本当局从一开始就对安全区国际委员会后来是国际救济委员会的工作不满，声称国际委员会从中国中央政府当局得到的大笔资金分给了南京居民，由此可能加强了后者对新政府当局某种程度的消极态度。再是国际救济委员会个别委员撰写的文章例如贝德士关于中国毒品问题的‘公开信’，肯定使日本人感到不满，它本来就对委员会有怀疑。”②

在主席米尔士等人的努力下，这场风波的“最后结果是日本人指令市政当局不再阻止委员会不声不响地恢复工作，委员会则表示要接纳一名日本人作为委员会委员”③。

参与国际委员会的创建，改组为国际救济委员会后继续工作的贝德士在总结道：从南京安全区国际委员会到国际救济委员会全部的工作是“为救济难民而奋斗的罗曼史，实在值得付出生命、鲜血、入狱与眼泪；这个德国纳粹、英国生意人和我们美国传教士合作的故事，已经超越了我们国家的本分。在我们群体内还有一部分是回教徒、佛教徒与天主教徒；应紧急召集而来的许多中国职员显示的优秀素质；面对武器，表现为不断要求‘解散’并命令中国人不与我们合作的不信任的情况下所取得的实际成就”④。

正如美国外交官所言：“显然这些外国人在南京的存在这一事实，对日军的行为至少产生了一些制约的影响，使其有所收敛。毫无疑问，安全区国际委员会和外国公

① 《洛关于重建委员会报告》，朱成山主编：《海外南京大屠杀史料集》，第 155—157 页。

② 《费舍尔致柏林德国外交部报告》(1939 年 2 月 14 日)，陈谦平等编：《德国使领馆文书》，第 255 页。

③ 《费舍尔致柏林德国外交部报告》(1939 年 2 月 14 日)，陈谦平等编：《德国使领馆文书》，第 255 页。

④ [美]贝德士：《致朋友的传阅函》(1938 年 11 月 29 日)，章开沅编译：《美国传教士的日记与书信》，第 49 页。

民的个人努力在很大程度上使百姓免遭更大的不幸,使他们的财产免遭更大的毁坏。"①

(三)面对大屠杀的西方人士

1937年沦陷后留在南京的那些西方人士之所以能够被人们所记住,是因为他们留下的决定使他们置身于人类近代史上可谓绝无仅有的野蛮暴行的漩涡中。面对日军暴行,他们并未退缩,而是勇敢地面对日军的屠刀,保护灾难面前凄然无助的中国难民。"对于南京难民区国际委员会的成员来说,从南京攻略战结束,华中方面军进驻城内时起,'与日军的斗争'才真正开始。"②在战斗中,西方人士最有力的武器就是其列强国民的身份。

1. 制止日军暴行

自从1937年12月8日,安全区正式开始接收难民,安全问题就成为国际委员会关心的头等大事。如果不能保证基本的人身安全,那么安全区的存在就毫无意义。在当时情形下,委员们所担心的是战败的中国军队撤退时的混乱所带来的危险。后来的事态表明,溃逃的士兵并没有直接冲击安全区。他们即使没有能够逃往江北,转而前往安全区寻求庇护,大都能交出武器。国际委员会将这些武器"清点数目",并"打算过后将武器移交给日本人"③。

12月13日,日军攻破南京城墙,中华民国首都南京沦于敌手。国际委员会的中立国委员们比较信任的日军进城后,带来的并不是秩序。日军制造的各种暴行,使得"顷刻之间"中国难民和西方人士的"幻想破灭了"。亲历日军进城的西方记者证实:"日军口口声声要寻求中国人民的友谊,但他们在南京的残暴行为使他们失去极好的赢得中国民心的机会。"④西方人士后来也写道:"由于日军已经进城,随之而来的便是恐怖、破坏与死亡。"⑤

(1) 制止屠杀

侵华日军南京暴行在中国被称为"南京大屠杀"。尽管中日两国学者对受害者人

---

① 《美国驻华外交官关于南京"大屠杀"的证言》,杨夏鸣译,《民国档案》1997年第3期,第63页。

② [日]笠原十九司:《难民区百日》,第122页。

③ 拉贝1937年12月13日日记,[德]约翰·拉贝:《拉贝日记》,第135页。

④ 《日军屠杀成千上万》,《芝加哥每日新闻报》(1937年12月15日),张生编:《外国媒体报道与德国使馆报告》,第92页。

⑤ 费吴生:《日记》,章开沅编译:《美国传教士的日记与书信》,第69页。

数的认定存在极大的分歧，但是对南京中国平民和放下武器的中国士兵的大规模屠杀无疑是日军最主要的暴行形式[①]。

西方人士对于日军有组织的军事行动，不可能阻止。在日军进城前夕，安全区国际委员会发布的文告中，明确要求难民在日本士兵进入难民区检查或巡视时，必须放行，不得抗拒[②]。在日军进城之前，西方人士发现有相当数量的中国士兵进入安全区内寻求庇护。他们唯恐这会给安全区内带来战火，伤及无辜的百姓。西方人士并不欢迎，却无能力阻止这些中国士兵的涌入。在这种情况下，西方人士将中国士兵放下武器作为允许他们进入的条件。在放弃武装后，这些中国士兵被集中安置在安全区内的一些公共建筑内[③]。

12 月 13 日，国际委员会的秘书史迈士、主席拉贝“找到懂日语的克拉，一起动身去向日本人(尽量找高级军官)解释 3 件事：安全区、新成立的红十字会以及进入安全区的一些缴械士兵”[④]。史迈士等人离开安全区寻找日军的进攻部队，就是试图赶在日军发现之前将中国士兵进入的情况通报日军，以寻求日方的谅解。

西方人士在沦陷前，曾亲自劝说并不情愿轻易放弃武装的中国士兵放下武器，以求得日军的善待。他们认为这些放下武器的士兵将在日军那里得到最起码的战俘待遇。拉贝在 12 月 13 日从安全区出来寻求与日军部队接洽时，即发现有中国军队的小分队在街头，拉贝劝说他们缴械，并认为自己的举动是“救下了 3 个分队约 600 名中国士兵”[⑤]。

日军在占领南京后，立即进行扫荡作战，安全区也在日军的扫荡范围内。由于安全区内人口密集，成为日军扫荡的重点。西方人士认为如此积极地和日军沟通，将会获得日方的信任，而且安全区及其周围并没有发生中国军队有组织的抵抗行动，日方将会善待放下武器的中国士兵。国际委员会希望“这些完全解除武装的中国士兵除了被日本人当作战俘之外，不会有其他危险”[⑥]。

“扫荡安全区”是日军军事行动的一部分。日军有计划、有组织，由军官带队指

---

① 在近期发表的“日中历史共同研究”的中日文报告中，有关受害者人数的统计双方并未达成一致。“报告书中，日本以远东国际军事审判判决的 20 万人以上(对松井司令官的裁决书是 10 万人以上)为依据，中国以南京战犯审判军事法庭判决的 30 万人以上为依据”，并未“提供各项检验结果”。另外，日本学者还“有以 20 万人为上限的，还有 4 万人、2 万人等各种推算”。[日]庄司润一郎：《“日中历史共同研究”之回顾——以南京事件为主体》，《抗日战争研究》2010 年第 4 期，第 12 页。

② 拉贝 1937 年 12 月 13 日日记，[德]约翰·拉贝：《拉贝日记》，第 136 页。

③ 拉贝 1937 年 12 月 13 日日记，[德]约翰·拉贝：《拉贝日记》，第 138 页。

④ [美]史迈士：《致家人函》，章开沅编译：《美国传教士的日记与书信》，第 229 页。

⑤ 拉贝 1937 年 12 月 13 日日记，[德]约翰·拉贝：《拉贝日记》，第 134 页。

⑥ 拉贝 1937 年 12 月 13 日日记，[德]约翰·拉贝：《拉贝日记》，第 134 页。

下关大马路一带被毁状况。选自《中支之展望》。吴先斌提供。

日军进城后的中山路。选自《拉贝日记》。

中华路劫后。选自《中支之展望》。吴先斌提供。

被尸体填满的南京池塘之一。选自《拉贝日记》。

挥,以作战行动的方式在南京城内外进行大规模的搜捕。日本报纸报道:“据推测,25000人之多残敌换上便衣潜伏市区。”所以,日军“一面努力扫荡搜捕,一面调查有残敌嫌疑的人”[①]。然而在日军进入安全区搜捕行动进行时,西方人士目睹的是放下武器的中国士兵和被认为有士兵嫌疑的青壮年都被日军捆绑带走,并没有被仔细甄别,而且这些人并没有受到战俘待遇,或者连装模作样的审判都没有就被日军集体枪杀。

12月14日,日军进城后的第二天,从各处传来的“各种不同的机关枪扫射声”,西方人士能够明确判断这些人被日军集体屠杀了[②]。后来,侥幸逃回安全区的伤痕累累的幸存者的证言,确认日军大屠杀的事实。

西方记者观察到:“成千上万的俘虏被日军屠杀。大多数留在安全区内的中国军人遭到集体屠杀。日军在全城有计划地逐屋仔细搜索,捕捉肩膀上有背包印痕或其他当兵痕迹的人。这些人被押到一起遭处决。”[③]这一情形引起西方人士的高度震惊[④]。西方人士甚至开始反思自己劝说中国士兵放下武器的做法是否正确。费吴生记载了他当时的心境:“现在一切都很清楚,他们即将被处决。人们被排行成列,并用绳索捆绑成大约百人一群,由士兵持刺刀监视。那些人戴的帽子被粗暴地撕毁丢在地下,凭借汽车前灯的灯光,我们看见他们走向自己的末日。从整个队伍中听不到一声耳语,我们的心如同铅块。那四个跋山涉水来自广东的士兵,昨天勉强地把武器交给我,我不知道这里有没有他们?或者是那个来自北方的满身绷带的中士,当他决定自己命运时仍然用浑浊的眼光企求着我,我是多么愚蠢,告诉他们日本人会保全他们的生命。我们曾经真诚地希望他们在日军许诺下继续活下去,至少当日军到达时秩序会有某种程度的重建。我们很难想到,我们将亲眼目睹当代无与伦比的残暴与野蛮。”[⑤]

面对日军有组织的屠杀,西方人士首先想到的是试图出面干涉。12月15日,拉贝“以德国人的身份”为一些放下武器的中国士兵担保,这些人“不会再战斗,应将他们释放”。然而,这些人还是被日军捆绑起来。拉贝与美国人史迈士、米尔士3人再次试图将这批人“解救下来”,但是“白费口舌”。拉贝又协同史迈士前往日本使馆求

---

① 《仍有二万五千人潜伏　亟需追捕残敌　特别保护外国权益》,《东京朝日新闻》(1937年12月16日),张生编:《外国媒体报道与德国使馆报告》,第240—241页。

② 拉贝1937年12月13日日记,[德]约翰·拉贝:《拉贝日记》,第138页。

③ 《纽约时报》(1937年12月18日),张生编:《外国媒体报道与德国使馆报告》,第114页。

④ 拉贝1937年12月13日日记,[德]约翰·拉贝:《拉贝日记》,第138页。

⑤ 费吴生:《日记》,章开沅编译:《美国传教士的日记与书信》,第72页。

情，并无结果[①]。这些人终究未能逃脱被集体屠杀的命运。

当天，国际委员会致信日本使馆官员，表达了对日军屠杀放下武器的中国士兵的震惊，并主动承担未能将中国士兵与平民分开的责任。“那天晚上，由于匆忙和混乱，再加上有些士兵已经脱下了军装，委员会未能将已经解除武装的士兵同中国平民区分开来。”同时，国际委员会提出被验明身份的中国士兵“根据法律就应当被看作是战俘，但是同时又希望，不要因此而殃及中国平民”。国际委员会盼望“日军能够根据有关战俘的战争法律规定，并本着人道主义的原则，给予这些过去的士兵以宽大处理”。拉贝甚至建议可以用中国战俘充当劳工，只求日军能保住他们的性命[②]。

12 月 16 日，日军在司法部内抓走大批放下武器的中国士兵，同时抓一批安全区警察。国际委员会的麦克伦和林查理目睹日军的行动。其时林查理试图阻止日军抓走安全区警察，遭到日军军官 3 次“用军刀威胁”，并被殴打[③]。此次事件被国际委员会提交日方的备忘录中被称为“司法部事件”。这份备忘录典型反映了国际委员会对于日军搜捕行动的态度：

> 12 月 16 日早晨，一名日本军官带领一队士兵来到司法部，坚持要带走(住在里面的)大部分中国人，并要将他们枪毙——至少这位军官说他要这么做。在殴打了警察队长后，日军押走了全部警察。估计有 50 名警察被抓走，因为当时派驻司法部的共有 50 名警察。
>
> 两天前，即 12 月 14 日，已经来过一名日本军官，对安置在这里的半数难民进行了检查，挑出了 200—300 名中国人，这名军官断言他们是士兵，并下令抓走。剩下的 330 名中国人被认定是平民。这次对这一半中国人的检查非常仔细。当天这名日本军官没有检查的另一半难民被单独安置在楼内的一个专门地方。该军官保证第二天即 12 月 15 日对这批人进行甄别，将他认为夹杂在里面的中国士兵找出来，进行分离。但是 12 月 15 日没有军官来甄别他们。12 月 16 日，一名军官来到这里宣布，在 14 日第一次的搜查中他们已经抓走了所有的中国士兵，在对第二批半数难民进行检查后，他又找到了一些中国士兵。这位军官宣称，我们和中国警察在 12 月 14 日的检查后私自将这些中国士兵放了进来。其实我们放进去的人都是被日本士兵从家中驱赶出来的平民，他们已经无家可归，于是大学医院的麦克伦先生和委员会的贝德士博士才把他们带到司法部来。

---

① 拉贝 1937 年 12 月 15 日日记，[德]约翰·拉贝：《拉贝日记》，第 143 页。

② 拉贝 1937 年 12 月 15 日日记，《拉贝致福田函》，[德]约翰·拉贝：《拉贝日记》，第 141—142 页。

③ 拉贝 1937 年 12 月 18 日日记，[德]约翰·拉贝：《拉贝日记》，第 164 页。

12月16日，经过对第二批半数难民的检查，的确发现了中国士兵，但这并不是因为委员会在检查后又私自放进了中国士兵，而是因为原定在12月15日由日军对这批难民的检查根本没有进行。

金陵大学医院的詹姆斯·麦克伦先生和住房委员会副主任查尔斯·里格斯先生在12月16日目睹了该事件的全过程。在这一事件中，里格斯先生一再想把事情解释清楚，避免平民被当做士兵抓走，结果这名军官3次用军刀威胁他，还两次用拳头重击了里格斯的胸部。①

此备忘录作为拉贝致日本使馆信件的附件提交。在信中拉贝也强调"50位穿制服的警察已经从司法部被带走了，46位志愿警察同样也被押走。……惟一对他们的公开指控是在司法部，日本军官说对司法部搜索后，他们又将中国士兵放了进去，因此要枪毙他们。"拉贝代表国际委员会主动承担在司法部安置新难民的责任："我们委员会的西方人员对将一些男女百姓安置在司法部一事负有完全责任，因为他们是被日本士兵从其他地方赶出来的。"②

拉贝信件和国际委员会备忘录的重点都是安全区中国警察的问题，要求日方释放这些警察，有关被抓走的放下武器的中国士兵则没有提及。这和15日拉贝等人竭力干预日方抓捕中国士兵的情形已有很大区别。在这次交涉中，国际委员会强调的是，抓走中国警察是冤枉的，"中国警察在12月14日的检查后私自将这些中国士兵放了进来"的情况不存在，在国际委员会的成员安排下新进去的是"被日本士兵从家中驱赶出来的平民"。

在拉贝的信件中，国际委员会主动要将安全区警察的名单交与日方，并放弃安全区的治安权力，表示警察可以"在日本人指挥下负责城市安全"。国际委员会只求日军释放46名志愿警察③。对此事件的态度表明，国际委员会尽管明知被抓捕者很多不是原中国士兵，而且这些人大部分会被直接屠杀，他们也已放弃了救援的努力。

史迈士写道："我们向日军力争不要射击缴械人员，缴械士兵的问题是我们头三天最严肃的事情。但这一问题马上得以解决因为日军向所有人开枪——起码以后层出不穷的事件使我们不得不相信这一点。他们最终都把中国士兵赶出来，枪决了他们。"④几天的事实使得西方人士认识到，直接干涉日军有组织的抓捕和屠杀，不仅不

① 《司法部事件备忘录》，张生等编：《英美文书·安全区文书·自治委员会文书》，第286页。
② 《拉贝致日本大使馆的信》，张生等编：《英美文书·安全区文书·自治委员会文书》，第285页。
③ 《拉贝致日本大使馆的信》，张生等编：《英美文书·安全区文书·自治委员会文书》，第285页。
④ [美]史迈士：《致家人函》，章开沅编译：《美国传教士的日记与书信》，第230页。

能解救中国人，反而容易激怒日军，甚至危及西方人士自身的安全。

此后，西方人士除了含糊地抗议之外，不再对日军有组织的抓捕行动进行直接干涉。尽管在私人和委员会内部的记载中，日军有组织的暴行被大量记录下来，并表示强烈谴责，但绝大部分此类案例没有被提交日方。从16日开始国际委员会持续向日方通报日军罪行，日军有组织的搜捕和屠杀并未被列入其中。

日军进城后的全面搜捕是为举行入城式而加紧实施的，但搜捕行动并未因17日入城式的举行而停止。12月下旬，日军在南京的军队部署进行变动。12月21日，日军第十六师团开始负责南京警备。12月22日，日本军方发布通告，要求难民进行登记："本司令官将于12月24日向所有难民和平民发放安民护照，惟一的目的是为了(人们的)安居乐业。人们必须到日军各个发证所报到，并领取前面提到的证件。不允许代领，领证人必须到场。老、弱、病者应由家人陪同前来报到。这是必须的。未来没有安民护照的人一经查出将不允许居住在南京市区。这是非常重要的。"①所谓"难民登记"是日军又一次全面彻底的搜捕行动。

在登记过程中，凡被日军认为"可疑"的中国难民皆被逮捕，大部分被集体杀害。麦克伦观察到："一些男人在金陵女子文理学院、马吉的住处还有别的地方，被强迫带走，他们被指控当过兵。这些人在难民群中有朋友可以证明他们是平民，而且他们自己也极力声辩，但因手上有茧，未经进一步审查即被确认为士兵。许多人力车夫、船工和其他劳动者被枪杀，仅仅因为他们手上有诚实辛劳的标记。"②

日本士兵的回忆也印证了所谓"甄别"的荒谬和任意杀害的暴行。当时参与登记活动的日本士兵冈本健三后来写到："当占领南京之后，对于谁是良民，谁是便衣队，是分辨不出来的。因此，日本军队就制发一种'良民证'。我隶属的部队每天都办理登记，叫他们填写出生年月、性别、职业等项目。可是，会写字的中国人很少，对于不会写字的人，虽然加以说明，但语言不通，于是，能讲得清楚的家伙，算他运气不坏；如果是吞吞吐吐，前言不搭后语的，就认为他可疑，把他搁在一边，解决掉了事。"③

除了有组织地实施的搜捕和屠杀之外，日军中支那方面军在从上海到南京的作战过程中，一直伴有各种暴行。日军进城之后继续着各类暴行，并且变本加厉。毫无纪律、自由行动的日本士兵任意胡为，给中国人的生命和财产造成严重的损失。三五成群街头游荡的日本士兵在实施抢劫、强奸、纵火等等罪行，甚至仅仅为了取乐而杀害中国平民。这些罪行往往相互伴随，同时发生。

---

① 《公告》，张生等编：《英美文书·安全区文书·自治委员会文书》，第309页。

② [美]麦克伦：《致家人函》，章开沅编译：《美国传教士的日记与书信》，第206页。

③ 《切齿刻骨的南京大屠杀》，《近代中国》(台湾)，第30期，引自孙宅巍主编：《南京大屠杀》，第249页。

安全区存在于日军占领下的南京城内,所以驻扎城内的日军对安全区的态度及其军纪的好坏是安全区外部安全的关键。“在近代战争中,军队攻占有普通市民居住的城市时,为防止加害非战斗人员,对驻军实行限制,减少充满盛气的士兵与普通市民的接触,避免发生不幸事件,这些都是常识了。”①

在南京的西方人士此前并没有得到充分的信息,对日军军纪缺乏切实的了解。在安全区成立的计划中,西方人士没有考虑到需要阻止日军三五成群的士兵犯下暴行。即使在最初两三天目睹了日本兵的暴行,西方人士认为这只是暂时现象,他们期待着日军高级军官进城后秩序的建立②。

日军指挥官进城后秩序并未好转。西方各国的国旗,甚至日本使馆张贴的布告都不能有效阻止日军闯入西方建筑。西方人士发现,只有他们本人出现才可能制约无组织游荡的日军进行各种犯罪活动。于是,在安全区内,尤其是设在西方建筑中的各大难民收容所内,逐渐建立了一套应急机制:难民收容所内各处有中国人巡逻,而西方人士分散在各个难民收容所内,尽量减少集中在一处。一旦发现有日本兵闯入,中国人立即通报附近的西方人士,后者赶到现场将日本兵赶出去。同时,安全区总稽查施佩林等人,则尽可能在安全区内的各处巡逻,随时解救被日本兵威胁的中国难民。

西方人士的各类记载表明,他们在制止日军有组织搜捕和屠杀方面罕有成功的事例,在制止无组织士兵的任意屠杀时,则有可能成功。需要指出的是,西方人士出面干涉日本士兵零星屠杀时,他们会对情况做出判断,只有在认定需要解救的人是可信的平民,并且没有“冒犯”日军的行为时,他们才会试图提供帮助。12 月 16 日,魏特琳就曾两次解救被日本兵抓住的金女大的工人,她向日本兵表明“他们不是士兵,是苦力”。这样使得这些工人“得以逃脱被枪杀或是被刺死的命运”③。

马吉的一次解救行动则没有那么成功。12 月 19 日,马吉汽车司机的两个弟弟被日军抓走,司机的妻子请求马吉帮忙。马吉即陪同她去寻找,“她最终看到她的两个小叔子”。马吉前去和领队的军官交涉,伸出两个手指,用英语说“两个平民,不是士兵。”马吉见到那名军官“用极其仇恨的目光看着我,嘴里恶狠狠地说了些什么,我猜是让我‘滚’”。于是,马吉对女个女人说:“毫无指望了。”于是他们就回来了④。

而在认为可能遇害的中国人确曾当过兵,或者有殴打、冲撞日本兵的行为时,西

---

① [日]笠原十九司:《难民区百日》,第 120 页。

② [美]福斯特:《致妻子函》,章开沅编译:《美国传教士的日记与书信》,第 101 页。

③ *Minnie Vautrin's Diary* (*December* 16, 1937), Box 134 of YDL Record Group NO.11, The Archives of the United Board for Christian Higher Education in Asia, Yale University Divinity School Library Special Collections.

④ [美]马吉:《致妻子函》,章开沅编译:《美国传教士的日记与书信》,第 150 页。

方人士则会比较犹豫。西方人士认识到南京城处于日军军事占领下的现实。他们并不愿随便招惹日本兵,而给自己及自己目前所从事的救助工作带来麻烦:"我们感到,正是这样一个有勇气的西方人的魔力,才能使我们勇敢地对抗每一个日本士兵,我们得适度地使用这种魔力,以免日本人向我们反扑。"①

(2) 制止性暴行

日军入城后不久,西方人士即发现:"最可怕的是强奸妇女。日本人以最无耻的方式干这些勾当,街上到处都是找女人的日本兵。"②不论白天黑夜,从幼女到老妇,中国的平民妇女惨遭日军的蹂躏。日军为了毁灭证据,往往在强奸之后将妇女杀害,并且使用极其没有人性的方式虐杀。

① 日军的性暴行发生的数量大,持续时间长。国际委员会的西方委员即对安全区内的日军强奸事件有着这样的描述:"昨天夜里约有 1000 名姑娘和妇女遭强奸,仅在金陵女子文理学院一处就有 100 多名姑娘被强奸。此时听到的消息全是强奸。"③有关日军在南京大屠杀期间性暴行的数量到目前并无确切的统计,基于当时的局面,也不可能有完整的记载。即便如此,留存到现在的各类资料表明,数量非常庞大。日军性暴行从入城之时起即大量发生,基本停止的时间,日本学者笠原十九司认为直至 1938 年 3 月 28 日"中华民国维新政府"成立,治安稳定下来。孙宅巍研究员支持此说法,提出包括强奸在内的日军暴行"达于 1938 年 3 月"④。

② 不分老幼、不分时间、地点。日军施暴时,"不问老幼,只要是妇女,就是七八十岁的老太婆与八九岁的幼女,被他们撞着,亦决不会幸免"⑤。晚上不用说,大量强奸案件就发生在光天化日之下。当时收容着成千上万妇幼难民的金女大难民收容所里,程瑞芳即写道:"今日白天有两兵到五百号〔楼〕,房门口站一兵,里面一兵叫别人出去,留下一年轻女子强奸。"⑥美籍传教士魏特琳闻讯赶来,才将正在施暴的日本兵撵走⑦。12 月 19 日上午,躲在五台山美国学校内避难的李秀英在反抗日本士兵强奸时,身怀 6 个半月身孕被日本士兵刺了 19 刀⑧。12 月 20 日下午,日本军官闯入汉

---

① [美]史迈士:《致家人函》,章开沅编译:《美国传教士的日记与书信》,第 268 页。

② [美]马吉:《致妻子函》,章开沅编译:《美国传教士的日记与书信》,第 151 页。

③ 拉贝 1937 年 12 月 17 日日记,[德]约翰·拉贝:《拉贝日记》,第 156 页。

④ 孙宅巍:《澄清历史——南京大屠杀研究与思考》,南京:江苏人民出版社,2005 年,第 97 页。

⑤ 蒋公穀:《陷京三月记》,张连红编:《幸存者的日记与回忆》,第 62 页。

⑥ 程瑞芳:《程瑞芳日记》,张连红编:《幸存者的日记与回忆》,第 18 页。

⑦ *Minnie Vautrin's Diary* (*December* 19, 1937), Box 134 of YDL Record Group NO. 11, The Archives of the United Board for Christian Higher Education in Asia, Yale University Divinity School Library Special Collections.

⑧ 《李秀英口述》,张连红编:《幸存者的日记与回忆》,第 72 页。拉贝 1937 年 12 月 22 日日记,[德]约翰·拉贝:《拉贝日记》,第 208 页。

口路小学难民收容所，将工作人员赶出办公室，在办公室强奸2名妇女①。以上案例都是在人口密集，有西方人士存在的难民收容所内，在其他地方日军就更加肆意妄为。

③ 施暴的日军往往是成群结队，极其残忍。“那些三至七个的散兵游勇”，在街道上任意游荡，进入难民收容所内，被西方人士发现便声称“在寻找中国士兵!”②而这些“所谓检查，无非就是看看有没有女人能让他们晚上拖出去强奸”③。安全区内广州路上的一处房子里“挤有约540名难民”，“从12月13日到12月17日，这里的房子每天要遭到三五成群的日本士兵的抢劫和骚扰好几次”，“有30多名妇女和姑娘遭到蹂躏”④。即便西方使馆官员回到南京后，也曾目睹被日军强奸后虐杀的中国妇女的遗体。德国使馆的官员“讲述了一名妇女被高尔夫球杆插入体内，他称之为‘日本技术’”。⑤

远东国际法庭的判决书中的表述，可谓日军南京性暴行的典型概括：“有许多强奸案例。无论是受害者还是试图保护受害者的家庭成员只要有反抗，死亡是很寻常的惩罚。在全城众多的少女和老妪被强奸。伴随强奸，还有许多变态和虐待狂的事例出现。许多妇女在被强奸后遭杀害，尸体也被毁坏。被占领后的第一个月中，南京城里发生了将近2万起强奸案。”⑥

直接目睹中国妇女所面临的惨境，西方人士也在积极设法保护她们。正如马吉所说：“我和其他外国人为各种事情忙碌着，大多数情况是忙于保护妇女免遭日本兵的侮辱。”⑦西方人士认为，日本的南京占领当局有能力和责任严肃军纪。为此，西方人士向占领军当局，更多的是日方驻南京的外交机构递交暴行报告、申诉和抗议，要求日方当局约束自己的士兵。

西方人士要求日方派宪兵，重点保护中国女难民集中的地方。当时南京城内中国妇女最为集中的地点，无疑是主要安置妇女、儿童的金陵女子文理学院难民收容所。这里在高峰时期难民人数超过万人。然而日方派来的宪兵中，也有“坏士兵”，他们不仅没有起到保护妇女的作用，自己也参与强奸的暴行之中。

西方人士自己保护金女大收容所。白天，管理金女大的美国女传教士魏特琳，在

---

① 《日本士兵在安全区暴行的案例》，张生等编：《英美文书·安全区文书·自治委员会文书》，第302页。

② [美]史迈士：《致朋友函(1938年3月8日)》，章开沅编译：《美国传教士的日记与书信》，第279页。

③ 拉贝1937年12月17日日记，[德]约翰·拉贝：《拉贝日记》，第168页。

④ 《日本士兵在南京安全区的暴行(1937年12月19日)》，[德]约翰·拉贝：《拉贝日记》，第197页。

⑤ [美]马吉：《致妻子函》，章开沅编译：《美国传教士的日记与书信》，第167页。

⑥ 《远东国际军事法庭判决书》，杨夏鸣编：《东京审判》，第607页。

⑦ [美]马吉：《致妻子函》，章开沅编译：《美国传教士的日记与书信》，第153页。

偌大的校园内来回奔波,忙于将闯入的日本兵赶走。戴籁三夫人也从旁协助,她虽然加入了中国籍,但她本是美国人,西方人的相貌使得她也能对日本士兵有威慑作用。晚上,留宁的美国男传教士中,也要派一人,甚至两三人来住在金女大的值班室里,以帮助守卫校园,赶走夜里潜入图谋不轨的日本兵。为了保护中国妇女,美国传教士多次被日军殴打、用枪和刺刀威胁。

对于日本士兵在安全区内其他地方的强奸行为,西方人士并没有更好的办法。只能是在得知消息后,只身前往事发地点,用手无寸铁的身躯,赶走全副武装的日本兵。多数情况下,西方人能够赶走日本兵,但也多次使他们自己身处险境。

即使西方人士当场将企图掠走妇女的日本士兵抓住,并交与日本军官,这些日本兵也不会得到什么处罚,日本军官往往用"温和方式"解决这类问题。魏特琳的记载中有她和米尔士解救中国妇女的一次经历:

> 我们刚出大门,一名妇女过来要我救救她的女儿,她的女儿刚从家里被抓走。我们向她指的方向跑去。我们往南走,到了上海路,但被告之他们向北去了。正当我们准备往北去时,看见米尔士在一辆汽车里,便把他拦下,然后同那位母亲及布兰奇一起上车。很快,我们看见两个日本兵带着那个女孩。她一看见我就转身喊救命,当她看见她的母亲也在车上时,便径直跑进汽车。那个士兵看到所发生的一切,坚持认为我们亏待了他,赖在米尔士的座位上不肯下车。一个懂一点英语的军官走过来,用一种在我们看来完全不必要的温和方式,把那个日本兵请出来,然后再让我们继续陈述。直到米尔士说很抱歉,我们必须带走那个女孩时,他才让我们走。①

然而,没有日本当局对日本士兵的全面约束,这些西方人士的办法不能解决根本问题。他们能够帮助某些中国妇女逃脱魔掌,但被强奸的厄运依然每天会降临到众多无辜的中国妇女身上。"妇女们在那些日子里,面临着非常痛苦的两难选择——这意味着她们虽被挽救免于日军强暴,但她们的丈夫儿子却有着被抓走或杀死的危险。即使在这危险时期,我们也竭力劝说老年妇女留在家里,和丈夫儿子住在一起,即使这意味着会遭受强暴,而是让年轻妇女到我们这里来寻求保护。这种可怕的、野兽般

---

① *Minnie Vautrin's Diary* (*December* 25, 1937), Box 134 of YDL Record Group NO.11, The Archives of the United Board for Christian Higher Education in Asia, Yale University Divinity School Library Special Collections.

的强暴妇女的行为仍在继续着,甚至在安全区也避免不了。”①

检视各类相关记载,只要西方人士出现,几乎总能够赶走企图对中国妇女施暴的日军。而西方人士出面试图从日本兵手中救下中国人性命的时候,成功率则相当低。在实施性暴行的日军心中,他们知道自己是在犯罪,当西方人士出现在面前的时候,他们也常常会威胁西方人士,但结果总是迅速逃走。西方人士也知道适可而止,很多情况下他们并不将这些施暴的士兵抓住,送到日本军官那里要求惩罚,这样往往会给自己和身边的中国人带来更多的危险。魏特琳写下了她在一次解救妇女时,对付日本兵的心态:“我的第一个冲动就是要抓住他的刺刀,我的确有这样的机会,并叫已经聚拢过来的工人设法抓住他,但我很快意识到那样做不太明智,于是就叫他爬篱笆走了。”②

回顾马吉的记载:“我和其他外国人为各种事情忙碌着,大多数情况是忙于保护妇女免遭日本兵的侮辱。”③西方人士全都忙于保护中国妇女,既说明日军性暴行的肆虐,也表示西方人士在出面制止日军性犯罪上是可以有所作为的。

(3) 制止其它暴行

除了针对无抵抗人群的屠杀和对中国妇女的性暴行之外,日军还在南京犯有其它种种罪行,包括:抢劫、纵火、苦役、殴打等等。

在日军从上海往南京进攻的过程中,后勤物资的供应远远赶不上前方部队的行进速度。只有运送“小行李(即武器装备等物资)”勉强供应前线,而运送辎重粮草的“大行李”部队则无法赶上。在粮草等物资无法接济的情况下,日军并未减缓进军速度,而是采取就地征缴的方式来解决后勤供应问题。

在上级命令和指挥官的纵容下,“征缴”完全成了对中国百姓的抢掠。当日军部队以这样的状态到达南京时,物资供应状况并未马上改善,抢劫城内各种物资成为他们解决自身供应的手段。

在日军进城的当天,拉贝等人即目睹日军士兵砸开各种商店,抢掠其中的食品等物资。此后,西方人士更是目睹了日军士兵在军官的指挥下,开着成排的汽车,整条街地开始抢劫各种物资④。

在安全区避难的中国难民记载了他们所经历的日军抢劫:“13日上午10时左右,

---

① [美]魏特琳:《第一个月的评述(1937年12月13日—1938年1月13日)》,章开沅编译:《美国传教士的日记与书信》,第318页。

② *Minnie Vautrin's Diary* (*February* 8, 1938), Box 134 of YDL Record Group NO. 11, The Archives of the United Board for Christian Higher Education in Asia, Yale University Divinity School Library Special Collections.

③ [美]马吉:《致妻子函》,章开沅编译:《美国传教士的日记与书信》,第153页。

④ [美]史迈士:《致家人函》,章开沅编译:《美国传教士的日记与书信》,第238页。

日军二人首次进入我们住处，对我们一一仔细观察查问（用简单中文句结合打手势）有无武器。我们赶快解释说：我们是做生意的，没有武器。问完就走了。不久又来了第二批，这一批什么也没问，只是打手势要我们自来水笔、手表，见到自行车就推走，我们自来水笔和自行车就这样被抢走的。以后日本兵络绎不绝前来勒索、搜身。13日以后的白天里，日本兵三个一群不断到各难民住处勒索财物，对法币最感兴趣，搜身索法币，没有动手就打，被打的人很多。我们10人没有一个逃过挨打。”①

在日本将军的记载中，也可见日军抢劫的程度：“日本军队根本不管是否是其他部队的管辖区域，都进行抢劫。他们强行闯进这些地方的民宅，洗劫一空。总之一句话，脸皮越厚，越不知羞耻，占的便宜就越大。”

最好的例子是：

在我们占领的国民政府官邸，第十六师团的士兵已于13日进来扫荡。14日一早，管理部门经过侦查后制定了住宿分配计划并挂上“师团司令部”牌子。结果走进各个房间一看，发现从主席房间，到每个房间所有角落，都被彻底翻箱倒柜地洗劫一空。不管是古董陈列品，还是其他什么，只要认为值钱就全部拿走。

15日入城后，我将剩余物品集中起来放进一个橱子里并加上封条，但还是不行。第三天进来一看，收在里面的东西都杳无踪影了。看来只有放进保险柜里，否则放哪里都没用。

……

三、日本人好奇心重，听说是“国民政府”，就特意跑来看。如果只是看看倒还可以，或是只是监督看中什么偷什么的士兵倒也罢了，可盗贼却是堂堂正正的军官老爷，真让人瞠目结舌。

如果是在自己的管辖范围内寻找东西也就随他去了，至少作为战场心理的一种表现，大概也不认为是有悖道德吧。但进入他人势力范围，何况在已钉上了司令部标牌的建筑物内，满不在乎地行窃，这也太过分了。

……

八、最恶劣的是抢劫货币。部队中有以中央银行纸币为目标，专门抢各地银行金库的行家。而且相对于美元来说，中央银行纸币要比日本钱值钱，因此要送到上海兑换成日本纸币。新闻记者和汽车驾驶员中有不少这类中介人，上海又有靠牟取暴利为生的掮客。

---

① 王正元：《日军南京大屠杀亲历者的控诉》，江苏省政协文史委员会编：《江苏文史资料存稿选编・社会卷》，南京：江苏人民出版社2007年，第183页。

在第九师团和内山旅团中,流行着这样的恶习,罪魁祸首多是辎重特务兵。而且听说陆续出现了因有钱而出逃的人。内山旅团的士兵中,有人开四个户头,共汇款 3000 日元,其他还有四五十人分别汇出 300 日元、400 日元、500 日元。的确是不祥之兆。①

实际上,上文的字里行间可看出这位将军对于日本兵的抢劫充满“理解和同情”,他自己所谓封存“剩余物品”的动机也很可疑。他的不满主要体现在别人进入他的“势力范围”抢走东西。

西方人士家中的物资也难逃一劫,住在其内的中国人根本不敢阻止,只有西方人的存在才能保住财产。威尔逊就记下了:“抢劫仍在持续。他们(日本兵)今天抢走了谈和敦家的地毯,其中一块需要四个人才能抬走。住在他家里的那些可怜的人只好干瞪眼,毫无办法,只能事后讲给我们听。卜凯怎么也想不出他多么幸运!他家里住着八个美国人,因而免遭浩劫。隔壁的唐美森(Thomson)家也丝毫未损。这儿其余的房子都徒有空壳。”②

对于日军在南京城内的肆意抢劫,西方人士并不能阻止。因为这些物品并不属于他们,西方人士也未得到照管城内中国财物的权限。西方人士从未试图干涉日军有组织或单个士兵抢劫所谓“无主”的财产。西方人士所能做的是,首先阻止日军士兵抢劫自身财产,还有其他西方的公私财产。在国际委员会最早的一份有关日本罪行的报告中,西方人士就列举了几项日军抢劫的案例:

2) 12 月 15 日下午 4 时,在金陵女子文理学院门口附近,一辆载有大米的卡车被日本士兵抢走。

3) 12 月 14 日夜晚,安全区第二区的全体居住人员被赶出房子,然后被洗劫一空。第二区区长本人被日本人抢劫过两次。

6) 12 月 14 日,30 名显然没有军官带队的日本士兵搜查了大学医院和女护士的寝室,医院的职员们遭到了有组织的抢劫。被偷走的物品有:6 枝自来水笔、180 元现钞、4 块表、2 卷医院的绷带、2 只手电筒、2 双手套和 1 件毛线衣。

7) 昨天,即 12 月 15 日,不论是收容所、公共场所,还是大学建筑物内,从各个方面都传来报告,日本士兵在各个地方强行闯入,多次抢劫中国难民。

8) 12 月 15 日,美国大使馆遭破门盗窃,若干小物件丢失。

---

① [日]中岛今朝吾:《中岛今朝吾日记》,王卫星编:《日军官兵日记》,第 283—284 页。

② [美]威尔逊:《书信(日记)选译》,章开沅编译:《美国传教士的日记与书信》,第 341 页。

9) 12月15日，日本士兵翻越金陵女子文理学院的后墙，砸开一扇门，闯入学院的医学系。由于该系在12月13日就已经将可移动的物品全部转移，所以没有东西被窃。

11) 我们在宁海路的米铺于12月15日的下午遭到了日本士兵的搜查，他们买走3袋米(3.75担)，只支付了5元钱。米市的现行价是每担9元，这样，日本军队共欠国际委员会28.75元。

13) 12月14日，日本士兵闯进美国女传教士格瑞丝·鲍尔小姐的住所，抢走一双皮手套，喝掉了桌子上的所有牛奶，然后又用手把糖罐全部掏空。

14) 12月15日，日本士兵闯入美国医生R.F.布拉迪的车库(双龙巷1号)，打破了福特汽车的一块玻璃，然后又带来1名机械师，试图发动汽车。①

在这份报告总共列举的15条日军罪行中，抢劫案件占了其中的9条。可见西方人士对日军抢劫的关注。从上述案例中可以看出，除了两条笼统地提及中国难民被多次抢劫之外，其他案例均为国际委员会财物和西方公私财产，这些案例均有准确的时间、地点、被盗窃物资的具体数量等细节。

日军抢劫时附带的屠杀等暴行，使得西方人士也感到紧张。在圣诞夜，节日的酗酒使得日军的放纵变本加厉，威尔逊等鼓楼医院的西方人士："坐在很小的X光室内，躲避日本士兵的抢劫，这着实有点危险。"②

威尔逊记载了他经历的一件事："中午我差一点被枪杀了，我曾经希望如此。在我回家的路上，金大女生宿舍门前的警察告诉我，有一个日本兵在里边，他央求我去看看。像过去一样，我闯了进去，毫不含糊地命令他出去。他让这群人给一辆自行车充气，他想骑车走，但我阻止了他，他让我赶紧出去。他又想乘黄包车，并要把气筒带走，我坚决反对，但这次我是冒了不该冒的险，因为黄包车和苦力是他先前带来的。我们不再是朋友，他很镇静地举起手枪，有点想开枪。有个中国人告诉我，黄包车和气筒是他先前带来的，因此我告诉他，可以把它们一起拿走。然后他出去了，当我经过时他往步枪里压进几颗子弹。在我回家路上超越他时，我满以为他会从背后枪杀了我。"③

从这个事例可以看出，威尔逊尽管知道黄包车一定是日军从别处抢来的。只是因为它并不属于威尔逊所熟知的人的财物，威尔逊自己也认为"是在冒险"：不能要求

---

① 拉贝1937年12月15日日记，[德]约翰·拉贝：《拉贝日记》，第148—149页。

② [美]威尔逊：《书信(日记)选译》，章开沅编译：《美国传教士的日记与书信》，第341页。

③ [美]威尔逊：《书信(日记)选译》，章开沅编译：《美国传教士的日记与书信》，第341页。

被尸体填满的南京池塘之二,可见被害者双手反绑。选自《拉贝日记》。

南京护城河一带战后破败惨状。选自《牛岛部队写真》。吴先斌提供。

南京郊外的一口池塘填满了被日军杀害的遇难者尸骸。这是日军占领南京后城内众多池塘的典型写照。耶鲁大学神学院图书馆藏。

南京中山路和上海路交界处的海外联谊会大楼，安全区国际委员会本用来作为难民中心，但现在被一个日本高级军事机构占用。楼后的浓烟是日军士兵占领城市以后纵火的典型写照。耶鲁大学神学院图书馆藏。

一个日本兵交出从别处抢来的东西。

回到南京后的西方外交官还曾见证了日军的抢劫。“日本人在抢劫方面十分出色,例如他们要将一架三角钢琴从银行搬进一个马厩里去,他们就让钢琴从楼梯上滚下去,琴弦断掉了,现在还躺在银行里。阿曼先生的办公室也在那家银行里,日本人在保险柜上方的水泥墙上打开一个洞,将所有东西洗劫一空。”①

对于抢劫、纵火这些罪行,日本人试图向西方外交官用所谓“自卫权”来掩饰。罗森“从一开始就拒绝日本人所坚持的、相当荒唐的‘自卫权’论。因为即便善于强词夺理和歪曲清清楚楚的事实,也不可能会把在占领南京 14 天后依然砸开保险箱和纵火看作是中国人强加给日本人的‘军事行动’”②。

日本人为了推卸抢劫的责任,还试图造成是中国人抢劫的印象。沙尔芬贝格的观察:“中国人仍然不敢从安全区出来,只有白天是例外,但也都是一些老年妇女和孩子们,现在他们在日本人的眼皮底下快活地偷窃和抢劫。我们的印象是日本人乐于看到这种情况,以便推卸他们的责任。他们偷得特别多的是木料,例如路边树旁的保护架和竹篱笆等转眼之间就不见了。从房子里拖出来的都是日本人留在那里没有取走的东西,安全区这里由此成了一个快活的‘小偷市场’。”③

在南京沦陷前夕,卫戍南京的中国部队出于守城的需要焚烧了城外的部分建筑。拉贝自己对安全区火灾报告所加的注解称其“亲眼所见”:在城墙边,“为了开辟作战场地,不让日本人在城墙边上有掩护的机会,中国人自己也烧掉了房子”④。

因为安全区内人口密集,尤其是难民收容所等处,发生火灾的后果将非常严重。国际委员会在安全区开始运作后,就密切关注城内发生火灾的情况。在安全区档案中,留下了南京沦陷前后国际委员会的西方委员目击的记录。

这份记录从 1937 年 12 月 10 日南京尚未沦陷即开始记载,在 12 月 13 日之前,西方人士观察到的火灾有:“12 月 10 日的夜晚,新街口以南的中华剧院的对面发生火灾。12 月 11 日夜间,遭日本人炮击的城南地区多处起火。12 月 12 日夜间,同样也发生多起火灾,”其中包括交通部的新楼发生火灾。12 月 14 日早晨,西方人士“发现只有为数不多的建筑物被烧毁或被炮弹击毁”,“市内大部分地区未受到火灾的摧毁。”

西方人士看到,沦陷前城市发生火灾时,中国消防队能够“及时控制住了火势,成

① [德]沙尔芬贝格:《1938 年 1 月 28 日的南京现状》,陈谦平等编:《德国使领馆文书》,第 102 页。

② [德]罗森:《罗森致汉口德国大使馆报告》(1938 年 4 月 2 日),陈谦平等编:《德国使领馆文书》,第 189 页。

③ [德]沙尔芬贝格:《1938 年 1 月 28 日的南京现状》,陈谦平等编:《德国使领馆文书》,第 102 页。

④ 拉贝 1937 年 12 月 21 日日记,[德]约翰·拉贝:《拉贝日记》,第 201 页。

功地阻止了火势向邻近建筑物的蔓延”[①]。

南京沦陷后，仅 1937 年 12 月 20 日西方人士就目睹多起日军的故意纵火：

> 日本士兵纵火点燃了平仓巷 16 号的房子。施佩林和安全区消防队的一名官员赶往火灾现场，但是无法救火，因为我们的水泵和所有的消防器材都在几天前被日本士兵抢走了。同一天，在中山路和保泰街路口的街角有一栋房子被烧毁，晚上在国府路的方向也观察到了一系列火灾。
>
> 12 月 20 日下午 5 时—6 时之间，菲奇先生和史迈士博士前往保泰街，顺太平路向南来到了白下路，他们发现整个一条街停满了日军军用卡车和汽车，日本人正在卸车。从珠江路南面的小河开始一直到白下路，他们碰到了数支由 15 名—20 名士兵组成的日军小分队，有些小分队看来像是在小头目的监督下观察着街道两边燃烧的房子，有些则从商店里向外搬商品。菲奇和史迈士还看到了士兵在一些商店里纵火取乐。他俩接着朝中华路走去，在那里看到了同样的情况。基督教青年会房子的北半部已燃起了大火，毫无疑问，火是从房子内部点燃的，因为房子的外面并没有着火。日本哨兵对这两位先生毫不理会。
>
> 12 月 20 日晚上近 9 时的时候，克勒格尔和哈茨两位先生驱车顺着中正路来到白下路，然后打算向东去中华路，这时日本哨兵拦住他们不让向南行驶。基督教青年会的房子此时早已被全部烧毁。从太平路向北行驶时，他们清点了一下，除了以前被烧毁的房子，街道两侧共发生了约 10 起火灾。向西转向中山东路时，他们看见东海路和国府路的街角燃起了大火。到达中山路和珠江路路口时，他们看见珠江路的北面有一处大的火灾。这时，又有一支巡逻队拦住他们不让东行。街上到处都是日本士兵，人数很多，但他们根本不打算去救火，反倒是有许多人在拖走货物。[②]

对于日本兵的纵火行为，西方人士并无能力加以阻止。国际委员会从原南京市政府得到的消防车等消防设备大都被日本兵抢走，面对发生的火灾也无能为力[③]。更何况，日本兵并不允许救火。所幸国际安全区内并未发生大的火灾。驻扎在安全区内的日本兵也有各类纵火的行为，只因为安全区内人口相当稠密，在火势失去控制之前均被发现而扑灭。

---

① 拉贝 1937 年 12 月 21 日日记，[德]约翰·拉贝：《拉贝日记》，第 201 页。

② 拉贝 1937 年 12 月 21 日日记，[德]约翰·拉贝：《拉贝日记》，第 202 页。

③ 《日本士兵在安全区内违法行为的案例》，张生等编：《英美文书·安全区文书·自治委员会文书》，第 311 页。

综上所述,在宁的西方人士对日本的各类暴行的制止,有着不同的态度和应对方式。其中,对日军所进行的性暴行的制止最为坚决,同时也最为有效。就目前所看到的资料,只要西方人士出现,尽管会受到施暴日军的威胁,但最终均能够将其赶走。在制止屠杀方面却并非如此,西方人士在制止日军游荡士兵的零星屠杀方面有成功的案例,但在制止日军有组织搜捕和集体屠杀上则并无成效。在制止日军抢劫和纵火等其它暴行方面,西方人士只试图阻止日军对西方人士个人和机构财产进行的抢掠,在某些情况下,也试图阻止日军对受害人明确的中方财物的抢劫;而对于安全区以外的纵火,西方人士则基本无能为力。

总的来说,因为当时的南京处于日军的军事占领状态,在国际法中,性暴行是最无可争议的罪行;而集体搜捕,抢掠和纵火等则可以辩解为一定的军事需要。日军在安全区内搜捕的中国士兵极少就地集体枪决,大都押往江边等禁止西方人士前往的地区执行集体屠杀。

西方人士曾在致日方的报告中提到日军在池塘中处死中国平民的事例,并表明态度:"我们当然无权对日本军队合法的处决提出抗议,但是这种处决方式无疑是欠妥的、残酷的。"①在极少成功的解救案例中,被西方人士解救的中国人大都为西方人士所熟悉或能够确切判定的工人、学生等,对他们的熟悉,或者有受害者亲属的求援,才是西方人士愿意并且能够从日军手中解决出来的前提。

西方人士对性暴行的干预行动较为成功,则是因为性暴行是无法辩解的罪行,一方面日军的犯罪官兵均较为心怯,另一方面,对性暴行判断的坚定性也使得西方人士敢于站出来直接制止。

2. 救助中国民众

战前西方人士计划中的安全区存在时间应是很短暂的,国际委员会的主要精力不在于接济区内中国难民的日常生活。日军进城后的暴行迭出,安全区内的难民在相当一段时间内不仅没有回家,反而呈现出不断涌入的趋势,更有相当部分难民从安全区内的其他地方涌入国际委员会直接管理的那些难民收容所。

南京安全区国际委员会在制止日军暴行方面虽然非常努力,但是成效并不显著,而救助难民的日常生活则成为主要工作,尤其是难民长期滞留安全区内使得随身携带的粮食等生活必需品耗尽,而生存艰难。国际委员会发现,由于救助难民也并不违背日军的利益,日方默许其进行活动,也更加投入难民生计的帮助之中。

(1) 难民收容所的组织和管理

在安全区内,有着20余个国际委员会认可的难民收容所。这些难民收容所中聚

① 拉贝1938年1月10日日记,[德]约翰·拉贝:《拉贝日记》,第322页。

集着难民中最为贫困，最为无助的人，他们拥挤在极小的空间内，甚至在露天住宿。食品供应主要依靠国际委员会的救济。

按最初的设想，安全区的主要功用是在战争于城内发生之时，提供一块没有战火的地区给难民渡过权力易手的混乱阶段。安全区内大部分的建筑为中国人的私人财产，并不归国际委员会直接管理。国际委员会计划大部分有一定经济能力或者私人关系的难民，应是投靠住在安全区内的亲友或者租赁安全区内的住宅居住，只有极少数毫无经济能力，难以维持生计的难民，才需要国际委员会提供住房和食品救济。

本着为最贫穷的少数人提供帮助的目的，安全区国际委员会在筹备期间就开始考虑设立难民收容所。国际委员会利用西方委员直接管理的西方建筑和国民党的南京市政府所委托的对安全区内公共建筑的管理权限，在此类建筑中设立了数个较大的难民收容所。其中，金陵大学为教会学校，属于美国财产。在学校撤离南京后，留下以 3 名美籍教授为首的紧急委员会管理校产。这 3 位教授同时也是安全区国际委员会的创始成员，金陵大学数量众多的空置校舍成为设立难民收容所的首选。在以贝德士为首的西方人士的努力下，金陵大学成为安全区内最大的难民收容所。

金陵女子文理学院也是美国的教会大学，在美籍教师魏特琳的管理下成为难民收容所。根据女校的特点，同时考虑到妇女和儿童是战争中最易受到伤害的弱势群体，这里被设定成为专门接收妇女和儿童的难民收容所。安全区内原国民政府的公共建筑，也被国际委员会用来设立了难民收容所。

在组织上，各难民收容所除了国际委员会计划设立的之外，多数是自发形成，然后得到国际委员会的认可。各难民收容所的负责人接受国际委员会的监管，并从国际委员会得到各种指导和资金与物资等各方面的帮助。以下是日军进城后，国际委员会向日方提交的难民收容所清单：

表 23 安全区内难民收容所的清单

（1937 年 12 月 17 日）

序号	建筑名称	难民人数	类别
1	原交通部	10000 多	家庭
2	五台山小学	1640	家庭
3	汉口路小学	1000	家庭
4	陆军学院	3500	家庭
5	小桃园南京语言学校	200	家庭

续表

序号	建筑名称	难民人数	类别
6	军事化学商店(华侨招待所后)	4000	男
7	金陵大学附中	6000—8000	家庭
8	圣经师资培训学校	3000	家庭
9	华侨招待所	2500	家庭
10	金陵神学院	2500	家庭
11	司法部	空置①	
12	最高法院	空置	
13	金陵大学蚕厂	4000	家庭
14	金陵大学图书馆	2500	家庭
15	德国俱乐部	500	家庭
16	金陵女子文理学院	4000	妇女、儿童
17	法学院	500	家庭
18	农艺系	1500	家庭
19	山西路小学	1000	家庭
20	金陵大学宿舍	1000	妇女、儿童
总人数:		49340—51340	

资料来源:张生等编:《英美文书·安全区文书·自治委员会文书》,第287页。

据其后南京救济委员会的报告,由国际委员会设立的“永久”难民收容所约25处,均位于安全区内。此外,安全区内还有“由一群难民独立组织,然后请求本会之协助与监督,贵格会中之数百人,惠庆里(音译)之数百人”等等。安全区外也有此类自主设立,请求国际委员会帮助的,如双塘难民收容所②。这些难民收容所,绝大部分由中国人负责管理。在1937年12月31日至1938年1月5日,安全区国际委员会组织了对大部分难民收容所的调查,可以看出各难民收容所内部的组织结构。

① 其中司法部和最高法院的空置是因为前述日军的搜捕行动,抓走其内的大部分青壮年,使得剩下的难民也不敢居于其中。张生等编:《英美文书·安全区文书·自治委员会文书》,第287页。

② 《南京国际救济委员会报告书》,张生等编:《英美文书·安全区文书·自治委员会文书》,第395页。

表 24 难民收容所内部组织结构

序号	难民收容所名称	难民人数	内部组织	检查委员会对难民收容所管理方面的评价
1	陆军学校	约 3200 人	所长：赵永奎（音译）先生 难民分成 27 个小组，每组设一个组长。 公共事务部主任：周先生 秘书：伊先生 人事秘书：朴先生 社会事务部：谢先生 综合事务部：马先生	一般情况令人满意，收容所领导为维持秩序作出了努力，卫生设施还需大力改进。
2	兵库署（军械库）难民收容所	约 8000 人，以及另外许多只在这个收容所过夜的人。	所长：陆成美先生，带约 40 名助手。	组织和领导工作还有待改进。收容所所长看来是诚实的，工作肯干，致力于完成他的任务，但没有把手下人牢牢地掌握在自己手中。
3	德中俱乐部难民收容所	444 人	所长：赵唐荣（音译）先生	难民不论膳食方面还是在居住方面都得到了良好的照顾。
4	贵格会传教团难民收容所	约 800 人。男性居多，妇女比儿童多。	所长：张公生（音译）先生	看不出有很多的组织工作，但是难民看来是满意的。
5	汉口路小学难民收容所	约 1400 人（以前 1500 人）。	所长：郑大成先生	看来难民对领导满意。
6	华侨俱乐部难民收容所	1100 人	所长：毛青亭先生，带 19 名助手。	担任领导的人们看来无能，文化程度低。
7	西门子洋行院内难民收容所	602 人	所长：韩湘琳先生（但他白天在国际委员会总部工作。）	
8	中山路司法学校难民收容所	528 人。	所长：佟燮臣先生，带 8 名助手。	收容所组织和领导工作做得好。
9	金陵大学蚕厂难民收容所	3304 人。	代理所长：金哲桥（音译）先生（原所长因被怀疑是中国军人而被日本人逮捕。）	看来缺少一个适当的组织。

续表

序号	难民收容所名称	难民人数	内部组织	检查委员会对难民收容所管理方面的评价
10	农业学校难民收容所	1658人	所长:沈家禹先生,带20名助手。 有小组长,他们必须向所长报告工作。所长和小组长负责调查产生的所有争端。 收容所有一个救护队和一个小组长委员会	收容所领导得好。难民看来满意。 收容所领导很有能力,很有成绩。
11	圣经师资培训学校难民收容所	3400人	所长:传教士郭俊德牧师,带助手。 收容所中有负责管理、检查、警卫、卫生设施和负责那些试图闯进收容所来的日本士兵吃喝的各种委员会。	收容所一般状况良好,领导得力。
12	金陵神学院难民收容所	3116人	所长:陶忠亮(音译)先生,带20名助手。	
13	五台山小学难民收容所	1640人	所长:张易里(音译)先生,带助手。	收容所领导得很好。
14	金陵大学附中难民收容所	1.1万人(以前为1.5万人)	所长:姜正云先生,带约80名助手。难民分为40个小组。 有一个救护队、一个检查组和一支消防队。	收容所组织良好,领导有条不紊。
15	大方巷军用化工产难民收容所	约2800人	所长:汪成斋先生和孔平良(音译)先生,带一大批助手。 安置难民的房间都编了号以便寻找。 收容所有各种委员会,诸如管理、卫生设施、商务、检查、价格规定等委员会。所有这些委员会的工作看来令人满意。	检查委员会认为这个收容所领导出色。担任领导的是一些有文化的有工作经验的先生。收容所组织良好,工作出色。
16	山西路小学难民收容所	约1100人	所长:王有成先生,带助手。	不认为收容所所长和他的助手们特别能干,也不认为他们对自己的工作感兴趣。

续表

序号	难民收容所名称	难民人数	内部组织	检查委员会对难民收容所管理方面的评价
17	高家酒馆55号难民收容所	770人，分成两组安置。	所长：凌恩忠先生，带一些助手。	收容所领导得尚可
18	金陵大学难民收容所	7000人，其中大多数为妇女和儿童。男子白天来收容所为其家属送食物。	所长：齐兆昌先生，带助手。	与金陵女子文理学院的雇工人数相比，这里帮助分发大米的助手和勤杂工的数目太大。我们迫切地建议由国际委员会对这个收容所大米分发的领导工作进行一次仔细的核查。
19	大学图书馆难民收容所	约3000人	所长：梁开纯（音译）先生，带一些助手。	给收容所所长再派几个助手，并且采取某些措施把坏分子清除出去。
20	金陵女子文理学院难民收容所	5000人—6000人（以前为1万人）这个收容所几乎只住妇女和儿童，另有极少的男性老人。	所长：魏特琳小姐，带助手。	收容所的领导是出色的。
21	教堂和长老会传教团学校难民收容所	目前为1000人，以前为2000人。许多人只是晚上来收容所住宿。	所长：陈罗门（音译）先生。	所长是上海的一个木材商，出差来南京，因战事没能离开南京。后来证明他是一个能干的收容所所长。

资料来源：拉贝1938年1月4日日记，[德]拉贝：《拉贝日记》，第284—293，299—301页。

从上表中可以看出，每个难民收容所都由所长组织管理，所长对难民区管理委员会负责，接受委员会的检查，从委员会得到大米、煤、药品和医疗等物资和技术的帮助。难民收容所内的主要事务有：食品分发、住房分配、内部安全管理、卫生清扫等等。在小的难民收容所里，难民收容所的负责人直接带领着几个助手管理着难民收容所的所有事务。而在较大的难民收容所里，负责人则领导着数个委员会来管理。有些难民收容所甚至有专门的委员会负责“接待”前来骚扰的日军，向其提供香烟、茶等服务，以缓解他们对难民收容所内人员的伤害和抢劫。

从报告中可以看出各难民收容所的管理人员并非由国际委员会直接任命，而是在难民收容所内部自发推选产生。这些负责人的能力并不均衡，有些难民收容所负责人的管理能力和道德品质为国际委员会所质疑。同时也能够看出，因为国际委员会得到了前南京市政府的承认，同时也被日本当局所默认在安全区内拥有相当的管

南京城南地区的战争损害,这里是导致城市陷落的大部分战斗发生的地方。摄于 1938 年 3 月 17 日。耶鲁大学神学院图书馆藏。

从圣保罗堂的塔楼上,可以看到大片中式建筑的废墟,那曾经是祈祷室、阅览室、育婴房、主日教室以及中国工人的住房。大约 1937 年 12 月 14 日和 1938 年 1 月 26 日,被日军士兵两次焚毁。耶鲁大学神学院图书馆藏。

水西门附近毁坏情况。选自《拉贝日记》。

安全区委员会主席约翰·拉贝

明妮·魏特琳(华群)

红十字会南京分会主席约翰·马吉

贝德士

费吴生

威尔逊

理权限,而且国际委员会掌握着资金和物资的分配权限,所以对各难民收容所有着相当的管理权力。对于检查中发现的不合格的难民收容所负责人,检查小组提出了撤换他们的要求。对于管理不得力的地方,检查小组提出了相应的整改意见:

一般性建议

1. 应该尽可能同大学医院人员一起采取措施,护理各个难民收容所中的许多病人。

2. 国际委员会的救护队应定期察看各个难民收容所,负责卫生规定的严格执行。

3. 各个难民收容所应该查实那些其丈夫或抚养人被日本人拉走并没有被送回的妇女和其他人员的数目,并向日本当局提出申请为这些需要帮助的人在钱和食物方面予以足够的补助。

4. 各个收容所中的吸鸦片者和其他粗野家伙的存在应该引起特别的注意,应该找到办法和途径把这些坏分子清除出去,或者为收容所所长提供相应的保护使之免受伤害。

5. 另外,各个收容所应该查实所有其房屋或住所被烧毁或炸毁的人,并采取步骤给这些人以补偿。

6. 此外,必须重视这样一个事实,即有些中国人专门从各个难民收容所中拉妇女供日本军人用于不道德的目的。

7. 必须制定一个计划,把目前还住在草席棚和拥挤的收容所的难民迁移到较好的宽敞的收容所。

8. 应该尽快召开难民收容所全体所长会议。

9. 任命一个常务委员会来检查各个收容所。

10. 向各个收容所提供燃煤的问题必须经过特别的研究。

11. 建议对粥厂和粥厂的大米提供情况进行晨检,以避免大米分发中的不规范现象。

12. 所有出售米(或粥和饭)的收容所,尤其是那些运作过程中有额外开支的收容所,其账目应该检查。

13. 应该制定行为准则张贴到所有收容所,促使难民遵守这些准则应成为收容所所长的职责。

14. 必须为所有收容所建立一套标准卡片,便于了解支付膳食费的难民人数、需要免费提供膳食帮助的难民人数,以及他们的姓名、地址等。

15. 同样应该制定并实施大米分发的标准规定。

16. 对于各个收容所所长和他们的同事乐于奉献的救济工作，应加以表彰。

17. 应该委托国际委员会总干事根据检查委员会的调查结果制定出必要的预防措施。①

对于自发形成的难民收容所，只要国际委员会联系到，就会及时予以协助，即使难民收容所不在安全区内。城内的双塘难民收容所就是避入教堂的难民自发组织形成，由一位因战争困在南京的上海木材商人领导。在马吉等人考察此难民收容所后，对双塘难民收容所的负责人表示了肯定，同时提请国际委员会给予资金和粮食等方面的援助。

在南京郊区栖霞山下的江南水泥厂厂区内，有分别来自德国和丹麦的京特与辛德贝格于战前来到这里保护工厂财产。日军占领这里后，数以万计的周边民众涌到这里寻求在德国和丹麦国旗下得到保护。在南京局势相对安定，日军准许从城内外出后，马吉代表国际委员会来到这里考察。对这个难民收容所进行了全面的了解，并向国际委员会提交了考察报告，同时提请委员会予以相应的帮助。

在对收容所的全面检查过后，国际委员会于 1938 年 1 月 11 日召开难民收容所负责人参加的会议，有 20 多人出席。会议讨论了“下一步的工作、卫生设施的改善、自治委员会的接管和其他许多问题”②。

到 1938 年 2 月 1 日，国际委员会的难民收容所负责人会议上，对安全区内难民收容所的人数等进行了统计：“目前在这些中心约有 58000 人受到国际委员会照料。这些中心全部在安全区内。考察他们如何分布是有趣的。36271 人或 62％在美国产业，601 人或 1％在德国产业，17900 人或 31％在中国政府产业，3139 人或 6％在中国人的私人产业。”③

除了难民收容所以外，安全区内还有很多公私住宅用于安置难民，安全区住房管理委员会还划分区域，设区长管理这些区内房屋。“难民区委员会，设有大规模之房舍组，将难民区划分八小区④，每一小区中设有一办事处以司其事，并详测各可用之地位，以便设法尽量利用。挤塞于私人房屋中之人群，或经好言相劝，或以权威压制，务

① 拉贝 1938 年 1 月 6、8 日日记，[德]约翰·拉贝：《拉贝日记》，第 302 页、第 308—309 页。

② 拉贝 1938 年 1 月 11 日日记，[德]约翰·拉贝：《拉贝日记》，第 323 页。

③ [美]福斯特：《致妻子函》，章开沅编译：《美国传教士的日记与书信》，第 125 页。

④ 在拉贝离开南京之际，各难民收容所曾召开会议，试图挽留拉贝。会议代表致拉贝函中表明会议成员包括南京安全区共 9 个区的区长及 25 个难民收容所负责人。拉贝 1938 年 2 月 22 日日记，[德]约翰·拉贝：《拉贝日记》，第 572 页。

使可居之屋,均得正当之利用。”[①]“同时,房舍组已将可利用之私人机关(当时之所以择定此区域为难民区者,其原因之一,为此区内外所有之私人机关建筑物较多,如城中有相当良好之秩序,则此等建筑物几可随意使用也),与该时期内已撤空之公共机关建筑物,详加考察。私人房屋,就各层之地位计之,如已达人满之境地时,即在房舍组监督之下,将较大之房屋开放,一屋住满,始开放其他一屋,以防难民中有结为伙伴,谋占较广之地位。”[②]

(2) 安全区的“安全”机制

南京安全区国际委员会成立的目的即为中国难民在战斗发生时提供避难的安全区域,安全问题也是国际委员会考虑的首要问题。在战争状态中,要想获得安全,必须得到战争各方的保证,然而,在南京成立的安全区始终没有得到日方的明确承认,这给安全区的安全留下了极大的隐患。

在讨论成立安全区的时候,中国方面给予了完全的承诺,同时也在尽力实现安全区的非军事化。然而,在中国守军撤退的时候,无法撤走的中国士兵混入了安全区内,这给安全区国际委员会带来了很大的苦恼。但中国士兵进入安全区,但并未给在安全区内战斗或者制造骚乱,并未给安全区内的民众带来伤害,但多少给了日军侵扰安全区的借口。日军进城后,未在安全区一带与中国军队发生有规模的战斗。日军对安全区的侵扰是在非直接战斗的情况下进行的,搜捕行动并未遇到武装抵抗。日军在搜捕过程中有意严重扩大化,将并非战斗人员的青壮年难民也一并逮捕,更为严重的是,日军将捕获的士兵和难民大都采用集体屠杀的方式加以杀害。这是国际委员会所未曾料到的。

另外,三五成群的日本士兵在安全区内游荡之时实施各种暴行,也给安全区内的民众带来了无穷的灾难。对此,安全区的警察体系并无能力阻止。安全区警察本身也成为日军的无辜牺牲品。在实际局势面前,西方人士发现只有外国人的出现,才有可能制止一些日军暴行,减少日军对平民的伤害。于是,以西方人士为中心,安全区内建立了一套脆弱的安全机制。

中国难民也发现,只有西方人士的出现才有可能帮助他们。只要发现日本兵的闯入,或者试图实施某种犯罪,他们想到的是寻找最近的西方人士求援。德国人施佩林是安全区的总稽查,带领着安全区的警察队伍。然而,中国警察完全不能阻止日军,只有施佩林本人的出现才能稍微遏制日军闲散士兵的暴行。在此情况下,施佩林本人就全力以赴在安全区内巡逻,随时赶走在区内施暴的日本兵。魏特琳在金女大

---

① 《南京国际救济委员会报告书》,张生等编:《英美文书 · 安全区文书 · 自治委员会文书》,第 393 页。

② 《南京国际救济委员会报告书》,张生等编:《英美文书 · 安全区文书 · 自治委员会文书》,第 393 页。

难民收容所内到处奔走，驱赶从各处闯入的日本兵。

另外的西方人士负有各种维持安全区运转的责任，同时，他们也无不随时停下手中的工作，赶走附近正在犯罪或有不良企图的日本兵。拉贝就在自家院子的难民收容所内设立了岗哨，自己睡觉从来都是和衣而卧，每当有日本兵翻墙闯入，岗哨就会立即吹起哨子报警，拉贝就在第一时间迅速赶到，驱走日本兵。

在应对日本兵的暴行方面，除了西方人士立即出现并无更有效的办法。面对每天无数起警报，每个西方人士都疲于应付。他们用自己的血肉之躯，为无助的中国难民支起一个个小小的盾牌，竭力保护着他们的安全。

安全区在被日军骚扰的同时，内部的治安也是需要解决的问题。在不到 4 平方公里的狭小范围内，最多时候聚集着二三十万饥寒交迫的难民。尤其是在各个难民收容所内，人口更加密集，极易发生骚乱。

为了维持内部秩序，在原有警察的基础上，难民收容所内还设立了佩戴袖章的志愿警察，以帮助正式的着装警察。但是国际委员会并无相应的审判机构和监狱。在各难民收容所内部发现的违法分子，国际委员会只能采用驱赶出难民收容所的办法加以解决。

战争中南京的水电供应中断，而且由于秩序长期得不到恢复，使得水电供应、垃圾处理等基本的生活卫生得不到保障。加上城内的尸体得不到及时的掩埋，池塘中的水被污染，使得防疫成为严重的问题。

对此，各难民收容所内都加强管理，建立了卫生保障小组，以安排饮水卫生和粪便处理等问题。在国际委员会对各难民区的检查中，卫生问题也是他们极为关注的问题，对卫生状况不佳的难民收容所提出了相应的整改意见。

安全区的安全并无法全面保证，但相对于其他地方还是好很多，因而即使有日军的强令，难民也不愿回家。福斯特在参加难民收容所负责人会议后得知："日本人坚持这些难民必须在 2 月 4 日以前从各个中心搬出，否则将强行驱出。相关通知已张贴在各个中心。有些难民开始迁移到日本当局划定的安全地区。但在今天上午的会上，实际上每个难民营主任都报告了导致难民重返中心的事件。"[①]

(3) 食品供应

1937 年 8 月 15 日起，侵华日军开始对南京实施持续的大规模轰炸。频繁的空袭打破了南京城市正常的生活秩序。城内很多商人店主为躲避轰炸，关门歇业逃离南京[②]。通往南京的交通运输线也遭到日机的轰炸，造成物资流通渠道不畅，使得南京

---

① [美]福斯特：《致妻子函》，章开沅编译：《美国传教士的日记与书信》，第 125—126 页。

② *Minnie Vautrin's Diary* (*November* 5, 1937), Box 134 of YDL Record Group NO.11, The Archives of the United Board for Christian Higher Education in Asia, Yale University Divinity School Library Special Collections.

麦克伦

福斯特

米尔士

史迈士

克勒格尔

京特夫妇(选自戴袁支《1937—1938:人道与暴行的见证——经历南京腥风血雨的丹麦人》)

辛德贝格(选自戴袁支《1937—1938:人道与暴行的见证——经历南京腥风血雨的丹麦人》)

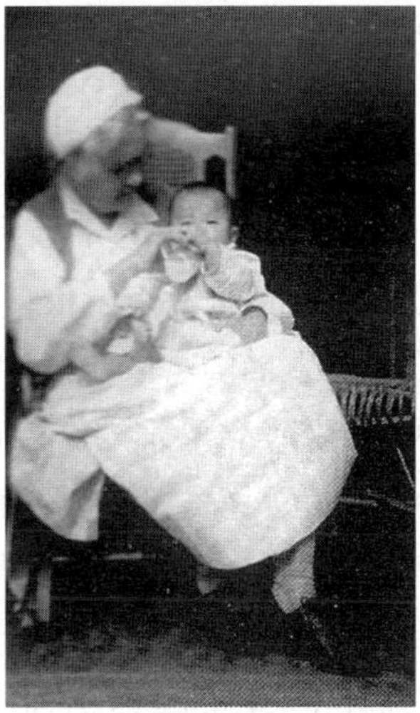

伊娃·海因茨

沦陷前的南京市长马超俊

安全区倡议人之一杭立武

市面的商品价格出现了波动,物资供应趋向紧张。为此,南京市政府成立了日用品管理委员会,以稳定市场货源。由于政府的干预,至11月南京市内生活用品供应基本能够满足市民需要。当时,日本驻沪总领事在致外务大臣的电报中援引情报称:“米价每担10元(上等米)到8元(中等米)左右。其他土产品等未感不便。”[①]当南京市民习惯了轰炸下的生活后,一些店主也回到城里重新开张营业[②]。南京各种生活必需品价格趋于平稳,“粮价且较往年有所降低”[③]。

考虑到交战时期,南京市内粮食供应断绝可能带来的困难。国际委员会在筹组南京安全区时,将食品的数量、储存和分配列为需要解决的重要问题之一[④]。1937年12月3日成立的安全区管理委员会五个具体事务委员会中,除了粮食委员会外,还有运输委员会主要负责食品和燃料的运输工作[⑤]。

安全区国际委员会如此重视粮食问题,和其成立的设想有关。国际委员会创始成员、金陵大学教授贝德士在远东国际法庭作证时,曾向法庭陈述过国际委员会的设想:“在南京城处于包围的状态下,以及当南京的行政当局消失而日本的军事当局尚未成立期间,在几天或可能是几星期的时间内提供住房,如果需要的话提供一些食品。”[⑥]在当时实际操作中,国际委员会将这个“空位期”估计为一星期左右。国际委员会在沦陷前发布文告,要求搬入安全区的难民“必须备有至少能维持一周生活的食品”[⑦]。国际委员会认为安全区只是相当于提供一个附带食品保障的防空洞,供难民短期躲避流弹带来的危险。战争结束以后,新的政权机构将接手城市管理的权力和职责。既然短暂,那么对粮食的需求量就有限。何况中国人“习惯于灾难”,每个家庭都为战争的到来储存了一些大米[⑧]。

中国方面大力支持安全区计划,向国际委员会提供了相当数量的资金和物资[⑨]。在日军已兵临城下的混乱中,将粮食运入安全区并不那么顺利。马市长12月1日在会议上做出承诺,一星期后日军便已包围南京,11日通往下关的挹江门被关闭,南京与外界交通断绝。

---

① 中央档案馆、中国第二历史档案馆、吉林省社会科学院合编:《南京大屠杀》,第14页。

② *Minnie Vautrin's Diary* (*November* 5, 1937), Box 134 of YDL Record Group NO.11, The Archives of the United Board for Christian Higher Education in Asia, Yale University Divinity School Library Special Collections.

③ 张连红:《南京大屠杀之前南京市民的社会心理》,《抗日战争研究》2002年第4期,第91—92页。

④ 拉贝1937年11月30日日记,[德]约翰·拉贝:《拉贝日记》,第91页。

⑤ 拉贝1937年12月4日日记,[德]约翰·拉贝:《拉贝日记》,第102—103页。

⑥ 杨夏鸣编:《东京审判》,第79页。

⑦ 拉贝1937年12月4日日记,[德]约翰·拉贝:《拉贝日记》,第101页。

⑧ [美]史迈士:《致朋友函》(1938年3月8日),章开沅编译:《美国传教士的日记与书信》,第277页。

⑨ 此数字与其他记载有些出入,详见下文。拉贝1937年12月1日日记,[德]约翰·拉贝:《拉贝日记》,第93页。

尽管中国军方“在困难的情况下”,还是向国际委员会提供了“3 辆卡车用来给老百姓运送大米”[①],但国际委员会仍感到“卡车奇缺”,而时间紧张。到 12 月 8 日,国际委员会向报界发布专稿,提及下属的粮食委员会“一共筹集到了 12 辆车运进了 6300 袋米(相当于 7875 担)”。同时,国际委员会还说明从城外运米“很困难”,因为“城郊正在燃烧”[②]。

运输开始之时,南京即已处于日军的火力压迫之下。南京城频繁遭受日机的空袭,后来更是处于日军大炮的射程之内。这给粮食运输造成了另一个困难,因为“司机不愿意到正在交火的地方”[③]。如下关地区存放着拨给国际委员会的粮食,那里有水路向上游撤退和渡江前往津浦铁路的重要码头,有中国军队驻守,并有发电厂这样的基础设施,因而成为日军轰炸的重点地区。国际委员会主席拉贝在 1937 年 12 月 9 日记载了运粮卡车和人员被炮火击中:“我们的一辆卡车损坏了,我们的一个卡车搬运工失去了一只眼睛,被送进了医院。”[④]还有另外一名国际委员会卡车的押车员,从南门回来的时候惊恐万状,因为在他出城的时候守军开始并不放行,经过协商后才同意。等到他们的卡车回城时,这个城门的全体守军共 40 人,已经被炸死[⑤]。从事粮食运输的人员受到了战火的威胁和伤害,无疑使得国际委员会本已缓慢的粮食运输的进度雪上加霜。

由国际委员会改组而成的南京国际救济委员会,在一份 1939 年的报告中称:“市政府所拨归本会者,为米 2 万包,面粉 1 万袋,现金捐款 8 万元。当时以运输困难之故,米之能于战事爆发之前,运入本会堆栈者,仅 9067 包。面粉仅大同面粉厂所捐之 1000 袋,市政府所捐者全未收到。市政府所捐食盐共 350 袋。”[⑥]粮食储备尚未完全运进安全区内,日军已经入城。

进城后的日军高级军官并未有效约束军纪,南京城内暴行迭出,毫无秩序。抢劫

---

① 《致福田先生的信》(1937 年 12 月 16 日),张生等编:《英美文书·安全区文书·自治委员会文书》,第 276 页。

② 拉贝 1937 年 12 月 8 日日记,[德]约翰·拉贝:《拉贝日记》,第 119 页。

③ [美]费吴生:《日记》,章开沅编译:《美国传教士的日记与书信》,第 67 页。

④ 另一名委员费吴生也有相似的记载:“一位司机被霰弹碎片打瞎了一只眼睛。”尽管对伤者身份有不同的说法,两人很可能说的是同一件事情。拉贝 1937 年 12 月 9 日日记,[德]约翰·拉贝:《拉贝日记》,第 120 页。[美]费吴生:《日记》,章开沅编译:《美国传教士的日记与书信》,第 67 页。

⑤ 拉贝 1937 年 12 月 9 日日记,[德]约翰·拉贝:《拉贝日记》,第 120 页。

⑥ 有关南京市政府拨给国际委员会大米的数量有不同的记载,前引拉贝日记的记载是“3 万袋”。另外有关文献常见的记载是“3 万担”或“2 万包”。拉贝于 1938 年 1 月 26 日致美、英、德三国使馆外交官的信函中,对安全区内粮食储备的来源及有关数据曾详细开列:“12 月 2 日我们收到了一张 1.5 万袋米的发货单,12 月 5 日又收到一张 5009 袋米的发货单。而实际上我们只运回了 8476 袋,加上在下关发放给难民的 600 袋,也就是说我们总共收到了 9076 袋米,折合 1.1345 万担。”其中除了收到的总袋数分别为“9076 袋”和“9067 包”有细微的差别外,比较吻合。综合各种数据,市政府所拨大米的数量稍多于 2 万袋,约 2.5 万多担。《南京国际救济委员会报告书》,张生等编:《英美文书·安全区文书·自治委员会文书》,第 391 页。拉贝 1938 年 1 月 26 日日记,[德]约翰·拉贝:《拉贝日记》,第 420 页。

甚至成为了有军官现场指挥的"例行的军事行动"①。城内难民家里的存粮也难逃劫掠。据一位幸存者回忆:

这年12月15日,我家的门被砸开了,闯进来两个日军和一个翻译。翻译说:"大家要欢迎皇军,不准再关起门。"然后,他们在这一带挨家翻箱倒柜,把各家所有的粮食都搜了出来,找出麻袋装起,叫我和马银东、伍贻经三人扛起,跟他们走。出门向西,走不多远,翻译又叫我们从斜对面把一部东洋车拉出来,把粮食放在车上,拉着继续向西,弯进了渡船口,一家一家地把粮食搜出来,由我们三人拉着,向水西门方向去。被洗劫的人家,只有流泪,不敢吭声。②

难民被洗劫而不得不忍气吞声的情形,在日本兵的记载中得到了印证。日本兵今井又一在日记中写道:"今天出去征缴酱油和砂糖。进了难民家里看看箱子里开了盖的瓦罐,拉出抽屉乱翻一气。看上去难民们很怕日本兵,所以即使当着他们的面乱翻也不敢吭声,只是听之任之。"③安全区内唯一开放的国际委员会的米店,也遭到日军的骚扰。日本兵从米店带走大米,甚至抓走工人④。在安全区的金陵女子文理学院难民收容所内,日军士兵也经常前来偷走食品⑤。尽管拉贝不断赶走闯入家中的日本兵,但防不胜防,他家的食品间还是被日本兵光顾过。

进城后的日军还经常抢劫汽车。西方人士的存在是防止汽车被日军抢走的唯一办法。为了将粮食送给急需的难民,西方人士不得不"把大米放在私人汽车里送至难民收容所,保护他们不至于在两天或更长时间内饿肚子"⑥。为了保护粮食和汽车不被抢走,国际委员会的西方委员齐阿尔和林查理都曾被日本人抓住和殴打。

按照国际委员会的原计划,只需熬过日军刚入城的几天混乱状态,日方将建立新的秩序,开始管理南京城。同时,一般家庭均有些余粮,可以支撑一段时间。国际委员会只需接济难民中最为贫穷的人。在日军入城的最初几天内,西方人士的记载中并未对粮食储备不足表示担心。日军的暴行造成了严重的粮食问题。

---

① 拉贝1937年12月27日日记,[德]约翰·拉贝:《拉贝日记》,第236页。

② 《伍必毅口述》,张连红等编:《幸存者调查口述(上)》,第35—36页。

③ [日]井家又一:《井家又一日记》,王卫星编:《日军官兵日记与书信》,张宪文主编:《南京大屠杀史料集》第9册,南京:江苏人民出版社,2006年,第137—138页。

④ [美]史迈士:《致家人函》,章开沅编译:《美国传教士的日记与书信》,第233页。

⑤ *Minnie Vautrin's Diary* (*December* 28, 1937), Box 134 of YDL Record Group NO.11, The Archives of the United Board for Christian Higher Education in Asia, Yale University Divinity School Library Special Collections.

⑥ [美]史迈士:《致朋友函》(1938年3月8日),章开沅编译:《美国传教士的日记与书信》,第277页。

12月21日，在宁的全体西方人士向日本使馆递交了抗议信，表示“目前的状况必将在短时间内导致饥荒”[①]。当天拉贝等在日本使馆面见了松井石根，然而，拉贝发现日方“不愿意”讨论食品问题，“日本人自己也缺乏食品，因此不关心我们的储备是否足够”[②]。

南京沦陷时，多数难民是挑着米，带着被褥来到难民区。在难民区内自己搭个灶台，每家单独或几家轮流烧饭[③]。在日军的暴行下，难以得到粮食补充，普通难民并无更好的办法来应对。他们只能减少每天的粮食消耗，常常是每天只吃两顿，且多以稀粥为主。当带到安全区的粮食吃光时，一些人被迫离开安全区回家取米，但要冒很大风险。

德国使馆官员也记下了一位14岁的姑娘，离开安全区取蔬菜时，被日本兵“一枪打中脑袋身亡”[④]。更有甚者，日军到处抢掠纵火，大量民宅被烧毁。居民家中的粮食，不是被日军掠走，就是在大火中化为灰烬。“安全区以外的所有街道都荒无人烟，断壁残垣的废墟呈现出一种荒凉的景象。”[⑤]

难民们应对粮食危机并无办法，只有来到安全区内的难民收容所和粥厂，寻求粮食救助。安全区内的粥厂，主要由红卍字会、红十字会和国际委员会合作办理。红卍字会在南京沦陷前，储备了一些大米，也曾通过日本僧人获得了3000袋大米，用于粥厂[⑥]。此后，即主要依靠国际委员会提供粮食。

安全区内的难民收容所则全部由国际委员会提供所缺粮食。各难民收容所根据难民的经济情况，对食品供应做了规定。有经济能力的难民则可以出钱买米，或者去粥厂买粥，而毫无经济能力的难民，则由难民收容所挑选出来，可以免费获得食品。金女大难民收容所即在“真正穷得买不起食物的人身上缝了个红标记，以后他们将首先得到食物”。此外，魏特琳等人“还准备了票给当天没有领到米的人——每次还没发遍，米就没有了，下次分发时将首先照顾到这些人”[⑦]。在国际委员会对安全区内难民收容所的检查中，特别关注了各难民收容所粮食供应情况。其具体情况，已如前述。

---

① 拉贝1937年12月21日日记，[德]约翰·拉贝：《拉贝日记》，第191页。

② 拉贝1937年12月21日日记，[德]约翰·拉贝：《拉贝日记》，第192页。

③ 《马良友口述》，张连红等编：《幸存者调查口述(上)》，第508页。

④ [德]沙尔芬贝格：《1938年1月28日的南京现状》，陈谦平等编：《德国使领馆文书》，第102页。

⑤ [德]沙尔芬贝格：《1938年1月13日的南京现状》，陈谦平等编：《德国使领馆文书》，第83页。

⑥ 红卍字会会长陶锡三曾留学日本，并任自治委员会的主席，与日方有密切联系。[美]史迈士：《致家人函》，章开沅编译：《美国传教士的日记与书信》，第257页。

⑦ *Minnie Vautrin's Diary* (*December* 22, 1937), Box 134 of YDL Record Group NO.11, The Archives of the United Board for Christian Higher Education in Asia, Yale University Divinity School Library Special Collections.

中国难民的粮食供应主要依靠留宁西方人士组织的国际安全区和红卍字会,但由于日军当局的控制,安全区的粮食供应实际上非常有限,并不能解决粮食危机,而日军当局也利用粮食问题限制和瓦解西方人士主导的安全区。1939 年南京国际救济委员会的报告书回顾了在南京沦陷后的粮食救济情况:

自十二月十七日至三十一日,难民区委员会发给二十五处收容所之米,每日 84.5 包,另加粥厂 28.5 包,警察及卫生工作人员 3 包,特种捐赠(其中包括红卍会)20 包。正式粥厂共 5 处,其二为本会所办,设于收容所中;其二为红卍字会所办,大部分供收容所难民之用;其一为红十字会所办,系全部供收容所难民之用。本期收容所中难民之数,平均为 70750,其中 25150 人均就食于收容所中,另有 8200 人则就食于附近之粥厂中。受特种捐赠者约 8000 人。故自本会领取基本饭餐之人,约为 38350 人,其中亦有以此为唯一之饭餐者。某数团体之人,有自备之米粮,作全部或一部饭餐之用,其中亦有能自备蔬菜、油类或花生等补充食物者。收容所中,肉类不常见,青菜及豆类之供给既少,而价亦昂贵。总计所发之米,共为 2035 包。

十二月后半月及以后各月米粮之计算,均以该期内之全日数为根据。其实领米粮之人,较此数为多,然其中若干人领米粮之日数,有少于所述之时期者。预计以米一包煮成厚粥,可供 300 一日之用,领米者以每包供 250 人一日之用为准。米之发放有较少者,其例颇多,因有若干人,每日仅由粥厂供食一次,所领之米,亦有少于所规定之数量者。本会所存米,均为中下等者,每包平均重 212.25 磅,即约 77.5 公斤,其量约为 1.25 市担。

一月份收容所难民,平均为 62500 人,其中 22250 人就食于收容所中,由本会发米每日 79 包,供 25 所收容所之用;警察、卫生工作人员,及其他职员之不包括于收容所者,每日另发 4.5 包;红十字会及其他有特种关系者,每日发 4.5 包。故依赖本会免费供给之食米以为活者,共为 27125 人。本期中,红卍字会所办之粥厂,无须由本会供给大量米粮,红十字会所办者,已迁入收容所中。本会所发之米,计共为 2721 包。

二月份中,收容所难民人数激减,计平均约为 36800 人,其中包括多数最贫苦之人,其私人存粮几已告罄者。20800 人均就食于收容所,由本会每日发米 69 包。本会工作人员,此时领现金津贴,其他各特种捐赠,亦均停止。共用 1935 包。[①]

---

① 《南京国际救济委员会报告书》,张生等编:《英美文书 · 安全区文书 · 自治委员会文书》,第 397—398 页。

1937 年 12 月 14 日，国际委员会即请求日方允许其“运粮汽车自由通行，以便把储备粮运抵安全区”，未得到许可。27 日，拉贝致函日本使馆，说明前市长马超俊“移交给委员会 3 万担大米和 1 万袋面粉用于居民的粮食”，并委托国际委员会酌情处理，“可以通过粥厂免费发给饥民，如有可能，也可销售”，还提供了马市长允诺调拨粮食的信件。拉贝希望同日军商定办法，使国际委员会能运进大米、面粉和燃煤[①]。对此要求，日方也未理睬。西方外交官回到南京后，拉贝又致函美、英、德三国使馆详列“日本当局从国际委员会的手中拿走了”的粮食清单，请求使馆帮忙要回粮食，同样没有得到日方的回应[②]。

向日方要回粮食无果，国际委员会又试图从日方那里购买粮食。国际委员会委员施佩林和克勒格尔与日军一位后勤军官取得联系，商谈购买粮食的事宜。在先期的谈判中，这位日本军官表示能提供“任何数量的大米和面粉”[③]。这些粮食是“日本人在这里抢到的储备”，且要价“昂贵(每袋米约 13 元)”，国际委员会为了难民生计考虑还是决定购买[④]。然而，先前还信誓旦旦的日本军官却毁约了，其中的变化主要来自日方对南京统治策略的考量。

1937 年 12 月 23 日，自治委员会成立，1938 年元旦正式举行了成立仪式。“日本人迫切希望国际委员会削弱，将职权移交给自治委员会。”[⑤]为此，日方试图“强行关闭”国际委员会的米店，并在安全区外免费发放少许大米，“以此贿赂老百姓，让他们回到被(破)损的家园”。[⑥]

自治委员会也成立了食品委员会，按照日方的意图控制粮食。日军不满妨碍其统治的国际委员会，却也不肯拿出足够粮食来支持自治委员会。1 月 3 日，松井石根即得到报告，得知其下属的各部队“占有和保管了地方物资”，成为“地方自治的障碍”[⑦]。到 1 月 30 日，日方总共才提供了 4200 袋米[⑧]，这对于数十万急需救济的难民来说无异于杯水车薪。日方提供大米只是为“宣抚”需要所做的“儿戏”，日军占领后的三个月中，“售出的大米不足以消费两周”。而日军在南京征用的大米，“可供百姓吃三个多月”[⑨]！

---

① 拉贝 1937 年 12 月 27 日日记，[德]约翰·拉贝：《拉贝日记》，第 236 页。

② 拉贝 1938 年 1 月 26 日日记，[德]约翰·拉贝：《拉贝日记》，第 420 页。

③ [美]史迈士：《致家人函》，章开沅编译：《美国传教士的日记与书信》，第 270 页。

④ 拉贝 1938 年 1 月 6 日日记，[德]约翰·拉贝：《拉贝日记》，第 296 页。

⑤ [美]史迈士：《致家人函》，章开沅编译：《美国传教士的日记与书信》，第 267 页。

⑥ [美]史迈士：《致家人函》，章开沅编译：《美国传教士的日记与书信》，第 270 页。

⑦ [日]松井石根：《松井石根阵中日记》，王卫星编：《日军官兵日记》，第 163 页。

⑧ 拉贝 1938 年 2 月 1 日日记，[德]约翰·拉贝：《拉贝日记》，第 452 页。

⑨ [美]史迈士：《致朋友函》(1938 年 3 月 8 日)，章开沅编译：《美国传教士的日记与书信》，第 277 页。

尽管西方人士对日本当局扶植的自治委员会很不以为然,没有一位出席其成立仪式。然而,贝德士认为"大米是当务之急",国际委员会秘书史迈士也感觉到"运进大米只有依靠这些人"。在这样的考虑下,西方人士"都同意尽力与之合作"①,即使这种合作对自治委员会很有利。

在粥厂急需的燃煤问题上也是如此。日方不同意将燃煤交给西方人,国际委员会就"让自治委员会的人监管搬运",国际委员会提供卡车和汽油等方面的帮助。国际委员会运输委员林查理"只调度卡车",以便西方人的作用不那么显眼②。

国际委员会本是将粮食有偿出售和免费发放相结合,目的在于既保证身无分文的难民能够有基本的生存,同时也可以得到一些收入以使救济能长期维持,不至于资金枯竭。在自治委员会开放了米店后,国际委员会停止卖米,将存粮全部用于免费发放,以尽力帮助最穷困的人。

威尔逊对安全区难民收容所在粮食救助方面的作用评论道:"平民拥进难民营,有些人家即使在安全区也搬进了难民营,虽然哪里都不敢保证安全,但难民营还是比其他地方安全些。如果不是国际委员会预先存贮了一些大米,并尽其所能保护平民,那么现在就会发生严重的饥荒,日军对平民的屠杀也将大大超过现在的数量。"③

(4) 难民收容所里的产妇和婴儿

在日军暴行夺去无数生命的同时,一些新的生命又在这艰难的时刻降生到南京。妇女众多的难民收容所还面临着如此困境中照顾产妇及婴儿的问题。金大难民收容所对难民中产妇的情况进行了详尽的调查,并给予帮助。

表 25 金大难民生产调查表

(1938 年 2 月 11 日)

家长姓名	原住地址	现在地址	生产日期	性别	小产存否	小孩现有几周	乳娘补救办法	乳娘有余否	生产死亡日期
高宋氏	后宰门二五〇	金大丙	阴十月初十日	男		三月	米粉	不足	
陈应氏	水西门一四一	丙舍	阴九月廿一日	女		三月多	粥	不足	
樊李氏	珠江路三八四	丙舍	阴十一月九日	男		二月	粥	不足	

① [美]史迈士:《致家人函》,章开沅编译:《美国传教士的日记与书信》,第 266 页。

② [美]史迈士:《致家人函》,章开沅编译:《美国传教士的日记与书信》,第 266 页。

③ [美]威尔逊:《书信(日记)选译》,章开沅编译:《美国传教士的日记与书信》,第 339 页。

续表

家长姓名	原住地址	现在地址	生产日期	性别	小产存否	小孩现有几周	乳娘补救办法	乳娘有余否	生产死亡日期
王周氏	通济门二五	乙舍	阴九月二十三日	男		三月多	粥	不足	
夏杨氏	瓦光寺	乙舍	阴十月二日	男		三月多	粥	不足	
陈姚氏	评事街八四	乙舍	阴九月廿七	女		三月多	粥	不足	
刘张氏	半边营	西楼	阴十月七日	男		三月	粥	不足	
李马氏	张府园二九	丙舍	阴十二月廿一	女		三星期	粥	不足	
陈杨氏	中山门廿号	丙舍	阴二月二十四	女		三星期	粥	不足	
张徐氏	中山门廿二号	西楼	阴十二月十一	女		一月	粥	不足	
童丁氏	花牌楼	东楼	阴十一月九日	男		二月多	乳糕		
王陶氏	铜作坊	东楼	阴一月六日	女		一星期	乳	不足	
冯金氏	西家巷四号	同上	阴十一月十一	女		二月	乳	不足	
张王氏	珠宝廊三号	同上	阴十月二十六	男		二月多	乳	甚不足	
郭郭氏	上新河八号	同上	阴十月十二日	男		三月	乳粥	不足	
汪王氏	马巷二十九号	同上	阴十月九日	女		二月多	乳足	有余	
刘孙氏	南捕厅十一号	同上	阴十月九日	女		三月	乳	甚不足	
朱孔氏	糖坊廊十四号	同上	阴十一月二十五	男		一月多	乳	勉强足	
王江氏	小石桥三十号	同上	阴七月二十日	女		半周	粥		母故
蔡徐氏	太平巷十二号	壬舍	阴十二月初七日	男		一月多	粥	无	
沈洪氏	常熟东门五三	同上	阴十二月初七日	男		一月多	乳粥	不足	

续表

家长姓名	原住地址	现在地址	生产日期	性别	小产存否	小孩现有几周	乳娘补救办法	乳娘有余否	生产死亡日期
马莫氏	评事街九四号	同上	阴十二月十四日	女		一月	乳	足	
田许氏	双塘十七号	金大辛舍	阴十一月十一	女	死	二月			阴十一月二十三
郭李氏	箕街八十二	壬舍	阴一月初三	男	存	九天	乳	无	
聂李氏	芝麻村二二五	庚舍	阴十一月初五	男	存	二月多	粥	无	
吴陈氏	石坝街一二五	庚舍	阴十二月廿五	女	死	一月			阴十二月廿八日
郑林氏	棉花楼九六	庚舍	阴正月初五	女	存	七天	乳	足	
刁张氏	武定桥	体	阴十二月廿五	男	存	半月	乳	足	
王詠琴	汉西门二五	东楼	阴十一月初六	男		二月	乳	足	
张永福	石坝街十二	金大图馆	阴二月初七	女		四天	自喂	足	
杨瑞五	三道高井	同上	阴十一月初五	女		二月多	粥	不足	
陶集中	富民坊	同上	阴十一月初五	男		二月多	粥	不足	
徐树义	太平路一一一	同上	阴十二月初三	女		一月多	粥	不足	
莫培杰	大行宫	同上	阴十二廿八	男		一月多	粥	不足	
刘恩富	光华门二七号	同上	阴十一月廿一	女		一月多	粥	不足	
罗四金	五台山四号	同上	阴十一月十二	女		二月	粥	不足	
马钱人	丰富巷	同上	阴十一月十五	男		二月多	粥	不足	
谢道隆	宝山县北门	同上	阴正月初五	女		一星期	粥	不足	
吴静齐	光华门三六号	同上	阴十一月二十	男		一月多	粥	不足	
崔有财	评事街二一六	同上	阴十二月廿二	女		三星期	粥	不足	

续表

家长姓名	原住地址	现在地址	生产日期	性别	小产存否	小孩现有几周	乳娘补救办法	乳娘有余否	生产死亡日期
董国兴	武学园八十号	同上	阴十二月十九	女		三星期	粥	不足	
陶裕明		同上	阴十一月十一	女		二月	粥	不足	
潘炳元	彩霞街六二号	同上	阴十一月二四	男		一月多	粥	不足	
唐明裕	同上	同上	同上	男		一月多	粥	不足	

资料来源:《金大难民生产调查表》(1938 年 2 月 11 日),陈谦平等编:《德国使领馆文书》,第 440—443 页。

因为日军暴行导致的精神紧张和缺乏食物引起的营养不良,绝大部分产妇的母乳不足以喂养婴儿。在食品匮乏的状况下,只能通过给幼儿喝粥来维持生存。

在金女大难民收容所,1937 年 12 月 27 日魏特琳统计,"到目前为止,难民所里共出生了 14 名婴儿,死亡 4 人",程瑞芳则金女大难民收容所中"惟一的护士,她每天超负荷地工作"①。金女大难民收容所在国际委员会的帮助下,向婴幼儿提供奶粉和鱼肝油等其他补品,并尽可能给予较好的住宿环境②。

(5) 治疗战争创伤

日军的暴行给众多难民带来了身体上的伤害。国际委员会则试图在极其困难的条件下,努力救治这些难民。为了给战争中的伤者提供医疗援助,在日军进城的那一刻,马吉领导的国际红十字会南京分会成立。

国际红十字会分会成立后,立即准备接管无法撤走的中国伤病医院,但这些地方已经被日军所控制,禁止西方人士出入。通过外出购物的护士带来了医院内的情形:"根据传到我们这里的消息说,医生听任日本人惩罚病员,其中一些人甚至被日本人绑走了。原先的病员肯定要比现在多得多,但是具体数目已无法确定。当红十字会接管这家医院时,地下室里有很多尸体,其中一部分已掩埋在亭子附近。此外还有人向我们报告说,许多病员在此期间已经死去,还有些人翻过外交部的院墙逃走了。"③同时,西方人士也记载了外交部红十字医院内日军士兵罪行的案例:

---

① *Minnie Vautrin's Diary* (*December* 27, 1937), Box 134 of YDL Record Group NO.11, The Archives of the United Board for Christian Higher Education in Asia, Yale University Divinity School Library Special Collections.

② *Minnie Vautrin's Diary* (*February* 3, 1938), Box 134 of YDL Record Group NO.11, The Archives of the United Board for Christian Higher Education in Asia, Yale University Divinity School Library Special Collections.

③ 拉贝 1938 年 1 月 25 日日记,[德]约翰・拉贝:《拉贝日记》,第 414 页。

那是1月23日凌晨4时,又有一名日军小个子士兵出现在3楼的过道上,他的肩章上有一颗星,手执刺刀,皮带上别着左轮手枪。他叫来了医院的勤杂工,逼迫他去寻找姑娘。勤杂工非常害怕,因为他发现了这名士兵手上和刺刀上的血迹。当他走出房间时发现了医院里另一名勤杂工的尸体,看起来是被这名士兵杀害的。于是他领着这名士兵上了4楼,在后者的威胁下,打开了几个女护士的卧室门。屋里有5个姑娘,她们应声赶紧穿上衣服。房门一打开,其中3个马上逃进厕所并将门反锁。其余2个姑娘没有逃掉,于是日本兵便向她俩扑去。她们此时也发现了士兵手上和刺刀上沾有血迹,于是便迷惑他,让他跟她们进后面的房间。那儿住着常泽德(音译)大夫,姑娘们希望他能保护并救得了她们。当士兵看见屋里有张床时非常满意。这时常大夫走了过来,同时也看清日本兵手上和刺刀上沾满了血。此时他也意识到了危险,于是扯下袖章,证明他是国际红十字会的医生。日本人一把夺过袖章扔在地上。医生随后在一张纸上写道:"请您明天来,我们会考虑您的愿望。"日本兵答道:"你们的人在上海杀了我1500个朋友,如果你现在不满足我的愿望,我就杀了你。明天我就要回上海了。"医生拿上衣服穿好,说道:"这些姑娘都病了,跟我走,我替你找几个长得漂亮的。"于是日本兵放了这两个姑娘,随着医生穿过许多房间,最后进了一间男人住的房间。日本兵掀起了一张床上的被子,当发现床上躺的是一名男子时火冒三丈。隔壁房间住的是妇女,日本兵想打碎玻璃门,把她们弄到手。医生提醒他,这样会把手弄伤的。他想想也就作罢了。医生领着他穿过对面的房门,那是院长屠大夫的房间。屠大夫对他们的到来非常气愤,他让常大夫把日本兵带到曹大夫那里,说他会说日语。于是日本兵和常大夫来到曹大夫的房间。曹大夫向日本兵解释,医院受日方的保护,绝不允许任何人侵扰。曹大夫和常大夫把这名闯入者送下了楼。日本兵发现自己被人当猴儿耍了,气得要命,临走时还煞有介事地用刺刀吓唬了常大夫。曹、常两位大夫下楼时,那名勤杂工的尸体已经被抬走了,但是还能看得见水泥地上的血迹。[①]

为了给平民提供基本的医疗帮助,马吉等人鼓楼医院后院建立了包扎所,以给受伤难民提供及时的简单包扎。对于严重的伤者,只能送往尚在运作的鼓楼医院。这是当时南京市内对平民开放的正规医院。城外江南水泥厂难民收容所也为受伤的难民建立了医务室,并且得到鼓楼医院的帮助,以提高救护的水准。

日军进入南京城后,长时间的残酷暴行给城内的难民带来了难以名状的恐怖,更

① 拉贝1938年1月25日日记,[德]约翰·拉贝:《拉贝日记》,第412—413页。

有相当多的难民目睹了家人、亲友、邻里被害,甚至自己有着死里逃生的经历,这就造成了民众巨大的心理创伤。马吉所熟识的一名中国牧师就对生活感到绝望,不顾福斯特等人的劝告投水自杀①。回到南京后的德国使馆官员也发现有中国妇女因丧子之痛而精神失常,整天歇斯底里地叫喊着②。

在恐怖还没有过去的情况下,西方人士就开始考虑缓解和抚慰中国难民的心理创伤,给他们以生活下去的希望。原本居住于下关城外的马吉等人,就带领着其教堂的信众在南京沦陷前搬到了安全区内。即使在最为困难的日子里,也没有停止布道、礼拜等宗教活动,试图通过宗教教义的宣讲帮难民度过眼前暗无天日的时光。

金大校园内也是用宗教来安慰难民。福斯特曾参加金大的一次宗教活动:"这是一次真正的福音会议而并非查经班,虽然我们采用的是以《马太福音》第 29 章为基础,因为到会者大多是非基督徒。金大一位教授(下关的基督徒)告诉我,他估计听众有 400 人,这是他们曾经有过的最大集会。会议在理学院大教室举行,确实拥挤不堪,但人们听得很专注。"③

金女大的传教士魏特琳也发现,随着局面的糟糕,甚至有一些以前并不信教的民众前来参加他们的布道活动,以其获得精神的慰藉。在日军进城后不久,魏特琳等人又开始在金女大难民收容所内开始宗教活动。"在许多人的生活中,宗教已经成为一种重要的支撑力量。"④

1938 年 1 月 2 日的日记中,魏特琳写到了一天内参加宗教活动的情况:"李先生和我去了鼓楼教堂。他们做了一个很好的礼拜,布道者曾在我们位于南门的星期日学校工作,后来弃教从商,这在很大程度上是出于自私。他的布道表明,他已在精神上从苦难中汲取了深刻的教训。一定有八十多人参加了礼拜,在许多人的生活中,宗教已经成为一种重要的支撑力量。麦克伦说,上个星期的礼拜做得也很好。教堂以红色装饰,很有节日的气氛。在停了四五个星期之后,今天下午 4 时 30 分,英文礼拜又重新恢复了。我上午做礼拜,玛丽则下午去。我们俩不想同时离开,我们总有一人留在这里,用日本宪兵写的条子赶走四处游荡的日本士兵。今天,我们在校园里做了 3 次礼拜:早上 7 点 30 分的祈祷;下午 2 时为妇女举行的一次;晚上 7 时 30 分为勤杂工举行的一次。校园里有足够的帮手,因此,我们轮流主持——王小姐主持早上的,

---

① [美]马吉:《致妻子函》,章开沅编译:《美国传教士的日记与书信》,第 161 页。

② [德]沙尔芬贝格:《1938 年 2 月 3 日的南京现状》,陈谦平等编:《德国使领馆文书》,第 121 页。

③ [美]福斯特:《致妻子函》,章开沅编译:《美国传教士的日记与书信》,第 118 页。

④ *Minnie Vautrin's Diary*(*January* 2, 1938), Box 134 of YDL Record Group NO. 11, The Archives of the United Board for Christian Higher Education in Asia, Yale University Divinity School Library Special Collections.

罗小姐主持下午的,而陈先生则主持晚上的。"[①]

在马吉和福斯特的住处,他们在新年夜还特地组织了"一个新年晚餐(年夜饭),还有 25 号和 17 号的难民在一起,他们都是从我们粥厂拿食物(也有许多人自己做饭)。把所有的食物围成一圈,摆在 25 号得地板上,我们围坐着或跪在坐垫上吃。为了节约大米和钱,人们每天只吃两餐饭,他们主要吃素食和稠米粥。管理委员会要求允许给他们吃干饭,额外加一碗其他食物。马吉立即答应了。另外我以我俩的名义捐了 5 元钱,马吉以他和菲丝的名义也捐了 5 元,这样他们就都可以多吃两道荤菜。晚餐颇丰盛,来了约 50 个人,每个人都尽情地享用。"[②]

拉贝也发现其院子里的难民整日生活在恐惧之中,为了减缓他们的绝望情绪,激发对未来的信心,拉贝还特意在圣诞节、元旦和中国农历的新年之际,以给儿童发放小红包,给难民发放一些压岁钱,增发一点食品等方式鼓励民众的情绪[③]。

(6) 难民重新生活的安排

南京大屠杀尚在发生之时,国际委员会的西方委员即开始考虑灾难过去之后难民重新开始生活的安排。日军的占领及其后的暴行使得众多躲入安全区的难民失去了亲人,也失去了赖以生活的各种物资。他们将在不拥有任何资源的情况下面对谋生的压力。"一度有 7 万军人住在这片土地上,几乎没有鸡、猪或牛留下来。驴子被宰杀了,马也是如此。"[④]

为了给这些难民提供将来生活上的帮助,在金大和金女大的难民收容所里,除了宗教性的活动之外,还开设了培养生活技能的课程,西方人士希望在秩序稳定后,这些难民能够用现在所学到的技能来谋生。

贝德士等人即在金陵大学开设了有关课程,给难民提供识字及谋生技能的培训。金大"努力在不同地点开办了一所略具规模的小学、一个青年农民培训班、几个为初中程度失学儿童补习语文、数学的班,还为扫盲做了一些工作"[⑤]。

---

① *Minnie Vautrin's Diary*(*January* 2, 1938), Box 134 of YDL Record Group NO. 11, The Archives of the United Board for Christian Higher Education in Asia, Yale University Divinity School Library Special Collections.

② [美]福斯特:《致妻子函》,章开沅编译:《美国传教士的日记与书信》,第 123—124 页。

③ 拉贝 1938 年 1 月 30 日日记,[德]约翰·拉贝:《拉贝日记》,第 443 页。

④ *Minnie Vautrin's Diary*(*January* 13, 1938), Box 134 of YDL Record Group NO. 11, The Archives of the United Board for Christian Higher Education in Asia, Yale University Divinity School Library Special Collections.

⑤ [美]贝德士:《致朋友的传阅函》(1938 年 11 月 29 日),章开沅编译:《美国传教士的日记与书信》,第 48 页。

南京安全区国际委员会成员,左起:欧内斯特·福斯特、W.普拉默·米尔士、约翰·拉贝、刘易斯·史迈士、施佩林、费吴生。从派拉蒙新闻纪录片中截取,大约1937年12月15日。耶鲁大学神学院图书馆藏。

南京国际安全区总部门前,从左向右:齐阿尔(俄罗斯鞑靼人)、哈茨(奥地利人)、拉贝(委员会主席,德国人)、马吉牧师(美国差会)、波德希沃洛夫(白俄罗斯),1937年12月13日。耶鲁大学神学院图书馆藏。

一个忠诚的中国警察、米尔士牧师(美国长老会)和马吉牧师(右)站在国际安全区总部门口。耶鲁大学神学院图书馆藏。

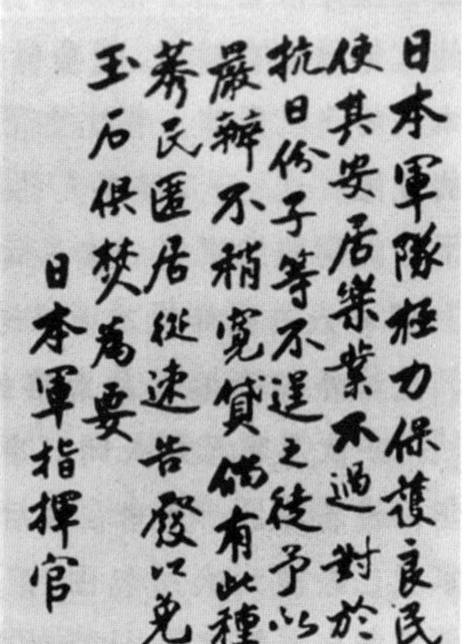

日本軍隊極力保護良民
使其安居樂業不過對於
抗日份子等不逞之徒予以
嚴辦不稍寬貸倘有此種
莠民匿居從速告發以免
玉石俱焚為要
日本軍指揮官

日军欺骗中国民众的宣传画和布告。选自《拉贝日记》。

表 26　金大主要建筑中的难民课程

（上午）：			
8:00—9:00	男子体能训练	每天	出席人数:10 人(一般情况下)
9:00—10:00	高级日语	每天	20 人
10:00—11:00	高级英语	6 天	10 人
	基础英语	6 天	40 人
	基础日语	6 天	20 人
	礼拜天服务日	星期天	150 人
11:00—12:00	女子体能训练	每天	10 人
（下午）：			
1:00—2:00	高级汉语	每天	60 人
	基础汉语	每天	60 人
2:00—3:00	高级汉语	每天	60 人
	基础汉语	每天	60 人
3:00—4:00	女子卫生学	5 天	20 人
	圣经课程	2 天	120 人
4:00—5:00	唱赞美诗课程	3 天	60 人
	基础科学	3 天	20 人
7:00—9:00	圣经学习	每天	60 人

资料来源：张生编：《耶鲁文献》(上)，第 482 页。

对难民重新生活的安排，最主要的工作由救济委员会下属的重建委员会实施。主要有“现金救济、难民营管理、工赈项目、衣服、医疗卫生和对启动贸易和生产的小额信贷”等方式①。

重建委员会在南京设立了总办公室及南城区、城中心、北城区和双塘四个区域办公室。各办公室负责在相应区域内对当地家庭进行详细调查。1938 年 2 月和 3 月，重建委员会各办公室共调查 17000 多户家庭。

表 27　重建委员会各办公室家庭调查统计表

（1938 年 2、3 月）

家庭接受调研数目	3 月 1—10 日	3 月 11—20 日	3 月 21—31 日	3 月	2 月	2 月和 3 月共计
总办公室地区	2432	1825	1822	6079	3198	9277

① ［美］贝德士：《致朋友的传阅函》(1938 年 11 月 29 日)，章开沅编译：《美国传教士的日记与书信》，第 48 页。

续表

家庭接受调研数目	3月1—10日	3月11—20日	3月21—31日	3月	2月	2月和3月共计
城中心	1348	750	796	2894	558	3452
南城区	417	655	789	1861	—	1861
北城区	38	540	793	1371	—	1371
双塘	—	416	909	1325	—	1325
总数	4235	4186	5109	13530	3756	17286

资料来源:《南京国际救济委员会重建委员会的比较数据报告》,朱成山主编:《海外南京大屠杀史料集》,第157页。

在详细调查的基础上,重建委员会从多方面对难民家庭进行帮助。包括将病人送入医院治疗、发放现金和各类救济物资。

表28 重建委员会物资发放及介绍工作统计表

(1938年2、3月)

	3月1—10日	3月11—20日	3月21—31日	3月	2月	2月和3月共计
卧具发放数目	107	81	464	652	16	668
免费汤餐卷发放数目	200	293	451	944	247	1191
毛巾发放数目	12	16	11	39	12	51
棉袄发放数目	10	158	382	550	8	558
蚕豆分配(斗)	—	103.7	284.5	388.2	—	388.2
奶粉发放(磅)	—	27	40.5	67.5	—	67.5
鱼肝油发放(盎司)	—	311	810	1121	—	1121
棺木给出数目	1	—	—	1	—	—
介绍工作数目	26	366	838	1230	—	1230

资料来源:《南京国际救济委员会重建委员会的比较数据报告》,朱成山主编:《海外南京大屠杀史料集》,第159页。

表 29　重建委员会现金救济表

(1938 年 2 月 7 日—3 月 31 日)

家庭受帮助数目	
总办公室调查	7259
南城区办公室调查	1930
城中心办公室调查	1174
北城区办公室调查	762
双塘办公室调查	1020
总计	12145
现金发给难民	
总办公室负责	27201.00
南城区办公室负责	7080.00
城中心办公室负责	3263.00
北城区办公室负责	2709.00
双塘办公室负责	3472.00
总计	42725.00

原注:平均每户 3.52 元。资料来源:《南京国际救济委员会重建委员会的比较数据报告》,朱成山主编:《海外南京大屠杀史料集》,第 160 页。

此外,重建委员会还通过以工代赈的方式,对难民家庭予以帮助。据统计,1938 年 3 月 8 日至 31 日,重建委员会即雇佣劳动力 1237 人次,支付工资 490.20 元[①]。

(7) 个案:西门子难民收容所

日军南京大屠杀之时,拉贝领导了全面救助中国难民的工作。同时,在私宅的院子里,拉贝还精心呵护着一个不大的难民收容所。这里虽然也频繁受到日军骚扰,但是在拉贝的努力下,在难民收容所里面没有一个人死于日军暴行,也没有一位妇女受到凌辱。相对于当时南京城内"地狱"般的惨状,这个难民收容所里虽然也生活艰难,却是日军暴行的狂涛骇浪下的"安全岛"。

1937 年南京沦陷前,日军飞机轰炸时,在拉贝的防空洞里,除了他和他的外国客人外,还会来很多拉贝所不认识的人。前往拉贝家防空洞躲避空袭的中国人越来越多,以至于拉贝必须建立规则,以照顾妇女儿童,维持秩序。一天凌晨,拉贝在自家防空洞入口处贴出了一张大海报《致我的客人们和本洋行成员的通知》,用德文、中文和

① 《南京国际救济委员会重建委员会日常以工代赈报告》,朱成山主编:《海外南京大屠杀史料集》,第 160—162 页。

英文写：

凡经常使用我的耐轰炸的防空洞者，必须遵守下述规定，即应该让孩子们和妇女们(无论是谁)占用最安全的位子，也就是防空洞中间的位子。男人们只可使用两边的坐位或站位。

有违反本规定者，今后不得再使用本防空洞。

约翰·拉贝

1937 年 10 月 19 日于南京①

在防空洞里躲避轰炸期间，拉贝感受到了战乱中普通中国平民的无助。这种切身的体验，是促使拉贝下决心留在南京帮助中国难民的重要原因。

1937 年 12 月 12 日，日军猛攻下的南京城已经岌岌可危。傍晚时分，南京卫戍司令长官唐生智下达了撤退命令。此时，很多部队已处于指挥不畅的失控状态，撤退变成了溃逃，南京即将沦于敌手。

当天，拉贝眼中的南京城，“炮弹和炸弹在不停地呼啸着，越来越密集，越来越接近。南面的整个地平线变成了火的海洋，到处是山崩地裂的声响”②。街上到处是拖家带口、惊慌失措的难民，向安全区逃来。城内时时有炮弹落下，位于城西北方向的安全区离战线较远，也没有军事设施，虽有炮弹落入其中，还是要比其他地方好一些。国际委员会此前计划设立了一些难民收容所，以接纳那些无家可归的难民。拉贝私宅的院子，没有多余的房子用于安置，不适合收容大量难民，并不是计划中的难民收容所之一。

然而，随着战事的紧急，拉贝家院子里涌来了很多中国难民，他们想在这里寻求保护。起先，被激烈的交战所惊吓，一些难民跑来躲在防空洞里。随着街头局面混乱，拉贝关上了大门。但是，一些人翻过院墙，想躲进来。门外，妇女和儿童用力拍打着院门，哀求着想进来。“这种苦苦哀求我实在听不下去”，于是，拉贝又打开大门，将想进来的人全放了进来。防空洞已经挤满了，其他人就被安置在房子之间空地，以及房屋的旮旯里。大部分难民打开自己带来的被褥，露天席地而卧③。

拉贝的院子里平撑着一面巨大的德国国旗，本来是作为对空识别的标志，防备日机误炸用的。这个地方被很多中国人认为是“防弹地带”，很多难民就在德国国旗下

① 拉贝 1937 年 10 月 19 日日记，[德]约翰·拉贝：《拉贝日记》，第 40 页。

② 拉贝 1937 年 12 月 12 日日记，[德]约翰·拉贝：《拉贝日记》，第 132 页。

③ 拉贝 1937 年 12 月 12 日日记，[德]约翰·拉贝：《拉贝日记》，第 132 页。

铺开被褥,睡在下面。

防空洞拉贝自己也进不去了。他戴着钢盔,“像只猎犬一样在院子里跑来跑去,在人群之间穿梭”,和中国助手一起维持着院子里难民们的秩序。当晚上拉贝在日记中写道:“我感到浑身的筋骨都在疼痛,我已经有 48 小时没合眼了。我的客人们也都睡觉了,办公室安置了 30 人睡觉,储藏煤的地下室安置了 3 个人,有 8 个妇女和孩子睡在佣人的厕所里,剩下的 100 多人分别在防空洞里,在露天,在院子里,在石子路上!”[①]

本来,西方人认为日军是亚洲最现代化的军队,对日军的军纪存在着幻想。拉贝入睡前的最后一个念头也是:“最困难的时刻过去了!”事实却是:灾难才刚刚开始!

日军没有带来西方人想象中的秩序,带来的却是恐怖和杀戮。安全区并不“安全”,日军的暴行层出不穷。由于西方人作为“中立的观察者”的存在,日军稍有顾忌,相对于城内其他地方还是要安全些。

安全区内的难民越来越多,拉贝家被认为是最安全的地方之一,不断有难民前来寻求庇护。每次为了让汽车出入,打开院门,就会有妇女、儿童涌进来,跪在地上磕头。她们请求拉贝允许他们在院子里露宿。拉贝认为自己狭窄的院子再也容纳不下更多的人了,但是面对跪地哀求的难民,也只能放进来。这样的情景每天都在发生,这个小院子里难民的人数在不断增加。

12 月 24 日,日本人要求安全区内的中国难民开始登记,发给“良民证”。此前,拉贝一直以为自己的院子里大概有 350 人—400 人。然而,拉贝的助手韩湘琳准确统计后的结果是:“办公室和院子里投宿的人一共有 602 人(302 名男子,300 名妇女,其中有 126 名 10 岁以下的儿童,有一个婴儿仅两个月)。这个统计数字还不包括公司的 14 名职员、杂工和他们的家人,这样算起来总数约有 650 人。”[②]

拉贝当时的院子大概有 500 平方米左右,拥挤程度可以想象。国际委员会检查过这个难民收容所后,觉得这里过于拥挤,建议迁移一部分人到其他难民收容所去,但没有人愿意离开。大家之所以愿意挤在这里,唯一的原因是有拉贝这个“洋鬼子”的存在。难民们希望拉贝能帮他们赶走残暴的日本兵。

德国其时是日本的盟国,拉贝的房子上飘扬着德国国旗,门口贴着德国和日本使馆的布告,但这阻止不了日本士兵的骚扰。在那些恐怖的日日夜夜,拉贝院子里的“妇女和儿童瞪着惊慌失措的双眼沉默地相互依偎在一起,一半是为了相互取暖,一

---

① 拉贝 1937 年 12 月 12 日日记,[德]约翰·拉贝:《拉贝日记》,第 133 页。

② 名单见陈谦平等编:《德国使领馆文书》附录一。

半是为了相互壮胆。他们大家的希望是,我这个'洋鬼子'能驱赶走凶神恶煞"[①]!!

面对拉贝家保护难民而紧闭的大门,日本兵曾试图撬开。12 月 20 日,拉贝不在家的时候,日本士兵试图用他们的刺刀撬开包有铁皮的大门。他们没有得逞,但是门上的刺刀印和铁皮板被撬起来的小角却留下了证据。铁门挡不住作恶的日本兵,更多的时候他们强盗般地翻墙而入。

一天晚上 6 时,当拉贝回到家时,几个日本士兵正爬过院墙。"其中的一个人已经脱下了军装,解下了皮带,正企图强奸难民中的一个姑娘。"拉贝走上前去,命令他从爬进来的地方又爬了出去。12 月 23 日,拉贝正在宁海路 5 号,国际委员会的总部工作。一个佣人跑过来通知拉贝,有一个日本兵闯入,正在搜掠拉贝的私人办公室,设法打开钱柜。当拉贝和另一名德国人克勒格尔开车赶回去的时候,那个闯入的士兵没法一个人打开钱柜,刚刚离开。他们正准备坐下来吃饭,又有 3 名日本兵翻墙进来,被他们呵斥,不允许这些日本兵从大门走,又把他们从墙上赶了出去。克勒格尔下午自愿留下来帮拉贝守着家。拉贝正准备出门时,又有 6 个日本兵爬上了围墙[②]。

这些闯入者的目的是抢劫和强奸。当他们被拉贝抓住时,他们常常声称看见中国士兵爬进来了,他们进来是为了追捕中国兵。拉贝为赶走这些闯入者,还曾遭到日本兵亮出武器威胁。一个闯入的日本兵曾拔出刺刀对着拉贝。另一次,一个日本兵则拔出了手枪。这种情况下,拉贝都严厉呵斥,并把他的纳粹卐字袖章举到他们面前,日本兵都会迅速放下武器,翻过围墙,"一溜烟地"跑掉了。

这样的情形每天发生,赶走翻墙而入的日本兵成了拉贝的例行工作。拉贝曾向一位日本大使馆的警官,抗议日本兵非法闯入的行为。这位日本警官"只是友好地耸了耸肩,事情对他来讲就算是解决了。"[③]确实,日本当局并不会严惩犯下各种罪行的士兵。

有一次,拉贝不在家的时候,一个日本士兵闯入。这个士兵在房子里到处追赶妇女。这时候,一位日本翻译官偶然来拜访拉贝,他拦住了这个士兵,并让他出去。事情就此了结,这个士兵并没有得到任何惩罚。另一次,一个日本兵企图强奸妇女,被拉贝和一个日本军官当场逮住,这个军官打了作恶的日本兵两个耳光,就放掉了。在各国的军法中,强奸都是重罪,然而即使有西方目击证人在场的情况下,日本军官打上犯罪士兵两个耳光或者踢上两脚,就是很严厉的惩罚了。日本士兵的犯罪受到了官方的纵容。

---

① 拉贝 1937 年 12 月 15 日日记,[德]约翰·拉贝:《拉贝日记》,第 151 页。

② 拉贝 1937 年 12 月 23 日日记,[德]约翰·拉贝:《拉贝日记》,第 216 页。

③ 拉贝 1937 年 12 月 23 日日记,[德]约翰·拉贝:《拉贝日记》,第 216 页。

当难民离开这个小院子的时候，情况就很危险了：12 月 31 日，拉贝院子里避难的两个男子出门，遭到了日本士兵的绑架，被逼着去为日本兵扛抢来的赃物。等中午拉贝回到家，其中一个难民的妻子跪下来求拉贝将他们找回来，否则这两个人会被杀。拉贝就带着那名衣衫褴褛的妇女驱车出去寻找。经过拉贝和 20 名全副武装的日本兵的交涉，将这两个人从这些不愿交人的日本兵手里要了回来。虽然这次救人成功了，拉贝还是将这两个人当众训斥了一顿，告诫大家不要轻易外出[①]。

即使在圣诞夜、新年夜，拉贝也都是和衣而眠，并在自己的院子里配置岗哨。这些岗哨带着哨子，一旦有日本兵闯入，他们就吹起哨子，拉贝就会立即赶到，将日本兵赶走。拉贝还要照管整个安全区国际委员会的运转，当他不在家的时候，这个院子的情况就比较危险。拉贝总是尽可能安排另外一名外国人守在这里，比如克勒格尔和美国传教士费吴生都曾帮着拉贝看守过院子。

日本使馆为"保护"这位令他们头疼的盟国公民，曾给拉贝配备了两名日本卫兵。当天，两个日本士兵翻墙进入拉贝家的食品间，拉贝准备让那两个日本警卫去抓住闯入者。但是这两个警卫却找不到了。正当寻找警卫时，闯入的两个日本兵又从围墙上"一跃而出"。拉贝向日本人谢绝了派警卫"保护"他的建议，拉贝对付日本兵的办法是"汉堡人的特大的嗓门"："滚——出——去，你们这些流氓，你们这些无赖！！"[②]

除了安全上提供保护外，拉贝还照顾起这些无助难民的生活。拉贝曾给他院子里的难民带来了 60 张草垫子。其时正值冬季，这些难民就用草垫子加上破门板等杂物在院子里搭起了小棚子，以御寒挡雪[③]。

拉贝领导的国际委员会为院子里的难民提供粮食。这里每天从委员会领到 3 袋大米，一袋米约有 300 杯。成人每天 2 杯，儿童每天 1 杯。分发是无偿的。这个难民收容所的日常管理由拉贝的中国助手韩湘琳负责。韩湘琳同时也是安全区粮食委员会的主任，这个难民收容所的粮食供应要好于其他难民收容所。以至于国际委员会检查时认为："这个收容所的难民得到的大米份额明显比别的收容所的难民多。"[④]

领到分发的大米后，每个难民家庭自己做饭。因为难民的茅草棚非常矮小，且拉贝在院子里存放着很多桶汽油，为了防火，拉贝禁止难民在各自的茅草棚里烧饭，特地在院子里划定了两个生火烧饭的地方。

到了 1938 年的 1 月下旬，南京下起了暴风雪。生活在小茅草棚里的难民们的状

---

① 拉贝 1937 年 12 月 31 日日记，[德]约翰·拉贝：《拉贝日记》，第 255 页。

② 拉贝 1937 年 12 月 28 日日记，[德]约翰·拉贝：《拉贝日记》，第 243 页。

③ 拉贝 1937 年 12 月 17 日日记，[德]约翰·拉贝：《拉贝日记》，第 157 页。

④ 拉贝 1938 年 1 月 8 日日记，[德]约翰·拉贝：《拉贝日记》，第 309 页。

况实在令人同情,“即使一个铁石心肠的人也会为之动容”。拉贝的院子已变成了一个很大的泥潭。每个帐篷和草棚的四周都挖了水沟,以便排除雪水。天气寒冷,难民们在草棚里生火取暖,这时拉贝也不再执行他的禁令了。虽然这增加了失火的危险,但简陋的草棚里难民们寒冷难耐。拉贝写道:“当我再看见低矮的草棚屋顶下生起明火时,常常睁一只眼,闭一只眼。外面飘着大雪……要想暖和一下,也就只好冒险了。”①

为了改善难民的生活环境,拉贝从附近刚建筑一半的一栋新房子那儿“偷来”几千块砖头,在草棚之间铺了条狭小的步行道,以免走路陷到泥泞中。拉贝还安排在茅厕周围筑起砖墙,使这宿营地变得“雅观”一点。但是,整个南京城还处于日军暴行的蹂躏之下,这个小难民收容所的状况也无法得到根本的改善。

为了给灾难中的难民们带来一些慰藉,一些希望,拉贝还在节日时给他们送出一些礼物。12 月 27 日,拉贝想扮演一次圣诞老人,也就是给院子里的小难民们(共有 126 人)每人送 2 角钱,结果造成了拥挤的混乱状况。“看见抱着小孩的父亲们在拥挤的人群中有生命危险”,拉贝不得不停止发放活动。此时“大约只有 80 个—90 个孩子领到了礼物”,剩下的孩子拉贝决定“抽空找出来”②。

1938 年 1 月 30 日,中国农历的大年三十。在两天大雪之后,雪开始融化。拉贝家的难民收容所成了一片沼泽。拉贝和韩湘琳凑了 100 元钱,分给了难民中最穷的 100 个人每人一元钱,“他们高兴得不得了!!”国际委员会也同意给这个规模相对来说较小的难民收容所一笔 5 元钱的特别补助,用来买些做年夜饭的调味品。600 人才 5 元钱,多了委员会也拿不出。此外每个人除每天配给的两茶杯口粮外,“还(偷偷地!)得到了满满一茶杯的米”。“就是这点儿馈赠他们已经感激不尽了”③。

当拉贝为自己院子里的难民争得一份安全保障的时候,他感到非常高兴。1938 年 12 月 25 日,西方的圣诞节。这一天,拉贝非常高兴:“我得到了一份预料不到的再好不过的圣诞礼物,那就是 600 多个人的性命。”日本人的“难民登记委员会”来到了拉贝家,开始对这里的难民进行调查登记。每名男子都被一个个叫到,登记按严格的顺序进行,妇女儿童站左边,男人站右边。拉贝拿出了雪茄和西门子记事簿招待负责登记的军官,使得进展顺利,没有人被拉出去。到 12 月 26 日下午,这里的难民登记工作结束了,甚至另外 20 个后来偷偷摸摸塞进来的人也拿到了“良民证”。④ 这些人

---

① 拉贝 1938 年 1 月 20 日日记,[德]约翰·拉贝:《拉贝日记》,第 378—379 页。

② 拉贝 1937 年 12 月 27 日日记,[德]约翰·拉贝:《拉贝日记》,第 232 页。

③ 拉贝 1938 年 1 月 30 日日记,[德]约翰·拉贝:《拉贝日记》,第 443 页。

④ 拉贝 1937 年 12 月 25 日日记,[德]约翰·拉贝:《拉贝日记》,第 226—227 页。

都逃过一劫。在安全区内的其他地方，日军“清理”出来有两万人，一部分送去做劳役，剩余的被枪杀。

1938 年 1 月下旬，日军新任的南京警备司令官天谷直次郎发布命令：要求难民区的居民必须在 2 月 4 日前返回自己家中，对于以后仍留在难民区的人将采取强制性武力措施。这个命令对安全区内的难民来说，不啻于是晴天霹雳，也使得国际委员会顿时紧张起来。此时南京城内的日军暴行并没有任何停止的迹象，离开安全区意味着被屠杀和强奸，而不离开又会招来日本人的武力驱赶。

到 2 月 3 日，日本人规定的最后期限即将来临，收容所里到处是悲哀哭泣的难民。拉贝院子里的 70 个姑娘和妇女双膝下跪，频叩响头，嚎啕大哭，令人可怜。她们不愿离开拉贝的院子，因为她们害怕遭到日本士兵的强奸。从当时的局势看，这些妇女的担心是切实存在的，国际委员会每天都记录很多强奸案例。她们不断对拉贝诉苦说：“你就像我们的父母，你保护我们到现在，可不能把我们甩下不管啊！如果我们受到污辱不得不死，那我们宁愿死在这里！”“这是恳切的语言。对这合理的诉说，我不能无动于衷”，拉贝允许她们留下，只有一些上了年纪的老人离开了①。

2 月 4 日这天，拉贝亲自站岗，“我必须注视着自己的难民收容所”。“如果日本人强行闯入，我虽然阻挡不住，但我起码可以做一个目击者，观察事态发展以向世界通报。”好在日本人也发现绝大部分难民都不愿意离开安全区。此时，英、德、美的多国使馆官员已经回到南京，日本人施暴将会被外交官目睹并传播到世界各地。日本人不得不放弃了武力驱赶的决定，默认安全区的继续存在。

灾难面前，西方人的无私帮助使他们赢得了中国百姓的尊敬。拉贝也不再被视为可怕的“洋鬼子”，拉贝看到院子里的中国人“像尊敬神祇一样”尊敬他②。在拉贝院子里避难的人群中，有一个鞋匠。拉贝战前对这位邻居并无好感，觉得他要价太高，将给佣人的扣头也算在价格里面。在南京沦陷后，这位鞋匠带着家人逃到了拉贝家里。一次，他帮助拉贝做了些皮具后，拉贝给了他一些钱，他又将这些钱默默地塞回到拉贝手里。通过拉贝的一个佣人，这个鞋匠说自己无论如何不能收这些钱，他欠拉贝的太多了③。

1938 年元旦，当拉贝乘车回到住处时，人们“用欢迎国王的礼炮”迎接他。住在拉贝院子里的难民组成了夹道欢迎的队列，点燃了为庆祝新的自治政府的组成而从日本人那儿得到的许多鞭炮，向拉贝表示敬意。然后，600 个人围着拉贝，向他三鞠

---

① 拉贝 1938 年 2 月 3 日日记，[德]约翰·拉贝：《拉贝日记》，第 467 页。

② 拉贝 1937 年 12 月 17 日日记，[德]约翰·拉贝：《拉贝日记》，第 156 页。

③ 拉贝 1937 年 12 月 23 日日记，[德]约翰·拉贝：《拉贝日记》，第 216 页。

躬,并向他献上了用红墨水写在白色包装纸上的新年贺信:"恭贺新年吉祥!亿万滚滚而来!"①

3. 对大屠杀的记录和揭露

在忙于制止日军暴行和救助中国民众的同时,西方人士并没有忘记将自己所经历的一切用文字记录下来,并千方百计透过日军封锁将南京的真相公之于世,以期通过国际舆论的压力使得日本政府能够管束在南京的日军,使得秩序得以恢复。这些亲历者的证言及其他相关材料代表着第三方的观点,成为揭露日军暴行的有力证据。

(1) 安全区档案的形成

1939年,燕京大学教授徐淑希将国际委员会"幸运保存"的一部分文件编成了《南京安全区档案(Documents of the Nanking Safety Zone)》一书英文本,并在上海发行。在此书的前言中,徐淑希说明了此书中的部分内容已经在其编辑的《日本战争行为》,以及田伯烈所著《战争意味着什么:日军侵华暴行》的附录中出版过,但是"考虑到这些文件是历史研究和国际法研究的重要资料来源以及一些有公德心的男女高尚行为的重要证据,以独立的、尽可能完整的专辑形式出版这些文件显然是有道理的"②。

《南京安全区档案》共收录了 69 分安全区文件,时间跨度从日军入城后的第二天,即 1937 年 12 月 14 日,直至 1938 年 2 月 19 日最后一封信,通知各国使馆南京安全区国际委员会从前一天改组为"南京国际救济委员会"。

日军进城当天,拉贝等人即开始主动寻找日军军官接洽,以说明安全区的存在等问题,但未能联系到日军高级军官。第二天,拉贝以南京安全区国际委员会主席的名义写了一封《致驻南京日本军队指挥官的信》,交给日军方面。在信中,拉贝声明:"国际委员会已经承担了在安全区安置中国居民、储备米面、暂时接济难民和接管安全区内警察工作的责任。"拉贝对日方提出在安全区各入口设置岗哨、由安全区警察维持区内治安、安全区内设立粥厂等问题,主动说明了安全区内存在放下武器的中国士兵,并介绍了马吉领导的国际红十字会南京分会③。

日军进城之初,西方人士就目睹了众多日军罪行,拉贝即感觉到"前一段时间我们经历的狂轰滥炸和连续的炮击同我们眼下所经历的可怕时期相比简直算不了什么"④。但他们也认为,随着日方高级军官的到达,日军的纪律即将恢复。然而,到了

① 拉贝 1938 年 1 月 1 日日记,[德]约翰·拉贝:《拉贝日记》,第 257 页。

② 张生等编:《英美文书·安全区文书·自治委员会文书》,第 269 页。

③ 《南京安全区档案》,张生编:《英美文书·安全区文书·自治委员会文书》,第 270—271 页。

④ 拉贝 1937 年 12 月 15 日日记,[德]约翰·拉贝:《拉贝日记》,第 146 页。

12 月 16 日，国际委员会致信日本使馆参赞福田，“大体描述了目前安全区的局势”①。信中指出“日军最高指挥官于昨天抵达南京，我们原以为市内的秩序和安宁会由此得到恢复，因此昨天我们没有提出任何指控。但是昨天夜里的情况比前天还要糟糕，因此我们决定向日本皇军指出，这种状况不能再持续下去。”②随信附有名为《日本士兵在南京安全区的暴行》的报告，列举了 15 起由委员会外国成员“仔细核实过”的日军暴行③。

此后，向日本使馆递交日本暴行的记录和抗议信成了西方人士的日常事务之一。时任安全区国际委员会秘书的史迈士写道：“罪行发生得如此之快，我的记录几乎跟不上进度，我便开始进行速记。我若是等别人把它写下来，它已过时了，因为使馆只要求对当日情况进行汇报，所以我现在是随时速记。”④

“从 14 日以来我们几乎天天都要在金大由贝德士整理细节，拟出抗议书，以及日军所犯罪行的记录，前面还附上一封指责信。除此而外，华群每天都要去使馆抗议。我们也去过两三回。够多了，但看来没多大用处。”⑤这是 12 月 22 日时史迈士的叙述，此时据日军进城不到 10 天。

西方人士频繁的抗议，起到了一些作用。12 月 18 日“晚上 8 点的时候，哈茨先生和一个日本警官带来了一卡车相当数量的宪兵，他们的任务是在夜间守卫金陵女子文理学院”⑥。只是这些宪兵并没能阻止罪行的进一步发生，甚至于他们自己也是罪犯。12 月 21 日的时候，魏特琳等“开始搜集有关昨晚 25 名宪兵所干坏事的材料（两名妇女被强奸）”⑦。

12 月 15 日，拉贝致信日本使馆福田，再次就有关安全区内放下武器的中国士兵的问题进行了澄清。中午，拉贝、史迈士和施佩林等人，在新街口交通银行的日军司令部会见日本军官，日方就前两封信函以会晤纪要的形式给予了答复。由此开始，国际委员会正式通过信函等方式与日本当局建立了联系。

16 日，史迈士以国际委员会秘书的名义致信福田，就安全区的糟糕局势提出抗议，指出：“如果不平息这种恐慌状态，在城里开始任何正常的活动都是不可能的。”同

---

① 拉贝 1937 年 12 月 15 日日记，[德]约翰・拉贝：《拉贝日记》，第 146 页。

② 拉贝 1937 年 12 月 15 日日记，[德]约翰・拉贝：《拉贝日记》，第 147 页。

③ 拉贝 1937 年 12 月 15 日日记，[德]约翰・拉贝：《拉贝日记》，第 147—149 页。

④ [美]史迈士：《致家人函》，章开沅编译：《美国传教士的日记与书信》，第 240 页。

⑤ [美]史迈士：《致家人函》，章开沅编译：《美国传教士的日记与书信》，第 243 页。

⑥ 拉贝 1937 年 12 月 18 日日记，[德]约翰・拉贝：《拉贝日记》，第 166 页。

⑦ *Minnie Vautrin's Diary* (*December* 21, 1937), Box 134 of YDL Record Group NO.11, The Archives of the United Board for Christian Higher Education in Asia, Yale University Divinity School Library Special Collections.

时就改善局势向日方提出多项建议。随信还附上了首份日军的安全区内暴行的报告,共 15 例[①]。

松村俊夫在其书中使用"国际委员会文件的豹变"为题,指责国际委员会在 14 日、15 日没有日军暴行记载的情况下,于 16 日突然"有关日军暴行的通告渐次增多了"[②]。实际上,这种日军罪行的报告是应日方的要求提交的。13 日日军进入南京,14 日拉贝等未能找到日军高级军官,而在 15 日和日本使馆的福田,以及在交通银行与日本军官的会晤中,拉贝等人则已经提出了日军暴行的问题。史迈士在南京军事法庭作证时曾表示,就他们向日方提出的抗议,"日人曾要求以事实证明,乃开始作报告"[③]。第一份报告于 16 日递交给日方,且这份报告的内容为 14 日、15 日两天的日军暴行,极有可能是在 15 日向日方提出抗议时,日方要求提供详细的案例报告。国际委员会就在会晤结束后,整理了能够被证实的案例而形成此报告。

此后,国际委员会开始定期向日方提交抗议信函,并附有编号的日军在安全区内罪行的报告。早先有国际委员会秘书史迈士起草这样的抗议信函,后来拉贝提议:考虑到他和史迈士分属不同国家,他们可以"采取轮流签署的方式"。[④] 这样,"在日军占领南京后的最初六星期",史迈士等人"几乎每天都要发出两封抗议信"。通常其中的一封信由拉贝或史迈士"亲自交给日本大使馆",另一封由国际委员会的信使送到日本大使馆[⑤]。

史迈士还说明:"在起草抗议信函并将它们递交给日本大使馆之前,我竭尽全力核实案例的准确性。不论调查某案例的国际委员会的代表在什么地方,我都会尽可能与之晤谈。我们交给日本大使馆的案例均系那些我认为是准确可靠的。"[⑥]

国际委员会有关日军在安全区内暴行的报告,是应日方的要求提供的,由国际委员会的秘书史迈士或主席拉贝签署。国际委员会秘书史迈士等人都竭力核实案例的可靠性,在大多数案例之后均附有记录者的姓名,案例来源则大多数为安全区各难民收容所,考虑到当时提供日军案例者均生活在日军军事统治下的南京,提供此类日军自身暴行的案例有着相当压力,所以史迈士在署名并送出案例报告前会尽可能地核实,只有准确可靠的,才会递交日方。

12 月 15 日,拉贝就曾在日记中感慨:"现在要做的是同占领军搞好关系。对一个

---

① 徐淑希编:《南京安全区档案》,赵博源等译,引自张生编:《英美文书·安全区文书·自治委员会文书》,第 275—276 页。

② [日]松村俊夫著,《南京大屠杀大疑问》,杨夏鸣译,北京:新华出版社,2001 年,第 43 页。

③ 《军事法庭传讯证人史密斯教授证词》(1947 年 2 月 6 日),胡菊蓉编:《南京审判》,第 368 页。

④ 《起诉方有关日军南京大屠杀的证据》,杨夏鸣编:《东京审判》,第 195 页。

⑤ 《起诉方有关日军南京大屠杀的证据》,杨夏鸣编:《东京审判》,第 195 页。

⑥ 《起诉方有关日军南京大屠杀的证据》,杨夏鸣编:《东京审判》,第 195 页。

欧洲人来讲，这不是一件难事，但是对委员会主席来讲，要胜任这一点，并不简单。”[①]正是基于这种认识，在国际委员会列举出来的所有日军暴行中，除了日军抓走50余名安全区警察的所谓“司法部事件”[②]之外，极少抗议日军有组织搜捕和屠杀的罪行。

西方人士之所以试图干预日军在司法部的有组织行动，主要是因为日军所要抓走的警察确系他们能够辨明身份的安全区警察。还应当注意的是，西方人士并没有质疑抓捕警察之外的行动的合理性。而且，西方人士试图说明的是，这些中国士兵不是警察私自放入的，也就是说，西方人士并没有试图阻止抓走司法部内被日军发现的放下武器的中国士兵。尽管前两天的经验表明，被抓走的中国士兵最可能的结局是被集体杀害[③]。

这实际上与西方人士的认识有关。在经过最初的抗议后，西方人士认识到他们不可能干涉日军有组织的军事行动，尤其是日军打着搜捕“败残兵”的旗号。日军搜捕“败残兵”可以解释为“正常的”军事行动，而且日军对“败残兵”的集体屠杀均会避开西方人士的目击。试图对日军军方行动的干预，可能引起日军的更加敌视，从而给救助难民的活动带来更多的阻碍[④]。

正因为国际委员会关于日军暴行的报告是为了递交给日本当局的，所以这些记录相对于西方人士私人记载中存在诸多不同。在西方人士提交给日方的记录之外，如安全区内部卷宗、私人日记、书信中，均对日军对待“败残兵”，及被认为有“败残兵”嫌疑的青壮年难民的屠杀有诸多记载，却并没有在报告中提交。

在1938年1月上旬，美、英、德等国外交人员返回南京后，国际委员会也将日军暴行报告的副本交给各国使馆。在给使馆的信中，国际委员会就案例对日军当局加以更为明确的评论，这是在交给日方的报告中不会使用的。如1938年1月10日，史迈士致爱利生的信中，就所提交的案例报告发表评论说：“185号事件清楚地表明日军在处决平民时的惨无人道，更重要的是，同时也涉及我们自身的是对居民生活和健康的威胁，因为整个地区，尤其是池塘里还满是尸体。”“187号事件说明，在维持士兵秩序方面，不论是中国人还是我们应该信赖的日本宪兵中有几个人的品质恶劣。”[⑤]

---

① 拉贝1937年12月15日日记，[德]约翰·拉贝：《拉贝日记》，第144页。

② 《司法部事件备忘录》，张生等编：《英美文书·安全区文书·自治委员会文书》，第286页。

③ 《司法部事件备忘录》，张生等编：《英美文书·安全区文书·自治委员会文书》，第286页。

④ 这能够很好地说明《安全区档案》中所记载的日军暴行和南京大屠杀的规模不相称的问题，即尽管安全区内记载了数十起屠杀事件，但大都为个案屠杀，被害人数不足百人。在东中野修道否定南京大屠杀的专书《南京大屠杀的彻底检证》中，东中野花费相当篇幅来否定《安全区档案》，其内容多为无稽之谈，甚至编造出日军将“两名士兵因饮用了生水而被枪毙”的奇谈。

⑤ 《致爱利生的信》(1938年1月10日)，张生等编：《英美文书·安全区文书·自治委员会文书》，第324页。

日方不仅对西方侨民有关日军暴行的记载加以警告,就连各国使馆的外交人员也予以告诫,请他们在“报告中要小心一点”[①]。

在国际委员会递交的报告之外,贝德士作为金陵大学紧急委员会的负责人,也就金陵大学校园内的各类日军犯罪事件向日方提交了报告。为了抗议日军的种种暴行,贝德士根据国际委员会主席拉贝的建议,“单独用文字稿,几乎每天向日本大使馆提出一份报告,反映日军在安全区内最大的收容所金陵大学里的犯罪事实。这些犯罪事实包括:日军一般官兵非法进入金大1720次,为进行强制劳动而强行拉走647人,凌辱妇女290人,以及60余起杀伤事件”[②]。

除了对日军暴行的抗议外,国际委员会与日方为救济难民进行交涉的往来函件也是安全区档案的组成部分。尤其在国际委员会试图得到外界粮食援助方面,为争得日军当局的同意,多次就相关事宜与日方交涉。从这些往来信件中,可以看出日方对国际委员会就粮食问题所做努力的无理阻挠。

在国际委员会的档案中,还有一些未曾向日方提交的报告,如《金陵大学难民登记的情况备忘录(1937年12月26日)》。因为这类报告直接对日本当局的统治政策提出根本的质疑,直接指责日军当局有组织的屠杀行为,西方人士也认识到这种报告肯定不会为日本当局所接受,很可能给自己带来不利处境。

(2) 西方人士对大屠杀真相的传播

日军刚刚进城,西方人士就发现日本士兵暴行不断,他们完全不能从根本上制约日军的恶劣行径。震惊之余,将日军的暴行记载下来,并传播出去,希望通过国际舆论的压力达到制约日军的效果,成为西方人士的目标。

在南京沦陷之时,几位英美记者留在南京,他们目睹并报道了日军在最初几天所犯下的暴行。然而,12月15日和16日,他们被日军“礼送”出南京后,除了日本人之外,其他人都被禁止出入南京。电话、电报、邮政等通讯手段全部中断,即使拥有收音机,也因为城市的电力供应没有恢复而难以使用。中国民众和西方人士生活在完全被封锁的南京。

留在南京的西方人士在日军入城三天后,开始向日本当局通报日军的暴行。因为是在向日军通报其士兵的罪行,西方人士非常谨慎。所有的记录都是在经过核实之后,由国际委员会秘书史迈士或主席拉贝亲自签字确认后交与日方。这些暴行记录提交之后,并没有回音。

贝德士写道:“我们感到以积极的方式揭露暴行真相乃是一种道德义务。只有我

---

① 拉贝1938年1月10日日记,[德]约翰·拉贝:《拉贝日记》,第320页。

② [日]洞富雄:《南京大屠杀》,第92页。

们或者与我们一道工作的人们才能做到如此。其他的人只有通过间接方式或半商业的方式才能逐渐自由地接触这些材料。”①

在宁的西方人士拥有相对的行动自由。由于救助难民工作的关系，他们之间保持着较为密切的联系。日本暴行的消息得以在这个团体内汇聚，传播并被记录在案。记下了大量日军暴行的西方人士急于将真相传播出去，但却难以寻觅到可行的途径。马吉认为，即使现在难以将日军罪行公之于世，但还是认为："应该把它们记下来，这样，这些不可泯灭的事实终有一天能公诸于世。"②

虽然12月14日，日本使馆的官员即回到南京，并曾帮助西方人士送出了报告平安的消息。但是，显然日本使馆不会将稍涉日军暴行的信件和电报传递出去。日本的商人和军官也曾偶尔帮着西方人士带出信件，但通过日军中佐带信前往上海的魏特琳就感慨信"非常难写"③。日本使馆更是明确要求西方人士不要说"皇军的坏话"。西方人士也非常清楚，生活在日军武力统治下的南京，记录和传播日军暴行可能会带来巨大的风险。

日军为了限制暴行的传播，对在宁西方人士的行动进行了很严格的管制。相当时间内，西方人士在安全区以外的地方难以通行，更不要说走出南京城。尽管如此，西方人士还是竭力通过各种途径，避开日军的封锁将南京发生的大屠杀暴行传播了出去。通过传播日军暴行，西方人士可以向外界"全面地、正面地描述中国人们的经历"，还"可以缓解日本人对我们攻击的强度"④。

1938年1月上旬，美、英和德国的外交人员回到南京，使得日军南京大屠杀的暴行有了不受日方控制的传播途径。三国外交人员的返回，使得英美的炮舰能够停泊在下关码头，炮舰往来于上海等地，为西方侨民带走各类信件。炮舰上的电台，也为西方侨民与外界取得联系提供了媒介。西方侨民向家人、朋友、所属公司和教会机构写了众多邮件，向他们披露了日军南京大屠杀的暴行。

更多报道来自离开南京的西方人士。早先"日本人希望我们全部离开南京，但我们现在已停留这么久，而且知道如此之多的事情，他们不许我们离去——我们简直就是囚徒。"⑤1938年1月下旬以后，才有在宁西方人士得到日本当局的允许，离开南京。他们一般是前往上海。在到达上海后，通过向教会机构提交报告，作公开演讲等

---

① [美]贝德士：《致朋友的传阅函》(1938年4月12日)，章开沅编译：《美国传教士的日记与书信》，第35页。

② [美]马吉：《致妻子函》，章开沅编译：《美国传教士的日记与书信》，第163页。

③ *Minnie Vautrin's Diary* (*January* 6, 1938), Box 134 of YDL Record Group NO.11, The Archives of the United Board for Christian Higher Education in Asia, Yale University Divinity School Library Special Collections.

④ [美]贝德士：《致朋友的传阅函》(1938年4月12日)，章开沅编译：《美国传教士的日记与书信》，第35页。

⑤ [美]麦克伦：《致家人函》，章开沅编译：《美国传教士的日记与书信》，第211页。

方式,使得日军暴行为公众所知晓。西方人士在上海等地报道日军暴行,也有着自己的担心,因为尚有西方人士留在南京,“转述有关南京的情况时请斟酌,日本人急于尽力掩盖真相”①。

随着日军占领南京已达1月有余,再无理由完全禁止西方人士离开南京。1月下旬,德国人克勒格尔被许可离开南京。他也带走了有关南京大屠杀的有关消息。他来到上海后,做了有关日军暴行的“详细报告”,并且“公开发表”。消息传来,南京的日本当局非常不悦,并以此为例来告诫拉贝②。

在宁西方人士在传播日军暴行时也有着困境:只有亲历者详实地报道日军暴行,才能够增加消息的可信度。而暴露亲历者的姓名,乃至留下查找亲历者的线索,就会使得日方知晓消息源,会危及尚在南京的亲历者的人身安全,也使得他们所正在从事的救助活动受到挫折。

英国记者田伯烈编辑出版的《外国人目睹中之日军暴行》③是最早揭露日军南京大屠杀暴行的英文著作。其中的主要内容关于日军南京暴行,而这些内容又大都来自在贝德士等在宁美国人的记载。在收到田伯烈的计划后,尚在南京的贝德士表示他本人和米尔士、史迈士等人都“同意你们继续开展工作”,但“并不赞成”来自他们的材料“在这本书中占如此大的篇幅”④。贝德士在详细的修改意见中,就编辑细节的技术性问题外,在保护证人和揭露事实的两难之间提出了诸多建议,摘录部分如下:“6. 这里附上我们仅有的辛德贝格笔记的复印件。这是我们从栖霞山获得的。这家公司行事非常谨慎,所以其名称不宜公开。……10. 为了保护那些为我们提供事实报道的中国人,我们应当隐匿他们的名字。11. 有些人认为,从原则和便利的角度出发,不应该出现日本人的名字。我的信件击中了高玉的要害。他是使馆警察的头目,一个非常阴险的人物。我在这里只是指出是否应该删除他的名字这个问题,并不对此表示明确的支持或是反对。12. 这本书并没有要保护我和费奇的意思。日本使馆及周边的日本人,或者是在上海、东京的日本人,只要他们一看到这本书就可以确定我俩的真实身份。……18. 公布居住在南京的外国公民的名单,可以帮助一些细心的读者澄清事实。而且那些同南京方面有私人或业务往来的人(在过去几年的时间里有好几千人)也可以从中受益。这样也可以避免因为材料是私人记录而引起读者的怀疑,因为这些记录很多都跟事发时不在南京的人有关。例如,芬(Fenn)的住所

---

① [美]福斯特:《致妻子函》,章开沅编译:《美国传教士的日记与书信》,第107页。

② 拉贝1938年2月10日日记,[德]拉贝:《拉贝日记》,第498页。

③ 英文书名:*What War Means: The Japanese Atrocities in China*

④ [美]贝德士:《贝德士致田伯烈函》(1938年3月21日),张生编:《耶鲁文献》(上),第257页。

等等。”[1]

费吴生为了寻求慈善组织对南京难民的援助，前往上海。他的大衣中藏着马吉牧师拍摄的日军暴行的胶片，但是为了能够重新返回南京，他在上海的公开言说就相当谨慎[2]。当他后来再次离开南京，回到美国之后，就揭露日军暴行做了很多放映马吉纪录片、公开演讲等工作。消息传到南京，日本使馆对此非常愤怒，称费吴生“欺骗”了他们，“他去美国是为了鼓动美国进入对日敌对状态”。[3]

因本国政策的原因，拉贝等德国人在本国揭露日军暴行就违背了其政府的意愿。拉贝本人被德国的秘密警察带走聆讯，并被没收纪录影片等有关证据，其本人则被禁止发表此类演讲。以至于拉贝虽然保留并整理了其在南京所写的日记，但在扉页写下了这样一段话：“这不是一本消遣性读物，虽然开头部分可能会给人以这样的印象。它是一本日记，是一个真实情况的报告。我写这本日记并且把它整理出来，不是为公众，只是为我的妻子和我的家人。假如有朝一日它适宜出版的话，必须事先取得德国政府的同意，但今天由于不言而喻的原因是绝对不可能的。”[4]

另一位德国人克勒格尔的日记也是如此。据张纯如女士从克勒格尔的儿子彼得·克勒格尔那里得知，在其父 90 岁去世后才在他书桌抽屉里发现了日记《决定南京命运的日子》[5]。在漫长的岁月里，克勒格尔从未和家人谈起南京大屠杀和日记的事情。克勒格尔在日记底下的一段话应是三缄其口的答案：报告内容“与当前希特勒政府的观点相反。因此，对该报告我必须小心谨慎”[6]。

在南京沦陷之际，留在南京城内的 5 名英美记者，向自己所属的媒体发出了第一波有关日军南京暴行的报道。其后的相当时间内，因为日军对南京的严格封锁，国际舆论并没有来自南京有关日军暴行的第一手消息。威尔逊预料到，“外面的人们一定感到很奇怪，因为两周来没有从南京传出任何第一手的消息。外交代表还未获准返回，也没有新闻记者回来，虽然当他们于 12 月 15 日离开时，他们希望在离开的 48 小时内可以返回。”[7]然而相当长时间内，西方记者都没有得到允许重返南京。

即使是西方外交人员，他们很多在南京沦陷之时就在南京江面的舰船上，近在咫尺却不能返回。几经努力，在外交压力下日军才在近一个月后允许他们回到南京。

---

① [美]贝德士：《贝德士致田伯烈函》(1938 年 3 月 21 日)，张生编：《耶鲁文献》(上)，第 258—260 页。

② 拉贝 1938 年 2 月 1 日日记，[德]约翰·拉贝：《拉贝日记》，第 455 页。

③ [美]贝德士：《贝德士致田伯烈函》(1938 年 3 月 21 日)，张生编：《耶鲁文献》(上)，第 257 页。

④ 《前言》，[德]约翰·拉贝：《拉贝日记》。

⑤ 英文书名：*Days of Fate in Nanking*.

⑥ [美]张纯如：《南京浩劫——被遗忘的大屠杀》，第 256—257 页。

⑦ [美]威尔逊：《书信(日记)选译》，章开沅编译：《美国传教士的日记与书信》，第 346 页。

回到南京的西方外交人员通过亲身的观察和西方侨民的报告，知晓大量日军暴行的信息，并形成报告向本国政府机构发出了关于南京大屠杀暴行的消息，但都作为情报被政府归档，而没有向公众传播，没有形成国际舆论。只有“爱利生事件”、“钢琴穿墙事件”等损害美国在宁人身财产利益的事件，被透露给了舆论，形成了对日方的外交压力。

1938 年 4 月，身在上海的马吉牧师曾致函纽约的麦金牧师，证实其亲身经历的日军南京大屠杀暴行。因此前麦金牧师写信给《纽约时报》，他认为“有关日军南京大屠杀的故事是虚构的”，“暴行不是日军干的”①。这完全是因为南京大屠杀暴行在其时被报道的并不充分。确实，在英美主流媒体中有着相当数量中国战局的报道，但更多集中于战斗本身，以及西方权益在战争中受到损害的情况，如“巴纳”号事件。

张纯如女士有关南京大屠杀的专书，副标题为“被遗忘的大屠杀”。因为日军对南京的封锁，使得来自南京的日军暴行的报道数量少，而且时间滞后，这就使得在宁西方人士得以将日军暴行的消息传播出去的时候，已经距南京沦陷相当时间，且目击证人有限，因而如麦金牧师等人会怀疑这些日军暴行报道的真实性。在当时特殊的国际环境下，有关南京大屠杀的讯息在当时报道的并不充分。

正是由于在宁的西方人士在揭露日军南京大屠杀暴行上的贡献，1938 年 2 月以松井石根为首的中支那方面军几十位高级军官被召回国。“当时，日本国内禁止报道此事，但来自世界各国的指责使陆军中央部极为狼狈，并告诫了松井军司令官。”②虽然这些人在其时并没有被日本政府予以惩罚，但是接替松井石根的畑俊六的认为：“支那派遣军的军纪风纪逐渐败坏，好像发生了不少抢劫、强奸之类部队最忌讳的行为。……上海方面的松井大将应该由现役军官替换，军司令官、师团长也有必要分批由现役军官替换。”③战后的东京法庭判定：“关于日军暴行的报道传播到各地。当时任朝鲜总督的南次郎也承认在报纸上看到过这类报道。在这些对日方不利的消息被报道之后，以及在世界各国所引起的舆论压力之下，日本政府召回了松井和他手下的大约 80 多名官员，但对他们中任何人都未采取任何惩罚措施。”④

马吉在信中要求麦金，“站在正义与真理的立场，更正你曾无知地提供给报纸的任何错误消息。”同时他还向麦金说明：“请求你在新闻报道中要谨慎地提及我的名字。我并非害怕个人(承担)的后果，而是担心我可能被赶出南京，我们这里的外国人

---

① [美]马吉:《致麦金函》(1938 年 4 月 2 日)，章开沅编译《美国传教士的日记与书信》，第 175、177 页。

② 《都城步兵第二十三联队战记》，王卫星编:《日军文献》(下)刘军等译，张宪文主编:《南京大屠杀史料集》第 57 册，南京:江苏人民出版社，2010 年，第 557 页。

③ [日]畑俊六:《畑俊六日记》，王卫星:《日军官兵日记》，第 1 页。

④ 《判决书》，杨夏鸣编:《东京审判》，第 609 页。

曾为南京民众谋求的福利将因此而碰到障碍。如果我们不在这时建立安全区，并且全都为保护民众而忙碌，悲剧将更为恶化，这是南京城内每一个老百姓都知道的。”①

(3) 个案：马吉电影的拍摄与传播

作为安全区国际委员会委员和国际红十字会南京分会主席，马吉牧师写下了很多文书报告。他与拉贝等其他委员一起，向日本在南京的使馆提出了很多口头和书面的抗议。他还在1937年12月到1938年2月间，给他的妻子写了很多信，这些信件中没有多少家常，几乎全是他对日军暴行的记录。此外，他还拿起了以前用于拍摄福音传播的那台贝尔牌16mm家用摄像机，冒着生命危险，拍摄记录影片。

当时日军对留在南京的外籍人士的行动严格控制，对暴行的摄影记录当然在绝对禁止之列。马吉牧师在影片的引言中写道：“必须小心谨慎地行动，摄影时千万不可让日本人看见”，“不能直接拍摄处决的镜头，或是拍摄该市几个城区中堆放着大量尸体的场景。”②他冒着生命危险，躲过日军的监视，偷偷拍摄了这些记录影片，包括夏淑琴的画面。

当时，夏淑琴和妹妹到难民区进行难民申报。她家的悲惨遭遇，引起了马吉牧师的注意。他和红卍字会副会长许传音一起去门东新路口5号(中华门内新路口5号)实地查看，并用摄影机拍摄了夏淑琴家劫难后的惨状。对此，许传音在东京审判作证时说：“年轻姑娘都是在桌子上被强奸的，我到那儿去的时候，血迹未干。然后我发现了尸体——这些尸体都没有被拖走，就在离房子几码的地方。所有的尸体都在那里。我和马吉先生把尸体的惨状拍了下来，作为控诉日军罪行的证据。”③

当时的拍摄条件极端恶劣。费吴生的外孙女回忆，费吴生曾告诉她，马吉牧师是怎样通过窗口拍摄到日本兵赶拢平民，妇女们在一旁跪倒求饶的情景的。马吉也说：“假如有更多胶卷和更多时间的话，我就会拍下更多的场景。”④即便如此，短短的影片中反映出的日军暴行也足以让世界人民感到恐怖和震惊!

日军为了掩盖南京大屠杀暴行的真相，严格限制外籍人士的出入。几经努力，在宁的美国基督教青年会的传教士费吴生才得到日军的允许，可以乘火车去上海。1938年1月19日，马吉牧师拍摄的一部分胶片由费吴生带到了上海。为了躲避车站日军的检查，费吴生将胶片缝在了驼毛外套的夹层里。

---

① [美]马吉：《致麦金函》(1938年4月2日)，章开沅编译：《美国传教士的日记与书信》，第178页。

② [美]马吉：《关于影片〈南京暴行纪实〉的引言和解说词》，章开沅编译：《美国传教士的日记与书信》，第179页。

③ 杨夏鸣编：《东京审判》，第59页。

④ [美]马吉：《关于影片〈南京暴行纪实〉的引言和解说词》，章开沅编译：《美国传教士的日记与书信》，第178—179页。

难民收容所一景。选自《拉贝日记》。

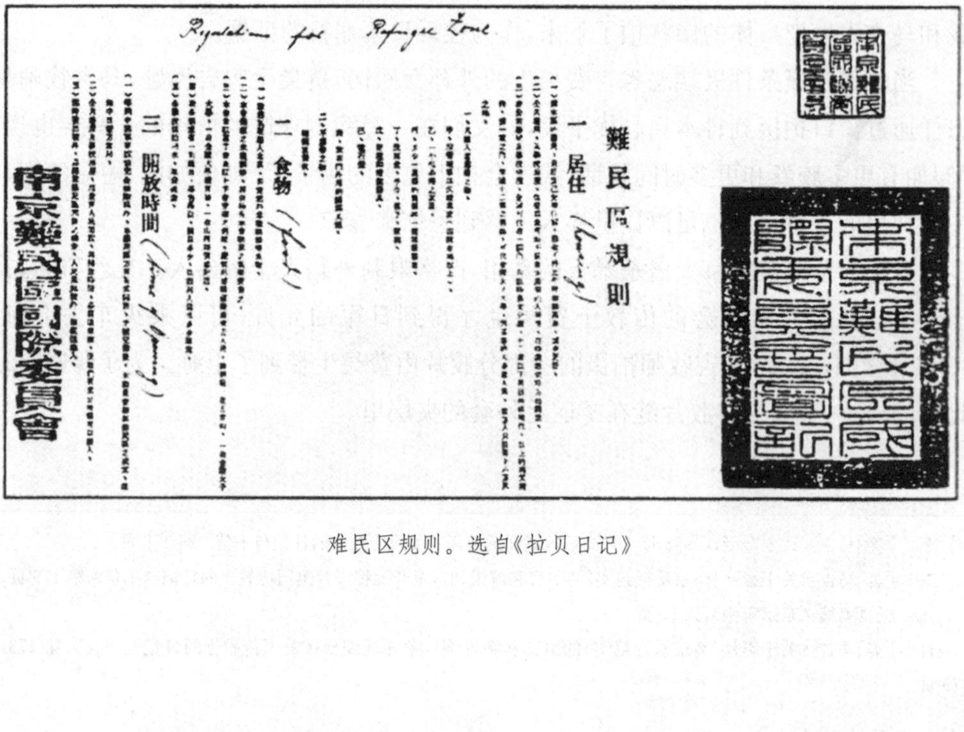

Regulations for Refugee Zone

難民區規則

一 居住 (housing)

二 食物 (food)

三 開放時間 (time of opening)

南京難民區國際委員會

难民区规则。选自《拉贝日记》

位于宁海路 5 号的安全区国际委员会总部。选自《拉贝日记》。

无锡圣安德鲁医院的李医生正在给难民注射伤寒、霍乱和天花疫苗，李医生在鼓楼医院帮忙好几个星期，直到他返回无锡。弗兰克·盖尔牧师(南京卫理公会)注射期间正在布道。耶鲁大学神学院图书馆藏。

正在上海的田伯烈参与了编辑影片的工作,他是英国《曼彻斯特卫报》的记者,并且是最早在国际上揭露南京大屠杀的专著《外人目睹之日军暴行》的作者。他们对影片进行了剪辑,并给影片的各部分加了英文标题。

这部纪录片由上海柯达公司制作了四份拷贝:一部送给了英国"调解联谊会"的女传教士穆里尔·莱斯特小姐;一部给了德国驻华使馆的外交官罗森;一部由费吴生带回美国;还有一部辗转送到了美国国会,被存放于美国国家档案馆。

送给英国传教士的拷贝,被她带到了日本放映,但很快遭到禁止。90年代日本NHK电视台寻找到了7位看过她的影片的人。送给罗森的拷贝,目前下落不明。在"罗森档案"中,罗森描述了亲眼所见的盟友日军暴行,并且提到了马吉牧师的影片。罗森将马吉的影片称为"对日本人犯下的暴行提供了最有说服力的证据"①。还附上了英文的影片镜头目录,要求将影片放映给希特勒看:

> 日本人在南京恐怖统治期间——而且持续了一个相当长的时期,美国圣公会布道团的约翰·马吉牧师——他已在这里住了四分之一世纪——拍摄了这部影片,它是对日本人犯下的暴行提供了最有说服力的证据。
>
> 马吉先生——我提请注意对他的名字要严格保密——在一所德国顾问的房子里尽力照顾着中国难民。他比他的大多数同事更为关心德国的事情,因为他死去的妹妹曾嫁给一个奥地利外交官。他拒绝将自己拍摄的影片用于商业目的,他向上海柯达公司代表处支付了拷贝费用,并自动向大使馆提供了一份拷贝。这些事实表现出他的无私和高尚品质。该影片将通过可靠途径呈送外交部。
>
> 该影片按整个时间的过程进行编排,分段加以描述,并附有英语译文。如同影片本身那样,它是一部令人惊心动魄的时代文献。②

费吴生和马吉回到美国后都曾放映过这部影片,据说看到那些暴行镜头时常常有人昏倒。胶片中的近百幅画面被翻拍成照片,有10幅照片还被刊登在1938年5月出版的美国《生活》杂志上。

由于种种原因,1948年以后,南京大屠杀不论在国内还是国外都很少被提及。马吉的记录影片也为世人所遗忘。1990年罗森报告的发现,使人们重新认识到这部影片的存在。1990年底,纽约对日索赔基金会在《纽约时报》上刊登的征集南京大屠

---

① [德]罗森:《罗森致柏林德国外交部报告》(1938年2月10日),陈谦平等编:《德国使领馆文书》,第130页。

② [德]罗森:《罗森致柏林德国外交部报告》(1938年2月10日),陈谦平等编:《德国使领馆文书》,第130页。

杀史料的启事。费吴生的女儿爱迪斯·菲奇看到启示后，和基金会取得了联系，讲述了他父亲在南京大屠杀期间的经历。之后，美国纪念南京大屠杀受难同胞联合会从爱迪斯·菲奇那里得到了费吴生的回忆录《我在中国八十年》，其中详细讲述了他将马吉拍摄的胶片偷偷带往上海，制作 4 份拷贝的过程。费吴生的外孙女汤娅·昆顿向联合会和中国第二历史档案馆等捐赠了影片的复本。

1991 年 8 月，约翰·马吉的儿子大卫·马吉从家中地下室里存放的父亲遗物中，找到了马吉牧师当年拍摄的胶片拷贝和使用的那台 16 毫米摄影机。2002 年 10 月 2 日，马吉牧师使用的那台记录日军暴行的摄影机回到了中国南京，大卫·马吉将它捐赠给南京大屠杀遇难同胞纪念馆。

留宁西方人士之所以为中国民众所记忆，是因为他们以实际的行动帮助了中国难民。他们的作用主要体现在三个方面：制止日军的暴行、救助难民的生活和对日军暴行的记录与揭露。

制止日军暴行方面，西方人士在日军最初进城的几天内，曾试图干预日军对中国人的抓捕和屠杀，因为城内并未发生巷战，没有对日军构成现实的威胁。但是日军在安全区在内的全部地区进行大规模的搜捕，而且没有丝毫审判的形式，就将他们集体屠杀，任何一个日本士兵就能决定中国人的命运。然而，在和日军交涉的过程中，西方人士发现他们并不能干预日军的有组织行动。因为日军往往将其屠杀等暴行用“军事行动”等借口予以掩盖。试图干预只能招来日军的仇恨和压迫，使得西方人士帮助更多难民的行动受到威胁。在制止抢劫、纵火等其他暴行方面也存在这样的障碍，即西方人士并不对日军所抢劫的东西拥有所有权，西方人士只能阻止日军对安全区内的物品，主要是西方财物的抢劫。

只有性暴行是无法辩解的犯罪，在此方面西方人士的努力起到了很好的作用。只要西方人士出现在在现场，均能赶走正在施暴的日军。日本兵明白自己可以随意欺辱中国人，但不能任意处置西方人士。拉贝在一次驱赶闯入的日本兵时，这个日本兵“开始的时候拔出刺刀朝我逼来，但是当他明白过来站在他对面的是一个德国人的时候，他便迅速把刺刀收了回去。”“这些家伙们到今天为止对欧洲人还有些尊敬，但是对中国人则不是这样。”①

① 拉贝 1937 年 12 月 18 日日记，[德]约翰·拉贝：《拉贝日记》，第 158 页。实际上，因为日本国际政策的原因，日本兵害怕德国人甚于美国人。几乎所有的美国人都曾被日本兵殴打和粗暴对待，德国人则要好很多。1938 年 1 月 2 日，施佩林和费吴生同时到宁海路 13 号，在那里的几名日本兵见到施佩林带着纳粹臂章，就喊着“德国人，德国人”跑掉了。西方人士也知道日本人更尊重德国人一些，国际委员会总部被日本人搜查，史迈士认为需要有外国人住在总部，“最好是德国人”。拉贝 1938 年 1 月 4 日日记，[德]约翰·拉贝：《拉贝日记》，第 278 页。[美]史迈士：《致家人函》，章开沅编译：《美国传教士的书信和日记》，第 265 页。

在制止日军暴行不利的情况下,在生活方面帮助难民被提上了西方人士的主要日程。实际上,如果西方人士能有效制止日军的话,绝大部分难民将能够自己解决生计问题,救助方面的工作会减轻很多。然而,日军的暴行使得生活秩序无法恢复,房屋和生活物资毁于一旦,更加重了难民对救济的依赖。

在见证如此众多的日军暴行后,西方人士意识到如果能够有效地将这些暴行揭露出去,会通过舆论的压力阻止日军进一步的罪行。作为第三方和亲历者,他们也意识到自己的责任。为此他们通过各种途径试图突破日军的封锁,将南京正在发生的惨剧传播出去。但是,由于日军的封锁,这种传播并不及时且数量有限,没有形成集中汹涌的舆论潮,反而是夹杂在各国对本国利益受到冲击的关心之后。还有就是,大部分西方人士在相当时期内仍留在南京从事救济工作,为了减少给自己及自己所从事的工作带来压力,他们在揭露日军暴行方面留有余地,这也消弱了揭露的力量。

(四)西方人士与日、中三方关系

南京沦陷后,基本处于与外界隔绝的状态。在这样相当封闭的场域内,西方人士与日、中三方围绕日军暴行和难民的救助形成了一场微妙的博弈。处于弱势的西方人士用自己的独特地位竭力帮助更为弱势的中国难民。

1. 西方人士与日本当局

南京被日军全面占领,留守的西方人士遇到了新的问题:如何与武力取得南京控制权的日本当局打交道?最初,西方人士对亚洲"最现代化的军队"抱有良好的期待,但是眼前不断发生的恐怖事件,彻底破碎了他们对日军的先期认识,现实的需要又使西方人士不得不和日方交涉。日方负责和西方人士保持接触的主要是外交人员。在和国际委员会的具体接触中,日方外交人员和军方的态度及做法却也有着相当差别。

(1) 西方人士与日本军方

南京沦陷,日本军方用刺刀建立了对南京城的统治。

12月18日,参加完南京入城式的日军中支那方面军司令官松井石根,召见驻南京的日军高级军官谈话。他强调处理国际问题的信念是"让支那人反省的途径是要让他们认识到:日本人并不害怕外国人,但不能无益地在感情方面给各国造成不愉快感觉。对待支那人要和睦亲切;对待英美及其他各国要合理并强硬。"松井还声称自己"洞悉英美政府已意识到日本在远东地区的势力,从而应该采取和日本协作的方针。但他们在政策方面,对自己的国民并没有灌输这种想法。英国政府尤其如此"。

松井要求属下军官“以大国之气度，从容不迫应对即可”[①]。

松井石根有关处理国际关系的指示，上海派遣军的副参谋长上村利道总结为：“对英美等国的态度要强硬，但要正确；对支那要温和，使之放弃依赖英美的态度。”[②]对待中国人要“温和”，只停留在日本军官的设想中，上村利道本人在12月16日就“听说了一些城里的部队军纪不佳的事”[③]；对英美等国“强硬”则得到了日本军方“很好”的实践。作为南京城的实际控制者，日本军方的对待西方人士的这种态度，加上对城内西方人士“傲慢”的基本认识，决定了日军进城后双方之间关系的底色。

在日军入城前，南京国际委员会成立安全区的提议未被日本军方明确认可。在中支那方面军司令部《关于南京城攻占及入城注意事项》的命令中，有着这样的条文：“按照要图所示，绝对不许接近外国权益之地，特别是外交机构。尤其是外交团提议设立，而遭我军拒绝之中立地区，除非事出必要，否则禁止出入。当在必要地点配置步哨。”[④]其中有关“绝对不许接近外国权益之地”、“禁止出入”安全区等命令是否得到遵守，另当别论[⑤]，但是这样条文的制定，说明日军当局无疑知道南京安全区的存在。

在宁的西方人士，尤其是国际委员会的成员们深知，自己的命运，南京平民的命运和南京的秩序都掌握在胜利者的手中。西方人士从日军进城的一开始就试图与军方取得联系，以期得到他们对安全区的承认和保护。国际委员会在日军进城时就积极与日方联系，以图尽早恢复正常的城市秩序。抱着对日军的信任，国际委员会在14日致日方的第一封信中，就主动提出与日方合作，“尽快恢复水电供应和电话通讯”，并将有中国士兵进入安全区内的情况通报了日方。[⑥] 然而西方人士很快发现，日军在占领南京之时并不愿意有“中立的观察员”在场。

12月15日，拉贝等人在新街口日军总部会见了日军特务机关负责人。这次会面是日军指挥部进城后，日本军方代表首次与国际委员会成员正式会晤，不同于此前西方人士与日军低级军官及外交人员的私下接触。因而，此次会晤的形式和内容对于分析日本军方的态度很有价值。

此次会晤是日军当局就国际委员会写给日方的两封信件做出的回应。从形式上看，会晤完全并非双方之间的直接会谈，而是日军特务机关负责人就国际委员会信件

---

① [日]饭沼守：《饭沼守日记》，王卫星编：《日军官兵日记》，第209页。

② [日]上村利道：《上村利道阵中日记》，王卫星编：《日军官兵日记》，第246页。

③ [日]上村利道：《上村利道阵中日记》，王卫星编：《日军官兵日记》，第244页。

④ 原译者注：其中，所谓“外交团”指当时留在南京的少数西方非官方人士。[日]南京战史编辑委员会：《南京战史资料集》(一)，东京：偕行社，1993年12月8日增补改订版。王卫星等编：《日本军方文件》，第27页。

⑤ 目前研究表明，南京日军中存在“屠杀令”，请参见程兆奇的相关研究。

⑥ 拉贝1937年12月14日日记，[德]约翰·拉贝：《拉贝日记》，第137页。

中所提问题所做的“陈述,没有提问和讨论”①。这样会面的形式表明,日军当局认可国际委员会作为交涉主体的存在,并有资格向日方提出某些交涉。但并不认可国际委员会的正式地位,因为会晤只是日方的陈述,没有给国际委员会提问和讨论的机会,不认可国际委员会有资格与日方谈判。

从日方陈述的内容则可得知,日方已经知晓安全区的存在,并没有立即解散的打算,而是承诺“将在安全区入口设置岗哨”。日方承认国际委员会在安全区内的部分市政权限,而且愿意与国际委员会进行某些合作。

国际委员会在14日的信件中就提及安全区内安置有解除武装的中国士兵的问题。15日致福田的信中,更是专门解释此问题②。日方当局并没有指责西方人士收容中国士兵进入安全区的做法,也未对西方人士提出的“希望日本军队采取一切必要的措施不要殃及到平民”的要求做出正面的回应,只是虚泛地表示“日军会以人道主义的态度对待”。14日信件中有关安全区内难民住房安排问题,日方没有直接答复,只提出“难民应尽快返回原住所”③。

本来,西方人士还期待着日军高级指挥官的进城,能够使一切恢复正常的秩序。魏特琳在12月15日得知拉贝、史迈士等人已与“日军司令取得了联系,那人刚到,还不算坏”。西方人士都期待着“明天情况就会改善”④。西方人士却没有发现日军的残暴行径有任何收敛的迹象,这使得他们彻底失望。

在目睹日军集体屠杀放下武器的中国士兵,以及其他种种暴行后,西方人士改变了他们对日军的看法。魏特琳发出了如此的感想:“从军事的角度来说,占领南京或许会被认为是日军的一个胜利,但是从道义的角度来看,这是失败,是日本民族的耻辱。这将破坏未来与中国的友好与合作,而且将永远失去今天居住在南京的居民的尊敬。”⑤

不仅城内的秩序得不到恢复,试图保护难民利益的西方人士也受到日本兵的欺

① 《与日军特务机关负责人会晤的备忘录》(1937年12月15日中午),徐淑希编:《南京安全区档案》,张生等编:《英美文书·安全区文书·自治委员会文书》,第274页。

② 《致福田先生的信》(1937年12月15日),徐淑希编:《南京安全区档案》,张生等编:《英美文书·安全区文书·自治委员会文书》,第273页。

③ 《致日本使馆的信》(1937年12月17日),徐淑希编:《南京安全区档案》,张生等编:《英美文书·安全区文书·自治委员会文书》,第279页。

④ *Minnie Vautrin's Diary* (*December* 15, 1937), Box 134 of YDL Record Group NO. 11, The Archives of the United Board for Christian Higher Education in Asia, Yale University Divinity School Library Special Collections.

⑤ *Minnie Vautrin's Diary* (*December* 16, 1937), Box 134 of YDL Record Group NO. 11, The Archives of the United Board for Christian Higher Education in Asia, Yale University Divinity School Library Special Collections.

威尔逊医生为难民注射疫苗。选自《历史图像》。

南京难民医院(鼓楼医院)小部分职员和病人,由马吉牧师(中)组织。1938年5月1日。耶鲁大学神学院图书馆藏。

魏特琳与金陵女子文理学院难民收容所职员合影。中国第二历史档案馆藏。

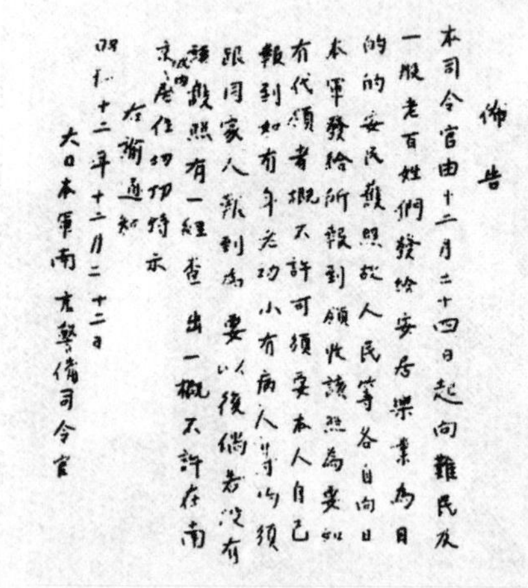

佈告

本司令官由十二月二十四日起向難民及一般老百姓們發給安居樂業為目的的安民執照於人民等各自向日本軍發給所報到領收該照為要如有代領者概不許可須要本人自己報到如有年老幼小有病人等必須跟同家人報到為要以後倘若沒有領此執照有一經查出一概不許在南京城內居住切切特示

右衛通知

昭和十二年十二月二十二日

大日本軍南京警備司令官

日军“安民”布告。选自《拉贝日记》。

被侵华日军南京大屠杀遇难同胞纪念馆收藏的马吉摄影机。

辱和殴打。12 月 16 日中午，金陵大学美籍教师林查理即被日本军官“打了两下”，“哭着回来”[①]。17 日，日本兵来到金女大校园内搜捕中国士兵，正在吃晚饭的魏特琳得到消息赶去察看，因未给日本士兵及时开门，被打了一记耳光[②]。

在短短的几天时间内，西方人士对日军的认识有了颠覆性的变化。从日军进城之前，对其军纪的信任，到目睹暴行之后的怀疑，然而却又期待高级军官入城之后的好转，直至入城式后对日军军纪有了彻底的认识。在日军占领南京的现实下，为了保护安全区内生活在灾难中的中国难民，他们又不得不克制自己对日军的厌恶，即使难以获得他们的帮助，至少也要使日军对他们保护难民的行动保持“善意”的理解。正如作为国际委员会主席拉贝所意识到得，“现在要做的是同占领军搞好关系”[③]。

在 14 日致日军指挥官的信中，拉贝曾主动请求与日军合作，尽快恢复水电供应。到 15 日，拉贝仍自信能够让“工程师和工人们将工厂重新运转起来”[④]。到 16 日，拉贝觉得“由于日本士兵的令人难以置信的残暴行为，要想把必要的 40 名—45 名工人募集到一起，可能性非常小”。在这种形势下，拉贝“也不愿意冒险通过日本当局从上海调一名德国工程师来”[⑤]。但是到 17 日，在日方的请求下，拉贝向西门子公司上海总部发出电报：“日本当局请求由一名德国工程师负责此地发电厂的恢复运转工作。”[⑥]

就帮助日方修理发电厂的问题，可以窥见拉贝在日军进城的几天内心态的变化。从利用自身优势，主动请求帮助日方恢复城市水电供应；到为日军暴行所震惊，不愿意让德国工程师冒险来南京；到同意日方的请求发出电报，这正是拉贝本人从对日军充满信任，希望与之合作，到失望，再到不得不设法与日本当局保持某种程度合作的变化历程。这也是其他西方人士对局势的认识过程。不同程度地保持对日本当局的合作，成为南京大屠杀发生期间西方人士对日本当局的主流心态。贝德士将西方人士与日本军方的关系总结为：“当然我们不会束手就擒，但也不敢直接反对军方命令。”[⑦]

---

① [美]史迈士：《致家人函》，章开沅编译：《美国传教士的日记与书信》，第 234 页。

② *Minnie Vautrin's Diary* (*December* 17, 1937), Box 134 of YDL Record Group NO.11, The Archives of the United Board for Christian Higher Education in Asia, Yale University Divinity School Library Special Collections. 程瑞芳：《程瑞芳日记》，张连红编：《幸存者的日记与回忆》，第 15 页。

③ 拉贝 1937 年 12 月 15 日日记，[德]约翰・拉贝：《拉贝日记》，第 144 页。

④ 拉贝 1937 年 12 月 15 日日记，[德]约翰・拉贝：《拉贝日记》，第 141 页。

⑤ 拉贝 1937 年 12 月 15 日日记，[德]约翰・拉贝：《拉贝日记》，第 149—150 页。

⑥ 拉贝 1937 年 12 月 17 日日记，[德]约翰・拉贝：《拉贝日记》，第 158 页。

⑦ [美]贝德士：《致妻子函(1938 年 2 月 1 日)》，章开沅编译：《美国传教士的日记与书信》，第 28 页。

(2) 西方人士与日本外交人员

日本政府驻南京外交机构的主要职能,本应是就中日政府间相关事务同中国政府进行接洽。但当时南京处于日军的占领下,中国政府相应的部门已经撤走,日本使领馆主要职能也就无从谈起。南京城内20多位常驻的西方人,加上其后回到南京的西方国家外交代表等其他西方人士,他们成了日本外交机构重要的工作对象。

12月15日上午11时,日本使馆参赞福田到访国际委员会,与拉贝等人商谈有关恢复城市基础设施的"工作计划的细节"。南京城内并未发生大规模的巷战,但是由于公用事业部门技术人员的撤退和躲藏,正常生活所必须的水、电、电话等设施处于瘫痪状态①。

尽管安全区国际委员会事前没有得到日方的正式承认,但是日方也认识到这是南京城里存在且能够运转的唯一拥有类似政府管理职能的机构,而愿意与之进行实际的交涉。在12月16日和拉贝会晤的时候,日本总领事冈崎表示:"从法律角度来看,国际委员会的存在是没有根据的。"同时又提请委员会注意,虽然日方没有承认安全区国际委员会,但是委员会将受到视同被承认的待遇②。

在日本外交官的要求下,国际委员会开始搜集日本兵在安全区内罪行的记录,并在整理核实后提交日本使馆。然而很多天过去,这些有见证人详细记录的报告,加上国际委员会就各类罪行提出的制止建议大都并无实际效果。

西方人士都认识到对日本使馆提出的书面和口头抗议确实都"没多大用处"。同时,日本"大使馆的人说他们没法再去军部提什么抗议了"③。日本使馆从未对这些暴行的报告作出书面的答复。西方人士在当面将暴行报告交给日本使馆方面的时候,使馆官员从未否认过这些暴行,相反,他们总是答应会通报军方予以改善。当日军部队调动的时候,使馆的官员也会告诉西方人士,新来的部队"声誉要好一些"④。这很能说明日本使馆官员对南京局势的了解,他们知道西方人士报告中的日军暴行并非虚构的污蔑,但是他们并不能够或者也不愿意干预军方的做法。他们所做的是,在自己能够处置的范围内安抚西方人士。

对于日本的外交人员,史迈士也表达了与拉贝类似的感受:"这里日本大使馆的官员看来有心要把我们的处境变得可以忍受一点,但是他们似乎过不了他们自己的同胞(军界人士)这一关。"⑤

---

① 拉贝1937年12月15日日记,[德]约翰·拉贝:《拉贝日记》,第141页。

② 拉贝1937年12月15日日记,[德]约翰·拉贝:《拉贝日记》,第151页。

③ [美]史迈士:《致家人函》,章开沅编译:《美国传教士的日记与书信》,第243页。

④ [美]马吉:《致妻子函》,章开沅编译:《美国传教士的日记与书信》,第156页。

⑤ 拉贝1937年12月28日日记,[德]约翰·拉贝:《拉贝日记》,第241页。

拉贝在将日军暴行的报告交与日本使馆的时候："当我把这份报告递交到日高手中的时候，他对这些'日本流氓'的行为表示遗憾。据说，前一批野蛮的部队已在1月28日调走，他们在离开南京之前又干了一些坏事。但对此他辩解道，此类事件在部队换防的时候会偶尔发生。"①

日军的心理则可以通过其特务机关对南京自治委员会的训示看出："南京是一个在战争中被日本军队占领的城市。你们必须懂得，在这种情况下，发生的任何意外事件都应视为一件普通的事情。"②

很多记载显示，西方人士对日本外交人员有着相当的好感，尤其在对比西方人士对日本军方的观感之时。"日本使馆的人员还不错，但因对军队无可奈何而失去面子。"③沙尔芬贝格称赞福田："他是这里最友善的日本官员。"④马吉也认为："日本领事馆的工作人员，除了一名警察是个讨厌的家伙外，其余的都愿意帮助我们，他们对日军的所作所为感到羞愧，并尽量保护外国人的财产。"⑤

西方人士也明白这些日本外交人员的立场。这些外交人员在明了日军暴行的情况下，极力控制暴行的对外传播。西方人士发现日本使馆的福田、田中和福井都在忙着读他们的信，"所有通过日本使馆的信都得'公开'"。⑥ 拉贝即认为："日本大使馆的态度表明，他们中有人长时间以来对日军的做法深感羞耻。只要能做到，他们就试图作适当的遮掩，禁止出入南京城便是众多手段之一。"⑦

尽管福田曾向西方人士表示，他乘飞机去上海，可以帮他们带信。但是，这些西方人认识到"信件也是他监视(!)的对象"，只发出一封寥寥数字的电报："圣诞快乐，我们一切都好，希望你们也一样。"⑧

美国传教士在起草由日方使馆代发的电报时也要感到困难⑨。日本使馆的福井一直警告拉贝，"如果您说日本人的坏话，就要激怒日本军方，这样，您就回不了南京！"⑩

施佩林在报告中写道："12月17日，许尔特尔先生的汽车在德国大使馆被偷。事

① 拉贝1938年2月2日日记，[德]约翰·拉贝：《拉贝日记》，第455页。
② [德]罗森：《罗森随笔》(1938年2月1日)，陈谦平等编：《德国使领馆文书》，第118页。
③ [美]福斯特：《致妻子函》，章开沅编译：《美国传教士的日记与书信》，第102页。
④ [德]沙尔芬贝格：《1938年1月28日的南京现状》，陈谦平等编：《德国使领馆文书》，第102页。
⑤ [美]马吉：《致妻子函》，章开沅编译：《美国传教士的日记与书信》，第165页。
⑥ [美]史迈士：《致家人函》，章开沅编译：《美国传教士的日记与书信》，第264页。
⑦ 拉贝1938年1月26日日记，[德]约翰·拉贝：《拉贝日记》，第419页。
⑧ [美]史迈士：《致家人函》，章开沅编译：《美国传教士的日记与书信》，第245页。
⑨ [美]史迈士：《致家人函》，章开沅编译：《美国传教士的日记与书信》，第241页。
⑩ 拉贝1938年2月10日日记，[德]约翰·拉贝：《拉贝日记》，第499页。

也凑巧,当时哈茨先生和我同日本领事馆的一名官员正在附近,还来得及在第二个街角把偷盗者逮住,我们好不容易费尽口舌才把汽车要了回来。在这件事上,我看出日本文职官员的权力很小,这位领事馆官员在和强盗军人告别时不断地大幅度弯腰鞠躬。"①

日本使馆出具的日文布告根本得不到日本兵的尊重:"1937 年 12 月 17 日—20 日,日本领事田中乘车到所有外国人的住宅,让人在这些房子的外面贴上用日文书写的能起到保护作用的布告(后来我发现这个破东西有几张被人撕下扔在地上)。尽管如此,日本士兵仍然继续破门而入,将这些房子洗劫一空。"②

在战时状态下,日本军事当局掌控全局,外交使馆更像军方的办事机构,负责用比较温和的办法"管理"这些"多管闲事"的西方人,并向国际委员会成员及其他西方人士传达军方的指示。在日军毫无军纪,暴行迭出的情况下收拾残局,压制西方人士的抗议,以种种藉口为军方行为辩护。在可能的情况下安抚西方人士,控制军方暴行向世界传播,试图为军方挽回一些恶劣的国际声誉。

日本使馆方面曾在 1938 年 1 月 15 日,为了向国际委员会"表示敬意",举办了一次便宴。拉贝写道:"日本大使馆的便宴气氛十分平和。我们总共 13 个人。除了日本大使馆的官员福井、田中、福田先生和一名来自上海的日本副领事外,我们委员会有 9 名代表出席:魏特琳小姐、鲍尔小姐、贝德士博士、米尔士、史迈士、特里默大夫、克勒格尔及我,在我们已经进餐后,又来了约翰·马吉,他老是跛子似的落在后面,除此以外他实在是一个可爱的伙伴。""便宴上的菜肴是一流的,有中国美味可口的牛肉、鸡蛋、粉丝火锅等食品,有欧洲式的芦笋,还有米酒和红、白两种葡萄酒。我们很久没有吃过这些好东西了,痛痛快快地享受了一番。由于我在席间致词要多加小心,为此我预先写好了下述发言稿(从英文译出)"③:

女士们和先生们:

我代表南京安全区国际委员会,在此对东道主——日本大使馆的官员们的这次友好宴请,表示最衷心的感谢。我可以向你们保证,我们已很久没有用过这么美味的饭菜了。

我请求我们尊敬的东道主,原谅我在此讲一些关于我们自己的事。

由于我们委员会的绝大多数委员以前一直在这儿从事传教工作,他们一开

① 拉贝 1938 年 1 月 22 日日记,[德]约翰·拉贝:《拉贝日记》,第 397 页。

② 拉贝 1938 年 1 月 22 日日记,[德]约翰·拉贝:《拉贝日记》,第 397 页。

③ 拉贝 1938 年 1 月 16 日日记,[德]约翰·拉贝:《拉贝日记》,第 342 页。

始就把战争期间不离开自己的中国朋友视为自己基督教徒的责任。我作为一个商人，加入了他们的行列，因为我 30 年来一直在这个国家。在我如此长时间地享受到这个国家及其居民的热情好客之后，我也是从开始就认为，在他们遇到不幸时不抛弃他们是合适的。

这就是促使我们这些外国人坚持留在这里，试图帮组遭受苦难的中国人的原因。这些人是中国人中的最贫穷者，要离开这个城市又没有钱，也不知道该到哪里去。

我们不想谈论关于我们所承受的艰辛和劳累，这些你们都知道。

我们向日本人的崇高感情呼吁，向武士道精神呼吁。关于武士道精神，我们外国人听得很多，读到很多。武士们在无数的战役中为自己的国家英勇战斗，同时也对一个失去抵抗力的敌手表示出他们的宽容精神。

日本大使馆的各位先生们，你们耐心倾听了我们的请求，并且始终乐意倾听了我们的许多诉说，你们也在自己的权限之内尽力帮助了我们，我们对你们的这种帮助已给予了高度评价，在此我谨代表国际委员会向你们表达我的谢意。①

拉贝自己讲述了他这番发言的良苦用心："我不知道美国人对我的讲话作何评价。我意识到我讲得有些违心，但从我们慈善事业的利益出发，我认为这是有利的，并且也符合耶稣的原则：'为了目的可以不择手段。'不可否认，日本大使馆的官员们是对我们有过一些帮助的'唯一的人们'，正是这些'唯一的人们'，帮助向日本军事当局转递过我们的报告，或是说过几句好话。他们之所以未能达到我们所希望的结果，原因可能在于日本的外交官必须听从军方，今天在日本政府中只有军方才有发言权和决定权。大使馆的官员福井、田中和福田理应可以得到一点赞扬，假如人们真想赞扬的话。在经历了太多的痛苦之后，要我去表扬什么实际上已经是很困难的了。"②

罗森的报告很好地概括了在南京的日本外交人员："福井先生以前曾在外务省条约局、驻华盛顿大使馆和驻渥太华公使馆工作。显然是由于他对于军方的绝对服从(类似他任职时的日本大使川越茂)，才被挑选担任这个职务的。如同他的班子那样，他至今的主要任务是举办宴庆活动，他们试图蒙骗外交代表们无视这里存在的状况，以此掩盖现实。相反，他们对任何形式的公函均不答复，即使是请求答复的紧急公文也不理睬，连收件回执都不给。"③

---

① 拉贝 1938 年 1 月 16 日日记，[德]约翰·拉贝：《拉贝日记》，第 342—343 页。

② 拉贝 1938 年 1 月 16 日日记，[德]约翰·拉贝：《拉贝日记》，第 343 页。

③ [德]罗森：《罗森致孟买德国领事馆公函》(1938 年 2 月 16 日)，陈谦平等：《德国使领馆文书》，第 141—142 页。

西方人士并不是反对日本人,只是反对他们所做出的那些罪行。正因为如此,他们更能发现日本人的些许善举。马吉就写道:“我不想把一切都写成漆黑一团,因为,公平地说,一些日本人也做了一些好事。例如,昨天我看到一位妇女,在日本占领前的空隙中,她被机关枪打伤多处,一只眼睛也被打掉,她有好几个孩子,为了养活他们,她不得不把一个三个月的婴儿丢在城外,一些日本人发现了她并给了她一些帮助。我们的花匠被日本人抓去做了几天工,日本人每天给他 5 角钱,并给他好饭吃。”①

2. 西方人士与中国民众

留在南京的中国民众大都属于城市的最底层,他们中很多人之所以留下是因为没有路费去逃难。在南京沦陷前,中国民众和西方人士处于社会的不同层面,相互难有直接接触和了解的机会。在日军暴行下的南京,西方人士用自己的努力给中国民众撑起一张并不牢靠的保护伞,使得中国民众切身感受到西方人士救助的力量,他们用自己朴实的言行表达了对西方人士的感激。西方人士耳闻目睹中国民众对他们的感恩之情,也更加努力于救助工作。

(1) 留在南京的中国民众

1937 年 8 月 15 日,日机开始空袭南京之后,南京城内的居民就开始往内地疏散。到 11 月中旬,国民政府宣布迁都,南京居民的撤离速度达到了高峰。但此时买到撤离的车船票已是价格高昂,且有钱也难以买到。当日军进抵南京城下之前,城内的居民开始最后的撤离。这时的主要撤退方式是水路撤往长江上游地区,普通民众几乎无法得到一张船票了。

当时的南京虽是民国的首都,但 1936 年的统计中,城市常住人口中文盲的数量仍高达 53.36%,他们是城内的贫困人口②。他们没有迁移能力,只能呆在城里等待着战争带来的不可预知的后果降临到他们头上。其时在南京的食品厂学徒林长生回忆道:“那时,民间很少有人看到报纸,更无广播可听,时事消息只能从道听途说中略知一二,与己无关的事都是心不在焉,东耳朵进,西耳朵出……。许老板担心做坏了面包、蛋糕,要我们别怕,说道:‘鬼子在东三省打了好几年,后来又到上海打,都没有打赢。上海离南京有六七百里路。对南京没有影响’。没有经历过战争的我们,眼前又感觉不到战争对我们有什么威胁,精神上一点也不紧张,每天仍是围着面包炉有条不紊得干着该干的活计。”③对于当时为数甚多的底层市民来说,“在战争来临之时,他们

---

① [美]马吉:《致妻子函》,章开沅编译:《美国传教士的日记与书信》,第 165 页。

② 张连红:《南京大屠杀之前南京市民的社会心理》,《抗日战争研究》2002 年第 4 期,第 86 页。

③ 林长生:《虎口余生记》,张连红编:《幸存者的日记与回忆》,第 545 页。

唯一的选择便是留在南京。”[①]绝大多数有身份地位的人都在战前逃离，以至于日方都不能够拉拢到足够“有声望”的人出来组织一个“体面”的自治委员会[②]。

日本报纸的报道也是：“可以说里面没有一个知识分子。虽然是文字国家的首都，但是在难民中找到能写字的人很困难。一百个人当中最多只有一个人识字。”[③]

战前的南京，西方人士和中国的普通民众虽然同处一城，但各自生活在难有交集的圈子里。除了直接为西方人士提供各种服务的少数中国人，普通民众很难对西方人士有所接触，更谈不上了解和相互交流。对识字率非常低的下层民众来说，道听途说的闲谈可能是他们对西方人士相关经验的主要来源。

而近代以来，中国的大门被西方国家用坚船利炮强行打开。挟着不平等条约所赋予的特权，从体貌言语到思想做派都“非我族类”的西方人涌入中国。“洋鬼子”则成为中国百姓对西方人包含着陌生、仇视和恐惧等复杂情绪的蔑称。“洋鬼子”也应是当时南京的下层百姓对西方人的主要代称。

(2) 南京难民向西方人士求助

美国学者托尼曾形容 1930 年代的中国农村：“有些地区农村人口的境况，就像一个人长久地站在齐脖深的河水中，只要涌来一阵细浪，就会陷入灭顶之灾。”[④]中国城市中的下层平民何尝不是如此。更何况，这次南京难民所面临的不是“一阵细浪”，而是日军大屠杀的“惊涛骇浪”。悲惨的现实面前大部分难民除了逆来顺受，只有西方人士可以求助。

1937 年 11 月中旬，上海已经沦陷，南京危急，国民政府开始了迁都计划。政府的大迁移，使得城内人心惶惶，谣言四起。无助的普通民众四处为自己找寻安全的避难地点。金女大的周围的很多中国人就来到校园内参加宗教活动，他们想了解在危急的时候能否进来避难[⑤]。

---

① 张连红：《南京大屠杀之前南京市民的社会心理》，《抗日战争研究》2002 年第 4 期，第 86 页。

② 日方每占领一地，往往会拉拢当地“有声望、地位”，尤其是在以往政权中任过高官的“有力人士”组成“维持会”、“自治会”之类的傀儡机构。在南京成立的自治委员会有 9 名成员，陶锡三为会长，孙叔荣、程朗波为副会长，委员为赵威叔、赵公谨、马锡候、黄月轩、胡启阀、王春生 6 人（孙宅巍主编：《南京大屠杀》，第 464 页）。都并非“声名显赫”的名流，尤其是没有前政府中的“高官”，与日方在中国占领的其它大城市成立的类似机构的人选相比相差甚远。松井石根也对这些人组成的“自治委员会”感到不满。

③ 《忘记抗日的南京居民　日渐亲密》，《东京朝日新闻》(1937 年 12 月 21 日晚报)，张生编：《外国媒体报道与德国使馆报告》，第 241 页。

④ [美]R. H. 托尼：《中国的土地与劳动力》(波士顿，1966)，第 77 页。引自[美]詹姆斯 · C. 斯科特著，程立显等译，南京：译林出版社，2001 年，第 1 页。

⑤ *Minnie Vautrin's Diary* (*November* 28, 1937), Box 134 of YDL Record Group NO. 11, The Archives of the United Board for Christian Higher Education in Asia, Yale University Divinity School Library Special Collections.

西方人计划中的南京安全区成为了中国民众心目中值得信赖的躲避战火,保障自己人身安全的地方。11月28日,魏特琳就"碰到一群群妇女和儿童在寻找'安全区'。她们依稀听说了安全区的事情,想确定一下它的位置。"①

沦陷前,预计自己将留在南京的居民,已经将西方人看成能够在危急时刻保护他们安全的人。安全区的计划也得到了市民的信任。12月7日,安全区尚未正式启用,就有众多难民涌入。"有人谣传城内靠近城门的房子也要烧掉。这在那些住在南门附近的穷苦百姓中造成了恐慌,几百户家庭的一家老小涌向我们安全区,但是在黑夜中又找不到住宿的地方。妇女和儿童瑟缩哭喊着坐在铺盖卷上,等待着去找住处的丈夫和父亲。"②魏特琳发现"来自南门的数千人拥进安全区"③。

12月8日,安全区国际委员会发出《告南京市民书》,开始正式接纳难民。当天,"成千上万的难民从四面八方涌进我们这个所谓的'安全区',街道上比和平时期活跃了许多。""那些还没有找到落脚处的人们,在寒冷的黑夜来临时,一家老小就躺在房子的角落里睡觉,还有些人甚至就躺在露天大马路上。"④12月10日,"安全区的各条街道上挤满了难民。许多人找不到合适的落脚处,仍然露宿街头。"⑤

此时日军还没有进城,中国难民在安全区外都有自己的家。他们之所以愿意离开家到安全区露宿街头,因为这里是由西方人主持下设立的安全区。在中日战争的背景下,西方人成了能够给他们带来安全的希望所在。

南京安全区主要是给中国难民提供一个躲避战火的非交战区域,应当是战斗在城内打响的时候,躲避到安全区的人数最多,战斗停止后,人们各自回到自己的家中,安全区的难民人数会下降。但事实并非如此。

日军占领南京后,暴行随之而来。本来为了守住自己的家业,或其他原因,并没进入安全区的难民继续涌入,以寻求在日军的暴虐下找到安身立命之所。在日军进城后的数个星期内,难民人口流动的趋势是:安全区外的人口往区内集中;区内的人口往难民收容所,尤其是西方人管理下的难民收容所集中。

随着日军暴行的持续,面对家人被日军抓走等境遇,中国难民只有向西方人士求助这"最后的稻草"。安全区内的20多位难民曾联名致信拉贝求援:

---

① *Minnie Vautrin's Diary* (*November* 28, 1937), Box 134 of YDL Record Group NO. 11, The Archives of the United Board for Christian Higher Education in Asia, Yale University Divinity School Library Special Collections.

② 拉贝1937年12月7日日记,[德]约翰·拉贝:《拉贝日记》,第113页。

③ *Minnie Vautrin's Diary* (*December* 7, 1937), Box 134 of YDL Record Group NO. 11, The Archives of the United Board for Christian Higher Education in Asia, Yale University Divinity School Library Special Collections.

④ 拉贝1937年12月8日日记,[德]约翰·拉贝:《拉贝日记》,第117页。

⑤ 拉贝1937年12月10日日记,[德]约翰·拉贝:《拉贝日记》,第124页。

我们大家(我们这些为儿子、丈夫及其他人担心的人)走投无路,不知该向谁求救,但我们知道您心肠好、怜悯人,因此再次请求您找到能帮助我们的方法和途径,使那些年轻人能够回到我们身边,把赡养者还给家庭,搭救我们的性命。请求您告诉我们,您能为我们做些什么?那些年轻人是否还活着?他们此刻在哪里?(活着还是死了?)他们是否还能回到我们这里?什么时候能够回来?请您不要对我们隐瞒什么。请您把详细情况告诉我们。我们相信您的好心肠和怜悯心,我们将一辈子都感激您。①

(3) 拉贝与他的鞋匠邻居

留在南京的德国人拉贝,来到中国工作已近30年,有着丰富的中国生活经历。他认为自己是一个"正派的汉堡商人"。不过,即使从拉贝自己的记载来看,对他所接触到的中国普通民众来说,也许是个公正的雇主②,但并不总是一个和蔼可亲的人。斥责他人,尤其是中国雇员的记叙在其日记中多有出现。当然拉贝认为自己的愤怒是有道理的:"应该来接我的司机把我丢下来不管,于是被我狠狠训斥了一顿。发牢骚——解雇——道歉——重新聘用。我想这可能是第25次解雇他后又聘用他了。"③

拉贝在其日记中多次提及一位"邻居鞋匠",他观察到了这位鞋匠在南京沦陷前后对他态度的变化。拉贝起先对这位鞋匠并不满意,他认为在战前这位鞋匠在给他做鞋时总是要高价,"因为他总是把自己返还给佣人的扣头也计算在内"。对此,拉贝"睁一只眼闭一只眼",并未计较,但他也没有忘记。看到这位鞋匠来他的防空洞躲避空袭,拉贝在1937年9月22日的日记中写下了对鞋匠的印象④。当时,在拉贝的防空洞里"蹲着有约28个中国人",其中拉贝自己认识的不到一半。从南京市防空设施的建设来看,位于市中心的拉贝家附近应当有很多可供躲避空袭的地方,而这些中国人选择到拉贝的防空洞里来躲避。拉贝对此的认识是,"我的防空洞并不比其他防空洞好多少,但它是在一个德国人的名下建成的,因而相必是特别牢固的。"⑤

11月22日,拉贝的防空洞进水。没有看到鞋匠来参加排水,拉贝表达出了极为愤怒的情绪,"我的那个鞋匠邻居真该滚开!只要警报一响,他就跑来了,带着老婆、孩子、爷爷、奶奶以及天知道多少其他亲戚。可是,现在防空洞里的水有75厘米深,却看不到他来参加排水。"后来,拉贝见到这位鞋匠带着全家参加了排水的劳动,他意

---

① 拉贝1938年2月20日日记,[德]约翰·拉贝:《拉贝日记》,第555—556页。

② 拉贝家里的佣人多是北方人,拉贝在北京时即为其工作,并跟随拉贝来到了南京。

③ 拉贝1937年12月5日日记,[德]约翰·拉贝:《拉贝日记》,第103页。

④ 拉贝1937年9月22日日记,[德]约翰·拉贝:《拉贝日记》,第10页。

⑤ 拉贝1937年9月22日日记,[德]约翰·拉贝:《拉贝日记》,第10页。

识到自己错了。“他、他妻子和他的3个孩子,还有他六七个亲戚舀水时很卖力。”鞋匠的表现得到了拉贝的肯定,拉贝认为“应该原谅鞋匠,忘记他原先的一切所作所为。”①

鞋匠在拉贝面前积极表现,主要是因为长期使用拉贝的防空洞躲避频繁的空袭,发自内心的感谢。自8月15日开始,只要天气条件允许,日军基本每天都会空袭南京,常常是一天数次。南京市政府的统计表明,从8月15日到10月15日的两个月时间内,南京共遭日机空袭达65次,敌机共投下炸弹523枚,炸死居民392人,炸伤438人,损毁房屋1949间。② 轰炸的恐怖之下,能有拉贝的防空洞可供躲避,鞋匠应是感激不尽。

另一方面,很可能与时局的恶化有关。当局势不安定的时候,外国人往往成为可以依靠的对象。鞋匠试图通过自己积极的表现得到拉贝的信任,进而为自己取得一个安全保障。到11月19日,西方人士发现有钱人逃离后,其他有经济能力的人也都想方设法出逃:“逃亡在继续着,但现在大多是装满行李的黄包车,而前几天却是小汽车和公共汽车。”③11月20日,“一家中国报纸出了一期专刊,宣布中国政府要迁移到重庆”,同时,“南京中央广播电台证实了这个消息”④。这位鞋匠没有留下任何字句,我们无法得知他为何留在南京,但眼前撤离的人群和听到政府撤退的消息,鞋匠也一定在考虑日本人来的时候自己和家人怎么办的问题。身边的这位德国人拉贝,很可能成了他心目中唯一能够依赖的人。

几天后,拉贝在其日记中进一步肯定了鞋匠友好的改变。“我的邻居鞋匠(这个令人讨厌的鞋匠)现在成了我的朋友,我们同心同德。他和他的家人整天都在舀防空洞里的水。他还给我(花10元钱)做了一双漂亮的棕色靴子。”拉贝也做出了善意的回报,“自愿多给他1元钱,让友谊粘的更紧。”⑤拉贝家的佣人们也是如此。他们北方的家乡也在打仗,他们不知道自己怎么面对局势,只能依赖拉贝。在看到拉贝有坐船离开南京的迹象之时,他们“睁着惊恐的大眼睛走来走去”,而当拉贝明确表示要留下来的时候,“他们又高兴起来。”⑥

---

① 拉贝1937年11月22日日记,[德]约翰·拉贝:《拉贝日记》,第73页。

② 《南京市长马超俊就本市被日机空袭损伤情况致行政院呈文》(1937年11月4日),经盛鸿等编:《战前的南京与日机的空袭》,第305页。

③ *Minnie Vautrin's Diary* (*November* 19, 1937), Box 134 of YDL Record Group NO.11, The Archives of the United Board for Christian Higher Education in Asia, Yale University Divinity School Library Special Collections.

④ 拉贝1937年11月20日日记,[德]约翰·拉贝:《拉贝日记》,第70页。

⑤ 拉贝1937年11月25日日记,[德]约翰·拉贝:《拉贝日记》,第80页。

⑥ 拉贝1937年11月19日日记,[德]约翰·拉贝:《拉贝日记》,第69页。

南京沦陷后，这位鞋匠带着他的家人搬进拉贝家的院子里避难。12 月 23 日，拉贝再次写到了这位鞋匠："我的邻居是个鞋匠，他把我的旧皮靴重新钉了掌，还给我的望远镜做了一个皮套子。我付给他 10 元钱，但是他又默默地把钱重新塞到了我的手上。"鞋匠通过一个佣人转告拉贝："钱他无论如何也不能收的。"他认为自己欠拉贝的太多了①。

(4) 西方人士的回应

当南京市民的撤退到了最后时刻的时候，在宁的西方人士都发现，留在城内的主要是最需要帮助的最贫苦的难民。拉贝见到政府撤走了，他认识的高官逐渐也离开了南京，穷人被留下来。拉贝认为政府不应当放弃帮助这样的人群，而在中国这些最可怜的人被政府抛弃了。这一认识，对拉贝将对自己身边雇员的关心，推广到普通的南京平民，为帮助他们出任国际委员会主席起到了很大的作用。

魏特琳也有同样的认识。她目睹了南京城内从富有阶层直到有一些能力的家庭都离开了。从汽车的撤离队伍，到手推车、黄包车的撤离队伍。这使得魏特琳放弃了美国大使馆一次又一次的规劝，决定留下来。实际上，上一次南京发生战乱的时候，魏特琳本人曾遭遇险境。这一次她也意识到自己可能再次因她美国人的身份引来危险。她甚至计划好，在自己的美国人身份给周围的中国人带来危险时，自己主动离开他们。即便如此，她还是决定留下来帮助最穷苦的中国妇女。

贝德士在 1927 年曾和魏特琳同时遇险。但他也在得知南京将有战乱波及的时候，从日本返回南京，帮助保护金陵大学的校舍。在南京有沦陷的危险的时候，最早参与了安全区的建设。

在中日战争在上海爆发后，居住在南京下关的美国圣公会的牧师马吉，目睹了前方战线上运下来的中国伤兵在下关码头等待过江运往后方之时，缺乏照料，就开始组织教会力量照顾伤员。另一位牧师福斯特，特地从扬州赶来。将自己的妻子送往后方，自己留在南京帮助马吉从事救助伤员的工作。

他们本来担心着中国政府撤走后，日军进城之前，南京城内的秩序会发生混乱，会有中国溃兵和百姓的抢劫。所以在日军进城之际，西方人都认为最危险艰难的时刻已经过去了。他们也能理解部分中国民众在街上欢迎日军的举动。中国民众希望能够得到日本军方的善待。然而，刚入城的日军的军纪并非想象中的严明，但西方人还是认为这是下层士兵缺乏约束所致。他们希望等待两天，日军高级指挥官进城后，日军的纪律将会改善，南京将恢复往日的秩序。

然而，时间一天一天过去，日军的高级指挥官也进入的南京城，甚至日军还举行

---

① 拉贝 1937 年 12 月 23 日日记，[德]约翰·拉贝：《拉贝日记》，第 216 页。

了入城式,但是各种日军的暴行有增无减。与西方人士有着密切接触的程瑞芳写道:"国际委员会这次失面子。以先【先前】他们怕我军抢,想是日军很好的,开会时总是这样说,现在觉得不对,连安全区【都】不承认。知道日军的利[厉]害,他们也有点怕。"①

"在雨中,我的难民相互依偎着挤在院子里,无言地注视着美丽得可怕的熊熊火焰。如果火焰蔓延到我们这里,这些最可怜的人们就没有出路了,我是他们最后的希望。"②这是拉贝在12月23日写在日记中的话。此时,已是日军进城后第10天。这是一段"无休无止的恐怖岁月"③,拉贝意识到自己是难民们最后的一线希望所在。魏特琳写道:"恐惧已渗透到穷人们的心里——当稍微富裕一些的阶层已逃离南京的时候,这也就不足为奇了。工人们担心日本人进城后会强迫他们当兵,或者是砍他们的头。谣言四起。"④麦克伦也发现:"我们每天可以记录数百起罪行,老百姓歇斯底里,不管什么时候,只要见到我们外国人,他们就跪下磕头,恳求援助。"⑤这也是其他西方人士的认识。

面对暴虐的日军,中国民众处于完全无助的状态,这些少数的西方人士成为他们唯一的希望。西方人士也从中国民众的实际境况和苦苦哀求中,看到了自己在他们心目中的"救世主"的地位。他们认为如果有更多的西方人士在南京,就可以保护更多的难民。马吉在得知辛德贝格进城之后,想到辛德贝格过来的"那个方向没有下令禁止外国人入城",他希望"有更多的外国人知道这条路线"。马吉认为:"需要更多的外国人,因为目前就保护中国人而言,我们的人手是远远不够的。"⑥

在日军驻南京的"最坏的师团"即将调走之时,马吉对"这个师团将去地方的人民深表同情,因为那里将没有外国人保护他们"⑦。西方人士认识到自己责任的重大,做出了自己最大的努力来帮助中国难民度过难关。

(5) 南京难民的感恩

1938年3月30日,魏特琳在日记中记下了这样一件事:"回来的路上发生了一件有趣的事,实在值得一记。一个小男孩看到我骑自行车过来时,大叫:'洋鬼子!'但另

---

① 程瑞芳:《程瑞芳日记》,张连红编:《幸存者的日记与回忆》,第13页。

② 拉贝1937年12月23日日记,[德]约翰·拉贝:《拉贝日记》,第216页。

③ 拉贝1937年12月23日日记,[德]约翰·拉贝:《拉贝日记》,第216页。

④ *Minnie Vautrin's Diary* (*November* 23, 1937), Box 134 of YDL Record Group NO.11, The Archives of the United Board for Christian Higher Education in Asia, Yale University Divinity School Library Special Collections.

⑤ [美]麦克伦:《致家人函》,章开沅编译:《美国传教士的日记与书信》,第203—204页。

⑥ [美]马吉:《致妻子函》,章开沅编译:《美国传教士的日记与书信》,第158页。

⑦ [美]马吉:《致妻子函》,章开沅编译:《美国传教士的日记与书信》,第159页。

一个离他不远的小男孩立即纠正他说:‘啊,那是华小姐!’”①

到魏特琳写下这段日记之时,南京城内的中国民众已经在日军占领下的南京生活了3个多月。从这段日记中看出,魏特琳很敏锐地注意到了中国小孩对她称呼的改变。她还接着写道:“仅从这件事就可以看出,人们对于我们这些呆在南京城里的人的态度实在是大不一样。”②可以看出,魏特琳认为这不是两个孩子的个案,而是南京城内的中国人对待她这样的西方人态度普遍变化的反映。

战争的爆发改变了生活的常态。战争带来了灾难,也使得中国民众有了一个切身感受这些留下的西方人的作为的机会。因为非常低的识字率,中国难民的数量庞大却很少留下相关的资料。主要还是依靠他人,尤其是西方人的记载,才能对中国民众对待西方人的态度有所了解。

就在魏特琳上述3月30日同一天的日记里,她还记载了回来之前,她所受到的一对中国老夫妇的款待:

> 我们转进剪刀巷不久,遇上了胡老先生和他的妻子,他们在金陵女子文理学院当了大约20天难民。他坚持要我们去他家喝杯茶,我们说,如果他们不大肆张罗来招待我们,我们就去。但是,他和他那贤惠的妻子还是用花生、西瓜子和精心烹制的可口的糖藕来招待了我们。他那一排3间小屋没被烧掉,然而,同它们连在一起的主屋全都被烧了。当他带我们进入其中一间天花板上的纸已被烤焦而差点被烧掉的屋子时,他说,他之所以能幸免于难,是因为他供奉的神像——观音菩萨保佑了他。确实,这一对老夫妻至今一直很幸运,因为他的儿子、孙子和3个曾孙,一个都没有受到伤害。老人不和儿子同住,因为,他们的儿子喜欢吃肉,他和他的妻子吃斋。他们还给我讲述了离他家不远的一个菜农家庭的事,这个家庭有18口人,死了16口人。还有其他几个故事,都太凄惨了,在此不再详述。毫不奇怪,他们觉得侵略者就是野兽。③

尽管魏特琳答应前往胡先生家做客的条件是“不大肆张罗”来招待她们。这对难民老夫妇在一个劫后余生,主屋被烧只剩下3间小屋的家里,拿出了“花生、西瓜子和

① *Minnie Vautrin's Diary*(*March* 30,1938), Box 134 of YDL Record Group NO.11, The Archives of the United Board for Christian Higher Education in Asia, Yale University Divinity School Library Special Collections.

② *Minnie Vautrin's Diary*(*March* 30,1938), Box 134 of YDL Record Group NO.11, The Archives of the United Board for Christian Higher Education in Asia, Yale University Divinity School Library Special Collections.

③ *Minnie Vautrin's Diary*(*March* 30,1938), Box 134 of YDL Record Group NO.11, *The Archives of the United Board for Christian Higher Education in Asia*, Yale University Divinity School Library Special Collections.

精心烹制的可口的糖藕”等食品。这些很可能是这个家中能提供的最丰盛的食物,“有违”他们对魏特琳事先“不大肆张罗”的承诺。胡老先生夫妇在讲述邻居菜农家庭“18 口人,死了 16 口人”的悲惨故事的时候,心中一定对最艰难的时刻里能在魏特琳的保护下度过的那 20 天充满感激。这违约的款待里面包含着他们对魏特琳的感恩之心。

拉贝在离开南京之前,接受魏特琳的邀请前往金女大参加告别会。在准备离开之时,拉贝发现“大学难民收容所的难民,今天还有 3000 个姑娘和妇女,她们围住了大门,要求我答应不丢下她们不管,就是说要我不离开南京。她们全都跪在地上,又哭又叫,当我要走时,她们干脆拉住我的衣服后摆不放。我不得不留下我的汽车。在我艰难地挤出一条路走出大门后,身后的门立刻被关上了。我不得不步行走回家去。这一切听上去十分伤心和夸张,但谁要是也见到过这里的悲惨情景,他就会理解我们给予这些穷人的保护意味着什么”①。

(6) 西方人士对中国民众的复杂认识

拉贝等人能够感受到他们的举动,赢得了中国难民淳朴的友谊。在拉贝为收拾行李犯愁时:“我还是出乎意料地成功地搞到了木板箱。在我的老百姓中(即在我院子里的难民中)有一个木匠,通过他的关系我弄到了 20 只木板箱,而且不仅有木板箱,还有稻草。这些难民中有几个人冒着大雨,从汉西门城外拖来了 3 车稻草,总共花了 2 元钱。木匠免费帮忙包装行李。可以看到,和穷人的友谊是有价值的。有时(例如这一次)甚至十分有价值,因为木头几乎从市场上消失了。”②

西方人士也看到中国难民的一味忍让和逆来顺受,为他们所不解。在东京法庭,起诉方称日军暴行下“中国平民的顺从的态度表现得非常可悲、可怜。”③在南京的西方人士也有着这样的观察。福斯特记载了这样的例子:“有个人被日本兵抓到芜湖。他成功地跑回来,发现自己的家已经搬走,妇女都藏匿起来。他又累又饿,刚烧好了一锅卷心菜,有个日本兵进来要钱和女人,他两者都无法提供,这个日本兵便往这锅卷心菜里小便,然后走了。”④

拉贝也发现类似的事例:一名中国工人“疲惫地和全家人坐在桌旁,家庭主妇端上几碗稀粥。一个 6 口之家只有这么可怜的一顿饭。饭刚端上来,一个路过的日本兵寻开心地向这几只半满的碗里撒了一泡尿,随后笑着扬长而去,未受到任何惩罚。”

① 拉贝 1938 年 2 月 17 日日记,[德]约翰·拉贝:《拉贝日记》,第 553 页。

② 拉贝 1938 年 2 月 13 日日记,[德]约翰·拉贝:《拉贝日记》,第 538 页。

③ 《起诉方有关南京大屠杀的证据》,杨夏鸣编:《东京审判》,第 396 页。

④ [美]福斯特:《致妻子函》,章开沅编译:《美国传教士的日记与书信》,第 117 页。

拉贝对此评论到:“听到这件事,我想起了《别把我们当奴隶》这首诗。但是,我们不可能指望一个贫穷的中国工人能表现得像那些自由的佛里斯兰人一样。中国人遭受了太多的凌辱,长时间以来已经习惯逆来顺受了。这件事未受到重视。如果每起强奸案都能遭到致命的报复,那么想当一部分占领军早就被消灭了。”①

3. 三方关系个案研究

在南京大屠杀期间的南京,相当封闭的城市内有着用刺刀建立统治的日本当局、处于刺刀统治之下的中国难民,此外还有并未袖手的旁观者西方人士。日本当局无疑处于掌控局面的地位,中国难民只能忍气吞声,而西方人士虽人数很少且并无权威,但独特的地位使得他们有着一定的活动能力。通过在粮食、“慰安所”问题上的博弈,可以看出三方之间微妙的互动关系。

(1) 粮食问题

“民以食为天”,粮食在任何时候都是民生的根本。地处江南鱼米之乡的南京,和平时期罕有粮食匮乏之虞。然而,1937 年 8 月中旬以后,日军的轰炸使得正常的粮食生产和流通秩序受到冲击,而日军占领南京后的残暴统治更使南京的粮食供应出现危机。一方面,战争造成部分平民被迫放弃正常的生产生活,流离失所,成为难民,造成粮食的减产。另一方面,战争使得正常的跨区域粮食贸易中断,粮食流通受阻,造成依赖粮食贸易的城市出现粮食供应的紧张。日军暴行之下,大批无生活来源的难民聚集在安全区更加剧了南京的粮荒。

日军从南京到上海的所谓“南京攻略战”,一直处于强行军追击中国军队的状态。行军途中,日军的后勤补给就严重不足。只有“小行李”部队勉强跟上进军速度,为前线日军补充弹药,而运送粮草等物资的“大行李”部队则无法跟上一线的作战部队。日军前线部队的粮食供应,主要是依靠所谓“就地征发”。当时参战的曾根一夫后来写道:

> 向南京进攻的战斗部队,从上海附近出发五六天后,就和兵站部队的距离愈拉愈远。这时候,仅能做到战斗上不可缺少的弹药补给,而在粮食方面,就无法送到前线战士的手中。不论战斗精神如何旺盛,饿着肚皮的行动实在令人非常难受。
>
> 此种状况持续下去的结果,只有两条路可走,一是暂时休战,等待兵站部队赶上;一是继续前进到饿死为止。但是以永不退却的精神标榜的日军作战指挥者,却不让战斗部队休息,反而下达“在当地征收粮食,以谋自活”的征收

① 拉贝 1938 年 1 月 25 日日记,[德]约翰·拉贝:《拉贝日记》,第 417 页。

命令。征收命令听起来似乎很有道理,其实这与抢夺当地居民的粮食无异。过去也曾发生过征收行为,但是在下达征收命令以前,大家总是怀有罪恶感。自从命令下达后罪恶感就消失了,军人们变成到处偷袭抢夺谷物、家畜来充饥的匪徒。[①]

12月7日,日军前线部队已进抵南京城下,但部队的"食物全靠征集"[②]。占领南京后的日军粮食"单靠征集,也维持困难,所以军部要我们适当处置俘虏"[③]。缺粮成为日军屠杀中国战俘的原因之一。12月15日,日军少尉宫本省吾写道:"现在兵的食粮都快配给不出来了,要给俘虏吃饭当然不容易了。"于是,他所在的部队第二天就把俘虏"约三千人"带到了长江边枪杀了。[④]

在补给不充足的情况下,日军迅速抢掠了南京城内的商店和粮库,"封锁了一切煤、米供应。"[⑤]12月13日日军刚进城,拉贝即"亲眼目睹":"每10人—20人组成一个小分队,他们在城市中穿行,把商店洗劫一空。""一些日本士兵成箱成箱地拖走掠夺来的物品,还有一些士兵征用了人力车,用来将掠夺的物品运到安全的地方。"[⑥]

国际委员会始料未及的是,进城后的日军高级军官并未有效约束军纪,南京城内暴行迭出,毫无秩序。抢劫甚至成为了有军官现场指挥的"例行的军事行动"[⑦]。安全区内唯一开放的国际委员会的米店,也遭到日军的骚扰。日本兵从米店带走"整袋的大米",甚至抓走工人[⑧]。即使在安全区的金陵女子文理学院难民收容所内,日军士兵也经常前来偷走食品[⑨]。城内难民家里的存粮也难逃劫掠[⑩]。

进城后的日军还经常抢劫汽车。美国、英国和德国大使馆的汽车都难逃一劫。

---

① [日]曾根一夫:《私记南京大屠杀》,日本彩流出版社,1984年,引自中央档案馆等编:《日本帝国主义侵华档案资料选编·南京大屠杀》,第983页。

② [日]中野政夫:《阵中日记》,[日]小野贤二等编:《南京大屠杀——日军士兵战场日记》,李一杰等译,北京:社会科学文献出版社,2007年,第84页。

③ [日]远藤高明:《军中日记》,[日]小野贤二等编:《南京大屠杀——日军士兵战场日记》,第161页。

④ [日]宫本省吾:《阵中日记》,[日]小野贤二等编:《南京大屠杀——日军士兵战场日记》,第99—100页。

⑤ [美]费吴生:《日记》,章开沅编译:《美国传教士的日记与书信》,第75页。

⑥ 拉贝1937年12月14日日记,[德]约翰·拉贝:《拉贝日记》,第138页。

⑦ 拉贝1937年12月27日日记,[德]约翰·拉贝:《拉贝日记》,第236页。

⑧ [美]史迈士:《致家人函》,章开沅编译:《美国传教士的日记与书信》,第233页。

⑨ *Minnie Vautrin's Diary* (*December* 28, 1937), Box 134 of YDL Record Group NO.11, The Archives of the United Board for Christian Higher Education in Asia, Yale University Divinity School Library Special Collections.

⑩ 《伍必毅口述》,张连红等编:《幸存者调查口述(上)》,第35—36页。

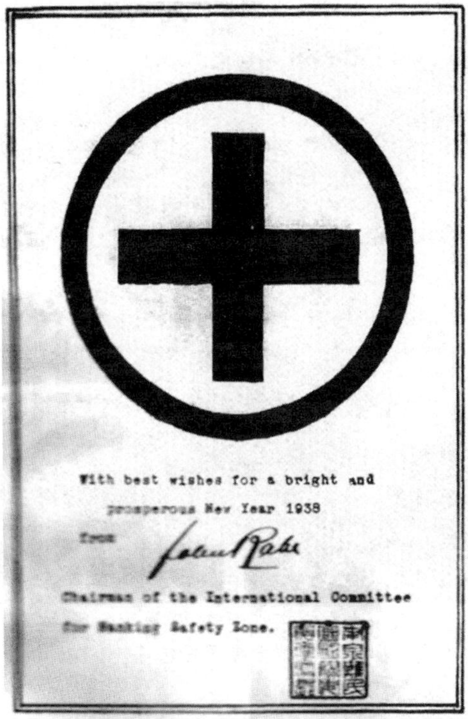

带有安全区标志的拉贝贺年片。耶鲁大学神学院图书馆藏。

A.B.帕森牧师和福斯特(右)在明孝陵前,1939年复活节后星期一。墙上可见日军涂鸦。耶鲁大学神学院图书馆藏。

德克萨斯石油公司经理汉森先生在南京洛迦路25号的住所,在福斯特等人的管理下,这里安置了一大群来自下关的难民。耶鲁大学神学院图书馆藏。

琅琊路17号住所,这里安置了另外一大群由福斯特等人负责的难民。马吉和福斯特轮流值守在街道尽头,防止城陷后掳掠成性的日军士兵骚扰他们。耶鲁大学神学院图书馆藏。

国际委员会发现“由于日本人继续偷我们的卡车和轿车，交通问题变得严重起来”①。粮食不仅无法从安全区外运进来，即使在安全区内向各难民收容所运送都非常艰难。“没有一个中国人敢开着卡车上街。……不让日兵抢走苦力和卡车几乎就是一场战斗。”②

西方人士的出现是防止汽车被日军抢走的唯一办法。为了将粮食送给急需的难民，西方人士不得不“把大米放在私人汽车里送至难民营，保护他们不至于在两天或更长时间内饿肚子”③。为了保护粮食和汽车不被抢走，国际委员会的西方委员齐阿尔和林查理都曾被日本人抓住和殴打。

按照国际委员会的原计划，只需熬过日军刚入城的几天混乱状态，日方将建立新的秩序，开始管理南京城。难民中的一般家庭均有些余粮，可以支撑一段时间。国际委员会只需接济难民中最为贫穷的人。在日军入城的最初几天内，西方人士的记载中并未对粮食储备不足表示担心。而严重的粮食危机，正由作为胜利者入城的日军所带来。

12 月 20 日，松井石根得到关于南京粮食的情报：“据说，江苏省政府在撤退时，将十万银元和南京现存的粮食都委托给了德国西门子公司的人员，情况是否属实不得而知。不过，现存在南京城内的粮食有一万余担。还有藏匿着的粮食。据了解短时期内居民口粮不会短缺。”④松井记载中的德国西门子公司的人员应是指安全区国际委员会主席拉贝。松井得知国民政府将南京现存的粮食都委托给了拉贝，并认为城内有着一万余担的粮食，这和实际情形相差不远。然而，“短时期内居民口粮不会短缺”的结论，却是与事实大相径庭。

难民前往安全区时，大多带着些口粮，当带到安全区的粮食吃光时，一些人被迫离开安全区回家取米，但要冒很大风险。难民沙官朝的经历较为典型：时年 30 岁的沙官朝在日军占领南京时，带着全家搬入难民区。几天后，带来的粮食吃光了。他就约了六位邻居，一起回家找粮食。结果在路上碰到几个日本兵，不由分说举刀就向他们刺来。其他六位邻居都当场被刺死，沙官朝也身中数刀，只是未伤及要害。因他是“拉人力车的，腿跑得快，大街小巷熟悉”，在被追赶的日军开枪打中胳膊后，还能侥幸逃脱。回到难民区后，他被家人送进鼓楼医院住院治疗多天⑤

为取回前南京市政府赠与国际委员会、却为进城后日军强占的粮食，拉贝等人一

① [美]费吴生：《日记》，章开沅编译：《美国传教士的日记与书信》，第 72 页。

② [美]史迈士：《致家人函》，章开沅编译：《美国传教士的日记与书信》，第 241 页。

③ [美]史迈士：《致朋友函(1938 年 3 月 8 日)》，章开沅编译：《美国传教士的日记与书信》，第 277 页。

④ [日]松井石根：《松井石根阵中日记》，王卫星编：《日军官兵日记》，第 152 页。

⑤ 《沙官朝口述》，张连红等编：《幸存者调查口述(上)》，第 18—19 页。

直与日方交涉。以下为国际委员会(及改组后的国际救济委员会)与日方就有关粮食问题交涉的文件目录。

表 30 国际委员会(救济委员会)与日方粮食交涉函件目录

<table>
<tr><th>文件编号</th><th>日期</th><th>寄往</th><th>署名</th></tr>
<tr><td>Z1</td><td>12.14</td><td>日本司令官</td><td>约翰·H.D.拉贝</td></tr>
<tr><td></td><td colspan="3">该信是要同日本当局建立联系,但也包括一个请求,即我们可以运输尚未保险的大米。</td></tr>
<tr><td>Z6</td><td>12.15</td><td>会见特殊服务机关主席的备忘录</td><td>史迈士</td></tr>
<tr><td></td><td colspan="3">这次会见中,特殊服务机关的主席对于我们 14 日的信以及大米的事情给以答复:允许我们使用已保险的大米,同时也保证巡察未保险的大米。</td></tr>
<tr><td>Z21</td><td>12.27</td><td>日本大使馆</td><td>约翰·H.D.拉贝</td></tr>
<tr><td></td><td colspan="3">一封呈给福井先生的信,要求他允许我们保证军队持有的大米和面粉的安全。</td></tr>
<tr><td>Z40</td><td>1.19</td><td>爱利生,普利多-布龙,约翰·H.D.拉贝和罗森先生</td><td></td></tr>
<tr><td></td><td colspan="3">一封关于就大米和面粉事宜进行协商以及要求他们在我们推广宣传时予以支持的信件。</td></tr>
<tr><td>Z44</td><td>1.27</td><td>日本大使馆</td><td>约翰·H.D.拉贝</td></tr>
<tr><td></td><td colspan="3">一封关于就大米和面粉事宜进行协商以及要求日本大使就这一事件向日本军方施压的信件</td></tr>
<tr><td>Z54</td><td>2.6</td><td>爱利生先生</td><td>约翰·H.D.拉贝</td></tr>
<tr><td></td><td colspan="3">一份向南京自治委员会要求供应大米、面粉的申请。</td></tr>
<tr><td>Z61</td><td>3.2</td><td>广田中佐</td><td>W.P.米尔士</td></tr>
<tr><td></td><td colspan="3">试图恢复协商。</td></tr>
<tr><td>Z66</td><td>3.18</td><td>花轮义敬先生</td><td>刘易斯,S.C.史迈士</td></tr>
<tr><td></td><td colspan="3">另一份协商概要,内附文件 z1,6,44,54,61</td></tr>
<tr><td>Z67</td><td>3.18</td><td>花轮义敬先生</td><td>W.P.米尔士</td></tr>
<tr><td></td><td colspan="3">一封简要概括 z66 的信,由宋煦伯先生写的“关于大米和面粉的备忘录”,他在 12 月 13 日成为国际委员会的副食品专员。中国当局要求我们保证大米和面粉安全的位置目录。</td></tr>
<tr><td>Z69</td><td>4.13</td><td>花轮义敬先生</td><td>W.P.米尔士</td></tr>
<tr><td></td><td colspan="3">申请给南京附近的农民以水稻种子来代替 10000 袋面粉,同时为了救济工作要求大米应在 5—8 月间运到。</td></tr>
</table>

资料来源:张生编:《耶鲁文献》(下),第 565—566 页。

1938年1月，美德等国外交官回到南京，在宁西方人士和外界有了联系渠道。国际委员会当即与上海等地慈善团体接洽，希望得到食品、医疗等方面援助。史迈士致电上海红十字会，请求“从上海船运大豆、花生或油以及蔬菜等其他代用品”①。1月15日，上海方面传来消息“600吨食品已装船待运”②，但日军拒绝在船只在南京卸货。同时，国际委员会联系上海商业储蓄银行，希望购买“3000袋大米和9000袋小麦(这些粮食存放在下关、三汊河和汉西门外)”③。日本使馆则表示上述的粮食已为日军没收。

为防治脚气病的蔓延，2月6日史迈士致电已在上海的国际委员会委员菲奇，希望得到一批蚕豆。上海方面安排了100吨蚕豆，日军当局起初拒绝运入南京，后又表示可以运入，但不得在安全区内发放。在西方外交官的斡旋下，日本军方又提出“蚕豆交由自治委员会分发”，则在安全区内或区外“不加任何限制”④。这批物资是给国际委员会的援助，日方要求无偿交与自治委员会毫无道理，完全出于扶植傀儡机构的考虑⑤。但是在难民利益优先的考虑之下，国际委员会同意将这批蚕豆交与自治委员会自由发放⑥。

日本发动侵华战争，有着掠夺中国资源为其所用的“战略谋划”。同时，掠夺中国资源，也是战争期间维持其部队作战能力的“战术措施”。粮食是日本匮乏的战略资源之一，战争的发生使得南京的粮食供应出现紧张。随着“饥饿的”日军进城，更是给南京带来了“粮荒”。日军自身补给不足，到处强占公私粮库，甚至抢掠平民家庭的粮食，使得中国百姓的生活陷入绝境。难民们除了在日军的残酷统治下苦熬求生之外，只能向西方人士求援。日军出于自身利益的考虑，根本忽略中国人的生存问题⑦，制造了粮食危机。在粮食危机形成后，进而将粮食作为诱使中国难民服从其统治的工具加以使用，造成了中国百姓被直接屠杀之外，因饥饿导致的疾病和死亡。如在金女大难民收容所，婴儿死亡率很高，还有些没有病的成年人“睡一夜便死了，也没有什么症，头日晚上还是好的，不过都是身体不强的人，受了惊骇过度，这一月中又没有好吃

---

① [美]史迈士：《致家人函》，章开沅编译：《美国传教士的日记与书信》，第271页。

② [德]拉贝：《拉贝日记》，第341页。

③ 战前民营上海商业银行储藏于南京近郊下关等地仓库内的粮食。拉贝1938年1月14日日记，[德]约翰·拉贝：《拉贝日记》，第335—336页。

④ 拉贝1938年2月18日日记，[德]约翰·拉贝：《拉贝日记》，第553页。

⑤ 拉贝1938年2月23日日记，[德]约翰·拉贝：《拉贝日记》，第582页。

⑥ 拉贝1938年2月23日日记，[德]约翰·拉贝：《拉贝日记》，第581页。

⑦ 占领南京时，日军抢获大量卫生材料，日本上海派遣军的军医部长出于部队防疫的考虑，要将卫生材料用于当地中国人的诊疗。结果被派遣军参谋长饭沼守申斥“完全本末倒置了”，要他“用剩余的力量做这事”。[日]饭沼守：《饭沼守日记》，王卫星编：《日军官兵日记》，第213页。

圣公会 C.T.蒋牧师的两个孩子站在洛迦路 25 号门前,墙上的告示由美国大使馆和南京卫戍司令部联合制发,说明这是美国财产。耶鲁大学神学院图书馆藏。

为安全区委员会主席拉贝离宁回国而举行的告别茶会,1938 年 2 月 21 日。照片中可见马吉、施佩林、罗森、拉贝、沙尔芬贝格(德国大使馆职员,1938 年 6 月 19 日死于南京)。耶鲁大学神学院图书馆藏。

1938年2月20日，一群信徒在南京圣保罗堂，这是城陷以后首次某种程度安全地使用圣公会的教堂。一个日本基督徒士兵那天跟福斯特等人一起礼拜。耶鲁大学神学院图书馆藏。

首次在金陵女子文理学院组织女难民进行宗教活动的委员会，1938年2月。前排左二起：拉切尔·翁小姐、魏特琳小姐、程瑞芳夫人、齐小姐。后排左起：C.T.蒋牧师、卡特切斯特·范牧师、马吉牧师、董主任、弗朗西斯·陈先生、李先生、董保罗牧师。耶鲁大学神学院图书馆藏。

的,气接不上来就死了”[①]。粮食危机是日军暴行的后果之一,同时也是日军暴行的一部分。

在粮食问题上,西方人士采取与日方合作的态度。他们甚至不要名义在幕后工作,将运进食品的支配权让出,只求能给难民带来实质性的帮助。因为,中国难民得不到这些帮助的话,处境会更加艰难,很多人将要失去生命。在面对救济工作是否有利于日本人扶植的傀儡政权的疑问时,贝德士所作的回答是:“日本人从中受益甚微,而对于中国人的道德与品格的裨益,远远超过我们为日本人做的任何事情。”[②]

南京大屠杀期间粮食问题的产生和各方的应对,展现南京沦陷后各方之间微妙关系的不同面相。松井石根曾对高级军官训示:“对英美等国的态度要强硬”,“对支那要温和。”[③]实际情形是,日方为刀俎,而中国难民为鱼肉,任由日方宰割。即使是日方扶植的“傀儡机构”自治委员会,在日方眼中也是毫无地位的奴役对象:“自治委员会官员的夫人也跟平民百姓一样难免遭受日军的奸淫。”[④]

(2)“慰安所”的开设

侵华战争和第二次世界大战期间,日军在被其占领的东亚各地区,广泛建立了军用妓院性质的所谓“慰安所”。除日本妇女外,日军还通过强掳、胁迫、诱骗等形式迫使当地妇女成为“慰安妇”。这一制度,使得众多东亚各国的妇女身受其害。心灵和肉体的创伤在战争结束60多年后,依然折磨着这些当年的“慰安妇”。

侵华日军占领南京之后,供日本军官和士兵享乐的“慰安所”,也在日方当局的筹划下开始建立。日本当局、日方扶植下的自治委员会、西方人士以及中国普通难民,参与或目睹了“慰安所”的开设。他们当年留下的记载,反映出各方对这些“罪恶场所”被建立起来时的心态。

从日军入城开始,在屠杀平民、纵火和抢劫的同时,强奸中国妇女的暴行大量发生。“最可怕的是强奸妇女。日本人以最无耻的方式干这些勾当,街上到处都是找女人的日本兵。”[⑤]不论白天黑夜,从幼女到老妇,中国的平民妇女惨遭日军的蹂躏。日军为了毁灭证据,往往在强奸之后将妇女杀害,并且使用极其没有人性的方式虐杀。当中国姑娘和妇女被日军士兵盯上时,“抵抗就意味着挨刺刀”[⑥]。如果被强奸的妇女

---

① 程瑞芳:《程瑞芳日记》,张连红编:《幸存者的日记与回忆》,第31页。
② 《贝德士在纽约的演讲记录》(1941年6月25日),章开沅编译:《美国传教士的日记与书信》,第61页。
③ [日]上村利道:《上村利道阵中日记》,王卫星编:《日军官兵日记》,第246页。
④ 拉贝1938年2月5日日记,[德]约翰·拉贝:《拉贝日记》,第486页。
⑤ [美]马吉:《致妻子函》,章开沅编译:《美国传教士的日记与书信》,第151页。
⑥ [美]费吴生:《日记》,章开沅编译:《美国传教士的日记与书信》,第73页。

敢于反抗，她们的“兄弟或丈夫们出来干预，就被日本人枪杀。”①

1937年12月16日，安全区国际委员会发出了致日本使馆的第一份报告。这份报告中记录了15起日军暴行，即有5起与日军性暴行有关②。接下来的很长时间内，日军性暴行的数量和残忍，使得作为观察者的西方人士震惊异常。

“解铃还须系铃人”。日本士兵的罪行，本应由日军自己惩治。管束军纪，严惩犯罪士兵，本是各国军队中高级军官的职责所在。日军的军规中，强奸也是明文禁止并予严惩的重罪之一。约束军队大规模的强奸行为，是日军高层的职责。日军的高层是否知晓其部队中存在的如此普遍的强奸行为？他们又是如何看待，打算如何解决呢？

日军针对中国妇女的性暴行，并非不为日军高层所知。除了西方人几乎每天都向日本当局递交的各类暴行报告外，日军自己的宪兵部门也早就收到相关的报告。松井石根也知晓“少数人员出现过掠夺和强奸行为”，但他认为这是“在所难免的”③。明知士兵暴行迭出的情况下，日方的高级军官不是从约束日军士兵的角度去考虑减少暴行的发生，而是试图通过建立军用“慰安所”，将日军士兵“泛滥成灾的性欲”纳入“有序的轨道”。

1937年12月4日，日军尚未到达南京，上海派遣军参谋部第一课课长的西原一策就听说：“第十一师团辎重队将十二三岁的少女强行带走，并在行军途中加以凌辱。”并据宪兵报告，“其他类似的事情还有很多”时，他“感到有必要设立慰安所”④。第十军于1937年12月即在湖州由一位中佐指挥宪兵建立了慰安所。12月18日，第十军的参谋山崎正男在日记中写道：慰安妇“开始只有四人，今天则成了七人”，尽管“没有专门贴出告示，也没有在入口处贴标识”。且“服务也不周，问题很多，大家怨声载道。”实际情形却很兴隆：“不知士兵从什么地方打听到的，纷至沓来，一片兴旺景象。”⑤

日军上海派遣军副参谋长上村利道意识到“军队的不良行为好像日益增多。”他于1937年12月28日让参谋部第二课“召集各队军官就此事进行汇报。”决定从30日上午10时开始实施“严格防范措施”。就在同一天，上村利道还审议了第二课提交

---

① 拉贝1937年12月17日日记，[德]约翰·拉贝：《拉贝日记》，第156页。

② 《安全区内日本士兵胡作非为的案例(1937年12月16日归档)》，张生等编：《英美文书·安全区文书·自治委员会文书》，第276—278页。

③ [日]松井石根：《松井石根阵中日记》，王卫星编：《日军官兵日记》，第153页。

④ [日]西原一策：《作战日志》，王卫星编：《日军官兵日记》，第108页。

⑤ [日]山崎正男：《山崎正男日记》，王卫星编：《日军官兵日记与书信》，第466页。

的"有关开设南京慰安所的方案"①。上村利道并没有说明,"慰安所"建立计划,是否和日军的不良行为大量发生有关。但是日军高级军官普遍认为,"慰安所"的设立是缓解强奸案发生的"有效办法"。

日本第十军法务部长的小川关治郎,因为工作的原因对日军的各类暴行非常了解,在其日记中有众多强奸案和强奸杀人案的记载。但他在一位中佐提到"很多强奸案不起诉"的时候,竟然发表了这样的观点:

> 我回答道,也许是有这种情况,但我还要考虑战争中的现状、犯人当时的心理、支那妇女对此的贞操观念、至今位置的强奸案件(实际数量非常大)中没有检举的和偶尔被检举的数量比较等等。除此之外,从理论上讲,在当时的情况下,根据刑法178条所说,奸淫即是无法抗拒而顺从,但其中并不能断定全部都是这种情况,也有人非常轻易地顺从了实施者所提出的要求。从这一条来看的话,如果有奸淫事实立刻就断定是强奸难免过于草率。应该深入地考察当时的情况再决定如何处理,因此我无法马上回应中佐的要求。②

小川关治郎认为,"如果慰安设施建立起来的话也可以防止强奸事件的增加"③。12月21日,小川关治郎也得知了湖州"慰安所"的经验:"在本次临时作战会议上还说到,湖州建好了士兵的慰安设施,刚开设时非常兴旺。里面有十几个支那女子,人数还在不断增加。那里的生意很好,士兵们排起了长队。"④

出于"防止强奸事件增加"的考虑,日方开始在南京建立"慰安所"。日方作出决定后,他们通过为其服务的中国人来寻找妇女。当时南京城内中国女难民最为集中的地方是金女大难民所。金女大是美国教会的财产,由美国女传教士魏特琳管理。中国的傀儡在日方的支持下来到金女大难民所挑选妇女。于是,中、日和西方人士均涉及到了日军"慰安所"的开设之中。

1937年12月24日,魏特琳被叫回自己的办公室。一个日军军官正在办公室等着她。这位军官通过日本使馆的中国翻译告诉魏特琳他们此行的目的:要从躲避于金女大难民所中的1万名妇女中,找出100名妓女。他们表示,如果建立军妓院的话,日本士兵将不会再去骚扰中国的良家妇女。同时,他们向魏特琳许诺,只带走自

---

① [日]上村利道:《上村利道阵中日记》,王卫星编:《日军官兵日记》,第251页。
② [日]小川关治郎:《小川关治郎日记》,王卫星编:《日军官兵日记与书信》,第420页。
③ [日]小川关治郎:《小川关治郎日记》,王卫星编:《日军官兵日记与书信》,第420页。
④ [日]小川关治郎:《小川关治郎日记》,王卫星编:《日军官兵日记与书信》,第417页。

愿的人,不强行带走不愿去的良家妇女。魏特琳同意他们前往安置女难民的大厅挑选。此间,这位日军军官一直坐在魏特琳的办公室内。在这位日军带来的中国人前往大厅喊话后,最后总共有 21 人自愿前往即将设立的日军妓院。

从道义角度来说,西方人士,尤其是占主体的美国传教士,均强烈反对设立“慰安所”。但是,从南京城内日军士兵性暴行肆虐的实际情况出发,他们的态度又有微妙的变化。在目睹了无数起日军强奸甚至先奸后杀的暴行后,在牺牲少数原本的妓女和保护大多数良家妇女之间,西方人士面临着基督教精神和自己良心的考验。“要让明妮拱手交出姑娘,她是死也不会交出一个的。”①但是,日本人许诺不会抓走良家妇女,魏特琳同意他们去挑选。“红卍字会中一个我们熟知的受人尊敬的官员(我们一点不敢相信,他竟然属于这类人)朝大厅里喊了几句好话,竟然有数量不少的年轻女难民(大家熟知的妓女)走了出来,她们对把自己安排到新的妓院里一点都不感到忧伤。”②史迈士也记载到:“贝德士就暗示过此事,当时林查理吃惊不浅。”③

中国人的记载中,包含着日本统治下的无奈:“今日有什么参谋官带几个中国人来此找妓女,若是有这些妓女在外面做生意,兵就不多到收容所,以免良民女子受害,这些话也有理。在此妓女是不少,所以让他们找,内中有几个中国人认识妓女的。近两日有些日本妓女来了,在这种情形之下,他爱怎样就怎样,百姓受辱也是政府不好,真是凄惨。”④

作为德国外交官的罗森则对自治委员会开办“慰安所”的行为表示了相当的首肯:

> 吉米办的第一件公务是设立妓院。他在夫子庙周围以前娱乐场所没有离开南京的女人中招募必要的人员,他还从自己的库存物品中免费提供了一批家具。但由于后来又来了日本女人,现在就要收费了。不管怎么说,吉米为他们的人做了一件很好的事。因为在此之前,众多品行端正的妇女遭到魔鬼们的强奸和蹂躏,有了正规的妓院就把日本兵痞们的性要求纳入了不会造成危害的轨道。⑤

日方将“慰安所”的设立作为解决强奸问题的办法。西方人士大都认为日军设立“慰安所”是两害相权取其轻的不得已的办法。在日本人的策划、中国傀儡的执行和

---

① 拉贝 1937 年 12 月 26 日日记,[德]约翰·拉贝:《拉贝日记》,第 231 页。

② 拉贝 1937 年 12 月 26 日日记,[德]约翰·拉贝:《拉贝日记》,第 231 页。

③ [美]史迈士:《致家人函》,章开沅编译:《美国传教士的日记与书信》,第 248 页。

④ 程瑞芳:《程瑞芳日记》,张连红编:《幸存者的日记与回忆》,第 22 页。

⑤ 《罗森给德国外交部的报告》(1938 年 1 月 20 日),张生编:《外国媒体报道与德国使馆报告》,第 335 页。

西方人的默许下,日军在南京的“慰安所”开设起来了。

相当时期内,除日本人能够进出之外,南京处于相当封闭的状态。外界的信息很难传递进来,而日军所不欢迎的消息更加难以传播出去。中国难民在日军的刺刀下求生存,面对灾难,只有西方人士可以求援。松井意图使中国人“放弃依赖英美的态度”,然而日军使用非常“不温和”的屠杀方式对待中国人,实际造成了中国人“依赖英美”的局面。同时,对英美“强硬”的命令得到了执行。一方面日本当局视西方人士为“不受欢迎的客人”,是麻烦制造者,虽不能像对待中国人那样“处置”,却处处限制和压迫,以至多位西方人士曾被日军殴打或用武力威胁①。另一方面,西方人士处于特殊的位置,使得日方又试图利用他们,为自己的统治提供便利。西方人士面临着日本人掌控一切的现实和中国人生存堪忧的现状。他们没有能力公开抗拒占领当局,更无法漠视中国难民的悲惨境遇。拉贝应邀参加了日本大使馆的音乐会后写道:“我们上午还在四处查看被日本军人杀害的中国人,下午却要去欣赏日本军队举行的音乐会,显然有些过分”。② 但是,西方人士都知道,要想为难民做些事情“必须一定程度地与日本人和睦相处”③。这就使得他们很多时候不得不委曲以求全。为了拉拢日军士兵,减少他们对难民的伤害,福斯特“发现偶尔给日本士兵递递烟十分起作用”④。

处境和目标的不同,使得大屠杀时期南京城内各方之间关系呈现出纷繁复杂的图景。中国难民对日方有无奈的顺从,也有绝望的抗争;日方对中国难民的刺刀统治中也夹杂着别有用心的怀柔伎俩;尤其是西方人士和占强势地位的日方之间,在不同的问题上有合作也有摩擦。日方对西方人士有拉拢也有胁迫,西方人士与日方谨慎的周旋时,也借助西方的中立地位抗拒日方的残暴作为。

(五) 西方驻宁外交人员

日本发动的侵略战争给列强在华“权益”带来巨大冲击。每当日军侵略触角伸向列强“权益”集中之处,那里就会出现西方外交人员的身影。他们竭力保护当地本国侨民的安全,确保本国“权益”不受损害。此外,他们也对战局进行着密切的观察,提

---

① 史迈士将西方人士的处境比作“能在城内自由行动的囚犯”。[美]史迈士:《致家人函》,章开沅编译:《美国传教士的日记与书信》,第265页。日本士兵甚至曾向鼓楼医院的美国人麦克伦开枪,未击中。《安全区内日本兵暴行的案例》(1937年12月20日报告),张生等编:《英美文书·安全区文书·自治委员会文书》,第298页。

② 拉贝1938年2月9日日记,[德]约翰·拉贝:《拉贝日记》,第497页。

③ 拉贝1938年1月17日日记,[德]约翰·拉贝:《拉贝日记》,第345页。

④ [美]福斯特:《致妻子函》,章开沅编译:《美国传教士的日记与书信》,第121页。

供各类情报以供本国政府当局评估、调整对华和对日外交政策。

南京沦陷后，英、美、德等国外交人员是第一批得以返回南京的西方人。他们在南京的活动给西方侨民救助中国难民的工作带来了有力的帮助，也对日军的暴行形成了一定的制约。实际上，他们作为西方政府官方代表来到南京本身，就在日军封锁线上撕开了一道缝隙，给城内的局势带来了微妙的影响。

1. 西方外交人员重返南京

抗战爆发前，南京作为民国首都驻有西方各国大使馆和领事馆。1937 年 11 月中旬，上海战局急剧恶化，国民政府决定迁都继续抗战，各国驻宁使馆随之相继迁移。英、美、德等在宁"权益"集中的国家为照顾尚在南京的本国侨民，均留下数位使馆人员组成留守小组。英美炮舰则停泊在下关江面，作为危机时期使馆的临时办公处和侨民的避难所。在华没有军事存在的德国，也租用了英国公司的商船用于撤侨。

12 月 11 日，南京城在日军的进攻下已经岌岌可危。在通往下关的挹江门关闭前，各国留守小组都撤到下关江面的船上，试图避开日军进攻的锋芒以策安全。他们计划在附近江面等待战斗停止，然后能立即返回南京。12 月 12 日英美数艘军舰和商船遭日军轰炸和炮击，美国"巴纳"号炮舰更是被日机炸沉，造成数位西方军人和平民伤亡。正在这些舰船上的英、美、德等国外交人员也在日军的突袭中历险。他们脱险后滞留于南京附近的英美军舰上，甚至曾停泊于下关码头，但未得到日军的登陆许可[①]。日军声称"没有哪个征服军队会允许中立观察者的存在"，不愿有第三国人士出现在南京[②]。

"巴纳"号事件导致日美关系紧张，美国民众反日情绪高涨，甚至有形成亚洲"缅因"号事件的可能[③]。日本政府虽辩称轰炸"完全不是出于故意行为"，但迅速表示道歉和赔偿，并保证已经向日本陆海军以及外务当局下达"严格命令"，不再重演"无理干涉或损害美国及其他第三国家的权益、财产的事件"[④]。作为缓和日美紧张关系而采取的措施之一，美国外交人员最早从上海日军司令部得到了返回南京的许可。

12 月 28 日，美国外交人员乘坐军舰来到下关，带来了华中方面军允许他们进入南京的电报。驻守南京的上海派遣军却认为"上海的气氛和南京不同"，抱怨"方面军自作主张地安排这些人来南京，甚感为难"。上海派遣军司令朝香宫鸠彦下令"不要

---

① [德]沙尔芬贝格:《在南京历险的日子》,陈谦平等编:《德国使领馆文书》,第 64 页。

② [美]马吉:《致妻子函》,章开沅编译:《美国传教士的日记与书信》,第 163 页。

③ [日]宇都宫直贤:《黄河、扬子江、珠江——回忆在中国的工作》,王卫星编:《日军官兵与随军记者回忆》,第 11 页。

④ 《日本外务大臣给美国驻日大使的口头备忘录》(1937 年 12 月 24 日),张生等编:《英美文书·安全区文书·自治委员会文书》,第 39 页。

让他们很快回来”。于是,南京日军借口电报“日期已过,无法处理了”,拒绝美国外交人员登陆①。身在南京的西方侨民则早已料到西方外交人员“不会受到欢迎”,因为他们自己在南京就不受欢迎②。

在外交压力下,南京日军不能无限期地阻止西方外交人员的返回。日本陆军大臣、参谋总长也联名发来电报,告诫华中日军要注意各国的动向,处理好与列强的关系③。南京日军只得着手研究“怎样接待”西方外交人员的问题。经过“认真准备”之后,日方才通知西方外交人员可以进入南京。

1938 年 1 月 6 日,美国使馆秘书爱利生,带领着另两位使馆人员埃斯皮和麦法迪恩在下关登陆。1 月 9 日,德国使馆秘书罗森带领着沙尔芬贝格和许尔特尔,会同英国领事普利多—布龙,武官弗雷泽、沃尔泽等人乘坐英国军舰“蟋蟀”号一同来到南京④。

2. 西方外交人员与日本当局

美、英、德等国外交人员得以重返南京,是日方迫于外交压力的不得已之举。这几位西方外交人员的到来,给南京的局势带来了不小的变数。

(1) 日方的欺瞒与拉拢

日方在西方外交人员回到南京前,做了很多“准备工作”。在上海的松井石根也关注到:“士兵中又出现了抢夺驻南京各国使馆汽车和其他物品的事件,军队的愚蠢和粗暴行为令我大为震惊。皇军的声誉全毁在这类事件中了,真是遗憾之极啊。”松井石根立即派出参谋中山宁人去南京,“紧急采取善后措施”⑤。日军开始给各国使馆设置警卫,召集“驻南京及附近宿营部队的副官等人”,布置各部队整顿军风纪,尤其禁止“对外国公馆的违法行为”⑥。

为消除城内,尤其是西方外交人员活动区域内大屠杀暴行的证据,日军开始了“紧张的清理工作”。“平民百姓、妇女和儿童无辜被杀害的尸体和路上横七竖八躺卧的骨瘦如柴的尸体统统被清理干净”⑦。

日方遮掩暴行痕迹的同时,竭力向各国外交人员示好。日方一方面尽力追回各

---

① [日]饭沼守:《饭沼守日记》,王卫星编:《日军官兵日记》,第 220 页。

② [美]福斯特:《致妻子函》,章开沅编译:《美国传教士的日记与书信》,第 107 页。

③ [日]饭沼守:《饭沼守日记》,王卫星编:《日军官兵日记》,第 222 页。

④ [日]饭沼守:《饭沼守日记》,王卫星编:《日军官兵日记》,第 227—228 页。

⑤ [日]松井石根:《松井石根阵中日记》,王卫星编:《日军官兵日记》,第 156 页。

⑥ [日]饭沼守:《饭沼守日记》,王卫星编:《日军官兵日记》,第 221 页。

⑦ [德]罗森:《罗森给德国外交部的报告》(1938 年 1 月 15 日),张生编:《外国媒体报道与德国使馆报告》,第 326 页。

金陵女子文理学院中的小难民。耶鲁大学神学院图书馆藏。

圣公会的汽车正在把公墓看门人的妻子送往医院治疗，她被一个日军开枪打伤。当时，她正在田间劳作，而日军士兵威胁要强奸她。耶鲁大学神学院图书馆藏。

1938年2月20日和福斯特等人一起在圣保罗堂做礼拜的日本基督徒士兵。他赠送了一些肥皂、毛巾和饼干,转交难民。耶鲁大学神学院图书馆藏。

难民医院的病人参加宗教活动。耶鲁大学神学院图书馆藏。

国使馆被日本兵偷走的汽车,“作出挽回面子的姿态”[①]。另一方面“从日本运进新汽车给予赔偿”[②]。日本使馆向西方外交人员提供各种生活便利,包括“牛肉、鸡蛋、苹果、橙子和水果罐头”等各类食品[③]。日方还多次宴请西方外交人员。

沙尔芬贝格记叙了一次日本使馆邀宴的情形:日方准备了丰盛的菜肴,还有“专为斟酒的艺妓”,唱歌、跳舞、喝酒,“全体日本人都喝醉了”,6点开始的晚宴到11点30分才在“十分融洽的气氛中相互告别”[④]。另一次日方安排的音乐会上,“专程从东京来的乐队阵容强大”,乐队指挥则在巴黎学过音乐,“专业水平相当好”。演出间隙,艺妓们“又是递茶,又是递香烟”,“无数的报刊摄影记者竞相拍照和摄影”,试图向世界各国“展示日本人和南京的外国人之间一幅亲切和睦的景象”[⑤]。

日军在拉拢西方外交人员之时,并未忘记以安全为由对他们的行踪进行严格控制。“必须服从军的统治”是日军允许西方外交人员登岸的先决条件[⑥]。日方不仅限制西方外交人员的活动范围,还规定他们外出时必须有日本宪兵陪同。英国外交人员在一次赴日本人宴请时迟到,因为给英国大使馆站岗的日本哨兵得到命令“任何人没有宪兵陪同不得走出大使馆”。由于日本宪兵已经下班,两位英国外交人员“不得不费了半个小时的口舌”,才获准到日本大使馆来[⑦]。“性情随和”的英国外交人员得到了日方赞扬:“能接受方面军要求,相互感情也不错”。[⑧]

罗森在上岸之时,就对日方用“不友好的和无礼的‘服从’二字”[⑨]来界定他和日军当局的关系表示不满,而被日军当局认为“最可恶”[⑩]。其后,罗森未经许可“擅自”前往中山陵,被日方当即拦下并斥责。日本使馆的福田甚至当场“拿出了钢笔和纸,写了一份认错书”,要罗森签字[⑪]。为了恐吓罗森等“到处乱跑”的西方人士,日本大使馆给他们发出通告:“在南京还有部分身着便装的中国士兵。日本士兵得到命令,可向所有可疑人员射击。因此我们向各使馆官员派发卫兵,保护诸位的安全。”[⑫]

---

① [美]福斯特:《日记》,章开沅编译:《美国传教士的日记与书信》,第112页。

② 拉贝1938年1月8日日记,[德]约翰·拉贝:《拉贝日记》,第308页。

③ [德]沙尔芬贝格:《1938年1月20日的南京现状》,陈谦平等编:《德国使领馆文书》,第123页。

④ [德]沙尔芬贝格:《1938年2月3日的南京现状》,陈谦平等编:《德国使领馆文书》,第121页。

⑤ [德]沙尔芬贝格:《1938年2月10日的南京现状》,陈谦平等编:《德国使领馆文书》,第135页。

⑥ “军”这里指日军“上海派遣军”。[日]饭沼守:《饭沼守日记》,王卫星编:《日军官兵日记》,第226页。

⑦ 《沙尔芬贝格的报告》(1938年2月10日于南京),张生编:《外国媒体报道与德国使馆报告》,第406—407页。

⑧ [日]上村利道:《上村利道阵中日记》,王卫星编:《日军官兵日记》,第258页。

⑨ 《罗森致柏林德国外交部报告》(1938年1月15日),陈谦平等编:《德国使领馆文书》,第86页。

⑩ [日]饭沼守:《饭沼守日记》,王卫星编:《日军官兵日记》,第227页。

⑪ 《罗森致柏林德国外交部报告》(1938年1月15日),陈谦平等编:《德国使领馆文书》,第87页。

⑫ 拉贝1938年1月28日日记,[德]拉贝:《拉贝日记》,第431页。

日军的实际意图当然不是出于对外交人员安全的考虑,而是那些区域存在大量平民尸体等日军暴行的痕迹。“有许多地方不许别国人去,就是有许多死尸怕他们看见”[①]。面对无法掩饰的犯罪现场,日军还变换手法,企图将罪行嫁祸于中国人。

沦陷后的各国使馆和西方人住宅大都遭到日军抢劫。日方试图将之归咎于中国人所为,但很多时候被西方人“现场看到的是日本人在抢劫”[②]。罗森调查了几所德国住宅被盗情形,证实“抢走汽车的那些日本兵是佐佐木支队的,抢走自行车的那些日本兵是片桐支队的”[③]。罗森和沙尔芬贝格受法国同行之托,前往法国大使馆查看时即发现:法国大使馆被日本兵洗劫,但看门人“胆战心惊地”请求罗森不要说出去,“因为日本人威胁会打死他们,要他们说都是中国人干的。”[④]程瑞芳也观察到:日本兵“叫中国人去抢,抢了又用枪刺死,叫别国人看是中国人抢,不是他们抢,一面用计杀中国人,一面叫别国人看”[⑤]。

(2) 西方外交人员目睹的暴行

在南京的西方侨民认为随着外交人员回来,局势应该会有所好转。中国人也认为“各国人士上岸”,日方“有些事要顾面子,表面上好一点”[⑥]。确实,西方外交人员回到南京,使得日军多少有些顾忌,从而对日军暴行有所制约。史迈士就感到西方外交人员“的存在对日军就具有威慑力,有明显的效果”[⑦]。日军的布置岗哨、清理尸体等“形象工程”的措施,是为掩盖罪行,蒙蔽西方外交人员而做,但确有改善局势的作用。西方外交人员回到南京后,安全区等西方人被允许活动的区域,治安相对好转。马吉认为自从西方外交人员回来,局势有所缓和,“安全略有保证”[⑧]。福斯特也感受到了“形势的改变”,同样认为这“得益于美、德、英使馆的官员们”[⑨]。

精心营造的假象背后,日军的暴行远没有停止。就在德国外交人员回到南京的当晚,拉贝宴请他们时,“上海商业储蓄银行后面失火了,看来大使馆官员的到来根本不会打扰接到命令纵火的日本士兵”[⑩]。英国外交官发现了遭高尔夫球杆插入体内虐

---

① 程瑞芳:《程瑞芳日记》,张连红编:《幸存者的日记与回忆》,第29页。

② [美]福斯特:《日记》,章开沅编译:《美国传教士的日记与书信》,第112页。

③ 《罗森给德国驻汉口大使馆的报告》(1938年2月28日于南京),张生编:《外国媒体报道与德国使馆报告》,第418页。

④ 《罗森致柏林德国外交部报告》(1938年2月14日),陈谦平等编:《德国使领馆文书》,第138页。

⑤ 程瑞芳:《程瑞芳日记》,张连红编:《幸存者的日记与回忆》,第32页。

⑥ 程瑞芳:《程瑞芳日记》,张连红编:《幸存者的日记与回忆》,第31页。

⑦ [美]史迈士:《致家人函》,章开沅编译:《美国传教士的日记与书信》,第268页。

⑧ [美]费吴生:《日记》,章开沅编译:《美国传教士的日记与书信》,第82页。

⑨ [美]福斯特:《日记》,章开沅编译:《美国传教士的日记与书信》,第112页。

⑩ [德]拉贝:《拉贝日记》,第318页。

杀的中国妇女的尸体[①]。罗森则亲自看到了 4 位平民被日军屠杀的现场:“一位老人,背着两把椅子,被一个日本兵毫无顾忌地用枪击伤。他妹妹在日本人到来时藏在附近,并叫来了两个熟人。这两个人利用一扇门、两根竹竿和一些粗绳捆扎成一副担架。他们准备把这位受重伤的老人抬走。日本人见状把这 4 人全部枪杀:受伤老人、老人的妹妹和两个抬担架者。”[②]

其实在返回南京之前,西方外交人员就目睹了日军在长江边大屠杀的场景。1937 年 12 月 21 日,罗森乘坐英国军舰“蜜蜂”号经过下关,“见到严重的破坏情况”和穿着平民衣服的“好多堆尸体”[③]。12 月 31 日下午,爱利生乘坐美军舰到达南京江面,发现“岸边简直成了屠杀场,可以看见市内到处都发生着小规模的火灾,还听得到枪声”[④]。除了记录亲身见证的日军暴行外,各国外交人员广泛搜集了西方侨民和中国人提供的关于日军暴行的证词,并写入外交报告。

西方人发现日军对士兵犯罪的态度是,这些罪行“被发现并刊登在外国报纸上才算是最大的罪恶”[⑤]。随着西方外交人员回到南京,英美军舰停泊于下关码头,带来了不受日方控制的通讯渠道。有关罪行可能通过军舰上的电台传播出去,是日军非常不愿意看到的。美国大使馆内准备建立美国海军提供的“配备操作员的无线电台”,“日本人最初想阻止”,但美国使馆方面还是“获胜了”[⑥]。

日方反复告诫西方外交人员不得传播日军暴行,“不要说军的坏话”。罗森即被日方警告,要他写报告“小心一点”[⑦]。拉贝认为日军一直试图遮掩暴行,“禁止出入南京城便是众多手段之一。借此可以使外界对南京目前的状况一无所知。”然而,自从西方外交人员回到南京之后,这种封锁被打破,“有数百封信函发往上海,详细地报告这里的局势,更不用说各大使馆发的电报了。”[⑧]

让日方最为头疼的是作为官方代表的西方外交人员,可以将日军罪行直接向本国政府汇报,再向东京施压。在和日方的博弈中,将事情“捅上去”成了西方外交人员的杀手锏。福斯特发现,西方外交人员的抗议“被日本使馆官员搁置时,便通过华盛顿、伦敦和柏林与东京直接联络。这使得此地的日本人气得发疯”[⑨]。

---

① [美]马吉:《致妻子函》,章开沅编译:《美国传教士的日记与书信》,第 167 页。

② 《罗森给德国外交部的报告》(1938 年 2 月 10 日),张生编:《外国媒体报道与德国使馆报告》,第 375—376 页。

③ 《罗森给德国外交部的报告》(1937 年 12 月 24 日于上海),张生编:《外国媒体报道与德国使馆报告》,第282 页。

④ 《由于继续在“扫荡”,不许登陆南京》,张生等编:《英美文书·安全区文书·自治委员会文书》,第 65 页。

⑤ [美]马吉:《致妻子函》,章开沅编译:《美国传教士的日记与书信》,第 171 页。

⑥ [美]福斯特:《日记》,章开沅编译:《美国传教士的日记与书信》,第 117 页。

⑦ 拉贝 1938 年 1 月 10 日日记,[德]约翰·拉贝:《拉贝日记》,第 320 页。

⑧ 拉贝 1938 年 1 月 26 日日记,[德]约翰·拉贝:《拉贝日记》,第 419 页。

⑨ [美]福斯特:《日记》,章开沅编译:《美国传教士的日记与书信》,第 117 页。

日本使馆的警官高玉来到金大难民收容所寻找“洗衣妇”,并要求提供的这些“洗衣妇”必须“年轻貌美”,其动机遭到了西方侨民的怀疑。这件事被美国侨民告知爱利生,后者通报给了华盛顿。高玉对此非常恼火,又跑来要求恢复他的“好名声”。美国人史迈士记下了他不能自圆其说的解释,并表示会再次通告各国使馆,“这显然是高玉所害怕发生的”。他“明确地”请求史迈士等人“不要打扰大使馆,随后便沮丧地离开了。”①

(3) 爱利生事件

1938 年 1 月 18 日,英国的外交部门收到报告称,“美国大使于 1 月 17 日对日本政府发出通牒,强烈抗议日本在南京、汉口和其他地方实施军事行动过程中对美国财产的劫掠、撕毁告示、砍倒美国国旗等行为。美国政府认为日军的这些行为与日本就帕奈号事件通牒中的保证背道而驰,日本政府保护美国权利的措施不充分。他们要求日本政府务必强调已经发布的指示,以有效避免暴行再次发生。”②

对美国大使的抗议,英国的外交部门不以为然,英国的经验使得他们判断:美国人“一定收到一个保证,就是日本政府已经再次通知有关指示。但是暴行是否会因此停止,这还是一个问题,因为日军已经失控。他们能通过痛苦的一再重复的经历意识到这一点,这是一件好事。他们的历程和我们一样,结论恐怕也是一样,那就是:口头争辩对日军是没有什么力量的”③。

在另一份有关美国财产被侵犯的报告中,英国外交部门嘲讽他们的美国同行还处于“保持冷静,避免冒进行为激发民众情绪”,试图“友好的解决”目前与日本的问题的阶段。而英国的经验使得英国外交部门对此“早就不抱任何希望了”。“美国国务院最后可能会意识到日本下层军官的行为并没有从根本上违反帝国政策(驱除西方对中国的影响),相反这正是该政策的有力体现。”④

正如英国外交部门所料,几天之后发生美国驻南京外交官被日本兵殴打的事件。1 月 26 日,爱利生前往金大调查中国妇女被日军强奸事件时,遭到日本军官的谩骂,并被卫兵打了一记耳光。其时在南京的英国外交官普利多—布龙对此事的记载如下:

爱利生事件

1 月 25 日,两名日本士兵从金陵大学农学系工场劫持了一名中国妇女。该

---

① 拉贝 1938 年 1 月 24 日日记,[德]约翰·拉贝:《拉贝日记》,第 412 页。
② 《美国抗议日军对美国财产的破坏》,张连红等编:《英国使领馆文书》,第 542 页。
③ 《美国抗议日军对美国财产的破坏》,张连红等编:《英国使领馆文书》,第 543 页。
④ 《美国抗议日军对美国财产的破坏》,张连红等编:《英国使领馆文书》,第 544 页。

工场系美国财产，日本使馆曾张贴告示注明。这两名日本士兵在闯进工场时撕毁了告示。

在此之前，日军就对美国财产进行了一系列抢掠行为，几乎每天都有，爱利生向日本使馆抗议未果。福井指控他过于相信道听途说的证据和中国人的报告，所以爱利生决定亲自调查最近这次事件。他与日本使馆就对此事进行调查作了协商。

1月26日上午，日本领事馆警备长官武富与两名宪兵拜访了该工场的美国经理林查理。似乎调查安排在当日稍晚些时候进行。不过他们都去美国使馆见了爱利生。爱利生与他们一同前往那名中国妇女被劫持的工场。日本士兵曾将她带到邻近的房子，之后将她释放回工场。

爱利生、林查理和日方人员来到工场，日方人员想把那位妇女带到曾用来拘留她的房子，全体人员遂到达该地。该房并非美国财产，但应是第三方财产。该房已为军事驻扎地，但是初到时从外表无法判断。

中国妇女被带进该房后，爱利生和林查理随后跟进。他们从门口刚迈进一两步之后，一名卫兵突然出现。爱利生被打了一耳光，林查理的领结被撕下，一位军官走过来大声谩骂美国人。与美方人员一起的日本宪兵企图调停，但是他们也与军方人员争吵起来。宪兵刚一提到这两个外国人是美国人时，在场的军方人员立刻暴怒起来。

此事上报给日本使馆。次日上午，本乡少佐、参谋总部联络官来到美国使馆拜访了爱利生，替肇事士兵的指挥官道歉，并保证决无再犯。同时，日本似乎通过广播发布了一则歪曲事实、语气挑衅的报道。①

此事被电告华盛顿，美国政府立即向东京提出了抗议。英美报刊也广泛报道了这起殴打美国外交官的“爱利生事件”，加上此前“帕奈”号事件引起的美国民众的反日情绪尚未消散，使得东京非常紧张。日本外交当局立即表示道歉并责令严惩肇事者。

需引起注意的是，在爱利生被殴打之后，倒是他自己“还拿不定主意是否报告这起事件，因为事关两国关系，他担心会产生严重后果”②。

得知25日爱利生前往日本使馆投诉日本兵劫持妇女一事后，日军高官认为其

---

① 《日军对美国驻南京大使馆三等秘书爱利生先生的侵犯》，张连红等编：《英国使领馆文书》，第540—541页。

② [美]福斯特：《致妻子函》，章开沅编译：《美国传教士的日记与书信》，第120页。

“表现出神经质症状,又向领事馆投诉莫须有的不轨行为”[①]。爱利生被殴打后,日军当局还有意护短,但“此事涉及到上面”,只得派人向爱利生道歉,并将肇事军官送交军法审判[②]。

福斯特认为,日本人非常痛恨他们在南京的西方人士。他相信日本人很想杀了他们,“一个一个地杀”。但是由于西方外交人员能通过本国政府直接与东京联络,他也觉得这使得“本地日本官员变得稍微好打交道了”[③]。

3. 西方外交人员与西方侨民

南京沦陷之时,有20多位西方侨民自愿留在南京,这使得不愿有第三方在场的日军“非常恼火”。1937年12月15、16日,5名英美记者即被日军“礼送”出南京。同时,日军还借口“南京太危险”,劝告其他西方侨民也一同离开,被这些侨民所拒绝[④]。日方未能“及时”赶走西方侨民,转而实行禁止他们离开和封锁通信的方法,以阻止暴行被揭露。

(1) 西方侨民的期盼

西方外交人员返回之前,留宁西方侨民一直置身于日军的暴力恐怖之中,处于与外部世界隔绝的状态。他们既要承担维持难民日常生计的工作,还要到处驱赶施暴的日本兵,显得力不从心。拉贝写道:“我们需要的是人(欧洲人),到这儿来帮助我们,但日本人不让任何人到南京来。”[⑤]魏特琳表达同样的情绪:“我们还是与外界隔绝,没有一个外国人能够从外面进来。”[⑥]西方外交人员即将到来的消息,给城内中外人士带来了鼓舞。1938年1月5日,程瑞芳就期盼“美领真抵京那就好了”[⑦]。拉贝从日本使馆得知罗森等将要回来时,称之为“相当好的消息”[⑧]。

西方外交人员返回南京后,西方侨民们更是抑制不住内心的喜悦。听闻美国外交人员回来,魏特琳“很高兴”提供了10个鸡蛋“作为礼物送给他们”[⑨]。拉贝当天日记的第一段话就是欢呼美国外交人员的到来:“好啊!美国大使馆的3名官员……终

---

① [日]上村利道:《上村利道阵中日记》,王卫星编:《日军官兵日记》,第263页。

② [日]上村利道:《上村利道阵中日记》,王卫星编:《日军官兵日记》,第264页。

③ [美]福斯特:《致妻子函》,章开沅编译:《美国传教士的日记与书信》,第117页。

④ [美]马吉:《致妻子函》,章开沅编译:《美国传教士的日记与书信》,第163—164页。

⑤ 拉贝1937年12月28日日记,[德]约翰·拉贝:《拉贝日记》,第241页。

⑥ *Minnie Vautrin's Diary* (*December* 29, 1937), Box 134 of YDL Record Group NO.11, The Archives of the United Board for Christian Higher Education in Asia, Yale University Divinity School Library Special Collections.

⑦ 程瑞芳:《程瑞芳日记》,张连红编:《幸存者的日记与回忆》,第29页。

⑧ 拉贝1938年1月3日日记,[德]约翰·拉贝:《拉贝日记》,第264页。

⑨ *Minnie Vautrin's Diary* (*January* 6, 1937), Box 134 of YDL Record Group NO.11, The Archives of the United Board for Christian Higher Education in Asia, Yale University Divinity School Library Special Collections.

于从芜湖抵达这里。"德国外交人员回来的当天下午,拉贝就带着克勒格尔和哈茨前往德国大使馆,克勒格尔还弄来了一瓶香槟酒"表示欢迎"。晚上,拉贝又邀请罗森等到家中吃晚餐①。

美国外交官回到南京后,史迈士"感到身上卸下了一副重担"。到英德外交官在南京上岸,他进一步"感到了增援的力量——就好像被围困的人们迎来了救援"②。

(2) 西方外交官对侨民的帮助

沦陷前,在宁的西方侨民成立了国际委员会,并划定了安全区以保护难民。安全区内有金大、金女大、金陵中学等西方教会学校,国际委员会在这些西方建筑内设立难民收容所供无家可归的难民居住。自日军进城后,每天都有日本兵侵入这些难民收容所并犯下屠杀、抢劫、强奸等各种罪行。将日军暴行汇总,并向日方提出抗议成了西方侨民每天的工作。但是日方对于西方侨民的抗议,大都并不理睬。参与管理金女大难民收容所的程瑞芳认为,西方侨民每天的抗议不仅于事无补,反而会遭到日本人的记恨,"现在领事来了,有些事领事去报告比较有力些。"③回到南京的西方外交人员,立即接过了抗议日军侵犯西方财产的任务。

1938 年 1 月 10 日,拉贝在米尔士的陪同下前往美国大使馆,爱利生答应协助国际委员会提出抗议的工作。11 日,拉贝又前往英国大使馆,罗森和爱利生也在那里。3 国的领事都表示愿意接受国际委员会就日本兵的罪行每天提供的报告,并承诺向日本大使馆或各自政府递交这些报告④。

就在 11 日当天,日本宪兵包围宁海路 5 号国际委员会总部,并进行全面搜查。第二天,拉贝即造访了 3 国使馆,同各国外交人员讨论了国际委员会总部被搜查一事。得到拉贝的通报,罗森就此事致函日本代理总领事福井提出抗议,要求"今后不再发生此类非法进入德国人房屋的行为"。如若日军认为"此类搜查势在必行,且又有充分的理由来证明这种必要性",罗森表示"很乐意地亲自陪同任何这样的一个搜查团,或者委派一名大使馆官员或另一个德国人代表我本人陪同他们"。最后,罗森不无威胁地提出:"期盼就地解决此事及类似事务,而无需将之诉至我国政府。"⑤1 月 27 日,鼓楼医院的麦克伦被两名闯入医院的日本兵"用刺刀刺伤了脖子",就被外交人员"迅速电告了美、日两国政府"⑥。在各国使馆不断抗议的压力下,东京不得不派

---

① 拉贝 1938 年 1 月 6 日日记,[德]约翰·拉贝:《拉贝日记》,第 296、317 页。

② [美]史迈士:《致家人函》,章开沅编译:《美国传教士的日记与书信》,第 268 页。

③ 程瑞芳:《程瑞芳日记》,张连红编:《幸存者的日记与回忆》,第 30 页。

④ 拉贝 1938 年 1 月 11 日日记,[德]约翰·拉贝:《拉贝日记》,第 323 页。

⑤ 《罗森致日本代理总领事福井函》(1938 年 1 月 17 日),陈谦平等编:《德国使领馆文书》,第 92 页。

⑥ 拉贝 1938 年 1 月 27 日日记,[德]约翰·拉贝:《拉贝日记》,第 425 页。

出参谋本部的本间少将来到南京,以解决与各国间的外交纠纷。

日方控制着南京与外界的联系。西方侨民偶尔通过日方传递信件,则必须经过日本人的审查。凡信件内容为日方稍涉日军罪行,信件即被截留,写信者还会遭日本人警告。

1937 年 12 月 19 日,在下关军舰上而不能登陆的罗森,通过日方转交信件向拉贝问询城内状况。拉贝在回复中提到城内没有照明、水和电话,只有"两所德国的房子即大使先生的和我的房子没有受损,陶德曼先生的汽车正在为军事当局效劳,您的汽车以及其他的德国汽车也同样如此"①。日方对拉贝这番话非常不满,"拒绝发这封电报"。美国侨民的电报则在"修改了六遍"后,还是被日方拒绝发送,因为美国侨民认为城内"情况一天比一天紧急",而日本人却说"情况一天天好转"②。日本使馆还曾明确要求拉贝"不要报道任何使日本大使馆不愉快的事实"。拉贝只能答应,因为信件"只有通过日本大使馆才能传递"③。

西方外交人员的到来给西方侨民建立了信息传播的渠道。程瑞芳写到:"我们现在接着信如同得着宝,因许久未得着信,这些信是美国兵船带来的,现在方便多了。"④通过西方使馆的帮助,侨民们不仅可以与忧心忡忡的家人取得联系,向外界传递出日军暴行的记录,还通过上海的慈善组织获得了资金和物资的支持。

各国使馆的帮助给国际委员会极大地减轻了负担,使得他们能够腾出手来专注于难民的救助。西方外交人员还出面与日方交涉,使得国际委员会可以从外界运入救援物资。为防止脚气病的蔓延,国际委员会通过上海的慈善机构得到了一批 600 吨的蚕豆,日方却不允许在南京卸货。日方要求将这批物资无偿交予日方扶植自治委员会在安全区外发放,以便诱使难民离开安全区。为此,拉贝等求助于各国使馆。在爱利生等人的斡旋下,日方最终同意这批蚕豆运进南京,并可以在安全区内发放。

当然,在日方当局扶植傀儡政权,压迫国际委员会的考量下,西方外交人员的帮助也并不一定能够成功。南京沦陷前,国际委员会曾得到中国方面提供的一批粮食物资。由于时间紧迫,这些物资未能全部运入城内,日军占领后即将物资扣押。国际委员会多次向日方交涉力图要回这批物资,日方都未曾理睬。在拉贝的请求下,爱利生等确曾致函日本使馆提出此问题,但日方依旧未予归还。

各国使馆帮助国际委员会拯救难民的举动,引起了日方的强烈不满。日军南京

① 拉贝 1937 年 12 月 21 日日记,[德]约翰·拉贝:《拉贝日记》,第 194 页。

② [美]史迈士:《致家人函》,章开沅编译:《美国传教士的日记与书信》,第 240 页。

③ 拉贝 1937 年 12 月 29 日日记,[德]约翰·拉贝:《拉贝日记》,第 245 页。

④ 程瑞芳:《程瑞芳日记》,张连红编:《幸存者的日记与回忆》,第 31 页。

警备司令天谷在宴会演说时，公开警告各国外交人员："别再帮中国人干预我们的日常事务！"[①]拉贝则代表国际委员会向各国外交人员"给予的帮助表示深深地感谢"[②]。

身份和职责的不同，也使得西方侨民和外交官之间在面对现实时有着不同的思考。国际利益至上使得外交官们对侨民的救助活动甚至不那么赞同，沙尔芬贝格写道："作为国际委员会主席的拉贝先生，其功绩是十分了不起的，但我认为，他太相信美国人了，当了美国人的马前卒，为美国的利益和来此招魂的牧师们服务。"[③]

总之，南京大屠杀期间在宁西方外交人员的活动，实际起到了帮助中国难民，制约日军暴行的作用。西方外交人员带来了与外界沟通的手段，使得日军暴行记录得以不受日军审查而发送出去。西方人士与日军发生的冲突，也缘着这个渠道传递到华盛顿、柏林和伦敦，再通过西方政府向东京施压，使得南京日军当局有所忌惮而不能肆意妄为。西方外交人员的报告，不仅影响到其政府对于日本政府和军队的认识，为本国对日外交政策的制定提供了参考资料，也使得大量日军暴行记录得以在西方国家外交档案中得以保存。有关外交人员的报告和信件曾作为起诉方证据呈送东京法庭[④]。

正如列强停泊在长江的炮舰，是揭露日军大屠杀暴行的通讯中继站，更是维护其在华"权益"的武力后盾。西方外交人员作为列强在华的官方代表，本国利益高于一切是他们思考和行动的根本。在宁西方侨民出于反战和人道的考虑，将自己亲历的日军暴行积极向外界传播，成为当时揭露日军暴行的最主要信息源。而西方外交人员发出的日军暴行记录，却大都被锁入外交档案柜中未予公开，使得日军暴行在世界舆论中并没有得到充分、持续的揭露。

西方外交人员对暴行的抗议也集中在日军对其在宁利益的损害上，如闯入本国使馆、危及本国侨民安全、侵犯侨民财产等。尽管西方外交人员也对日军的暴行感到震惊，对中国难民的遭遇表示同情，但他们的判断却更多着眼于本国对日外交关系方面。沙尔芬贝格记录着大量日军暴行，同时又认为"日本人抢劫杀人的血腥暴行事件"，"跟我们德国人毫无关系"[⑤]。而爱利生调查日军罪行被殴打则是"自作自受"[⑥]。美英等国当时外交的重心在欧洲，英美外交人员得到指令要忍耐日军的"统治"，维持

---

① [德]沙尔芬贝格：《1938年2月10日的南京现状》，陈谦平等编：《德国使领馆文书》，第134页。

② 拉贝1938年2月21日日记，[德]约翰·拉贝：《拉贝日记》，第570页。

③ [德]沙尔芬贝格：《1938年2月10日的南京现状》，陈谦平等编：《德国使领馆文书》，第134页。

④ 参见《起诉方有关日军南京大屠杀的证据》，杨夏鸣编：《东京审判》。

⑤ 《沙尔芬贝格的报告》(1938年2月10日于南京)，张生编：《外国媒体报道与德国使馆报告》，第407页。

⑥ 《沙尔芬贝格给劳腾施拉格尔的信》(1938年2月1日于南京)，张生编：《外国媒体报道与德国使馆报告》，第362页。

跟日军当局的“友好关系”。更具外交官“职业精神”的沙尔芬贝格多次批评自己的同事罗森,“不管什么事都不能藏在心里”,时常与日本当局发生冲突①。更有甚者,在南京大屠杀血迹未干之时,爱利生就向政府建议争夺南京市场:“如果拿不出什么强有力的方案,美国人及其他外国实业家要一直等到被许可才可返回南京,那样的话,此前他们经营的绝大部分势力范围一定会被日本人所取代的。”②

(六) 大屠杀之后的西方人士

南京大屠杀期间,西方在宁人士通过他们英勇的努力给中国难民带来难以估价的宝贵帮助。同时,他们见证日军暴行的记录成为无可否认的历史定谳。他们中的一些人更是走上了日本战犯审判的法庭,通过亲历的证词,为法庭将南京大屠杀罪行的相关案犯予以定罪起到了重要作用。然而,他们自己也是不同程度的受害者。当年的在宁西方人士很多人都没能走出暴行给心灵造成的创伤,甚至到了对生活感到绝望而自杀的地步。也有人因为报道日军暴行而被本国亲日的政治氛围所不容,晚景凄凉。但是,他们作为南京大屠杀的暗夜中,微弱但永不熄灭的烛光,给了绝望中的人们以希望,也为中华民族乃至全人类爱好和平的人们所铭记。

1. 日本战犯审判中的西方人士

经历了日军南京大屠杀暴行的西方人士,不仅在当时给了中国民众莫大的帮助,还在第一时间记录下经过证实的可靠记录。在当时的南京城内,这些西方人士可谓竭尽全力与日本当局周旋,以制止暴行保护难民。战争结束后,在审判战争罪犯的法庭上,这些西方人士再次用他们的亲身经历作证,以客观确凿的证言和证词,使得当年南京大屠杀的暴行在法庭上得以定案,使相关罪犯得到惩罚。

(1) 东京审判

第二次世界大战结束后,为了惩治发动战争的战犯,同盟国成立了国际军事法庭。设在日本东京的远东国际军事法庭,主要审判日本国内挑起战争的甲级战犯。曾任中支那方面军司令官的松井石根大将,即被盟国列为甲级战犯之一。最后,法庭判决松井石根在南京大屠杀期间的犯有对部下暴行犯罪的不作为的渎职罪,判处其绞刑。在起诉方的证人中有多位西方人士出庭,在向法庭提供的起诉方证据中在宁

---

① 《沙尔芬贝格给劳腾施拉格尔的信》(1938 年 2 月 1 日于南京),张生编:《外国媒体报道与德国使馆报告》,第 363 页。

② [美]爱利生:《南京的状况——4 月 15 日》,张生等编:《英美文书·安全区文书·自治委员会文书》,第 72 页。

西方人士也多有贡献。

在整个东京审判中，就南京大屠杀相关罪行作为起诉方出庭的西方证人有威尔逊、贝德士、马吉等人；当庭宣读了史迈士、费吴生、麦克伦等人的证词；还有其他在宁西方人士形成的证据：《安全区档案》、美国大使馆的外交电函、拉贝的信件及德国大使陶德曼致德国外交部的信件等等。

西方人士的证词对起诉方就南京大屠杀案形成证据链起到了关键作用，从法庭的判决书中也可以看出对这些证词多有采信。

表 31　起诉方证据总结中的西方人士相关证据为法庭判决书采信的比较

起诉方证据总结：南京沦陷时的总体形势	1937 年 12 月 13 日南京陷落，城内一切中国军队的抵抗都完全停止。
提供证据的西方人士	威尔逊、贝茨、马吉等
判决书相关内容	当 1937 年 12 月 13 日晨日本军队进城时，所有的抵抗都已停止。
起诉方证据总结： 1. 谋杀和大屠杀	(2) 罗伯特·威尔逊医生作证：南京陷落后，仅在几天里，原有 50 名病人的大学医院里就挤满了各个年龄段的男女老少。他们的讲述更使他确信，这些人都是日军暴行的牺牲品。他提到一位 40 岁的妇女，其脖子一圈的肌肉都被日本人砍断了。又提到一个 8 岁的男孩被刺刀戳穿了肚子。提到一个头部和颈部周围被严重烧伤的男人，这个人在死前说他是一大群人中惟一的幸存者，这些人被绑在一起，浇上汽油后活活被烧死。他还提到一位被日本士兵用刺刀刺伤的老人，这位老人被丢在那里等死。一个 7 岁的女孩的肘部被一名日本士兵砍伤，而在此之前，这个士兵当着女孩的面杀死了女孩的父亲和母亲。他认出了梁(Liang)(庭芳)上尉和伍长德是他治疗过的受伤者，而他们的伤是日本人造成的，这两个人都在本案中作过证。 (4) 日本士兵反复搜查安全区，曾经有一次，他们不顾南京安全区国际委员会主席拉贝先生的抗议，带走了 1500 名难民，把他们每 10—15 人分成一组，手连手捆绑在一起，菲奇先生和许博士(说)，这些平民被用机关枪杀害，尸体被抛进了一个小池塘。 (5) 金陵大学副校长、南京安全区国际委员会成员 M.S.贝茨博士作证说，他看到了一系列的针对单个平民的射杀事件，而且在射击前没有任何的警告或明显的原因。在逐件列举了日本士兵杀害平民的事例后，说："这种屠杀规模如此之大，没有人能够加以完整地描述。"按照他确切知道的数字，在南京城内，有 12000 名平民，包括男子、妇女和儿童被杀害，而且在城内，还有许多他不了解的屠杀事件，有大量的平民在这些屠杀中丧生，在南京附近，也有大量的平民遭到屠杀，而这还不包括数以万计的前中国士兵。国际委员会安排埋葬了 3 万名中国士兵的尸体，这些士兵在投降后被用机关枪射杀在长江岸边。根本就不可能估计被抛入长江，或以其他方式被处置的尸体的数量。在三个星期的时间里，安全区每天都遭到搜查，任何手上有老茧或额头上有戴帽子留下来的痕迹的人都被指控是原中国士兵，并被日本军队带走后杀害，而这些人大部分都是普通的搬运工和苦力。 (6) 贝茨博士进一步作证指出：为了鼓励中国人承认他们曾经在中国军队中服役，日本人还采用了一种欺骗方法，日本军官会鼓励他们说："如果你们曾经是中国士兵，或曾经在中国军队中当过搬运工和劳力的话，只要你们愿意加入日本军队充当劳力，我们就可以原谅你们。"通过这种方式，一个下午就有 200 多人被从南京大学的校园里带走，他们与从安全区内其他地方抓来的人一起出发，全部被杀害。 (7) 从 1912 年到 1940 年一直居住在南京的牧师约翰·G.马吉作证说，日本军队对平民的屠杀从南京城陷落之日就开始了，之后愈演愈烈，直到"……出现了有组织的大规模屠杀。很快，到处都是尸体，我碰到过成队的中国人被带走、杀害。这些人主要是被用步枪和机枪杀害的。另外，我们还知道有数百人一起被用刺刀杀害"。

续表

	马吉进一步作证说,在12月14日傍晚,他看到两队中国平民,至少有1000人,每4个人被捆绑成一组,他们被带走杀害了;12月16日有1000多名中国平民,其中包括14名教徒,以及一位中国牧师15岁的儿子,被带到长江岸边,被用机关枪杀害了。 (8) 马吉和另外一个美国人以及两个俄国人亲眼目睹了一次杀害中国人的事件:"一个穿长丝袍的中国人从这所房屋走过,两个日本士兵喊他,这令他非常害怕,试图逃开。他加快了步伐,希望一个篱笆墙边那里能有个缺口让他绕过去,但是那里没有缺口。那两个日本士兵走到他面前,在离他不到五码远的地方一起向他开枪射击——杀了他。他们都有说有笑,就像什么都没发生一样,一直吸着烟,聊着天,他们的感觉最多就像杀死一只野鸭一样,继续朝前走。" (9) 马吉作证说,他在码头附近看到了成堆的平民的尸体,每一堆尸体都有数百具,而且这些尸体中的大部分都被烧焦了,说明这些平民被射杀后,尸体还遭到了焚烧。在有些街道,都没有办法开车,因为平民的尸体太多了。他还照了照片,记录了女人们向日本士兵下跪,恳求他们放了她们的男人们,这些男人们正在列队,由日本士兵驱赶着出发。当他试图要求一名日本士兵放了其中的两个人——这两个人是他的司机的兄弟时,还遭到了这名士兵粗暴的辱骂。 (10) 乔治·A.菲奇(费吴生)出生在中国,在中国的基督教男青年会(YMCA)国际委员会担任了大约36年的秘书,在他的证词里,他引述了他当年记的日记中的一些话:在12月15日,我看到大约1300名身穿平民服装的中国人从我们总部附近的难民营被带走,他们排成队,每100个人绑在一起,押送他们的士兵的枪上都上了刺刀。尽管我向指挥官提出了抗议,但他们还是被押走杀害了。 在1937年12月22日,我在我的办公室以东1/4英里的一个池塘里看到大约50具尸体,所有的尸体都穿着平民的服装,其中大部分尸体的手都被绑在背后,还有一具尸体的半个头被砍掉了。之后,我又看到了数以百计的中国人的尸体,其中大部分是男人,但是也有一些女人,情况大体一致,在池塘里,在街上,在房屋里。 (11) 麦克伦是一位在南京的美国传教士,在他的日记里记录了许多日本士兵在1937年12月19日进入南京后枪杀平民的事例。他说:"这绝对是令人难以置信的,数千人被冷酷地杀害了,很难猜测到底有多少人被杀,有些人相信这个数字会达到1万。" 在第二天,他讲述了人们是如何被从安全区带走的,日本士兵声称他们都曾经是中国士兵。他继续写道:"……尽管人群中有人能够证明他们是平民,但是因为他们手上有老茧,日本人不进行进一步的调查就认定他们是中国士兵,全然不顾人们的抗议。许多黄包车夫和船工以及其他苦力被枪杀了,仅仅是因为他们手上的老茧……" (27) 1938年1月25日,美国大使发表了来自驻南京的美国副领事的官方报道,叙述了从1937年12月10日到1938年1月24日发生在南京的罪行。据估计,南京陷落后几天之内,就有2万多人被日军迫害致死,理由是这些人曾当过兵。后又补充说明:"看来,没有丝毫措施来区分曾当过兵的人和根本没在军队服役过的人。只要怀疑一个人是士兵,那么他只有死路一条。"报道内容还有:"除了由日本的小分队对所有的士兵进行剿杀之外,二三人一帮的日本士兵也随时在街头游荡。正是这些士兵的烧、杀、抢,给(南京)城市造成极大的恐怖。至于南京陷落后日军是被授权随意烧、杀、抢,还是日军已完全失控至今未得到解释。日军仍然蜂拥南京街头,干下的罪行罄竹难书。根据无数外国证人的指控,日本兵犹如一群野蛮人肆无忌惮地侮辱这座城市,全城有数不清的男人、女人和儿童被杀害。"
提供证据的西方人士	威尔逊、费吴生、拉贝、贝德士、马吉、爱利生等。
判决书相关内容	据一位目击者说,日本士兵毫无约束,像野蛮的游牧部落一样亵渎这座城市。据目击者称,这座城市就像被捕获的猎物一样落入日本士兵的手中,而不像是经过有组织的战斗

续表

	后被占领的,获胜的日本军队的成员扑向猎物犯下无数暴行。日本士兵们单独,或三五成群地在城中游荡,实施谋杀、强奸、抢劫和纵火,无任何纪律可言。许多士兵喝得酩酊大醉。士兵们在街上闲逛,在未受任何明显的刺激、没有任何借口的情况下,不分青红皂白,随心所欲地杀害中国的男女老少,致使大街小巷尸体横陈。据另一位目击者称,中国人像兔子一样地被猎杀,任何人只要跑开就会遭到射杀。在日军占领南京城的最初两至三天中,至少有 12000 名非战斗人员——男女老少死于这种不分青红皂白的滥杀。
起诉方证据总结: 3. 强奸	(1) 从 1937 年 12 月 13 日到 1938 年 2 月 6 日,南京城下至 9 岁、上至 77 岁的女性遭受日军惨绝人寰的强奸和轮奸。南京安全区国际委员会主席拉贝先生在呈交给德国外交部的报告中称,南京陷落后一个月内,2 万多名妇女被日军强奸。数以千计的妇女死于日军的蹂躏之下,其余的在遭受轮奸之后含冤死去。而且日军大肆侮辱被害女性的尸体——用木棒、酒瓶或其他异物插入受害者的阴道,让尸体暴露于光天化日之下。这种令人发指的罪行无时不在。假如受害者的亲人,甚至孩子干预这无耻的罪行,他们只有死路一条——被就地打死或杀死。(2) 南京陷落后 4—5 个星期,日军每天都要闯入金陵女子文理学院,这里被宣布为安全区,而且 1 万多名妇女和儿童群居于此。而金陵大学的校园也被宣布为是安全区,4 万多名难民也在这里避难。尽管有魏特琳、特威纳姆夫人、程夫人、国际委员会的成员以及外国居民的英勇无畏的工作,日军仍公开在大学的操场上强奸年轻姑娘和妇女。甚至挑选漂亮姑娘带到日本军官住所去蹂躏侮辱。南京陷落后,日军无节制的罪行一直持续了 6 个多星期。 (3) 就日本士兵对中国女性所犯罪行作证时,贝茨博士这样说:"那是最粗暴最悲惨的景象。就在我的邻居家里,妇女被强奸,其中还包括大学教授的妻子。有五次,我亲眼目睹日军强奸妇女并把他们从妇女身上拉下来。根据我们前面提到的安全区的报告,也根据我对发生在各难民营以及金陵大学教学楼里的强奸案例调查记录,其中涉及 3 万名难民,共计有数千起强奸案,这些案件的细节报告给日本当局。南京陷落后一个月,国际委员会的拉贝先生曾向德国当局汇报,他和他的同事相信南京发生了不少于 2 万起强奸案例。在这之前,我仅根据安全区的报告,非常保守地估计总数为 8000 例。每天、每时、每刻,都有大批日军——15 或 20 个一伙在城里游荡,主要是去难民集中的安全区找寻妇女。我清楚地记得两起由军官参与的强奸案,因为我自己都险些在这两起事件中丧命。强奸无时不在,无论是在白天还是在夜晚,很多情况下,甚至在路边。我的一个朋友亲眼看见,就在南京神学院的操场上,一位中国妇女被 17 个日本士兵轮奸。我不想重复那些与强奸有关的变态和虐待狂的暴行,但我想提一下仅在金陵大学操场上,就有一个 9 岁的小女孩和一个 76 岁的祖母被强奸。" (4) 威尔逊作证说曾赶走强奸妇女的日本兵,并收容一个被日军强奸而后得了梅毒的女孩。 (6) 马吉在他的证词中肯定了这件事,又给出了其他案例。马吉提到了自己所知道的许多日军强奸的罪行。其中包括一个 10 岁的女孩在 12 月 20 日被强奸和一个 15 岁的女孩在 1938 年 2 月 1 日被强奸 6 次,一个 40 岁的寡妇被强奸 8 次,一个 37 岁的寡妇在去金陵大学的路上被日军强奸 2 次,还有一个 80 多岁的老妇人仅仅因为说"我太老了"来拒绝日军的暴行而惨遭杀害。他又进一步证明,日军军官碰到正在强奸妇女的士兵,也只不过打一记耳光,而日军哨兵碰到向他报告强奸事件也不过一笑了之。 (12) 一位美国传教士麦克伦 1937 年 12 月 17 日在日记中写道:"强奸!强奸!强奸!我们估计夜晚至少有 1000 起,白天也有许多。只要有反抗或是拒绝,随之而来的将是刺刀和子弹。每天我都可记录数百件案例。人们已经有些歇斯底里,只要我们外国人一出现,就跪下磕头。他们请求帮助。……妇女们从早到晚都会被日本士兵拖走。所有日本士兵似乎都可以要到哪就到哪,想干什么就干什么。"1938 年 1 月 3 日,他又写道:"每天都有长长的坏事记录。昨天下午,在国际委员会总部有个人被打死了。今天下午,有一个日本兵企图强奸一名妇女,她丈夫帮助她反抗,后来这个日本兵返回,开枪打死了这位丈夫。今天早上来了一个处境困难的妇女,讲述了一个可怕的故事。她是被 5 名日本人抓到一个日本医疗机构里去的三人之一。她们白天为日本人洗衣裳,晚

续表

	上被强奸。其中两位妇女要满足 15—20 名日本人。最漂亮的一个晚上要被 40 名日本人强奸。到我们这里来的这位妇女,被 3 个日本兵带到一个没人的地方,在那里他们企图砍下她的头。她的脖子上的肌肉被割断,但颈椎骨没有被砍断,她昏死过去,后来她还是挣扎着来到医院。"1938 年 1 月 8 日他在日记中这样写:"一些(日本)记者来到一个难民营的门口,分发蛋糕、苹果,并递给难民一些零钱,日本人把这些拍成电影。与此同时,一伙日本兵从院子后墙爬进,强奸了十多名妇女,后面可没有人拍电影!" (13) 1938 年 12 月 25 日,美国使馆的副领事返回南京后,在发给美国大使的官方报告中这样总结了南京陷落后发生在南京的事情:"据报告,日本士兵在任何能够找到当地妇女的地方搜寻妇女然后强奸,本报告后附有这些事件的参考材料。日军占领南京初期,这儿的外国人相信每晚要发生 1000 例这样的事件,而一个美国人曾统计,仅在属于美国人财产的地方,一晚上竟有 30 例强奸事件。"
提供证据的西方人士	拉贝、魏特琳、贝德士、威尔逊、马吉、麦克伦等。
判决书相关内容	有许多强奸案例。无论是受害者还是试图保护受害者的家庭成员只要有反抗,死亡是很寻常的惩罚。在全城众多的少女和老妪被强奸。伴随强奸,还有许多变态和虐待狂的事例出现。许多妇女在被强奸后遭杀害,尸体也被毁坏。被占领后的第一个月中,南京城里发生了将近 2 万起强奸案。
起诉方证据总结: 4. 抢夺、抢劫和肆意破坏财产	(2) 日军占领南京前,只有极少的建筑物受到在此之前的战争的破坏。而在 5—6 个星期的日军的破坏下,住宅、商店、教堂、学校和公共建筑物完全遭到毁坏,南京成了一片废墟。贝茨先生这样作证:"在日军占领南京后的 6—7 个星期里,他们肆意闯入城里的每一个房间。在很多情况下,抢劫都是有组织的,甚至在日本军官的指挥下动用了大批卡车。银行里的保险柜,包括德国官员和居民的个人保险柜被日军用乙炔焊枪切开。他们还闯入外国大使馆洗劫,这其中包括德国和美国大使馆的私人财物。事实上,任何可见的财产都被洗劫一空。日军占领南京之前,只有一些醉酒的士兵造成了 1—2 起小的火灾。而大约从 12 月 20 日开始,即日军占领南京的 5—6 天后,日军开始放火,并持续了 6 个星期。在一些情况下,都是先抢劫商店,然后放火,大多数情况下我们看不出任何纵火的原因和规律。没有一次发生严重的大火,但每天都有一些固定建筑群的失火事件。有时日军使用汽油,但更多的是使用某种化学物质,我保留了这种化学物质的样品。1938 年初俄国大使馆发生火灾。火势蔓延到基督教男青年会大楼、两幢著名的教堂和两处飘扬纳粹旗帜的德国商业财产。" 马吉作证如下:"日军强行抢劫他们看中的任何东西:表链、钢笔、钱、衣物、食物等。日军占领南京后我曾送一个 41 岁的妇女到医院——她显然是很不明智,竟在日军抢她的被褥时和其争夺,被日军刺伤了脖子。在南京城的不同地方,每天都有火灾。我们的一所圣公会教堂遭到部分焚烧,随后在 1 月 26 日被彻底焚毁。基督信徒馆也被烧,他们的一所校舍被烧毁,还有基督教男青年会大楼、俄国大使馆,以及安全区之外的很多居民住宅被烧毁。这些日本兵每次焚烧时总会留下一些类似白蚁的黑黑的棒状物。这东西易燃,毫无疑问他们是用这个来点燃房子的。" 菲奇 1937 年 12 月 20 日在他的日记中这样记载:"抢劫和暴力毫无阻碍地继续着。整条太平路在燃烧,南京大多数重要商店都在这条街上。我看到,日本兵在放火烧毁商店之前,用军车装运抢来的东西。我还亲眼看见一伙士兵正在放火烧一栋大楼。紧接着我开车来到基督教青年会,看到青年会的房子已经烧起来了,但很明显刚刚不久前才被人点燃。当晚,我从住所窗口看到 14 个地方起火,有的着火面积很大。" 麦克伦 1937 年 12 月 27 日在日记中写道:"在南京每座外国人的房屋都被看作是一个景点,但从未被乱动过。日本人来后,没有什么他们不碰的。每把锁都被撬开,每个箱子都被洗劫一空。他们搜寻财物和一切值钱的东西,从门外的烟囱到房里的钢琴。南京一片凄惨。当日军进城时,所有建筑都完好无损,而自此之后,商店被洗劫,大多数被焚烧。太平路、中华路和其他所有主要的商业街实际上都是一片废墟。" (3) 冯·法肯豪森将军批准将一位德国目击者的秘密报告作为绝密报告发给德国外交部,该报告描述了从 1937 年 12 月 8 日到 1938 年 1 月 13 日日军在南京的所作所为。

续表

	“他们从难民那里抢走一切能抢的东西——食物、羊毛睡毯、衣服、手表，简而言之，他们抢走任何值得带走的东西。一名日本兵抢劫时要带上四个苦力给他搬运赃物，这是一种非常普遍的现象。这种有组织的抢劫持续了 14 天，即使现在，人身安全仍不能得到保障。”然后，讲述了在南京被占领时城市的大部分地方未遭破坏，报告这样写道：“在日军的统治下，南京城的面貌大变。没有哪一天没有纵火。现在轮到太平路、中山东路、国府路、珠江路。城南全部和夫子庙完全被烧毁。假如用百分数来表示的话，南京30%—40%被烧毁。” (4) 发给美国外交部的官方报道声称：“（日军）未采取任何灭火措施。”
提供证据的西方人士	贝德士、马吉、麦克伦、克勒格尔、爱利生等。
判决书相关内容	日本士兵随意抢夺他们想要的任何东西。随处可见士兵们在路上拦住没有武装的市民搜身，找不到值钱的东西就开枪打死他们。许多民宅和店铺被非法闯入和遭抢劫。抢劫所得被用卡车装走。抢劫完商店和货栈后，日本兵常常放上一把火。太平路——南京最繁华的商业街道，以及这座城市其他成片的商业区被大火烧毁。士兵们无故地焚烧市民的家。几天后，这样的纵火似乎成了一种固定的模式，并持续了六个星期。大约1/3 的城市就这样被毁掉。
起诉方证据总结： 6. 恐怖统治持续了六个多星期	(1) 威尔逊医生描述了几名被送到医院治伤的平民的情况，这些平民都是被日本士兵伤害的。之后，他说：“这种情况在日本于 12 月 13 日占领南京后，持续了大约 6—7 个星期。” (2) 关于这种暴行持续的时间问题，许博士说：“最初的几个月情况最恶劣，尤其是前三个月，后来，这种情况或多或少减少了。”贝茨博士作证说：“严重的恐怖气氛持续了两个半到三个星期，在 6—7 个星期里，情况都比较严重。” (3) 当被问到在日本军队占领南京后，他所描述的日本士兵残暴对待中国平民的行为持续了多久时，马吉先生回答说：“在大约六星期后，这种情况开始减少，尽管还是发生了多起事件——在此之后，发生了许多单个的事件。”
提供证据的西方人士	威尔逊、贝德士、马吉等。
判决书相关内容	贝茨先生作证说，这种恐怖气氛在南京陷落后的两个半到三个星期中非常强烈，六到七个星期后依然严重。
起诉方证据总结： 8. 南京安全区国际委员会的报告	(1) 南京安全区国际委员会是由一批留在南京的德国、英国、美国和丹麦公民组成的，这些外国人在南京陷落之前和陷落时留在南京。从 1937 年 12 月 14 日到 1938 年 2 月10 日，德国人约翰·H.D. 拉贝先生担任国际委员会的主席，S.C.斯迈思博士担任国际委员会的秘书。国际委员会成员的姓名和国籍记录在庭审笔录的第 4508 页和第 4509 页。这个委员会成立的目的是在一个狭小的非战斗区内为难民提供一个可以逃脱战争威胁的地方。 (2) 南京安全区国际委员会每天都向驻南京的日本外交机构递交以个人身份写的报告，该委员会几乎每天都向日本领事和在南京的日本外交机构的代表递交书面的报告，详细地通报日本士兵在南京安全区内的残暴行径。这些报告包括了从 1937 年 12 月 16 日到 1938 年 2 月 2 日的 425 起案例（有时一组报告就包括了 30 起不同的强奸或其他事件）。斯迈思博士说：“……在日本军队占领南京的前六个星期里，我们几乎每天都要提出两次抗议。通常一份是由拉贝先生和我送达给日本大使馆，另外一份则由信使送交……在拉贝先生和我与日本大使馆几乎每天进行一次的会谈中，他们从来没有否认过我们的报告的准确性。他们不停地许诺他们将就此问题作出努力，但是直到 1938 年2 月，才采取了有效的措施改善当时的形势……” 贝茨博士作证说： ……在最初的三个星期里，我几乎每天都要带着书面报告或信件前往大使馆，通报前一天发生的事情，我还经常与相关的官员举行会谈。这些官员包括 K.福井，他拥有领事头衔；一位田中先生，他是副领事；福田先生，此人现在是吉田首相

续表

	的秘书。这些人试图在这种困难情况下做一些他们能够做到的事,但是他们自己也对日本军队的行为感到恐惧,除了把这些情况通过上海向东京汇报外,他们也无能为力。 在12月16日的信件中,我对发生在南京大学校园内的诱拐女性事件提出了抱怨,同时也对前一天晚上30位妇女在金陵大学的建筑物内被强奸一事提出了抱怨。 在12月17日的信件中,我除了详细地、逐个逐个地陈述了一些个案外,还讲到了恐怖统治和残暴行为依然在继续着,而这一切就在你们的眼皮下、在你们(大使馆)的毗邻地区发生着。 在12月18日的信件中,我通报了在前一夜,在金陵大学的六所建筑中都发生了强奸案件。我们大学里成千上万的女性三天三夜无法入睡,她们陷入了歇斯底里般的恐惧中,因为暴力事件随时可能发生。我向他们提到了在中国人中非常普遍的一种看法:只要有日本军队,就没有哪间房屋、哪个人是安全的。 在12月21日的信件中,我抱怨说有数百民难民被带走去做苦力。 在圣诞节,我通报说在南京大学的建筑物里,每天都会发生大约十起强奸或诱拐女性的事件,而且这种情况还在继续。 在12月27日,在罗列了大量的个案后,我写道:"无耻的混乱仍在持续,而且我们看不到日本当局采取任何严肃认真的措施来终止这种混乱。日本士兵们每天都在极其严重地伤害着数以百计的平民。难道日本军队就不在乎他们的名誉吗?" (3) 贝茨作证说,情况直到1938年2月5日或6日才得到明显的改善,他还说他知道他向南京的日本领事馆递交的报告被该领事馆报告给了在东京的日本外交机构。他说:"我曾经看到过美国驻东京大使格鲁先生发出的电报,电报是发给南京的美国大使馆的,在电报里,大使详细地引用了我的报告中的内容,还提到了格鲁先生与包括广田先生在内的外务省官员之间就这些内容进行的讨论。"(广田先生也是被告人之一) (4) 12月16日,委员会的秘书斯迈思致信日本外交机构的福田先生,详细列举了日本士兵在安全区内造成的混乱,"昨天,安全区内持续不断的混乱加剧了难民的恐惧"。 (5) 12月18日,委员会主席拉贝先生致信日本大使馆,详细描述了日本军队在安全区内犯下的暴行,在他的信的开头是这样说的:"再次打扰你,我们非常抱歉。但是我们所照料的20万难民的苦难和需要使我们认为现在迫切需要你们的军事当局采取措施,制止目前在安全区内四处游荡的日本士兵的无序行为。" (6) 12月19日,委员会秘书致信日本大使馆,列举了更多日本士兵在安全区内的胡作非为。"……我很遗憾地不得不向你们通告今天的形势和以前一样糟糕。" (7) 12月20日,拉贝主席在致日本大使馆的信件中是这样开头的:"随函附上日本士兵继续胡作非为的案件71至96号。你将会注意到从昨天到现在向我们报告的这26起案件中,14起发生在昨天下午、晚上和今天。因此,情况似乎并没有大的改观。" (8) 12月21日,委员会秘书在致日本大使馆的信中,列举了发生在前一天下午的案件,信中说:"……我们应该记住,这些每天都在我们安全区内遭到强奸的一些女性的丈夫是牧师,是基督教男青年会的工作人员,是大学讲师,是那些过着有尊严的生活的人……" (9) 12月21日,在南京的22名外国居民向日本大使馆递交信件,要求他们以人道的名义,为了南京城内20多万平民的福祉,立刻停止日本军队在全城范围内的纵火和其他胡作非为的行为,这些已经对平民造成了巨大的苦难。 (10) 1938年2月2日,委员会递交的报告记录了77起独立的强奸案件、4起谋杀案件和13起抢劫事件,所有这些都是在1938年1月的最后一个星期发生的。 (11) 马吉作证说,除了委员会的报告,他还多次前往日本大使馆通报单个的残暴案件。以及:"12月21日,田中副领事告诉我当时南京一个表现比较糟糕的师团将被一个比较好的师团替换,他认为12月24日前一切就可以解决了,但是12月24日之后并没有明显的改善迹象。"

续表

提供证据的西方人士	贝德士、史迈士、马吉、拉贝等。
判决书相关内容	安全区国际委员会的秘书斯迈思(史迈士)先生在最初的六个星期中每天都提交两份抗议书。
起诉方证据总结：9. 东京的外交机构了解南京的形势	(3) 在日本士兵所犯下的种种暴行被报告给日本外交机构和日本统帅部之后六个多星期里，日方没有采取任何有效的措施来改善南京的形势。这些暴行在日本军事和民事当局的了解和允许下持续着，这也证实了陶德曼在 1938 年 2 月 16 日递交给柏林的德国外交部的机密报告中的话，这份报告包括了德国目击证人对发生在南京的事件的记录："决定南京命运的日子表明了两个明显的事实：(1) 南京防卫的失败；(2) 日本军队缺乏纪律，残暴和犯罪行为并不仅仅限于某些个人，而是整个军队，即整个日本人。"这就是日本军队未经宣战就发动对中国战争的方式。
提供证据的西方人士	克勒格尔等。
判决书相关内容	德国代表通知其政府说，"暴行和犯罪行为不只限于个体，而是整个军队，也就是说是日本人。"日本军队，在后来的报告中，被称为"野兽机器"。

资料来源：摘自：《起诉方对其证据的总结》、《判决书(有关南京大屠杀)》，杨夏鸣编：《东京审判》，第 390—408 页、606—610 页。相关人名进行了统一，个别翻译不妥处依据原文进行了修改。

上表只是摘录了起诉方在总结其证据时直接提及为西方人士作证的部分。从起诉方证据总结中西方人士提供的相关证据所占比例，再对比法庭判决书采信的部分，即可明了西方证人及证据所起的重要作用。其实，在其他罪行证据中，在宁西方人士也是重要提供者。正因为西方人士在法庭上的贡献，使得南京大屠杀案得以定案，并对松井石根作出如下判决：

> 南京在陷落前，中国军队已撤退，日军占领的只是一座未设防的城市。接下来就是日本军队对无助的平民实施的长时间的最恐怖的暴行。日本士兵犯下了集体屠杀、个人谋杀、强奸、抢劫和纵火等罪行。虽然日本目击者否认暴行的规模，但是来自不同国籍的中立目击者提供的相反的证据与不容置疑的谁应承担责任的证据却是压倒性的。这种无节制的犯罪开始于 1937 年 12 月 13 日占领南京城，直到 1938 年 2 月初才停止。在长达 6—7 周的时间里，数以千计的妇女被强奸，10 万人以上被屠杀，难以计数的财产被抢劫和焚毁。在这些可怕事件的高潮期间，12 月 17 日松井石根举行入城仪式并在城内住了 5—7 天。根据他自己的观察和属下的报告，他一定已经意识到了正在发生的事情。他承认他曾从宪兵和领事馆官员那里听说了他的军队的某种程度的非法行为。有关这些暴行的每日报告被递交给日本在南京的外交代表，并被转呈东京。法庭认为有充分的证据显示松井石根知道正在发生的事情。他没有采取任何措施，那些能抑制这些暴行的措施。在占领南京城前，他确实曾发布命令吩咐他的军队要检点自己的行为，而且后来出于同样的目的进一步发布了命令。但是众所周知这些

命令没有起到任何效果,他自己一定也知道这一点。辩护方为其辩护说,那时他正在生病。但是在这些暴行发生的时候,他的疾病既没有阻止他履行军事指挥权,也没有阻碍他在城内发生这类暴行时访问该市达数天之久。他指挥着那支应对所发生事件负责的军队。况且他知道这些暴行,他既有权力,也有义务控制住他的军队和保护不幸的南京市民。他必须为他的渎职行为承担刑事责任。

对被告第55项的指控,法庭判决被告松井石根有罪。[①]

在东京审判中,西方人士提供的证词对南京大屠杀案的定罪起到了关键作用。从上表所列举的证词可以看出,西方人士既对整个南京的局势有着宏观的描述,也有着相当详细的个案的举证。相比之下,大部分中国证人则只能就亲身经历的某个案例作证。这和其时西方人士及中国难民所处的境遇不同相关。在日军暴行发生之时,中国难民大都躲藏在难民收容所或其他隐蔽处,处于保命的状态,无法出来活动,难以对整个南京有所观察和感受。而西方人士则拥有相对的自由,可以在一定范围内活动。尤其是拉贝、史迈士等安全区国际委员会的成员,他们与中国难民和日本当局均有着相当的接触,对日军暴行的整体状况有着较为深入的把握。在中国证人中,只有许传音因其与西方人士交流密切,后又加入自治委员会,所以有着和西方人士相当的整体观察。

西方人士的证词为起诉方所重视,还因为西方人士大都受过高等教育,有着严谨的观察和表达能力。在普遍使用英语的东京法庭,说着英语的西方人士有着更好的发挥空间。中国证人中,也许只有在美国接受过高等教育的许传音拥有类似优势。

此外,西方人士作为中日战争之外的第三方,中立的地位也使得他们更具公信力。

(2) 南京审判

1947年2月,从东京法庭归来的史迈士和贝德士再次走上南京军事法庭的证人席,就日军南京大屠杀暴行作证。史迈士还"当庭呈上记载南京屠杀事件之书籍三本。(《南京安全区档案》、《日军暴行纪实》[即《外人目睹中之日军暴行》]、《南京战祸写真》)"[②]。他们的证词和证据对南京军事法庭判定南京大屠杀案也起到了很大作用。详细内容见下文。

2. 西方人士的历史遗产

经历了南京大屠杀的西方人士和中国难民一样,并没有因为大屠杀暴行的结束,

---

① 《判决书》,杨夏鸣编:《东京审判》,第611页。

② 《军事法庭传讯证人史密斯教授证词(1947年2月6日)》,胡菊蓉编:《南京审判》,第367页。

离开南京也难以走出这段梦魇。他们得到了赞颂和荣誉，他们也为自己所做出的努力而感到自豪；然而，耳闻目睹的悲惨经历也使得他们的心灵受到重创。他们中的很多人一生都在背负着这段经历所带来的后果。

(1) 西方人士此后的人生道路

西方在宁人士救助难民的贡献受到中国难民的交口称颂，并有多人获得中国政府和本国政府颁发的勋章。然而，他们同时也承受着经历日军暴行的重负，他们自己也是受害者。很多人在南京暴行平息，甚至离开南京后，仍难以摆脱暴行给身心带来的阴影。靠着自己的勇敢坚强，拯救了众多中国妇女的魏特琳最终却选择了自己放弃了生命，她没有看到日本投降和日本战犯受到审判的那一刻。其他西方人士的心灵也在余生中饱受折磨。

一位中国司机曾对魏特琳说过："使中国人免遭彻底毁灭的惟一原因，就是南京有为数不多的十几位外国人。"①西方人士的贡献也得到了中国政府的肯定，拉贝、魏特琳等人都曾获得中国政府颁发的三色绶带勋章。拉贝等人还得到了本国政府的嘉奖。

但经历了南京大屠杀的魏特琳精神状况持续恶化，以致无法坚持其在中国的工作。在被送回国的船上，魏特琳即企图自杀，幸而被及时发现。回到家乡的魏特琳也没能恢复过来。1941 年，以面对日军暴行时勇敢坚强著称，曾给无数中国妇女以帮助和慰藉的魏特琳却选择用自杀的方式离开这个世界。

救治了众多伤员的外科医生威尔逊的精神和身体也受到损害。1938 年 6 月，威尔逊才得以离开南京前往上海休假。到 1940 年，"疾病和精神崩溃"使得威尔逊不得不放弃在中国的事业，返回美国。"他再也没有重返中国，也没有从紧张的状态中完全恢复过来。"②

约翰·马吉的儿子戴维·马吉也相信，"大屠杀期间与日本人打交道的精神压力使他的父亲英年早逝。"费吴生的女儿也认为那段经历使得她的父亲"常常出现严重的健忘症"③。

拉贝带着他对日军南京大屠杀暴行的记录回到德国。他公开演讲揭露日军的暴行，并向德国政府提供相关证据，使得他受到盖世太保的抓捕。在其时与日本结盟的纳粹德国，拉贝最终失去工作，生活困顿。或许抗战胜利后，南京政府对拉贝生活的

---

① *Minnie Vautrin's Diary* (*December* 18, 1937), Box 134 of YDL Record Group NO.11, The Archives of the United Board for Christian Higher Education in Asia, Yale University Divinity School Library Special Collections.

② [美]张纯如：《南京浩劫——被遗忘的大屠杀》，第 247 页。

③ [美]张纯如：《南京浩劫——被遗忘的大屠杀》，第 247 页。

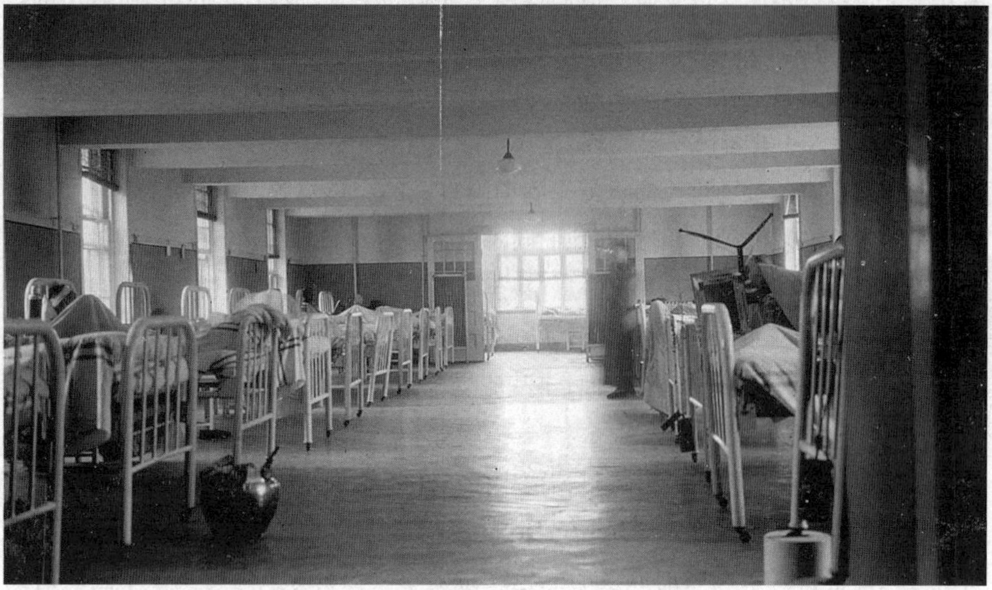

鼓楼医院的病房。耶鲁大学神学院图书馆藏。

金陵大学校园中的部分难民,该校的各处建筑中容纳了大约 10000 人。摄于 1938 年 3 月。耶鲁大学神学院图书馆藏。

洛迦路25号圣公会看护的难民聚集在房前。耶鲁大学神学院图书馆藏。

南京北平路上圣公会新的传教中心,租用了中英文化协会以前的房子。地方差不多位于南京的中心,与圣保罗堂和圣公会下关教区等距离。耶鲁大学神学院图书馆藏。

接济能使他感到些许欣慰①。

总之,南京大屠杀不仅剥夺了数十万中国人的生命,也给更多的人带来了身体和心理上难以愈合的伤痕。这其中也包括当年勇敢留下来保护中国难民的西方人士。日军大屠杀的暴行改变了中国人生活的轨迹,也改变了这些西方人士的人生道路。

(2) 西方在宁人士的现代意义

20世纪90年代,在一次日本右翼分子石原慎太郎否认南京大屠杀的言论之后,依然还健在的美国记者杜丁,“采取了直接的行动。他暂时终止了在圣迭戈的退休生活,举行了一次记者招待会,反驳石原的言论。”约翰·马吉已经去世,他的儿子站出来驳斥石原的谎言。“他接受了媒体的采访,参加了有关南京大屠杀的会议,并在会议上宣读了其父的文件,还展示了他父亲当时拍摄日本暴行的摄影机。”②

同样,已经逝去的西方人士通过他们的记录,继续为维护史实发挥着贡献。由张纯如发现的《拉贝日记》先后在德国、中国、日本、美国出版。

2009年10月,由中国国际广播电台、中国人民对外友好协会、中国国家外国专家局共同主办,由国际在线网站承办,评选百年来对中国贡献最大、最受中国人民爱戴或与中国缘分最深的国际友人,拉贝得票位列第二,仅次于加拿大的白求恩医生,当选为“十大国际友人”。

日本学者笠原十九司在“要求日本的政治领导人们用行动来表示认定南京事件真实性的政治态度”时提到:“采取坚决措施保证描述南京事件的电影《拉贝日记》(德国导演佛罗瑞·加仑伯格)《南京!南京!》(中国导演陆川)等外国电影能在日本国内的电影院中安全上映。畏于右翼势力的武力阻挠等活动,一般电影院都处于上映困难的境地,所以上述电影至今尚未在日本公映。前者在德国、法国还有中国都成为热门话题,许多国民都已观看,但在日本否定南京大屠杀的《南京的真实》可以毫无阻碍地上映,但描写真实的外国电影却无法公映,处于一种很难说是非常‘成熟的民主主义国家’(日本政治家非常喜欢用的词)所做的令人感到羞耻的社会状况中。”③

如果说,西方人士在南京大屠杀期间的英勇行为,是黑暗中的烛光。这烛光不仅照料过去的史实,更给爱好和平的人们照亮未来的路。④

---

① 1948年初,南京市参议会曾通过提案,成立了救助德侨拉贝的劝募委员会,所募得的款项兑换成2000美元,辗转汇给拉贝。时任南京市市长的沈怡,在瑞士购买4大包食品寄交拉贝,以“表示南京市民对他昔日义举的感谢”。此后,从1948年6月直至1949年4月国民政府撤离南京,南京市政府坚持每月寄赠拉贝食物一包。1950年1月5日,拉贝因中风在德国家中去世。参见黄慧英:《南京大屠杀见证人拉贝传》,第324—335页。

② [美]张纯如:《南京浩劫——被遗忘的大屠杀》,第264页。

③ [日]笠原十九司:《日中历史共同研究与南京大屠杀论争在日本的终结》,《抗日战争研究》2010年第4期,第23页。

④ 2011年6月,董为民以同名博士学位论文获得南京大学历史学博士学位。

南京大屠杀史研究

Nanjing Datushashi Yanjiu

（增订版）

张生 等 著

下

凤凰出版社

四、南京大屠杀的“德国视角”

——以德国外交档案为中心

抗日战争全面爆发时的德国，是中、日两国的共同朋友，尽管在希特勒眼中，两国份量并不一致。一方面，日本是德、日《反共产国际协定》的盟友，双方有着共同的全球利益；另一方面，国民政府与德国保持着政治、经济、军事等方面的密切合作。当时，德国军事顾问继续协助蒋介石组织对日抗战，中、德军火贸易畅旺。对德国来说，如果可能，在中、日冲突中保持中立，是最好的选择。德国驻华大使陶德曼、驻日大使迪克森在中、日间居间调停，正是此种定位的产物。这种非逻辑却又现实的角色，是德国人士看待中、日冲突角度独特的重要背景，其价值因而彰显。

当日军在 1937 年 11 月底逼近国民政府首都南京后，德国在南京保留了以大使馆政务秘书罗森(Rosen)为首的外交人员班子，此外，数位德国商务人士因为参与国际安全区工作而拒绝奉命离开。他们与当时在南京的西方传教士、英美等国的外交人员、西方媒体记者等一起，成为南京大屠杀的第三方目击者，国际联合救助行动的合作者。还有其他一些德国人，或与在南京的德国人有着工作关系或私人友谊，或通过其他途径，不同程度地获知日军在南京的暴行，并形成了自己的看法。

本书所说的“德国视角”，是指以外交人员为主体的德国人群体对南京大屠杀的观察、记述和分析，这是有关南京大屠杀史的极有特色的文本。本文试图主要依据德国外交部档案，通过对这一文本及关联问题的解剖，发掘其中包含的历史意义。

(一)“德国视角”的人员组成

陶德曼(Trautmann)，德国驻华大使，11 月 25 日从南京转移到汉口。从 1937 年 10 月 22 日开始，他忙于在中日间充当调停人。调停的过程，使陶德曼形成了对于日本的强烈愤慨。1938 年 1 月 11 日，他致电德国外交部称：

日本通过我方二度修改其和平条件,此项修改条件由我方传达中国,实在是一种“无耻的陷阱”,事实上,日本在玩弄我方,致使我们在中国政府面前已经颜面扫地。①

陶德曼在南京沦陷前前往武汉。此前日军对南京的无差别轰炸,是令人担心的征兆。好在日本是德国的友邦,而“德意志”3个字对日军士兵有一定的威慑力②,他不用太担心德国留宁人士的生命安全。就南京大屠杀这一事件而言,他本可以迎合希特勒的意旨,用职权要求罗森等人与日本方面合作,但他不断地将罗森、沙尔芬贝格等人对南京大屠杀的详细记述发往德国外交部,同时自己也作出不利于日本的总结和判断。当然,作为大使,他的重点是分析中日冲突对远东国际关系的深远影响及德国的应对之策。

罗森,德国驻华大使馆南京办事处政务秘书,日军进城前夕,他去南京江面英国军舰上避难,中间在日本军舰的护送下去了上海,1938年1月9日回到南京。1945年9月11日,他致函中国驻美大使:

写此信的目的是希望中国政府能注意到在德国驻华使馆和领事馆发现的丰富的关于日本侵华的材料……

有许多从1937年11月至1938年6月期间我在南京写的报告,当时我被留下来负责德国大使馆直到我被召回并撤职(在1938年6月),其间有数周我在Hangtze的英国船只上度过,当我在上海领事馆短暂逗留时,我口述写下了对一些事件的报告(美国“巴奈”③号船的沉没)。我还由我在南京朋友梅奇④做了许多报告,他现在华盛顿特区。⑤

罗森与沙尔芬贝格、许尔特尔等在英国舰船上时,亲眼目睹日军不分青红皂白的攻击和严重后果,他对日军的厌恶立即发展到不加掩饰的地步。而且由于他坚持要到南京各处观察大屠杀的惨景,日本方面对其十分忌讳。日本驻南京总领事福田笃泰曾很纳闷地问沙尔芬贝格:“美国人和英国人对日本有敌对情绪这点我知道,但为

① [美]James.T.C.Liu《抗战初期德国居中调停之经过》,段培龙译,《传记文学》第34卷第4期,第50页。

② 拉贝1937年12月17日日记,[德]约翰·拉贝:《拉贝日记》,第157—158页。

③ 也译巴纳、帕奈或帕莱。

④ 即约翰·马吉。

⑤ 《德国原驻南京使馆政务秘书罗森致国民政府驻美国大使函》(1945年9月11日),中央档案馆、中国第二历史档案馆、吉林省社会科学院合编:《南京大屠杀》,北京:中华书局,1995年,第133页。

什么连德国人也这样呢?”[①]从德国外交部档案中可以看到,日本领事馆和军方数次安排内容丰富的宴会,其中包括佐酒的美艳艺妓,企图赢得罗森的好感和“合作”,但罗森仍不放弃,直到被召回撤职。人以群分,罗森在南京很处得来的同行是美国驻华使馆三等秘书爱利生,后者因为对日军士兵“不敬”被打了耳光,酿成著名的国际外交事件。

沙尔芬贝格(Scharffenberg),德国驻华大使馆南京办事处行政主管,他很后悔与罗森避难于英国军舰上,认为此举“差点造成了无法挽回的后果”[②]。回南京后,他对日本方面企图用“公关技巧”掩盖暴行的做法深恶痛绝。1938 年 2 月 8 日,日本领事馆再次招待南京的外交人士,“演完 4 个节目后休息。幕间休息的走廊里摆满了小吃,长餐桌上有蛋糕、甜食、糕饼、水果等等,弯弯曲曲地像是俄罗斯皇帝的专用食品。所有食品放得整整齐齐。艺妓又来上茶,特别是点烟时那迷人的姿势,引得众多摄影师挤过来拍照摄影,以便过后通过电影或报纸向不明情况的世人表明南京的日本人和外国人相处得多么和谐。”沙尔芬贝格评论道:“这完全是一枚勋章的反面。露出了马脚!”沙尔芬贝格的厌恶源于他对日军残暴本性的发现,他向陶德曼报告说:“几天前就从施罗德博士住房附近的一个池塘里捞出了 120 多具尸体,这些尸体的双手都被用铁丝捆绑着。拉贝先生亲眼看到过这事。附带说一句:我自己多次看到日本士兵还用饭盒从这个水塘里取水喝。但愿他们吃得香!”[③]

拉贝(John H.D.Rabe),西门子洋行经理,国际安全区主席,一直在南京。由于担任过如此重要的职务,第二次世界大战后,盟国肃清纳粹法庭复议庭认定拉贝为“非纳粹分子”[④]。1908 年,拉贝到中国,中间除第一次世界大战期间外,他在中国生活 30 年。拉贝是一个对中国人民的苦难充满同情的人,1938 年 3 月他被西门子公司召回,其时,他刚刚救助了数以万计的在日军铁蹄下辗转求生的中国人。在他将反映日军暴行的报告寄给希特勒后,盖世太保强迫他保持沉默[⑤],这从另一个侧面说明了拉贝视角的震撼性。

爱德华·施佩林(Eduard Sperling),德国上海保险公司员工,国际安全区总稽查,一直在南京。1937 年 12 月 12 日,他曾自告奋勇要在中日间斡旋停火,以便中国军队后撤,日军和平进入[⑥]。1938 年 1 月 10 日,滞留在南京的国民党军野战救护处

---

① 《沙尔芬贝格给劳滕施拉格尔的信》(1938 年 2 月 1 日),张生编:《外国媒体报道与德国使馆报告》,第 361 页。

② 《沙尔芬贝格寄给劳滕施拉格尔的信》(1938 年 2 月 1 日),张生编:《外国媒体报道与德国使馆报告》,第364 页。

③ 《陶德曼给德国外交部的报告》(1938 年 2 月 23 日),德国外交部档案,文号:2718/2081/38。

④ 《盟国肃清纳粹法庭复议庭认定拉贝为非纳粹分子的判决》,《拉贝日记》,第 599 页。

⑤ [德]拉贝:《在中国生活 30 年后又回到了家》,[德]约翰·拉贝:《拉贝日记》,第 588 页。

⑥ 《罗森给德国外交部的报告》(1938 年 1 月 20 日),德国外交部档案,文号:2722/1011/38。

的蒋公毅去访问他,施佩林拿出中国地图,严肃地说:"现在敌人占领的,在贵国全面积中,不过百分之几,你们唯一的出路,只有抵抗,否则恐怕要做奴隶!"[①]施佩林的直率,透露着对中国的同情与期望,同时,又带着一股德意志式的冷酷与肃穆。

克勒格尔(Christian Kröger),德国礼和洋行工程师,国际安全区官员,一直在南京。克勒格尔第一次接触日军是在1937年12月12日深夜,在已经变为伤兵医院的国民政府外交部,日军军官在短暂的视察后表现出了"非常善意"的态度,给克勒格尔的印象是:日军很守纪律。"遗憾的是这种印象很快就被否定了。"因为到14日,"情况急剧恶化了",日军的暴行在某种意义上使克勒格尔想起了17世纪的"三十年战争"[②]。

京特(Karl Günther),旅居唐山的德国侨民。南京沦陷前,即将建成的江南水泥公司天津董事会聘请卡尔·京特,佯作德国禅臣洋行的代表,前往南京以第三国人士身份保护厂矿不被日军侵占。他们同时商请丹麦F.L.史密斯公司亦派员前往,后者派出旅沪丹麦人伯恩哈尔·辛德贝格。京特和辛德贝格到厂后,在厂内升起德、丹国旗,建立了难民营,保护了1万余名中国百姓。京特曾数次穿梭于江南水泥厂与南京城区,将难民营和郊区民众反映日军暴行的书信转交给城内西方人士,协助马吉拍摄了有关记录影片,还为营养匮乏的城内西方人士带去食物。近年来的研究表明,京特本人也保存了不少反映南京大屠杀的文献、图片资料[③]。

菲舍尔(Fischer),德国驻上海总领事,时在上海。尽管他本人在上海对松井石根并不客气,可他对罗森等人目击日军暴行所产生的强烈愤慨确实存在隔阂。他告诫罗森:"不能不考虑到军事占领这个事实。众所周知,凡是军事上必须的,军方绝对不会允许对此进行讨论。"显然,他并不清楚,罗森等人目睹的屠杀、强奸、抢劫、纵火等暴行并不是"军事上必须的",他要求罗森对日本人"暂时保持友好的节制"[④]。

劳腾施拉格尔(Lautenschlager),德国驻华使馆参赞,时在汉口。作为沙尔芬贝格的好朋友,在沙尔芬贝格没有看清日军的面目之前,他听到不少对罗森和拉贝的指责。比如,"前几天罗森又和拉贝一起坐拉贝的车在没有宪兵随行的情况下离开了大使馆。本乡少校(佐)严厉地警告了拉贝,并委托他转告罗森,不要再在没有宪兵随行的情况下外出。许尔特尔、我和其他的德国人在大使馆前都很有礼貌地跟宪兵和门卫打招呼,但罗森对两者连看都不看一眼。那副样子简直就像他愤怒的矛头是对准

---

① 蒋公毅:《陷京三月记》,《侵华日军南京大屠杀史料》,南京:江苏古籍出版社,1997年,第83—84页。

② 《外交资料:克勒格尔的私人报告》(1938年1月13日),德国外交部档案,文号:无。张生编:《外国媒体报道与德国使馆报告》,南京:江苏人民出版社、凤凰出版社,2005年,第318—320页。

③ 京特的事迹由《中国青年报》江苏记者站戴袁支先生提供。

④ 《菲舍尔致罗森的信函》(1938年1月21日),德国外交部档案,文号:无。

全体日军的一样。……罗森在协商这个问题的时候，在拉贝和我面前像平时一样愤慨地说道：‘和菲舍尔在上海对待松井的态度一样，我也不打算和这些杀人犯们同坐一张桌子。’”[①]事实上，拉贝对罗森拒绝日军派卫兵跟随他们外出不以为然，他认为罗森这种不与日军合作的态度可能“不讨喜”，而且影响他们与日军交涉[②]。但拉贝和劳腾施拉格尔的关系可能并不坏，他曾临时替劳腾施拉格尔担任过国社党地方组织负责人[③]。

奈贝尔(Willy Noeble)，德国驻日使馆参赞，时在日本。他从日本方面观察南京大屠杀及其后果的深刻性令人难忘，他说：“不管怎么样，外国政府和国际舆论认为最不可能的事情成为了现实。日本的参谋本部由于和极端国家主义的日本文官势力主导的团体在意见上发生了冲突而败下阵来。”“看来似乎是由于松井大将专横独断的行动，不仅导致了与在上海的列强的冲突，还导致了与东京日本政府的冲突，最终他成了自己的牺牲品。这种做法可能也有安抚对松井体制日渐不满的英国的意图。不过松井被召回并不一定意味着找到了南京大屠杀的替罪羊。”[④]

另有德国驻日大使冯·迪克森(Dirksen)，退休中校布林克曼、南京北方饭店经理黑姆佩尔(Hempel)、德国外交部副部长魏茨泽克(Ernst von Weizsacker)德国驻华使馆参赞毕达、德国公民H·斯托尔滕贝格-莱尔希等也是德国视角的组成部分。

德国视角的严谨性是其价值的重要基础，日本学者横山宏章称：《拉贝日记》“对南京大屠杀的论争方向具有绝大影响力”，是“超一级资料”，因为如此，德国视角是日本右翼最感痛苦的证词之一，反复攻击其证明力而无法得逞[⑤]。其严谨的特点同时使我们有机会注意到：日本方面对南京大屠杀真相的掩盖早在屠杀过程中即已开始。1938年3月10日，国社党党员H·斯托尔滕贝格-莱尔希致信德国驻广东副总领事肯佩(亦为国社党党员)，该信讽刺《德国简讯邮报》所登载的日本空军上尉T.H.所写的《中国前线上空的空战》是“多么特别的宣传读物”，莱尔希分析指出，该上尉“在文章中关于广东写道：从欧洲人居住地的网球场向上开了火。就是说，有人从那里朝他打了炮(!!)，美国炮艇的大炮瞄准了上空。在早几天的文章中另一个地方，这位作者

---

① 《沙尔芬贝格给劳滕施拉格尔的信》(1938年2月1日)，张生编：《外国媒体报道与德国使馆报告》，第361—362页。

② 拉贝1938年1月28、30日日记，[德]约翰·拉贝：《拉贝日记》，第431、442—443页。

③ [德]埃尔温·维克特：《约翰·拉贝其人》，[德]拉贝：《拉贝日记》，第596页。

④ 《德国驻日大使馆参事官奈贝尔给德国外交部的报告》(1938年3月3日)，文号：534/38。张生编：《外国媒体报道与德国使馆报告》，第427、429页。

⑤ 《〈拉贝日记〉是“无根的编造”么？——对〈真相·南京事件——检证拉贝日记〉的检证》，程兆奇：《南京大屠杀研究——日本虚构派批判》，上海：上海辞书出版社，2002年，125—168页。

称——一定程度上是作为对击沉‘巴纳’号道歉——,从飞机上无法认清炮艇的国旗(人所共知,国旗的宽度足有遮阳篷布那么大)。但他却看见了细长炮筒的位置!?!然后他听到通常是在飞机出现前15分钟才拉响的警报,‘在紧靠屋顶的上方飞了过去’。而作为这里的目击证人的我们要费很大的劲才能认出天空中的那些小小黑点。这一切令人觉得不能不怀疑该文章的真实性。”他为德国媒体居然登载这样的文章感到可悲①。莱尔希还给同在广东的德国外交官阿尔滕布格(Altenburg)指出了另一个例子,这位日军上尉还写道:南京“居民们纷纷逃到长江另一边的浦口去,每天都有成千上万的人被送过江去。大桥已不再用得上了。”阿尔滕布格就日军居然臆造出长江大桥这等富有远见的行为向德国外交部提出:“如果德国报纸的政治方向是出于伟大的政治考虑,必须对日本在中国的行为给予理解和同情,那这里的德国人只得对此保持缄默。但这里的人从不会明白的是一再重复纯粹的谎言以及愚蠢的捏造,德国公众对此其实是不该见到的。”②陶德曼随后也向德国外交部提出,他已经提醒多次,这样公然撒谎、捏造的报道不应该出现在德国媒体上③。

需要特别指出的是,虽然德国人士均以维护德国利益为己任,均对遭受劫难的中国人抱有深刻的同情,但“德国视角”内部存在存在分歧,像拉贝这样受过较高教育的人对施佩林这样的“老粗”也介入历史记录,颇为戏谑。但最大的矛盾,存在于罗森和沙尔芬贝格之间。沙尔芬贝格坦率地说,在罗森手下工作,他没有感觉到愉快。沙尔芬贝格认为罗森不与日本人合作的态度并不明智,一开始,他认为,与他们打交道的日本人中有彬彬有礼的绅士,爱利生遭遇的羞辱在很大程度上是自找的,而罗森若非日军懵然,“可能会被打两三个嘴巴”。他说:“自从我们回到该地(按:指南京)以来,由于他充满敌意的反日态度,情况一天天变得严峻起来。”④罗森在日本外交官面前反复提起日军暴行,被沙尔芬贝格认为是“老黄历”。他同时认为英美人士在罗森的愤怒中起了特殊作用:“和他协商各种事情的英国和美国的同行不仅没有制止罗森的任意妄为,反而火上浇油。”⑤沙尔芬贝格认为,“罗森的攻击性态度对安全区国际委员会的工作没有任何好处”,他说拉贝跟他是同样的认识,而且暗示,罗森接受英美外交官

① 《1938年3月10日的报告附件》(1938年3月10日),德国外交部档案,编号:240/948/38。

② 《阿尔滕布格给德国外交部的报告》(1938年3月10日),德国外交部档案,编号:240/948/38。

③ 《陶德曼给德国外交部的报告》(1938年3月12日),德国外交部档案,文号:2722/2452/38

④ 《沙尔芬贝格给劳滕施拉格尔的信》(1938年2月1日),张生编:《外国媒体报道与德国使馆报告》,第360、362页。

⑤ 《沙尔芬贝格给劳滕施拉格尔的信》(1938年2月1日),张生编:《外国媒体报道与德国使馆报告》,第362页。

的聚餐邀请、而拒绝答谢日本方面的招待，“日本方面迟早会知道”[①]。沙尔芬贝格显然以为释放善意会得到日军的善意回应，但很快，他本人开始认识到日军的残暴及其本质，一系列揭露日军暴行的重要报告出自其笔下。沙尔芬贝格的前后变化，在认识论上更具历史研究价值。

德国视角内部的交流与传播，一是以外交电文、信函为媒介，即留京德国人士和在外地的德国人士之间，主要涉及南京、汉口、上海、东京、柏林这样一个地理空间，并延伸到广州、伦敦、纽约、洛杉矶、芝加哥等地。其中，南京是素材性信息收集中心，汉口是对策中心，上海是素材外流到国际社会的主要管道；二是人员之间面对面的交流，这局限于居留南京的人士，从现有的材料看，他们之间的互相补充和证明，充实了南京大屠杀的历史记录。

（二）“德国视角”的核心：南京大屠杀的真相

德国人士近距离观察南京大屠杀之时，纳粹对犹太人的迫害已经开始。这些观察者，有些就是纳粹党员，像拉贝和施佩林，说他们完全不知道纳粹在欧洲的暴行是不可能的。但是，他们几乎无一例外，对日军的暴行加以“中世纪式残暴”的评语。而且，从现有资料看，德国人在国际上较早使用了“南京大屠杀”（Nankinger Massacre）一词[②]。

拉贝是迄今为止我们所知道的所有德国人中，对南京大屠杀做出最详尽记录的。《拉贝日记》从某种意义上说，是一部关于南京大屠杀的逐日编年史，日军在南京每一种类型的罪恶几乎都可以在《拉贝日记》中找到对应的案例。作为主席，他需要关心数十万难民的生计，需要日本方面哪怕表面性的最低程度的合作。而且，由于天天目击日军暴行，或看到有关报告，拉贝感到厌恶，他倾向于删除安全区官员报告中那些令人反胃的文字。施佩林在报告中提到：“赤身裸体的日本兵趴在一个年轻、漂亮的女孩子身上”，拉贝认为这样的句子应该删除[③]，所以拉贝对于日军暴行的记述几乎超人地“平静”——在他的日记中几乎看不到形容词。

1937 年 12 月 13 日，拉贝等将 1000 名放下武器的中国士兵安排在司法部大楼

---

① 《沙尔芬贝格寄给劳滕施拉格尔的信》（1938 年 2 月 1 日），张生编：《外国媒体报道与德国使馆报告》，第 364—365 页。

② 毕达：《寄往德国驻华大使馆（汉口）的报告》（1937 年 12 月 30 日），德国外交部档案，文号：2722/4279/37。

③ 拉贝 1938 年 1 月 22 日日记，[德]约翰·拉贝：《拉贝日记》，第 478 页。

里,日军将其中的400—500名强行拖走杀害。拉贝“被这种做法惊呆了”[①]。第一次的震惊很快被长期的噩梦所取代——日军将一个中国兵绑在竹床上杀害后扔在拉贝居所附近一直没有埋葬,在其后6周中,这具尸体成了日军对拉贝的一个威胁性提示,告诉他12月13日只是一个小小的开始。果然,12月17日,拉贝记述道,16日夜仅安全区有1000个女性被强奸[②];12月22日,拉贝记述道:在安全区的池塘里发现许多被枪杀的平民的尸体,其中一个池塘就有30具,他们大部分被反绑双手,有些人脖子上还挂着石块。下关发电厂的43名工人被押到江边枪杀,理由是该厂曾经是国营工厂[③]。由于对下关至燕子矶一带的大屠杀并不知情,1月3日,拉贝诚实地记述到:有关6万中国人被俘或被杀的事,他并不知道,他担心有2000名放下武器的中国兵和数千平民被杀,他祈祷:“但愿就这么多了。”[④]然而,1938年1月7日,他记述道,1个妇女因全家其余17个亲人被杀,恍恍惚惚地在街上疯跑,另一个妇女的父母和3个孩子被杀,她用最后的钱买了棺木,日本人抢去棺木,并给出理由说:中国人不必被收殓[⑤]。1月25日,他记述道,一个中国人给日本人干了一天的活疲惫地回到家中,妻子端上几碗稀饭,全家6口就指望着这顿饭,一个日本兵过来,在碗里撒了一泡尿,扬长而去[⑥]。2月7日,拉贝等在西康路附近的两个水塘里捞出124具中国人尸体,都被日本人用铁丝反绑了双手,他们先被机枪扫射,后被浇上汽油焚烧,因为要节约汽油,日军将他们烧得半焦后扔进了水塘[⑦]。

拉贝平静地说:“人们也许会认为,日本军队都是由释放出来的囚犯组成的,正常的人不会做出这等事来!”[⑧]他同时为中国人的逆来顺受而痛心,但这种痛心也是平静的:“如果每起强奸案都能遭到致命的报复,那么相当一部分占领军早就被消灭了。”[⑨]拉贝终于因为无休止的苦难而身心疲惫,他希望脱离南京这个让人类对自己的同类失去信心的悲剧舞台。回国前夕,金陵大学难民收容所3000妇女哭喊着包围了拉贝的汽车,他默默地下了车,径直步行离开他担任主席的难民区。当然,乘英国“蜜蜂”号炮艇离开时,他将一位一直隐匿在他家的中国空军机长伪装成自己的仆人带出了

---

① 拉贝1937年12月14日日记,[德]约翰·拉贝:《拉贝日记》,第138页。
② 拉贝1937年12月17日日记,[德]约翰·拉贝:《拉贝日记》,第156页。
③ 拉贝1937年12月22日日记,[德]约翰·拉贝:《拉贝日记》,第203页。
④ 拉贝1938年1月3日日记,[德]约翰·拉贝:《拉贝日记》,第269页。
⑤ 拉贝1938年1月7日日记,[德]约翰·拉贝:《拉贝日记》,第307页。
⑥ 拉贝1938年1月25日日记,[德]约翰·拉贝:《拉贝日记》,第417页。
⑦ 拉贝1938年2月7日日记,[德]约翰·拉贝:《拉贝日记》,第490页。
⑧ 拉贝1938年1月22日日记,[德]约翰·拉贝:《拉贝日记》,第395页。
⑨ 拉贝1938年1月25日日记,[德]约翰·拉贝:《拉贝日记》,第504页。

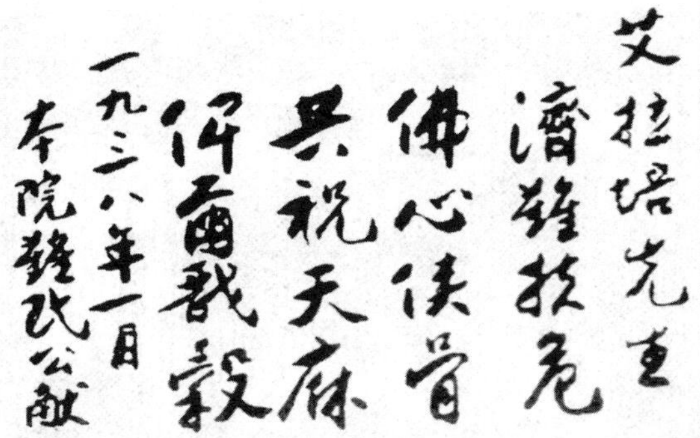

在拉贝家避难的难民给拉贝的写在红绸布上的感激之词。选自《拉贝日记》。

日军在安全区内搜捕“败残兵”。选自《历史图像》。

安全区难民营一角。选自《历史图像》。

安全区内被日军搜捕出的青壮年市民。选自《一亿人的昭和史》。吴先斌提供。

1938年3月,南京郊外栖霞山的难民窝棚。耶鲁大学神学院图书馆藏。

南京[①]。

罗森在日军进城前受邀登上南京附近江面上的英国轮船，这使他有机会稍微离开南京城中发生的暴行。但日军就在他眼皮底下用特有的方式作了提醒：“(12月12日)上午时分，在我们附近的拖轮和浮船上的日本步兵先是按照他们在陆地和帆船上的习惯杀死了几个无辜的平民”，接着，罗森和英国官员要求返回南京的要求被拒绝了，“真正的原因是日本不想让我们看到毫无纪律可言的日本部队对南京平民百姓奸淫、烧杀和抢掠的可怕景象。”12月21日，罗森乘坐英国军舰前往上海，经过下关时，罗森“除了见到严重的破坏情况外，还见到了好多堆尸体——尸体穿的都是平民衣服”[②]。

1938年1月9日，德国驻南京办事处恢复工作。罗森给德国外交部的第一份正式报告提到，当外交人士提出重返南京后，日军立即着手清除尸体。但这样一个在世界近代史上没有先例的屠杀，规模实在太大，持续时间太长，日军无法完全消灭他们的罪证。罗森说：“日本军队放的大火在日军占领一个多月之后至今还在燃烧，凌辱和强奸妇女和幼女的行为仍在继续。日军在南京这方面的所作所为为自己竖立了耻辱的纪念碑。”妇女遭受的苦难是最令罗森痛苦的：“不断有妇女被送进美国教会医院，直至昨天还是这种情况。这些妇女身心受到严重损伤，她们先是遭受轮奸，然后不是被刺刀杀害就是被其他物件打伤。一位妇女的颈部被割开一半，这位不幸的妇女还活着，使威尔逊医生也感到吃惊。一位孕妇腹部被刺一刀，腹中的婴儿被刺死。送进医院的还有许多被奸污的幼女，她们当中有一个先后被20人轮奸。本月12日我的英国同事、领事普里多-布龙，英国武官洛瓦特·弗雷泽和英国空军武官温·沃尔泽在察看英美烟草公司帕森斯先生的住宅时发现一位中国妇女的尸体，一高尔夫球棒从下部直接插进这位妇女的躯体。每晚都有日本兵冲进设在金陵大学院内的难民营，他们不是把妇女拖走奸污，就是当着其他人的面，包括当着家属的面满足他们的罪恶性欲。”[③]

日本人攻陷南京后，显然认为中国必将求和，曾很无顾忌地告诉西方人士一些“秘密”，很不巧，罗森也知道这些“秘密”，并将其写入给德国外交部的报告。1937年12月18日到20日，罗森在英国军舰“蜜蜂”号上避难，“在这段时间里，日本海军少将近藤对英国海军上将(按：应为少将)霍尔特说，南京下游的大扬子岛(按：应指八卦洲)上还有3万中国部队，必须‘清除’掉。这种‘清除’或许像日本人说的‘肃清’，就

---

① 拉贝1938年2月22日日记，[德]约翰·拉贝：《拉贝日记》，第571页。

② 《罗森给德国外交部的报告》(1937年12月24日)，德国外交部档案，文号：2722/8432/37。

③ 《罗森给德国外交部的报告》(1938年1月15日)，中央档案馆等编：《南京大屠杀》，第146—149页。

是杀害已毫无防卫能力的敌人,是违反战争人道的最高原则的。除了用机枪大批杀害外,还采用了其他特殊的杀人方式,如在人体上浇汽油,然后点上火。”①事实上,从下关到燕子矶的长江沿岸,正是日军屠杀国民党徒手官兵的主要场所之一,也是相当数量的遇难者无法精确统计的原因。罗森对八卦洲屠杀的记载,补充了这方面的资料。

需要指出的是,罗森在记述南京大屠杀的过程时,体现了与拉贝一样的严谨。当约翰·马吉拍摄出那部著名的电影记录片时,他到实地进行了考察。“我也亲自去了现场,察看了最近这个星期日日本一系列英雄行为之一的4个牺牲者。在那里看到一位老人,背着两把椅子,被一个日本兵毫无顾忌地用枪击伤。他妹妹在日本人到来时藏在附近,并叫来了两个熟人。这两个人利用一扇门、两个竹竿和一些粗绳捆扎成一副担架。他们准备把这位受重伤的老人抬走。日本人见状把这4人全部枪杀:受伤老人、老人的妹妹和两个抬担架者。”②

沙尔芬贝格的风格跟罗森不同,但对日军暴行的揭露,并不逊于罗森。而随着日军暴行的积累,他终于意识到自己其实像日本人的“政治犯”,或者,日本人是猫,而他却像躲在洞里的老鼠③。等到1938年2月15日,主张在日本军方的限制下保持忍耐的沙尔芬贝格终于被允许进入中山陵地区,沿途所见给他上了一课。“我们一直到了游泳池。宝塔附近马路上美丽的垂柳全被砍光了,几乎所有的别墅都已烧光。我们无法进入这个地区,因为到处还有许多零星的尸体,已经发黑,被狗咬得残缺不全。”而被尸臭熏染下的南京城,处在非常危险的卫生状况中,“现在天气变化很大,像今天天气就很热,因为尸臭人们都不能上街。”④

连被“恩准”参观的中山陵地区都遗留大量屠杀的证据,显然不符合日军要给外国人士留下好印象的要求,清理尸体的工作于是加快了。3月4日,沙尔芬贝格报告陶德曼:“把尸体从城里运走的工作也在抓紧进行。现在红卍字协会已经获得准许把30000具尸体埋在下关,每天掩埋600具。尸体用草席包裹,只有两条腿露在外面,草席包里放有石灰,然后用车运走,埋在万人墓里,同样加进了石灰。据说已埋葬了约1万具尸体。”⑤

克勒格尔的汽车被日军抢走,仆人被刺刀威胁着开了门,交出了所有的东西。更严重的事情是,他的门口在数周时间内一直放着3具尸体。1937年12月28日,克勒

---

① 《罗森给德国外交部的报告》(1938年1月20日),德国外交部档案,文号:2722/1011/38。

② 《罗森给德国外交部的报告》(1938年2月1日),中央档案馆等编:《南京大屠杀》,第155页。

③ 《陶德曼给德国外交部的报告》(1938年3月22日),德国外交部档案,文号:2718/2608/38。

④ 《陶德曼给德国外交部的报告》(1938年2月28日),德国外交部档案,文号:2718/2174/38。

⑤ 《陶德曼给德国外交部的报告》(1938年3月22日),德国外交部档案,文号:2718/2608/38。

格尔在屠杀高潮期就开车去栖霞山察看日军在当地的暴行，发现日军“以‘歼灭中共士兵’为口号，把包括妇女和儿童在内的所有农民不加区别地枪杀在田里”，但他谦逊地坦承自己“没有勇气逞英雄”。

他看到日军抢劫、杀人、奸淫的暴行：

> 打仗的士兵和因为猛攻而给养不充足的部队被放进了城内，他们对赤贫的居民和无辜的民众进行了此前谁也没有预想过的残酷的打击。他们从难民那里抢米，只要是能抢的财产，诸如毛毯、西服、钟表、手镯等，只要他们认为值得拿走的东西，都全部抢走。如果被抢者稍加犹豫的话，马上就被刺刀刺死。很多人成为了这种野蛮行为的牺牲品。
>
> 牺牲者达到了数千人，残暴的士兵闯入了难民区和错综复杂的民房。他们的目的是抢夺前面来过的士兵们剩下的东西。现在在城内，免遭入侵、没有受到粗暴的搜查和抢劫的家庭已经几乎没有了。
>
> 对收容所的搜查根本不加分别，被随意地重复了很多次，其结果是在没有任何军事法庭、市民也没有开一枪的情况下，五、六千人被枪杀了。为了省去埋葬尸体的麻烦，其中的大部分都是在河边被枪杀的。这个数字是保守的估计。
>
> 另一个令人忧郁的事态是，对多达几千名的女性和孩子的虐待与强奸。确实，这种暴力行为在任何军队中都有发生。特别是在远东。但荒唐的是对于幼小的少女和小孩施加的虐待、砍断手足等毫无意义的残酷行为。所有的这些事情都是皇国日本的军队在武士道和自古以来的武士精神指引下所做的。①

日本右翼经常散布一种说法，说将南京烧成废墟的大火是中国士兵所为。事实上，交通部等少量建筑和城外一些民房是国民党军“焦土抗战”的结果，而作为一个整体，克勒格尔 1938 年 1 月下旬的目击证言是清晰的：

> 从 12 月 20 日起，日本人开始系统地烧毁这个城市，直到今天他们成功地烧毁了约三分之一，尤其是城南的主要商业区，我们领地附近的各商店房屋和居民区都在其中。烧毁行动现在减弱了一些，就是说，他们现在还只烧毁一些至今没有见到的和被忽略掉的单个房屋。更有甚者，所有房屋事先都被有计划地通过

① 《外交资料：克勒格尔的私人报告》(1938 年 1 月 13 日)，德国外交部档案，文号：无。张生编：《外国媒体报道与德国使馆报告》，南京：江苏人民出版社、凤凰出版社，2005 年，第 319—321 页。

组织的队伍用卡车洗劫一空。[①]

施佩林是第一次世界大战的老兵,参加过青岛战役,在日本当过4年俘虏。因为终日驱赶日军,救助中国难民,被安全区救济委员会同仁称为“会的堡垒”[②]。作为安全区650名中国警察的领导,施佩林表示“尊重和敬佩这些中国人,因为我经常看到他们无怨无悔忍辱负重的精神。”由于工作仅陷于安全区,施佩林估计日军残酷杀害了5000—6000平民。

20万难民被赶出了自己家庭和房屋,其中有许多妇女抱着婴儿,颤抖着依偎在母亲的怀里吸奶。他们只是逃出了一条命,其它一无所有,他们寻求安全和保护。

新年第一天,有几个日本士兵胡作非为。一位年轻漂亮姑娘的母亲喊住我,哭着跪下求我帮助她。我跟她来到汉口路附近的一处房子里,我进屋时看到了下面的情景:一个日本兵脱光衣服压在一个漂亮姑娘的身上,那个姑娘拼命地哭泣。我气愤得用各种语言痛骂这小子,祝他“新年愉快”。这个日本兵把裤子提在手上,转眼间就匆匆地跑掉了。

身处如此令人无法忍受的苦难中,施佩林是少数一直保持高昂情绪的外籍人士之一。他自豪地说,“为了赶走闯入安全区百姓家里野蛮强奸妇女和姑娘的日本士兵,我被中国平民叫去的次数远远超过80次。我赶走他们毫无困难。”[③]

但日军并不会因为施佩林的辛勤工作而停止他们的暴行,即使到1938年的3月,令人无法设身处地想象的暴行仍在持续,而施佩林也尽了当时最大的可能来拯救中国百姓。“德国施密特公司的房子里住着代理人肖先生和公司的仆人,还有他们的妻子。日本士兵几乎每天都闯进去,对德国人的财产进行洗劫和破坏,以极其卑鄙的方式强奸他们的妻子,公司代理刘先生的妻子哭泣着喊救命,她们再也无法忍受下去。她们跪在地上请求我帮助她们摆脱这些野兽的魔爪。—— 我把这两个家庭收容进了我的房子里。”[④]

德国人士的报告,大多经过了陶德曼的中转签发。除了向官方、外界传播这些骇

① 《陶德曼给德国外交部的报告》(1938年1月28日),德国外交部档案,文号:2722/1508/38。

② 蒋公穀:《陷京三月记》,《侵华日军南京大屠杀史料》,南京:江苏古籍出版社,1997年,第85页。

③ 《德国驻汉口大使馆1938年2月12日编号102的报告附件》,德国外交部档案,2718/1789/38。

④ 《施佩林给罗森的信》(1938年3月22日),德国外交部档案,文号:无。

人听闻的消息，陶德曼的笔下，南京大屠杀是日本国民性的自然发展，这是德国视角中非常深刻的一个见解。他说：

> 凄惨的是日本陆军在南京所作所为。在这里，战斗的兴奋早就已经过去，此时中国士兵像兔子一样被分批带出去，然后无情地枪杀了。
>
> 日军一旦激怒起来就会做出比其他国民残酷得多的事情。我想起了我任东京〔德国〕大使馆参事官（参赞）时发生的事情。那是关东大地震之后不久的事。为了杀害一个社会主义者领袖的家人，日军军官给他们家年幼的孩子们甜东西吃，在孩子们正沉浸在得到东西的喜悦中时，军官从身后用绳子把他们绞死了①。这种亚洲式的残暴性在中国人民面前完全暴露出来了。在南京，很多平民被枪杀，包括欧洲人的住宅在内的房屋遭到了掠夺，中国女性遭到了强奸。据美国大使说，仅仅从美国传教士们的家里就有13名中国女性被日军部队强行带走，对欧洲人住宅的掠夺现在仍在持续着。②

同样，陶德曼也注意到了大屠杀对中国国民的影响：“战争给中国带来了道义上的好处。中国觉醒了。日军使埋藏在中国人民心中的、之前没有发觉的爱国主义萌芽了。日军试图树立独立政府的所有尝试，只产生出一种在日军的刺刀下才会存在的虚像。”“中国的未来将表明中国是否从这场‘炮火的洗礼’中找到通往民族最后复兴的力量。”③这一发现，在美国人士的观察中得到映证，《视野》记述道：“即使押往屠场的最后一刻，这些中国人脸上都流露着蔑视与反抗的神色，这也是我可以提供的最大的明证：中国终于成为我们爱国的西方人理解的‘爱国’民族。”④

大屠杀对新型中国国民的型塑作用，是过去长期被忽略的一个层面。陶德曼的观察发人深思。

---

① 据日本“南京事件研究会”提供的资料，1923年9月，日本政府在关东大地震后发布戒严令，宪兵大尉甘粕正彦等人将无政府主义者大杉荣、伊藤野枝夫妇及其外甥橘宗一带到宪兵队总部绞死。甘粕正彦在3年刑满出狱后，任伪满洲国协和会干部、满洲电影协会理事长。

② 《陶德曼寄往德国外交部的报告》(1938年1月23日)，文号：2722/1470/3。张生编：《外国媒体报道与德国使馆报告》，第344页。

③ 《陶德曼寄往德国外交部的报告》(1938年1月23日)，文号：2722/1470/3。

④ 《视野》1938年6月2日第12—15页。

(三)“德国视角”与英美人士的互动

英美人士对南京大屠杀的报道和记述,是南京大屠杀广为国际所知的重要原因[①]。“德国视角”与英美人士存在着紧密的互动。

英美人士中有5个重要的罕为人知的角色,即《纽约时报》记者提尔曼·杜丁,《芝加哥每日新闻报》和《纽约先驱论坛报》记者 A.T.斯提尔,路透社记者莱斯利·史密斯,美联社记者叶兹·麦克丹尼尔,和派拉蒙新闻电影社的阿瑟·孟肯。1937年12月12日,日军进城时,他们尚留在南京城中,世界各地媒体有关南京大屠杀的即时报道实际上主要出自他们笔下。由于当时德国人士有的在安全区工作,有的避难于长江中的英国炮舰上,接触范围受到限制,上述5位记者的采访成为德国视角的重要来源之一。

比如,斯提尔在1938年2月3日和4日的《芝加哥每日新闻报》上连续报道了南京大屠杀早期日军的战争犯罪[②]。因为担心日军看到报道后对坚持在南京的西方人士不利,以及日军在上海设置的新闻审查,这些报道显然是滞后了。而这两篇报道的主体内容,出现在1937年12月30日德国大使馆北平办事处毕达博士以“南京大屠杀”这一名词给德国大使馆的报告中。比较之下,见报的报道显然经过删减,不仅日军屠杀的场景被简略,对悲剧上演时中国人失常行为的记述也不可同日而语:

> 随着日军搜查网的收紧,有些士兵因为恐怖而精神失常了。我曾经看见一名士兵用蛮力抢来一辆自行车,鲁莽地朝着在前方数百码的地方前进的日本军队猛冲过去。在路上的行人告诉他这很危险之后,他又突然掉头向相反方向猛冲。他突然从自行车上跳下来,撞到了一个市民身上。最后我看到他一边脱自己的军服,一边想去剥那个市民的衣服。有的士兵则骑马在街上漫无目的地乱

---

① 应当肯定,由于一些记者和传教士的努力,加上国民政府方面的宣传,美国社会当时有机会得知南京大屠杀的细节,主流媒体如《纽约时报》、《芝加哥每日新闻报》、《华盛顿邮报》、《洛杉矶时报》、《读者文摘》等对南京大屠杀的报道也比较广泛,但美国公众当时对发生在遥远东方的日军暴行关注有限。国民党中宣部国际宣传处纽约办事处1939年5月的报告说:“远东方面最初运美之影片材料,如日军炸沉巴纳号,日机扫射英大使,外国租界四周激战情形等,确曾大受欢迎,但目前则时势已变,此等材料已无复新闻价值,甚至轰炸美侨产业之事在报纸上亦不过仅占寸许之地位耳。”报告还提出:“南京日军暴行影片仍在各处放映,收入尚多。但因情形过于恐怖,不愿映放之处甚多,此等影片再得华德尔博士之口才加以说明,最能引起观众之同情,惜如华博士之人甚少耳。”见《纽约办事处第184号报告(5月30日)》,中国第二历史档案馆藏国民党中宣部档,全宗号七一八(4),案卷号4723。

② 这两篇报道的内容见张生编《外国媒体报道与德国使馆报告》,第159—162页。

跑,对着天空胡乱开枪。留在市内的仅有的几个外国人之一、一个身强力壮的德国人决定教训他一下,就把那个男的从马上拉了下来,夺过他的手枪,朝他脸上打了一拳。那人叫也没叫一声,承受了这一拳。①

作为第一次世界大战的战败方,德国人士强烈地意识到自己与英美人士并不是完全的同路人。但就像当时德国人士反复流露的那样,南京的英美人士作为西方人,其证言更被德方所重视。事实上,当时汉口《大公报》、《新华日报》等对南京大屠杀进行了详细的报道,但陶德曼在汉口向德国外交部报告说,路透社记者莱斯利·史密斯的演讲证明:"在当地引起轰动的日本军队的行为的报道看来并非夸张"。而在这一演讲中,史密斯说:

12月14日早晨,日本兵对中国的一般市民还没有采取敌对态度。但到了正午时分,到处都出现了6到10人的日军小分队。他们摘掉联队徽章,进入家家户户进行抢劫。中国士兵抢的只是食品,而日本兵什么都抢。他们对城市进行了有组织的、彻底的掠夺。

在我离开南京的12月15日之前,据我和其他欧洲人所见,所有中国人的家无一例外,大部分欧洲人的家也都被日军抢劫一空。

我在基斯林克·巴达的商店门口遇见了拉贝。他正在和店主合力赶走扯下德国国旗并企图对店铺进行抢劫的日本兵。

大批的年轻中国女性和少女们被从自己家带走。因为其后没有人再见过她们,所以无法得知在她们身上发生了什么事。

12月15日,外国的记者团从日军方面得到了乘坐日本军舰从南京前往上海的许可。后来经过决定,英国军舰也走同样的路线。我们接到了在栈桥附近集合的指示。由于到出发所需时间超出了预先的估计,所以我们决定在周围走走,顺便做做调查。我们在那里看到,日军在广场上把1000名中国人捆起来并让他们站好。然后将他们分批依次带走,把他们枪杀。是让他们跪着,开枪打穿他们的后脑。在场指挥的日本军官发现我们之后,命令我们立即离开。在此之前,我们观察到了100次左右用这种方法进行的行刑。不知道其他的中国人怎么样了。②

---

① 《寄往德国驻华大使馆(汉口)的报告》(1937年12月30日),德国外交部档案,文号:2722/4379/37。

② 《陶德曼寄往德国外交部的报告》(1938年1月6日),德国外交部档案,文号:2722/1105/38。

上述内容几乎成为南京城外德国人士描述南京大屠杀初期情形的基本材料。

除了记者,安全区官员中的英美人士也为德国人提供了不少材料。其中,最主要的是他们几乎每日都向拉贝汇总的日军暴行记录。随机抽取 1937 年 12 月 30 日为例,这一天,拉贝记述了编号 155 到 164 的 10 件日军典型暴行,而案例提供者是威尔逊、贝德士、米尔士、林查理和史迈士,全为英美人士[①]。再以 1938 年 2 月 1 日为例,编号 210 到 219 号的日军暴行,提供者有宋煦伯、威尔逊、贝德士、史迈士、米尔士、麦克伦、马吉和拉贝自己[②]。除拉贝外,也都是英美人士。马吉秘密拍摄的南京大屠杀的电影记录片,当时即为南京城内外的德国人所知,并进行了拷贝。

贝德士是金陵大学历史系主任,他以史学家的敏感,知道南京大屠杀必将载入史册。所以,他通过各种渠道向外界传播南京发生的一切。南京刚沦陷,陶德曼、毕达等就得到了他的初步报告,报告称:"日军在南京失去了其名声的大半,错过了获得中国人民的尊敬和外国好评的绝好机会……两天过后,由于〔日本士兵〕不断杀人、大规模较有计划的掠夺、闯入民宅强奸妇女等行为,事态的前景变得一片黑暗……当作中国士兵被日军俘虏的几队男子被绑成一串后枪杀。这些士兵已经丢掉了武器,有人甚至还脱掉了军服。目前为止,除了亲眼看到的被处死的人群和将要被处死的人群之外,我们完全没有见过落入日军之手的俘虏的样子……在全市范围内,无数家庭不管大小,不管是中国人的还是外国人的,都同样遭到了掠夺。下面的强行掠夺的例子尤其无耻,收容所和避难所的众多难民在遭到日军的集团性搜查时,从仅有的携带物品到钱和贵重物品都被抢走了。"[③]此后,贝德士写作的内容新鲜的秘密报告不断出炉,在包括德国人在内的西方人士中流传,罗森离开南京前报告的日本浪人以日本秘密军特机关为据点贩卖鸦片的情况,就是由贝德士等人调查提供的[④]。贝德士本人曾自豪地说:"我则是金陵大学最勤奋的通讯员。"[⑤]

互动是双向的。德国人士所观察和记述的南京大屠杀资料,也是英美视角的重要来源。实际上,国际安全区在日军攻城后一段时间里,专门向报界提供新闻稿。后来拉贝等人收集的资料,不少是通过英国炮舰"蟋蟀"号的无线电发出的[⑥],这使英美人士有可能第一时间获悉南京大屠杀的最新情况(当然,英国大使馆对此顾虑重重,

① 拉贝 1937 年 12 月 30 日日记,[德]约翰·拉贝:《拉贝日记》,第 251—253 页。

② 拉贝 1938 年 2 月 1 日日记,[德]约翰·拉贝:《拉贝日记》,第 449—452 页。

③ 《寄往德国驻华大使馆(汉口)的报告》(1937 年 12 月 30 日),德国外交部档案,文号:2722/4379/37。

④ 《罗森给德国外交部的报告》(1938 年 3 月 24 日),德国外交部档案,文号:2718/2404/38。

⑤ 贝德士:《致田伯烈函》(1938 年 3 月 3 日),章开沅编译:《天理难容——美国传教士眼中的南京大屠杀(1937—1938)》,南京:南京大学出版社,1999 年,第 36 页。

⑥ 拉贝 1938 年 1 月 14 日日记,[德]约翰·拉贝:《拉贝日记》,第 335 页。

怕因此而惹恼日本)。如今新发现的英美档案中关于南京大屠杀的文字不少与拉贝日记类似,诚非偶然。

出于向日本施加压力的考虑,德国人士乐于向英美视角提供炮弹。克勒格尔1938年1月底被日军批准离开南京到上海,日本人没有想到他的宣传热情。他作了多个报告揭露日军暴行,但认为相比日军的宣传,还远远不够。他向拉贝建议:“让报社大造特造舆论,如‘日本军队正在饿死南京平民’等诸如此类的消息。从美国的情绪来看,这样的宣传效果颇佳……如有可能,我们应该每天写一篇新闻报道,以保证报刊不断得到新的消息,否则无法对付军队中那些粗野的家伙!”他给拉贝寄来报道日军暴行的《字林西报》,并对不能就“爱利生事件”说些什么甚表遗憾[①]。

我们可以在很多地方看到“德国视角”和英美人士之间的互动。试比较下面两段文字,何其神似乃尔。

一是罗森1938年3月的报告:

> 日本人带来了漂亮的彩色宣传画,一个和蔼可亲的日本人手中端着饭盒,肩上坐着一个中国小孩,贫困而诚实的农民父母以充满感激和幸福的目光注视着这位心地善良的叔叔。遗憾的是,这类彩色宣传画与现实不符,只能把它看成是招揽旅游生意的广告![②]

二是美国《视野》杂志当年6月的报道:

> 日军飞机在空中撒下传单。“所有回到家园的善良中国人,你们的朋友日本皇军都会供吃,给穿。”天上撒下的传单这样说。“对于那些没有被蒋介石军队的恶魔愚弄的中国人,日本希望成为善良的邻邦。”传单上用彩色画了位英俊的日本兵,一个中国孩子象基督般抱在他怀里。在他脚下,一位中国母亲拜谢他赐予的几袋米。[③]

南京国际安全区档案是英美人士记录南京大屠杀的重要文本。英国《曼彻斯特卫报》记者田伯烈基于此档案写作的《战争意味着什么:日军侵华暴行》(亦即《外人目睹中之日军暴行》)使南京大屠杀为举世所知,当时,英美公众因此书而对日本产生极

---

① 拉贝1938年2月10日日记,[德]约翰·拉贝:《拉贝日记》,第499—500页。

② 《罗森给德国外交部的报告》(1938年3月4日),德国外交部档案,文号:2722/1896/38。

③ 《视野(Ken)》1938年6月2日。

大的愤慨和警惕,并对抗战中的中国人民寄予甚大的同情。这本书得以出版,当然与贝德士等人努力分不开。但我们从内容中可以看出,拉贝、施佩林、克勒格尔、黑姆佩尔等人的卓越努力正是安全区档案的主要内容,而拉贝出色的组织能力是安全区艰难运转的关键。

"德国视角"与英美人士的紧密互动,是当时德国人士与英美人士在南京亲密合作关系的体现。但就像德国视角以德国国家利益为出发点一样,英美人士的利益取向也很明确。品味一下《芝加哥每日新闻报》关于安全区的报道,耐人寻味:

> ……13 名美国人和 4 名德国人组成的国际委员会管理着这个由首都两平方英里荒芜地区构成的一块新邻地。
>
> 这个主要由传教士和医生组成的委员会在短短一周之内便成就了人道主义一大无与伦比的功绩。这一功绩也许是拯救千千万万无辜生灵的途径。负责行政管理的是来自俄亥俄州乌斯特,身为基督教男青年会国际委员会秘书长的乔治·菲奇。来自芝加哥,在金陵大学任教授的路易斯·史迈士担任秘书长。①

在这篇报道中,不仅"13 名美国人"先于"4 名德国人"提出,"主要由传教士和医生组成的委员会"的提法,显然把既不是传教士、也不是医生的德国人排除在外,而作为主席的拉贝,竟然未被提及。

南京大屠杀进行之中,发生了日军炸沉南京附近江面美国炮舰"巴纳号"的事件。美国当时通过"巴纳号"事件的交涉,弄清了日本陆海军之间的尖锐矛盾和分歧,他们清楚:"巴纳号"是日本陆军狂热分子桥本欣五郎大佐强令日本海军航空兵炸沉的②,虽然日本海军当着美国人士的面公开指明桥本的责任,但在各种因素的作用下,日本海军最终主动承担了责任,并将第二联合航空队司令、三并贞三海军少将作为替罪羊编入预备役③。美国轻易原谅日本的情况及其获知的日军内部分歧,在德国外交部档案中没有反映,说明英美人士与德国人士的友谊到底是有界线的。事实上,美国在清楚日军轰炸"巴纳号" 系出自故意的情况下,表现出了史无前例的宽容④。美国驻日

---

① 《芝加哥每日新闻报(The Chicago Daily News)》1937 年 12 月 10 日。

② 《松井桥本的对立》,[日]南京事件调查研究会编译《南京事件资料集》,第一册,美国关系资料编,美国关系资料编,东京:青木书店,1992 年,第 51—52 页。另见哈立德·埃邦德《是谁下令轰炸"巴纳号"的?》,《南京事件资料集》,第一册,美国关系资料编,第 80—85 页。

③ [美]哈立德·埃邦德:《是谁下令轰炸"巴纳号"的?》,《南京事件资料集》,第一册,美国关系资料编,第 80—85 页。另见[美]鲍威尔:《鲍威尔对华回忆录》,邢建榕、薛明扬、徐跃译,上海:知识出版社,1994 年,第 305—319 页。

④ 美国曾因其船只被西班牙、德国袭击而发动美西战争,参加第一次世界大战。

1938年3月，南京郊外栖霞山的难民窝棚。耶鲁大学神学院图书馆藏。

1938年3月，南京郊外栖霞山的难民窝棚。角度显示不同类型的房屋和窝棚。耶鲁大学神学院图书馆藏。

江南水泥厂难民营。选自马吉电影镜头。

伪南京自治委员会成立时,会长陶锡山带头三呼万岁。选自《支那战线写真全集:上海战线》。吴先斌提供。

大使格鲁在给日本外相广田弘毅的答复中，不顾日本并未严惩肇事者（按：美方提出的要求）的事实，竟然表示：“对于贵国政府在日期为 12 月 14 日的公文中迅速承认事件的责任、表明歉意、提出赔偿，美国政府表示满意”[①]。有鉴于此，对沙尔芬贝格有关英美外交人士在罗森对日本不满的时候“火上浇油”的指责，确实不能排除“怂恿”的嫌疑。1938 年 4 月 25 日，美国驻日大使馆武官卡波特·科维尔到南京考察，他问罗森“德国政府的对日外交是否妨碍他在此保护德国权利”，罗森问答：“在中国人统治的时候，对待外国人虽然不好，但至少想做的事情都能够做得很多。可是，一说到现在日军的严厉规则，让人无法忍受。”卡波特·科维尔认为罗森“一看就是很讨厌日本人”[②]，他的问题所透露出来的精明与罗森写在脸上的憎恶形成的对照，在南京大屠杀的冲天火光中倒也值得再三回味。

所以，大屠杀中德国人士与英美人士之间的互动关系应考虑到特殊的复杂因素，这些因素隐藏在“南京大屠杀期间的西方人士”这一总的概念之下：德国因第一次世界大战的关系，失去了在中国的治外法权等特殊利益，但它与占领者日本存在同盟关系，相比较而言，日军对德国人士更在乎一些，这是西方人士推举拉贝担任安全区主席的重要原因；英美在条约体系中获得的特殊利益当时尚存在，而且，当时国民政府反复提醒英美：日本的侵略，不仅损害了中国领土主权完整，也触犯了英美在华利益，试图以此来吸引英美关注、介入战争。英美当时在远东对日本比较容忍，并鼓动中、日谈判[③]，但日本陆军对英美人士在南京的介入相当反感，英美军舰、轮船被日军轰炸，爱利生和安全区美籍官员林查理被日军士兵打耳光等事件，均与此背景有关。

在德国当时的全球战略中，阻止英国与法国联盟、制止其卷入德、法冲突是着眼点，里宾特洛甫判断英国为了保护帝国，准备与意大利、日本改善关系，并愿意付出代价。因此，德国要建立反对英国的同盟，加强与意、日的关系[④]。另外，德国当时虽不与美国直接敌对，但它的盟友日本却被视为对远东美国利益的重大威胁。南京大屠杀期间西方人士的合作、互动以及共患难的友谊，在这些因素面前，自然很快褪色。

---

① 《美国驻日大使给日本外务大臣的口头备忘录》(1937 年 12 月 25 日)，《南京事件资料集》，第一册，美国关系资料编，第 75—76 页。

② 《卡波特·科维尔的南京旅行记》，《南京事件资料集》，第一册，美国关系资料编，第 110—121 页。

③ 蒋介石曾致信罗斯福：“我们是为了中国国家的自由，而且对人类共同的威胁作战。”罗斯福回信表示：“你们的和解会成为奠定友好关系和永久和平的基础。”《蒋介石给罗斯福的信件》(1937 年 12 月 24 日)《罗斯福给蒋介石的回信》(1938 年 1 月 11 日)，《南京事件资料集》，第一册，美国关系资料编，第 213—214 页；第 216—217 页。

④ 王建朗：《抗战初期的远东国际关系》，台北：东大图书公司，1996 年，第 160 页。

(四)“德国视角”与德国利益

不容否认,德国人士以历史学家式的严谨,记录日军的暴行,救助成千上万的中国军民,是因为他们身上蕴藏有伟大的人道精神。这种人道精神在当时南京的欧美人士身上是普遍的,不论他们来自哪个国家,何种信仰,政治立场如何,在为水深火热中的中国人提供帮助这一点上,他们有强烈的共识和一致的行动。这是南京大屠杀悲惨历史中始终叫人感觉到人性光辉与温暖的地方。

当然,我们也不必否认,南京大屠杀中德国人士的视角中,德国利益始终是重要的依据。不论是战略性的德日关系、德中关系,乃至整个远东的国际关系,还是具体如德国人在南京的产业,都是他们关心的焦点。罗森很坦率地说:“对我来说始终是德国利益至高无上。”①事实上,拉贝在盖世太保禁止他出版日记时,也把德国利益放在考虑的优先位置上,他说,“假如有朝一日它适宜出版的话,必须取得德国政府的同意,但今天由于不言而喻的原因是绝对不可能的。”②他还向希特勒保证:“我并无意和德国的政策以及德国当局唱反调。”③正直的克勒格尔到上海后发现中国仍向德国订货时也说:“这对我们来说可是件头等大事。”④

德国人士对德国利益的强烈关注,使我们有必要注意到这样的事实,在要求日军保护其在南京利益的同时,德国驻华大使馆在南京早已陷落的1938年1月5日致函中国外交部要求:“如能相应地通知中国的主管部门特别是中国空军的指挥部门,保护德国的帝国公民和德国财产不致遭到空袭,德国大使馆将对中国外交部感激不尽”。⑤ 这种基于德国利益的“中立”,使我们可以从另一个角度观察南京大屠杀在当时国际社会的影响,也使我们有可能注意到在南京大屠杀中同情、救助中国人的德国人士复杂的内心世界。

陶德曼对中国奋起抗战抱有强烈的同情,他在总结南京大屠杀前后的远东国际关系时说,“中国在为了从中世纪的国家形态中蜕变出来实现现代化而在所有领域都发生巨变的时候,遭到了这场战争的突然袭击。”但他同时像施佩林一样近乎冷酷地

---

① 《罗森给德国外交部的报告》(1938年1月15日),中央档案馆等编:《南京大屠杀》,第149页。

② [德]约翰·拉贝:《前言》(1942年10月1日),[德]约翰·拉贝:《拉贝日记》,第1页。

③ [德]约翰·拉贝:《拉贝日记》,第588页注释。

④ 拉贝1938年2月10日日记,[德]约翰·拉贝:《拉贝日记》,第501页。

⑤ 《德国驻汉口大使馆1938年1月5日编号9的报告附件2》(1938年1月5日),德国外交部档案,文号:2722/1057/38。

表示：“‘弱国威胁和平’这句冯·塞克特将军曾经说过的真理得到了证实。”在他看来，“日本现在正尝试着在〔第一次〕世界大战中没能实现的事情，即欲将中国完全置于自己的统治之下，消除白色人种在中国的影响。”他认为这与德国战略利益有冲突的地方，“意味着破坏了我国规模庞大的通商活动，使我国在中国的投资受到损失。”然而德、日有可以交换的东西，“我们可以把‘希望’放到将来的政治可能性上。”①

陶德曼在这里对将来某种政治可能性的期待，不仅使他经常流露出来的对中国的同情变味，也使他稍早时候对反共产国际的强调显得虚伪。1937年11月14日，蒋介石、孔祥熙接见他时表示，如果国民政府顶不住日本的继续进攻，结果将是中国出现红色政权，陶德曼认为，果其如此，将是中国极大的不幸②。11月8日，陶德曼拜会孔祥熙，希望中国在他主导的调停中放低要求，因为持续的战争潜藏着共产主义的危险③。

罗森对南京中国居民的友好、对日本的厌恶是同样不加掩饰的。他厌恶日本的的主要原因是日军表现出与他的良知格格不入的非人道特征，同时，他认为，日本的企图和表现与德国遏止共产主义发展的政治目标相悖，德国人应该对此有清醒的认识。而他希望，“英国人在扬子江上表现出来的那种乐于助人的伙伴情谊的精神会在不久的将来，落实在对德国具有世界意义的未来形式中去。”④在英、德秘密谈判的背景下，这是一种南京德国人士中罕见的全球战略视野，当然也有些流于天真。

对于日本并非德国反共产主义真正有价值的战略伙伴的判断，看来是德国视角的共识。退休中校布林克曼在致斯特拉赫维茨伯爵的信中，附上了“一个德国人”在南京的亲身经历，从文件的内容、尤其是其中提到栖霞山难民营的情况看，极可能是首先脱出南京到上海的克勒格尔所为。文件的结论极为明确：“这个残暴的机器（按：指日军）还装扮出一副反共产主义先锋的面目，显得像是一种嘲讽。它对外还大叫大嚷地说，这么做是为了解放和革新中国，但实际上在它的铁蹄下只会使真正的共产主义繁荣起来和一切坏分子浮现出来。”⑤德国视角对日本实际上把反共当侵略借口的反感和剖析，说明了他们的价值取向。

对德国军事顾问作用和“先见之明”的强调，是德国人士认为可以增添德国荣誉

---

① 《陶德曼寄往德国外交部的报告》(1938年1月23日)，文号：2722/1470/3。张生编：《外国媒体报道与德国使馆报告》，第347—348页。

② 《陶德曼致德国外交部绝密电报》(1937年11月5日)，陈仁霞：《中德日三角关系研究(1936—1938)》，北京：三联书店，2003年，第214页。

③ 《陶德曼致德国外交部电报》(1937年11月9日)，陈仁霞：《中德日三角关系研究(1936—1938)》，第216页

④ 《罗森给德国外交部的报告》(1937年12月14日)，德国外交部档案，文号：2722/8432/37。

⑤ 《退休中校布林克曼致斯特拉赫维茨的信函》(1938年3月18日)，德国外交部档案，文号：无。

的事情,同时也是论证德国在华利益的重要方式。他们倾向于认为,蒋介石没有听从德国军事顾问的建议,以至于大量中国官兵陷入绝境,成为大屠杀的牺牲品。罗森强调说:“冯·法尔肯豪森将军早在几周以前就极力劝蒋介石放弃保卫这个位于长江拐弯处的城市南京。中国军方的领导撤出上海后,在空旷地带并没有表现出任何军事才能,或者至少为守住上海与南京之间的军事要塞作出认真的努力,却宁愿以大多装备很差的地方部队表演一场给他们遮羞的戏剧,导致那些部队以及平民——穷人中的穷人——遭受了不必要的牺牲。”[①]陶德曼认为中国没有经受住“拥有各种现代武器的强国”日本的强攻,是国力使然,但已经是一个“奇迹”,而这个奇迹诞生的原因,陶德曼引用宋美龄的话说:“德国军事顾问掌握了很有耐心对待中国人的方法,太好了”。[②]

德国国旗和纳粹旗作为德国利益的象征,在德国人士有关南京大屠杀的记述中占有重要地位,其他如兴登堡和希特勒的画像、德国大使馆的书面保护证明等,也被视为德国国家的尊严标志,中、日双方均应给予尊重。

事实上,大屠杀正式拉开帏幕前,德国人士并不认为中国官兵在道德、纪律上更值得信赖。负责此项工作的克勒格尔就在12月13日下午实地观察过中国军队的行为,后又多次实地调查日军行为。他得出结论,对中国溃兵破坏德国人房产的怀疑是不正确的,而日本士兵在悬挂有德国国旗的房子中、在他和日本军官的眼皮下进行抢劫,是特别要指出的行为,与仓皇撤退中的中国军队的遵守纪律形成明显对比[③]。当此类报告日渐增多时,陶德曼还特地请求德国外交部给予指示[④]。而德国外交部副部长魏茨泽克的答复非常明确:“请向日本政府对南京查明的由于日本部队不尊重德国人房子上的德国国旗和德国财产造成的损失提出抗议,并要求予以全部赔偿。”[⑤]尽管德、日反复磋商,克勒格尔还是通报了事实:“尽管德国国旗比美国的更受尊重,但也不能阻止所有德国人的房子遭到严重的洗劫。”[⑥]

显然,把德国国家尊严这么宏大但虚拟的主题扯进南京德国具体利益的保护问题上,或者基于双方共同的战略利益而寻求问题的通盘解决,并不符合南京的实际。事实上,日本人认为,战争中损害平民、第三方利益,是司空见惯的,日本大使馆人员

---

① 《罗森给德国外交部的报告》(1937年12月14日),德国外交部档案,文号:2722/8432/37。

② 《陶德曼寄往德国外交部的报告》(1938年1月23日),文号:2722/1470/3。张生编:《外国媒体报道与德国使馆报告》,第348页。

③ 《克里斯蒂安·克勒格尔致德国驻南京大使馆的信》(1938年1月11日),德国外交部档案,文号:无。

④ 《陶德曼给德国外交部的电报》(1938年1月15日),德国外交部档案,编号25,非机密件。

⑤ 《魏茨泽克给德国驻东京大使馆的电报》(1938年1月22日),德国政府档案,编号30,机密件。

⑥ 《陶德曼给德国外交部的报告》(1938年1月28日),德国外交部档案,文号:2722/1508/38。

甚至直截了当地告诉拉贝：德国人在比利时也是这么干的！[①] 日军的蛮横和强词夺理，是德国人士不得不面对的实际工作环境，具体利益的维护、特别是南京德国人房产的保护乃成为南京德国人士日常工作的主要内容之一，尽管这在数十万中国百姓生命安全随时遭到威胁的背景下，显得相当不协调。

早在1937年11月18日，德国驻华大使馆就要求上海总领事馆找到南京详细的地图交给日本大使馆并转交日本军方，以便保护德国财产。12月7日，菲舍尔再次将在南京的德国公民名单交给日本大使馆，并交给他们一张旧地图，在这张地图上，所有德国人的房屋均可清晰地看到[②]。

但这样精细的安排并未保证南京德国人财产安然无恙，像黑姆佩尔的北方饭店这样地标性的建筑，也不能免除厄运。1937年12月21日克勒格尔在日本大使馆军官高玉清亲的陪同下前往视察时，发现其后楼已经是一片大火[③]。事实上，几乎所有德国人士在南京的产业都遭到日军的非法闯入或抢劫，这使德国在南京利益最高监护人罗森变得易怒和敏感，这正是沙尔芬贝格很看不惯的。

典型的一件事情是：1938年1月17日，罗森给日本领事福井一封措辞严厉的抗议信，内中提到两件事：一是16日日军两次闯入沙尔芬贝格的住宅，并向其中居住的中国人索要收音机，而这所房子早就被日军以最野蛮的方式抢劫过；二是11日日军闯入宁海路5号拉贝先生的办公室，虐待其中的中国人。以和平年代人们的眼光，这当然是严重的冒犯，但在当时的南京，却是日军罪行中比较“轻微”的。罗森严厉警告福井如不就地解决，将把此事提交德国政府[④]。

对这些事情，罗森的态度很明确：日本必须赔偿日军“在所有战争行动结束后造成的损失”。他这样表述的用意，是将“也许”是中国部队溃退时造成的损失区别开来。他说：

> 每个德国人，例如公寓房主人罗德太太，饭店老板黑姆佩尔，糕饼点老板谢尔(基斯林克·巴达糕饼店)，他们在经过严重抢劫(罗德的房子)和洗劫后，房子被完全烧光(黑姆佩尔，谢尔)失去了生活来源，他们的物质损失必须进行全部赔偿。为了说得比较好听，他们对此当然会使用“慰问金”这个词。对其他损失较少的情况我也坚持要全部赔偿。在这方面，幸好最贵重的德国财产转移到了我

---

① 《罗森给德国外交部的报告》(1938年2月7日)，德国外交部档案，文号:2722/1096/38。

② 《驻上海总领事馆致驻汉口德国大使馆的报告》(1938年1月11日)，德国外交部档案，文号:PO:4,L,8。

③ 《克里斯蒂安·克勒格尔致德国驻南京大使馆的信》(1938年1月11日)，德国外交部档案，文号:无。

④ 《罗森给日本总领事福井的抗议信》(1938年1月17日)，德国外交部档案，文号:5719/1004/38。

们包租的英国“库特沃”号轮船上,日本政府由此还占了便宜。帝国政府为这艘轮船每天额外支付700美元以及燃煤费用达数月之久,由此为自己国民一部分动产的安全作出了很大牺牲。对于恶意的烧毁和劫走余下的德国财产,现在帝国更有理由要求全部赔偿,而不是施舍一点小钱。

陶德曼当然也是德国利益的捍卫者,但对他来说,必须有更高的、更全面的利益考虑。在罗森怒气勃发的时候,他指示上海总领事馆与日本在沪机构进行了交涉,上海方面的判断是,“罗森反抗当地的规定是徒劳的”,陶德曼乃指令菲舍尔要求罗森保持冷静,给他寄去一些食品表示安慰,并“请求日本人多加关照”[①]。

罗森是否冷静,并不是日本立场的依据,实际上,就是罗森调离南京以后,日本对德国要求赔偿房产损失的态度仍然是明确的。日本外务省对奈贝尔表示:

德国在南京受到的损失是由日本人造成的还是由中国人造成的目前还不明确。即使能够证实是日本人造成的,日本政府也没有责任。因为日本士兵的行为是对中国的挑衅的自我防卫。考虑到英美和其他国家的损失,要就德国的损失赔偿请求做出某些特殊规定,这在目前还无法做到。[②]

德国人士对德国利益的关心不可谓不尽力,但简要地爬梳一下1937年下半年到1938年春天中、德、日外交关系的宏观脉络,我们可以发现,那种具体到个人房产的关心,在纳粹政府迅速向世界大战推进的战略谋划中,显得十分苍白,甚至有些滑稽。概言之,在华德国人士强调的“德国利益”,与希特勒、里宾特洛甫所规划的“德国利益”并不是一回事。

虽然当时中、德贸易规模巨大,但纳粹政府并不以经济为考虑德、中、日三国关系的着眼点,因为很清楚的是:“人们不相信——主要是在经济领域——‘藉反华态度可以从日本获得在中国失去的东西’。‘对德国将来的出口贸易而言,中国显然比日本重要得多’”。希特勒在“原则上坚持同日本合作的观点。”中苏互不侵犯条约的签定,加上国共合作的深入,日本人口口声声所说的赤化威胁似乎有了“证据”。与此同时,日本不断对德国的骑墙态度提出抗议。到1937年10月,“由于日本一再发出要废除《反共产国际协定》的威胁以及德英秘密谈判的失败,希特勒权衡利弊得失后,作出了

---

① 《陶德曼给德国外交部的电报》(1938年1月20日),德国外交部档案,编号:35,非机密件;《陶德曼给德国外交部的电报》(1938年1月20日),德国外交部档案,编号:36,非机密件。

② 《德国驻上海总领事馆给德国驻华大使馆的报告》(1938年7月2日),德国外交部档案,文号:5720/4637/38。

日本组织的“庆祝”游行。选自《支那事变画报》第 39 辑。吴先斌提供。

1938 年 3 月 28 日庆祝由日本人扶植的维新政府成立的游行，游行者被警察、密探包围着。游行队伍正转过白下路拐角进入太平路。街角的大楼原是中南银行的，当时被维新政府的一个部使用。耶鲁大学神学院图书馆藏。

1938年2月,难民们聚集在安全区委员会总部前,领取委员会发放的第一笔现金,以便回家开始生活。这个石头花园中,建有一个坚固的混凝土防空洞。耶鲁大学神学院图书馆藏。

安全区总部外排队领取救济金的难民。选自《历史图像》。

改善德日关系、加强两国同盟的决定。”当月，德国宣布停止向中国提供新的贷款[①]。

德国的在中、日间渐渐左袒后者，似乎与希特勒个人强烈的反共态度有关，因为他在承认伪“满洲国”时向国会说明：“我不认为中国强大得足以在精神上和物质上依靠自己的力量来抵御布尔什维克主义的任何进攻”[②]。而且希特勒说过，中国如果在中日战争中胜利，将是布尔什维主义在东亚的胜利，“一个除了国际犹太人之外对任何人都无益处的胜利。”[③]但是这一点，孔祥熙在 1937 年给希特勒的信中已作了辩解，他说，中国是一个集权主义国家，实行儒家教义的统治，绝对不会变成共产主义国家，倒是日本，议会政治脆弱，工业无产阶级强大，有可能变成共产党的天下[④]。而且，希特勒本人并不是绝对不与共产主义国家打交道，这一点甚至超出他亲密盟友的意料：他与斯大林签订的《德苏互不侵犯条约》使日本平沼内阁垮台[⑤]。这就是说，反共只是希特勒抛弃中国的借口，起决定作用的应是中日的实力对比和德日的全球战略利益。这就决定了德国对中国的根本方针，而南京大屠杀作为“抹黑”盟友日本形象的事件，自然被希特勒以另一种逻辑加以处理。罗森作为强烈的“反日派”，曾希望希特勒能看看马吉所拍的电影，因为那是“一部令人震惊的时代文献”[⑥]，“但纳粹政府却迫使我离开外交工作岗位并离开中国。”[⑦]拉贝以为凭自己获得的崇高荣誉，可以得到希特勒的接见，结果却是被纳粹搜查、逮捕和审讯[⑧]。

1938 年 2 月 4 日，希特勒同时批准“亲华”的国防部长布隆伯格与外交部长牛赖特辞职。而此前另一“亲华”人士经济部长沙赖特已于 1937 年 9 月辞职。新任外交部长里宾特洛甫 1938 年 2 月 21 日训示驻华外交官：德国承认伪满洲国，“只是德国现实政策的结果，与德国在东亚冲突中的态度无关。”[⑨]拉贝、罗森、陶德曼等德国人士等被召回国后，南京大屠杀在严密的封锁下成为德国档案中尘封的往事。

综上所述，南京大屠杀的“德国视角”意义有五：第一、作为第三方的冷静证词，证明南京大屠杀是无法抹煞的历史事实。第二、南京的德国人士中有商人、老兵，甚至

---

① 王绳祖主编：《国际关系史》，第 5 卷，第 210—211 页。

② [美]柯伟林：《蒋介石政府与纳粹德国》，陈谦平、陈红民等译，北京：中国青年出版社，1994 年，第 281 页。

③ [美]柯伟林：《蒋介石政府与纳粹德国》，第 293 页。

④ [美]柯伟林：《蒋介石政府与纳粹德国》，第 285 页。

⑤ [日]重光葵：《日本侵华内幕》，北京：解放军出版社，1987 年，第 180 页。

⑥ 《罗森给德国外交部的报告》（1938 年 2 月 10 日），德国外交部档案，文号：2722/1113/38。

⑦ 《德国原驻南京使馆政务秘书罗森致国民政府驻美国大使函》（1945 年 9 月 11 日），中央档案馆、中国第二历史档案馆、吉林省社会科学院合编：《南京大屠杀》，第 133 页。

⑧ 《在中国生活 30 年后又回到了家》，[德]约翰·拉贝：《拉贝日记》，第 587—588 页。

⑨ 《里宾特洛甫致德国驻华（汉口）大使馆电报》（1938 年 2 月 21 日），陈仁霞：《中德日三角关系研究（1936—1938）》，第 275 页。

纳粹党员,但他们在中国人民最需要的时候冒着巨大危险挺身而出,救助了成千上万的生命,其人性焕发的环境和方式均有出人意表之处。这说明了历史人物的复杂性:任何以偏概全的简单化的线性论述均有可能在事实面前陷入失语的窘境。第三、“德国视角”中的日军带有“亚洲式的”、“中世纪性的”野蛮,这在德国人士的语境中,是“落后”的;但在随后发生的纳粹屠杀犹太人惨剧中,集中营里流水线式的操作,却也体现了“工业化的”、“现代性的”残暴。强烈的对比之后,都是对生命尊严的极端蔑视和践踏。第四、国家利益始终是历史人物行动的重要依据之一,而国家利益是不可能完全一致的,“德国视角”与“英美视角”的互动与分歧在国家利益中可以得到各自逻辑的解释;甚至同样是为了德国利益,德国人士本身在方式、手段上也有分歧,说明了历史这一巨系统的无限丰富性。第五、南京大屠杀激发了中国誓死抵抗的爱国热情,这与抗日战争对中国国家和民族整合的推动作用是一致的。1938 年 4 月 24 日,罗森对卡波特·科维尔说:“日本以暴虐的行为使中国人扎下了牢固的反抗心理,因此它必将毁灭自己。日本要失败,以自己的国家为战场进行战斗的中国人不可能向野蛮的侵略者投降。因为游击队是在同‘大猩猩’抗衡,因此‘大猩猩’必定要失利。所谓文化和文明的一切力量与共鸣,都寄予中国一方。”此前的 4 月 22 日,贝德士和史迈士表达了同样的观点:“神出鬼没的中国军队攻击的持续压力和复仇精神持续不断,最终将迫使日军撤退。……有关日军有秩序守纪律、日本军方当局没有私利私欲的传说,因深深刺入中国人民心灵的残暴和罪行而被破坏,因此,日本一方的统治对中国人来说已没有任何意义。关于这一点,中国人自身也许会意识到的,而且他们的悲痛之情会一直激发持续的攻击,直至把日军赶走。”①

德国人士在这一问题上的解说,提醒我们:也许可以在关注日军暴行的同时,从另一个角度观察南京大屠杀的历史地位——它是中国在实现近代国家转型过程中付出的惨重代价之一②。

---

① 《卡波特·科维尔的南京旅行记》,《南京事件资料集》,第一册,美国关系资料编,第 110—121 页。

② 原文主体发表于《南京大学学报》2007 年第 1 期,题为《侵华日军南京大屠杀的“德国视角”——以德国外交档案为中心》,收入此书有修改。

五、“美国视角”中的南京大屠杀

本书所说的“美国视角”，是指南京大屠杀前后，居留南京的美国人士和其他关心这一事件的美国人士对南京大屠杀的报道、观察、记录、分析和政策指示。

美国人士留下了大量的文献资料，构成了我们今天可以看到的关于南京大屠杀的第三方资料中最丰富的部分。它们不仅在战后东京审判和南京审判时起了重要作用，而且，成为今天进行南京大屠杀史学术研究、破除各种否定或变相否定南京大屠杀谬论的基石之一。梳理“美国视角”的人员构成，文本形式和形成过程，分析其传播范围、内涵和价值，透视“美国视角”背后的国家利益，具有重要的学术价值。

本部分为前人基础上的进一步研究①。

（一）“美国视角”的人员构成和留宁动机

“美国视角”的人员构成，可以分为三类：一是新闻媒体记者，他们是美联社记者叶兹·麦克丹尼尔（C. Yates McDaniel）、《芝加哥每日新闻报》记者特洛简·斯提尔（Archibald Trojan Steele）、《纽约时报》记者提尔曼·杜丁（Frank Tillman Durdin，不同资料中，或译蒂尔曼·德丁）、派拉蒙新闻摄影社记者阿瑟·孟肯（Arthur Menken，不同资料中，或译门肯）。南京沦陷时，这 4 人都在南京。其中，麦克丹尼尔 12 月 16 日乘坐日本军舰由南京去上海，此前一天，其余 3 人与路透社记者史密斯（L.C. Smith）搭乘美国军舰“瓦胡”号（Oahu）去了上海。另有美国《纽约时报》驻上海记者

① 南京大屠杀史研究的学术史，可参见 C.X.George Wei，*Politicization and De-politicization of History：The Evolution of International Studies of the Nanjing Massacre*，The Chinese Historical Review，Vol.15，Fall 2008.并可参见魏楚雄：《历史与历史学家：海外南京大屠杀研究的争议综述》（《历史研究》，2009 年第 5 期）。

现有的研究，在资料的充实程度、“美国视角”的结构、“美国视角”文本的完整性、“美国视角”在国际范围内的传播、“美国视角”背后的美国利益、“美国视角”的内部分歧和局限等方面，均给本书留下了余地。

哈立德·阿本德(Hallett Edward Abend,不同资料中,或译埃邦德)和《密勒氏评论报》主编约翰·鲍威尔(John B. Powell),南京大屠杀期间,他们不在南京,但亦对此事件保持了关注。

二是以美国驻华大使馆人员为主体的美国官方人员,他们是大使馆二等秘书爱利生(John Moore Allison,不同资料中或译为阿利森)、副领事詹姆斯·埃斯皮(James Espy)、工作人员麦克法恩(A. A. McFadyen)。1938 年 1 月 6 日,他们从上海返回南京。外交人员中,美国驻华大使约翰逊(Nelson T. Johnson)、驻日大使格鲁(Joseph C. Grew)、美国驻上海总领事高斯(C.E.Gauss)大屠杀期间均不在南京,但因为工作关系,接触到较多的相关资料。国务卿赫尔(Cordell Hull)和总统罗斯福(Franklin Roosevelt),作为决策者,对日军在南京的暴行有原则和立场的宣示。另有美国驻日本大使馆武官卡伯特·科维尔(Cabot Coville)和美国海军亚洲舰队司令哈利·雅纳尔(Harry E.Yarnell,不同资料中,或译为亚奈尔、亚内尔)等,对南京形势十分牵挂。

三是以南京安全区国际委员会(1937 年 11 月 29 日宣告成立,1938 年 2 月改组为国际救济委员会)和红十字会南京分会(1937 年 12 月 13 日成立)成员为主体的美国民间人士,其中,主要是金陵大学、金陵大学医院(即鼓楼医院)、金陵女子文理学院的教师和工作人员,包括查尔斯·里格斯(Charles H. Riggs,中文名林查理)、舍尔·贝德士(Miner Searle Bates,也有译为贝茨)、刘易斯·史迈士(Lewis S. C. Smyth,也有译为斯迈思)、C.S.特里默(C.S. Trimmer)、罗伯特·威尔逊(Robert O. Wilson)、格蕾丝·鲍尔(Grace Bauer,中文名鲍恩典)、伊娃·海因兹(Iva Hynds)、詹姆斯·麦克伦(James H. McCallum,中文名麦克伦)、明妮·魏特琳(Minnie Vautrin,中文名华群)等人,这些人多为教会背景,来到中国系受各差会派遣。另有专职的传教士和神职人员,如欧内斯特·福斯特(Ernest H. Forster)、休伯特·索恩(Huberbt L. Sone,中文名宋煦伯)、约翰·马吉(John G. Magee)、普拉默·米尔士(W. Plummer Mills,有资料译为米尔斯)、乔治·菲奇(George A. Fitch,中文名费吴生)等。美孚洋行商人皮克林(J. V. Pikering)在大屠杀前后也居留于南京,但较少见诸史迹①。金陵大学植物学教授艾伯特·斯图尔特(Albert N. Steward,中文名史德蔚)大屠杀高潮期过后来到南京,亦有记述。上述三个部分的美国人士,以南京大屠杀期间身处南京

---

① 据安全区档案,南京安全区国际委员会中的美国人有史迈士、马吉、皮克林、贝德士、米尔士、特里默、林查理 6 人。国际红十字会南京分会中的美国人有马吉、W. 洛、福斯特、威尔逊、特里默、麦克伦、贝德士、史迈士、米尔士 9 人,戴籁三夫人虽出生在美国,但已入中国籍。见张宪文主编:《南京大屠杀史料集》第 12 册,张生等编:《英美文书·安全区文书·自治委员会文书》,南京:江苏人民出版社、凤凰出版社,2006 年,第 271—272 页。

的人士为相关文本的主要制作者。

美国人士留驻或进入南京的原因和动机，大体可以分为四类：

1. 职业精神使然。A.T.斯提尔是《芝加哥每日新闻报》派驻南京的记者。就在南京沦陷前夕，他从济南出发，抵达徐州，然后逆着奔逃的人流于 12 月 2 日来到南京。斯提尔南下时，南京已经"注定要完蛋"[①]，但这没有阻碍他深入险地。其他记者亦表现出职业素质，如孟肯与杜丁在中山东路的战斗现场，目击了中国军人的抵抗和牺牲[②]。

2. 保护教会财产，传播基督教义。在宁美国人士多笃信教义。福斯特在南京沦陷前致信家人，表示："我们所能做的只有祈祷，做基督信徒理应承担的忠实见证。我们是无助的，但上帝不是。"[③]12 月 12 日上午，南京沦陷前的一刹那，教会紧急委员会还在鼓楼教堂做了布道[④]。实际上，即使在大屠杀最高潮时期，传教士们"每天或隔日"出去巡视教会财产[⑤]。他们判断，"南京地区基督教服务事业的需求和机遇是巨大的"[⑥]。

3. 受美国政府指派，保护美国利益。美国外交人员重返南京时，立即调查美国利益的受损情况，他们顶住日方的干扰，在大使馆内架设了"配备操作员的无线电台"[⑦]。不久，爱利生和林查理一起调查日军从金陵大学掳走妇女的事件，遭受了被日军士兵打耳光的侮辱。尽管如此，外交人员代表美国政府的行动，还是对日方产生了压力。到卡波特·科维尔 1938 年 4 月视察南京时，爱利生已经获得日方各类赔偿6000美元和 10000 元[⑧]。

---

① A.T.斯提尔：《因害怕日军 大批难民逃难》，《芝加哥每日新闻报》1937 年 12 月 2 日，张宪文主编：《南京大屠杀史料集》第 6 册，张生编：《外国媒体报道与德国使馆报告》，南京：江苏人民出版社、凤凰出版社，2005 年，第 31—32 页。

② 阿瑟·孟肯：《目击者描述中国军队溃退时南京的恐怖景象》，《芝加哥每日论坛报》1937 年 12 月 17 日。张生编：《外国媒体报道与德国使馆报告》，第 104 页。

③ *Forster's letters to His Wife* (*December* 5 ,1937)，RG8，Box263，Fold9，The Archives of the United Board for Christian Higher Education in Asia，Yale University Divinity School Library Special Collections.

④ *Minnie Vautrin's Diary* (*December* 12，1937)，Box 134 of YDL Record Group NO.11，The Archives of the United Board for Christian Higher Education in Asia，Yale University Divinity School Library Special Collections.

⑤ 麦克伦：《致家人函(1937 年 12 月 29 日—1938 年 1 月 15 日)》，张宪文主编：《南京大屠杀史料集》第 4 册，章开沅编译：《美国传教士的日记与书信》，南京：江苏人民出版社、凤凰出版社，2005 年，第 204 页。

⑥ M.S .Bates and W .P. Mills，*Preliminary Report on Christian Work in NanKing-Winter*1937 (*February*18，1938)，RG8，Box263，Folder8. The Archives of the United Board for Christian Higher Education in Asia，Yale University Divinity School Library Special Collections.

⑦ *Forster's letters to His Wife* (*January* 24 ,1938)，RG8，Box263，Fold9，The Archives of the United Board for Christian Higher Education in Asia，Yale University Divinity School Library Special Collections.

⑧ 《卡波特·科维尔的南京旅行记》，张生等编：《英美文书·安全区文书·自治委员会文书》，第 80 页。

4. 救助南京居民,弘扬人道关怀。美国大使馆安排侨民撤退时,魏特琳当即表示:"我不能离开金陵女子文理学院的同事和邻居,他们需要我。"[①]南京沦陷前,贝德士告诉朋友们,他把在极端的危险中"为人们的生命战斗"、"捍卫真理与人道",当作"精神的激励与震撼"[②]。1937 年 12 月 3 日,美国大使馆发布最后一次撤离警告,要求美国侨民做最后的抉择,福斯特和马吉选择了留下,福斯特说:"我们觉得应有尽可能多的外籍人士合作,以保证中立区计划的顺利实施,这是能提供给我们工作人员和信徒的惟一办法。而且,我们留下的决定也能鼓舞护士和卫生员们忠于职守。"[③]大屠杀高潮之后,史迈士在反省自己的作为时表示:"我恨日本人吗!不。……如果我重新面临一次这样的时刻,对日本人做我们曾为 250000 中国人、妇女和儿童做过的一切,我会同样地再做一遍。"[④]

美国在宁人士的大多数,在大屠杀期间与南京市民休戚与共,没有考虑到明确可期的名利,但他们大多在国际知名高校受到过高等教育,对国际形势和中国局势有较为敏锐的观察力,具有在复杂局势中把握分寸、采取适当方式的能力,从而能与南京的日本各种势力折冲,比较有效地运转了预设的救助平台和机制,最终超出他们自身预期,获得了巨大的人道救援效果[⑤],充分显示了血腥战争中知识的力量和个人的主观能动性可能达到的高度。

需要说明的是,美国人士的上述动机在很多情况下是重合的,比如,传教士不仅积极保护教会财产,也保护了其他美国财产,更是当时南京国际救援的主力,有效地减轻了日军对中国军民施暴的程度。

---

① *Minnie Vautrin's Diary*(*November* 19,1937), Box 134 of YDL Record Group NO.11, The Archives of the United Board for Christian Higher Education in Asia, Yale University Divinity School Library Special Collections.

② 贝德士:《致朋友的传阅函》(1938 年 11 月 29 日),章开沅编译:《美国传教士的日记与书信》,第 51 页。

③ *Forster's letters to His Wife* (*December* 3 ,1937),RG8,Box263,Fold9, The Archives of the United Board for Christian Higher Education in Asia, Yale University Divinity School Library Special Collections.

④ 史迈士:《致朋友函》(1938 年 3 月 8 日),章开沅编译:《美国传教士的日记与书信》,第 281—282、285 页。

⑤ 美国教会人士引用《波士顿环球报》对南京美国人士的评价称:"日本人进攻南京时,一小群外国人、主要是美国人,组织了安全区委员会,希望创建一个非军事人员可以免遭攻击的聚居地。委员会成员是大学职员和差会成员,他们是教授和教区牧师。这是一个非常理智的组合。正是这些举止优雅有修养的人,出现在文明遭到破坏的地方和当口。"*John W. Wood to Irving*(*December* 13-27,1937), RG10, Box 102, Folder 862, The Archives of the United Board for Christian Higher Education in Asia, Yale University Divinity School Library Special Collections.

(二)"美国视角"的文本及其传播

上述南京内外的美国人士构成的"美国视角",就文本载体而言,可分为六类:

1. 安全区档案。南京的美国民间人士与其他西方国家人士在报告、制止日军暴行,救助中国民众的过程中,即时做了大量的记录,并收集一些中国人士的目击证言,这些结集为《南京安全区档案(Documents of the Nanking Safty Zone)》,1939年由燕京大学教授徐淑希编译出版。该书收录69个文件,其中包括安全区委员会与日本使领馆人员,英、美、德等国外交官,伪南京自治委员会等交涉的信件、报告、文书;安全区委员会管理的难民所状况备忘录;并记录了1937年12月15日到1938年2月7日发生在安全区和附近地区的444个日军暴行案例。

应当指出的是,由于当时国际委员会对制止日军有组织的搜捕和屠杀无能为力,更需要日方最低限度的合作以便拯救难民,除少量案例外,安全区档案对日军大规模屠杀记载甚少,而集中于强奸、抢劫纵火以及与难民生活有关的粮食、燃料、药品等问题上,这是"美国视角"的一个特点①。

2. "耶鲁文献"(Yale University Divinity School Library Special Collections)。金陵大学历史教授贝德士先后在牛津大学、哈佛大学学习,1920年受基督会派遣来华,后在耶鲁大学以中国历史研究获博士学位。曾两次因在大屠杀期间为南京市民服务被国民政府授勋②。他认为,"以积极的方式揭露暴行真相乃是一种道德义务",全世界人民"有权知道我们时代经历的有意义的篇章"③,由其形成的文本在"美国视角"中占有特殊地位。现与其他相关文献一起,藏于耶鲁大学神学院图书馆,著者统称其为"耶鲁文献"。文献的重要内容之一是在宁各位美国传教士的日记与书信,在中国最早由章开沅先生编译出版。

"耶鲁文献"同时收集了贝德士为中外多家媒体所写的报道,《南京安全区档案》、《拉贝日记》、《魏特琳日记》的主要或全部内容,福斯特等人所摄照片,亚洲基督教高等教育联合董事会有关档案,给美国驻南京外交人员的报告,美国差会基于传教士报告形成的文件,美国和其他西方国家人士与日方的来往电文。贝德士战前就中日关

---

① 《南京安全区档案》,张生等编:《英美文书·安全区文书·自治委员会文书》,第269—388页。

② *Biographical Information: Dr. Miner Searle Bates Professor of Mission*, RG10, Box126 Folder1132. The Archives of the United Board for Christian Higher Education in Asia, Yale University Divinity School Library Special Collections.

③ 贝德士:《致朋友的传阅函》(1938年4月12日)章开沅编译:《美国传教士的日记与书信》,第35页。

系发展趋势做了大量的分析,还秘密调查了日军占领南京后有组织、有系统的贩毒活动,日本对南京的经济独占,中国民众对日军占领的反应,沦陷后南京的市民生活,国际救济委员会的活动,等等。"耶鲁文献"是南京大屠杀期间以贝德士为代表的美国在宁人士集体记忆的结晶。

3. 美国外交文件。南京沦陷之前,留守南京的美国外交人员向约翰逊大使和国务院递交了很多报告,其中包括南京安全区国际委员会的建立过程①。返回南京后,他们又撰写了许多目击证词和分析报告。同时,其他西方人士在与日方函电往来时,多向美国大使馆备份,大使馆有选择地向美国国内发送,很多文件有罗斯福总统、国务卿赫尔等人的批示,成为美国政府对日交涉的依据。战后,其中一小部分被提交给远东国际军事法庭。

4.《芝加哥每日新闻报》、《纽约时报》、《读者文摘》、《华盛顿邮报》、《生活》等美国报刊的新闻报道,多数由前述美国记者撰写。另有一些美国记者根据在宁美国人士的书信、报告等撰写了一些报道。

5. 贝德士等人在远东国际军事法庭的书面宣誓证词,及接受质证的内容。1946年5月,东京审判开庭以后,贝德士、威尔逊、马吉三人作为控方证人出庭,接受检察官、控方律师和辩护方律师的质证,对南京大屠杀的许多细节提供证言,并驳斥了辩护方律师对控方证据的故意歪曲和攻击。威尔逊、史迈士、费吴生、麦克伦的宣誓证词被法庭接受为书证②。

6. 其他。英国《曼彻斯特卫报》记者田伯烈(H. J. Timperley)1938年在纽约、伦敦出版*What War Means, the Japanese Terror in China*(中文版译名为《外人目睹中之日军暴行》,同年出版),国际影响很大。贝德士为此书的写作牵头奔走,允诺提供史迈士信件、栖霞山报告、魏特琳日记,马吉、福斯特和威尔逊尚未打印的新闻报道稿,以及费吴生和贝德士的信件③。此后,贝德士就田伯烈的书稿提出18个方面的具体修改意见④。马吉在南京拍摄了记录电影,由费吴生秘密带出南京,在上海洗印后,

---

① *The Second Secretary of Embassy in China (Atcheson) to the Secretary of State*, December 6, 1937. *Foreign Relations of the United States*(以下简称"*FRUS*"), Volume III, pp.768—769; *The Second Secretary of Embassy in China (Atcheson) to the Secretary of State*, December 9, 1937. *FRUS*, Volume III, pp.781—782.

② 参见张宪文主编:《南京大屠杀史料集》第7册,杨夏鸣编:《东京审判》,南京:江苏人民出版社、凤凰出版社,2005年;张宪文主编:《南京大屠杀史料集》第71册,张生、杨夏鸣编:《东京审判书证及苏、意、德文献》,南京:江苏人民出版社、凤凰出版传媒集团,2010年。

③ *Bates to Timperley (March 14, 1938)*, RG10, Box4 Folder65, The Archives of the United Board for Christian Higher Education in Asia, Yale University Divinity School Library Special Collections.

④ *Bates to Timperley (March 21, 1938)*, RG10, Box4 Folder65, The Archives of the United Board for Christian Higher Education in Asia, Yale University Divinity School Library Special Collections.

在中国、美国放映，并被辗转送到德国。又，史迈士 1938 年春带领学生对南京周边地区进行田野调查，并出版 *War Damage in the Nanking Area, December, 1937 to March*, 1938(中文译名为《南京战祸写真》，也有译为《南京地区战争灾祸》)一书，由于调查在日军和伪自治委员会的眼皮下进行，"调查报告里所报道的损失，只是这场战争所造成生命财产损失总数的百分之一二"[①]，但仍提供了很多宝贵的资料。另外，鲍威尔的回忆、费吴生的回忆和卡伯特·科维尔的南京视察报告也是"美国视角"的有机组成部分。

美国民间人士在宁活动的范围，是"美国视角"的空间基础。理论上说，他们是中立的第三方，但其活动受到日军的严厉限制，甚至生命威胁。1937 年 12 月 16 日，日军在难民营里搜寻中国士兵，住房委员会副主任林查理一再对日军进行解释，以免其把平民作为军人抓走，结果被日军军官三次用刺刀威胁并殴打[②]。麦克伦被日本士兵刺伤脖子。其他西方国家在宁人士也有类似的遭遇。美国在宁民间人士是勇敢的，但也不是视死如归，这就使他们的日常活动局限在安全区及周围，而安全区本身只占南京城区面积的 1/8。只在有中国人跑来求救等特殊情况下，才会有所突破。因为担心传播不利于日军的消息，他们轻易不被允许离开南京城[③]。

外交官活动范围稍大，但需要遵守日军"规矩"，并被日军士兵"陪同"，而可看地区早经"清理"。德国使馆政务秘书罗森(Rosen)在给德国外交部的报告中提到："德国人和美国人为我提供的消息说，外国代表重返南京的意图公布之后，紧张的清理工作随即开始，平民百姓、妇女和儿童无辜被杀害的尸体和路上横七竖八躺卧的骨瘦如柴的尸体统统被清理干净。"[④]

从市中心的鼓楼沿着中山路(今中山北路)前往下关火车站和码头，是南京内外交通的孔道，美国人士进出南京的必经之路，作为安全区的东北外缘，其范围稍稍超出安全区。马吉曾出城到德国、丹麦人士主持的南京郊区江南水泥厂难民营考察，作为美国人士伸出的触角，是"美国视角"的重要例外。

综上所述，"美国视角"的覆盖区域客观上受到限制，屠杀特别集中的长江岸边草鞋峡、幕府山、燕子矶、上新河、三汊河等处，在"美国视角"中罕见提及，而且处于"听

---

① 贝德士：《〈南京地区战争灾祸〉前言》，张宪文主编：《南京大屠杀史料集》第 15 册，姜良芹、郭必强编《前期人口伤亡和财产损失调查》，南京：江苏人民出版社、凤凰出版社，2006 年，第 2 页。

② 拉贝 1937 年 12 月 18 日日记，张宪文主编：《南京大屠杀史料集》第 13 册，[德]拉贝：《拉贝日记》，刘海宁、郑寿康、杨建明等译，南京：江苏人民出版社、凤凰出版社，2006 年，第 164 页。

③ 贝德士：《致朋友函(1938 年 1 月 10 日)，章开沅编译：《美国传教士的日记与书信》，第 19—20 页。

④ 《罗森给德国外交部的报告》(1938 年 1 月 15 日)，张生编：《外国媒体报道与德国使馆报告》，第 326 页。

说”状态[①]。这就是说，在南京的美国人士虽是现场目击者，也没有全面掌握南京大屠杀的史实。这是“美国视角”的另一个重要特点。

“美国视角”传播范围极广。首先是“国统区”。著者在中国第二历史档案馆中，发现了贝德士的一封密信，内称：“盖游散兵士，侵袭民居，搜掠财物，蹂躏妇女，一处一日遭十次，一夜遭六次以上者，实不可胜数。……此间及全城民众饥寒所迫，有趋向极端之势，盖彼等之食粮与金钱既已尽为兵士所攫夺而去，彼等之衣服被褥又同遭洗劫，不能耐严寒之侵袭，大都已病不能愈。不知日本当局将若何解决此项问题？”[②]“国统区”的媒体，如《大公报》援引纽约泰晤士报（著者按：即《纽约时报》）驻沪记者亚朋（著者按：即阿本德）报道称：“中国境内一部分日军几已毫无纪律，其种种暴行，较之中国从前之土匪有过之而无不及。”[③]田伯烈的著作出版后，国民政府立即组织人手进行翻译，印刷以后，国际宣传处即奉送 20 册给蒋介石，又分送各机构和要人，反响强烈。需求数量一加再加，1938 年 8 月 20 日，国际宣传处复战地文化服务处函件称：“贵处函为兹送《外人目睹中之日军暴行》一万七千余册，经分交各办事处转发，现已积存无几，尚第四八两战区及各地游击队保安团均未送发，拟请再行增印三万册左右送处，以便继续担负散发等由，准此，自应照办，因武汉方面印刷数量有限，兹拟在本月底以前，至少先行印上五千册送上，并当尽量设法于最短期内印送三万册，以供需要。”[④]

第二是中共抗日根据地。1939 年，延安时事问题研究会编印《日本帝国主义在中国沦陷区》一书，内中第三编第三章第一目，根据安全区国际委员会向日方的抗议，叙述了日军在南京的暴行，特别是对美国权益的侵袭。毛泽东为此书作序，名为《研究沦陷区》，并题写书名，简称为《日本在沦陷区》[⑤]。

第三是欧洲。英国从“美国视角”中得到很多关于南京大屠杀的信息。但对田伯

---

① 如 1938 年 2 月 16 日，一位幸存者颜先生来见魏特琳，他“听说”：南京沦陷初期，三汊河地区日军屠杀 1 万人，燕子矶屠杀 2—3 万人，下关也屠杀 1 万人。魏特琳把他的“听说”记录在日记里，没有去查证。*Minnie Vautrin's Diary* (*February* 16,1938), Box 134 of YDL Record Group NO.11, The Archives of the United Board for Christian Higher Education in Asia, Yale University Divinity School Library Special Collections

② 《关于日寇对中国政治经济的评论，在东北的军事准备，侵华暴行及日本战时经济危机等向蒋匪的译呈件》，中国第二历史档案馆藏国民党中央宣传部档案，档案号：七一八(五)/14。

③ 《美报揭露　敌军暴行　纽约泰晤士报驻沪访员详电　引起美国人士深刻印象》，汉口《大公报》1937 年 12 月 25 日。

④ 《国民党中央宣传部国际宣传处为推荐英记者田伯烈所著〈外人目睹中之日军暴行〉一书和各部门的往来函件》，中国第二历史档案馆藏国民党中央宣传部档案，档案号：七一八(四)/4711。

⑤ 延安时事问题研究会编：《日本帝国主义在中国沦陷区》，延安：解放社，1939 年版，上海：上海人民出版社 1958 年重印出版。

烈的著作和相关报道，英国外交部官员评论说：“更多的披露不会再有什么效果，特别是当我们了解到，近来情况已有了很大改观之时更是如此。”[①] 1938 年 5 月，英国财政部佩德勒将萨金特神甫的信寄给了外交部的豪尔，此信附上了费吴生的 1937 年圣诞节日记，豪尔表示，“我们已经从其他消息来源得到了几乎相同的情报”[②]。德国方面，贝德士和斯提尔的报告，被作为副本，由驻北平的德国大使馆办事处寄往德国驻汉口大使馆[③]。马吉拍摄的电影和解说词，被收入《拉贝日记》和罗森的外交报告中。罗森还特地请求希特勒观看这部影片，因为这是“一部令人震惊的时代文献”[④]。苏联方面援引美国媒体报道。《真理报》报道说：“……《纽约时报》记者杜丁报道了有关日军在南京的暴行。杜丁写到，在日军占领南京之后的 2 天，大规模抢劫、强暴妇女、杀害平民，以及枪杀已成俘虏的中国军人。南京变成了恐怖的城市，街道上遍布尸体。”[⑤]

第四，美国，这是“美国视角”最主要的传播空间。美国主流媒体、外交报告、差会报告和私人通信反映了大屠杀的各个侧面，已如前述。《外人目睹中之日军暴行》英文版是在伦敦和纽约同时出版的，发行量达 30 万册[⑥]；国民党中宣部国际宣传处的海外工作人员英国人李复(Earl H. Leaf)与美国哈蒙基金会的布雷迪小姐取得了联系，策划放映马吉电影[⑦]。

费吴生的赴美宣传，是“美国视角”在美国广泛传播的范例。1938 年 1 月 24 日，费吴生从南京赶到上海。2 月底，他路过广州，应广东省政府主席吴铁城邀请，做了关于南京的演讲，“会馆里座无虚席”。3 月初，他抵达加州，进行了两三场演讲，他说，“其中一次演讲会上，我给大家看了影片，引起了很大的轰动”。并接受了《洛杉矶时报》记者钱德勒及欧文·拉铁摩尔等人的采访。4 月，费吴生抵达华盛顿特区，会见了美国副国务卿豪恩贝克(Stanley Hornbeck)以及中国驻美大使王正廷等，他给美

---

① 《日本军队在南京和芜湖的行为》，张生等编：《英美文书·安全区文书·自治委员会文书》，第 229—230 页。

② 《佩德勒先生(财政部)致豪尔先生的电报》，张生等编：《英美文书·安全区文书·自治委员会文书》，第 238—240 页。

③ 《寄往德国驻华大使馆(汉口)的报告》(1937 年 12 月 30 日于北平德国大使馆办事处)，该文首次使用了“Nankinger Massacre”一词。张生编：《外国媒体报道与德国使馆报告》，第 288—295 页。

④ Rosen, *Filmdokument zu den Greueltaten japanischer Truppen in Nanking* (*Nanking, den* 10, *Februar* 1938), Aktz, 2722/1113/38, Politisches Archiv des Auswatigen Amts, Berlin.

⑤ 《日本占领者在中国的暴行》，《真理报》1937 年 12 月 30 日。张生、杨夏鸣编：《东京审判书证及苏、意、德文献》，第 241 页。

⑥ 《国民党中央宣传部国际宣传处为推荐英记者田伯烈所著〈外人目睹中之日军暴行〉一书和各部门的往来函件》，南京中国第二历史档案馆藏，国民党中央宣传部档案，档案号：七一八(四)/4711。

⑦ 《第 37 号报告》(1938 年 4 月 2 日)，文俊雄译注，《民国档案》2002 年第 4 期。

国国会下院外交委员会、战时情报局、记者等放映了影片。在场的日本人对费吴生进行威胁,“他给东京外务省的报告里加入了一份有关我的文件”。相关美国人士则高度评价了费吴生的报告。此外,费吴生还在纽约、芝加哥等地进行了几次演讲①。

(三)“美国视角”的核心:大屠杀的真相

本来,美国人士猜测,占领南京的日军将恢复日常秩序,用魏特琳的话说,“好像所有的一切都行将结束了”②。但日军的大屠杀,使他们看到“一座人间地狱”③。

首先,“美国视角”记录了日军进行的屠杀。

斯提尔离开南京时,估计有 5000 到 20000 军人被屠杀④。“最后看到的是沿岸附近城墙前被处决的一伙中国人,有 300 人。那里已经堆了没膝高的尸体”。“从下关出城时,记者的汽车不得不从堆积了 5 英尺厚的尸骸上通过。日军的卡车和大炮也这样通过”⑤。斯提尔的报道,被杜丁证实,他写道:“大部分已经缴械、准备投降的中国军人已是求助无门,他们被有组织地搜捕并处决。……有 20000 名中国军人被处决是极有可能的。”⑥

1938 年 1 月 3 日,威尔逊医生记录了一个 17 岁男孩的证言:1937 年 12 月 14 日,约 10000 名年纪在 15 岁到 30 岁之间的中国男人们被带到轮渡码头附近的江堤杀害,3 个人死里逃生。这 10000 人中,约 6000 人是士兵,4000 人是平民⑦。

特别令人感佩的是,美国在宁人士没有推卸他们出于良好愿望而产生的“责任”,

---

① 《关于菲奇就南京事件进行的巡回演讲》,张生等编:《英美文书·安全区文书·自治委员会文书》,第 185—188 页。

② *Minnie Vautrin's Diary* (*December* 1, 1937), Box 134 of YDL Record Group NO. 11, The Archives of the United Board for Christian Higher Education in Asia, Yale University Divinity School Library Special Collections.

③ 费吴生语,见《斯特拉博尔吉爵士致哈利法克斯爵士》,张生等编:《英美文书·安全区文书·自治委员会文书》,第 246 页。另参见宋煦伯:《给上海普莱士博士的信》,章开沅编译:《美国传教士的日记与书信》,第 354 页。

④ 《记者描绘战争屠杀场景》,《芝加哥每日新闻报》1937 年 12 月 17 日;《日军屠杀成千上万》,《芝加哥每日新闻报》1937 年 12 月 15 日,张生编:《外国媒体报道与德国使馆报告》,第 96、92 页。

⑤ A.T.斯提尔:《目击三百人被处死》,《每日邮件》1937 年 12 月 15 日,张生编:《外国媒体报道与德国使馆报告》,第 87、88 页。

⑥ 《中国指挥官逃走,日军暴行标志着南京的陷落》(1938.1.9),《纽约时报》1938 年 1 月 9 日,张宪文主编:《南京大屠杀史料集》第 29 册,杨夏鸣、张生编:《国际检察局文书·美国报刊报道》,南京:江苏人民出版社、凤凰出版传媒集团,2007 年,第 516—517 页。

⑦ *Letter from Dr. Wilson to his family* (*January* 9, 1938), RG11, Box229, Folder 3875, The Archives of the United Board for Christian Higher Education in Asia, Yale University Divinity School Library Special Collections.

这让"美国视角"的可信度大幅度提升。米尔士说:"……我们确实认为日本人会适当地处置解除武装的士兵,因此当这些人来找我们时,我们告诉他们我们认为如果他们放下武器躲进一两个难民营就会安全的。……后来的几天里他们中的许多人都被杀死了!"[①]

美国官方也得到了南京大屠杀的信息。1938年1月21日,约翰逊向南京美国使馆通报了得自英国方面的秘密情报,情报称,"紧随日军进入南京的日本大使馆的官员们,看到日军在难民营内外公开地酗酒、杀人、强奸、抢劫,感到十分震惊。他们未能对军官们施加影响,后者漠然的态度很可能出于把放纵士兵作为对这座城市的惩罚,而且由于军队的控制,他们对致电东京要求控制军队感到绝望,日本大使馆官员们甚至建议传教士设法在日本公布事态真相,以便利用公众舆论促使日本政府管制军队"[②]。2月2日,在南京现场的爱利生等人向美国政府提出详细报告说,"所有前中国士兵和那些被怀疑是的人均遭到系统地杀戮。尽管得不到准确的报告,但据估计,远超过2万多人以这种方式被处决"[③]。

死亡数字不断上升。1938年3月,汉口的美国刊物指出:"到目前为止,南京的日军至少杀害了8万中国人。"[④]魏特琳1938年4月记录到:仅南京的慈善组织红卍字会从1月中旬到4月14日,就在城区掩埋1793具尸体,其中80%是平民;在城外,掩埋39589具尸体,约2.5%是平民。"这些数字不包括下关和上新河地区在内,我们知道那里还有可怕的人命损失"[⑤]。

除此之外,1938年初,美军情报机构破译了一些日本外交电文。其中,日本外相广田弘毅1938年1月17日转引英国记者田伯烈的电讯稿向日本驻美使馆发出训令,电讯稿称:"自从几天前回到上海,我调查了日军在南京及周边地区所犯暴行的报告。可靠的目击者的口述记录和信誉毫无疑问的人士的信函提供了充分证明,即日军的所作所为及继续其暴行的手段使人联想到阿提拉及其匈奴人。至少30万中国

---

① *W.P. Mills to Nina* (*February* 9), RG8, Box141, Folder12, The Archives of the United Board for Christian Higher Education in Asia, Yale University Divinity School Library Special Collections.

② *IMTFE* (*International Military Tribunal for the Far East*) *EXHIBIT NO.* 328, RG238, Entry14, Box137, Location: 190/10/21/03. National Archives II of USA, Maryland.

③ *IMTFE EXHIBIT NO.* 328, RG238, Entry14, Box137, Location: 190/10/21/03. National Archives II of USA, Maryland.

④ 维克里·莱比:《日军在南京的"死亡舞蹈"》,《中国论坛》,,张生编:《外国媒体报道与德国使馆报告》,第184页。

⑤ *Minnie Vautrin's Diary* (*April* 15, 1938), Box 134 of YDL Record Group NO.11, The Archives of the United Board for Christian Higher Education in Asia, Yale University Divinity School Library Special Collections.

平民遭到屠杀。”[①]

其次,“美国视角”记录了日军的性暴行。

威尔逊医生毕业于普林斯顿和哈佛。大屠杀的发生,使威尔逊看到了但丁笔下地狱的现代版[②]。每天要做几十台手术的威尔逊经常要和其他美国人一起,去金陵女子文理学院值夜班,保护避难妇女,但 1937 年 12 月 17 日晚上,日军士兵翻墙强奸了 16 名妇女[③]。1938 年 1 月 3 日,一位 40 岁左右、脖子被日军砍了 4 刀的妇女告诉他:1937 年 12 月 31 日,日军诡称找人帮军官洗衣服,将 6 个妇女从难民营带走,她们白天洗衣服,晚上被轮奸,其中 5 人每晚被强奸 10—20 次,另一个年轻漂亮的每晚要被强奸 40 次左右[④]。

1937 年 12 月 17 日,中国妇女告诉魏特琳:从 12 岁的少女到 60 岁的老妪都被强奸。丈夫们被迫离开卧室,怀孕的妻子被刺刀剖腹。就在魏特琳祈祷“要是有良知的日本人知道这些恐怖的事实就好了”的时候,日军到金陵女子文理学院大楼里挑选妇女,“被抓走的妇女们哭喊着”[⑤]。她还记录道:日军士兵在抓不到年轻姑娘时,甚至找青少年男孩[⑥]。

强奸产生严重后果。其中一个妇女经历惨痛:“12 月 13 日,日本士兵抓走了她的丈夫,她被带到城南某处,并被关在那里。她每天晚上被强奸 7—10 次,只是到夜里

---

① *Hirota to Washington*, National Archives II of USA, Maryland. 原件藏美国国家档案馆二馆,本影印件由美国“抗日战争史实维护会”王鄂(Mr. Ao Wang)先生提供,括号及内中文字系英文原档所有。孙宅巍认为:此电文“不能直接作为侵华日军在南京大屠杀中屠杀 30 万以上中国同胞的证言,但是其电文所载田伯烈的‘特别消息’,对于研究侵华日军暴行以及南京大屠杀,仍有十分重要的价值”。而且,当时广田并未“对其内容加任何否定性的按语”。见孙宅巍:《澄清历史——南京大屠杀研究与思考》,南京:江苏人民出版社,2005 年,第 272、273 页。本人同意孙宅巍对广田电报的基本定位。“广田电报”的相关研究可见杨大庆:《1938 年 1 月 17 日“广田电报”考证》,《民国档案》,1998 年第 3 期。另据查,英国记者钱塞勒(Chancellor)向田伯烈提供了一篇发往伦敦的新闻报道,报道援引了上海南市难民区负责人法国人饶神父的话,“他非常肯定中国平民遇难者 300000 这一数字是正确的”。*Timperley to Bates* (*March* 28, 1938), RG10, Box 4, Folder65, Yale University Divinity School Library Special Collections.

② *Letter from Dr. Wilson to his family* (*December* 18, 1937), RG11, Box229, Folder 3875, The Archives of the United Board for Christian Higher Education in Asia, Yale University Divinity School Library Special Collections.

③ *Letter from Dr. Wilson to his family* (*December* 18, 1937), RG11, Box229, Folder 3875, The Archives of the United Board for Christian Higher Education in Asia, Yale University Divinity School Library Special Collections.

④ *Letter from Dr. Wilson to his family* (*January* 3, 1938), RG11, Box229, Folder 3875, The Archives of the United Board for Christian Higher Education in Asia, Yale University Divinity School Library Special Collections.

⑤ *Minnie Vautrin's Diary* (*December* 17, 1937), Box 134 of YDL Record Group NO.11, The Archives of the United Board for Christian Higher Education in Asia, Yale University Divinity School Library Special Collections.

⑥ *Minnie Vautrin's Diary* (*February* 7, 1938), Box 134 of YDL Record Group NO.11, The Archives of the United Board for Christian Higher Education in Asia, Yale University Divinity School Library Special Collections.

才让她睡一会。她染上了3种性病：梅毒、淋病和软下疳，这几种病非常厉害。”[①]安全区档案记述了被强奸致死的案例：“一个茶馆老板的17岁的女儿被7名日本士兵轮奸，并于12月18日死亡。……在平安巷，一名姑娘被日本士兵强奸致死。”[②]强奸还导致很多妇女怀孕。史德蔚(Albert N Steward)记述道：“最近几个月，有许多不幸的妇女前来大学医院求助……大夫为他们卸掉了不受欢迎的‘包袱’。”[③]除了这些显性的伤害，强奸还造成被侮辱妇女长期遭受PTSD (Post Traumatic Stress Disorder，中文译为“创伤后应激反应障碍”)的隐形折磨[④]。

第三，“美国视角”记录了日军的抢劫、纵火等罪行。

在“美国视角”中，组织抢劫和纵火的责任很清楚。贝德士指出：“……这种掠夺现在变成了由日军高级军官指挥的，有组织地对商店进行大面积的破坏。”[⑤]史迈士告诉朋友们：“12月20日，费吴生和我傍晚开车前往城南地区，看见日军正在有组织地从店铺拿走剩余物品，装进军用卡车，然后再放火焚烧这些房屋。我们意识到这是蓄意毁掉这座城市，绝非偶然所为。”[⑥]

1937年12月25日，美国政府得到信息：日军事实上侵入了除由外国人居住的每一栋建筑，系统地洗劫居民和商店，对滞留城中、包括难民营中的中国人进行大规模地侵犯，不加区别地射击和杀戮[⑦]。

抢劫和纵火造成严重财产损失。南京国际救济委员会报告称：“南京31%的建筑被烧毁；店铺被烧毁的百分比更高；因军队在南京毁坏及抢劫所造成的直接损失达到了1亿元；靠近南京的主要公路沿线的农村地区几乎被洗劫一空，并陷入缺少种子、牲畜、劳力和工具的困境中，他们播种的粮食作物仅为平常年份的10%。”[⑧]

第四，“美国视角”揭露了日军进行有组织毒品买卖、开设“慰安所”的行为。

贝德士是日方进行有组织毒品买卖的主要记录者。据其估计，日本“每月至少要

---

① 《当前局势备忘录》(1938年1月31日)，张生等编：《英美文书·安全区文书·自治委员会文书》，第211页。

② 《安全区内日本士兵的暴行案件》(1937年12月19日存档)，张生等编：《英美文书·安全区文书·自治委员会文书》，第296页。

③ 史得蔚：《日记选译》(1938年12月10日—1940年3月23日)，章开沅等编译：《美国传教士的日记与书信》，第299—300页。

④ 参见拙文：《南京大屠杀受害者PTSD初步研究》，《抗日战争研究》，2009年第4期。

⑤ 《寄往德国驻华大使馆(汉口)的报告》(1937年12月30日)，张生编：《外国媒体报道与德国使馆报告》，第290页。

⑥ 史迈士：《致朋友函》(1938年3月8日)，章开沅编译：《美国传教士的日记与书信》，第278页。

⑦ *The Ambassador in China (Johnson) to the Secretary of State, December* 25, 1937. FRUS, Volume IV, pp. 414—415.

⑧ *War Relief in Nanking (April* 30, 1938), RG10, Box102, Folder868, The Archives of the United Board for Christian Higher Education in Asia, Yale University Divinity School Library Special Collections.

从这个地区已经非常贫困的民众那里攫取500万元”。贝德士指出,日军特务部门与海洛因贸易关系密切,并加以保护,他讽刺说:“这个地区中日合作的第一位的和最伟大的成就乃是毒害普通民众。”①他还敏感地记录了日军公开张贴的慰安所广告。广告称,慰安所系“兵站指定”,位于“第四日支亲善会馆”,内有“支那美人”。贝德士就此评论说,“沦陷区居民知道,日军离开邪恶即无法存在,而且愈加增多”②。

第五,“美国视角”记录了日军对南京人居环境的破坏。

当时,“城内外被敌日残戮之军民,遗尸遍地,臭气熏天,既碍卫生,又违人道……兵燹之后,疫疠丛生,公私医院诊所,均未恢复,患病之人,无处治疗”③。史迈士担心道,“池塘受尸体的污染,大大减少了或者说破坏了安全区的水源。这种状况的危险性在长时间的干旱时期尤其是这样”④。驻扎南京的日军对此加以证实:“晚上用饭盒煮饭的时候,发现小河里的水红红的。也没有办法,就这么煮了饭,饭也是红红的。吃了下去。第二天早上才看见小河里全是尸体,水被血染成了一片红。”⑤

第六,“美国视角”记录了日军对大屠杀罪行的掩盖措施。

史迈士记述了一幕闹剧:“我们也更加了解了日本的新闻宣传!在他们滥施淫威的1月份,日本新闻小组在城里演出给小孩发糖和一个日本军医给20名孩子检查身体的闹剧,但这些举动在照相机不存在时为什么没有重复呢!”⑥

日军还通过其控制的《新申报》,美化处于大屠杀之中的南京,这一点,美国人士同样记录在案。一篇报道称:“难民处收容了100000多难民,他们开始对身穿黑黄色制服的军官和士兵变得非常友善。目前有一大批店铺已经开张,他们的生意都非常忙碌和兴旺……难民们的孩子从未见过日本士兵,他们簇拥着去围观士兵们。”⑦魏特琳对《新申报》1938年1月8日题为《日军使难民沸腾起来,南京城和谐气氛令人高兴

① 贝德士:《关于毒品问题的公开信》(1938年11月22日),章开沅编译:《美国传教士的日记与书信》,第42—45页。

② 《关于“慰安妇”的新闻发布稿》,章开沅编译:《美国传教士的日记与书信》,第36页。

③ 《世界红十字会南京分会民国26年至34年慈善工作报告书节录》(1945年),南京市档案馆 1024—1—34512。该分会由美国人马吉主持,其中的成员W.洛、福斯特、魏特琳、威尔逊、芒罗—福勒、特里默、麦克伦、贝德士、史迈士、米尔士等10人为美国人,见《国际红十字会(南京分会)成员名单》,张生等编:《英美文书·安全区文书·自治委员会文书》,第272页。

④ 史迈士:《当前局势备忘录》,张生等编:《英美文书·安全区文书·自治委员会文书》,第326页。

⑤ 《原日本士兵井户直次郎关于日军焚尸灭迹的证言节录》,[日]松冈环编著:《南京战·寻找被封闭的记忆》,上海:上海辞书出版社,2002年,第244—246页。

⑥ 史迈士:《致朋友函》(1938年3月8日),章开沅编译:《美国传教士的日记与书信》,第283页。

⑦ Nanking Nan Ming Chu ,*Order Recovered* , *All Shops Opened for Business*, RG10,Box 102 Folder 864, The Archives of the United Board for Christian Higher Education in Asia, Yale University Divinity School Library Special Collections.

地发展中》的文章辛辣地讽刺说，文章 25 句话，只有 4 句是真的，“即关于太阳的一句、鼓楼的一句、有关宪兵的一句和日本国旗位置的一句”①。

第七，“美国视角”在东京审判和南京审判中提供了关于南京大屠杀真相的证言。

东京审判中，史迈士提供书面证词确认：在日军占领南京后的 6 周间，他和拉贝几乎每天都就日军虐待中国平民和解除武装的士兵，向日本大使馆发出两封抗议信，抗议信由其与拉贝轮流签署，通常一封由他们亲自提交，一封由信使送出。他和拉贝几乎每天会晤日本大使馆，而后者“从未否认过这些报告的准确性”②。费吴生的书面证词说，数以百计的无辜百姓当着他们的面，被任意抓走枪杀，或被“用作练习刺杀的靶子”；1937 年 12 月 15 日，不顾他们向日军指挥官提出抗议，全副武装的日军把将近 1300名穿着平民衣服的男子分成约 100 人一组，从安全区总部附近的一个难民营捆走枪杀；日军开车运载抢劫自商店的赃物；手上有老茧或额头上有帽子压痕的被当作当过兵的处死；他看到中国人的尸体遍布池塘、大街、房屋内，大多数是男人，但也有一些是女人③。麦克伦日记被作为书面证词提交给法庭，详细记录了屠杀、强奸等暴行。其中，关于财产损失，1938 年 1 月 1 日他估计道：从鼓楼医院到中正路和白下路，约 30％房产被破坏，之外的地方比率小一些，城市最南端没有多少房屋被摧毁，鼓楼南面至东城墙约有 20％—30％被摧毁，集中在某些地区④。

南京审判时，史迈士提供之 3 件案例、林查理提供之 3 件案例、费吴生提供之 22 件案例，由各人签名证实，被作为谷寿夫之罪证⑤。另有两位当时在难民区工作的“金陵大学美籍教授”出庭作证，证明其所写文件和报告中日军的暴行均系事实⑥。

---

① *Minnie Vautrin's Diary*(*January* 21, 1938), Box 134 of YDL Record Group NO.11, The Archives of the United Board for Christian Higher Education in Asia, Yale University Divinity School Library Special Collections.

② *IMTFE EXHIBIT NO.* 306, RG238, Entry14, Box137, Location: 190/10/21/03. National Archives II of USA, Maryland.

③ *IMTFE EXHIBIT NO.* 307, RG238, Entry14, Box137, Location: 190/10/21/03. National Archives II of USA, Maryland.

④ *IMTFE EXHIBIT NO.* 309, RG238, Entry14, Box137, Location: 190/10/21/03. National Archives II of USA , Maryland.

⑤ 《战犯谷寿夫罪行总表》，张宪文主编：《南京大屠杀史料集》第 24 册，胡菊蓉编：《南京审判》，南京：江苏人民出版社、凤凰出版社，2006 年，第 79—80 页。

⑥ 《〈中央日报〉关于许传音等在军事法庭作证的报导》(1947 年 1 月 25 日)，胡菊蓉编：《南京审判》，第 352 页。这一文献中未提姓名，推测为贝德士和史迈士。

(四)“美国视角”与美国利益

彰显南京大屠杀期间美国人士的人道贡献，是中外学者着力的重点，著者认为，高度评价他们的历史功绩，不为过分。但愿意同时指明：“美国视角”的思虑基点是美国利益。

如前文所述，美国人士的活动范围局限于安全区和周边地区。一个重要原因是，美国当时在南京的财产集中于这一地区，其中包括教会大学、中学、小学，医院，教堂，美国大使馆，多处私人住宅，商务机构及其设备、财产。英国人希尔兹(Shields)曾列名安全区国际委员会、但未参加实际工作，是迄今为止著者掌握的各种文献中，唯一因为名字和委员会联系在一起感到“遗憾”的西方人。由于自己的工厂未能划入安全区，他抱怨说：设立安全区“真正的目的是为了保护美国人、德国人、富裕中国人的财产”①。这是迹近诽谤之词，但从反面道出了美国财产多位于安全区内的事实。

贝德士自称“金陵大学最勤奋的通讯员”②，以他的函件来观察“美国视角”的关注焦点，是恰当的切口。

1937 年 12 月 16 日至 27 日，贝德士连续致函日本大使馆，抗议日军暴行。按时间顺序，一一罗列函件内容如下：14 日，日军撕毁金陵大学农业经济科前的美国国旗和美国大使馆告示，进行抢劫。15 日，日军在金陵大学藏书楼强奸、强掳妇女，类似案件 100 余起。16 日，日军在农业经济科强奸妇女 30 余人。17 日，日军在藏书楼抢劫难民、侮辱妇女；殴打美籍职员、看门人；侵入挂有美国国旗、贴有美国大使馆告示的美侨私宅。18 日，日军在金陵大学附中校园杀、伤幼童各一，殴打职员，侮辱妇女 8 人，撕毁美国国旗，另在大学各处侮辱妇女 6 人，并掏枪威胁贝德士。21 日，日军在藏书楼掳走 7 人；在头条巷 4 号日本大使馆门口(著者按：与金陵大学毗邻)轮奸妇女 1 人；闯入贝德士家中抢劫；在大学隔壁安乐里打伤 3 人、强奸妇女 1 人，并进行抢劫；在高家酒馆(著者按：离金陵大学约 500 米)；闯入金陵大学鼓楼医院；在五台山(著者按：毗邻金陵大学和金陵女子文理学院)掳掠少女；在五台山美国小学撕毁其国旗。22 日，在金陵大学图书馆拉走 11 人；刀刺看门人；抢劫大学宿舍；日军 7 人闯入铜银巷金陵大学女子圣经教员讲习所奸污妇女；破坏小桃源之金大农业经济研究所、抓走看门人；在大学蚕桑系难民中放枪 3 次。25 日，日军闯入金陵大学，抢劫难民，开走汽

① 《卡波特·科维尔的南京旅行记》，张生等编：《英美文书·安全区文书·自治委员会文书》，第 82—83 页。
② 贝德士：《致田伯烈函》(1938 年 3 月 3 日)，章开沅编译：《美国传教士的日记与书信》，第 32 页。

车;每天在蚕桑系强奸妇女10余起;殴打美国同事、撕毁其臂章;日军视日本大使馆告示为无物。27日,日军拿走金陵大学专修科美国国旗;在校园内带走女性3人奸污,其中1人才11岁;拉走大学仆役和看门人数人;闯入两处美国人住宅;另有300余日军闯入女子圣经教员讲习所,分批奸污女性27人。可以看出,上述日军暴行绝大多数发生在安全区内金陵大学等美国产业里,即美国利益所在,他的抗议旨在提醒日军当局信守"保护外侨财产之保证"[①]。

安全区外的美国产业同样牵扯了美国人士极大的精力。以福斯特为例,他参加了国际红十字会南京分会的工作,参与管理鼓楼医院,十分忙碌。其所属差会——圣公会在南京白下路有一处住宅区,在太平路有一处教堂区,均位于安全区外。据其统计,1937年12月11日、12月14日、12月17日、12月23日、12月26日,1938年1月10日、1月15日、1月17日、1月26日、1月27日、2月2日、2月3日,福斯特亲自去查看了12次,这还不包括1938年1月17日至26日间记不清确切次数的"几次",2月记不清具体日期的1次。福斯特确凿地报告美国大使馆:"我坚定地确信对我们建筑的损毁和抢劫均系日本人而非中国人所为",其所报告的损失包括自行车、钢琴、浴缸、床、床垫和椅子,等等[②]。身处中国人的生命被予取予夺的南京,福斯特具体到家具的记录,今天难免觉得不那么协调,但恰恰说明了作为福斯特对美国利益的高度关切。

美国在宁人士着意的教会利益是美国利益的重要组成部分。应当首先指出的是,美国人士认为教会的各种资源此刻被用于救助中国人民,十分值得。贝德士和米尔士联名提交的报告认为:在危急时刻将教会的房屋提供给难民,虽然修理费用巨大,但非常值得,因为"这些建筑从来没有像最近几个月这样发挥过如此大的作用"[③]。同时也要指出的是,大屠杀前后,在宁的美国人士始终把传播其福音、发展教徒,作为最重要的工作内容之一。

就主观思考而言,他们把战乱中的南京看成是开展教会工作的机遇。魏特琳权衡了留下的风险,提出:"我们最大的投资是与年轻的教会成员保持朋友般的联系与合作的关系,当人们最需要我们的时候,如果我们离开,在我看来将是丢掉一次我们

---

① 《关于日寇对中国政治经济的评论,在东北的军事准备,侵华暴行及日本战时经济危机等向蒋匪的译呈件》,中国第二历史档案馆藏国民党中央宣传部档案,档案号:七一八(5)/14。

② *Forster to American Embassy*(*March* 10,1938), RG8,Box263,Fold8, The Archives of the United Board for Christian Higher Education in Asia, Yale University Divinity School Library Special Collections.

③ M.S.Bates and W.P. Mills, *Preliminary Report on Christian Work in NanKing—Winter*1937(*February*18, 1938),RG8,Box263,Folder8. The Archives of the United Board for Christian Higher Education in Asia, Yale University Divinity School Library Special Collections.

提供服务的绝佳机会。”她对留下来的使命极为自豪:“在我的传教生涯中,一个长期以来期待的日子终于来到了——担负特别责任的妇女得到了与担负同样责任的男子相同的待遇。”[①]她还提到:史迈士用“逃跑”这个宋美龄使用过的字眼,谴责那些奉美国大使馆和国务院命令从南京撤退的传教士[②]。贝德士自知“身处乱世”,他很清楚,“在这种情况下,我的授课不会很有趣,但此时此刻有许多特殊的传教工作可做”[③]。

就实际行动而言,传教工作贯穿“美国视角”绝大多数文本的始终。一一列举他们的传教工作,为篇幅所不允许,仅以魏特琳1938年4月日记为例,就可看到,3—6日、8日、10—18日、24日、25日、28日,安排了数十场宗教活动[④]。可以说,美国在宁人士的人道救助和宗教活动是紧密联系在一起的,这是“美国视角”体现美国利益的一个重要特点,割裂地理解,易陷入神话或求全责备的两极中。

美国官方对美国利益的强调,与民间、教会人士别无二致。1938年1月21日,罗斯福总统就爱利生关于日军在南京暴行的报告指示说:“几乎没有美国人能够反对我们保护美国人免遭一支军队的侵扰,而该军队已经不受其国内的民事政府的控制。”[⑤]2月12日,约翰逊援引赫尔和格鲁的批示,向南京发出处理日美纠葛的指令,前者的批示授权向日本外务省发出正式照会,指出:日军的行为使其不能被当作是管控得当的军事组织,美国财产遭受的损失和破坏必须得到“全面、彻底的赔偿”[⑥]。

鉴于日本政府再三声明:他们已经反复要求美国人从战区撤离,对由于战事和美国在华机构、个人未能服从日军安排造成的损失不负责赔偿,美国驻日大使格鲁强硬告知广田:“美国政府虽然劝告美国公民撤离发生危险的地区,不过美国公民却没有责任必须这么做……位于已成为或即将成为战区的美国财产,大多数是不可能撤离的,明显的例子是一切不动产……美国官员或公民没能服从日本皇军的要求并不能提供日军伤害或可能伤害美国公民及财产的任何借口;正如我在1937年8月27日

---

① *Minnie Vautrin's Diary*(*September* 18,1937), Box 134 of YDL Record Group NO.11, *The Archives of the United Board for Christian Higher Education in Asia*, Yale University Divinity School Library Special Collections.

② *Minnie Vautrin's Diary*(*September* 18,1937), Box 134 of YDL Record Group NO.11, *The Archives of the United Board for Christian Higher Education in Asia*, Yale University Divinity School Library Special Collections.

③ *Bates to Lilliath*,(*November* 14,1937), RG10, Box 1, Folder7, The Archives of the United Board for Christian Higher Education in Asia, Yale University Divinity School Library Special Collections.

④ *Minnie Vautrin's Diary*(*April*,1938), Box 134 of YDL Record Group NO.11, *The Archives of the United Board for Christian Higher Education in Asia*, Yale University Divinity School Library Special Collections.

⑤ 《罗斯福总统致国务卿》(1938年1月21日),杨夏鸣编:《美国外交文件》,第366页。

⑥ *IMTFE EXHIBIT NO*. 328, RG238, Entry14, Box137, Location: 190/10/21/03. National Archives II of USA, Maryland.

发出的照会所表明的那样,任何这类伤害,美国政府都认为必须由日本政府负责。"①

值得注意的是,美国政府不仅要求日本尊重其在华权益,同样也要求中国政府这么做,1937 年 8 月 25 日,美国驻华大使约翰逊向国务卿赫尔请示:英国大使已经向中国外交部提出,英国保留因中国军队行动造成其损失要求赔偿的权利,美国是否要采取类似的步骤②? 1938 年 1 月 10 日,约翰逊根据爱利生的建议,致函中国外交部长,要求中国空军对南京采取行动时注意保护美国财产③。可以说,在美国利益面前,中、日并没有被差别对待。

然而,美国在宁民间人士和美国政府虽都强调美国利益,他们之间并非没有分歧。原因有三:第一,民间人士身处南京,他们自称"南京老市民"④,对南京居民遭受的苦难有直观的观察和切身的感受,希望形势有迅速的改观。第二,民间人士就近观察中日关系多年,对日本的侵略扩张野心有更深远的判断。贝德士早在 1936 年 10 月就中日关系的爆炸性和全球影响评论说:"这两个国家的每一位朋友仍然在期望理智、时间和协商。一旦双方选择战争道路时,东方世界就会无可避免地走向长达几十年的一系列可怕的冲突,直至中日两国都被毁灭。一个不小的危险是俄国的卷入,或许还有其他一些在太平洋地区有着巨大利益的国家最终加入战争,同时,日本和德国采取的共同政策使之与躁动的欧洲产生令人焦虑的联系。"⑤费吴生就南京大屠杀评论道:"缺乏基督教理想主义的日本军队现在已变成一支残暴的、破坏性的力量。它不仅威胁着东方,而且将来某一天终究会威胁到西方。"⑥这使得他们期待美国政府未雨绸缪。相比之下,美国官方在其利益已经受到日本侵犯时,仍尽力安抚之。1937 年 12 月 26 日,雅纳尔致长函给松井石根称:"我听说,日本真正的政策是把除已之外的所有商业利益驱逐出上海。我不能相信这一点,因为这和日本政府的反复声明直接相悖。"⑦第三,直接刺激美国民间人士神经的是,当时南京存在一个显而易见、极不道德的事实:美国政府高层虽在口头上严厉谴责日军的肆无忌惮,但仍为日本战争机

---

① 《美驻日本大使(格鲁)致日本外相(广田)》(1938 年 2 月 21 日),杨夏鸣编:《美国外交文件》,第 396—397 页。

② *The Ambassador in China (Johnson) to the Secretary of State, August* 25,1937. FRUS, Volume IV, p.281.

③ 《美驻华使馆三等秘书(阿利森)致国务卿》(1938 年 1 月 10 日),《美驻华大使(约翰逊)致国务卿》(1938 年 1 月 11 日),杨夏鸣编:《美国外交文件》,第 312—313 页。

④ 《本册说明》,章开沅编译:《美国传教士的日记与书信》,第 5 页。

⑤ Bates, *National Affairs (October*, 1936), RG10, Box87 ,Folder690, The Archives of the United Board for Christian Higher Education in Asia, Yale University Divinity School Library Special Collections.

⑥ 《读者文摘记录日军暴行》,张生编:《外国媒体报道与德国使馆报告》,第 202 页。原文称作者系"基督教男青年会一名职员",当时参加南京国际救援工作的基督教青年会美方人员仅该会秘书费吴生一人。

⑦ *The commander in Chief of the United States Asiatic Fleet (Yarnell) to the Secretary of State, December* 26,1937. FRUS, Volume IV, pp.416—417.

器的运转提供了关键的助力①。

美国政府何以如此？关键在于其国内强大的孤立主义势力。这一点，日本洞若观火。日本驻美国大使馆致东京的密电指出，“美国公众的态度一直是，现在仍是，美国必须不惜一切代价避免卷入外国战争中”②。非惟如此，1937 年 10 月 12 日接见胡适时，罗斯福甚至怀疑中国能否坚持过冬天。胡适为此请示南京，蒋介石回电表示，即使首都沦陷，也将继续战斗；不仅会坚持过冬天，还将持久到长久的未来③。

1937 年 10 月 13 日，蒋介石和宋美龄会见约翰逊，提出：他坚定地相信，布鲁塞尔会议的决定取决于美国政府的立场；他很清楚，英国政府等待追随美国的领导④。1937 年 11 月 8 日，蒋介石对新闻界表示，中国抵抗侵略者的决心不变，直到国际条约的神圣不可侵犯性和国际正义得到重建⑤。而罗斯福总统指示赫尔说：应该寻找尽一切可能的途径，避免被视为左右袒⑥。

1937 年 12 月 12 日下午，日军将美国炮舰“巴纳”号炸沉于南京附近江面。美方认为，“巴纳”号事件实属“史无前例和意料之外”的暴行⑦。日方也承认这是严重的大错⑧。但真正出人意料的是，1938 年 4 月 22 日，美国收下日本的赔偿支票计 2214007.36 美元⑨。“巴纳”号事件的处理过程和结果，显示美国政府此前的强硬照会只是虚张声势，而决心在中日战争中置身事外(当然，美国政府内部也有个别人员对美国实际上支撑日本战争机器运转的做法表示疑虑⑩)。

美国官方的隐忍，助长了日军的嚣张气焰，并投射到南京。据报告，日军南京警备司令天谷在招待驻宁各国外交官时表示：“在南京，外国人的干涉，鼓励了当地中国居民反日情绪的延续，阻碍了中国人返家的正常进程，大批中国人仍然住在所谓的

---

① 《美驻华大使馆二等秘书(史密斯)致国务卿》(1938 年 11 月 18 日)，杨夏鸣编：《美国外交文件》，第 471 页。

② 《日本驻华盛顿大使馆致东京电报》，杨夏鸣编：《美国外交文件》，第 509 页。具有讽刺意味的是，此电报被美国破译，但美国政府当时无法做出改变。

③ *Dr.Hu Shih to the Chief of the Division of Far Eastern Affairs (Hamilton), November* 22, 1937. FRUS, Volume III, p.711.

④ *The Ambassador in China (Johnson) to the Secretary of State, October* 14 , 1937. FRUS, Volume IV, pp. 75—76.

⑤ *The Ambassador in China (Johnson) to the Secretary of State, November* 8, 1937. FRUS, Volume IV, pp. 166—167.

⑥ *President Roosevelt to the Secretary of State, November* 30, 1937. FRUS, Volume III, p.736.

⑦ 《美国亚洲舰队司令(亚内尔)致海军部长(斯旺森)》(1937 年 12 月 23 日)，杨夏鸣编：《美国外交文件》，第 246—249 页。

⑧ *The Secretary of State to the Ambassador in Japan (Grew), December* 13, 1937. FRUS, Volume IV, p.496.

⑨ 《美驻日大使(格鲁)致国务卿》(1938 年 4 月 22 日)，杨夏鸣编：《美国外交文件》，第 309 页。

⑩ 《美驻华大使馆二等秘书(史密斯)致国务卿》(1938 年 11 月 18 日)，杨夏鸣编：《美国外交文件》，第 471 页。

'安全区'内。他特别指出,'某个国家'公民的报告和活动损害了日本与那个国家(显然,他指的是美国)的关系。将军表示,他不喜欢外国人以法官自居的态度,警告说,他们的批评和对中日两国人民关系的干涉,会激恼日军,导致某些不愉快事件的发生。"①

对美国政府的隐忍、姑息,贝德士愤然指出:"日本甚至可能轻蔑地将已经支离破碎的的九国公约彻底撕毁。它依赖于美国的孤立政策,还有美国心甘情愿向其出售基本的必需品(只要给钱,卖给魔鬼都行)。"②福斯特虽希望美国不卷入战争,但他觉得,"如果英国和美国采取其他措施——例如经济或政治压力,那么日本永远不敢走得像今天这么远"。而且,这种行动在九一八之后就应当开始③。美国传教士赤手空拳与日方交涉、要求制止日军暴行,不畏艰险向国际社会传播南京大屠杀的真相,是这种积极"干预"思想的体现。可见,美国民间人士与官方虽都以美国利益为依归,但就如何保护美国利益,却有不同的思路。正因为如此,在日方评估"巴纳"号事件和南京暴行对美国公众情绪转变的作用时,"来自在中国的传教士对公众思想所施加的影响",被日本视为美国社会中"反日情绪加剧"的重要原因④。

美国利益是美方作为的出发点,但在大屠杀前后,客观上是对日军的掣肘,为南京无助军民所依赖;更进一步考量,则当时美国在南京及中国其他地方的利益是建立在条约体系基础上的,逻辑上也是中国争取主权完整和民族独立的负面因素,却因为美国被时人视为制止日本侵华可资运用的外援,而被作为正面的存在、反复督促其采取行动⑤。所以,"美国视角"对美国利益的强调,甚少被国人反感,毋宁说是被期待。

如前所述,"美国视角"在估量南京大屠杀的规模时,有所保留。但由于其第三方立场,事件发生的当时,作用即已显现。曾任日本外务省东亚事务局局长的石射猪太

---

① *IMTFE EXHIBIT NO.* 328, RG238, Entry14, Box137, Location: 190/10/21/03. National Archives II of USA, Maryland.

② Bates, *Public Affairs*(*November*, 1938), RG10, Box87 , Folder690, The Archives of the United Board for Christian Higher Education in Asia, Yale University Divinity School Library Special Collections.

③ *Forster to His Family*(*February* 10, 1938), RG8, Box263, Fold8, The Archives of the United Board for Christian Higher Education in Asia, Yale University Divinity School Library Special Collections.

④ 《日本驻华盛顿大使馆致东京电报》,杨夏鸣编:《美国外交文件》,第509—510页。此电报被美国破译。

⑤ 中国驻美大使王正廷1937年10月11日致函罗斯福总统,对其芝加哥演说表示高度赞赏,提出:"我真诚地希望美国在您的领导下,带领全世界采取积极有效的步骤捍卫世界和平与民主。"*The Chinese Ambassador*(*C.T.Wang*) *to President Roosevelt*, *October* 11,1937.FRUS, Volume III, pp.595—596.蒋介石在1937年12月24日致罗斯福总统的信函中说:"我们不仅为中华民族的自由而战,而且与人类共同的威胁作战。我们不仅为保卫自己而战,也为条约、特别是九国公约原则的神圣不可侵犯而战……在这关键时刻,我谨代表中国人民,冒昧地紧急地吁请您,并通过您向美国人民请求,为了使维护世界和平和团结的战斗尽早获得成功,希望美国人民给予中国有效的援助。"*The President of the Chinese Executive Yuan*(*Chiang Kai－shek*) *to President Roosevelt* ,*December* 24,1937.FRUS, Volume III, pp.832—833.

郎(Ishii Itaro)在东京审判时说，日军占领南京后，南京代理总领事福井淳从上海到任所后的第一份电报就是关于日军在南京暴行的，该电报立即被送交陆军省军务局长。当时外务大臣看到电报十分警觉和担忧，要他立即迅即掩盖这些不体面的事情。后来，福井淳的书面报告送达，报告由南京的第三方人士用英语写成。军方表示已发出严厉警告。次年1月，本间少将被派往南京，暴行才终止。他还听外务大臣广田弘毅说，曾要求陆军大臣杉山就南京事态采取重大紧急举措①。在接受质证时，石射猪太郎表示："我们把这些报告当作事实接受。"②美国人士参与完成的报告被作为事实接受，说明"美国视角"在暴行发生时就让日方"发现"了南京大屠杀。

但1938年夏天以后，"美国视角"已极少提及大屠杀。太平洋战争爆发后，美国重新"发现"南京大屠杀，并将日本在中国的暴行与其征服美国的阴谋联系起来③。战后，美国在日本首先揭露南京大屠杀，"美国视角"各种文本被提交给东京和南京，成为清算日本侵略历史和战争责任的重要依据④。"美国视角"由此超越中国历史的范畴，具备了世界意义。

随着冷战的发生，美国不再把揭露南京大屠杀期间日军的暴行作为自己的任务。而中国大陆方面，随着朝鲜战争的爆发，对大屠杀期间西方人士、尤其是美方人士作用的认识发生颠覆性变化⑤。"美国视角"再次被尘封。20世纪80年代以后，"美国视角"的各种文本再次被美、日、中学者全面"发现"出来，引领南京大屠杀史研究不断深化⑥。

可以说，"美国视角"与南京大屠杀史本身一样，经历了反复的"发现"与"再发现"，最终成为人类关于战争的共同记忆的一部分⑦。

---

① *IMTFE EXHIBIT No*.3287, Rg238, Entry14(PI—180), Box290, Location:190/10/24—25/5—1, National Achieves II of USA , Maryland.

② 《证人出庭作证与回答质证:石射猪太郎》,杨夏鸣编:《东京审判》,第509、519页。

③ *The Editors*, United States Defense Savings Bonds and Stamps, *Jap Beasts and His Plot to Rape the World*, 1942.the Library of Congress , Washington DC.

④ 《战犯谷寿夫罪行总表》,胡菊蓉编:《南京审判》,第79—80页。*IMTFE EXHIBIT NO*. 309, RG238, Entry14, Box137, Location:190/10/21/03. National Archives II of USA , Maryland.《起诉方有关日军南京大屠杀的证据》,杨夏鸣编:《东京审判》,第41、77、110页。

⑤ 参见刘燕军:《南京大屠杀的历史记忆(1937—1985)》,《抗日战争研究》,2009年第4期。

⑥ 这一次的"发现",涉及到了更多细微的层面。比如,在美国国家档案馆里,保存着一份日军士兵的阵中日记,内中提到:1937年11月29日,他们在常州郊外某处,"奉命"用机关枪射杀平民80余人。这说明,"屠杀令"早在占领南京前即已存在。但在文件收档时,审查人员认为"不具重要性"。*Field Diary kept by member of Japanese medical corps*, Rg153, Entry180, Box5, Location: 270/2/23/7, National Achieves II of USA ,Maryland.

⑦ 本部分的内容发表于《历史研究》2012年第5期,题为《美国文本记录的南京大屠杀》,收入本书时做了修改和补充。

六、日本史料中的南京大屠杀

战争中的加害者，通常会竭力掩盖自己的罪行，日军并不例外。尤其是战败投降时，大量有关南京大屠杀的日方文件资料被人为销毁、隐匿，其后果在南京审判和东京审判时即已体现。

然而，历史中的“木腿正义”虽然往往姗姗来迟，但总会陆陆续续地到来。战后七十年来，日本军方文献，日军官兵日记与书信，日军官兵和随军记者回忆等不断出现，而日本战时主要媒体的报道也以白纸黑字，呈现着骇人听闻的历史。

以日方资料为入手之道，操其矛而攻其盾，则日军战争犯罪的真相实无所遁形，所有否定大屠杀的谬论则亦冰消瓦解。

（一）日本军方文献

1. 作战计划与作战命令

1945年日本战败投降时，日军文件大多被日本军方烧毁，而未被烧毁的部分文件也大多被美军缴获，或由原日军官兵个人携带，散落在民间。因此，战后日本现存的军方档案文献并不完整。20世纪50年代，经日方的交涉，美国于1958年4月将缴获的日军档案归还给了日本。这部分归还的日军档案大多数保存在日本防卫省防卫研究所图书馆。此外，经过努力，该馆还收集到一些散落在民间的军方文件。目前，日本防卫省防卫研究所图书馆保存有日本陆军档案81000余册、海军档案35000余册。战后，在日本社会团体及学者的努力下，有关南京攻击战和南京大屠杀的部分军方文献已编辑成册，并在日本公开出版发行。

由“南京战史编集委员会”编辑的《南京战史资料集》，于1989年11月由偕行社出版，这是目前日本收录有关南京攻击战和南京大屠杀的日军文件最多的资料集。此后，偕行社又对该《资料集》进行了增补修订，并于1993年12月出版了《南京战史资料集》增补改订版。增补改订后的《南京战史资料集》共二册,日军文件主要集中收录于第一册之中,包括中央(陆军省、参谋本部、大本营等)、华中方面军、上海派遣军、第十军,以及部分师团、旅团、联队甚至步兵大队的各种作战命令、战斗详报、作战日志、阵中日志等。

关于日军进攻南京以及占领南京后的作战计划与命令,《南京战史资料集》收录了华中方面军的作战计划和中央、华中方面军、上海派遣军、第十军,以及师团、旅团、联队一级的部分作战命令。从这些作战计划和作战命令中可以清晰地看出自八一三事变爆发以来日军战略目标的演变过程。

1937 年 11 月 7 日,即日军第十军在杭州湾登陆两天之后,日军参谋本部即下达了"临参命第 138 号"命令,组建华中方面军,统一指挥上海派遣军和第十军,并任命松井石根大将为华中方面军司令官①。

日军占领上海后,中国军队向西撤退,国民政府也于 11 月 20 日发表《迁都重庆宣言》,表明了中国继续抗战的立场和决心,日军速战速决,迅速解决所谓"支那事变"②的战略目标并没有达到。为此,日军华中方面军参谋部于 11 月 22 日提出了《关于华中方面今后作战的意见》。该《意见》称:"南京政府因在湖东会战③中大败,现已做出迁都之举,仅留统帅机关于南京。其第一线部队之战斗力已显著丧失。如今,敌之抵抗在各阵地皆极为微弱。很难确认敌是否有确保南京之意图。在此之际,留部队于苏州、嘉兴一线,不仅已丧失战机,而且致使敌方恢复元气,战斗力得以重新整备。""要迅速解决事变,固然应考虑开辟西南方面或山东方面的新战场,此等作战给予支那政府之影响虽有相当之价值,但较之攻占敌之首都,迫其心脏而言,则意义相差甚远。""要攻占南京,若以方面军之精锐兵力(可抽出若干部队组成),且充分利用铁路和水路,则后方可保平安。另外,敌之抵抗在丧失无锡与湖州之后,以地形及平时之设施来观察,我当不会出现大量牺牲。估计两个月以内可达目的。"《意见》据此得出结论:"华中方面军为了加速解决事变,需要趁现在敌之颓势攻占南京。"④

11 月 24 日,华中方面军制定了《华中方面军第二期作战计划大纲》。《大纲》分为

---

① 《臨参命第百三十八号》,南京戦史編集委員会編:《南京戦史資料集》Ⅰ,偕行社 1993 年 12 月 8 日版,第 427 頁。

② "支那"为当时日本对中国的称谓,初无贬义,后具有轻蔑的语气。"支那事变"初为日本对 1937 年爆发的卢沟桥事变及八一三事变的称谓,后为从 1937 年 7 月 7 日卢沟桥事变爆发至 1941 年 12 月 7 日珍珠港事件爆发这一时期日本侵华战争的称谓。

③ 即太湖以东地区的作战。

④ 《中支那方面今後ノ作戦ニ関スル意見具申》,南京戦史編集委員会編:《南京戦史資料集》Ⅰ,偕行社 1993 年 12 月 8 日版,第 430—431 頁。

作战方针、指导要领、作战准备、兵团部署、陆海军协同，以及兵站、交通和通信等六个方面，声称："华中方面军与支那方面舰队协同，迅速攻占南京。""方面军以一部自扬子江左岸及芜湖方面进至南京背后，其主力自丹阳以东之京沪铁路[①]—丹阳—句容方面，以及湖州—宜兴—溧阳—溧水方面相呼应，于南京要塞外，歼灭敌之野战军，攻占南京。"[②]

12 月 1 日，日本大本营陆军部于 12 月 1 日下达了"大陆命第 7 号"命令，明确了华中方面军的战斗序列。同日，大本营陆军部还下达了"大陆命第 8 号"命令："华中方面军应与海军协同，进攻敌国首都南京。"[③]在接到大本营陆军部攻占南京命令的当晚 7 时，松井石根下达了华中方面军攻占南京的命令。命令称：

一、华中方面军计划与支那方面舰队协同攻占南京。

二、上海派遣军主力于 12 月 5 日前后开始行动，重点保持于丹阳、句容方面，击破当面之敌，进至磨盘山脉西部地区。

令一部自扬子江左岸地区攻击敌之背后，同时截断津浦铁路及江北大运河。

三、第十军主力于 12 月 3 日前后开始行动，以一部自芜湖方面进抵南京背后，以主力击破当面之敌，并进抵溧水附近。[④]

12 月 9 日，日军已进抵南京城周围，并完成了对南京的包围。为了达到兵不血刃占领南京的目的，日军于 9 日向南京守军空投了"劝降书"，并以 10 日正午为限，若中方不答应日军要求，则日军将对南京城发起总攻击。

12 月 10 日，中国守军不仅没有回应日军的"劝降"，反而以猛烈的炮火予以还击。于是，日军华中方面军司令官松井石根于 10 日下午 2 时下达了"中方作命第 34 号"命令："一、支那军不接受我军之劝告，仍在顽强抵抗。二、上海派遣军与第十军，当继续南京攻城战，并扫荡城内之残敌。"[⑤]

经过三天激战，12 月 13 日，日军攻占了南京。就在南京沦陷的当天，日军各师团

---

① 当时南京为中国首都，故南京至上海的铁路时称京沪铁路。

② 《中支那方面軍第二期作戦計画ノ大綱》(十一月二十四日)，南京戦史編集委員会編：《南京戦史資料集》Ⅰ，偕行社 1993 年 12 月 8 日版，第 431 頁。

③ 《大陸命第八号》，南京戦史編集委員会編：《南京戦史資料集》Ⅰ，偕行社 1993 年 12 月 8 日版，第 428 頁。

④ 《中方作命第二十五号》，南京戦史編集委員会編：《南京戦史資料集》Ⅰ，偕行社 1993 年 12 月 8 日版，第 432 頁。

⑤ 《中方作命第三十四号》，南京戦史編集委員会編：《南京戦史資料集》Ⅰ，偕行社 1993 年 12 月 8 日版，第 435 頁。

以一部进城进行所谓“扫荡”。由于战后保存下来的日军文件并不完整,一些重要的作战命令已难寻觅,因此,目前收集到的有关日军在南京“扫荡作战”的命令只是其中的一部分。另外,在日军各部队的部分作战日志、战斗详报等文件中也记载了“扫荡战”命令。

日军在南京城内的扫荡是从12月13日开始的,但日军早在12月7日即下达了城内“扫荡作战”的命令。12月7日,华中方面军下达了《南京城攻占要领》,其中关于占领南京后的扫荡作战,《要领》称:“各师团当首先让抽选出来之步兵一个大队,作为基干部队入城。在城内分地区进行扫荡作战。”“若敌之残兵仍负隅顽抗,则以抵达一线之全部炮兵布阵炮击,夺取城墙。各师团以一个联队为基干部队扫荡城内。”“在城内扫荡作战时,应指定作战区域,令部队严加防范,确保不发生友军相互间误伤之事件,且令其明确对不法行为应负之责任。”同时,《要领》还划分了上海派遣军和第十军的作战区域:“两军于城内作战区域如下:共和门—公园路—中正街—中正路—汉中路。”①

上海派遣军和第十军各部队在接到华中方面军的扫荡命令后,于13日前后分别下达了城内扫荡的命令。12月13日中午12时,当日军攻占南京各主要城门后,上海派遣军所属之第九师团下达了“九师作命甲第131号”命令,其要点为:

一、军实施南京城内的扫荡。

二、师团要实施负责区域(另附第九师团作战命令甲第130号)内的扫荡。

与在南京城里的第十军及第十六师团的作战区界按照下述规定执行。规定第十军和第九师团之间:共和门(通济门)—公园路—中正街—中正路—汉中路—线。共和门属第十军,其他的线上属本师团。

第九师团和第十六师团之间:中部桥(中山门南方800米)—外五龙桥之间的河流—古物保存所(中山门西方800米)—中山路(到中山码头)—线。线上属本师团。但可以使用中山门、中山路。

三、右翼队现在是城内的扫荡部队,应根据另外附上的扫荡要领,承担师团负责地区的城内扫荡。但开始扫荡的时机,另有命令。②

---

① 《南京城攻略要領》(十二月七日),南京戦史編集委員会編:《南京戦史資料集》Ⅰ,偕行社1993年12月8日版,第433頁。

② 《九師作命甲第百三十一号》,南京戦史編集委員会編:《南京戦史資料集》Ⅰ,偕行社1993年12月8日版,第441頁。

接到师团命令后，作为右翼队的第九师团步兵第六旅团于 13 日下午 4 时 30 分也下达了“六旅作命甲第 138 号”命令：“一、右翼队为师团扫荡部队，在师团的责任区域内扫荡。增配轻型装甲车一个中队、か号部队主力、工兵一个小队，让步兵第三十五联队（欠一个大队）回原部队。二、步兵第七联队［配属坦克一个中队（欠一个小队）、工兵中队（欠一个小队）］为北部扫荡部队，应负责（另行分配）区域内的扫荡。三、步兵第三十五联队（欠一个中队。配属轻型装甲车一个中队、独立机枪第三中队、工兵一个小队）为南部扫荡部队，应负责区域内的扫荡（见附件规定）。”①

接到旅团命令后，隶属右翼队的第九师团步兵第七联队随即下达了“步七作命第 105 号”命令：“一、右翼队为师团扫荡队，在负责的区域内扫荡。二、联队［配属战车一个中队和工兵一个中队（各欠一个小队）］为北部扫荡队，从现在开始进行扫荡。三、各大队（各配属工兵一个分队）以三分之二的兵力，按附录所示区域实施扫荡。四、战车中队（配属由工兵小队长指挥的二个分队）担任附录所示道路上的扫荡任务。”②此后，该联队又多次下达继续扫荡的命令。由于该联队的扫荡区域包括国际安全区，所以该联队 12 月 15 日晚 8 时 30 分下达的命令更明确称：“一、到本日即 15 日为止，根据对俘虏的调查，几乎都是下士官兵，没有发现将校军官。将校军官似乎都换上便衣潜入难民区内了。二、联队明日即 16 日以全力对难民区的败残兵进行彻底扫荡……三、各大队从明天即 16 日早上起，对其负责区域进行扫荡，特别要继续扫荡难民区。”③

上海派遣军所属之第十六师团也于攻占南京的同时下达了城内外扫荡的命令。接到师团命令后，第十六师团步兵第三十旅团（佐佐木支队）于 13 日下午 5 时 35 分下达了“右翼支队命令”：“一、敌军全面溃败。支队占领和平门以西各城门及下关，完全截断敌军的逃路。二、今晚，支队要以目前态势监视敌军，另派部分部队从背后切断交通，实施扫荡……”④

14 日凌晨 4 时 50 分，步兵第三十旅团再次下达命令：“一、敌军虽已全面溃败，但四处仍流落着企图抵抗的人。二、旅团于本日（14 日）要彻底扫荡南京北部城区及城外。三、步兵第三十三联队守卫金川门（包括该门）以西的城门，扫荡下关至北极角连

---

① 《六旅作命甲第一三八号》，南京戦史編集委員会編：《南京戦史資料集》Ⅰ，偕行社 1993 年 12 月 8 日版，第 444 頁。

② 《步兵第七联队作战命令》，王卫星编，叶琳等译：《日本军方文件与官兵日记》，张宪文主编：《南京大屠杀史料集》第 32 册，江苏人民出版社、凤凰出版社 2007 年版，第 120 页。

③ 《步兵第七联队作战命令》，王卫星编，叶琳等译：《日本军方文件与官兵日记》，张宪文主编：《南京大屠杀史料集》第 32 册，江苏人民出版社、凤凰出版社 2007 年版，第 124 页。

④ 《佐佐木支隊命令》，南京戦史編集委員会編：《南京戦史資料集》Ⅰ，偕行社 1993 年 12 月 8 日版，第 439 頁。

结东西一线及从城中央通往狮子山的道路(包括该路)形成的三角地带,要消灭支那兵。四、步兵第三十八联队(欠第二大队)守卫金川门(不包括之)以东的城门,步兵第三十三联队扫荡地区以东的城区,及连结和平门、中央大学农林①一线的以西地区,要消灭支那兵。五、步兵第三十八联队第二大队扫荡位于玄武湖及紫金山之间的山岳地带(包括以北地区),要消灭支那兵。六、各部队至师团有指示前,不得接受俘虏。"②

步兵第三十旅团所属之步兵第三十八联队根据旅团命令,也于14日上午9时下达了扫荡命令:"1. 虽然敌军已全面溃败,但仍散落着有抵抗意识的人。旅团于本日(14日)彻底扫荡了南京北部城内外。步兵第三十三联队扫荡狮子山炮台、中山路、中央三岔路以西地区及下关。2. 步兵第三十八联队(欠第二大队)扫荡和平门—金川门—中山路(不含)和中央门的大路交叉路口的水关地区内,要消灭支那兵。第二大队应扫荡玄武湖以东至紫金山之间。3. 第一大队为右扫荡队;第三大队为左扫荡队。两个大队扫荡区域以连接模范马路、中央门的南北大道为分界线。线上归左大队。4. 上午10时,两个扫荡大队应在中山路一线做准备。到上午10时前,第一中队要派部分部队占领钟阜门(中央门以西一公里)—玄武门—水关—北极阁及中央门大道的中山路三岔点附近的重要地点。"③

第十六师团步兵第二十联队于12月13日正午亦下达"大作命169号"命令:"一、左翼队为现在的扫荡队,彻底扫荡南京城内外之敌,以期确立治安。协助新到达的工兵联队的主力。战车大队及工兵联队主力将协助第一线步兵在城内扫荡。二、联队(配属工兵一个小队)之第三大队(欠第十中队)从现在开始扫荡南京城内的敌人。三、第一大队、第二大队扫荡区域另行命令,扫荡时间预定为下午2时,到时另行命令。"④

12月13日凌晨,当第十军所属之第六师团、第一一四师团分别占领了中华门、雨花门、水西门等城门及南京城墙西南角后,第十军也于当日上午8时30分下达了"丁集作命甲号外"命令:"一、敌军继续在南京城内顽强抵抗。二、集团⑤要歼灭南京城内之敌……四、各兵团对城里的炮击自不必说,应尽一切手段歼灭敌军。为此,如有需

---

① 原文如此,似为中央大学农林场。

② 《步兵第三十旅团命令》,南京戦史編集委員会编:《南京戦史資料集》Ⅰ,偕行社1993年12月8日版,第439頁。

③ 《步兵第三十八聯隊"戰闘詳報"第十二号》(昭和十二年十二月十四日),南京戦史編集委員会编:《南京戦史資料集》Ⅰ,偕行社1993年12月8日版,第484頁。

④ 《步兵第二十联队速射炮中队作战命令》,王卫星编,叶琳等译:《日本军方文件与官兵日记》,张宪文主编:《南京大屠杀史料集》第32册,江苏人民出版社、凤凰出版社2007年版,第178—179页。

⑤ 第十军又称"丁集团",此处"集团"即"丁集团"。

要，烧毁城区，尤其是不要受到败兵残卒欺骗行为的蒙蔽。五、集团负责的扫荡区界为共和门—公园路—中正门—中正路—汉中路一线（含）以南，以北区域由上海派遣军负责。"[①]

13日上午9时30分，接到第十军的命令后，第十军所属之第一一四师团也下达了扫荡命令："一、城内敌军继续顽强抵抗。国崎支队已经到达浦口并切断了敌军退路。集团扫荡地区定为共和门—公园路—中正路—汉中路（含）以南地区。二、师团要继续进攻，歼灭城内之敌。三、两翼部队进入城里，炮击自不待言，应尽一切手段歼灭敌军。为此，如果需要可以烧毁城区，特别是不要受到残兵败卒欺骗行为的蒙蔽……四、炮兵部队应逐步将阵地推进到曾家门、李家凹附近一线，负责破坏城区并协助两翼部队在城内的扫荡。五、骑兵队应继续执行先前的任务。六、战车第五大队应进入城内，协助两翼部队的扫荡……"[②]

12月10日上午，日军第一一四师团为了向南京城墙发起攻击，即将所属部队划分为左翼队和右翼队，左翼队以步兵第一二七旅团为基干，右翼队以步兵第一二八旅团为基干。

12月12日夜，在日军即将攻占南京城门时，步兵第一二八旅团即下达了"右翼队命令"，命令称："一、师团将日章旗[③]高悬于南京城。师团将主力集结于周家凹—雨花台一线以南地区，派部分部队在城内扫荡。二、右翼队将主力集结于规定一线以南地区，派部分部队在城内扫荡。三、步兵两个联队应派已指示之兵力在城墙附近奉持军旗，以其主力牢牢占据靠近城墙的位置，防备敌人反击，并逐步承担城内扫荡任务。扫荡及警戒区域分界如下所示：以观音庵—白鹭洲—国货街西侧道路集合点连线（线以上属于右联队）。四、作战区域分界如下所示：师团和上海派遣军的分界线定为由共和门通往西面的道路。两翼部队之间定为从周家凹东端经养虎巷、琵琶巷、市政府社会局、大陆银行大街一线（线以上属于左翼队）。"[④]

在接到旅团"右翼队命令"后，步兵第一二八旅团所属之步兵第一五〇联队命令第一大队长会田少佐"指挥第一大队（欠第二、第三中队）、野炮兵第一二〇联队第八中队及第五、第六、第七中队、第一机枪中队、步兵炮（欠第二中队第一小队），自13日天亮后在指定区域实施扫荡……扫荡队从早上7时10分左右一边进行非常严格的

---

① 《丁集作命甲号外》，南京戦史編集委員会編：《南京戦史資料集》Ⅰ，偕行社1993年12月8日版，第448—449頁。

② 《一一四師作命甲第六十二号》，南京戦史編集委員会編：《南京戦史資料集》Ⅰ，偕行社1993年12月8日版，第450頁。

③ 即日本国旗。

④ 《步一二八旅命》，南京戦史編集委員会編：《南京戦史資料集》Ⅰ，偕行社1993年12月8日版，第451頁。

警戒,一边着手扫荡”①。

日军步兵第一二八旅团所属之步兵第一一五联队也于12月12日晚10时下达了“步一一五作命第67号”命令:“一、师团主力在周家凹、雨花台一线以南地区集结,以一部在城内扫荡。右翼队主力在该线以南地区集结,以一部进行城内扫荡。步兵第一五〇联队在铁路线(含铁路线)以东地区扫荡。二、联队于明天早晨接近城墙附近,坚决占领有利位置,以防敌军的反攻;在城门警戒,并依次扫荡铁路线(含铁路线)以西地区。第二大队首先向市政府挺进,然后在共和门以西与城墙间的道路一带扫荡。第三大队以一部分担任城门警戒,主力在附近扫荡,逐渐向北部推移。”②

日军步兵第一二七旅团所属之步兵第六十六联队于13日凌晨下达了“步六六作命甲第85号”命令:“联队(编制不变)以尽可能多的重武器支援步兵第一〇二联队的冲锋,联队要待其冲锋后突进扫荡以下地区:从协和门③通往西面大街以南地区;从南门通往北面大街以东,再通往周家凹东侧—养虎巷—琵琶湖—市政府社会局—大陆银行以西地区。此为旅团负责区域。其西半部分由步兵第一〇二联队突进部队负责;其东半部分由步兵第六十六联队负责……”④

日军第十军所属之第六师团在接到军的扫荡命令后,于12月13日下达命令:“师团要派部分部队继续进攻城内及清凉山附近,同时主力逐步集结于南门外及西门外。”⑤

13日中午12时30分,第六师团所属之步兵第四十七联队第一大队下达了“一作命139号”命令:“1. 在联队第一线北侧市区,街上好像没有大量敌军,第一一四师团及步兵第二十三联队开始扫荡市区街道。12时,联队主力从城墙一线出发,在延伸至城墙‘支干线’高地附近的市区进行扫荡。12时,第三大队从城墙一线出发,扫荡‘支干线’东南部市区,并派出部分部队占领‘支干线’高地。2. 第一大队掩护第三大队冲锋后,决定在附件要图所指定的区域,对市区实施扫荡。3. 第一、第二、第四中队按附件要图在指定区域对市区实施扫荡。4. 其余各部队为预备队,在城墙上目前所

---

① 《步兵第百五十聯隊“戰闘詳報”第六号》(昭和十二年十二月十日—十三日),南京戦史編集委員会编:《南京戦史資料集》Ⅰ,偕行社1993年12月8日版,第578頁。

② 《高崎第百十五連隊の“戰闘詳報”——日中戦争下の南京攻略戦》,高崎市市史編さん専門委員会编:《高崎市史研究》,平成12年2月,第98頁。

③ 原文如此,似为共和门。

④ 《步兵第六十六聯隊第一大隊队“戰闘詳報”》(昭和十二年十二月十日—十三日),南京戦史編集委員会编:《南京戦史資料集》Ⅰ,偕行社1993年12月8日版,第565頁。

⑤ 《六師作命甲第八十二号》,南京戦史編集委員会编:《南京戦史資料集》Ⅰ,偕行社1993年12月8日版,第452頁。

在地准备掩护扫荡队。"①

从12月13日日军攻占南京各主要城门及下关后，几乎各师团均根据命令派出了部分部队在城内外进行扫荡，其目的就是为了"肃清残敌"，将中国军队围歼于南京城下。

关于日军屠杀俘虏的命令，目前尚未发现直接的书面命令文件，但在日军部队的战斗详报等文件中提到了相关命令。例如，日军第一一四师团步兵第六十六联队第一大队，于12月12日在南京中华门外扫荡时俘获了1500余名中国俘虏。13日下午2时，第一大队接到联队命令："根据旅团命令，俘虏应全部杀死。其方法是否捆绑十几人，逐批枪毙。"②

此外，在一些日军官兵的日记或回忆中也提到了屠杀俘虏的命令。日军上海派遣军所属之第十三师团步兵第一〇三旅团（山田支队），在攻占南京北郊的乌龙山炮台和幕府山炮台等地时捕获了大批俘虏。步兵第一〇三旅团长山田栴二少将在12月14日的日记中记述说："俘虏难以处置。恰好在上元门外发现了一所学校，就将他们收容在学校里。有14777名俘虏。俘虏这么多，不管是杀掉还是让其活着都很困难。"15日，山田栴二为了请示如何处置俘虏，"派本间骑兵少尉去南京，联系处理俘虏的事宜和其他事宜。命令说全部杀掉。"③

日军第十六师团步兵第三十三联队第二大队士兵池端正巳回忆说："我们部队到达太平门扫荡时，从镇江败退的敌人不断过来。他们已经丧失了斗志，接二连三地过来投降。大概敌人是以为南京还没有问题才返回的。他们来到了太平门，一个接一个被解除了武装。俘虏很多，缴获的物品也很多，所以如何处置这些败残兵就成了问题。我们部队人数很少，不足百人，而俘虏那么多，有一千几百人，无法供他们饭吃。""我们部队自己吃饭也成问题，就去请示作为上司的师团，师团命令说'处置掉'。"④所谓"处置"，实际上就是屠杀的代名词。

从上述史料中不难看出，占领南京的日军各部队屠杀俘虏是根据上级命令实施的。

2. 战斗报告与作战日志

日军各部队在战争期间均撰写"战斗详报"、"战斗概要"、"作战日志"等，详细记

---

① 《步兵第四十七聯隊第二中隊陣中日誌》，南京戦史編集委員会編：《南京戦史資料集》Ⅱ，偕行社1993年12月8日版，第400頁。

② 《步兵第六十六聯隊第一大隊队"戦闘詳報"》（昭和十二年十二月十日—十三日），南京戦史編集委員会編：《南京戦史資料集》Ⅰ，偕行社1993年12月8日版，第567頁。

③ 《山田栴二日記》（昭和十二年九月九日——十二月三十一日），南京戦史編集委員会編：《南京戦史資料集》Ⅱ，偕行社1993年12月8日版，第331頁。

④ 松岡環：《南京戦・閉ざされた記憶を尋ねて—元兵士102人の証言》，社会評論社2002年版，第140頁。

录战斗的经过。目前日本披露的日军华中方面军所属部队在南京附近的“战斗详报”、“作战日志”、“阵中日志”等文件主要集中收录在《南京战史资料集》第一册中。日本的一些刊物、书籍,也少量刊登一些相关的日军文件。此外,日本防卫省防卫研究所图书馆也藏有部分日军的战斗详报、作战日志等档案文献。

关于南京攻击战,日军华中方面军所属各部队的战斗详报、作战日志、战斗经过等文件中均有大量记载。

上海派遣军方面,该军所属之第十六师团以南京中山门为主攻目标。该师团在其“作战经过概要”中记载了攻击南京的战斗概要:12 月 7 日“进入汤水镇[①]以南地区。虽然敌军从汤水镇以南到镇的西南方高地一带构筑了阵地,执拗地企图抵抗。但由于让佐佐木少将指挥的一支部队从北方山区迂回到他们背后,另一方面,草场少将指挥的追击部队以其主力白天冲入梅塘附近敌军阵地,在进行了激烈的白刃战后,夺取了敌军阵地”。“师团自 8 日以右翼队(步兵第三十三联队)攻击紫金山,以左翼队(步兵第十九旅团)攻击下麒麟门至中山门沿路地区。又派佐佐木少将指挥的右翼支队从紫金山北边地区向下关前进,切断敌军退路。12 月 10 日,右翼队夺取紫金山△227 高地,又继续扩大战果,夺取了△336 东侧高地。左翼队同一天进抵中央运动场附近。接着第二天(11 日),步兵第二十联队突入紫金山南方地带的重要支撑点——西山,排除了敌军执拗的抵抗和反击,占领了该地。12 日,右翼队经过英勇奋战,拔掉了敌军坚固的阵地——紫金山顶峰,置南京的敌军于死地。左翼队的步兵第二十联队同一天晚上断然袭击并夺取了遗族学校附近的敌军阵地,一举逼近南京,并于 13 日凌晨 3 时 10 分率先占领了中山门。于是师团各部队又驱逐了各自面前的敌军,南京城完全在我掌握之中。右翼支队继续击溃位于尧化门、岔路口等处占优势的敌军,13 日进入下关,切断了敌军退路,和我主力联合围捕敌军,取得歼灭性的战果”[②]。

第十六师团所属之各联队也在战斗详报中记录了攻击紫金山、进击下关、占领中山门等战斗概况。步兵第三十三联队为攻击紫金山和进击下关的主力,据该联队战斗详报记载:12 月 12 日,“联队凌晨就有所准备,以期在炮兵火力的协助下迅速攻占顶峰。为此,通过师团司令部和野炮兵第三大队商定实施炮击计划。但由于地形及观察困难,炮兵的威力并未能于我阵地前充分发挥出其应有的效果。在此情况下,第二大队长打算在让炮兵第八中队极力协助的同时,将速射炮、大队炮兵及机枪推进到顶峰以东山脊前线附近,使其密切协作,断然发起突击。……下午 1 时左右冲入顶峰

① 即南京东郊的汤山镇。

② 《第十六師团“作戦経過ノ概要”》(昭和十三年一月十日),南京戦史編集委員会編:《南京戦史資料集》Ⅰ,偕行社 1993 年 12 月 8 日版,第 473—474 頁。

东南麓松树稀少的敌军阵地(环行曲线的高地?),近距离激战数小时,逐步扩大战果”。“下午5时30分,右前线大队的第七中队攀登顶峰,并于下午6时完全占领之。随后,第二大队进入顶峰西边鞍部侦察天文台高地的敌情、地形,为拂晓进攻做准备”。“12日晚,攻占了紫金山顶峰的联队转而追击前进。13日早上7时30分左右,第二、第三大队相继占领了天文台高地。同日上午9时10分,第二大队的部分部队(第六中队、一个机枪小队和一个工兵小队)占领了太平门并使日章旗高高飘扬在城门上”。“上午9时30分,联队接到‘十六师作命甲第171号’命令,奉命派部分部队守卫太平门,主力向下关方向前进,以切断敌军退路。上午10时30分出发,以第二大队(欠第二中队)为前卫,经太平门—和平门—下关道路前往下关。而在行进道路两边的村庄里,有无数的敌军残兵败卒,于是就边扫荡边继续前进。下午2时30分,前卫尖兵到达下关搜索前面敌情,结果发现扬子江江面满是船、木筏及所有能漂浮的东西,无数残兵败卒正用之不断地顺流而下。联队马上将前卫部队及速射炮展开在江岸上,猛烈射击江面上的敌军。据判断,两个小时歼灭的敌军不下两千人”①。

第十六师团所属之步兵第三十八联队的攻击目标直指南京下关,该联队从紫金山北麓向和平门、下关挺进。根据该联队战斗详报记载:12月13日,“支队当面的敌军仍在继续顽抗,右翼队昨晚以来攻占了紫金山。另外,接到各兵团都在继续逼近南京的情报。本联队因接到支队明天拂晓进攻的命令,13日凌晨3时30分下达了联队的进攻命令。凌晨5时开始行动”。“固守南京城的敌军强大兵团虽然还在光华门及其他地方顽抗,但在我各部队的猛攻之下,战斗意志已明显消退,陆陆续续地开始向下关方向退却。我前卫首先以独立轻型装甲车第八中队迅速勇猛地进击,凌晨1时40分左右彻底重创正在渡江的五六千敌军,将其歼灭于江岸及江中。随后派主力部队从下午3时左右进入下关,到傍晚至少扫荡了五百名敌兵”②。

第十军方面,该军所属之第六师团将南京中华门、城墙西南角及水西门作为主攻目标。根据该师团“战时旬报”记载:12月12日,“各部队准备突击,突击目标如下:步兵第十三联队为中华门;步兵第四十七联队为中华门与西南角之间;步兵第二十三联队为西南角;步兵第四十五联队为水西门”。同时“统一指挥炮兵在城墙南侧炸开三处突击通道。联队长根据以上计划,努力炮击突击通道。其结果是在西南角炸出了三个很大的豁口,但右边及中间正面则因弹药不足和命中角度的关系,效果不是很好”。“虽然炮兵的破坏射击并不彻底,步兵第四十七联队仍依靠自己准备的突击器

---

① 《步兵第三十三聯隊南京附近戦闘詳報》,防衛省防衛研究所図書館蔵,(支那)支那事変·北支333。

② 《步兵第三十八聯隊“戦闘詳報”第十一号》(昭和十二年十二月十二日—十二月十三日),南京戦史編集委員会編:《南京戦史資料集》Ⅰ,偕行社1993年12月8日版,第477—479頁。

械在12时30分先让第三中队断然突击。但因城外护城河难以通过和敌军的顽强抵抗,而后扩大战果时也相当困难。此外,在左翼方面,尽管依靠炮兵主力的协助,在城墙西南角也彻底炸开了两处大豁口,但仍因城外小河及附近敌军的抵抗而很难突进。在炮兵集中火力进行数次支援后,下午4时45分,步兵第二十三联队第一大队终于攻占了城墙,夜间还在城墙上逐步扩大战果”。“同一天夜间,右翼步兵第十三联队也占领了位于其正面的中华门。属于左翼的骑兵联队傍晚在新河镇遭遇从下关方向南下的大约一万名敌军,激战后,对方留下上千具尸体后溃逃至对岸的三角洲。这样,在13日上午8时30分,步兵第二十三联队第三大队占领了水西门,并派部分部队进城开始扫荡。10时左右,步兵第四十七联队又让约一个大队进城开始扫荡”。该《战时旬报》在附录中还加了备注:在南京攻击战的过程中捕获了5500名俘虏①。

日军第六师团所属之步兵第四十五联队,于12月13日中午奉命向下关进击,企图从南京城西部迂回包抄下关。根据该联队第二中队“阵中日志”记载:“中午从西营村出发,经水西门向下关推进。水西门北边还有残兵向我投掷手榴弹,抓到后枪毙了。晚7时到达炎帝巷,复归联队长指挥并在该地宿营,主要负责露营地以南及东部的警戒任务。”②

第十军所属之第一一四师团的主攻目标为中华门及其以东城墙和雨花门。根据该师团“战时旬报”记载:12月11日,“师团将重点由曾家门附近保持于南京南角方向,入夜也仍然继续进攻,逐个突破敌军的纵深阵地,12日下午进入周家凹、雨花台一线。其中部分部队终于突入南京城墙。12日傍晚,师团进行了部署。将主力集结于雨花台、周家凹一线以南地区,让部分部队进城扫荡。然而,13日早上接到军的命令,要尽一切手段歼灭城内的敌军。师团改而以主力扫荡城内的敌军。13日晚,终于基本完成了扫荡城内敌军的任务。师团司令部14日下午进了城”③。

日军第一一四师团所属之步兵第六十六联队主攻中华门及附近城墙。根据该联队第一大队“战斗详报”记载:12月12日夜,“敌军整个通宵都在城墙上往外胡乱射击。上半夜,我们遭到野炮和迫击炮的数次攻击,虽未造成损失,但数枚炮弹击中本部附近的房屋。”12月13日,“早上7时,按预定时间开始行动,机枪齐射,在掩护联队主力入城的同时,开始扫荡正面。上午7时40分,当太阳升起时,全军齐立,高呼万

---

① 《第六師団戦時旬報第十三、十四号》(昭和十二年十二月一日—十二月二十日),防衛省防衛研究所図書館藏,(支那)支那事変·北支128。

② 《步兵第四十五聯隊第二中隊陣中日誌》(昭和十二年十二月十日—二十二日),南京戦史編集委員会編:《南京戦史資料集》Ⅱ,偕行社1993年12月8日版,第389頁。

③ 《第百十四師団戦時旬報第五号》(昭和十二年十二月十一日—十二月二十日),防衛省防衛研究所図書館藏,(支那)支那事変·北支223。

岁,遥拜皇宫,沉浸于感激之中。随着扫荡的不断进展,敌军陆续有人投降。上午9时左右,已达三百余人。还看到友军的炮弹不断击中城内”。“上午10时,远远看到被炸坏的南门城墙上飘扬着日章旗,知道联队主力已进入南京城内,全体士兵随着队长的呼喊声,激动地三呼万岁,遥拜皇宫”①。

虽然日军大部分战斗详报、作战日志等文献中没有屠杀俘虏的记载,但仍有少数部队在战斗详报、作战日志等文献中记载了日军在南京附近屠杀俘虏及其他暴行。

关于日军文件中有关屠杀俘虏的记述,从目前发现的档案文献看,最具代表性者当为日军上海派遣军司令部参谋一课课长西原一策(骑兵大佐)的《作战日志》。该《日志》虽为西原一策个人所记录,但其并非个人的作战日记,而是以上海派遣军司令部参谋一课课长的身份记录的军方文件。战后,该《作战日志》一直由西原一策个人保存,西原去世后,由其家人捐赠给了日本相关图书馆,并向社会公众开放。该《作战日志》记录了日军在进军南京途中的暴行及第十三师团步兵第六十五联队(山田支队)对俘虏的大屠杀:

12月4日　晴

……据说第十一师团辎重队将十二三岁的少女强行带走,并在行军途中加以凌辱。根据宪兵的报告,其他类似事件还有很多,这使我感到有必要设立慰安所。

……

12月14日　晴

派遣人见联队扫荡位于汤水镇东北方谷地的约500名残敌。第十三师团山田支队捕获俘虏2万人,因没有粮食,很难处理。

12月15日　晴

南京城内的外国人非常蛮横。另外,支那要人似乎避入了苏联等国的建筑内。长中佐②抵达现场处置。

12月16日　晴

继续在城内扫荡。

12月17日　晴　暖

举行南京入城仪式,呈现出具有历史意义的场面。

---

① 《步兵第六十六聯隊第一大隊队“戰闘詳報”》(昭和十二年十二月十日—十三日),南京戦史編集委員会編:《南京戦史資料集》Ⅰ,偕行社1993年12月8日版,第562—566頁。

② 长勇,步兵中佐,日军上海派遣军司令部参谋。

返回途中遇到一个团约 2000 人的俘虏,其中有十四五岁的孩子。

12 月 18 日　阴　寒冷

举行慰灵祭。山田旅团处置了 15000 名俘虏(□□□□□□□□□),其中我方一名士兵也与俘虏一起被机枪射杀。约有一个团的俘虏进行抵抗,企图逃走,该士兵也在混乱中牺牲。大场中佐前来汇报,并一起吃了晚饭。

……

12 月 26 日　晴

早上,加藤怜三工大佐来了。大槻离开。下午 1 时 30 分出发,与军司令官一道视察南京近郊。给江北方面的补给应该用运输艇运送,让其在浦口靠岸。南京沿岸的尸体多得惊人,太平门外也是如此,正在一个劲地燃烧着。挹江山①及富贵山地下工事相当不错,防空观念较日本强。挹江门道路上的尸体发出阵阵恶臭,令人掩鼻。有人正在用十字锹挖坑。士兵恶习不改,动辄纵火烧房,我认为有必要严加管束。②

在上海派遣军所属部队的战斗详报中也有屠杀俘虏的记录。从 12 月 13 日夜到 24 日,第九师团所属之步兵第七联队在南京国际安全区等负责区域内反复进行扫荡。根据该联队战斗详报所附"步兵第七联队 12 月 13 日—24 日南京城内扫荡战果表"记载,扫荡期间,该联队共"刺杀、射杀残敌 6670 名",并缴获大量武器装备③。

第十六师团所属之步兵第二十联队主力于 13 日下午由中山门入城,沿中山路扫荡。根据该联队第四中队"阵中日志"第五号记载:14 日,步兵第二十联队继续扫荡南京城内,仅第一大队第四中队就"枪杀并埋葬残敌 328 人"④。

此外,配属上海派遣军的战车第一大队也参与了南京城内外的扫荡,根据《战车第一大队第一中队行动记录》(概要)记载,12 月 14 日,该中队协助步兵第七联队第三大队进行扫荡,"上午 9 时 30 分,按上述命令开始行动。步兵第七联队扫荡北部地区,主要协助第三大队。一天行动如下:抓了许多俘虏并缴获了武器"。该《行动记录》还记载,12 月 14 日当天,抓获了 250 名俘虏,"扫荡时分别枪毙了约七八十名企图

---

① 原文如此,似为挹江门内的狮子山。

② 西原一策:《作戦日誌》(自昭和十二年八月十一日至昭和十三年二月十八日),靖国偕行文庫藏,390・281/二二。

③ 《步兵第七聯隊"戦闘詳報"》(昭和十二年十二月七日—十二月二十四日),南京戦史編集委員会編:《南京戦史資料集》Ⅰ,偕行社 1993 年 12 月 8 日版,第 524 頁。

④ 《步兵第二十聯隊第四中隊"陣中日誌"第五号》(昭和十二年十二月一日—十二月三十一日),南京戦史編集委員会編:《南京戦史資料集》Ⅰ,偕行社 1993 年 12 月 8 日版,第 505 頁。

反抗的残兵”[①]。

在第十军各部队的战斗详报中同样记录了对俘虏的肆意屠杀。第一一四师团所属之步兵第六十六联队第一大队，于12月12日在中华门外扫荡时俘获了1500余名俘虏，当晚，日军将俘虏关押在中华门外一栋西式建筑中，并由日本兵看守。13日下午2时，第一大队接到联队命令：“根据旅团命令，俘虏应全部杀死。其方法是否每次捆绑十几人，逐批枪毙。”下午3时30分，第一大队“召集各中队长交换处理俘虏的意见。最后决定各中队(第一、第三、第四中队)平均分担处理，即每次从监禁室带出50人，第一中队将俘虏带至露营地南方谷地，第三中队带至露营地西南方凹地，第四中队带至露营地东南谷地附近，全部用刺刀刺死”。“要注意在监禁室周围安排重兵警戒，带出俘虏时绝对不要让其有所察觉。”刺杀俘虏行动的准备于下午5时结束，接着即开始刺杀俘虏，直至当晚7时30分才基本结束。此外，“第一中队改变当初决定，想把俘虏监禁起来一口气烧死，但未成功。断了生念的俘虏并不畏惧。有人在军刀前伸出脖子，有人从容面对刺来的刺刀。但也有人哭喊着求助，特别是当队长来巡视时，到处都传出哭叫声”[②]。该大队“战斗详报”中还记载：“在我联队的猛攻下，死守南京的敌军剩下了一千几百名俘虏。于(13日)上午11时35分夺取了南京南门，接着派出扫荡队扫荡了指定区域，击毙了约百名敌军。”[③]必须指出的是，日军进城扫荡时并没有遇到中国军队有组织的抵抗，因此，该大队所谓“击毙了百余名敌军”，显然是屠杀放下武器的中国军人及被日军怀疑是军人的普通平民。

3. 部队史

近代以来，日军各部队官兵大多编写了本部队的战史，尤其是太平洋战争结束后，参加战争的原日军官兵大多组织编写了本部队的战史。一些曾参加南京攻略战和南京大屠杀的原日军官兵，纷纷以原属部队为单位，组织“战友会”、“部队史刊行会”等等，收集、整理散落于原官兵手中的历史资料，编写了大量部队史。这些部队史从不同角度记述了日军南京攻略战的情形，少数部队史还提及南京大屠杀。此外，日军高层及一些部队自身也在战争期间或战后编写了战争史和本部队的战史，如战争期间日军参谋本部编印了《支那事变陆战概史》；陆军省新闻班于1938年8月15日编印了《支那事变经过日志》；参谋本部于1943年5月编印了《支那事变主要作战概

---

① 《戦車第一大隊第一中隊行動紀錄》(概要)，南京戦史編集委員会編:《南京戦史資料集》Ⅱ，偕行社1993年12月8日版，第418頁。

② 《步兵第六十六聯隊第一大隊“戦闘詳報”》(昭和十二年十二月十日—十三日)，南京戦史編集委員会編:《南京戦史資料集》Ⅰ，偕行社1993年12月8日版，第567—568頁。

③ 《步兵第六十六聯隊第一大隊“戦闘詳報”》(昭和十二年十二月十日—十三日)，南京戦史編集委員会編:《南京戦史資料集》Ⅰ，偕行社1993年12月8日版，第568頁。

要》(1937年度);陆上自卫队第十师团司令部于1965年3月编印了《第三师团战史》等等。

战争结束后,由原日军官兵编写的本部队史,涵盖师团、联队、大队甚至中队一级,其中尤以联队史为多。由于此类部队史绝大多数是战争结束若干年后由原日军官兵日记、回忆,以及其他史料整理编撰而成,因此,其中难免存在记忆上的错误。

日军高层编撰的战史大多从宏观的角度记述"支那事变"的经过,而缺乏细节的叙述。但通过此类战史,人们可以看出日军高层的决策过程以及日军南京攻略战概况。例如,日军参谋本部编印的《支那事变陆战概史》记载:"11月下旬,大本营出于当时敌军撤退及我军追击的状况,以及对其他各种形势的考虑,决定以中支那方面军[①]现有兵力迅速攻占南京,于12月1日命令中支那方面军与海军协同攻占南京,并指示,为了完成这一任务,可以以一部在扬子江左岸地区实施作战。"[②]《支那事变陆战概史》还记载了上海派遣军命令第十三师团步兵第六十五联队进击南京的情况,以及日军各部队占领南京时的情形:"军司令官为了使第十六师团右翼方面的攻击更为顺利,并截断敌军东面的退路,命令在镇江待命的第十三师团派遣一部(以步兵三个大队、山炮兵一大队为基干,称为山田支队)至南京北部地区,并攻占乌龙山及幕府山炮台。该支队于12日从镇江出发,14日占领了幕府山,并且俘获了约一万五千名俘虏(该支队在占领南京后,从南京渡过扬子江,复归师团)。""13日早晨,南京城内的敌军撤退了。各师团根据事先指示的攻占要领,以步兵一个联队为基干,按照事先的区域划分在城内实施扫荡。第十六师团一部进抵下关,向江面上正在乘船撤退的敌军猛烈扫射,给予敌军以沉重的打击。13日,天谷支队继续从镇江渡江,于14日占领了扬州,截断了江北大运河,15日,又占领了邵伯镇。第十三师团于13日紧随天谷支队渡江,并于20日攻占了滁县,截断了津浦铁路。"[③]从这段记述中可以清楚地看出,日军的战略目标不仅要攻占中国首都南京,而且企图截断中国军队的退路,将中国军队围歼于南京城下。

大多数日军部队史都记述了进击南京及南京攻略战的作战经过,但对占领南京时的扫荡战、屠杀俘虏及平民却鲜有提及。只有少数部队史简略记载了在南京进行扫荡的概况。

---

① 即华中方面军。

② 《支那事变陆战概史》,王卫星编,刘军、罗文文等译:《日军文献》(上),张宪文主编《南京大屠杀史料集》第56册,江苏人民出版社2010年版,第8页。

③ 《支那事变陆战概史》,王卫星编,刘军、罗文文等译:《日军文献》(上),张宪文主编《南京大屠杀史料集》第56册,江苏人民出版社2010年版,第12—13页。

在上海派遣军方面,日军第九师团所属之步兵第七联队于占领南京后,在包括国际安全区在内的区域进行扫荡。战后,曾在该联队服役的官兵组织成立了“步七战友会”,并在进攻南京时任联队长的伊佐一男主持下,于 1967 年编印了《步兵第七联队史》。关于日军在南京的扫荡战,该《联队史》记载:12 月 13 日,“下午 5 时左右,接到旅团关于城内扫荡的命令,联队[配属战车一个中队(欠一个小队)、工兵一个中队(欠一个小队)]立即在飞机场西侧地区集结,向各大队及战车中队指示了附图第 37 所标示的区域,命令其实施扫荡。各队在 14 日凌晨 3 时前后基本结束了扫荡,回归联队。从 14 日到 17 日,实施了附图第 38 所标示的城内负责区域内的扫荡。联队负责的区域内有难民区,难民人数计十万人”。“从 19 日至 23 日,联队继续以一部兵力实施扫荡,24 日,扫荡队的任务被解除,移交给了第十六师团的部队”①。值得注意的是,在《步兵第七联队战斗详报》所附“步兵第七联队 12 月 13 日—24 日南京城内扫荡战果表”中,明确记载了该联队共“刺杀、射杀残敌 6670 名”,并缴获大量武器装备,而对这一“战果”,《步兵第七联队史》却只字未提。

日军第九师团步兵第十九联队(又称敦贺联队)也参加了南京扫荡战。战后,曾在该联队服役的原官兵成立了“敦贺联队史迹保存会”,并于 1964 年 11 月编印了《敦贺联队史》。据该《联队史》记载:“13 日凌晨 5 时,步兵第三十六联队完全占领了光华门。联队于早上 7 时从七瓮桥向防空学校前进。上午 9 时,在旅团长的指挥下,将军旗插上了光华门城头。部队在城外列队,举行了向皇宫遥拜仪式。军旗在陷落的首都城头飘扬,官兵们此时真可谓感概万千。联队于上午 10 时从光华门入城,在城内的东南部扫荡,接着在通济门西侧地区集结兵力,准备以后的行动。”“12 月 14 日至 24 日,联队在南京城内集结,担任警备任务。其间,13 日半夜至 16 日,主力前往汤水镇附近扫荡残敌。”②

日军第十六师团所属之步兵第三十三联队在攻占紫金山后又进击下关,并在下关及城内进行扫荡。1972 年 2 月,“步兵第三十三联队史刊行会”编印了《步兵第三十三联队史—光荣的 50 年历程》,该《联队史》由曾为该联队少尉的岛田胜巳执笔撰写。据该《联队史》记载:12 月 13 日,“根据师团命令,联队受命突进至下关方面,以截断敌军退路。上午 10 时 30 分,联队接到直属师团指挥的命令后,留下第六中队警备太平门,主力以第二大队为先头,从天文台北侧的道路下山,沿太平门—和平门—下关的道路,一边扫荡沿途的小村落,一边向下关急进”。“配属给右翼支队的第一大队,于上午 8 时 30 分左右占领了红山,接着立刻追赶准备逃跑的敌军,下午 1 时许,沿最短

① 伊佐一男:《步兵第七聯隊史・上海——南京戦》,步七戦友会,1967 年,第 27 頁。

② 《敦賀連隊史》,敦賀連隊史蹟保存会,昭和三十九年十一月三日,第 131—133 頁。

的道路进抵下关。此时,在南京城内企图进行最后抵抗的敌军,在我军北、东、南三面猛攻之下总崩溃,沿仅剩的一条通往西面扬子江边的道路向下关溃退,陷入极度混乱之中。敌军一旦渡过扬子江,就可以从浦口逃往徐州方向,开辟新的抗战道路。""联队主力于下午 2 时 30 分率先进抵下关,并与第一大队会合。还没来得及逃走的敌败残兵正利用机帆船、小舢板、木筏等向扬子江对岸逃去。联队立刻在江岸展开,集中步枪、重火器对其进行射击,以期彻底歼灭之。正在此时,溯江而上的我海军舰艇也用舰舷的火炮射击残敌。海军陆军相呼应的这场追击战,成为首都攻防战的最后一幕"。"从 14 日开始,第二大队开始扫荡南京城内的西北角一带;第一、第三大队开始扫荡下关地区。守卫南京城内外的支那军据称约十万人,其中一大半已经渡过扬子江逃到了对岸,但是还有相当数量的败残兵携带少量武器隐藏在各处,这对扫荡来说十分困难。在城内西北角的狮子山上的永久工事,固守于此抵抗至最后的部分敌兵终于来不及逃跑,在第二大队开始扫荡时丢掉武器,穿上便衣向我军投降,仅此就达到了两三百人。进入城内的日本军在各区域都遇到了这样的集体投降,一时间对俘虏的处置成为难题。由于这些投降士兵的音讯全无,因此,在战后作为南京屠杀事件盛传于世界,这对我军传统的声誉造成了极大损害,我感到十分遗憾"[①]。

日军第十六师团所属之步兵第三十八联队(又称奈良联队)在南京攻击战时沿紫金山北麓向南京进击,于 12 月 13 日进击下关,并在狮子山炮台、中山路与中央路三岔路口以西及下关地区扫荡。1963 年 5 月,奈良的大和时报社出版了由野口俊夫执笔的《奈良联队战记》,在书中"战场杂话"栏目下,收录了原步兵第三十八联队本部书记员宫本信义的手记。据该手记记载:"助川部队[②]刚调整好歼灭敌军的部署,便一直急追逃向南京以北的七八万敌军,扫荡了从紫金山北麓到下关扬子江沿岸地区的近四万敌兵。因此,扬子江水被鲜血染红,敌兵的累累尸体向扬子江下游方向绵延两三里[③]。""扫荡了残敌后,粗略统计一下我军在南京总攻击战中毙敌的数量,在城外攻击战中击毙约 70000 人;在城内扫荡中击毙约 15000 人;俘虏 12000 人以上。"[④]在此需要指出的是,作为联队,不可能全面掌握整个战役的全貌,因此,该《联队史》所统计的在城内击毙"敌兵"数和俘虏人数是不准确的。

日军上海派遣军所属之第十三师团在抵达镇江后,于 12 月 12 日接到军的命令,派遣一个支队进击南京。接到命令后,该师团派遣以步兵第一〇三旅团长山田栴二

---

① 島田勝巳:《步兵第三十三聯隊史——栄光五十年の步み》,步兵第三十三聯隊史刊行会,昭和四十七年二月十一日,第 408—411 頁。

② 即日军第十六师团步兵第三十八联队,因时任联队长为助川静二大佐,故名。

③ 日本长度单位,1 里等于 3.924 公里。

④ 野口俊夫:《奈良連隊戰記》,大和タイムス社 1963 年版,第 208—209 頁。

少将为支队长的"山田支队"赶赴南京。该支队下辖步兵第一〇三旅团司令部、步兵第六十五联队、骑兵第十七大队、山炮兵第十九联队第三大队。1975 年 10 月,"山炮兵第十九联队纪念事业推进本部'联队史'刊行委员会"编印了《山炮兵第十九联队史》。根据该《联队史》记载:"支队以减轻第十六师团右翼方面攻击的压力,切断敌人向东的退路为目的,12 月 12 日从镇江出发,13 日攻占乌龙山,14 日占领了幕府山,并在这一带俘获了 15000 名俘虏。南京城由于 13 日敌军的总退却,各部队完成了对城内的扫荡。"①

在第十军方面,第六师团(又称熊本师团)为第十军主力,该师团以南京中华门、水西门及城墙西南角为主攻目标。日军攻占南京后,该师团又在城南、城西地区进行扫荡。1965 年 4 月,熊本日日新闻社出版了由"熊本兵团战史编纂委员会"编写的《熊本兵团战史—支那事变》。该《战史》记载:"12 月 13 日晨,步兵第二十三联队第三大队占领了水西门,其一部向城内挺进。作为左翼队之左第一线的步兵第四十五联队于 11 日与利用多条河流顽强抵抗的敌军进行了殊死的战斗,12 日夜半时分,终于占领了江东门。接着,为了截断城内逃跑之敌的退路,他们向下关方向挺进,并于 13 日上午 10 时到达上保厂北侧。其间,左侧支队(大薗中队,配备火炮一门)在江东门、上河镇附近的战斗异常惨烈,大薗中队长阵亡,负伤者众多……步兵第四十七联队也有约一个大队的兵力入城开始扫荡。""配属左翼队的骑兵第六联队(联队长猪木近太中佐)于 13 日早晨,在棉花地与从下关方向南下的约 6000 名敌军遭遇。经过激烈的战斗,敌军丢下数百具尸体向对岸三角洲溃退,我将其歼灭于江中。"②

12 月 13 日凌晨,除了骑兵第六联队在上河镇附近与中国军队发生遭遇战外,日军步兵第四十五联队也与中国军队在上河镇遭遇。1981 年 8 月,"步兵第四十五联队史编纂委员会"编印了《步兵第四十五联队史》。根据该《联队史》记载:12 月 12 日,"联队命令第三大队为第一线,向南京水西门以西约三公里的上河镇攻击,第二大队担任预备队。第三大队在上河镇与敌人遭遇,双方激战至傍晚,但未能突破.联队长命令第三大队继续攻击,命令第二大队占领江东门(上河镇和水西门之间)。成友大队长听到左边第三大队方向的枪声不断,便以第七中队为先头,利用河流堤坝道路前进,道路两侧都是沼泽地。因为能投入战斗的只有先头中队,于是决定让他们投入战斗。他们没遇到什么大的抵抗就占领了江东门。从 12 日夜到 13 日早晨,城里的支那守军打算逃到城外寻求退路,大批敌军从下关向扬子江,以及从下关向水西门方向蜂拥而来。13 日早晨,第二大队正向下关前进,当时附近弥漫着大雾,四周是莫愁湖

---

① 《山砲兵十九聯隊史》,山砲兵第十九聯隊紀念事業推進本部「聯隊史」刊行委員会,昭和 50 年 10 月,第 83 頁。

② 熊本兵団戦史編纂委員会:《熊本兵団戦史—支那事変》,熊本日日新聞社昭和四十一年四月版,第 124 頁。

等大小湖泊和沼泽。从城外到扬子江一带到处都是敌兵。部队一边击溃敌军,一边向三汊河(下关以南 1500 米)南面挺进。紧随第二大队后面前进的是第三大队。在浓雾中,他们与来自水西门方面的敌军大部队发生了激烈的遭遇战。另一方面,进抵三汊河东南方的第二大队,正在攻击依托村庄顽强抵抗的敌军。敌军已来到城外,身后被扬子江阻挡,是真正的背水一战。敌人的抵抗极为顽强。这时,取道上海登陆,接着又追赶大队的机关枪中队和大队炮小队赶了上来,并协助攻击。配属的速射炮小队也协助第一线中队发起攻击。敌军终于再次向下关方向撤退。敌军隔着河进行最后的抵抗,我军在 20 米宽的沟渠南北两侧与敌激战。敌军虽有迫击炮的支援,但还是遗弃了大量的尸体撤退了。用敌兵尸体填埋了宽 20 米、长四五十米的沟渠”。“14 日晨,前往下关的第二大队没有遇到敌军的抵抗就到达了下关,缴获了三十余门火炮以及大量步枪、机枪和数百匹军马。还在下关俘获了五六千名俘虏。此时,第十六师团从城门抵达下关。另外,我数艘驱逐舰沿扬子江溯江而来。大队接到联队在江东门宿营的命令,于是将战场移交给了第十六师团后,便前往江东门”①。

1982 年 10 月,千松鹰史执笔的《乡土部队奋战史》(一)由大分合同新闻社出版。这里所说的“乡土部队”,即日军第六师团步兵第四十七联队。该书记述了步兵第四十七联队从杭州湾登陆到占领南京的作战经过,以及该联队在南京城内处理尸体的情形:“南京入仪式结束后,各师团进驻南京周边,开始了警备生活。第四十七联队担任南京城南地区的警戒,连日来还在城内打扫战场。战场一带还弥漫着硝烟的气味,到处都躺着尸体。我们的主要工作是处理尸体,以及搜索藏匿在城内各处的军需物资。”②此外,该书还专门论述了南京大屠杀。但是作者并不是以个人或该联队的经历记述南京大屠杀的,而是在参考了其他史料后对日军在南京的暴行进行了论述,并简要分析了屠杀的原因。从史料学的角度看,书中关于日军在南京屠杀部分的记述,只能看作是该书执著者个人的论述,而非著者及联队的亲身经历,因此,其史料价值不大。

整体而言,日军部队史大多都以本部队的战史为主线,记述了本部队的战斗经历,不少部队史明显具有宣扬本部队“战绩”的倾向。然而,几乎所有的日军部队史均不提及本部队在南京屠杀俘虏及平民的暴行。尽管如此,这些部队史均记载了本部队在南京攻略战中的作战部署及作战经过,以及在南京城内外的扫荡战。从这一角度来说,日军部队史对全面、深入研究南京大屠杀史,仍具有一定的史料价值。

---

① 《步兵第四十五聯隊史》,步兵第四十五聯隊史編纂委員会,昭和五十六年八月十日,第 232—234 頁。

② 千松鷹史:《鄉土部隊奮戰史》(一),大分合同新聞社昭和五十七年十月十五日版,第 413 頁。

（二）日军官兵日记与书信

1. 官兵日记

1937 年卢沟桥事变爆发后，许多日本官兵被派往中国。他们是那场战争的参与者和见证人。作为加害方的日军华中方面军所属部队官兵，直接参与了南京攻击战和南京大屠杀，他们是南京大屠杀的加害者、亲历者和见证人。战争期间，一些日军官兵利用战斗的间隙，将自己在战场上的亲身经历、内心感受以及所见所闻以日记的形式记录了下来。战后，少数日军官兵的日记被公布于众，而更多的日记则埋没于民间。战后，一些原日军官兵的日记在日本公开出版，与此同时，也有一些原日军官兵，出于内心的良知和正义感，将自己多年保存的当年在中国战场上的日记公之于众，以警示后人。战后，部分日记的作者对日记进行了整理，绝大多数人在整理时只是在日记上添加了注释，并没有改动日记的内容。这些日军官兵的日记，从不同角度记述了南京大屠杀的真实情形。从史料学的角度来说，这些日记出自当事人当时的记录，因此具有很高的史料价值。

日本已公开的与南京大屠杀相关的官兵日记大多收录于相关史料集中，主要有以下三种：第一种，《南京战史资料集》，该《资料集》既收录了日军高层的日记，如《松井石根大将战阵日记》、《陆军大将畑俊六日志》、《饭沼守日记》、《上村利道日记》、《中岛今朝吾日记》等，也收录了《伊佐一男日记》、《木佐木久日记》、《前田吉彦少尉日记》、《井家又一日记》等中下级军官及士兵的日记。第二种，《南京事件京都师团关系资料集》，该《资料集》由井口和起、木坂顺一郎、下里正树编，青木书店 1989 年 12 月出版，收录了日军第十六师团多名官兵的日记。第三种，《记录南京大屠杀的皇军士兵们》，该书由小野贤二、藤原彰、本多胜一编，大月书店 1996 年 3 月出版，收录了日军第十三师团山田支队三十余名官兵的日记。

除了上述史料集外，一些日军官兵的日记也在日本以单行本出版，如东史郎：《我们南京步兵队》等。还有少数日军官兵的日记收录在各自所在的部队史中，如日军第十军国崎支队独立山炮兵第三联队长月野木正雄的日记即被收录于《我们的青春—独立山炮兵第三联队第六中队的历程》(独山三荒卷会编集委员会 1983 年 2 月编印)一书中。此外，少数日军官兵的日记虽已公开，但并未出版，如《冈村宁次大将阵中感想录》等。

上述日军官兵日记，从不同的角度或多或少记录了南京大屠杀的真实情形。

作为日军华中方面军最高指挥官的松井石根,在1937年12月20日的日记中记述说:"有一阵子,我将士中有少数人员出现过掠夺(主要是家具等)和强奸行为,这多少也是在所难免的实际情况。"①

12月21日,松井石根视察了南京城北的下关,他在当天的日记中记述说:"早上10时出发。视察了挹江门附近及下关。这一带还是一片狼籍,到处遗弃着横七竖八的尸体,清理工作还需要花费很多时间。"②在12月29日的日记中松井石根还记述说:"我军士兵中又出现了抢夺驻南京各国使馆汽车和其他物品的事件,军队的无知和粗暴行为令我大为震惊。"③松井石根还在1938年2月6日的日记中记述说:"军队松懈的军纪风纪还没有彻底恢复。另一方面,各部队干部碍于情面,对一些违纪行为一直采取姑息态度。军队主动做的地方宣传安抚工作,倒不如说是有害无益、适得其反。"④

此外,松井石根在《支那事变日志拔萃》中更直接以"我军的暴行、抢劫事件"为题,记述了日军在南京的暴行:"当时我们再三要求各部队一定要严肃军纪风纪。没料到的是,我军在入城时,发生了很多我军的暴行和抢劫事件。这些事件大大诋毁了皇军威严和仁义的形象。"⑤从松井石根的日记及"日志拔萃"中可以看出,他是清楚日军在南京所犯暴行的,并对此表示"遗憾"。但另一方面,他又为日军的暴行开脱,称其为"这多少也是在所难免的实际情况"。

1938年2月,日军撤销了华中方面军建制,新组建了华中派遣军,并任命畑俊六大将接替松井石根,任华中派遣军司令官。此后,冈村宁次任华中派遣军所属之第十一军司令官。这两位日军高官在听取了部下汇报后,均得知了日军在南京的暴行。畑俊六在1938年1月29日的日记中记述说:"随着作战告一段落,支那派遣军的军纪风纪日渐败坏,好像发生了不少抢劫、强奸之类部队最忌讳的行为。在这种状况下,将征召的预备役兵撤回国,派现役士兵替换他们。另外,上海方面的松井大将应

---

① 《松井石根大將戰陣日記》,南京戰史編集委員会编:《南京戰史資料集》Ⅱ,偕行社1993年12月8日版,第145頁。

② 《松井石根大將戰陣日記》,南京戰史編集委員会编:《南京戰史資料集》Ⅱ,偕行社1993年12月8日版,第145頁。

③ 《松井石根大將戰陣日記》,南京戰史編集委員会编:《南京戰史資料集》Ⅱ,偕行社1993年12月8日版,第149頁。

④ 《松井石根大將戰陣日記》,南京戰史編集委員会编:《南京戰史資料集》Ⅱ,偕行社1993年12月8日版,第168頁。

⑤ 《松井石根大將"支那事变日誌拔粋"》,南京戰史編集委員会编:《南京戰史資料集》Ⅱ,偕行社1993年12月8日版,第185頁。

该由现役军官替换，军司令官、师团长也有必要分批由现役军官替换。”[①]

冈村宁次在战争期间以日记的形式写下了“阵中感想录”，他在 1938 年 7 月 13 日的“感想”中记述说：“到达中支那[②]战场后，在听取了先遣官宫崎参谋、中支那派遣军特务部长原田少将、杭州机关长荻原中佐等人的报告后才知道，派遣军前线部队一直以给养困难为借口，大批处死俘虏，已成恶习。南京战役时，大屠杀的人数多达四五万之多，对市民进行掠夺、强奸的也大有其人。”[③]

饭沼守少将时任日军上海派遣军参谋长，他在日记中记述了日军在南京的暴行。在 1937 年 12 月 14 日的日记中他记述说：“第十三师团的山田支队在途中扫荡了千余名残兵败卒，4 时 30 分占领了乌龙山炮台并缴获高射炮及重炮十余门。”“听说从飞机上发现，正将两群千余名俘虏从南京东部地区向下关方向押送。”“据说 3 时左右，佐佐木支队的一个中队在南京东北部抓获了约二万名俘虏。另有报告称，从飞机上清楚地看到排成四列纵队，前后长达八公里的俘虏队伍正被押往南京城北部。”[④]在 12 月 19 日的日记中他还记述说：“宪兵报告说，18 日，有人放火烧了中山陵里的建筑物，至今大火还在燃烧着，还说有军官带领部队强行进入难民区实施强奸（还未查实），其他类似此事以及有人征缴了英美大使馆、领事馆的卡车，还有人想要去征缴。注意事项尚未被执行。”[⑤]

关于日军第十三师团山田支队屠杀约两万名俘虏的事件，饭沼守在 12 月 21 日的日记中记述说：“据传，当荻洲部队的山田支队用刺刀分批处置一万数千名俘虏时，因为是在几日内将相当多的人押送到同一地点，因此俘虏发生骚乱，最后我军用机关枪扫射，致使我军若干官兵也一同被打死。”[⑥]此外，饭沼守在日记中还提及南京安全区国际委员会致日本使馆的抗议信，他在 12 月 29 日的日记中记述说：“正在研究怎样接待来访的英、美、德、意等国的大使馆、领事馆人员时，福井书记官（南京领事）来了。据美国大使馆雇佣的支那人说，23 日，日本兵到大使馆抢劫了属于支那人的私人物品，还抢劫了大使馆人员的居室，用刺刀戳门、掠夺德国大使馆的字画等等。他

① 《陸軍大將畑俊六日誌》（要約），南京戦史編集委員会編：《南京戦史資料集》Ⅱ，偕行社 1993 年 12 月 8 日版，第 189 頁。

② 即中国中部，大体相当于今华东和华中地区。

③ 《岡村寧次大將陣中感想錄》，厚生省引揚援護局，昭和二十九年六月，第 1 頁。

④ 《飯沼守日記》（昭和十二年八月十五日一十三年三月十六日），南京戦史編集委員会編：《南京戦史資料集》Ⅰ，偕行社 1993 年 12 月 8 日版，第 156—157 頁。

⑤ 《飯沼守日記》（昭和十二年八月十五日一十三年三月十六日），南京戦史編集委員会編：《南京戦史資料集》Ⅰ，偕行社 1993 年 12 月 8 日版，第 162 頁。

⑥ 《飯沼守日記》（昭和十二年八月十五日一十三年三月十六日），南京戦史編集委員会編：《南京戦史資料集》Ⅰ，偕行社 1993 年 12 月 8 日版，第 164 頁。

们留下美国人写给领事的信就回去了。”[①]

日军上海派遣军所属之第十六师团是攻击南京的主力之一,同时也是在南京城内外实施扫荡的主力。因此,第十六师团长中岛今朝吾中将的日记格外引人关注。在日记中,中岛今朝吾毫不隐晦地记述了日军在南京的屠杀及抢劫暴行。他在1937年12月13日的日记中记述说:“在天文台附近的战斗中,俘获一名敌工兵学校工兵少校教官,得知他了解地雷的埋设位置。经讯问,该教官声称,他并不了解全部地雷的位置,于是当即被步兵砍死。这些士兵老爷真令人没有办法。”[②]13日,中岛今朝吾还将自己的军刀借给他人砍杀中国俘虏:“今日中午高山剑士来访,当时恰有七名俘虏,遂令其试斩。还令其用我的军刀试斩,他竟出色地砍下两颗头颅。”[③]对于大批俘虏的处置,中岛今朝吾在13日的日记中称:“败逃之敌大部进入第十六师团作战地区的林中或村庄内,另一方面,还有从镇江要塞逃来的,到处都是俘虏,数量之大难以处理。”“基本上不实行俘虏政策,决定采取全部彻底消灭的方针。但由于是以1000人、5000人、10000计的群体,连武装都不能及时解除。不过他们已完全丧失了斗志,只是一群群地走来,他们现在对我军是安全的。虽然安全,但一旦发生骚乱,将难以处理。为此,增派部队乘坐卡车负责监视和引导。”“事后得知,仅佐佐木部队就处理掉约15000人,守备太平门的一名中队长处理了约1300人。在仙鹤门附近集结的约有七八千人。此外,还有人不断地前来投降……处理上述七八千人,需要有一个大壕,但很难找到。预定将其分成一两百人的小队,领到适当的地方加以处理……这些败兵的处理,大多由第十六师团负责,因此师团无暇顾及入城或宿营等,只是一味地东奔西走。”[④]

中岛今朝吾还在日记中记述了日军的肆意抢劫。他在12月19日的日记中记述说:“日本军队根本不管是否是其他部队的管辖区域,都进行抢劫。他们强行闯进这些地方的民宅,洗劫一空。总之一句话,脸皮越厚,越不知羞耻,占的便宜就越大。最好例子就是:在我们占领的国民政府官邸,第十六师团的士兵已于13日进来扫荡过了。14日一早,管理部门经过侦察后制定了住宿分配计划并挂上‘师团司令部’的牌子。结果走进各个房间一看,发现从主席房间,到每个房间所有角落,都被彻底翻箱倒柜地洗劫一空。不管是古董陈列品,还是其他什么,只要认为值钱就全部拿走。15

① 《飯沼守日記》(昭和十二年八月十五日—十三年三月十六日),南京戦史編集委員会編:《南京戦史資料集》Ⅰ,偕行社1993年12月8日版,第171頁。

② 《中島今朝吾日記》,南京戦史編集委員会編:《南京戦史資料集》Ⅰ,偕行社1993年12月8日版,第217頁。

③ 《中島今朝吾日記》,南京戦史編集委員会編:《南京戦史資料集》Ⅰ,偕行社1993年12月8日版,第218頁。

④ 《中島今朝吾日記》,南京戦史編集委員会編:《南京戦史資料集》Ⅰ,偕行社1993年12月8日版,第220頁。

日入城后，我将剩余物品集中起来放进一个橱子里并加上封条，但还是不行。第三天进来一看，收在里面的东西都杳无踪影了。看来只有放进保险柜里，否则放哪里都没用。”“最恶劣的是抢劫货币。部队中有以中央银行纸币为目标，专门抢各地银行金库的行家。而且相对于美元来说，中央银行纸币要比日本钱值钱，因此要送到上海兑换成日本纸币。新闻记者和汽车驾驶员中有不少这类中介人，上海又有靠牟取暴利为生的掮客。”①

日军第十六师团步兵第三十旅团长佐佐木到一少将在日记中也记述了屠杀俘虏的情形。他在1937年12月13日的日记中记述说：“上午8时，近处枪声大作，把我从梦中惊醒。通信员、运输队员和勤务兵都拿着枪噼里啪啦地射击。‘怎么啦？’我奔出屋子问道。‘刚刚才将他们击退。从紫金山上黑压压地下来一大群敌军。’‘是败兵吗？’‘正在搜寻时，突然就从上面攻下来了。一群一群地冲下来，每次都足有五六百人。’‘缴他们的枪了吗？’‘哪有工夫让他们投降啊。全杀了。’”“今天，在我支队的作战区域内，遗弃的敌人尸体达一万几千具。此外，还有在江面上被装甲车击毙的士兵和各部队捉到的俘虏，合在一起计算，仅我支队就已解决了敌军两万以上……其后接连不断地有俘虏前来投降，其数量高达数千人。情绪亢奋的士兵丝毫不理睬上级军官的劝阻，将俘虏一个个地杀死。回想到许多战友流的血和十天来的艰难困苦，别说士兵了，我自己也想说‘全都干掉吧’。”②佐佐木到一在12月14日的日记中又记述说：“现在我完全掌握着两个联队，对城内外实施扫荡。部队将到处潜伏着的残兵败卒全搜寻出来。但是，他们已将武器全部丢弃或藏匿起来了。500乃至1000人的大批俘虏被接二连三地带来。”“太平门外的大护城河中堆满了死尸……下关原来的闹市已被烧成灰烬，沿江马路上丢弃着数百辆汽车，岸边数百具尸体一个个被水冲入江中。”③

在12月16日的日记中，佐佐木到一还记述说：“奉命扫荡紫金山北侧一带地区。收获虽然不大，但两个联队都搜寻到数百名败兵，并予以枪决。”④直到1938年1月5日，佐佐木到一在日记中仍然提及屠杀俘虏的情形：“截至今日由城内清除出败兵约

---

① 《中島今朝吾日記》，南京戦史編集委員会編：《南京戦史資料集》Ⅰ，偕行社1993年12月8日版，第226—227頁。

② 《佐佐木到一少將私記》，南京戦史編集委員会編：《南京戦史資料集》Ⅰ，偕行社1993年12月8日版，第270—272頁。

③ 《佐佐木到一少將私記》，南京戦史編集委員会編：《南京戦史資料集》Ⅰ，偕行社1993年12月8日版，第272—273頁。

④ 《佐佐木到一少將私記》，南京戦史編集委員会編：《南京戦史資料集》Ⅰ，偕行社1993年12月8日版，第274頁。

2000名,收容在原外交部。此外,还将传教士手中的中国伤病员作为俘虏收容过来。在城外近郊坚持不法行动的残兵败卒也逐渐被捕获,在下关,被枪决者达数千人。”①

许多日军下级军官和士兵的日记也记述了日军的暴行,由于他们是屠杀的直接参与者,因此日记的记述相对较为详细。日军第十六师团步兵第二十联队上等兵东史郎在日记中记述说:

中山路上的最高法院是一座灰色的大建筑,是司法部所在地。法院前躺着已经破坏了私家轿车,那是被人推倒在地的。道路对面有一口塘。这时不知从哪儿拉来一个支那人,战友们像小孩子抓住了一条小狗似的戏弄他,桥本提出了一个残酷的方案。就是把他装进袋子里,浇上汽油再点上火。又哭又叫的支那人被装进了邮件袋里,袋口被紧紧地打了结。他在袋子里大哭大叫。战友们把袋子像足球一样踢来踢去,然后又往上面尿小便,像浇蔬菜一样。桥本从破烂不堪的汽车中弄来了汽油,泼到了袋子上,然后给袋子加上了一根长长的带子,拽着转来转去玩。

有良心的人都皱着眉头在旁边看着这残酷的一幕。没有良心的则在旁边拍着手喊加油。

桥本点上了火。汽油一下子燃了起来。这时袋子中发出了惊恐的叫声,支那人用尽全身力气跳着,袋子也就跳着、翻滚着。

战友中有人对这个残酷的玩火游戏很来劲,觉得很有趣。袋子一边发出来自地狱般的悲鸣,一边像一个火球般地打着滚。牵着带子的桥本说:“喂!你那么热的话我让你凉快凉快吧!”说着把三个手榴弹连在了带子上,把邮件袋抛进了塘里。火熄灭了,袋子沉下去了,正当波纹快要归于平静时,手榴弹在水中爆炸了。水花一翻,就归于了平静,游戏结束了。②

战后东史郎对日记进行了修改,增加了战后对战争的感悟和反省等内容。

同为日军第十六师团步兵第二十联队上等兵的增田六助,曾参与了玄武湖附近的屠杀,他在12月14日的日记中记述说:“进入外国租界③,扫荡混入难民中的败残兵。仅第四中队就揪出五百多人。在玄武门旁,把他们全部枪杀了。据说各队基本

---

① 《佐佐木到一少將私記》,南京戰史編集委員会編:《南京戰史資料集》Ⅰ,偕行社 1993 年 12 月 8 日版,第 276 頁。

② 《东史郎日记》,王卫星编:《日本官兵日记》,张宪文主编:《南京大屠杀史料集》第 8 册,江苏人民出版社、凤凰出版社 2005 年版,第 460 页。

③ 指南京国际安全区。

上也都是这个数。”[1]另外，增田六助还记有手记，对玄武湖边的屠杀记述得更为详尽：

> 第二天(14 日)，要去国际委员会设立的难民区扫荡。
>
> 数万残兵一直誓死抵抗到昨日，但被四面八方包围后，他们一个也没跑掉，结果全部逃进了这个难民区。今天我们即使拨开草丛，也非要把他们搜出来不可，为阵亡战友报仇。我们分成小队，各自挨家挨户搜索。每家的男人都受到我们的盘问。第二小队的联络员前原伍长等人发现，在其□□大的建筑物当中，有数百名残兵正在把军装换成便服。于是我们飞奔而进，一看，青一色的壮年残兵！旁边堆着的步枪、手枪和青龙刀等武器就像一座山。有人已经脱去了军服，有人正在穿便服，还有人下穿军裤上穿中装，那样子很不合季节，显得不伦不类，所以我们一看就明白了是怎么回事。
>
> 把他们从角落里揪出来，脱光衣服检查了随身携带品，然后用垂落下来的电线串着绑上。大西伍长和井本伍长等发怒的人，一边用树条或电线使劲地抽打，一边骂道：“就因为有了你们，才害得老子们这样辛苦！ 咹！”噼啪——“因为你们，我们不知牺牲了多少的战友！ 咹！”噼啪——。
>
> “就因为你们，不知有多少人在哭泣，知道吗？ 咹！”噼啪——噼啪——“咹！你这个饿死鬼！”嘣！“这些个饿死鬼！”嘣！不管是头还是背，一个劲儿地踢，任意地抽打和脚踢。支那兵至少有三百人左右，人数稍微多了点，我们收拾起来还犯了点难。
>
> 不久我们问戴着国际委员会臂章的支那人：“你，支那兵有没有？”对方指着对面的大房子回答说：“多多的有。”我们进了那房子一看，里面全是难民。我们先从中选出一千名左右的可疑者集中到一间屋子，再从中选出确认是士兵的三百人左右捆上……夜幕降临时分，近六百名残兵被押到了玄武门附近，全部枪毙了。[2]

高岛市良时为日军第十六师团步兵第三十三联队士兵，他于 2001 年 2 月自印出版了《日中战争从军记——来自从军日记》。他在 1937 年 12 月 14 日的日记中记述说：“第一小队抓到了两百多名残兵。他们是不知道南京已经陷落而逃来的吧。我去问大岛副官如何处置这些俘虏。大岛副官说：‘不管是二百还是五百，随便拖到什么

① 《增田日記》，井口和起、木坂順一郎、下里正樹編集：《南京事件・京都師団関係資料集》，青木書店 1989 年 12 月 5 日初版，第 7 頁。

② 《増田六助手記》，南京戦史編集委員会編：《南京戦史資料集》Ⅰ，偕行社 1993 年 12 月 8 日版，第 416 頁。

地方都杀了!'于是装入了车站的空置车厢。决定由小队协助重机枪队在扬子江边处理俘虏。货车中哇哇地叫唤起来。货车里冒出蒙蒙热气。一个一个地拉了出来,都光着身子,呼吸困难,哇哇地叫着,指着水壶说:'大人,大人,水,水。''混蛋!'我怒骂道。他们捧着积在凹地中的泥水喝。俘虏排成四队,两手举起。我们拉着五十人来到江边。因为是在脚下放上手榴弹,所以危险性极小。只是小分队人数少,下士官也只有我和近藤两个人,如果他们拚死骚动起来的话我们就控制不了了。或许是'没面子'的观念而死了心吧,有人一喊'救命! 救命!'就喂声四起地拍手。把人从货车和仓库拉出来,共一千二百人,让他们面朝江水坐在没膝盖的泥水中。命令一下,躲在后面战壕里的重机枪就一齐开火。他们便像骨牌一样倒下去,血肉横飞。跳进江里的数十人被等在栈桥上的轻机枪全部打死,鲜血染红了泥水。啊! 多么残酷的情景啊,这种情景在人世间哪儿还有呢? 还会蠕动的人,就用缴获来的枪再打。军舰漂浮在扬子江上,水兵们在甲板眺望着这一情景。"①

日军第十三师团山田支队在幕府山附近屠杀了约两万名中国俘虏,对于这场屠杀,山田支队多名官兵的日记均有记载。这些日记大多收录于小野贤二、藤原彰、本多胜一所编的《记录南京大屠杀的皇军士兵们》之中。另外,日军第十三师团步兵第一〇三旅团长山田梅二少将(即山田支队长)的日记则被收录于《南京战史资料集》之中。

山田梅二的日记对这场大屠杀的记述较为笼统,但却披露了屠杀命令来自军司令部的细节。他在 1937 年 12 月 14 日的日记中记述说:"天亮时,刚抵达炮台附近,便看到无数投降的敌士兵,难以处置……俘虏难以处置。恰好在上元门外发现了一所学校,就将他们收容在学校里。有 14777 名俘虏。俘虏这么多,不管是杀掉还是让其活着都很困难。"②

在 12 月 15 日的日记中,山田梅二记述说:"派本间骑兵少尉去南京,联系处理俘虏的事宜和其他事宜。命令说全部杀掉。"他在 12 月 16 日的日记中又记述说:"派相田中佐去军部③,商讨俘虏处理问题及其他事情。看管俘虏成了田山大队最重要的任务。"④

根据上海派遣军司令部的命令,日军山田支队所属之步兵第六十五联队于 12 月

---

① 高島市良:《日中戦争従軍記——従軍日記から》,私家版,平成十三年二月三日,第 116—117 頁。

② 《山田梅二日記》(昭和十二年九月九日——十二月三十一日),南京戦史編集委員会編:《南京戦史資料集》Ⅱ,偕行社 1993 年 12 月 8 日版,第 331 頁。

③ 指日军上海派遣军司令部。

④ 《山田梅二日記》(昭和十二年九月九日——十二月三十一日),南京戦史編集委員会編:《南京戦史資料集》Ⅱ,偕行社 1993 年 12 月 8 日版,第 331—332 頁。

16 日开始屠杀这批俘虏。山田栴二在 12 月 18 日的日记中记述说："部队竭尽全力处理俘虏。我在江岸视察处理的情况。"19 日，山田栴二还记述说："因处理俘虏，出发时间延期了。上午全体出动努力处理俘虏。"①

除了山田栴二外，日军步兵第六十五联队的许多官兵在日记中还记述了这场屠杀的具体细节。日军步兵第六十五联队第四中队的宫本省吾少尉在 1937 年 12 月 13 日的日记中记述说："傍晚攻打乌龙山。阵地上并没有敌军，俘虏了许多敌残兵并杀掉了一部分。"在 14 日的日记中他又记述说："凌晨 5 时出发，扫荡敌人残兵。我们还没有发动攻击，敌军已无心恋战，过来投降。我们未费一枪一弹便解除了几千人的武装。傍晚把俘虏押往南京的一个兵营，不料竟有一万多人。立刻实施了警备。我中队在八个地方设立了岗哨，担任警戒任务。俘虏中，有的人因为肚子饿而吃路边的蔬菜，也有因两三天没吃东西而要水喝的，很是凄惨。然而，战场上就必须采取一定程度的极端的处置方法。夜里，卫生队又押来了二百多名俘虏。担任警戒的士兵有二百多人，队长也参加了。因为都是训练有素的人员，所以对出入人员进行盘查等工作井然有序，很有意思。"②

12 月 16 日，日军开始屠杀这批俘虏，宫本省吾在 16 日的日记中记述说："就在我们吃午饭的时候，发生了火灾，引起了极度的混乱，结果三分之一的兵营被烧毁。下午 3 时，大队决定采取极端措施，把约三千名俘虏押到扬子江边枪杀了。这是只有战场上才可能看到的场面。"③17 日，也就是日军举行南京入城式的当天，步兵第六十五联队继续分批处决俘虏。宫本省吾在日记中记述说："今天部队举行南京入城式。部队大部分人参与了对俘虏的处决。我 8 时 30 分出发，向南京方向行军。下午参加了盛大的南京入城仪式，亲眼目睹了这一庄严而具有历史意义的场面。""傍晚回来，立刻出发加入了对俘虏兵的处决。由于已杀了两万多人，士兵杀红了眼，结果，竟向友军发难，杀死杀伤友军多人。我中队也造成了一死两伤的损失。"④

日军步兵第六十五联队第七中队的杉内俊雄少尉在 12 月 14 日的日记中记述说："凌晨 5 时部队出发，目标南京，急行军。在南京城外约六公里处的幕府山附近俘

---

① 《山田栴二日記》(昭和十二年九月九日——十二月三十一日)，南京戦史編集委員会編:《南京戦史資料集》Ⅱ，偕行社 1993 年 12 月 8 日版，第 332 頁。

② 《"宮本省吾"陣中日記》，小野賢二、藤原彰、本多勝一編:《南京大虐殺を記録した皇軍兵士たち——第十三師団山田支隊兵士の陣中日記》，大月書店 1996 年 3 月 14 日版，第 133 頁。

③ 《"宮本省吾"陣中日記》，小野賢二、藤原彰、本多勝一編:《南京大虐殺を記録した皇軍兵士たち——第十三師団山田支隊兵士の陣中日記》，大月書店 1996 年 3 月 14 日版，第 134 頁。

④ 《"宮本省吾"陣中日記》，小野賢二、藤原彰、本多勝一編:《南京大虐殺を記録した皇軍兵士たち——第十三師団山田支隊兵士の陣中日記》，大月書店 1996 年 3 月 14 日版，第 134 頁。

虏了敌残兵败将共17000人,解除全部武装,由第三大队负责收容。”①

日军步兵第六十五联队第八中队的远藤高明少尉在日记中详细记述了捕获俘虏并加以屠杀的经过:

12月14日　晴

凌晨5时出发,前去攻击南京北面约四公里的幕府山要塞。……在太平山附近,遇到了第一大队抓获的数百名俘虏,还有连发式手枪和支那军官所骑的马匹。我们将马拉过来,骑着马继续行军,中午到达幕府山。敌人斗志全无,我们俘虏了450名敌兵,还缴获了大量武器。傍晚,我们的宿舍被安排在上元里。因为民宅不够,一间房住一个小队。傍晚时分,又抓获了400余名俘虏。

12月15日　晴

早上7时起床。上午9时,第×小队奉命前往幕府山东面的江岸扫荡敌残兵。我们俘虏了360人,听说还有近1万人等着收容……

12月16日　晴

……下午12时30分,因俘虏收容所失火,奉命出动,3时返回。在收容所遇到了朝日报社的记者横田氏,向他打听了大致情况。俘虏总数有17025人。傍晚,按照军部命令,把俘虏的三分之一拉到江边,由第一大队实施枪杀。

正如下达的命令中所说的,即便是一日两餐的粮食供应,也要一百袋(粮食)。而如今我们士兵都得靠征缴提供给养。因此提供粮食是不可能的。军部必须采取适当的处置措施。

12月17日　晴

……晚上,为了处决剩下的1万多名俘虏,派出了5名士兵……

12月18日

凌晨1时,由于对俘虏的处决不彻底,仍有活着的人,上级命令我们出动,参与清理。随后,部队赶赴现场。寒风劲吹,3时左右,下起了暴风雪,寒冷彻骨。大家默默地急切盼望着天明。8时30分,清理工作结束。风小了一些,天气开始恢复。幕府山担任警卫的士兵回来了。有6人去参观南京城。上午小睡了一个小时。发下来一个苹果,好久都没有吃苹果了。中午,第四批补充兵9人入队。从下午2时到晚上7时30分,为了清理1万多具尸体,小队出动了25名士兵。

---

① 《“杉内俊雄”陣中日記》,小野賢二、藤原彰、本多勝一編:《南京大虐殺を記録した皇軍兵士たち——第十三師団山田支隊兵士の陣中日記》,大月書店1996年3月14日版,第147頁。

12 月 19 日　晴

上午 8 时出动 15 名士兵，继续清理尸体……①

一些日军官兵在日记中虽然没有记述自己及所在部队的暴行，但记载了目睹日军屠杀后的惨状。山崎正男(步兵少佐)时任日军第十军司令部参谋，他在 1937 年 12 月 17 日的日记中记述说："庆祝会解散后，堂の胁少佐带我们参观市区。先到日本大使馆，日高参事官和馆员前来迎接我们。他向我们致以深深的谢意：自 8 月中旬降下日本国旗撤回国内仅过了四个月，国旗又再一次高高地飘扬在屋顶上。在他看来，实在令人激动无比。接着，经中山北路向北，观看了南京政府的军政部、交通部、外交部、铁道部、高等法院等各种建筑物后，又来到扬子江岸边的中山码头。这一带的扬子江面较窄，江中停泊着七八艘海军驱逐舰。无数的尸体被弃置于岸边，全浸泡在的水里。尸骨累累一词其程度也各有不同，这扬子江岸边的景象可谓是真正的尸骨累累。如将之打捞到地面上，一定是堆积如山了。"②

上羽武一郎为日军第十六师团卫生队的卫生兵，他在 1937 年 12 月 21 日的日记中记述说："行军去参观中山陵激战的遗迹，在太平门入口处看到约五百具尸体凄惨地堆在那里。人真是可怜啊！死尸里有被挑破小腹的，有被砍头、毁脸的。到处是炮车等激战的痕迹。"③

北山与隶属于日军第十六师团步兵第二十联队第三机关枪中队，他在 1937 年 12 月 27 日的日记中记述说："出了汉中门，去征缴蔬菜、水牛。我们到的地方死人堆积如山，总数有 500 多，被堆在一起杀害了。其中主要是军人，也有穿着如一般百姓的死尸。大多是被集体枪杀的俘虏。道路两边堆满了支那军人的尸体。"④

牧原信夫是日军第十六师团步兵第二十联队的上等兵，他在 1937 年 12 月 27 日的日记中也记述说："早上 6 时起床。立即准备早饭，吃完早饭以后，上午 8 时出去征发蔬菜。四方伍长领头，通过汉中门，向扬子江方向走去。出汉中门时，看见五六百具被烧焦了的尸体挨得紧紧地倒在那里。烧烂了的皮肤呈黄色，看上去很难看。也

---

① 《"遠藤高明"陣中日記》，小野賢二、藤原彰、本多勝一編：《南京大虐殺を記録した皇軍兵士たち——第十三師団山田支隊兵士の陣中日記》，大月書店 1996 年 3 月 14 日版，第 219—220 頁。

② 《山崎正男日記》，南京戦史編集委員会編：《南京戦史資料集》Ⅰ，偕行社 1993 年 12 月 8 日版，第 302 頁。

③ 《上羽日記》，井口和起、木坂順一郎、下里正樹編集：《南京事件・京都師団関係資料集》，青木書店 1989 年 12 月 5 日初版，第 31 頁。

④ 《北山日記》，井口和起、木坂順一郎、下里正樹編集：《南京事件・京都師団関係資料集》，青木書店 1989 年 12 月 5 日初版，第 74 頁。

许是战斗已经远离我们了,所以看了以后很恶心。到处都散乱着这样凄惨的尸体。”①

上述日军官兵的日记,无论是屠杀的参与者或是目击者,都是当事人当时的记录,因此,具有很高的史料价值。通过日军官兵日记,人们可以更加全面、深入地了解日军在南京实施的屠杀暴行,以及日军官兵屠杀时的心态。

2. 官兵书信

日军攻占南京后,一些官兵给家人、亲友写信,将自己在战场上的亲身经历、所见所闻及内心感受告诉家人和亲友。由于这些书信出自当事人当时之手,因此具有重要的史料价值。目前,大多数日军官兵战时书信仍藏于日本民间,少数书信由日本地方史编纂机构收藏,亦有少数官兵书信收录于日本地方史资料中,并公开发行。如日本浅羽町史编纂委员会编辑、静冈县浅羽町于 1998 年 8 月发行的《浅羽町史》(资料编三　近现代),即收录了多封日军官兵战时书信,但该资料发行时隐去了寄信人和收信人的姓名。此外,个别日军官兵的战时书信在日本已公开出版,如日军上海派遣军独立工兵第一联队上等兵岩崎昌治的战时书信即由其后人编辑,并以《一场战斗的轨迹——岩崎昌治阵中书信》为名,由日本近代文艺社于 1995 年 6 月出版。

田畑安造隶属于日军第十六师团野战重炮兵第二十二联队。南京沦陷后,田畑安造所属部队驻扎南京,他在 12 月 22 日致家乡佐奈村村公所的信中说:“14 日我们进入了南京城。此后至今,一直对城内外残兵进行扫荡。市内各处都聚集着很多难民,表露出战败国民众的哀怨可怜相。战斗刚结束不久的南京城内还弥漫着血腥的空气。目前(时间未定)我部队担任南京警备工作,预定留守城内。因为战争告一段落,凯旋的日子也许不远了。”1938 年 1 月 1 日,田畑安造又致信家乡佐奈村军人后援会的花谷松藏,信中称:“目前我们留在南京,担任南京警备。现状是血腥的。新战场依靠皇军各部队的努力,正在逐渐清理之中。堆成山的支那军尸体也已大体焚烧完毕。我部队预定暂时留在南京。但其驻扎时间尚未确定。”②

奥村亀太郎隶属于日军第十六师团步兵第三十三联队联队炮中队,他在 1938 年 1 月 3 日致家乡花谷村村长的信中说:“11 月 12 日在我海军掩护下于扬子江右岸吴江进行敌前登陆。直至 12 月 12 日南京城陷落③,无论是敌兵还是乡民,都用枪刺杀。居民房屋、食品全部烧毁。至于宿营,是在树下泥土上铺上稻草圆了一个夜梦。做饭用的是上面浮着尸体的小河里的浑水。……14 日从挹江门进城。矜夸为首都的南

---

① 《牧原信夫日記》,南京戦史編集委員会編:《南京戦史資料集》Ⅰ,偕行社 1993 年 12 月 8 日版,第 408—409 頁。

② 《軍人後援会関スル書類綴——神奈村軍人後援会》,三重県史編纂室藏。

③ 原文如此。应为 12 月 13 日。

京也已呈现出惨不忍睹的凄惨景象。此后，扫荡南京城内外的残兵及负责警戒守备。”①

《浅羽町史》（资料编三　近现代）收录了隶属于日军华中方面军乙兵站部士兵的书信，但隐去了写信与收信人的姓名，代之以×××× 致 B 的信，信中称：“到了南京一看，不愧为世界有名的南京。高高的城墙有五层楼高，宽也有五间房宽。对此，我军也着实吃了一番苦头。城墙横三里纵三里地将南京城围在了里面。城里现在没有一间完整的房子，只有烧剩的废墟，惨不忍睹……我所在的地方在城外，说是城外也就是扬子江。五层楼的中国银行被烧得只剩下三层了。我所属的部队是乙兵站部，队长青木少佐是个好人。兵站部的工作是将粮食等分配给各个部队。用船经扬子江运来的全部物资都在我们这里。这么多的物资，只有五十人的步兵看守，十分辛苦。到去年（12 月）31 日为止，在扬子江边每天都要杀死 200 名被逮捕的支那兵。绑着手推到江里，或从上面开枪射击，或用刀砍头，亡国之民实在悲惨。感觉就像是杀鸡一样。12 月 27 日夜里，有人来兵站部偷粮食，被抓了七人，都用刺刀捅死了，很好玩。都是在日本见不到的惨状。”②

岩崎昌治是上海派遣军独立工兵第一联队上等兵，他于 1938 年 6 月 9 日在安徽正阳关附近的战斗中阵亡。阵亡前，他多次致信亲友，讲述了自己在战场上的亲身经历及感受。1937 年 12 月 17 日，他在致山口富美子的信中记述说：“12 月 11 日傍晚，我们中队也向南京城展开了攻击。虽说是南京城，其周长也有 5 里，四面都是宽 6 米，高 10 米的城墙，而且到处都设有机关枪火力点。我们多少忠勇的士兵就是在这机关枪前倒下了啊。在南京城门外敌人的尸体上再埋上土，就这样掩埋了战友。城内也有外国人。在叫做扬子江的大江里，有五六千具支那人的尸体。仅我们 14 日这一天杀的就有 300 人以上。我们都不知道自己是在杀人还是在干什么。”③

12 月 17 日，岩崎昌治还在南京下关火车站给家人写信，讲述日军屠杀俘虏的情形：

> 12 月 12 日，我们接到了进攻南京城（虽简单地说南京城，恐怕国内的人没法想象吧。城墙高约 35 尺以上，据说周长 4 里。）的命令，我们就赶赴前面约两公里的工兵学校。……12 日深夜，这所工兵学校已经完全落入我们工兵之手。当时我方有一人负伤，他们丢下几十件兵器就逃走了。我们俘获了 77 名败残兵，

① 《軍人後援会関スル書類綴——神奈村軍人後援会》，三重県史編纂室蔵。

② 淺羽町史編さん委員会編：《淺羽町史》（資料編三・近現代），淺羽町，平成九年八月二十五日，第 456 頁。

③ 岩崎稔編著：《或る戦いの軌跡——岩崎昌治陣中書簡より》，近代文藝社 1995 年 6 月 9 日版，第 71—72 頁。

当场都把他们枪毙了。真不愧是支那的正规军,有些人死得大义凛然,甚至还有人堂堂地站立在我们的枪口下微笑地赴死。如果像这样的男人占支那总人口十分之一的话,那么日本与他们作战应该是相当艰苦的。

……

……12月13日黎明前,我们绕过南京城,在其后方的扬子江边缴获了交通船只,以及附近的15辆汽车、3辆坦克、2辆摩托车。当时,海军来到了扬子江上,不断地开火,在陆地上,枪弹也不断地射向城内,真是壮观。工兵队占领南京下关车站是在14日黎明前。当时在扬子江边,我们工兵亲手射杀了大约800名败残兵。我们甚至都不知道自己是在杀人,还是把竹子放入江中漂流。

今天(17日下午2时30分)一上午都在附近巡查,下午休息。在陆上杀死支那兵后,把尸体堆积到一处,浇上油烧掉了。大概就像相川小学广场那么大的地方,支那人的尸体堆积了两三层。今天举行南京入城仪式。自己未能参加(中队只有1名军官、12名士兵参加)。因此,将昨夜在城内的大约2000名支那人集中起来,在今天黎明前把他们全部杀死了。仅扬子江边上就横七竖八地躺着大约5000具尸体。一种相当于海里的"海豚"的江鱼不断地游来啄食尸体。

现在的心情相当轻松。从下关车站的前门窗户向外眺望,心中想起了许久未见的国内的人们。不时传来"砰、砰"的声音,那是正在枪杀还没有斩尽杀绝的败残兵的声音。焚烧尸体时发出的一种别样的恶臭不时地随风飘来……战败国的国民真是可怜啊。我曾多次在信中写到过,决不会留下一个活口。为什么呢?哪怕是有一个人活下来的话,将会怎么样呢?在战场上的日本军可不是在阅兵式上所看到的那个样子,自己的部下和战友会被伤害或杀死。已经完全疯狂了,只要看到支那人,就会大喊"干掉他",把他们送上不归路。如果支那兵哪怕只有一个人活下来,他们回到了自己的阵地的话,结果将会怎么样呢?支那人是善于宣传的。为了皇军、为了日本,才拿他们做牺牲品的。不是我一人有这种心情,而是整个分队的全体人员(共16人,其中有2人死亡,5人负伤),不!是中队所有人员都有这种心情。在国内的人们也有这种心情。即使明白都是些良民,却又不得不杀掉的这种心情想必你们能够理解吧。①

12月27日,岩崎昌治又从南京致信其叔叔大野巳之助及婶婶,信中写到:"我们是10日开始参加攻打南京城的。11日凌晨,我们进行了大规模的炮击,南京城门经受着密集的射击,眼看很快就能夺取南京城了。我们分队占领了前面约两公里的一

① 岩崎稔編著:《或る戦いの軌跡——岩崎昌治陣中書簡より》,近代文藝社1995年6月9日版,第73—76頁。

所工兵学校。枪毙了77名败残兵,感觉是报仇雪恨了。14日凌晨,我们完全占领了南京城。当时不断从后面发出'万岁'的欢呼声。大家都激动得哭了,简直高兴得不得了,就像小孩子一样开心。这场战斗比此前的战斗都轻松,因此大家相当高兴,觉得战争已经结束了。从11日到14日之间,我们就着咸菜吃南京米①做的饭。扬子江岸边有五六千具尸体,堆成了山。狗和猫在吞食死人的肉。有非常大的狗朝我们扑过来。我们已经完全控制了南京,这里还有许多支那人。"②

一般来说,日军官兵战时的私人书信,并不是为了日后公诸于众。正因为如此,这些书信与个人日记一样,真实地记录了日军官兵在战场上的亲身经历和心态。从这一角度而言,日军官兵的战时书信具有重要的史料价值。

(三)日军官兵与随军记者回忆

1. 官兵回忆

战后,许多当年参加过南京攻略战及南京大屠杀的原日军官兵纷纷撰写回忆录或回忆文章,记述当年战场上的情形。目前日本已公开的原日军官兵的战场回忆大体可分为以下四类:

第一,原日军官兵的回忆文章汇集成册出版发行。此类回忆文章多由相关团体编辑出版,其中重要的有:从军回忆录编纂委员会编:《从军回忆录》(支那事变、大东亚战争编)第一卷(1970年8月);创价学会青年部反战出版委员会编:《给不知道战争的一代(53)熊本编:扬子江在哭泣——熊本第六师团出兵大陆记录》(第三文明社,1979年9月);创价学会青年部反战出版委员会编:《鲜血染红中国大陆——加害者亲身经历的记录》(第三文明社,1983年8月);星彻编:《我们在中国干过的事——中国归来者联络会的人们》(绿风出版,2002年5月);翻译从军记编辑委员会编:《长江水·浪涛天——上海东亚同文书院大学第34期学生翻译从军记》(沪友会第34期学生会,1993年4月);揭示南京大屠杀真相全国联络会编:《南京大屠杀——向日本人告发》(东方出版,1992年9月)等等。

第二,原属同一部队的原日军官兵组织成立编辑委员会等,编辑出版回忆录,或在所编部队史中收录部分官兵的回忆文章。如:敦贺联队回想录编集事务局编:《敦贺联队回想录》(1982年4月);鲭江步兵第三十六联队史编辑委员会编:《鲭江步兵第

---

① 日本将中国江南地区出产的糙米称为"南京米"。

② 岩崎稔编著:《或る戦いの軌跡——岩崎昌治陣中書簡より》,近代文藝社1995年6月9日版,第79—80頁。

三十六联队史》(1976 年 8 月);骑三史编纂委员会编:《骑兵第三联队史》(1978 年 11 月);第三师团卫生队回忆录编辑委员会编:《第三师团卫生队回忆录》(第三师团卫生队回忆录刊行会,出版时间不详,序文注明为 1987 年);福知山步兵第二十联队第三中队史编辑委员会编:《福知山步兵第二十联队第三中队队史》(福知山步兵第二十联队第三中队史刊行会,1982 年 11 月);大东信祐编:《步兵第二十联队第四中队(坂队)支那事变出征战友的手记》(出版时间不详)等等。此外,松冈环女士在采访 100 余名原日军士兵的基础上编著了《南京战·寻找被封闭的记忆——原士兵 102 人的证言》(社会评论社,2002 年 8 月)。

第三,原日军官兵撰写的战场回忆录,并以单行本出版。在日本,此类回忆录较多,其中重要的有:河边虎四郎:《从市谷台到市谷台——最后的参谋次长回忆录》(时事通信社,1962 年 11 月);上砂胜七:《三十一年的宪兵生涯》(东京ライフ社,1955 年);渡边卯七:《战争的回忆》(1969 年 2 月);儿玉誉士夫:《我是这样战斗的》(广济堂,1975 年);《群马县人的战争秘录——走向战败》(あさを社,1979 年 8 月);池谷半二郎:《一个作战参谋的回想手记》(1978 年 5 月);山本勇:《南京·徐州·武汉三镇——回想中的进军》(山九战友会事务所,1973 年 11 月);石田义一:《战线实录》(1977 年 3 月);吉田庚:《军马的回忆——一个辎重兵的手记》("军马的回忆"刊行会,1979 年 10 月);石井清太郎:《生命的战记》(イデア株式会社,1991 年 4 月);伊藤勇:《日中战争实战记》(北国出版社,1980 年 11 月);横山胜之助:《日支事变从军记——突入南京》(1999 年 12 月);曾根一夫:《南京屠杀和战争》(彩流社,1988 年)等等。

第四,日本报刊登载的原日军官兵回忆文章。如:中村弥咲:《南京大屠杀的证言——想说的全说出来》(《沼津朝日》,1991 年 7 月 10 日);岛田胜己:《南京攻略战与屠杀事件》(《特集人物往来》,1956 年 6 月号);冈本健三:《参加杭州湾敌前登陆——士兵讲述的日中战争》(《中国》,1971 年 8 月号)等等。

原日军官兵对南京攻略战和南京大屠杀的回忆大多是在战后时隔多年所作,随着时间的推移,他们的记忆也多少有些模糊。因此,原日军官兵的回忆难免存在疏漏和偏差,如时间、地点、部队番号等等。从史料学的角度来说,其价值显然不如战时书写的日记和书信。另外,一些原日军官兵在回忆中不愿公开自己的姓名,而代之以化名。

日军高层的回忆大多从战略的角度记述了日军攻占南京的决策过程。例如,时任日军参谋本部作战课课长的河边虎四郎在其回忆录《从市谷台到市谷台——最后的参谋次长回忆录》一书中回忆说:"大上海周边残敌被肃清之后,为了与驻扎在当地的方面军司令部磋商有关今后作战任务,我奉上司命令出了一趟差。……关于今后作战问题,我征询了松井方面军司令官手下的参谋长以及副参谋长的意见。并向他们转达了中央部为了在广东开战，计划从上海方面抽调一个半师团兵力的想法。我们经过反复研究讨论，最终得出下列结论，即：首先，停止目前正在进行的追击战，让部队在上海以西至杭州附近的某地区稍做休整。在休整期间，密切注视南京方面和沿途所经之地的敌情以及其他方面局势。最后，再重新研究南京攻略战是否实施。对于抽调一个半师团兵力作为他用，方面军司令官没有任何异议。作为个人意见，松井大将本人就是一个极力主张一定要攻占南京城的主战派，而且他还确信无疑地断言：即使抽调走一个半师团兵力，这场攻略战也必定获胜。但是对于清理战线，让8月份以来一直在拼命打仗的各兵团短暂休整这点上，他与参谋长们的意见一样，认为这样做十分必要。”“就在我返回东京后不久，松井军司令官给大本营发来电报称：‘自河边大佐从上海出发后，战场局势骤变，敌军溃不成军，上海与南京之间扬子江沿岸的各军事要塞敌军纷纷弃之不顾。我们准备趁此机会，一鼓作气追击到底，可以直捣南京城。’根据这份电报，中央部最终作出了攻占南京城的决定。”①

许多原日军官兵在回忆中记述了自己在南京大屠杀中的所作所为及当时的内心感受。法城家安男（化名）时为日军野炮兵第十联队的伍长，他在南京沦陷后来到南京，直接参与了南京大屠杀，他回忆说：

> 在攻占南京之后，我们跟在步兵的后面进入了南京城。我们的部队是从南京城的南门进城的。一进城门，立刻映入我们眼帘的尽是在战斗中倒下的堆积如山的尸体。……进入南京之后，驻扎了一段时间，就在这一段时间中发生了南京大屠杀事件。当时，我是伍长。在此期间日军的行为完全是残酷和非人道的。一方面是我自身的思想使然，再加上我有剑道六段的技能，我经常接到上司命令，再命令手下的四到五人残杀敌人的士兵。现在回想起来仍是毛骨悚然。
>
> 有一次，我们接到命令烧死敌人的便衣队俘虏。为了不让他们逃跑，我们将俘虏的手反绑起来，将他们关进一家已经空了的民居里。等到将他们全部关进去之后，我们将汽油浇在房子上，再点上火。俘虏的人数不是10人、20人，而是数百人。火焰窜起来之后我们听到了叫喊声。有人想要打开门往外跑，但门从外面锁上了。偶尔有逃出来的人也立刻被站岗的士兵开枪打死。听着被火焰包围的俘虏们发出临死前的惨烈叫声，看着他们在火焰中打滚并被活活烧死的情景，无论上司怎么说“这是战争！”“他们是敌人！”而作为一个与他们相同的人类，无论如何是无法忍受的。

① 河邊虎四郎：《市ケ谷台から市ケ谷台へ——最後の参謀次長の回想錄》，時事通訊社昭和三十七年十一月五日初版，第144—145頁。

……

这样的事情以后还在不断发生……[1]

一些原日军官兵在回忆中详细记述了在南京屠杀中国人的情形。齐藤忠二郎时为日军第十六师团的辎重兵,他的回忆十分详细:

我的中队到达下麒麟门要地,我想应该是13日的下午了……

下麒麟门是京沪公路[2]上的要塞,右边是太平门,左边是通往光华门的十字路口。村落里没有几户人家,在十字路口有一个祭坛,竖着日军新建的四个墓牌。到达之后就分配宿舍,我们班分到的是靠路边的房子……

正在忙碌的时候,响起了紧急集合的军号声。我是辅助兵,不负责车马,所以就拿着班上的枪和药箱出去了。

分队长对大家说:"从现在开始扫荡宿营地周围的败残兵,那些败残兵有可能会躲藏起来,因此对我军没有利用价值的小屋等等,一律烧毁。"并发给每个士兵一盒火柴。

我们分队由中村上等兵率领出发了。沿十字路口往太平门方向走了一小段路。我从村子背后不远处的地方向东面的下方望去,只见田地里并排着两间看田的小棚屋,走近后点燃了围在外面的稻草,火很快就燃烧了起来。突然从里面跑出来一个没戴帽子,穿着土黄色毛呢衣服的败残兵。

我喊了声:"有人!"三个士兵在田边把枪架在肩上向这边射击。可能是因为太慌了,没扣好扳机,子弹没射出去。敌人用尽全身力气从田埂上飞似地逃走了。中村上等兵一边大声呵斥道:"干什么的?!"一边用自己的步枪向那个败残兵开了一枪。他的右大腿部被子弹击穿倒下了,士兵们过去把他包围了起来。从敌人的衣服里摸到一块三角巾,帮他把伤口包扎起来。有人问:"把他押回联队本部吗?"中村上等兵认为这样有些麻烦,于是就下令把他射杀了。

我们再次回到了看田小棚屋的位置。这时,一个身着平民服装,身强力壮的男人从并排的一间正燃着熊熊大火的小棚屋里跑了出来。他烧得像一个火人似的,两只手向前摸索着。他的眼睛、鼻子、嘴等整个脸全都像土墙那样变了色。他躲藏之前可能了解地形,所以虽然眼睛看不见,还是跑到二三十米外的水塘边

---

① 法城家安男(仮名):《南京大虐殺》,《鮮血に染まる中国大陸——加害者体験の記録》,創価学会青年部反戦出版委員会昭和58年8月15日初版,第225—227頁。

② 当时南京为中国首都,故南京至上海的公路时称京沪公路。

"扑通"一声跳了下去。

我们站在水塘边看着。

有人说:"枪毙他!"于是就开了枪。虽然距离只有30米,可是怎么也打不中。这时,联队本部正在视察的西川少尉过来说:"你们在干什么?应该这样射击!"说着就站着用步枪开了一枪,击中了那个人。

……

看来吉田班长是单独去扫荡了。他碰到了一个败残兵,开枪打死了他。或许是被那枪声吓住了,一个敌士兵突然在他身后站了起来。吉田情急之下把枪扔在一边,拔出军刀朝他肚子上猛刺了一刀。他在班上对大家说:"一刀刺下去,他的肠子都流出来了。"

……

第二天,我加入了伊藤卫生军曹率领的扫荡队。这次是扫荡不同的方向,我们去了京沪公路的左侧。在附近距离不到一百米的一个高地上有一处民宅。进去搜查的时候,有个老太太走了出来。大概只有一条通道吧,所以她往我们登上来的方向逃跑。只听见"快,射击!"话音未落,枪就响了,一直射击到她倒下不再动弹为止。伊藤军曹开枪最多。

士兵们分头搜查,一共抓来了六个中国人。他们都穿着老百姓的服装,其中虽然有一个人身材魁梧、体格健壮,但还是一个天真无邪的孩子。把这六个人带到了一个水塘边。曾有人说把那个孩子放了吧,可是最后还是在水塘边向所有的人开了枪,他们倒进了水塘里。

……

刚一进城就立即开始清理战场,也就是清理敌人的尸体什么的。并不费很大劲用车子将尸体运到其他地方,充其量也就是将发现的尸体埋到附近的防空洞里。①

日军第十三师团山田支队在南京幕府山附近屠杀了约两万名俘虏,对于这场大规模屠杀,一位不愿意透露姓名的原日军第十三师团山炮兵第十九联队第三大队的士兵回忆了屠杀的具体经过:

越来越逼近南京了,南京城已近在眼前。我们鼓足勇气向南京城前进。大概在14日下午,我们看见了50人、100人聚集在一起的俘虏兵举着白旗投降了,

① 齊藤忠二郎:《彷徨二千五百粁——兵狀の機微》,1988年3月27日,第32—41頁。

这其中有一些或被刀砍伤,或被枪炮击中的人。看到他们,我心想:“到战场来,都是因为你们,我们才会这样艰苦的啊!”不管怎样,都是因为他们做的事情,我们才这样痛苦。在家的话,都说我是好父亲,是一个老实本分的人,可是到了战场上,什么都不是了。有这样的想法是理所当然的。……在某个村落宿营的时候,把所有男人都拉到屋里,用手枪或步枪杀害了。然后,把妇女和小孩都关到某个屋里,晚上就强奸她们。虽然我自己没有这样做过,但我想其他的士兵干过不少强奸的事情。接着,到了第二天早上即将出发的时候,再把那些被强奸的妇女以及孩子全部杀掉,最后还把房屋都烧毁,这样即使有人回来也无处可住。我们就这样杀戮着,向前挺进。而且,我本人也觉得很不可思议,就询问了一下为什么要干这样的事情,结果得到的回答是,因为这个地区的抗日思想非常强烈,上级命令要将他们全部杀掉,所以只好全部杀掉了。总而言之,战争就是充斥着放火、抢劫、强奸、杀人等所有的罪行。……到了南京的幕府山附近,俘虏的数量已经是数不胜数了。两角第六十五联队俘获的俘虏兵大约有两万人。在这些俘虏中,有从十二三岁的孩子到长着胡子满是皱纹的老头,所有的男性全部被抓起来了。

……随着不断逼近南京城,俘虏们叫着“先生”,他们把我们士兵称作“先生”,叫着“给支香烟吧,给点吃的吧”。然而我们自己都没有香烟抽。

如果不每天征缴粮食的话就没有吃的,所以根本没有一点粮食给俘虏吃。……因为幕府山下有个大的兵营,所以俘虏兵都安置在那里。虽说是兵营,也不过是一个大茅草屋顶,里面约有 20 根大梁。屋里面可以装几万人吧,两万人是可以装进去的。到了 16 日下午,所有人都到宿舍外整队,我心想是什么事啊,就到外面列队了。结果下达的命令是,前排的人去南京参观,后排的人去扫荡残敌。那天我的运气不好,正好排在了后排……

接着,我们按上级所指示的方向,向幕府山炮台下的兵营前进。因为害怕俘虏逃跑,周围用 20 挺左右的轻机关枪和重机关枪戒备着,连一只蚂蚁都跑不出去。长官让我们把俘虏都绑起来,可是没有用来绑他们的东西。于是我们就把支那人穿的衣服撕成了布条,把他们一个个地绑了起来。绑好了之后,让他们每两人并排坐在一起。说起来有 5000 人,这可是一个不小的数字,我们在此才不过几百人,这么少的人实在忙不过来。下午 1 时出发,到了傍晚月亮出来的时候才把 5000 人全部绑了起来,所以我想花了不少时间。其中也有一些日本士兵没有捆绑俘虏,而去专门算计着掠取金钱、手表和贵金属等。然而,我们是认真地在绑俘虏的。俘虏中有些人颇得要领,骨碌碌地绕着圈就把自己绑起来了。但是，那样的绑法一用劲绳子就会断，不管怎样都能解开。不过，因为日本士兵手里都拿着机关枪、步枪、刺刀，所以我想俘虏是逃不掉的。

这次俘虏排成了两列纵队，糊里糊涂地朝着扬子江方向行进，两侧大概每隔两三米就有实枪荷弹的日本兵拉扯着俘虏前进。途中，有俘虏不知被什么东西绊了一下跌倒了，紧接着一个接一个地都绊倒了，可是我们根本没有工夫去拉他们起来，他们全都被刺刀一个一个地刺死了。

走在后面的俘虏兵被杀掉了。这次我们似乎绕了远路，大概走了一里就到了扬子江边。扬子江南岸有一个不知是兵营还是什么的建筑物，因为是晚上，所以看不清楚。二楼的窗户和楼下都有步兵举枪瞄准着。广场上坐着5000名俘虏兵，北侧是一个高约几米的石墙，尽管晚上看不清楚，但我想这是一个很高的石墙，因此，他们就不能往那边逃跑了。俘虏们都坐在院子里，日本士兵在中间试刃着军刀。有人把俘虏兵拉出来砍下了脑袋，或者用刺刀刺死，士兵们就这样进行着杀戮。

我参加战争后还没有实际砍过活人的脑袋，因此就向曹长借了一把军刀，向那瘫倒的俘虏砍去，但是只砍了一半。其实砍头也不是一件很容易的事，怎么也砍不下头来。其间，士兵们正在这么干的时候，有俘虏发出“哇”地一声叫喊，大家都站了起来。本来应该在机关枪小队长下达“射击!”的命令后大家才进行射击。既然5000人都一起站了起来，我们就不能放手不管。因此，在“射击!”的命令还没有下达，机关枪就嗒、嗒、嗒地从一边开始射击了。我也想开一枪或开更多枪，但是觉得太危险了，开了一枪就住手了。然而，在机关枪的齐射下，5000人的俘虏就一个个地倒在了地上。

接着，上面命令要拿着刺刀走上前刺他们，因为其中可能还有活着的人，所以就拿着刺刀刺他们。我手里拿的不是日本的刺刀枪，而是一支支那枪。支那枪装不上日本刺刀。无奈，向战友借来一支日本枪，把自己手上的那支枪背在了身上。我行走在俘虏的身上，大概刺了30人以上，所以到了第二天早上，我的胳膊疼得都抬不起来了。

接着，发生了这样一件事。机关枪小队长一个人阵亡了，好像有一个俘虏从石墙上跳了下去。有好几百个人跳下了扬子江，抓着木头或破木板逃走了，这不是在说谎。根据这些来推断的话，南京屠杀事件也就变得非常清楚了。当时，从石墙上跳下去的俘虏，抱着在下面沙滩上持枪警备的士兵一起滚进了江里。日本兵遭到突然袭击，呛了几口江水，甩下枪就爬了上来。“别让这混蛋上来!”日本兵大喊着，把他刺死了。

大约晚上 8 时左右,我们终于踏上了归途,吃上了晚饭。第二天正好是南京入城式,我们也参加了。这时,我听说了这样一些事,昨天没有去的士兵还要去扫荡残敌,于是又被派了出去,今天真是倒霉了。用树枝做的钩子将昨天杀掉的俘虏全部拖到扬子江中去了。原本是 5000 人,但在两角部队却有传言说是 2 万人,所以我想这期间肯定进行了几次屠杀俘虏的事件。①

一些原日军官兵在回忆中记述了自己在南京的所见所闻及日军屠杀的情形。原日军第六师团士兵赤星义雄回忆说:"12 月 14 日,我们通过城内,向扬子江岸边进发……扬子江岸边和普通的码头一样,是船出发和到达的地方。但站在那里看扬子江水的时候,展现在眼前的是一幅令人难以置信的情景。在 2000 米,不,可能更宽阔的江面上,漂满了无数的尸体。放眼望去,除了尸体,看不到别的东西。岸上有,江里也有,那不是士兵的尸体,而是普通百姓的尸体。大人、孩子、男男女女,就像漂浮在江上的木筏一样慢慢地流淌着。把目光移到上游,后面还跟着尸体堆成的山。我觉得好像后面跟着的尸体是无穷无尽的。少算点也有五万人以上,而且几乎都是普通百姓的尸体,扬子江真正化成了'尸体之河'。"②

梶谷健郎为日军南京第二碇泊场司令部部员,他在回忆中记述了亲眼所见的屠杀情形:

在进入首都南京后不久的昭和 12 年③ 12 月 15 日,临晨 2 时左右,住在临时宿舍的我们听到了一阵猛烈的像是重机枪发出的枪声,我和同屋的轻部米三伍长两人觉得这个时候应该不会是敌人的袭击,就把手枪举在肩上,整装急忙赶往扬子江的港口。

……不久,我们知道了那枪声是怎么回事,对那骇人的场景感到愕然。那是正在处死敌军的俘虏,他们被迫站成四列纵队的行军队形,虽然脚是自由的,但是手被反绑着。纵队沿着马路弯弯曲曲地向后方延伸。纵队的两侧每隔四五米左右就有一名手拿刺刀的监视哨兵,只要有人稍微说点话或者弯下腰,他们就会无情地拿枪殴打。他们被迫半步、一步地前进。下面讲一下处死的方法。执行任务的是两挺重机枪,那时正好是扬子江的枯水期,在岸和江水之间是四五十米

---

① 《原日本兵的证言》,王卫星编,叶琳、李斌等译:《日军官兵日记与回忆》(上),张宪文主编:《南京大屠杀史料集》第 60 册,江苏人民出版社 2010 年版,第 243—245 页。

② 赤星義雄:《揚子江を埋めた屍》,創価学会青年部反戦出版委員会編:《揚子江が哭いている——熊本第六師団大陸出兵の記録》,第三文明社昭和 54 年 9 月 5 日初版,第 28—30 頁。

③ 即 1937 年。

的臼钵形的底，他们就被赶到水边。两挺重机枪微微向着下方开火。其间隔大概是五米左右。他们中几乎所有的人对于即将到来的死亡，或是绝望地认为已经毫无办法了，或是试图想办法从九死中得一生而跑下坡道。

我看见其中八成都成了重机枪的牺牲品，剩下的人拼命地解开绳索，飞快地跳进了水中。已经顾不上彻骨的寒冷了。但重机枪并没有继续向他们射击，因为没有空闲。跳入水中的人游了很远才浮出水面，在急流中向下游游去。因为月光很亮，所以看得很清楚。……岸边的尸体逐渐增多，那种情景直到我死都不会忘记，极其深刻地留在了我的印象里，就像发生在昨天的事一样，怎么也不觉得是44年前发生的事情。因为我也是个军人，已经做好了死的心理准备，所以想努力保持平静，但还是完全被这种场景惊呆了。

……我并没有特别打算去确认到底有多少俘虏，不过走了七八十米去后面的队伍看了一下，其数量出乎意料地多，一直延伸到对面，我越发觉得不得了。这期间重机枪的声音没停过。

……我们决定在纵队的左侧沿着队伍回到机枪那边。那时一名手拿刺刀的监视哨兵看到我戴着骑兵的领章和军曹的等级章，于是立即断定我们是其他部队的人，他微微点了点头，小声说："我不认识你啊，不过这是上面的命令，你们去别的地方吧。"这肯定是对我们说的。我想这也难怪，就看了他一眼，点了点头。如果是年轻的现役士兵的话是很难说出这句话的。也许他是年近三十的应征兵吧。是上等兵还是一等兵我不记得了。这种情况下还能说出这么镇静的话，他一定是参加了南京到上海之间的各地的战斗，赌上性命走到今天的身经百战的勇士。在家乡妻子还在等着他吧。这名监视哨兵是什么样的心境呢？我想应该很复杂。①

奥宫正武时为日本海军第二联合航空队飞行员，他于南京沦陷后来南京搜寻被击落的日军飞机残骸及飞行员遗体，在此过程中，他曾两次睹日军屠杀的现场。他在回忆录中记述了1937年12月25日在南京看到的情景：

我再一次通过中山门进入城内，准备在城内的东部进行搜索。但那里曾经是中国政府及军队的设施，现在被陆军部队所占用，因此我无法搜索。于是，我尽可能多地在车辆能行驶的路上四处搜寻，不知不觉中走上了市内南北向的宽

① 梶谷健郎：《参加南京攻略战》，王卫星编：《日军官兵与随军记者回忆》，张宪文主编：《南京大屠杀史料集》第10册，江苏人民出版社、凤凰出版社2006年版，第106—109页。

阔大路。在这条路上向北走,不知不觉中我见到了玄武门,它在我的右侧。我在那附近搜索了一阵之后出了玄武门,那里有一片宽阔的玄武湖。在那里,我见到了惨不忍睹的悲惨景象。湖岸上以及较近的湖面上漂浮着无数中国人的尸体。我想向人询问为什么会是这么一种状况,但是附近不见一个人影。这件事表明了直到现在为止,在南京发生了异常的事态(注:有记录说在 13 日,部分部队在此处死了败下阵来的残兵,而我所见到的似乎并不仅仅如此)。

……下关有规模很大的火车站和码头,在那一带巡视时我见到了陆军部队,以及文字本身所表现的那样——大量"残杀"中国人的现场。

码头的最下游部分,可以见到一条沿着扬子江的平坦的岸壁,还有将一大片空地围起来的仓库群。在仓库群中,每辆大约装载着三十名中国人的无蓬卡车一辆接一辆地开了进来。我感到非常不可思议,为了要确认一下究竟发生了什么,我和站岗的陆军哨兵打了声招呼,走了进去。可能是因为我穿着海军的军服,佩带着军刀及手枪,并且是从海军的车上下来的缘故吧,没有人上来阻止我。附近也没有新闻机构的人员。

进入中间的广场,我看到双手被绑在身后的十几个中国人,他们一个个隔开数米,沿着江岸被拖了过来,在被军刀以及刺刀残杀之后又被抛入扬子江中。

在离岸较近的地方,由于水很深,又有着眼睛都可以看出来的流速,尸体都朝着下游方向漂去。但也有部分没有完全死去的人,挣扎到了距离岸边很近的浅水处,因此沿岸附近成了血水。没有完全死去的人还要被补上一枪。这一连串的处刑,就像流水作业一般,非常有条不紊。也没有人大声地发出指令。从这一点上来看,毫无疑问可以断定是陆军长官所指示的行动。①

接着,奥宫正武又回忆了第二次目睹屠杀的情形:

12 月 27 日。我计划在这天对市内的西部进行搜索。由于前天的情景给我留下了强烈的印象,所以为了加以确认,我决定再一次前往下关。

到了下关附近,我看到这天也有载着中国人的无蓬卡车,不断地从城内开来,又不断地消失在仓库一带。

我再一次向站岗的哨兵打了声招呼,刚一进门,就看见与前天一样在实施处刑。于是,我产生了某种疑虑。

① 奥宫正武:《私の見た南京事件——日本人としていかに考えるべきか》,PHP 研究所 1997 年 9 月版,第 33—35 頁。

“为什么能够将如此众多的中国人在毫不混乱的情况下带到这里来?”

于是,我向站在处刑场附近的一个下士官询问。那位下士官不加思索地告诉我:

“在城里,对那些被派去清理战场的中国人说‘肚子饿的人举起手来’,然后假装带他们去吃饭的地方,将举手的人送上卡车。”

我进一步问道:

“为什么用日本刀和刺刀处死他们?”

“那是因为上级有命令,要节约弹药。”

他这样回答我。

这样的处刑,距占领南京差不多两个星期后的25日和27日连续不断地进行着。26日和25日之前,以及27日以后还实施过怎样的处刑我就不得而知了(注:根据第三十旅团长佐佐木到一少将的手记,到12月24日为止共处死了15000人以上,12月24日到第二年的1月5日,共处死了几千人)。从这两天发生的事情来看,我并不认为这是战场上常有的、一时的、处于亢奋状态下的敌对行动。这一天,一连串的处刑,又一次让我感觉到那是某种有组织的行动。

那两天我在下关看到大约二十辆卡车,换言之,至少有五百名以上的中国人被处死,我确信光凭这一点就是大屠杀,尽管人们对于多少人被杀害才算是大屠杀也许会有不同的见解。

再加上玄武湖中以及湖岸上看到的大量尸体,综合起来考虑的话,虽然不能得出确切的数字,但是不能不说有众多的中国人被杀害了。①

对于日军在南京的屠杀、强奸、抢劫等暴行,即使日军高官也不得不承认。时任日军华中派遣军第十一军司令官的冈村宁次在其《阵中感想录》中记述说:“在日俄战争末期,我自己作为小队长参加了在桦太②的战斗,当大尉时参加了青岛之战,后又作为关东军副参谋长和第二师团长出兵满洲。我记得所到之处,我军的军风军纪同过去没有太大的差别。然而这次在东京却听人说我军在南京攻略战中发生了大量的暴行,所以我认识到因为自己将要率领这些有前科的部队攻打武汉,那么就必须努力维持军风军纪。……我到达上海以后的一两天时间内,向先行出发到达上海的宫崎周一参谋、华中派遣军特务部部长原田少将和杭州特务机关长荻原中佐等人了解了有

---

① 奥宫正武:《私の見た南京事件——日本人としていかに考えるべきか》,PHP研究所1997年9月版,第37—39頁。

② 今俄罗斯库页岛。

关情况,综合起来情况是这样的:一、攻打南京时,对数万市民实施了掠夺与强奸等大量暴行一事属实。二、一线部队有以给养困难为名杀掉俘虏的习惯。注:后来还出现了让俘虏随队搬运行李的坏习惯……”①

虽然原日军官兵的回忆难免存在疏漏和差错,其史料价值不及日军官兵日记和书信,但在日本投降时大量焚毁军方文件的情况下,原日军官兵的回忆是档案史料的有益补充,也可以与其他史料相互印证。从这一角度说,这些回忆仍然具有较大的史料价值。

2. 随军记者回忆

在日军华中方面军向南京进击的过程中,日本同盟社、东京日日新闻社、大阪每日新闻社等媒体的记者也跟随日军进行报道。南京沦陷后,日本随军记者亦跟随日军进入南京城。在此期间,许多记者目睹了日军的暴行,但由于日本军方的新闻封锁,日军的暴行并没有见诸报端。战后,一些当年的随军记者纷纷撰写回忆录或回忆文章,记述其在日军进击南京过程中及占领南京后的报道情形及所见所闻。如时任日本同盟社上海支局局长松本重治所著《上海时代——记者的回想》(中央公论社,1975 年 3 月);时为日本同盟社随军记者前田雄二所著《在战争的激流中》(善本社,1982 年 3 月);时为日本读卖新闻社随军记者小俣行男所著《侵略——中国战线从军记者的证言》(现代史出版会,1982 年)等。一些当年随军记者的回忆文章也被收录于日本相关的史料集中,如时为日本每日新闻社随军摄影记者佐藤振寿的《步行随军》,即被收录于《南京战史资料集》中。此外,一些当年随军记者的回忆文章也刊登在日本报刊上,如时为日本东京朝日新闻社特派随军记者今井正刚的《南京城内的大屠杀》一文,即刊登在《特集·文艺春秋·我在现场》(1956 年)上;时为日本东京日日新闻社社会部陆军报道班员铃木二郎的《我目击了那场“南京的悲剧”》一文,即刊登在《丸》(1971 年 11 月号)上。

佐藤振寿时为日本每日新闻社随军摄影记者,他在南京目睹了日军的屠杀。他回忆说:

> 一夜过后,到了 12 月 14 日早上。
>
> ……这时,有一个联络员跑来告诉我,励志社那边好像出事了。
>
> 虽不知出了什么事,但还是带上相机前往,以便弄清真相。
>
> 到了目的地,那儿有一扇大门,两侧都有步哨,我先照了一张全景。
>
> 进门一看,里面一座兵营式的房子,房子前面是广场,广场里上坐着一百来

---

① 《岡村寧次大將陣中感想錄》,厚生省引揚援護局,昭和二十九年六月,第 3 頁。

人。他们被反绑着手，像是被俘虏来的伤病员。他们面前已掘好了两个五平方米大小，深约三米的大坑。

右边坑前的日本兵举着中国军的步枪，让中国兵跪在坑边，枪口抵住后脑，扣动扳机。枪声响起的同时，中国兵如表演杂技一般，一倾身，向着坑底翻落下去，成为一具尸体。左边坑前的日本兵光着上身，举起上了刺刀的枪，叫着“下一个”，将坐着的俘虏拖起来，命令他们走到坑前，然后“呀”地大喝一声，猛地将刺刀扎进中国兵的背部，中国兵即刻跌落坑中。偶尔有个中国人在向坑边走的时候会突然转身全力奔跑，试图逃走。察觉不妙的日本兵便迅速将其击毙。开枪的地方距我不足一米，子弹就擦着我的耳边飞过去。那一瞬间实在是危险至极。

实行枪杀与刺杀的日本兵脸部都扭曲着，难以想象他们是正常人。他们似乎极为亢奋，已进入了一种疯狂的境界。①

今井正刚是日本东京朝日新闻社特派随军记者，他于南京陷落后进入城内，目睹了日军在大方巷附近的屠杀。他在回忆当时的情形时写到：

那是在支局附近的小山坡上，时值黄昏。空地上黑压压地蹲着四五百个中国男子。空地的一边是倒塌后残留的黑砖瓦墙。对着这面墙并排站着中国人，六人为一组。在距离他们身后二三十步远的地方，日本兵用步枪一起对着他们射击，他们直直地往前倒，在身子快要倒地之际，背后又被刺上一刀。“噢”的一声，断魂鬼一般痛苦的呻吟声在夕阳照射的小山坡上回荡。接下去又是六个人。

一批接着一批的人被杀，蹲在空地上的四五百人之多的人群用无助的眼神看着他们一排排倒下。这种无助、这种虚无究竟是什么？

四周围着的众多女人和孩子们茫然地看着这一切。如果仔细注视他们一张张脸，那一定是面对自己的父亲、丈夫、兄弟以及孩子的被杀而充满了恐惧和憎恶。他们一定发出了悲鸣和哭泣。可是我的耳朵什么都听不见。我只觉得“砰、砰”的枪声和“啊”的叫声充满了我的耳际，眼前只见西下的斜阳将黑色的砖瓦墙染得通红通红。②

接着，今井正刚又回忆了日军在下关屠杀的情形：

---

① 佐藤振壽：《上海・南京見た撮った——従軍とは歩くこと》，南京戦史編集委員会編：《南京戦史資料集》Ⅱ，偕行社 1993 年 12 月 8 日版，第 609—611 頁。

② 今井正剛：《南京城内の大量殺人》，《特集 文藝春秋——私はそこにいた》1956 年，第 157 頁。

夜色降临在沦陷后没有灯光的首都。我们聚集在油灯前小声地谈论起傍晚发生的事件。

我们突然注意到从门外宽阔的柏油马路上隐约传来了“嗒、嗒、嗒”的脚步声……我们披上外套,飞奔到结了霜冻的马路上。我看到了好长好长的队伍。是从哪里将他们集合来的啊?我一眼就看出这是一支望不到尽头的中国人的队伍,他们将被带到屠杀场,这是一支送死的队伍。

“去哪里?”

“下关。扬子江的码头。”

“我们去看看吧。”

我们立刻回到住地,在外套内加了一件夹克衫便追随队伍而去。

我们拼命地跑在漆黑的马路上。江海关漆黑的建筑遮住了夜空,那是下关栈桥。

“谁?”

黑暗中突然一支刺刀枪在眼前发着微光。

“朝日新闻。”

“去哪?”

“江边。”

“不行,请走别的道。”

……

这个看上去人挺不错的战士接过我递过去的烟,刚要放进口袋,这时,突然响起机关枪的扫射声,我们就像两脚受到了重重的冲击。随着一阵“啊——”的喧叫声,反方向又响起机关枪的扫射声。

……

从市内各处集中起来带到江边的这些老少男人,仅用步枪是来不及将他们都杀尽的,于是从东西两侧用机枪的交叉火力射杀。

……

我们到了江岸。浑浊得如同日本酱汤般的扬子江依然像一条黑带子在流淌,乳色的晨雾覆盖在水面上。早晨即将来临。

一眼望去,码头一带变成了层层堆积的黑色的尸山。在那些尸体之间晃动着蠢动的人影,五十人、一百人,他们将尸体拖到岸边扔到扬子江里。挣扎的呻吟、流淌的血、抽筋的手足,加上犹如哑剧般的寂静。

可以隐约地看见对岸了。如同月夜里的沼泽,码头一带发着暗光。那是血。

一会儿，作业终于结束了。“苦力们”在对岸被排成一排。“哒哒哒……”机枪声响起。身体向后倒下，又翻转过来，这群人犹如跳舞一般掉入江中。①

前田雄二为日本同盟社随军记者，他进入南京后，多次目睹了日军的屠杀。他在回忆中记述说：“第二天(12 月 16 日)，新井和摄影师祓川等一起去了军官学校。我在那边的‘处刑’现场与他们碰了面。校舍的一角收容了一些俘虏，下士官把他们一个个地拉到学校的操场上，并把他们押往前方的防空壕。而后，早就等在那里的士兵列队用刺刀从背后将他们刺穿。随着一声惨叫，俘虏倒向了战壕，士兵再从上面将他们刺死。这种处死的方式是在三个地方同时进行的。”“下午，当我走出支局的时候，我听到了枪声。于是，我带着联络员中村太郎一起去探寻枪声的来源。原来是在交通银行后面的池塘边，这里也在进行‘处刑’。执行死刑的人是一些拿着步枪和手枪的士兵，他们让俘虏站在池边，然后从背后向他们射击。对那些受到冲击落入池塘却还有气息的人，就从岸上再补一枪。与上午相比，这里的处刑残酷性要小一些。上午的处刑实在是悲惨啊。‘记者先生，要不要试试啊？’指挥士兵的一名下士官递给我一支步枪。我惊恐地缩回了手，然后劝中村接那支枪说：‘你怎么样啊？’中村嗤笑着接过了枪。他把枪口对准了俘虏的背后，然后扣动了扳机。随着砰地一声枪响，那个男人的腰像断了一样，扑通一声掉进了池塘里，溅起了一片水花。就这样，一个生命就结束了。”②

铃木二郎时任东京日日新闻社社会部陆军报道班成员，他随日军进入南京，亲眼目睹了日军的暴行。战后，他曾作为证人在远东国际军事法庭上出庭。铃木回忆自己在南京亲眼目睹的情形说：

第二天即 13 日，包括画家中川纪元、已故的大宅壮一在内的大阪每日新闻、东京日日新闻社的后续记者以及摄影师等一行数十人，将市区内的一家不见人影的砖结构的旅馆作为前线本部，并搬了进去，而我则又一次返回了中山门。

在那里，我第一次看见了惨绝人寰的悲惨的大屠杀。

在 25 米宽的城墙上，俘虏们排成一列，被刺刀一个接一个地刺倒在城墙外侧。

其中许多日本兵挥舞着刺刀，大喊着向城墙上俘虏的胸部、腰部刺去。鲜血在空中飞溅，那景象如同地狱一般。

---

① 今井正剛：《南京城内の大量殺人》，《特集 文藝春秋——私はそこにいた》1956 年，第 157—159 頁。

② 前田雄二：《在战争的激流中》，王卫星编，叶琳等译：《日军官兵回忆》，张宪文主编：《南京大屠杀史料集》第 33 册，江苏人民出版社 2007 年版，第 449—451 页。

这时,我仿佛又看到了想刺死我的那个士兵狰狞的面孔。看着这一惨景,我长时间呆呆地站在那里。

……

思维已经凝固,我离开了那个现场。回来的路上,我再一次潜入“励志社”的院门。院门内有一棵之前没有注意到的大树,在那里有十余名败残兵被铁丝捆绑着。

每个人的脸都像纸一样苍白,光着膀子。有的人坐着,有的人站着,用无神的眼神看着我。

这时候,吵吵嚷嚷地进来了几个日本兵,其中有两三个人拿着镐,由此我知道了他们是工兵。

他们没有向站在旁边的我看一眼。其中的一个人往大树前一站,叫道:“这些家伙竟然也想攻击我们的同伴。”说完就举起了镐,对准这些毫无抵抗的俘虏中的一人挥了下去。

闪闪发亮的镐尖“咔嚓”一声砍下后,血就“咕噜咕噜”地喷了出来。其他人看了之后,挣扎着身体,但是什么也做不了,任由其他士兵进行暴力行为。这简直是惨不忍睹的瞬间惨剧。

在这些俘虏中,既有穿着军装、扎着腰带的人,也有看起来像是市民的人。

看到这些,我没有办法阻止,只好逃了出去。

……

在北边的城外,与浦口隔江相望的是水陆交通要塞下关。这里的场面更加血腥。被日本兵追赶的无处藏身的数千名士兵和市民,在这里被机关枪射杀,血流成河、尸积如山,连宽阔的扬子江的黄色江水也被染成了红色,江面上漂浮着无数尸体。

在仓库密集的这一地区,到处都能看到进行刺杀的士兵的身影。这里已经成为令人毛骨悚然的死亡街道。①

相对于日军官兵来说,日本随军记者的文化素质明显较高。随军记者笔下的屠杀情形阴森恐怖,令人毛骨悚然。随军记者虽然没有直接参与屠杀,但他们的回忆是日军南京大屠杀的有力佐证。

---

① 铃木二郎:《我所目击的“南京悲剧”》,王卫星编,叶琳、李斌等译:《日军官兵日记与回忆》(下),张宪文主编:《南京大屠杀史料集》第61册,江苏人民出版社2010年版,第810—812页。

（四）日本主要报纸报道

1.《东京日日新闻》报道

1937年卢沟桥事变爆发后，日本东京日日新闻社与大阪每日新闻社因属同一报系，所以两社共同派遣随军记者（即特派员）前往中国进行战况报道。当1937年11月中旬日军占领上海并向南京进击时，该社随军记者也跟随日军各部队一路直达南京，他们目睹了日军所谓“南京追击战”及“南京攻略战”的全过程，并进行了大量报道。虽然日军当局对日本的新闻报道进行了严格审查和控制，但人们仍可以通过这些报道，了解日军南京攻略战的过程、日军进攻南京途中的暴行，以及当时南京城内的状况、南京安全区国际委员会的活动、日军占领南京后的扫荡战等等情况。

日军占领上海后，上海派遣军和第十军迅速向南京进击，至12月初，日军快速推进，初步形成了包围南京的态势。12月2日，《东京日日新闻》报道了最新的战况：“皇军的进击日益加快，江阴至常州一线敌人坚固的防御阵地瞬间就落入我军之手。……29日上午，在完全占领常州的同时，田代、两角、添田、仓林各部队也攻占了江阴县城，并于同日下午夺取了南京的咽喉要地江阴要塞。……攻占常州的部队继续西进，其先头部队已经占领了丹阳城一角。沿太湖南岸三州山西进的部队，于28日下午经过下泗安，并于同日进入安徽省境内。30日拂晓，以长野、山田两部队为先头，突入了广德城内，并于同日上午占领了该县城……沿太湖西岸向北进击的部队再次进入江苏省境内，与利用舟船实施太湖奇袭作战，插入敌军阵地背后的富士井、伊佐两部队相呼应……在三州山以强行军突进的山本部队，于30日上午进入溧阳县城。至此，我军成功地从中央突破了丹阳、宣城（宁国）一线。30日，胁坂部队进抵距金坛五里处。对金坛及丹阳之敌造成了极大威胁。继29日攻占江阴、常州、宜兴三大据点后，我军于30日又攻占了广德和溧阳。至此，我军在江南战线已经将太湖甩在了背后，并在其西北、西部一带展开，攻占南京的态势已完全形成。”①

在日军向南京进击的过程中，随意屠杀村民、强奸、抢劫等暴行不断，其中最具代表性者为所谓“百人斩”竞赛。对于这场“竞赛”，《东京日日新闻》多次进行报道。1937年11月30日，该报首次报道了“百人斩”竞赛：

---

① 《一周战况：皇军三面快速推进　围攻南京之势形成》，《东京日日新闻》1937年12月2日，王卫星编，何慈毅、李斌等译：《〈东京日日新闻〉与〈大阪每日新闻〉报道》，张宪文主编：《南京大屠杀史料集》第58册，江苏人民出版社2010年版，第102页。

【常州 29 日特派员浅海、光本、安田发】××部队曾用六天时间踏破常熟至无锡间的 40 公里路程,而突破相同距离的无锡至常州间仅用了三天时间,真是神速和迅猛。在第一线的片桐部队中有两位年轻将校展开了"百人斩"竞赛。据说从无锡出发后,一人很快就斩杀了 56 人,另一人斩杀了 25 人。一人是富山部队的向井敏明少尉(26 岁),山口县玖河郡神代村人,另一人是同一部队的野田毅少尉(25 岁),鹿儿岛县肝属郡田代村人。作为剑道三段的向井少尉腰间挂着一把"关之孙六"[①]刀,而野田毅少尉的刀虽然无铭,却是祖上传下来的宝刀。

自无锡出发后,向井少尉沿铁路向二十六七公里的前方一线挺进,而野田少尉则沿着铁路前进,两人暂时分开了。出发后的第二天早上,在距离无锡八公里的无名村落,野田少尉冲向敌军的碉堡,斩杀了四个敌人,先扬威名。听到这一消息后,向井少尉奋然而起,当天夜里,他与部下一起突入横林镇的敌人阵地,斩杀了 55 个敌兵。

此后,野田少尉在横林镇斩杀了 9 人,在威关镇[②]斩杀了 6 人,29 日又在常州车站斩杀了 6 人,合计斩杀了 25 人。而向井少尉在常州车站附近斩杀了 4 人。记者赶到车站时,正好碰到两人在车站附近见面的情景。向井少尉说:"别说南京了,在丹阳我大概就能杀满 100 人,这样的话你输了。我的刀砍了 56 人,也仅有一处卷刃而已。"野田少尉说:"我们两人都不杀逃跑的人,因为我身为×官,所以成绩上不去,但是,到丹阳前,我一定破个大纪录让你看看。"[③]

12 月 4 日,《东京日日新闻》再次报道了"百人斩"竞赛:

【丹阳 3 日特派员浅海、光本发】战报。在向南京进击途中,已开始"百人斩"竞赛的××部队的先头片桐部队之富山部队青年将校向井敏明、野田毅两少尉,自常州出发以来,经过反复奋战,于 2 日傍晚 6 时进入丹阳之前,向井少尉已斩杀了 86 人,野田少尉则斩杀了 65 人,两人难分胜负。

在从常州到丹阳的十里路程中,向井斩杀了 30 个敌人,野田斩杀了 40 个敌人,两少尉如战神阿修罗般英勇奋战的精神无以言表。此次,两勇士沿京沪铁路在同一战线上突入奔牛镇、吕城镇、陵口镇(均位于丹阳北方)的敌人阵地。其

---

① 关之孙六为日本室町幕府后期美浓关地区的著名刀匠。

② 应为戚墅堰。

③ 《"百人斩"竞赛!两少尉已超过 80 人》,《东京日日新闻》1937 年 11 月 30 日,王卫星编,何慈毅、李斌等译:《〈东京日日新闻〉与〈大阪每日新闻〉报道》,张宪文主编:《南京大屠杀史料集》第 58 册,江苏人民出版社 2010 年版,第 95—96 页。

间，向井少尉果敢地最先突入丹阳中正门，野田少尉的右手腕也负了轻伤，两少尉在“百人斩”竞赛中取得了赫赫战果。当记者等追上进入丹阳城后无暇休息乘胜追击的富山部队时，向井少尉在行进的队伍中笑着对记者说：“野田那家伙快追上来了，我不能掉以轻心。野田的伤势不重，所以不用担心。在陵口镇斩杀敌人时一个家伙的骨头把我的关孙六碰出一个豁口，不过我还能再斩杀一两百人。我要请东日[①]、大每[②]的记者给我当裁判哦。”[③]

12月6日，12月4日，《东京日日新闻》第三次报道了“百人斩”竞赛：

【句容5日特派员浅海、光本发】以南京为目标进行“百人斩”竞赛的两名青年将校，即片桐部队的向井敏明、野田毅两少尉，在突入句容城时都奋战在最前线。入城前的战绩是：向井少尉斩杀78人，野田少尉斩杀89人，难分胜负。[④]

12月13日，《东京日日新闻》第四次报道了“百人斩”竞赛：

【紫金山麓12日特派员浅海、铃木发】在攻入南京之前就开始进行罕见“百人斩”竞赛的片桐部队的勇士向井敏明和野田岩[⑤]两少尉，到10日紫金山攻略战时，创造了106比105的纪录。10日中午，两少尉手持卷了刃的日本刀碰面了。野田：“喂，我斩了105个，你呢？”向井：“我是106个！”……两少尉大笑“啊，哈哈哈”。最终也没能搞清楚是谁在什么时候先斩杀满100人的。“那我们就算是平手吧。不过，改成150人怎么样？”两人很快就达成了一致意见。从11日起，“150人斩”的竞赛又开始了。11日中午，在俯瞰中山陵的紫金山上忙于扫荡败残兵的向井少尉讲述了“百人斩”平局的始末：“不知不觉两人都超过了百人，真是愉快。我的关孙六刀之所以会卷刃，是因为将一个人连钢盔一起劈成了两半。我已经说好，在战争结束时就把这把日本刀捐赠给贵社。11日凌晨3时，在友军

---

① 即《东京日日新闻》。

② 即《大阪每日新闻》。

③ 《急速跃进 “百人斩”竞赛的经过》，《东京日日新闻》1937年12月4日，王卫星编，何慈毅、李斌等译：《〈东京日日新闻〉与〈大阪每日新闻〉报道》，张宪文主编：《南京大屠杀史料集》第58册，江苏人民出版社2010年版，第112页。

④ 《“百人斩”竞赛难分胜负 勇壮！向井、野田两少尉89:78》，《东京日日新闻》1937年12月6日，王卫星编，何慈毅、李斌等译：《〈东京日日新闻〉与〈大阪每日新闻〉报道》，张宪文主编：《南京大屠杀史料集》第58册，江苏人民出版社2010年版，第123页。

⑤ 此前报道中称野田毅，系同一人。

实施军见战术[①]呛出紫金山中的残敌时,我也被呛了出来,在弹雨中一动不动地扛刀站着,'哎,天命吧'! 但是,一颗子弹也没打中我,这也是托这把关孙六刀的福。"在飞来的敌弹中,他向记者展示了这把吸了106人鲜血的关孙六刀。[②]

在日军进击南京期间,留在南京的西方人士成立了南京安全区国际委员会,并向中日双方提出了设立安全区的建议。对此,《东京日日新闻》于11月24日进行了报道:"【上海23日同盟社发】关于将南京市内部分区域作为中立地带远离战火的方案,各国在当地的当局此前就已讨论过,这次终于成立了由英、美、德及丹麦等国15人组成的南京中立地区委员会[③]。23日傍晚,由美国驻上海领事馆总领事向我上海总领事提出了中立地区案。根据该方案,中立地区定为东至上海路,北至中山北路及山西路,西至西康路,南至汉中路的区域,该区域位于南京城内西北部一带。支那方面不得在该区域构筑军事设施,不得建立交通机关,不得有军队通行或驻扎。同时,日本方面在此区域内必须避免一切攻击行动。另外,该方案已经提交支那方面,目前正在讨论之中。"[④]

12月9日,《东京日日新闻》报道了安全区开始接收难民的消息:"【上海本社特电】(8日发)据支那报纸报道,南京军事当局8日早晨正式发布了避难命令。早在筹备之中的安全区国际委员会刚竖起了安全区的标志,已在等候的避难人群便蜂拥而至。转眼间马路上挤满了满载行李的汽车和人力车,拥挤不堪。寒天之中,路上全是老人、女童,据称其人数达8万。安全区国际委员会尽全力接收安全区内的建筑物、学校、俱乐部等,并制定了管理规则,优先收容贫困者,现已将6.5万人收容到室内。红卍字会、红十字会正在尽全力做饭,以救济难民。"[⑤]然而在同一天,该报还报道了日本当局不承认安全区的消息:"【上海8日同盟社发】8日,帝国大使馆发言人就所谓南京中立区乃至安全区问题发表如下声明:最近外国通讯社报道了南京中立区委员的活动情况以及难民拥入的情况。但遗憾的是,正如众所周知,鉴于实际上异常之困难,日本当局无法对所谓安全区的设立给予任何保障。事实上,从南京的地势以及防

---

① 即放火烧山。

② 《"百人斩"超纪录 向井:106——野田:105两少尉进行延长战》,《东京日日新闻》1937年12月6日,王卫星编,何慈毅、李斌等译:《〈东京日日新闻〉与〈大阪每日新闻〉报道》,张宪文主编:《南京大屠杀史料集》第58册,江苏人民出版社2010年版,第212页。

③ 即南京安全区国际委员会。

④ 《南京中立地带案 向日支双方提出建议》,《东京日日新闻》1937年11月24日,王卫星编,何慈毅、李斌等译:《〈东京日日新闻〉与〈大阪每日新闻〉报道》,张宪文主编:《南京大屠杀史料集》第58册,江苏人民出版社2010年版,第61页。

⑤ 《正式发布避难命令》,《东京日日新闻》1937年12月9日,王卫星编,何慈毅、李斌等译:《〈东京日日新闻〉与〈大阪每日新闻〉报道》,张宪文主编:《南京大屠杀史料集》第58册,江苏人民出版社2010年版,第156页。

卫状况来看，可以说南京构成了一个整体的大要塞，在这样的地区内设立所谓的安全区，不能不说这是观念上的矛盾。正如帝国军队早已多次声明的那样，对于外国人的生命财产自不待言，即使对普通支那民众也丝毫不愿意故意令其蒙受战争的惨祸。基于上述理由，对于南京的所谓安全区无法给予任何保障。所有在此避难的人应当了解自己可能遇到的危险处境。为此特明确声明，万一战斗波及到该地区，我方将不负任何责任。"①

12 月 10 日，由于中国守军不理会日军的劝降书，松井石根遂下令向南京城发起总攻击。12 月 11 日，《东京日日新闻》报道称："【上海 10 日同盟社发】松井最高指挥官出于武士道精神和礼节，发出了劝降书，对此，唐生智毫无礼节，不仅未在 10 日正午前的期限内作出任何答复，反而从 10 日早晨起向我军猛烈炮击。我军遂于下午 1 时 30 分拉开了南京城总攻击的战幕。""如今南京已被三面包围，如同袋中之鼠，仅剩下扬子江水路这一条血路。"②

12 月 12 日下午，在日军的猛烈攻击下，唐生智下达了撤退命令，部分中国军队开始向下关撤退，试图渡江北撤。12 月 13 日，《东京日日新闻》报道了南京的战况："【南京城外 12 日下午 1 时 40 分本社特派员发】由于我军进击南京城内，约五万残敌迅速瓦解，开始败退，目前正沿贯穿市内的中山路向兴中门（北门）外的下关方向总退却。"③

12 月 13 日，日军攻占了南京，并在城内外进行扫荡。对此，12 月 14 日，《东京日日新闻》报道了日军在南京的扫荡战："【上海本社特电】（13 日发）上海军下午 4 时发布：我军扫荡南京城内的部队到昨天（12 日）晚上继续进行攻击。13 日凌晨 3 时，大野部队突破中山门，攻入城内，继续攻击敌军。13 日早晨以来，守城敌军的据点中央军官学校、国民政府等重要机关先后归入我军之手。由此，城内主要街道及重要部位也尽归我军之手。我军第一线部队正进一步扫荡城内北部地区。"④

---

① 《大使馆发言人声明　不承认安全区》，《东京日日新闻》1937 年 12 月 9 日，王卫星编，何慈毅、李斌等译：《〈东京日日新闻〉与〈大阪每日新闻〉报道》，张宪文主编：《南京大屠杀史料集》第 58 册，江苏人民出版社 2010 年版，第 158—159 页。

② 《不回应我劝降书　一举攻占南京　下午 1 时 30 分终于拉开战幕》，《东京日日新闻》1937 年 12 月 11 日，王卫星编，何慈毅、李斌等译：《〈东京日日新闻〉与〈大阪每日新闻〉报道》，张宪文主编：《南京大屠杀史料集》第 58 册，江苏人民出版社 2010 年版，第 190 页。

③ 《南京城内之敌总崩溃》，《东京日日新闻》1937 年 12 月 13 日，王卫星编，何慈毅、李斌等译：《〈东京日日新闻〉与〈大阪每日新闻〉报道》，张宪文主编：《南京大屠杀史料集》第 58 册，江苏人民出版社 2010 年版，第 204 页。

④ 《完全占领南京城　入城式将在两三日内举行》，《东京日日新闻》1937 年 12 月 14 日，王卫星编，何慈毅、李斌等译：《〈东京日日新闻〉与〈大阪每日新闻〉报道》，张宪文主编：《南京大屠杀史料集》第 58 册，江苏人民出版社 2010 年版，第 221 页。

日军在南京扫荡过程中,俘获了大批俘虏,对此,12 月 14 日,《东京日日新闻》报道称:"【南京中山东路 13 日同盟社发】城外的败残兵为了不被皇军发现,隐藏在附近的山里,不过其还是被我发现,并成了俘虏,人数约两千人。另外,在城墙外最后一线失败的中央军精锐部队躲过了皇军的视线,潜入了紫金山深处。我军在周围放火,对败残兵实施火攻,被烟火熏出来的支那兵约有 500 人,而我军仅以 50 名士兵在外守候,将其一一俘虏。数日前在镇江陷落时从镇江向南京方面逃窜的支那军估计有 20000 人,在他们徘徊寻找逃路的过程中,人数渐渐减少到 3000 人。13 日拂晓前,他们出现在了大野、片桐、助川、野田各部队背后的麒麟门附近,我军轻易地就将其歼灭了。该地附近的败残兵尸体累累,堆积如山。"①

日军占领南京后,《东京日日新闻》于 12 月 16 日对日军在南京的"战果"进行了报道:"【南京本社特电】(15 日发)到 14 日为止,经过城内的扫荡战,敌方的败残兵已被完全肃清。由于我军在实施总攻击之前就已完全包围了南京,所以敌人已完全没有了退路,除了总攻击前逃跑的人,其余在城内被全部歼灭。现在,仅被遗弃在城内的敌军尸体就达六七万之多,另外再加上在城外周边的战斗中被消灭,以及在江面被我海军和空中轰炸所歼灭的敌军,敌军伤亡人数约有十几万。"②

12 月 18 日,日本军方发布战报,大肆吹嘘南京攻略战的"战果"。12 月 19 日,《东京日日新闻》报道称:"【南京本社特电】(18 日发)18 日上午 9 时在南京之上海军发布:一、在南京攻略战中,敌方遗弃之尸体不下八九万具,俘虏敌人数千人,缴获 240 毫米榴弹炮及以下各种火炮多门,以及大量步枪弹药等军需用品……"③日军吹嘘的所谓"战果",其中包括大量被屠杀的中国俘虏及平民。

2.《大阪每日新闻》报道

由于《东京日日新闻》与《大阪每日新闻》为同一报系,因此,八一三事变爆发后,两社共同派遣随军记者前往上海进行战况报道。当 1937 年 11 月中旬日军占领上海并向南京进击时,两社随军记者跟随日军部队一路直达南京,他们目睹了日军所谓"南京追击战"及"南京攻略战",并进行了大量报道。虽然日军当局对日本的新闻报

① 《俘虏不断出现　敌军尸体堆积如山》,《东京日日新闻》1937 年 12 月 14 日,王卫星编,何慈毅、李斌等译:《〈东京日日新闻〉与〈大阪每日新闻〉报道》,张宪文主编:《南京大屠杀史料集》第 58 册,江苏人民出版社 2010 年版,第 222 页。

② 《敌人尸体有六七万》,《东京日日新闻》1937 年 12 月 16 日,王卫星编,何慈毅、李斌等译:《〈东京日日新闻〉与〈大阪每日新闻〉报道》,张宪文主编:《南京大屠杀史料集》第 58 册,江苏人民出版社 2010 年版,第 238 页。

③ 《敌遗弃尸体八九万(南京攻略战的战果)》,《东京日日新闻》1937 年 12 月 19 日夕刊,王卫星编,何慈毅、李斌等译:《〈东京日日新闻〉与〈大阪每日新闻〉报道》,张宪文主编:《南京大屠杀史料集》第 58 册,江苏人民出版社 2010 年版,第 253 页。

道进行了严格审查和控制，但人们仍可以通过这些报道，了解日军南京攻略战的过程，以及南京国际安全区、日军占领南京后的扫荡战等情况。由于《东京日日新闻》与《大阪每日新闻》为同一报系，所以《大阪每日新闻》的许多报道内容与《东京日日新闻》相同或相似。

11月中旬，日军占领上海后，迅速向南京进击，企图一举攻占中国首都南京。在进击南京的过程中，《大阪每日新闻》不断报道日军的进展状况。11月16日，该报报道称："【上海15日同盟社发】从扬子江沿岸登陆的××部队占领常熟后，苏州已完全陷入我军包围之中。南京、苏州之间的电信、电话已完全中断。根据15日下午4时的确切消息，'苏州已经危急'的电报使南京陷入极度的动摇之中。今晨以来，准备由水路前往扬子江上游逃难的市民纷纷拥向下关，南京至芜湖的道路上也挤满了大量逃难的民众。"①

11月18日，《大阪每日新闻》又报道了南京城内混乱的景象："【上海17日同盟社发】综合17日晚间8时30分前收到的各种情报，由于日本军进击的传言，南京市内就像捅了马蜂窝一般，一片混乱。市民中流传日本军的轰炸可能更加猛烈；日本的军舰可能会沿扬子江溯江而上，从江面进行炮击；日本陆军将以决堤之势杀来，等等，各种传言不断。面无血色的市民东逃西窜，所有的大街上到处都是装满逃难者行李的汽车、板车、人力车，人们不断拥向下关码头。在码头上，向少数停靠在码头的轮船和帆船上装载的行李，从栈桥到马路上到处都是，场面空前混乱。同时，外国使馆人员也因本国公民的避难准备而忙得不可开交。"②

在向南京进击的过程中，日军不断吹嘘所谓的"战果"。11月21日，《大阪每日新闻》报道了日本陆军省发布的消息称：

陆军省发布（20日下午3时30分）：从事变③爆发至本月20日，已确认敌我损失的概数如下：

北支那④方面：支那方面遗弃尸体41970具，伤亡总数为164290人；俘虏（解

---

① 《苏州已陷入我军包围　南京如今也极其动摇　嘉定即将陷落》，《大阪每日新闻》1937年11月16日，王卫星编，何慈毅、李斌等译：《〈东京日日新闻〉与〈大阪每日新闻〉报道》，张宪文主编：《南京大屠杀史料集》第58册，江苏人民出版社2010年版，第277—278页。

② 《战战兢兢的南京　惊慌的市民东逃西窜》，《大阪每日新闻》1937年11月18日，王卫星编，何慈毅、李斌等译：《〈东京日日新闻〉与〈大阪每日新闻〉报道》，张宪文主编：《南京大屠杀史料集》第58册，江苏人民出版社2010年版，第286页。

③ 指1937年7月7日爆发的卢沟桥事变。

④ 即中国华北地区。

除武装)7300人,缴获武器(已公布)。

我方阵亡5412人。

察哈尔方面:支那方面遗弃尸体22500具,伤亡总数90000人;俘虏1000人;缴获武器:刺刀4500把、长矛500支、重机枪50挺、火炮150门、各种刀10000把、步枪5000支、轻机枪350挺、弹药无数。

我方阵亡421人。

山西方面(未调查)

上海方面:支那方面遗弃尸体81000具,伤亡总数300000人;俘虏1000人;俘获武器:步枪14200支、轻机枪1900挺、重机关枪480挺、迫击炮70门、山炮4门、野炮10门、榴弹炮7门、弹药无数。

我方阵亡10224人。①

在军事进攻的同时,日军也不忘"劝降"。11月22日,日军向蒋介石空投了所谓"劝降书"。第二天,《大阪每日新闻》报道称:"【××22日本社特派员林发】22日正午前后,在时隔11天后,又迎来了晴朗的冬日。在南京,时隔数十天后,警报声再次响彻南京上空。涂有鲜明旭日标志的我××架战机飞抵南京上空。就在敌防空兵向空中开了数炮之时,纵横翱翔的一架飞机——由南乡驾驶的战机如猛禽般开始急速下降,瞬间,一个奇怪的东西投了下去。与普通的炸弹不同,这是一个扎有五六尺长的红蓝相间飘带的白色圆筒,如箭一般落向中央党部。这是松井军司令官投给战败的蒋介石的劝降书,是一个装有饱含军人仁慈的'致蒋介石书'的通信筒。劝降书中说:'失去了上海,置苏州于不顾,又放弃了无锡的蒋介石啊,不要再作无谓的抵抗了,你除了将首都化为灰烬之外别无他法。'将劝降书投到蒋介石头上的南乡机仍然在南京上空自由翱翔,只有今天一枚炸弹也没有投下,敌人也在通信筒投下时停止了射击,只是张着嘴惊讶地仰望着天空中与往常不同的日军飞机。"②

在日军进击南京期间,留在南京的西方人士成立了南京安全区国际委员会,并向中日双方提出了设立安全区的建议。《大阪每日新闻》于11月24日对此进行了报道:"【上海23日同盟社发】在我军正向南京攻击之际,将南京市内部分地区划为中立

① 《敌实际伤亡达70万　我阵亡仅16000人》,《大阪每日新闻》1937年11月21日,王卫星编,何慈毅、李斌等译:《〈东京日日新闻〉与〈大阪每日新闻〉报道》,张宪文主编:《南京大屠杀史料集》第58册,江苏人民出版社2010年版,第301页。

② 《我海军飞机飞抵南京　投下了致蒋介石的劝降书》,《大阪每日新闻》1937年11月23日,王卫星编,何慈毅、李斌等译:《〈东京日日新闻〉与〈大阪每日新闻〉报道》,张宪文主编:《南京大屠杀史料集》第58册,江苏人民出版社2010年版,第308—309页。

地区以避免战火的方案，此前，各国驻当地的当局就已讨论过，这次终于成立了由英、美、德及丹麦等国15人组成的南京安全区国际委员会。23日傍晚，由美国驻上海领事馆总领事向我上海总领事提出了设立安全区案。根据该案，安全区定为东至上海路，北至中山北路及山西路，西至西康路，南至汉中路为界的区域，该区域位于南京城内西北部一带。支那方面不得在区域内构筑军事设施，不得建立交通机关，不得有军队通行或驻扎。同时日本方面在此区域内必须避免一切攻击行动。另外，此提案已经提交支那方面。"[①]同一天，该报还报道了日本军方对此事的态度："对于传说中的设立南京安全区的提案，我陆军方面表示根本没有此事，这全是支那方面的故意宣传，并对此一笑了之。"[②]

12月5日，《大阪每日新闻》再次报道了有关南京安全区的消息："【上海4日同盟社发】由在南京的外国人建立的南京避难区委员会[③]在得知我军即将进攻南京的消息后，便加紧设立南京安全区。最近，该委员会主席约翰·拉贝致电我驻上海外务当局，询问日本方面的态度，并催促答复，同时请求上海南市难民区委员长雅坎诺[④]神父拜访川越大使以及日高参事官，催促日方答复。而雅坎诺神父在给南京的回电中很明显地表现出了悲观情绪。委员会负责人虽然还对我方的答复存有一线希望，但很明显这是不可能实现的。另外，支那方面因为事态已十分紧迫，等不及我方的答复就加紧进行安全区的筹备工作，据说已经筹备了十万元资金和三万袋大米。"[⑤]

当南京国际安全区开始运作时，该报于12月9日又进行了报道："【上海本社特电】(8日发)在南京即将陷落之际，据支那报纸报道，南京军事当局8日早晨正式发布了避难命令。早在筹备之中的安全区国际委员会刚竖起了安全区的标志，已在等候的避难人群便蜂拥而至。转眼间马路上挤满了满载行李的汽车和人力车，拥挤不堪。寒天之中路上全是老人、女童，据称其人数达八万。安全区国际委员会尽全力接收安全区内的建筑物、学校、俱乐部等，并制定了管理规则，优先收容贫困者，现已将6.5

---

① 《委员会提出并申请南京部分地区中立化方案》，《大阪每日新闻》1937年11月24日，王卫星编，何慈毅、李斌等译：《〈东京日日新闻〉与〈大阪每日新闻〉报道》，张宪文主编：《南京大屠杀史料集》第58册，江苏人民出版社2010年版，第312—313页。

② 《在我攻占南京之前　美大使提议南京中立化》，《大阪每日新闻》1937年11月24日夕刊，王卫星编，何慈毅、李斌等译：《〈东京日日新闻〉与〈大阪每日新闻〉报道》，张宪文主编：《南京大屠杀史料集》第58册，江苏人民出版社2010年版，第313页。

③ 即南京安全区国际委员会。

④ 中文名为饶家驹。

⑤ 《国际委员会加紧设立南京安全区》，《大阪每日新闻》1937年12月5日夕刊，王卫星编，何慈毅、李斌等译：《〈东京日日新闻〉与〈大阪每日新闻〉报道》，张宪文主编：《南京大屠杀史料集》第58册，江苏人民出版社2010年版，第370—371页。

万人收容到室内。红卍字会、红十字会正在尽全力做饭,以救济难民。”①

对于“百人斩”竞赛,《大阪每日新闻》也进行了报道。该报12月1日报道称:

【常州29日本社特派员光本发】××部队曾用六天时间踏破常熟至无锡间的40公里路程,而突破相同距离的无锡至常州间仅用了三天时间,真是神速和迅猛。就在这迅猛追击在第一线的片桐部队中有两名年轻将校展开了“百人斩”竞赛。据说从无锡出发时竞赛就开始了,一人很快就斩杀了56人,另一人斩杀了25人。一人是富山部队的向井敏明少尉(26岁),山口县玖河郡神代村人,另一人是同一部队的野田毅少尉(25岁),鹿儿岛县肝属郡田代村人。在进入无锡后随即展开的追击战开始之际,也不知是谁说起的,两人商量好“要在进入南京之前进行斩杀百人的竞赛”。作为剑道三段的向井少尉腰间挂着一把“关之孙六”刀,而野田毅少尉的刀虽然无铭文,却也是祖上传下来的宝刀。就这样两人开始了竞赛。

自无锡出发后,向井少尉率领部下沿铁路北侧向六七公里的前方一线挺进,而野田少尉则沿着铁路前进,两人暂时分开了。出发后的第二天早上,在距离无锡八公里的无名村落,野田少尉冲向敌军的碉堡斩杀了4个敌人,先扬威名。听到这一消息后向井少尉奋然而起,当天夜里与部下一起突入横林镇的敌人阵地,斩杀了52个敌兵。

此后,野田少尉在横林镇斩杀了9人,在威野关镇②斩杀了6人,最后,于29日又在常州车站斩杀了6人,合计斩杀了25人,而向井少尉后来在常州车站附近斩杀了4人。记者们(本社特派员光本、浅海、安田)赶到车站时,正好碰到两人在车站前见面的情景。两位少尉进行了以下对话:

向井少尉:“按这进度,别说南京了,在丹阳我大概就能杀满100人吧,肯定是野田输。我的刀砍了56人,也仅有一处卷刃而已。”

野田少尉:“我们两人都说好了,不斩逃跑的人,因为我身为×官,所以成绩上不去,但是到丹阳前,我一定破个大纪录让你看看。”

记者们试探性地说:“这件事情要是在报纸上报道的话,来说媒的人可是一下子就要踏破门槛的哟!”没想到这两位斩杀了八十多个敌兵的勇士听到这话后

---

① 《南京军事当局正式发布避难命令》,《大阪每日新闻》1937年12月9日,王卫星编,何慈毅、李斌等译:《〈东京日日新闻〉与〈大阪每日新闻〉报道》,张宪文主编:《南京大屠杀史料集》第58册,江苏人民出版社2010年版,第393—394页。

② 应为戚墅堰。

满是胡须的脸竟羞得通红。①

12月4日,《大阪每日新闻》对“百人斩”又进行了后续报道:

【丹阳3日本社特派员浅海、光本发】战报。在向南京进击途中,已开始“百人斩”竞赛的××部队的先头片桐部队之富山部队的青年将校向井敏明、野田毅两少尉,自常州出发以来,经过反复奋战,于2日傍晚6时进入丹阳。向井少尉已斩杀了敌兵86人,野田少尉则急忙追赶,斩杀了65人,两人难分胜负。从常州到丹阳的十里路程中,向井斩杀了30个敌人,野田斩杀了40个敌人,两少尉如战神阿修罗般的英勇奋战无以言表。此次,两勇士沿京沪铁路在同一战线上,在激战中突入奔牛镇、吕城镇、陵口镇(均位于丹阳北方)的敌人阵地拼命砍杀。其间,向井少尉果敢地最先突入丹阳中正门,野田少尉的右手腕也负了轻伤,两少尉在百人斩竞赛中取得了赫赫战果。当记者等追上进入丹阳城后无暇休息乘胜追击的部队时,在行进的队伍中见到向井少尉,他笑着对记者说:“野田那家伙快追上来了,我不能掉以轻心。按照这个速度不到句容竞赛就结束了,这样,我们打算到南京之前再进行第二次百人斩竞赛。野田的伤势不重,所以不用担心。在陵口镇斩杀敌人时一个家伙的骨头把我的关孙六碰出一个豁口,不过我还能再斩杀一两百人。我要请东日、大每的记者给我当裁判哦,哈哈!”他一边说着,一边轻快地行进着。②

12月10日,由于中国守军不理会日军的劝降,松井石根下令向南京城发起总攻击。对此,《大阪每日新闻》报道称:“【南京城外10日本社特派员光本、浅海、铃木、若梅发】尽管松井最高指挥官发出了劝降书,但直到10日下午1时,仍未见敌军派遣使者前来,也不悬挂白旗,我军不得不做出最后决定,攻占南京城。另一方面,敌军试图发动猛烈反击。目前城墙已被我日章旗团团包围。”③

① 《痛快!“百人斩”竞赛　片桐部队两少尉　“关之孙六”斩杀56人　传家宝刀斩杀25人》,《大阪每日新闻》1937年12月1日,王卫星编,何慈毅、李斌等译:《〈东京日日新闻〉与〈大阪每日新闻〉报道》,张宪文主编:《南京大屠杀史料集》第58册,江苏人民出版社2010年版,第342—343页。

② 《“百人斩”竞赛　日后的美谈　86对65　斩杀大比拼!痛快!片桐部队的向井、野田两少尉阿修罗般的大奋战》,《大阪每日新闻》1937年12月4日,王卫星编,何慈毅、李斌等译:《〈东京日日新闻〉与〈大阪每日新闻〉报道》,张宪文主编:《南京大屠杀史料集》第58册,江苏人民出版社2010年版,第362页。

③ 《今天正午敌人拒不答复我军的“劝降”　反而突然发起反击　日章旗环绕着南京城墙》,《大阪每日新闻》1937年12月11日夕刊,王卫星编,何慈毅、李斌等译:《〈东京日日新闻〉与〈大阪每日新闻〉报道》,张宪文主编:《南京大屠杀史料集》第58册,江苏人民出版社2010年版,第411—412页。

12月13日,《东京日日新闻》与《大阪每日新聞》的随军记者,跟随日军进入南京城,12月14日,《大阪每日新闻》刊登了随军记者发自南京城内的报道:"【南京临时支局13日本社特派员志村、若梅、安田发】13日下午3时,在皇军入城的同时,举着大阪每日新闻社、东京日日新闻社社旗进城的记者们与佐藤写真班、神原电影班的成员一起,从中山门径直来到中山路,造访了被皇军占领的国民政府。……国民政府大门上悬挂着日章旗,大门上以浑厚字体书写的'国民政府'金色大字在夕阳下闪闪发光,门前还有用沙袋构筑的阵地,国民政府的铁门紧闭。可能是敌人狼狈而逃了吧,铁门都没有上锁。登上门顶,我们看到旗杆上仍挂着青天白日旗[①],我们降下青天白日旗,升起了崭新的日章旗,这时,城内响起了万岁的呼喊声,震耳欲聋。……看到国民政府如此凄凉的变化,我们深感战败的悲惨。""【南京城内13日本社特派员光本发】在城内扫荡的同时,为了占领国民政府和行政院,大野部队西崎队的扫荡队于13日下午2时从中山门进入城内,记者(光本特派员)随同该扫荡队沿中山路向西行进。部队首先占领了中山路北侧的监察院和中央资料陈列馆[②],然后拐向北面,途经军官学校向西前进。城内已经没有敌部队了,街道上到处都是伤亡的敌兵。已有一支部队冲入了军官学校正门。我扫荡部队跨过太平桥的铁道口,向南面的陆军监狱前进。街道排列比较整齐,各商店都紧闭大门,并挂出'停止营业'的牌子。大街上几乎看不到市民的影子,有时败残兵会从街道两旁的防空壕及路障后面举着手出来,或是跪在地上,似乎在哀求着什么。穿过铁道口向南就是我们的目的地行政院。下午3时30分,在西崎部队长的率领下,部队蜂拥而入……"[③]

日军占领南京后,随即开始所谓扫荡战。对此,《大阪每日新闻》12月14日报道称:"【南京中山东路13日同盟社发】城外的败残兵为了不被皇军发现而隐藏于附近山中,但是,立刻被我军发现而成为俘虏者约两千人。另外,在城墙外最后一战中战败的中央军的精锐部队潜入了紫金山后山,但被我军的火攻熏出来约五百人,我军仅埋伏50名士兵,将其一一俘虏。不仅如此,前几天在镇江陷落时从镇江向南京溃逃的约两万支那军,在四处逃窜的过程中,其人数逐渐减少至3000人,这些敌兵在13日凌晨出现在大野、片桐、助川、野田部队的后方麒麟门附近,我军轻而易举将其歼

---

① 原文如此,应为青天白日满地红旗,即中华民国国旗。

② 即国民党中央党史史料陈列馆。

③ 《南京城内所见令人震惊　国民政府成了野战医院　满是跪地的败残兵》,《大阪每日新闻》1937年12月14日,王卫星编,何慈毅、李斌等译:《〈东京日日新闻〉与〈大阪每日新闻〉报道》,张宪文主编:《南京大屠杀史料集》第58册,江苏人民出版社2010年版,第442—443页。

灭,该地附近敌败残兵的尸体堆积如山。”①

日军第十三师山田支队在南京附近俘虏了约两万名俘虏,12 月 17 日,《大阪每日新闻》对此进行了报道:“【南京 16 日本社特派员田中发】因占领江阴而一举名扬天下的两角部队②,在此次敌首都南京攻略战中俘虏敌军两万人,再建奇功。该部队于 7 日从江阴出发,沿扬子江挺进 40 里,进入镇江,并于 11 日起继续向西挺进 20 里,于 13 日正午进抵南京东面的乌龙山炮台,向据守在该炮台的敌军发起猛烈攻击,约两小时后将其占领,并俘获 240 毫米火炮 14 门,高射炮 4 门。接着,该部队尽显我军威力,乘势于 14 日上午 8 时进抵南京郊外的幕府山炮台。该地也是扼守南京北门的要冲,我军果敢地向据守炮台顽强抵抗的敌军发起攻击,并于当天上午 9 时占领了该炮台。我军在该地亦缴获 240 毫米火炮 10 余门,俘虏大校、中校参谋各 1 人,以及约 200 名守备士兵,并成功逼近南京城北面。此时,该部队与在我军的包围总攻击下,为寻找退路沿扬子江□□□□□而来的敌大部队遭遇,只听两角部队的勇士们大喊‘冲啊!’向其发起了猛烈攻击,失去斗志的敌军没有进行大的抵抗便举起白旗投降了,这些敌人居然是人数高达两万的大部队。”③

日军占领南京后,大肆吹嘘所谓的“战果”。12 月 27 日,日军发布所谓“战果”,12 月 28 日,《大阪每日新闻》对此进行了报道:“【上海本社特电】(27 日发)上海军 27 日正午发布:经事后调查,在南京攻略战中,军歼灭敌人及缴获的战利品俘获品情况如下:敌人遗弃的尸体 53874 具……”④

3.《东京朝日新闻》报道

八一三事变爆发后,日本《东京朝日新闻》派出了随军记者进行战况报道。11 月中旬日军占领上海并向南京进击时,该报随军记者跟随日军部队一路直达南京,他们目睹了日军南京攻略战和扫荡战,并进行了大量报道。虽然日军当局对日本的新闻报道进行了严格审查和控制,但人们仍可以通过这些报道,了解日军南京攻略战的经过,以及南京安全区国际委员会的活动、日军占领南京后的扫荡战等情况。

---

① 《败残兵五千余人　悉数俘虏、歼灭》,《大阪每日新闻》1937 年 12 月 14 日,王卫星编,何慈毅、李斌等译:《〈东京日日新闻〉与〈大阪每日新闻〉报道》,张宪文主编:《南京大屠杀史料集》第 58 册,江苏人民出版社 2010 年版,第 445 页。

② 即日军第十三师团步兵第六十五联队,因联队长为两角业作大佐,故名。

③ 《俘虏敌军两万人　大迂回的两角部队建奇功》,《大阪每日新闻》1937 年 12 月 17 日,王卫星编,何慈毅、李斌等译:《〈东京日日新闻〉与〈大阪每日新闻〉报道》,张宪文主编:《南京大屠杀史料集》第 58 册,江苏人民出版社 2010 年版,第 463 页。

④ 《南京战线敌人遗弃的尸体达 53 800 具　诉说我军的大胜》,《大阪每日新闻》1937 年 12 月 28 日,王卫星编,何慈毅、李斌等译:《〈东京日日新闻〉与〈大阪每日新闻〉报道》,张宪文主编:《南京大屠杀史料集》第 58 册,江苏人民出版社 2010 年版,第 474 页。

日军占领上海后,迅速向南京进击。对此,《东京朝日新闻》于11月13日报道称:"【上海13日同盟社发】在大场镇一战中失败的支那军,据守在扬子江岸到南市70公里范围内的浏河、嘉定、南翔、江桥镇等号称平原要塞的坚固阵地,以迎击我军,其兵力达三十余万。为迅猛攻击敌人的薄弱部位,我登陆的精锐××部队从背后威胁敌人,并逐渐对敌军右翼施以重压,敌军整个战线开始出现动摇和混乱,并从南市开始逐渐崩溃,而且江桥镇、南翔两主阵地也相继陷落。殊死坚守在左翼据点嘉定的敌人也从今天即13日早晨开始出现动摇迹象。至此,皇军自开战以来才三个月,守卫上海的敌军即全线崩溃,并开始退却。…… 不惜巨大牺牲而坚持的上海攻防战以支那军的失败告终。由此,战局逐渐转入第二阶段。以昆山、太仓一带为第一线的南京攻防的真正战斗开始了。"①

11月18日,为了鼓舞士气,《东京朝日新闻》报道了战争爆发以来中国方面的损失情况:"【上海17日同盟社发】目前在长沙的万国红十字会代表瓦特比尔博士于本日正式公布,在南北两条战线,支那军伤亡人数达八十万。"② 11月20日,该报又报道了日本对中国方面损失的估计:"杉山陆相在19日的内阁会议上就北支那及江南战线的战况作了大致如下的报告:在津浦线方面,我军已形成进击济南的态势,并且已消灭了黄河北岸的敌人。担心我军追击的支那军炸毁了黄河大铁桥后逃入了济南。在江南战线,我军正猛攻福山、常熟、苏州的坚固阵地,有消息说已占领了常熟,但正式电报称正在攻击。迅猛追击从昆山溃退之敌的我部队,正继续向苏州进击,预计19日能到达苏州城外。自新的兵团从杭州湾北岸登陆以来,江南战线取得了显著的进展。在该战线,在我军的包围和果敢追击下,敌人损失惨重,已确认敌人遗弃的尸体达81000具,伤亡恐怕多达30万以上。"③

在日军向南京进击期间,日本方面企图劝降蒋介石。11月23日,《东京朝日新闻》就此报道称:"【××基地22日斋藤(寅)特派员发】在上海,持续下了很长时间的雨,甚至引发了黄浦江的泛滥,不过22日这一天,天空难得地放晴了……我战机以漂亮的编队于下午2时30分飞抵南京上空,并首先在军官学校的正上方空投了致蒋介

---

① 《开战已三个月　逐渐转向南京攻防战　战局向第二阶段迈进》,《东京朝日新闻》1937年11月13日夕刊,王卫星编,王卫星、李斌等译:《〈东京朝日新闻〉与〈读卖新闻〉报道》,张宪文主编:《南京大屠杀史料集》第59册,江苏人民出版社2010年版,第6页。

② 《支那方面伤亡80万》,《东京朝日新闻》1937年11月18日夕刊,王卫星编,王卫星、李斌等译:《〈东京朝日新闻〉与〈读卖新闻〉报道》,张宪文主编:《南京大屠杀史料集》第59册,江苏人民出版社2010年版,第31—32页。

③ 《敌人伤亡三十余万　陆相向内阁会议报告》,《东京朝日新闻》1937年11月20日夕刊,王卫星编,王卫星、李斌等译:《〈东京朝日新闻〉与〈读卖新闻〉报道》,张宪文主编:《南京大屠杀史料集》第59册,江苏人民出版社2010年版,第44页。

石的劝降书。"①

关于南京国际安全区,《东京朝日新闻》进行了多次报道。11 月 24 日,该报报道称:"【上海 23 日同盟社发】各国驻南京当局讨论了一个方案,即在我军攻击南京时,将南京市内部分区域划为中立区,以免遭战祸,并且由英、美、德、丹麦等国的 15 人组成了南京中立区委员会。该委员会于 23 日傍晚通过美国驻上海总领事,向我驻上海总领事馆提交了一份中立区案。根据该中立区案,中立区东至上海路,北至中山北路及山西路,西至西康路,南至汉中路,位于南京城西北部。在该区域内,禁止支那方面设置军事及交通机关,禁止军队通行,禁止驻兵。同时要求日本方面在攻击南京时避开这一区域。该方案已提交给支那方面,目前正在讨论当中。"②同日,该报还报道称:"【纽约 22 日同盟社发】据合众社 22 日晚发自南京的报道,美国驻支那大使约翰逊先生在日本军进攻南京之前提议在南京设立中立区,并开始与日本方面进行了非正式交涉。据说支那方面已经接受了设立中立区的方案。针对传说中的设立南京中立区的提案,我陆军方面表示根本没有此事,这全是支那方面的故意宣传,并对此一笑了之。由美国提议设立中立区的方案还没有正式电告我外务当局,所以关于此事,日本一概避免表明对此事的态度和采取的措施。根据当局的观察,情况如下:由于在上海南市为保护非战斗人员及难民,实际上已经实施了在一定区域内收容、救济难民的方案。所以,我方推测美国可能会再次向我方提出与上海保护难民一样的方案,但目前尚未接到任何正式报告,所以具体情况还不清楚。总之,南京的各国大使馆、公使馆已经撤离,怎么也想象不到这个时候美国还来提议在南京设立中立区的方案,而且设立该中立区就犹如将南京划为非战斗区域。"③

12 月 6 日,《东京朝日新闻》就南京国际安全区进行了第三次报道:"【上海 5 日同盟社发】在南京设立中立区的方案是国际委员会通过美国驻支那使馆向我方提出的,大致基于以下理由,我方很难答应该方案:一、南京整体已成为一座要塞,而且没有任何自然屏障以标明中立区的地界,因此很难判明。二、我方认为委员会本身没有任何实力,要防止支那兵的潜入相当困难。但是我方对在预定的中立区域内避难的外国

---

① 《斗志昂扬地攻击南京 向蒋介石投下劝降书 空战中击落敌人新锐战机》,《东京朝日新闻》1937 年 11 月 23 日,王卫星编,王卫星、李斌等译:《〈东京朝日新闻〉与〈读卖新闻〉报道》,张宪文主编:《南京大屠杀史料集》第 59 册,江苏人民出版社 2010 年版,第 61 页。

② 《在南京西北部设立中立区案 昨天傍晚向我方提交 组织有 15 人的委员会》,《东京朝日新闻》1937 年 11 月 24 日,王卫星编,王卫星、李斌等译:《〈东京朝日新闻〉与〈读卖新闻〉报道》,张宪文主编:《南京大屠杀史料集》第 59 册,江苏人民出版社 2010 年版,第 68—69 页。

③ 《南京中立化案》,《东京朝日新闻》1937 年 11 月 24 日,王卫星、李斌等译:《〈东京朝日新闻〉与〈读卖新闻〉报道》,张宪文主编:《南京大屠杀史料集》第 59 册,王卫星编,江苏人民出版社 2010 年版,第 70 页。

人及无辜民众,在没有军事设施的前提下,尽可能尊重该区域。”①

12 月 9 日,该报就日本方面对安全区的态度进行了报道:“【上海 8 日同盟社发】帝国大使馆发言人于 8 日就所谓南京中立区乃至安全区问题发表如下声明:最近,外国通讯社报道了南京中立区委员的活动情况以及难民拥入的情况。但遗憾的是,正如众所周知,鉴于实际上异常之困难,日本当局无法对所谓安全区的设立给予任何保障。事实上,从南京的地势以及防卫状况来看,可以说南京构成了一个整体的大要塞,在这样的地区内设立所谓的安全区,不能不说这是观念上的矛盾。正如帝国军队早已多次声明的那样,对于外国人的生命财产自不待言,即使对普通支那民众也丝毫不愿令其蒙受战争的惨祸。基于上述理由,对于南京的所谓安全区无法给予任何保障。所有在此避难的人应当了解自己可能遇到的危险处境。为此特明确声明,万一战斗波及到该地区,我方将不负任何责任。”②

12 月 10,由于中国守军不理会日军的劝降,松井石根下令向南京城发起总攻击。对此,《东京朝日新闻》报道称:“【上海 10 日同盟社发】松井最高指挥官出于武士道精神和礼节,发出了劝降书,对此,唐生智毫无礼节,不仅未在 10 日正午前的期限内作出任何答复,反而从 10 日早晨起向我军猛烈炮击。目前,全军已摆开一举攻占南京的态势,总攻击一触即发。”“【上海 10 日同盟社发】下午 1 时 30 分,我军拉开南京城攻略战的战幕。”③

12 月 12 日下午,南京的中国守军开始向江北及长江上游撤退。12 月 13 日,《东京朝日新闻》报道称:“【上海 13 日同盟社发】南京城内的敌军一部无法抵抗我军从南面的猛攻,从下关附近陆续乘船沿扬子江溃退。但因为对岸的浦口已经有我北岸登陆部队守候,敌人的退路被完全截断,所以他们无法在浦口上岸,只得继续沿扬子江溯江而上。然而南京至芜湖间的扬子江南岸也落入我军手中,所以我军从两岸向其猛烈射击。船上的敌人十分狼狈,在江面上徒劳地左躲右闪,但不久就被我军全部歼

---

① 《南京中立区方案　很难答应　怀疑委员会的实力》,《东京朝日新闻》1937 年 12 月 6 日夕刊,王卫星编,王卫星、李斌等译:《〈东京朝日新闻〉与〈读卖新闻〉报道》,张宪文主编:《南京大屠杀史料集》第 59 册,江苏人民出版社 2010 年版,第 133 页。

② 《南京整体成为要塞　不承认中立区　我大使馆发言人声明》,《东京朝日新闻》1937 年 12 月 9 日,王卫星编,王卫星、李斌等译:《〈东京朝日新闻〉与〈读卖新闻〉报道》,张宪文主编:《南京大屠杀史料集》第 59 册,江苏人民出版社 2010 年版,第 156 页。

③ 《敌军最终没有答复　皇军断然展开总攻击　南京陷落的命运即将到来》,《东京朝日新闻》1937 年 12 月 11 日夕刊,王卫星编,王卫星、李斌等译:《〈东京朝日新闻〉与〈读卖新闻〉报道》,张宪文主编:《南京大屠杀史料集》第 59 册,江苏人民出版社 2010 年版,第 185 页。

灭,葬身江底。"①

12 月 13 日,日军占领了南京,《东京朝日新闻》报道称:"【上海 14 日同盟社发】在白天迅速取得南京市内巷战胜利,将敌人一网打尽的我南京攻略军,于 13 日傍晚,将敌军压制歼灭,南京终于完全落入我军手中。在 13 日目标直指敌首都的总攻击中,助川、野田部队从东北方突破了下关及太平门,攻入城内;片桐、大野部队从正东面突入中山路;胁坂、人见、伊佐、富士井各部队从中华门②、通济门突入城内;长谷川、冈本(保)、竹下、冈本(镇)各部队从西南方齐头并进,击溃城内敌人的抵抗,占领了敌人主要的军事、政治、经济机关。日落时分,我军占领了南京城。"③

日军占领南京后,《东京朝日新闻》的随军记者进入了南京,该报于 12 月 15 日进行了报道:"【南京 14 日特派员横田发】终于占领了蒋政权的首都——人口百万的南京。从 13 日起,无论是城门还是各部队都飘扬起了日章旗。在我等生涯中,这是日章旗最伟大、最璀璨的一天。在中山门内外,所有的士兵都因过于兴奋而流下了热泪。……城门左侧城墙附近看起来像是民居的房子,在我巨炮的轰击下被炸开了一个大洞。在城门前方仅一町④远的地方,为阻止我军战车前进,敌人在大马路上横挖了一条反战车壕。城门前堆着的砖块和沙土几乎和城墙一样高,除了爆破是不可能用其他办法打开城门的。由此可见敌军的防御是多么的严密。城外的遗族学校集中了蒋介石麾下军人的遗属,由擅长特殊教育的宋美龄夫人任校长。这里现在成了皇军晒太阳的场所。教室里挂着的'彻底抗日'四个字已经羞愧地消失了。……打开中山门并高呼万岁的大野部队主力,以战车为先头,于 13 日下午 3 时进入了励志社,接着便开始了败残兵的扫荡。……我们还看到了玻璃窗破碎的中央监察委员会富丽堂皇的支那式建筑。当我们刚来到抗日支那的主要据点中央军官学校前的道路时,败残兵突然从前方沙袋垒砌的工事后面向我们射击。于是我们匆忙看了一下蒋介石的官邸后就急忙离开了。在宏大的、现代化的中央医院前面也有沙袋垒筑的工事,上面的枪眼似乎以锐利的目光窥视着我们。建设委员会大楼已成为了敌兵的宿舍,里面残留着两个水壶,从火还冒着烟来看,敌兵似乎刚刚逃走。敌人的钢盔、大米、老酒、手榴弹等,以及看来是征用来的收音机散落在一边。大楼的一部看来被当成了伤兵

---

① 《溯江逃跑之敌葬身江底 皇军从两岸猛烈射击》,《东京朝日新闻》1937 年 12 月 13 日,王卫星编,王卫星、李斌等译:《〈东京朝日新闻〉与〈读卖新闻〉报道》,张宪文主编:《南京大屠杀史料集》第 59 册,江苏人民出版社 2010 年版,第 212—213 页。

② 原文有误,应为光华门。

③ 《各路齐头并进突入城内》,《东京朝日新闻》1937 年 12 月 14 日,王卫星编,王卫星、李斌等译:《〈东京朝日新闻〉与〈读卖新闻〉报道》,张宪文主编:《南京大屠杀史料集》第 59 册,江苏人民出版社 2010 年版,第 221 页。

④ 日本长度单位,1 町等于 109 米。

收容所,房间里全都是伤病员的气味。宽阔的政治区内公园的花草已经全都枯萎了。南京的街道已经与落叶的梧桐树一样,凄惨地化为死气沉沉的废墟。”①

日军第十三师山田支队在南京附近俘虏了约两万名俘虏,12 月 17 日,《东京朝日新闻》对此进行了报道:“【南京 15 日特派员横田发】从镇江沿扬子江岸长驱直入进击而来的两角部队,13 日占领了乌龙山炮台,14 日又占领了幕府山炮台。这时,其与从南京城如雪崩般败退而来的第十八师、第三十四师、第八十八师,以及军官学校、教导总队等共计 14777 名敌兵遭遇。敌人举起了白旗,我军以少数兵力将上述敌兵全部俘虏。”②

日军进入南京后,反复进行所谓扫荡,对此,《东京朝日新闻》报道称:“【南京 15 日特派员平松、藤本发】在南京城内扫荡敌兵 15 日仍在继续,且进展顺利。扫荡区域内各政府机关的屋顶上都竖起了日章旗。陆军的战机为庆祝胜利在低空翱翔,与此相呼应,和平的气氛也渐渐浓厚。由于从前线撤退到市内的蒋介石精锐部队第七十八师、第七十九师③共五万士兵在过去的三周里驻扎在城内,所以各民居、学校和教堂都成了士兵的宿营地,室内家具、物品散乱各处,地上满是稻草,一片狼藉。敌兵看到城墙防线被突破后,立刻脱掉军装,换上便衣,装扮成了市民。在室内和街道上到处都是脱下的军装,以及刺刀、枪支等。我们对敌军军纪的涣散而感到震惊。蒋介石为保卫首都,动员了嫡系的精锐部队,然而与精神百倍的我军将士相比,其战斗力竟然如此之弱,这不能不令人感到意外。估计有 25000 名换上便衣的败残兵躲藏在市内,因此我军还在努力清剿,一方面要甄别、搜捕有败残兵嫌疑的人,另一方面也对老人、儿童和妇女加以保护。对外国权益,我军特别加以保护,由此可以看出皇军的军纪严明。将士们还努力保护城内的建筑物和物资,在每座仓库都配备了步哨,以防止物资的丢失。其中也有被一些早已被支那兵洗劫一空的仓库,因此没有看守的必要。另外,在当作敌兵宿营地的民居中,随处可见火上烧着被宰杀的猪而人早已匆忙逃走的情形。另外,在故宫飞机场,富士井部队缴获了两架崭新的大型飞机和两架战斗机,

---

① 《感慨历史的激变　形同废墟的敌军首都之行》,《东京朝日新闻》1937 年 12 月 15 日,王卫星编,王卫星、李斌等译:《〈东京朝日新闻〉与〈读卖新闻〉报道》,张宪文主编:《南京大屠杀史料集》第 59 册,江苏人民出版社 2010 年版,第 230—232 页。

② 《在江岸俘虏 15000 名敌兵　有军官学校、教导总队等的士兵》,《东京朝日新闻》1937 年 12 月 16 日,王卫星编,王卫星、李斌等译:《〈东京朝日新闻〉与〈读卖新闻〉报道》,张宪文主编:《南京大屠杀史料集》第 59 册,江苏人民出版社 2010 年版,第 241 页。

③ 原文如此,似应为第八十七师、第八十八师。

这些都是敌人留下的，由此可见敌人逃跑时的狼狈相。”①在此需要指出的是，该报道明显失实，从日军在南京城内扫荡的实际情况看，所谓“对老人、儿童和妇女加以保护”、“对外国权益，我军特别加以保护”等均与事实严重不符。

12月16日，《东京朝日新闻》报道了日军在南京扫荡战的所谓“战果”：“【上海特电15日发】攻陷南京城的皇军各部队，分别在城内外集结，以一部扫荡潜伏出没的败残兵并清理市内。据推测，此次南京攻略战，我军俘虏、歼灭敌军不下六万人。”“【上海15日同盟社发】我军攻占南京后，仅大野、野田、助川、片桐等从右侧北方进击的部队，在城内外俘虏或歼灭的敌兵就不下一万人。据推测，其总数至少达到六七万人，此外还缴获了大量战利品。”②

12月17日，《东京朝日新闻》专门报道了该报随军记者采访被日军山田支队俘虏的中国军人的状况：

【南京16日特派员横田发】两角部队在乌龙山、幕府山炮台附近的山地俘虏了14777名从南京溃逃的敌兵，由于俘虏人数是前所未有的，因此两角部队不知如何处理。由于我军兵力与俘虏相比少得可怜，所以来不及处理。因此，首先让其扔掉刺刀，然后押进附近的兵营。因为有一个师以上的敌兵，所以22间大兵营被挤得满满的，盛况空前。××部队长仁慈地对俘虏说：“皇军不会杀你们。”于是他们立即举手叩拜，最后甚至还高兴地鼓掌喝彩。对这种急剧变化的没有出息的支那国民性，皇军甘拜下风。

这些人都是蒋介石的嫡系部队，是穿统一军服的教导总队的士兵。最令人头疼的是吃饭问题，就连我方部队也要在当地找粮食，再加上这么多人要吃饭，仅这一点就令人困惑。因为要找来15000只饭碗就是无法办到的事，所以第一晚没让他们吃东西。

部队迅速将大小行李队③的驮马全部集中起来，开始搜寻粮食。根据目前的了解，俘虏中有十名军官，领头的是教导总队的参谋沈博施。记者通过负责守卫

---

① 《另有25000名败残兵躲藏起来　继续搜捕败残兵　特别保护外国权益》，《东京朝日新闻》1937年12月16日，王卫星编，王卫星、李斌等译：《〈东京朝日新闻〉与〈读卖新闻〉报道》，张宪文主编：《南京大屠杀史料集》第59册，江苏人民出版社2010年版，第241—242页。

② 《扫荡南京一带的战果　俘虏、歼灭敌军六万　皇军继续扫荡》，《东京朝日新闻》1937年12月16日夕刊，王卫星编，王卫星、李斌等译：《〈东京朝日新闻〉与〈读卖新闻〉报道》，张宪文主编：《南京大屠杀史料集》第59册，江苏人民出版社2010年版，第242—243页。

③ 日军运送战斗、宿营所需的弹药、粮草、器材等物资的部队。为前线部队补给非急需的粮食、衣物等，在师团后方行动的部队叫“大行李”部队，而运送前线部队急需的卫生器材、弹药等物资的部队叫“小行李”部队。

兵营的山田部队长的介绍,见到了被关起来的沈参谋。

从兵营中徒手走出来的沈参谋是个高个子、白皮肤,年仅30岁的好男儿。他身穿领子上有海獭皮的漂亮的军服,一看就知道是中央军中屈指可数的青年军官。

他因为南京战而面容憔悴,神情也显得很沮丧。他说:"胜败要靠时运,这是没办法的事。日本军比我们想象的要强大。我在紫金山要塞担任参谋,没有资格谈论南京战的整个战局,不过句容一线的失守是一大失败。我出生在奉天[①],毕业于奉天中学,民国15年[②](昭和7年)毕业于奉天陆军大学,不过没有参加满洲事变。以后我会详细说的,不过在我心情还没有平静之前,请不要再继续问下去了。"

他的谈吐非常稳健。最后记者说:"听说今晚会给你们饭吃。"对此,他深表感谢,接着低着头说:"只要能给我汽车和卫兵,我就带你们去富贵山炮台的地下室,那里贮藏有数百袋大米。这样一来,不仅可以供给这里的人们,而且还能供给日本军吧。"[③]

然而,就在《东京朝日新闻》的随军记者横田采访被俘的中国军人时,日军第十三师团步兵第六十五联队已经接到屠杀这些俘虏的命令。就在横田采访的当天傍晚,日军开始在幕府山附近的长江边集体屠杀这批俘虏,屠杀持续了三天。正如前述日军步兵第六十五联队第八中队远藤高明少尉在12月16日的日记中所记述的:"下午12时30分,因俘虏收容所失火,奉命出动,3时返回。在收容所遇到了朝日报社的记者横田氏,向他打听了大致情况。俘虏总数有17025人。傍晚,按照军部命令,把俘虏的三分之一拉到江边,由第一大队实施枪杀。正如下达的命令中所说的,即便是一日两餐的粮食供应,也要一百袋(粮食)。而如今我们士兵都得靠征缴提供给养。因此提供粮食是不可能的。军部必须采取适当的处置。"[④]从远藤高明的日记中可以看出,《东京朝日新闻》的随军记者横田12月16日确实采访了被俘的中国军人,但这些俘虏的最终命运却与横田的报道大相径庭。

---

① 今沈阳。

② 原文如此,似为民国21年。

③ 《不知如何处理的大批俘虏　挤满22间屋子　粮食不足令人困惑》,《东京朝日新闻》1937年12月17日夕刊,王卫星编,王卫星、李斌等译:《〈东京朝日新闻〉与〈读卖新闻〉报道》,张宪文主编:《南京大屠杀史料集》第59册江苏人民出版社2010年版,第246—247页。

④ 《"遠藤高明"陣中日記》,小野賢二、藤原彰、本多勝一編:《南京大虐殺を記録した皇軍兵士たち——第十三師団山田支隊兵士の陣中日記》,大月書店1996年3月14日版,第219頁。

4.《读卖新闻》报道

八一三事变爆发后，日本《读卖新闻》也派出了随军记者赴上海前线进行战况报道。11月中旬，日军占领上海并向南京进击时，该报随军记者也跟随日军部队一路直达南京，他们目睹了日军的南京攻略战和扫荡战，并进行了大量报道。虽然日军当局对日本的新闻报道进行了严格审查和控制，但人们仍可以通过这些报道，了解日军南京攻略战的经过，以及南京安全区国际委员会的活动、日军占领南京后的扫荡战等情况。

1937年11月中旬，日军占领了上海，并迅速向南京进击。在此期间，《读卖新闻》大量报道了日军进击南京的战况，大肆吹嘘日军的"勇猛"和"神速"。

11月21日，《读卖新闻》援引日军上海派遣军报道部发布的消息称："【上海本社特电】(20日发)上海军下午6时发布：杭州湾登陆部队于19日占领嘉兴后，踏着泥泞，正全力向南京追击敌军。皇军斗志昂扬，大有气吞南京之势。"在同一报道中，该报还报道称："【常熟本社特电】(20日发)由于嘉兴的陷落，敌军赖以进行最后抵抗的根据地苏州的左右两翼均已崩溃。19日凌晨，苏州不堪一击，终于陷落了。常熟、苏州、嘉兴一线是在上海战中大败的敌军赖以防御南京的最后阵地，被称为'兴登堡防线'。突破该防线，我军实际上即已置南京于死地。为此，怀揣着我国内九千万同胞的愿望，我全军将士斗志昂扬。由于日章旗在南京城头飘扬的日子为期不远了，想到新年将在南京度过，我将士浑身热血沸腾。"①

11月22日，《读卖新闻》又报道称："我军夺取苏州后，敌大军沿太湖西岸向无锡、江阴一线溃退。虽然支那军最高领导人企图在该防线殊死抵抗，但敌30万大军已完全丧失了斗志，认为与其果敢抗战，倒不如向日本军投降，解除武装。敌兵的士气极度低迷。这与上海战事爆发之初其旺盛的抗战斗志相比，可谓天壤之别。""以苏州为中心的永久性阵地，是支那军首都南京防御名副其实的第一战线，也是最后的主阵地。太湖以东除苏州以外，已经没有支那军的据点了。我军夺取苏州后，首都南京就成了我军直接攻击的目标。失去苏州的支那军，其指挥系统陷入混乱，已无法阻挡以决堤之势迅猛进击的我军，我军攻占南京已经为期不远了。皇军如同初冬里冲天的烈火，斗志昂扬。"②

12月初，当日军进抵南京外围时，《读卖新闻》大量报道了日军在南京外围的战

---

① 《以南京为目标展开大追击》，《读卖新闻》1937年11月21日，王卫星编，王卫星、李斌等译：《〈东京朝日新闻〉与〈读卖新闻〉报道》，张宪文主编：《南京大屠杀史料集》第59册江苏人民出版社2010年版，第298页。

② 《南京防御总崩溃　要员逃往内地》，《读卖新闻》1937年11月22日夕刊，王卫星编，王卫星、李斌等译：《〈东京朝日新闻〉与〈读卖新闻〉报道》，张宪文主编：《南京大屠杀史料集》第59册，江苏人民出版社2010年版，第306页。

况。12月3日,《读卖新闻》援引日本军方的消息报道称:“【上海本社特电】(4日发)军凌晨0时发布:一、正在攻击丹阳的大野、野田等部队于3日早晨完全占领了丹阳,随即向镇江及句容方面追击敌军。二、攻占丹阳、金坛、溧阳的部队以南京为目标一路进击,即将突破南京最后的防御线镇江、句容、溧水一线。皇军气势如虹,已经压倒了遥远的汉口、重庆。”①

12月7日,日军华中方面军各部队进抵南京近郊,基本完成了对南京的包围。为此,《读卖新闻》报道称:“【汤山7日特派员前田发急电】随着我先头部队突入南京地界后,南京攻略军的主力也陆续突入南京地界。野田、助川、片桐、大野各部队从北面的栖霞山附近进击;伊佐、人见、胁坂各部队从麒麟门、高桥门一带进击;矢ケ崎、山田、山本、千叶各部队从雨花台方面进击,各部队都在逼近敌人的主防御线。如今,南京已被我军主力完全包围,即将陷落。”②

《读卖新闻》在大量报道战况的同时,还就南京城内的状况进行了歪曲事实的报道。11月17日,该报报道称:“【上海16日同盟社发急电】国民政府刚作出迁都决定,政府各机关即陷入空前的大混乱,政府各要员惊慌失措,十分狼狈,拼命整理、搬运重要的档案及财物。各院院长及各部部长纷纷率先向预定地点转移。财政部长孔祥熙及外交部长王宠惠决定先行前往汉口,处理迁移后的外交事宜。交通部长俞飞鹏前往长沙,以确保粤汉铁路及水路运输畅通。”③同日,该报还报道称:“【上海16日同盟社发急电】由于国民政府决定迁往内地,南京市民来不及收拾行李,只携带贵重物品,纷纷拥向下关,市内也陷入混乱,逃难的民众纷纷争抢着登上轮船,逃离南京。”④

11月22日,《读卖新闻》又报道了国民政府要员“逃离”南京的情形:“【上海21日同盟社发】19日,在迁都的同时,五院院长、行政院所属各部部长决定各主管机关也分别迁往内地,但为处理国民政府内部的诸多事务,除主席林森之外,其他人员不得不留在南京。20日,财政部长孔祥熙率先逃往汉口。由于我军突破苏州,国府要员

① 《突破南京的最后防线日趋临近　我军斗志昂扬　大有气吞汉口、重庆之势》,《读卖新闻》1937年12月3日第二夕刊,王卫星编,王卫星、李斌等译:《〈东京朝日新闻〉与〈读卖新闻〉报道》,张宪文主编:《南京大屠杀史料集》第59册,江苏人民出版社2010年版,第358页。

② 《已形成包围南京的态势　大火中的垂死挣扎!》,《读卖新闻》1937年12月8日第二夕刊,王卫星编,王卫星、李斌等译:《〈东京朝日新闻〉与〈读卖新闻〉报道》,张宪文主编:《南京大屠杀史料集》第59册,江苏人民出版社2010年版,第387—388页。

③ 《政府各机关陷入混乱》,《读卖新闻》1937年11月17日,王卫星编,王卫星、李斌等译:《〈东京朝日新闻〉与〈读卖新闻〉报道》,张宪文主编:《南京大屠杀史料集》第59册,江苏人民出版社2010年版,第286—287页。

④ 《内外惊愕　逃难民众蜂拥而至》,《读卖新闻》1937年11月17日,王卫星编,王卫星、李斌等译:《〈东京朝日新闻〉与〈读卖新闻〉报道》,张宪文主编:《南京大屠杀史料集》第59册,江苏人民出版社2010年版,第287页。

看来十分恐慌，估计今明两天将有许多人逃往内地。”①

11月29日，《读卖新闻》再次报道了南京城内下关等地的状况：“【上海27日同盟社发】除了大本营等军事机关外，国民政府各机关于26日已全部迁往汉口。我海军航空部队对南京的空袭使依附于军事机关而留下来的御用商人及其市民再次产生了很大动摇，逃难的民众不断逃离南京，下关附近呈现出一片混乱的景象。”②

12月3日，《读卖新闻》再次报道了南京城内的状况：

> 与连日来的猛烈空袭相呼应，我皇军已经进攻至距离南京仅有一百多公里的地方。首都南京的混乱状况完全超出了我们的想象。根据2日的可靠情报，现在南京的人口约三十万，已经减少到事变前的1/4。接下来逃难的民众将会很多，然而南京的交通运输能力每天最多只能运送一万人。此外，市民们听说日军即将到达的消息后陷入混乱，纷纷将门窗钉死，携带家财，不分昼夜、争先恐后地拥向各个车站。人们大呼小叫，场面十分混乱。另一方面，由于粮食极度匮乏，市民们为寻找粮食，整天都在各处游荡，抢劫可能藏有粮食的人家。各处暴乱四起，每天都有许多市民因此而伤亡。③

从《读卖新闻》的上述报道可以看出，该报在报道国民政府迁都及南京城内的状况时，竭尽歪曲宣传之能事，给读者造成“南京已陷入混乱”、“国民政府行将崩溃”的错觉。

《读卖新闻》对当时留在南京的西方人士成立安全区国际委员会，以及设立南京国际安全区也很关注。11月24日，《读卖新闻》首次报道了留在南京的西方人士设立南京国际安全区，并征求日军同意的消息：“【上海23日同盟社发】正当我军向南京进击之际，各国在南京当地的人士正在讨论将南京市内部分地区设为安全区以避免战火的方案，并成立了由英、美、德及丹麦等国15人组成的南京安全区委员会。23日傍晚，该委员会通过美国驻上海领事馆总领事向我上海总领事提出了安全区方案。根据该方案，安全区定为东至上海路，北至中山北路及山西路，西至西康路，南至汉中路

---

① 《南京防御总崩溃　要员逃往内地》，《读卖新闻》1937年11月22日夕刊，王卫星编，王卫星、李斌等译：《〈东京朝日新闻〉与〈读卖新闻〉报道》，张宪文主编：《南京大屠杀史料集》第59册，江苏人民出版社2010年版，第306—307页。

② 《南京逃难民众激增　下关附近大混乱》《读卖新闻》1937年11月29日第二夕刊，王卫星编，王卫星、李斌等译：《〈东京朝日新闻〉与〈读卖新闻〉报道》，张宪文主编：《南京大屠杀史料集》第59册，江苏人民出版社2010年版，第334页。

③ 《南京城内几近混乱》，《读卖新闻》1937年12月3日第二夕刊，王卫星编，王卫星、李斌等译：《〈东京朝日新闻〉与〈读卖新闻〉报道》，张宪文主编：《南京大屠杀史料集》第59册，江苏人民出版社2010年版，第356页。

的区域,该区域位于南京城内西北部一带。支那方面不得在区域内构筑军事设施,不得建立交通机关,不得有军队通行或驻扎。同时,日本方面避免对该区域的一切攻击行动。另外,此方案已经提交支那方面,目前正在讨论之中。"在该报道中,《读卖新闻》还刊登了日本外务省对南京国际安全区的基本态度:"关于南京安全区委员会通过美国驻上海总领事向我冈本总领事提出南京安全区方案的消息,外务省尚未收到正式报告,因此不能明确表态,但对此有以下看法:虽然之前为避免我方空袭,留在南京的各国人士提出了将包括各国大使馆、公使馆在内的部分地区设为安全区域的方案,但现在外国大使馆、公使馆已经迁移到了汉口,因此没有必要设立安全区域。这也许是还有五十多名外国人留在在南京,或许是由于在上海南市为保护非战斗人员已经设立了避难区,所以提出了类似的方案。但无论如何,在没有接到正式报告以判明真相之前,外务当局不可能明确表态。"①

12月9日,《读卖新闻》援引日本同盟社12月8日的消息,报道了日本驻华大使馆关于南京国际安全区的声明:

> 最近外国通讯社报道了南京安全区国际委员会的活动情况以及难民拥入的情况。但遗憾的是,众所周知,鉴于实际上异常之困难,日本当局无法对所谓安全区的设立给予任何保障。事实上,从南京的地势以及防卫状况来看,可以说南京已构成了一个整体的大要塞,在这样的地区内设立所谓的安全区,不能不说这是观念上的矛盾。正如帝国军队早已多次声明的那样,对于外国人的生命财产自不待言,即使对普通支那民众也丝毫不愿意故意令其蒙受战争的惨祸。基于上述理由,我方对于南京的所谓安全区无法给予任何保障。所有在此避难的人应当了解自己可能遇到的危险处境。为此特明确声明,万一战斗波及到该地区,我方将不负任何责任。特此声明。②

12月10日,当日军劝降未果,日军华中方面军司令官松井石根于下午2时下达了向南京城总攻击的命令,此后,《读卖新闻》陆续报道了日军攻击南京城的战况,并大肆吹嘘日军的"勇猛"。

12月11日,《读卖新闻》报道称:"【汤山10日本社特派员佐佐木(孜)发急电】10

---

① 《向我方提出南京安全区设置案　英、美、德人士组成委员会》,《读卖新闻》1937年11月24日,王卫星编,王卫星、李斌等译:《〈东京朝日新闻〉与〈读卖新闻〉报道》,张宪文主编:《南京大屠杀史料集》第59册,江苏人民出版社2010年版,第313页。

② 《不保障安全区　我大使馆当局发表声明》,《读卖新闻》1937年12月9日,王卫星编,王卫星、李斌等译:《〈东京朝日新闻〉与〈读卖新闻〉报道》,张宪文主编:《南京大屠杀史料集》第59册,江苏人民出版社2010年版,第395页。

日下午1时30分，南京城总攻击终于开始了，敌首都的陷落只是时间问题。将士们摩拳擦掌，精神饱满。炮声震撼着南京城，我军炮弹在敌军中爆炸，场面极为惨烈。”“【南京前线10日同盟社发急电】因不忍敌首都南京化为废墟，我军对城内敌军发出了以10日下午1时(日本时间)为限的最后劝降书，并在该期限前一直忍着没有向城内发动攻击。但顽固的支那军完全不理会我军的善意，到最后期限也不见其派来使者。我军忍无可忍，于下午1时30分从三个方向全线发起总攻击。与此同时，海军航空队也与之相呼应，展开了城内敌军的歼灭战。枪炮声震撼着江南大地。”①

当日军第十军国崎支队从安徽太平渡过长江向南京长江北岸的浦口进击，以截断中国军队从南京渡江北撤的退路时，《读卖新闻》于12月13日报道称：“【当涂12日同盟社发】长野、山田等部队通过奇袭立下战功，在扬子江北岸登陆后一举占领了乌江镇，并继续进击。其于12日上午10时许出现在扬子江北岸南京西南方向的江浦城，并歼灭了正向该地集结的敌军大部队，截断了敌军北面的退路。”“【当涂12日同盟社发】由于以神出鬼没而闻名的长野、山田两部队进抵敌人背后，敌人已成为瓮中之鳖，其命运不外乎凄惨地被歼灭或是投降，两者必居其一。”②

12月13日，当日军突破各主要城门，突入南京城内后，《读卖新闻》于第二天报道称：“【紫金山麓13日特派员小岛发急电】正攻击中山门的大野部队，12日夜里继续彻夜猛攻，凌晨3时终于完全占领了中山门，并冲入城内的中山路。另一方面，从中华门③展开激烈巷战并向北挺进的胁坂部队，今晨进抵中山路。两部队以这条南京的主要街道为中心，与继续顽强抵抗的敌军激战。上午11时，其先头部队终于占领了国民政府和中央军官学校，在屋顶上高高竖起了日章旗。”“【南京城头13日特派员浮岛发急电】占领以中山门④为中心城墙内侧一带的千叶、山田、矢ケ崎、山本各部队，于13日上午以破竹之势击溃了聚集的残敌，沿中华路北进，占领了南京市政府，继而沿中正路突进，到达与中山路交叉的新街口广场附近。”“【中华门13日同盟社发】正从南京城以南攻击的长谷川、竹下、冈本(镇)、冈本(保)等部队，13日正午突破了城墙

---

① 《下午1时30分开始南京城总攻击　无视我军劝告　敌军开枪回应》，《读卖新闻》1937年12月11日第二夕刊，王卫星编，王卫星、李斌等译：《〈东京朝日新闻〉与〈读卖新闻〉报道》，张宪文主编：《南京大屠杀史料集》第59册，江苏人民出版社2010年版，第419—420页。

② 《是投降还是被歼灭？　南京之敌北面的退路也被彻底截断》，《读卖新闻》1937年12月13日，王卫星编，王卫星、李斌等译：《〈东京朝日新闻〉与〈读卖新闻〉报道》，张宪文主编：《南京大屠杀史料集》第59册，江苏人民出版社2010年版，第432—433页。

③ 原文有误，应为光华门。

④ 原文有误，应为中华门。

西南侧的水西门,并突入城内,在各处展开激烈的巷战。”①

12月14日,《读卖新闻》还在报道中吹嘘日军南京攻略战的所谓“战果”:“【南京城外13日特派员小坂发急电】在南京城外南部与我军交战并败退的敌兵企图渡过扬子江逃跑,当其得知我部队已进抵扬子江对岸后,十分狼狈,利用所有船只陆续沿扬子江溯江而上,向上游溃逃。正从芜湖沿扬子江岸向南京北进的我片冈、野副、小堺各部队,以及渡过扬子江在北岸的乌江镇登陆,并进抵南京对岸浦口的长野、山田各部队,从扬子江两岸向败残兵猛烈射击,给予其歼灭性的打击。浦口、芜湖间的扬子江上黑压压全是败残兵的尸体。”②

12月16日,《读卖新闻》还援引同盟社的消息报道称:“【上海15日同盟社发】我军攻占南京后,仅大野、野田、助川、片桐等从北面进击的部队就在城内外俘虏、歼灭敌人不下一万人,估计总数至少达六七万人以上。此外,我军还缴获了无数战利品。”③

在日军进攻及占领南京的过程中,《读卖新闻》是完全站在日本政府的立场上进行报道的。这些报道或夸大日军的战果,或抹黑中国军民的抗战。从《读卖新闻》的报道中不难看出,该报已经完全丧失了作为新闻媒体应该秉持的客观、公正的立场和原则,从某种意义上说,其已成为日本军国主义者发动侵略战争的“帮凶”。

---

① 《完全置南京于死地　占领国民政府、军官学校　城内各处展开大歼灭战》,《读卖新闻》1937年12月14日第二夕刊,王卫星编,王卫星、李斌等译:《〈东京朝日新闻〉与〈读卖新闻〉报道》,张宪文主编:《南京大屠杀史料集》第59册,江苏人民出版社2010年版,第439—440页。

② 《从两岸猛烈射击沿扬子江溃逃的敌兵》,《读卖新闻》1937年12月14日第二夕刊,王卫星编,王卫星、李斌等译:《〈东京朝日新闻〉与〈读卖新闻〉报道》,张宪文主编:《南京大屠杀史料集》第59册,江苏人民出版社2010年版,第441页。

③ 《南京之敌伤亡六七万以上》,《读卖新闻》1937年12月16日第二夕刊,王卫星编,王卫星、李斌等译:《〈东京朝日新闻〉与〈读卖新闻〉报道》,张宪文主编:《南京大屠杀史料集》第59册,江苏人民出版社2010年版,第456页。

七、南京大屠杀时期的粮食问题

——以“安全区”为中心

民以食为本，粮食是人类生存、维系生命最基本的食物来源，其重要性不言而喻。而当人类遭遇战争、自然灾祸时，粮食的重要性尤为突出。因此，当 1937 年 12 月战争之祸降临在南京时，这个古老的城市首先面临的就是粮食问题。粮食问题贯穿南京大屠杀始终，并且与由它所衍生出的其他问题共同反映了日军实施南京大屠杀的本质，反映了以南京安全区国际委员会为代表的国际救援团队的人道主义精神，反映了当时中国难民的生活状态，以及中西方人士之间的关系。

（一）南京沦陷前的粮食供应状况与日军的粮食政策

1. 南京沦陷前的粮食供应状况

南京依紫金山麓，傍扬子江水，乃十朝都会，六朝金粉之地。经过历史的沉淀，南京在 1937 年之前久已形成了汇聚南北通货、东西米粮的市场。当时，江苏省的粮食市场，按照自然流向，分为苏南、苏中、苏北三大块。其中苏南粮食市场西起南京，东至上海，以运河和沪宁铁路沿线为主，无锡为其中心[①]。

南京的粮食主要有两大来路：一是外江粮源，主要是安徽省的沿江各县，如皖北的安庆、庐江、舒城、巢县、合肥、全椒、和州、含山、滁州、天长等地，皖南的芜湖、当涂、宣城、南陵、宁国等地，还有苏北的六合、仪征和江西省沿江的一些地区，粮食以木船装载，沿江顺流而下，运到南京；二是内河粮源，主要是南京远郊的外秦淮河一带的产粮地区，如江宁、句容、溧水、溧阳、金坛、高淳等地，从内河用木船装运，或用肩挑、驴

① 江苏省地方志编纂委员会：《江苏省志・粮食志》，南京：江苏人民出版社，1994 年，第 35 页。

驮,或用独轮车运往南京出售[①]。这也是外江米和内河米说法的来源[②]。

据此,南京形成了两大粮食交易市场:中华门和下关。南京粮食市场交易的粮食主要是稻、米、麦,其次是黄豆、玉米、芝麻、菜籽等。米以转口外销为主,北方的天津、烟台和南方的潮汕等地客帮粮商均来宁采购,转口外销的占55%;小麦则大半为大同、扬子面粉厂磨制的面粉,然后外销到汉口、天津等地,小麦只有一部分经海道转运天津和烟台[③]。从事粮食交易的主要是米客(或称米贩)、米掮客、米行和米店。米行即为米粮的批发商,米店则专门从事零售米[④]。据统计,1921至1934年,平均每年在此集散的粮食约有1.8亿公斤,经营粮食业的厂、店、行、号、栈共有608家。当时,中华门外的雨花路、扫帚巷、芦席巷、西街和下关的鲜鱼巷、惠民桥一带,粮行鳞次栉比,米商、粮贩云集[⑤]。1935年南京市从事粮食业者有198家,资本数为180335元,营业数为4206140元;面粉业者有120家,资本数为309655元,营业数为1800010元;此外还有南京所特有的行业——钱米业者,即米业兼钱业,俗称钱米,有209家,资本数165940元,营业数3007665元[⑥]。

国民党于1927年定都南京后,当地的人口与日俱增,如下表所示:

表32　南京市1927—1936年历年人口统计表

年　份	人　数
十六年	360500
十七年	497526
十八年	540120
十九年	577093
二十年	653948
二十一年	659617
二十二年	726131
二十三年	795955
二十四年	1013320

① 南京市地方志编纂委员会、南京市粮食志编纂委员会:《南京粮食志》,北京:中国城市出版社,1993年,第44页。

② 南京市地方志编纂委员会、南京市粮食志编纂委员会:《南京粮食志》,第115页。

③ 南京市地方志编纂委员会、南京市粮食志编纂委员会:《南京粮食志》,第46页。

④ 吴景平:《抗战时期的上海经济》,上海:上海人民出版社,2001年,第136页。

⑤ 南京市地方志编纂委员会、南京市粮食志编纂委员会:《南京粮食志》,第46页。

⑥ 《南京市商情概况(1935年)》,经盛鸿等编:《战前的南京与日机的空袭》,张宪文主编:《南京大屠杀史料集》第1册,南京:江苏人民出版社、凤凰出版社,2005年,第90—91页。

续表

年　份	人　数
二十五年	1006968

资料来源:《南京市1912至1936年历年人口统计表(1937年)》,经盛鸿等编:《战前的南京与日机的空袭》,张宪文主编:《南京大屠杀史料集》,第1册,第7—8页。

备注:1. 民国十七年以前户口统计,悉根据旧册录下。

2. 民国二十四年三月,省市划界,京市增加三乡区,故人口骤增二十一万有奇。

至1937年6月南京人口已经达到"一百零一万五千四百五十口"①。由于人口剧增,南京的粮食需求量大幅度提高,这使得南京成为一个典型的消费城市,而南京近郊的粮食生产又无法满足需求。因此,在南京粮食市场交易的粮食大部分供本地消费,少数转输外埠②。下面是1935年度南京市主要农作物产量调查表:

表33　南京市主要农作物产额调查表(民国二十四年度)

作物种类	作物亩数	产量总额(担)	每亩产量(斤)
稻	一〇一、七五〇	一三六、二〇三・八〇	一三三
小麦	九六、一三五	一〇三、六〇六・二〇	一〇七
大麦	三三、二七〇	三九、〇七五	一一七
荞麦	一〇〇	一四四	一四四
裸麦	一、一〇〇	二、八〇〇	二五四
高粱	二、〇五〇	三、一〇〇	一五一
玉米	二七、四二四	四六、四七八・八〇	一六九
大豆	三二、六〇九	三五、一八八・八〇	一〇七
蚕豆	一三、五一〇	一一、六一一	八五
豌豆	八、九八七	八、一八五	九一
马铃薯	一、一六〇	一、五九五	一・三七
芝麻	三〇〇	二一六	七二

资料来源:《南京市主要农作物产额调表(民国二十四年)》,[日]南京特务机关:《南京市政概况》(昭和十七年三月),第55—56页。

将该表中主要农作物的产量与上表中南京市人口数相比较,可以看出南京人均粮食产量极少。面对庞大的食粮需求,在本地粮食产量不能满足的时候,南京就必须

① 《南京市政府关于本市户口异动情形致内政部咨文》(1937年11月10日),经盛鸿等编:《战前的南京与日机的空袭》,第3页。根据日本特务机关南京宣抚班的报告,战前南京的人口约108万。见《南京宣抚班报告》,王卫星、雷国山编:《日本军方文件》,张宪文主编:《南京大屠杀史料集》第11册,南京:江苏人民出版社、凤凰出版社,2006年,第337页。

② 江苏省地方志编纂委员会:《江苏省志・粮食志》,第42页。

从外地购入粮食加以维持,以维民食。据调查,1935 年度,南京米粮在库量为 88529 担,出产量为 266508 担,输入量为 1453729 担,而没有输出量的记载,消费量为 1730000 担,残额为 78766 担①。又如下表:

表 34 1932—1934 年南京水道米粮输入数量表(单位:石)

年份	南门	下关	通济门	水(汉)西门	总计
1932	499500	199168	150000	18300	867700
1933	536500	178947	160900	23400	899747
1934	646530	149203	137800	25100	858633

资料来源:南京市地方志编纂委员会、南京市粮食志编纂委员会:《南京粮食志》,第 117 页。

上表仅显示了南京水道米粮输入数量,但同样清楚地表明,南京对粮食的消费需求是巨大的。另外,南京市场上的粮食很大部分依靠外地输入供应。大批粮食在南京消费和转销就不能不需要仓库来储藏。

国民政府成立后,南京新建了申江、中国、江苏、春生、复兴五大粮库,加上原有的义仓、恒馀等大仓库,总仓容 35 万石左右②。这些仓库的粮食储备有效地保证了南京的粮食供应。

1937 年 7 月抗日战争全面爆发,8 月淞沪会战爆发,日军的侵略矛头直指中国首都南京。人们出于对未来战争的恐惧,开始逃离南京,食品商店停业,粮食市场交易额下滑,南京市一度出现粮食供应不足现象。为此,南京市政府多方筹措调运,解决了问题,据《中央日报》1937 年 9 月 2 日报道:"本京下关麦粉市价,两周以来,无甚出入,闻销数疲滞,存货甚多,又上江一带之秋收多属丰稔,连日运来新米之船甚涌……虽值非常时期,关于米粮之供应,绝无问题,粮价且较往年有所降低。"③及至 11 月中旬,南京粮食供应尚且敷用,有报道称:"京市米粮,近来存货愈形充裕,昨日由各地到货,计划三千余石,河行米价,最高为八元二角,外江机米,则为六元余,故米市门售,最高价格在九元左右。"④

但是,当日军于 1937 年 11 月下旬逼近南京城的时候,南京的粮食供给渠道都被切断了,背靠长江的南京在三路日军的包围下成为一座孤城。此时,无论是仍在抵抗中的中国军队,还是没有撤离的平民,其生存都必须依赖南京城内外仓储粮食以及私

① 《南京市米粮需给状况调查表(民国二十四年度)》,[日]南京特务机关:《南京市政概况》(昭和十七年三月),第 56 页。

② 南京市地方志编纂委员会、南京市粮食志编纂委员会:《南京粮食志》,第 141 页。

③ 《京市民食无虞,下关粮价疲滞,存货山积来源甚多,各地丰收销数不畅》,《中央日报》1937 年 9 月 2 日。

④ 《京市存粮充裕,到货畅旺,米价平定》,《中央日报》1937 年 11 月 17 日。

人存粮了。南京沦陷半月前，1937 年 11 月 28 日《申报》有报道称："南京各商铺泰半停业，铺主他适，仅有若干售食物之店铺，尚未闭门，惟存货渐罄，所剩者唯售价昂贵之罐头食物与洋酒耳。"①其实较早以前，食物匮乏的迹象已露端倪。拉贝在 1937 年 11 月 7 日记载道："最近的伙食不太好，但我还没有弄清楚是'战争问题'还是'佣人问题'。"当天早餐时，拉贝和他的厨师之间就食物问题有一段幽默的交谈：

> 主人：你过来！火腿和煎鸡蛋吃起来有鱼味，这是怎么回事？
>
> 佣人：鸡也没有办法，主人，现在已没有真正吃的东西，只有吃鱼了。
>
> 主人：可是黄油也是这个味道，难道你认为奶牛也只有吃鱼吗？
>
> 佣人：我一点也不知道。主人，我要去问问它。②

日军逼近南京城下时，情况更为糟糕。金陵女子文理学院美籍教授明妮·魏特琳在 1937 年 12 月 4 日日记中说："现在已经买不到盐和油。"③

为此，人们在商店关门停业之前尽量地多储备食物。因为资料关系，要确切地明了这个时候南京的粮食储备，十分不易。但我们可以通过有关资料，明确慈善救助团体，尤其是南京安全区国际委员会的粮食储备情况。

2. 沦陷前南京安全区国际委员会和慈善团体的粮食储备

近代以来，中国的慈善事业在传统模式的基础上有了很大发展，仅就数量而言，1935 年 10 月，南京市登记在册的各类公益慈善团体共计 46 家④。由于缺乏直接的资料来说明沦陷前南京慈善团体的粮食储备情况，我们只能从这些慈善团体的财产情况来间接说明，以求管中窥豹。

1937 年 2 月南京社会局编印的《南京社会》公布了 1936 年立案的南京市慈善团体登记情况⑤。随着南京陷落，相当一部分慈善团体被迫停止了业务，因此著者将考察的重点集中在南京大屠杀期间仍坚持慈善活动的团体上。1938 年 3 月，伪督办南京市政公署秘书处在《中华民国二十七年度南京市政概况》公布了慈善团体的调查情

---

① 《南京设立安全区 外侨认为愈迫切 一旦被攻击平民损失奇重 南京各商铺现已泰半停业 英侨住宅粘贴中英文字条》，《申报》1937 年 11 月 28 日。

② 拉贝 1937 年 11 月 7 日日记，[德]拉贝：《拉贝日记》，第 56 页。

③ *Minnie Vautrin's Diary* (*December* 4, 1937), Box 134 of YDL Record Group NO. 11, *The Archives of the United Board for Christian Higher Education in Asia*, Yale University Divinity School Library Special Collections.

④ 《南京市公益慈善团体登记表(1935 年 10 月)》，孙宅巍编：《遇难者的尸体掩埋》，张宪文主编：《南京大屠杀史料集》第 5 册，南京：江苏人民出版社、凤凰出版社，2005 年，第 1—4 页。

⑤ 《1936 年立案的南京市慈善团体登记表节录》(1937 年 2 月)，孙宅巍编：《遇难者的尸体掩埋》，第 5—7 页。

况[①]。著者根据以上两次慈善团体登记表、调查表,制作了南京大屠杀期间部分慈善团体的财产、主要工作等情况表,如下所示:

表 35 南京市部分慈善团体财产估数及主要工作

名 称	财产估数	主要工作
明德慈善堂	约六千元	施药、送诊、施材、掩埋 散米、施米、设学校工作
众志复善堂	约八千一百余元	施诊、施药、施材、掩埋 冬振、施茶、恤嫠、恤烬
崇善堂	约十三万一千一百三十元	恤嫠、保婴、施材、施诊 施药、惜字、散米
私立义仓	约三万四千三百元	积谷备荒、冬振 粥厂、平粜
广丰备仓	约三万五千一百四十余元	积谷、平粜、冬振、施粥
公善南堂		掩埋、恤嫠、施药、停柩等
红卍字会		施粥、施米、施材、施诊、惜字振济、掩埋、收容、医药
培善堂		施医、施材、施药、恤嫠、冬振

上表需要说明的是:(1) 表中的"财产估数"来自《1936 年立案的南京市慈善团体登记表节录(1937 年 2 月)》,"主要工作"来自《南京慈善团体调查表(1938 年 3 月)》。(2) 根据《南京慈善团体调查表(1938 年 3 月)》,上表选录的慈善团体均注明当时业务正在进行,其中公善南堂停柩工作继续办理,其余业务停顿;崇善堂工作也在进行,范围收小。(3) 广丰备仓注明为停顿;私立义仓在南京沦陷后被日军占据,业务实际上陷于停顿。因为广丰备仓和私立义仓主要是用于积谷备荒、冬赈、施粥等慈善事业,他们的财产很大程度上是米粮,所以尽管在南京大屠杀期间他们的业务被迫停顿,著者在制作上表时仍将其录入。

根据上表,按 1937 年 10 月底南京市米面价格[②]估算,这些慈善团体的财产换算为米粮仍是一笔可观的数目。这为他们在南京大屠杀期间继续其慈善事业提供了物质基础,同时也为难民们提供了生活粮源。如崇善堂堂长周一渔曾呈文伪督办南京

---

① 《南京慈善团体调查表(1938 年 3 月)》,孙宅巍编:《遇难者的尸体掩埋》,第 7—9 页。

② 按 1937 年 10 月底南京市上等籼米每石 1200 元,小麦每石 500 元,上等面粉每袋 390 元。见《南京市民国二十四年至二十九年每年四月末十月末及现在米面油盐调查表》(民国二十九年十二月),[日]南京特务机关:《南京市政概况》(昭和十七年三月),第 68 页。

市政公署说:“窃敝堂办理救济事业,历有年所,从未中断,本市金沙井堂址,因兵事关系,不能继续工作,遂迁入难民区,照常积极进行救济事务,不遗余力。兵燹初定,满目疮痍,首先组织掩埋队,尽力掩埋,而重卫生。同时散放食米,救济难民,而维残喘。”[①]上表中缺少红卍字会的财产,但根据在南京大屠杀时期曾担任国际红卍字会交际处副处长的少校参谋祝晴川回忆说:“当时南京红卍字分会……每日在五台山庙中发放米粥,属纯布施,不收费。在山西路口处和火瓦巷南京红卍字分会处亦每日施放米粥,天天耗米很多,当时于山西路办事处尚存大米几十袋。”[②]由此可知红卍字会在南京大屠杀时期也储备了一定的粮食,为难民提供了一定粮源。

实质上执行南京沦陷后市政职能的南京安全区国际委员会,在粮食储备问题上了做了大量工作。南京安全区国际委员会成立于 1937 年 11 月,由在南京的德美等国人士组成,并由德国人拉贝先生任主席[③]。安全区国际委员会成立之初就注意到了食物与粮食问题,拉贝在 11 月 30 日的日记中列举了国际委员会必须解决的一系列问题,其中谈到了伙食,认为食品的数量、食品的储存和分配必须有所准备[④]。为此,拉贝与国际委员会多方筹措粮食,以备急需。

11 月 23 日是拉贝的生日,管家韩湘琳的一个朋友送给拉贝两辆卡车,上面装有 100 罐汽油和 200 袋面粉。对这一件生日礼物,拉贝满心欢喜:“用这些东西能办些事情,尤其是我们急需食品和汽车给委员会。”[⑤]第二天当韩湘琳前往领取这些物资时,“一个司机逃跑了。第二辆卡车以及汽油和面粉已经被第八十八师看管起来了”。幸亏得到杭立武博士的帮助[⑥],韩湘琳在 11 月 26 日最终成功地从怡和通砖瓦厂取出了 100 罐汽油和 20 袋面粉[⑦]。这是拉贝先生得到的首笔重要物资。

---

① 《崇善堂堂长周一渔关于组织掩埋队救济难民的呈文》(1938 年 7 月 5 日),孙宅巍编:《遇难者的尸体掩埋》,第 144 页。

② 祝晴川:《丁丑南京屠城记》,张连红编:《幸存者的日记与回忆》,张宪文主编:《南京大屠杀史料集》第 3 册,江苏人民出版社、凤凰出版社,2005 年,第 475 页。

③ 自 20 世纪 80 年代以来,国内外对安全区国际委员会的研究在逐步加深,在安全区的功能与历史地位问题上达成了基本一致意见,廓清了它成立的时间、人员构成、标记符号等。主要成果有:孙宅巍《试论“南京大屠杀”中的安全区》,《南京社会科学》1992 年第 5 期;刘惠恕《南京大屠杀时期的南京难民区国家委员会》,《学术月刊》1995 年第 8 期;徐立刚:《南京国际安全区的历史作用》,《侵华日军南京大屠杀国际学术研讨会论文集》,安徽大学出版社,1998 年版;杨夏鸣《试论“南京安全区”功能的错位及其原因》,《抗日战争研究》2000 年第 4 期;张连红《南京大屠杀时期的日军当局与南京安全区》,《近代史研究》2001 年第 3 期;孙宅巍:《澄清历史——南京大屠杀研究与思考》,江苏人民出版社,2005 年;张连红:《南京大屠杀时期的南京市自治委员会与安全区国际委员会》,《民国档案》,2007 年第 4 期。

④ 拉贝 1937 年 11 月 30 日日记,[德]约翰·拉贝:《拉贝日记》,第 91 页。

⑤ 拉贝 1937 年 11 月 22 日日记,[德]约翰·拉贝:《拉贝日记》,第 76—77 页。

⑥ 拉贝 1937 年 11 月 24 日日记,[德]约翰·拉贝:《拉贝日记》,第 78 页。

⑦ 拉贝 1937 年 11 月 26 日日记,[德]约翰·拉贝:《拉贝日记》,第 83 页。

中国政府在粮食等问题上给予了国际委员会帮助与合作,12 月 1 日,南京市长马超俊答应给国际委员会 3 万袋大米和 1 万袋面粉。同日下午,拉贝从南京卫戍司令部那里收到了 2 万元,这是蒋介石答应捐献的 10 万元中的第一笔款子[①]。后来在 12 月 7 日国际委员会又得到了 2 万元,这样国际委员会总共得到了 4 万元,而不是答应的 10 万元[②]。与此同时,国际委员会在南京沦陷前紧张忙碌地组织人力、车辆运输大米和面粉。但是由于当时运输困难,“米之能于战事爆发之前,运入本会堆栈者,仅九千〇六十七包。面粉仅大同面粉厂所捐之一千袋,市政府所捐者全未收到。市政府所捐食盐共三百五十袋。”[③]应该说,这是国际委员会所实际掌握的粮食数量。除此而外,国际委员会秘书史迈士博士曾在 11 月 30 日打电话给拉贝说:“我们在城里有 6 万袋米,在下关有 3.4 万袋米。这也许够用了。”[④]由于缺乏相关资料佐证,此存粮不知具体指何,但似乎并非为国际委员会实际掌握的存米。国际委员会掌握的这近 1 万包米和 1000 袋面粉成为日后支撑安全区难民度过饥馁时期的救济粮,而另外未来得及运进安全区内的米和面粉成为日后国际委员会与日军占领当局长期交涉的焦点之一。

由以上分析可以看出,南京沦陷之时国际委员会在安全区内储备的粮食等物资不是很充足,国际委员会也曾对外宣布“安全区内没有足够的粮食”[⑤]。为了能够应付未来不可预见的困难时期,国际委员会于 12 月初布告“已经搬进安全区的难民必须备有至少能维持一周生活的食品”,并“建议专事米、面和其他食品以及燃料供应的商人现在就进入区内继续经营”,而对于南京市政府拨给的大米和面粉规定“待私商的粮食库存全部用尽时再使用。一旦出现这种情况,储备的粮食将交给持有委员会执照的私商出售”[⑥]。

国际委员会虽然努力想做到未雨绸缪,但是世事难料,南京沦陷后的情况超出了每个人的想象。随着难民大量涌入安全区,在南京城内西北角狭小地带迅速聚集了

---

① 拉贝 1937 年 12 月 1 日日记,[德]约翰·拉贝:《拉贝日记》,第 93 页。

② 拉贝 1937 年 12 月 7 日日记,[德]约翰·拉贝:《拉贝日记》,第 111 页。费吴生在日记中记载:“马市长(即马超俊)对我们设立安全区的建议给予正式的回应,并提供警察 450 人,3 万担(2000 吨)大米,1 万袋面粉,若干食盐,还答应给 10 万元现金,实际收到 8 万元。”见章开沅编译:《天理难容——美国传教士眼中的南京大屠杀(1937—1938)》,第 97 页。

③ 《南京国际救济委员会报告书》(1937 年 11 月—1939 年 4 月 30 日),张生等编:《英美文书·安全区文书·自治委员会文书》,第 391 页。

④ 拉贝 1937 年 11 月 30 日日记,[德]约翰·拉贝:《拉贝日记》,第 90 页。

⑤ 《上海新闻》,《北华捷报》(The North China Herald)1937 年 12 月 15 日,第 411—414 页,张生编:《外国媒体与德国使馆报告》,第 15 页。

⑥ 拉贝 1937 年 12 月 4 日日记,[德]约翰·拉贝:《拉贝日记》,第 101 页。

25 万人之众的难民,“为了给 25 万人提供食物,每日的需要量为 1600 袋(米)”[①],安全区内很快出现粮食匮乏。为此,国际委员会在南京沦陷后即向日军提出了关于粮食问题的交涉,这个交涉贯穿南京大屠杀时期,直至国际委员会解散。

3. 日军后勤供应情况及其粮食政策

1937 年 11 月初日军占领上海,受战场胜利的刺激,日军进攻步伐加快,并没有停驻在日本“临命第 600 号”令的指示的作战区域内,即“华中方面军的作战区域大体是苏州、嘉兴一线以东地区”[②],而是继续向南京全速进军。虽然日本参谋本部参谋次长发电给松井集团参谋长指出“其行动被认为已超越了‘临命第 600 号’所规定的范围”[③],但日本华中方面军司令官松井石根大将还是作出了进攻南京的军事部署,并敦促参谋本部最终在 11 月 24 日下达指示:“废除根据‘临命第 600 号’指示的华中方面军作战区域。”[④]于是,“向南京进军! 向南京进军!”成为日军狂热的口号与目标[⑤]。随后日军迅速突进到南京城下,1937 年 12 月 5 日,南京外围战的枪声打响,13 日南京沦陷。

从这里我们可以明显地看出,日军从占领上海到攻陷南京,速度极快。原侵华日军士兵曾根一夫在回忆录中这样写道:“在南京战役中,我们边追击溃军,边向前挺进。在 13 天内前进了约 300 公里,速度相当惊人。”[⑥]这期间产生了日军后勤供应问题。

日军后勤因交通问题更加困难,江南水乡地带给日军陆路后勤补给造成了困难。虽然近代以来苏南的铁路和公路有了很大发展,但在中日战争背景下,沪宁铁路已断,公路遭到破坏。1937 年 10 月间,日本间谍在对南京进行侦察后报告说:“上海南京间往返利用汽车,一般都途径上海、青浦、昆山、苏州、无锡、宜兴、句容、南京,另外也可利用绕经杭州的通路。公路上往来卡车很多,路面破坏严重,且无暇修缮(青浦、无锡间尤甚),汽车很难运转。”[⑦]另外,中国方面为阻滞日军进攻,亦实施交通破坏。

---

① 《救济形式的备忘录》(1938 年 1 月 22 日),徐淑希编:《南京安全区档案》,张生等编:《英美文书 · 安全区文书 · 自治委员会文书》,第 340 页。

② 《临命第 600 号》(1937 年 11 月 7 日),王卫星、雷国山编:《日本军方文件》,第 6 页。

③ 《参谋次长致松井集团参谋长电报》(1937 年 11 月 20 日),王卫星、雷国山编:《日本军方文件》,第 9 页。

④ 《大陆电第 18 号》(1937 年 11 月 24 日),王卫星、雷国山编:《日本军方文件》,第 10 页。

⑤ 《向南京进军! 进军! ——新闻匿名月评》,《文艺春秋》1938 年 1 月号,第 240 页。张生编:《外国媒体报道与德国使馆报告》,第 252 页。

⑥ [日]曾根一夫:《我所记录的南京屠杀(续)——战史中没有记载的战争故事》,王卫星编:《日军官兵与随军记者回忆》,张宪文主编《南京大屠杀史料集》第 10 册,江苏人民出版社、凤凰出版社,2006 年,第 286 页。

⑦ 《驻沪冈本总领事致广田外务大臣函》(1937 年 1 月 27 日),马振犊等编:《南京保卫战》,张宪文主编:《南京大屠杀史料集》第 2 册,江苏人民出版社、凤凰出版社,2005 年,第 37—38 页。

《申报》曾报道云:“华军方面为预防一部分日军到达芜湖起见,已将广德、芜湖之间桥梁悉行轰毁,并将公路毁去,俾使机械化部队不能通过。华军更于芜湖、镇江间之扬子江中建筑障碍物多处。”[①]迪克森在一份给德国外交部的报告中也描述了这种情况:“更有甚者,中国人把他们这些不加保护的地方事先以一种完全非中国式的彻底性变成了一片荒野,以这种方式破坏了由占领地给日军提供给养的可能性,并通过破坏道路和河流的交通使后勤供应异常困难。”[②]在这种情况下,日军辎重部队往往要携带沉重的粮秣弹药等物资在崎岖泥泞的道路上前进。

日军进攻南京期间,恶劣的雨雪天气也给日军的后勤补给造成了困难。曾根一夫记录道:“战况惊天地而泣鬼神,上天似乎因此而哭泣的连日大雨不停,战场成为一片汪洋的沼泽地。”他还描述了辎重兵的情况:“搬运弹药和粮秣的辎重兵,全身沾满了污泥,简直像泥人一般。拖着辎重车的马匹,全身也沾满了污泥,无法看清毛色,像泥马一样。行驶在没有道路的田园中,车辆很容易的就会陷入泥沼中,驭兵以嘶嚎的叫声鞭打着马匹。”[③]日军第十六师团步兵第二十联队上等兵东史郎在日记中也曾描写了辎重兵在雨中前进的情景,他说:“炮兵们带着如此沉重的炮车,一天能前进多远呢?拼死拼活每天前进不到一百米,步兵们指望不上辎重兵粮草补给和炮兵掩护,只得靠自己前进。”[④]

在这种情况下,日军的后勤补给大部分依靠水运,1937年11月18日松井石根在上海派遣军司令部听取了部下的汇报,据称,“现在主要运输都是水运,也有一部分利用陆运”,随着日军步步向南京推进,“给养供应可以利用苏州河、浏河、白茹河和浒浦河了”[⑤]。但日军给养供应的水路运输主要途径还是利用长江,而长江中又被中国海军布下水雷等障碍物,延缓了日军通过长江运粮补给的时间。

事实上,日军统帅部为了快速进军,没有充分考虑进军速度与后勤补给的脱节情况。曾根一夫说:“如此大规模的机动战,作战指挥却发生了严重的错误,那就是,战斗前进中的部队和补充弹药、粮秣的兵站部队(并非正式的名称,仅为了和战斗部队

---

① 《中方实施交通破坏 阻止日军进攻》,《申报》1937年12月2日,马振犊等编:《南京保卫战》,第87页。

② 《迪克森给德国外交部的报告》(1938年1月11日),张生编:《外国媒体报道与德国使馆报告》,第310—311页。

③ [日]曾根一夫:《我所记录的南京屠杀——战史中没有记载的战争故事》,王卫星编:《日军官兵与随军记者回忆》,第203页。

④ 东史郎1937年11月17日日记,[日]东史郎:《东史郎日记》,本书编译组译,南京:江苏教育出版社,1999年,第132页。

⑤ 松井石根1937年11月18日日记,《松井石根阵中日记》,王卫星编:《日军官兵日记》,第131页。

1938年2月，难民们聚集在安全区委员会总部前，领取委员会发放的第一笔现金，以便回家开始生活。这个石头花园中，建有一个坚固的混凝土防空洞——第二个角度，可以看到花园中巨大的红十字旗帜。耶鲁大学神学院图书馆藏。

南京被占领后，两兄弟在房屋和商店的废墟前。他们生活在城南，该地区被战火严重摧残。他们的老父亲1938年3月17日因为日军用刺刀威胁惊吓而死。耶鲁大学神学院图书馆藏。

1938 年 3 月 17 日,南京城南的难民重建他们的家。耶鲁大学神学院图书馆藏。

英国《曼彻斯特卫报》记者田伯烈写作了《外人目睹之日军暴行》,在纽约、伦敦发行 30 万册,并出版了中文版,造成广泛国际影响。选自《历史图像》。

有所区别)之间,没有保持均衡的距离。"[①]既要快速行军,又要解决战场补给困难,日军乃下达就地"征缴"、利用当地物资的命令,即公然抢劫中国居民的物资。日本陆军省最早在1937年8月5日传达了相关命令,命令称:

在目前形势下,采取下述实施应为当然之措施:

1. 有自卫方面必要的限度时,扣押、没收、破坏或适当处置(如扣押了有危险性的东西、不能长期保存的东西后,将需要大量经费、人力保管的这些东西估价或抛弃)有敌对性的支那方面的动产、不动产。……

2. 为了自卫或地方良民等之福祉,在不得已的紧急情况下,利用前款之物品等。[②]

这条命令虽没有明确地提出实施"征缴"政策,但却成为以后日军就地"征缴"物资的依据。日军步兵第六十六联队第一大队在大队命令中,明确提到:"应利用当地物资补充给养","征缴主食、调味品",并分配负责征缴给养任务如下:

第一中队——第三大队本部、第二中队

第三中队——第十中队

第四中队——第十一、第十二中队

第一机枪队——第三机枪队[③]

同样,东史郎也接到过去后方征粮的命令,他在日记中记述道:"夜幕降临时,命令我们到后方征粮。"[④]虽然他的上司中队长曾表示:严禁征收。按他所言,除大米以外,征收其他东西的行为都是罪恶。但是,可以吃甜年糕、小豆粥和面条又很满意。中队长这种自相矛盾而又别扭的话,使东史郎等人听了以后丈二和尚摸不着头脑。所以他们也当成耳边风,不予理睬[⑤]。"征缴"的命令与行动一如既往。

事实上,日军进攻南京的给养供应几乎依赖于就地"征缴"。1937年12月24日,

① [日]曾根一夫:《我所记录的南京屠杀——战史中没有记载的战争故事》,王卫星编:《日军官兵与随军记者回忆》,第219页。

② 《有关适用交战法规之文件》(1937年8月5日),王卫星、雷国山编:《日本军方文件》,第11页。

③ 《步兵第六十六联队第一大队战斗详报》(1937年12月10日—13日),王卫星、雷国山编:《日本军方文件》,第237页。

④ 东史郎1937年12月8日日记,[日]东史郎:《东史郎日记》,第159页。

⑤ 东史郎1937年11月25日日记,[日]东史郎:《东史郎日记》,第145页。

日军第十六师团在报告中说:“本次作战期间,本以兵马给养立足于依靠当地物资来适应快速机动。”[①]日军第十六师团后勤参谋木佐木久少佐 1937 年 12 月 1 日就征缴到“800 袋大米、1000 袋小麦、100 袋砂糖和 2 艘汽船等”[②]。日军其他部队的情况与此大致类似,第九师团报告称:“自中新泾镇出发以来,军补给点的推进跟不上师团的追击步伐。从上海到南京约三百公里之间,部队几乎得不到粮秣补给,只能依靠当地物资进行补充和追击作战。”[③]日军第六师团在战时旬报中亦云:“各部队几乎都是采取征缴的方法”,“其补充依靠各部队的直接征缴粮秣及师团军需部征用或收缴的粮秣”。第六师团军需部“补充”情况如下:

1. 金山(征缴品)
2. 白王庙(随后送到的)
3. 徐公桥镇、白鹤港镇及施记浜(随后送到的)
4. 昆山(征缴品)
5. 松江(征缴品)
6. 金山及松阴镇(军野战仓库领取)
7. 松泾镇(兵站交付品)
8. 嘉善(兵站交付品)
9. 晟舍镇(征用品及军的仓库补给品)
10. 广德(征用品、征缴品及部分随后送到的)
11. 禄口镇(征用品、征缴品及部分随后送到的)
12. 东善桥(征缴品)
13. 铁心桥(征缴品)
14. 西善桥(征缴品)
15. 南京(征缴品、随后送到的)
16. 芜湖(征缴品、随后送到的)[④]

正如本多胜一所写:所谓“征缴”,实际就是“掠夺”[⑤]。曾根一夫说:“征收命令听

---

① 《第十六师团状况报告》(1937 年 12 月 24 日),王卫星、雷国山编:《日本军方文件》,第 51 页。

② 木佐木久 1937 年 12 月 1 日日记,《木佐木久日记》,王卫星编:《日军官兵日记》,第 323 页。

③ 《第九师团作战经过概要》,王卫星、雷国山编:《日本军方文件》,第 116 页。

④ 《第六师团战时旬报第 15 号附录》,王卫星、雷国山编:《日本军方文件》,第 285—286 页。

⑤ [日]本多胜一:《南京大屠杀始末采访录》,刘春明、包容、吴德利等译校,北京:北京文艺出版社,2001 年,第 290 页。

起来似乎很有道理，其实这与抢夺当地居民的粮食无异。”[①]日军每占领一城镇一村庄，首要目标就是搜索粮食。东史郎在日记中描述其占领无锡后的“忙碌”情形说：“我们一到住处就赶忙四处征收，士兵们像一群搬运工，急匆匆地从面粉仓库里背出白袋子面粉。商店里挤满了士兵，黑压压一片，砂糖、水果、罐头等应有尽有，哪一个商店里都原封不动地放着。”[②]他还说：“我们搜查了村子里家家户户的各个角落，连一粒米也不放过。”[③]

日军在占领南京后控制了全城的粮食储仓，上节所述南京的粮仓都被日军占领，正如日军兵站司令部的一位幅中佐蛮横地对国际红卍字会负责人说的那样：“大日本皇军占领地区，一切人力、物力都归皇军所有，红卍字分会有什么权力说义仓之米是红卍字的呢？”[④]此外，南京军粮仓库亦被日军占据。日军对中国战俘采取“不留俘虏”政策，但在东史郎曾担任警备的马群镇，却例外地留下了一名中国军官军医，因为他知道中国军队的粮草隐藏处[⑤]。日军南京特务机关所辖宣抚班在 1938 年 1 月 21 日报告中称：“中国军队的兵站物资已全被皇军管理。”[⑥]但日军并不满足于此，而是继续放纵其劫掠的兽性。

这个时候，在日军中间还流传着一个词汇——“心焦”，它既不流行于战前，又不应用于战后，时任教导总队营长、后避难于鸡鸣寺的钮先铭称其为“海外战时言语”。据钮先铭说，“心焦”是写作“进上”两个汉字，可以翻译为呈上。从字面意思来看，并不含有恶意，毋宁说是一句敬语。“可是鬼子兵在我沦陷区作打劫或强索的时候，一定都用‘心焦’这两个字”，“心焦”永远成为日语中最丑恶的语言[⑦]。

占领南京后日军的“征缴”行动是伴随着大屠杀进行的。日军在《南京城内扫荡要领》中规定：“扫荡时要调查金库、武器、粮秣、仓库及其他军用资源，根据需要，在派兵监视的同时要迅速报告。”[⑧]经过日军一段时间“扫荡”后，中国军民已无力反抗，但日军仍以“征缴”等为目的继续“扫荡”。日军第十六师团参谋长中泽三夫在下发给各部队的通知中说：“各守备部队在其负责区域已连续扫荡数次，几乎已经看不到敌军

---

① ［日］曾根一夫：《我所记录的南京屠杀——战史中没有记载的战争故事》，王卫星编：《日军官兵与随军记者回忆》，第 220 页。

② 东史郎 1937 年 11 月 25 日日记，［日］东史郎：《东史郎日记》，第 145 页。

③ 东史郎 1937 年 11 月 25 日日记，［日］东史郎：《东史郎日记》，第 145 页。

④ 祝晴川：《丁丑南京屠城记》，张连红编：《幸存者的日记与回忆》，第 479—480 页。

⑤ 东史郎 1937 年 12 月 15 日日记，［日］东史郎：《东史郎日记》，第 204 页。

⑥ 《南京特务机关的宣抚工作概况》，姜良芹、郭必强编：《前期人口伤亡和财产损失调查》，张宪文主编：《南京大屠杀史料集》第 15 册，江苏人民出版社、凤凰出版社，2006 年，第 316 页。

⑦ 钮先铭：《还俗记》，张连红编：《幸存者的日记与回忆》，第 341—342 页。

⑧ 《南京城内扫荡要领》，王卫星、雷国山编：《日本军方文件》，第 110 页。

了,但时不时地还能捕获三五个败兵。可以兼带着示威、征缴、行军等目的不断实行。"[①]实际上,从日军下达"征缴"命令的那一时刻开始,它就为大屠杀埋下了伏笔[②]。据曾根一夫回忆,"这个征收命令,使下级官兵发狂,不但抢夺粮食,并且强暴了中国妇女"。由于日军重视本队所谓"名誉",同时下级官兵为了保护自己不受追究,在所谓"征缴"完毕后,往往"毫不考虑地杀掉无辜的中国百姓"[③]。

中国人对日军的"征缴"略有反抗,或者由于语言不通而动作稍微怠慢,日军就以殴打甚至枪杀处置。南京大屠杀幸存者张余氏后来回忆说,她的丈夫被日本兵抓住,因为听不懂日语而遭到日本兵手枪柄的殴打,甚至拔出刀来,做出砍脖子的样子威胁他们。在张余氏一家明白了日军的要求后,被迫带着日本兵去养鸡的各家拿鸡蛋。日本兵抢了鸡蛋后,又发现了猪,又杀了猪[④]。日军第十六师团工兵第十六联队的小寺忠雄亦回忆说,因为从日本供给食品的时间很长,所以食品几乎都靠在当地掠夺,"我们去当地支那人居住的地方,强行把东西抢来。……收集了很多东西,有猪、有牛、有食品,什么都抢。反正进去以后,好一点的东西全都抢。反抗的话就开枪,所以村里人也无法反抗。"[⑤]国际委员会财务主管克勒格尔在致德国大使馆报告中提到:"打仗的士兵和因为猛攻而给养不充足的部队被放进了城内,他们对赤贫的居民和无辜的民众进行了此前谁也没有预想到的残酷的打击。他们从难民那里抢米,只要是能抢的财产,诸如毛毯、西服、钟表、手镯等,只要他们认为值得拿走的东西,都全部抢走。如果被抢者稍加犹豫的话,马上就被刺刀刺死。很多人成为了这种野蛮行为的牺牲品。"[⑥]

日军的"征缴"范围并不仅仅限于抢劫中国人民的财产,美、英、德等国大使馆、侨民的财产也是他们猎取的目标。金陵大学美籍教授贝德士在给朋友的信函中提到:"城里差不多每一栋房屋,包括美、英、德国使馆或大使官邸,还有比重甚大的所有外侨的财产,都遭到日本士兵反复抢劫。"[⑦]克勒格尔亦曾向德国大使馆报告有关德国人

---

① 《在南京的通知要点》,王卫星、雷国山编:《日本军方文件》,第 57 页。

② 吴广义认为:侵华日军在从上海到南京的追击中国军队过程中,并没有保障给养的供应,而是命令"给养就地征发",于是杀烧淫掠等暴行都在这一军令下展开了。见吴广义:《侵华日军南京大屠杀日志》,北京:社会科学文献出版社,2005 年,第 40 页。

③ [日]曾根一夫:《我所记录的南京屠杀——战史中没有记载的战争故事》,王卫星编:《日军官兵与随军记者回忆》,第 220—221 页。

④ [日]松冈环编著:《南京战·被割裂的受害者之魂——南京大屠杀受害者 120 人的证言》,沈维藩译,上海:上海辞书出版社,2005 年,第 216 页。

⑤ [日]松冈环编著:《南京战·寻找被封闭的记忆——侵华日军原士兵 102 人的证言》,新内如、全美英、李建云译,上海:上海辞书出版社,2002 年,第 374—375 页。

⑥ 《外交资料:克勒格尔的私人报告》(1938 年 1 月 13 日),张生编:《外国媒体报道与德国使馆报告》,第 319 页。

⑦ [美]贝德士:《致朋友函》(1938 年 1 月 10 日),章开沅编译:《美国传教士的日记与书信》,张宪文主编:《南京大屠杀史料集》第 4 册,江苏人民出版社、凤凰出版社,2005 年,第 16 页。

在南京的房子遭到抢劫的情况①。1937 年 12 月 23 日、24 日日本士兵两次抢掠美国大使馆，窃取大量物资，其中面粉、大米各一袋。此事经日本总领事冈本发电报给外务大臣，引起陆军部重视，陆军次官电令松井集团参谋长及该集团特务部长彻查此事，尽快地采取措施适当处理②。

日军肆无忌惮地抢劫、屠杀，不惜毁损他们口口声声宣扬的“皇军威严和仁义的形象”，其原因何在？

松井石根认为以下两点原因导致了抢劫和暴行：

> 1. 自从上海登陆以来，我军将士一直在进行残酷艰难的战斗。这些战斗使将士们对敌军产生了强烈的仇视情绪。
>
> 2. 在进行激烈且快速的追击战时，我军给养以及其他物资未能得到及时补充。③

松井石根提出的上述两条原因实属托词。其实，仅就粮食供应而言，攻陷南京后，日军占用了城内外大批物资储备，同时其后勤物资也相继运到，日军的食粮得到了充分补给，但此时仍发生了不计其数的抢劫案。除已经在第一部分论述过的原因外，另一个因素是日军以胜利者姿态自居，认为被占领的南京一切均为其所有，可以予取予夺，反映了日军“病态的民族蔑视”④心理。

（二）南京安全区国际委员会与日方的粮食交涉

南京沦陷后，日本军事当局对于粮食的重要性十分清楚，掌握粮食控制权实际上就可以掌控南京的经济命脉和百姓生活。它不仅要利用粮食为武器使南京服从其统治，而且要从难民的庇护者南京安全区国际委员会手中夺取难民管理权，并使国际委

---

① 《克里斯蒂安·克勒格尔致德国驻南京大使馆的信》(1938 年 1 月 11 日)，张生编：《外国媒体报道与德国使馆报告》，第 305—308 页。

② 《陆军次官关于日本兵侵入南京美国大使馆的电报》(1937 年 12 月 28 日)，王卫星、雷国山编：《日本军方文件》，第 13 页。

③ 《松井石根“支那事变日志拔萃”》，王卫星编：《日军官兵日记》，第 194 页。

④ [美]张纯如：《南京大屠杀》，第 254 页。张纯如在这里详细分析了日军在华实施暴行的原因，她指出这是日军三点心理作用在作祟：“虐待转移”现象、病态的民族蔑视、迷信天皇与暴力。

员会顺从、甚至解散[①]。正如旅行家瓦尼娅·奥克斯比较1941年前后的上海说的那样:"日本人以大米为武器主宰了上海,犹如希特勒利用食品供应控制了欧洲的占领区一样。"[②]日军在南京控制粮食具有同样的威胁力。对此,安全区国际委员会心知肚明,与日军进行了艰苦的交涉。

1. 国际委员会与日方的初次交涉

1937年12月14日,即南京沦陷后第二天,国际委员会分别用英语和日语草拟了一封信,准备面呈日本指挥官。国际委员会在信函中说明其"已经承担了在安全区安置中国居民、储备米面、暂时接济难民和接管安全区内警察工作的责任",同时向日军指挥官提出五项请求,其中之一是:"准许委员会在安全区内出售米面并设立粥厂。委员会在其他地区有大米储备,我们希望我们的卡车能够自由通行,运输大米。"[③]国际委员会找到了约6名日本军官,但他们都没有理会国际委员会提出的问题,而是让国际委员会和随后两天才抵达的第六师团长谷寿夫联系[④]。这是国际委员会与日军领导层的第一次接触,因为没有找到真正的主事者,无果而终。

第二天,国际委员会通过日本大使馆福田笃泰将此信转交给了日军特务机关负责人,并在中午与日军特务机关负责人会晤时得到了日军的表态:"委员会在安全区储存的一万担米可供难民使用,但日本士兵也需要大米,因此他们也可以在安全区里购买大米。"[⑤]日军认可了国际委员会在安全区内存储的粮食,但又说日本士兵"也可以在安全区里购买大米",这无疑是纵容日本士兵变相地与难民争夺粮食,甚至在安全区内实施抢劫,实际上加剧了国际委员会的工作难度。实际上,作为"胜利者",日军是不屑于"购买"粮食的。拉贝在12月14日的日记中写道:"日本人每10人—20人组成一个小分队,他们在城市中穿行,把商店洗劫一空。如果不是亲眼目睹,我是

---

① 《南京特务机关的宣抚工作概况》(1938年1月21日—3月),姜良芹、郭必强编:《前期人口伤亡和财产损失调查》,第316页。

② [美]魏斐德:《上海歹土——战时恐怖活动与城市犯罪,1937—1941》,芮传明译,上海:上海古籍出版社,2003年,第60页。

③ 《致驻南京日本军队指挥官的信》,徐淑希编:《南京安全区档案》,张生等编:《英美文书·安全区文书·自治委员会文书》,第270页。另见拉贝1937年12月14日日记,[德]约翰·拉贝:《拉贝日记》,第136—137页。

④ 拉贝1937年12月14日日记,[德]约翰·拉贝:《拉贝日记》,第137—138页。

⑤ 《与日军特务机关负责人会晤的备忘录》(1937年12月15日中午),徐淑希编:《南京安全区档案》,张生等编:《英美文书·安全区文书·自治委员会文书》,第274页。拉贝在日记中记载的会晤对象是日军参谋部参谋长,与该处日本特务机关负责人的记载不一致,但应为同一人。另参见拉贝1937年12月14日日记,[德]拉贝:《拉贝日记》,第143页。战后福田笃泰在接受国际检察局询问时,说特务机关负责人姓阪田,忘记了名字,军衔是少佐。参见杨夏鸣、张生编:《国际检察局文书·美国报刊报道》,张宪文主编:《南京大屠杀史料集》第29册,江苏人民出版社、凤凰出版传媒集团,2007年,第278页。著者认为此处的阪田少佐可能是"阪田机关"的负责人阪田诚盛,但缺乏有力的资料佐证,立此存疑。

无法相信的。他们砸开店铺的门窗,想拿什么就拿什么,估计可能是因为他们缺乏食物。”[①]金陵大学教授贝德士描述说:“食品显然是第一需要,但也不放过任何有用的或值钱的东西。全城成千上万私宅,有人住的和空着的,大的和小的,中国人的和外国人的,都遭到一视同仁的抢劫。”[②]12 月 16 日国际委员会向福田笃泰递交了第一份关于日军暴行纪录,该记录记载:“12 月 15 日下午,一些士兵闯进宁海路米店,拿走了 3 包大米(3.75 担),只给了 5 美元。正常的米价是每担 9 美元,因此,日本皇军欠国际委员会 28.75 美元。”[③]日军虽然冠以美名“购买”大米,这种行为不啻是抢劫,这影响了国际委员会向难民的粮食供应 ,“从 12 月 14 日早晨起,货车运输可以讲几乎陷于瘫痪”[④]。对于国际委员会来说,另一个难题是,日军特务机关负责人并没有对国际委员会在区外储备的粮米作出明确的表态,这为双方继后的交涉埋下了伏笔。

12 月 21 日下午 2 时,留宁西方国家侨民集体向日本大使馆呈递了一封信,他们鉴于“抢劫和纵火已经使得城市的商业生活陷于停顿,全部平民百姓因此而拥挤在一个大难民收容所里”,同时考虑到“国际委员会的粮食储备只能提供 20 万居民食用一周这一事实”,强烈呼吁日方“立即采取必要的步骤恢复安宁和秩序,恢复市民的正常生活环境,补充粮食和燃料储备”[⑤]。对此等呼吁,日方不愿意和国际委员会讨论,他们借口自己也缺乏食品,不关心国际委员会的储备是否足够[⑥]。国际委员会关于食品问题向日方的交涉再次无果而终。

南京沦陷两周后,食品问题变得突出起来。金陵大学教授、安全区国际委员会秘书史迈士估计“储存的米仅能维持一周”。拉贝虽然并不那么悲观,但也认为“最好做好应付不测的准备,以防灾难降临时难民食品告罄”[⑦]。为此,拉贝和史迈士于 12 月 27 日面见日本大使馆二等书记官福井淳,请求他在向安全区运送粮食方面提供帮助,并向他递交了一封信,详述了国际委员会储备粮食与燃煤的情况,指出“安全区内家庭私人占有的大米储备即将用尽,对大米的需求剧增”,如果为全部难民提供食物的话,国际委员会的“储备不足以应付一个星期”,而“为粥厂准备的燃煤储备只够用

---

① 拉贝 1937 年 12 月 22 日日记,[德]约翰·拉贝:《拉贝日记》,第 138 页。

② [美]贝德士:《南京一瞥》(1937 年 12 月 15 日),章开沅编译:《天理难容——美国传教士眼中的南京大屠杀(1937—1938)》,第 6 页。

③ 《安全区内日本士兵胡作非为的案例》,徐淑希编:《南京安全区档案》,张生等编:《英美文书·安全区文书·自治委员会文书》,第 277 页。

④ 拉贝 1937 年 12 月 15 日日记,[德]约翰·拉贝:《拉贝日记》,第 155 页。

⑤ 拉贝 1937 年 12 月 21 日日记,[德]约翰·拉贝:《拉贝日记》,第 191 页。

⑥ 拉贝 1937 年 12 月 21 日日记,[德]约翰·拉贝:《拉贝日记》,第 192 页。

⑦ 拉贝 1937 年 12 月 26 日日记,[德]约翰·拉贝:《拉贝日记》,第 228—229 页。

一个星期"[①]。福井答应和军方讨论此事,但史迈士不敢确定福井对军队能起多大作用[②]。史迈士的推测在12月29日再次与福井的会谈中得到了证实,拉贝在日记中写道:"福井先生愿意替我们到军方说情,他本人帮不了我们的忙,因为一切得通过军事当局。"[③]

从南京沦陷之日起,国际委员会就粮食问题一直向日军当局交涉,但日军当局以各种理由为托辞,不理会国际委员会的抗议,并拒绝向安全区提供粮食。日方对此的态度意在迫使安全区国际委员会解散。贝德士分析说,日本人"对他们不得不在中立的观察员的注视下完成占领而感到愤慨",声称"在世界历史上从未有过这种情况"[④]。史迈士在致家人函中谈到和拉贝向日本大使馆递交一封关于日军暴行的短信时,福田和田中[⑤]看后无话可说,福田说:"军队如此疯狂,是因为他们说,这是有史以来第一次在征服一地时有中立的观察员在场。"[⑥]拉贝也写道:"我们向日本当局提出的在城内寻找其他粮食储备并运进安全区来的申请始终没有得到答复。日本人是想让中国人走出安全区,回到自己家中。"[⑦]在日本人看来,"安全区的存在妨碍了日军在南京建立'新秩序'"[⑧],因此日方要千方百计加以解散,而对日方来说最好的操纵工具莫过于"粮食"。国际委员会委员约翰·马吉认为:"他们试图使我们难民区委员会无法工作,控制我们手中的食物、油和钱。"[⑨]故而日方在国际委员会提出的粮食问题上一直作梗,百般刁难。南京沦陷的这两周时间是国际委员会最困难时期,他们孤军奋战,在粮食供应问题上没有过多的选择,只有向日方反复交涉一途。稍后随着局势的一

① 拉贝1937年12月27日日记,[德]约翰·拉贝:《拉贝日记》,第236页。

② [美]史迈士:《致家人函》(1937年12月27日),章开沅编译:《天理难容——美国传教士眼中的南京大屠杀(1937—1938)》,第310页。

③ 拉贝1937年12月29日日记,[德]约翰·拉贝:《拉贝日记》,第244页。

④ [美]贝德士:《致朋友函》(1938年1月10日),章开沅编译:《天理难容——美国传教士眼中的南京大屠杀(1937—1938)》,第19页。

⑤ 根据战后国际检察局对福田笃泰的闻讯记录,此人应为时任日本大使馆副领事的田中正一。杨夏鸣、张生编:《国际检察局文书·美国报刊报道》,第266页。

⑥ [美]史迈士:《致家人函》(1938年1月5日),章开沅编译:《天理难容——美国传教士眼中的南京大屠杀(1937—1938年),第325页。

⑦ 拉贝1937年12月26日日记,[德]约翰·拉贝:《拉贝日记》,第229页。

⑧ 张连红:《南京大屠杀时期的日军当局与南京安全区》,《近代史研究》2001年第3期,第248页。该文认为:日军当局在攻占南京之前拒绝承认南京安全区,但又担心其断然拒绝会受到国际舆论的谴责,因此日军当局采取了既模糊又明确的答复方式,即其拒绝的理由较为模糊,拒绝的结论较为明确。日军当局占领南京后面对出现的混乱局势和大量难民积聚城内一隅表现出管理上的"无力",以及没有可以取代安全区国际委员会的傀儡政权,而安全区国际委员会采取了与日方合作的态度,这使得日军当局默认了安全区存在的事实。当国际委员会对日军暴行进行抵制与揭露,妨碍日军在南京建立"新秩序"时,南京安全区被解散的命运就不可避免了。

⑨ [美]马吉:《致妻子函》(1938年1月11日),章开沅编译:《美国传教士的日记与书信》,第166页。

定缓和，日军扶植成立的傀儡政权南京市自治委员会在粮食供应问题上多少给予了国际委员会支持。同时，美英德等国部分使馆人员返回南京，对外交通通信联系也有一定的恢复，这加强了国际委员会向日方交涉的力量。由此国际委员会与日方的交涉进入了新阶段。

2. 国际委员会与伪南京市自治委员会在粮食问题上的折冲

1938年元旦前，传出消息称伪南京市自治委员会要接管国际委员会的工作，尤其是国际委员会的资金。拉贝对此认为："这个自治委员会要代替我们。如果它接管我们的工作，我们并不反对，但是人们显然只是要我们的资金。……但我不会主动交出任何东西。只有被逼无奈时我才会让步，但即使在这时，我也要提出强烈的抗议。"[①]1938年1月1日，伪南京市自治委员会粉墨登场，3日国际委员会内部通过了机密文件，说明国际委员会当下面临的问题，以及自治委员会成立后国际委员会拟采取的应对措施与态度。国际委员会同意在自治委员会恢复秩序和国家公务方面给予支持和承认，但坚持食品和资金供国际委员会自己支配，并拒绝交出，国际委员会强调："我们必须警惕，不要让人把会耗尽我们财力的工作或任务移交给我们，也不要指望我们会进行使我们对这笔资金失去控制的工作。"[②]

就在国际委员会通过内部机密文件后的第三天，即1月6日，福田笃泰通知拉贝，根据军事当局的决定，国际委员会应予解散，其储备和资金由接替国际委员会工作的自治委员会接管。拉贝当即对要交出财产和储备表示抗议。随后拉贝立即召集了委员会会议，会议讨论了拉贝对福田的答复，还起草了一份对恢复安全和秩序设想的建议书[③]。第二天拉贝将建议书交给了福田，福田多少表明理解国际委员会的想法，但他告诉拉贝：东京方面来了严厉的指示，南京的秩序要无条件地恢复。拉贝记录道："一切行政工作(包括拉贝市长的工作吗?)均由自治委员会而不是我们外国人去承担。"[④]

在福田通知拉贝要解散国际委员会的同时，国际委员会得到消息说可以向日军当局购买大米和面粉。此时难民们带进安全区的储备即将告罄，对大米、面粉和燃煤的需求一天比一天大。所以，尽管价格昂贵(每袋米约13元)，国际委员会还是决定购买总价值为5万元的米面和1.2万元的燃煤[⑤]。于是，1月6日国际委员会向日本陆军军需物资供应处的石田少佐递交了一封由拉贝签名的信函，说明国际委员会所

---

① 拉贝1937年12月30日日记，[德]约翰·拉贝：《拉贝日记》，第250页。

② 拉贝1938年1月3日日记，[德]约翰·拉贝：《拉贝日记》，第268—269页。

③ 拉贝1938年1月6日日记，[德]约翰·拉贝：《拉贝日记》，第297页。

④ 拉贝1938年1月7日日记，[德]约翰·拉贝：《拉贝日记》，第303页。

⑤ 拉贝1938年1月6日日记，[德]约翰·拉贝：《拉贝日记》，第296页。

需要的食品和燃煤数量[①]。显然日军当局出售大米给国际委员会的举动是与日军当局解散国际委员会的政策背道而驰,在东京来了措辞严厉的解散国际委员会的命令后,这个举动告诉人们这只是一个骗局而已。经过几天的交涉,1月10日,国际委员会财务主管克勒格尔从石田少佐处最终得到的答复是:日军不准备向国际委员会出售已答应的大米和面粉,只准备向自治委员会提供[②]。

与此同时,发生的另外几件事促使国际委员会决定改变策略,在直接经过日本使馆交涉某些问题的同时,另辟渠道,即通过自治委员会解决。1月3日,日本领事警察坐车在安全区内巡视,哨兵问五台山红卍字会粥厂的负责人谁给他们运煤,那人回答道:"国际委员会。"警察给了他一耳光,说:"不对,是自治委员会!"第二天同样的事又发生在金陵大学粥厂的人身上。国际委员会住房委员会副主任林查理说,自治委员会的王承典(吉米)愿意帮助国际委员会获得粮食,但国际委员会要帮助自治委员会运输粮食。人们听后,对此嗤之以鼻,但贝德士说:"大米是当务之急。"史迈士也同意与之尽力合作[③]。米尔士于是产生一个新想法,史迈士记载道:"我们一直感觉到,在一些问题上,我们被迫通过自治委员会解决,而不是直接经过日本使馆。日本人迫切希望国际委员会削弱,将职权移交给自治委员会。所以米尔士建议我们要明确在此基础上开展工作,把事情上交自治委员会,极力鼓励他们直接向日本人提出要求。"[④]

事实上,伪南京市自治委员会从自身考虑也在向日方交涉取得粮食,这是他们能够获得经费收入的有效途径之一。日本南京特务机关在1938年1月份的工作报告中说:"过渡期的自治委员会,目前尚无财源,所以除利用今后的卖粮款和预定征收的人力车税(约1000台)之外,拟开设自治委员会直营的鱼类、蔬菜等市场,将其收入充作部分财源,将来则采取收缴门户税以充经营费的方针。"[⑤]另外,伪南京市自治委员会在配合日本军事当局工作的同时[⑥],希图树立其为民形象。其中重要的切入点,是与已经在难民中树立威信的南京安全区国际委员会在粮食问题上取得最低限度合

① 拉贝1938年1月6日日记,[德]约翰·拉贝:《拉贝日记》,第298—299页。

② 拉贝1938年1月10日日记,[德]约翰·拉贝:《拉贝日记》,第320页。

③ [美]史迈士:《致家人函》(1938年1月5日),章开沅编译:《天理难容——美国传教士眼中的南京大屠杀(1937—1938)》,第324页。

④ [美]史迈士:《致家人函》(1938年1月5日),章开沅编译:《天理难容——美国传教士眼中的南京大屠杀(1937—1938)》,第326页。

⑤ 《南京特务机关的宣抚工作概况》(1938年1月21日—3月),姜良芹、郭必强编:《前期人口伤亡和财产损失调查》,第310页。

⑥ 伪南京市自治委员会成立后,于日本顾问指导下在政治、经济、文化教育、公共事业等方面采取了许多措施展开工作,尤其是在安民、恢复正常秩序上力图获得民众的认同,但其效果如何完全取决于日本占领当局的态度。见丁兆东、陈谦平:《略论伪南京市自治委员会的统治》,《民国档案》2004年第2期。

作。于是,伪南京市自治委员会按照安全区国际委员会的组织模式,成立了一个食品委员会,王承典被指定为食品委员会委员[①]。1月7日,自治委员会第二次常会决议由王承典与孙叔荣、程朗波两副会长至日本大使馆与福田通过日军经理部接洽米麦贩卖事宜[②]。

据王承典在1月8日告诉史迈士说,日本军方将在安全区外免费发给他5000袋米,以此诱使老百姓回到被损的家园。同时还以5元一袋的价格出售给他100000袋,他将按8元一担的价格卖出[③]。此点通过担任自治委员会顾问的许传音博士于同日告诉拉贝的消息可以得到印证,许传音说:日本人准备向自治委员会赠送5000袋大米,条件是这些米不能在安全区内分发。他们是要以此促使安全区的居民重返安全区外的住处[④]。这说明王承典等与日本军方接洽有关米麦贩卖事宜的请求取得了日本军方的同意,但是其中加上了条件:就是不能在安全区内分发,以便引诱难民离开安全区、迫使国际委员会解散。

1月9日上午,王承典与安全区国际委员会有关成员会晤。王承典说日本人在几天前打算强行关闭安全区国际委员会的米店,后来重新考虑了这件事,但是不允许国际委员会再向难民出售米了[⑤]。那时,国际委员会不仅每天用100袋米用于免费发放和粥厂所需,而且在安全区内成立了米店,起初每天卖出10袋米,随着粮食供应困难加剧,每天卖出150袋米,限每人买一斗[⑥]。日本人要强行关闭国际委员会的米店,是胁迫国际委员会解散难民区的又一手段,同时提高自己一手扶植的自治委员会的地位。自治委员会也企图通过关闭国际委员会的米店,控制粮食的出售权。国际委员会出于促使日本人和自治委员会出售大米的考虑,将计就计,同意关闭自己的米店。鉴于国际委员会余存4000袋大米,鉴于每天250袋的速度消耗、维持不了两周,而一天免费发送大米100袋、则够用40天的事实,史迈士告诉王承典他们正想关门:“今天我们只有一家米店营业,大米在今天下午或明天会被运走,所以明天一早我们就关门。”[⑦]

---

① [美]史迈士:《致家人函》(1938年1月9日),章开沅编译:《天理难容——美国传教士眼中的南京大屠杀(1937—1938)》,第329页。

② 《南京市自治委员会会议记录》,南京市档案馆藏,1002—19—8。

③ [美]史迈士:《致家人函》(1938年1月9日),章开沅编译:《天理难容——美国传教士眼中的南京大屠杀(1937—1938年)》,第329页。

④ 拉贝1938年1月8日日记,[德]约翰·拉贝:《拉贝日记》,第308页。

⑤ 拉贝1938年1月8日日记,[德]约翰·拉贝:《拉贝日记》,第316—317页。

⑥ 史迈士:《致家人函》(1938年1月9日),章开沅编译:《天理难容——美国传教士眼中的南京大屠杀(1937—1938)》,第328页。

⑦ [美]史迈士:《致家人函》(1938年1月9日),章开沅编译:《天理难容——美国传教士眼中的南京大屠杀(1937—1938)》,第330页。

《芝加哥每日新闻报》记者斯提尔深入南京，报道了南京大屠杀。选自《历史图像》。

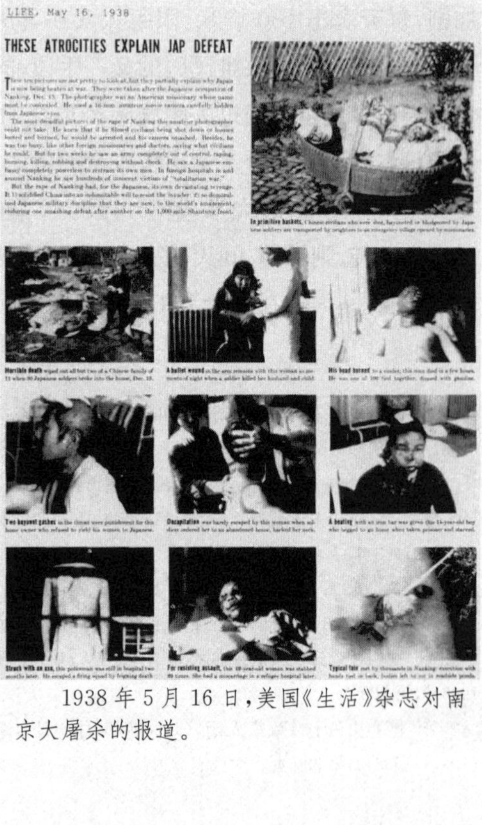

1938年5月16日，美国《生活》杂志对南京大屠杀的报道。

日军士兵提着被害中国人的头颅摄影。美国国家档案馆藏。

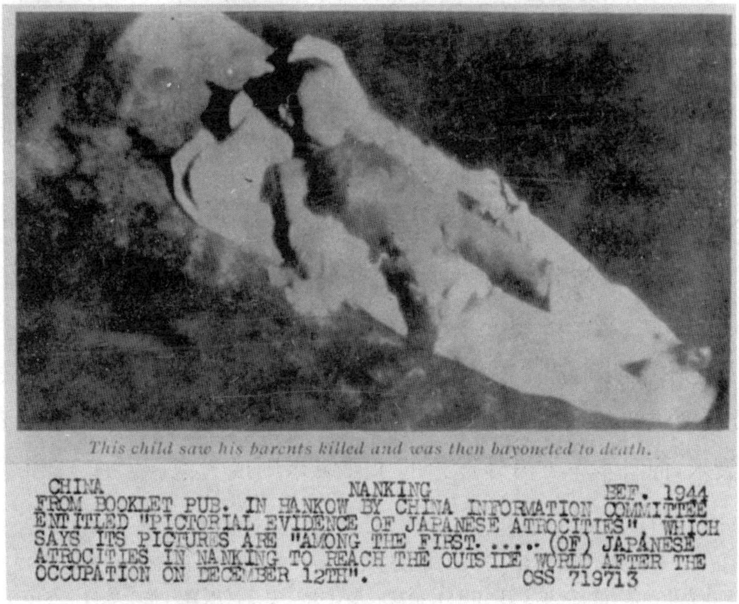

这个孩子看着父母被日军杀死,然后被刺杀至死。美国国家档案馆藏。

事态的发展并不像人们想象的那么简单。1月10日一早,国际委员会抢在日本人的命令之前停止了大米的出售。但伪南京市自治委员会没有相应地设立自己的出售点,引起难民们的极大失望,直至当天下午4时,伪南京市自治委员会才在安全区国际委员会总部附近设立了一个大米销售摊位。之所以出现这种情况,是因为,一方面日本军事当局禁止在安全区内出售大米,但出于金融和政治上的考虑,又不得不"开始发放少量的从中国政府相当多的供应物资中征缴来的大米"①;另一方面是伪南京市自治委员会的交通运输力量薄弱,无力运输日军拨给他们的粮食。为此,王承典要求国际委员会帮助解决运输粮食问题。

经过协商,国际委员会派人用自己的5辆卡车运输日本军事当局向伪南京市自治委员会提供的1万袋大米。对于出售的大米,国际委员会将计收一定的运费,而免费发放的大米(额外提供的1250袋据说要在安全区以外地区免费发放)则不计运费②。1月10日,南京沦陷以来一直组织运粮工作的林查理一整天都在奔波。开始,日本人拒绝苦力佩戴国际委员会的臂章。所以林查理得为那些愿佩自治委员会臂章的苦力们签约,他们得经拉贝同意,因为都是西门子的苦力。还有那些受雇开车的司机,他们只被允许开自己老板的车。当日下午林查理又得重复这一步骤,让老板们同意请苦力来帮忙,国际委员会付老板每趟两元。由伪南京市自治委员会付所有运费,并付给国际委员会运输商业性大米的汽油费。林查理因此由卡车护送人升格为5辆卡车的派遣官员。事前的一步是自治委员会派他们的一名警察和日本领事警察一起护送卡车。两名警察,5辆卡车③。经过这么来回折腾,伪南京市自治委员会在安全区设立大米销售摊位延迟到下午也就不足为奇了。

虽有合作,事情的发展仍是一波三折。当国际委员会用两天时间帮助伪南京市自治委员会运完1250袋米、并于1月12日提取另外1万袋大米时,运输人员被告知,"这期间发布了一道新的命令,根据此项命令,每3天提供1000袋米。"④拉贝在1月11日的日记中就明确记载:"今天,日本人中断了我们的大米供应。今天中午,我们为自治委员会进行的运输大米的工作停止了。"⑤这表明,伪南京市自治委员会只拿到了1250袋米,而日本军方另外拨给的1万袋米则成为泡影。这1250袋米根本不

---

① [美]贝德士:《致朋友函》(1938年1月10日),章开沅编译:《美国传教士的日记与书信》,第17页。

② 《致爱利生先生的信》(1938年1月10日),徐淑希编:《南京安全区档案》,张生等编:《英美文书·安全区文书·自治委员会文书》,第323页。

③ [美]史迈士:《致家人函》(1938年1月9日),章开沅编译:《天理难容——美国传教士眼中的南京大屠杀(1937—1938)》,第329页。

④ 拉贝1938年1月13日日记,[德]约翰·拉贝:《拉贝日记》,第334页。

⑤ 拉贝1938年1月11日日记,[德]约翰·拉贝:《拉贝日记》,第325页。

敷供应,米一运到目的地,就被抢购一空。随后,1月12日,日本人开始在安全区内张贴告示,要求安全区的难民返回他们的住所。在这期间所有大米销售都停止了,既不允许国际委员会往安全区运米又不允许运煤[①]。日方的用意昭然若揭,那就是以粮食为由迫使国际委员会自己解散安全区,又不给外人留下武力解散安全区的口实。

至此,安全区国际委员会与伪南京市自治委员会的短暂合作宣告结束,但国际委员会与伪南京市自治委员会已经建立起来的"关系"没有完全中断,以后的时间里双方还有互动,详见下文。

3. 国际委员会对日交涉运粮进城

在日军临近南京城的时候,英美德等国向各该国驻宁使领馆人员下达了撤离命令。有的工作人员在撤离时天真地预想着很快就可以返回南京继续工作,美国大使馆12月8日给在南京的美国人一份传阅函中说:"留在美国大使馆的工作人员在其他国家外交官离开南京的同时,从今天傍晚起,乘上美国'巴纳'号舰,在那里设置大使馆临时办事处,预定明天白天,大使馆工作人员返回市内的大使馆大楼。一旦可能,迅速重新开展陆上的全部业务。"[②]美国传教士费吴生在12月10日日记中提到:"所有人都期盼着早日返回这个城市。"[③]德国驻中国大使馆政务秘书罗森甚至在12月24日给德国外交部的报告中还幻想着:"我们估计今后几天内可以重返南京了。"[④]

然而,这些离开南京的外国人想再返回南京时,其间的曲折超出了他们的想象。1937年12月31日,爱利生向美国国务卿发电报称:"据英国军官说,任何外国人现在不准登陆南京。据说,日军司令部发言人说,在1月5日以前不允许外国人登陆。听说,所解释的理由是因为'扫荡'还在继续,有危险。"[⑤]罗森在12月24日给德国外交部的报告中也谈到了这点,但他认为:"真正的原因是日本人不想我们看到毫无纪律可言的日本部队对南京平民百姓奸淫、烧杀和抢掠的可怕景象。"[⑥]日军占领当局阻挠外国人进入南京城的目的不言而喻。

1938年1月6日和9日,美英德使领馆工作人员相继返回城内。这对原在城内孤军奋战的国际委员会的外国人来说不啻是天大的喜讯。拉贝在美国大使馆的3名

---

① 拉贝1938年1月12日日记,[德]约翰·拉贝:《拉贝日记》,第326页。

② 《传阅·给在南京的美国人》(1937年12月8日),张生等编:《英美文书·安全区文书·自治委员会文书》,第53—54页。该传阅函魏特琳在12月8日的日记中也记录了它的内容,见《魏特琳日记》第183页。

③ 章开沅编译:《天理难容——美国传教士眼中的南京大屠杀》,第98—99页。

④ 《罗森给德国外交部的报告》(1937年12月24日于上海),张生编:《外国媒体报道与德国使馆报告》,第282页。

⑤ 美国国务院文件《由于继续在"扫荡",不许登陆南京》,张生等编:《英美文书·安全区文书·自治委员会文书》,第65页。

⑥ 《罗森给德国外交部的报告》(1937年12月24日于上海),张生编:《外国媒体报道与德国使馆报告》,第282页。

官员返城当天就寄望于他们的支持,尽管拉贝还不知道他们的立场[①]。史迈士也说:“6日,美国代表们到了南京,我们感到身上卸下了一副重担。并非他们自己能做什么或直接作用于安全区等等,但我们感到他们的存在对日军就具有威慑力,有明显的效果。……今天英国和德国的代表上了岸,我们感到了增援的力量——就好像被围困的人们迎来了救援。”[②]不过国际委员会没有放弃对日直接交涉,美英德等国使领馆工作人员的返宁只是加重了国际委员会对日交涉的砝码。

在美英德等国使领馆人员返宁后,国际委员会成员就与他们多次宴会,诚如麦克伦在致家人函中写道:“我们有许多话想说,这是一个真正的座谈聚餐。我们仔细聆听他们的每一句话,我们还有许多问题想问。”[③]国际委员会成员一面向各使馆人员了解外界消息,一面向他们讲述南京沦陷后的见闻,并请他们在制止日军暴行问题上对日方施加压力。1月10日,史迈士在致美国驻南京大使馆三等秘书爱利生的信函中,详细介绍了国际委员会的状况和委员会对日本人征用其救援资金企图征用其救援资金的意图等方面的情况,并感谢爱利生对国际委员会“有利于南京市民的事业的关心”[④]。

1月13日,拉贝提议,解散安全区委员会,成立一个国际救济委员会,这个委员会里也应有日本代表。拉贝这个建议的出发点是,“为同日本人在友好的基础上共处并得到我们大家都希望的结果,即为防治难民饿死和使城市恢复和平与秩序,指出了唯一的出路。”[⑤]之所以如此,与日本大使馆甚至整个日本军事当局搞好关系对人道救济是至关重要的。对于拉贝的建议,国际委员会其他成员予以否决。他们认为,安全区国际委员会事实上得到了日本人的承认,他们担心一旦自己自动解散了国际委员会,人们可能会对他们完全不予理睬,这是得不偿失的措施。但在与日方处理好关系这一点上,大家没有分歧。

1月14日,国际委员会致函福田笃泰,详述了自1937年12月21日[⑥]以来国际委员会与日方有关粮食和燃料交涉协商的过程。国际委员会向福田指出:“经贵方登记的人口共有16万,其中不包括10岁以下的儿童,城里有几个地区甚至连年长的妇女也不包括在内。因此,城里的市民总数可能有25万—30万人。按正常口粮供应这些

---

① 拉贝1938年1月6日日记,[德]约翰·拉贝:《拉贝日记》,第297页。

② [美]史迈士:《致家人函》(1938年1月9日),章开沅编译:《美国传教士的日记与书信》,第268页。

③ [美]麦克伦:《致家人函》(1938年1月11日),章开沅编译:《美国传教士的日记与书信》,第213页。

④ 《致爱利生先生的信》(1938年1月10日),徐淑希编:《南京安全区档案》,张生等编:《英美文书·安全区文书·自治委员会文书》,第322—324页。

⑤ 拉贝1938年1月13日日记,[德]约翰·拉贝:《拉贝日记》,第327页。

⑥ 国际委员会于当日提请日本当局注意,目前供应南京市民的粮食和燃料储备量不足,并恳请有关当局采取必要的措施,以控制局势。

人，每天需要2000担米，即1600袋。由此可见，您所配给的每3天1000袋米还不到所需量的三分之一。直到今天，大部分市民仍然靠自己带来的存粮生活。但这些存粮不久就会用完，因为从1月1日起大米交易数已经急剧上升。因此应当立即采取预防措施，使市民每日至少能够买到1000袋米，并尽快将供米数量提高到每日1600袋。”最后国际委员会向福田质问道：“以前我们之间达成的协议出于何种原因被取消？或者说，此事目前的情况如何？市民必须吃饭。”①当然，国际委员会仍然希望得到福田的帮助以便其计划的实施，像拉贝一样，他们都希望：“只要难民能够有吃的，计划如何实施都是一样的。”②然而，即使是这样的最低要求，日本军事当局也未予理睬。

就在国际委员会与日方交涉提高难民每天粮食供应数量的时候，从上海方面传来了令人高兴的消息。1月15日早晨，国际委员会收到了来自上海红十字会的一份电报，上海全国基督教总会伯因顿先生在电报中告知国际委员会，上海已经为南京准备好了约600吨的副食品。国际委员会立即致函日本大使馆，请日本大使馆从日本军事当局那里获得运输、卸货的许可证，以便尽快将这些食品从上海装船发往南京。国际委员会在信函中向日本大使馆强调说：“在我们与石田少佐最近的一次讨论中，他告诉我们日本军队没有大豆、花生、食油和新鲜蔬菜或相关的代用品可向南京市民出售。如果南京的市民在漫长的冬季只能以米为生的话，得病的可能性很大。”③由于有前几次被日本军事当局拒绝运粮的经历，国际委员会对这次能否顺利获得日本军事当局的许可并不抱太大的希望，但他们已经做好了应对的准备，即向外界披露此事。正如拉贝在日记中所说：“万一不签发许可证给我们，我们就通过英国海军向上海各报发一份电报，将此事公布于众。”④同时，国际委员会回电伯因顿说，“今天已经申请准许600吨食品船运来南京的许可证”，并询问“在上海还能购到何种合适的食品”，因为国际委员会“仍然缺少为25万市民购买粮食和燃料的可靠来源”⑤。

两天的时间很快过去了，国际委员会仍未得到日方的许可。其实，早在1月13日，即日本军事当局禁止运输、出售大米的第二天，国际委员会就致函日本大使馆⑥，

---

① 拉贝1938年1月13日日记，[德]约翰·拉贝：《拉贝日记》，第334页。

② 拉贝1938年1月13日日记，[德]约翰·拉贝：《拉贝日记》，第335页。

③ 《致日本大使馆的信》(1938年1月15日)，徐淑希编：《南京安全区档案》，张生等编：《英美文书·安全区文书·自治委员会文书》，第331页。

④ 拉贝1938年1月15日日记，[德]约翰·拉贝：《拉贝日记》，第341页。

⑤ 拉贝1938年1月16日日记，[德]约翰·拉贝：《拉贝日记》，第344页。

⑥ 根据不同的资料记载，这里国际委员会致函的对象有所差别。拉贝在日记中的记载是致函福井淳，见拉贝1938年1月17日日记，[德]约翰·拉贝：《拉贝日记》，第368页。徐淑希在《南京安全区档案》中记载的有关该信函的接收对象是福田笃泰，见《致福田的信》(1938年1月13日)，徐淑希编：《南京安全区档案》，张生等编：《英美文书·安全区文书·自治委员会文书》，第328—329页。尽管这两则材料有些差异，但基本内容相同。

请求得到运进大米和面粉的许可。这些大米和面粉是国际委员会在南京沦陷前向上海商业储蓄银行购买的,储备情况如下①:

第一号仓库	三汊河	小麦5000袋	大米2000袋
第二号仓库	汉西门	小麦4000袋	——
第四号仓库	下 关	——	大米1000袋

南京沦陷后,这些仓库均被日本海军军需处和陆军军需处查封。国际委员会认为,一来这些大米和面粉将用于免费分发而不是用于销售,二来它们属于私人的粮食,因此他们得到发货批准应该不会出现困难。但事与愿违,这个发货的请求与1月14日望日方告知何时可以再开始出售米和煤的请求、1月15日准许从上海运粮的请求一样,要么被日本军事当局忽视,要么遭到拒绝。

在这种情况下,国际委员会于1月17日一面继续致函日本大使馆,要求得到关于上述三个问题的明确答复②,一面致函爱利生,请他就此等问题敦促日本大使馆③。1月18日,史迈士和费吴生拜访日本大使馆,福井要他们找副领事田中。随后史迈士和费吴生找到了田中。田中告诉他们,日军没收了上述仓库里的米和小麦。当史迈士与费吴生提醒他注意那是私人财产而不是中国军队的财产时,田中认为这些存粮有可能会被日军用于中国的平民。这实际上就是变相地拒绝了国际委员会获得这些米麦运输许可的要求。而对于国际委员会要从上海船运来3000袋米以及另外的600吨补充粮食的请求,田中简单地用一个"不"字加以拒绝。他告诉史迈士和费吴生,不会有船来装运这些粮食。两人提到日本船只时,田中的解释是"均已用于军事目的"。当他们又提出用英国船只时,田中没有回答④。

日方的企图十分明显,就是想以粮食为工具胁迫国际委员会解散难民区。国际委员会为挫败这个企图,迅速采取了以下两项措施加以应对。

首先,史迈士与费吴生从日本大使馆返回后,立即向伯因顿先生发去了由费吴生签名的电报,该电报说:

---

① 《致福田的信》(1938年1月13日),徐淑希编:《南京安全区档案》,张生等编:《英美文书·安全区文书·自治委员会文书》,第328—329页。

② 《致日本大使馆的信》(1938年1月17日),徐淑希编:《南京安全区档案》,张生等编:《英美文书·安全区文书·自治委员会文书》,第332页。

③ 《致爱利生的信》(1938年1月17日),徐淑希编:《南京安全区档案》,张生等编:《英美文书·安全区文书·自治委员会文书》,第333页。

④ 拉贝1938年1月19日日记,[德]约翰·拉贝:《拉贝日记》,第377页。

吃饭问题更严重了，因为平民得不到正常的粮食供应。自12月13日起，(日本方面)只从现有的大批存粮中拿出2200袋大米和1000袋面粉销售给25万难民①。平民至今靠自己带来的存粮度日，这些存粮即将用完，5万难民现在每天从我们这里得到免费的定量大米。我们申请在当地购买大米和面粉，还请求批准从上海船运600吨副食品到这里，但均遭拒绝。请争取在上海进行必要的谈判。如果你们能在上海购买到蚕豆，请尽快船运100吨到这里。并请继续进行募捐，我们十分需要救济款。②

电报一方面向上海的伯因顿透露了南京目前面临的严重的吃饭问题，另一方面说明，国际委员会申请运粮的许可遭到了日本人的冷酷拒绝，因此，国际委员会请伯因顿争取在上海进行必要的谈判。这为随后国际委员会通过新闻媒体舆论向日方施加压力设下了铺垫。

与此同时，国际委员会致函美英德三国大使馆的爱利生、普里多-布龙和罗森，告知他们国际委员会向日本人着重提出的三点主张，以及就这三点主张与日方交涉的过程和结果。国际委员会认为，在目前情况下，要求他们三位向日本方面施压以批准运粮要求是不可取的。但因为田中已经声称，日本军队将负责解决中国平民的食物问题，所以国际委员会请三位非正式地向日本人暗示："让我们看到你们这么做了！"③

即使如此，国际委员会仍希望上海方面能"于23日(星期日)用英国炮艇运1000磅鱼肝油(大包装)和200磅包扎用药棉到大学医院"，并"请敦促无论如何把1月10日在国际药房预订的20万单位白喉血清也一并送来"。预定的1000磅鱼肝油将用来增强肺病病人的体质，20万单位抗毒血清用来治疗正蔓延的白喉④。虽然说这些是用于难民治疗的药品，但是日本军事当局仍然加以拒绝。对此，国际委员会"希望依靠大使馆的帮助不久即可得到，否则就对日本当局的拒绝态度毫不留情地予以披露"⑤。从这里可以看出，国际委员会已经不再对获得日本当局运粮的许可抱有太大的希望，他们将借助新闻舆论的力量来揭露日本当局的暴行。

---

① 1938年1月17日，日军拨给自治委员会1000袋大米和1000袋面粉，加上1月10日日军给自治委员会的1200袋大米，至此日军共向自治委员会提供了2200袋大米和1000袋面粉，所以该电报才有此说。见拉贝1938年1月19日日记，[德]约翰·拉贝：《拉贝日记》，第377页。

② 《致伯因顿先生的电报(1938年1月18日)》，徐淑希编：《南京安全区档案》，张生等编：《英美文书·安全区文书·自治委员会文书》，第334页。

③ 拉贝1938年1月19日日记，[德]约翰·拉贝：《拉贝日记》，第376—378页。

④ 拉贝1938年1月22日日记，[德]约翰·拉贝：《拉贝日记》，第392页。

⑤ 拉贝1938年1月22日日记，[德]约翰·拉贝：《拉贝日记》，第393页。

事实上,美英德驻南京大使馆人员所能施加的影响有限,只能通过各国外交部和驻东京大使馆对日交涉才能收到一定的成效。在争取日本许可运粮问题上,美英德三国驻南京大使馆已经准备采取间接或半官方的步骤,只是他们在等待特定的时机的出现。据国际委员会在1月22日给伯因顿的电报中说:"一份详尽的报告已经发给美国国务院。据说只有在迫不得已的时候,也就是只有在发生饥民暴动的时候才会采取官方行动。但是这样的事态发展是我们无论如何也要避免的。"①正如该电报所说,同一天,爱利生将南京粮食供给的有关情况报告给了美国国务院,他在电报中说,普里多-布龙"不希望采取仓皇的行动",而罗森主张"一直就日本军队的非人道行为对日本人采取强硬的立场"。爱利生认为:"除了人道主义层面的问题外,由于这一使成千上万名中国人慢性饥荒的问题似乎会对美国利益造成可能的危险,因此本使馆可能有充分的理由向日本当局提出这一问题。"但究竟采取如何态度,他还是向美国驻华大使约翰逊作了请示②。

1月24日,约翰逊复电爱利生,说:"为了敦促国际委员会被允许运进粮食,我看不出有什么理由你为什么不能与日本军方交涉。"③这言外之意就是指示爱利生就此与日军当局进行交涉。美国国务院也在1月25日向约翰逊发出指示说:"国务院同意你给爱利生的指示,并建议给爱利生的指示强调这个问题的人道主义方面。"同时,国务院鉴于南京局势的严重性,指示驻东京大使就此问题向日本外务省直接交涉④。

美国传教士福斯特在写给妻子的信中说:"爱利生和英、德领事并未袖手旁观。当他们的抗议等被日本使馆官员搁置时,便通过华盛顿、伦敦和柏林与东京直接联络。这使得日本人气得发疯。……由于爱利生通过华盛顿直接与东京联络,本地官员变得稍微好打交道了,虽然他们并非人人如此。"⑤从美国驻上海总领事高斯转发驻东京大使给国务卿的电报中,也可以看出这种外交交涉所取得的效果。电报称,日本同意"国际委员会可以将其在日本占领南京前的其所拥有的任何的补给运进安全区,并被授权购买价值为100 000墨西哥元的补给,这笔钱是南京市政府赠予国际委员会的。"日本外务省还说,"它已经指示上海的总领事提交一份有关南京局势的完整的报告,同时在照顾中国难民方面扩大与国际委员会的全面合作。"⑥

---

① 拉贝1938年1月22日日记,[德]约翰·拉贝:《拉贝日记》,第405页。

② 《美国大使馆三等秘书(阿利森)致国务卿(1938年1月22日)》,杨夏鸣编:《美国外交文件》,张宪文主编:《南京大屠杀史料集》第63册,南京:江苏人民出版社、凤凰出版传媒集团,2010年,第370页。

③ 《美驻华大使(约翰逊)致国务卿(1938年1月24日)》,杨夏鸣编:《美国外交文件》,第370页。

④ 《美国国务卿致驻华大使(约翰逊)(1938年1月25日)》,杨夏鸣编:《美国外交文件》,第371页。

⑤ [美]福斯特:《致妻子函》(1938年1月24日),章开沅编译:《美国传教士的日记与书信》,第117页。

⑥ 《美驻上海总领事(高斯)致国务卿(1938年1月26日)》,杨夏鸣编:《美国外交文件》,第371—372页。

话虽如此，具体行动仍付阙如。就在这个时候，日本军事当局宣称在2月4日将强行解散所有难民收容所。正如美国驻东京大使从日本外务省所得到的印象那样：“未曾‘承认’国际委员会的南京日本军事当局感到南京的局势并没有为该委员会继续承担照顾中国难民提供正当的理由，并且急切地希望将这一工作移交给当地的中国人的自治委员会。”[①]国际委员会面临着新的挑战。

4. 国际委员会最后的努力

鉴于美英德大使馆施压无效，对日直接交涉无果，国际委员会更加借重媒体的力量。

拉贝在日记中曾多次提到通过媒体曝光向日方施加影响的问题。1938年1月24日，上海全国基督教总会(NCC)广播报道了南京的最新局势，报道称：

> 菲奇先生上周来电求助5万元。我们的捐款已达20万元。南京的来信约有100封，信中报道了那里骇人听闻的状况。难民总数达到25万人，其中有3万人在金陵大学。粥厂每天免费向5万人施粥，然而储备即将消耗殆尽。日本人总共只从大量的储备当中拿出2200袋米、1000袋面粉用于销售，而每天的实际需求估计就要1600袋米。南京方面也请求我们把食品从上海发船运往南京，但是我们至今未获日方的运进许可。我们能做到的只是通过多迈寄送一些小批量的私人物品。一批鱼肝油和绷带纱布已备齐，准备用船运至大学(鼓楼)医院。上海救援南京委员会于星期五下午成立。名誉主席团：约翰C.福格森，W.W.任，翟明则(音译)，W.F.罗伯茨。主席：P.F.普赖斯和一名中国人(姓名没有听清楚)。委员会成员还包括4位曾在南京居住过的传教士。[②]

拉贝是通过广播收听到上述报道的，拉贝对这条消息感到非常振奋。这则消息告诉人们，上海方面已经为南京难民募集了大批捐款，并购买了南京所需的粮食、药品等，此外还成立了上海救援南京委员会。而它最能引起人们注意的，是南京面临的粮食危机，这是由日本人蓄意造成的。

1月24日，国际委员会致电伯因顿，对伯因顿等人的帮助表示感谢，并请求伯因顿尽可能通过磋商，能够获准船运食品。国际委员会在南京同时展开行动，一是继续努力促成日方批准船运粮食，二是敦促日本人增加发放米、面以及燃煤的数量[③]。

---

① 《美驻上海总领事(高斯)致国务卿(1938年1月26日)》，杨夏鸣编：《美国外交文件》，第372页。

② 拉贝1938年1月24日日记，[德]约翰·拉贝：《拉贝日记》，第409页。

③ 拉贝1938年1月24日日记，[德]约翰·拉贝：《拉贝日记》，第410页。

《字林西报》(The North China Daily News)在1月27日也对南京安全区当下情况进行了详尽报道。该报称,国际委员会仍发挥着救济委员会的职能,为城内25万中国平民的生存而工作,他们管理着25个难民营,为那些无钱买米的人们免费提供食物。但与国际委员会的人道主义相对应的却是日军暴行,该报说,日军暴行阻止人们回归家园,"居民中的大多数(至少90%)由于害怕其他城区内日本游兵的伤害,或者害怕家里的房屋会被焚烧,仍然居住在安全区内,有些人回家后不堪日本兵的暴戾,又回到安全区。"甚至是"住在这里的人们不但没有搬出去,还呈现出一派一心一意在此过冬的景象"。该报还说,日军当局限制大米供应,国际委员会手头拥有的粮食可供应依赖食品救济的50万人不足30天,除非采取坚决有效的措施为城里的人口提供米和燃料,严重的饥馑将会出现。但国际委员会试图以救济为目的到南京周围和上海购买粮食的努力,均遭到日军当局的阻挠。该报指出,"恢复正常生活的另一个难题是孤儿寡妇"。金陵女子文理学院的调查发现:"420名妇女仰仗生计的男人被日军屠杀了。城里许多男子因被怀疑是'便衣军人'而遭厄运。"国际委员会对此也是束手无策,只能通过在上海及其他地方能够就此难题帮上忙的中国人的组织,给这座城市中受苦受难的同胞和家庭成员以巨大的帮助。最后,该文赞扬了王承典和林查理,称应该为他们写上一篇感人的故事,因为"他俩共同努力,竭力劝说日军准许他们为居民多弄些米、面、煤,再运进来"①。

1月23日回到上海的国际委员会财务主管克勒格尔,于28日写信告知拉贝,日军不准船运粮食。为此,克勒格尔明确提出:"对这个问题应连续不断地报道,让报社大造舆论,如'日本军队正在饿死南京平民'等诸如此类的消息。从美国情绪来看,这样的宣传效果颇佳。……如有可能,我们应该每天写一篇新闻报道,以保证报刊不断得到新的消息,否则无法对付军队中那些粗野的家伙,这帮无赖竟自吹什么要给东方带来光明!"②

中国媒体通过各种渠道很早就获悉了南京沦陷后情况,并进行了连续报道。1月28日,汉口《大公报》报道云:"南京城内安全区管理处顷向外界呼吁,谓安全区内之二十五万民众现均感粮食燃料之缺乏,因日军阻止区内当局购买食粮,现南京仅有外籍医生二人,因之城中颇感恐慌,区内之民众,每有返其原来之住宅者,惟有不堪日军虐待,复逃往区内云。"③同日,曾任国际委员会总干事、南京沦陷前奉命撤离的杭立

① 《南京安全区仍挤满难民》,《华北每日新闻报(按:此处直译系误植,应为《字林西报》)》1938年1月27日,张生编:《外国媒体报道与德国使馆报告》,第154—157页。

② 拉贝1938年2月10日日记,[德]约翰·拉贝:《拉贝日记》,第500页。

③ 《京美使馆秘书 被日兵殴打 难民区食粮恐慌 敌军竟不许购买》,汉口《大公报》1938年1月28日。

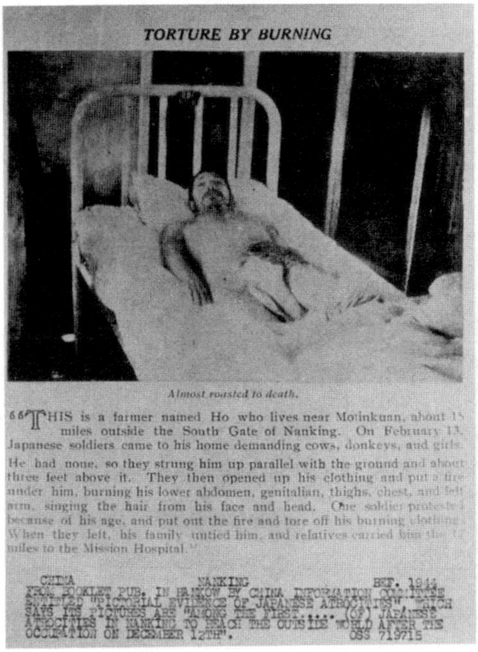

TORTURE BY BURNING

Almost roasted to death.

"THIS is a farmer named Ho who lives near Motinkuan, about 15 miles outside the South Gate of Nanking. On February 13, Japanese soldiers came to his home demanding cows, donkeys, and girls. He had none, so they strung him up parallel with the ground and about three feet above it. They then opened up his clothing and put a fire under him, burning his lower abdomen, genitalian, thighs, chest, and left arm, singing the hair from his face and head. One soldier protested because of his age, and put out the fire and tore off his burning clothing. When they left, his family untied him, and relatives carried him the 15 miles to the Mission Hospital."

CHINA NANKING BEF. 1944
FROM BOOKLET PUB. IN HANKOW BY CHINA INFORMATION COMMITTEE ENTITLED "PICTORIAL EVIDENCE OF JAPANESE ATROCITIES" WHICH SAYS ITS PICTURES ARE "AMONG THE FIRST..... (OF) JAPANESE ATROCITIES IN NANKING TO REACH THE OUTSIDE WORLD AFTER THE OCCUPATION ON DECEMBER 12TH". OSS 719715

南京城南一个姓何的农民，日军向他索要牛、驴和姑娘未果，将其残忍烧伤。美国国家档案馆藏。

WHEN A WOMAN HUNT FAILED

Stabbed because he refused to find women for the Japanese.

"WANG Pei-hsiang lives in his own house on Kiukiang Road, Nanking. On the evening of March 8, 1938, at 8 p.m., a Japanese soldier knocked at his door and demanded that Wang go with him to search for women. Upon Wang's refusal, the soldier, who must have been at least a sergeant, drew his sword and lunged at him. Wang parried with his hand, sustaining a cut finger, and a deep body wound, but this saved his life as the wound would probably have been fatal if it had been three quarters of an inch higher. He fled up the street with the soldier after him, but the latter soon gave up the chase."

SAVED FROM A MASSACRE

A boy who dodged the executioners.

"THIS is the family of Cook Liu of a Christian School. The eldest boy at the left of the picture, aged 16, was seized by Japanese soldiers while washing rice in preparation for the meal of a group of Christian refugees on the afternoon of December 14, 1937. He was taken

CHINA NANKING BEF. 1944

一位王姓市民和一位16岁的大男孩，被日军伤害。美国国家档案馆藏。

前日军士兵东史郎,深刻反省战争罪恶。

记载东史郎从军经历的日记。

武通过英国大使馆发给费吴生一份电报，说："担忧地获悉委员会需要钱粮。请告知除上海援助外所需的其余数量及其他细节。"[①]这些都说明了南京安全区国际委员会面临的粮食危机和可能出现的饥荒，已经引起了外界的广泛关注。媒体对日军暴行的报道给日军造成了压力，也使日本军事当局加快了解散难民区的步伐。

在新闻媒体介入报道南京粮食危机的同时，国际委员会一如既往地工作着。1月26日，国际委员会致函美、英、德三国大使馆，试图促使他们帮助国际委员会解决一批大米储备问题[②]。这些储备是原南京市政府提供给国际委员会的，南京沦陷后，日军就控制了国际委员会未来得及运进安全区内的所有粮食。正如前面所述，国际委员会就此与日本军事当局多次交涉，但日军一直拒绝归还。如今日本军事当局既不同意国际委员会在南京当地购买粮食，又不许可从上海运进粮食。在这种情况下，国际委员会只能重提那份原本属于他们的粮食，想借助美英德大使馆的力量来促使日本军事当局归还这批粮食。然而正如拉贝在日记中记载的那样："但成功的希望渺茫，3位先生都充满疑虑地摇摇头。"拉贝继续写道："不能设想，日本人会把这批可能还存在的储备交还给我们。恰恰相反，他们还会千方百计地阻止我们运输粮食，因为我们碍了他们的事。他们巴不得我们走。我们一天天不受欢迎，恐怕总有一天要被赶回上海。"[③]

1月27日，拉贝和史迈士一同到日本大使馆向福井递交了一封信，他们重提原南京市政府提供给国际委员会的粮食，并将这批粮食的现状列表如下[④]：

提货单	实际收到	日本当局没收	单位
米：2.0009万袋	9076袋	1.0933万袋	每袋96公斤
面粉：1万袋	0袋	1万袋	每袋50磅

拉贝和史迈士提请福井注意，上述粮食是明确提供给国际委员会专门用于供养难民的。然而福井一开始就声明，国际委员会应该去找自治委员会的人，他们已受托负责向难民发放食品。实际上，在不久前，日本总领事冈崎胜男回国后向美国驻日大

① 拉贝1938年1月31日日记，[德]约翰·拉贝：《拉贝日记》，第446页。

② 《致爱利生、普里多-布龙和罗森先生的信》(1938年1月26日)，徐淑希编：《南京安全区档案》，张生等编：《英美文书·安全区文书·自治委员会文书》，第346—347页。

③ 拉贝1938年1月26日日记，[德]约翰·拉贝：《拉贝日记》，第419页。

④ 《致日本大使馆的信》(1938年1月27日)，徐淑希编：《南京安全区档案》，张生等编：《英美文书·安全区文书·自治委员会文书》，第347—348页。

使声明:中国人在南京陷落之前许诺给国际委员会的粮食既不准运进,更不应移交。经过反复磋商,福井答应,他个人愿意就此问题再和军事当局商量①。

双方刚刚就以上问题达成初步意向,拉贝即得到消息,日本人将于2月4日强行解散所有难民收容所。这个时候国际委员会不得不重新认真考虑:“是否应解散安全区委员会,代之以救济委员会,并寻求与自治委员会,即新的自治政府进行合作。”②

于是,在1月28日,国际委员会致信伪南京市自治委员会说,福井让他们与自治委员会接洽解决粮食问题。并指出,根据以往水灾救济的经验,难民在3月和4月主要靠赈灾的大米生存,而国际委员会用于救济的储备只能维持到2月15日前后。因此,国际委员会在信函中强调:

> 目前粥厂每日免费定量向5万人发放大米或稀粥。用于此目的的大米数量在下月将增加到目前的两倍。对此我们必须预先采取措施,以保证10万人在10周内的需要。为了确保危机时期的定量,我们需要12000袋大米供5万人维持10周时间。如果是10万人则需要两倍,即24000袋。由此你们可以看出,我们在信中提到的10933袋大米和10000袋面粉只够用于今年春天的在南京的发放。③

为了能够和自治委员会更好地协商,1月30日,拉贝和史迈士找到了王承典,双方就粮食问题进行了商谈。王承典答应尽力说服日本人归还没收的粮食和面粉储备。虽说如此,但拉贝并不抱太大的希望,他说:“就是这种努力也不见得能取得什么效果,但是不管它的结果如何,我们也得去做,因为我们不能放弃任何尝试,要坚持自己的权利。”④

事实正如拉贝所料,这个时候日本军事当局解散难民区的命令已经通过伪南京市自治委员会下达到各个难民收容所。国际委员会清楚地知道这个时候难民离开难民区后的结果是什么,他们已经掌握了足够的证据,表明回到原住处的难民会再次遭受日军的暴行。因此,国际委员会在向日方交涉粮食问题的同时,又不得不为延缓难民区解散而分神与日方交涉。

2月2日,在罗森的住宅,拉贝受邀和日本驻上海参赞日高信六郎共进午餐。拉

---

① 拉贝1938年1月27日日记,[德]约翰·拉贝:《拉贝日记》,第426页。

② 拉贝1938年1月29日日记,[德]约翰·拉贝:《拉贝日记》,第436页。

③ 《致南京自治委员会的信(1938年1月28日)》,徐淑希编:《南京安全区档案》,张生等编:《英美文书·安全区文书·自治委员会文书》,第348—349页。

④ 拉贝1938年1月30日日记,[德]约翰·拉贝:《拉贝日记》,第443页。

贝向日高询问日军强行解散难民区问题。日高一面为日军暴行辩解，否认不安全问题，一面向拉贝透露，根本不存在强迫问题。日高请拉贝不要将日本方面无意强行撤销安全区的消息告诉中国人，以免使撤销工作陷于停顿①。第二天，拉贝致信日高，以书面形势确认日高关于不强行把难民驱逐出安全区的承诺。拉贝在信中说："再次感谢您昨日给我的不强行把难民驱逐出安全区的保证，我相信，您这明智的决定可以避免由此可能产生的不必要的麻烦。我认为，您会与军事当局在所有细节问题上达成一致的。"②

2月4日，人们心惊胆颤地度过了一天，一切都还算平静。但日军当局下达了新的命令，所有难民收容所必须在2月8日解散，难民群中一片哗然，情绪久久难以安定。为了因应可能出现的危险局面，2月5日国际委员会举行了理事会会议，会议将关于现用名是否更改为"南京救济委员会"问题，转交给拉贝、史迈士和国际委员会副总干事宋煦伯讨论，在下次理事会会议上报告讨论结果。但在日军的威力胁迫下，难民开始陆续返家，难民区的解散已是大势所趋。这样，国际委员会立即就粮食问题继续交涉。

2月6日，国际委员会向爱利生表达了国际委员会的态度，指出国际委员会准备与自治委员会合作或以自治委员会的名义分发大米，但是国际委员会不能放弃自己决定粮食发放的形式。这表明国际委员会向日本人表现出了新的姿态，即只要日本军事当局将扣押的国际委员会的储粮交给自治委员会分发，国际委员会乐意和自治委员会合作。同时，国际委员会还强调："任何企图没收合法地提供给国际委员会使用物质的行为都会对国内外舆论产生负面的影响。"③然而，国际委员会这样的高姿态仍没有得到日本军事当局的回应。

国际委员会所强调的"舆论影响"很快得到呼应。美国《芝加哥每日新闻报》于2月9日报道了由10个美国基督教教会组织联袂集会的代表签署的一份报告，这个报告控告了日本侵华占领军袭击并掳掠小姑娘、妇女和屠杀手无寸铁者的暴行，赞扬了留下坚守岗位的传教士的人道工作，指出了他们面临的危险和困难，报告说："他们的第二大任务是提供食品和住所。从事这些慈善工作时，他们很少得到日军的协助。许多证据显示他们受到阻碍，时至今日，他们仍无法获得新鲜的谷物和食品供应。"④

---

① 拉贝1938年2月2日日记，[德]约翰·拉贝：《拉贝日记》，第455—456页。

② 拉贝1938年2月3日日记，[德]约翰·拉贝：《拉贝日记》，第468页。

③ 《致爱利生的信(1938年2月6日)》，徐淑希编：《南京安全区档案》，张生等编：《英美文书·安全区文书·自治委员会文书》，第377—378页。

④ [美]瑞吉纳德·斯威特兰德：《教会组织痛斥日军 列举妇女所遭厄运》，《芝加哥每日新闻报》1938年2月9日，张生编：《外国媒体报道与德国使馆报告》，第162—164页。

2月13日,汉口《大公报》报道了前南京市长马超俊写给国际委员会的信函,马超俊历数侵华日军在南京灭绝人道的暴行,谴责日军限制粮食供应的行为,说:“近更闻难民区内二十万人之粮食菜蔬及医药品,均已告罄,贵会吁请各方输入接济,而日方拒绝不允,直欲将我二十万无辜难民陷入饿莩绝境,闻之曷胜悲愤。”马超俊恳请国际委员会向日军严重交涉,务使区内食粮等得到接济,以延续巨量难民之余生[①]。

在各方压力之下,日本海军第三舰队司令长谷川清最终批准了由上海船运粮食到宁的申请。但正如上海全国基督教总会广播报道的那样,也只是小批量的,即上海救援南京组织用太古洋行的“万通”号轮船运输的100吨蚕豆,这是国际委员会为治疗难民中流行的脚气病求之不得的食品。

国际委员会料到驻南京日本军事当局将在这批蚕豆运入南京城内问题上作梗,于是在2月12日致函王承典,请求自治委员会为国际委员会运进这批货物,并取得许可证,将这批货物寄存在自治委员会的仓库里,以便免费分发给南京的穷人和有困难的人[②]。然而日本军事当局拒绝了自治委员会的申请,他们要求国际委员会将这批蚕豆无条件地交给自治委员会,否则这批货物不许运入。国际委员会认为一则这批蚕豆是在上海买来的,二则担心日本人突然拒绝自治委员会把蚕豆分配给各难民收容所,所以国际委员会拒绝无条件交出蚕豆。国际委员会通过爱利生和英国大使馆普里多-布龙的接替者杰弗里向日本大使馆交涉,促使日本人改变态度[③]。迫于压力,日本军事当局2月16日同意运进蚕豆,且既可以在安全区内、又可以在安全区外予以分发[④]。惟一条件是将分发蚕豆的工作交给自治委员会,日本军事当局向美英大使馆和国际委员会保证,“如果将蚕豆交由自治委员会分发,他们就对在安全区内或区外分发蚕豆不加任何限制。”[⑤]

鉴于日方向美国大使馆作出了保证,以及国际委员会和伪南京市自治委员会已经有过几次合作,国际委员会决定将此项工作交给伪南京市自治委员会办理,以便尽快将蚕豆分发到难民手中。正如贝德士在致妻子的信函中所说:“为了能把蚕豆交给难民,避免发生斗争,从而为将来继续运送物资敞开大门,我们做出了大量的让步。作为自治委员会食品专员的杰米·王,接受并储存了这些蚕豆。”[⑤]这里的杰米·王即是王承典,而从贝德士后面的一句话里又大略可知,王承典在某些程度上是瞒着日军

---

① 《敌军信义扫地 蹂躏南京难民区 奸淫掳掠并屠杀无辜 马市长函国际委员会 请向敌严重交涉制止》,汉口《大公报》1938年2月13日。

② 拉贝1938年2月13日日记,[德]约翰·拉贝:《拉贝日记》,第540页。

③ 拉贝1938年2月15日日记,[德]约翰·拉贝:《拉贝日记》,第541页。

④ 拉贝1938年2月16日日记,[德]约翰·拉贝:《拉贝日记》,第551页。

⑤ 拉贝1938年2月16日日记,[德]约翰·拉贝:《拉贝日记》,第553页。

与国际委员会进行密切合作的，贝德士说王承典“和宋煦伯、林查理联系非常紧密”，而对于蚕豆的分发，王承典“将根据我们的订单(日本人不知道)来发货”⑥。

“蚕豆问题”似乎得到了解决，但就在这个时候，安全区国际委员会走向了终结。在日本军事当局发布强行解散安全区的命令后，难民被迫离开安全区返回自己的住所，日方宣布有10万难民已经返回了原住所。但国际委员会认为这一数字夸大了，因为没有算那些重返安全区的人。国际委员会在2月8日《当前局势的备忘录》中写道：“大约1/3的人搬出了安全区，即2万人。”①与此同时，国际委员会自2月5日举行理事会后，在接下来的两周内又先后召开了四次会议，并于2月18日最后一次会议上决定将“南京安全区国际委员会”改名为“南京国际救济委员会”。改名问题一方面反映了来自日本军事当局的压力，另一方面改后的名称更符合其工作性质，这一点在国际委员会致德国、美国、英国大使馆以及自治委员会的信函中有明确的表示②。虽然国际委员会的工作没有随着名称的改变而结束，但它毕竟以一种特殊方式宣告了解散，同时也宣告了自南京沦陷后国际委员会一直坚持的对日粮食问题的交涉权利，由南京国际救济委员会承接了。

5. 南京国际救济委员会的后续工作

1938年2月23日，经历了日军在南京的“死亡之舞”③的拉贝先生登上了英国“蜜蜂”号炮艇前往上海。在拉贝出发前，贝德士交给他一份给上海报界的关于南京形势的新闻稿。贝德士在新闻稿中写道：

> 无论是回到自己家里去的或是仍住在安全区内的那些人，人人都面临着一个共同的困难，就是吃饭问题。……
>
> 粮食问题使我们大为担心。我们在上海的几个朋友设法搞到了船运100吨蚕豆到南京的许可证，我们迫切需要蚕豆作为粥厂烧粥的附加食品。
>
> 更为严重的是，我们不能够在难民收容所里再建立一些粥厂。因为我们没有办法，只能将生米发给难民，他们得自己煮饭。但他们又无法买到蔬菜作副食。所以，依靠我们免费口粮为生的5万难民中，有许多人在两个月内即从12

---

① 《当前局势的备忘录》(1938年2月8日中午)，徐淑希编：《南京安全区档案》，张生等编：《英美文书·安全区文书·自治委员会文书》，第382页。

② 《致爱利生的信》(1938年2月19日)，徐淑希编：《南京安全区档案》，张生等编：《英美文书·安全区文书·自治委员会文书》，第388页。《致自治委员会的信》(1938年2月19日)，见拉贝1938年2月20日日记，[德]约翰·拉贝：《拉贝日记》，第562页。

③ 这是维克里·莱比对日军在南京暴行的形象比喻。见[美]维克里·莱比：《日军在南京的“死亡舞蹈”》，《中国论坛》(The China Forum)第1卷5号，1938年3月19日，张生编：《外国媒体报道与德国使馆报告》，第183—185页。

月中旬起,就将米作为赖以生存的唯一食品了。

因此,蚕豆是很好的附加食品。可是,遗憾的是我不得不指出,蚕豆至今还没有运到南京。这其中的一部分原因是我们没有时间再次和南京的日本军事当局商谈靠岸事宜,他们对长谷川清海军中将签发的船运与靠岸的许可证还未核准。但是,据说蚕豆将于这个星期六运抵南京,由南京的自治委员会免费分发给本城的穷困百姓。我们得到了日本军方的承诺,在这种情况下,不对在安全区以内或以外分发蚕豆作任何限制。如果这种引人注目的合作尝试能取得令人满意的结果,我们希望是为继续船运食品到南京找到了一条新的途径。

在这种情况下,我们决定放弃我们作为一个美国传教机构和民间救济组织理应拥有的权利:为救济某个国家贫困居民运送或接收食物。我们这么做,是因为我们认为,目前居民能够得到蚕豆比我们坚持严格遵守原则更为重要。不过,尽管如此,我们还是希望在将来能够遵守这些原则。①

贝德士通过这段文字意在告诉人们三个方面的问题:一是当前南京城内粮食问题十分严峻,令人担心;二是日本军事当局阻挠国际委员会的粮食救济工作;三是国际委员会为了使难民能够得到食物,而不得不放弃自己理应拥有的权利,甚至将南京安全区国际委员会更名为"南京国际救济委员会"。

即使如此,国际委员会寻找一条新的运粮途径的努力仍归于失败。1938 年 3 月 2 日,继承安全区国际委员会权利的南京国际救济委员会尝试和日本军事当局重新谈判,争取取回被日军扣押的大米和面粉②。然而这次努力仍是徒劳的,尽管此后国际救济委员会与日本总领事花轮义敬进行过多次会谈,但还是没有取得任何实质性的结果③。

为了告诉世人一个真相,1938 年 5 月 13 日,隐忍持重多时的国际救济委员会发布了关于日军扣押米麦的消息。国际救济委员会指出:"中国当局作为其对人道事业的转让,把大量的大米和小麦连同其他需求量少的供给品交给了该委员会。"但国际救济委员会认为:"大米和面粉被不当禁止了,它们被用于和我们没有直接关系的其他用途了,这就等同于扣押了委员会资产的重要品种。因此,如果不通过正当要求的正面努力,忽视事态的话,那么,委员会不仅对所有捐助团体失去责任,而且还放弃对

---

① 拉贝 1938 年 2 月 23 日日记,[德]约翰·拉贝:《拉贝日记》,第 580—581 页。

② 《米尔士致本乡》(1938 年 3 月 2 日),张生编:《耶鲁文献》(下),张宪文主编:《南京大屠杀史料集》第 70 册,南京:江苏人民出版社、凤凰传媒集团,2010 年,第 530 页。

③ 《日军扣押大米、面粉的记录文件一览表》,张生等编:《英美文书·安全区文书·自治委员会文书》,第 137 页。

难民的义务。”国际委员会决定就日军没收粮食、对博爱工作实施阴险攻击一事进行报告说明，报告内容是：日本对待难民的方法，以及对外国出于人道目的寄送大笔捐赠这种合法救济的态度都是没收①。

其实，日本军事当局不仅扣留国际委员会的米麦，而且还企图染指国际捐款，有关新闻媒体早就对日本军事当局的这种不人道行为予以揭露。汉口《大公报》1938年2月16日报道，日本大使馆发言人在一次记者招待会上蛮横宣称：“各国捐款用以救济战区难民者，尤其是美国红十字会应罗斯福总统之请所募集之一百万美元，均须由慈善机关与日本当局合作妥为分配。”②

概而言之，日军占领南京后就掌控了全城的粮食，命运也均操其之手。而在实质上不具有国际组织性质之南京安全区国际委员会③从人道主义出发，与日本军事当局就粮食供应问题进行了长期周旋。虽然国际委员会采取了多种措施，既向日本大使馆与日本军事当局直接交涉，又通过美、英、德大使馆和新闻舆论向日方施加压力，甚至不惜放弃原则与日本军事当局及其傀儡南京市自治委员会“合作”，但日本军事当局总是虚与委蛇，横加推诿拒绝。

综上所述，国际委员会与日方进行的关于粮食问题的交涉是一场不对等的交涉，在交涉中国际委员会始终居于下风，尽管他们拥有许多可以利用的向日方施加压力的资源。而整个交涉过程又凸显了国际委员会对日军暴行的揭露与反抗，及日本军事当局对国际委员会的压制。

（三）大屠杀时期南京居民的食物与生活状态

1937年12月13日，日军占领南京，和平并没有像人们期待的那样出现④。在日

① 《南京国际委员会关于日军扣押米麦的立场(1938年5月13日)》，张生等编：《英美文书 · 安全区文书 · 自治委员会文书》，第142—144页。

② 《国际捐款 敌亦图指染》，汉口《大公报》1938年2月16日。

③ 杨夏鸣教授认为，“安全区”虽冠以“国际”的头衔，但实质仅为涉及几国公民的个人行为，并非国际政治学意义上的“国际组织”，因而对主权国家不具约束力。“安全区”的安全功能是否可以正常发挥完全取决于日本军事当局的意愿。见杨夏鸣：《论南京“安全区”功能的错位及其原因》，《抗日战争研究》2000年第4期。

④ 张连红教授研究了南京大屠杀之前市民的社会心理，他认为，自1937年8月15日日机首次空袭之后直到12月13日南京失陷，南京就一直处在战争威胁之中。在近4个月的日子里，虽然，经过政府和一些民间团体的努力，市民对即将到来的战争在心理上有一定程度的准备，如向内地迁移、将女儿提前出嫁、避难安全区等为应付日机空袭和战争威胁，政府及社会团体也做了许多卓有成效的民众工作。但是，无论是政府还是市民，人们对日军占领南京后可能出现的疯狂暴行，认识显然不足。见张连红：《南京大屠杀之前南京市民的社会心理》，《抗日战争研究》2002年第4期。

军的重重包围之下,南京成为一座与外界断绝联系的孤城。留在南京的人们每天面临着死亡的威胁,还要面对日军造成的食物奇缺。张纯如在《南京大屠杀》中写道:"抢劫和纵火造成食物奇缺,以致有些难民只能在金陵学院校园里挖些野菜,如紫苑和小黄花等来吃;有些在城里找些蘑菇来勉强度日。甚至安全区领导人也因食品短缺而挨饿。他们不仅通过施粥所向难民免费发放食物,而且直接分发给难民住所。因为安全区的许多难民太惊恐了,连所住的建筑都不敢出去。"①可以说,当时在南京城内外的人们处在恐惧与饥饿的双重环境里。

大屠杀期间,难民的食物主要构成是什么?难民获得食物的主要途径是什么?慈善机构为难民做了什么?面对食物与死亡,难民有怎样的复杂心理?在宁西方国家友人有怎样的粮食供应与生活状态?

1. 南京大屠杀时期食物来源总体概览

1938年3—6月,南京安全区国际委员会秘书、金陵大学教授史迈士,受国际委员会委托,组织了对南京城区、郊区关于战争灾祸的调查,根据调查史迈士写成了调查报告《南京地区战争灾祸》(1937年12月—1938年3月)(War Damage in the Nanking Area,December,1937 to March,1938),并于1938年6月在南京出版。当时,"在3月份的经济条件下,'食物'和'侥幸'几乎成了同义语。穷一些的人家实际上已经吃不到蔬菜和食油,肉和水果就更谈不上了。除了少数人家能弄到面粉外,其他人家都靠大米生活"②。这种副食品缺乏的情况决定史迈士报告只能是以大米为主要调查对象。根据不同的粮食来源渠道,报告将它们分为:自治委员会的米店、小店、施粥棚(按:有些资料称为粥厂)以及其他渠道。调查显示总体状况为:

> 就这个城市的所有地区而论,居民中17%的人是从施粥棚里取得大米的(免费或是象征性地收一些钱);64%的人是从小商贩那里买米;14%的人在自治委员会(Self-Government Committee)经营的商店买粮;5%的人是通过"其他方式",所谓"其他方式",是借助于朋友亲戚接济,至于这种接济的原始来源就不得而知了。
>
> 城外没有人能够从施粥棚里得到食物。在难民营里平均有82%的人从施粥棚里取得食物,这些人很明显处于城内的最底层;安全区里有17%的人依靠施粥棚取得食物;在城西区是12%。这两个区都邻近发放食物的施粥棚。③

---

① [美]张纯如:《南京大屠杀》,第155—156页。

② 姜良芹、郭必强编:《前期人口伤亡和财产损失调查》,第16页。

③ 姜良芹、郭必强编:《前期人口伤亡和财产损失调查》,第16—17页。

具体调查结果列表如下：

表 36 开始调查的第一周城市各区的粮食来源

地 区	大米的来源*（%）			
	伪南京市自治委员会的米店	小店	施粥棚	朋友或其他来源
一、城区	14	64	18	4
1. 安全区	10	72	17	1
2. 难民区	—	9	82	9
3. 城西区	15	69	12	4
4. 城东区	29	60	2	9
5. 城北区	23	73	2	2
6. 门西区	20	73	2	5
7. 门东区	20	74	—	6
8. 菜园区	5	85	8	2
二、城外	16	70	—	14
9. 下关	31	46	—	23
10. 中华门	19	75	—	6
11. 水西门	—	86	—	14
所有地区	14	64	17	5

资料来源：姜良芹、郭必强编：《前期人口伤亡和财产损失调查》，第 16—17 页。
注：* 因为 3 月份市场中实际上买不到面粉，所以被调查者中只有 2.5%的家庭食用面粉。

南京安全区国际委员会从成立之日起就将为难民提供食物以及施粥作为自己的重要工作，并在这方面与国际红卍字会、中国红十字会等慈善机构合作。南京安全区国际委员会向难民提供的粮食，主要来自原南京市长马超俊提供给国际委员会用于人道主义救助的粮食，即国际委员会实际掌握的 9067 包大米和 1000 袋面粉，以及市政府捐赠的 350 袋食盐①。南京大屠杀期间国际委员会曾试图从上海等地购进粮食，但为日军所阻。因此，国际委员向难民提供的粮食全依赖于此。事后，南京国际救济委员会写成了《南京国际救济委员会报告书(1937 年 11 月—1939 年 4 月 30 日)》，十分详尽地叙述了国际委员会在南京大屠杀期间所实施的食物救济活动，兹摘录于下：

① 南京沦陷前，马超俊向南京安全区国际委员会提供了 3 万担大米、1 万袋面粉，但由于当时交通运输不便，国际委员会运入其堆栈者仅为 9067 包大米，1000 袋面粉为大同面粉厂捐赠，其余全部落入日军之手。后来虽经国际委员会向日军一再交涉，但最终都失败了。见《南京国际救济委员会报告书》(1937 年 11 月—1939 年 4 月 30 日)，张生等编：《英美文书·安全区文书·自治委员会文书》，第 391 页。

自十二月十七日至三十一日,难民区委员会发给二十五处难民收容所之米,每日 84.5 包,另加粥厂 28.5 包,警察及卫生工作人员 3 包,特种捐赠(其中包括红卍字会)20 包。正式粥厂共 5 处,其二为本会所办,设于收容所中;其二为红卍字会所办,大部分供收容所难民之用;其一为红十字会所办,系全部供收容所难民之用。本期收容所中难民之数,平均为 70750,其中 25150 人均就食于收容所中,另有 8200 人则就食于附近之粥厂中。受特种捐赠者约 8000 人。故自本会领取基本饭餐之人,约为 38350 人,其中亦有以此为唯一之饭餐者。某数团体之人,有自备之米粮,作全部或一部饭餐之用,其中亦有能自备蔬菜、油类或花生等补充食物者。收容所中,肉类不常见,青菜及豆类之供给既少,而价亦昂贵。总计所发之米,共为 2035 包。

十二月后半月及以后各月米粮之计算,均以该期内之全日数为根据。其实领米粮之人,较此数为多,然其中若干人领米粮之日数,有少于所述之时期者。预计以米一包煮成厚粥,可供 300 人一日之用,领米者以每包供 250 人一日之用为准。米之发放有较少者,其例颇多,因有若干人每日仅由粥厂供食一次,所领之米,亦有少于所规定之数量者。本会所存米,均为中下等者,每包平均重 212.25 磅,即约 77.5 公斤,其量约为 1.25 市担。

一月份收容所难民,平均为 62500 人,其中 22250 人就食于收容所中,由本会发米每日 79 包,供 25 所收容所之用;警察、卫生工作人员,及其他职员之包括于收容所者,每日另发 4.5 包;红十字会及其他有特种关系者,每日发 4.5 包。故依赖本会免费供给之食米以为活者,共为 27125 人。本期中,红卍字会所办之粥厂,无须由本会供给米粮,红十字会所办者,已迁入收容所中。本会所发之米,计共 2721 包。

二月份中,收容所难民人数激减,计平均约为 36800 人,其中包括多数最贫困之人,其私人存粮几已告罄者。20800 人均就食于收容所,由本会每日发米 69 包。本会工作人员,此时领现金津贴,其他各特种捐赠,亦均停止。共用 1935 包。

三月份中,22 处收容所中之难民,平均为 26700 人,其中 17300 人,由本会每日发米 59 包维持之,共 1821 包。①

以上报告内容反映了接受南京安全区国际委员会提供粮食救济的人数,以及国

① 《南京国际救济委员会报告书》(1937 年 11 月—1939 年 4 月 30 日),张生等编:《英美文书·安全区文书·自治委员会文书》,第 397—398 页。

际委员会自1937年12月17日至1938年3月发放的粮食总数，此外它还反映了国际委员会和国际红卍字会、中国红十字会的合作。直到1938年1月28日，国际委员会还曾致函中国红十字会，恳请他们“购买100袋大米，并将其交给金陵大学的红十字会难民收容所，以救济那里一无所有的难民”①。但自1938年1月始，国际委员会与国际红卍字会少了些许合作，即“本期中，红卍字会所办之粥厂，无须由本会供给米粮”。分析其个中原因，是由下述因素使然：

第一，日本军事当局视南京安全区国际委员会为眼中钉，千方百计要迫使国际委员会解散难民营，在日本人看来，“安全区的存在妨碍了日军在南京建立‘新秩序’”②，故日本军事当局采取种种阴谋诡计以达到其目的，其中最有力且较为隐蔽的做法就是在国际委员会粮食供给问题上设置障碍，百般阻挠，严重影响了国际委员会的人道主义工作。

第二，国际红卍字会正是看到了日本军事当局不承认国际委员会这一点，才不得不转而依靠自己的力量。时任国际红卍字会副会长的陈冠麟曾说：“南京红卍字分会在南京沦陷前就参加国际委员会安全区的救济工作，但自日军入城后不承认‘国际’这一组织，肆无忌惮地纵兵杀戮、纵火、抢掠、奸淫……如何解民之倒悬，全依靠我们自己的力量了。”③虽然陈冠麟的话有些夸大国际红卍字会作用的嫌疑，但日军不承认、企图抹煞国际委员会却是事实。

第三，日军于1938年扶植成立了伪南京市自治委员会，其成员与顾问有相当一部分是国际红卍字会成员。其中，国际红卍字会会长陶锡三任伪自治委员会会长，副会长许传音任顾问，交际处处长孙叔荣任自治委员会副会长，孙叔荣还曾为日本大使馆雇员。日本军事当局欲迫使难民区解散，夺取国际委员会的救济权利，伪自治委员会就是其可资利用的最好工具。这样与伪自治委员会有密切关系的国际红卍字会就不得不放弃与国际委员会的合作，至少是表面上的联系。

于是，国际红卍字会转而利用自身有利的条件开展慈善活动。在南京大屠杀期间曾担任国际红卍字会交际处副处长的少校参谋祝晴川后来回忆说：“当时南京红卍字分会……每日在五台山庙中发放米粥，属纯布施，不收费。在山西路口处和火瓦巷南京红卍字分会处亦每日施放米粥，天天耗米很多，当时于山西路办事处尚存大米几十袋。”④但国际红卍字会毕竟存米较少，面对日军的封锁，国际红卍字会决定向日军

---

① 拉贝1938年1月29日日记，[德]约翰·拉贝：《拉贝日记》，第438页。

② 张连红：《南京大屠杀时期的日军当局与南京安全区》，《近代史研究》，2001年第3期。

③ 祝晴川：《丁丑南京屠城记》，张连红编：《幸存者的日记与回忆》，第475页。

④ 祝晴川：《丁丑南京屠城记》，张连红编：《幸存者的日记与回忆》，第475页。

交涉运输中华门外的义仓中的存粮。因为祝晴川曾在日本早稻田大学政法系学习,凭着熟稔的日语,他与日军从军僧塚本和尚建立了良好关系,并在国际红卍字会与塚本和尚之间搭建了合作桥梁。1938 年 1 月初,在塚本和尚的陪同下,祝晴川和许传音前往设在新街口的日军兵站司令部与幅中佐交涉。经过一番交涉,幅中佐答应归还中华门义仓中的大米,并将具体实行办法的协商工作交给了二川喜代大尉。最后二川喜代大尉向国际红卍字会签发了提取大米的双联单,每日可凭国际红卍字会的印章领取。就此,国际红卍字会顺利地解决了无米放赈的问题[①]。史迈士在致家人函中证实了这点,他说:"红卍字会很幸运地通过日本僧侣得到了分配的 3000 袋,贮存在汉中路以南。"[②]

显然,国际红卍字会在获取日军占据的粮食问题上具有下列几个方面的有利因素:其一,国际红卍字会与日军扶植的傀儡政权南京市自治委员会有关系。其二,与日军从军僧塚本和尚关系良好。其三,国际红卍字会曾于 1923 年日本东京大地震时向日本提供过十数万吨大米的援助[③]。其四,日军自 1937 年 8 月开始对南京实施无差别空袭,在中日空战中日机亦有被击落者,其飞行员尸体由国际红卍字会负责掩埋。日军占领南京后,日本海军高级嘱托盐泽受日本海军司令官之委托向国际红卍字会致谢[④],这又为国际红卍字会与日本海军之间确立关系奠定了基础。其五,祝晴川留日的教育背景为国际红卍字会顺利开展救济工作也起了一定作用。

此外,其他部分慈善团体如中国红十字会南京分会、崇善堂、明德慈善堂、众志复善堂等亦曾向难民提供粮食。据中国红十字会南京分会关于难民救济工作报告云:"本分会粥厂系设立于金陵女子大学内,每日施粥两次,上午自八时起至十时止,下午自三时起至五时止。此厂之设专供居住该校内之妇孺难民吃食,每日领粥人数,最多时曾至八千余人。在此六阅月内,领粥人数共计八十六万四千零二十口,米煤用费约二万元,员工开支及一切设备共计二千一百元,现仍在办理中。"[⑤]崇善堂为避兵事入难民区后,"于二十六年十二月十一日救济难民食米,五月以后,时办时停"[⑥]。崇善堂堂长周一渔曾言:"兵燹初定,满目疮痍,首先组织掩埋队,尽力掩埋,而重卫生。同时

① 祝晴川:《丁丑南京屠城记》,张连红编:《幸存者的日记与回忆》,第 479—480 页。

② [美]史迈士:《致家人函》(1937 年 12 月 31 日),章开沅编译:《美国传教士的日记与书信》,第 257 页。

③ 祝晴川:《丁丑南京屠城记》,张连红编:《幸存者的日记与回忆》,第 476 页。

④ 祝晴川:《丁丑南京屠城记》,张连红编:《幸存者的日记与回忆》,第 477—478 页。

⑤ 《中国红十字会南京分会关于难民救济工作概况节录(1938 年 7 月 14 日)》,孙宅巍编:《遇难者的尸体掩埋》,张宪文主编:《南京大屠杀史料集》第 5 册,江苏人民出版社、凤凰出版社,2005 年,第 177 页。

⑥ 《崇善堂埋尸等活动状况(1938 年 9 月)》,孙宅巍编:《遇难者的尸体掩埋》,第 145 页。

散放食米,救济难民,而维残喘。”[①]然而,这些慈善团体在进行慈善活动之时屡有力不从心之感,最大的问题是粮食不多,仅仅依靠自身储粮难以为继。周一渔为此曾向伪督办南京市政公署借粮,说:“现敝堂收入全无,目前实难应付。迫不得已,用特具情呈诸钧属暂借食米陆百石,略资分配,以纾燃眉之急。”[②]

客观地说,日军当局通过其傀儡政权伪南京市自治委员会也发放了一定的粮食,用于“争夺”民众,史迈士在 1938 年 2 月 10 日的一份文件中记录道:“迄今,日本当局已发放总计 5200 袋大米和 1 万袋面粉供平民使用。除了 2000 袋大米(包括在 5200 袋之内)用来免费向返家的家庭发放外,所有大米、面粉都通过自治委员会出售。但是迄今为止,只分发了几百袋而已。”[③]稍后,国际委员会又在一份关于南京救济形势的报告中说:“从 12 月 13 日到 2 月 12 日,日方只发放了 5200 袋大米(包括上面提及的免费分发的 2000 袋)和 1 万袋面粉。”[④]1938 年 2 月 23 日贝德士在交给即将离宁的拉贝的一份新闻稿中说,日军在占领南京的两个月内,“通过自治委员会只免费分发了 2000 袋米。此外,他们还卖给了自治委员会 8000 袋米和 1 万袋面粉,由它转售给居民。”[⑤]自 1937 年 12 月 13 日以来,截至 1938 年 2 月 19 日,在长达两个月的时间里,日军当局向 25 万—30 万人发放了 1 万袋大米和 1 万袋面粉[⑥]。尽管日本军事当局向伪南京市自治委员会提供的粮食相对于 25 万人每天需要 1600 袋米来说是微不足道的,但还是解决了一部分难民的生活食粮问题。

对于难民救济问题,刘恩禄曾向伪南京市自治委员会会议递交提案说:“在京难民日见增多,严寒岁暮,嗷嗷家口何以为生,应请设法救济,其确实无衣御寒,无米为炊者,可按名发给衣服米面。”[⑦]为救济事宜,伪自治委员会成立了救济课来专门负责,当自治委员会下辖各区公所成立后,具体食粮分发工作由救济课会同各区负责。1938 年 2 月 4 日伪南京市自治委员会决议日本特务机关所拨赈米的施放方法:“大口给米四合,小口减半,由区公所负责确查,以老弱赤贫者为限,本案交救济课与各区长

---

① 《崇善堂堂长周一渔关于组织掩埋队救济难民的呈文(1938 年 7 月 5 日)》,孙宅巍编:《遇难者的尸体掩埋》,第 144 页。

② 《崇善堂堂长周一渔关于组织掩埋队救济难民的呈文(1938 年 7 月 5 日)》,孙宅巍编:《遇难者的尸体掩埋》,第 144 页。

③ 《迫切需要日本当局合作以解决南京救济问题》,张生编:《耶鲁文献》(下),第 500 页。

④ *Relief situation in Nanking* (*February* 14, 1938), RG10, Box102, Folder866, the Miner Searle Bates Papers, Yale University Divinity School Library Special Collections.

⑤ 拉贝 1938 年 2 月 23 日日记,[德]约翰·拉贝:《拉贝日记》,第 582 页。

⑥ 《当前形势概述》(1938 年 3 月 3 日),张生编:《耶鲁文献》(下),第 533 页。

⑦ 《南京市自治委员会会议提案》,南京市档案馆藏,1002—19—7。

接洽办理。”[①]据伪南京市第一区区公所二月份工作报告称:“每日散放米面,极为拥挤,饬属尽量发放,虽在休息时间,仍形工作,以冀普惠灾黎(本月份散发赈米三百零一包二斗二升,面粉二十三袋二十八公斤半)。”[②]

及至1938年3月份,局势逐渐缓和,南京城郊乡农开始陆续向城内出售劫后之米粮,但由于交通不便,输入之粮仍不敷供应。在这样的情况下,伪南京市自治委员会一方面请求日本特务机关由芜湖购入大米10万石,以其中3万石专办救济,1万石作为开支和折耗,3万石作为伪自治委员会4个月的经常费,3万石为南京地方银行发行小票基金;其中为经常费者由伪南京市自治委员会售卖。另一方面伪自治委员会采取两项措施来促进米粮的销售:其一,由工商课招商开设米行以谋统制法;其二,由交通课开通河道阻碍,以利东南农乡米粮的输入。

总之,尽管日本军事当局严格控制粮食供给,但南京居民凭借顽强的生命力还是度过了“死亡之期”,正如E.A.罗斯所说:“一种特殊的种族生命力或活力从某种程度上造就了中国人顽强的坚忍不拔的精神。这种特殊的生命力是中国人在长期而严格的优胜劣汰的自然进化过程中形成的。”[③]

2. 难民在食物、死亡与道德之间的抉择

“饥荒”包含一系列的定义,但阿拉姆格的观点似乎更适合于南京大屠杀时期,他说:“在饥荒问题上,一个更为不幸的方面是,在国内或国际政治危机期间,饥荒时常发生,而且饥荒部分是由政治危机引起。”[④]尽管根据“由于惯常食品供应不足,一个地区的居民处于极度饥饿状态”[⑤]用这一饥荒定义来考量南京大屠杀时期的粮食供给情况,则南京尚不能称为是完全意义上的饥荒,虽然一度出现粮食供给危机;但这一危机是人为造成的,是日本军事当局蓄意而为的。史迈士就日军“征用”物资一事谈到:“结果,没有商人现在会对囤积感兴趣,每个人都在努力销毁自己的东西。所以会发生饥荒,肉类很快就没有了。”[⑥]人们对这种食物匮乏在短时期内所能做出的反应是千方百计地搜寻食物,甚至不惜牺牲生命,由此构成当时南京居民的求生图景。

对中国战俘,日军不惜违反有关国际法公约,采取各种手段加以虐待,其中之一

① 《南京市自治委员会会议记录》,南京市档案馆藏,1002—19—8。

② 《南京市自治委员会第一区区公所二月份工作报告(节录)》,张生等编:《英美文书·安全区文书·自治委员会文书》,第481页。

③ [美]E.A.罗斯:《变化中的中国人》,公茂虹、张皓译,北京:时事出版社,1998年,第44页。

④ [美]彭尼·凯恩:《中国的大饥荒(1959—1961)》,郑文鑫、毕健康、戴龙基等译,北京:中国社会科学出版社,1993年,第15页。

⑤ [美]彭尼·凯恩:《中国的大饥荒(1959—1961)》,第12页。

⑥ [美]史迈士:《致家人函》(1937年12月24日),章开沅编译:《美国传教士的日记与书信》,第247页。

是断绝粮源,不供给食物。日军第九师团步兵第三十六联队第二大队的山田诚一郎说:“其实,按照国际公约的规定,要给俘虏吃食,让他们生活得安定,而就处于战争状态的当时来说,这是很难想象的,因为我们自己都没得吃了。”[①]其实这不过是日本人推脱罪责的借口而已,因为粮食不足并不是进行屠杀的理由,而日军不给食物的后续动作就是屠杀。教导总队第三营营部勤务兵唐广谱在南京沦陷时不幸落入日军虎口,被关押在幕府山原教导总队野营训练的临时营房里。他后来回忆说:“这所临时营房共有七、八排,全是竹泥结构的棚子,里面塞满了被鬼子抓来的人。我们被关在里面,连饭也不给吃,到了第三天,才给喝水。鬼子稍不如意就开枪杀人。到了第五天,我们被饿得肚皮贴着脊背,都只剩一口气了。很明白,鬼子要把我们活活地饿死。”[②]时任中央军校教导总队骑兵队兽医的罗祚威回忆一位朱班长告诉他的话:“天亮后他们由一个汉奸率领,打着白旗向敌军走去,离开燕子矶不远,即遇上敌骑兵,命他们缴械后,都关在铁罐车中,两天没给饭吃,第三天就将他们带到江边,站好队,从背后用机枪扫射,接着又挨个用刺刀扎,最后将他们都推入江中。”[③]

相对而言,进入难民区避难的中国官兵的境遇要稍微好些。夏明贵时任贵州部队第一〇三师学生队第二区队上尉区队长,未能撤离南京的他在 1937 年 12 月 13 日夜挤进了难民区,最后在金陵大学图书馆安下身。为了预备食物以度难关,他与同伴不得不“打劫”附近的民房,利用夜色掩护接连几个晚上取得了六包大米,这够他与同伴吃几个月了[④]。教导总队工兵团第三营营长孙宝贤在日军入城不久就被抓住当了一天伕子,幸运的是,日军还给了他一些吃的,后来将他放回。孙宝贤随即前往金陵中学避难,他利用手头留下的七十余元向国际委员会买米度日[⑤]。

被中国红十字会南京分会接收之外交部、军政部等伤兵医院里的中国伤兵就没有那么幸运了,他们不仅要忍受身体上的伤痛,而且要承受日本兵的侮辱与饥饿。中国红十字会南京分会是由马吉牧师于 1937 年 12 月南京沦陷前发起成立,该会成立后即着手接管了已经改为军队医院的外交部、军政部、铁道部等几所医院,称为国际红十字会医院,并安排伤兵入住。但在 1937 年 12 月 13 日南京沦陷后,日军即占领了外交部、军政部等医院,并禁止一切人员出入,包括马吉等人[⑥]。克勒格尔在一份报

---

① [日]松冈环:《南京战・寻找被封闭的记忆》,第 261 页。

② 唐广谱:《我所经历的日寇南京大屠杀记实》,张连红编:《幸存者的日记与回忆》,第 451 页。

③ 罗祚威:《南京沦陷目睹记》,张连红编:《幸存者的日记与回忆》,第 494 页。

④ 夏明贵:《南京大屠杀见闻》,张连红编:《幸存者的日记与回忆》,第 456 页。

⑤ 孙宝贤:《南京沦陷前后及被难脱险经过详情实记》,张连红编:《幸存者的日记与回忆》,第 104 页。

⑥ [美]马吉:《致妻子函》(1937 年 12 月 15 日),章开沅编译:《美国传教士的日记与书信》,第 148 页。

告中对此明确地说:"只有米能运进医院,马、医生和药品都不许入内。"[①]拉贝在日记中说:"外交部里的人和那些伤员靠什么活下来,对我来讲简直是个谜。"[②]克勒格尔描述他接收外交部医院的时候说:"有一点我在接收医院的时候就注意到了,那就是〔伤病人员的〕死亡率非常高,有希望得救的只是受轻伤的人而已,当然前提还必须是他们不被日本兵枪杀。"[③]

由于日本军事当局禁止外人进入,中国红十字会南京分会与南京安全区国际委员会都无从知晓外交部、军政部等医院的情况,直到1938年1月20日才有一位来自外交部红十字医院的中国女护士,利用外出购买东西的机会,向马吉等报告说:"伤兵每日的定量只有3小碗稀饭,有个伤兵抱怨他吃不饱而遭到一顿毒打。"之后,这个伤兵仅仅因为反问了日本人一句而被活活刺死,他说:"你们之所以打我,是不是因为我饿了。"[④]1月25日,外交部医院一男一女两名中国护理人员再次向国际委员会报告了外交部医院的具体情况,根据他们的述词,国际委员会形成了关于南京外交部、军政部红十字医院状况的机密档案。根据这份档案,可以清楚地知晓中国伤兵在这些医院的生活状况,据称:"中方工作人员每日两餐,分别在10时和16时,吃的是米饭和极少量的大白菜。……病员也是一日两餐,用餐时间相同,只有3碗很稀的粥。"[⑤]曾在军政部驻扎的日本士兵东史郎在日记中也记载了那里的中国伤兵凄惨生活,他写道:"刚把粥给他们送去,就有人拿着洗脸盆,有人拿着空罐子,有人就在桶里抢着吃了起来。身体不能移动的伤员们,只能忍气吞声地吃一点残羹。"[⑥]

中国留宁官兵如此境遇,广大平民一样悲惨。南京大屠杀幸存者张文英回忆当时的生活说:"当时生活真是苦,没有吃的,连野草和烂掉的面粉也吃。日本兵曾经把从中国人那儿抢来的红米卖给没有粮食而发愁的人。因为在南京没有吃的粮食,所以尽管是日军在卖,大家也只好去买,队伍排得很长。和中国人相反,日本兵非常奢侈,抢来的猪只吃猪腿和味道好的地方。"[⑦]

南京沦陷时22岁的李景德是南京一家澡堂工人,他避难在江文女子学校(采访记录原文如此,疑为汇文女子中学),据他回忆,当时他存有一些底粮,但没敢随意动

---

① 《外交资料:克勒格尔的私人报告》(1938年1月13日),张生编:《外国媒体报道与德国使馆报告》,第318页。

② 拉贝1937年12月14日日记,[德]约翰·拉贝:《拉贝日记》,第139页。

③ 《外交资料:克勒格尔的私人报告》(1938年1月13日),张生编:《外国媒体报道与德国使馆报告》,第318—319页。

④ 拉贝1938年1月20日日记,[德]约翰·拉贝:《拉贝日记》,第379页。

⑤ 拉贝1938年1月25日日记,[德]约翰·拉贝:《拉贝日记》,第414页。

⑥ 东史郎1937年12月21日日记,[日]东史郎:《东史郎日记》,第206页。

⑦ [日]松冈环:《南京战·被割裂的受害者之魂》,第227页。

用。当时美国人向他们提供食物，"一天给我们吃三顿老米粥，老米粥厚得很，大锅煮的，是美国人救济的，每个人还发几个萝卜干子。"[①]曾避难于金陵大学的孙东城亦回忆说："刚进难民区的时候，我们从家里带点米，带点小菜，支个锅烧饭吃。三天后就安民了，金陵大学里面发放稀饭，很稠，一天两顿，上午九点半，下午四、五点，一个铜板可以打一小锅，够五、六个人吃的。"[②]陈桂英当时避难在金陵女子文理学院，因惧怕被日本兵强奸，躲在屋里始终不敢出去，她说："这里一天管两顿粥，大家各自拿着碗去操场领粥，领了粥马上躲进屋子。"[③]具有同样恐惧心理的张素珍在一个月里一步没有走出过金陵女子文理学院的房间，她回忆道："吃饭在房间里，大小便拉在桶里。吃的是在饭上浇点酱油。"与众不同的是，张素珍的母亲有时回家去拿米，差不多所有的东西都被抢了，幸好藏起来的米还留着[④]。

虽然人们能够依赖施粥生活，但仍不免想方设法地寻找更多的粮食。需要强调的是，受饥饿压迫与求生本能的驱使，人们往往不顾生命危险要回家取食物，结果很多人在寻找食物的时候遇到日本兵而受害。这正像 90 岁的张瑞江在接受采访时所说："难民区的人要吃的，才回来找粮食，一般他们是不敢出来。"[⑤]

南京大屠杀期间居住在南京下关四所村的孙素珍一家，在日军来到之时避难于东阳庙里，她回忆说，日本兵"每天来抢我们的食物，抢米和蔬菜什么的"。直到有一天，孙素珍一家没有食物了，她父亲不顾母亲的反对，为了全家到外面去找吃的，结果路遇日军，被作为中国士兵惨遭枪杀[⑥]。

南京大屠杀幸存者陈家寿的经历颇有些传奇色彩，避难于东菜桥避难所的他，因没有吃的，曾三次外出寻找粮食，有三次不同的遭遇。第一次在上海路附近被两个日本兵抓住带到下关火车站，在那里日本兵令他搬运汽油桶，后来日本兵释放了他。三天后，陈家寿再次因饥饿外出寻找粮食，结果在五台山小学附近又被抓，这次他见证了 200 多名中国警察被屠杀的经过，与警察在一起，他也处于被屠杀之列。幸运的是，陈家寿在枪声一响之时就倒在了地上，他被中枪的人一个个压在了身上，从而逃过了一劫。这次生还的第二天，陈家寿仍按捺不住寻找粮食的念头，与邻居大叔一起去找粮食，走到新街口时第三次被日本兵抓住。一连三次有这样的事，陈家寿死心塌

---

① 李景德口述，屈胜飞、戴黛、吕敏、杨荣庆 2006 年 7 月 4 日采访记录，南京大学中华民国史研究中心藏。

② 孙东城口述，沈丹、李琳琳、周添、董祝捷 2006 年 6 月 26 日采访记录，南京大学中华民国史研究中心藏。

③ [日]松冈环：《南京战 · 被割裂的受害者之魂》，第 120 页。

④ [日]松冈环：《南京战 · 被割裂的受害者之魂》，第 136 页。

⑤ 张瑞江口述，邱伟、胡凌、孙香梅 2006 年 6 月 26 日采访记录，南京大学中华民国史研究中心藏。

⑥ [日]松冈环：《南京战 · 被割裂的受害者之魂》，第 74 页。

地地想,这回是“完了”。可这次他又是被抓伕,在日军营地干活,之后日军又将其放回[1]。虽然陈家寿大难不死,但他的经历却足以说明南京大屠杀时期食物之缺乏程度,人们为了一丝生机,甘冒风险外出寻粮。

难民们处在两难境地:要么坐等饿毙,要么设法寻粮。曾做过日军浦口码头工人的李敬芳向采访者解释原因时说,这是为了生活[2]。日军第十六师团步兵第三十三联队第一大队的鬼头久二亦说:“有的女人是自己从难民区走出来,用自己的身子换大米。”[3]对此,贝德士有过一段论述,很能说明问题,他说:

> 有大量普通劳工从事军需与运输服务,还有满足士兵各种需要的社会不正当行业。我早已不愿谴责一个苦力,他替祖国的敌人服务只是为了养活自己的孩子,或是一个姑娘为了免于饥饿而做任何事情,只要他们不给别人带来太多直接的伤害(譬如参与武装劫掠或贩卖海洛因、吗啡等)。因为高尚的道德难以抵御生活本身的基本需要,战争早已给我们带来数以百万计的经济的与社会的破坏。我们现在偶尔可以看到官方报纸刊载的规模很大的公开妓院的广告。一个全新的厚颜无耻的少女人群,在餐馆当女侍,开了南京“风气”之先河。[4]

相对普通民众来说,南京社会上层的食物来源较为便捷,其伙食也较为“丰盛”。以自治委员会会长陶锡三等人为代表的傀儡上层的生活条件自不待言,金陵女子文理学院舍监程瑞芳女士当时也可称为社会上层人员,她利用自己的身份协助魏特琳管理着金陵女子文理学院难民收容所,这为她获得食物提供了方便。1938 年 1 月 18 日程瑞芳写道:“昨日大使馆(按:指美国大使馆)送两只鸡、十二个鸡蛋,是送华(按:指魏特琳)的。学校的鸡蛋只够华他们吃的,我的小孙子一天有一个,其余的邬(指邬静怡,金女大生物学教师,参加金女大难民收容所工作。)留下养新鸡。我们有这些东西也算不错,不算是真难民。”[5]程瑞芳在日记中继续写道:“我们做难民很不错,较别的难民好几陪〔倍〕。”[6]与其他难民比,程瑞芳至少可以吃到荤菜,即使如此,她在日记中写道:“好多时没有吃肉,见了肉大家的脸都是圆的,平时没有好菜,大家的面孔是

---

① [日]松冈环:《南京战·被割裂的受害者之魂》,第 281—283 页。

② 李敬芳口述,戴黛、吕敏、屈胜飞、杨荣庆 2006 年 6 月 25 日采访录音,南京大学中华民国史研究中心藏。

③ [日]松冈环:《南京战·寻找被封闭的记忆》,第 296 页。

④ [美]贝德士:《致朋友的传阅函(1938 年 11 月 29 日)》,章开沅编译:《美国传教士的日记与书信》,第 49 页。

⑤ 程瑞芳 1938 年 1 月 18 日日记,程瑞芳:《程瑞芳日记》,张连红编:《幸存者的日记与回忆》,第 34 页。

⑥ 程瑞芳 1938 年 1 月 25 日日记,程瑞芳:《程瑞芳日记》,张连红编:《幸存者的日记与回忆》,第 36 页。

长的，念这日记的就知道大家想吃好的。”[①]另外，程瑞芳还能通过私人途径从上海购买一些水果等食物，1938 年 2 月 1 日，程瑞芳就收到了从上海寄来的青菜以及苹果、桔子、糖，她感到十分满足，说：“做难民还有这三种东西吃，不是特别难民吗？吃得真香，多时没有桔子吃，这一样东西我很欠的。”[②]

虽然程瑞芳自比非“真难民”，但这些记录也足以表明南京当时食物单调的程度，蔬菜类食品尤其缺乏，即使有少量的蔬菜等副食品出售，其价格也十分昂贵，一般难民无力承受。程瑞芳在日记中就曾感叹青菜价格之昂贵，她说：‘吃了两个礼拜的素菜，现在有点青菜卖了，三四百钱一斤，真贵。”[③]食物的单调，营养的缺乏，造成难民中疾病流行。史迈士在写给家人的一封信中谈到，金陵大学和原交通部许多人都有腹泻症状，史迈士认为：“这是长期吃稀饭的负面效果。许多人实在太穷了，只有以稀饭为食。”[④]后来在难民中间又流行脚气病，这亦是食物单调，营养缺乏所致。拉贝在 1938 年 2 月 5 日的日记中写道：“今天，鼓楼医院的医生传来消息说，已有两个患脚气病的病人送进医院。这对只以大米充饥的单一营养者来说是不足为奇的。”[⑤]根据威尔逊医生建议，国际委员会向上海有关方面请求购进大豆，以解决在难民中间流行脚气病的问题。

3.“南京帮”的粮食供应与生活状态

“南京帮”是在南京工作生活过的美国传教士们的自称，章开沅教授说：“我们早就注意到，贝德士等人无论在南京期间或是回美国以后，曾多次自称为‘南京的老市民’或‘我们中国人’。现在我们又发现，这些‘老外’还曾以‘南京帮’(Nanking gang)自居。”[⑥]林查理夫人在 1942 年 11 月 24 日信中说：“几天以前，章文新夫人和我邀请‘南京帮’茶叙，……这是一次愉快的聚会，没有人谈论高昂的生活费用，我们主要是生活于过去相互伴依之中。”[⑦]可见美国传教士对南京的深厚感情。

南京大屠杀期间，担负难民救济工作重任的南京安全区国际委员会的主体成员是在南京工作生活的美国传教士，此外还包括德国等国家的侨民。根据拉贝在 1937 年 12 月 30 日写给德国驻上海总领事馆总领事菲舍尔信中所提，南京大屠杀期间留

---

① 程瑞芳 1938 年 1 月 22 日日记，程瑞芳：《程瑞芳日记》，张连红编：《幸存者的日记与回忆》，第 35 页。

② 程瑞芳 1938 年 2 月 1 日日记，程瑞芳：《程瑞芳日记》，张连红编：《幸存者的日记与回忆》，第 38 页。

③ 程瑞芳 1937 年 12 月 23 日日记，程瑞芳：《程瑞芳日记》，张连红编：《幸存者的日记与回忆》，第 21 页。

④ [美]史迈士：《致家人函》(1938 年 1 月 1 日)，章开沅编译：《美国传教士的日记与书信》，第 262 页。

⑤ 拉贝 1938 年 1 月 25 日日记，[德]约翰・拉贝：《拉贝日记》，第 487 页。

⑥ 《历史背景》，章开沅编译：《天理难容——美国传教士眼中的南京大屠杀(1937—1938)》，第 8 页。

⑦ 《历史背景》，章开沅编译：《天理难容——美国传教士眼中的南京大屠杀(1937—1938)》，第 9 页。

在南京的欧洲人和美国人共 22 人,其中美国人 14 人①。因此,本文借“南京帮”一词来代指南京大屠杀时期在宁的外国侨民。“南京帮”在这一时期的生活状态同样值得关注,分析他们的食物来源以及食物种类,能够更加清楚日军暴行所造成的食粮缺乏问题。

作为国际委员会的领导者,“南京帮”虽然掌握着难民救济的粮食物资,但他们的生活境遇比和平时期也大为逊色。他们所食大多为自己的存粮,偶尔亲人们能通过私人渠道寄送些食品来,正如上海全国基督教总会在 1938 年 1 月 23 日宣称的那样:“我们能做到的只是通过多迈寄送一些小批量的私人物品。”②1937 年 12 月 23 日马吉在致夫人函中,详细描述了他们的生活与食物,他说:

> 每天我们都吃稀饭,以节省些大米,一个大问题是蔬菜和肉非常少。日本人几乎把一切都抢走了。……我们还有一盘咸肉,咸肉是范家在我们搬到市区时从下关带来的。另外还有一些白菜。……我们各自的存货都带去了。福斯特家有许多存货,夏天,他们的厨师贮存了许多坛水果和豆子。……
>
> 今晚我们吃了稀饭、花生、腌菜、大白菜和豆腐乳。这对我还行,因为我偶尔还能吃到西餐,但对这里的中国人来说真够戗,几个星期来他们一直吃这样的食物,但能有吃的我们已是感恩不尽了。③

从马吉的这段描述中,我们不难看出“南京帮”同样面临着食物短缺。魏特琳在这一天也记录道:“现在食品越来越少,我们已有好多天没有吃到过肉了,现在街上根本买不到任何东西,就连鸡蛋和鸡也买不到。”④腥风血雨中,他们对能够有食物可吃已经心满意足。1937 年圣诞节,“南京帮”举行了一次有烧猪和甜土豆的盛宴⑤。拉贝描述他的同行美国人说:“美国人默默地、忧心忡忡地紧靠着坐在一起,他们没有圣诞树,只有壁炉边上的几面小红旗表明他们的佣人想给主人带来一丝喜悦。”⑥

这个圣诞节对“南京帮”来讲,虽然来去匆匆,但却给他们留下了难以磨灭的记忆。随着时间推移,人们的储粮逐渐减少。史迈士在 1937 年 12 月 31 日的信中向家

---

① 拉贝 1937 年 12 月 29 日日记,[德]约翰·拉贝:《拉贝日记》,第 247—248 页。

② 拉贝 1938 年 1 月 24 日日记,[德]约翰·拉贝:《拉贝日记》,第 409 页。

③ [美]马吉:《致妻子函》(1937 年 12 月 23 日),章开沅编译:《美国传教士的日记与书信》,第 158—159 页。

④ *Minnie Vautrin's Diary* (*December* 23, 1937), Box 134 of YDL Record Group NO.11, The Archives of the United Board for Christian Higher Education in Asia, Yale University Divinity School Library Special Collections.

⑤ [美]费吴生日记,1937 年 12 月 24 日,章开沅编译:《美国传教士的日记与书信》,第 78 页。

⑥ 拉贝 1937 年 12 月 25 日日记,[德]约翰·拉贝:《拉贝日记》,第 226 页。

南京大屠杀发生后，松井石根因国际国内压力被召回国。选自《支那事变圣战写真史》第二篇。吴先斌提供。

进行百人斩的野田毅和向井敏明，后来被查出，送交南京国防部审判战犯军事法庭。选自《一亿人的昭和史》。吴先斌提供。

From: Tokyo (Hirota)
To: Washington
January 17, 1938

#227. Received from Shanghai as #176*

Extra message.

"Since return (to) Shanghai (a) few days ago I investigated reported atrocities committed by Japanese Army in Nanking and elsewhere. Verbal accounts (of) reliable eye-witnesses and letters from individuals whose credibility (is) beyond question afford convincing proof (that) Japanese Army behaved and (is) continuing (to) behave in (a) fashion reminiscent (of) Attila (and) his Huns. (Not) less than three hundred thousand Chinese civilians slaughtered, many cases (in) cold blood. Robbery, rape, including children (of) tender years, and insensate brutality towards civilians continues (to) be reported from areas where actual hostilities ceased weeks ago. Deep shame which better type (of) Japanese civilian here feel — reprehensible conduct (of) Japanese troops elsewhere heightened by series (of) local incidents where Japanese soldiers run amuck (in) Shanghai itself. Today's North China Daily News reports (a) particularly revolting case where (a) drunken Japanese soldier, unable (to) obtain women and drink he demanded, shot (and) killed three Chinese women over sixty and wounded several other harmless civilians."

*This message was sent in enciphered English and is the one referred to in S.I.S. #1257.

著名的“广田电报”,由日本外相广田弘毅致日本驻美外交机构,被美军情报机构破译。美国国家档案馆藏。

人介绍说:“今晚是第一次吃全素的晚餐,我想这是从今天早上开始生效的经济规划的一部分。以前我们中饭、晚饭都能吃到肉,一天吃 3 次水果罐头。威尔逊的厨师坚持倾其所有!威尔逊说我们有足够的水果渡过难关。但我们还是减少到一天吃一次罐头水果,喝一次罐头果汁,然后吃点心,就像今晚这样。”①而在新年这一天,魏特琳在日记中写道:“除了程夫人给我们做了令人意外的早饭外,上午平淡无奇。早饭有菠萝、炸糕、可可以及平时的食物,这的确是一次盛宴。”②

偶尔也有惊喜。1938 年 1 月 15 日,日本大使馆举行了一次“便宴”,邀请留宁的部分外侨参加,出席这次宴会的外侨有:拉贝、魏特琳、鲍尔、贝德士、米尔士、史迈士、特里默、克勒格尔、马吉。宴会上的食物十分丰盛,魏特琳说:“晚餐与这些客人一样,也具有各国的风味,有中国菜、日本菜和西餐。”③拉贝在日记中也写道:“便宴上的菜肴是第一流的,有中国美味可口的牛肉、鸡蛋、粉丝火锅等食品,有欧洲式的芦笋,还有米酒和红、白两种葡萄酒。我们很久没有吃过这些好东西了,痛痛快快地享受了一番。”④

虽然这些外侨友人享受了一顿美味,但它也暗含了日本人的阴谋。魏特琳在日记中流露出了对日本人的阴谋的暗示,她说:“虽然,我们嘴上开着玩笑,但心情却常常十分沉重。”⑤作为旁观者的程瑞芳则毫无保留地在日记中揭露道:“昨晚日领事请国际委员会的人吃饭,华也被请,我说他请灶神,将来要他们说好话。”⑥我们考察一下日本大使馆举行此次宴会的背景,就清楚了日本人的本意。

1938 年 1 月 6 日和 9 日,在经过多次与日本当局的交涉后,美、英、德等国大使馆的工作人员相继返回南京城内。国际委员会很快将有关日军暴行的记录档案报告给了美、英、德等国大使馆,这些消息又被传递到了各国外交部和政府,同时国际委员会通过大使馆开始加强与外界的电报和信函联系,有关日军暴行的消息随即不断见诸报端。显然,这些对日军当局造成了很大压力。日军当局为了封住西方外侨们的嘴,采取恩威并施的方法,这就是日本大使馆“请灶神”的目的所在。

1938 年 2 月拉贝获准前往上海,在他离开前的 2 月 17 日,魏特琳为拉贝举行了

---

① [美]史迈士:《致家人函》(1937 年 12 月 31 日),章开沅编译:《美国传教士的日记与书信》,第 258—259 页。

② *Minnie Vautrin's Diary*(*January* 1, 1938), Box 134 of YDL Record Group NO. 11, The Archives of the United Board for Christian Higher Education in Asia, Yale University Divinity School Library Special Collections.

③ *Minnie Vautrin's Diary*(*January* 15, 1938), Box 134 of YDL Record Group NO. 11, The Archives of the United Board for Christian Higher Education in Asia, Yale University Divinity School Library Special Collections.

④ 拉贝 1938 年 1 月 24 日日记,[德]约翰·拉贝:《拉贝日记》,第 342 页。

⑤ *Minnie Vautrin's Diary*(*January* 15, 1938), Box 134 of YDL Record Group NO. 11, The Archives of the United Board for Christian Higher Education in Asia, Yale University Divinity School Library Special Collections.

⑥ 程瑞芳 1938 年 1 月 16 日日记,程瑞芳:《程瑞芳日记》,张连红编:《幸存者的日记与回忆》,第 33 页。

告别茶会,在当时的情况下,这是件不容易的事。因为直到此时还没有一家中国商店开门,菜单必须根据即将耗尽的食品储藏室里所剩食物、或是根据好朋友家中的食物储备来定。即使如此,告别茶会还是准备了较为丰盛的食物,魏特琳记述道:"我们吃了色拉、巧克力糖和橘子。蛋糕也不错,是一种水果蛋糕,但用的是肉糜,而不是水果,肉糜是从埃斯特那儿弄来的。"[①]此外,如魏特琳所说,他们获取食物的另一个重要途径是美、英、德等国大使馆,她在 1938 年 2 月 22 日的日记中赞道:"大使馆似乎不辞辛劳、毫无抱怨地为我们传递一包包的书、食物和信件。"[②]

拉贝离开南京之前,麦克伦牧师为了表示对拉贝的敬意,特地为他谱写了一首《南京难民合唱曲》,首段歌词唱道:"We want beans for our breakfast, beans for our lunch, beans at supper time……"(我们要蚕豆做早饭,要蚕豆做午饭,要蚕豆做晚饭……)虽然拉贝对此感慨道:"我一点也不知道,在这个几乎被日本人刺死的神秘老牧师身上有那么多的幽默。"[③]但是这首歌折射了当时南京西方侨民的食物结构。

---

① *Minnie Vautrin's Diary*(*February* 17,1938), Box 134 of YDL Record Group NO.11, *The Archives of the United Board for Christian Higher Education in Asia*, Yale University Divinity School Library Special Collections.

② *Minnie Vautrin's Diary*(*February* 22,1938), Box 134 of YDL Record Group NO.11, *The Archives of the United Board for Christian Higher Education in Asia*, Yale University Divinity School Library Special Collections.

③ 拉贝 1938 年 2 月 21 日日记,[德]约翰·拉贝:《拉贝日记》,第 566 页。

八、南京大屠杀对南京环境的影响

（一）环境与南京城市发展

马克思说："历史可以从两方面来考察，可以把它划分自然史和人类史。但这两方面是密切相联的；只要有人存在，自然史和人类史就彼此相互制约。"[①]这里所说的"自然"即指环境。人类生活在特定的环境中，是环境的产物，环境是人类生存和发展的基本条件，人类的生存和发展依赖于环境。同时人类是环境的改造者，不断地影响、改造环境。没有了环境，人类无法生存；没有了人类，环境不能称之为环境。人类与环境相互作用、相辅相成，环境是人类历史的重要组成部分。随着社会的发展，人类对环境的认识不断加深。

以法制约束破坏环境的行为，维护自己赖以生存的环境空间是古今中外人们的共识。早在公元前 18 世纪，《汉谟拉比法典》中就有关于防止水源和空气污染的条文。我国在秦朝的《秦律》中即已经有了较为明确的保护环境资源的规定，并为历代所继承。工业革命后，环境问题日益严重，从 19 世纪中叶开始，一些西方国家陆续制定防治污染的法规。如英国的《河流防污法》（1876 年）、《公共卫生（消烟）法》（1926 年）；美国的《河流与港口法》（1910 年）、《石油污染控制法》（1924 年）；法国关于大气、水等的《1917 年 12 月 17 日法》、关于大气污染的《48—400 号法》、关于水的《1937 年 5 月 4 日法令》等。同时也制定了保护自然的法规，如法国、奥地利、俄国等在 19 世纪已经有了较完整的森林保护法规。

在日本，环境犯罪称为公害犯罪，是"环境污染，或者由于各种有害的制品而对

① 中共中央马克思 恩格斯 列宁 斯大林著作编译局译：《马克思恩格斯选集》，第 1 卷，北京：人民出版社，1972 年，第 21 页。

公众的生命和健康造成威胁和危害,是具有明显犯罪性质的行为和问题”[①]。19 世纪 70 年代明治维新后,日本开始步入工业化时期,环境破坏也随之发生。下表为全面侵华战争前日本国内出现的重要环境污染事件:

表 37　全面侵华战争前日本国内出现的重要环境污染事件

年　份	事　　件
1885 年	浅野水泥深川工厂的降灰事件
1890 年	由于渡良濑川大洪水和足尾铜山的矿毒(铜)而使鱼类及沿岸农作物遭受重大损害。
1914 年	第一次世界大战(—1918)
1918 年	荒田川(岐阜市内)发生水质污染问题。纺织、造纸、食品工厂的排水使下游地区的农渔业遭受损害。
1934 年	东京举行烟尘防治日活动,以烟尘问题为中心的公害蔓延各地

资料来源:徐家骝著:《日本环境污染的治理和对策》,北京:中国环境科学出版社,1990 年,第 12 页。

一次次的教训,使日本认识到环境的重要性——在注重经济发展的同时要保护环境。为此,日本政府和民间开始采取必要的措施进行环境保护。首先是在一些污染处理技术上,如高烟囱分散污染物,排烟脱硫装置以及电除尘设备等方面有了发展,为后来的污染处理奠定了一定的技术基础[②]。其次,在全面侵华战争之前,日本政府已经先后制定了一系列环境法令,来保护国内的自然和社会环境。下表为战前日本政府制定的环境保护法案。可以看出,日本国内环境污染出现的时较间较早、危害较大,很早就引起了人们的注意,环境污染和环境保护的观念在日本也已形成。而在此背景下,日军对南京环境的大肆破坏,暴露了其故意为之的性质。

表 38　战前日本政府制定的环境保护法案

年　份	法案名称	目　　的
1874 年	自然公园制度	保护自然风景名胜地
1888 年	煤烟管理令	控制煤烟排放
1896 年	河川法	保护水资源免受污染
1898 年	森林法	合理利用和保护森林
1900 年	不动产登记法	土地的管理开发利用
1912 年	工场法	控制公害

① [日]藤木英雄著,丛选功等译:《公害犯罪》,北京:中国政法大学出版社,1992 年,第 3—4 页。

② 任勇主编:《日本环境管理及产业污染防治》,北京:中国环境科学出版社, 2000 年,第 25 页。

续表

年　份	法案名称	目　　的
1919 年	狩猎法	为了保护野生的鸟兽不受滥捕灭绝
1920 年	都市计划法	保护都市内的景观地区
1932 年	国立公园法	保护自然风景名胜地

资料来源：徐家骝：《日本环境污染的对策和治理》，北京：中国环境科学出版社，1990 年，第 89 页。

1. 南京的环境与历史发展

从地理位置看，南京地处长江下游平原，属亚热带湿润气候，四季分明，雨量充沛。东连长江三角洲，西达荆楚，南临皖浙，北接江淮平原；距入海口 380 公里，长江穿越境域。自然条件优越，物产丰富。素有“江南佳丽地，金陵帝王州”的美称。三国时期诸葛亮曾称赞：“秣陵之地，钟阜龙蟠，石头虎踞，真乃帝王之宅也”。[①] 又有人称，南京“北跨中原，瓜连数省，五方辐辏，万国灌输”，[②]向来是政治重镇和商品集散地。

地理环境优越，使南京早有人类活动。考古发掘表明，大约 30 万年前南京就有了古人类的活动。大约在 6000 年前，今南京市区中心鼓楼岗一带，就有原始居民居住。公元前 472 年，越王勾践在雨花台下筑城，史称“越城”，这是南京建城的最早记载，至今已有 2400 多年的历史。历史上，曾先后有十多个政权在此定都。

公元 212 年，吴主孙权在金陵邑故址，利用西麓的天然石壁做基础修筑了石头城。之后，历经东晋及宋、齐、梁、陈历代的建设发展，“大族的府第别墅，帝王的离宫园囿”，逐渐形成了所谓“六代豪华”的局面，人口超过 100 万人，是当时我国最大的城市。但隋兵灭陈时，连将六朝的城阙宫殿一并化为灰烬。因为统治者惧怕金陵再出现割据政权，唐代的金陵被降为了一般的州县。到唐末五代十国期间，金陵再次被作为南唐国都，部分地恢复了昔日东南重镇的地位。

公元 1368 年，朱元璋建立大明，下令以应天府为“南京”，南京之名称由此开始。明代南京城始兴建于公元 1366 年，直到公元 1386 年才建成各主要的城门，前后历时 21 年之久，筑成号称方圆 96 里，实测为 33.676 公里的砖城，在现存的古城垣中，不仅是我国第一而且是世界之最。南京在明朝、尤其是明初的 53 年间，经济、文化发展很快，成为全国最大的城市。清代前期，南京的城市经济持续发展，特别是丝织业发展到了鼎盛时期。

近代南京遭受的大规模破坏始于太平天国战争时期。1853 年，太平军占领南京，摧毁商业区，建设天王府和东王府。1864 年天京被攻陷，清军入城后，洗劫了天

---

① 晋・张勃：《吴录》，《太平御览》卷一五六。

② 张瀚：《松窗梦语》卷五。

王府及其他王府和仓库,并纵火焚烧,使金陵遭到了一次浩劫。居住区仅占原来市区的三分之一,其他三分之二地区,空旷荒凉①。

太平天国失败以后,南京又被清政府用作统治东南地区的中心。两江总督的要职,先后由镇压太平军起家的曾国藩和李鸿章等担任。他们在天王府的废墟上,重建了管辖江苏、安徽和江西三省的“两江总督衙门”。19 世纪六七十年代,受“洋务运动”的影响,南京开始发展近代工业。公元 1865 年清(同治四年)创办的“金陵制造局”,是南京的第一座近代工厂,在生产新式枪炮方面,是当时产量最多和质量最好的一个。伴随着近代工业的兴起,南京开始向近代化都市迈进。1905 年和 1908 年修建沪宁铁路和津浦铁路,南京成为南北交通枢纽,商业地位得到了进一步的加强。

孙中山先生在其《建国方略》中评价南京的地理环境:“其位置乃在一美善之地区。其地有高山、有深水、有平原,此三种天工,钟毓一处,在世界之大都市中,诚难觅此佳境也。而又恰居长江下游两岸之最丰富区域之中心,南京将来之发达,未可限量也”。1912 年 1 月 1 日,孙中山被选为临时大总统,首都定为南京。其后经过了十余年的军阀统治,1927 年国民政府再次建都于南京。定都后,国民政府对南京城市进行了许多建设工作,包括扶植民族工业,铺设运输轨道等等,京沪地区的纺织、造纸、金融、交通等行业曾出现近十年的繁荣景象。作家聂绀弩在一篇杂文中描述战前南京的变化:一年两年,五年十年,南京完全改换了面貌。有了全国最好的柏油路,有了富丽雄伟的会堂、官廨、学校、戏院、商号、饭店、菜馆、咖啡店乃至私人住宅。不说别的,只说那荒凉空寂的玄武湖,在最近一两年去的时候,都是几乎认不出是什么地方了②。到全面抗战爆发前,南京的城市面貌已大为改观,城市整体环境得到极大改善,正大步朝着近代化大都市的方向迈向。有外国人士在其著作中写道:“日本侵略军占领之前,拥有古老城墙和百万居民的南京整齐、干净,有许多现代化的建筑,居民举止文明,勤劳努力。”③

2. 战前南京的建筑与城市功能分区

国民政府定都南京后,非常注重首都的规划建设,1929 年初设立以孙科为主任的“首都建设委员会”,编写了南京第一部正规的建设规划设计文件——《首都计划》,由我国第一代从欧美留学归国的建筑师设计。按照这一规划设计建造的民国建筑,流派纷呈,造型独特,在中国甚至世界建筑史上都留下了极为珍贵的一笔。《首都计

---

① 蒋赞初:《南京史话》,南京:江苏人民出版社,1995 年。以下关于南京的历史,除注明者外,多引用蒋先生此书和王云骏的著作,特此鸣谢。

② 聂绀弩:《失掉南京得到无穷》,引自《江城子——名人笔下的老南京》,北京:北京出版社,1999 年,第 256 页。

③ 陆束屏编译:《南京大屠杀:英美人士的目击报道》,北京:红旗出版社,1999 年,第 424 页。

划》"本诸欧美科学之原则",保存"吾国美术之优点"①,在规划理论及方法上开中国现代城市规划实践之先河。1930年初,该项规划经审核通过后,正式公布实施。《首都计划》是按城市功能对南京进行分区规划的,大致划分如下:中央政治区:设于紫金山南麓;行政区:设于鼓楼北侧的傅厚岗一带;工业区:分设在长江南北两岸;住宅区:设在旧城区内;商业区:设在明故宫一带;文化区:设在鼓楼、五台山一带。其后,南京城市建设虽然没有完全依据规划进行,但也明显受其影响,骨架已备。

国民政府时期,国民政府的中央行政机构由五院十八部六个委员会构成,大部分都在挹江门到中华门之间及新街口到中山陵园的大道两侧。如中山路萨家湾的"行政院",对面有"铁道部",其北有"海军部",其南有"军政部"和"陆军部"、"交通部";国府路(今长江路)上有"国民政府";鸡鸣寺附近的"教育部"、"考试院";还有设在夫子庙明清贡院内的"南京特别市市政府"等等。其中新建的铁道部、交通部等都是当时标志性建筑。在中山门和逸仙桥之间的"中央政治区"内,建造了"中央博物院筹备处"、"中央监察委员会"、"党史陈列馆"、"励志社"、"黄埔军官学校"以及明故宫飞机场等几座较大的建筑物②。这些由政府统一建造的行政类建筑规模宏大,气势非凡。

当时南京的建筑,大致可以区分为四种:一是折衷主义和西方古典式建筑,如1914年至1915年建成的扬子饭店,1929年建成的生物馆;二是中国传统宫殿式建筑,如1917年建成的金陵大学礼拜堂,1919年建成的金陵大学北大楼;三是新民族形式的建筑,如1928年建成的铁道部大楼,1929年建成的灵谷塔,1931年至1934年建成的紫金山天文台,1932年建成的中山陵音乐台,1933年建成的中央医院、交通部大楼、外交部大楼;四是西方现代派建筑,如1932年建成的福昌饭店,1935年至1936年建成的大华大戏院等③。

南京的人口主要聚集在下关、城南、汉中门等老城区,一般都是肮脏、低湿、简陋的棚户区,这一带集中了全城三分之二以上的人口。南京市政府在这些地区建立了一些平民住宅,供市民租住。除此之外,在山西路、颐和路一带开辟"新住宅区",陆续兴建了数百幢达官贵人的高级住宅,全部是独门独院,花园洋房,宅园绿化面积平均占整个住宅用地的60%以上。这里马路幽静,树高林密,尤其是盛夏,条条道路形成绿色长廊,阴凉宜人,路旁是高墙深院,一幢幢各式风格的小楼隐现在浓郁的绿荫之中,成为当时南京的一大亮丽风景线④。

---

① 南京国都设计技术专员办事处编印:《首都计划·序》,1929年2月。

② 蒋赞初:《南京史话》,南京:江苏人民出版社,1995年,第195页。

③ 卢海鸣:《南京民国建筑评析》,《城市管理》,2002年第2期。

④ 蒋赞初:《南京史话》,第196页。

当时南京繁华的商业区主要有三个:一是城南夫子庙、太平路、中华路商业区。二是市中心新街口商业区。三是城北长江边的下关商业区。下关一带因是津浦线、沪宁线与长江航道的连接点,成为南京重要的对外交通枢纽,1935年长江铁路轮渡开通后,更使这里车水马龙,是南来北往的旅客与南北粮食、煤炭等重要物资转运的必经地,下关火车站成为全国著名的铁路车站;围绕水、陆运输,旅馆业、商业与大市场在这里迅速发展;大马路商埠街和宝善街一带,商贾云集,洋楼林立,成为南京新兴的商业区。当时舆论称之为"南有夫子庙,北有商埠街","南有秦淮河,北有大马路"①。

工业区主要分布在在江南和江北二处。其中新建与扩建最多的是为经济、军事服务的军需工厂与仓库,其中以金陵兵工厂、船舶修理厂、军械厂、被服厂、无线电厂等较为典型。1934年著名实业家范旭东在江北卸甲甸建立了永利化学工业公司硫酸铔厂,其他的还有浦镇机厂、中国水泥厂、江南水泥厂、首都电厂和从事猪牛宰杀及蛋品加工的英商和记洋行等②。其中一些企业规模较大,设备精良,技术密集,不仅使南京的重工业迅速发展,而且使南京的工业结构中,近代工业占有明显的优势。

3. 南京的市政基础建设与环境保护

市政基础设施包括城市道路、公共交通、供水、排水、燃气、热力、园林、环卫、污水处理、垃圾处理、防洪、地下公共设施及附属设施等。民国初年,南京市容杂乱,交通拥挤,街道狭窄,"明故宫一路颓垣败壁,瓦砾纵横,荒烟蔓草",雨花台附近"荒草萋萋"③,建都以后,与全国政治、经济、文化中心地位极不相称。1928国民政府年定南京为特别市,以中西兼通的市政学专家刘纪文为首任市长,进行大规模的改造。

1894年时任两江总督的张之洞,主持修筑了南京历史上第一条近代马路——江宁马路。之后南京的道路建设事业虽有发展,但难有大的突破。国民政府建立后,以中山大道的修建揭开了南京市政建设的序幕。中山大道,原名"迎榇大道",是为恭送孙中山的灵柩到中山陵安葬而铺设的,始建于1928年8月。全长12公里、宽40米,用沥青铺设路面。北起江岸,东出中山门与陵园大道衔接,由三段组成:第一段为现称为中山北路,是一条西偏北方45度的斜向道路,起于下关,穿挹江门,向西南止于鼓楼;第二段现称为中山路,为正南北向的道路,起于鼓楼,往南达于新街口;第三段现称为中山东路,为东西向的道路,起于新街口广场,往东出中山门。这三段道路将南京城垣内的城南、城北、城中三区有机联系起来。中山大道的修建为城市向西、向

---

① 经盛鸿:《日军大屠杀前的南京建设成就与社会风貌》,《南京社会科学》2009年第6期。

② 张宪文:《回眸历史:构建南京城市发展新战略》,《南京社会科学》2009年第6期。

③ 《申报》,1912年1月18日第2版;3月3日第8版。

北发展创造了条件，带动了沿线地段的开发，城内主要的行政建筑和公共建筑均沿这条道路而展开。这些新建道路工程多是在交通繁盛，人口众多地段，使南京逐渐形成了以中山路为轴线、鼓楼至新街口一带为中心对外辐射的城市道路网络基础[①]。

十年间，南京新筑道路总计约 113.575 公里；翻修旧路总面积在 2295593.58 平方米，通沟长约 880 公里，装沟长约 29 公里，修建各种桥梁 17 座。众多道路的建设为南京公共交通事业的发展创造了条件。当时南京公共交通种类有市区小火车、公共汽车、马车、人力车、出租车和轮渡。无论从种类还是从数量上讲，南京的交通工具在全国城市中都为翘楚。在修路的同时，埋设下水道，并在行人路旁竖柱安装路灯。以前南京没有新式下水道，经计划分为城南、城北、下关三区逐次进行，1935—1936 年共埋设下水管道 26722.66 米。除此之外，市政府还整治秦淮河，对燕子矶区十里长沟、北运粮河、朱家山河等处，次第疏浚[②]。

南京的无线电、通信事业，因首都之便，发展迅速。1927 年仅有无线电台一座，到 1935 年建成拥有 500 瓦特机器的南京无线电台，开通了南京与全国各主要省、市的无线电联系。国民政府还先后在南京成立了京沪区长途电话管理处、交通部九省长途电话工程处，至抗战前基本建成了以南京为中心的全国长途电话网。南京市内电话也进行了扩充改造，使电话的装机容量达 7300 门，实装 5665 门，用户 5374 户。邮政事业方面：不断增设新的邮政局、所，到 1936 年底，全市已有邮政支局 36 个，代办所 25 个[③]，开通了南京与全国各省市的邮政业务。上述事业，须有发电工业作为基础：国民政府将南京电灯厂改名为首都电厂，扩充了下关电厂，1931 年安装了两台 5000 瓦汽轮发电机。1934 年又增加了一台 1 万千瓦发电机和新式锅炉，使年发电量达 3300 万千瓦时，用户达 4 万户，较 1927 年以前增加了十余倍。1937 年，首都电厂与戚墅堰电厂联营，改组为扬子电器公司，增资达 1000 万元[④]。

为了改善人们的生活环境，国民政府加强了对公共卫生及环境污染的管理。垃圾和粪便是影响市民健康、危害城市生态环境的因素之一，为此市政府添置公厕数处，定期清扫街道。为了保证每个街道的清洁，卫生局当时把南京市分为 7 个卫生区。即东路、南路、西路、北一路、北二路、中路、下关区，“每区各有清道夫 80 余人，汽车 2 辆，灰车 100 余辆”，工作为“清除、收集、捡帚、运送四种”[⑤]。与此同时，国民政府

---

① 江苏省南京市公路管理处史志编审委员会编：《南京近代公路史》，南京：江苏科学技术出版社，1990 年。

② 王云骏：《民国南京城市社会管理》，南京：江苏古籍出版社，2001 年，第 20—21 页。

③ 南市地方志编纂委员会：《南京邮政志》，北京：中国城市出版社，1993 年，第 29 页。

④ 王云骏：《民国南京城市社会管理》，第 20—21 页。

⑤ 《民国日报》，1930 年 3 月 8 日。

对公共卫生进行了相应的立法:1928 年 5 月 30 日,内政部公布并实施了《污物扫除条例》,后又公布了《污物扫除条例施行细则》,该条例规定了市政管理机关及土地房屋的所有者、使用者或占有者各自在其地域范围内,负有扫除污物、保持清洁的义务。并且扫除的污物应集中放置于市政管理机关指定的地点或容器内,不准任意弃置。此外,南京国民政府于 1928 年 8 月 15 日公布了《屠宰场规则》及其《屠宰场规则施行细则》,规定:屠宰场的位置"须便于水之供给,沟之排泄,并须离学校、病院、公园、水道、水源一里以外之地";对于有害卫生及其他有害公益的屠宰场应停止使用或者废止。1929 年 4 月 19 日卫生部公布了《取缔停柩暂行章程》,要求停柩待葬者,尽快安葬,以免污染环境。后公布的《都市规划法》规定,市区饮用水地域,不得有排水沟渠之灌注及妨害水源清洁之设置;市区垃圾粪便利用水道运出者,其码头应设于距市区一公里以外之地;市区公墓应于适当地点设置[①]。

公园、广场的兴建不仅可以改变城市环境,而且可以成为一个多功能的公共空间,市民可以在此进行娱乐、教育、文化甚至社会活动。1927 年 4 月国民政府定都南京后,出现了一大批完全开放的近代公园,如五洲公园(玄武湖公园)、莫愁湖公园、鼓楼公园、白鹭洲公园等。市政府在公园里添置各种花木、修葺亭台,设置儿童游乐场等等,公园的面貌焕然一新。此外,1928 年市政府在中山路、中山东路、中正路、汉中路交汇处修建了新街口广场。1931 年,又在中山北路、中山路、保泰街与中央路四路交汇处修建了鼓楼广场。到 1936 年时,南京城内已有公园 7 处,正在兴建或拟建的有 8 处;已建成的广场 5 处,正在兴建或拟建的有 10 处,分布在南京各处。当时国际著名城市公园占市区总面积的比例分别为:东京 2.8%、柏林 2%、伦敦 9%、华盛顿 14%[②],而当时南京城内城外公园及林荫大道的面积已约占 14.4%。

伴随着近代公园出现的同时,南京也出现了近代街道绿化带和一大批近代建筑附属绿地以及风景防护林,一时四处林木参天。1929 年 5 月市长刘纪文向全市发表"南京现代化道路实施"的广播演说,提出道路每建一线,要"每隔 50 英尺(15.24 米)植树一株"。另外市政府在紫金山新设苗圃 5 处,每年可供树苗 500 万株,树木 800 万株。当时,东南大学教授常宗惠奉命购了几千株法国梧桐树(学名悬铃木),栽种在为孙中山奉安大典而建的陵园大道和中山大道上,仅陵园路就有 1007 株,每株高 34 米左右,株距为 6.6 米,其余的种植在江苏路和长江路等处,成为南京最早的一批行道树[③]。

---

① 谢冬慧:《南京国民政府环境法制论略》,《南京社会科学》,2008 年 04 期。

② 曲晓范:《近代东北城市的历史变迁》,长春:东北师范大学出版社,2001 年,第 295 页。

③ 朱同芳:《魅力南京·林》,南京:南京出版社,2005 年,第 3 页。

随着政治的进展、经济的复兴以及科技的发展，人们对环境保护的认识愈益深入，依法治理环境的理念逐步形成，政府先后制订了多部环境资源法规，如 1929 年《渔业法》，1930 年《河川法》，1932 年《狩猎法》，1932 年《森林法》。《河川法》对水体污染、水资源短缺和洪涝灾害等多方面问题进行了规定：水体污染加剧了水资源短缺，水生态环境被破坏，促使洪涝灾害频发，必须依法对水体污染者进行严厉地处罚[①]；《森林法》有“放火烧毁他人之森林者，处三年以上、十年以下有期徒刑”等规定，旨在保护和合理利用森林资源，制止破坏森林资源的行为。

4. 战前南京城市社会发展概况

据统计，到 1936 年 5 月，南京城乡人口总计约 101 万人，男性约 61 万人，女性约 40 万人[②]。其中，南京市籍人口只占 27.86%[③]，说明当时南京市民中的绝大部分人口都是从外地迁移进来的。外来务工人员较多，他们大多收入较低，生活条件差，他们与市内的一般贫民，通常都住在城墙脚下、长江岸边、池塘周围和市内铁道两旁所谓“棚户区”内，计有 3、7 万余户，人数达 15 万名以上，约占当时全市总人口的六分之一。南京市为改善棚户住宅条件，于 1934 年组织“棚户住宅改善委员会”，改造棚户区，到 1936 年，共拆迁安置棚户 7928 户。同时还开辟数处平民住宅区，以低价租给平民居住[④]。

南京是一个以消费为主的城市，纯消费性的行业占有绝对优势。据 1934 年 6 月南京警察厅的调查，在全市居民中，从事服务行业和家庭仆役的有 15 万人，占城市人口总数的 21.97%，在各种职业人口中所占的比例最高；其次是从事商业的，有 9 万余人，占 12.43%，两者合计，则有 25 万余人，占城市总数人口的三分之一左右。南京的商店主要集中在城中、城南及下关等处。到 1935 年，南京市内共有商店 1.3 万家，可分为 119 个行业，从业人员 8 万余人，资本达 1243 万余元[⑤]。另外，国民政府、党政、军警各机关在任公务员有 5 万余人，占人口的 7.08%。

工业方面，据统计，至 1933 年，南京市共有食品、纺织、建筑、机器、化工、印刷、水电等 7 个大类 21 个行业，合计 847 家工厂，其中雇工 30 人以上有动力机设备的工厂

---

① 谢冬慧：《南京国民政府环境法制论略》，《南京社会科学》，2008 年 04 期。

② 中国第二历史档案馆、南京市档案馆编：《侵华日军南京大屠杀档案》，南京：江苏古籍出版社，1997 年，第 913—914 页。

③ 首都警察厅编：《首都警察概论》（1934 年），第 108、111 页。

④ 秦孝仪主编：《革命文献》第九十三辑，台北：中央文物供应社，1982 年，第 1—83 页。

⑤ 实业部中国经济年鉴编纂委员会编：《中国经济年鉴民国二十四年续编》，第十四章，上海：商务印书馆，1935 年 9 月版，南京图书馆特藏部藏，421—428 页。

25家,此数在长江沿江城市中排列于上海、汉口之后的第三位①。但全市产业工人不到万人②。

1933年,南京城市医务人员与医疗设施统计,此年南京市总人口95万,其中,西医师213人,中医师345人,药剂师54人,助产士52人,病床747张,医院45所,西药房44家,中药铺115家③。

战前南京周边农村地区得到较大发展。1935年6月,南京政府实业部对南京市郊23村农家的从业情况进行调查,结果表明:23村在业人口总数1531人。其中从事农业者899人,占在业人数的58.72%;从事家庭手工业者210人,占全体在业人数的13.72%;从事商业者300人,占19.57%;从事公共服役者47人,占在业人口的3.07%;从事专门职业者20人,占1.31%;另外55人均从事农业之外的其他零星工作,占3.59%④。

1933年,南京进行各类从业人员劳动收入估计,在所统计的各类人员中,家庭仆佣的年收入最低,仅40元;中高级公务员、大学教师、律师、会计师等收入较高,年收入常在一至数千元,与家庭仆佣的年收入相差极为悬殊。不过,南京当时大部分人的年收入都在120—200元之间,这部分群体主要由手工业工人、工厂工人、人力船夫、商业从业人员等组成,而南京城市居民的主体也是由这些人及其家属组成⑤。

1935年4月到1936年底,南京市的财政收入已达13178527.34元⑥。

1935年,全市共有市立小学115所,694级,学生32944人,连同私立、公立、未立案小学及私塾学生计达59419人,较之1931年,失学儿童约已减少十分之五⑦。

1932年,南京经登记的日报社29家、通讯社48家、杂志社36家、各省、市日报分销处14家、中西派报社2家⑧。

---

① 建设委员会经济调查所统计课编:《中国经济志——南京市》,1934年出版,第3—4、211页,引自刘大钧:《中国工业调查报告》中册,第1—31页。

② 叶楚伧等主编:《首都志》卷六《户口》,1935年出版,第502页。引自《长江沿江城市与中国近代化》,上海:上海人民出版社,2002年,第388页。

③ 国民政府主计处统计局编:《中华民国统计提要(二十四年辑)》,上海:商务印书馆,1936年,南京图书馆特藏部藏,第395页。

④ 郑林庄、柯象峰:《实业部中央农业实验所附近二十三村农民职业调查》,引自《长江沿江城市与中国近代化》,第331页。

⑤ 张斌:《1928—1937年南京城市居民生活透析》,中国优秀硕士学位论文全文数据库,吉林大学,2004年。

⑥ 秦孝仪主编:《革命文献》,第九十三辑,第1—83页。

⑦ 国民政府主计处统计局编:《中华民国统计年鉴》,南京:中国文化事业公司,1948年出,南京图书馆特藏部藏,第343页。

⑧ 国民政府主计处统计局编:《中华民国统计年鉴》,第395页。

为了丰富市民生活，提高人们的生活质量，南京国民政府还举办了各种文化卫生活动。1933 年，第五届全国运动会在南京新建的中央体育场举行。这次参赛的选手有两千余人，比赛项目计 88 项，参观者人山人海，盛况空前。除了体育之外，电影和音乐会也是重要的文化活动。尽管制片公司多在上海，但文化政策却是在首都制定的，因此制片人和电影明星经常来京参与各种活动。

经过十年的建设，南京的工商业、教育科技、医疗卫生事业都有了很大的进步，城市面貌焕然一新。

（二）日军对南京社会生活环境的破坏

1937 年 8 月 15 日，这天上午 9 时许，日本海军航空兵轰炸南京，日方资料称“海之荒鹫越海长驱，令人难以置信地出现在南京上空。南京城在暴风雨中摇摇欲坠……许多炸弹从云中落下，敌军狼狈不堪，南京市民惊愕不已……人口百万的首都日益变成‘死亡之都’，南京临近最后的时刻”①。据统计，从 8 月 15 日到 12 月 13 日，日军攻陷南京的四个月时间里，南京共遭受日机空袭 118 次，遭投弹 1357 枚，中国军民伤亡 3000 人以上，财产、房屋损失则难以计算②。12 月 11 日，日军对南京发起总攻，在此期间，南京战场周边建筑全部化为废墟，到处都是断壁残垣，呈现出一片鬼蜮荒寂的景象。之后，日军对南京“连续抢劫、焚烧六周，烧毁数千处建筑物（超过 4000 个街道门牌号码）”③，一度美厦林立的南京城变成一座废墟。传教士费吴生在给友人的信中惋惜地说：看到今天的南京，你一定会极为痛心，“南京已经被系统地抢劫和焚烧，现在只剩下一具空壳。大部分外侨建筑仍在，虽然无一例外都被抢劫，大部分政府建筑也是如此。大部分商店和中国人的房屋已被烧掉——在胜利者从中拿走他们想要的任何东西之后”④。

1. 日军对南京公共建筑的破坏

（1）日军对南京机关建筑的破坏

南京的军事、政治、经济各机构是日机轰炸的主要目标：“20 日上午，轰炸了国民政府、参谋本部、无线电信所等处。午后，又对雨花台、富贵山炮台、大校场机场等处

① ［日］海军中佐阿部信夫：《支那事变战记·海军航空战》，《民国档案》2004 年第 4 期。

② 南京市地方志编纂委员会编：《南京人民防空志》，深圳：海天出版社，1994 年，第 33 页。

③ ［美］贝德士：《致朋友的传阅函》（1938 年 11 月 29 日），章开沅编译：《美国传教士的日记与书信》，第 47 页。

④ ［美］费吴生：《致朋友函》（1938 年 1 月 6 日），章开沅编译：《美国传教士的日记与书信》，第 85 页。

进行轰炸。"[①]这些建筑物在空袭中受损严重,国民政府各界历经十载、呕心沥血建立起来的高楼大厦,随着日机投下的炸药,瞬间化为一堆废墟。军人韩时忱回忆:"机场、火车站、沿江码头和重要军事设施,都遭到不同程度的毁坏。政府重要部门也是日机轰炸的主要目标。商业区、居民区、大学以及文化部门,都落了不少炸弹。炸死炸伤的人比比皆是,被炸起火的房屋几乎每天都有几起。"[②]《申报》9月21日报道:日机今日又来京肆扰……全城几皆有炸弹落下。有坠于国民政府附近者,中央大学、挹江门、和平门、兵工厂、自来水厂及飞机场等附近,亦皆有之。紫金山巅气象台附近,亦闻有大爆炸声。马路之被毁者,为国府附近之国府路,及鼓楼附近之中山路北段[③]。周佛海的日记中也有相关记载:9月25日"全日在警报中,敌机六次轰炸南京,共八十余架,广播电台、中央通讯社、电灯厂及军政、交通、铁路、财政各均被炸,落弹二百枚以上,幸京宅尚安"[④]。明故宫飞机场遭到轰炸,"只剩下烧成铁架的六七架飞机残骸,情景悲惨。机库也被炸了"[⑤];津浦铁路局的办公大楼和附近的煤场被炸了[⑥];国民政府林森的官邸,"里面被破坏的面目全非。砖壁上有一个大炮弹坑,到处都是玻璃,碎砖块。客厅里有一匹死马。院子里有一个暴晒中国人尸体的壕沟"[⑦]。

日军占领南京后,所有没有被毁坏的政府建筑"都被日军和维新政府占领使用"[⑧]。国民政府府大院成了日军十六师团部,进入国民政府的大门,通往大礼堂长廊的中间部位的屋顶上出现了一个很大的洞,留有炸弹炸过的痕迹[⑨]。下表为国民政府中央党政机关财产损失统计,可以看出,大屠杀事件中,南京所有机关部门几乎都遭受了不同程度的破坏。

---

① [日]海军中佐阿部信夫:《支那事变战记·海军航空战》,《民国档案》2004年第4期。

② 韩时忱:《护卫团旗退出南京》,马振犊等编:《南京保卫战》,张宪文主编:《南京大屠杀史料集》第2册,南京:江苏人民出版社、凤凰出版社,2005年,第370页。

③ 《首都昨续遭空袭》,《申报》1937年9月21日第2版。

④ 周佛海1937年9月25日日记,周佛海:《周佛海日记》(上编),蔡德金编注,北京:中国文联出版社,2003年,第75页。

⑤ [日]井家又一:《井家又一日记》,王卫星编:《日军官兵日记与书信》,张宪文主编:《南京大屠杀史料集》第9册,南京:江苏人民出版社、凤凰出版社,2006年,第133页。

⑥ 拉贝1937年10月20日日记,[德]约翰·拉贝:《拉贝日记》,第41页。

⑦ [美]卡波特·科维尔德:《卡波特·科维尔德南京旅行记》,张生等编:《英美文书·安全区文书·自治委员会文书》,第77页。

⑧ 《南京之行备忘录》,张生等编:《英美文书·安全区文书·自治委员会文书》,第265页。

⑨ [日]今井正刚:《南京城内的大屠杀》,王卫星编:《日军官兵与随军记者回忆》,张宪文主编:《南京大屠杀史料集》第10册,南京:江苏人民出版社、凤凰出版社,2006年,第530页。

表 39 中央党政机关财产损失统计

损失部门	总　计	建筑物损失	损失原因	损失时间
国民党中央监察委员会	45345000	164000	轰炸	1937.9
国民政府司法院	726530	650000	日军攻	1937.12
国民政府最高法院	575090	500000	日军攻	1937.10
国民政府行政院	25250.95	9357.50	日军进攻	1937
中央公务员惩戒委员会	47313.40		日军进攻	1937.12
国民政府立法院	594914.27		日机轰炸	1937.8
国民政府外交部	395000000	60000000	敌攻	1937.12
国民政府审计部	3810240	1670000	日军进攻	1937.12
国民政府侨务委员会	185000		退却	1937.10
司法院	726530	650000	日军进攻	1937.12
最高法院	575090	500000	日军进攻	1937.12
国民党南京市党部	271266	14500	抗战、南京沦陷	1937.8—12

资料来源：台北"国史馆"：《中央党政机关财产损失统计》，姜良芹、郭必强、吕晶编：《财产损失统计》，张宪文主编：《南京大屠杀史料集》第 40 册，南京：江苏人民出版社、凤凰出版传媒集团，2007 年，第 1—9 页。

(2) 日军对南京市政基础设施的破坏

早在日机空袭期间，南京的市政基础设施就成为重要目标之一，受到极大破坏。据日方密报：9 月 25 日的空袭"自午前 9 时至午后 4 时连续进行 5 次，发电所受到很大破坏，失掉功能，至午后 9 时仍处于黑暗中……炸弹还落到了无线电台、下关车站、铁道部和民用机场。电信局和自来水管道也被轰炸，造成一时断水，后来恢复"①。为了躲避日机的空袭，南京"所有红色的砖瓦屋顶都刷成了黑色，就连整个红砖瓦的住宅区也都刷成了黑颜色。每隔 50 米到 100 米就有供行人躲避用的防空洞，有些只是上面堆些土的洞，刚好够一个人爬进去"，公共汽车也漆成了黑色②。从 12 月 9 日起，南京的自来水管网停止供水，12 日起停止照明、电话中断。直到 12 月 31 日，日方的电灯、自来水才"大部完成配电和送水，之后逐渐及于日侨与其他方面"③。据沙尔芬贝格报告，到了 1938 年 2 月 1 日，南京仍然"不通电报，不通信件，不通电话，也没有公共汽车、出租车和人力车。水管中没有自来水，只有大使馆有电，但高层不允许亮

① 《广田外务大臣致驻北平森岛参事官电》，经盛鸿等编：《战前的南京与日机的空袭》，张宪文主编：《南京大屠杀史料集》第 1 册，南京：江苏人民出版社、凤凰出版社，2005 年，第 175—176 页。

② 拉贝 1937 年 10 月 17 日日记，[德]约翰·拉贝：《拉贝日记》，第 37 页。

③ 《南京特务机关的宣抚工作概况》(1938 年 1 月 21 日—3 月)，《民国档案》1994 年第 2—3 期。

灯。英国大使馆尚未通电”[①]。南京的公厕状况,据自治委员会讲,“查本市原设公厕,本未普及,近又无人挑运粪便,以致现有公厕等于虚设,因此路人任意排泄,居民随便倾倒,大街小巷秽污狼籍,不堪收拾。值此天气见暖,更易滋生细菌”[②]。

日本军法官小川关治郎在日记中描述南京:“马路非常宽,铺设的一点不比东京改造过的马路差。房子也与东京的差不多,非常漂亮”[③]。但日机的空袭使南京的道路破坏严重。《申报》9月23日报道:日机的炸弹在“ABC番菜馆门前坠落多枚。马路被击成洞。但在新住宅区则日机掷下重约二百五十公斤之大炸弹。山西路口之中山路被击成一巨大裂口”[④]。经过破坏,南京“路面破坏严重,且无暇修缮,汽车很难运转;路旁放置的颠覆和破坏的汽车数十台以上”[⑤]。1938年3月13日,自治委员会文书写道:近来马路破坏,日甚一日,一遇天雨,泥泞淤塞,形同河流,殊于行旅交通,大有妨碍[⑥]。下表为抗战损失调查委员会存日军对于南京道路、沟渠之毁坏情况。统计显示,南京一半以上的道路遭到了破坏,沟渠的损坏程度则在70%以上。

表40 日军对于南京道路、沟渠之毁坏情况统计表

项目		原来	被毁者	被毁百分比
道路(平方公尺)	碎石路	224250	1203250	55%
	柏油路	386830	174000	45%
	弹石路	775000	500000	65%
沟渠(公尺)	新下水道	65750	46000	70%
	旧式阴沟	188750	151000	80%

资料来源:《抗战损失调查委员会存敌人对于南京之毁坏及暴行一斑》(1946年2月1日),中国第二历史档案馆 二一(2)—601。徐康英、姜良芹、郭必强编:《抗战损失调查委员会调查统计》(上)。张宪文主编:《南京大屠杀史料集》第16册,南京:江苏人民出版社、凤凰出版社,2006年,第97—98页。

① 《驻汉口德国大使馆沙尔芬贝格的报告》(1938年2月1日),张生编:《外国媒体报道与德国使馆报告》,第357—359页。

② 《自治委员会为兴办市政需要各项事业计划书致福田函》(中华民国二十七年三月十三日),南京市档案馆1002—19—9。

③ [日]小川关治郎:《小川关治郎日记》,王卫星编:《日军官兵日记与书信》,张宪文主编:《南京大屠杀史料集》第9册,南京:江苏人民出版社、凤凰出版社,2006年,第409页。

④ 《被轰炸者逾三十处 下关难民收容所与新住宅区亦被炸》,《申报》1937年9月23日第1版。

⑤ 《驻沪冈本总领事致广田外务大臣函》,经盛鸿等编:《战前的南京与日机的空袭》,第176页。

⑥ 《自治委员会为兴办市政需要各项事业计划书致福田函》(中华民国二十七年三月十三日),张生等编:《英美文书·安全区文书·自治委员会文书》,第559页。

(3) 日军对南京文化医疗机构的破坏

① 日军对南京文物古迹的破坏。

南京作为六朝古都,名胜古迹遍布,朱自清说到:“逛南京像逛古董铺子,到处都有些时代侵蚀的遗痕。”[①]南京国民政府时期,非常重视对名胜古迹的保护,专门制定了《南京特别市教育局保护名胜古迹条例》。南京大屠杀期间,在日军的轰炸、焚烧、抢劫之下,南京的名胜古迹遭受严重破坏。据悉,“日军从上到下,都将洗劫我国文物作为一项重要的工作。他们事先做过严密的调查,攻陷南京后立刻便展开了有计划的搜劫行动,各机关、各学校、各博物馆、图书馆,达官富贾的公馆、各大公司、各大商家所贮存的古董字画,几已被他们一扫而光,尽数劫走。万一有‘漏网’的,日军犹在持续不断地搜劫,同时更以半买半抢的方式,在地摊上作最后的劫掠”[②]。

朝天宫在南京市水西门内,相传该处原为吴王夫差所筑之冶城。明洪武年间(1384)太祖朱元璋下诏赐名为“朝天宫”,取“朝拜上天”、“朝见天子”之意。1936年“故宫博物院南京分院”在南京朝天宫设立。同年底,朝天宫库房扩建工程完成后,就将故宫南迁的文物放在这里。日军占领南京后,朝天宫库房尚有少量来不及抢运的文物被日军截收。日军将里面的文物搬出,然后将朝天宫库房改造成了一家伤兵医院。1938年6月至7月、1939年12月15日至1940年3月17日,日本特务机关两次开箱清点,然后将1503箱古物运至“标本整理部”,其中包括康熙、乾隆时期的西洋贡品和清宫玉牒、内务府档案等南迁文物。日军甚至将朝天宫正殿屋脊两端上的建筑构件“吻鸥”拆下,运回日本。

静海寺北倚狮子山,东接天妃宫,西临护城河,占地约两万平方米。永乐九年(1411),为纪念郑和一行第二次远航归来,明成祖特在南京下关狮子山下建静海寺供奉郑和带回的佛牙和奇珍异宝,栽种奇花异木。静海寺规模宏大,号称“金陵律寺之冠”,有大雄宝殿、天王殿、正佛殿等建筑,占地约两万多平方米。我国近代史上第一个不平等条约——中英《南京条约》即在此议定。1937年12月,静海寺为侵华日军烧毁殆尽,仅残存僧舍八间。

甘熙故居位于城南南捕厅的小巷,是清代私人巨宅。日军闯进甘家大院烧杀抢掠一通后,抢走了甘熙故居的“友恭堂”堂号匾。位于中华门外雨花路东侧残存的大报恩寺,于12月5日被日军炮弹击中,炸毁瓦楼房8间,三藏殿瓦房113间也被日军

---

① 朱自清:《南京》,转引自《江城子——名人笔下的老南京》,第56页。

② 郭岐:《陷都血泪录》,张连红:《幸存者的日记与回忆》,第243—244页。

炮弹炸毁[①]。三藏塔的地宫在汪伪时期曾被日军盗掘。南京城郊的栖霞寺,成为24000多名难民的庇护所,日军数次到寺庙进行搜寻破坏。

② 日军对南京学校、医疗等设施的破坏。

学校和医院是日军破坏的重要目标之一。8月20日,中央大学医院被轰炸后起火,据报道,有十多名中国平民遇害。中央大学图书馆也遭到严重破坏[②]。8月26日"上午一时至三时许,敌机二十余架,分两次袭南京……乱掷炸弹,及烧夷弹数十枚之多。事后调查被毁者有中央大学实验中学,计炸毁房屋八十余间,死伤工人仆役多名。遗族学校及城中省三医院房屋亦被炸毁"[③]。日机轰炸一月间,中央大学校舍就先后被敌机轰炸数次,投掷二百五十磅炸弹8枚。9月25日上午,敌机九十六架"分五次来京轰炸,我文化、卫生、慈善等机关,多被摧残"[④],其中中央医院落下炸弹15枚,中央广播电台中了10枚[⑤]。9月27日下午浦口小学被敌机投弹命中,损失甚重,校舍瓦房"除西南一小部分外,余均被震脱落,破坏不堪,大部分不能蔽风雨"[⑥]。9月28日卫生总署大楼遭受的损失达20万元,数辆红十字救护车被炸毁[⑦]。到10月12日,"由于在日军空袭中受到破坏,政府开办的南京中央医院已经关闭。金陵大学医院现在成了南京唯一还在开业的大型医院"[⑧]。下表为大屠杀事件期间南京部分学校损失情况统计。

表41　南京部分学校损失情况统计表(单位:元)

学校名称	财产损失	建筑损失	图书损失	仪器损失	时　间
南京市私立东方中学	269966	84500	57520	81250	1937.12
市立第一中学	1580000000	380000000	150000000	400000000	1937.12
私立成美中学	666200	200000	50000	20000	1937.12

---

① 《南京市寺庙财产损失报告单》(1947年5月—7月),南京市档案馆1003—3—249之二,徐康英、姜良芹、郭必强编:《抗战损失调查委员会调查统计》(上),第333—334页。

② 《炸弹震撼南京美国大使馆》,《纽约时报》1937年8月21日,杨夏鸣、张生编:《国际检察局文书·美国报刊报道》,张宪文主编:《南京大屠杀史料集》第29册,南京:江苏人民出版社、凤凰出版传媒集团,2007年,第322页。

③ 《敌机掷弹 毁灭我文化机关 赣农院及京中大等炸毁 无辜民众遭难者数百》,《申报》1937年8月29日第2版。

④ 《首都被轰炸后惨状 各机关均整理布置恢复工作》,《申报》1937年9月27日第2版。

⑤ 拉贝1937年9月26日日记,[德]约翰·拉贝:《拉贝日记》,第15—16页。

⑥ 《南京市社会局呈报浦口小学被炸损失清单等呈令》(1937年11月18日),姜良芹、郭必强编:《前期人口伤亡和财产损失调查》,张宪文主编:《南京大屠杀史料集》第15册,南京:江苏人民出版社、凤凰出版社,2006年,第224页。

⑦ 《南京从大轰炸中恢复》,《纽约时报》1937年9月27日,杨夏鸣、张生编:《国际检察局文书·美国报刊报道》,第350页。

⑧ 《轰炸导致中央医院关闭》,《纽约时报》1937年10月12日,杨夏鸣、张生编:《国际检察局文书·美国报刊报道》,第361页。

续表

学校名称	财产损失	建筑损失	图书损失	仪器损失	时　间
私立华南中学	150260	26340	25750	34680	1937.12
夫子庙第一国民学校	8336000		500000	2100000	1937.12
第十区陵园国民学校	19901000		65000		1937.12
第四区马道街国民学校	435000	200000	15000	80000	1937.12
第四区国民学校	22800	17000	1000	1200	1937.11
第十二区国民学校	7420000	4000000	395000		1937.12
第一区香铺营国民中学	12489602	1600000	640000	1500000	
第十三区后村国民中学	5110000				
私立清源小学	111000	23000	25000	13000	1937.12
私立汇文附小	155000	15000	80000	15000	1937.12
市立船板巷小学		70000	40000000		1937.12
第十三区中心国民学校	95150	85100	1500	1500	1937.12
弘光中学		18500			1937.10
第十区马群镇国民学校	4949	3750			

资料来源:《南京市民财产损失报告单之十三》,南京市档案馆 1003—17—35—1。

除学校和医院外,其他文化机构也遭受同样的劫难。11 月 24 日“炸弹落在了国立博物院的附近、法国天主传教团设施以及混杂的闹市区”,导致 40 人死亡①。青年会学校里,“每件东西都被翻倒,许多物理实验仪器被故意毁坏。体育场躺着一条死牛,有一半尸体被野狗吃掉”②。中国合作学社有房屋两幢被敌拆除,房屋装修损坏,仅建筑物损失达一万元③。此外,东北旅京同乡会、中国科学社生物研究所、国医传习所、大同补习所、民众图书馆等建筑设施遭到重大破坏,西方寺、普善庵、正觉寺、观音庵等寺庙受损严重。拉贝在日记中提到当时南京的情形:“25 万不同年龄的难民没有一所小学、戏院或体育场。”④

2. 日军对南京商业及住宅建筑的破坏

日军对南京商业及住宅建筑的破坏主要是通过轰炸、攻占及占领后的抢劫焚烧

① 《日军对百姓生命和财产所进行的轰炸事例》,张生等编:《英美文书·安全区文书·自治委员会文书》,第 7—9 页。

② 杨夏鸣、张生编:《国际检察局文书·美国报刊报道》,第 664 页。

③ 《中国合作学社财产直接损失汇报表》,南京市档案馆 1003—17—34。

④ 拉贝 1938 年 2 月 15 日日记,[德]约翰·拉贝:《拉贝日记》,第 548 页。

进行的。劫后的南京"城厢内外商铺居户房屋焚毁倾倒,比比皆是……全市大街小巷房屋焚毁之余烬,即残余木料,瓦屑碎砖,破墙灰土,废坏铜铁,以及折断电杆电线等物,七倒八斜,零零落落,途为之塞"①。

(1) 日军对南京工商业建筑的破坏

下表为战前南京市商店家数分区统计,战前南京有商店13003家,96业,经理店员86079人,资本1243万余元,1933年全年营业凡7234万余元。商店"集中于城中、城南及下关等处,以第三区为最多,其次是一区、二区、五区、四区、七区、六区,依次等差,以第八区为最少"②。

表42　南京市商店家数分区统计表

区　别	家　数	备　　注
第一区	2758	大行宫 洪武街一带
第二区	2343	太平路 白下路一带
第三区	2825	夫子庙 奇望街一带
第四区	1140	中华路 雨花路一带
第五区	2150	汉中路 明瓦廊 大王府巷一带
第六区	843	丁家桥 三牌楼一带
第七区	1102	下关一带
第八区	249	浦口一带
合　计	13410	内有不合于营业登记五千余家,有特税免征商店二千家未列入

资料来源:实业部中国经济年鉴编纂委员会编:《中国经济年鉴民国二十四续编》,第十四章,上海:商务印书馆1935年,第421—428页。

早在日机对南京进行空袭时,南京的商业就开始呈现混乱凋零的局面。"市内商店大多关闭,太平路一带开业者不过四分之一,较大饭店全部歇业。物资方面,洋货、杂货品种缺乏,棉布、丝织品、毛织品等欠缺,价格为事变中(前)的一倍,卷烟也一样……公共汽车,仅有下关、夫子庙线开通。船只的出入,因难民的往来,显得很乱。"③太平路"呈荒凉之象,平时行人车辆络绎不绝,今则几成空衢。下关江边货物堆积,而避难者亦结集于此,各欲尽速乘船上驶。武装警士为便利装货上船起见,不许

① 南京市自治委员会代理会长孙叔荣:《南京市自治委员会为整理及清洁全市道路拟具计划书致函特务机关》(中华民国二十七年三月三日),南京市档案馆1002—19—9。

② 实业部中国经济年鉴编纂委员会编:《中国经济年鉴民国二十四续编》,第十四章,上海:商务印书馆1935年,第421—428页。

③ 《驻沪冈本总领事致广田外务大臣函》,1937年10月27日,经盛鸿等编:《战前的南京与日机的空袭》,第176页。

避难者拥至船上”①。没有了商业，人们的生活开始陷入僵局，“这时饷银早已无法寄出了，同时也无法消耗，金钱虽然是万能，但在这个时候，想不到也失去了使用的价值”②。

等到南京陷落，南京的商业遭到了彻底的清洗，完全瘫痪。入城后的日军首先对大小商店进行系统的抢劫，“有日军高级军官指挥的，有组织地对商店进行大面积的破坏。日军需要大量苦力帮忙搬运掠夺品。他们最想要的是粮食，但其他有用的东西和贵重的物品也是掠夺的对象。在全市范围内，无数家庭，不管大小，不管是中国人还是外国人的，都同样遭到了掠夺”③。抢劫过后，为了毁灭证据，日军便放火将房屋焚烧。12 月 19 日，日军开始向商店大量放火，“掠夺品都被堆到了卡车上，空荡荡的商店被点着了”④。拉贝在日记中写道：“现在我们已经了解到这类火灾的前兆迹象了：只要有大批卡车出现，那么稍过一会儿，房子就会燃起熊熊大火，这就是说，先抢劫，然后纵火。”⑤陶德曼在给德国外交部的报告中写道：“从 12 月 20 日起，日本人开始系统地烧毁这个城市，直到今天他们成功地烧毁了约三分之一，尤其是城南的主要商业区，我们领地附近的各个商店房屋和居民区都在其中。烧毁行动现在减弱了一些，就是说，他们现在还只烧毁一些至今没有见到的和被忽略掉的单幢房屋。更有甚者，所有房屋事先都被有计划地通过组织的队伍用卡车洗劫一空。”⑥

从南京大屠杀事件后的市民呈文中可以看到，南京的受损行业几乎覆盖 96 业，南京市面经济被破毁的程度难以估量。其中城市的南部边缘一带，即由太平路经朱雀路，至夫子庙一带，遭受了最严重的火灾蹂躏。许多街区烧得只留下一打或更少的建筑物⑦。而“南城所毁，又以东城为烈者。东城系属门东，门东之孔道，从中华门以达于雨花门而止……此次日寇纵火之军队，从雨花门而入，于是经过之广楼大厦，无不化为灰烬”⑧。

南京银行业损失严重，据南京安全区国际委员会调查：“银行被毁者，计白下路中国银行、大行宫中国银行、新华银行、南京银行、新街口垦业银行、中山东路中孚银行、中华路南京市银行、建康路中央银行、永大银行、杨公井四明银行、中华门上海银行、

---

① 《南京市面萧条》，《申报》1937 年 12 月 8 日。

② 谭道平：《史无前页的首都卫戍战》，马振犊：《南京保卫战》，第 462 页。

③ 毕达：《寄往德国驻华大使馆（汉口）的报告》（1937 年 12 月 30 日），张生编：《外国媒体报道与德国使馆报告》，第 290 页。

④ 《南京的暴行》，《南华早报》1938 年 3 月 16 日。

⑤ 拉贝 1937 年 12 月 21 日日记，[德]约翰・拉贝：《拉贝日记》，第 189 页。

⑥ 《陶德曼给德国外交部的报告》（1938 年 1 月 28 日），张生编：《外国媒体报道与德国使馆报告》，第 353 页。

⑦ 《爱利生（John M.Allison）呈送约翰逊大使有关南京状况的报告》（1938 年 1 月 25 日），杨夏鸣编：《东京审判》，第 337 页。

⑧ 陶秀夫：《日寇祸京始末记》，张连红编：《幸存者的日记与回忆》，第 528 页。

中华路新华及国货银行、下关本行等。新街口如盐业、大陆、本行、浙兴及白下路中实、薛家巷中行,皆设兵站等机关于内。”①

《南京交通银行黄钰赴京调查报告书》中详述南京商业被毁情形称:

> 以中华门大街及太平路尤为惨烈。自中华门至内桥之中华路,百分之九十几,全毁于火,破瓦颓垣,绵亘数里,几无一完栋。太平路则自大行宫口以至白下路口,焚毁达百分之九十五六,中间除杨公井中华书局,及毗连之数家,又白下路口中南银行大厦毗连之十余户外,亦几全毁于火。中山北路,自挹江门至新街口焚毁达百分之二十,公家机关,除交通部仅存遗址外,其他机关,尚幸完好。国府路稍有焚毁,机关建筑,亦皆保存。建康路、升州路、白下路、夫子庙一带,皆被毁十分之三四。下关江边大马路,焚烧最惨,仅中行与邮局保存,英商祥泰木行、和记洋行及美孚行得免波及,车站尚完整,其他各马路,十毁七八矣。②

南京沦陷前,虽有部分企业随政府西迁,但留下来的厂房设备及库存损失仍然巨大,“那些经济的和工业的企业,不论是私营的还是国营的,也不论是南京市内的还是邻近周边地区的,主要是浦口的,都被有计划地——不可能有其他结论——彻底摧毁、洗劫和纵火焚烧掉,遭遇到了和城内整个商业区同样的命运”③。关于厂房被毁的案例在市民呈文中不胜枚举,比如,新华营造厂损失全部房屋及衣物用具,价值1688673300元④。裕庆建筑公司虽随政府西迁,但“敝公司材料场存有材料器具甚多,讵料日军进城,全部材料器具被其强制搬走,房屋浇以汽油焚烧,洋铁场房亦被日军拆除运走,致损失甚重”⑤。中国永利铔厂也遭受严重劫难,1937年8月21日、9月27日和10月21日,日军三次派飞机轰炸该厂,部分厂房、设备被毁,工厂停止生产。1938年1月,日军竟公然抢占中国永利铔厂为己有⑥。

---

① 姜良芹、郭必强编:《前期人口伤亡和财产损失调查》,第30页。

② 《南京交通银行黄钰赴京调查报告书》,中国第二历史档案馆398(2)—1439。

③ 《冯·温特费尔德致柏林德国外交部报告》(1938年7月15日),陈谦平、张连红、戴袁支编:《德国使领馆文书》,张宪文主编:《南京大屠杀史料集》第30册,南京:江苏人民出版社、凤凰出版社,2007年,第223页。

④ 《新华营造厂财产损失报告单》(1947年5月6日),台北“国史馆”301—824,姜良芹、郭必强编:《赔偿委员会调查统计》,张宪文主编:《南京大屠杀史料集》第22册,南京:江苏人民出版社、凤凰出版社,2006年,第350页。

⑤ 《裕庆建筑公司财产损失报告呈》(1947年5月25日),台北“国史馆” 301—824,姜良芹、郭必强编:《赔偿委员会调查统计》,第364页。

⑥ 中共南京市委党史工作办公室、中共南京市委宣传部编:《南京百年风云(1840—1949)》,南京:南京出版社,1997年,第521页。

(2) 日军对南京住宅建筑的破坏

由于日军实施无差别轰炸,国民政府采取反空袭措施,日军选择夜晚、高空轰炸等因素,结果轰炸的准确率较低,投下的炸药大多都进入平民区,南京最热闹、人口最稠密的城南一带,受到的空袭最多,平民的人身伤亡及财产损失巨大。《字林西报》的一篇报道戏谑日机的轰炸称,“空袭期间最安全的藏身处是日军发言人罗列的计划消灭的政府大楼”①。

日机肆无忌惮的轰炸,使居民住宅遭受严重破坏。《纽约时报》1937 年 8 月 28 日报道:日机投下大量燃烧弹,“火焰迅速穿过人口稠密的区域而扩散开来,将挤在茅草棚里的人们围困”②。中央社 9 月 20 日电“敌机五十架二十日晨十时二十分大举来京空袭,惟敌机所掷之弹,均落城南及城中居民较稠密之区,肆意逞暴,致平民十一人炸死,六人炸伤,房屋五十余间被炸毁”③。许多南京人在日机的轰炸之下,被迫选择逃离,“日前,夜间空袭时,炸弹落在太平路引起火灾,约死亡百人……由此引起许多人逃离南京”④。可日机连逃亡的难民也不放过:《申报》12 月 7 日登载:“轰炸下关与浦口车站之日机,共有十七架之多。一时投下之弹,在十数枚以上,死伤难民甚多……二千余难民事前纷集于车站之空地中。至日机投弹后,铁轨四周尸身累累,惨不忍睹。”⑤下表为南京市政府存 1937 年 8—10 月首都空袭期间敌机投弹发生火灾一览表。

表 43 首都空袭期间敌机投弹发生火灾一览表

月日	起火地点	户主姓名	被烧房间	备　考
8 月 19	双桥门		白铁房一间	由敌机投下炸性硫磺燃烧弹
	小营		芦(蓆)席棚十二间	同前
	成贤街	中央大学	瓦平房八间	同前
8 月 24	大教场			同前
8 月 27	黄埔路	卫生署	白铁房十二间	同前
	西华门	马清泉	车房三间	同前

---

① 《字林西报“特别消息”》,杨夏鸣、张生编:《国际检察局文书·美国报刊报道》,第 713 页。

② 《大使们谴责轰炸南京》(1937 年 8 月 28 日),《纽约时报》(1937 年 8 月 28 日),杨夏鸣、张生编:《国际检察局文书·美国报刊报道》,第 324 页。

③ 《首都昨续遭空袭 敌机四次到京轰炸》,《申报》1937 年 9 月 21 日第 2 版。

④ 《驻沪冈本总领事致驻北平森岛参事官电》(1937 年 9 月 7 日),经盛鸿等编:《战前的南京与日机的空袭》,第 173 页。

⑤ 《日机轰炸南京》,《申报》1937 年 12 月 8 日第 2 版。

续表

月日	起火地点	户主姓名	被烧房间	备　考
	锅底塘	不详	草房九八间,瓦房四五间	同前
9月23	中华路	会济公典	瓦楼房九间	同前
9月22	宝塔桥东	不详	草房九三间	同前
	方家营	不详	草房五五间	同前
10月12	水佐营	杨云臣	瓦平房十间	同前

资料来源:《南京市政府存日机轰炸南京平民死伤及被炸民房调查表》(1937年8—10月),南京市档案馆1001—1—594,姜良芹、郭必强编:《前期人口伤亡和财产损失调查》,第152—153页。

日军进城后,对南京住宅进行洗劫,东史郎回忆:"一般的士兵不知为什么都有强行征用来的东西,我也有七件古董。行军途中,背包已经很重了,可我们还是不断地往里面塞入征用品。书画、窗帘、花瓶被征用来装饰着我们的房间。"[①]中国目击者称:"日军首先进行大规模的抢劫,之后一无所有的南京人也开始抢夺'无主财物':据外来的人说,所有公私房屋内的贵重家具存物,差不多全被敌人搜括[刮]一空,都载往下关,运回本国去了。所有剩下的不值钱的东西,纵容一般穷苦的难胞,抢夺出售,藉作将来嫁祸的遁辞。"[②]为了生火取暖,日军把桌子、椅子等家具劈了当柴烧,"外面的房子不是空就是烧,日兵烧房当玩意,他们也怕冷,先拿里面家具烧起来烤火,要走就走,火若燃上房子就烧了,有时放些死人在内再燃火烧房子"[③]。日军官佐佐木到一在日记中写道:民房被烧成一片废墟,有的火势至今不减,仍在熊熊燃烧着,看不到一个居民,只有丧家犬盲目地游荡着[④]。劫后的南京"大部分地区现在处于荒废状态。特别是中华门、夫子庙、中华路、太平路、中山路、国府路等住宅区的烧毁情况尤为严重"[⑤],明瓦廊一带民房同样变为焦土。

下表为南京地区被毁坏的和被抢劫的房屋数目统计表。据史迈士等人调查统计,南京"城里平均有88%的房屋遭到破坏,城外地区是90%。城北区房屋遭受破坏竟高达99.2%。其实,除了安全区为10%和门西区为78%外,城内各区都超过了90%。城外,通济门达到99.7%,下关是98%,水西门70%"。其中门东区,纵火造成的损失最为严重,占损失总额的66%,城东区占62%,最轻的是城西区和门西区,分别是损失总额的34%和38%。所有的房屋中,因交战因素毁坏的有2%,有24%毁

① [日]东史郎:《东史郎日记》,南京:江苏教育出版社,1999年,第205、207页。

② 蒋公榖:《陷京三月记》,张连红编:《幸存者的日记与回忆》,第63页。

③ 程瑞芳:《程瑞芳日记》,张连红编:《幸存者的日记与回忆》,第19页。

④ [日]佐佐木到一:《佐佐木到一日记》,王卫星编:《日军官兵日记》,第319页。

⑤ 《动荡的南京残酷的现实》,《南华早报》1938年2月23日,张生编:《外国媒体报道与德国使馆报告》,第169页。

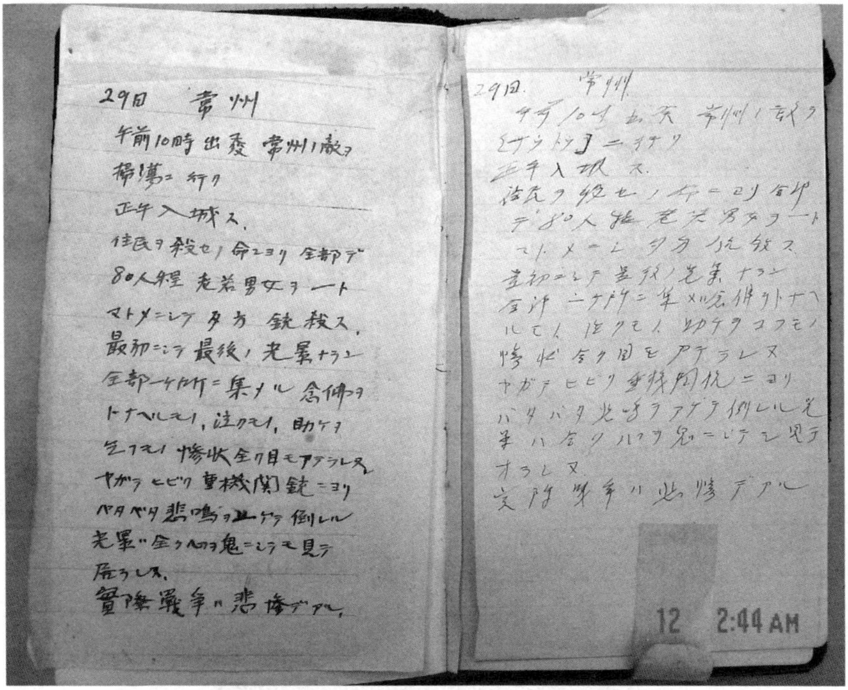

战后由山梨县保坂晃寄交盟军司令部军法处的日记，其中记载，在进军南京、途经常州时，“奉令”屠杀中国平民80余人。美国国家档案馆藏。

1945年9月9日，日本“中国派遣军”参谋长小林浅三郎(左)向中国陆军总司令何应钦递交降书。

中国接受日本无条件投降会场全景

国防部审判战犯军事法庭庭长石美瑜。选自《历史图像》。

于纵火焚烧，另有的63%是由于掠夺和抢劫。房屋总数的89%都由于各种原因被破坏了，剩下来没有明显损坏的只占11%。那些侥幸没有毁坏的11%，也毫无例外地闯进了士兵，遭到同样程度的洗劫。留在南京住户的损失：每一家平均损失为838元，其中271元是住房方面的损失，567元是动产的损失。损失的原因：2%是由于交战因素，52%是由于纵火，33%是由于军队的掠夺抢劫，9%是盗窃，还有4%原因不明。房屋的损失几乎全部是由于纵火，可是动产的损失只有31%是由纵火造成的。"①

表44　南京市区被毁坏和被抢劫的房屋数目统计

地　区	房屋数	毁坏原因及百分比(%)			
		交战因素	纵火	抢劫	合计
一、城内	30516	1.8	13	73.2	88
1. 安全区	1493	②	0.6	9	9.6
2. 城北东区	5689	0.6	8.7	85	94.3
3. 城西区	6581	1.9	12.5	79.9	94.3
4. 城东区	3417	3.9	10.2	74.8	88.9
5. 城北区	2222	0.1	3.5	95.6	99.2
6. 门西区	4360	2.5	5.8	69.4	77.7
7. 门东区	6754	2.4	29.1	65.1	96.6
二、城外	8684	1.1	61.6	27.5	90.2
8. 下关	3948	0.9	63.4	34	98.3
9. 中华门	2665	0.6	51.9	27.9	80.4
10. 水西门	875	3.3	60.3	6.8	70.4
11. 通济门	1195	1.3	78.3	20.1	99.7
所有地区	39200	1.7	23.8	63	88.5

资料来源：《南京战争灾祸》表11[按房屋种类、损失原因、所在地区分类(%)]，姜良芹、郭必强编：《前期人口伤亡和财产损失调查》，第57页。

外国人的房屋也难幸免，据拉贝等人统计，"60所德国人的房子中约有40所或多

① 路易斯·S.C.史密斯(Lewis S.C. Smythe，按：即史迈士)等：《南京地区战争灾祸》，姜良芹、郭必强编：《前期人口伤亡和财产损失调查》，第17—20页。

② "据悉有20%的房屋被炮弹击中，可是3月份调查人员没有注意到这些损坏。"

或少地遭到了洗劫,4 处房子被纵火烧的精光”①。

(3) 日军对南京邻县地区的破坏

南京近邻的六个县,包括江北的江浦和六合,江南的江宁、句容、高淳、溧水。城区被轰炸的同时,南京的郊县也遭受轰炸,《申报》12 月 7 日报道:“大批日机今日整日轰炸南京东南十五公里之淳化镇,前后七八次,每次均有二十余架以上。晚间六七时天色已黑,尚有三架不断轰炸。共投弹约三百余枚,镇内民房已变成一片瓦砾,平民死伤统计不下二百余人。”②日军攻城期间,南京的郊县也难逃厄运。其中受灾最严重便是日军进军的沿途地带,尤其是双方交战区域。由南京东阳镇至中山门约 60 里,“所有农庄约 1 万多户人家和 1 万多间房舍被化为灰烬”③。有关人员估计,“沿太平门至龙潭的公路干线,在 10 英里和 12 英里距离之间,约有 80%的房屋被烧毁,同时他们认为,在公路干线以外的小路上,约有 40%—50%的房屋被破坏”④。沿着尧化门通往中华门的铁路线前进,到孝陵卫附近,这一段的距离大约有 8 公里,步行其间,可以看到许多房屋,倒塌成了一堆堆瓦砾,也有被烧掉一半还有一半残存着的⑤。日本士兵牧原信夫在日记中也有记载:“(12 月 11 日)附近的民房受到了友军猛烈炮火的攻击,已经辨不出原型了,而且火烧后的灰烬还是热的。”⑥

当然,这离不开军部的纵容和支持,日本军官高岛市良在日记中记载:“11 月 14 日由于大队长命令,‘发现可疑的村落就给我放火烧了它’! 本部的士兵到处放火作乐。红莲般的火焰直冲云天,火势蔓延到了竹丛,发出阵阵爆裂声……一路上,许多村庄都被烧了。”⑦其他日军亦有类似记载:12 月 5 日,“下午外出征缴,烧了 17 户支那人家的房子,并杀掉当地人”⑧。12 月 8 日,“与我们相隔一块田的旁边的中队用火点着了农户家,在映红了半边天的熊熊燃烧的火焰中做着出发准备。……昨晚我们睡的宿舍也燃起了大火。眼看着火势一间间地扩散下去,一时间蔚为壮观。昨晚和

---

① 《拉贝致西门子公司经理迈尔的信》(1938 年 1 月 2 日),陈谦平、张连红、戴袁支编:《德国使领馆文书》,第 67 页。

② 《日机轰炸京粤 淳化镇成一片瓦砾》,《申报》1937 年 12 月 7 日第 2 版。

③ 《南京郊区和江宁县农民给江南水泥厂德、丹人士的呈文》(1938 年 2 月 26 日),张生编:《外国媒体报道与德国使馆报告》,第 411 页。

④ [美]约翰·马吉:《栖霞山之行报告》(1938 年 2 月 16—17 日),章开沅编译:《美国传教士的日记与书信》,第 174 页。

⑤ 陈颐鼎:《南京守城战斗的一鳞半爪》,马振犊编:《南京保卫战》,第 311 页。

⑥ [日]牧原信夫:《牧原信夫日记》,王卫星编:《日军官兵日记》,第 601 页。

⑦ [日]高岛市良:《高岛市良日记》,王卫星编:《日军官兵日记》,第 689 页。

⑧ [日]目黑福治:《目黑福治阵中日记》,王卫星编:《日军官兵日记与书信》,第 103 页。

今早都喝上了用昨天行军时逮的小山羊熬的鲜汤”①。12 月 11 日,“为了取暖,不管是房子还是别的什么都用来烧火。有时一大群士兵冲到人家里去,把人家房梁拆下来当柴烧”②。12 月 26 日,“下午 5 时到达颜家村。因沿路的村庄被第十六师团部队烧毁,住宿很困难”③。12 月 31 日,“村落几乎都被烧了,难民三三两两地回到了烧剩的家,无所事事的蹲在那里。老太太抱着幼儿,他们在为今天的口粮发愁吧……田里面什么都没有,连菜叶都看不到一片”④。

大屠杀后,江北“若干地区冬麦由于战争延误种植将只有不到平常收成的 30%,而且有 80%的农民没有存粮”⑤。到溧水的沿途被破坏的面目全非,“无法宿营”⑥。江宁和句容县的“百姓遭到极大不幸。城市和乡村几乎空无一人,农舍已被烧光。日本兵首先把箱子、包袱、家具和农具等等,都集中到砖瓦结构的房子中,然后用火点燃,一般烧得精光。整个土地已经荒芜”⑦。

下表为史迈士等人调查统计的南京郊县房屋损失情况,这 4.5 个县(高淳和六合的一半没有调查)农业人口最多有 108 万人,面积 2438 平方英里。这五类农业损失(房屋、耕畜、主要农具、库存粮食和毁掉的庄稼),总计将近 4100 万元,平均每户合 220 元。溧水县遭受的损失最为严重,平均每户为 302 元,江宁 251 元,六合 111 元,句容 147 元,江浦 239 元。单房屋一项就占报告损失总数的 59%,平均每户为 129 元,整个地区五分之二的房屋被毁坏了。被毁坏的房屋总数是 30.8 万间,价值 2400 万元。整个地区作物被毁掉了 137200 亩,合每户 0.85 亩。其中江宁和句容的蔬菜生产基地损失了 40—50%⑧。日军的肆意屠杀,导致郊区人口流失,劳动力缺乏,江宁县劳动力缺乏达 19%⑨。史迈士在《致贝克函》中痛惜的讲到:“4%以上的农舍遭到彻底破坏……靠近公路的农田里,水稻种植严重不足,即便是这样,还不敢保证 6 月份前能否有所收获……工业产品几乎为零,农业前景一片暗淡。银行没有了,唯有商

① [日]小原孝太郎:《小原孝太郎日记》,王卫星编:《日军官兵日记》,第 651 页。

② [日]小川关治朗:《小川关治朗日记》,王卫星编:《日军官兵日记与书信》,第 405—406 页。

③ [日]伊佐一男:《伊佐一男日记》,王卫星编:《日军官兵日记与书信》,第 13 页。

④ [日]高岛市良:《高岛市良日记》,王卫星编:《日军官兵日记》,第 722 页。

⑤ [美]史迈士:《现状记述(南京 1938 年 3 月 21 日)》,章开沅编译:《美国传教士的日记与书信》,第 286 页。

⑥ [日]小川关治郎:《小川关治郎日记》,王卫星编:《日军官兵日记与书信》,第 405 页。

⑦ 《南京郊区和江宁县农民给江南水泥厂德、丹人士的呈文》(1938 年 2 月 26 日),张生编:《外国媒体报道与德国使馆报告》,第 411 页。

⑧ 《南京战祸写真》(三)《郊县调查》,姜良芹、郭必强编:《前期人口伤亡和财产损失调查》,第 24—25 页。

⑨ 《南京战祸写真》(四)《日军暴行的影响》,姜良芹、郭必强编:《前期人口伤亡和财产损失调查》,第 32 页。

用运输还在勉强支撑着。”①

表 45　南京郊县房屋损失情况

县　名	原来每户间数	平均每户完全毁坏间数	完全毁坏的房屋所占百分比(%)	房屋完全毁坏的总间数	平均每户损失价值(元)＊＊	房屋损失总价值
江宁	4.03	1.90	46	155000	148.01	12077600
句容	2.99	0.79	26	31300	61.55	2437300
溧水	4.72	2.79	59	77600	217.34	6042100
江浦	4.76	1.99	42	31400	155.02	2499300
六合(1/2)	4.54	0.60	13	12800	46.74	993200
总计						23999500
4.5 个县每户平均	4.17	1.656	40	308100	129.00	

资料来源:《南京地区战争灾祸》表 27,姜良芹、郭必强编:《前期人口伤亡和财产损失调查》,第 68 页。

3. 废墟上的挣扎

逃走吗?何处是生路?!八卦洲江中漂流着满江的尸体,不都是逃走者的去路吗!水电营江边累累高耸着的坟墓,不都是逃走者的归宿吗?!何处是生路?!

不逃走吧,也不是办法。红十字会、崇善堂等机关团体以及私人掩埋的几十万具尸体的数字,不都是不逃走的结果吗?这间房间、那间厅堂里的肢离体裂、血肉模糊的不都是藏在家里不肯出门的人吗?!

杀杀杀,昏天地黑底杀,天摇地动底杀。藏也是杀,躲也是杀,逃走也是杀,不逃走也是杀,蹲在难民区还是杀。南京城内的血水如长江里水一样的流着尸体。像紫金山一样的堆着精华的南京城,变成阴风惨惨、鬼哭神号的地狱。②

(1) 社会经济秩序的瘫痪

南京大屠杀事件期间,南京陷入无秩序的混乱状态。贝德士在给友人的信中讲道:“南京的真正宪兵只有 17 人,而同时则有 5 万多士兵放任自流,一连几天我们见不到一个宪兵。最终,发给一些士兵以专用臂章,权充宪兵,这意味着他们自己作恶而可得到特别保护,不至于被当作普通人对待。我们见过有些人强奸时被军官发现而受责骂,然后又毫无约束地被放走了。还有人抢劫后只向军官行个礼便了事。又

① [美]史迈士:《致贝克函》(1938 年 5 月 28 日),姜良芹、郭必强编:《前期人口伤亡和财产损失调查》,第 293—294 页。

② 陈光敬:《敌人罪行照片集·序言》,孙宅巍编:《遇难者的尸体掩埋》,第 25—26 页。

一次他们夜间开着摩托车来金大抢劫,实际上是军官亲自指挥干的。"①直到 1 月 20 日,"混乱的状态依然在继续,没有得到丝毫的控制。如果日方所说的部队调防已经完成,那么新来的部队也和原来作为法律和秩序的维护者而驻扎在那里的部队一样,毫无军纪可言"②。屠杀现象极为普遍,每条街上都有死难的平民。任何人由于害怕或激动而奔跑都可能被当场击毙,天黑后在街巷里遇上巡逻的日军也会送命。

大屠杀期间及以后很长一段时间内,南京的经济几乎处于完全瘫痪状态。在安全区之外,"街道不见任何人的踪影。四处的瓦砾呈现一片荒凉景象,各个方面处于停顿状态:没有饭店,没有影院,没有药店,没有商店,没有市场,等等……一切皆无,食品严重短缺"③。据贝德士介绍,直到第二年 5 月 1 日,南京仍然是"除了种植蔬菜及少量家庭用品的制造外,本地没有生产。30 万人口中,除成群的小贩外,是否有 1 万人得到赚钱的工作我都表示怀疑。除了路边小摊或极小的店铺外,当地没有一家中国人私人开的商店。在 20 或 40 家日本人开的商店中,有 13 家现在已经被指定可以自由地向中国人出售商品。没有银行。据我观察,没有正规的货币兑换行"④。

南京的农村房舍大部分被有计划地纵火烧光,"虐待、强奸、枪杀,已是司空见惯。田地里和公路边可以见到许多被打死的水牛、马和骡子。绝大部分居民逃到了山里,藏身在那里"⑤。当时的南京农村"方圆 40 至 50 里周围已无人烟。田里到处是尸体,街上到处是血迹"⑥。尽管人们饥饿难耐,但还是只能任凭粮食都烂在田里,却无人去收割。沙尔芬贝格在报告中描述道,"占领区城市和乡村的农作物正在地里腐烂,因为不允许城里人收获,乡村的居民不是已逃跑就是被打死。蔬菜、马铃薯、甜菜等等都烂在地里,这里笼罩着饥荒气氛"⑦。等到秩序有所缓和,"重返他们离开甚至被烧毁家园的那些农民——目前多是老人和小孩——又能干什么呢?他们的农具、谷种和各种牲畜已被一扫而光。龙潭—汤山—南京三角地带的负责人说,这一地区原有

---

① [美]贝德士:《致朋友函》(1938 年 1 月 10 日),章开沅编译:《美国传教士的日记与书信》,第 19 页。

② 《南京的无秩序状态》,《纽约时报》(1938 年 1 月 25 日),张生编:《外国媒体报道与德国使馆报告》,第 152 页。

③ 《驻汉口德国大使馆沙尔芬贝格的报告》(1938 年 2 月 1 日),张生编:《外国媒体报道与德国使馆报告》,第 357—359 页。

④ 贝德士:《关于南京经济的一些事实及记录》(1938 年 5 月 1 日),章开沅编译:《美国传教士的日记与书信》,第 37 页。

⑤ 《退休中校布林克曼致斯特拉赫维茨的信函》(1938 年 3 月 18 日),张生编:《外国媒体报道与德国使馆报告》,第 444 页。

⑥ 《南京郊区和江宁县农民给江南水泥厂德、丹人士的呈文》(1938 年 2 月 26 日),张生编:《外国媒体报道与德国使馆报告》,第 411—412 页。

⑦ 《驻汉口德国大使馆沙尔芬贝格的报告》(1938 年 2 月 1 日),张生编:《外国媒体报道与德国使馆报告》,第 357—359 页。

3000头牛,目前只还剩300头。谨慎的估计,仅用人力只能种植目前稻田的三分之一。即使在地里有时能看到一些人,多数也是饥饿的外地人,他们在杂草丛生的田地里寻找最后残存的胡萝卜,耕种田地的人极为罕见”①。

经济的全面瘫痪,人们没有工作,几十万人处于失业状态,“老百姓的谋生手段也是一大难题……除了日本陆军和海军雇用了几个人外,平民找不到工作。在目前条件下,这个城市还不能展开正常的商贸活动。现在惟一的商品交流就是街边零星的粮食买卖和交换,有时也有少量的衣服和陶器之类的东西”②。据调查显示,“目前只有9.2%的人有工作,而在正常情况下,同等的被调查家庭中26.2%的人有工作。目前,每个家庭日均收入0.14美元,而战前为1.23美元。除了脚夫和小贩外,其他行当的人大部分都挣不到什么钱”③。

在南京大屠杀事件中,农村“每七户中有一人被杀;城市中每五户有一人被杀,或受伤,或被掳”④。这在很大程度上改变了市民家庭的构成,造成大量的“不完全型”家庭,和“无家型”家庭。其中“不完全型”家庭特别是只有女人带着孩子的家庭,谋生情况尤为困难。死亡人口中80%—90%的年龄集中在20岁—60岁之间。在遇难人口中,74%死于交战因素以外的日军士兵的暴行⑤。魏特琳女士也注意到了这个问题,“在一月份早些时候,我们开始意识到许多妇女难民——尤其是做妻子和母亲的——特别悲伤,因为他们的丈夫或儿子在12月13日日本人进城后不久就被抓走,再也没回来。他们中许多人带着小孩,以及一位或两位老人,她们没有任何生活来源——除了乞求无事可做,即使这样,现在也无济于事,大家都跟难民一样穷”⑥。

(2) 生存环境的恶化以及各界的补救措施

国民政府发布迁都重庆的通告后,南京陷入一片混乱,大大小小的官僚争先恐后地逃离了南京,剩下的是无依无靠的老百姓。当时一些“热心公益”的美、英外籍人士,建议在南京划定一定的区域作为难民区。南京国际安全区成立于1937年11月22日,占地3.86平方公里,四面以马路为界,南为汉中路、东为中山路、中山北路南段,北为山西路及其以北一带,西为西康路,边界用旗帜作记号⑦。12月1日,当时的

---

① 《罗森给德国外交部的报告》(1938年3月4日),张生编:《外国媒体报道与德国使馆报告》,第431页。

② 《爱利生呈送约翰逊大使有关南京状况报告》(1938年1月25日),杨夏鸣编:《东京审判》,第343页。

③ [美]史迈士:《致贝克函》,章开沅编译:《美国传教士的日记与书信》,第293页。

④ 《南京国际救济委员会报告书》,张生等编:《英美文书·安全区文书·自治委员会文书》,第408页。

⑤ [美]贝德士:《南京战祸写真》序言,姜良芹、郭必强编:《前期人口伤亡和财产损失调查》,第11—12页。

⑥ [美]魏特琳:《作为难民营的金陵女子文理学院》(1938年1月14日—3月31日),章开沅编译:《美国传教士的日记与书信》,第331页。

⑦ 拉贝1937年12月7日日记,[德]约翰·拉贝:《拉贝日记》,第114—115页。

南京市长马超俊把“安全区”的行政责任交给南京安全区国际委员会，同时交给450名警察、3万担米、1万担面粉和8万元款项（后未能全部收足），以在危急时救助南京难民。

日军肆无忌惮的屠杀，使中国人只能寄希望于外国人的保护，人们纷纷涌向小小的难民区。“目前内外城均无人烟。剩余的老百姓约20万人被隔离在安全区——前居民区，有的在屋内，有的在户外过着困苦的生活，有的露天大席棚居住着600人。这些人不许离开安全区。安全区由警卫人员封锁。”据《南华早报》介绍，“安全区中的25个难民营，虽然都是由泥巴和破板子制成的小屋子，却有7000人分散居住。”[①]难民区的住房非常拥挤，史迈士1938年的调查显示，“即使在城市沦陷14个星期以后，还有43%的人住在房屋只占总数的4%，面积只有城区总面积1/8的安全区里。”住在难民区里，日军的屠杀会有所顾忌，但财产安全仍然没有保证。铺盖、燃料、衣物，最后的几个铜板，几把脏兮兮的米，也被日本兵从难民手中抢走。抢劫之际稍有怨词，就是死路一条。一贫如洗的难民生活更加艰难。《字林西报》1938年1月27日报道：难民区每天仍有50000人以稀粥或免费的饭果腹[②]。

生命都没有了保证，卫生更无从谈起，南京沦陷后，城市的卫生状况急剧下降。南京的清道夫，有五名死于十二月中旬之大屠杀中。此后多时，工作之在收容所外或在远僻之房屋内者，遂不复可为[③]。难民区里“挤满了人，池塘河流堆满了死尸，自来水早经炸毁，于是在饥渴之外，连大小便都发生了严重的问题。抽水马桶无水可抽，粪穴茅坑粪如山积。男男女女，都只好找个僻处，蹲下身来，就地匆匆解决”[④]。沙尔芬贝描述当时的安全区：“这里天气既寒冷又潮湿。居住地的卫生状况简直是无法想象的恶劣，人们几乎无法穿过去，臭气熏天，人行道上堆满了垃圾，根本不能走路，房子里的情况看上去更为糟糕[⑤]。一般民众，囚首垢面的过着鬼似的“生活”，说不尽的颠沛苦楚。垃圾堆在房子和居住处之间的空地上，有数米高[⑥]。人们都没有理发，长得好像刺猬一样[⑦]。陶德曼也提到：“街道上全是垃圾，散发着恶臭。已不能再在住宅区周围散步，因为道路上塞满了成千上万的中国人，人挨人地站在一起，在上海路设

---

① 《南京的暴行》，《南华早报》1938年3月16日，张生编：《外国媒体报道与德国使馆报告》，第175页。

② 《南京安全区仍挤满难民》，《华北每日新闻报》（The North China Daily News，按：应译为《字林西报》）（1938年1月27日），张生编：《外国媒体报道与德国使馆报告》，第155—157页。

③ 《南京国际救济委员会报告书》，张生等编：《英美文书·安全区文书·自治委员会文书》，第406页。

④ 郭歧：《陷都血泪录》（节录），张连红：《幸存者的日记与回忆》，第212页。

⑤ [德]沙尔芬贝格：《1938年2月3日的南京现状》，陈谦平、张连红、戴袁支编：《德国使领馆文书》，第121页。

⑥ [德]沙尔芬贝格：《1938年3月4日的南京现状》，陈谦平、张连红、戴袁支编：《德国使领馆文书》，第153页。

⑦ 蒋公穀：《陷京三月记》，张连红：《幸存者的日记与回忆》，第74页。

立了一个集市,汽车几乎驶不过去。”①

生活环境遭受污染、卫生状况差,加上难民长期处于饥饿状态,营养不良,抵抗力微弱,导致疾病肆虐,“当此天灾人祸,朔风怒号之际,难民拥挤,渺无寸隙之处,寝舍于地,难免病魔时侵,待至夏秋霉雨连绵,赤日熏蒸,积蓄余毒,时有爆发,终日倒卧奄奄待毙之势,触目皆然”②。据当时红十字会记录:“每日就诊者内科以肠胃病居多数,外科则十之八九为皮肤病,此全系因难民环境不良,不知注意卫生所致。”③难民中一般的死亡率很高(儿童尤甚)。脚气病、痧子、猩红热之患者最多④。生病的人骤增,而南京的医疗机构却只有屈指可数的几处,难民的医疗机构主要是国际委员会管辖下的金陵大学医院⑤,除此之外,无一所大医院⑥。第一区所自1月以来仅有中国人医师2名、中国人护士3名、中国人药局人员2名,计6人承担医疗任务。3月以来增援日本医师1名。第二三四各区公所,自3月上旬起,开设日军诊疗所施疗……“药材很缺”⑦。在这个“不易生病的季节,死亡的人中间,约12%是死于疾病”⑧。有孙贾氏证言:“当时一听到警报,就立即带着孩子跑,躲到防空洞里去。那时我四个孩子出麻疹,没喝水,加上饥饿,更没有医治条件,结果四个孩子先后全部死了(七、五、三岁,一个抱在手里的),五岁的儿子死后丢在东关头花子洞里,我的左耳被当时飞机炸聋了。”⑨

当时南京的脏乱环境是非常危险的,随时都有爆发大规模传染病的可能。陶德曼担忧道,“难民中有人患上了脚气病,国际委员会赶忙从上海购来了大豆。由于传染病和水的问题,再加上垃圾,到处还有许多未掩埋的尸体,我对此十分担心。现在天气变化很大,像今天天气就很热,因为尸臭人们都不能上街”⑩。幸亏以拉贝为首的

---

① 《陶德曼给德国外交部的报告》(1938年2月7日),张生编:《外国媒体报道与德国使馆报告》,第373页。

② 《世界红十字会东南主会南京难民区办事处年度简明报告》,孙宅巍:《遇难者的尸体掩埋》,第62—63页。

③ 《中国红十字会南京分会关于难民救济工作概况节录》(1938年7月14日),孙宅巍:《遇难者的尸体掩埋》,第177页。

④ 《南京国际救济委员会报告书》(1937年11月—1939年4月30日),中国第二历史档案馆,一一六800,张生等编:《英美文书·安全区文书·自治委员会文书》,第406页。

⑤ 《南京特务机关的宣抚工作概况(1938年月21日—3月)③南京班第二次报告(2月状况)》,姜良芹、郭必强编:《前期人口伤亡和财产损失调查》,第317页。

⑥ 《驻南京总领事花轮义敬致驻北平参事官函》(1938年4月12日 机密合第19号),中国第二历史档案馆 七四(2)—139,姜良芹、郭必强编:《前期人口伤亡和财产损失调查》,第336页。

⑦ 《南京特务机关的宣抚工作概况(1938年月21日—3月)④南京班第三次报告(3月状况)》,姜良芹、郭必强编:《前期人口伤亡和财产损失调查》,第332页。

⑧ 《南京战祸写真》(四)《日军暴行的影响》,姜良芹、郭必强编:《前期人口伤亡和财产损失调查》,第33页。

⑨ 《孙贾氏证言》,经盛鸿等编:《战前的南京与日机的空袭》,第328页。

⑩ 《陶德曼给德国外交部的报告》(1938年2月28日),张生编:《外国媒体报道与德国使馆报告》,第421页。

在宁西方人士以及红十字会等机构所作出的努力，除了直接从日军的刀口下拯救生命外，他们还做了一系列的卫生工作：

第一，拉贝等人向国际医疗队订购了1000磅鱼肝油用来增强肺病病人的体质，20万单位抗毒血清用来治疗这里正蔓延的白喉，200磅绷带纱布①。

第二，为防止严重传染病的发生，国际救济委员会委托美国医生布拉迪(Brady)去检查所有的36个难民营，给全体难民打防疫针，给成千上万的人接种霍乱、伤寒等疫苗。警察总监施佩林受委托与他一起工作，负责指挥清扫所有的难民营②。

第三，督促日方、帮助慈善机构组织人员集中埋葬尸体。

（三）日军对南京自然环境的破坏

1. 日军对南京水资源的污染

南京四周低山盘曲，山环水绕，自然风貌独特。长江自西向东横穿市区，辖内有秦淮河、滁河、玄武湖、莫愁湖，以及高淳的石臼湖、溧水的固城湖、江北六合的龙池等。历史上重视航运，经人工开凿破岗渎与太湖水系相通，开凿高淳东坝与皖南青戈江、水阳江相通等。整个地区水网纵横交织，水面占全市面积11.4%，水资源极为丰富③。

自建都以后，南京人口激增，各业发达，水的消费量亦随之激增。但据统计到1929年，南京仅有"水井1668口，其中私井1061口，废井525口"④。1929年春，南京开始筹办自来水厂，1930年成立工程处，到1933年完成一期工程(1937年扩充)。1935年4月前自来水用户1600户，到1937年5月用户达4200户，零售水站分布全市……自来水用户约占市民3.8%。自来水干管已完成28处，长44769米⑤。自来水业为南京市营，城西扬子江支流为取水口。一部分直接向城内供水，一部分提到城内清凉山上，从那里自然流下进入供水的过滤装置中，沦陷时装置尚未完成⑥。战前南京的自来水供水系统虽有较大发展，但绝大多说居民的日常饮用水还是通过传统渠道：池塘水、外河水(主要是秦淮河，城南一带通用饮料)井水、长江水等。在日军攻入

① 拉贝1938年1月22日日记，[德]约翰·拉贝：《拉贝日记》，第406页。

② [德]沙尔芬贝格：《1938年3月4日的南京现状》，陈谦平、张连红、戴袁支编：《德国使领馆文书》，第153页。

③ 朱同芳：《魅力南京·水》，南京：南京出版社，2005年，第5页。

④ 《申报》，1929年6月17日。

⑤ 《长江沿江城市与中国近代化》，第616页。

⑥ 《南京班第二次报告》，姜良芹、郭必强编：《前期人口伤亡和财产损失调查》，第324页。

南京城的前夕,谷寿夫命令所部,非关“封刀”,不为“安民”,就此切断难民区的电源与水源[①]。

自来水被切断后,池塘、湖泊、河流成为人们可用的水源。但在历时两周的大屠杀后,南京城里城外,星罗棋布、大小不一的湖泊池塘,几乎没有其中不见尸骸的,有的是全部都堆积满了,有的则沉尸浮出,遍布水面,“五龙潭里漂满了尸体,偌大一个塘,几乎看不到水面,水也成了红的”[②];通济门外的护城河,“水里、岸边全是男女老少的尸体,连立足的地方都没有[③];玄武湖“湖岸上以及较近的湖面上漂浮着无数中国人的尸体”[④]。日军还将大量的尸体抛入长江,污染长江水质。日本军官山川裕美回忆:“入城仪式以后马上去了下关,在小河边看到大量的尸体。也看到大批士兵都往扬子江扔下尸体……都死了,尸体在膨胀发臭。尸体在那儿到处都是。”[⑤]《拉贝日记》中记载:“人们从两个塘里捞出 124 具被枪杀的中国人的尸体……据说,附近的另一个水塘里也发现 23 具尸体。南京所有的水塘都以类似方式受到严重污染。”[⑥]到 1938 年 4 月,天气转暖,秦淮河底尸体腐烂,河水臭气熏天,南京伪政府官员马锡侯不得不上书请求:“现在秦淮河臭气难闻,大约河底还有少数枪械、遗尸,如能先开西水关三天,放出污水,可以在此三天内清理河底遗尸及枪械,然后再开东水关放进清水。”[⑦]

池塘湖泊的水受到尸体的污染,南京居民的饮水变得极为困难,“供水严重不足”[⑧]。沙尔芬贝格在致朋友的信中提到“水的问题十分严重,自来水管已经不起作用。也不能请人洗衣服,因为整个水塘都污染了,这里的所有水塘里都抛进了尸体”[⑨]。几十万南京居民忍受着饥渴的煎熬。事后当事人回忆:“自十一日起就没有自来水供给,饮水都由塘内挑取,竟是泥汤,但谁也没有这般大胆,敢出去担水,大家都只好将就着用。我们多人每晨合洗一盆脸水,以免浪费。当时的口号是‘喝黄泥水,

---

① 郭岐:《陷都血泪录》(节录),张连红编:《幸存者的日记与回忆》,第 176 页。

② 《阿訇沈锡恩关于回民掩埋队活动的证言节录》,孙宅巍编:《遇难者的尸体掩埋》,第 213 页。

③ [日]寺田与之助:《奔波于炮火下的摄影班》,王卫星编:《日军官兵与随军记者回忆》,张宪文主编:《南京大屠杀史料集》第 10 册,南京:江苏人民出版社、凤凰出版社,2006 年,第 47 页。

④ [日]奥宫正武:《我所目睹的南京事件》,王卫星编:《日军官兵与随军记者回忆》,第 127 页。

⑤ 《原日军士兵山川裕美关于日军抛尸入江和就地掩埋尸体的证言节录》,孙宅巍编:《遇难者的尸体掩埋》,第 359 页。

⑥ 《国际委员会主席拉贝关于红十字会收埋尸体的日记节录》(1937 年 12 月 8 日到 1938 年 2 月 15 日),孙宅巍编:《遇难者的尸体掩埋》,第 91 页。

⑦ 《伪南京市自治委员会救济课课长马锡侯关于清理秦淮河河底遗尸的计划书》(1938 年 4 月),孙宅巍编:第 304 页。

⑧ [日]井家又一:《井家又一日记》,王卫星编:《日军官兵日记与书信》,第 131 页。

⑨ 《沙尔芬贝格致劳藤施拉格尔的信》(1938 年 1 月 13 日),陈谦平、张连红、戴袁支编:《德国使领馆文书》,第 84 页。

睡硬松板，泄千人坑'，确是实在的情况。后来才知道，这黄泥水还经过忠躯冤魂浸过的啊。"①

罗森注意到："南京市内和郊区的许多水塘和小池塘均已被尸体污染。引人注意的是，穷苦百姓仍依赖这些池塘的水生活。"②住在南京的日军也是如此："晚上用饭盒煮饭的时候，发现小河里的水红红的。也没有办法，就这么煮了饭，饭也是红红的。吃了下去。第二天早上才看见小河里全是尸体，水被血染成了一片红。"③饮用被污染的水，加上因缺水造成的不卫生的生活习惯，极易引起传染病。史迈士担心道，"更重要的是，同时也涉及我们自身的是对居民生活和健康的威胁，因为整个地区，尤其是池塘里还满是尸体。到现在我们城市幸好还没有爆发瘟疫。然而，如果目前的状况持续下去，尤其如果饮水不洁，我们就始终面临爆发传染病的危险"④。"池塘受尸体的污染，大大减少了或者说破坏了安全区的水源。这种状况的危险性在长时间的干旱时期尤其是这样"⑤。日方也注意到这种危害，《大阪朝日新闻》说："经战斗后，南京首先必须整理的是遗弃的敌人尸体。不知有几万具尸体在壕沟里和小河中。尸体堆积如山，如让其遗弃在那里，就卫生和安定人心而言，都有严重危害性。"⑥

2. 日军对南京空气质量的破坏

南京空气的污染原因之一，是空袭、攻打南京期间的炸弹、炮火所产生的有毒化学物质以及被焚烧的建筑物所产生的粉尘浓烟。空袭南京开始后近半年时间里，南京几乎每天都是白天浓烟漫漫、夜晚大火熊熊。时人回忆："战争一天天地迫近首都了，满城风雨，我们拣起随便哪里的一颗石子，也感觉得全是硝烟气味，每天黎明，警报钟即以最不调和的尖锐的声音，警告市民：'日机已飞近来了'。机声轧轧轧和炸弹声轰隆隆，间以'咚咚咚'的高射炮声……飞机整天在轰炸，整个南京城内，是变成了一间极大的化学室，硫酸、碳酸、火药气味，霸占了整个空间，云雾把南京城披上了一

---

① 蒋公穀：《陷京三月记》，张连红编：《幸存者的日记与回忆》，第 63 页。

② 《罗森给德国外交部的报告》(1938 年 1 月 15 日)，张生编：《外国媒体报道与德国使馆报告》，第 328 页。

③ 《原日本士兵井户直次郎关于日军焚尸灭迹的证言节录》，[日]松井环：《南京战・寻找被封闭的记忆》，上海：上海辞书出版社，2002 年，第 244—246 页。

④ [美]史迈士：《致爱利生》(1938 年 1 月 10 日)，张生等编：《英美文书・安全区文书・自治委员会文书》，第 324 页。

⑤ [美]史迈士：《当前局势备忘录》，张生等编：《英美文书・安全区文书・自治委员会文书》，第 326 页。

⑥ 《〈大阪朝日新闻〉关于红十字会埋尸的报道节录》(1938 年 4 月 16 日)，孙宅巍编：《遇难者的尸体掩埋》，第 107 页。

件苍白色的帷纱。”[①]当时美国的报纸也报道了这一现象,“炮弹一个接一个地落在南京的中央以及南部地区,继而纷纷爆炸,平均一分钟四回这样的比例。整个城市都弥漫着浓重的烟雾,很难判断战况”[②]。站在停泊在附近的军舰“巴纳”号上,“可以看到南京烟雾覆盖”[③]。

日军进入南京城后,持续进行大规模的抢劫与焚烧。城墙四周“各处点燃数以百计的大火,浓烟滚滚,包裹着城市”[④]。摄影师寺田与之助写道:“我向城内望去,大火还在燃烧,各个方向都是黑烟滚滚。”[⑤]德国人克勒格尔在其私人报告中提到:“南京的周围都在燃烧,地平线上呈现出一条硝烟的长带,空气中飘着刺鼻的烟味,大量的灰尘散落了下来。”[⑥]幸存中国军官钮先铭回忆:“大火燃烧为时已久,全城悉为烈焰浓烟所弥漫,空气污染,空前严重,人们这才感到,连呼吸都快窒息了。烈焰腾霄,黑烟笼罩,气压低得差堪令人窒息爆炸,每一个人的脸上,都是一团漆黑,肮脏龌龊。每一个人的鼻孔,都像是无底的黑洞,每一个人的头发,都沾上了余烬飞灰,每一个人的胸膛,都充斥着烟氛与热浪。椅子上,桌子上,地板上,马路上,满布着滚滚而来的层层烟灰,白昼,但见浓烟冲天,夜晚,又见火头处处,火光烛天,灼灼的红光冲向无边无际黝黯的穹苍……”[⑦]

南京空气遭到污染的另一个因素,是被日军屠杀的中国军民尸体腐烂后所发出的臭味和产生的细菌。整个南京,尸横遍地,“放眼四望,马路两旁横七竖八的,也不知道躺着有多少尸首。三冬腊月,冰天雪地,而那些尸首却已在发出腐烂的异味”[⑧]。山岭地带和郊区,也是尸横遍野。据王本立老人证言,“第二年,过了农历三月二十五,我们就回到了汤山。从龙潭到汤山,一路上看到不少死人,都烂了,臭了,味道特别难闻。麦田里哪一片长的特别绿,黑油油的,走过去一看,准是有死人烂在那里了。汤山附近,满山遍野的都有死尸,大楼后面,狼山南面;有许多中央军的死尸,都没有

① 谭道平:《史无前页的首都卫戍战》,姜良芹、郭必强编:《赔偿委员会调查统计》,张宪文主编:《南京大屠杀史料集》第22册,南京:江苏人民出版社、凤凰出版社,2006年,第461、468页。

② [美]A.T.斯提尔:《大炮集中攻击南京 防守已放弃》,《芝加哥每日新闻报》1937年12月13日,张生编:《外国媒体报道与德国使馆报告》,第55页。

③ [美]A.T.斯提尔:《南京今晨陷落》,《每日邮件》1937年12月11日,张生编:《外国媒体报道与德国使馆报告》,第70页。

④ [美]F.提尔曼·杜丁:《南京陷落日军施暴》,《纽约时报》1938年1月9日第38版,张生编:《外国媒体报道与德国使馆报告》,第130页。

⑤ [日]寺田与之助:《奔波于炮火下的摄影班》,王卫星编:《日军官兵与随军记者回忆》,第47页。

⑥ 《外交资料:克勒格尔的私人报告》(1938年1月13日),张生编:《外国媒体报道与德国使馆报告》,第317页。

⑦ 钮先铭:《还俗记》,张连红编:《幸存者的日记与回忆》,第233页。

⑧ 郭歧:《陷都血泪录》(节录),张连红编:《幸存者的日记与回忆》,第231页。

埋”[①]。为了对中国人进行震慑，日军长时间不许收埋尸体，国际委员会的成员几次提出要求，都遭到拒绝。对此，拉贝很是担忧：“除了前面提到的 50 具尸体外，离我们总部不远的池塘里还躺着被杀害的约 50 名中国士兵的尸体。我们已经多次请求允许埋葬这些尸体(既向日本大使馆又向军事当局请求过)，但总是遭到拒绝。这件事结局会怎样，我们大家都捉摸不透，尤其现在下了雨和雪，腐烂会加速。”[②]

尸体大量腐烂，使整个南京到处都充斥着刺鼻的恶臭，令人难以呼吸。日本官兵岩崎昌治在日记中写道：“焚烧尸体时发出的一种别样的恶臭不时地随风飘来。”[③]市民盛文治回忆“盖余此次由乡入城，时为三月，途径马家店、大定坊、铁心桥，两旁人尸马骨遍野皆是。有仰卧高岗睁目张口者，有俯伏田沟暴肉露骨者，内中尸身概为鹰啄犬噬，多不完全，类皆少腿缺臂、落头去身者，即或整全，已呈黑褐色，渐将腐烂矣。更有臭恶之气直刺鼻观，令人作呕，因免受疫，行人皆掩鼻过之”[④]。尸体被掩埋后，由于受害者太多，掩埋仓促，天气转暖后，尸体腐烂速度加快，南京依然是尸臭熏天。比如当时的门西花露岗，“……对于埋葬棺柩，掘土既不深，覆土又甚薄，一经风雨剥蚀，棺木即露，阳光熏蒸，臭气四溢”[⑤]。

尸体腐烂滋生大量的细菌，动物啃咬尸体使细菌到处传播。斯特拉博尔在信中讲，“城门一带臭气熏天——到处都是大嚼尸体的野狗”[⑥]。拉贝也注意到这个问题：“我再次提请福田注意我们大家身处的危险，因为还有约 1000 具尸体躺在城里各处没有埋葬。这些尸体一部分已被狗咬食过，而狗肉同时在街上被中国人出售。”[⑦]整个南京都处在细菌的包围中，疾病蔓延，“城内外被敌日残戮之军民，遗尸遍地，臭气熏天，既碍卫生，又违人道……兵燹之后，疫疠丛生，公私医院诊所，均未恢复，患病之人，无处治疗”[⑧]。

3. 日军对南京植被的破坏

南京保卫战期间，南京周围的山地成为主战场，双方进行了激烈的争夺，为逼迫中国军队，日军多次在紫金山、牛首山、富贵山等地放火烧山，使周围的植物遭受严重

---

① 《王本立老人关于乡民成立收尸队收埋尸体的证言节录》，费仲兴于 2004 年 7 月 26 日采访记录。

② 拉贝 1937 年 12 月 28 日日记，[德]约翰・拉贝：《拉贝日记》，第 242 页。

③ [日]岩崎昌治：《岩崎昌治阵中日记》，王卫星编：《日本军方文件与官兵日记》，张宪文主编：《南京大屠杀史料集》第 32 册，南京：江苏人民出版社、凤凰出版传媒集团，2007 年，第 445 页。

④ 《市民盛文治请求派员掩埋乡野尸骨致伪南京市自治委员会救济组呈文》(1938 年 3 月 4 日)，南京市档案馆 1002—5—437。

⑤ 《〈南京晚报〉关于花露岗地方市民荒冢情况的报道节录》(1939 年 10 月 23 日)，南京市档案馆 1002—6—386。

⑥ 《斯特拉博尔爵士致哈利法克斯爵士》，张生等编：《英美文书・安全区文书・自治委员会文书》，第 252 页。

⑦ 拉贝 1937 年 1 月 7 日日记，[德]约翰・拉贝：《拉贝日记》，第 303 页。

⑧ 《世界红十字会南京分会民国 26 年至 34 年慈善工作报告书节录》(1945 年)，南京市档案馆 1024—1—34512。

破坏。日军佐藤振寿在其随军记中写道:我军在山麓放火烧山,火焰直向山顶冲去。野火连成许多条长龙[①]。《纽约时报》对此也有报道:日军在山头四周放火。大火烧毁树木、草丛,一点点向上燃烧……日军与残留在山顶的中国士兵激战数小时后,又架起轻型山炮轰击山顶。随后,为了取得彻底胜利,日军放火点燃树木和草丛,蔓延的火势慢慢把中国士兵逼上山顶[②]。事后,紫金山被炮弹打得光秃秃的,变成了一片黄色[③]。丘陵地区,几乎都是土地焦枯、尸骨遍野[④]。城墙外面的森林被大火烧得伤痕累累,大片过火的树木现在是一片黑色[⑤]。

战争之外,日军的肆意破坏,也使南京植被遭受严重损坏。日本军官藤田实彦在战记中写道:行军至牛首山,眼前长满了小树,枝繁叶茂,成为战车前进的障碍,不过这些都被我们踩在了脚底下[⑥]。为了在扬子江边建一个船码头,日军砍伐了沿江大片柳树,"搭建造码头用的脚手架,并且割出了一片足够集合的地方"[⑦]。1938 年下半年,南京地区成片的森林被砍伐掉,对此,史德蔚惋惜的说:"我很遗憾地看到人们砍了这么多树。这样做的原因有二:其一是由于缺少外来的燃料和木材,木材价格出奇的昂贵,而且正在进行大量的重建工作;其二是出于军事需要,日军下令砍掉所有铁路两旁一英里范围内的树。"[⑧]

清凉山位于南京城西秦淮河边,在山的南麓及其附近,有清凉寺、扫叶楼、乌龙潭、驻马坡等众多古迹,即所谓"清凉古道"。清代,清凉山为金陵四十八景之一。战争期间,这里的古建筑悉数被毁坏,仅剩清末建的佛殿一座,山上林木被砍伐一空。

玄武湖位处南京市东北,三面环山,一面紧靠城垣。日军侵占南京后,开闸泄水,摧毁建筑花木,在园内练兵。1945 年 10 月,南京园林管理处呈报,劫后的玄武湖"房屋破坏 13 座又 40 余间,倒塌 3 间。观赏树木及行道树均残损零落,花卉数量减少。果园竹林及湖堤沟渠的垂柳摧残十分之七,名贵种类损失殆尽"[⑨]。位于玄武湖岛上

---

① [日]佐藤振寿:《步行随军》,王卫星编:《日军官兵与随军记者回忆》,第 459 页。

② 蒂尔曼·F.德丁:《日军放火烧山,300 中国人山顶阵亡》,杨夏鸣、张生编:《国际检察局文书·美国报刊报道》,第 438 页。

③ [日]望月五三郎:《我的支那事变》,张宪文主编:《南京大屠杀史料集》第 33 册,南京:江苏人民出版社、凤凰出版传媒集团,2007 年,第 190 页。

④ [日]山崎正男:《山崎正男日记》,王卫星编:《日军官兵日记与书信》,第 446 页。

⑤ [德]沙尔芬贝格:《1938 年 2 月 17 日的南京现状》,陈谦平、张连红、戴袁支编:《德国使领馆文书》,第 143 页。

⑥ [日]藤田实彦:《战车战记》,王卫星编:《日军官兵回忆》,第 267 页。

⑦ [日]福岛民友新闻社编:《福岛战争与人》(1 白虎篇),王卫星编:《日军官兵与随军记者回忆》,第 372 页。

⑧ [美]史德蔚:《史德蔚日记》(1938 年 12 月 10 日),章开沅编译:《美国传教士的日记与书信》,第 297 页。

⑨ 李源编著:《玄武湖趣史》,南京:江苏古籍出版社,2001 年,第 113 页。

的高尔夫俱乐部和日中文化协会也被烧得精光[①]。

莫愁湖位于南京城水西门外三山桥西。日军侵占南京后，莫愁湖同样遭受劫难，柳荷尽毁，建筑多被洗劫，损失之巨，难以估计[②]。

4. 日军暴行与南京的冬季

南京地处北亚热带季风气候区，具有夏热、冬冷，四季分明的气候特点。12 月与次年 1、2 月为冬季，是南京最冷的时候，三个月份平均最低气温在零度以下。冬季气压最高，受北方冷空气控制而严寒，最冷的一月气温可降到零下 14℃[③]。南京地区春、秋、冬三季，常有冷空气侵袭，特别是深秋到初春常有强冷气和寒潮南下，降温急烈，还常伴有大风和冰雪[④]。

南京大屠杀事件发生之时正值冬季，恶劣的天气，使得日军造成的环境恶果更具摧毁性。这年 12 月 22 日是农历二十四节气中的冬至，1 月 6 日为小寒，下表是根据当时的资料整理而成的 1937 年 12 月 10 日至 1938 年 2 月 15 日南京天气状况统计，从表格可以看出，在南京气温最低的这 68 天里，其中约有 36 天为阴雨天，占总数的一半以上，阴雨连绵，使这个冬天变得更加寒冷。从相关的文献可以大致了解当时南京的天气情况：十二月上旬南京的夜晚，已近寒冬，寒冷刺骨[⑤]；12 月 18 日寒风劲吹，3 时左右，下起了暴风雪，寒冷彻骨[⑥]。12 月 19 日寒风刺骨，扬子江进入了隆冬[⑦]；12 月 28 日，傍晚开始下雪，积雪达一寸多厚。到了 12 月底已经相当寒冷了，特别是左边从扬子江那边刮来的风吹在脸上像刀割一样，手都冻僵了，实在是冷[⑧]；1 月 6 日，南京最低温度达零下六度，早上的温度是零下四度[⑨]；1 月 19 日早上开始下雨，到 20 日“由雨转雪，温度急剧下降，寒气彻骨”[⑩]；2 月上半月，南京又经历了两场雨雪天气。

---

① [德]沙尔芬贝格：《1938 年 1 月 28 日的南京现状》，陈谦平、张连红、戴袁支编：《德国使领馆文书》，第 102 页。

② 《南京市园林管理处公园财产损失报告单签呈(1947 年 3 月 24 日)》，南京市档案馆 1003—12—141。

③ 殷维翰主编：《南京山水地质》，北京：地质出版社，1979 年，第 1 页

④ 周曾奎等编著：《南京城市气候及其灾害性天气》，北京：气象出版社，1999 年，第 2—4 页。

⑤ [日]望月五三郎：《我的支那事变》，王卫星编：《日军官兵回忆》，第 17 页。

⑥ [日]远藤高明：《远藤高明阵中日记》，王卫星编：《日军官兵日记与书信》，第 55 页。

⑦ [日]宫本省吾：《宫本省吾阵中日记》，王卫星编：《日军官兵日记与书信》，第 33 页。

⑧ [日]山本武：《山本武日记》，王卫星编：《日本军方文件与官兵日记》，第 362 页。

⑨ [日]榊谷仙次郎：《榊谷仙次郎日记》，王卫星编：《日本军方文件与官兵日记》，第 463 页。

⑩ [日]杉内俊雄：《杉内俊雄阵中日记》，第 47 页。

表 46　1937 年 12 月 10 日至 1938 年 2 月 15 日南京天气状况统计表

日期＼天气状况		晴	阴	雨雪
12 月 10 至 31 日	22 天	12 天	6 天	4 天
1 月 1 日至 31 日	31 天	14 天	12 天	5 天
2 月 1 日至 15 日	15 天	6 天	4 天	5 天
合　计	68 天	32 天	22 天	14 天

资料来源:据《饭沼守日记》、《上村利道阵中日记》、《远藤高明阵中日记》、《魏特琳日记》、《拉贝日记》等编辑。

南京最寒冷的时候,也是日军的屠杀和破坏最严重之时。为了躲避日军,人们四处逃难,居无定所。那些还没有找到落脚处的人们,在寒冷的黑夜来临时,一家老小就躺在房子的角落里睡觉,还有些人甚至就躺在露天大马路上①。日军烧毁平民的房子,抢走他们的财产和衣物,由于缺少住处和必要的防寒装备,难民时有冻死冻伤的案例,在市民呈文中数不胜数。如高汉杰呈文:丈夫去岁被拉去充夫役迄今年余,生死莫卜,招魂无方,又以门乏男壮,乞食无门,扶有小孩六口,近受冻饿已毙死二名②;李陈氏呈文:丈夫在事变时亡故,“氏一妇带领四个小孩子,告贷无门,无衣无食,饱受冻馁之困苦,家中之房屋被烧更无宿处,在通济门外土地庙内藏身。时至冬令,饥寒交迫将成饿殍”③。一位日本军官也注意到,“(市民从难民区回到原居住地)夜里没有睡觉的地方,在这寒冷之地冻死的人每天都有上百”④。

难民收容所里,处境稍好,但难民区约占全城八分之一,其中房屋密集者仅一小部分,大部分均无甚建筑。如在金陵大学蚕厂里,“500 多人生活在露天用布或草席搭的棚子里。收容所十分拥挤,卫生设施很差”⑤。茅草棚“多数只比狗棚稍微大一点”⑥,全家人拥挤在一起生活。等到雨雪天来临,难民的处境更加艰难。拉贝在 1 月 20 日的日记中写到:“暴风雪!我这个院子里的难民收容所已变成了一个很大的泥潭,每个帐篷和草棚的四周都挖了水沟,以便排除雪水。”⑦在难民营里平均 82%的人

① [德]约翰·拉贝:《拉贝日记》,第 150 页。

② 《魏贡氏等为其夫被日军拉充夫役生死莫卜等事呈》,姜良芹、郭必强编:《前期人口伤亡和财产损失调查》,第 357 页。

③ 《魏贡氏等为其夫被日军拉充夫役生死莫卜等事呈之李陈氏呈》,姜良芹、郭必强编:《前期人口伤亡和财产损失调查》,第 358—359 页。

④ 《C 致 B 的信件》,王卫星编:《日军官兵日记与书信》,第 377 页。

⑤ 拉贝 1938 年 1 月 4 日日记,[德]约翰·拉贝:《拉贝日记》,第 286 页。

⑥ 《斯特拉博尔爵士致哈利法克斯爵士》,张生等编:《英美文书·安全区文书·自治委员会文书》,第 260 页。

⑦ 拉贝 1938 年 1 月 20 日日记,[德]约翰·拉贝:《拉贝日记》,第 378—379 页。

要从施粥棚里取得食物[①]。寒冷的天气加上没有食物，缺少营养，许多难民尤其是儿童因此生病、死亡，这在《程瑞芳日记》中有较多记载：

> 一月十号　有一小孩发白喉症，医院不收……这种冷天得这种病，住这种冷地方，这个妇人就是一个人在此带五个小孩。其余的病都是肚泻。有的咳嗽，发热的也有……发白喉症的小孩死了，他的妹也有了，一共死了十五个小孩，四个大人，两个老年人，两个中年人。最奇的这几个没有病，睡一夜便死了，也没有什么症。
>
> 一月十一号　白喉症的小孩子又死了一个。
>
> 一月二十四　近来有些小孩有肺炎，今日死了一个，大概睡在地下冷，但是比较在外边茅棚好多了。
>
> 一月二十九号　死的是一个中年妇女，身有孕五个月。今天又下了一天大雪，五点钟死的。
>
> 二月五号　有一个小孩三个月吃稀饭，瘦的像小猫，真难看。[②]

在如此恶劣的环境下，能够活下来的人大多都是九死一生。难民李克痕回忆自己避难的经历：我住在板桥，与一位六十三岁的老母和病得很重的妻为伴，而我又是个残废人（足跛）。十二月九日，板桥被日军占领，十日晨，日军开始焚烧屋子，我只能扶着年迈的妈妈逃离。病重的妻子被烧的昏了过去，棉衣被烧烂了，最终身上只剩一条被烧了好多洞的单裤。妈妈搂着妻躲在墙角，一天没有吃东西，饥寒交迫。落雨了，凄冽的北风吹得越紧，这一带的房子全都被烧毁了。后来我们逃到一个僻静的山村，只能乞得一点稻草露宿。我每日乞衣乞食度日，不久，妻与世长辞。这样的乞讨生涯过了八十余日。阴湿冰冷的南国冬天，就在荒野里露宿。后来好容易租来一个猪圈住。整个的冬天，我就穿着一件向人讨来的破夹袄，本来身体便极不耐寒，现在又没有相当的住处，几次，我几乎冻死，但我终于没有死[③]！

（四）日军破坏南京环境个案研究

日军在南京的种种破坏，使南京“大小建筑物几乎全被残暴不仁的日军烧光了。

---

① 《南京地区战争灾祸（三）郊县调查》，姜良芹、郭必强编：《前期人口伤亡和财产损失调查》，第 17 页。

② 程瑞芳：《程瑞芳日记》，张连红编：《幸存者的日记与回忆》，第 31—39 页。

③ 李克痕：《沦京五月记》，张连红编：《幸存者的日记与回忆》，第 501—515 页。

幸存的建筑,除了业已洗劫一空的外国驻华领事馆,就只有日军占用的司令部、军营、戏院、酒吧……只要站在稍微高一点的地方,极目眺望,从紫金山通过市中心区,以迄下关,仅只剩下黑黝黝、冷清清的断垣残瓦,焦木余灰"①。下文以几例为代表详加说明。

1. 新街口—夫子庙商业区

战前南京的商业大部分集中于城南地区,主要范围是新街口明瓦廊一带经中华路、太平路、朱雀路、至夫子庙周围地区。这一带有南京最繁华的两个商业区:城南夫子庙、太平路、中华路商业区和市中心新街口商业区,聚集了南京城70%以上的店铺。1928年中山路破土,新街口为中山路北段与东段之间的连接点。政府于1930年11月开始扩建新街口,三个月后完工,是南京市内街道的第一个广场,又称为第一广场。新街口广场改造后,南京的一些大型庆典和活动,往往在此举行。中山路、中山东路、中正路(今中山南路)、汉中路等四条大道交汇于此,交通快捷。1936年建成的现代化的大型商场——中央商场,与大华大戏院、新都大戏院、福昌饭店、交通银行等聚集此地,新街口逐渐成为近代南京城市的核心。

城南夫子庙、太平路、中华路商业区。这一带是南京历史悠久的商业区,各色商店集中,各种货物齐全,市井繁荣,人流如潮,尤其是内秦淮河畔的夫子庙商业区,不仅大小商家云集,而且有着丰富的文化积淀。夫子庙即孔庙,原来是供奉和祭祀孔子的地方,始建于北宋景祐元年(1034),就东晋学宫扩建而成,清同治八年(1869)重建。它位于秦淮河北岸的贡院街旁,前面以秦淮河为泮池,南岸有全国最长的照壁,北岸庙前有聚星亭、思乐亭;中轴线上建有棂星门、大成门、大成殿、明德堂、尊经阁等建筑;另外庙东还有魁星阁。战前太平路是南京重要的商业街道之一,"是南京人的骄傲,这条街夜晚的霓虹灯可以与上海的南京路相媲美"②。

南京陷落后,日军对这一带商业区进行了系统的抢劫,之后纵火焚烧以毁灭证据。据资料显示,太平路被日军焚烧成灰烬,毁坏程度为90%—95%。美国《视野》杂志记录到:"圣诞前夕,南京最重要的商业街道太平路整条街上大火弥漫。天空中散落着火星,地上遍布着灰烬、烧焦的尸骸,我开车穿越这一切,见到日本兵手持火把,把商品装上军用卡车后,再将房屋付之一炬。"③焚烧过后,很多被烧毁的中国商店的底楼被充当了日军的马厩④。日军数周的抢劫焚烧使得南京的"商业区,即太平路地

① 郭岐:《陷都血泪史》,张连红编:《幸存者的日记与回忆》,第235—236页。

② 拉贝1938年1月17日日记,[德]约翰·拉贝:《拉贝日记》,第345页。

③ 《南京的浩劫》,《视野》(The Ken)1938年6月2日,张生编:《外国媒体报道与德国使馆报告》,第193页。

④ 《南京之行备忘录》(1938年8月25日—1938年9月14日),张生等编:《英美文书·安全区文书·自治委员会文书》,第265页。

区和所谓波茨坦广场以南的整个地区在肆无忌惮地掠夺之后变成一片瓦砾，只零星可见一些建筑物的残垣断壁。日本军队放的大火在日军占领一个多月之后仍在燃烧"①。

表 47　主要商业街道房屋毁坏及被抢劫的统计

街道	房屋及财产损失额（元）	房屋数	毁坏原因（%）			
			交战因素	纵火	抢劫	合计
1. 太平路	9327530	233	1.7	68.2	26.6	96.6
2. 中华路	12452145	319	3.1	51.4	43.9	98.4
3. 建康路	4306030	585	0.5	47.5	49.6	97.6
4. 白下路	3819095	411	3.1	34.3	61.1	98.5
5. 升州路	2129655	320	——	25	53.1	78.1
6. 中山路	5591070	498	5.0	15.5	53.6	74.1
7. 朱雀路	944725	122	——	7.4	76.2	83.6
8. 中正路	11452145	340	5.9	3.8	75.9	85.6
合计	49659025	1828	2.7	32.6	54.1	89.4

资料来源：《南京地区战争灾祸》表 16，姜良芹、郭必强编：《前期人口伤亡和财产损失调查》，第 61 页。

史迈士等人对南京八条主要商业街道的损毁情况做了具体调查，如上表，八条主要商业街区共有 2800 多个门牌，平均每条街上有 350 个门牌。他们主要分布在市区的东南部。这些街道的房屋，有 2.7%毁于交战因素，33%毁于纵火。54%除火烧外还附带被抢劫。89%的房屋由于种种原因被破坏。其中，白下路、中华路、建康路和太平路被毁坏的房屋竟达 97%到 98%，其他街道也达 70%到 80%。即使乐观的估计，也仅有 11%的房屋没有遭到严重毁坏。毁坏的原因：交战因素，中正路 6%，中山路 5%，最为明显；而有些街道完全没有这方面的报告，说明较少为交战直接造成。由于纵火原因，造成损失最严重的是太平路，高达 68%；其次是中华路和建康路，分别是 51%和 47%。房屋和财物的损失将近 5000 万元，这其中有 4700 万元是商业建筑及其财产损失。中华路受损失最严重，为 1250 万元，占四分之一。中正路为 1100 万元，太平路为 900 万元，中山路为 600 万元，建康路和白下路分别为 400 万元，升州路 200 万元，朱雀路（接近太平南路段）100 万元②。

陆泳黄在《丁丑劫后里门见闻录》中对城南商业区的损害情形有较详细的记载：

---

① 《罗森给德国外交部的报告》（1938 年 1 月 15 日），中央档案馆等编：《南京大屠杀》，第 146—149 页。

② 《南京地区战争灾祸（二）市区调查》，姜良芹、郭必强编：《前期人口伤亡和财产损失调查》，第 21—22 页。

建康路全路均被灾,旧坊口黑廊三山街口左右,承恩寺奇望街等处,中华路自内桥至三山街口均毁,青年会市民银行大绸布店银楼,均烧完。自三山街至中华门则隔两三家,即有瓦砾场一段,白下路被灾十余处,最大之中国银行亦毁,未开辟之长乐路,由武定桥至中华路,一段全烬,首都法院之大建筑与焉,由建康路至大行宫,步行一次,如历荒墟……西行经中山东路,至新街口两旁,尚有烬余房屋,然以为随寇军继至之日本商人修理改造,成为纯粹之日本商店,新街口以北之中山路,闻有被灾者,其存留之公私大建筑,多为日寇军事机关占用,以南之中正路,除中央商场及大华影戏院被灾外,仅近白下路之一段被焚……(夫子庙地区)自东牌楼起,迄大中桥止,巡视一周,其间屋宇之被毁者,约十之六七,有名建筑物,如大成殿,魁星亭,得月台,奇芳阁等,均付之一炬……城陷日,夫子庙一带大火,以大成殿为中心,东至龙门街,西至瞻园路,南至秦淮河,更延及河之对岸望街至石坝街,沿河房屋,成为大火焰场……经桃叶渡口北行,至淮清桥及建康路东段,即奇望街至大中桥一段,则颓垣断壁,触目皆是,又呈一片凄凉景象矣。[①]

日军的劫掠,使新街口一带"几乎是一片瓦砾场。断墙颓垣发出一阵阵枯焦的气味,没有一所完整的屋脊可以看到"[②]。太平路"变成一片废墟,一切都烧光了,再也没有一所完好无损的房屋,左右两边全是瓦砾场。以前的娱乐区夫子庙连同茶馆和大市场,同样被完全毁坏了。目光所及,全是瓦砾废墟"[③]!出新街口经太平路、夫子庙,转中山路,沿途房舍,百不存一。太平路和中华路一带,几乎全城焦土,朱雀路、中正路、国府路等地的高大建筑和商店房屋,都烧成了一片焦土。就是侥幸没有被烧的,也门歪窗倒,被抢一空[④]。中岛今朝吾 1 月 23 日"乘汽车在新市街行驶了近 25 分钟,没有看到一幢完好的房屋"[⑤]。日军对城南商业区的破坏是毁灭性的,"在南京恢复正常之前,这一地区几乎要完全重建"[⑥]。

2. 紫金山—中山陵

紫金山位于南京城东,又名金陵山、钟山。早在六朝时期,这里就建有大小寺庵几十座。紫金山林木青翠,风景优美,山间散落着的名胜古迹,有中山陵、灵谷寺、明孝陵和天文台等。其中明孝陵为明开国皇帝朱元璋的陵墓,天文台是太平天国城堡

① 陆泳黄:《丁丑劫后里门见闻录》,张连红编:《幸存者的日记与回忆》,第 519—521 页。
② 蒋公穀:《陷京三月记》,张连红编:《幸存者的日记与回忆》,第 71 页。
③ 拉贝 1938 年 1 月 17 日日记,[德]约翰·拉贝《拉贝日记》,第 345 页。
④ 文舍:《沦陷后的南京》,张生编:《外国媒体报道与德国使馆报告》,第 495 页。
⑤ [日]中岛今朝吾:《中岛今朝吾日记》,王卫星编:《日军官兵日记》,第 300 页。
⑥ 《爱利生呈送约翰逊大使有关南京状况报告》,王卫星编:《日军官兵日记与书信》,第 340 页。

遗址，而中山陵则是孙中山先生的陵寝①。孙中山病逝后，国人遵照他的遗愿，将其葬于紫金山。中山陵墓占地约 8 万多平方米，沿中轴线分为南北两部分，南部包括广场、牌坊和墓道；北部包括陵门、碑亭、石阶、祭堂、墓室，建筑色彩采用蓝色屋顶灰白色墙身。陵之周围辟为陵园，面积 4.5 万亩，为东方最大陵墓公园。在中山陵附近还有 10 多处纪念建筑，如 1932 年落成的流徽榭、仰止亭；1933 年落成的音乐台、行健亭；1934 年建成的光华亭；1936 年完工的藏经楼等。它们既有自己的特色，又与中山陵的风格协调一致②。

民国成立前，紫金山由于遭受历代战火和盗砍滥伐，除灵谷寺、明孝陵和紫霞洞等处还有少量残林外，其他地方则是荒山秃岭。陵园建立以后，紫金山区进行了大规模的植树造林。自 1929 年秋至 1936 年春，紫金山造林超过 1000 万株，抗战前全山基本成林。战前的紫金山，绿树成荫，花团锦簇，一年四季景色怡人③。日机空袭南京期间，为了避免中山陵被破坏，国民政府曾用竹子将其细心地伪装起来，但最终也没有摆脱被日军摧残的命运。

南京保卫战时，紫金山是重要的战场，双方在此进行了殊死战斗。幸存官兵刘庸诚回忆当时的战争场景："要控制南京城，必须要占领第一、二峰。要夺取第一、二峰必须要先攻下老虎洞。故老虎洞之得失，颇为重要。九日拂晓后，敌人空军和炮兵投掷和发射了许多炸弹、烧夷弹、烟幕弹，一时，紫金山东麓弹声震耳，烟焰冲天。"④《纽约时报》12 月 9 日载：日军在山头四周放火。树木、草助长了火势，渐渐延烧到山顶部，迫使中国军人向山上退，挤作一团，无情的机枪扫射置他们于死地⑤。《芝加哥每日新闻报》12 月 12 日载：日军放火烧草和树木，火焰把没有退路的中国兵一步一步逼向山顶。只有少数士兵不顾枪林弹雨从山丘上跑下来⑥。紫金山的植物在战争中遭受严重破坏。日寇田中部队、涡川部队进占陵园后，在陵园内肆意践踏。陵园园艺事业抗战前原有温室三座，面积约 7000 平方，花卉 200 余种，品种不下 1700 余种，盆花 20000 余盆，花圃百余亩，果园 300 余亩，菜圃 60 余亩，茶圃亦百余亩。抗战期间所有建筑全部被毁，花圃菜圃沦为废墟，多年收集的植物品种损失殆尽⑦。1938 年入冬以

---

① 秦风：《民国南京 1927—1949》，上海：文汇出版社，2005 年。

② 《三十年来之中国工程》，第 140 页；《长江沿江城市与中国近代化》，第 632 页。

③ 韩建国：《孙中山与南京紫金山》，http://www.migne.gov.cn/txt/2008—10/16/content_2523000.html.

④ 刘庸城：《上海南京抗战亲历记》，马振犊编：《南京保卫战》，第 292 页。

⑤ [美]F.提尔曼·杜丁：《山头四周敌军放火 三百官兵均遭屠戮》，《纽约时报》1937 年 12 月 9 日，张生编：《外国媒体报道与德国使馆报告》，第 56—58 页。

⑥ [美]A.T.斯提尔：《是否投降 否则日军将踏平南京》，载《芝加哥每日新闻报》1937 年 12 月 11 日第 1 版，张生编：《外国媒体报道与德国使馆报告》，第 67 页。

⑦ 范方镇：《中山陵史话》，南京：南京出版社，2004 年，第 73 页。

后,南京城里燃料缺乏,日军在陵园大肆砍伐树木并殴打园警,被伐树木用汽车运进城出售,从中牟利。据事后统计,中山陵园附属的建筑、林木、道路等都被日寇悉数破坏,仅前两项损失就近 340 万元,紫金山的森林减少了五分之四①。

迫于国际影响,为笼络人心,日军对中山陵并不敢放肆破坏,但有限的"保护"只限于中山陵的主体建筑。资料记载,陵园地区"除陵墓主体及大部分纪念建筑等损坏较微、尚称完整外,其余房屋、道路、林木、苗圃等,悉为日军摧为平地"。在中山陵的陵墓广场上,有一个一米多高的铜鼎,日军当年的两发流弹在铜鼎上留下"罪证"——铜鼎东南一侧的腹部,弹孔有碗口大,周围钲亮如初,如不能愈合的伤疤。1938 年日军部队进驻陵园后,将陵园划为军农区,附设畜牧场,在园内举行军事演习。当时的中山文化教育馆、国父奉安纪念馆、永慕庐(家属守灵之所)国民革命军阵亡将士纪念馆与纪念塔等周边建筑均被炮火夷为平地。陶德曼在给德国外交部的报告中讲:"宝塔附近马路上美丽的垂柳全被砍光了,几乎所有的别墅都已烧光。我们无法进入这个地区,因为到处还有许多尸体,已经发黑,被狗咬得残缺不全。"②日军军官上村利道在参观完中山陵后写道:中山陵处于行将被毁的状态③。佐佐木到一在日记中感叹:安息在紫金山中的孙文之灵,一定对蒋介石的鼠目寸光扼腕叹息并哭泣吧。现代化城市一朝变成了黄粱梦。战火还在城中熊熊燃烧,浓浓黑烟直冲云霄。此时此刻,更深刻地感受到"国破山河在"之意④。

紫金山天文台,位于钟山西峰之巅,1934 年建成。天文台的主要建筑有天文台本部、子午仪室、赤道仪室、变星仪室等 6 座,有珍贵的仪器数十件。天文台除了拥有现代化仪器设备外,还保存了极为珍贵的古天文仪器,包括浑仪、简仪、圭表、地平经纬仪和天球仪等。这些古天文仪器,原置于北京古观象台(民国后改称中央观象台)。抗日战争时期,仪器落入日军之手,仪身的龙爪、龙角几乎全被破坏。1946 年首先回到天文台的著名天文学家陈遵妫在他的《中国天文学史》一书中写道:"战后的紫金山天文台给人一种疮痍满目、荒芜凄楚之感,这所新建立的天文台还未正式使用,便遭侵略者的战争之洗劫。西宿舍(大宿舍)门窗地板全缺(据说大宿舍在战时曾做过敌伪的兵营);各观测室所遗留的仪器台座虽仍存在,但却已锈毁,大赤道仪室破坏甚烈,圆顶弹孔累累,转仪钟马达全无,小赤道仪被破坏的程度较大。赤道仪虽然轻些,

---

① 《中山陵在抗战中的劫难》,《周末报数字报刊》2009 年 4 月 16 日第 5 版,特别报道。

② 《陶德曼给德国外交部的报告》(1938 年 2 月 28 日于汉口),张生编:《外国媒体报道与德国使馆报告》,第 420 页。

③ [日]上村利道:《上村利道阵中日记》,王卫星编:《日军官兵日记》,第 243 页。

④ [日]佐佐木到一:《佐佐木到一日记》,王卫星编:《日军官兵日记》,第 318 页。

但也残缺不全了。总之,在这个时期紫金山天文台的损失是惨重的”。[①]

3. 明城墙周围地区

南京古城墙修筑于公元 14 世纪中叶,是明太祖朱元璋定都南京之后用以保卫京师的重要防御工程。分外城、内城两道,外城周长达 60 公里,内城即俗称的明城墙,蜿蜒盘桓达 33.6 公里,是中国筑城史上集大成之作。明城墙在历史上经历诸多风雨,造成最为严重破坏的则是侵华日军[②]。在南京保卫战中,南京卫戍军以城墙为依托进行防守,“凡南京周围城墙及周边地形,建立以城墙为主的有纵深的防御体系”,“南京城防以城垣工事为核心,加筑一道钢筋混凝土工事为外围,再分配给野战阵地,形成三道可靠地阵地带”[③]。

12 月 7 日,松井石根下达了“进行炮击夺取城墙”的命令。10 日,日军在占领南京外围阵地后,从中山门、光华门、通济门和中华门等城门或附近城墙地段,发动对南京城的进攻。期间,日军使用了山炮、飞机和坦克等重型武器,狂轰滥炸。《洛杉矶时报》1937 年 12 月 12 日报道说,“火焰映红了首都四周 32 英里长的城墙。炮弹在城中央和城南地区爆炸,日军猛烈的炮火估计以一分钟四发炮弹的频率持续着”[④]。在日军的轰炸下,中华门城门上高耸的敌楼被炸烧毁,城门附近城墙被炸塌,成为日军攻占南京期间最早侵占的突破口。12 月 11 日,中山门城门附近被炸开缺口,中山门三拱券门中的北边两拱遭到严重破坏[⑤]。除光华门、中山门、雨花门、通济门、中华门、水西门、挹江门外,还有这些城门之间的多处城墙,在日军炮火轰击下被破坏。根据 1939 年南京伪政权所绘制的城墙修复示意图,城垣坍塌达到“容易通行”标准的,就达 5—6 处之多。日本攻城官兵在日记中对此也有记载,饭沼守写道:重炮及山炮部队赶了过来,随即命令他们展开炮火攻击,结果将城墙轰炸出一个四五十米开外的豁口,然后炸出突击通道[⑥]。高岛市良描写战后的明城墙,“呈锯齿状的城墙像一幅水墨画那样清晰地展现在天空”[⑦]。

12 月 12 日晚,炮声停息的时候,明城墙附近呈现出悲壮的景象:“炸毁的城墙、被

---

① 陈遵妫:《中国天文学史》,上海:上海人民出版社,2006 年。

② 南京明城墙编委会编著:《南京明城墙》,南京:江苏美术出版社,2001 年,第 34 页。

③ 《首都东南主阵地线巡查报告》(1935 年 7 月 6 日),《中国军事史》编写组编:《中国军事史》第六卷《兵垒》,北京:解放军出版社,1991 年,第 254 页。

④ [美]F.提尔曼・杜丁:《南京筑起血肉城墙阻止日军进攻》,载《洛杉矶时报》1937 年 12 月 12 日第 11 版,张生编:《外国媒体报道与德国使馆报告》,第 71 页。

⑤ 南京明城墙编委会:《南京明城墙》,第 34 页。

⑥ [日]饭沼守:《饭沼守日记》,王卫星编:《日军官兵日记》,第 202 页。

⑦ [日]高岛市良:《高岛市良日记》,王卫星编:《日军官兵日记》,第 723 页。

沙袋挡住只能半开着的中山门;散落着炮弹、砖瓦、铁丝网等的道路;敌人的尸体。"① 城墙外的树木被大火烧毁,大片土地被烧成了褐色。上羽武一郎在其阵中日记中写道,在太平门附近,"入口处看到被枪杀的约五百具尸体凄惨地堆在那里。人真是可怜啊!死尸里有被挑破小腹的,有被砍头、毁脸的。到处是炮弹爆炸的痕迹。"②牧原信夫日记中载,在汉中门外,"看见五六百具被烧焦了的尸体挨得紧紧地倒在那里。烧烂了的皮肤呈黄色,看上去很难看……到处都散乱着这样凄惨地尸体。"③原日军士兵长浜太称,挹江门内,"内侧堆积的尸体比身体还高,像小山一样。堆积着的没有烧透,还冒着烟。非常臭,靠近不了。尸体堆得比我们的身高更高。有烧过的痕迹,有的是烧到一半,'噗噗'地冒着烟。城墙内外到处都是尸体"④。

日军攻占挹江门时,"大肆屠杀守军,他们的尸体和沙包堆积有 6 英尺高。星期三晚上,日军还没有搬走尸体,两天之内,重型军车穿行于此,碾压在人、狗、马的遗骸上"⑤。日军前田雄二称其为"尸体之门","通往下关的挹江门,城门就像堵住了一样,被中国士兵的尸体塞得满满的。城门的内侧,尸体就像沙袋一样堆积着,车辆必须在只空出一股车道宽的门洞里慢慢地穿过去,里面散发着尸体的恶臭"⑥。拉贝在日记中描述挹江门,"被炮火打得千疮百孔,城门前到处是成堆的尸体。日本人不愿意动手清理,而且还禁止我们组织所属的红十字会进行清理"⑦。《泰晤士报》也有报道,"通往江边的挹江门,人与马的尸体可怖地堆成一大堆,足有 4 英尺厚,汽车、卡车在尸体堆上行驶,出入城门"⑧。

4. 长江沿岸地区

据目前的统计,日军在南京制造的十二处集体大屠杀中,有八处在长江岸边。其中:在草鞋峡,我逃聚在下关沿江待渡之大批难民和已解除武装之士兵五万七千余人,遭日军捕获后,悉被集中囚禁于幕府山下之四、五所村。因连日惨遭凌辱,冻饿致死一批,继于 18 日夜悉被捆绑,押解至草鞋峡,用机枪集体射杀,少数伤而未死者后

---

① [日]木佐木久:《木佐木久日记》,王卫星编:《日军官兵日记》,第 334 页。

② [日]上羽武一郎:《上羽武一郎阵中日记》,王卫星编:《日军官兵日记》,第 384—385 页。

③ [日]牧原信夫:《牧原信夫日记》,王卫星编:《日军官兵日记》,第 334 页。

④ 《原日军士兵长浜太关于日军焚尸灭迹的证言节录》,孙宅巍编:《遇难者的尸体掩埋》,第 414 页。

⑤ 《攻占南京 肆意屠戮》,《纽约时报》1937 年 12 月 18 日第 6 版,张生编:《外国媒体报道与德国使馆报告》,第 112—115 页。

⑥ [日]前田雄二:《在战争的激流中》,王卫星编:《日军官兵回忆》,第 450 页。

⑦ 拉贝 1937 年 12 月 16 日日记,[德]约翰·拉贝:《拉贝日记》,第 150 页。

⑧ 《恐怖的南京:抢劫、屠杀 占领者残暴的行径》,《泰晤士报》(The Times)1937 年 12 月 18 日第 12 版,张生编:《外国媒体报道与德国使馆报告》,第 111 页。

用刺刀戳毙，后又纵火焚尸，残骸悉弃江中[①]。在煤炭港下游江边，12 月 17 日，日军以机枪射杀包括首都电厂职工在内的三千余军民。其伤而未死者，悉被押入附近茅屋，纵火活焚致死。在上新河，1937 年 12 月，群集于这一带的军民，悉遭日军杀害。日军称：当时扬子江岸边的道路上，大量的中国士兵的尸体堆积如山，连成一片[②]。

长江是日军处理尸体的重要场所。据战犯太田寿男供述：日军处理尸体的部队主要是“第二碇泊场司令部与南京占领军协定……由安达少佐担任，太田少佐协助”。处理方法：大部分由下关码头及其稍下游处投入扬子江。一部分在浦口东约 4 公里处烧掉掩埋（主要用汽油烧，利用洼地、地头等），南京市内的尸体由占领部队用卡车运到扬子江岸，直接从码头上流投入扬子江（其数约 5 万）[③]。《东史郎日记》中有关于日军在长江岸边处理尸体也有记载，“天一亮，展现在我们面前的是一副惨不忍睹的情景——沿江岩壁，牛猪般惨遭屠杀的敌军尸体——司空见惯的黑尸体，好像被充了气，膨胀的几乎快要破裂的尸体犹如一堆大肥猪在水边堆积如山。浑浊的黄水无情的冲刷到肮脏的黑尸体上。有的尸体像圆木在水面上晃动，有的尸体被压在轮渡下面。士兵们穿着掌铁钉的军靴，踏着腐烂的发臭的内脏都要涌出来的浮肿的尸体，俨如踏过垫脚石一般，咚咚咚的登上了轮渡。站在江岸上的一个战士翘着下巴说：‘每天在这里把整卡车的败兵成排地推进江里，会游泳的开枪打死。’这就是我们的工作啊！血流像流水一样流过山间和土地，河水带着这些将成为肥料的尸体开始旅行”[④]。

日方资料显示：长江流经南京地区的河段，水面漂浮着许多尸体。随着潮水退去，可看见江里漂荡着无以计数的焦黑的尸体。有的漂浮在水面上，有的则堆积在江边石堤上[⑤]。山地・东武夫在 1938 年 1 月 4 日的日记中写道：扬子江岸边尸体遍地，令人吃惊。用汽船搬运死尸，投入扬子江的江心。仅我们处理的尸体就约 2000 具[⑥]。时人回忆，当时南京由下关到龙潭沿岸，“除了死尸之外，就是破船残舟，布满了长江沿岸”[⑦]。八卦洲地区，这里到处可见被水冲到这里的一些人的尸体[⑧]。

日军企图通过长江来掩盖自己的罪恶，但冬季水枯，而弯曲部分的长江，水流不畅，尸体又太多，不可能尽数冲走，致使许多尸体遗留在了岸边。日方资料称：“一种

---

① 摘自“草鞋峡遇难同胞纪念碑铭文”。

② ［日］前田雄二：《在战争的激流中》，王卫星编：《日军官兵回忆》，第 452 页。

③ 《战犯太田寿男关于在南京处理尸体的供述之一》，孙宅巍编：《遇难者的尸体掩埋》，第 344—348 页。

④ ［日］东史郎：《东史郎日记》，第 219 页。

⑤ ［日］泰山弘道：《泰山弘道上海战从军日志》，王卫星编：《日军官兵日记与书信》，第 531 页。

⑥ ［日］山地・东武夫：《山地・东武夫阵中日记》，王卫星编：《日本军方文件与官兵日记》，第 396 页。

⑦ 郭岐：《危城脱险记——〈南京大屠杀〉后一章》，张连红编：《幸存者日记与书信》，第 265 页。

⑧ 陈颐鼎：《南京守城战斗的一鳞半爪》，张连红编：《幸存者日记与书信》，第 317 页。

相当于海里的'海豚'的江鱼不断地游来啄食尸体。"[①]幸存者钮先铭回忆:当时在距离永清寺上游一公里多的大湾子地区,靠水的一小片沙滩上,躺着无数的尸体,一半泡在水里。等到"开春渐渐和暖了,那一大批尸体也渐渐腐烂,一股尸臭传遍到我们小庙周围……大湾子,呈现在眼前的是一大片沙滩上堆满了尸体。由于江水潮汐,流冲尸体,使得半干半湿泡在浅水中,由于天气渐暖,逐渐腐烂,露在破军服外面的手足和面部,变成了半骷髅型"[②]。大量的尸体投入长江以及沿岸腐烂的尸体,使江水遭到严重污染,沿江环境恶劣。钟声老人回忆说,"江边尸体遍地,直到第二年尸骨成堆,群犬都吃红了眼,看见活人路过也咬。当时我们由江心洲迁回棉花堤住,可是江边尸骨太多,臭味难闻,江水也不能吃"[③]。

位于长江沿岸的下关地区是南京重要商埠之一。战前南京下关地区有许多棚户,房屋主要是稻草覆盖的,极易燃烧乃至牵连整个区域连带毁灭。早在日机空袭的时候,下关就开始受难。《纽约时报》9 月 22 日报道:"城内到江边的下关贫民街上落下了几十枚燃烧弹和高炮炸弹。连接在一起的茅草小屋像火柴盒一样熊熊燃烧。"[④]中央路透社报道:"下关难民收容所被炸后,血肉四飞,景象凄惨,而收容难民数千人之草棚,为炸弹所延烧,浓烟直冲云霄,四周若干里外犹能见之。"[⑤]

下关码头是日军处理中国军民尸体的重要地点之一。日军占领南京后,即大肆搜捕中国官兵,在下关用机枪集体杀害,又将尸体投入长江。日军随军记者今井正刚记述当时的情景:"码头上到处都是焦黑的死尸,一个摞一个,堆成了尸山,在尸山间有五十到一百个左右的人影在缓缓地移动,把那些尸体拖到江边,投入江中。呻吟声、殷红的血、痉挛的手脚,还有哑剧般的寂静,给我们留下极深刻的印象。"[⑥]小原孝太郎去码头取马料时,见到"无数尸体漂浮在江面上,乍一看,几乎令人以为是河滨边的沙石……数不胜数的尸体在水面漂浮"[⑦]。

下关的商业街部分,除"旧仪凤门外,大马路至惠民桥一段,及路两旁之鲜鱼巷,(至铁路桥止),复兴街等"尚完整外,其它地方不被烧净,即被折完[⑧]。触目所及,都是

---

① [日]岩崎昌治:《岩崎昌治阵中日记》,王卫星编:《日本军方文件与官兵日记》,第 445 页。

② 钮先铭:《南京大屠杀幸存者的自述》,《团结报》,1985 年 8 月 31 日。

③ 《钟声老人关于红十字会收埋尸体的证言节录》,孙宅巍编:《遇难者的尸体掩埋》,第 135 页。

④ 《日本无视美国抗议 轰炸首都》,载《纽约邮报》(The New York Post)1937 年 9 月 22 日,张生编:《外国媒体报道与德国使馆报告》,第 3 页。

⑤ 《敌机被我击落四架》,《申报》1937 年 9 月 23 日第 1 版。

⑥ 《日本随军记者今井正刚关于日军抛尸入江的记述节录》(1956 年 12 月),孙宅巍编:《遇难者的尸体掩埋》,第 383 页。

⑦ [日]小原孝太郎:《小原孝太郎日记》,王卫星编:《日军官兵日记》,第 670 页。

⑧ 陆咏黄遗著:《丁丑劫后里门闻见录》,王卫星编:《日军官兵日记》,第 520 页。

令人怵目惊心、凄凉哀伤的景象：偌大的地区，曾经那么热闹的街道，不仅行人寥落车马稀，甚至不见一块招牌，一个摊贩。只有三三两两，趾高气扬的日本兵，在空旷的街道上靴声橐橐，悠然来往①。除了废墟外，下关地区“也是遍地死尸，有的肠子、心、肝、五脏都在外面，烂的不成样子”②。日方资料映证了中方的记载，佐佐木到一描述下关：“原来的闹市已被烧成灰烬，沿江马路上丢弃着数百辆汽车，岸边数百具尸体一个个被水冲入江中。”③据史迈士调查统计，“下关区被烧掉的达 34%。下关区损失 11700 万元，有 6900 万元是经营用动产损失，4200 万元是房屋损失。房屋遭受破坏的达 98%”④。南京市档案馆存关于第七区（下关区）伤亡损失调查表显示，下关区“自二六年十二月十三日敌寇进城时起，至翌年三月止，惨杀人民约有 15991 人，二七年十月止，拆毁房屋约有 20540 间之多……又查区内如下关江边、大马路、二马路、商埠街、热河路、绥远路等处房屋均被敌寇中岛部队及下关兵站焚烧拆毁”⑤。被焚毁的下关区，“放眼望去，呈现在人们面前的是已成废墟的滨江建筑物”⑥。下关百年的繁荣被日军破坏殆尽，直到今天，下关地区仍留有许多当年日军肆虐痕迹。

---

① 郭岐：《陷都血泪录》，张连红编：《幸存者日记与书信》，第 236 页。

② 《中华门菜场营业员管兆宝关于红十字会收尸的陈述节录》（1960 年），孙宅巍编：《遇难者的尸体掩埋》，第 133—134 页。

③ [日]佐佐木到一：《佐佐木到一日记》，孙宅巍编：《遇难者的尸体掩埋》，第 319 页。

④ 《南京地区战争灾祸(二)市区调查》，姜良芹、郭必强编：《前期人口伤亡和财产损失调查》，第 19—20 页。

⑤ 《南京市第七区关于敌寇惨杀死亡人口及拆毁房屋调查表呈》（1946 年 5 月 20 日），南京市档案馆 31—9539。

⑥ 《爱利生呈送约翰逊大使有关南京状况报告》（1938 年 1 月 25 日），杨夏鸣编：《东京审判》，第 340—341 页。

九、南京大屠杀期间市民财产损失的调查与统计

——基于国内现存档案资料的初步分析

近年来，学界对南京大屠杀史的研究不断深入，但囿于档案资料等因素制约，对大屠杀期间南京公私财产损失的研究极其薄弱①。著者搜集整理了散存于中国第二历史档案馆、南京市档案馆、台北"国史馆"的相关财产损失档案资料，拟对抗战胜利前后中外各方对南京市民财产损失的调查与统计概况作一述评，并依据国民政府战后调查与统计所得，计算出大屠杀期间 5865 户南京市民家庭的财产损失②数额，以期揭示南京大屠杀期间市民财产损失的基本状况，推动完整可信的中国抗战总损失统计的进行。

（一）抗战期间的调查与统计

从 1937 年 12 月 13 日南京沦陷，到 1938 年 3 月日军在南京暴行趋于缓和的三个多月期间，南京民众人口伤亡和财产损失极其惨重。抗战期间，由留守南京的西方人士组织的南京国际救济委员会（The Nanking International Relief Committee）③和伪

---

① 有学者曾对大屠杀期间的图书典籍损失进行专题研究，并将其称为日军对南京的"文化大屠杀"。具体参见孟国祥：《对日本学者研究掠夺南京图书若干问题的辨析》，《江苏行政学院学报》2008 年第 3 期；经盛鸿：《侵华日军对南京"文化大屠杀"述论》，《江海学刊》2004 年第 5 期；李彭元：《南京大屠杀期间日本对南京文献资源之掠夺》，《江苏图书馆学报》1999 年第 4 期；孟国祥：《侵华日军对南京文化的摧残》，《南京社会科学》1997 年第 8 期；高兴祖：《日寇在南京的文化大屠杀》，《美洲华人对日索赔专刊》1995 年 4 月；邸富生等：《日本侵略者在南京文化掠夺始末》，《辽宁师范大学学报》1988 年第 5 期等论文。遗憾的是上述研究几乎都是从量的角度出发，鲜有从价值角度进行考察，不足以反映南京的财产损失状况。

② 本文所考察的损失地域限定在当时南京市政府管辖的城内 7 区及浦口、孝陵卫、燕子矶、上新河等 4 个郊区，共 11 区；损失时间限定为 1937 年 12 月 13 日日军占领南京至 1938 年 3 月日军暴行缓和时止。

③ 1938 年 2 月 18 日，在日方压力下，由留宁西方人士组织的南京安全区国际委员会改称"南京国际救济委员会"，将其限定为单纯的救济机构。参见约翰·拉贝：《拉贝日记》，刘海宁等译，张宪文主编：《南京大屠杀史料集》第 13 册，南京：凤凰出版社、江苏人民出版社，2006 年，第 565 页。

维新政府下辖的督办南京市政公署，出于不同目的先后对南京市民财产损失情形进行了调查。迁往后方的南京市政机关也对南京公私财产损失有零散的查报。

1. 南京国际救济委员会的调查

1938年2月中旬，南京国际救济委员会为了解南京及邻近地区民众经济状况，以作为开展赈济事业的依据，委托原南京安全区国际委员会秘书、金陵大学美籍社会学教授史迈士(Lewis S. C. Smythe)及其助手20余人，对南京市区、郊县民众在日军暴行中人口伤亡与财产损失情况进行调查统计。调查工作从1938年3月上旬起至6月中旬止，历时三月有余①。

该项调查分两部分进行。一为南京市区调查，一为南京郊县调查。市区调查又分为两类，以调查留宁家庭损失为目的者称为家庭调查(Family Investigation)，采取每50户抽1户的抽样方式，共调查了949户；以调查房屋破坏情形为目的者称为房屋调查(Building Investigation)，不仅统计城内房屋的破坏情形，且按每10座抽1座的抽样比例，估计其损失价值。

在调查报告中，史迈士根据家庭抽样调查，估算出南京沦陷后47450户②留宁市民财产损失的总数额，以及造成损失的各种因素所占的比重。

表48 留宁住户房屋及财产损失概况 单位：法币元

项目	合计	原因					平均每户损失
		交战因素	纵火	军队抢劫	其他抢劫	原因不明	
房屋	12885600	496800	12291200	78600	17700	1300	271.56
动产	26882500	177800	8398900	13024900	3750800	1530100	566.55
合计	39768100	674600	20690100	13103500	3768500	1531400	838.11
百分比(%)	100.0	1.7	52.0	33.0	9.5	3.8	——

资料来源：Tables 9 "Losses of Buildings and Movable Property for Families Remaining in Nanking, By Cause", Lewis S. C. Smythe, *War Damage in the Nanking Area*, *December* 1937 *to March* 1938,"Ⅴ. Tables".

说明：1. 表中货币单位法币为调查时币值。

2. "留宁住户"系指日军陷城时滞留南京、且日军暴行过后依然有家庭成员幸存的市民家庭。

由表48可知，留宁市民财产损失约合法币4000万元，其中房屋损失约1300万，

① 参见 Lewis S. C. Smythe, *War Damage in the Nanking Area*, *December* 1937 *to March* 1938, Nanjing: The Nanking International Relief Committee, 1938.

② Table 1 "Families Studied and Estimated Population", Lewis S. C. Smythe, *War Damage in the Nanking Area*, *December* 1937 *to March* 1938 ,"Ⅴ. Tables".

占损失总值的32.5%;动产损失约2700万,占损失总值的67.5%。平均每户损失约为838元,其中272元是房屋损失,567元是动产损失。由于南京沦陷前后留宁市民一般都是比较贫穷的家庭①,因此史迈士特别指出:"如果认为他们的损失就代表了这个城市在量和质上遭到的总的经济打击是十分不合适的。"②他根据建筑调查状况,推算出南京原有居民私人财产损失总的概略数额。

表49　南京原有住户房屋及财产损失概况　单位:法币元

项　目	合　计	原　因				每户平均损失
		交战因素	纵火	抢劫	原因不明	
房　屋	102991500	2176500	97205800	3609200	——	527.44
动　产	143390400	692700	67962600	71609900	3125200	734.33
合　计	246381900	2869200	165168400	75219100	3125200	1261.77
百分比(%)	100	1	67	31	1	——

资料来源:Tables 13 "Losses of Buildings and Contents, By Item and Cause," Lewis S. C. Smythe, *War Damage in the Nanking Area, December* 1937 *to March* 1938, "Ⅴ. Tables".

说明:1. 表中货币单位法币为调查时币值。

2. "南京原有住户"系指日军攻占南京前的南京全部市民家庭,它包含南京沦陷前避居外地的南京市民家庭、留宁市民家庭以及全家遇难的市民家庭等。

由表49可知,史迈士估算的南京市民私人财产损失约合法币2.46余亿元,其中房屋损失约1.03亿元,占损失总值41.9%;动产损失1.43余亿元,占损失总值58.1%,与留宁市民动产损失占损失总值的67.5%相较,低了近10个百分点。

由于该项调查处于战时环境,南京人口变动较大,市民家庭或避居外地,或全家遇难,而留宁市民多为贫困家庭,又处在日军高压之下,难免心存顾虑。再加上驻宁日军动辄加以限制③,这种情形之下,统计学中的登记性误差和代表性误差④不可避免地产生,通过抽样调查所取得的样本质量受到一定程度的影响,因而很难根据调查

---

① Lewis S. C. Smythe, *War Damage in the Nanking Area, December* 1937 *to March* 1938, p11. 张连红在研究中也认为"留在南京的市民中,基本上都是一些无力迁移的贫穷百姓"。(张连红:《南京大屠杀之前南京市民的社会心理》,《抗日战争研究》2002年第4期)

② Lewis S. C. Smythe, *War Damage in the Nanking Area, December* 1937 *to March* 1938, p11.

③ Lewis S. C. Smythe, *War Damage in the Nanking Area, December* 1937 *to March* 1938, p28.

④ 登记性误差又称调查误差或工作误差,是指在调查过程中,由于各种主观或客观原因而引起的误差。代表性误差是指在抽样调查中,样本各单位的结构情况不足以代表总体的状况,而用部分去推断总体所产生的误差。代表性误差的发生有以下两种情况:一种是由于违反了抽样调查的随机原则,另一种情况是指遵循了随机原则,可能抽到各种不同的样本而产生的随机性误差。

结果得出南京市民财产损失的确切数额。通过对其调查报告中所列留宁住户和南京原有住户各类损失项目的数据比较，可以从一个侧面看出南京国际救济委员会调查工作的局限性。

表 50　留宁住户与南京原有住户各类损失比较　　单位：法币元

项　目			留宁住户平均每户损失	原住户平均每户损失
房　屋			271.56	527.44
动产	经营性动产	1. 机器、工具	16.00	72.96
		2. 商店设备	65.01	79.70
		3. 制造业的原材料	19.55	51.22
		4. 库存商品	186.71	377.08
		5. 人力车	3.60	1.40
		小　计	290.87	582.36
	生活类动产	6. 家具什物	110.37	44.51
		7. 衣服和床上用品	115.43	58.14
		8. 家里的食物和供应品	7.93	8.73
		9. 自行车	2.59	3.29
		10. 现金和珠宝	9.53	3.60
		11. 其他	29.83	33.70
		小　计	275.68	151.97
	总　计		566.55	734.33
合　计			838.11	1261.77

资料来源：Tables 9 "Losses of Buildings and Movable Property for Families Remaining in Nanking, By Cause"& Tables 13 "Losses of Buildings and Contents, By Item and Cause", Lewis S. C. Smythe, *War Damage in the Nanking Area, December* 1937 *to March* 1938, "Ⅴ. Tables".

说明：表中货币单位法币为调查时币值。

淞沪会战爆发后，面对日军的步步紧逼，对于如何安置和保护首都市民，国民政府并没有一个详细计划。为稳定民心，迁都的准备工作是秘密进行的，迁移过程也显得极其仓促①。

① 参见姜良芹：《从淞沪到南京：蒋介石政战略选择之失误及其转向》，《南京大学学报》2011 年第 1 期。此外，内政部参事陈屯于战后登记财产损失时声明："本表所载数字系二十六年离京时国币价值计算，本人作事务官三十年撙衣节食积有此少数财产，临行时恪遵功令，只携带行李二件上船，故全部归于毁灭，断不敢有半字虚报，谨此声明。"江南汽车公司总务处长徐冲瀚也写道："日军进攻南京前半月全家撤退后方。当时仅带随身衣服及铺盖等物，所有一切什物，均存房东屋内。"（行政院赔偿委员会档案，301－830(2)，台北"国史馆"藏。）

以当时的交通状况,一般民众要坐船或乘车离开南京已相当困难[①],更谈不上带着大量家具什物、衣服和床上用品等财物离开。如表 50 所示,把原有居民平均每户的损失和留宁住户每户的损失相比较,可以看出,房屋损失方面,前者是后者的近两倍(527 元比 271 元),经营性动产的损失正好是两倍(582 元比 291 元),而生活类动产的损失几乎只是一半(152 元比 276 元)。由此可以推断,"原住户平均每户损失"中的 6、7 两项显然远低于实际损失。

尽管史迈士等人采取的抽样调查方式存在上述缺憾,但统计结果已属惊人。从这个统计结果看,南京普通市民私人平均每户损失约为 1 262 元,其中 527 元是房屋损失,734 元是动产损失。日军的纵火和抢劫是造成市民私人财产损失的主要原因。

2. 伪督办南京市政公署的调查

1937 年冬南京沦陷前后,国民政府原有市政机关随中央政府西迁,南京短期内处于市政管理的真空状态。为矫正所谓难民"依靠欧美的弊风","确立自立自治的规范"[②],1938 年 1 月 1 日,日军扶植成立伪南京市自治委员会。3 月 28 日,伪维新政府在南京宣告成立[③],其下属的伪督办南京市政公署 4 月相应设立。此时南京历经兵燹,灾情极为严重,"流亡来归,庐舍邱墟,饥寒难免,亲友同厄","遍地哀鸿,嗷嗷待振,抚辑之方,首重振[赈]务"[④]。而南京又是伪维新政府所在地,"观瞻所系,市容是赖"。为掌握难民状况,以便"统筹救济",伪维新政府令伪内政部制订难民调查表及难民职业状况调查表两种,下发各地,限期填报汇转。1938 年 9 月伪督办南京市政公署根据市民呈报,上报伪维新政府内政部一份有关南京灾民状况的统计报告。该报告统计灾前南京户口数为 164476 户,灾后户口数为 76369 户,留宁户数仅为战前南京总户数的 46%[⑤]。因为大批市民避走他乡,留宁的市民有的全家遇难,有的出于民族激愤不愿接受伪政府救济,向伪督办南京市政公署提出呈请救济的难民仅占战前

---

① 据王正元回忆:"11 月底以前,南京的轮船票就很难买了。自南京宣布进入战时状态后,逃难者蜂拥逃离南京,一张船票原值高出四五倍。辗转过手的黑市票,甚至高出十数倍。由于轮船都是停泊在江心,不敢靠岸,即使买到票的,也必须雇小木船登轮,而小木船也是漫天要价。"(王正元:《南京保卫战中的军话专线台》,中国人民政治协商会议全国委员会文史资料研究委员会《南京保卫战》编审组编:《南京保卫战:原国民党将领抗日战争亲历记》,北京:中国文史出版社,1987 年,第 47 页。)

② 辽宁省档案馆:《满铁档案中有关南京大屠杀的一组史料》,《民国档案》1994 年第 2 期。

③ 《伪中华民国维新政府成立宣言》,1938 年 3 月 28 日,中国第二历史档案馆编:《中华民国史档案资料汇编》第 5 辑第 2 编,附录(上),南京:江苏古籍出版社,1997 年,第 43 页。

④ 南京市政公署秘书处编:《南京市政概况》,1938 年,沈云龙主编:《近代中国史料丛刊三编》第 75 辑(748),台北:文海出版社,1971 年,第 13、181 页。

⑤ 《南京市报送灾区难民调查表呈文稿》,1938 年 9 月 29 日,伪南京特别市政府秘书处档案,1002—2—1499,南京市档案馆藏。

南京市民总数的一小部分，且多为下层民众，家庭经济状况较差。呈请救济的当事人，所有呈文均需伪政府任命的坊长、保长或甲长等基层政务人员作为证明人，并经社会处调查、复核后，才能得到审批，这样市民为了救济申请获得批准，常常会掩饰日军的暴行①。加上到 11 月份时，伪督办南京市政公署以救济院名额已满为由发出通知，不再批准灾民入院②，所以该报告中的财产损失统计并不能完整反映南京市民的财产损失状况。即便如此，伪督办南京市政公署对在宁 76369 户家庭的财产损失状况所作的统计显示，被炸房屋及财产损失已达 5730 万元，平均每户损失 750 元③。

3. 撤往后方的南京市政机关的零散查报

抗战初期，一些有识之士已意识到调查战争损失的重要性。国民参政会参政员黄炎培即提出："到战争结束时，一、必须向敌方提出赔偿问题；一、未来之国史，必将此空前惨痛之事迹，翔实记载，昭告天下及后世。凡此皆须有正确之数字为根据。"④国民政府迁都重庆后，基于抗战以来"全国公私人口物资，因敌军之侵略，损失綦重"，蒋介石于 1939 年曾手谕国防最高委员会与军事委员会参事厅等机构，要求从速统计抗战直接损失与间接损失，"并时时注意此项工作之进行"⑤。是年 7 月，行政院根据国防最高会议交办的"国民参政会第二次大会建议速办抗战公私损失调查"一案，制定抗战损失查报须知及表式，通令所属机构及地方政府调查汇报，并令国民政府主计处负责审核汇编。主计处自 1940 年起，每半年将所收集的报告累计汇总一次。1944 年 2 月，行政院正式成立抗战损失调查委员会⑥，该委员会于 8 月作出规定，"沦陷地区损失应该由该管市县政府于沦陷后两个月内填报'沦陷地区损失情形报告表'，送行政院抗战损失调查委员会。在未克复前，每届年终应将敌人在该区各种破坏与盗取行为仍按前表项目密查并估计具报"⑦。

---

① 《南京市第四区公所为邵利氏呈致社会处公函等》，1938 年 8 月 3 日，伪南京特别市政府秘书处档案，1002－2－1045。

② 《贺高氏呈》，1938 年 10 月 9 日，伪南京特别市政府秘书处档案，1002－2－1045。

③ 《南京市报送灾区难民调查表呈文稿》，1938 年 9 月 29 日，伪南京特别市政府秘书处档案，1002－2－1499。

④ 《黄炎培等建议中央政府设立抗战公私损失调查委员会之国民参政会提案》，1938 年 10 月 15 日，国民参政会档案，四一六(2)－37，中国第二历史档案馆藏。

⑤ 《抗战中人口与财产所受损失统计》(截至 1940 年 12 月底)，国民党中央设计局档案，一七一－156，中国第二历史档案馆藏。

⑥ 1945 年 4 月，抗战损失调查委员会由行政院改隶内政部。参见《行政院关于抗战损失调查委员会改隶内政部等情训令》，1945 年 4 月 21 日，内政部档案，十二(2)－1393，中国第二历史档案馆藏。

⑦ 《行政院抗战损失调查委员会修正抗战损失查报须知》，1944 年 8 月 11 日，行政院档案，二－5390，中国第二历史档案馆藏。

撤到后方的南京市政机关奉令对南京市公私直接、间接财产损失进行查报汇转。由于受战时条件限制,南京处于沦陷区,且为伪政权“首都”所在地,非后方市政机关之力所能及,致使各项损失不易调查。国民政府主计处处长陈其采在致军事委员会的公函中称:“遵照行政院所定查报办法,应报未报之机关甚多”,“尤以沦陷区域之地方机关为甚。”[①]根据国民政府主计处统计局所编制的抗战损失统计资料显示,截至1944年6月,南京市抗战损失调查的情况极不理想。

表51　南京市财产直接损失概况表(截止1944年6月)　　单位:法币元

类　别	总　计	机　关	学　校	工　业	民用航空	住　户
财产损失	62951521	55460518	5146762	2069086	228073	47080
百分比	100	88.1	8.2	3.3	0.4	0.1

资料来源:总表六“财产直接损失:损失主体与损失地域对照”,国民政府主计处统计局编:《抗战中人口与财产所受损失统计》(截至1944年6月底),行政院赔偿委员会档案,301/057—2。

如表51所示,截止1944年6月,抗战以来南京公私财产直接损失仅62951521元,其中南京市住户(市民)损失不过47080元,只占财产直接损失的0.1%。时为中央研究院社会科学研究所研究员的韩启桐即指出,“此项查报多欠满意,除少数行政机关及产业设备损失外,似少参考价值”[②]。内政部抗战损失调查委员会主任委员张厉生在报告损失调查情形时也曾表示:“私人财产之损失,报告甚少。既无报告,当亦不便捏造。”[③]

日军占领南京后,许多外国在宁的房屋财产也遭洗劫。南京沦陷三月后,美国驻华大使馆为调查南京美国公私财产的损失,以据此向日本政府提出赔偿,曾致函南京日本大使馆,要求日军迅速撤销限制“以前生活或者在南京有商业利益”的美国传教士和商人等返回南京的禁令,“为了恰当地评估那些最近被日本士兵光顾过的美国财产的损坏情况,需要他们返回。只有各种各样的财产所有者或是管理这些财产的人才能提出有关财产损失的令人满意的陈述”[④],但被日本使馆官员以“从单纯的军事观点考虑,据信南京的情况还没有达到允许外国人返回的程度”予以拒绝[⑤]。作为中立

① 《国民政府军事委员会抗战所受损失尚未填报从速补报训令》,1941年4月10日,军事参议院档案,七八二—76,中国第二历史档案馆藏。

② 韩启桐编著:《中国对日战事损失之估计:1937—1943》,上海:中华书局,1946年,第3页。

③ 《内政部抗战损失调查委员会会议(二)》,1945年10月,内政部档案,129—212,台北“国史馆”藏。

④ 《美驻上海总领事(高斯)致国务卿》,1938年3月14日,杨夏鸣编:《美国外交文件》,杨夏鸣等译,张宪文主编:《南京大屠杀史料集》第63册,南京:凤凰出版传媒集团、江苏人民出版社,2010年,第441页。

⑤ 《美驻华使馆三等秘书(阿利森)致国务卿》,1938年3月15日,杨夏鸣编:《美国外交文件》,杨夏鸣等译,张宪文主编:《南京大屠杀史料集》第63册,第442页。

方的美国人返回尚且如此困难，国民政府“势不得不于收复之后”，才开始正式办理抗战损失调查与统计工作①。

（二）抗战胜利后的调查与统计

随着抗战胜利，各盟国均有向日本要求赔偿的动议，中国政府向日本索取赔偿也被提上议事日程，“中国受日本蹂躏最久，受害区域最广，公私财产损失最大，人口伤亡最多，故对日本索取各项赔偿，应有优先权”②。为配合对日索赔及审判战犯工作，国民政府决定在全国范围内大规模开展抗战损失普查，内政部抗战损失调查委员会拟订了 9 项抗战损失调查要点，分电各省市成立抗战损失调查机构并迅速调查抗战损失③。1945 年 10 月下旬，国民政府外交部得悉美国战争赔偿专员保里(James Bauley)即将来华商讨有关日本赔偿事宜，于 11 月 13 日召集军政部、交通部、经济部、司法部、侨务委员会、财政部、内政部、教育部、农林部等部委代表开会，商讨索取赔偿基本原则，要求各机关尽速提供赔偿数字资料。会议决定“将内政部抗战损失调查委员会”更名为赔偿调查委员会(仍由原有人员主持)，改隶行政院，要求各地在 1946 年 8 月 20 日以前将抗战公私财产损失全数上报④。需要指出的是，在此后的调查与统计工作中，因赔偿调查委员会成员实为抗战损失调查委员会的原班人马，其称谓一直存在混用的状况。

1945 年 12 月 10 日，南京市抗战损失调查委员会正式成立并召开第一次会议，讨论通过《南京市抗战损失调查委员会组织规则》。该委员会由市政府、市党部、首都警察厅、中央调查统计局、军事委员会调查统计局、社会局、工务局、财政局、地政局、卫生局、总工会、商会、农会等负责人组成。该委员会成立后，首先印制人口伤亡调查表、财产损失报告单各 60000 份，分发各机关及各区公所、警察局、法人团体转发填

---

① 《蒋主席批行政院蒋梦麟秘书长呈送战时公私财产损失人口伤亡调查报告表签呈》，1945 年 10 月 12 日，秦孝仪主编:《中华民国重要史料初编——对日抗战时期》第 2 编《作战经过》(四)，台北:中国国民党“中央委员会”党史委员会，1981 年，第 11—12 页。

② 《国民政府外交部对日要求赔偿准备会议纪录》，1945 年 11 月 13 日，秦孝仪主编:《中华民国重要史料初编——对日抗战时期》第 2 编《作战经过》(四)，第 25 页。

③ 《内政部抗战损失调查委员会修正抗战查报须知》，1945 年 9 月 21 日，内政部档案，十二(2)－1234，中国第二历史档案馆藏。

④ 《组设赔偿委员会案》，1945 年 11 月 13 日，行政院档案，3－780.6/6，台北“国史馆”藏。

报[①]。由此,南京市抗战损失调查委员会组织的人口伤亡和财产损失普查正式启动。

普查启动过程中,南京抗战损失调查机构及基层机关做了大量宣传、动员工作。从1945年12月23日起,南京市抗战损失调查委员会分别在《中央日报》、《和平日报》登载调字第一号公告:"查本市沦陷八年,公私损失至为重大,亟应详细调查以备向敌人要求赔偿。……凡本市市民……在抗战期间遭受敌人残害或破坏致受损失者,即希向本会或所在地之区公所、警察局领表据实填报。"要求市民在1946年1月31日前将所填具的财产损失报告单"送会以凭汇办"[②]。市政府不断发布告示号召民众主动填报,南京市临时参议会秘书处还特别制作幻灯片两种计7套,请南京市社会局交各影院于每场开映前放映,以扩大宣传。1945年12月,蒋介石巡视南京,亦公告市民尽情陈述遭受敌伪暴行迫害等事实[③]。"惟市民填报未见踊跃",很多市民仍不明情形,甚至不知在何处领取表格。至1946年4月10日,南京市抗战损失调查委员会共收到各部门汇转表单9378份,其中财产损失报告单8186份。经过三个多月,市民报送表单数尚不足转发表单数的1/6,"仍有迁移至内地之人民,未即返乡,其所受损失,自不及填报。故目前所得数字,只可窥见本市抗战所受损失之概略"[④],调查不得不延期结束。到1946年8月底,前往各机关登记申报的市民家庭尚不足两万户,"然八年抗战中,南京市民遭受损失者,当不止此数"。南京市政府决定再延长数日,鼓励市民直接前往市政府统计处领取表单,如不识字,统计处可代为填报。同时还特别说明此项公私财产损失,"特有远东赔偿委员会要求日本赔偿,行政院战时人民损失赔委会将于最近期间集中各省市公私损失报告交远东赔委会"[⑤],希望以此调动市民填报财产损失的积极性。

延期后,到1946年9月10日,南京市抗战损失调查委员会又收到财产损失报告单1268份,汇总统计后得出的抗战期间南京市民财产损失情况详见表52。

---

① 《南京市抗战损失调查委员会第一次会议纪录》,1945年12月10日,南京市抗战损失调查委员会档案,1003—17—9,南京市档案馆藏。

② 《南京市抗战损失调查委员会申领人口伤亡调查表及财产损失报告单公告》,1945年12月23日,南京市抗战损失调查委员会档案,1003—17—1。

③ 《蒋主席关念京市民,收受陈诉枉曲函件》,《民国日报》1945年12月21日,第1版。

④ 《南京市抗战损失调查委员会工作报告》,1946年4月,南京市临时参议会档案,1003—13—44,南京市档案馆藏。

⑤ 《〈中央日报〉关于南京市民遭受损失者迅向市府登记申报新闻稿》,1946年8月30日,南京市抗战损失调查委员会档案,1003—17—1。

表 52 抗战期间南京市民财产损失概况

损失项目	损失数量	价值(国币元)	
		购置时价值合计	损失时价值合计
房　屋	789 幢又 31343 间	231785358222	34757290323
衣　服	5920 箱又 5914725 件		
金银首饰	14222 两又 6345 件		
字　画	28482 件		
古　玩	7321 件		
牲　畜	6277 头		
器　具	2406 套又 309223 件		
现　款	447958 元		
书　籍	1815 箱又 2859 套又 148619 册		
车　辆	956 辆		
食　粮	12087975 石		

资料来源:《南京市市民财产遭受抗战损失统计表》(1946 年 9 月),南京市抗战损失调查委员会档案,1003—17—9。

由于抗日战争持续时间长,物价变动剧烈,要对中国抗战财产损失进行量化统计,必然涉及价值的计算问题,而抗战财产损失价值的计算是战争期间和战后调查统计中遇到的重大难题。抗战期间,国民政府要求各地对于财产损失按照以法币为单位的“市价”进行上报,而各地实际上报损失的计价办法五花八门。鉴于“各机关查报时办法分歧”,1941 年 5 月,国民政府主计处制定《划一抗战损失财产账目折旧之计算、损失价值之估计、岁入减少额之估计办法》,其中规定关于损失价值之估计,应填报损失物件购建时之价值,若原价不明即以损失时的市价为原价[①]。由于行政院主计处当时并没有确定有关原价与市价的修正方法,因此上述损失价值的计算办法仍出现难以汇总的问题。行政院抗战损失调查委员会 1944 年 8 月 11 日在《修正抗战损失查报须知》中明确规定,财产损失价值均依损失时的价值为准,其购置时原价可查者亦应列报[②]。1945 年 10 月 12 日,蒋梦麟在呈报蒋介石关于战时公私财产损失的调查报告表中,采取 1945 年 8 月法币币值折算法,折合率公式以 1938 年至 1945 年各年 9 月重庆市趸售物价指数之平均数(除以 100),乘以未折算之币值,即为折算后

---

① 《国民政府军事委员会抄发划一抗战损失财产等办法训令》,1941 年 5 月 21 日,军事参议院档案,七八二—76。

② 《行政院抗战损失调查委员会修正抗战损失查报须知》,1944 年 8 月 11 日,行政院档案,二—5390。

之币值[①]。1946 年 8 月 5 日,抗战损失调查委员会召集国民政府主计处、外交部、财政部等有关人员开会商讨,就抗战财产实报损失的折算方法达成以下共识:以抗战期间历年 9 月重庆趸售物价指数之平均数除抗战期间历年实报损失之价值,得出 1937 年 7 月法币价值,再以当时美金与法币汇率(1∶3.39)折算为美元[②]。到 1947 年 2 月,依据各地上报数据,行政院赔偿委员会终于完成关于中国抗战财产损失的统计资料。其中全国公私财产直接损失总计 31130136000 美元[③],折合成 1937 年 7 月法币价值则为 105531161040 元。表 52 所列抗战期间南京市民财产损失"损失时价值"为法币 34757290323 元,但具体为何年法币价值,令人遗憾该档案中并没有详细说明。以之与全国公私财产直接损失相比较,则占 1947 年 2 月汇总的全国公私财产直接损失的 33%,似不合理,因此可以肯定"损失时价值"项下所列并非 1937 年 7 月法币币值。据此推断,尽管抗战损失调查委员会已于 1946 年 8 月 5 日确定了 1937 年 7 月法币币值折算法,但因时间仓促,南京市抗战损失调查委员会在 9 月上报统计数据时并未来得及进行折算,而是对市民呈报的财产损失采取了历年损失时价值的简单累加。事实上,国民政府行政院赔偿委员会也意识到这一问题,在 1947 年 1 月 31 日给各省市政府的代电中曾指示:"历年物价变动甚大,而损失价值须经本会根据各方物价指数分别年月规定标准以谋折算之统一,惟兹各地方政府先行发表数字,将来如与本会核算结果发生歧异再行调整,势须大费周章且贻外人口实,难免影响对外交涉","务望各省市政府对于汇编抗战损失以后,先将统计结果连同原始资料送经本会审查后再行发表。"南京市政府则回函,"本府各项抗战损失数字向未对外公开发表,嗣后自亦应照办,谨慎从事"。

此外,表 52 所列统计数据,系南京市抗战损失调查委员会根据截至 1946 年 9 月 10 日所收到的财产损失调查表汇总统计所得。"惟受损失人民既多、受损失项目亦繁,遗漏未报之处在所难免"[④],"此项调查工作目前仍进行中"[⑤],所以此表数据仅部分反映抗战期间南京市公私财产损失的情形。前述延长后的日期到期后,仍有市民

① 折合率=(135+259+725+1865+5465+17783+51122+196888)/8×1%=34280×1%=342.8=343(四舍五入)。《蒋梦麟关于战时公私财产损失和人口伤亡调查报告表签呈》,1945 年 10 月 12 日,秦孝仪主编:《中华民国重要史料初编——对日抗战时期》第 2 编《作战经过》(四),第 11—16 页。

② 《抗战损失调查委员会全国人民伤亡和抗战损失项目说明》,1946 年 8 月 5 日,行政院档案,二(2)-2652,中国第二历史档案馆藏。

③ 《行政院关于抗战损失和日本赔偿问题报告》,1947 年 2 月,中国第二历史档案馆编:《中华民国史档案资料汇编》第 5 辑第 3 编"外交",南京:江苏古籍出版社,2000 年,第 231—232 页。

④ 《行政院赔偿委员会关于南京市民伤亡和财产损失统计先予审查再行发表往来函电》,1947 年 1-2 月,南京市抗战损失调查委员会档案,1003-17-9。

⑤ 《南京市抗战损失调查委员会工作节略》,1946 年 9 月,南京市抗战损失调查委员会档案,1003-17-1。

陆续前往市政府请求登记。1947 年 1 月 28 日，南京市参议会第一次会议讨论并通过市民唐人杰向市参议会递交的建议案，该案希望南京市抗战损失调查机关仿照上海市的做法，将调查时限再予延长。2 月 13 日，南京市政府以“查本市系首都所在，抗战期中，公私损失极形重迭，经本府令饬遵照规定查报在案，其由各公私机关团体及市民填报来府，均已整理汇转。惟恐尚有少数市民未尽知晓，迄未具报”，训令各市政机关将“查报期限延至本年五月底截止”，并向国民政府行政院报备①。4 月 22 日，南京市政府依据行政院 4 月 12 日“从八字第 13665 号训令”规定，又将查报损失时间“延至本年 8 月底”，再次要求市民中“抗战期间遭受损失尚未申报者，并仰为期填报来府”，以凭汇转②。查报期限结束之际，考虑到市民中“谅有不少因抗战所受之损失而尚未申报者”，南京市政府统计处于 9 月 1 日又向各机关单位补发抗战财产损失调查表 100 份，表示“如有是项之损失尚未填报，希即日填表申报，九月六日前送处”③。而从市民填送财产损失表单的时间看，填报工作一直持续到 1947 年底左右。后因国共内战，政府无暇再顾，战后南京市抗战期间财产损失调查工作遂告中辍。

抗战期间，中央研究院社会科学研究所研究员韩启桐借鉴欧美学者观点，将抗战财产损失分为直接损失与间接损失两种，前者即一般所谓战争损毁(war damages)，后者即一般所谓战争影响(war effects)④。在调查中，如能从上述两方面加以统计，才是较为全面彻底的统计。从调查方式看，要准确查考损失数据，必须以普查方式进行，特别是在索赔时期，要尽量避免以抽样方式调查产生的误差。如上所述，南京市抗战损失调查委员会是通过政府催报、市民填报的形式对抗战期间的财产损失进行普查并汇总的。在调查中，由于参与填报的市民文化水平参差不齐，对所填项目的理解存在差异，表单中存在的问题主要集中在损失项目价值填报方面，例如：仅填购置时价值或损失时价值；部分损失项目价值因无法估计而未填；迁徙在外，委托亲友代填时，因代填者无法确定损失物品具体价值而仅列出物品名称；因战前匆忙外出避难，对私人财产未加详查，仅凭记忆填报部分损失物品；填报时随意使用其他货币单位；不按 1937 年战前币值填报，而按填报时物价折算填报价值等等。其他因素，如全家遇难或逃亡未归市民的财产损失很难查报；部分市民以政府调查手续过于繁琐而

---

① 《南京市政府等首都市民抗战损失调查予以延期往来函呈稿》，1947 年 1—2 月，南京市抗战损失调查委员会档案，1003—17—9。

② 《南京市政府限期催报抗战损失布告》，1947 年 4 月 22 日，南京市抗战损失调查委员会档案，1003—17—1。

③ 《南京市政府统计处补送抗战损失调查表一百份请予填报公函》，1947 年 9 月 1 日，南京市政府统计处档案，1003—13—44，南京市档案馆藏。

④ 韩启桐编著：《中国对日战事损失之估计(1937—1943)》，第 1 页。

不愿填报;[①]因市民文盲率较高,调查人员只能深入居民家中代为填报,大大影响工作效率[②];填报过程中,注重直接财产损失的填报,间接财产损失填报极少;南京市抗战损失调查委员会本身也存在专任人员及专项经费严重缺乏等问题[③],造成南京市抗战财产损失调查工作存在一定缺憾。即便是 1946 年 9 月统计出的数据也存在一些问题,特别是填报的货币金额的折算率,报告中没有详细说明;而实际调查统计工作仍在继续,因此,南京市抗战损失调查委员会所呈报的这组数据,未能完整反映抗战期间南京市公私财产的损失状况。目前,也无人在档案资料中发现南京市抗战损失调查委员会在此后有其他新的完整统计数据。

需要指出的是,南京市抗战损失调查委员会的调查与统计工作尽管存在一些不足,但该项调查仍是国民政府及南京市政府组织的一次大规模、卓有成效的调查统计工作。调查工作从 1945 年底至 1947 年底历时两年有余,积累了宝贵的第一手原始资料,特别是其中留存大量关于南京大屠杀期间市民财产损失的原始调查表单。从研究的视角而言,可以通过技术性方法来减少误差,重新审视这些数量庞大的调查资料。

(三) 对大屠杀期间南京市民财产损失的推算

对南京大屠杀期间市民财产损失的统计,最可靠、最准确的方法是依据普查资料进行汇总。如前所述,南京市抗战损失调查委员会积累大量关于大屠杀期间日军暴行给南京市民造成财产损失的报告表单,但是留存至今的档案已残缺不全。正如台北"国史馆"研究馆员迟景德所指出,"关于办理抗战损失的各种档案资料,留存于今者虽然案卷数量甚多,惟颇缺漏而有欠完整",国民党在大陆的统治失败后,"辗转迁徙,这些档案难免于整装搬运中有所散失",迁移至台北的部分,"几经易手,并曾两度遭台风水浸,始自经济部移转至'国史馆'","零乱破旧,部分文卷且已腐坏"[④];留存大陆的部分档案,保存情况也不甚理想。[⑤] 时至今日,已很难搜集到全部的财产损失报

---

① 内政部抗战损失调查委员会在 1945 年 9 月 21 日第一次委员会议上修正通过的《抗战损失查报须知》中明确规定:查报财产损失表件时,应尽量附呈证件,由县市政府、乡镇公所等查验盖章发还,并在原表上加以注明重要证件,便于附送者呈送该会。(内政部档案,十二(2)—1234。)

② 据 1936 年的社会调查,在南京市常住人口中,文盲率为 53.36%。(南京市户口统计专门委员会办事处编:《民国二十五年度南京市户口统计报告》,南京:南京特别市地方自治推进委员会,1937 年,第 56 页。)

③ 《南京市抗战损失调查委员会工作节略》,1946 年 9 月,南京市抗战损失调查委员会档案,1003—17—1。

④ 迟景德:《中国对日抗战损失调查史述》,台北:"国史馆",1987 年,第 261、4 页。

⑤ 著者在中国第二历史档案馆查阅相关档案时,该馆工作人员介绍,因库容和档案资料保存不够完善等方面的原因,该馆曾于 1980 年代初销毁一批战后国民政府抗战损失调查的原始表单资料,仅留存一些相对重要的统计资料。

告表单。在抗战结束数十年后，要对抗战财产损失重新作实地调查也已无可能。因此，依据普查资料汇总这一方法已不具有可操作性。

著者在此通过对档案资料中留存的市民财产损失报告单的广泛搜集、统计与数据修正，计算出南京大屠杀时期部分市民的财产损失数额。在目前的条件下，以管窥见，应不失为考察南京市民在大屠杀期间财产损失状况的一个途径。

表 53 大屠杀期间 5865 户南京市民家庭的财产损失统计(1937.12—1938.3)

<table>
<tr><th colspan="2">项 目</th><th colspan="2">货币单位</th><th>数 额</th><th>小 计</th><th>总 计</th></tr>
<tr><td rowspan="6">损失时价值</td><td rowspan="5">按 1937 年损失时价值填报者</td><td colspan="2">法币元</td><td>约 15851 万</td><td>约 15851 万</td><td rowspan="6">约折合战前(1937 年 6 月)法币 1.67 亿元</td></tr>
<tr><td rowspan="4">其他单位</td><td>美元</td><td>约 5.6 万</td><td rowspan="4">约折合法币 141 万元</td></tr>
<tr><td>银元</td><td>约 113 万</td></tr>
<tr><td>白银</td><td>64350 两</td></tr>
<tr><td>赤金</td><td>7 两</td></tr>
<tr><td>按 1945－1947 年填报时价值填报者</td><td colspan="2">法币元</td><td>2865.3 万(1945.10)；22372 万(1945.11)；11734.65 万(1945.12)；849329 万(1946.1)；64600.3 万(1946.2)；50858.3 万(1946.3)；20542.3 万(1946.4)；1889.3 万(1946.5)；20893.5 万(1946.6)；145669.6 万(1946.7)；8282 万(1946.9)；47239 万(1946.11)；59000 万(1946.12)；147106 万(1947.2)；387104.6 万(1947.3)；167272.5 万(1947.4)；77019.3(1947.5)；19796 万(1947.6)；294226.7 万(1947.7)；479071.2 万(1947.8)；1 850868万(1947.9)；155 万(1947.10)；2950339 万(1947.12)</td><td>折合 1937 年法币价值约 730 万元</td></tr>
</table>

资料来源：台北“国史馆”藏行政院赔偿委员会档案：301—261；301—461；301—816；301—818；301—819(1)；301—819(2)；301—820(1)；301—820(2)；301—821；301—822(1)；301—822(2)；301—823；301—824；301—825(1)；301—826(1)；301—827；301—828；301—829；301—830(1)；301—830(2)；301—831；301—832；301—835；301—836；301—837；301—838；301—840；301—848；301—849；301—850；301—853；301—854；301—855；301—858；301—860；301—861；301—896；301—897；301—902；301—913；南京市档案馆藏南京市抗战损失调查委员会档案：1003—13—44；1003—17—31；1003—17—32；1003—17—34；1003—17—35 之 1；1003—17—35 之 2；1003—17—36；1003—17—37；1003—17—38；1003—17—39；1003—17—40；1003—17—41；1003—17—42；1003—17—43；1003—17—44；1004—1—110

说明：1. 表 53 是依据著者花费近十年之力从台北“国史馆”、南京市档案馆搜集到的 5865 户大屠杀期间南京市民家庭的财产损失报告单整理制作而成。这批南京市民财产损失报告单虽然仅为战后南京市民填报之财产损失报告表单的一部分，就其内容分析，仍较具代表性，其分布涵盖战后南京全部 11 个城区，就市民职业而言,包含机关、学校等公职人员以及工业、农业、商业及服务业人员等。

2. 在统计过程中,对市民所填具的财产损失报告单中的损失项目价值,著者按照填报时间分类,进行辨析统计。统计时,如财产损失报告单损失时价值未填,皆以购置时价值计算。如购置时价值与损失时价值二者皆未填报,则没有计入统计。①

3. 因市民填报时没有严格按照报告单要求填写,损失价值一栏有以战前 1937 年价值填报的,也有以战后(1945—1947)填报时物价指数倍增或估算填报的,故上表分为战前与战后两栏统计数据。

4. 填报损失价值的货币单位,报告单要求为"国币元",但在填报时,仍有不少市民使用美元、银元、银两等货币单位,为便于统计,单列一栏。

由于填报者的人为因素,市民财产损失统计分为战前 1937 年币值、战后填报时币值及损失时其他货币单位币值。韩启桐早在战时开展中国抗战财产损失的研究中,就注意到了统计方法不同所产生的不同结果。他提出的修正方法有两种:一是经由货币对外价值途径,以调查原值乘以我国外汇率,折成外币单位损失数,即"外币折算法";二是经由货币对内价值途径,以物价指数(专指以战前年度为基期者而言)除其调查原值,折为战前法币币值单位损失数,即"战前法币币值折算法"。以上两种方法的最终目的都是为了"消除调查原值的币值变动成份"。"惟因战时我国外汇受了人为的统制,一切官价或黑市汇率,实均不能代表自然水平。并且各国货币本身价值战时亦多变动,欲借外币取得稳定基础的目的,实几近于不可能",故"只能使用战前法币币值折算法"②。为便于统一计算,避免毫无意义的数据累加,著者采取"战前法币币值折算法",即将战后填报时币值依照当时物价指数折算为战前 1937 年法币币值。基于南京市民填具报告单时间跨度大约从 1945 年 9 月至 1947 年底,考虑到战后法币通货膨胀的因素,现以 1937 年 1—6 月的物价指数为 1 作参照,列出上述期间全国和南京各月零售物价指数。详见表 54:

---

① 如市民柳竹樵填报的财产损失报告单,因未填具价值,我们在统计时仅计户数,未计价值。

财产损失报告单(表式 2)

填送日期 卅五年三月 日

损失年月日	事件	地点	损失项目	购置年月	单位	数量	价值(国币元)		证件
							购时价	损时价	
二十六年古历十一月十三日	被抢	小胶巷1号	家具	每年陆续购置	桌椅	14 件			
			衣物		皮单夹	36 件			
			铜锡瓷器		器皿烛台	28 件			
			挂钟、名人字画		对联、屏条	全堂			

直辖机关学校团体或事业名称: 受损失者姓名:柳竹樵 服务处所与所任职务:商

填报者:柳竹樵 印信: 与受损失者之关系:户主 通信地址:五间厅十五号 盖章:[印]

(行政院赔偿委员会档案,301—897)

② 韩启桐编著:《中国对日战事损失之估计(1937—1943)》,第 4 页。

表 54　1945 年 9 月—1947 年 12 月零售物价指数　1937 年 1 月至 6 月=1

年　月	全　国	南　京	年　月	全　国	南　京
1945 年 9 月	2063.06		1946 年 11 月	6601.61	6976.00
10 月	2120.08		12 月	7182.74	7459.67
11 月	2443.21		1947 年 1 月	8465.45	8909.20
12 月	2564.95		2 月	12207.60	13452.40
1946 年 1 月	2056.90	1792.10	3 月	13246.50	14089.35
2 月	2643.60	2683.17	4 月	14765.50	16528.85
3 月	3207.60	3461.20	5 月	20980.70	24837.06
4 月	3417.10	3670.71	6 月	26446.10	29443.33
5 月	3844.60	4246.10	7 月	33221.00	34729.17
6 月	4229.02	4977.71	8 月	36506.00	36708.18
7 月	4633.83	4852.56	9 月	43257.00	43967.32
8 月	4856.68	4971.44	10 月	62703.00	68757.49
9 月	5420.26	5667.50	11 月	78376.00	81273.70
10 月	6193.84	6789.83	12 月	105460.00	100505.53

资料来源：根据“全国零售物价指数”(中国第二历史档案馆编：《中华民国史档案资料汇编》第五辑第三编，财政经济(六)，江苏古籍出版社，2000 年，第 441—446 页)、“各重要城市零售物价指数”(载《统计月报》第 125—126 号，1948 年 1、2 月，第 55—57 页)发布数据编制而成。

表 54 所列零售物价指数系国民政府主计处依物品性质及其对生活之重要性选出国货 50 项，“并视各类之重要程度比例分配之”①。这与南京市民战时财产损失之物类较为匹配，故以其作为物价折算的依据。自 1945 年 9 月至 1947 年 12 月，全国和南京零售物价指数，除 1946 年 1 月“因在胜利初期，人心振奋，城市人民纷纷还乡，市场物品削价抛售，而人民仍延迟购买，宁储法币，致货币流通速率减低，物价普遍疲落，指数亦大见降低”②外，逐月均告上升。通过表 54 所列战后全国和南京零售物价指数，与统计出的战后填报时损失价值进行换算，得出战后填报时币值折合战前币值

① 《国民政府主计部统计局关于全国趸零售物价及公务员生活费总指数增涨情形的报告》，1946 年 1 月—1947 年 12 月，中国第二历史档案馆编：《中华民国史档案资料汇编》第 5 辑第 3 编，财政经济(六)，江苏古籍出版社，2000 年，第 431 页。

② 《国民政府主计部统计局关于全国趸零售物价及公务员生活费总指数增涨情形的报告》，1946 年 1 月—1947 年 12 月，中国第二历史档案馆编：《中华民国史档案资料汇编》第 5 辑第 3 编，财政经济(六)，第 433 页。

约为730万元[①]。据汇丰银行1937年7月间挂牌卖出价,法币100元折合美元平均29.250元[②],据此推算美元兑换法币的汇率约为1∶3.42。表53中1937年损失时价值部分美元5.6万折合法币约19万元。据1933年国民政府财政部发布的"废两改元"公告,白银与银元的折算标准即先将银两以"九八生算"(除以0.98)折合成规元,再以规元七钱一分五厘折合银币一元。1935年11月3日,国民政府财政部开始实施法币政策,规定自11月4日起银元按面额兑换法币[③]。根据上述两项规定保守计算,1937年损失时价值以白银、银元为货币单位者约折合法币122万。因此,据著者目前掌握的市民财产损失档案资料进行保守计算,大屠杀期间5865户南京市民家庭财产损失折合战前(1937年6月)币值不低于1.67亿元,户均损失28474元[④]。另外,需要进一步说明的是,这组数据只是这些市民直接财产损失的部分;其间接损失方面,由于市民在填报损失报告单时,几乎没有填具,因此很难予以计算。

根据史迈士等的调查,战前南京每个就业人员的日平均工资约1.01元,平均每户家庭每天收入1.23元[⑤]。现以1937年6月南京市共有200160户,1015450人计[⑥],仅目前统计的损失数额,即折合战前南京全部市民家庭约678个工作日(近2年)的收入。

正如前文所强调的,上述损失数额并不能代表南京市民财产损失的全部,它只是著者目前所搜集到的财产损失调查表单的统计结果。国民政府定都南京之后,南京很快成为全国政治、文化中心,城市建设进程十分迅速,城市人口的增长更为惊人。到全面抗战爆发前,南京已经发展成为拥有百万人口的大城市。大屠杀期间,南京市民遭受日军劫掠暴行的远远不止这5865户。南京沦陷后不久,美国驻华大使约翰逊(Nelson T. Johnson)致美国国务卿的电报中,对南京遭受日军暴行的情形有如下描述:

> 从日本军队进入南京后离开该城的外国记者和从贝茨(M. S. Bates)博士那里得到的消息表明,除了那些有外国人住的地方,日本军队实际上进入了南京每

---

① 国民政府于1945年12月还都南京后,始恢复以法币为单位的南京物价指数的统计工作。故表6中填报的1945年10—12月法币损失币值折算为战前法币币值,系采用全国零售物价指数进行换算的。

② 《上海国外汇市表(1926—1937)》,《中央银行月报》第6卷第8期,1937年8月,第1606页。

③ 中国人民银行总行参事室编:《中华民国货币史资料》第2辑,上海:上海人民出版社,1991年,第94、181页。

④ 该项户均损失数是前述史迈士调查中南京市民户均损失数的近23倍。需要指出的是,造成此一巨大差异的主要原因在于这5865户家庭申报财产损失的数据不是一种抽样调查,而是财产受到重大损失的民众的主动申报,因此,并不能以此作为社会学意义上的样本进行推算整个南京市民财产损失的基数。然而,它也从一个侧面反映了史迈士战时调查的局限性,即其调查的南京市民家庭的财产损失和社会经济遭到破坏的程度,有偏轻的现象。

⑤ Lewis S. C. Smythe, *War Damage in the Nanking Area*, *December* 1937 *to March* 1938, p9.

⑥ 《南京市政府关于分发本市生死统计表训令》,1937年11月26日,中国第二历史档案馆、南京市档案馆编:《侵华日军南京大屠杀档案》,南京:江苏古籍出版社,1997年,第916页。

座建筑，并有计划、有组织地抢劫了住所和商店，对留在城里的中国人包括那些在难民区的人进行了大规模的抢劫和许多不分青红皂白的射杀和杀戮。①

日军不仅抢劫中国居民的财产，对英、美、德等第三国在南京的权益也不放过。1937年12月15日离开南京的路透社记者史密斯(L.C.Smith)在事后描述日军进城最初3天的情况时写道："他们洗劫了这个城市，有系统地一点不漏……根据我自己和其他外国人的观察，中国人的房屋无一例外和欧洲人的房屋绝大部分都被日本人洗劫一空。"②12月22日，南京安全区国际委员会副主席米尔士(Wilson Plumer Mills)致函日本大使馆，对日军侵害美国财产作了细致描述："在南京几乎所有美国住宅都被日本士兵闯入并拿走室内物品。更有甚者，竟有人闯入大使住宅，三番五次欲盗走使馆车库或院内的汽车。有次一个使馆警察被日本士兵打伤。就在昨天晚上，使馆车库里的一辆汽车被盗，还有市内的大量美国财产被日本士兵损坏，其中有些被纵火焚烧。起码有八处美国旗帜被日本士兵扯下或撕毁，他们强迫仆人们降旗，并用武力胁迫那些胆敢升旗的人。"③针对日军在南京侵害第三国权益的行为，日本驻南京的外交人员曾试图努力阻止，日军洗劫美国使馆后，"田中对此事极为关注，他将派驻一名警卫"④。华中方面军司令官松井石根对此也极为重视：

我军士兵中又出现了抢夺驻南京各国使馆汽车和其他物品的事件，军队的愚蠢和粗鲁行为令我大为震惊。皇军的声誉全毁在这类事件中了，真是遗憾至极啊。于是我立即派遣中山参谋(华中方面军的参谋、航空兵少佐：中山宁人，33期学生)去南京，命令他在紧急采取善后措施的同时，不仅要处罚当事人，还要处分责任人。特别是上海派遣军，因为该军是殿下统率的，这事关系到殿下的仁德，所以我打算严厉处理此事。⑤

日方之所以重视此类事件的处理，是因为他们意识到对第三国权益的侵害容易

---

① 《美驻华大使(约翰逊)致国务卿》，1937年12月25日，杨夏鸣编：《美国外交文件》，杨夏鸣等译，张宪文主编：《南京大屠杀史料集》第63册，第299页。

② 《汉口德国大使馆1938年1月6日报告附件》，陈谦平等编：《德国使领馆文书》，郑寿康译，张宪文主编：《南京大屠杀史料集》第30册，南京：凤凰出版传媒集团、江苏人民出版社，2007年，第72页。

③ 《米尔士致日本大使馆函》，1937年12月22日，章开沅编译：《美国传教士的日记与书信》，张宪文主编：《南京大屠杀史料集》第4册，南京：凤凰出版社、江苏人民出版社，2005年，第218—219页。

④ 《史迈士致家人函》，1937年12月24日，章开沅编译：《美国传教士的日记与书信》，张宪文主编：《南京大屠杀史料集》第4册，第246页。

⑤ 《松井石根阵中日记》，1937年12月29日，王卫星编：《日军官兵日记》，张宪文主编：《南京大屠杀史料集》第8册，南京：凤凰出版社、江苏人民出版社，2005年，第156—157页。

引起国际社会的反对与谴责。出于维护日本的国家利益、避免本国与欧美国家发生外交纠纷的考虑,他们不希望日军侵害第三国权益的事件发生,而对于中国民众财产的侵害事件,则采取了漠视与纵容的态度。

南京市民不论贫富,在大屠杀期间财产均遭受重大破坏,如下面两张损失报告单的统计。

表 55　市民王嶷峰财产损失报告单(1946 年 1 月 24 日)

损失年月日	事　件	地　点	损失项目	价值(国币元)		证件
				购置时价值	损失时价值	
1937 年 12 月间	日军攻入焚烧	太平路 56 号,中山东路 152、280 号,国府路青石街 6 之 1 号住宅	新建钢骨楼房一座、新建洋式平房二座、旧式平房一座	不详	94000	全
			大小铜铁床	不详	540	
			各式镜橱、木橱、大小各式木桌椅凳	不详	690	
			皮箱等	不详	620	
			衣服	不详	5400	
			器皿	不详	约值 10000	
			古瓷器	不详	约值 50000	
			书籍	不详	约值 30000	
			名人字画	不详	约值 100000	
			零星杂件	不详	约值 100000	

资料来源:《南京市民财产损失报告单》,行政院赔偿委员会档案,301—826(1)。

表 56　市民郭文贤财产损失报告单(1946 年 1 月 11 日)

损失年月日	事　件	地　点	损失项目	价值(国币元)		证件
				购置时价值	损失时价值	
1937 年 12 月	日军进攻	南京下关方家营第 7 保	草房	210		
			方桌	10		
			条几	10		
			桌椅	2		
			箱子	10		
			锅碗等	10		
			钟	5		

资料来源:《南京市民财产损失报告单》,行政院赔偿委员会档案,301—822(1)。

如表55、表56所示，不论是富裕如王巍峰家庭者（财产损失达200000元），还是贫穷如郭文贤家庭者（财产损失为257元），日军对南京市民家庭采取的是无分别的焚毁、劫掠暴行，洋房、平房、草房，古玩、字画以致生活用品如桌椅、锅碗等，均在日军毁坏、劫掠之列。据南京国际救济委员会的调查，“在南京，31％的建筑被摧毁，46％的建筑被洗劫一空，23％的建筑遭到了轻微的抢掠”①。伪督办南京市政公署的调查则显示，“房屋被毁，农具损坏，种籽、耕牛缺乏，约在百分之九十以上”②。著者拟取保守数字，即以南京国际救济委员会的调查为基础，并把其中遭受轻微抢掠的23％忽略不计，将遭受财产损失的南京市民家庭的比率确定为77％。考虑到八一三事变爆发后，特别是1937年8月15日日机对南京进行首次空袭之后，南京市民开始陆续向外地迁移，南京沦陷前的市民家庭数此处亦采用较为保守的数字，即伪督办南京市政公署报告所载的164476户③。据此，南京大屠杀期间遭受财产损失的市民家庭的总户数应达到12万户以上，应是一个合理而保守的推断。

（四）余论：南京市民财产损失的影响

南京大屠杀过后，在南京开展救济工作的西方人士、伪维新政府下属的督办南京市政公署，以及撤退到后方的南京市政府机关，从各自角度对南京公私机关或市民财产的损失状况进行了调查统计。战后，南京市抗战损失调查委员会也专门就市民抗战期间财产损失进行调查。这些详尽不同的调查在战时或战后因受调查环境、调查目的以及调查统计方式方法等的影响，统计结果也相去甚远。

就本书所考察的大屠杀期间南京市民财产损失而言，由于南京国际救济委员会的调查采取的是抽样调查方式，在进行家庭调查时，“在三月份，有许多大门还是封着的，要确定哪座房子有人住，多少有一些困难。所以有一些也许就漏掉了”，而南京沦陷后的留宁市民大都是比较贫穷的家庭，其财产损失并不能代表南京市民财产损失的一般状况；在进行房屋调查时，“虽然在有些情况下，一个门牌里并不止一座房子，我们也还是把一个门牌视为‘一座房屋’”，“对无人居住的房屋内的财产损失，只好根

① 《史迈士致贝克》，1938年4月17日，张生编：《耶鲁文献》（下），舒建中等译，张宪文主编：《南京大屠杀史料集》第70册，南京：凤凰出版传媒集团、江苏人民出版社，2010年，第577页。

② 《南京市报送灾区难民调查表呈文稿》，1938年9月29日，伪南京特别市政府秘书处档案，1002－2－1499，南京市档案馆藏。

③ 《南京市报送灾区难民调查表呈文稿》，1938年9月29日，伪南京特别市政府秘书处档案，1002－2－1499。这是个低估的数字。八一三事变之后，南京市民家庭虽有外迁，但其房屋等不动产却无法随之迁移。

据房屋的自然状况和邻居反映的情况来估计”[①],统计学中的登记性误差和代表性误差不可避免地产生,其调查结果因此远低于实际损失情况。正如南京国际救济委员会成员、金陵大学历史系教授贝德士(M. S. Bates)在该调查报告前言中所述:“调查报告里所报道的损失,只是这场战争所造成生命财产损失总数的百分之一二。”[②]伪督办南京市政公署的调查结果则是根据市民呈报材料的汇总,由于当时的政治与社会环境所限,市民呈文以申请救济为主,大多用词隐晦、隐忍,难以反映市民财产损失的真实状况,如市民“王谢氏”所述:“自罗浩劫以来,惨遭回禄,寸物无存,夫被抓差,迄无下落。可怜孤身携带稚子幼女,两手空空,举目无亲,终朝饥啼,早呈哀状。顷闻贵署拯救灾黎,怜恤孤寒,仰蒙大德提早救济收容留养,免致流荡无归,得全生机,则我子母咸沐仁浆,铭感不忘。”[③]从南京大屠杀事件的发生及其调查背景看,很明显在暴行缓和初期及日占区内,进行快速有效调查的条件并不具备,调查统计结果与实际损失数额存在偏差也在情理之中。前述战时调查报告只能作为参考,不能作为论据。

南京市抗战损失调查委员会的调查虽是日军南京大屠杀暴行发生八年后始展开的普查,并存在许多不尽如人意之处,但这一调查无疑是国民政府及南京市政府组织的一次大规模、卓有成效的调查统计工作,在调查中,制订了严格的调查程序,每一份财产损失报告单,一般都有受害者即财产损失人的情况,填报者姓名、所任职务及通信处、与受害者之关系等情况同时填报,以增加证据性;填报者盖印或画押,以增加法律效力。在调查后期,行政院赔偿委员会还拟订《财产损失复查办法》,对市民填报的财产损失报告单内容进行查核,“凡财产损失数字,务求调查精确,俾便向赔偿委员会提出”[④]。其中留存的大量反映南京大屠杀期间市民财产损失状况的财产损失报告单,为推算南京大屠杀期间市民财产损失数额,奠定学术研究的基础。通过对目前收集到的相关大屠杀期间市民财产损失调查资料的分类辨析及统计,运用统计学及货币学方法,经过对统计出的部分数据的技术性处理,得出 5865 户南京市民家庭财产的损失数据。另外,从损失内容上看,这也仅是市民财产直接损失的一部分。尽管这一数据所体现的统计结果远低于南京市民实际损失数额,南京大屠杀期间遭受财产

---

① Lewis S. C. Smythe, *War Damage in the Nanking Area, December* 1937 *to March* 1938, p1.

② M. S. Bates, “Foreword”, Lewis S. C. Smythe, *War Damage in the Nanking Area, December* 1937 *to March* 1938, pⅡ. 多伦多大学的 Andrey Feuerverger 教授认为,贝德士的这一表述有两层含义:一者“百分之一二”只是一个约数,并非确数,不能据此推算南京大屠杀期间生命财产损失的总值;二者该调查报告所揭示的财产损失仅为部分市民私人直接财产损失,其他各类直接财产损失和大量的间接财产损失尚不包括在内。参见著者 2011 年 5 月 15 日与 Andrey Feuerverger 教授的座谈笔记。

③ 《王谢氏呈》,1938 年 8 月 27 日,伪南京特别市政府秘书处档案,1002-2-1044。

④ 《复查财产损失,人员即将决定》,《中央日报》1947 年 1 月 28 日,第 2 版。

损失的市民家庭的总户数应达到12万户以上，但已足以看出侵华日军在南京所犯下的罪行之严重。

如果将研究视野从平面文本切换到当时立体的现实生活场景，那么在战争损毁及日军抢掠和破坏之下，南京市民所经历的各种苦痛则难以用笔墨形容。正如贝德士在记录日军暴行后曾感慨："写这封信不是为了激发对日本人民的仇恨……在我看来，重要之处在于这一征服战争带来的无限苦难。这种苦难由于放纵和愚蠢而倍增，使未来长久陷于黑暗。"①

南京沦陷后，市民私人财产损失殆尽。特别是生活资料被劫掠、毁坏，房屋被焚烧、拆除、强占等，打乱了市民的正常生活，使其生活水平急剧下降，居无定所，颠沛流离，受尽苦难。如市民李伯潜家世居南京市新桥船板巷22号，其父李宝如经营丝经缎业三十余年，其母吴氏为丝经缎业专门人才，精研缫抽烘焙，战前经营门庭若市。日军入城后，其母被日军杀害，"财产均遭日寇肆意掠劫"，"严父忧愤之余精神失常且患肝风"。遭此劫难，李氏三兄弟"在啼饥号寒之余，离乱伤止之后，失学而兼失业矣"，他们深感"束手无策，谋生乏术，茫茫大地，无处存身，真有求生不得，求死不能之苦况"②。水西门外程泰记、程才记两木材行不仅在日军入城后店铺"全部被焚一空"，"所有遗存滩上河下之木材自本年二月七日起即陆续为军队用卡车拖取，现已搬运一空，分文未得"，"计程泰记木行被取木材约值七八千元，程才记木行约值一万五六千元之谱"，并有账册可供查考。据伪督办南京市政公署调查，"该程泰记、程才记两行系弟兄关系，素有声誉，现两家五六十口之生活均甚维难，睹之甚堪痛心"③。即便是曾任伪南京市自治委员会会长的陶锡三，日军也不将其放在眼里，其住宅照样遭到日军洗劫，"市府路27号住宅前住军人已经搬出，入屋查看，所有全部红木家具及衣箱、瓷铜器与一切用品，约值四、五千元，被劫一空，尚不足惜。惟内有佛堂一间，供奉老祖乩笔画像及神圣佛像与历代祖宗神位、父母遗像，并道院传授《太乙北极真经》及《午集正经》、《未集经髓》与各种经典，为修道以来十六年身心性命所寄托，日日馨香奉祀者也。今竟全行被劫，闻之伤心涕泪，悲泣如丧考妣，痛不欲生"④。陶为此事要求日特务机关处理，结果也未予办理。

---

① 《贝德士致朋友函》，1938年1月10日，章开沅编译：《美国传教士的日记与书信》，张宪文主编：《南京大屠杀史料集》第4册，第20页。

② 《李伯潜呈文》，1946年7月，南京市抗战损失调查委员会档案，1003—17—9。

③ 《罗文锦为水西门外程泰记等木行遭日军焚毁调查损失报告》，1938年6月19日，伪南京特别市政府秘书处档案，1002—2—1796。

④ 《陶锡三呈》，1938年1月13日，郭必强等编：《日伪时期市民呈文》，张宪文主编：《南京大屠杀史料集》第66册，南京：凤凰出版传媒集团、江苏人民出版社，2010年，第197页。

日军暴行不仅给市民造成重大损失和伤害，而且南京城本身亦被重创。南京鼓楼医院美籍医生威尔逊(Robert O. Wilson)曾记述："当我结束了对150例在我照看之下病人的查房后，我离开医院去吃晚饭，一轮满月正升起在紫金山顶，无以言状地美丽，但它俯瞰下的南京竟至荒凉到比太平天国时尤甚。十分之九的中国人逃离了家园，只有那些游荡着的四处劫掠的日本人。"①日军的大规模纵火使1920年代以来的南京城市建设成就几乎毁于一旦，南京交通银行会计主任黄钰在赴京调查报告书中写道："自寇军进城，以达本年二月初，首尾几二月，火焰方熄，各街民房，被毁亦綦多。"②伪南京市自治委员会在1938年3月清洁全市道路计划书中，描述南京城劫后的情形："城厢内外商铺、店户房屋焚毁倾倒，比比皆是"，"全市大街小巷房屋焚毁之余烬，即残余木料、瓦屑、碎砖、破墙灰土、废坏钢铁，以及折断电杆、电线等物，七倒八斜，零零落落，途为之塞。"③一些富有历史内涵的房屋也被日军大量焚毁。如具有300多年历史的明末清初画家龚贤的故居"半亩园"，被驻守在园内的日军士兵的炊火所烧毁④。日军对市民家用及经营用财产的劫夺、破坏，造成萧条的市面经济与大批陷于谋生困境的失业市民，严重影响南京城市经济的发展，使其恢复重建面临严峻挑战。伪南京市自治委员会在兴办市政事业计划书中曾提到，"本市百业衰落，一时殊难恢复"⑤。日军特务宣抚班在其报告书中也承认："难民区解散后，在对返归原居住地的难民的安置上，特别是在给他们找工作方面，难度相当大。这种情况与物资不足相伴，在资金匮乏，没有金融渠道的今天，阻碍了城内商民的商业复兴。"⑥留宁美国传教士马吉(John G. Magee)在日记中也曾悲观地写道："很难想象南京的未来会是怎样，但可以确定一点，南京要恢复元气需要很多年。"⑦经过十年建设的民国首都南京，按照正常的发展规划与速度，一个国际化的大都市是指日可待的。日军的入侵及其对城市主体——南京居民的屠杀、财富的劫掠、基础设施的毁坏，残忍地打断了南

① 《罗伯特·威尔逊日记体书信》，1937年12月18日，张生编：《耶鲁文献》(上)，舒建中等译，张宪文主编：《南京大屠杀史料集》第69册，南京：凤凰出版传媒集团、江苏人民出版社，2010年，第71页。

② 《南京交通银行黄钰赴京调查报告书》，1938年10月19日，交通银行档案，三九八(2)－1439，中国第二历史档案馆藏。

③ 《日伪南京市自治委员会整理及清洁全市道路计划书》，1938年3月3日，中国第二历史档案馆、南京市档案馆编：《侵华日军南京大屠杀档案》，第485页。

④ 张连红等编译：《魏特琳日记》，1938年1月26日，张宪文主编：《南京大屠杀史料集》第14册，南京：凤凰出版社、江苏人民出版社，2006年，第200页。

⑤ 《市自治委员会为兴办市政需要各项事业计划书致福田函》，1938年3月13日，伪南京市自治委员会档案，1002－19－9，南京市档案馆藏。

⑥ 《满铁档案中有关南京大屠杀的一组史料(续)》，《民国档案》1994年第3期。

⑦ 《马吉致妻子函》，1937年12月30日，章开沅编译：《美国传教士的日记与书信》，张宪文主编：《南京大屠杀史料集》第4册，第160页。

京城市正常的发展步伐。抗战胜利国民政府还都3个月后，南京城“依然满目疮痍，是诚创巨而痛深者矣”①②。

---

① 《抗战损失调查委员会存敌人对于南京之毁坏及暴行一斑》，1946年2月1日，行政院善后救济总署档案，二一(2)－601。

② 本文发表于《历史研究》2012年第2期，收入本书时略作修改。

十、南京大屠杀受害者 PTSD 初步研究

在对南京大屠杀的研究中，过去主要集中于日军的杀人、强奸、抢劫、纵火等“显性”犯罪和暴力的研究。此后逐步有人延伸到受害者、特别是女性受害者的“心理创伤”研究，从而使我们关注到那些比较“隐性”的层面。

其实，在国际范围内，对于战争隐性伤害的关注，早在第二次世界大战时，就已开始。随着医学、心理学研究的进展，人们发现，隐性伤害甚至更为广泛和持久，而且不仅仅限于心理问题。就南京大屠杀而言，通过爬梳文献和幸存者调查，我们逐步发现了隐藏在宏大叙事和血泪控诉背后的冰山一角。由战争恐怖和暴力引发的目击者、幸存者和受害者的综合症状，已超出了过去对南京大屠杀的描述和理解。

本书拟将 PTSD 研究引入南京大屠杀史研究中，从而实现运用跨学科方法重新审视那一段历史的目的。

（一）PTSD 概念的引入

美国精神病协会 1980 年首次定义 PTSD。综合这些年来的研究进展，PTSD（Post Traumatic Stress Disorder，中文译为“创伤后应激反应障碍”）通常由亲身经历或目睹的严重威胁和令人极度恐惧而又无助的暴力事件引起，当事人经常在脑海中浮现或在噩梦中经历当时的情况，并有严重的焦虑、失眠、情绪失控、抑郁、失忆等症状，严重者自杀倾向明显[①]。就儿童而言，如果成年后再次受到伤害，就更易被创伤后压力摧残[②]。在 PTSD 患者中发生多种躯体症状是有其生物学基础的，已发现 PTSD 患者血清儿茶酚胺和甲状腺激素的水平升高，α2 -肾上腺能受体的活性增强，正电子

---

① 参见百度百科。[美]戴维·迈尔斯：《心理学》，黄希庭等译，北京：人民邮电出版社，2006 年，第 584 页。

② 杨贤菊、张杨：《PTSD 及其心血管反应》，《心血管病学进展》，2002 年第 5 期。

放射体层扫描和磁共振显像的结果均显示，在 PTSD 患者的大脑中，有两个重要结构即脑扁桃体和海马区发生了功能性改变，而这些区域的功能结构均与恐怖反应有关①。

在国外，PTSD 研究近年来发展迅速。美国国家生物技术信息中心医学文献检索系统（NCBI）收录了全世界 14800 余篇相关论文。其中，Karatzias T，Power K，Brown K，McGoldrick T.讨论了 PTSD 中抑郁症的角色功能，Wilcox HC，Storr CL，Breslau N.研究了都市青年 PTSD 患者的自杀尝试，Kubzansky LD，Koenen KC，Jones C，Eaton WW.研究了 PTSD 对妇女心脏疾病的影响，Moore SA.研究了 PTSD 患者的认知反常，Giosan C，Malta L，Jayasinghe N，Spielman L，Difede J.研究了“911 事件”亲历者和废墟清理工人中 PTSD 患者的记忆矛盾现象，Thompson BL，Waltz J.研究了 PTSD 患者的自怜，Klari M，Franciskovi T，Klari B，Kresi M，Grkovi J，Lisica ID，Stevanovi A.研究了波黑妇女的 PTSD 综合症及社会支持，Dignam P.研究了 PTSD 折磨下儿童的精神疾病。可以看出，国外 PTSD 研究已经深入到多个不同的侧面，把 PTSD 对人们的“软性”、“隐性”伤害揭露了出来，并结合历史史实，展现了 PTSD 研究在历史研究中的广阔发展前景。

在中国，十多年前，医学界注意到国外 PTSD 研究，近几年开始自己的研究，取得一定进展。王焕林等研究了中国军人中的 PTSD②，张本等研究了唐山大地震中孤儿的 PTSD③，徐唯等研究了特大爆炸事故中的幸存者的 PTSD④，马磊等研究了 PTSD 的遗传易感性等危险因素⑤，张克让等研究了 SARS 中患者和民众的 PTSD⑥，程灵芝等研究了 PTSD 的干预和治疗，黄静等研究了汶川地震后青少年的 PTSD⑦，王瑶研究了被强奸女性的 PTSD⑧，杨晓云研究了大学生的 PTSD⑨，等等。相对而言，中国心理学界对 PTSD 研究的著作不如医学界丰富。结合历史学研究的 PTSD 研究，则付阙如。

战争会激发出某些人深藏于内心的黑暗和暴力，而无辜的经历者无力改变事实，

① 王焕林等:《中国军人个性特征的调查分析》,《中华精神科杂志》,1997 年第 3 期。

② 张本等:《唐山大地震心理创伤后应激障碍的抽样调查研究》,《中华精神科杂志》,1999 年第 2 期。

③ 徐维等:《特大爆炸事故幸存者创伤后应激障碍的初步研究》,《中国心理卫生杂志》,2003 年第 9 期。

④ 马磊等:《创伤后应激障碍的遗传易感性研究》,《神经疾病与精神卫生》,2004 年第 1 期。

⑤ 程灵芝等:《急性应激干预的原则和方法》,《中国临床康复》,2003 年第 3 期。

⑥ 张克让等:《传染性非典型肺炎患者及一线医务人员和疫区公众创伤后应激障碍的对照研究》,《中国临床康复》,2005 年第 12 期。

⑦ 黄静等:《地震灾区青少年伤员创伤后应激障碍及心理、药物干预》,《中国医药指南》,2008 年第 10 期。

⑧ 王瑶等:《强奸受害者中的女性心理与行为问题综述》,《社会心理科学》,2007 年第 3 期。

⑨ 杨晓云等:《大学生创伤后应激障碍的发生特点及教育的启示》,《教育科学》,2007 年第 2 期 。

这使得他们大范围地成为PTSD患者。以“九一一事件”为例,1个月后,8.5%的曼哈顿居民被诊断是受害者(Galea & others,2002)。另据调查,世界贸易中心附近20%的居民反映出现恐惧、焦虑、广场综合症等病症,研究者认为,有约40万纽约人出现应激障碍(Susser & others,2002)。另据研究,PTSD的患病比例,可以从经历自然灾害人群的4%,上升到经历绑架、俘虏、折磨和强奸人群的50%(Brewin & others,2000;Brody ,2000;Kessler 2000)[①]。

相比于“九一一事件”后的纽约,南京大屠杀期间的南京城市环境更加恐怖。南京大屠杀持续的时间很长,高潮期达6个星期,施暴者日本军人与南京居民直接接触,枪声不断,大火旬日不熄,被害者尸体随处可见。而且,证据表明,日军以特别的方式进行加害,以“营造”恐怖气氛,摧毁中国人的抵抗意志。南京安全区国际委员会主席拉贝说,“看到遍地是女尸,有的阴道里戳着竹竿,人们会恶心得透不过气来。”[②]德国使馆驻南京办事处政务秘书罗森报告说,“我的英国同行、领事普里多—布龙,英国武官洛瓦特·弗雷泽和英国空军武官温·沃尔泽在察看英美烟草公司帕森斯先生的住宅时发现一位中国妇女的尸体,一高尔夫球棒从下部直接插进这位妇女的躯体。”[③]军医蒋公穀大屠杀期间躲藏于美国大使馆,他记述道:“最残酷的莫过于活埋了。悲惨的哀号,那人类生命中最后挣扎出来的一种尖锐的无望的呼声,抖散在波动的空气里,远在数里以外,我们犹可隐隐的听得。”[④]

尤其可恶的是,日军在实施暴力犯罪时,常常故意强迫南京市民在一旁观看。罗森报告称:“每晚都有日本兵冲进设在金陵大学院内的难民营,他们不是把妇女拖走奸污,就是当着其他人的面,包括当着家属的面满足他们的罪恶性欲。同谋犯把受害者丈夫或父亲拘留,并迫使这些人充当他们败坏自己家庭名誉见证人的情况屡见不鲜。”[⑤]当时,藏匿在意大利驻南京总领事馆的教导总队辎重营长郭歧记述道:

> 那一天,隔壁洋楼门外来了几十名鬼子兵,领章有黑有黄,但却既无部队番号,又无官长……先把大客厅里的男人统统撵走,再将半老徐娘们拉了过来,当着小孩子的面,光天化日,明目张胆,就在大客厅里,把半老徐娘们的衣裳剥得精光,然后集体演出丑剧,三对一,五对一,去而复来,周而复始……孩子们几回见过这种骇人的场面,一个个的全都吓哭了……客厅外,庭院里,那些女人们的丈

---

① [美]戴维·迈尔斯:《心理学》,黄希庭等译,第584页。

② 拉贝1938年2月3日日记,[德]约翰·拉贝:《拉贝日记》,第467页。

③ 《罗森给德国外交部的报告》(1938年1月15日),张生编:《外国媒体报道与德国使馆报告》,第327页。

④ 蒋公穀:《陷京三月记》,张连红编:《幸存者的日记与回忆》,第64页。

⑤ 《罗森给德国外交部的报告》(1938年1月15日),张生编:《外国媒体报道与德国使馆报告》,第327页。

夫们,一个个失魂落魄,面红耳赤。有人伏在墙上,哀哀的哭,有人双手抱头,木立不动……一个兽欲已达,裤带犹未系好的鬼子兵快步走出门来,上了大街,又遇见了一队鬼子兵,又是好几十名……这一批紧跟着又一哄而入……①

无休止的暴力,使南京居民饱受折磨,在PTSD的打击下,“人们觉得自己像个重病人,以恐惧的目光注视着时针走动,觉得它走得太慢了,一天好像有100个小时而不是24小时,没有谁知道自己何时会康复”②。中国人作为暴力犯罪对象觉得恐怖,处于中立地位的西方目击者同样如此,1937年12月17日,日军闯入安全区内的金陵女子文理学院,号称要搜查中国士兵,负责管理该校的美国籍人士魏特琳在日记中写道:“我们发现了他们的计谋:把负责人困在前门,由三四个士兵假装审查和搜捕中国士兵,而其他人则在大楼里挑选妇女。……我永远也不会忘记这一情景:人们跪在路旁,玛丽、程夫人和我站着。枯叶瑟瑟地响着,风在低声呜咽,被抓走的妇女们发出凄惨的叫声。……时间似乎凝固了,在恐惧中我们长时间没敢动。”③

恐怖的环境,及其决定的南京居民的身心状况 ,使得PTSD成为当时南京的一种“常态”。

(二)南京大屠杀受害者PTSD诸症候

1. 惊恐万状失去反应能力

我们经常会听到这样的疑问:那些受害者为何在灾难降临时呆若木鸡,无所行动?PTSD研究告诉我们,患者在极度恐惧中失去反应能力是常见的情况。南京浦口村民黄学文是个“幸运”者,1937年12月15日,日军到他们村子,把几十人集中起来,从中找手上有老茧等可疑迹象的,一共挑出5名男子。其中一个是瘸子,被释放了;黄学文的父母和妻子抱住日军的大腿求饶,最后被释放;其余3人,因为是外乡“跑反”(方言:指战争时到外乡避难)的,无人出面求情,均被枪杀。那一天下午,天气很好,“太阳晃晃的”。日复一日,在乡间过着贫穷而简单生活的黄学文何曾见过杀人的场面?他遭遇的应激障碍甚至超出专家们的描述,“我当时被吓得眼发黑,什么都

---

① 郭歧:《陷都血泪录(节录)》,张连红编:《幸存者的日记与回忆》,第167—168页。

② 拉贝1937年12月28日日记,[德]约翰·拉贝:《拉贝日记》,第240页。

③ *Minnie Vautrin's Diary* (*December* 17, 1937), Box 134 of YDL Record Group NO.11, The Archives of the United Board for Christian Higher Education in Asia, Yale University Divinity School Library Special Collections

看不见,大白天就像晚上一样","只听到有枪响"。他当然不知道何谓 PTSD,69 年过去,他说起日军,只有"害怕"两个字[①]。

因为极度惊恐,南京市民畏缩在一起,像待宰的羔羊。拉贝记录了他家附近一条巷子的惨状,"下水道里 3 天来也已塞满了好多具尸体。见此情况,人们不禁恶心地浑身颤抖。在院子里,许多妇女和儿童瞪着惊慌失措的双眼沉默地相互依偎在一起,一半是为了相互取暖,一半是为了相互壮胆"。他们不敢有所作为,只是希望拉贝这个"洋鬼子"能赶走日军[②]。

因为失去反应能力,当时的南京市民,虽有反抗,而为数甚少。诚如拉贝所说,"中国人遭受了太多的凌辱,长时间以来已经习惯逆来顺受了"。"如果每起强奸案都能遭到致命的报复,那么相当一部分占领军早就被消灭了"[③]。

时间长了以后,南京市民对显而易见的危险表现得极为冷漠,在拉贝家避难的南京居民就是如此,"经历了日本士兵带来的苦难后,人们对空袭的危险已变得无动于衷了。成群结队的难民默默地站在院子里,眼睛望着飞机,有些人对飞机不屑一顾,而是从容不迫地在草屋里做他们的事"[④]。这种情况,在第二次世界大战中的英国、德国、日本居民身上同样如此[⑤]。

更有甚者,长时间被暴力和恐惧震慑,有些南京市民失去了人格和起码的自尊,1938 年 1 月 2 日,日本妇女国防会的几个人到南京来粉饰太平,魏特琳带领她们参观,金陵女子文理学院舍监程瑞芳说,"那三个女鬼走时拿出几个霉苹果和[一]点糖,那些中年难民围着要、抢着要,她们手上拿着几个铜板,在她们手上抢,简直把中国人脸都丢完了"[⑥]。浑然忘记了难民营还随时在发生强奸、抢劫、屠杀。

2. 精神疲劳和失忆

费吴生是南京基督教青年会(YMCA)的干事、安全区官员之一,1938 年春天,他携带约翰·马吉拍摄的记录电影返回美国向公众宣讲南京大屠杀的事实时,经历了无以言状的失忆。"在演讲的中途,我的心成了一片空白。我想不起来自己在哪里?接下来要说什么?幸亏我想起来带来影片的事儿,我想如果把它放映的话,也许能讲一讲的。这总算顺利过去了,但是最后出现了一个问题,即如何回到我妻子帕萨迪纳

---

① 《黄学文口述》(2006 年 6 月 26 日),调查者:邱伟、胡凌、孙香梅。张生等编:《幸存者调查口述续编》(下),张宪文主编:《南京大屠杀史料集》第 39 册,南京:江苏人民出版社、凤凰出版传媒集团,2007 年,第 1369 页。

② 拉贝 1937 年 12 月 15 日日记,[德]约翰·拉贝:《拉贝日记》,第 151 页。

③ 拉贝 1938 年 1 月 25 日日记,[德]约翰·拉贝:《拉贝日记》,第 417 页。

④ 拉贝 1938 年 2 月 6 日日记,[德]约翰·拉贝:《拉贝日记》,第 488 页。

⑤ [美]戴维·迈尔斯:《心理学》,黄希庭等译,第 585 页。

⑥ 《程瑞芳日记》(1938 年 1 月 2 日),张连红编:《幸存者的日记与回忆》,第 27 页。

的公寓”。在另一次集会上，正在演讲的费吴生碰到了同样的事情，而且由于没带影片去，茫然失措的他只好“结结巴巴地讲到了结尾”。X 光检查显示，他的脑部并无问题，于是，费吴生自我诊断说：“在南京的每天的可怕记忆也许同我这神经性疲劳有些关系。”①

3. 歇斯底里精神失常

美国《芝加哥每日新闻报》记者 A.T.斯提尔是南京大屠杀的目击者之一，他报道了灾难降临时中国士兵的失常行为：

> 随着日军搜查网的收紧，有些士兵因为恐怖而精神失常了。我曾经看见一名士兵用蛮力抢来一辆自行车，鲁莽地朝着在前方数百码的地方前进的日本军队猛冲过去。在路上的行人告诉他这很危险之后，他又突然掉头向相反方向猛冲。他突然从自行车上跳下来，撞到了一个市民身上。最后我看到他一边脱自己的军服，一边想去剥那个市民的衣服。有的士兵则骑马在街上漫无目的地乱跑，对着天空胡乱开枪。留在市内的仅有的几个外国人之一、一个身强力壮的德国人决定教训他一下，就把那个男的从马上拉了下来，夺过他的手枪，朝他脸上打了一拳。那人叫也没叫一声，承受了这一拳。②

市民更加惊恐，美国医生罗伯特·威尔逊记录了日军的抢劫造成的后果：“穷人的食物都被抢光了，他们处于歇斯底里的惊恐之中。”③德国驻华使馆南京办事处行政秘书沙尔芬贝格记录了另一个案：“可惜这支占领军又进行了轮换，用年轻的新兵替换全体老兵，遗憾的是仍然发生很多抢劫、强奸以及与此有关的谋杀事件。19 号房子附近住着一位精神错乱的母亲，我们朝向边上的那扇窗子不能开，她总是大声哀嚎着：‘杨姑子，小孩子啊！’听了让人忍受不了。”④中国报纸也引用英国《每日电讯报》，记载了“难民均患精神性的恐怖病”的事实⑤。

---

① 《关于菲奇就南京事件进行的巡回演讲》，张生等编：《英美文书·安全区文书·自治委员会文书》，第 187—188 页。

② 《寄往德国驻华大使馆（汉口）的报告》（1937 年 12 月 30 日），张生编：《外国媒体报道与德国使馆报告》，第 294 页。

③ *Letter from Dr. Wilson to his family* (*December* 19, 1937), RG11, Box229, Folder 3875, The Archives of the United Board for Christian Higher Education in Asia, Yale University Divinity School Library Special Collections.

④ 《陶德曼给德国外交部的报告》（1938 年 2 月 23 日于汉口），张生编：《外国媒体报道与德国使馆报告》，第 405 页。

⑤ 《暴敌兽行世界彰闻　英报揭露敌兵狰狞面目》，汉口《大公报》，1938 年 3 月 28 日。

4. 提起往事情绪激动失控

儿童期遭遇震撼性恐怖事件,更易形成PTSD,成年后的漫长岁月里,如再次被唤醒记忆,会反复遭受冲击。南京大屠杀性暴力受害者之一张秀红,被日军施暴时才12岁。下面不避繁冗,引述报纸对他采访的过程:

[证言] 那年(1937年),我家住在南京的沙洲圩双闸那一带。为了躲避日本兵,父母带着妹妹逃走了,我和爷爷留下来了。日本兵烧了我家的房子,没办法,我和爷爷只好"跑反",日夜住在田头,带了点米做饭,做好装到口袋里,饿了吃一点,听说日本兵到处杀人,也不敢回家。

[旁白] 说到这里,老人悲从中来,第一次留下了酸楚的眼泪。

[证言] 躲了十多天,爷爷就带我回家,看到周围全是尸体。日本兵到处抓女娃,没办法,好多女娃用锅底灰涂脸,有的人家就把女娃藏在草堆里。日本兵来了,就用刺刀一下一下地刺。有的女娃被刺伤,疼得受不了跑了出来,被日本兵追上抓住,扔到草堆上点火烧。好多女娃被烧死,那个惨啊!

更多女娃被家人藏到芦苇荡里,我也被藏了进去。我看了一下,那里面有四五十个女娃。一开始,日本兵没发现,几天后就被发觉了。可恶的日本兵点起了火,女娃们一片哭喊,我和另外两个跳水后逃生,那是冬天,水里冰冷!那个惨啊,那些女娃都被烧死了。

[旁白] 老人再一次泣不成声,泪水打湿了脸庞。旁边的日文女翻译也哽咽了。

"我要是不去,我和爷爷都会死"

[证言] 我又逃回家,跟爷爷在一起。很快又来了几个日本兵,要把我拖走,说要"塞乎,塞乎"。爷爷央求他们,孩子太小了,不要伤害她。日本兵不听,用刺刀戳得爷爷直冒血……我也哭,跪下来对爷爷说,我要是不去,我们两个都要死,我一个人死不要紧,但我不能让你和我一起死啊……接着,我被他们拖到隔壁一家的床上……我疼得昏死过去,后来日本兵走了,爷爷赶来抱住我哭:"红子,是你救了我啊!你受苦了!"

那时没医没药,爷爷只好用绳子把我的双腿捆紧,帮助我的伤口愈合。可没多久,日本兵又来了。为了爷爷,我真的是没办法啊。

[旁白] 这是老人一生中最痛楚的经历,那年她才12岁!说到这里时,满脸泪流的老人忽然头向后一仰,双臂张开,悲恸欲绝……

挑漂亮的女娃拉走"塞乎，塞乎"

[证言]后来，有邻居出主意，让我把头发剃了，变成男孩的样子，……剃头后，我常坐在门口，亲眼看到日本兵拉来几十个女孩子，弄来一盆盆水，逼着女娃们一个个洗去脸上的锅底灰和泥灰。然后挑漂亮的拉走，"塞乎，塞乎"，不从就用刺刀刺，硬拖走，也有的被杀掉；那些不漂亮的，被日本兵用机枪"嗒嗒嗒"地杀死了。这样的我看到了好几回啊！好多女娃都是这个样子死掉的。

大人遭罪，小孩也受气，我亲眼看到日本兵抱起一个小孩，也就这么大(从她现场比量来看，小孩不到2尺高，应是一个婴儿)，挑在枪尖上玩，小孩疼得哇哇大哭，那帮畜牲却说他是在笑。

[旁白]老人再一次泣不成声。翻译也停了下来，帮她拭去泪水。"那些鬼子真不是人啊！我恨死他们了！"从老人用尽力气说出的这句话中，在座的每个人深深地感受到了老人那份刻骨铭心的痛楚。

"我生儿子，三天三夜才生下来，那个苦啊"

[证言]我剃了男孩头以后没有多久，就被日本兵抓去干活，抬土，抬水，抬石头。我是个女的，才12岁啊。我抬不动，日本兵就拿着枪从后面刺我，用枪托打我。我左边这条腿上面，直到今天还疼。

我侥幸活了下来。可日本兵给我们留下的伤害太大了。我生儿子时，生了三天三夜才生下来，那个真是苦啊。以后想要孩子也不能生了。

[旁白]日本兵给一个12岁的女孩造成的痛苦是一辈子的。记者注意到，老人报告结束时，几乎站不起来。据陪老人一起来的儿媳蒋金兰介绍，婆婆活到今天不容易，日本鬼子的伤害使她常年子宫下垂，每到阴天就疼痛难忍，至今如此。左腿和胯骨也因为鬼子伤害，坐站时间稍长就酸疼。①

5. 自杀

自杀是PTSD打击下个体的极端反应。研究表明，自杀者在事前通常会给亲人、朋友一些暗示，或者公开讨论过自杀，或者把财产转移给别人。而长期悲观的人，自杀的概率是常人的5倍，自杀不完全出于反抗或报复，相反，往往是结束无法忍受的痛苦的一种方式(Bostwiek & Pankratz，2000)②。

在南京汤山一带工作的福音传教士卢小庭在日军到来之前就很悲观，日军占领南京后，"他显示了良好的助人及无私的精神品质"，但他显然无力从PTSD中自拔，

---

① http://www.china.com.cn/law/txt/2007—11/23/content_9312760.htm

② [美]戴维·迈尔斯:《心理学》，黄希庭等译，第591页。

在与美国牧师福斯特和马吉谈话中,表达了以死来抗争黑暗社会的想法,福斯特奉劝他:基督教的观点是活者而不是死去。但 1937 年 12 月 31 日一早,他出了门,留给福斯特一张便条、一首小诗和他的钱包,留言中,他说,上帝不会把他的自杀视为罪过[1]。

这不是个案,遭受凌辱的妇女,更加容易选择自杀结束痛苦。美国传教士马吉的纪录电影中,一个被抓住充当日军“慰安妇”的 15 岁姑娘的故事证明了这一点,“她认识的一个同时从芜湖抓来的女孩子自杀了,她还听说其他人也有自杀的。”[2]

(三)魏特琳个案

如前文所引事例,PTSD 症候并不仅仅出现在日军直接暴力受害者身上。实际上,目睹南京大屠杀的人,同样会遭受到折磨,并引发严重后果。这就促使我们重新考虑南京大屠杀受害者的范围。

魏特琳的病因要溯及南京大屠杀发生前十年的“南京事件”,1938 年 3 月 24 日,魏特琳在日记中写道:

> 今天我的脑海中往事历历在目,我不时地想起 11 年前的这一天发生的事!当时,我们高兴地迎来了新的一天,有消息说,北方军队正在悄悄地撤退,革命军队已经进城了;接着传来了威廉(William)[3]博士不幸遇难的悲惨消息和新军强烈的排外情绪,我们焦急地等待着;在附近的山上出现了令人恐惧的黑影;我们撤退到金陵大学里。那天晚上大约这个时候,我和约翰·赖斯纳(John Reisner)向外看着这个城市,黑暗中只看到焚烧外国建筑物的火焰[4]。

这样的回忆在魏特琳日记中,周期性出现,比如 1939 年 3 月 24 日的日记等等,这说明,魏特琳早在 1927 年就产生严重的心理阴影,1927 年到 1937 年 10 年的和平生活使其创伤大为平复。但南京大屠杀发生后,魏特琳受到更为严重的创伤,她多次在日军强奸犯罪现场解救中国妇女,日日夜夜在中国妇女的哀告和求助中度过,多次

① 马吉:《致妻子函》(1937 年 12 月 12 日—1938 年 2 月 5 日),章开沅等编译:《美国传教士的日记与书信》,第 160—161 页。

② 《关于影片〈南京暴行纪实〉的引言和解说词》,章开沅等编译:《美国传教士的日记与书信》,第 190 页。

③ 即金陵大学副校长美国传教士文怀恩,他在乱兵抢劫财物时被杀。

④ *Minnie Vautrin's Diary*(*March* 24,1938), Box 134 of YDL Record Group NO.11, The Archives of the United Board for Christian Higher Education in Asia, Yale University Divinity School Library Special Collections.

目睹受害者惨不忍睹的尸体。她的努力在今天看来，是需要很大勇气和高度人道精神的英雄行为，但她自己当时却因为不能解决所有中国人的痛苦而产生极大的无助感，反复自责。新旧创伤后压力交替作用，PTSD症状日益严重。

PTSD是一种疾病，而且在今天是可以进行心理干预和医学治疗的，已经发现下列方法在技术上有效：

(1) 暴露治疗：帮助患者面对痛苦的记忆和感觉，疏导并缓解患者的痛苦。

(2) 认知治疗：帮助患者找出使他们痛苦的问题实质，恢复其自信心，并帮助其康复。

(3) 生物反馈治疗：通过传感器把所采集到的内脏器官活动信息加以处理和放大，及时转换成人们熟悉的视觉和听觉信号，并加以显示。通过学习和训练，学会在一定范围内对内脏器官活动的随意性进行控制，矫正偏离正常范围的内脏器官活动，恢复内环境的稳态。

(4) 药物治疗：多个治疗结果表明，SSRIs和SNRIs类药物治疗PTSD确实有效，老的抗抑郁剂对战争引发的PTSD可能特别有效。[①]

但在当时，人们还没有能在科学层面充分意识到PTSD的危害，更遑论治疗。魏特琳作为一个受过高等教育的传教士，她知道自己必须克服现实带来的伤害，而她的选择是她熟悉的上帝。

实际上，南京即将沦陷的1937年12月11日，魏特琳已经对宗教的作用作了定位，“今天的祈祷做得很好，宗教就是为这种时刻创造的。”[②]但她无法预计到日军会把南京变成怎样的人间地狱，无助的时刻，她泣血呼唤：“噢，上帝！阻止日军凶残的兽性，安慰今天无辜被屠杀者的父母们破碎的心，保护在慢慢长夜中备受威胁的年轻妇女和姑娘吧！愿没有战争的日子早日到来！正如你在天国所为，你也一定会恩泽芸芸众生。”[③]所以，当她的助手陈先生和罗小姐从日军魔爪下侥幸逃生时，魏特琳等特地举行了感恩会，她感动地说：“我从未听到过这样的祈祷。”[④]

---

① 杨贤菊、张杨：《PTSD及其心血管反应》，《心血管病学进展》，2002年第5期。

② *Minnie Vautrin's Diary* (*December* 11, 1937), Box 134 of YDL Record Group NO. 11, The Archives of the United Board for Christian Higher Education in Asia, Yale University Divinity School Library Special Collections.

③ *Minnie Vautrin's Diary* (*December* 16, 1937), Box 134 of YDL Record Group NO. 11, The Archives of the United Board for Christian Higher Education in Asia, Yale University Divinity School Library Special Collections.

④ *Minnie Vautrin's Diary* (*December* 17, 1937), Box 134 of YDL Record Group NO. 11, *The Archives of the United Board for Christian Higher Education in Asia*, Yale University Divinity School Library Special Collections.

但上帝不总是能回应魏特琳的祷告,“看不到未来”的她,也曾选择逃避,“我不想看南京,因为我肯定它已是一片废墟”[①]。但现实总是揪住她的视线,1937 的圣诞节,她再次发自内心地祈祷上帝,当二十多名妇女因为有人担保而被日军释放时,魏特琳用宽慰和感恩来辞旧迎新,“因为在苦难和悲哀中也有福佑和奇迹”[②]。

我们不能不钦佩魏特琳的仁心厚爱,作为一个 PTSD 患者,她把自己的解脱建立在南京市民首先获得解脱的前提之上,1938 新年来临,她深情地祷告说,“上帝可怜那些穷人吧! 但愿他们不要经历我们这里 10 天来的恐怖”[③]! 她也真心地期望,能通过宗教活动,减轻那些受害者的痛苦,“因为每个人都渴望得到安慰”[④],所以,我们可以发现,1938 年后,魏特琳日记中记述的宗教活动日益增加。

魏特琳看到了她想看到的一些个案。一个会讲英语的日军士兵妻子是基督徒,他对魏特琳讲的第一句话是:他们对南京发生的一切非常抱歉;一个长老会传教士吴(伍)小姐历经艰险来到金陵女子文理学院,精力充沛地参加宗教活动,尽管她进城时被日军强迫脱光了衣服[⑤];有 5 个女孩转变了自己的信仰,一个女孩说,赞美诗成为她慰藉的源泉[⑥];参加礼拜的妇女人数有时会大幅度增加,人们的宗教热情在遭受威胁时有很大提高,等等。

但魏特琳无法救赎自己。她知道自己在南京不是一个普通人[⑦],是关系到许多南京人生命和安全的外国人,这一份沉重的责任感和面对现实时的无能为力交织在一起,煎熬着她敏感的内心。一些并不是她责任的事,让她自责不已,比如,她们曾劝一个 27 岁的妇女离开难民营回到她丈夫身边,结果这名妇女离开后的 3 小时内遭到 3

---

① *Minnie Vautrin's Diary* (*December* 21, *December* 24, 1937), Box 134 of YDL Record Group NO. 11, The Archives of the United Board for Christian Higher Education in Asia, Yale University Divinity School Library Special Collections.

② *Minnie Vautrin's Diary* (*December* 31, 1937), Box 134 of YDL Record Group NO. 11, The Archives of the United Board for Christian Higher Education in Asia, Yale University Divinity School Library Special Collections.

③ *Minnie Vautrin's Diary* (*January* 7, 1938), Box 134 of YDL Record Group NO. 11, The Archives of the United Board for Christian Higher Education in Asia, Yale University Divinity School Library Special Collections.

④ *Minnie Vautrin's Diary* (*January* 19, 1938), Box 134 of YDL Record Group NO. 11, The Archives of the United Board for Christian Higher Education in Asia, Yale University Divinity School Library Special Collections.

⑤ *Minnie Vautrin's Diary* (*January* 22, *Januaty* 23, 1938, *December* 5, 1939), Box 134 of YDL Record Group NO. 11, The Archives of the United Board for Christian Higher Education in Asia, Yale University Divinity School Library Special Collections.

⑥ *Minnie Vautrin's Diary* (*October* 16, 1938), Box 134 of YDL Record Group NO. 11, The Archives of the United Board for Christian Higher Education in Asia, Yale University Divinity School Library Special Collections.

⑦ *Minnie Vautrin's Diary* (*March* 30, 1938), Box 134 of YDL Record Group NO. 11, The Archives of the United Board for Christian Higher Education in Asia, Yale University Divinity School Library Special Collections.

个日军士兵的强奸。她需要上帝教给她摆脱人生苦难的智慧，但是，一边每天承受着重压，一边“还有更多我似乎根本无法完成的事……因为我的办公室总是被人们围困，他们来请求我给他们各种各样的帮助”①，魏特琳的日记中，“太累”、“筋疲力尽”、“一点精神都没有”之类的言词越来越多。今天，我们知道，她正在失去战胜 PTSD 的机会。

魏特琳日记今天看来，就是一部 PTSD 患者的自述史，因为篇幅的关系，在这里无法一一条陈。魏特琳说，“在我记忆深处总是悲惨的画面——难民们的画面”②。尽管她也用各种方法来试图排遣抑郁，但日军残杀无辜的报告案例、小狗莱蒂叼来的小孩头颅、遍地的尸臭、被侮辱的中国妇女的哭诉、肆虐的汉奸、外国人士之间交流的各地惨状等等，总是在提醒她苦难的事实。在魏特琳的日记中，月光慢慢成为一种指标，1938 年下半年以后，皎洁的月光总能引起她的悲伤。英文把精神疾病患者称为 Lunatic，其词根 Luna 即指月亮，西方的古人揣测精神疾病是月亮引起的，魏特琳的症状与此十分巧合。关于疲劳和焦虑的记录在日记中的篇幅逐渐增加，日军每一个层面的存在总是引起她的“厌恶”。由于心情不好，脾气本来很好的她，与同事之间的争吵后来也多了起来。欧洲战争在 1939 年 9 月爆发后，魏特琳为人类遭受的无休止的战争噩梦而泣血，每到一个相应的日子，都会让她回忆起南京大屠杀期间的种种经历。

无告的魏特琳，更紧地拥抱上帝。尽管疲劳不堪，她主办的各种宗教学习班规模不断扩大；贝德士、马吉等传教士的布道会她热切地参加，反复体味，时时感动；她郑重地记录别人的警句：“如果我们相信上帝，相信十字架的启示，相信天国，相信生命不朽，我们就知道目前的混乱不会持久”③；她相信慕尼黑会议拯救了无数人的生命，而“这是由祈祷所致”④；在她认为南京大屠杀最恐怖的一天 1937 年 12 月 17 日一周年纪念时，她感谢上帝对她们的保护，也为日本的领导人和基督徒祈祷⑤；她频繁地引用祈祷会上那些励志性质的《圣经》语句，如“你们当刚强壮胆，不要害怕，也不要畏惧他们；因为耶和华—你的上帝和你同去；他必不撇下你，也不丢弃你”，等等……但是，

---

① *Minnie Vautrin's Diary*(*April* 12,1938), Box 134 of YDL Record Group NO.11, The Archives of the United Board for Christian Higher Education in Asia, Yale University Divinity School Library Special Collections.

② *Minnie Vautrin's Diary*(*June* 24,1938), Box 134 of YDL Record Group NO.11, The Archives of the United Board for Christian Higher Education in Asia, Yale University Divinity School Library Special Collections.

③ *Minnie Vautrin's Diary*(*September* 11,1938), Box 134 of YDL Record Group NO.11, The Archives of the United Board for Christian Higher Education in Asia, Yale University Divinity School Library Special Collections.

④ *Minnie Vautrin's Diary*(*October* 2,1938), Box 134 of YDL Record Group NO.11, The Archives of the United Board for Christian Higher Education in Asia, Yale University Divinity School Library Special Collections.

⑤ *Minnie Vautrin's Diary*(*December* 17,1938), Box 134 of YDL Record Group NO.11, The Archives of the United Board for Christian Higher Education in Asia, Yale University Divinity School Library Special Collections.

时不时地,现实让她对宗教也倦怠了,1938年的"创始者节",魏特琳坦承没有心情搞庆祝活动,只是"简单"地举行了祈祷①。沃德主教主持礼拜时,一向不喜欢夸耀自己贡献的魏特琳,对沃德"没有对我们去年冬天的勇敢的行为加以评论",表示了不满②。贝德士从马德拉斯宗教会议归来,提出:现在世界上的非基督徒比过去10年中的任何一个时期都要多,这让魏特琳感到"黑暗"和"泄气"③。

世界对魏特琳来说不再有希望,她的日记出现了中断④。烦躁、悲哀、情绪低落、绝望,笼罩了魏特琳。而此前,高尔斯华绥⑤充满幽暗、死亡气息的诗篇《幽灵谷》已经出现在魏特琳德日记中,反映了她绝望的心境:

> 主啊,我已启程赴死亡之海,
> 昔日阳光的欢笑难以忘怀。
> 那岂不浪费天生我才?
> 给我最后的慰藉;
> 人类从此不再战争!⑥

上帝最终没有能够挽救魏特琳,1941年5月14日,她在美国选择自杀。可是,翻开魏特琳日记,我们可以看到她这样的手迹:

> 旱线菊正在怒放,野月桂树也开着花。两种水仙刚刚开花。实验学校的树上栖息着许多鸟,垂柳不高不矮,优雅得体,一些翠鸟在长长的相互缠绕的柳枝间穿梭,真是一幅动人的景象。⑦

---

① *Minnie Vautrin's Diary*(*November* 13,1938), Box 134 of YDL Record Group NO.11, The Archives of the United Board for Christian Higher Education in Asia, Yale University Divinity School Library Special Collections.

② *Minnie Vautrin's Diary*(*November* 20,1938), Box 134 of YDL Record Group NO.11, The Archives of the United Board for Christian Higher Education in Asia, Yale University Divinity School Library Special Collections.

③ *Minnie Vautrin's Diary*(*March* 9,1939), Box 134 of YDL Record Group NO.11, The Archives of the United Board for Christian Higher Education in Asia, Yale University Divinity School Library Special Collections.

④ 如魏特琳日记1940年3月3日至3月21日中缺,See *Minnie Vautrin's Diary*(*March*,1940), Box 134 of YDL Record Group NO.11, The Archives of the United Board for Christian Higher Education in Asia, Yale University Divinity School Library Special Collections.

⑤ 英国诗人,1932年诺贝尔文学奖获得者。

⑥ *Minnie Vautrin's Diary*(*November* 11,1939), Box 134 of YDL Record Group NO.11, The Archives of the United Board for Christian Higher Education in Asia, Yale University Divinity School Library Special Collections.

⑦ *Minnie Vautrin's Diary*(*March* 29,1938), Box 134 of YDL Record Group NO.11, *The Archives of the United Board for Christian Higher Education in Asia*, Yale University Divinity School Library Special Collections.

一个在南京大屠杀高潮时也没有失去对生活的热爱的魏特琳，却最终被PTSD摧垮了，她是南京大屠杀的美国籍受害者。

2004年11月，*The Rape of Nanking：The forgotten Holocaust of World War II* 的作者、美籍华人张纯如女士自杀，尽管关于她自杀原因的推测有很多，但她在写作过程中接触到的南京大屠杀的血腥历史显然是重要诱因。正如她自己所说的，在看到南京大屠杀的那些照片时，“在一个眩晕的瞬间，我陡然明白生命和人类的经历都是如此脆弱”①。对于南京大屠杀中逝去的生命和人类尊严的感伤，对于日本右翼势力始终否认或变相否认南京大屠杀的气愤，成为张纯如挥之不去的心结，“……购物或在公园散步时，《南京大屠杀》的一些影像就会毫无征兆地出现在我眼前，我并不想让这些事毁了我的余生。”②张纯如在致友人信中也曾如此自警，但PTSD的袭击，使她走上了魏特琳的老路，PTSD危害之烈，于此可见一斑。

初步研究表明，南京大屠杀受害者的PTSD是广泛存在的。从受害对象来说，不仅有那些直接承受日军暴力的人，也有哪些目睹暴行的人；从受害范围来说，不仅有南京人、中国人，也有外国人；从受害时间来说，不仅是经历南京大屠杀的当时，也延续到今天。在这个意义上说，南京大屠杀是当今世界必须正视的、属于全人类的历史。③

---

① 张纯如：《导言》，[美]张纯如著，孙英春等译：《南京暴行：被遗忘的大屠杀》，上海：东方出版社，1998年，第7页。

② http://www.chinanews.com.cn/cul/news/2007/11—23/1085900.shtml

③ 本部分主体发表于《抗日战争研究》2009年第4期，收入本书时做了修改。

十一、从南京大屠杀看中国抗战前途

——南京西方人士的观察和预判

南京大屠杀前后，正是日军所向披靡、中国抗战十分危险的时刻。德国驻华大使陶德曼尽管对中国抱有同情，但他一度对中国很没有信心，他警告其外交部，“可以把‘希望’放在将来的政治可能性上”，也就是日本征服中国以后可能出现的新局面上[①]。如此安排的原因，是他判断：“总的来说国民不抱有很大的希望。报纸上所写的事情已经没有人相信了。而且没有人认为中国士兵会再次恢复一度失去的‘士气’。”陶德曼认为，中国人在日军的沉重打击下已经麻木，“国民按照中国自古以来的习惯，表面上一副淡漠的样子。可以看到在空袭中死了丈夫的女性为了把先夫的衣服留给将来的新丈夫用，在墓地旁边非常镇静地洗衣服之类的情景。”[②]

确实，摧毁中国的抵抗意志，是日军发动南京大屠杀的主要原因之一。在很多具体的场景下，日本似乎达到了目的，或者说，看到了他们愿意看到的结果。然而，从事件前后的历史长程看，日军不仅没有实现其企图，相反，其史无前例的暴虐激发了中国人的抗战意志和爱国热情，中国民族国家的整合在应对外来严峻挑战的过程中得到了前所未有的强化。某种意义上，南京正是日本军国主义走向毁灭的起点之一。

值得注意的是，这一点，是当时关注南京局势、特别是身处南京的西方人士首先发现的，他们在救助“地狱般的南京”城里数以万计的中国人的同时，也对当时正处于侵略巅峰的日军的结局和中国抗战的前途作了富有远见的预测和推断，这是我们在充满悲情的南京大屠杀研究中应当注意的另一面历史之镜。

---

① 《陶德曼寄往德国外交部的报告》(1938年1月23日)，文号：2722/1470/3。

② 《陶德曼寄往德国外交部的报告》(1938年1月23日)，文号：2722/1470/3。

(一) 仇恨心态和抵抗意志的激发

本来,日军无休止的轰炸和炮击,使南京军民的神经高度紧张。而当中国军队结束抵抗时,相当数量的国人和外国人产生了一种奇特的幻觉。当时身处南京的《芝加哥每日新闻报》记者 A.T.斯提尔报道说:

> 中国军队的士气完全崩溃和继之而来的盲目惊慌之后,日军进城时南京城里似乎有种模糊的松了口气的感觉。人们觉得日军的行为不可能比被他们打败的军队更差些。[①]

这种幻觉,在当时南京的西方人士中也存在着,国际安全区官员德国人克勒格尔1937年12月12日夜第一次在改为伤兵医院的国民政府外交部见到了日军,他回忆到,"(日军)军官在短暂的视察后表现出了非常善意的态度,给我的印象是,和一边战斗一边行军的部队一样很守纪律"[②]。

基于同样的看法,南京甚至出现过令我们尴尬的情景,"当第一支日军从南门沿中山路开到城里大广场时,为数不多的中国百姓响起稀稀落落的欢呼声"[③]。

事实很残酷。克勒格尔的瞬间印象被证明是错觉,"顷刻之间,他们的幻想破灭了。日军口口声声要寻求中国人民的友谊,但他们在南京的残暴行为使他们失去极好的赢得中国民心的机会"[④]。

《纽约时报》记者提尔曼· 杜丁也报道了日军用刺刀把带着各种想法的中国人唤回现实、并教会他们仇恨的过程,他说:"此刻,再也没有人为日军欢呼了。掳掠南京城,蹂躏民众,日军在中国人心里深深地埋下仇和恨,这种仇恨日积月累便会形成东京表示要尽力从中国根除的抗日意志。"[⑤]

---

① 《日军屠杀成千上万》,《芝加哥每日新闻报》(Chicago Daily News)1937年12月15日,张生编:《外国媒体报道与德国使馆报告》,第92页。

② 《外交资料:克勒格尔的私人报告》(1938年1月13日于南京),张生编:《外国媒体报道与德国使馆报告》,第318页。

③ 《攻占南京肆意屠戮》,《纽约时报》1937年12月18日,张生编:《外国媒体报道与德国使馆报告》,第113页。

④ 《日军屠杀成千上万》,《芝加哥每日新闻报》(Chicago Daily News)1937年12月15日,张生编:《外国媒体报道与德国使馆报告》,第92页。

⑤ 《攻占南京肆意屠戮》,《纽约时报》1937年12月18日,张生编:《外国媒体报道与德国使馆报告》,第113页。

当时德国留驻南京的大使馆政务秘书罗森试图剖析日军悍然在众目睽睽之下施暴的心态,他认为中国人的抵抗造成了长期蔑视中国、认为可以轻松荡平中国的日军的心理混乱,企图用暴行来掩饰自己的不知所措。他从日军南京警备司令官天谷盛气凌人的演说出发:

> 首先可以从中得出这一结论,一定是中国人的抵抗已使日本人不知所措。一个民族在经受多年的痛苦和不断的屈辱后最终起来反抗外国入侵者,对于热爱自己国家的中国人来说本来就是理所当然的。但在极度蒙蔽之下的日本人从来就不想看到这一点。大约两年前那个满洲国的日本外务省副大臣大桥先生——他就是现在战争的主要责任人之一——对我说过,他们可以用两个日本师团就能牵制中国的中央军!现在他们没从这种反抗得出是打错了算盘的结论,没有给中国提供一个体面的和平,而是以这个对日本人特别惊人的认识作为一次又一次变本加厉破坏的理由。①

罗森的分析指出了南京大屠杀和其他战争暴行所造成的日军不愿面对的结果,而对这一客观结果的故意忽视和由此采取的进一步扩大战争、继续进行战争犯罪的措施,使日军在中国越陷越深。这是日军在战略上的根本性错误,今天国内外学术界已经有清晰的认识,但在当时,可谓有先见之明。有意思的是,即使对中国抗战前途较为悲观的陶德曼也注意到了同样的问题,他提出:"战争给中国带来了道义上的好处。中国觉醒了。日军使埋藏在中国人民心中的、之前没有发觉的爱国主义萌芽了。"正因为如此,他认为日军树立伪政权来取代中国合法政府的尝试不会取得预期的效果,"日军试图树立独立政府的所有尝试,只产生出一种在日军的刺刀下才会存在的幻像"②。德国驻华使馆书记官毕达就金陵大学美籍教授贝德士和斯提尔等人的报告评论说:"当值得信赖的欧洲人目击者没有在现场的时候,这种行为有时也会得不到证明。但是这类事件是无法掩盖的,它进一步刺激了国内高涨的民族运动,使得战争越发深化。"③

即使放下武器,也不可能得到合乎国际法的对待;即使逆来顺受,也不可能避免被蹂躏、屠杀的命运。日军企图迫使中国放弃抗日,却因为侵略和暴行而强化了中国的抗战,这体现了历史的辨证。英国人埃德温·豪伍德的分析贯彻了这种辩证法,在

---

① 《罗森给德国外交部的报告》(1938年2月7日),德国外交部政治档案,文书编号:2722/1096/38。

② 《陶德曼寄往德国外交部的报告》(1938年1月23日),德国外交部政治档案,文书编号:2722/1470/3。

③ 《寄往德国驻华大使馆(汉口)的报告》,德国外交部政治档案,文书编号2722/4379/37。

罗森等人的基础上更进一步,他说:

> 战争爆发之前,日本人民、日本军人被灌输了各种有关邪恶的中国人无法无天、野蛮残酷的故事。因此,这些在上海遇到出乎预料的勇敢抵抗的日军,遇上机会便发泄他们邪恶的情感,倒不令人感到惊异。只是他们没有意识到这不仅仅对中国人民,而且也对他们祖国的荣誉犯下滔天的罪行。从实用的立场出发,日本理应对这些令人发指的暴行表示遗憾,因为这些暴行毫无疑问将比任何其他东西更强烈地坚定中国人民的抵抗。日本政客一再声称他们并不是和中国人民争论,而是要和以蒋介石为首的中国政府争论。如果他们试图让这一论点显得荒谬愚蠢,那么他们将不会选择比怂恿日军在中国土地上对人类犯下如此可怕的暴戾行径更为有效的办法了。此举不可估量地强化了中国全民族赶走侵略者的决心。[①]

鸦片战争以来,中国人在西方人心中的形象就是腐朽、麻木、散漫,对国家和民族前途漠不关心。但日军进行的南京大屠杀和其他战争犯罪激发的敌忾之心,使中国人抗战决心高昂,成为抗战初期世界瞩目的事实。于是,物质资源严重匮乏的中国,不再被西方视为一触即溃的国家。英国《曼彻斯特卫报》判断说:

> 总体看来,实现了预想。首都是陷落了,但是日军还没有给中国的主力部队以致命的打击。日本陆军司令官急着想在中国民众的警戒没有扩大的时候,直追中国军队直至内陆,但结果未能得逞。中国虽然失掉了主要的都市、最大的港口和富裕地区,但是还不能说已经输了这场战争。[②]

值得注意的是,南京大屠杀作为一个事实,实际上有不同的理解角度;南京大屠杀对中国战时民族主义的激发作用,少不了主政者的引导。当时的西方人士就注意到:中国政府有意识地就南京大屠杀等相关事件开展国民教育,收到很好效果。德国驻上海总领事菲舍尔报告说:

---

① 埃德温·豪伍德:《可怖的南京记录——"没有比这更能坚定中国人的抵抗"》,《大不列颠与东方》第 51 卷 1938 年 7 月 21 日,张生编:《外国媒体报道与德国使馆报告》,第 197 页。

② 《其后的南京》,《曼彻斯特卫报》(Manchester Guardian)1937 年 12 月 17 日,张生编:《外国媒体报道与德国使馆报告》,第 106 页。

关于轰炸"巴纳"号炮艇以及上海和南京战斗行动的美国影片在这里一家最著名的电影院里连续放映了好多天。中国的观众十分火爆,而且票价也很低。特别是该影片有关战争,毁坏和难民的照片给无数观众留下了难忘的印象。银幕上出现最高统帅蒋介石和中国士兵的军事行动时,激起了强烈的爱国主义热情。在重庆和四川的其他地方不断变换写有"把反对日本军国主义的斗争进行到底"的标语,通过放映与"巴纳"号有关的战争照片,大大地增强了民族主义思想。[①]

认为国民政府在南京大屠杀发生后只是悲切地哀号的看法是不符合事实的。

(二)日本国家形象的恶化和对中国的同情

毛泽东在《论持久战》中雄辩地提出了中国抗战胜利的条件之一是得道多助。而得道多助的前提有二:日本被国际社会唾弃和国际社会对中国的同情与支持。南京大屠杀在这两个前提的形成过程中,发生了重要影响。

《纽约时报》当时是美国最具影响力的主流媒体之一,它分析了大屠杀前后日本国家形象的转变:

日军攻占城市后的屠杀、强奸、掳掠似乎都属于一个更加野蛮、已经消失的时代。

南京失守,中国人损失了比他们国家首都更多的东西。在淞沪到长江三角洲一带正面阻击日军的中国军队被打垮了,把他们重新结集起来对日本军事机器进行有效而大规模的抵抗颇值得怀疑。

对于日军,攻占南京具有至高无上的军事和政治意义。然而,他们的胜利却由于野蛮残酷、集体屠杀俘虏、掳掠全城、强奸妇女、虐杀平民和肆意破坏而黯然失色。这些丑行将成为日军和日本国家名誉上的污点。[②]

客观地说,日本是当时"五大强国"之一,它在远东事务上的发言权并不能仅仅归

---

① 《菲舍尔给驻汉口德国大使馆》(1938年3月9日),德国外交部政治档案,文书编号:23/38。

② 《南京陷落日军施暴》,《纽约时报》1938年1月9日,张生编:《外国媒体报道与德国使馆报告》,第126—127页。

因于英美的“绥靖”，它通过甲午战争、日俄战争、第一次世界大战等积累起来的实力和强国形象，获得了列强的体认。九一八事变后“史汀生主义”的出台，七七事变后英美的推诿，反映了列强对其实力的忌惮。但南京大屠杀的发生和西方人士对其中内情的传播，使一个军人横行、体制混乱、崇尚暴力和血腥的日本国家形象呈现于世界，世界舆论由此日益同情中国抗战。

当时西方媒体很注意强调一个事实：即日本当局当年实际上对南京大屠杀是知情的，但他们乐意辩解说大屠杀是在上海统帅部不知情的情况下发生的，这反而说明日本对其军队失去了控制，日本是一个“污点”国家：

应该说有些日军部队有约束，较为宽大，有同情心。但是，总体来说，在南京的日军给他们国家的名誉留下了污点。

占领南京后几天，日本高级将领和外交官巡视了南京城，他们对所有外国人目睹后报道的极端行为承认不讳。这些日本官员解释说，南京的野蛮暴行是因为一部分日军失去控制，是在上海的最高统帅部不知情的情况下发生的。

日军在中国人心中种下对日本的深仇大恨，也使他们宣称对华作战期望得到中国人“合作”成为遥远的将来。①

哈立德·阿本德是《纽约时报》驻上海记者，他对事件的判断显然比在南京的同行慢一拍，南京陷落时，他注意到了战场上的一些事件，并“联想”说：

南京陷落给予一直处于厌战气氛下的华北战线上的中国军队的士气很大的影响。山东省西部的一支八万人的部队投降日军。另外山东省及河南省南部各军共九千人扔掉了枪。②

随着南京消息的增加，阿本德判断出南京日军暴行给日本国家形象带来的严重负面影响，他说：

日军在南京的掠夺、屠杀、强暴已将攻陷南京演变成日本的国家耻辱，为迅速终止这种状况，日本陆军高层开始采取亡羊补牢式的严厉惩戒措施。

---

① 《南京陷落日军施暴》，《纽约时报》1938 年 1 月 9 日，张生编：《外国媒体报道与德国使馆报告》，第 134 页。

② 《日军兵分三路正向中国军队前线进攻》，《纽约时报》(New York Times) 1937 年 12 月 17 日，张生编：《外国媒体报道与德国使馆报告》，第 107 页。

> 可以想象日军作了极大的努力,试图造成这样的假象,即华中方面军司令松井石根大将对部下疯狂杀害已解除武装的俘虏、平民和妇女儿童的丑行并不知情。实际上,这名老奸巨滑的武将似乎已经觉察到,他的下属军官中有人参与了掩盖真相的活动。
>
> 松井大将在攻陷南京时的指挥手腕本应获得称赞,但“巴纳号”攻击事件抵消了他的功劳。并且,在到达中国首都并得知所发生的一切后,他的失望应当更在“巴纳号”事件之上,这一切使得恐怖和耻辱的色彩愈加浓厚。日本政府和国民曾经长期以久负勇武侠义之名的陆军为荣,但当屠杀集团在攻占南京时的行为被发觉后,被视为国家荣耀的陆军顿时名誉扫地。……
>
> 日本当局痛苦地认识到,想要掩盖这些惊人的事实已不可能。即使充满偏见变得歇斯底里的中国人对日军暴行的揭发是毫无根据的,那些至今一直留在市内、值得信赖的美国人、德国人的日记和备忘录也对不断发生的暴行作了纪录。日军士兵的野蛮行为终将暴露。……
>
> 在对迄今为止的全部证据进行调查时,当地的人们会得出以下的结论,亦即攻占南京这一辉煌的战斗将不会被作为光荣的纪录写入日军战史,它必将在历史上写下令日本举国上下后悔不尽的一页。[①]

眼见为实,当南京的西方人目睹日军军官放任士兵肆虐时,阿本德说日本陆军采取严厉措施是不符合事实的,这跟他对松井石根莫名的感情有关,事实上,在他后来写作的《我在中国的生活 1926—1941》中,就记述了松井与之密谈、告知他“巴纳号”事件真相的前因后果[②]。他痛恨日军的暴行,但他似乎也愿意对日本方面进行“善意”的规劝,这和那些明确判断日军激起中国人民仇恨、战争将遥遥无期的西方人士,有较大的区别。他说:

> 在这种情况下,恐怖是难以用语言来形容的,而文雅些的日军军官侈谈“对压迫人民的中国政府发动战争的唯一目的是为了中国人民的利益”只会留下令人作呕的印象。一定会有负责任的日本政治家、军人及平民,为了他们国家的利益,迅速而妥当地纠正这几天有损立足于中国国土上的日本人形象的行为。也

① 《日军控制在南京的过火行为》,《纽约时报》1937 年 12 月 19 日,张生编:《外国媒体报道与德国使馆报告》,第 120—121 页。

② [美]哈立德·埃邦德:《是谁下令轰炸“巴纳”号的?》,张生编:《英美文书·安全区文书·自治委员会文书》,第 41—46 页。

有个别日军官兵举止颇有绅士之风，与他们的职业相符，和他们的帝国相符，但是，整体上日军的所作所为是坏透了。①

金陵大学社会学系美籍教授史迈士大屠杀期间一直坚持在南京，他根据亲眼所见，揭发了日本在南京制造亲善假相的丑闻，从另一个角度说明了日本国家的说谎者形象。

我们也更加了解日本的新闻宣传！在他们滥施淫威的1月份，日本新闻小组在城里演出日本士兵给小孩发糖和一个日本军医给20名孩子检查身体的闹剧，但这些举动在照相机不存在时怎么没有重复呢！而在为美国制作的宣传中，日本则把自己描绘成在中国保护外国权力和遏制共产主义的模样。事实上它正在快速推行本来意义上的"赤化中国"，制造经济衰退，导致盗匪猖獗，迫使中国越来越转向苏维埃俄国。②

陶德曼虽以中立者身份调停日中战争，但他评论说："日本人，首先是其军队通过战争没有获得任何名声。全世界都觉得好像是'无赖'和'斗输了的狗'在互相瞪眼，大都会和中国人民产生共鸣。"由于中国获得同情，陶德曼判断日中战争会出现日本非常担心的长期化趋势，并将日本发动战争的本质目的提示出来，这对日本企图塑造的"道义战争"形象是重大的冲击：

这场战争决不会一次就结束了。中国之于日本就像法国之于德国，两国应该会一直对峙下去。追根溯源的话，中国自从奉天〔柳条湖〕事件之后就处于同日本，或者不如说是同日军的战争状态中，只不过那时开始的战争因塘沽和上海的停战协定中断了而已。日本现在正尝试着在〔第一次〕世界大战中没能实现的事。即欲将中国完全置于自己的统治之下，消除白色人种在中国的影响。这就是日本的"皇道"和广田原则真正含意。③

由于在南京的德国人士和其他西方人士关于日军暴行的报告不断汇集到陶德曼处，陶德曼结合自己的经历对日本的国民性进行了思考，他认为，"日军一旦激怒起来

① 《恐怖笼罩着南京》，《纽约时报》1937年12月24日，张生编：《外国媒体报道与德国使馆报告》，第123页。

② 《致朋友函》(1938年3月8日)，章开沅编译：《美国传教士的日记与书信》，第283页。

③ 《陶德曼寄往德国外交部的报告》(1938年1月23日)，德国外交部政治档案，文书编号：2722/1470/3。

就会做出比其他国民残酷得多的事情。我想起了我任东京〔德国〕大使馆参事官时发生的事情。那是关东大地震之后不久的事。为了杀害一个社会主义者领袖的家人,日军军官给他们家年幼的孩子们甜东西吃,在孩子们正沉浸在得到东西的喜悦中时,军官从身后用绳子把他们绞死了。这种亚洲式的残暴性在中国人民面前完全暴露出来了。"陶德曼对日本国民性的判断与《纽约时报》等对日军属于"野蛮时代"的定位,其后在西方舆论中被广泛使用,从长远来说,对日本国运的影响十分巨大。

日本国家和日军形象的急剧恶化,使得沃尔塔·利普曼从日军在中国的暴行中看到一种危险因素,他认为美国如果仍然坚持布鲁塞尔会议期间的妥协政策,未来必将付出巨大的代价,这种与孤立主义完全不同的声音,虽然在当时虽非主流,但确实是一种有利于中国、并最终引导中美同盟的舆论。他说:

> 整个问题关键的危险就在于此。如果日军内部那些喜欢野蛮行径的人认为美国的抗议只不过是布鲁塞尔会议的伪善决议的话,那他们一定会把挑衅行为加剧。其结果,这种野蛮的行为就更具挑衅意味,代价就会远远高于今天,就不得不让日军相信美国政府言出必行。如果今天我们不冒险坚持自己的主张的话,那么将来可能会付出更大的代价。[①]

类似的认识在英美社会广泛传播,比如在斯特拉博尔吉转发给英国外相哈利法克斯的关于南京大屠杀真相的长篇秘密报告中,南京国际安全区官员、美国人费吴生表示:"根据我此次的经验,还有 1932 年上海战争的经验,我觉得由于日本军队没有基督教理想主义的背景,它已变成一种残酷的、破坏性的力量,不仅威胁着东方,而且将在某一天威胁到西方,世界应该知道正在发生的那些事情的真相。"作为对比,费吴生认为:"中国人有一种不可征服的忍受苦难的能力和毅力,还有许多其他的优良品德,正义最终必将赢得胜利。无论如何,我将永远是快乐的,因为我将自己的命运同他们的连在了一起。"[②]

西方人士对日本国家形象的确认,使他们从南京大屠杀中看到了中国坚持抗战的世界意义,皮特·尼尔森说:

> 上月中旬的南京占领前后,军国法西斯、日本皇军的屠杀和野蛮行径等大规

---

① [美]沃尔塔·利普曼《美国的对日抗议》,《纽约先驱论坛报》(New York Herald Tribune)1937 年 12 月 16 日,张生编:《外国媒体报道与德国使馆报告》,第 93 页。

② 《斯特拉博尔吉博士致哈利法克斯爵士》(1939 年 2 月 13 日),英国国家档案馆档案,登记号:1712/1712/10。

模杀戮，在亚洲历史上曾经记载的有计划的屠杀和掠夺事件中，都可以说是最残忍的罪行。

……中国同日本军国法西斯英勇作战，不仅是为了赢得中国的独立和自由，而且也帮助了为自由和民主日本战斗的日本人民。①

这是对中国人所作出的牺牲崇高的评价。

（三）中国抗战必胜的前途

蒋介石的德国顾问团团长冯·塞克特曾说过一句充斥着社会达尔文主义精神的“名言”：“弱国威胁和平。”②所有荒谬的东西都是真实世界的曲折反映，冯·塞克特的话说出了当时奉行“丛林法则”的世界秩序的潜规则——当一个国家积贫积弱，便无法不引起侵略者的觊觎。事实上，明治维新以后的众多日本思想家就是这样解释他们对中国、韩国进行侵略的必要性与正当性的。选择在南京、在众多西方人士的眼皮底下进行屠杀，体现的正是日本企图使中国畏服的逻辑。

但时势变迁，19 世纪末到 20 世纪上半叶，中国民族国家的自觉意识和内部整合在艰难中获得了长足的进步。日本欲袭历史上外来民族灭亡中原政权之旧辙，却遭遇民族意识高涨的中国人的拼死反击。《华盛顿邮报》1937 年 12 月 17 日在南京大屠杀的高潮中刊登了国民政府领导人蒋介石义正词严的表态：

“投降必将遭到灭种的危机。不管国家形势如何变化，吾等应全力抗战，不依赖任何外力。日本战斗力枯竭，中国最终获胜的时刻必将到来。”③

确实，回顾历史，当南京大屠杀发生的消息传递到中国各地时，战斗着的中国军民并没有因此而闻风丧胆，相反，他们从南京大屠杀中受害者的遭遇中，体会出了抗战必须胜利的道理。正如《大公报》的社评所痛切指出的：“它普遍的告诉中国人，国万万不可亡，亡了国便休想做人！他告诉中国战士，抗战杀敌是卫国保种的唯一手

① ［美］皮特·尼尔森：《南京大屠杀》，《今日中国（China Today）》第 3—4 卷，1936—1938 年，张生编：《外国媒体报道与德国使馆报告》，第 180、182—183 页。

② 《陶德曼寄往德国外交部的报告》（1938 年 1 月 23 日），德国外交部政治档案，文书编号：2722/1470/3。

③ 《日本举行南京入城仪式》，《华盛顿邮报（Washington Post）》1937 年 12 月 17 日，张生编：《外国媒体报道与德国使馆报告》，第 100 页。

段。假使我们拿着武器向后退,失土中的男女老幼同胞的命运便绝对绝对的漆黑了!”①这一决定中国历史进程的新变化,被当时的西方人士敏锐地捕捉到了。

如果说南京大屠杀告诉了中国人抗战必须胜利的道理,美国驻日大使馆武官卡波特·科维尔1938年4月在南京对贝德士和史迈士的调查,则提示了中国抗战必将胜利的动因,其中蕴涵的精神实质与其后在《论持久战》中得到系统阐述的理论是一致的:

> 这个问题是:如果对日军所取得的利益立刻加以限制、控制占领区的铁路、坚决支持以期恢复失地的中国军队的反击,摆好这种架势的话,日本能被击败吗?史迈士和贝德士的观点是:神出鬼没的中国军队攻击的持续压力和复仇精神持续不断,最终将迫使日军撤退。从这次讨论中所显示的论点,可以得出这样一个结论,上述情况取决于中国一方是否有主动抗战的意思。贝德士和史迈士两人都确信:有关日军有秩序守纪律、日本军方当局没有私利私欲的传说,因深深刺入中国人民心灵的残暴和罪行而被破坏,因此,日本一方的统治对中国人来说已没有任何意义。关于这一点,中国人自身也许会意识到的,而且他们的悲痛之情会一直激发持续的攻击,直至把日军赶走。
>
> 他们的看法,结论是日本会受到超出自身想象的沉重打击。②

1939年11月,曾经在南京围城中详尽记录日军暴行的贝德士有机会对大后方的情况进行了调查,他得出了与在南京时一致的看法:

> “自由中国”值得大大赞扬,它保持了士气和合作,创建了军队,在新运输线上艰难前进,努力解决迫切的工业问题。财政金融管理也不错。有效的军事实力与既定目标还相差甚远,但期望它是恢复统一和自由的一个因素……日本和轴心国已经失去了目前成功的希望。③

美国军舰“瓦湖”号舰长杰弗斯少校参与了“巴纳”号事件的善后,他在南京附近江面上目睹了日本海空军的肆虐,他对中国抗战前途的分析主要出于军事角度,他首先分析了日军兵势可能达到的最大值:

---

① 汉口《大公报》1938年7月21日。

② 《卡波特·科维尔的南京旅行记》,张生等编《英美文书·安全区文书·自治委员会文书》,第75页。

③ 《贝德士夫妇致国外朋友函》(1939年11月28日),章开沅编译《美国传教士的日记与书信》,第55—56页。

石美瑜(中)等检视被害人尸骨现场。中国第二历史档案馆藏。

原日军第六师团长谷寿夫在南京受审。中国第二历史档案馆藏。

谷寿夫被押赴刑场,执行枪决。中国第二历史档案馆藏。

被处决后的谷寿夫。中国第二历史档案馆藏。

向井敏明走向刑场。选自《历史图像》。

向井敏明、野田毅和田中军吉临刑前一刻。选自《历史图像》。

日本在中国的计划不会成功，这就是杰弗斯的意见。他说，日本至少会被迫部分败退的，日本会停留在华北、天津——包括浦口铁路、上海沿岸地带，也许会吞并汉口，但不会再向西挺进，河南会原封不动地保留着，从未占领区域完全撤退(正如1937年夏从长江流域完全撤退的命令所指示的那样)。如果在占领区域守备铁路，在前线有游击队攻击的话，击退他们、然后再从现在的铁路线入侵到难以接近的区域，大概需要30年的时间。

基于这样一个被后来历史证明为基本准确的判断，杰弗斯对卡波特·科维尔表示，“比照阿尔萨斯·洛林，牵强附会，想完全征服中国，简直是不可能的，这是因为中国人口数量压倒性地居多”。他分析说：

由于日本在中国人中间产生的反日情绪是无法预计的，因此日本一方的计划不会顺利进行。然后，日本所能占领的毕竟是点和线，它必然会在无数可能的地方受到中国军队的攻击，因此会招致巨大数目的人员伤亡。日本拥有7千万人，怎能抵得过中国4亿5千万人，经得起生命的损失呢？中国任何一个摆脱日本占领的区域都会依靠他们的热情，生产战争必需品。而且，日本最终一定会被迫败退的。日本要获得成功，就必须把整个中国握在手心里。但是，这对日本人来说，是不可能的。[①]

比起当时在南京的其他西方人士，罗森对日本的厌恶几乎是不加掩饰的，日本驻南京总领事福田笃泰曾很纳闷地问沙尔芬贝格：“美国人和英国人对日本有敌对情绪这点我知道，但为什么连德国人也这样呢？”[②]贝德士等人的推断在南京毁灭的时刻已属大胆，而罗森的判断则是不仅中国将赢得胜利，日本还必将毁灭：“日本以暴虐的行为使中国人扎下了牢固的反抗心理，因此它必将毁灭自己。日本要失败，以自己的国家为战场进行战斗的中国人不可能向野蛮的侵略者投降。因为游击队是在同‘大猩猩’抗衡，因此‘大猩猩’必定要失利。所谓文化和文明的一切力量与共鸣，都寄予中国一方。”[③]这是南京大屠杀期间西方人士对中、日战争结局最准确的推断，也是血流漂杵、一片废墟的南京城中最不可思议的预言。

---

① 《卡波特·科维尔的南京旅行记》，张生等编《英美文书·安全区文书·自治委员会文书》，第78页。

② 《沙尔芬贝格给劳滕施拉格尔的信》(1938年2月1日)张生编：《外国媒体报道与德国使馆报告》，第361页。

③ 《卡波特·科维尔的南京旅行记》，张生等编《英美文书·安全区文书·自治委员会文书》，第79页。

陶德曼曾经劝中国“体面”地求和,他说:“中国到目前为止的抗战已经向全世界充分展示了中国人的勇敢精神,现在应该到结束战争的时候了。第一次世界大战时,德国有好几次讲和的机会,但我们对自己的国力过分自信,没有走上讲和的轨道,后来德国无条件投降时,不得不悲惨地接受战胜国的所有条件。”[①]当时陶德曼无法想象,这应当是给日本的忠告,但他同时颇有远见地提出:

> 中国的未来将表明中国是否从这场“炮火的洗礼”中找到了通往民族最后复兴的力量。这取决于年轻的一代人和能否用道义上的国家感情来克服个人的利己主义。[②]

历史证明,国人确实从南京大屠杀以及其他无以数计的苦难中体验了“落后就要挨打”的真理,他们以血肉和汗水坚持下来的抗战,成为中华民族伟大复兴的起点。旁观者清,南京西方人士的推理虽非缜密的体系性论证,却也提示了历史的风口浪尖理性的力量[③]。

---

① 陈仁霞:《中德日三角关系研究(1936—1938)》,北京:生活·读书·新知三联书店,2003年,第212页。

② 《陶德曼寄往德国外交部的报告》(1938年1月23日),德国外交部政治档案,文书编号:2722/1470/3。

③ 本部分主体发表于《民国档案》2006年第4期,收入本书时有修改。

十二、南京审判

南京审判是相对于东京审判而言的，区别于东京审判对日本甲级战犯的国际审判，南京审判是指战后国民政府主导的对日本乙丙级战犯的审判。由于对国民政府主导的10所法庭审判的研究尚不充分，所以学界大多数情况下对南京审判的讨论具体所指实际上是国民政府对南京大屠杀案的审判[①]。以往的研究较多从回击日本右翼对审判公正性质疑的角度出发，故多注重法庭判定的日军暴行事实及其背后的战争罪责，这一延续至今的研究视角相对忽视与审判关联的战罪调查、法理基础、战犯逮捕等相关环节，且对法庭审判相关战犯的过程未做细致考察，实际上忽视了影响法庭审判的程序问题。著者拟在前人研究的基础上，突出上述问题，以深化学界对于南京审判的事实与意义两个层面的认识。

（一）南京军事法庭的成立

为惩处日本战犯，战后盟国除在东京设立远东国际军事法庭审判甲级战犯外，还在各受害国设立军事法庭审判乙丙级战犯。各受害国设立的军事法庭是战后盟国处理战犯政策实施的重要组成部分，但相对于远东国际军事法庭又有一定的独立性。

1. 战后盟国处理战犯的政策

盟国关于战后如何处理战犯的问题，早在战争还未结束时就已经开始在各种场合讨论了，主要原则与具体政策是通过几次重要的国际会议协商形成的，最终比较集中地体现在《纽伦堡国际军事法庭宪章》和《远东国际军事法庭宪章》的制定与实施上。

---

① 关于国民政府审判日本战犯研究的学术史梳理可参见徐志民：《抗战胜利后国民政府审判日本战犯研究》，《杭州师范大学学报》2015年第5期。

早在1941年12月4日,苏联政府就发表了由斯大林签署的宣言,率先要求在战争结束后,严惩希特勒等战争罪犯①。1941年底,英国首相丘吉尔声称:"对这些罪犯给予惩罚,从现在起开始成为战争的一个主要目的。"②1942年1月13日,遭受德国侵略的法国、比利时、捷克斯洛伐克、波兰、挪威等欧洲九个国家的流亡政府在英国伦敦开会,签署了《关于惩办战时所犯罪行宣言》,列举德军的种种战争罪行,宣言中表示要"用有组织审判方式,惩办那些有此种罪行并对此种罪行应负责者"③。国民政府当即备函声明:"日本在中国所犯罪行应受同样之惩罚。"④

1943年盟国开始对日反攻,日本战败日益临近。在此形势下,中国及其它盟国开始考虑战后审判发动侵略战争的罪犯并为审判做准备。1943年10月,经美、英提议,盟国在英国伦敦商定正式设立联合国家"战争罪行调查委员会",开展对德、意、日法西斯战争罪行的调查工作。11月3日,莫斯科苏、美、英三国外长会议闭幕时,发表了《莫斯科宣言》,这个宣言除了重申战犯必须严惩之外,并声明:凡在某一地方犯有严重暴行的战犯都应当押解到他犯罪地所在的国家中,以便按照那些被解放了的国家及由此而建立了自由政府的法律去审判治罪。宣言还宣布"对于主要战犯的案件决不偏袒;他们所犯罪行既无地理上的区分,应该由同盟国政府去共同审判治罪"⑤。上述宣言表明了盟国将通过国际法庭审判战争罪犯的构想,同时也赋予了受害国在国内审判战争罪犯的权利。

1943年11月召开的开罗会议,虽然没有详细讨论惩处战犯的问题,但《开罗宣言》表示:"我三大盟国此次进行战争之目的,在制止及惩罚日本之侵略。"⑥1944年,盟国战犯审查委员会成立,并拟定《国际战犯法院公约》和《联合国引渡战犯公约》。1945年7月26日,美、英、中三国发表《波茨坦公告》,敦促日本立即无条件投降。公告提出要根除"欺骗及错误领导日本人民使其妄欲征服世界之权威及势力",驱逐黩武主义,建立世界和平与正义的"新秩序";对于惩罚战争罪犯,公告明确表示"吾人无意奴役日本民族或消灭其国家,但对于战犯,包括虐待吾人俘虏者在内,将处以严厉之法律制裁"⑦。这是盟国第一次明确表示将对日本战争罪犯进行惩处。上述盟国的重要决议尤其是《波茨坦公告》,成为后来远东国际军事法庭设立及审判战犯的重要

① [苏]拉金斯基等著:《日本首要战犯的国际审判》,北京:世界知识出版社,1955年,第19页。

② [苏]舍霍夫佐夫主编:《第二次世界大战》(10),上海:上海译文出版社,1987年,第837页。

③ [苏]拉金斯基等著:《日本首要战犯的国际审判》,第20页。

④ 《战犯处理工作报告书》(1947年),中国第二历史档案馆藏,档案号:十八——2602。

⑤ 王绳祖:《国际关系史资料选编》(下),武汉:武汉大学出版社,1983年,第14页。

⑥ 《国际条约集(1934—1944)》,北京:世界知识出版社,1961年,第407页。

⑦ 《国际条约集(1945—1947)》,北京:世界知识出版社,1961年,第77页。

依据。

1945年9月2日，由日本外务大臣重光葵和参谋总长梅津美治郎代表日本签订投降文书，并向同盟国九国受降代表麦克阿瑟等呈递，接受《波茨坦公告》中的条款。1945年12月27日，苏、美、英三国外长会议决议，设立远东委员会及盟国对日委员会，以代替此前设立远东咨询委员会的计划，负责战后的对日处置工作[①]。上述委员会名为多国协商对日政策的组织，实则作用有限，真正发挥主导作用的是麦克阿瑟主持的驻日盟军统帅部。

1946年1月19日，驻日盟军统帅麦克阿瑟根据盟国最高委员会决定，正式颁布了关于在东京设置远东国际军事法庭的《特别宣言》，以及《远东国际军事法庭宪章》。1946年2月18日，麦克阿瑟正式任命澳大利亚昆士兰州高等法院院长韦勃爵士为首席法官，以及分别来自中国、苏联、美国、英国、法国、荷兰、菲律宾、加拿大、新西兰、印度等10国的10名法官；同时任命了首席检察官和其他30名检察官。根据宪章，盟国确定的甲级战犯共计70人，后认为案情庞大复杂，决定将这70人分两批或三批审理。远东国际军事法庭审判的第一批甲级战犯是28名，因为其中3人或病死或发疯，此后也未对其他战犯进行审判，所以东京审判实际上只对25名甲级战犯进行了审判。东京审判从1946年5月开庭到1948年11月宣判终结，共历时近两年零七个月。其间开庭共计818次，法庭纪录4.8万余页，出庭作证的证人达419人，出示文件证据4000多件，判决书长达1213页，规模超过了纽伦堡审判，堪称人类历史上规模最大的一次国际审判，也是二战结束后世界上发生的重大政治事件之一。

同盟国除在东京设立远东国际军事法庭审判日本甲级战犯外，还在马尼拉、新加坡、仰光、西贡、伯力等地，对乙、丙级战犯进行审判。乙、丙级战犯是指犯有常规战争犯罪和反人道罪的战犯。据统计，被同盟国起诉的各类日本战犯总数为5421人，被判刑者4403人，其中被判处死刑者984人[②]。

对于远东国际军事法庭与各盟国自主设立法庭的关系。1946年1月19日，盟军最高司令麦克阿瑟的特别声明中提到，远东国际军事法庭的设立，不妨碍为审判战犯而在日本或曾与日本处于战争状态之联合国成员国所已设置或行将设置之任何国际、国内或占领地法庭或委员会以及其他法庭行使司法权[③]。

在1946年1月19日盟军最高统帅部颁发的远东国际军事法庭的宪章中，规定法庭的设立是“为求远东甲级战争罪犯的公正与迅速审判与惩处”，这里的甲级战犯

---

① 《日本问题文件汇编》第1集，北京：世界知识出版社，1995年，第10页。

② 《战争犯罪裁判史概要》，日本法务大臣官房司法法制调查部1973年编刊，第266—269页。

③ 《盟军最高司令的特别声明》，杨夏鸣编：《东京审判》，第5—6页。

是指那些犯有远东国际军事法庭宪章中规定的甲项罪行,即破坏和平罪,至于犯有普通战争罪或违反人道罪的乙级和丙级战犯,按照国际惯例,一般由犯罪地所在的国内或当地的军事法庭去审判①。

由受害国主导的对战犯的审判不是简单地贯彻"犯罪属地"的刑法原则,更为重要的是对其国家主权的尊重和战争创伤的抚慰,其重要意义不应被低估。正如参加东京审判的中国法官梅汝璈所言,"由犯罪地国内的或当地的法庭审判,使这类战犯在当地受到法律制裁,可以使对他们的暴行记忆犹新的地方群众在心理上、精神上感到快慰"②。这是国际审判所不能发挥的作用和影响。

2. 国民政府战犯处理委员会

中国是二战亚洲战场的主要盟国之一,所以包括战犯的处理等一系列战后对日处置问题必须依照盟国之有关精神进行,其行动在某种程度上也受到盟国的制约。盟国首脑在战犯处理问题上达成共识后,1944 年成立盟国战犯审查委员会并拟定《国际战犯法院公约》和《联合国引渡战犯公约》。鉴于中国"抗战时间最长,受祸最深,为协助处理战争罪犯",1944 年 5 月 16 日,联合国战罪审查委员会伦敦总会通过决议,在中国设立远东及太平洋分会,并由中国政府担任分会主席。11 月 29 日,联合国战罪审查委员会远东及太平洋分会在重庆正式成立,由王宠惠任主席,该委员会邀请美国、澳大利亚、比利时、英国、法国、印度、荷兰等十余国代表参加,以为咨询及审查战罪之机构③。远东及太平洋分会提出的日本战犯名单共 26 批,计 2992 人,其中由中国政府提出者 2368 人。

中国政府对 1943 年 11 月的《莫斯科宣言》中的通过国际法庭审判战争罪犯的构想表示欢迎和支持,并在同月召开的开罗会议上,提出了"由中英美三国议定处置日本之基本原则,与惩处日本战犯祸首及暴行负责人之办法,一如莫斯科会议惩处意德办法之规定"的建议④。1945 年 7 月 26 日,中、美、英三国发表《促令日本投降之波茨坦公告》,共同表明了惩罚日本战争罪犯的立场。此后盟国又制定出了更为具体的战犯处理规程,即 1946 年 1 月 19 日颁布的《远东国际军事法庭宪章》。这些都是国民政府处置日本战犯原则与政策形成的重要依据。

日本投降后,国民政府主席蒋介石发表广播讲话,决意战后对日本采取"不念旧恶"的宽大政策。据此,国民政府拟定出处置日本战犯的基本原则:"对凡由国际引渡

---

① 《远东国际军事法庭宪章》,杨夏鸣编:《东京审判》,第 6—7 页。

② 梅汝璈:《远东国际军事法庭》,法律出版社,2005 年,第 37 页。

③ 秦孝仪主编:《中华民国重要史料初编——对日抗战时期》,第二编《作战经过》(四),台北:中国国民党中央党史会,1980 年,第 423 页。

④ 梁敬錞:《开罗会议》,台北:商务印书馆,1975 年版,第 110 页。

及在中国战区内逮捕最重要之日本战犯，依法审判，予以惩处。其普通战犯，则从宽处理；并在审理时，注重富有教育意义之惩处条例，使其感到要点为：(1) 日本军阀穷兵黩武之错误；(2) 日本军阀对此次战争应负之责任；(3) 盟国为正义和平作战之意义；(4) 三民主义之伟大；(5) 联合国宪章及民主政治思想；(6) 揭破日本伪造之神权历史，而授以实在史实，各求不枉不纵，在正义公理与民族情谊兼顾下，建立中日两国及世界永久和平之基础。”[①]在此精神指导下，国民政府开始筹划成立专门的主管战犯处理的机构。

1945 年 12 月 6 日，国民政府成立战争罪犯处理委员会，由军令部第二厅、军政部、外交部、司法行政部、行政院秘书处、联合国战罪审查委员会远东及太平洋分会组成，是国民政府专职处理战犯的机构，由军令部负责召集。委员会的主要职责是调查、编审、提出战犯名单，颁布逮捕战犯的命令，审核审判执法情况，引渡战犯，审查战犯名单等。委员会成立初期由军令部次长刘斐负责主持，后为提高工作效率，制定了“组织规程”，并在 1947 年 1 月重组，任命国防部次长秦德纯为主任委员，加强了该委员会的工作。

战争罪犯处理委员会由多个部门机构组成，其内部有明确具体的责任分工，“(一) 全般政策计划颁令逮捕战犯，及本会一切综合性业务，由国防部第二厅承办。(二) 调查编审及提列战犯名单，由司法行政部承办。(三) 战犯刑度之审核，由国防部军法处承办。(四) 引渡战犯翻译名单，由外交部承办。(五) 审查名单由远东分会承办。……并曾先后派员，分赴沪、穗、桂、衡、平、汉、台湾、东北等地调查督导，以策处理战犯业务之推展”[②]。另在司法行政部和国防部军法局分别设立战犯组，司法行政部的战犯组专管战犯材料的收集、处置各级法院受理战犯案件的指示，军法局的战犯组，专门审核全国各军事法庭的判决。

后来为提高工作效率，委员会下分三个组：第一组由行政院的外交部一些人员组成，职责是与美、英、法、苏等同盟国之间和设在东京的远东国际军事法庭之间的联络事宜，并办理引渡战犯等工作，办公地点仍在南京外交部；第二组由行政院司法行政部的一些人员组成，组长由刑事司司长汤兆龙博士兼任，组员有李祥钧、覃雨甘等数十人，办公地点设在南京中山路两侧的司法部礼堂，第二组职责主要是收集《日本战犯罪行调查表》，按照《中华民国惩办日本战犯罪行条例》及有关的国际公法，确定某一战犯的罪行，并提出《初步量刑意见表》，连同该战犯的《罪行调查表》移送给第三组

---

① 秦孝仪主编：《中华民国重要史料初编——对日抗战时期》，第二编《作战经过》(四)，台北：国民党中央党史会，1980 年，第 393 页。

② 秦孝仪主编：《中华民国重要史料初编——对日抗战时期》，第二编《作战经过》(四)，第 450 页。

办理,不是战犯的《罪行调查表》仍留存第二组办公室,第二组工作结束后,这些材料就存放在司法部刑事司的档案室里,用特制的长木箱保存着,以备第三组随时使用;第三组主要由行政院国防部的部分人员组成,但对外的名称不叫第三组,起初叫"陆军总司令部军事法庭",后来改名"国防部军事法庭",职责是依据战争审判条例对战犯进行审判①。

国民政府考虑到,"我国对战犯之处理系属创举,对国际法等有研究之法官为数甚少,故对战犯处理程序及一切措施,多不熟练,处置稍有不当,反予国际不良之批评,为使今后各法庭处理战犯一致起见,须有确定对处理战犯之方针,俾使各级法庭有所准据"②。为此,1946 年 2 月,国民政府军事委员会审议通过《战争罪犯审判办法》、《战争罪犯处理办法》、《战争罪犯审判办法实施细则》,并邀请国内外法律专家审议完竣,对战犯检举、逮捕、判决、行刑等各方面都作了详细具体的规定。

1946 年 10 月 25 日,战犯处理委员会举行对日战犯处理政策会议,决定"对日应高瞻远瞩,处理战犯宜从大处着眼,不必计较小节,并迅速结束战犯处理业务"。在此原则下,会议决定:(1) 对日本普通战犯之处理,应以宽大迅速为主眼。已拘战犯,限本年底审理,若无重大罪证者,予以不起诉处分,释放遣送返日;业经判刑之战犯,移交日本内地执行;其余战犯审查应于 1947 年底结束;(2) 日本战犯案件,送经联合国战罪审查委员会远东及太平洋分会审查通过者,应即行逮捕。其已回日本者,应与盟军总部接洽引渡之;(3) 与南京及其他各地之大屠杀案有关之重要战犯应从严处理;(4) 在远东国际军事法庭审判之战犯,其与我国有关者暂不要求引渡;(5) 对于此次受降,日军负责执行之尽职人员而有战罪者之处理,待东京审判告一段落后再行决定;(6) 战争嫌疑犯中无罪证者,应尽速遣送回国③。根据这个政策,对日本战犯的检举将于 1947 年 10 月 15 日停止。

据统计,到 1946 年 10 月,战犯处理委员会共收到战犯案件 171152 件,拘留战犯嫌疑人 2435 人④。按规定,日军缴械、集中后,每人都要填写国民政府印制的"经历表",以供核查。如发现有战犯嫌疑时,即"由军令部斟酌实际情况,呈请军事委员会委员长随时以命令行之(逮捕)"⑤。据统计,至 1946 年 10 月,国民政府共逮捕战犯

---

① 覃雨甘:《南京审处日本战犯亲历记》,《贵州文史天地》,1995 年第 6 期,第 16 页。

② 中华民国外交问题研究会编:《中日外交史料从编》(七),《日本投降与我国对日态度及对俄交涉》,台北:中国国民党党史会发行,1966 年,第 458 页。

③ 中华民国外交问题研究会编:《中日外交史料从编》(七),《日本投降与我国对日态度及对俄交涉》,第 458—459 页。

④ 中华民国外交问题研究会编:《中日外交史料从编》(七),《日本投降与我国对日态度及对俄交涉》,第 469 页。

⑤ 秦孝仪主编:《中华民国重要史料初编——对日抗战时期》,第二编《作战经过》(四),第 398 页。

1111 名(国民政府列名单逮捕 82 名,人民控诉经军事法庭受理 1029 名),除日本籍战犯外,另有朝鲜人 41 名、台湾人 52 名、琉球人 1 名、德国人 2 名、意大利人 5 名①。

1947 年 7 月 16 日,战犯处理委员会在上海江湾设立国防部战犯管理处,直接管辖华中地区战罪嫌疑犯。战犯判决后,战犯处理委员会本来打算“移交日本内地执行”,后来有研究决定,“以我国无派遣军在日,无法监督,且于侧方探悉盟军总部亦未表同意。同时鉴于战犯言语性质之不同,似应专设监狱集中监禁。经本会第 67 次常会决议,就原上海拘留所址改设国防部战犯监狱……将各地判决徒刑战犯,陆续解赴上海集中执行”②。

据战争罪犯处理委员会 1948 年 1 月统计:“经本部申请业已引渡来华之日本战犯计 13 名,经本部申请尚未引渡来华者计 4 名,拟申请引渡者计 71 名,非经本部申请引渡者计 8 名,国防部径自向盟军引渡来华者计 64 名,经本部引渡赴国外者 7 名。”③各地军事法庭大致在 1946 年至 1947 年对关押战犯进行了审理。1947 年底各地军事法庭撤销,只保留国防部审判战犯军事法庭负责遗留案件的审理。此时,“全国各地军事法庭受理战犯案件,共计 1523 案,已结 1045 案,未结 478 案。判处死刑者 110 名,无期徒刑者 41 名,有期徒刑者 167 名,无罪 283 名,不起诉 661 名,不受理 30 名,非战犯遣返日本 878 名,余 218 名,尚待审理”④。1948 年 7 月,战争罪犯处理委员会解散,1949 年 4 月,国防部审判战犯军事法庭结束。至此,国民政府共审理战犯案 2200 余件,判处死刑 145 人,判处徒刑 400 余人,其余无罪遣返⑤。

3. 南京审判战犯军事法庭的成立

根据战争罪犯处理委员会的规定,1945 年 12 月中旬,分别在南京、上海、北平、汉口、广州、沈阳、徐州、济南、太原、台北等十处成立审判战犯军事法庭,除南京法庭直属国防部外,其余隶属各战区、行辕或绥靖区,分别审判所在地逮捕和羁押的战犯。

1946 年 2 月 15 日,南京审判战犯军事法庭成立,最初全称为“中国陆军总司令部审判战犯军事法庭”。7 月,国防部成立,法庭改隶国防部,易名为“国防部审判战犯军事法庭”。1947 年 8 月 15 日,南京审判战犯军事法庭奉令与上海军事法庭合并,该庭分派部分职员到上海办公。1947 年底各地军事法庭全部撤销,只保留南京国防部军事法庭负责遗留案件的审理。到 1949 年 4 月 30 日,该庭也奉令结束工作。

国防部审判战犯军事法庭,依据战争罪犯审判条例,由国防部军法局会同司法行

① 秦孝仪主编:《中华民国重要史料初编——对日抗战时期》,第二编《作战经过》(四),第 422 页。
② 秦孝仪主编:《中华民国重要史料初编——对日抗战时期》,第二编《作战经过》(四),第 451 页。
③ 秦孝仪主编:《中华民国重要史料初编——对日抗战时期》,第二编《作战经过》(四),第 458 页。
④ 中华民国外交问题研究会编:《中日外交史料丛编》(七),《日本投降与我国对日态度及对俄交涉》,第 468 页。
⑤ 《战犯案件全部审毕》,《申报》1949 年 1 月 27 日。

政部分别派员组成。该庭设庭长 1 人,审判官 5 人,检察官 2 人,主任书记官 1 人,书记官 7 人,通译 2 人,军需 1 人,副官 1 人,司书 3 人[①]。1947 年 8 月,该庭因接收上海军事法庭,编制扩大,人员增加,共计 35 人,分驻南京、上海两地办公。至 1948 年 9 月底,因工作基本结束,又缩编为 16 人。

国民政府战犯处理委员会任命石美瑜为国防部审判战犯军事法庭庭长,王家楣为主任检察官,陈光虞、李波、徐乃堃、高硕仁、施泳等为检察官,陆起、李元庆、林建鹏、叶在增、孙建中、龙钟煌、张体坤等为审判官,统一审判由中国驻日代表团引渡和从全国各地法庭移交的重要战犯。

从实际的审判官和检查官的选任情况来看,大多从法庭所在地的高等法院中选任。由于抗战胜利后,国内汉奸审判较战犯审判早,所以南京军事法庭审判官与检察官多由审判汉奸法庭的人员留任,从审判经验来看,有利于战犯审判的进行,但相对而言,有国际法背景或国际审判经验的法官与检察官较少。

南京审判战犯军事法庭直属国防部,审判的对象,主要是由国防部和司法行政部移交的、各地法院递解的、战犯管理处移交的、其他审判战犯军事法庭移交的战犯,以及驻日中国代表团引渡的战犯。据初步统计,南京军事法庭自 1946 年 2 月 15 日成立至 1947 年 12 月 25 日,共审理战犯 102 人,其中死刑 6 人,无期徒刑 10 人,有期徒刑 12 人[②]。其中谷寿夫、酒井隆、矶谷廉介、高桥坦 4 人都是日军中高级军官。此外还有参与杀人比赛的下级军官田中军吉、野田毅和向井敏明。

(二)军事法庭的设置与构成

国防部军事法庭作为国内审判日本战犯的最高法庭,与国民政府在各地设立的军事法庭有很大区别。相对来讲,南京军事法庭有较为完备的法庭构成及管辖权的法律规定,在设置及构成上较隶属于各地的军事法庭规范得多。且南京军事法庭审判对象多为重要战犯,受关注度也最高。既往的研究往往只关注法庭审判的过程和结果,而忽视对审判的法理基础及法定程序的考察。实际上,法庭设立的法理基础及审判的法定程序直接影响法庭审判的结果及审判的国际影响,所以有必要对此做细致考察。

---

① 《第一绥靖区司令部转发国防部修正军事法庭编制表致该部军事法庭代电》,胡菊蓉编:《南京审判》,张宪文主编:《南京大屠杀史料集》第 24 册,江苏人民出版社,凤凰出版社,2006 年,第 48—49 页。

② 中华民国外交问题研究会编:《中日外交史料丛编》(七),《日本投降与我国对日态度及对俄交涉》,第 469 页。

1. 适用法律

早在第一次世界大战结束后，受到战争伤害的国家和人民就已经不满足于单纯的军事胜利，而是希望把负有战争犯罪责任的战犯交付国际审判，并且在《凡尔赛条约》第七章中指控德皇威廉"严重侵犯了国际道义和条约的尊严"，并规定"德国政府承认，协约及参战国有权将被控曾违反战争法规和习惯的人交付军事法庭审判。如果这些人经证实有罪，就应依法惩处"①。根据上述规定，战胜各国准备进行一系列军事审判处置那些涉嫌违反战争法和战争习惯的德国军政领导人，但是由于各种原因，这些计划最终没有付诸实践。尽管这样，这些国际条约内容至少给人们解决战争罪行问题提供了新思路，它发展了一种观念，即领导人应该为其导致罪行的政策受到惩罚。

二战的爆发以及由此带来的战争破坏，使各盟国都强烈要求惩罚战争罪犯，并逐渐形成通过国际法庭审判战争罪犯的构想。二战结束后，盟国分别成立了纽伦堡国际军事法庭和远东国际军事法庭，分别审判德国和日本的战争罪犯。根据《纽伦堡国际军事法庭宪章》的规定，战争犯罪包括三种罪行，即破坏和平罪、普通战争罪和反人道罪。具体界定如下：(1) 破坏和平罪。就是计划、准备、发动侵略战争或从事违反条约或保证的战争，或参与这些罪行的共同计划或阴谋。(2) 普通战争罪。就是违反战争法规和惯例的罪行，包括虐待或放逐占领地的平民、杀害或虐待战俘、杀害人质、掠夺公私财产以及毁灭城镇或乡村的罪行。(3) 反人道罪。就是在战争发生前或在战争进行中，对平民进行谋杀、灭绝、奴化、放逐及其他非人道行为。远东国际军事法庭也基本遵循了纽伦堡审判的原则，但是也有很多改进，发展了现代国际法和战争法②。

战后国内审判日本战犯主要是依据《波茨坦公告》、《远东国际军事法庭宪章》和中国的有关法律进行的。远东国际军事法庭审判的对象是甲级战犯，即犯有破坏和平罪的战犯。而在各盟国国内进行的军事审判的对象主要是乙级或丙级战犯，其所犯罪行主要是普通战争罪以及反人道罪。大规模审判国际战犯在中国的审判史上还是第一次，无先例可循。鉴于包括中国在内的各盟国进行的对日本战犯的军事审判与东京审判是战后惩处日本战争犯罪的两大组成部分，两者具有有机的联系，中国便最大限度地利用了东京审判的基本原则，制定了相应的战犯审判的特别法令、法规，

---

① 《凡尔赛条约》，《国际条约集(1917—1923)》，第157—158页。

② 有关国际法的详细的回溯以及《纽伦堡国际军事法庭宪章》与《远东国际军事法庭宪章》的关系可参见，何勤华、朱淑丽、马贺：《纽伦堡审判与现代国际法的发展》，《江海学刊》，2006年第4期；梅汝璈：《远东国际军事法庭》，第一章第五节：国际军事法庭的管辖权，北京：法律出版社，2005年。

依此指导战犯审判工作。

1946年2月,国民政府军事委员会审议通过《战争罪犯审判办法》、《战争罪犯处理办法》、《战争罪犯审判办法实施细则》,并邀请国内外法律专家审议完竣,对战犯检举、逮捕、判决、行刑等各方面都作了详细具体的规定。这三项条例自通过之日起开始在各地军事法庭审判中施行。

但是由于中国以前没有类似审判的经验,也没有现成的适用法律,加之时间仓促,制定的三项法规在各地军事法庭执行时出现了一些问题,表现为原则性比较明确,但是对具体的一些概念以及程序不明确,缺乏规范性,这给审判工作带来了一定的困难。为此,国防部迅速与司法行政部、外交部、行政院秘书处协商,紧急对三项法规进行了修订,于同年8月制定了《战争罪犯审判办法修正草案》,经法律专家审议后,提交国防最高委员会、立法院审议通过。该草案经修正后定名为《战争罪犯审判条例》,于10月23日以国民政府令的形式发表(1947年7月又对第25条和第32条作了修改)并在公布之日起生效。《战争罪犯审判条例》与前述三项法规相比,在严密性、可操作性上前进了一大步,最终作为战犯审判的法规确定下来。

从适用法律和量刑标准来看,根据修改后的《战争罪犯审判条例》,取消了原来三项法规中适用中国《陆海空军刑法》的规定。中国《陆海空军刑法》是一个严格的军事刑法,日本战犯在中国战场存在大规模的战争犯罪,如果将此法律适用于日本战犯的审判,将会有大量的侵华日军的官兵被处极刑。

中国的战犯审判在法律适用问题上,遵循了国际公法的原则,《战争罪犯审判条例》中规定:"战争罪犯之审判及处罚,除使用国际公法外,使用本条例之规定。本条例无规定者,适用中华民国刑事法规之规定。适用中华民国刑事法规时,不论犯罪者身份,优先适用特别法(特别法无规定再适用普通法)。"[①]国内法主要是刑法,审判适用的国际法,主要包括:海牙陆战法规及惯例条规、战时海军轰击条约、1922年潜水艇条约、日内瓦红十字会条约、战时俘虏待遇条约、国际禁烟公约等战争相关的国际法[②]。此外,还有国际上关于违反和平罪的相关条约,主要是国际公法及惯例、国际联盟盟约、九国公约、凯洛格非战公约、1907年在海牙签订的解决国际争议之和平方法约章、1907年在海牙签订之海牙和约第三章关于敌对状态开始的规定等[③]。这些都在当时审判条例的援引之列。

从整体来看,国民政府审判日本战犯的法理依据大多是既有的国际法,而对纽伦

---

① 《国民政府关于战犯审判条例》,胡菊蓉编:《南京审判》,第30页。

② 《国民政府关于战犯与国际战争法》,胡菊蓉编:《南京审判》,第12—15页。

③ 《国民政府对日主要战犯土肥原贤二等三十名的起诉书节录》,胡菊蓉:《南京审判》,第15—18页。

堡审判和东京审判的宪章没有能够完全吸收。其原因在于，南京审判与国际军事法庭的审判因时间上较为相近，所以国民政府不可能很快地吸收国际军事法庭审判战犯的相关法理依据，特别是纽伦堡审判鉴于二战中德军战争罪行空前，既有的法律无相关的规定，所以有新的战争罪行的规定。当然也与各盟国国内法庭的管辖权不同有关，国际法庭审判的是甲级战犯，各盟国国内审判的战犯多为乙、丙级战犯，援引的国际法自然也会有不同的侧重。

2. 条例、组织及程序

对于战犯审判的法理依据，国民政府先后通过了《战争罪犯审判办法》、《战争罪犯处理办法》、《战争罪犯审判办法实施细则》三项法规，此后又几经修订最后形成《战争罪犯审判条例》，详细规定了审判的管辖范围、法庭的组成、审判程序、适用法律等，从而形成较具严密性与可操作性的审判条例。

这些法规的特点及主要内容为①：

一、明确了战犯的概念。对战犯的认定做了4项规定，规定犯有下列罪行之一者为战犯：(1) 违反国际法，参与发动或支持对中华民国之侵略或其它非法战争者；(2) 违反战争法规及惯例，直接或间接实施暴行者；(3) 为奴化摧残或消灭中华民族而进行的“杀害饥饿歼灭奴役放逐，麻醉或统治思想，推行散布强用或强种毒品，强迫服用或注射毒药或消灭其生殖能力，或以政治种族或宗教之原因，而加以压迫虐待，或有其它不人道之行为者”；(4) 除前三款外，根据中华民国刑事法规应处罚者。战犯概念的明确化，使战犯审判机关在确定战犯时有法可依，易于操作，既提高了效率，也提高了办案的准确性。

二、对战犯的逮捕做了具体的规定：(1) 战犯的逮捕，在日军受降后，由军令部呈请军事委员会委员长颁令执行；(2) 犯罪事实确凿、或由人民群众告发且罪证属实的战犯，可由战区司令长官部等立即逮捕；(3) 日本政府系统的战犯，由战犯处理委员会转饬日本占领军最高统帅逮捕后交付我国，东北地区战犯，转饬苏联远东红军总部逮捕后交付我国；(4) 在逃战犯，由军令部行令通缉；如逃出国外，由外交部交涉逮捕。

三、对战争罪犯审判的明确规定，主要包括法庭的管辖权、法庭的组成与设置。对法庭军法官和军法检察官的推荐与任命、军法检察官的权限、被告的辩护权和法庭搜查权的行使以及审判公开等作了较为具体的规定：(1) 日本战犯，除应由东京特设法庭审判者之外，依本办法审判；(2) 日本战犯由陆军总司令部或战区司令长官部等

---

① 本小节以下内容资料全部来自，《军事委员会关于战犯处理办法》、《军事委员会关于战犯审判办法》、《战犯处理委员会关于战犯审判办法修订草案》、《国民政府关于战犯审判条例》，胡菊蓉编：《南京审判》，第30—45页。

设置军事法庭进行审判;(3) 军事法庭之军法审判官(五人)和军法检察官(一人),分别由所属军事机关和省区高等法院遴选,分别报请军政部、司法行政部,提请战争罪犯处理委员会,呈请军事委员会委员长任命;(4) 军事法庭所属之军事机关及所在省、区高等法院,准备适当人选,在军法审判官或军法检察官因故缺席时补充之;(5) 军事检察官执行职务时,适用刑事诉讼法中关于检察职权的规定;(6) 被告须依照中国律师法选任律师为辩护人出庭辩护,其未选任者,应由法庭所在地法院公设辩护人为之辩护,无公设辩护人设置时,由审判长指定律师充之;(7) 战犯案件概由军法检察官提起公诉;(8) 法庭的辩论和宣判,应公开进行;(9) 机关团体或地方人民,可于审判时推派代表到庭陈述意见;(10) 军事法庭必要时可派军法审判官三人及军法检察官一人,赴犯罪地就地审判。

四、对普通战争罪即违反战争法规及惯例,直接或间接实施暴行的犯罪行为做了详细规定。《条例》将这些犯罪行为细化为38项,使犯罪行为的定性更具操作性和准确性。《条例》规定下列行为之一即为违反战争法规及惯例之暴行:(1) 有计划的屠杀谋杀或其它恐怖行为;(2) 抢劫;(3) 强奸;(4) 使用非人道之武器;(5) 掳掠儿童;(6) 虐待俘虏或受伤人员;(7) 故意轰炸不设防地区、医院;(8) 未发警告且不顾乘客与船员之安全而击毁商船或客船;(9) 发布尽杀无赦之命令;(10) 掠夺历史艺术或其它文化珍品等。

五、对犯罪行为的追诉期间作了明确规定。《条例》规定普通战争罪的发生时间为1931年9月18日以后至1945年9月2日以前。但关于战犯规定的第2条(类似于破坏和平罪)中的第1款及第3款(类似于反人道罪)的行为,虽发生在1931年9月18日以前,亦可追诉。

六、犯罪责任不可免除事项的规定。《条例》规定,战犯不因下列事由而免除其责任:(1) 犯罪之实施系奉其长官之命令;(2) 犯罪之实施系执行其职务之结果;(3) 犯罪之实施系推行其政府既定之国策;(4) 犯罪之实施系政治性之行为。此项规定十分重要。否则,战犯就会以所犯罪行并非主观意志,而是奉命行事等为由,将责任层层上推,逃脱罪责。

七、指挥者责任的追究。《条例》规定,战犯处于监督指挥地位,“而就其犯罪未尽防范制止之能事者,以战争罪犯之共犯论”。

八、量刑基准的确立。根据不同的犯罪情节,设置了从七年有期徒刑直至死刑的量刑标准。

九、加强了对判决结果的审核。规定法庭有罪判决之案件,须报请国防部核准后执行,但处死刑或无期徒刑者,要由国防部呈请国民政府主席核准后执行。国民政府主席或国防部认为原判决违法或不当者，得发回复审，认为处刑过重者，得减轻其刑。

根据战犯审判条例的规定，可以大体了解战犯审判的一般程序，法庭接受案件以后，由主任书记官将案件分配给承办的检察官进行侦查；检察官侦查后，认为有战犯嫌疑的，经起诉后，再由主任书记官分给承办的审判官，经审判官调查后呈交审判长，再作定期公审；如检察官认定被告不予起诉，则将被告开释，交港口司令部集中，遣送回国。被告无论判有罪、无罪或不起诉，都要经国防部核准后，或送给战犯监狱执行，或遣送回国，要案更须经国民政府主席核准、批复。所有案件的决定权在国防部，法庭只是依照战犯审判条例和刑事诉讼法所规定的程序办理案件。

严格的审判程序保证了审判的有序进行，但是我们也应该看到国民政府处理战犯条例中有一定的缺失，特别是缺少国防部审判战犯军事法庭的宪章，与远东军事法庭宪章相比，国民政府没有制定严密的法庭宪章，对法庭的审判程序、法庭的权力、证据采纳及司法认定、被告权力等都没有详细的规定。另外对于法庭的管辖权，与远东国际军事法庭的管辖权重合，对于国际军事法庭和各受害国国内军事法庭的管辖权没有明确的区分，所以会出现在检举罪犯过程中，民众及相关机构屡屡要求引渡甲级战犯到中国受审的要求。

3. 原告、被告与法官

国民政府制定的战犯审判条例法律要素齐全。法庭构成的要素，包括作为被告的战犯，代表原告提起公诉的检察官，代表法庭的法官。战犯作为被告，因其在中国犯下的战争罪行而被推上法庭，中国人民作为战争暴行的受害者，在法律上属于原告，一般由专任的检察官代表原告向法庭提起公诉，由军事法庭审判，法官依据相关的国际法、国内法做出判决，法庭采取合议制，案件由参与审判的所有审判官合议后做出判决。

被告在法律上是指符合《战争罪犯审判条例》中关于战犯概念的四项规定的嫌疑人。战争犯罪嫌疑人一般经过人民检举或检察官侦查确定为犯罪嫌疑后，就会由检察官提交法庭审理。被告也享有合法权利，可提出申诉请求，进行抗辩，由律师为之辩护等等。军事法庭为被告指定了辩护律师，《战争罪犯审判条例》规定：被告须依照中国律师法选任律师为辩护人出庭辩护；其未选任者，应由法庭所在地法院公设辩护人为之辩护，无公设辩护人设置时，由审判长指定律师充之，充分体现了法律的公正、平等的原则①。

根据《战争罪犯审判条例》，审判战犯军事法庭由军法审判官与军法检察官组织，

---

① 《国民政府关于战犯审判条例》，胡菊蓉编：《南京审判》，第 35 页。

法庭开庭时,由军法审判官三到五人出席,军法检察官一人莅庭,案件较繁的可以视情况增置员额。军法审判官与军法检察官一律专任。战争罪犯案件由军法检察官提起公诉,军法审判官审理、判决。

战争犯罪案件一律由军法检察官提起公诉,作为公诉方,检察官提起公诉的案件主要分两种,一种是由国民政府根据调查确定的战犯嫌疑人,由政府公布名单;另一种是来自人民及各类社会团体的检举和控诉,比如南京大屠杀案敌人罪行调查委员会接受的很多人民与社会团体的检举与控诉,转给军法检察官的。检察官作为公诉人就必须担负原告的权利与责任,主要是提起公诉,行使侦查权,搜集战犯的犯罪证据,向法庭提供战犯罪行的相关人证、物证,在审判过程中与战犯嫌疑人及其律师进行法庭辩论等。

法庭审判设庭长一人,军法审判官三到五人,主持案件审判。审判官一般根据检察官的公诉审判案犯,根据原告提供的证据,依照相关的国际国内法予以相应的判决与量刑,在审判过程中,为确定战犯嫌疑人的犯罪事实,审判官也可以视情况行使侦查权,实地调查案犯的犯罪事实。

按照《战争罪犯审判办法施行细则》的规定,军事法庭之军法审判官和军法检察官,分别由所属军事机关和省区高等法院遴选,分别报请军政部、司法行政部,提请战争罪犯处理委员会,呈请军事委员会委员长任命。

(三) 南京大屠杀案的立案与审结

1937年12月13日,日军攻占南京,在此后长达六周的时间里,大肆的烧杀淫掠,制造了惨绝人寰的南京大屠杀。"南京大屠杀无疑地是第二次世界大战日军暴行中最突出的一件,它的残酷程度在整个第二次世界大战法西斯暴行中或许仅次于纳粹德军在奥斯威辛对犹太人的大屠杀"[①]。正因为此,战后对战争暴行的惩处最重要的一环就是南京大屠杀案的审判,南京大屠杀案的审判受到了国民政府和广大民众以及国际社会正义人士的关注。

1. 立案与审判的前期工作

战后,国民政府对南京大屠杀案的处理非常重视,战犯处理委员会要求对南京大屠杀的首要战犯从严处理[②],并且切实地加强对日军南京大屠杀暴行的调查工作,为

① 梅汝璈:《远东国际军事法庭》,第302页。

② 《战犯处理委员会对处理南京大屠杀案的决议摘录》,胡菊蓉编:《南京审判》,第54页。

南京大屠杀的立案和审判打下了坚实的证据基础。

早在抗战开始不久，国民政府及民间机构就开始对侵华日军的战争罪行进行调查。1937年，日本全面侵华战争爆发后，有关日本战争犯罪的调查主要由外交部负责。此后，为了强化对日军罪行的调查，1943年6月国民政府决定设立直属行政院的敌人罪行调查委员会，调查日本在中国所犯一切罪行。国民政府指示司法行政部会同外交部、军政部拟定了“敌人罪行调查委员会组织规程”。1944年2月23日，敌人罪行调查委员会在重庆正式成立[①]。敌人罪行调查委员会成立后，设定了13种具体调查项目，对日军在华违反战争法及国际惯例的罪行进行调查。1945年3月5日，敌人罪行调查委员会与抗战损失调查委员会合并，改属内政部。

1945年8月15日，日本无条件投降。审判日本战犯提到了议事日程，也促使对日本战争罪行的调查工作加紧进行。9月14日，行政院公布了《敌人罪行调查办法(修正案)》，使调查工作更加规范化。经过一年多的努力，调查取得了很大成果。据司法行政部长谢冠生在战犯处理委员会上的报告，截至到1946年10月24日，司法行政部共受理日本战争犯罪案件171152件[②]，为其后的审判工作打下了基础。

中国的日本战争罪行调查一直与盟国的战争犯罪调查机构保持着密切的联系和合作。1944年1月，联合国战罪审查委员会(简称UNWCC)在伦敦正式成立，根据中国代表的提议，同年5月在中国重庆设立了调查战争罪行委员会远东太平洋分会，主要调查日本的战争罪行。该分委员会由中、英、美、法、澳、荷等11国代表组成，原国际法庭法官王宠惠博士担任了首任主席。中国是日本侵略的最大受害国，对日本的犯罪事实掌握较多，自然就成了这个委员会的主角。中国大量的战犯调查资料经外交部转交给了该分会，在该分会处理的案件中约90%是由中国提出的。

到1945年10月，战争罪犯处理委员会成立，所有的调查机构并入，由其主管进一步的战争罪行调查。为推进战犯处理工作，战犯处理委员会一方面制定了政府调查与群众检举相结合的工作方针，一方面向政府申请经费支持，行政院1947年度拨出3亿元专款，用于战犯罪行的调查，使调查工作得以顺利进行[③]。

国民政府采用了多种形式开展日本战犯罪行的调查工作。除以往的做法外，1947年7月，还通过公布重要战犯名单的方式，征求罪证，并指示地方政府进一步开展战犯罪行的调查工作。国民政府公布的战犯名单共261名，附有每人的军衔、职

---

① 胡菊蓉：《中外军事法庭审判日本战犯》，天津：南开大学出版社，1988年，第111页。

② 中华民国外交问题研究会编：《中日外交史料丛编》(七)，《日本投降与我国对日态度及对俄交涉》，第457页。

③ 中华民国外交问题研究会编：《中日外交史料丛编》(七)，《日本投降与我国对日态度及对俄交涉》，第445页。

务、主要犯罪事实等[①]。

南京大屠杀案是战后国民政府最为重视的要案。日本投降后,从 1945 年底到 1947 年初,首都警察厅、南京敌人罪行调查委员会、南京市抗战损失调查委员会、南京大屠杀案敌人罪行调查委员会和国防部军事法庭,先后从不同的角度对南京大屠杀案进行过较为深入的社会调查。前期调查内容重点是战争损失和民众受害情形,后期重点则为日军在南京大屠杀中的暴行事实。其中由南京市临时参议会所主持的南京大屠杀案敌人罪行调查委员会,是为远东军事法庭审判南京大屠杀案而成立的。该委员会在有关机关、团体、广大市民及外籍人士的大力配合下,分区域、按行业进行调查、统计,收集、整理的案件资料经鉴定后,提请该委员会全体会议讨论通过,然后移送首都(南京)地方法院转报司法行政部作进一步办理,其调查表对被害人、证人和调查者均有较详细的记录,调查方法具有相当的专业性质。其调查程序、表格设计、证人证词等均具有法律意义。仅在不到 5 个月的时间内,该委员会共征集南京大屠杀案的日军罪行 2784 件,及时为远东国际军事法庭和南京军事法庭提供了大量有效的原始资料。

早在 1946 年 1 月 29 日,战犯处理委员会就对搜集到的侵华日军南京大屠杀资料的处理做出决议:"由军令部有关单位搜集侵华日军南京大屠杀案犯及屠城资料提供给司法行政部;并电陆军总部设法详查日军在南京屠城时,日本战犯的姓名;外交部搜集南京大屠杀的案卷,移交司法行政部办理。"[②]在南京大屠杀案罪行调查的基础上,战犯处理委员会于 1946 年 12 月 25 日的常会上决定立案。立案后,根据有关的罪行统计,公布了南京大屠杀案战犯名单,共计 83 名,确定被告姓名、官阶、隶属单位的战犯 59 名,其中师团长以上的战犯是 12 名,其他均为基层部队指挥官[③]。

随后开始接洽逮捕或引渡有关人犯,先后逮捕或引渡的主要战犯有谷寿夫、田中军吉、向井敏明、野田毅等人。从战犯公布名单来看,逮捕或引渡的仍属少数。国民政府一直在积极要求引渡与南京大屠杀相关的战犯,早在 1946 年 7 月,国防部审判战犯军事法庭庭长石美瑜就表示,"将来主要战犯,恐将自日本引渡来华,如南京大屠杀之主犯松井石根,我政府向东京远东军事法庭要求引渡;其他在远东军事法庭受审之侵略中国战犯,如判决后,我政府认为不满,均可要求引渡来华审讯"[④]。在审判战犯谷寿夫的过程中,战犯处理委员会要求盟军总部将南京大屠杀案战犯引渡来华,

---

① 《日本重要战犯名单》,《北京档案史料》,1991 年第 1 期。

② 《战犯处理委员会讨论南京暴行资料如何办理的第七次常会记录摘要处理》,胡菊蓉编:《南京审判》,第 50 页。

③ 《司法行政部关于南京大屠杀案战犯名单》,胡菊蓉编:《南京审判》,第 54—57 页。

④ 《〈中央日报〉关于国防部审判战犯军事法庭成立的报导》,胡菊蓉编:《南京审判》,第 46 页。

“名单中将包括当时进攻南京日军最高统帅松井石根，司令官柳川、中岛，及谷寿夫于历次申辩书中所要求引渡之共犯如下野、田边等人”①。可见国民政府一直在积极要求引渡相关战犯，但由于需要盟军配合，以及实际操作的困难，所以，引渡来华的战犯只是很少一部分。

2. 法庭对战犯谷寿夫的审判

战犯处理委员会所列南京大屠杀案的主要战犯中师团长以上的高级指挥官，实际引渡到南京接受审判的只有前第六师团师团长谷寿夫一人。当时任侵华日军上海派遣军司令的朝香宫鸠彦作为皇室成员被免予追究战争责任，时任华中方面军司令的松井石根作为甲级战犯在东京接受国际军事法庭的审判，时任第十军司令官的柳川平助和南京警备司令的第十六师团师团长中岛今朝吾分别于 1945 年 1 月和 10 月病死。所以谷寿夫成为引渡来华的南京大屠杀案的首要战犯，对谷寿夫的审判成为南京大屠杀定案的重要依据。

战犯谷寿夫，日本东京人，1882 年出生，毕业于日本陆军士官学校和陆军大学。1928 年参与济南惨案，屠杀中国外交人员。1937 年 8 月，率领第六师团入侵中国华北等地。因侵略上海、南京的需要，第六师团被调至华东，一路杀向南京，是制造南京大屠杀的罪魁祸首之一。1946 年 2 月 2 日，谷寿夫被盟军总部逮捕，关入东京巢鸭监狱。1946 年 8 月被引渡到中国，关押在上海。国防部审判战犯军事法庭认为，谷寿夫“系侵华最力之重要战犯”，“尤为南京大屠杀之要犯，为便利侦讯起见”，须移交国防部军事法庭审判②。第一绥靖区司令部军事法庭接到命令，特派该法庭副官刘珊率特务营班长和 6 名士兵，将谷寿夫从上海押解到南京，关进国防部南京小营战犯拘留所。1947 年 2 月 6 日至 3 月 4 日，南京审判战犯军事法庭在励志社大礼堂对谷寿夫进行了公审。

南京大屠杀案的法庭审判以谷寿夫的审判历时最长，最为详细，同时也因为谷寿夫是南京大屠杀案的首犯，对他的审判也最为重要。

(1) 对战犯谷寿夫罪行的调查及起诉

谷寿夫于战后在东京被驻日盟军总部逮捕，经中国方面要求，被引渡到中国，最初是在上海军事法庭接受审判，1946 年 10 月 3 日被押解到南京，由国防部军事法庭审理。

---

① 《〈中央日报〉关于战犯处理委员会要求盟军总部将南京大屠杀案战犯引渡来华法办的报导》，胡菊蓉编：《南京审判》，第 57 页。编者对该则史料时间标注有误，应该是在 1947 年初。

② 《战犯处理委员会关于战犯谷寿夫等应解来京受审第三十八次常会记录摘要》，胡菊蓉编：《南京审判》，第 61 页。

1946 年 10 月 19 日,国防部审判战犯军事法庭检察官陈光虞在小营战犯拘留所首次对战犯谷寿夫开庭侦讯,到庭作证的有经市参议会提供的人证柏鸿恩、殷有余、陆李秀英等三人。"又有前军政部卫生担架队队长梁廷芳及看护长白增荣等二人,均曾留京,目睹敌寇罪行,自愿出庭作证"①。

在此后的一个多月时间里,法庭多次提审谷寿夫,但是谷寿夫极力否认在南京进行过大屠杀,在接受记者采访时也是绝口不提南京大屠杀,并表示自己对南京发生的暴行一无所知。

12 月 18 日,关押在战犯拘留所的谷寿夫提交了《关于我部在昭和十二年末南京战役中情况的陈述》,为自己辩解,谷寿夫辩称:(1) 第六师团主力驻扎中华门外一带,当时附近已无居民,"南京不幸事件的中心点是在城内中央部以北,下关方面的扬子江沿岸及紫金山方面,在此等地方的主力为第十六、九、十一、一百一十、十三、三等各师团及重藤支队(旅团)等兵团之行政区,与我第六师团无关。"(2) 第六师团在 1937 年 12 月 21 日已基本移驻芜湖,故与南京城内的屠杀没有关系;(3) 谷寿夫自称对部下要求严格,绝不容忍部下有犯罪行为,确信部下决无犯罪行为。在这份陈述中,谷寿夫承认有南京大屠杀的事实,但是与自己统率的第六师团没有关系,应该是其它部队所为②。

在 1946 年 12 月 31 日,国防部审判战犯军事法庭起诉谷寿夫,提请国防部军事法庭审理,起诉书主要包括被告人主要情况、犯罪事实、起诉理由、证据及所犯法条、提请量刑以及根据罪行总表列举具体暴行证据的附件,附件分为杀人、强奸、抢劫及肆意破坏财产三个部分详细列举③。对谷寿夫起诉的理由主要包括,一是提出谷寿夫是日本侵略运动中的激进分子,参与侵略中国之阴谋,支持和推行侵略行动;二是谷寿夫所部在河北保定驻扎时期有抢劫中国平民财物的行为;三是在日军攻占南京后,谷寿夫部队参与屠杀、强奸及抢劫等罪行。

针对检察官的起诉,谷寿夫于 1947 年 1 月 15 日向法庭提交了申辩书,在这份申辩书中,谷寿夫首先否认自己部队有任何暴行的存在,对于起诉书中提到的暴行,谷寿夫表示,"既不曾看见或听说过,也不曾默许或默认过,更不曾下过相关命令或接到过相关报告。此外,对于上述两项指控,也不曾接到过居民等的申诉或控告。"并且指出第六师团行为严正,决无违纪之行为存在。对起诉书中提到的罪行,谷寿夫逐一进行申辩:(1) 本人所率第 6 师团攻入南京城后驻扎中华门,并于 1937 年 12 月 21 日全

---

① 《〈中央日报〉关于军事法庭对战犯谷寿夫开庭提讯的报导》,胡菊蓉编:《南京审判》,第 320 页。

② 《关于我部在昭和 12 年末南京战役中情况的陈述》,胡菊蓉编:《南京审判》,第 461—462 页。

③ 《军事法庭检察官对战犯谷寿夫的起诉书及附件》,胡菊蓉编:《南京审判》,第 324—王 346 页。

部开赴芜湖。当时中华门一带正值激战，居民迁徙一空，所以无屠杀对象；且被害人均未能指证施暴日军部队的番号，所以屠杀事件应由日军“中岛”部队、“末松”部队及其他部队负责；法庭所出示的日军罪行调查表亦多标有“中岛”等字样，可见与本人无涉。(2) 本人所属部队驻扎南京的时间和地点都与南京暴行的时间和范围不同，而且所部军纪严肃，可保证未曾杀害一人，得知南京暴行事件是在战争结束之后，可见本人对南京暴行毫不知情，并确信所部无犯罪行为，所以不承担任何责任。(3) 本人向来主张中日亲善，思想一向稳健，向来主张“对兄弟国中国的宗旨是，对居民要以骨肉之情待之，非战斗需要以外，应极力爱抚之，对俘虏要善待之，严戒掠夺和暴行的错误”，绝非激进派军人[1]。谷寿夫通过申辩，否认自己参与南京大屠杀，且不认可检察官提供的证据。

针对谷寿夫提出的申辩，国防部军事法庭为加强对谷寿夫部队相关罪行证据的收集，特于 1 月 18 日起，在中华门内外开临时调查庭，调查谷寿夫罪行。该临时庭开至 28 日，共接受检举罪行者达六百余人。期间“前往发掘被害人尸首丛葬处所，检验尸骨，并约请中国电影制片厂及中宣部中央摄影场暨国际宣传处，派员到场摄制影片，作为该犯纵容部属杀害我无辜民众之铁证。闻将发掘地方，共达三四处之多。”[2]对于发掘的被害人遗骸，军事法庭派检察官检验，并出具鉴定书，确定被害人都是死于刀砍、枪击或焚烧等外力加害。

(2) 对战犯谷寿夫的法庭审判

1947 年 2 月 6 日，中国国防部审判战犯军事法庭在励志社大礼堂，对谷寿夫开庭公审。公审共三天，前两日主要是传讯证人，9 日始开辩论庭。庭长兼审判长石美瑜、审判官宋书同、李元庆、葛召棠、叶在增，书记官张体坤，检察官陈光虞，辩护律师梅祖芳、张仁德全部到庭，此外还有主要证人以及日语、英语翻译。

公审开庭，首先由石美瑜庭长宣布开庭，询问被告姓名、年龄、籍贯。然后公诉人陈光虞严正地宣读起诉书，并且由日语翻译复读一遍，由于谷寿夫此前曾提出抗辩，称所部驻区仅限中华门一带，所以公审时的起诉书中仅提及中华门地区的暴行证据。

起诉书中关于日军残暴行为，分为四类：(1) 破坏平民财产，放火焚烧。(2) 随时随地，任意抢劫民产。(3) 强奸妇女，有被轮奸达三十余次之多，其不服抗拒者，则遭刺杀。(4) 屠杀，日军在下关及汉中门等地，对无辜平民，施行集体杀戮，先以机枪扫射，刺刀戮杀，继复火烧。统计在此次大屠杀中，南京受害人数，最低估计在四十万人

---

① 《申辩书》，胡菊蓉编：《南京审判》，第 463—472 页。

② 《检举谷寿夫罪行，六百余人到庭陈诉，今日开始掘尸骸》，《中央日报》1947 年 1 月 29 日。

以上①。

检查官报告完毕,军事法庭庭长石美瑜宣布,根据起诉书中所述,被告违反人道及破坏和平罪。然后审判官开始讯问被告有关南京大屠杀案的问题,并就谷寿夫的主要罪行一一举证。

审判官询问谷寿夫出身及过去担任职务,谷寿夫称:"毕业于日本士官学校,曾任陆军大学教职、参谋本部部员、驻英国日大使馆武官、第三师团参谋长,曾参加日俄战争.当时任小队长。一生任职军界,晋至陆军中将官阶。"审判官继问:"被告身为高级军官,担任军事教育要职,对于侵略战争,依被告所知,应由何人负责?"谷寿夫回答:"说起侵略运动,与我全没关系。任职参谋本部时,专门负责调查欧洲方面事情。在陆大教官任内,则专心日俄战史研究,对于国策及侵略计划,完全不曾参加。余对中国,抱有中日应亲善信念,两次至华,均系奉命而来,身为军人只有服从命令。民国十七年,领兵至山东护侨。我认为中日乃兄弟之邦,出兵为不必要,在激烈战争进行下,平民遭害自为难免之事。"

审判官继续问:"被告何能保证其部属没有屠杀平民举动?"谷寿夫回答:"我断言没有。"审判长将南京市参议会掩埋尸体统计表交被告翻阅,并将于雨花台所发掘之遗骸,经法医检查断定为妇孺并留有弹穿刀斫及殴击残痕者,排列于审判台上,一共八副。谷寿夫表示,"在剧烈之战争中,平民伤亡乃难以幸免,红卍字会表上所载,均为余部队离京后之事,且无确实证据,被告不能承认"②。

2月7日,法庭继续审判谷寿夫。审判长石美瑜继续讯问被告,问及,"何日率部入城,大肆屠杀是否因中国军队剧烈抵抗之故,而图报复?"谷寿夫回答:"余之部队十三日正式进城,惟十五、十六、十七三日即相继分批离京,二十一日被告亦率剩余之少数部队至芜湖。在十二、十三两日中,城郊一带,战事猛烈,雨花台、中华门等区均无人烟,所云进城之际,大肆屠杀,实不可能及不能有。"谷寿夫继续陈述,"余率部驻南京一周,十七日参加入城式,十八日参加慰灵祭,所至之区,确不曾见有尸体,所言确非撒谎,有当日参加之其他部队官长可证明。"法官问:"被告曾承认,谓在南京之欧美人士曾向松井司令官提出抗议,被告既不承认有屠杀行为,当日欧美人士提出之抗议,究系何事?"谷寿夫答称:"此乃余被捕囚禁巢鸭监狱时之事,松井司令官固曾语余,言及欧美人士不满日军行为而抗议,但未言及余之部队所为。"③

随后,法庭请前市临参会副议长陈耀东,报告调查大屠杀案经过。报告称:"南京

① 《军事法庭检察官陈光虞对战犯谷寿夫的公诉词》,胡菊蓉编:《南京审判》,第375—376页。

② 《南京大屠杀案主犯谷寿夫今开始公审》,《中央日报》1947年2月6日。

③ 《〈中央日报〉关于军事法庭继续公审战犯谷寿夫的报导》,胡菊蓉编:《南京审判》,第376—377页。

临参会于去年成立后，即接获人民报告南京大屠杀案件，计被害者约四十万人。……而中华门一带约占全数三分之一，即有十余万人被害，该区系被告部队驻在区，该惨案系被告部队所造成，故由本会代表被害人民要求政府将被告引渡我方明正典刑。”①

其后，法庭传讯证人。其中受害者赵永顺，头部被砍十一刀，左手削去一手指，颈上复被刺数刀。又有受害者柯荣富，身遭七刀两枪。两证人皆死里逃生，都是侵华日军南京暴行的直接受害者。当日到庭的证人还有当年服务于鼓楼医院之程洁女士，亦于庭上对所见日军暴行陈述。

2月8日，国防部审判战犯军事法庭开辩论庭。开庭后，谷寿夫要求发言，称：两日来根据证人所述，罪行大多发生于中华门一带，实际上十二、十三两日战争进行猛烈，该区已无平民，假使有居民留住，被告亦绝对不允许有杀害行为。在调查文件中，被告发现许多罪行都为中岛部队所为，不在其防区内发生。以上陈述，请庭上加以注意。

随后审判长列举三件集体屠杀事件：(1) 廿六年十二月十六日，被俘麇集幕府山下之中国军队及难民五万七千人，被日军驱至下关江边，用机枪扫射及刺刀戮杀，弃尸江中，为被屠杀事件中人数最多之一次。(2) 二十五日，难民九千余，亦于下关被屠杀。(3) 十六日晚上，难民五千余从华侨招待所被押至下关中山码头，机枪扫射，弃尸江中。以上三次，均有死里逃生之受害者出庭具结做证。法庭另附南京会战时，《东京日日新闻》所登载关于两日兵作杀人竞赛之新闻，三天之内一杀一百零五人，一杀一百零六人，问被告对上述诸事有闻否？谷寿夫称：法官所述，被告尚属初次听见，下关集体屠杀乃海军或其他部队所为，与被告无关。余防区内，又如无人之境，诉诸神明，全没此事。法庭认为被告为大屠杀主犯，实属错误，倘能将当日最高指挥官传讯至庭，则屠杀暴行，当能明了。

法庭续传证人出庭。被害人连腾芳、向振荣、陈福保、刘振汉、定惠等证人出庭陈述日军暴行及受害经历。谷寿夫表示责任在中国便衣队及乘机抢劫之汉奸，非其所部所为。

法庭提及被告在石家庄、保定等地纵容部属抢劫居民陈嗣哲衣服、古玩及强迫妇女做肉体慰劳时，谷寿夫表示：当时在香月司令官指挥下，忙于准备南下，进军之际，抢劫绝无可能，亦不会有，所言既不详细，而又为前所未闻之事。

完成法庭调查和讯问后，辩论庭开始。首先由检察官陈光虞起立，陈述法庭起诉谷寿夫的犯罪事实。陈光虞称：本检察官曾经说明在南京大屠杀案中，杀、奸、烧、劫在调查中已经中外人民证明，种种暴行多在被告防区之内，……至于被告驻扎中华门，虽短短一周间，其据临参会调查确实者即达二千七百八十四案。南京大屠杀是日

① 《南京市临参议会副议长陈耀东在军事法庭陈述南京大屠杀案调查经过》，胡菊蓉编：《南京审判》，第372页。

金陵大学教授、紧急状态委员会主席贝德士博士就日军南京暴行及其所造成的鸦片泛滥,在远东国际军事法庭作证。美国国家档案馆藏。

松井石根,被远东国际军事法庭审判的28名甲级战犯之一,正在被提审。美国国家档案馆藏。

中国法官梅汝璈(前排右二)与远东国际军事法庭各位法官合影。美国国家档案馆藏。

远东国际军事法庭副检察官向哲濬在发言。美国国家档案馆藏。

军有计划之行为，因南京系我国首都，抗战情绪最高之所，实行大屠杀乃日本军企图降低我民族精神。南京大屠杀虽系整个的，但被告亦系参加者之一，应负责任。尤其是屠杀以十二、十三两天为最烈，其时南京只有被告之部队，并无其他部队，故被告实为屠杀之罪魁，决不容诿卸责任。至于被告提出证据问题，据临参会调查均系具结证明，红卍字会及崇善堂所收埋尸体统计表以及照片、影片等等，均系确证，毫无疑义，可谓众证确凿，无可诿饰。应请庭上依法处以极刑。”①

谷寿夫答辩开始，首先提出：检察官论断完全错误，因为渠以被告担负中华门一带罪行责任为出发观点，假造没有事实根据的记录，故意造作，认被告为大屠杀罪行者，马马虎虎，作不正确及单方面之调查，被告对此，绝不能承认。谷寿夫提出，许多平民，因曾受其他日军部队之残害，所以利用这个不容易得的机会报仇，将罪行都放在被告身上。两天来，在庭上作证的证人所陈述的都非被告部队所为。谷寿夫认为：法庭以揣测做根据，不能构成犯罪条件，如此审判，可说是世界审判史上无前例。犯罪事实，应将加害者与被害者同时传讯到庭，才能决定犯罪有无，单方陈述，不能成为犯罪事实。被告希望能获得公正没有错误的判决②。

国防部军事法庭对谷寿夫的审判在2月9号结束后，法庭暂时休庭，针对法庭审判过程中出现的问题，继续进行证据的收集和调查。至2月25日，重开辩论庭，继续审判谷寿夫。

2月25日，开庭后，法庭补充证据多项，并请亲历侵华日军暴行的军官郭岐和负责埋尸的红卍字会的欧阳长麟出庭作证。另外根据谷寿夫的要求，请日本联络班的小笠原清作为被告方证人出庭。但对于谷寿夫要求传讯其旧部下野参谋长和坂井旅团长一节，法庭认为此二人本身也是共犯及嫌疑犯，故根据刑事诉讼法第二十七条予以驳回。

法庭上，被告证人小笠原清出庭作证。审判官询问其会攻南京时是否参加作战，小笠原清答称：未曾参加。审判官问：会攻南京时证人担任何职？小笠原清答：陆大学生。审判官问：如何知道南京战役之情形？小笠原清答：在陆大时曾研究攻取南京之战史，到中国任参谋后，更多知道些。审判官问：谷寿夫部队是否十二日入城？小笠原清答：十二日午城头激战，十三日入城。审判官问：谷寿夫部队是否先入城？小笠原清答：个人研究，中山门外之部队于十二日先攻破中山门。

至此，谷寿夫要求发言，略谓：“被告以往所述是否真实，同时参加作战者自能证明。中国证人虽曾列举事实，但未说明加害人是谁，如此焉能有公正裁判？故希望能

---

① 《军事法庭检察官陈光虞对战犯谷寿夫的公诉词》，胡菊蓉编：《南京审判》，第375—376页。

② 《〈中央日报〉关于战犯谷寿夫一再狡辩推诿罪行的报导》，胡菊蓉编：《南京审判》，第378—380页。

从东京传证人来。"审判长驳称:"被告自引渡数月以来,未提有利证据,所要求传讯之证人皆系共犯及嫌疑犯,不足作证。"①

法庭随后传讯证人郭岐,郭岐陈述当时在南京目击之暴行。谷寿夫认为郭氏所述悉系捏造事实,不足置信。

庭上示以日军暴行之照片及安全区国际委员会曾向日大使馆提出之抗议书。谷寿夫称暴行系主力部队所为,因其部队在南京驻扎,数日后即开赴芜湖,实无从事暴行之余暇。且谓此心可质诸天地神明。

谷寿夫随后在法庭宣读个人手书之答辩书,略谓:"当时驻中华门日军最高指挥官为柳川,此外且有一一四师团及十八师团,所谓暴行必非被告部队所为,因被告一向以严明之军纪约束部下,在芜湖时无任何事件发生,军民感情至为融洽。到庭之中国证人因对日本怀有怨恨,故将所有事件悉数加诸被告身上。被告仅为部队长之一,自不应负所有事件之责。且证据不明,又无具体事实,甚有将安全区内发生之事件移至中华门,殊不足信,仍盼庭上能传讯加害者,相信日本军人必能忠实陈述,如不加精细调查,益以不合法之一方面资料,则此次公审之不公正可见,亦是世界上绝无仅有不合理之裁判。至于证人所述之事件,多半发生于被告防区范围之外。在防区内者,又悉系捏造事实。调查证据时,庭上对各证人匆匆草率调查,亦即庭上与被害人间之互相问答而已。若是实开世界裁判之前例,被告衷心不服,唯有在宣判前将证人传到,方能有公正之裁判。至于检察官以被告负大屠杀之全责,实为不当,因被告仅系部队长之一,何能负若大责任。"②

谷寿夫答辩完毕后,法庭让被告暂行休息。后由被告辩护律师梅祖芳进行辩护。辩护律师称:"就起诉书而论,检察官似以破坏和平及违反人道之罪嫌起诉,但被告仅系一中将,是否有资格参加侵略计划,至于来华作战军人,首重服从命令,此点不能构成破坏和平罪。南京大屠杀固系铁的事实,目前问题为追究凶手,法律裁判不应侧重民族情感,故实应传讯下野、坂井及一一四师团之部队长,彻底调查,以明责任。"③

检察官陈光虞对被告及辩护律师的辩护逐条加以反驳,并谓被告虽自称主张中日亲善,但从未有反侵略之言论著作及行动。出兵济南时,且曾杀害蔡公时。至于被告自诩军纪严明,试问"皇军"之罪行何人不知,事实不容否认。所谓军人不得不服从命令,但错误之命令自不应接受。认为被告之辩解毫无理由,故仍以破坏和平违反人道及战争罪论,并请法庭处以极刑。最后法庭宣布暂时休庭,3 月 3 日下午二时继续

---

① 《某报关于战犯谷寿夫在续审中继续狡辩的报导》,胡菊蓉编:《南京审判》,第 382 页。

② 《某报关于战犯谷寿夫在续审中继续狡辩的报导》,胡菊蓉编:《南京审判》,第 382—383 页。

③ 《某报关于战犯谷寿夫在续审中继续狡辩的报导》,胡菊蓉编:《南京审判》,第 383 页。

开庭辩论。

3月3日,法庭继续开辩论庭。谷寿夫仍然否认一切罪行。辩称:当时目击南京住民逃难事实;谓雨花台中华门一带,经两天激战。居民均已至安全区避难,留下未逃者乃小偷密探及与日军有关工作人员。被告率部自杭州湾登陆,沿途均十室九空,部属宿营地,均选择无平民居住之房屋及公共建筑物如学校、机关等为处所。在抵达南京后,十七号入城式及十八号慰灵祭二日中,被告曾至各处巡视,未见有任何居民;所云集体屠杀、强奸妇女、焚烧房屋者事实,全属捏造。且被告在京时未接到维持治安命令,只有出发至芜湖之命令。故暴行之责任,在道义上及刑法上,应由当日负责维持城内外治安之警备司令负责。中国方面以错误事实作审判根据,被告绝不承认。请庭上将被告所提之日籍证人,最高司令官柳川、被告属下参谋长、旅团长及其他部队长官传庭讯问,然后再作公正审判,并撤回错误之起诉书。

又表示:片面裁判,被告不能心服,希望能有公正裁判,勿为审判战犯神圣责任留下污点,否则被告为无根据之事实而牺牲,将来真正责任者查出时,已懊悔莫及,中日亲善前途将加上一层阴影。继又称:服从命令乃军人天职,两度至华非心愿,出兵山东,未妨害中国统一,杀蔡公时非被告部队所为。法庭对被告加以不顾人道之裁判,乃忽略人道之举动,将暴行及非暴行同样看待,世界司法史上无此先例。

五时半,检察官陈光虞起立,对谷寿夫辩词加以驳斥,谓被告以空洞言词,重复述说图规避责任,生平既主张中日亲善,何以以退役之年龄,仍领兵至华作侵略战争?至谓部属军纪严明,何以无一纸命令或公告作证据。谓庭上所提证据全属捏造,难道京市参议会调查,国际人士所主持安全区档案暨《东京日日新闻》所载两日本兵杀人竞赛新闻,及日军进城时所摄之暴行电影照片,亦属捏造吗?被告犯罪证据确凿,毫无辩解余地,蛮横无理,罪大恶极,侮辱中华民国法庭,应判处死刑。至所求引渡日籍证人事,所提人犯皆有共犯嫌疑,自应加以拒绝[①]。

谷寿夫于听完后,立即加以辩驳,略谓:"两度来华,皆系奉命,并非自愿,故不应负破坏和平及支持侵略政策之罪名。屠杀是主力军之行为,自不能令被告负责。至于检察官所谓中国人不愿离家一节,枪林弹雨之下,此说殊不可能。起诉书之错误,为未能顾及事实,将其他部队长之罪名放诸被告身上,实为莫大遗憾。检察官协同暴行之论告,在法律上情理上均不可解。从事暴行者,例如盗贼侵入家宅,事主被杀,应寻求凶手,非任何人皆有刑事之责。"

检察官陈光虞即加以驳斥,认为被告支持侵略是事实,如真主张中日亲善,何不早行退伍?大屠杀乃共同行为,故谷亦为共犯,所有证据远在审讯被告之前即已归

---

① 《谷寿夫案十日宣判昨日五次审讯辩论终结》,《中央日报》1947年3月4日。

集，绝非伪造，且尚有国际人士作证，自非片面证据。被告所要求传讯之证人皆有共犯嫌疑，实不足作证。谷寿夫继检察官之后复又申辩，仍将暴行之责任委诸其他部队，并谓如将此种情形在日宣布，真正罪人必自行投案。

被告辩护律师发言，就起诉书及检察官论断，从积极及消极犯罪行为上，为被告辩护，请求庭上慎重调查处理。辩护律师张仁德称："被告犯罪事实为参与侵略预谋及纵属屠杀、强奸、抢劫，唯望庭上慎为斟酌，并调查清楚，当时进入中华门时是否尚有其他部队。如不调查最高负责者及共同负责者，而以被告首当其冲，则殊不妥。故仍望庭上力秉大公，不偏不倚，以昭慎重。"检察官对辩护律师陈述各点一一加以反驳，谓支持侵略已构成罪名，且被告历变口供，足见心虚，故断定只有被告部队进中华门。

最后谷寿夫仍自行辩护，强调说明：(1) 职务上不能违抗命令。(2) 中岛部队与本人部队绝不相同，实未共同行凶。(3) 中华门有计划屠杀之论断不确。(4) 人民被害皆系其他部队之行为。

至此审判长石美瑜宣布本案辩论终结，定 3 月 10 日下午 3 时宣判。谷寿夫聆庭谕后，抗议称：如此迅速宣判，不传讯证人以真正的事实作基础，实难心服①。

对谷寿夫的审判前后历时近 5 个月，法庭收集的证据达四五千件之多，证人多达 500 余人，公审出庭的证人有 80 余人，包括中国的受害者和亲历者，如中央军校教导总队的辎重营中校营长郭岐、红十字会南京分会会长许传音、受害者陆李秀英、见证人鼓楼医院护士程洁、幸存者赵永顺等人，外籍的见证者，如战时南京国际安全区的史密斯、贝德士，被告证人小笠原清，当时任负责日军遣返工作的联络班南京总部少佐。提交的证据有南京市参议会的罪行调查表、红十字会的埋尸统计表、中华门附近挖到的经过法医鉴定的受害人头颅、美国牧师马吉拍摄的日军暴行及中国民众受害情形的记录片、日军为炫耀武功而自己拍摄的日军新街口屠杀现场的纪录片等证据。

(3) 对战犯谷寿夫的判决与行刑

1947 年 3 月 10 日，法庭最后宣判："谷寿夫在作战期间，纵兵屠杀俘虏及非战斗人员，并强奸、抢劫、破坏财产，处死刑。"②

判决书格式和内容与起诉书基本一致，但事实更加清楚，特别是加强了对谷寿夫部队所辖中华门地区受害事实及证据的陈述。判决书要点主要包括：(1) 战争犯罪事实：认定南京大屠杀为有计划之屠杀；列举侵华日军主要集体屠杀的时间、地点及屠杀人数；主要列举谷寿夫部队辖区中华门一带零散暴行的主要事实。(2) 判决理

① 《某报关于军事法庭检察官陈光虞驳斥战犯谷寿夫的狡辩的报导》，胡菊蓉编：《南京审判》，第 387 页。

② 《军事法庭对战犯谷寿夫的判决书及其附件》，胡菊蓉编：《南京审判》，第 388 页。

由:详细列举了战争犯罪的事实及法庭判定的依据;认定法庭有充分证据证明,被告谷寿夫及会攻南京各将领共同实施暴行。法庭判决,“应依《刑事诉讼法》第二百九十一条前段;《海牙陆战规例》第四条第二项,第二十三条第三款、第七款,第二十八条,第四十六条,第四十七条;《战时俘虏待遇公约》第二条,第三条;《战争罪犯审判条例》第一条,第二条第二款,第三条第一款、第四款、第二十四款、第二十七款,第十一条;《刑法》第二十八条,第五十五条,第五十六条前段,第五十七条,判决如主文”①。

根据军事法庭对战犯谷寿夫的审理过程中以及判决书中提供的证据,可以发现证据大部分为证明侵华日军南京大屠杀的存在事实,另外法庭提供了较多的在中华门范围内发生战争犯罪的证据,可以证明当时中华门区域确实发生了严重的暴行。但从整个证据链来看,法庭提供的证据也有一定的问题,比如法庭对于第六师团暴行的调查多局限于中华门一带,实际上第六师团对于长江边的集体屠杀也有参与。当然从提供的证据可以确定,谷寿夫所言从不知晓南京大屠杀是在说谎,并表示其严令属下不允许有犯罪行为的说法也是不成立的。谷寿夫作为当时会攻南京城的日军将领,对日军的暴行负有不可推卸的责任。

从对战犯谷寿夫审判的举证来看,法庭审判确实存在一定的困难,区别于甲级战犯所犯破坏和平罪的举证不同,乙级、丙级战犯所犯的普通战争罪的举证,要求被害人所述犯罪事实能确认加害者身份,而事实上,在实际调查中很难做到。但既有的证据,至少可以确证谷寿夫的消极战争责任。

1947 年 3 月 18 日,南京军事法庭将对谷寿夫的判决书和他的申诉书一并备文呈述国民政府主席及参谋总长审批。谷寿夫不服判决,随后分别于 3 月 18 日和 3 月 24 日又提出《上诉书》和《追加上诉书》,提出不服理由和复审的请求,其中特别提到对他的判决“会给将来的东洋和平乃至重要的中日亲善投下重大的阴影”②。

4 月 25 日,南京军事法庭接到国民政府批复:“查被告谷寿夫在作战期间,共同纵兵屠杀俘虏及非战斗人员,并强奸、抢劫、破坏财产,既据讯明确,原判依法从重处以死刑,尚无不当,应予照准。至被告申请复审之理由,核于陆海空军审判法第四十五之规定不合,应予驳回,希即遵照执行。”③随后,南京军事法庭张贴布告:“查战犯谷寿夫。……判处死刑。……遵于本月 26 日上午 10 时由本庭检察官将该犯谷寿夫壹名提案,验明正身,押赴雨花台刑场,依法执行死刑。除呈报外,合亟布告周知。此

---

① 《军事法庭对战犯谷寿夫的判决书及其附件》,胡菊蓉编:《南京审判》,第 395 页。

② 《追加上诉书》,胡菊蓉编:《南京审判》,第 481 页。

③ 《国民政府主席批准判决战犯谷寿夫死刑代电》,胡菊蓉编:《南京审判》,第 455 页。

布。”[①]引起全城的百姓观刑，4 月 26 日，谷寿夫被从南京国防部军法看守所提出，押往雨花台刑场。据当时报载，“沿途看着战犯法庭在散发着枪毙谷寿夫的油印布告，每条街上，都引起了一阵阵的骚动，尾随着刑车的人数，成千成万，都想一看南京大屠杀罪魁伏法的最后一幕。[②]

法警将谷寿夫押到雨花台刑场，法官验明正身，检察官宣读行刑执行令，按行刑习惯依法给予其最后陈述的机会。谷寿夫请求将装有其头发、指甲和一首诗的小袋转寄东京的家属，检察官本着人道主义精神，接受了谷寿夫的请求。最后谷寿夫在法庭笔录上签字。行刑的有关手续均已完备，南京法庭庭长石美瑜下达了行刑命令，由宪兵执行枪决。

3. 对战犯向井敏明、野田毅和田中军吉的审判

向井敏明、野田毅和田中军吉三人都是在南京大屠杀中直接屠杀大量俘虏及非战斗人员的日军下级军官，由于情节相似，故并案处理。

战犯田中军吉，日本东京人，1905 年出生，毕业于日本陆军士官学校。1937 年 8 月随侵华日军入侵华北，时任日军第 6 师团第 45 联队大尉中队长。在南京大屠杀期间，任日军谷寿夫师团大尉，携“助广”军刀砍杀平民逾 300 人。田中军吉最初并未被列入南京大屠杀案的战犯名单，到 1947 年 4 月，战犯处理委员会接到驻日代表团要求将田中军吉列为战犯并引渡到中国受审的电文后，于 5 月 14 日核准将其并入南京大屠杀案内审理。5 月 18 日引渡至中国上海，关押在战犯管理所，5 月 22 日押解至南京，12 月 12 日，南京军事法庭对战犯田中军吉进行了公审。12 月 18 日，国防部军事法庭将田中军吉与“百人斩”的两名战犯并案审理。

战犯向井敏明和野田毅是“百人斩”的责任人。向井敏明，日本山口县人，1937 年任日军第十六师团片桐联队富山营炮兵排长。野田毅，日本鹿儿岛人，1937 年任日军第十六师团片桐联队富山营副官。两名战犯在 1937 年 12 月攻占南京时，相约进行杀人比赛，看谁最先杀 150 人。比赛的结果是向井敏明杀了 106 人，野田毅杀了 105 人。他们杀人比赛的消息被当时的日本《东京日日新闻》以“斩杀百人”并配以照片加以报道。1947 年 10 月，两名战犯被引渡至中国上海战犯管理所关押，11 月 5 日押解到南京，12 月 18 日，两名战犯被公审。

1947 年 12 月 18 日，南京军事法庭对野田毅、向井敏明、田中军吉进行公审，审判长石美瑜，审判官李元庆、孙建忠、龙钟煌、张体坤，检察官李璿，主任书记官施泳，被

---

① 《军事法庭判处谷寿夫死刑的布告》，胡菊蓉编：《南京审判》，第 456 页。

② 《雨花台畔看谷寿夫行刑》，《申报》1947 年 5 月 6 日。

告辩护律师崔培均、薛诵齐、陈嗣庆[①]。

审判长问明年龄、籍贯后,检察官李璿宣读对三名战犯的起诉书。审判开始后,审判长谕野田毅、向井敏明暂时退庭,先审问田中军吉。审判长问:民国二十六年在南京作战时,是否为谷寿夫部队?田中答:是。审判长续问:十月二十八日开调查庭时,被告曾承认在南京西郊作战,当时是否带此号称“助广”的军刀作战(庭上示以该军刀照片)。田中答:是年十二月十二日攻南京战时,被告曾带此刀在南京西南四公里处作战。审判长问:在山中峰太郎所写《皇兵》一书里,作者称被告曾以所携“爱刀助广”砍杀三百余人,书上并有被告十年前在南京照片一张,另有被告持军刀将一平民砍首照片,这三百余人是在城里抑城外被害的?田中辩称:《皇兵》一书是宣传被告在战场上英勇作战情形,其中所言杀三百余人事,是作者所想象,不是事实。至于刚才所看的照片,赤足,衬衣,草帽,可说明是夏天,与攻南京战时无关。当时被告虽为谷寿夫部队,但质诸天地神明,与南京大屠杀毫无关系。审判长问:该被害者是在甚么地方杀的呢?答:地点是在湖北通城,被告奉联队长之命执行。被杀者曾屡破坏日军设备,经逮捕后依法审判处以死刑[②]。

法庭随后提审战犯向井敏明、野田毅两人。审判长先讯问向井敏明,审判长首先问:民国二十六年十二月十二日攻南京城时,被告是否在中岛部队任少尉队长之职,向井答:当时是中岛部队少尉炮兵队长。审判长续问:被告在紫金山麓与野田毅作杀人比赛,被告伤一百零六人,野田毅一百零五,有没有这回事?向井答:不是事实。审判长问:《东京日日新闻》上登有以杀人作娱乐新闻,并刊有照片,此项证据东京国际军事法庭获得寄到本庭,被告还能强辩吗?向井看过法庭提供的此项证据后,即翻开自带地图,辩称:自己不曾到南京,也不曾到句容,当时只到达无锡,旋即于丹阳作战时负伤。在无锡时遇见随军记者,以开玩笑态度对被告说,将描写渠等之英雄行为于极端为其征婚。根据去年东京此一记载,国际军事法庭亦曾传讯,但认为无事实根据,三天后即行释放,《东京日日新闻》记载全系虚构,不是事实。庭上旋即以当年英国记者田伯烈所著《日军暴行纪实》中记载有关杀人比赛部分念给被告听。被告答曰:日日新闻上记载,被告半年后才知道[③]。

随后法庭传讯野田毅,野田否认曾到过南京及句容,称其在丹阳时即与向井敏明分别,此后便不曾见面,《东京日日新闻》所载均非事实。

法庭询问完毕后,检察官起立列举三战犯惨杀平民的事实,要求法庭依照起诉书

---

① 《〈中央日报〉关于军事法庭公审战犯田中军吉等的报导》,胡菊蓉编:《南京审判》第494页。

② 《〈中央日报〉关于军事法庭判处战犯向井敏明等死刑的报导》,胡菊蓉编:《南京审判》,第500页。

③ 《〈中央日报〉关于军事法庭判处战犯向井敏明等死刑的报导》,胡菊蓉编:《南京审判》,第500—501页。

判决。随后法庭开始辩论，对于检察官提供的《皇兵》一书中田中军吉与“助广”军刀的照片一节，田中辩解照片上是穿着衬衫，不可能是发生在南京大屠杀时的冬天，检察官提出由于暴虐的屠杀完全有可能脱掉外套。野田毅和向井敏明辩称：《东京日日新闻》系虚伪登载，记者浅海专为我颂扬武力，以博日本女界之羡慕，希望能早日获得佳偶，因此毫不足信。随后检察官龙钟煌又出示了 1937 年 12 月《大美晚报》关于百人斩的报道，龙钟煌据理驳斥说：“在日本侵华战争期间，日本当局对于军事新闻之统制检查本极注重，而《东京日日新闻》系日本重要媒体，如果该被告等并无此杀人竞赛之事实，绝无故为虚构以巨大篇幅专为该两个被告等宣传之理。况该项新闻之登载，既经本庭引用上述各项确凿证据予以证实，即非通常传闻者可比，自得据为判决之基础。至谓以杀人为竞赛之凶残兽行，可作征婚广告，以博女性欢心，更为现代人类史上所未前闻。其抗辩各节，均属无可采信。”①被告辩护律师请求法庭准予被告要求，传讯随军记者，做公正判决。

从控方提供的证据来看，对于田中军吉、向井敏明、野田毅三名战犯的审判，在立案时即已掌握主要证据，所以立案后并未进行大量的补充侦讯工作，且所列核心证据均来自日方文献，三名战犯虽一再否认证据的客观性，但未能提出有效的证据和反驳理由，即使认为证据存在夸张，也无法完全否认基本事实的存在。

法庭最后判决：田中军吉与向井敏明、野田毅，在作战期间，共同连续屠杀俘虏及非战斗人员，各处死刑。判决书中包括战犯犯罪事实，判决理由及判决所依据的法条。

南京军事法庭对战犯田中军吉、向井敏明、野田毅作出判决后，将判决书和战犯的申辩书一并报送国民政府审批。1948 年 1 月 26 日，国民政府主席批复：“被告向井敏明、野田毅、田中军吉于战争期间，共同连续屠杀，既据审讯明确，原判依法处死刑，核无不合，应予照准。至被告等请复审理由，核与陆海军审判法第四十五条各款之规定不合，应予驳回，希饬知照。执行死刑日期具报备查，判决及申辩书等书卷让发还。”②

1948 年 1 月 27 日，南京各大通衢路口都张贴大型布告，南京市民踊跃前往观看：“查战犯向井敏明、野田毅(即野田岩)田中军吉等(即南京大屠杀共犯)，在作战期间共同连续屠杀俘虏及非战斗人员，罪证确凿，业经本庭依法判决，各处死刑，并呈报国防部参谋总长陈转奉国民政府主席核准，饬即执行具报等因。遂于本月 28 日正午 12 时，由检察官将战犯向井敏明、野田毅(即野田岩)、田中军吉等 3 名提案，验明正身，

---

① 《军事法庭关于战犯向井敏明等判决书》，胡菊蓉编：《南京审判》，第 496—497 页。

② 《国民政府主席批准判决战犯向井敏明等人死刑致石美瑜电》，胡菊蓉编：《南京审判》，第 502 页。

押赴雨花台刑场执行死刑,以昭炯戒。除呈报外,合亟布告周知。此布。"[①] 1948 年 1 月 28 日,战犯向井敏明、野田毅、田中军吉被押赴南京雨花台刑场,执行枪决。

"百人斩"是侵华日军在进攻南京途中发生的一场杀人竞赛,两位"竞争"者因此而在战后被南京军事法庭判处死刑。对此事之处置,战后日本一直有人表示不服,包括战犯家属和日本右翼。日本右翼认为"百人斩"一事是战时媒体的虚构,没有事实根据。其中右翼的论述以铃木明的《"南京大屠杀"之谜》为代表,程兆奇曾对此做过检证,认为:右翼提出的所谓"证据",还远未能动摇"百人斩"的事实[②]。

此外,2003 年,向井敏明、野田毅遗属向井千惠子等三人向日本东京地方法院提起诉讼,控告《朝日新闻》、《每日新闻》和"柏书房"出版的本多胜一的相关报道和著作违背事实,侵犯了当事人及其家属和遗属的名誉权,要求谢罪,停止侵权行为并赔偿其家属。2005 年 8 月,东京地方法院驳回了原告的诉讼请求。当时判决书提出的理由包括战犯中的一人曾亲口承认"百人斩"事实等。一审判决后,原告向井等人对判决结果不服,遂向东京高等法院提出上诉。2006 年 5 月,日本东京高等法院二审驳回"百人斩"战犯后人向井千惠子(现名田所千惠子)、野田马萨等人的上诉要求,维持东京地方法院一审判决。

除国防部军事法庭对南京大屠杀案的审判外,各地的军事法庭也审理并判决了大量的案件。其间,国民政府共审理战犯案 2200 余件,判处死刑 145 人,判处徒刑 400 余人,其余无罪遣返。

(四) 审判的社会参与

战后国民政府对南京大屠杀案的审判引起了社会的广泛关注,在检举战争罪犯、搜集证据、法庭审判以及判决执行等各个环节都有社会的积极参与。通过媒体报道、公开审判以及专题电影的公映等传播方式,审判的社会影响范围得以扩大。通过当时的报刊以及法庭的相关记录,不难体认到民众认知的诸多面相以及审判在社会层面的实际影响。审判使受害者的个体创伤记忆得以复苏并在社会广泛传播,由此产生了早期关于侵华日军南京暴行的集体记忆。由于国共内战以及冷战的意识形态影响,中华人民共和国成立后对南京大屠杀案审判的社会影响,特别是审判与有关南京大屠杀的早期集体记忆生成的关系被漠视或者被淡忘,从而造成我们对南京审判社

① 《军事法庭关于战犯向井敏明等执行死刑的布告》,胡菊蓉编:《南京审判》,第 503 页。

② 程兆奇:《再论"百人斩"》,《江苏社会科学》2002 年第 6 期。

会影响的认识偏差。

1. 证据搜集与社会参与

南京国防部军事法庭对南京大屠杀案的审理，区别于对酒井隆、矶谷廉介、高桥坦等其他日本战犯的审判，有更多在受害地审判的意义。在受害地南京对南京大屠杀案进行审判，必然引起更广泛的社会关注，对于调动社会的积极参与有很大的便利，这样既提高了审判工作的效率，又扩大了审判的社会影响。

早在战时，国民政府就成立了抗战损失调查和日军罪行调查的专门机构，战后由于审判战犯的需要更是加强了调查的工作力度。战后最早的证据搜集工作是在南京市敌人罪行调查委员会的主导下进行的。该委员会成立于 1945 年 11 月 7 日，由南京市市政府、首都警察厅、国民党南京市党部、宪兵南京市区司令部、军事委员会调查统计局、国民党中央调查统计局、三青团南京支部、南京市工会、农会、红十字会、商会、首都地方法院、首都医师公会、律师公会等 14 个机关团体组成，首都地方法院的首席检察官陈光虞为召集人①。从调查委员会的构成可见其社会涵盖面之广，其目的在于最大限度地调动政府各部门和社会不同群体的参与。调查委员会成立后，依照各机关团体的性质，分别调查侵华日军在南京的罪行。例如，工会以工厂为调查范围，商会则以商界为调查对象。所有材料经过各机关团体汇总整理后，一律送该委员会进行初步审核，再由首都地方法院依法处理。关于侵华日军南京大屠杀案，该会作为专题进行了证据的调查、整理和研究。

1946 年 6 月 23 日，为配合远东国际军事法庭与南京国防部军事法庭审判日本战犯的工作，南京市临时参议会发起成立了南京大屠杀案敌人罪行调查委员会，由议长陈裕光任主任，全体参议员为当然委员，这个委员会组织构成的社会涵盖面更广，聘请了宪兵司令部、红十字会、国际问题研究所、南京回民总会、金陵大学、难民救济所等单位的代表及大屠杀时留在南京的部分人士为委员，聘请相关部门负责人和知名人士为顾问。委员会设正、副主任各一名，总揽日常工作，另设总干事一人，处理日常事务。此外还设有调查、审计、编撰三组。该会成立后，专门向市民发布公告，希望全市市民对战犯罪行调查予以最大限度的支持和配合②。调查内容主要包括南京大屠杀的罪行人、被害人、罪行事实、证据等，这既便于调查人员工作，也便于被害人家属回忆，符合军事法庭对战争罪行调查的规定。委员会在各区设立调查小组，由全体委

---

① 《首都地方法院检察处奉令调查敌人罪行报告书》，郭必强、姜良芹等编：《日军罪行调查委员会调查统计》(下)，张宪文主编：《南京大屠杀史料集》第 21 册，南京：江苏人民出版社、凤凰出版社，2006 年，第 1722 页。

② 《国防部审判战犯军事法庭关于调查战犯谷寿夫罪证的布告》，中国第二历史档案馆、南京历史档案馆等编：《侵华日军南京大屠杀档案》，南京：江苏古籍出版社，1981 年，第 550 页。

员分组或分行业对侵华日军制造南京大屠杀罪行的证据进行搜集,经审查组审查后提请该会全体会议审定,然后移交首都地方法院检察官转报司法行政部办理。委员会编制了《南京大屠杀案敌人罪行种类调查表》、《南京大屠杀案可提供作证被害人姓名、住址表》、《南京大屠杀案男女死伤统计表》,并搜集到大量日军暴行的照片、报纸、实物等证据资料。1946 年 11 月 11 日,南京大屠杀案敌人罪行调查委员会的工作移交给南京市参议会继续办理。从委员会设立到移交,该会调查敌人罪行案件总数为 2784 件,为远东国际军事法庭和南京国防部军事法庭对侵华日军南京大屠杀案的审判,提供了大量的原始资料和有力证据①。

在南京大屠杀案的调查工作中,由南京大屠杀罪行调查委员会组织,南京市市政府负责推动各区、乡、镇、坊、保、甲开展调查工作,警察局推动所辖各区、局、所各级基层职能机构配合调查工作。调查委员会在南京 13 个区设置区调查委员会,全面负责侵华日军各项罪行之搜集、调查、统计与汇报工作,各区区长负实际指挥之责,调查委员会派督导员督导。可以说这是一次大规模的具有科学规范、法律意义、全民参与的调查工作。

在这一过程中,一些受害严重区乡的调查工作社会参与的程度较高,比如位于中华门外一带的南京市十一区,这里是战犯谷寿夫部队战时的驻地,国防部军事法庭非常重视这一地区受害情况的调查。该区调查委员会由区长吴筱卿负责常务工作,南京大屠杀案敌人罪行调查委员会派驻的督导员是沈九香,区调查委员会共有 27 名委员,分组负责实地调查,这些委员包括十一区各乡镇的正副乡镇长、区民代表、区警察局长、区党部主委、区三青团主任、宪兵队队长等,经过一个多月的调查,十一区雨花、西街、通济、海新、凤台、善德六个乡镇调查各类暴行受害人名单 800 多人,可见当时调查的深入以及社会参与的程度之高②。由于各个区、乡的情况不同,有些区、乡由于人口变动比较大以及受害程度的不同,社会参与的热情与调查的效果也不同,比如位于浦口的第八区调查的材料就很少,汤山区和位于下关的第七区的调查材料就很多,这也说明调查的情况和社会参与的情况大致能客观地反映一个地区的受害程度。

与证据搜集同时进行的是检举战犯的工作。国民政府相关机构曾多次呼吁市民检举战犯,如 1945 年 12 月 21 日蒋介石以国民政府主席行辕的名义发布公告称:“凡我同胞,其有身经当日大屠杀惨祸暨在敌伪暴力压迫之下,受有各种枉曲者,余均愿详知其事实及屠杀压迫者之主谋,其目击事实基于正义感而作负责之检举者,余尤乐

---

① 《南京市临时参议会副议长陈耀东在军事法庭陈述南京大屠杀案调查经过》,胡菊蓉编:《南京审判》,第 372 页。

② 《南京市第十一区区公所大屠杀案调查小组委员名册呈》,郭必强、姜良芹等编:《日军罪行调查委员会调查统计》(下),第 1683—1685 页。

于接受。”[①]据《申报》1946年1月6日报道，当时仅蒋介石巡视南京所接受的市民呈文就达1036件[②]。另据冈村宁次回忆，“经过八年战乱，受日军蹂躏过的地方百姓，对日军官兵的横行霸道，纷纷检举，被拘留的人也与日俱增。”本来国民政府拟将战犯范围尽量缩小，惩治部分首犯，但是各地民众纷纷来信检举，使被拘留的战犯不断增加，到1946年5月，被拘留的战犯已经接近3000人[③]。可见当时民众对检举战争罪犯工作的参与程度之高。

除了前期的证据收集与检举战犯以外，在审判过程中，军事法庭还在受害较为严重的地区设置调查庭，就地征集证人证据。1947年1月19日，军事法庭在中华门外区公所内设立调查庭，为了让民众配合法庭调查战时谷寿夫部队在中华门一带的犯罪事实与证据，要求所有在上述地区及时期内，曾遭日军烧杀奸掠及其他加害行为者，或各被害人或遗族，或在场目睹之人，将详细情形报告法庭，以便侦查，确定其罪责。这一方式的社会影响也较大，仅1947年1月28日一天就接待检举人180余人，总共传讯证人600多人，为法庭搜集到更多有力的证据[④]。

综上所述，审判的前期工作中，特别是检举罪犯和搜集证据的过程中，社会团体及民众的积极参与配合了军事法庭的审判工作，提高了法庭审判前期工作的效率。社会的积极参与也表达了社会对于南京大屠杀案的高度关注，反映了审判在社会层面的广泛影响。更为重要的是，对于日军罪行的调查取证唤起了受害者家属及幸存者对于日军暴行的记忆，使南京市民得以有机会控诉侵华日军南京暴行，从而得到情感上的安慰和对正义追求的满足。

2. 社会关注与审判的社会传播

战后对日本战犯的审判是备受关注的事件，在审判过程中，法庭对于审判的各阶段都力求做到透明、公开，报纸、广播等大众传媒对审判都有详细而密集的报道，使审判的信息在公众中得到广泛传播，扩大了审判的社会影响。

媒体关于审判的报道贯穿审判的始终，而且涉及到审判的方方面面，全方位地展示了南京大屠杀案审判的全过程。当时《中央日报》、《大公报》、《申报》、《新闻报》、《京晚报》等主要报纸都对审判作了全面而详细的报道。仅以《中央日报》对审判谷寿夫的报道来看，粗略统计大概有30多篇，就覆盖面而言，从谷寿夫押解到京、审讯、判

---

① 《国民政府主席行辕秘书处接受南京市民陈述大屠杀冤愤公告》，张建宁、郭必强、姜良芹编：《南京大屠杀案市民呈文》，张宪文主编：《南京大屠杀史料集》第23册，南京：江苏人民出版社、凤凰出版社，2006年，第2页。

② 《首都人民陈述函件加紧分类整理中》，《申报》1946年1月6日。

③ [日]稻叶正夫编：《冈村宁次回忆录》，天津市政协编译委员会译，北京：中华书局，1981年，第136页，第154页。

④ 《百余证人在中华门临时庭检举谷犯罪行》，《中央日报》1947年1月25日。

决及行刑均有详细报道,就形式而言,包括通讯、社论、专访等多种形式。除了报纸以外,国民政府尽可能利用各种媒介宣传对南京大屠杀案的审判。比如1946年7月,为唤起市民注意以协助南京大屠杀案的调查和审理,南京市社会局特制定与南京大屠杀案有关的幻灯片两种共七套,训令南京市电影戏剧商业同业工会在各大影院正片放映前放映,以资宣传[①]。

国民政府规定,法庭审判的辩论和判决应该公开进行,这同样也有助于扩大审判的社会影响。为了让尽可能多的南京市民旁听,军事法庭特意借用座位较多的励志社大礼堂作为公审场所。但法庭面积和席位毕竟有限,不能让更多的人参加旁听,于是法庭从庭内拉出了有线广播的大喇叭,使很多市民得以在法庭外旁听审判战犯实况,这种方式让更多的人更清楚地了解战犯的罪行,参与到对战犯的审判中,从而满足受害国民众情感及道义上的需求。

公审的影响是巨大的,冈村宁次曾经提到,"今日的公审,是考虑到对民众和国际的影响,是一次大型公开展览"[②]。对谷寿夫的审判吸引了国内外的很多新闻媒体,其影响不仅仅局限于本国民众,也受到包括日本以及盟国在内的国际社会的关注。公审后不久,国防部审判战犯军事法庭还函请中央电影摄影厂把战犯谷寿夫案的材料编入中国新闻,拍摄战犯谷寿夫一案的电影,在各地公映,扩大公审的社会影响[③]。

除公审外,对战犯死刑判决的执行也是备受关注的大事。1947年3月18日,国民政府批准南京军事法庭对谷寿夫的判决。随后,南京军事法庭张贴布告:"查战犯谷寿夫。……判处死刑。……遵于本月26日上午10时由本庭检察官将该犯谷寿夫壹名提案,验明正身,押赴雨花台刑场,依法执行死刑。除呈报外,合亟布告周知。此布。"[④]4月26日,谷寿夫被从南京国防部军法看守所提出来,押往雨花台刑场,"闻讯前来观之市民,人山人海,万头攒动,鼓掌欢呼之声,一若爆竹之鸣放,不绝于耳。"[⑤]可见当时民众参与的广泛以及公开行刑的社会影响之大。

当然,从历史的眼光来看,我们会发现很多主客观因素限制了南京大屠杀案审判的社会影响。一方面,由于国民政府对日的宽大政策以及经费不足等现实困难,1946年10月25日,战犯处理委员会在对日战犯处理政策会议上决定,除对南京等地的大

---

① 《南京市社会局饬各影院放映南京大屠杀调查工作宣传幻灯片训令》,郭必强、姜良芹等编:《日军罪行调查委员会调查统计》(下),第1532页。

② [日]稻叶正夫编:《冈村宁次回忆录》,第136页。

③ 《中央电影摄影场第一厂关于战犯谷寿夫案材料已编入中国新闻161号致军事法庭函》,胡菊蓉编:《南京审判》,第455页。

④ 《军事法庭判处谷寿夫死刑的布告》,胡菊蓉编:《南京审判》,第456页。

⑤ 《战犯谷寿夫在雨花台枪决》,《中央日报》1947年4月26日。

屠杀首犯“从严处理”外，对日本普通战犯的处理，“以宽大迅速为主”，要求对已拘留的战犯，在1946底前审理完毕，“若无重大之罪证者，予以不起诉处分，释放遣送返日”[①]。上述政策的确立对审判的实际操作及效果有较多制约。另一方面，从民众的角度来看，战后严酷的生存现实影响了民众对审判的关注程度。据当时对市民呈文的统计，“所接受人民陈述之函件，计一千另卅六件，………以请求抚恤救济及委派工作者为最多”[②]。1946年10月19日，法庭查讯李秀英的笔录中，李秀英最后要求“法庭代我们请恤金，并向日本要求赔偿”[③]。可见，普通民众最迫切的诉求可能不只是希望政府处理战争罪犯，更多的是希望政府能解决其面临的生活困难。

但是，战后对南京大屠杀案审判的社会影响应该是不容抹煞的，从当时的社会参与和社会关注的实际情况来看，南京大屠杀案的审判已经渗入部分市民的日常生活，即使是实际生活的困难也不能完全掩盖一般民众对战争伤痛的切身感受及其对审判的高度关注。

3. 民众情感与法理原则的冲突与调适

南京国防部军事法庭对南京大屠杀案的审判，是直接在受害地审判施暴的日本战犯。时任远东国际军事法庭法官的梅汝璈曾提及，各受害国国内对日本战犯审判的意义在于“使这类战犯在当地受到法律制裁，可以使对他们的暴行记忆犹新的地方群众在心理上、精神上感到快慰”[④]。对于深受战争伤害的中国民众来说，在南京审判南京暴行相关的战犯是对受害地民众所遭受的战争创伤的一种平息。但审判不是无原则地宣泄民众的情绪，在审判过程中，民众情感与理性法则两个层面是要同时兼顾的，但有些情况下，政府政策与民众情感之间会存在差异。通过当时的报刊以及法庭的相关记录，我们可以体认到民众认知的诸多面相，从民众对于审判的认识及反应可以体察审判在社会层面的实际影响。

在刚刚听到日本投降的那一刻，所有人沉浸于胜利喜悦中的同时，并没有忘记“八年抗战，亿万中国人吃了多少苦、受了多少罪啊，谁都有一本要求侵略者偿还的血债”[⑤]。这是一般民众本能的情感表达。而战后国民政府对日处理基本上是遵循蒋介石对日广播讲话中提到的“不念旧恶”、“仁爱宽大”、“以德报怨”的方针，希望以此建立中日两国永久和平之基础，所以处理日本战犯也是取宽大政策，不拘泥于小节，希

---

① 《战争罪犯处理委员会对日战犯处理政策会议记录》，郭必强、姜良芹等编：《日军罪行调查委员会调查统计》(上)，张宪文主编：《南京大屠杀史料集》第19册，江苏人民出版社、凤凰出版社，2006年，第28—29页。

② 《首都人民陈述函件加紧分类整理中》，《申报》1946年1月6日。

③ 《查迅被害人陆李秀英笔录》，胡菊蓉编：《南京审判》，第221页。

④ 梅汝璈：《远东国际军事法庭》，第37页。

⑤ 张彦：《日本投降那一天》，《人民日报》1995年8月14日。

望尽快结束战犯处理工作[①]。但民众对于战犯检举非常积极,要求严惩战犯的呼声也很高。1946 年 5 月,被拘留的战犯已经接近三千人,由此也可见政府政策与民众情感之间存在的差异,可以说,在日本战犯的处理问题上,国民政府承受了巨大的民意压力。

以要求引渡松井石根为例,松井石根在南京大屠杀期间任侵华日军华中方面军司令,是南京大屠杀案的主要责任者,要求引渡松井石根是当时社会关注的焦点之一。1946 年 7 月 26 日,以南京市参议会为主体的南京大屠杀案罪行调查委员会决议,向政府呼吁函请远东国际军事法庭引渡大屠杀案首犯松井石根等来京审讯。

1946 年 7 月 29 日,《中央日报》发表社论要求引渡战犯松井石根等来南京伏罪。该社论认为:像南京大屠杀这样的血债"如果不清算一次,或者只由东京战犯法庭去清算,而不递解来京审理,实无以平死难者的冤愤之气"。虽然日军已经放下武器投降,但是"却不能没有一种象征的清算方法",而最好的清算方法就是在受害国公开审讯祸首,并明正其刑罚。该社论还提到这样做的主要理由:一则南京大屠杀的祸首罪魁,如果不在南京市民的面前伏诛,不止无以告慰二十五万以上惨死于非命的同胞在天之灵,并且也无以平死者亲族戚党的愤气;二则南京大屠杀的祸首罪魁如果不以我们的法官为主体而在南京接受审判,多少会使抗战军民感到抗战没有多少光辉;三则血债固不必一一求偿,但不容没有一种象征的取偿法,"如果松井石根不在南京偿还南京大屠杀的血债,那就似乎连象征的索偿血债都没有做到了。连象征的索偿血债都没有做到,则将来异族如再以我懦弱不足畏,岂不是一种最大的损失?"并且认为要通过"惩罚犯弥天大罪的渠魁,来象征我们决非甘受异族大屠杀的民族,来象征我们决非不能直接惩罚祸首罪魁的国家"[②]。

从国民政府角度来看,根据《远东国际军事法庭宪章》的规定,松井石根是以破坏和平罪被起诉的,作为甲级战犯在远东国际军事法庭接受审判,国民政府将其引渡到国内审判不符合惯例。从实际的影响来看,松井石根这样的重要战犯,相比于引渡到国内接受审判,当然是在远东国际军事法庭受审对国际社会的影响更大一些。南京民众及社会团体强烈要求引渡松井石根到国内受审,这样的诉求有一定的非理性和情绪化的倾向,而政府的决策受国际法框架的限制,不可能与民众取一致态度。

此外,从审判战犯谷寿夫的法庭举证和辩论的过程中也可获得一些民众情绪的信息。民众大多认为谷寿夫是罪有应得,当时的报纸就提到,"今天国防部战争罪犯法庭公审这个大屠夫,南京人也该扬眉吐气,刀割零碎,虽千万个谷寿夫亦不足以赎

---

① 秦孝仪主编:《中华民国重要史料初编——对日抗战时期》,第二编《作战经过》(四),第 449 页。

② 《松井石根应来京伏罪》,《中央日报》1946 年 7 月 29 日。

他的罪恶”[1]。在审判过程中，受害者的控诉最能体现民众的真实情感，比如张孙氏丈夫被杀，庭长询及伤在何处，张谓：“哪里还能看得到？”旋继称：“我与日本鬼子仇多呢！要说三天也说不完，我受的害太大了。”随后又道出：彼本身亦被敌人强奸，同时见其小姑与一邻人均被奸而致病等等，语调沉痛，令人发指[2]。可见，在谷寿夫的审判中，民众情感得到一定程度的释放，政府也希望借此彰显正义，平复冤情。

战犯在受害地的行刑也是民众感到极大快慰的事情，民众参与热情极高。有些地方的军事法庭为满足地方群众的心理，在战犯行刑前会将战犯押解上街游行示众，这固然可以使受害地民众在心理及精神上得到极大快慰，但显然与政府处理战犯的政策以及国际法的原则相违背。为此，国民政府国防部通电各军事法庭，“鉴于处罚战犯的目的，在于维护人道正义，保障国际法之尊严，而不在于实行报复。……故全国各地军事法庭此后禁止将战犯在枪决前游行示众。并不得在文告中引用报复性之语句，如‘以快人心’等不当措施云”[3]。可见，民众情感与政府政策及国际法的原则之间存在着一定的差异。

总体来看，大部分民众对审判比较关注，但是也有一些民众及受害者对战犯处理的态度淡漠，缺乏参与的热情。一方面可能是民众对于战犯审判的意义并不明了，另一方面，民众可能更为关心自身生活境遇能否改善等实际问题，当时南京参议会的一份报告中提到，在调查日军暴行时发现，因已事过八年，“由于被害人之死亡，或其家属他迁，无人代为申述，或因事过境迁，恨怒淡散，不愿重抚创痕。此其例证，尤以门第者之妇女，被敌奸后，继以屠杀之事案为然。抑或以施害者之部队番号不明，而幸存者又因生活重压，对于调查填报，知无补于其口腹之奉，间有不关心之态度，漠视调查人员之往访。”[4]当然还有其他的一些原因，比如出于消弭过去战争伤痛的需要以及中国传统的认命的观念，受害者往往尽量避免再触及与日军战时暴行有关的问题。

4. 战犯审判与社会记忆的形成

战后对南京大屠杀案审判的整个过程引起了社会的广泛关注，审判是受害者的个体创伤记忆得到申诉并在社会得以大范围传播的事件载体，从而使受害者的创伤记忆得以超越个体记忆的局限而成为一种社会记忆，这是战后南京大屠杀案审判的

---

① 《南京大屠杀案主角谷寿夫受审记》，《申报》1947 年 2 月 12 日。

② 《南京大屠杀案真相 各证人愤慨陈词》，《申报》1947 年 2 月 8 日。

③ 《处罚战犯不在报复》，《申报》，1947 年 7 月 1 日。

④ 《南京市临时参议会协助调查南京大屠杀案经过概述》，中国第二历史档案馆、南京历史档案馆等编：《侵华日军南京大屠杀档案》，南京：江苏古籍出版社，1981 年，第 556 页。

社会影响中较为隐性而深远的一面[①]。近年来,关于战争暴行的社会记忆成为学术界关注的一个热点[②],但是从整体来看,现有的论述大都是着眼于幸存者的创伤记忆以及战后一代人关于战争暴行的社会记忆,较少有关于战争暴行社会记忆形成过程和机制的相关论述。

从社会记忆生成与唤起的角度来看,有论者指出,“南京大屠杀之后,在日军高压恐怖统治之下,南京市民的创伤记忆被深深地掩埋在心底。但是,每逢到了清明祭扫亲人和大屠杀周年之时,他们都会以最简便、最隐晦的方式去记忆无法忘却的创伤。1945年8月15日,当日本宣布投降之时,南京市民压抑已久的创伤记忆终于得到释放,人们以最大的热情参与了调查和审判制造南京大屠杀战犯的全过程。”[③]可见战后对南京大屠杀案的审判为受害者创伤记忆的唤起和更大范围传播提供了各种条件。战犯罪行的社会调查、市民呈文以及检举作证等行为过程中就包含着对遭受战争暴行的创伤记忆的申述,这种同一时空的大规模的趋同记忆得以集中表达,使得有关南京暴行的社会记忆得以生成。

但是由于内战的爆发,以及随后国民党政权的崩溃,新中国没有保持对南京审判本身所具有的历史意义的宣传教育。新政权对社会记忆按照自己的政治价值观进行了重新构建,而“构建公共记忆的行为同时也伴随着忘却行为”[④]。中华人民共和国成立后,在政府倡导中日人民友好的主旋律下,以及五六十年代极“左”思想的影响,南京市民对南京大屠杀的记忆受到了极大的压抑,从而出现了社会记忆的断裂。这种断裂,“损坏了历史感知发生的框架,并阻止其重建一个新框架来填充遭受破坏的框架所具有的同样功能”[⑤]。直到上世纪80年代以后,日本右翼的歪曲再次唤起了民众关于南京大屠杀的创伤记忆。

与之同时,直到1980年代,学术界才开始关注战后国民政府对日本战犯的审判,

---

① 关于集体记忆与社会记忆两者的区别,哈布瓦赫认为集体记忆是有特定群体的,不能简单地等同于固化的社会记忆(莫里斯-哈布瓦赫:《论集体记忆》,上海:上海人民出版社,2002年,第235页)康纳顿也提出,“对于过去社会的记忆在何种程度上有分歧,其成员就在何种程度上不能共享经验或者设想。”(保罗-康纳顿:《社会如何记忆》,上海:上海人民出版社,2000年,第3页)所以在分析有关南京大屠杀的记忆时,创伤记忆更多的是受害者这个群体的集体记忆,与被固化的社会记忆是不同的。

② 相关研究主要有,张连红:《南京大屠杀与南京市民的创伤记忆》,《江海学刊》2003年第1期;聂莉莉:《战争受害记忆与“历史事实”之间》,《读书》2006年第9期;孙宅巍:《澄清历史——南京大屠杀研究与思考》第十章《记忆篇:南京大屠杀的记忆》,南京:江苏人民出版社,2005年;刘燕军:《南京大屠杀的历史记忆(1937—1985年)》,《抗日战争研究》2009年第4期。

③ 张连红:《南京大屠杀与南京市民的创伤记忆》,《江海学刊》2003年第1期。

④ 黄东兰:《岳飞庙:创造公共记忆的“场”》,载孙江:《事件·空间·叙述》,杭州:浙江人民出版社,2004年,第173页。

⑤ 耶尔恩·吕森:《危机、创伤与认同》,《中国学术》2002年第1期。

这中间社会记忆就存在着认知上的断层，南京审判与南京大屠杀相关的社会记忆生成的关系纽带被淡忘或漠视，从而造成当时人与后人对审判实际影响在认知上的差别。所以只有经过深入的考察，我们才能看到战后对南京大屠杀案的审判对当时社会的实际影响以及南京市民的创伤记忆早期得以生成的一个重要环节。

（五）对战后南京大屠杀案审判的反思

战后审判日本战犯的案件中，南京大屠杀案有着特别重要的意义。南京大屠杀是中华民族苦难和创伤记忆的重要象征符号，是历史与现实相联系的一个显例。对南京审判的正面意义，前贤已有许多论述，著者也同意其要点，但本文将更多地侧重于对南京审判的反思，指出其不足和教训。

首先，已如前述，国民政府处理战犯的法律依据——《国民政府关于战犯审判条例》存在一些不足，特别是缺少国防部审判战犯军事法庭的宪章，这影响了法庭的独立运转和权威性。法庭在某种意义上成为贯彻蒋介石"以德报怨"对日政策的实施平台。

其次，审判的实际运作过程中存在的一些问题。冈村宁次后来的回忆中提到，审判"不准用日本律师，官方指定的律师与被拘留者联系也不密切，以致草率从事，裁判不公"[①]。谷寿夫在《上诉书》中提出"希望召唤与本案有关的各部队长以及中日两国证人，严密调查，掌握真相，在事实基础上重新审判"[②]。他们认为审判单凭中国方面民众的控诉和调查作为资料，来作为论断的基础，被告方的证言或证人被忽视，辩护律师由法庭指派中国律师担任，事实上使被告在法庭上成为弱势，从而一定程度上影响了被告的认罪以及对法庭公正的认可。揆诸史实，冈村宁次和谷寿夫本有重大罪责，但此种罪责的确立需要法定的严密程序和坚实的证据体系。而这一点，在当时的国民政府，既缺乏认识，也没有完全付诸实践。

第三，国防部军事法庭对南京大屠杀案的审判是不完整的，在南京大屠杀立案时提出的战犯名单有 83 名之多，确定被告姓名、官阶、隶属单位的战犯有 59 名，仅师团长以上的战犯就有 12 名[③]，但是在审判和结案时，所列 12 名重要战犯只有谷寿夫一人受审，特别是对于主城区暴行的很多责任人都没有给予审判，虽然主要责任人中岛

① ［日］稻叶正夫编：《冈村宁次回忆录》，第 136 页。

② 《上诉书》，胡菊蓉编：《南京审判》，第 473—474 页。

③ 《司法行政部关于南京大屠杀案战犯名单》，胡菊蓉编：《南京审判》，第 54—57 页。

今朝吾、柳川平助等人或已去世,或无法引渡,但是也没有遵循国际惯例予以缺席审判,明确其战争罪责。

第四,相对于充分的立案准备来说,对南京大屠杀案的结案在整个审判的各个环节中显得很薄弱,远东国际军事法庭对南京暴行和首要战犯松井石根分别做了判决,特别是在法庭《南京的暴行》的判决书中对南京大屠杀案单独做了判决,确认了南京大屠杀的时间和地域范围,以及被害者的构成和被害人数等事实[①],而国防部审判战犯军事法庭没有对南京大屠杀案单独的判决书,而是整个地放到了对谷寿夫的判决书中,没有严格地区分战犯谷寿夫在南京大屠杀案中的明确责任和整个南京大屠杀案的事实与罪责之间的界限。

何故如此?最大的制约因素应该是当时国民政府对南京大屠杀审判的认知和基本态度,虽然国民政府在战后非常重视对南京大屠杀案的审判工作,但是政府主导下的审判所具有的政治色彩影响了审判本身所应有的法律内涵,国民政府的决策层基本上很少意识到这是一场需要规范和严谨的法律作为合法性基础的审判,在东京审判期间担任首席顾问的倪征日奥在回忆中提到,当时国民政府对审判"缺乏正确的认识和估计,以为日本军国主义侵略中国,事实昭彰,审判不过是个形式,受害国毋须提出确切证据,就可以对战犯定罪"[②]。可见当时国民政府对审判的重视不够,缺乏主动性,对审判的复杂性估计不足。当然也有很多实际的困难,比如对相关法律等有研究的法官为数甚少,对战犯之罪证及一切资料搜集不全等原因,但是最根本的还是国民政府的审判只是注重其作为战后对日处理的一部分,只着眼于国内的影响,对于审判是否对加害国日本产生影响则甚少考虑,一味地强调宽大的整体政策,不注重实际操作的问题,并且希望尽快结束审判。这些都在很大程度上限制了对南京大屠杀案审判本应达到的各种目的。

在中国政府向盟军总部要求引渡日本战犯时,当时的盟军总部法务处处长卡本德就怀疑,"中国法庭能否给谷寿夫一个公平审判,至少做出一个公平审判的样子"[③]。不管这种怀疑本身是否带有偏见,但这种疑虑的存在本身就是对当时中国国内审判的公正性以及法律程序严密性的质疑,而这恰恰又与国民政府在远东国际军事法庭初期对审判战犯重视不够,从而暴露了这方面的缺失是有直接关系的,所以国民政府后来也意识到政府这方面的不足以及由此带来的一些处置不当,会予国际社会不良之批评,也采取了一些措施补救,但收效甚微。

---

① 杨夏鸣编.:《东京审判》,第 607—608 页。

② 梅汝璈:《远东国际军事法庭》,第 1 页。

③ 梅汝璈:《远东国际军事法庭》,第 301 页。

自然，对于国民政府来说，当时引渡日本战犯以及被告方证人、在日本取证都需要盟军总部的配合，根据一般国际法原则和远东委员会处理日本战犯的决议，对于乙、丙级战犯，如经直接受害国要求，盟军总部是不能拒绝引渡的。但是盟军总部在处理这些事务时总是会有自己的考虑，往往国民政府不能完全实现自己的要求，南京大屠杀案审理的过程中，除谷寿夫引渡到中国以外，有相当一部分战犯的引渡要求都没有能实现。

战后，犹太人及他们的国家追究纳粹战犯的战争罪责从来没有所谓"时效期"的限制，也不全是通过德国政府或其他第三国的政府实施。而是一旦发现任何对犹太人犯有罪行的纳粹，如果该犯不曾被审判或不被其所在国家引渡，它就派特工人员甚至军队将其捕获带到以色列进行审判，比如著名的纳粹战犯艾希曼就是以色列特工从阿根廷逮捕回国接受审判的①。与犹太人和随后建立的以色列相比，国民政府主观上没有这种积极追捕的意识，其次由于上述的一些制约因素，国民政府也不具备追捕战犯的一些现实条件。

著名的和平学学者安德鲁·瑞格比认为："从暴力发生之后就进入一个漫长的冲突化解过程，这个过程的终点是实现和解，但是和解不是无原则的，在这个中间还有两个阶段：正义和宽恕。确立正义，弄清是非曲折，说明暴力发生的真相，施暴者也在心灵上受到震动，并真诚悔罪，在此基础上受害者宽恕对方，实现和解。"但是也不能一味强调宽恕，"如果一味强调宽恕，不分是非，施暴者就得不到应有的惩戒，心灵无丝毫的震撼，就不能确立正义。而如果一味强调惩罚，以怨报怨，又会落入煽动仇恨、怨怨相报的怪圈。"②

国民政府的审判上执行了"以德报怨"、"宽大迅速"的审判方针，除对极少数罪大恶极的战犯处以极刑外，对绝大多数战犯进行了无原则、无是非的宽大处理。尽管国民政府在拟定处理方针时，也提出"拟定含有教育意义之惩处条例，实施战犯之审理，并改变其错误观念与思想"。并且列举了对日本战犯的感导要点："（一）日本军阀穷兵黩武之错误。（二）日本军阀对此次战争应负之责任。（三）盟国为正义和平作战之意义。（四）三民主义与领袖之伟大。（五）联合国宪章及民主政治思想。（六）揭破日本神权伪造历史观念，而授以实在史实，在正义公理与民族情谊兼筹并顾下，建立中日两国及世界之永久和平基础。"③但实际上这些都只能停留在纸面，基本上没有得到贯彻实施。无论是在审判前的关押，还是对判决后的战犯，都没有很好的教育改

---

① 徐新：《论犹太人铭记大屠杀的方式》，《南京社会科学》2006 年第 10 期。

② [英]安德鲁·瑞格比：《暴力之后的正义与和解》，南京：译林出版社，2003 年，第 238 页。

③ 秦孝仪主编：《中华民国重要史料初编——对日抗战时期》，第二编《作战经过》(四)，第 449 页。

造,甚至最后迫于形势把在押的全部战犯转交驻日美军管制,1950 年代这些战犯大多被无条件释放,整个战犯处理过程草草收场。

相比之下,建国后中国共产党对日本战犯的处理较为成功,其主导的对日本战犯的处理是审判与改造相结合,而又以改造为主,审判为辅,很好地平衡了正义与宽恕以及受害者与加害者的关系。以抚顺战犯管理所为典型的战犯改造为例,新中国的战犯改造给予日本战犯更多的参与机会,把日本战犯作为改造过程中一个积极的主体来看,而不是被动接受改造的客体,特别强调促使日本战犯对自己罪行的反省,让他们认识到自己的罪行,自觉接受惩罚。经过长期的改造,已经认识到自己罪行的战犯在 1956 年 6 月的沈阳、太原两地的审判中自觉认罪,愿意接受法庭的判决。到 1964 年 3 月,服刑战犯全部刑满释放,这些战犯基本上都已经实现了将现实自我与有罪的历史自我拉开清晰距离的拯救,回国后很多都成为中日友好的坚定支持者[①]。

① 关于中共对日本战犯改造的详细论述可参见张仁寿:《改造日本战犯十四年纪实》,《纵横》1997 年第 6 期。

十三、远东国际军事法庭南京大屠杀案审判中的辩护及其“遗产”

——以控、辩双方质证为中心的考察

1938 年初，美国方面破译了日本外相广田弘毅 1938 年 1 月 17 日引用英国记者田伯烈的电讯稿，给日本驻美机构的电文，电讯稿提到南京及周边地区日军暴行的发生和规模：“Since return(to) Shanghai (a) few days ago I investigated reported atrocities committed by Japanese Army in Nanking and elsewhere. Verbal accounts (of) reliable eye-witnesses and letters from individuals whose credibility (is) beyond question afford convincing proof (that) Japanese Army behaved and (is) continuing (to) behave in (a) fashion reminiscent (of) Attila (and) his Huns. (Not) less than three hundred thousand Chinese civillianss slaughtered, many cases (in) cold blood. [自从几天前回到上海，我调查了日军在南京及周边地区所犯暴行的报告。可靠的目击者的口述记录和信誉毫无疑问的人士的信函提供了充分证明，即日军的所作所为及继续其暴行的手段使人联想到阿提拉及其匈奴人。至少 30 万中国平民遭到屠杀，许多实例都是残暴血腥的。]”①可见，南京大屠杀在当时就不是秘密。

8 年后，1946 年 5 月到 1948 年 11 月，联合国远东国际军事法庭对 28 名日本甲级战犯进行了审判，通常称为“东京审判”。由于南京大屠杀案情特别重大，法庭当时将其单独列为一案。最终，曾任日本“上海派遣军”和“华中方面军”司令官、直接指挥

---

① 原件藏美国国家档案馆，本影印件由美国“抗日战争史实维护会”王鄂(Mr. Ao Wang)先生提供，括号及内中文字系原档所有。下文所引美国国家档案馆档案，由杨夏鸣教授和著者在美国查阅，用英文原文件号和检索号注出，以便研究者继续追踪研究。孙宅巍先生认为：此电文“不能直接作为侵华日军在南京大屠杀中屠杀 30 万以上中国同胞的证言，但是其电文所载田伯烈的‘特别消息’，对于研究侵华日军暴行以及南京大屠杀，仍有十分重要的价值。”且广田当时未加否定性按语。见孙宅巍：《澄清历史——南京大屠杀研究与思考》，南京：江苏人民出版社，2005 年，第 272、273 页。本书同意孙宅巍对广田电报的基本定位。另外，据耶鲁大学神学院图书馆所藏文献，英国记者钱塞勒(Chancellor)向田伯烈提供了一篇发往伦敦的新闻报道，报道援引了上海南市难民区负责人、法国人饶神父的话，“他非常肯定中国平民遇难人数为 300000。” *Timperley to Bates* (*March* 28, 1938), RG10, Box 4, Folder65, Yale University Divinity School Library Special Collections.

攻占南京的松井石根因在南京大屠杀案中的“渎职”而被绳之以法。日本外相广田弘毅因阴谋发动战争等罪行和南京大屠杀等罪被判死刑,但后者非其主罪,而是连带性质的。时任上海派遣军副参谋长的武藤章也被判处死刑,但在南京大屠杀案中被宣告无罪。松井石根的继任者“华中派遣军”司令官畑俊六因其它罪行被判处终身监禁。

东京审判不是“胜利者的单方面审判”,因为远东国际军事法庭基本上是按美国法庭的形式组织的,每名被告均有日本籍、美国籍辩护律师各1人,控、辩双方须各自提出自己的证人、证据,并对对方证人、证据进行质证,控、辩双方在法庭上的权利义务完全平等[①]。据日本右翼统计,从1947年2月24日开始,到1948年1月12日,辩护方面进行了187天的辩护论证,其中,用了45%的时间为被告个人进行辩护[②]。在南京大屠杀案的审理中,被告及其辩护律师们使出了浑身解数,力图建立关于南京大屠杀的证据链,形成他们关于南京大屠杀的结论,从而影响法庭的判决。他们并非无所收获,但是,辩护方未能推翻南京大屠杀案,松井石根的无罪辩护未能得逞。

被告和辩护律师们在东京审判南京大屠杀一案中如何进行辩护——他们对起诉方的证人、证词是如何进行质证的?他们的出庭证人、证词说明什么?又是如何在起诉方的质证下暴露出谎言性质的?松井石根等自我辩护的效果如何?这些是东京审判的判决结果所以形成的关键。这是本书所要努力的第一个方面。

本来,在决定接受《波茨坦宣言》、宣布无条件投降时,日本政府已经承认了同盟国对战犯进行审判的权力;在《旧金山和约》中,日本政府承认了东京审判及各战胜国组织的审判的结果。从法理上说,南京大屠杀案已成定案。但上世纪七八十年代以来,日本右翼[③]分子不断否认、歪曲南京大屠杀,以东京审判及对松井石根的判决为突破口,企图通过证明东京审判的虚妄和松井石根无罪,推翻他们所谓的“东京审判史观”,从根本上颠覆南京大屠杀史。

右翼的各种言论,可谓花样翻新,人人有惊人之见。但抽丝剥茧之下,可以发现,他们立论的基本框架和思路,狡辩、耍赖的手法,实与东京审判中松井石根等战犯及其辩护律师们如出一辙,可以说,东京审判中的辩护,是日本右翼的思想源泉。所以,还得追本溯源,以东京审判为基础,梳理南京大屠杀案的辩护过程,破除日本右翼之

① 梅汝璈:《关于谷寿夫、松井石根和南京大屠杀事件》,中国人民政治协商会议全国委员会文史资料研究委员会编:《文史资料选辑》,第22辑,第16—36页,杨夏鸣编:《东京审判》,第622页。梅汝璈为远东国际军事法庭的11名法官之一。

② [日]历史研究委员会:《大东亚战争的总结》,东英译,北京:新华出版社,1997年,第381页。

③ 广义的日本右翼来源、组织复杂,思想多元,针对性各不相同。此处文中所谓“日本右翼”,约定俗成,专指南京大屠杀否定派或变相否定派。

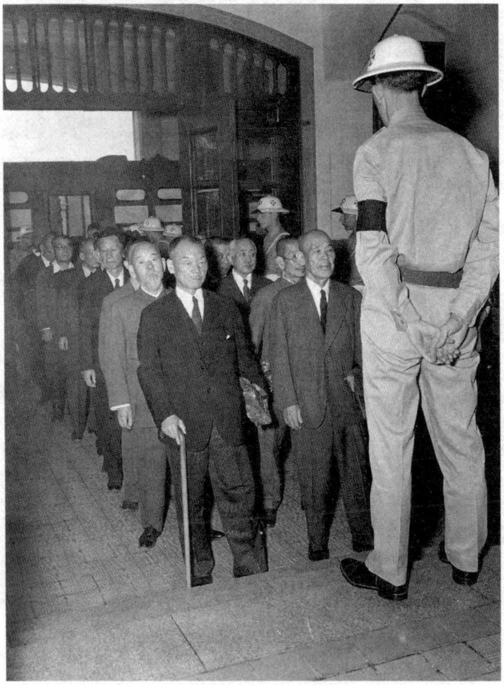

松井石根(右列第二人)等战犯鱼贯进入审判现场。美国国家档案馆藏。

松井石根被带进法庭。美国国家档案馆藏。

远东国际军事法庭正面全景。美国国家档案馆藏。

远东国际军事法庭总检察官基南(右)举行非正式记者招待会,接受日本记者采访。美国国家档案馆藏。

依据,以达釜底抽薪之目的。这是本书努力的第二个方面。

(一) 辩护方对起诉方出庭证人和宣誓证词的质证

南京大屠杀案中,起诉方(即检察方,也称控方)提出的证据,包含美、德、英、日等国的政府文件,国际安全区档案,大屠杀期间或稍后的出版物,大屠杀期间西方在宁人士的日记、书信,中国方面的文件、特别是南京审判的文件,相关中外证人的书面证词,审讯松井石根、武藤章等人的记录,等等。辩护方的重点是那些出庭的起诉方证人及其宣誓证词。

起诉方当时提出的出庭证人有:南京鼓楼医院美籍医生罗伯特·威尔逊(Robert O.Wilson),大屠杀期间是南京唯一的外科医生、国际红十字会南京分会成员;金陵大学美籍历史学教授贝德士(Miner Searle Bates, 或译贝茨),当时任金陵大学紧急状态委员会主席、南京国际安全区成员;美国传教士约翰·马吉(John G. Magee),当时任国际红十字会南京分会主席、国际安全区成员。中国证人许传音、尚德义、伍长德、陈福宝、梁庭芳,日本证人多田骏、桥本欣五郎、伊藤信文、田中隆吉,等等。

对罗伯特·威尔逊的宣誓证词①质证时,武藤章的辩护律师冈本正一(Okamoto Shoichi)提出了南京沦陷时的人口问题,威尔逊说,战前南京人口大约是100多万,日军占领时,人口锐减到"不到50万"。冈本追问何时减少到这个数字,威尔逊回答"在11月和12月的前二个星期"。人口数字是辩护方极思突破的问题,但威尔逊的回答并无漏洞,松井石根的辩护律师伊藤清(Ito Kiyoshi)随即变换了策略,他说,威尔逊的证词里提到一个中国妇女被日军强奸,两个月后出现了二期梅毒的症状。可是,"根据我的观察——我当然是外行,可能所说不对——梅毒二期症状要在感染后3个多月才会出现"。作为普林斯顿和哈佛医学院毕业生(MD)的威尔逊医生立即声明专业观点:"据我观察,感染后6个星期到3个月都是发病期。"伊藤仍不依不饶:"无论如何,根据我看的书,我只能得出结论——既然要花3个月的时间才能出现症状,那么,这位妇女就不可能是由两个月前日本士兵的强奸所传染的。"伊藤开始说据他自己观察,后又改口说是看书,以一个"外行",却对一个医生的专业表示否认,其用意在于"攻其一点,不及其余",企图通过否认起诉方证人的某一个证词,来达到否定整个起诉方证据的目的。这种手法,贯穿整个辩护、质证过程。面对这样的纠缠,威尔逊

---

① *IMTFE EXHIBIT No*.204, Rg238, Entry14, Box128, Location: 190/10/21/03, National Achieves II of USA, Maryland.

坚持了自己的看法[①]。

民国时期的中国法律和法庭,本与英美大相径庭;国共内战,牵扯了国人和官方的极大精力;当时起诉方证人、特别是中国证人,到远东国际军事法庭出庭作证前准备得不够充分。而辩护方均熟谙法律,他们多次协商辩护的原则和策略,又精心研究了美国法庭的程序和辩护技巧。他们布设的陷阱,给起诉方证人造成不少困扰。

许传音是美国伊利诺伊大学毕业的博士,文化程度在中国证人中最高,南京大屠杀期间,他与国际安全区、红十字会的中外人士极为熟悉,曾与其他外籍人士一起,记录了大量日军的暴行案例。但面对辩护方的质证,他显然并没有做好准备。本来,南京沦陷前,俄国在南京有一个大使馆,就在南京市中心鼓楼附近,1938 年 1 月 1 日被焚毁;另有一个俄国公使馆,却在南京郊区的天王寺。继松井石根担任日本华中派遣军司令官的畑俊六的辩护律师神崎正义(Kanzaki Masayushi,因英文发音对应多个日文汉字,有的地方误译为宫崎正义)发现许传音宣誓证词[②]中把大使馆误为公使馆,乃不厌其烦地要求许传音复述他目睹"公使馆"着火的情形,在许传音讲述日军士兵如何浇煤油、房子如何烧毁等细节后,神崎突然发难:"证人先生,这个公使馆没有被烧毁,你是不是在做梦呢? 还是在撒谎呢?"许传音这才意识到自己把两者弄混了,而且前面所说俄国公使馆在 1942 年被烧毁更是错得离谱,他更正说:"我想知道我们谈的是不是同一件事。我指的是 1938 年 1 月 1 日的纵火,那个俄国公使馆就在湖的后面,紧靠着湖,但是在南京城里。"许传音虽说清了着火的位置和时间,还是没把俄国公使馆和大使馆弄清楚[③]。

在庭长韦伯(Webb)裁定不要在这个问题上浪费时间后,看到许传音如此轻易地被诱入圈套,松井的辩护律师伊藤开始布设另一个陷阱,他问许传音:"你知道当中国军队占领一个城市或撤离一个地方时他们经常烧杀抢掠吗?"许传音回答说:"日军占领南京前,南京由中国军队驻守,我们都过着安宁的生活,而没有大规模的暴行发生。"并声明当城市在日军的控制之下,暴行才发生。伊藤立即举例诱导,他以英美国家非常熟悉的 1927 年"南京事件"为例,显见并不是随机抽样,他说,当时的中国军队袭击了外国人,并实施强奸和抢劫。许传音表示,他很清楚,伊藤想说明中国军队在南京也实施了暴行,但日军占领南京前,确实没有暴行发生,"然后,日军进了城,干尽了丧尽天良的事,而在南京沦陷几天、几个星期之后,日本当局仍没有试图制止这种

---

① 《威尔逊的证词与回答质证》,杨夏鸣编:《东京审判》,第 51—53 页。

② *IMTFE EXHIBIT No.*205,Rg238,Entry14,Box128,Location:190/10/21/03, National Achieves II of USA , Maryland.

③ 《许传音的证词与回答质证》,杨夏鸣编:《东京审判》,第 64—66 页。

行为的发生。……而中国人不断向你们大使馆请求，向特务机关请求……但是仍然没有丝毫作用，他们没有发表任何命令来禁止日军烧杀抢掠和强奸的罪行，他们仍逍遥法外"。许传音回答伊藤问题时显然很激动，因为韦伯当庭提出了告诫，但这没有妨碍他冷静地绕过伊藤的另一个陷阱，伊藤提出，中国士兵经常在逃亡时假装成老百姓，有机会便乔装成便衣士兵，韦伯认为这是"小问题"，但却是一个今天的右翼分子非常看重的问题，而许传音回答说："在他们积聚力量进行公开抵抗前，我们会把他们当成普通老百姓"，"他们只要放下武器，就不再是士兵了。"伊藤只好悻悻提出："就我的能力而言，我无法从此证人身上获得事实。"[①]

伊藤所提出的中国军队的抢劫行为，我们不用讳言，实际上，在南京即将沦陷的时候，溃兵们出于安全方面的担心而抢掠平民衣物用于化装的事情时有发生，美国《芝加哥每日新闻报》记者斯提尔（Archibald T. Steel）就记述了这样的情景[②]。但随着南京的陷落，中国军人保命不暇，西方目击者证实，进行抢劫的正是号称军纪严明的日军。目击者德国人克勒格尔（Christian Kreoger）记述道："婴儿车、手推车、驴子、骡子，只要能用来搬运的东西全都用上了。这种有组织的、公认的抢劫持续了两周之久，直到今天，也没有任何家庭可以免受'征用'事业带来的集体性危险"，"受害最大的是难民收容所。因为不断涌来的抢劫部队都认为，只要使用武力和暴力的话就能榨取更多的东西。"[③]安全区主席拉贝（John Rabe）说，"整个城市没有一家店铺没有遭到日本人的抢劫"，连当时为日本盟国的德国侨民的财产也不能幸免，1937 年 12 月 13 日，拉贝详细统计，在南京的 38 处德国财产被日军彻底或部分洗劫。日军甚至在抢劫后堂而皇之地给拉贝写了收条[④]。《纽约时报》记者提尔曼·杜丁（Tillman Durdin）这样报道："日军的抢劫已经达到洗劫全城的程度。几乎每一座房子都被日本兵闯进去过，并且经常在军官的眼皮底下随心所欲地抢东西，日本兵还逼迫中国人挑运他们抢来的物品。"杜丁明确指认，日军对难民营进行大规模搜查，将难民的财产洗劫一空。美国人的物业乃至医院护士也没有例外[⑤]。特别重要的是，大屠杀发生的当时，就有日本官员诬赖中国军队是实施抢劫的主力，而现场的西方目击者已经为他们辩诬，拉贝在日记中说，"'抢劫的中国人'我们从来没有看见过。也许在 12 月 12 日到 13 日的那个夜里有几个。但是，与 12 月 13 日起抢掠的日本士兵相比，他们简

---

① 《许传音的证词与回答质证》，杨夏鸣编：《东京审判》，第 68—69 页。

② 《寄往德国驻华大使馆的报告》（1937 年 12 月 30 日），张生编：《外国媒体报道与德国使馆报告》，第 294 页。

③ 《外交资料：克勒格尔的私人报告》，张生编：《外国媒体报道与德国使馆报告》，第 319—320 页。

④ 拉贝 1937 年 12 月 23 日日记、1938 年 1 月 8 日日记、1937 年 12 月 17 日日记，[德]拉贝：《拉贝日记》，第 313、212—215、157 页。

⑤ 《攻占南京肆意屠戮》，《纽约时报》1937 年 12 月 18 日，张生编：《外国媒体报道与德国使馆报告》，第 112 页。

直是天使。”[①]克勒格尔经过实地调查,排除了中国军队的嫌疑:德国人房子“位于中国军队撤退的道路旁,他们是在12日至13日夜里经过主要街道仓皇撤退的。我曾怀疑德国人的房子是被中国军队撤退时破坏的。可是我在12月13日下午前去查看时,发现那里一切完好无损,中国部队遵守纪律的情况非常好”[②]。当然,在日军洗劫了南京的精华后,也发生了一些中国平民偷抢的事件,对此,德国大使馆行政主管沙尔芬贝格1938年1月28日写道:“越来越多的中国人敢于从安全区里走出来,但仅限于白天。大多数是年长的妇女和小孩子,他们就在日本人的眼皮底下快活地把东西抢光。它给人以一种印象,即日本人纵容这种行为是为了转嫁自己的罪行。”[③]

尚德义和伍长德的宣誓证词,简洁明了[④],辩护方选择了不质证。陈福宝的宣誓证词甚至点出了犯罪的日军部队和士兵的名称,却因为语法上的瑕疵被伊藤抓住了。陈福宝说:“12月14日,即日军占领南京的第二天,日军从难民营抓走了39人,都是平民百姓。……我和另一个人被带到水塘这一边,那边的人全被日军用机枪扫射毙命。我亲眼看到此事,被害者大多是平民。我就是南京本地人,认识其中好几位确实是南京的平民,其中有一名是警察。”[⑤]伊藤提出:“你首先说39个人被带出难民营,他们都是平民;然后你又说大多数是平民,之后又解释一些人是老百姓,最后你说其中之一是个警察,究竟哪种说法是对的呢?”陈福宝说:“他们都是难民营里的老百姓。”伊藤认为陈福宝根本没有领会他的问题,韦伯表示:“他认为他们都是老百姓。你可以接受他的回答。”但执拗的伊藤还是准备利用陈福宝文化水平低的缺点,有所收获。他非常阴险地质问:“根据日文证词,我们可以这样来进行解释:屠上校[⑥]把情况给你解释,因此,你是从屠上校那里得知此事的。”伊藤的质证是想说明,陈福宝的证词其实是中国方面的翻译涂莹光上校诱导出来的,但他没想,果真是涂莹光蓄意所为,证词语法就不会有明显瑕疵;更没有料到陈福宝的记忆并不差:“我把这个事情向莫罗(Morrow)上校报告,而这个屠上校给我们翻译。这份4月7日的证词在办公室里,

---

① 拉贝1938年1月8日日记,[德]拉贝:《拉贝日记》,第313页。

② 《克里斯蒂安·克勒格尔致德国驻南京大使馆的信》(1938年1月11日),张生编:《外国媒体报道与德国使馆报告》,第308页。

③ 《德国住汉口大使馆1938年2月10日编号95的报告附件》,张生编:《外国媒体报道与德国使馆报告》,第390页。

④ *IMTFE EXHIBIT No.*206, *IMTFE EXHIBIT No.*207, Rg238, Entry14, Box128, Location: 190/10/21/03, National Achieves II of USA, Maryland.

⑤ *IMTFE EXHIBIT No.*208, Rg238, Entry14, Box128, Location: 190/10/21/03, National Achieves II of USA, Maryland.

⑥ 经查对东京审判书证上的中文签名,此人为涂莹光,原译据英文音译。

你可以详细调查一下。”[1]

对于贝德士教授的质证，当时辩护方极感困难，却又不得不进行。因为贝德士是一个受过牛津大学和耶鲁大学专业培养的历史学家，南京大屠杀发生之时，他就意识到这是一个将载入史册的事件。于是，在救助中国军民的同时，他用大量精力纪录日军的暴行及日军占领下南京的状况，并报告给美国政府和方方面面的友人。事实上，在回答起诉方律师萨顿（Sutton）提问时，贝德士的精确证词成为对南京大屠杀的全面概括。远东国际法庭后来在对南京大屠杀案的判决中，许多关键之处，就采用了贝德士的证词，引述的拉贝的估计，如日军占领南京一个月内，发生了二万起左右的强奸案件，等等。看到辩护律师洛根（Logen）和克莱曼（Kleiman）的质证均无所得，小矶国昭的辩护律师三文字正平（Shohei Sammonji，有的地方误译为左文字正平）没有选择就贝德士所控诉的日军杀人、纵火、强奸、抢劫的罪行进行质证，他想以贝德士所说中国人被引诱吸食鸦片、海洛因等毒品为突破口，证明贝德士证词的虚妄。

三文字的质证思路是，中国本来就是世界上最大的鸦片和海洛因消费国，暗示南京沦陷后鸦片等毒品泛滥是中国的痼疾，并非日军使然，左文字反复要求贝德士就世界范围内的鸦片问题提供证词，以诱使贝德士走上他的论证思路，但贝德士明智而谦逊地表示“我绝不是一个关于世界范围内鸦片问题的历史学家”，韦伯也裁定贝德士“只就南京城内和关于南京的事情作证”。无法得逞的三文字随即出现了他自己肯定为之沮丧的错误。他问：“证人先生，你早些时候说过，在日本军队 1937 年进入南京后，日本人公开地销售鸦片。这种公开的鸦片销售难道不是管制非法的鸦片交易并治疗吸食鸦片成瘾者的一种办法吗?”三文字的这一质证等于承认日本公开销售鸦片，他只是想叫贝德士承认这种公开销售有它的好处。更妙的是，法庭监督立即提出纠正，他提出，贝德士并没有直接说“日本人公开销售鸦片”，而是“鸦片在公开市场上出售”，三文字的质证几乎成了不打自招。

我们今天几乎可以想见到当时法庭上贝德士的冷静、睿智和三文字形成的饶有趣味的对照，他回答说：“在日本人进入南京后，就南京的公共体系而言，医院里没有任何的补救措施，我也没有看到过针对吸食鸦片成瘾者的任何治疗措施。”他作证，日本占领之前，南京没有公开的鸦片交易；而之后，“一个庞大的公开供应和销售鸦片的系统就建立起来”。贝德士严整的逻辑使得三文字陷入了语无伦次，他质问说：“你难道不知道在所有中国的中产阶级以上的家庭中，他们都有针对吸食鸦片的治疗诊所吗？你难道不知道在所有中国的中产阶级以上的家庭中，他们都有一间适合吸食鸦

---

① 《陈福宝的证词与回答质证》，杨夏鸣编：《东京审判》，第 76—77 页。

片的房子?”贝德士表示:“这和我在南京25年的经历与所了解的情况相反。”三文字还想纠缠,韦伯裁定“这种质证毫无意义”①。

由美籍辩护律师布鲁克斯(Brooks)对马吉牧师的质证,是今天的右翼极为看重的部分。马吉在南京大屠杀期间拍摄了迄今为止发现的唯一一部记录电影,他的电影用画面记录了受害者难以形容的苦难;作为安全区官员,他也在安全区档案中记录了当时许多中国人受害案例。在回答起诉方律师萨顿的提问时,他详细地回忆了日军在南京暴虐的情形,但由于未知的原因,他当时没有当庭播放他的电影。在回答布鲁克斯质证时,他诚实地表明,他自己只“亲眼”看见1人被日军杀害,“亲眼”看见1人被强奸,另一次“亲眼”看见日军士兵在中国女孩床上,女孩的爸爸告诉他女儿已经被强奸,还“亲眼”目击日军的抢劫。布鲁克斯强人所难地要求马吉必须“亲眼”所见,是因为他想说明,马吉其实无法确认那些作恶的日军的具体身份,所以,虽然马吉和国际安全区的成员向日军当局和日本大使馆报告了日军的暴行,但日方无法惩罚作恶者。

马吉谈到,一次,他和俄国人科德希波洛夫、美国人福斯特共同制止了一个日军用刺刀威胁中国妇女,并收缴了他的刺刀。布鲁克斯乃反反复复地询问是否可以从刺刀确认日军的身份,韦伯质疑布鲁克斯做法的意义,布鲁克斯说:“如果法庭允许,我想说明一个调查人员面对的困难。即使想进行处罚,也很难确定应该受处罚的人。他们不能找出一个士兵来就把他枪毙了,因为可能是其他士兵犯的罪,这正是我想通过他的证词加以说明的。”以布鲁克斯作为辩护律师的身份,他的质证当然要维护被告的利益,但他的质证并没有考虑到当时南京城内的日军是一部全速开动的“兽性机器”,马吉等西方人士每天还要用大量时间救助中国难民,证人无法像和平状态下进行取证。马吉反驳道:“日本人能够确定哪些人的身份,我们做不到这些……如果他们真的想制止这些事情的话,他们是能够做到的。”韦伯对布鲁克斯质证的评价是:“质证进行得越长,越是对被告方不利。”②而布鲁克斯无法预见,他在当时被法庭认为不成功的质证,会被今天的日本右翼以另一种极其无耻的方式加以利用。

对某些起诉方日籍证人的证人的质证,是辩护方极为擅长的事情,问答之间颇为“默契”。东条英机的辩护律师清濑一郎(Kiyose)③首先登场,他质问曾在南京大屠杀期间担任日军参谋次长的多田骏:“你说你制定了日本军队占领上海、南京和汉口的计划。我是否可以这样理解:并不存在一个涵盖这三个战役的统一计划?”清濑的潜

---

① 《贝茨的证词与回答质证》,杨夏鸣编:《东京审判》,第96—100页。

② 《马吉的证词与回答质证》,杨夏鸣编:《东京审判》,第125—131页。

③ 清濑后来任日本国会众议院议长。

台词是,这些规模巨大的战役的发生其实都有偶然性,多田骏立即确认:“不存在一个涵盖这三个战役的统一计划。每个计划都是根据最新出现的情况制定的。”清濑紧接着就问,华北发生的事情是否也是这样的,多田骏顺水推舟,表示“事前没有计划”,起诉方两次反对,韦伯才裁定清濑将质证集中到上海、南京作战上,多田俊说:“南京就成了占领的目标,根据计划占领这座城市后就开始和平谈判的阶段。”清濑从多田嘴里得到占领南京系为和平而战的证词后,戛然停止了质证。随后,畑俊六的辩护律师神崎再次得到了多田关于华中派遣军的任务是保持“上海、南京和汉口这一三角地区的和平”的证词,而桥本欣五郎的辩护律师早志逸郎(音译,Hayashi Itsuro)得到的证词是:上海、南京和汉口的战役计划与大东亚战争没有什么关系①。

当然,不是所有的起诉方日籍证人都能引起辩护方的兴趣,桥本欣五郎是美国军舰“巴纳”号被击沉、英国军舰“蟋蟀”号被击伤的主使者之一,但他的证词却说是当时日军第十军司令官柳川平助所令,而柳川已经死亡,这种死无对证的事,辩护方当然乐得装糊涂②。伊藤信文(Nobufumi Ito)曾任日本驻中国无任所大使,作为起诉方证人,在回答起诉方提问时作证说:上海的外国外交官们和记者们向他通报了日军“在南京犯下的各种各样的罪行”,而他报告给了日本外务省。这一说明当时日本政府知悉南京大屠杀、而没有采取得力措施加以制止的证词,对辩护方来说,当然需要加以质证,但松井石根的辩护律师伊藤清一上来就把伊藤信文当时在上海误为南京,在韦伯指出他的问话太长,需要重新组织后,伊藤情绪失控地中止了质证,韦伯当即指出,伊藤的态度毫无意义③。

综上所述,当时辩护方对起诉方证人、证词的质证,在个别证人的个别证词上技巧性得逞,但辩护方没有推翻起诉方证人证词的主体部分(即日军在南京的暴行),未能对起诉方庞大的的证据体系(起诉方证据体系的分析,是另一篇文章的任务)形成实质性威胁,从而未能使法庭形成否定性印象。例如,许传音弄不清楚、被神崎抓住的俄国大使馆被焚毁问题,起诉方提供的德国驻华大使陶德曼(Trautmann)致德国外交部的密电中写道:“1938 年 1 月 1 日,临时自治政府成立,并在古老的鼓楼上升起了五色旗。在同一时刻,俄国大使馆却燃起熊熊大火。”④

辩护方无法“破”,当然寄希望于“立”,也就是传讯己方证人,来证明松井等人与一个所谓“子虚乌有”的南京大屠杀没有任何关系。

---

① 《多田俊(骏)的证词与回答质证》,杨夏鸣编:《东京审判》,第 103—106 页。

② 《桥本欣五郎的证词与回答质证》,杨夏鸣编:《东京审判》,第 106—107 页。

③ 《伊藤信文的证词与回答质证》,杨夏鸣编:《东京审判》,第 109—110 页。

④ 《德国外交部原始文件和档案》,杨夏鸣编:《东京审判》,第 355 页。

(二) 辩护方的证人、宣誓证词及控方的质证

辩护方当时提出的相关证人有中山宁人、日高信六郎、塚本浩次、胁坂次郎、中泽三夫、饭沼守、榊原主计、大杉浩、下中弥三郎、中谷武世、冈田尚、石射猪太郎、青木武、单下训司、三并贞三、小畑年和大内义秀、胁坂次郎、西岛刚、小川关次郎、国分信八郎,等等。其中,胁坂次郎等未经质证。

从辩护方来说,它当然指望所有的出庭证人及其宣誓证词都能够向法庭说明,攻占南京的日军部队纪律严明,松井石根及其部下统驭有方,不存在大屠杀。但不是所有的辩方证人都完成了这个任务——某些夸张至极的对日军的溢美之词到了不值一驳的地步,另一些虽极力掩盖,仍留下大量漏洞。戳穿这些谎言,有许许多多的资料,但为彻底限制右翼分子狡辩的余地,本文暂不使用中方资料,而使用第三方和日方资料,特别是那些亲历大屠杀的日军官兵的日记。

大量资料可以证明,日军第十六师团是实施南京大屠杀的主力之一,但师团长中岛今朝吾战后不久神秘死亡,中泽三夫(Nakasawa Mitsuo)是攻占南京时的该师团参谋长,他的宣誓证词针对起诉方证据,很有技巧地穿插部分似是而非的"事实",以达到混淆视听的目的。他说,1937 年 12 月 8 日,就在他们兵临城下时,上级命令他们停止进一步行动。上级提出:南京是中国首都,胜利入城后,也不能破坏,"而应该特派一支经过挑选的部队去安抚、善待南京居民和维护安定";中山陵和明孝陵地区的战斗中,日军故意避免使用重武器,从而保全了古迹;难民区归属十六师团警备,受到严格保护,"除非有特殊的通行证,否则连军官都不得进出";在南京,通过日中联合委员会"逐个审问和检查中国人",这样查出来的士兵没有被屠杀,而是被送到日军总部;南京城外的房屋都被实行焦土政策的中国军队烧毁了,城内也"据说"是中国军队干的,日军十分小心火灾,他们经常抓到持良民证的中国小女孩纵火;从日军宪兵那儿听到一些报告,但抢劫主要是中国兵和想挤进难民区的人干的;松井命令要保护好外国利益和文化机构,但在日军突袭他们认为危险的地方时,"经常演变为错综复杂的情况";绝对没有发生有组织强奸,只有"零星的违纪案例";中方发现的中山门、马群一带的丛葬地是战斗中双方死伤惨重的地方……[①]由于起诉方在起诉书中对南京大屠杀的全貌已经有详细叙说,对于这样的狡辩,起诉方诺兰准将的质证思路是,抓住

---

① *IMTFE EXHIBIT No.* 3398, Rg238, Entry14 (PI－180), Box301, Location: 190/10/25/1－9, National Achieves II of USA, Maryland.

其证词中躲躲闪闪的地方，明确关键事实。果然，中泽承认日军抢劫了食物和其他日用消费品；中泽自己也目睹俄国大使馆 1938 年 1 月 1 日被烧；所谓“错综复杂的情况”，是日军发现，并不是中国军队利用外国国旗进行掩护，日军自己侵犯了外国权益；而“零星的违纪案例”，就是“企图闯入难民营，强行和中国妇女同居”[①]。这就说明，刚刚还声称难民区受到严格保护的中泽已经说了谎。

当然，限于当时的条件，诺兰并不知道日军十六师团更大规模的犯罪，其师团长中岛在《阵中日记》写道：“基本上不实行俘虏政策，决定采取全部彻底消灭的方针。但由于是以 1000 人、5000 人、10000[人]计的群体，连武装都不能及时解除。……事后得知，仅佐佐木部队就处理掉约 15000 人，守备太平门的一名中队长处理了约 1300 人。在仙鹤门附近集结的约有七八千人。……处理上述七八千人，需要有一个大壕，但很难找到。预定将其分成一两百人的小队，领到适当的地方加以处理。”[②]中泽所谓“零星”云云等弥天大谎，没有得到应有的质证，给今天日本右翼留下了强词夺理的空间。

如果说中泽三夫的证词多少保留了南京大屠杀的痕迹，炮兵少尉大杉浩（Osui Hiroshi，有的地方误译为小杉宏）的证词则以彻头彻尾的谎言构建了另一种闻所未闻的景象。他说：1937 年 12 月 13 日傍晚，他从南门进入南京城，看见日本兵的尸体被绑在树上，身上有很多枪眼，“一看就知道他是被中国士兵俘虏并被杀害”，至于南京城，“就整体而言，这座城市被原封不动地保护下来。我没有看到有火烧的痕迹。”大杉还说，一次，某中队的一个士兵被宪兵逮捕，他陪中队长去要人，但宪兵根据松井的命令，拒绝交还这名犯有强奸罪的士兵[③]。大杉这一漏洞百出的证词虽以保护松井为目的，但松井本人在 1937 年 12 月 20 日的日记中已经躲躲闪闪地写明：“有一阵子，我将士中有少数人员出现过掠夺和强奸行为，这多少也是在所难免的实际情况。”[④]当时，诺兰干脆拒绝了质证。

拒绝质证是当时起诉方的一个出庭技巧，通常在辩护方证人的证词违背常识、故意扭曲事实，而相反证据极其充分时使用，这样做的目的，是希望法官行使“自由心证”的权利，基于良知对辩护方证词的效力进行判断。当然，通过强力质证，戳穿辩护方证人的谎言，才能给法庭的判断施加决定性影响，从后文我们可以看到起诉方质证的威力。

---

① 《证人出庭作证与回答质证：中泽三夫》，杨夏鸣编：《东京审判》，第 453—454 页。

② 《中岛今朝吾日记》，张宪文主编：《南京大屠杀史料集》第 8 册，王卫星编：《日军官兵日记》，第 280 页。

③ *IMTFE EXHIBIT No.* 3393，Rg238，Entry14（PI－180），Box301，Location：190/10/25/1－9，National Achieves of USA ，Maryland.

④ 《松井石根阵中日记》，王卫星编：《日军官兵日记》，第 153 页。

饭沼守(Iinuma Mamoru)曾是上海派遣军参谋长,他知道南京发生了什么,但他的证词简直是一篇关于日军秋毫无犯和松井慈悲为怀的论文。他说,进城时,他遵照松井命令,下令除十六师团外,其他部队撤退到城东地区,并严申军纪;12 月 16 日、20 日和 31 日,他视察南京,除下关地区有几十具士兵尸体,"所谓的成千上万的被屠杀的尸体,我即使做梦也未曾见过",确实有几处火情,但未见一例故意纵火;有人向松井报告了"抢劫和暴行的案例",但松井在抱歉的同时,命令军官防止此类事件发生,"违法者都受到了惩罚",以至于十六师团对法务部门的程序提出了抗议;至于难民营,饭沼守命令十六师团守卫,"只有持通行证的人和守卫该地的宪兵才可以进出此地";国际安全区委员会的抗议,他"一无所知",也未向松井汇报过[①]。诺兰在质证中确认了日军进行强奸和抢劫的部分事实[②],而饭沼守自己的日记则说明了他证词的谎言性质。因为篇幅关系,这里只能略举数例,饭沼守 1937 年 12 月 21 日日记说:"当荻洲部队的山田支队用刺刀分批处置一万数千名俘虏时,因为是在几日内将相当多的人押送到同一地点,因此俘虏发生了骚乱,最后我军用机关枪扫射,致使我军若干官兵也一同被打死。"同年 12 月 30 日日记说:继任上海派遣军司令官朝香宫"召集驻南京及附近宿营部队的副官等人,要求进一步严整军纪风纪,特别是对外国公馆的违法行为,佐佐木少将(警备司令官)还提出注意事项和要求。方面军中山参谋来此,仅向参谋长一个人传达了此次发生发生在外国公馆的违法及其他违反军纪的行为的遗憾之意。真是愧疚难当"。这个愧疚难当的饭沼守曾断言苏联大使馆的事与日军无关,但随后的日记记述道:"(特务部冈)中佐说,他去苏联大使馆时,笹泽部队的伍长等三人正在里面的大使私宅征缴粮食。"饭沼守说他不知道南京的外国人抗议之事,但他 1938 年 1 月 21 日的日记说,日军参谋次长发来电报,通报了日军从美国辖区拖走妇女、在金陵大学抢走钢琴等事,日本外交官无力制止,占领军又未能管制,甚至,与美国使馆秘书同行的日军宪兵还逮捕了进行抢劫的日军士兵。同月 26 日的日记更是惊人:"今晚,本乡少佐报告。24 日夜 11 时左右,日本兵去美国人经营的农具商店,用刺刀威胁看店人,带走两个女人强奸后,过了两个小时左右才走。根据受害者的陈述,去据称是实施强奸的房子确认时,由于是天野中队长及十几名士兵住宿的地方,在要进屋调查时,两个美国人也想进去。天野让士兵们集合,反过来殴打并赶走了美国人。接到通知,本乡参谋随即去了现场,想进中队长房间却很难。隔壁房间有

---

① *IMTFE EXHIBIT No.* 3399, Rg238, Entry14(PI－180), Box301, Location: 190/10/25/1－9, National Achieves II of USA ,Maryland.

② 《证人出庭作证与回答质证:饭沼守》,杨夏鸣编:《东京审判》,第 453—454 页。

三四个支那女人，当强行进入田野房间时，他像和女人睡觉的样子，有个女人从床上下来。”①

饭沼守等人坚持从日军军纪严明、松井石根驭下严格的角度来为松井辩护，考诸其他资料、特别是日方官兵资料和第三方资料，是不堪一击的，从前文所引资料，已可概见端倪，后文还将论述到。所以，我们看到，有的辩方证人变换角度，以论述日军战争犯罪的“可理解性”。上海派遣军负责后勤的参谋榊原主计(Sakakibara Kazue，有的地方误译为榊原和江)提供了另一个思路，他作证说，日军从上海到南京确实进行了就地征发，因为当时日军没有可与之谈判的居民和行政当局，“我们不可避免地不经所有者的同意而处置该物品”，但他们会留下清单，描述征用物品的种类和数量，以便主人索赔；到了南京，“根据上述简便方法来解决对粮食的征用”，但未听说从难民区征用粮食的；纵火发生了，这是因为“日中两军都把纵火作为前线战术的一种方法”，而且，“在南京陷落后，就没有火灾了”；日军向外交部等处的中国伤病员提供了大米和药品，但他们的大多数因为病情严重死去了②。榊原主计的论述思路虽然“新颖”，但仍然难以摆脱事实的简单否决，以言就地征发，十六师团后勤参谋木佐木久少佐 1937 年 12 月 1 日日记中在常州奔牛镇的征发情形是这样的：“为征缴物资在村里四处搜寻，征缴到 800 袋大米、1000 袋小麦、100 袋砂糖和 2 艘汽船，非常开心。”并没有提到留下什么清单，也没有提到何时赔偿③。而 1938 年 1 月 22 日国际安全区秘书史迈士在致美国大使馆的函件中提出，他们原本准备用于救济难民的 1.5 万袋大米和 1.9 万袋面粉被日本人没收了④。至于火情，相关资料太多，仅举一例，国际安全区主席拉贝 1938 年 1 月 17 日的日记写道：“先前我写过这座城市被日本人纵火烧毁了三分之一，如今我担心自己的估计大错特错了。”榊原随便提及的伤病员问题，拉贝同样有记载，这些医院本来由外国人照看，但“城市被攻陷后我们和红十字会立即被禁止进入上述医院”⑤，这倒说明，那些伤员何以大部分都死亡了。当时，诺兰未进行详细质证⑥。

冈田尚(Okada Takashi)的父亲是松井石根的朋友，任上海派遣军司令部嘱托(按：日方职务名称)，主要从事汉奸的利用与所谓“和平工作”，起诉方选择他作为出

① 《饭沼守日记》，王卫星编：《日军官兵日记》，第 212—213、221—222、232—233、235 页。

② *IMTFE EXHIBIT No.* 3402, Rg238, Entry14 (PI－180), Box301, Location: 190/10/25/1－9, National Achieves II of USA ,Maryland.

③ 《木佐木久日记》，王卫星编：《日军官兵日记》，第 323—324 页。

④ 拉贝 1938 年 1 月 22 日日记，[德]约翰·拉贝：《拉贝日记》，第 404 页。

⑤ 拉贝 1938 年 1 月 17 日、3 日日记，[德]约翰·拉贝：《拉贝日记》，第 345 页、270 页。

⑥ 《证人出庭作证与回答质证：榊原主计》，杨夏鸣编：《东京审判》，第 469—470 页。

庭证人,显然想利用他长期以来对松井品格的"理解"。他深情地回忆了松井对不得已进行战争的痛惜之情和对和平的极度渴望,并特别提到一个细节,"应将军之请求,我来到大厂(按:应为场)镇,在中国士兵和日本士兵遗体下的泥土中取得一捧土并通过航空邮件寄给松井将军。他修建了仁慈女神像(按:即兴亚观音像),里面就用了这捧土。……每天清晨,不论是旭日当空还是阴云密布,他都会上山悼念逝者并为死难的人祈求灵魂的安宁和亚洲的永恒和平。"①松井确实一直高唱日中和平,但这只是他的欺人之谈,真实的松井好战成性。战争爆发前期,其日记中的结论是:"日支关系每况愈下,日趋恶化。最近的形势如前所述,使我痛心的感到几乎成了不得不举起铁锤逼迫支那当局反省的局面。"受命为上海派遣军和华中方面军司令官以后,他想方设法突破了日本军方原定"与海军协作挫败敌军战斗意志,为寻找结束战争的机遇而歼灭上海附近的敌人"的作战计划,扩大战火到南京。占领南京以后,松井不断谋求扩大作战地域,1938 年 2 月 4 日日记显示,他强烈主张扩大在浙江、安徽的占领区②。松井的所作所为,在后文的起诉方质证中将被充分揭露,这里,冈田尚所描述的双重人格的松井当然引不起诺兰的质证兴趣,但他所描述的那个慈眉善目的松井却成为今天的日本右翼立论的重要依据。当时,诺兰拒绝质证。

中山宁人(Nakayama Yasuto)是华中方面军的参谋,他除重申松井不断严令部下遵守军纪、不要侵犯安全区外,还作了一个特别的辩护。他意识到起诉方已经提交了大量当时在宁的外国人就日军暴行向日方提出交涉的证据,但他表示,松井对日军在南京国际安全区的暴行并不知情。他说:"后来,我们听说国际委员会对日军士兵在安全区内犯下的罪行提出过抗议。不过,他们的抗议没有送到华中方面军司令部。姑且承认那里有过这类非法行为,也应该向日本领事馆提交抗议,他负责在特务机关与上海派遣军之间进行联络,后者直接负责南京的警备工作。此外,华中方面军没有从上海派遣军那里收到任何情报,因而司令官和参谋部对上述抗议均不知情。如果真有日本士兵干出非法行为,这类行为必定会受到调查,并受到军事法庭的审判。调查和审判的结果也肯定会向华中方面军司令部汇报。"③中山宁人这一和松井本人的自我辩护极为吻合的谎言在今天颇为日本右翼重视,但在当时立即遭到起诉方的迎头痛击,陷入前言不搭后语的极度窘境。

萨顿首先通过质证,明确 12 月 13 日上午中国军队已经停止了抵抗,松井 12 月

---

① *IMTFE EXHIBIT No*. 3409, Rg238, Entry14(PI－180), Box301, Location: 190/10/25/1－9, National Achieves II of USA, Maryland.

② 《松井石根阵中日记》,王卫星编:《日军官兵日记》,第 22、175 页。

③ *IMTFE EXHIBIT No*.2577, Rg238, Entry14, Box246, Location:190/10/23－24/1－4, National Achieves II of USA ,Maryland.

17 日进入南京，停留一星期，他的司令部离最近的难民营只有 1.5 公里，这些背景性资料实际暗示松井不可能不知道日军官兵的暴行。果然，中山宁人随即承认，松井“入城不久就收到了第一份报告”，在萨顿的追问下，中山宁人回答说，报告来源除宪兵外，还有手下的军司令官、师团长和外交机构。已经回答了实情的情况下，中山宁人狡赖说，在宁西方人士递交给日本外交机构的日军暴行报告没有转给华中方面军，但萨顿立即提出，松井石根本人已经承认他得到了相关报告，而且就是南京的日本外交人员告知的，中山宁人只好说他不总是在松井身边。中山宁人的狼狈没有结束，萨顿把问题转向武藤章，问中山宁人是否从武藤那里听到外国权益被侵害之事，中山先说没有听武藤讲过，但萨顿再次提醒，武藤已经供认，华中方面军参谋长塚田攻跟他讲了日军暴行的事，中山宁人只好当面抵赖，说听过抢劫和强奸的事，但未听说杀人。萨顿立即提醒中山本人的证词里提到“我们听说国际委员会对日军士兵在安全区内犯下的罪行提出过抗议”，以说明中山所说严格保护安全区纯属谎言，中山只好承认他记得本间少将“向参谋长抱怨过为什么部队军纪不只是有一点废弛”，但他认为这和大屠杀或抢劫没有关系。萨顿当然意识到法官们对中山宁人如此解释的看法，有关方面曾安排掩埋长江边 30000 多具中国军人的尸体，而中山宁人作证说有 5000 多俘虏被释放到长江对岸，他就此再次发动进攻，问中山宁人有多少中国军人在被枪决前受到了军法审判，潜台词就是停止抵抗之后的中国军人未经任何审判就被杀害，中山回答说记不清人数，萨顿辛辣地讽刺道：“到达对岸的不光是这些战俘，还有被日军枪杀在江南岸而后漂浮到对岸的中国士兵的尸体吧？”中山宁人含糊其辞地辩解说，他确信，释放所有战俘到长江对岸符合日军政策，并宣称：“只有历史才会对日本军队的纪律究竟废弛到什么程度给予一个公正的评判。”萨顿的出色质证给法庭留下了深刻的印象，以至于庭长韦伯也询问中山宁人，其所说一些中国士兵躲进安全区后被军法审判后处决，到底是何罪名？松井石根被畑俊六取代是否是因南京暴行而进行的惩罚[①]？这样的询问已经包含了某种初步判断，显然，起诉方证据和质证对法庭形成了很大影响。

萨顿的质证无情地揭示了中山宁人及类似证人的谎言，我们从中体会到了事实和逻辑论证的强大力量，这样的质证是日本右翼数十年来不断攻击东京审判而无从取得实质性突破的根本原因。著者想补充的是，南京大屠杀期间，西方在宁人士向日本驻宁外交机构就日军暴行提出全面性抗议时，松井石根本人就在场！拉贝 1937 年 12 月 21 日日记记录道，这天下午 2 时，在宁西方人士 22 人集中到鼓楼，向日本大使馆官员田中递交了信函，到场后，“我们认识了指挥官松井，他和我们大家握手致意”，

---

① 《证人出庭作证与回答质证：中山宁人》，杨夏鸣编：《东京审判》，第 494—507 页。

而这一信函中,西方人士要求三点:

1. 制止在城市大部分地区纵火,以免尚未被毁坏的其余城区继续遭到肆无忌惮的有组织的破坏;

2. 一周来,日本军队给城市造成了无法用语言描述的痛苦,这种破坏秩序的行为必须立即得到制止;

3. 抢劫和纵火已经使得城市的商业生活限于停顿……我们在此紧急呼吁,立即采取必要的步骤恢复安宁和秩序,恢复市民的正常生活环境,补充粮食和燃料储备。目前的情况必将在短时间内导致饥荒。我们别无请求,只请求得到最基本的生活条件:住房、安全和食品!①

和中山宁人不一样,时任日本外务省东亚事务局长的石射猪太郎(Ishii Itaro)并不否认南京暴行的发生,他的证词要点是日本政府和军方得知后,采取了得力措施。石射说,他收到了日本驻南京代理总领事福井淳(Fukui Makoto,有些地方误译为"福井喜代志")关于日军在南京暴行的报告,报告转交给了陆军部军务局长,外务大臣"感到警觉和担心"。随即,陆军部、海军部和外务省召开了联系会议,"会后不久,外务省就收到了驻南京代理总领事的书面报告。该报告系一份有关我军暴行的详细记录,由在南京的第三国侨民代表组成的一个国际安全委员会起草,用英语打印……我向陆军部军务局长第一课长出示了这份报告……作为答复,军方代表告诉我,他们已经向南京占领部队发出了严厉的警告。从此以后,暴行案例越来越少。如果我记得不错的话,次年即 1938 年 1 月底左右,大本营还向南京占领军派出一名特别代表。后来我们听说这位代表就是本间(Homma)少将 。此后,南京暴行就绝迹了。……我得知,广田外相曾经请求杉山陆相针对南京暴行事件迅速采取严厉措施。……与此同时,我也向陆军部相应的部门发出过同样的请求。"②

石射猪太郎虽是辩护方证人,但其证词却说明其他众多辨方证人在说谎,于是,伊藤抢先对其发难,他提出直接询问,海军部军务局有第一课、第二课,陆军部军务局却无此设置,石射猪太郎立即表示,"第一课"这个词用得有误,但该部门长官是柴山兼四郎(Kaneshiro Shibayama)大佐,记得清清楚楚。伊藤把对付起诉方证人的"攻其一点,不及其余"的办法用到己方证人身上,只能说明他的恐慌。

① 拉贝 1937 年 12 月 21 日日记,[德]约翰·拉贝:《拉贝日记》,第 189—192 页。

② *IMTFE EXHIBIT No.*3287,Rg238,Entry14(PI－180),Box290,Location:190/10/24－25/5－1, National Achieves II of USA,Maryland.

起诉方科明斯·卡尔显然并不满足于石射猪太郎透露的部分事实，他首先在石射猪太郎的证词基础上明确了两个事实，虽然外务省向日本军方通报了南京暴行，但是，一方面，“最高军事当局发布的警告没有完全起到作用”，另一方面，“这些暴行非常严重”。紧接着，质证进入了高潮，卡尔问石射猪太郎，有没有从情报局长那里收到外国媒体关于南京浩劫(the Rape of Nanking)的报道，石射猪太郎回答，“我收到过的报告每次都有此类报道”，而且在外相、副外相及所有局长中传阅。他说，外相和陆相讨论过此事，但没有听说有人因这些暴行而被惩罚。

看到己方证人已经证明南京大屠杀的存在，辩方律师伊藤只得再次提出非常晦涩的问题，企图转移视线，他说，他想了解，石射猪太郎向杉山转交抗议，“是出自他自己独立的立场，还是仅仅因为这些抗议来自外国政府”，韦伯裁定这对辩护方并无帮助。伊藤不再询问后，辩护方律师 Yamaoka 问石射猪太郎，他自己及外务省如何看待来自南京的报告，石射猪太郎表示，他认为大部分属实，并补充道，“尽管国外的资料来源，这其中也包括来自中国人的报告，内容多有重复，我们相信从外国或中国这两种渠道得到的报告可能会有重复，但一般来说，我们把这些报告当作事实接受。”山冈在卡尔的连续有效反对中，显然已失方寸，他强行继续提问石射猪太郎：除转告军方外，他为何没有采取进一步行动，石射猪太郎干脆地回答说，这是职权所限[①]。

辩护方证人青木武(Takeshi Aoki，有的地方误译为“青木雄”)就美国军舰“巴纳”号在南京大屠杀前夕被日军炸沉之事作证，此后，三并贞三(Mitsunami Teizo，有的地方误译为三并贞造)也曾就同一事件作证，这一事件可以显示当时日军的嚣张，但此事早在事发后就经日、美两国通过外交途径解决。所以，起诉方仅列举相关调查文件就结束质证。而曾在桥本欣五郎手下担任炮兵大队长、直接负责炮击英国军舰“蟋蟀”号的小畑年(音译，Obata Minoru)就相关事件作证时，因宣称能看到 2000 米外挥动的手帕、却看不见硕大的舰旗而被起诉方奚落，但其证词与南京大屠杀并无直接关系[②]。单下训司(音译，Kunji Tange)就 1932 年的“一二·八事件”作证，虽被质证，但也与南京大屠杀无关。

塚本浩次(Tsukamoto Koji，有的地方误译为塚元广次)曾任上海派遣军和第十军军法官，顾名思义，负责军队中违纪、犯罪案件的处理，显然，他受过良好教育，但他的证词中的语法错误简直可以与陈福宝相提并论，他说：

进入南京城后，日本部队犯下了违法行为，我记得已经对这些事件进行了深

① 《证人出庭作证与回答质证：石射猪太郎》，杨夏鸣编：《东京审判》，第 509—520 页。

② 《证人出庭作证与回答质证：小畑年》，杨夏鸣编：《东京审判》，第 549 页。

入审查。我还记得松井司令官将所有军官召集在一起,告诉他们这类事件的发生,并下达了严厉的命令以严格维持军纪。有四五名军官卷入了上述案件,而其余都是士兵犯下的轻微罪行。这种罪行主要是抢劫、强奸等,而盗窃和伤害的案件则很少。我记得有一些谋杀案,但没有有关处置纵火犯或处理大屠杀罪犯的记忆。上述罪行是在不同地方犯下的,但我相信有相当多的案件发生在南京的难民区内。[1]

把抢劫、强奸和谋杀说成是"轻微犯罪",先说只有"四五名军官卷入",又说有"相当多的案件",塚本的闪烁其词和他宣称的"深入审查"极不相称,萨顿立即采取措施"恢复"他的记忆。略经质证,塚本承认,"部队进入南京之后,发生了包括抢劫、强奸等案件在内的各种事件",因此,松井要求军官们"应当更加小心谨慎以使那些事件不再发生。"但塚本随后否认他处理过起诉方所提醒他的任何案件,坚持说他自己只审理过 10 个案件,而且不知道谁给松井提供了日军暴行的信息[2]。塚本没有"处置纵火犯或处理大屠杀罪犯的记忆"的说法,是今天日本右翼极为关心的话题。

日高信六郎(Shinrokuro Hidaka)大屠杀期间为日本驻华大使馆参赞,1938 年 3 月成为驻沪总领事,从 1937 年 12 月到 1938 年 3 月,他曾 4 次到南京。日高的宣誓证词重复了松井对中国人民充满感情和日军秋毫无犯的神话,他说自己"直接观察的情况"是:南京沦陷后,军事和民事机构均潜逃了,整个城市无人负责。外国外交官员在南京沦陷后全部离开,无人获得授权与日军谈判。外国记者"渴望"离开南京,以便给各自报社发报,他们乘坐日军提供的交通工具去了上海。南京陷落后,只剩下 20 万人口,都迁入了安全区,安全区虽未被承认,但"事实上没有既没有战斗也没有伤亡"。日高把中国军人抢夺平民衣服的情况,列入他在城中"直接观察到"的情形之中,同时说明,这是在上海听美联社记者麦克丹尼尔和《纽约时报》记者阿本德说的[3]。日高的证词和此前已经经过质证、包括替松井辩护的各位出庭证人的证词完全不一致,所以起诉方塔文纳(Tavenner)声明对其进行质证是"浪费时间",并提请法庭注意大量相关证据,特别是松井和武藤两人的审讯笔录。而庭长代表法庭问了一个问题,"1938 年 1 月 1 日,证人发现直到这个时候松井还不清楚南京占领军的不良行为。……证人是什么时候听说这件事的?他都听到了什么?"日高说,当天,他去给松井拜年,他

---

① *IMTFE EXHIBIT No*.2548, Rg238, Entry14, Box246, Location: 190/10/23—24/1—4, National Achieves II of USA, Maryland.

② 《证人出庭作证与回答质证:塚本浩治》,杨夏鸣编:《东京审判》,第 534—539 页

③ *IMTFE EXHIBIT No*.2537, Rg238, Entry14, Box245, Location: 190/10/23—24/1—4, National Achieves II of USA, Maryland.

没有主动提问,“但在交谈过程中他说他部下干了一些恶劣的事情,这非常令人遗憾和不幸。”[①]日高的回答直接否定了他自己的冗长证词,而他所提及的两位外国记者均对南京大屠杀进行了报道,麦克丹尼尔 1937 年 12 月 17 日发自上海的电报说:“(14 日)日军洗劫了全城。看见一个日本兵在安全区用刺刀威逼老百姓,共勒索了 3000 块钱。沿着横陈着人、马尸体的街道走到北门,见到第一辆日军车子驶进城门,车轮在碾碎的尸体上打滑。……(15 日)看见几位我协助解除武装的士兵被拉出屋去枪毙,再踢进沟里。夜里,看到 500 名老百姓和解除武装的军人的手被捆绑着,由手持中国大刀的日本兵从安全区押出来。没有人活着回来。”[②]而阿本德在 1938 年 1 月 24 日发自上海的报道中总结说:“如果剥去了日方所谓的军事必要性等一切借口,那么剩下的赤裸裸的事实就只是南京的混乱和野蛮暴行。”[③]可见,日高的证词谎话连篇。但这样的货色,竟然也是今天日本右翼的心爱之物。

(三) 松井石根的宣誓证词和质证

松井出庭时的宣誓证词及对起诉方质证的回答,构成松井自我辩护的主要部分,其中的谎言和狡辩所掩盖的事实,值得我们仔细爬梳。

松井的宣誓证词共 12 大点,除其中 3 点比较宏观外,其余的,构成了松井石根自我辩护的基本支撑点。他说,上海派遣军的目的是“加强日本的海军力量,保护上海及周围地区日本侨民的安全”;“对日本来说通过武力营救日本侨民,保护我们受到威胁的权利和利益是不可避免的经历。这就像是兄长在长时间忍耐后痛打其年轻而又桀骜不驯的弟弟一样。这一行动是使中国恢复理智,不是出于仇恨而是出于爱”;“长期而苦难的战争已使华中的中国军民和日本军队水火不容,两国之间的敌意日益深重。同时,我曾命令我的士兵保护和善待中国老百姓,而且对于外国的权益要予以保护”;1937 年 11 月 5 日,上海派遣军和第十军合组为华中方面军(按:当时松井为华中方面军司令官兼任上海派遣军司令官,12 月 7 日,上海派遣军司令官由朝香宫接任),“它的职责就只能限于对两个司令部进行作战方面的指挥,而对于整个监督管理和医务事务则没有处理权”。“我对于前线部队的命令和监控就完全不是直接的了”;“尽

---

① 《证人出庭作证与回答质证:日高信六郎》,杨夏鸣编:《东京审判》,第 579—580 页

② 《战地记者的日记描绘恐怖的南京》,《芝加哥每日论坛报(The Chicago Daily News)》1937 年 12 月 18 日,张生编:《外国媒体报道与德国使馆报告》,第 117 页。

③ 《南京继续无秩序状态,疑为士兵叛乱》,《纽约时报(The New York Daily News)》1938 年 1 月 25 日,张生编:《外国媒体报道与德国使馆报告》,第 152 页。

管我在南京之战中小心谨慎,但在当时忙乱的情况下,可能有一些冲动的官兵干了一些令人不愉快的暴行。事后,对于听说的士兵的不良行为我感到非常遗憾和难过。攻占南京时,我正卧病在140英里外的苏州,根本不知道士兵违背我的命令所犯下的这些暴行,也没有听到任何有关的报告。12月17日,入南京城后,我才第一次从宪兵司令那里听到此事。于是我立刻下令各个部门严查此事并对罪犯严惩不贷。但有一个事实是毋庸置疑的,即,在战争期间,中国军队和一些社会违法分子几乎总是会借混乱之机进行抢劫和施暴"。"简言之,南京陷落后到1938年2月,我在上海期间,我唯一听说的事就是有传言在1937年底——大意是南京有一些非法事件发生,但我并未得到任何正式的报告"。因此,所谓南京大屠杀,是第一次听说。"在南京战役中,有大量的中国老百姓和士兵遭到炮击和子弹的袭击而身亡或受伤,这种情况是有可能的。但我对于起诉方文件中所说的'南京之战中的有计划的屠杀'之说不敢苟同。……作为华中方面军的司令的我是尽心履行我的职责的,采取了很多措施来防止不幸事件的发生,并严惩罪行、赔偿损失。然而,令我遗憾的是,由于紧张的战事,结果并不尽如人意";12月初回到上海后,"听到有关南京城里的谣言后,在1937年底,我派下级参谋官员到南京,下令对传说里的事情进行彻底调查,并严惩任何犯罪的人。但直到我离任,都未接到任何关于此事的真实报告";"回国后,我在我临时居住地附近的伊豆山建造了一个庙宇,……用从长江南面战场上被鲜血侵染的泥土建造了仁慈女神的雕像……祈祷朋友和敌人的灵魂安息,祈祷东亚的黎明,祈祷世界和平的来到"①。

松井的宣誓证词文本本身就非常矛盾,比如,他标榜自已作为方面军司令官尽心尽责,严惩罪行,但他为推卸责任,已经在前面声明,只管作战指挥,对于监督管理"没有处理权";来到南京,已经从宪兵那里得知其麾下"冲动"的官兵犯下了罪行,却又推说中国人一向在战乱中为非作歹;声言严惩"任何"犯罪的人,却又说结果不尽如人意。

这些矛盾,是松井明知南京大屠杀的事实、却又想寻机开脱罪责的心理状态的曲折反映。对于起诉方来说,南京大屠杀的基本事实,有当时处于中立状态的第三方人士以及受害者中方、加害者日方的大量资料可以为证,他们的质证思路集中于两点:一、松井石根当时通过不同的途径得知了日军在南京的暴行;二、松井有能力、也有责任采取断然措施加以制止,但他没有。同时,戳穿松井所谓热爱和平的谎言。

诺兰开始的质证似乎是漫不尽心的老生常谈,他问了松井关于从上海派遣军到

---

① *IMTFE EXHIBIT* No. 3498, Rg238, Entry14(PI－180), Box306, Location: 190/10/25/1－9, National Achieves II of USA, Maryland.

华中方面军不断增加兵力的情况，然后突然启动，他抓住松井“希望尽快地解决冲突，并防止武装冲突的扩大”的粉饰之词，提醒说，“在你1937年离开东京之时，你曾宣布你想在占领上海之后继续攻占南京”。众所周知，“八一三事件”发生时，日本政府和军方指导当局曾想把战事限制在上海周围，并无占领南京的计划，是好战的松井力主扩大战争并最终得到日本政府和军方的批准。松井只得在法庭上承认“当时我确有此意”，所谓爱好和平的假面立即被戳穿。

诺兰随后提到了松井所说的令人不愉快的罪行，他问，这些指什么呢？松井慌张之间，声明不是亲眼所见，是“从记者那儿听说”的，而罪行是“强奸、抢劫、暴力掠夺物资”。诺兰意识到松井说出了新的消息来源，他重复了一下，问松井从哪儿得到报告的，松井这次强调是从“宪兵”那里。诺兰追问，到南京后，除了宪兵，还从其他人那里听到什么消息？松井承认，从日本驻南京领事馆那里，他也“听到了性质相仿的报告”。诺兰立即质问松井，为何不把这些也写进宣誓证词，松井只得狡赖说，这些只是作为传说来接受，没有作为正式报告来看。如著者前面所述，西方人士向日本领事馆抗议时，松井就在现场，但他在法庭上，却说是“传说”。这样的出尔反尔，诺兰当然看出他的心虚，诺兰举中山宁人宣誓证词为例，提醒松井，除了外交部门，松井还从日军军司令官和师团长那里得到了日军暴行报告，松井的窘迫可想而知，他狡辩说，是从军司令官那里得到了消息，但没有从师团长那里得到消息，而且都是一般战事的，不涉及暴行。诺兰提出了华中方面军参谋长塚田攻(Tsukada)，质问松井是否从他那里得知日军暴行，松井承认，“他确实告诉我了，说他这是从宪兵那里获得的报告。”

略经交锋，起诉方揭破了松井关于对南京暴行几无所知的谎言，松井的防线土崩瓦解。其后的质证，势如破竹。

诺兰问松井，日军参谋本部是否“就你的部队在南京的所作所为与你交流过呢”？请注意，诺兰的用词，并没有直接点明“所作所为”与暴行的关系，但松井不打自招，“我只记得，在1938年1月底，东京参谋本部派本间少将来到我的总部，他说东京当局对有关日军在中国犯下暴行的报告深感忧虑”。在这里，松井不仅承认日军高层得知了暴行，而且供认了他的另一个消息来源。宪兵的报告、日本外交机构的报告、记者的报告、日军高级军官的报告，乃至东京当局和日军参谋本部的行动，说明松井再三狡辩只有他自己不知道暴行，严重不合常理。

诺兰并不以此为满足，他问，这是1月底的事情，那1937年12月和1938年1月，你没有听到对“南京事件”的抱怨吗？松井再次表示没有从任何渠道得知，诺兰回马一枪：那你“入城式”后把所有军官集合起来干什么？松井说，“因为在12月17日我的参谋长告诉我来自宪兵关于南京事件的报告，我把这些官员召集起来就为了直接下达命令”。这里,松井再次招认自己说谎,并说明了 12 月 18 日集合的原因。诺兰乘胜犁庭扫穴:“你知道暴行在南京持续了多长时间吗?”松井本能地回答了真相:“不知道。但我知道自我们进入南京城后,大多数暴行就开始了。”诺兰决心向法庭证明,松井知道暴行持续了很长时间,他问松井是否知道马吉和贝德士关于暴行持续 6 周的证词,松井表示知道但不相信。诺兰以其之矛,攻其之盾,他质证查明,日本驻上海领事日高信六郎 1938 年 1 月去南京调查驻宁“外国公民的抱怨”,正是出自松井的派遣!松井狡赖说日高没有向他报告,但他无可奈何地承认,起诉方已经掌握了这份报告!

鉴于起诉方的质证已经达到了前述两个目的,诺兰此后的质证集中于某些细节的完善上。1946 年 3 月 8 日,莫罗上校曾在巢鸭监狱审讯过松井石根,当时,莫罗问:“你说你在 17 日进入南京城。你看到了死去的市民,包括妇女和儿童的尸体吗?或其他诸如此类的事情?”松井问答说:“那时,尸体已经都被清理走了。我只在西门看到了一些中国士兵的尸体。”诺兰就此提出质证:我可不可以这样理解,当你到南京的时候,死难平民,包括妇女和儿童尸体已经被搬走了?松井企图当面撒谎,却同时暴露了自己潜意识中的判断:“我不知道自己是否这样说了,当时,我自然而然地想到他们的尸体被拖走了。”莫罗审讯时,还提到松井 1938 年 1 月在上海主动约见《纽约时报》记者哈立特·阿本德(Hallett Abend,有些地方译为哈立德·埃邦德)的事,松井回答说,当时他提出会见,是“因为我已经听到谣言,我希望通过向阿本德先生阐述事实来平息谣言”。诺兰质问,“谣言”是指什么?松井回答说指“所谓的日军在南京犯下的暴行”,诺兰再追问“谣言”从何而来,松井承认是手下的一个指挥官!随后,冗长的质证中,松井再次违背常识,反复声明,维持军队的纪律和道德并不是他的责任,而推说在师团指挥官那里①。

可以看出,通过诺兰的质证,松井石根在南京大屠杀一案中的角色和责任已经十分明了,但松井石根所谓对南京大屠杀不知情、部队军纪甚好等等谎言,仍然是今天的右翼分子们十分愿意花笔墨的要点,所以,著者将结合松井本人的日记和其它日军高级军官的日记对当年起诉方的质证做一个补充,把松井那些遮遮掩掩的谎言彻底暴露于世人面前。

继松井担任“华中派遣军”司令官的畑俊六在 1938 年 1 月 29 日的日记中明确写道:“随着支那战役告一段落,支那派遣军的军纪风纪日渐败坏,好像发生了不少抢劫、强奸之类部队最忌讳的行为。”正因为如此,“将征召的预备役兵撤回国,派现役士兵替换他们。另外,上海方面的松井大将应该由现役军官替换……”②畑俊六当时身

---

① 《律师摘要宣读松井的宣誓证词与松井回答质证》,杨夏鸣编:《东京审判》,第 409—442 页。

② 《畑俊六日记》,王卫星编:《日军官兵日记》,第 1 页。

远东国际军事法庭法官席（靠窗后排），中为法庭庭长澳大利亚法官韦伯，其右侧为中国法官梅汝璈。美国国家档案馆藏。

日本前首相广田弘毅的两个女儿 Miyo Hirota 和 Toyo Hirota，来到东京陆军省大楼内的远东国际军事法庭，旁听对她们父亲及其他甲级战犯的审判。美国国家档案馆藏。

远东国际军事法庭庭长韦伯爵士(左)宣读对东条英机等甲级战犯长达 1200 页的判决书。旁边是中国梅汝璈法官(中)和苏联扎利亚诺夫法官。美国国家档案馆藏。

在日本，都已经听说了不少日军在南京的暴行，遑论屠杀期间多次到南京的松井？作为继任者，畑俊六也点出了松井被撤换与南京大屠杀的关系，确实，以松井自矜不已的“战功”，若仅仅发生零星的暴行，怎么会被撤换？华中派遣军第十一军司令官冈村宁次 1938 年 7 月 13 日的日记记述道：“到达中支那战场后，在听取了先遣官宫崎参谋、华中派遣军参谋特务部长原田少将、杭州机关长荻原中佐等人的报告后才知道，派遣军前线部队一直以给养困难为借口，大批处死俘虏，已成恶习。南京战役时，大屠杀的人数多达四五万之多，对市民进行掠夺、强奸的也大有其人。”9 月 26 日日记更记载了我们今天得以看到大量日军在南京施暴照片的原因，“更有甚者，屡屡有人将那些残酷行为拍照寄回家乡，实在是疯狂之极……”①冈村宁次的日记说明，南京大屠杀对日军官兵来说，已经是人尽皆知的事实，而大屠杀的对象，一是被俘中国官兵，二是平民。武藤章 1946 年 4 月 22 日在巢鸭监狱被审讯时供认：“在南京事件中，原定两或三个大队的部队进入城内。然而，后来所有军队都进到了城墙内，所以发生了南京浩劫。”他说，“南京和马尼拉暴行后，作为这两个事件发生时参谋部的成员之一，我觉得日本的军事教育中缺少点东西。”并试图解释说：“在南京和马尼拉犯下暴行的军队是在匆忙中招募的，他们没有受过正规的军事教育。”②在宣誓证词中，更明确了松井得知南京大屠杀的具体情况，“12 月 17 日正式进城后松井将军首次听参谋长塚田说大多数部队都违反总司令的命令进了城。而且，进城后还发生多次强奸和抢劫事件。”③

松井本人的《阵中日记》，虽经斧凿、企图掩盖真相，但屠杀的痕迹仍斑斑可考。1937 年 12 月 20 日记中，他称掠夺和强奸“在所难免”，这倒说明，他 12 月 18 日对日军军官们强调军纪是何等的表面文章。12 月 23 日，他在日记中“一个劲地祈祷，希望今后不要再发生风纪等节外生枝的问题”。但 12 月 29 日日记就写道：“我军士兵中又出现了抢夺驻南京各国使馆汽车和其他物品的事件，军队的愚蠢和粗暴行为令我大为震惊。皇军的声誉全毁在这类事件中了，真是遗憾至极啊。”“又”一字，说明了暴行的重复发生，而松井的痛心疾首，说明绝非个别事件。1938 年 1 月 13 日，松井记录道：“根据派遣军大西参谋报告说，通过实地考察得知，方面军占领区的各部队，已占有和保管了地方物资，这已成为恢复地方自治的障碍。”松井用词委婉，但“就地征发”的事实已经显现。1 月 24 日，松井详细地记载了他对日军第十六师团长中岛今朝吾

---

① 《冈村宁次阵中感想录》，王卫星编：《日军官兵日记》，第 6、10 页。

② 《审问武藤章纪录》，杨夏鸣编：《东京审判》，第 278 页。

③ *IMTFE EXHIBIT No*.255，Rg238，Entry14(PI—180)，Box303，Location：190/10/1/03，National Achieves II of USA ，Maryland.

的印象,“第十六师团长因为要调防到支那北部去,所以来到了上海。看他的言行举止,我感觉他是个粗鲁之辈。特别是当他谈到部队中的掠夺现象时,竟然是一副无所谓的样子,真是令人遗憾。”中岛师团是南京大屠杀的主力之一,松井的印象记不是活生生的佐证吗?2月6日,松井的日记说明了南京大屠杀仍在持续之中,“一方面,军队松懈的军纪风纪还没有彻底恢复,另一方面,各部队干部碍于情面,对一些违纪行为采取姑息态度。军队主动做的宣传安抚工作,不如说是有害无益、适得其反。”并非松井本人如此观感,这一天,“(朝香宫)殿下还谈到军队中存在的军纪风纪问题,主要原因出在第十六师团及其部下身上。”日记中提到的军纪风纪问题显然十分严重,2月7日,松井在南京主持日军死亡官兵的“慰灵祭”,但他“丝毫没有感到战胜者的自豪”,其故焉在?当天的日记写道:“也许是自从占领南京城后,部队的种种胡作非为以及其后的地方自治和政权建立工作进展的不顺利,才使我如此悲哀。”①

其后形成的《松井石根“支那事变日记拔萃”》,可以说是松井石根关于南京大屠杀的自供状。他把“我军的暴行、抢劫事件”单独列为一部分,其中对于南京大屠杀的记载详细、直率了许多。他说,自己在入城前要求严肃军纪,但“没料到的是,我军入城时,发生了很多我军人干的暴行和抢劫事件。这些事件大大诋毁了皇军威严和仁义的形象”。松井接着分析了暴行发生的原因:“1. 自从上海登陆以来,我军将士一直在进行残酷艰难的战斗。这些战斗使将士们对敌军产生了强烈的仇视情绪。2. 在进行激烈且快速的追击战时,我军给养以及其他物资未能得到及时补充。”设想一下,若非松井内心确认南京暴行的发生,分析其起因岂非空穴来风?在分析了上述原因后,松井坦承:“我也有责任,因为我在最初阶段没有彻底监督各部队长。”松井在这里的坦率极为重要,一说明正是由于松井本人的放纵,造成日军各部队竞赛性的施暴;二说明松井在法庭上所谓不能监督下级部队的陈述是谎言;三说明松井可以监督部下而没有采取得力措施。仿佛是对远东国际军事法庭判决的注释,松井说,“(日军干的)这些坏事都是在混乱的战斗中发生的,因此,没能对所有肇事者进行审判也是无可奈何的实情。”“还有,对于我军进入南京城后,部队出现的掠夺行为,特地展开了严肃调查,并尽量采取赔偿措施。特别是对于被抢劫的列国官民,我外交官也介入进来,尽量友善地进行善后处理。然而,对于在战场受到连累的列国官民的生命和财产,我们也只能说,我们是无可奈何的。”②

综上所述,松井与南京大屠杀案的关系十分明确。正因为如此,远东国际军事法庭在判决书中指出:

---

① 《松井石根阵中日记》,王卫星编:《日军官兵日记》,第153、154、156、163、168、175—176页。

② 《松井石根“支那事变日志拔萃”》,王卫星编:《日军官兵日记》,第193—195页。

……日本士兵犯下了集体屠杀、个人谋杀、强奸、抢劫和纵火等罪行。虽然日本目击者否认暴行的规模，但是来自不同国籍的中立目击者提供的相反的证据与不容置疑的谁应当承担责任的证据却是压倒性的。……根据他自己(按：指松井石根)的观察和属下的报告，他一定意识到了正在发生的事情。他承认他曾从宪兵和领事官员那里听说了他的军队的某种程度的非法行为。……法庭认为有充分证据显示松井石根知道正在发生的事情。他没有采取措施，那些能抑制这些暴行的措施。在占领南京城前，他确实曾发布命令吩咐他的军队要检点自己的行为，而且后来出于同样的目的进一步发布了命令。但是众所周知这些命令没有起到任何效果，他自己一定也知道这一点。辩护方为其辩护说，那时他正在生病。但是在这些暴行发生的时候，他的疾病没有阻止他履行军事指挥权，也没有妨碍他在城内发生这些暴行时访问该市达数天之久。他指挥着那支应对所发生事件负责的军队。况且他知道这些暴行，他既有权力，也有义务控制住他的军队和保护不幸的南京市民。他必须为他的渎职行为承担刑事责任。①

法庭同时指出，武藤章也知道南京大屠杀的发生，但“在我们看来，武藤章处于从属地位，不能采取措施去阻止。因此武藤章不应对这一可怕的事件负责”②。

从法庭的判决可以看出，辩护方对起诉方证人证词的质证，辩护方证人证词及起诉方对他们的质证，松井石根的自我辩护和起诉方的质证，对结果形成了重要影响。

起诉方对松井石根的第1、27、29、31、32、35、36、54等八项指控被否决，武藤章在南京大屠杀案中被判无罪，说明法庭也充分吸取了辩护方的意见。

(四) 日本右翼对东京审判辩护方遗产的继承

树欲静而风不止。自上世纪80年代以来，日本右翼分子不断兴风作浪，企图否决远东法庭对松井石根的判决，否认南京大屠杀。由于“战场”不断开辟，其论证体系已发展到庞大的癌状结构，一一剖析、辩驳，非本文篇幅所能容许，这里主要阐述日本右翼与东京审判辩护方的继承关系，可以看出，其主要论点实系“抄袭”东京审判中的辩护方。

著者认为，日本右翼分子从东京审判辩护方直接、间接继承来的主要“遗产”有：

① Rg153, Entry169, Box8, Location: 270/2/21/03, National Achieves II of USA, Maryland.

② Rg153, Entry169, Box8, Location: 270/2/21/03, National Achieves II of USA, Maryland.

1. 松井石根热爱和平,轸念东亚各国的复兴。在占领南京前后,他不断发布命令,要求严明军纪,日军各级军官严格遵守。

田中正明曾是侵华日军的一分子,后追随松井在“大亚细亚协会”工作。他跟冈田尚一样,通过“兴亚观音”的建立,说明松井的和平之心。在他的眼中,“大将舍弃名利,看破红尘,一心一意祭祀阵亡将士之灵”。田中正明引用松井的话说,“这些泥土(按:指兴亚观音像所用之土)里也渗进了中国士兵的鲜血。人死后是不分敌我的。他们都是振兴亚洲的烈士。用长远的眼光看,日中两国这次战争中阵亡的每一个人,都是为了东亚民族的兴旺发达牺牲的。亚洲总有一天要复兴,摆脱西方的殖民统治,整个亚洲共荣的日子必将到来。”田中正明还记述道,甚至关押在巢鸭监狱期间,松井也用佛法感化了大川周明和东条英机①。进攻南京的过程中,田中正明引用日高的证词,说松井命令善待俘虏和平民,就地征发要给钱。甚至为了保护文物古迹而禁止开炮。他还引用侵占南京时日军装甲车队小队长亩本正己的话说:“部分官兵也许有过激行为,但整个军队的情况是好的,是军纪严明的精锐部队。”②占领南京以后的情况,田中正明“被迫”引用松井的《阵中日记》和《支那事变日记拔萃》,他引用了松井训示军官要整饬军纪的要求,说虽然只是“若干”违纪,大将也表示了遗憾;面对松井自承发生暴行,田中解释了种种原因,结论是:“大将已忠实地尽了他最大的努力。……他蒙受‘南京大屠杀’等不白之冤,遭到如此之不幸,多么令人惋惜和遗憾!”③东中野修道同样不厌其烦地重复了日军进城前严肃军纪、保护外国利益的命令,并引用中山宁人的证词,说明当初规定少数部队进城而实际上日军几乎全部蜂拥进入的原因,是为了扫荡城内抵抗势力,城外因中国军民破坏不能宿营,也没有饮用水,实在是不得已④。

2. 东京审判前没有听说南京大屠杀。大量的伤亡是战斗中造成的,不存在有计划的奉令屠杀。没有屠杀战俘,实行优待,甚至直接释放。

松井石根说他战后第一次听说大屠杀,已经被远东国际军事法庭的起诉方驳得体无完肤,但这不妨碍右翼分子反复炒此冷饭。吉本荣说,“这个‘南京大屠杀事件’在日本最早说及是昭和20年(1945年)12月8日。那一日,由美军司令部提供的特别记事在《朝日新闻》刊出,题目是‘太平洋战争史——不实的军国日本的崩坏’,下署

---

① [日]田中正明:《“南京大屠杀”之虚构》(内部读物),军事科学院外国军事研究部译,北京:世界知识出版社,1985年,第50—62页。

② [日]田中正明:《“南京大屠杀”之虚构》(内部读物),第139—140、199页。

③ [日]田中正明:《“南京大屠杀”之虚构》(内部读物),第168—182页。

④ [日]东中野修道:《南京大屠杀的彻底检证》,严欣群译,北京:新华出版社,2000年,第15—20页。

‘同盟军司令部提供’。……对当时的日本人来说，其震惊犹如晴天霹雳。”①板仓由明说：“最初‘南京大屠杀’成为问题是远东国际军事审判。实际这时还没有‘南京大屠杀’的说法。”②铃木明说：“正是这个‘东京审判’，‘南京大屠杀’的存在为世人所知了。”③

田中正明在《“南京大屠杀”之虚构》中首次提出、以后多次重复此观点，1994 年，他再次发表演讲称：中国军人逃出挹江门后，“遭到了佐佐木支队的机枪扫射。因此许多支那军人在这里死于非命。死里逃生的士兵，抓着尽可能抓到的东西准备横渡长江逃向浦口。……第三舰队逆江而上对其进行攻击。因此这里尸横遍野。这就是为何后来出现了南京大屠杀的谣言，这是战争。”田中说，“侵华日军南京大屠杀遇难同胞纪念馆”所陈列的遗骨，“不过是新河镇战死者的遗骨”。田中说他从国际安全区委员会 15 个人的报告中总共统计出 49 起杀人案件(另有伤害 44 起，强奸 361 起，将人强行带走 390 起，掠夺及其他 170 起)，“杀人只有 49 起。在哪里也算不上大屠杀”。他说，南京大屠杀的判决是美国、中国、英国、苏联、新西兰和加拿大 6 国法官决定的，连韦伯也被排除在外，所以应当按照印度法官帕尔的意见，宣布全体无罪④。

田中特地说明了俘虏问题，他以前文提到的第十三师团山田旅团为例，说该旅团决定将 14000 多俘虏送到江北，但俘虏们在夜里发生了暴动，结果，混乱中日军开枪，双方均有伤亡，中国战俘大部分逃往，绝非单方面的屠杀。在三汊河，俘虏的一部被释放，其余交给了警备司令部。仙鹤门和尧化门的俘虏也同样办理。“总之，一万余名俘虏分别关在南京城内的三座监狱和两个收容所里。”田中还引用资料，说中国俘虏和看押日军相处融洽。需要特别说明的是，田中在这里为了说明日军没有屠杀战俘，很“坦率”地指出：“他(按：指山田)在此之前刚接到长勇参谋长(按：长勇系华中方面军司令部参谋)关于‘杀掉俘虏’的命令。”⑤

中村粲承认有杀害平民之事，但他说：“对一般中国人有过不法杀害是事实，但这

---

① [日]吉本荣：《粉碎南京大屠杀的虚构》，新风书房，1998 年，第 7—8 页。引自程兆奇：《南京大屠杀研究——日本虚构派批判》，上海：上海辞书出版社，2002 年，第 4 页。

② [日]板仓由明：《真相是这样的南京大屠杀》，日本图书刊行会，2000 年，第 44 页。引自程兆奇：《南京大屠杀研究——日本虚构派批判》，第 6 页。

③ [日]铃木明：《新“南京大屠杀”之谜》，飞鸟新社，1999 年，第 408—409 页。引自程兆奇：《南京大屠杀研究——日本虚构派批判》，第 6 页。

④ [日]历史研究委员会：《大东亚战争的总结》第 358—365 页。这里，田中正明偷换概念，其实，仅对广田弘毅在南京大屠杀案中有罪判决是 6 比 5。

⑤ [日]田中正明：《“南京大屠杀”之虚构》(内部读物)，第 151—154 页。

只是一部分官兵造成的突发、散发的事件,而决不是部队的有计划的行为。”[①]

东中野修道引用了大杉浩的宣誓证词中日军士兵在南京南门被绑在树上杀死的故事,故作公正地说,“战争就是这样”。在这样的逻辑基础上,他说,中国兵藏在安全区内,没有前来乞降,所以,中国军队失去了国际法规定的“交战者资格”,也失去了成为俘虏的法定资格。所以日军可以袭击并处死。他同样解读了山田旅团想释放中国战俘的事情,并引用山田手下两角业作联队长的手记说,日军已经开始运送俘虏去江北,但遭到中国军队炮击,正在集结的俘虏听到枪声,以为日军开始屠杀,四散逃跑,日军只得弹压。“总而言之,山田旅团长和两角联队长对于降兵从战场上遣散煞费苦心,然而却仍然导致了和师团长命令相同的结果。”[②]有意思的是,他为了说明山田旅团本打算释放战俘,同样确认了师团长的屠杀命令存在。

松村俊夫通过不同时期证词文字上的些微差异,否定了有大量文字、影像等档案证据证实的幸存者李秀英和夏淑琴的存在。他也确认日军 1937 年 12 月 12 日在城墙边屠杀 1200 战俘,但他认为应作为“特例”看待,而在下关地区,日军释放了 5500 名战俘。他说,“难民区在陷落后仅过了两周,就如此拥挤不堪,这种情况完全否定了被认为至少持续了三个月的日本军的屠杀、抢劫和强奸。”并认为,“从当时南京的人口支那军兵力的总数来看,在南京市内外屠杀了 30 万是不可能的。”[③]

竹本忠雄等称:“通过扫荡作战,日本军逮捕的许多中国兵,都被收容在城内的南京监狱。被收容的俘虏大约在一万左右,其半数 12 月末被作为劳力送往上海,余下的被编入了 1940 年创立的汪兆铭的南京政府军。决无被处决之理。”[④]

3. 占领之下的南京秩序安堵、生活如常,尸体罕见,日军与当地中外人士相处友好。日军没有故意抢劫、纵火,抢劫纵火的是中国军民。没有大规模的强奸,中国妇女甚至主动挑逗日军。

松村俊夫把中国军队在南京保卫战中为作战便利而在局部使用的扫清射界等“焦土战术”判断为造成极大损失的主要原因,并大肆渲染中国军队在南京沦陷前于挹江门实施的弹压溃兵行为[⑤]。他引用了《拉贝日记》,拉贝住宅的“安然无恙”说明日

---

① [日]中村粲:《应该反省过去历史的是中国》,《正论》,2001 年 7 月号,第 67 页。引自程兆奇:《南京大屠杀研究——日本虚构派批判》,第 73 页。

② [日]东中野修道:《南京大屠杀的彻底检证》,第 50、128—130、91—96 页。

③ [日]松村俊夫:《南京大屠杀大疑问》,第 260—275、38、165、218 页。

④ [日]竹本忠雄、太原康男著,日本会议国际广报委员会编集,《再审“南京大屠杀”——向世界倾诉日本的冤罪》,明成社,2000 年,第 73 页。引自程兆奇:《南京大屠杀研究——日本虚构派批判》,上海:上海辞书出版社,2002 年,第 72 页。

⑤ [日]松村俊夫:《南京大屠杀大疑问》,赵博源等译,北京:新华出版社,2001 年,第 8—16 页。

军纪律很好，但他认为拉贝极有偏见，“南京市内着火后受窘的是日本军。连这点都判断不了的拉贝，还远不能称为是善意的第三者，如果连续抢劫掠夺的是难民，则要抹掉其痕迹的和要引起混乱的纵火犯也一定是难民自己。”①他引用了西方人士笔下少量中国百姓乘乱偷盗的记录，“想象到”：“进入安全区的难民们，首先进入了外国人、富裕的支那人的空房子里，偷走了很多东西。……其他各国的大使馆，因为没有看守人员，所以遭到了抢劫。”②

在远东国际军事法庭上，原日军大将山胁正隆为板垣征四郎作证辩护，起诉方曾列举一个名为《关于支那事变后归国军人言行的指导与监督》的文件进行反驳，该文件由日本陆军次官制发，上书有“绝密　4460 部中的第 0 号　注意严禁复制　处理时十万分注意不得疏忽”字样。内中内容有：“某地母子 4 人被抓，女儿像妓女一样被玩弄，于是母亲拼命喊把女儿还给我，母亲被杀，女儿继续被蹂躏至部队出发前，出发之际，被杀害。某中队长说：‘尽量不要引起麻烦，要么给点钱，要么玩完之后杀人灭口。’这是在暗示怎么去强奸。若将每个参加战争的军人调查一遍，可能都是杀人犯、抢劫犯、强奸犯。在战场上，像强奸这类事大家根本不以为然，若以现行犯被宪兵发现的话，甚至有开枪抵抗的家伙。在大约半年的战斗中留在记忆中的也就是强奸、抢劫之类的东西。”③藤原彰先生引用此文件，说明日军对南京大屠杀设置了“钳制令”，但松村俊夫却视“归国军人言行”这个主题词而不见，认为这个文件是为了“取缔反战运动家及思想家的‘谣言’”④。我们从文件可以推断，那些得逞兽欲的日军回去以后多么得意地宣扬“战果”，以致日军当局要进行指导、监督，却无法想象，如此不能见天日的文件，怎么能达到取缔“谣言”的效果？

东中野修道强调中国军队自己在城东和下关进行的坚壁清野作战，把这与南京大火联系起来。他自作主张地把南京大屠杀的发生地限定在国际安全区中，质疑说：“如果在那么狭小的地方有 10 万或 30 万被屠杀的话，一定会出现死尸堆积如山的情景吧。”他引用《读卖新闻》1938 年 1 月 10 日的话，描绘了一个安宁的南京：“从年末开始的居民调查，经过 7 天已告一段落，1600 名残兵已被安排进了难民所。如今可以在南京街头昂首阔步了。”⑤田中正明首先强调了当时中国军队的抢劫恶习，他引用在华

---

① [日]松村俊夫：《南京大屠杀大疑问》，第 185—185、170 页。

② [日]松村俊夫：《南京大屠杀大疑问》，第 94 页。

③ [日]洞富雄编：《日中战争史资料 8 南京事件 I》，河出书房新社，1973 年，第 336—337 页。据梅汝璈回忆，远东国际军事法庭对此文件非常重视，“给了它很高的作证评价”，见梅汝璈：《关于谷寿夫、松井石根和南京大屠杀事件》，《文史资料选辑》，第 22 辑，第 16—36 页，见杨夏鸣编：《东京审判》，第 631 页。

④ [日]松村俊夫：《南京大屠杀大疑问》，第 278—279 页。

⑤ [日]东中野修道：《南京大屠杀的彻底检证》，第 25—26，155、158 页。

北作战的日军旅团长草场辰己的话,然后推断,"由此不难想象,12、13 两日中国士兵在南京市内的大肆抢劫——抢劫衣物、粮食以便逃跑——一定比草场少将报告的情况更象人间地狱。"作为对比,他引用当时的《朝日新闻》等日本媒体,描述了日军占领下南京的祥和情形:"过去市民一见到日本人就要扭过头去藏起来,而现在全变了,同日本兵交上了朋友,笑嘻嘻地接近他们;物价虽是战前的 10 倍,但卖火柴、蜡烛、盐和茶叶的货摊生意兴隆;……在日本大使馆后面的广场上,看见日本兵在发给居民点心、香烟,给抱着婴儿的老太太送奶粉,场面非常热闹。"①他还引用曾担任南京城主攻任务的日军第三十六联队联队长胁坂次郎的宣誓证词②,说一个日军中尉捡到一只中国妇女的绣花鞋,都被起诉,可见日军军纪严到何等程度。并引用第十军法务部长小川关次郎的话,说:"当时中国妇女眼睛盯着金钱,主动调情者并不罕见。"③

4. 远东国际军事法庭上的中国证人和西方证人的证词不可靠或做伪证,法庭不公正。

如同当年的辩护律师,日本右翼几乎全面否认中国证人的证词。田中正明引用了神崎正义对许传音的质证,说:"就连许传音证人也不得不沉默不语,结束了这一幕。"又引用帕尔的私人意见,说陈福宝是做伪证。南京"敌人罪行委员会"在战后进行的调查,被田中认为是文学性的。证人鲁甦(提供了书面证词,未出庭)关于 57000 余人被屠杀的证词被说成荒诞无稽④。

东中野修道根据文字记录上的些微差异,列举 9 个疑点,否认证人夏淑琴及其证词。他还指责许传音在夏淑琴全家被屠杀一案中作伪证⑤。松村俊夫也把矛头对准陈福宝,说他"前言不对后语"⑥。

西方证人是南京大屠杀的第三方目击者,本无可疑,但在大屠杀发生时,处于中立状态的欧美各国的"压倒性"证据,在判决中是重要支撑⑦。日本右翼深知他们证言

---

① [日]田中正明:《"南京大屠杀"之虚构》(内部读物),第 124、204 页。

② *IMTFE EXHIBIT No*. 3395, Rg238, Entry14 (PI — 180), Box301, Location: 190/10/25/1 — 9, National Achieves II of USA, Maryland.

③ [日]田中正明:《"南京大屠杀"之虚构》(内部读物),第 199—202 页。

④ [日]田中正明:《"南京大屠杀"之虚构》(内部读物),第 250、251、254、257 页。

⑤ [日]东中野修道:《南京大屠杀的彻底检证》,第 165—170 页。2007 年 11 月,东京法院判决夏淑琴诉东中野修道名誉侵权胜诉。

⑥ [日]松村俊夫:《南京大屠杀大疑问》,第 49 页。

⑦ 第三方证据,除当时法庭采信的美国外交文件、德国外交文件、南京国际安全区档案、南京国际安全区主席拉贝信函、德国驻华大使陶德曼信函、南京国际安全区官员麦克伦日记等等之外,这些年在持续的增长之中,如贝德士等传教士文献、《拉贝日记》、《魏特琳日记》、《鲍恩典日记》、德国外交部档案、西门子公司档案、美国外交档案、德国人京特和丹麦人辛德贝格文件、英美主流媒体《纽约时报》、《华盛顿邮报》、《泰晤士日报》、《芝加哥每日新闻报》、《时代周刊》的报道,等等,对照来看,判决经受住了历史的检验。

的作用,因而不遗余力地加以持续攻击和诋毁。例如贝德士,他的证词经三文字正平质证过,无法否认。但田中正明却引用了1937年12月16日《东京日日新闻》的报道,报道说,12月15日,贝德士一见到日本记者,就说,“秩序井然的日军一进城,南京就很快了和平,这比什么都好。”[①]然后用这篇报道为证据,说贝德士在东京审判中说谎。贝德士有可能跟日本记者说这样匪夷所思的话吗?我们来看这天贝德士提供给新闻记者的《南京一瞥》,内中写道:“整整两天的频繁屠杀、大量反复不断地抢劫与对私人住宅的肆无忌惮的干扰并对妇女安全的危害,改变了整个城市面貌。……在紧靠我们外国朋友的一所房屋内,昨天有四个少女被士兵抓走。有外国人在一个新近到达的军官的住所内发现了八个年轻姑娘。”[②]《东京日日新闻》的编造不是昭然若揭吗?但东中野修道重复了这个报道,并以此来表示对贝德士有关日军屠杀中国军民的证词的不以为然[③]。

这还不是孤立的编造,《东京朝日新闻》臆造了1937年12月19日甜美静谧的南京,“教堂传来恬静的赞美歌声,这是美国牧师约翰·马吉,在硝烟散去后集中安下心的支那信徒进行祈祷的高潮。”[④]这个被日本媒体捏造来粉饰南京太平光景的约翰·马吉,在东京审判中被辩护方律师布鲁克斯质证,布鲁克斯质证的目的,他在法庭上已经说得很清楚,但田中正明要求马吉当每一件暴行发生时都必须在场“亲眼”看着,他说:“美国牧师马吉两天提供的一百数十件关于日军官兵的种种屠杀、强奸、抢劫等暴行,结果除杀害一起、强奸一起、盗窃一起共三件外,其余都是传闻、流言、或者是臆测、想象、或者是他的创造。”[⑤]其实,善于想象的是右翼分子自己。比如中村俊夫,本来马吉作证说,日本兵闯入中国人私宅,一见他们来,立刻逃走。中村演绎说,马吉赶到时,“从房子里‘立刻逃走’的大概就是扮成日军的支那兵。”[⑥]

不惟那些当时出庭的西方人遭受诽谤,凡是与东京审判有关的外国人都被右翼抹黑。证词本身无法攻破的,就中伤其人格。英国《曼彻斯特卫报》记者田伯烈(H.J. Timperly)根据国际安全区文书写成的《外人目睹中之日军暴行》是起诉方的重要证据。北村稔说,据国民党中宣部国际宣传处处长曾虚白回忆,曾与田伯烈密晤汉口,商定国际宣传处海外宣传网计划,以为不宜由中国人出面,而应以了解中国抗战真相

① [日]田中正明:《“南京大屠杀”之虚构》(内部读物),第246页。

② [美]贝德士:《南京一瞥》(1937年12月15日),章开沅等编译:《美国传教士的日记与书信》,第2—3页。

③ [日]东中野修道:《南京大屠杀的彻底检证》,第258页。

④ 《忘记抗日的南京居民 日渐亲密》,《东京朝日新闻》1937年12月21日晚报,张生编:《外国媒体报道与德国使馆报告》,第242页。

⑤ [日]田中正明:《“南京大屠杀”之虚构》(内部读物),第249页。

⑥ [日]松村俊夫:《南京大屠杀大疑问》,第188页。

及政策的国际友人作为代言人，由政府出资，田伯烈、史迈士出面，著南京大屠杀目击记录2册，后来田伯烈都照办了[①]。本来，在当时西方各国政府袖手旁观日本侵华的背景下，请富有良知、又同情中国正义斗争的国际友人向世界宣布日军暴行的真相，是极其正当的做法，并不影响证据本身的效力，但北村稔却以此来说明田伯烈立场有疑问，他编辑的证据因此有问题。北村稔还说，安全区官员费吴生携马吉所摄16卷记录日军在宁暴行的胶卷经香港飞美国，会晤华人，游说美国政要援华抗日，其经费及相关活动显系国民党国际宣传处提供及筹划。以此来说明菲奇和马吉并不中立，证词不可信[②]。

国际安全区主席拉贝并未出庭，也未主动提供证词，他的一封信被陶德曼作为附件收在德国外交部档案中，信中揭露日军烧杀抢掠的暴行，当年被起诉方找到并提交法庭[③]。于是，右翼对拉贝本人不断攻击。《拉贝日记》1996年公布后，右翼又掀起对日记证明力的诋毁狂潮。田中正明写作《"南京大屠杀"之虚构》时，他本不知道拉贝有详细的日记，但他武断地认为拉贝关于两万起强奸案的说法"毫无道理"[④]。东中野修道不能漠视《拉贝日记》，但他用"过渡润色"、"露骨篡改"等词形容了日记，认为拉贝"把流言蜚语当作事实"，甚至把拉贝记载的日军强奸活动想象成潜伏在拉贝家的中国军官"自编自演的强奸剧"[⑤]。曾为侵占南京日军一员的亩本正己更出专书对《拉贝日记》进行全面的歪曲和诋毁，说该日记"受作者信仰、立场、历史观、战争观的影响"而造成"夸张、传闻、臆测"，存在"明显的编造、前后矛盾、不自然、不合理"[⑥]。

不仅中国证人、西方证人被认为做伪证，日本右翼还责怪远东国际军事法庭"偏心"。当时辩护方的出庭证人，即使像石射猪太郎那样"泄露天机"的，其实也都是想为松井石根等人辩护的。但由于前述的原因，他们的证词并不能起到为松井等人脱罪的作用。日本右翼对此耿耿于怀，责怪法庭没有采纳"大亚细亚协会"干事长中谷武世等人的相关证言，造成"辩护方面证人的证词与证据均被冷酷地驳回。而一切检察方面的证人的证词与证据——尽管那明明是谎言，是捏造，却都被采用了"。按田中正明的看法，中谷"证明松井大将始终继承孙文的衣钵，孜孜不倦地宣传孙文精神，将其作为日中和平之大义铭记在心"。而按胁坂次郎的证词："根据松井司令官的命

---

① [日]北村稔：《"南京事件"的探究——探寻其真相》，文艺春秋社，2001年，第43页。

② [日]北村稔：《"南京事件"的探究——探寻其真相》，第53—57页。

③ 《起诉方宣读的拉贝的一封信》，杨夏鸣编：《东京审判》，第186—187页。

④ [日]田中正明：《"南京大屠杀"之虚构》(内部读物)，第252页。

⑤ [日]东中野修道：《南京大屠杀的彻底检证》，第268—283页。

⑥ [日]亩本正己：《真相·南京事件——检证拉贝日记》，文京出版，1999年，第1、220页。引自程兆奇：《南京大屠杀研究——日本虚构派批判》，第125页。

令，军纪风纪得到了如此严格的断处，丝毫也不存在容许不法行为的事。”①当然，在对待日本方面证人证词的效力上面，右翼是采取双重标准的。如田中隆吉就被认为有利于起诉方而遭到右翼蔑弃②。

5. 其他手法。

东京审判期间，辩护方使用了多种刻薄无耻的讼棍手法，企图否定起诉方证人证词、减轻、免除被告罪责。这些手法以其“原创性”成为今天右翼的范本。

（1）无耻之尤地冒充医学专家

自从冈本正一冒充专家、与威尔逊医生纠缠梅毒问题以来，不断有右派以极其无耻的心态讨论南京女性受害者的生理问题。东中野修道说：“据欧盟统计，在波斯尼亚战争中遭强奸的女性达 2 万人之多。因此，出现了受害者的生育高潮和弃婴的惨剧。在非洲的卢旺达也发生了同样的情况。但在南京，《南京安全地带纪录》(按：应译为《南京安全区档案》)中并无受害者出现生育高潮的纪录。这不正说明所谓 2 万人遭强奸的事是不存在的吗?”③东中野修道的无耻并不能简单用无知来形容，事实上，贝德士 1938 年 2 月的一天记述道：“现在，预料之中的事情发生了。今天一名妇女带着她的女儿来到金大，要求为由于日本人强奸而怀孕的女儿做流产手术。”④而金陵大学美籍教授史德蔚(Albert N Steward)1938 年 12 月记述道：“最近几个月，有许多不幸的妇女前来大学医院求助……大夫为他们卸掉了不受欢迎的‘包袱’，尽管对这种做法是否正确，医生们持有不同的意见。我明白在遭强暴而怀孕的情况下堕胎为合法行为。……大夫称自己为南京的第一号消灭日本人的人。”⑤

（2）把无知作为立论依据

松井石根当年说他对南京大屠杀一无所知，日本右翼分子进行逆推，他们说，如果有南京大屠杀，国共两方均应有文字记载。田中正明一直到上世纪 90 年代还说：“当时的国民党和共产党的杂志、报纸和报告里都详细地讲述了战况和被害情况。但是，无论怎么找上面都没有写存在南京大屠杀一事。”⑥东中野修道更以庞大的篇幅列举国共两方的杂志、报纸、领导人讲话，说明南京大屠杀在当时的中国根本无人提及，

---

① *IMTFE EXHIBIT No.* 3395, Rg238, Entry14 (PI－180), Box301, Location: 190/10/25/1－9, National Achieves II of USA, Maryland.

② ［日］富士信夫：《我所见到的东京审判》，《大东亚战争的总结〉，第 389 页。

③ ［日］东中野修道：《南京大屠杀的彻底检证》，第 184 页。

④ ［美］贝德士：《致妻子函》(1938 年 2 月 1 日、13 日)，章开沅等编译：《美国传教士的日记与书信》，第 30 页。

⑤ ［美］史得蔚：《日记选译》(1938 年 12 月 10 日——1940 年 3 月 23 日)，章开沅等编译：《美国传教士的日记与书信》，第 299—300 页。

⑥ ［日］田中正明：《虚构的“南京大屠杀”》，历史问题研究会编：《大东亚战争的总结》，第 362 页。

纯属子虚乌有[①]。因为篇幅关系，我们在这里不列举俯拾可得的国民政府方面的资料，中共方面，1938 年春，《新华日报》详细报道了南京大屠杀，提出“留京同胞之被残杀者不下十万人”[②]。郭沫若 1938 年 6 月为田伯烈《外人目睹中之日军暴行》中文版作序，这一点，东中野修道本人也知道。1939 年，延安时事问题研究会编印《日本帝国主义在中国沦陷区》一书，内中第三编第三章第一目，根据安全区国际委员会向日军当局的抗议，叙述了日军在南京的暴行。毛泽东特为此书作序，名为《研究沦陷区》，号召大家认真研究日本在沦陷区的政治、经济、军事等情况，并题写书名，简称为“日本在沦陷区”[③]。

南京大屠杀是日本侵华史上特别残酷的一页，人类文明的所有规范在此事件中被彻底颠覆，日本国家的形象和目标受到沉重打击和严厉质疑。诚如当时的西方目击者所指出的，南京暴行提醒人们，日本“不仅威胁着东方，而且也将在某一天威胁到西方，世界应该知道正在发生的那些事情的真相”[④]。

没有人喜欢自暴其丑，何况打着“解放”、“共荣”、“和平”、“道义战争”等大旗的日本，因为如此，从南京大屠杀发生之时起，日方即开始粉饰、掩盖，伪造出南京的太平景象(前文已有所叙述)，西方目击者对此洞悉无遗。比如，当时多家日本媒体刊载南京市民“自发庆祝”伪自治委员会成立的照片和文字，对此，安全区成员费吴生记述道：“我访问日本使馆时，它们正在指示 60 个中国人怎样庆祝元旦，其中大多数是我们难民营的管理员……元旦凌晨 1 时，鼓楼将升起五色旗，那里将有‘适当的’演说与音乐(按节目单进行)——自然，将拍摄快乐的人群挥舞旗帜欢迎新政府的电影。”[⑤]日军对各国媒体宣称，他们在自己给养也很困难的情况下救济了南京的难民们，而德国驻南京大使馆政务秘书罗森(Rosen)报告说：“日本人带来了漂亮的宣传画，一个和蔼可亲的日本人手中端着饭盒，肩上坐着一个中国小孩，贫困而诚实的农民父母以充满感激和幸福的目光注视着这位心地善良的叔叔。遗憾的是，这类彩色宣传画与现实不符，只能把它看成是招揽旅游生意的广告！”[⑥]国际安全区成员史迈士(Lewis S.C.

---

① [日]东中野修道：《南京大屠杀的彻底检证》，第 223—253 页。

② 《南京同胞 惨遭敌蹂躏 受伤官兵尽遭屠杀 老幼妇女几被全奸》，《新华日报》1938 年 5 月 30 日。

③ 延安时事问题研究会编：《日本帝国主义在中国沦陷区》，延安：解放社，1939 年，上海：上海人民出版社 1958 年重印出版。

④ 《斯特拉博尔吉爵士致哈利法克斯爵士》，张生等编：《英美文书・安全区文书・自治委员会文书》，第 262 页。

⑤ [美]乔治・菲奇：《日记》(1937 年 12 月 10 日——1938 年 1 月下旬)，章开沅编译：《美国传教士的日记与书信》，第 81 页。

⑥ 《罗森给德国外交部的报告》(1938 年 3 月 4 日于南京)，张生编：《外国媒体报道与德国使馆报告》，第 430 页。

Smyth)教授记述的一幕更加“生动”:“我们也更加了解了日本的新闻宣传！在他们滥施淫威的1月份,日本新闻小组在城里演出给小孩发糖和一个日本军医给20名孩子检查身体的闹剧,但这些举动在照相机不存在时为什么没有重复呢！而在为美国制作的宣传中,日本则把自己描绘成在中国保护外国权力和遏止共产主义的模样。”① 从这个意义上讲,东京审判南京大屠杀一案的辩护方实际上是在重复旧的谎言、制造新的谎言,并企图通过审判将谎言“建构”成“事实”。

但远东国际军事法庭并没有剥夺被告和辩护方的权利,反而让其在日本和各国媒体的聚光灯下充分表演,数百名记者和来自世界各地的观察者目睹了庭审的过程:包括许传音这样的控方证人的窘迫、三文字这样的辩方律师的狼狈、萨顿这样的控方律师的精明强悍,以及松井石根等战犯被戳穿谎言后的难堪。法庭最终判决的实体正义建立于程序正义的前提之上,惟其如此,东京审判值得信赖。

冗长而必须的审判把日本在战争中刻意隐瞒的历史大白于天下,让全世界看到了军国主义的危害,其宗旨是促使日本在认清历史、吸取教训的基础上,从此走上化剑为犁的和平发展道路。日本战后在政治上取得的进展,很大程度正是建立在东京审判所判明的是非基础之上的。②

---

① [美]史迈士:《致朋友函》(1938年3月8日),章开沅编译:《美国传教士的日记与书信》,第283页。

② 本文之一部分与翟意安联名发表于《抗日战争研究》,2008年第4期。题为:《东京审判南京大屠杀案的辩护——以控、辩双方质证为中心的考察》,收入本书时由张生做重大修订和补充。

索　引

A

阿本德(埃邦德)　147,148,562,568,813,814,886,887,890
爱利生(阿利森)　89,132-138,143,144,157,158,159,162,165,184,190,191,193,194,210,211,219,231,283,321,323,327,459,464,494,504,509-516,518,521,531,534,547,551,562,563,571,578,579,685-686,688-690,697-698
埃斯皮　321,323,504,562
安全区(国际安全区、难民区)　5,12,13,14,31,47,58,69-71,73-78,81-83,85-92,95-100,103-106,110,113,117-120,123,125,126,129—131,133-135,144,148,161,162,165,166,175-178,183,184,187,188,191-194,195,196,197,200—204,206,211-215,217,219,223-228,232,235,236,238,241,243,245,254-256,264-268,272,273,276-279,282,283,285-287,289,293,302,314,315-317,323,333,336,337,338,339,340,343-356,359,360,363-369,373-375,379,381-389,395-399,402-410,412,415-420,423,425,427-429,431-438,443,444,445,446,450,451,453,455-461,465,466,467,469,471,472,475,476,482,485,486,489-491,493,495,496,499,508,513,514,517-524,529,531,532,534-538,541,542,544,546,548,551,558,562-565,567-568,573-577,581,587,596,599,605,609,633,636,637,640,641,645,647,648,653,655,656,659,663,665-667,669,675,676-681,684-690,692,695-705,706,709,711,712,713,740,743,746,747-749,752,753,758,771,787,792,796,797-798,809,816,847,848,849,871,872,873,874,876,878,879,880,881,882,883,886,887,897,898,899,901,902,904
安全区档案　13,315-317,416,456,460,517,524,547,548,565,573,848,871,876,903
奥宫正武　625-626

B

巴纳号(帕奈号)　74,312,548,814
八一三事变　22,46,148,584,638,

645,653,789
百人斩　3,5,291,633-635,642,643,715,851,853,854
半亩园　792
保坂晃　24,741
贝德士(贝茨)　6,9,57,69,73,90,85,114,119,129,130,136,155,156,159,168,178,180-184,189-194,196,206,210-212,215,224,231,235,243,256,267,273,292,305,311-314,316,317,323,334,335,339,340,343,351,352,369,386,392,395,397,403,419,425,432,438,444,457,460,462,475,478,485,498,501,517,518—522,521,523,524,546,548,560,562,564-566,568-569,573-574,576-579,581,674,677,678,680,698-700,707,712,713,717,746-747,786,790,791,805,806,810,818,821,844,849,871,875,876,890,901,903
贝德士文献　9,329
北方饭店　317,323,533,555
本多胜一　3,4,603,610,672,854
本乡　133,138,143,511,532,880
毕达　533,544,546,810
伯因顿　114,687-691
《波茨坦公告》　824,825,826,831
步兵第二十联队　588,592,596,608,613,618,668
步兵第二十三联队　590,593,594,601
步兵第六旅团　77,587
步兵第六十六联队　590,591,594,597,671
步兵第七联队　83,587,596,599
《步兵第七联队史》　599
步兵第三十八联队(奈良联队)　588,593,600
步兵第三十旅团　587,588,607
步兵第三十六联队　599,617,709
步兵第三十三联队　587,588,591,592,599,609,614,712
《步兵第三十三联队史——光荣的50年历程》　599
步兵第三十五联队　587
步兵第十九联队(敦贺联队)　599
步兵第十三联队　593,594
步兵第四十七联队　590,593,594,601,602
步兵第四十五联队　197,255,593,594,601
《步兵第四十五联队史》　601
步兵第一二八旅团　589,590
步兵第一二七旅团　589,590
步兵第一〇三旅团(山田旅团)　591,596,601,897,898
步兵第一〇二联队　590
步兵第一五〇联队　589,590
步兵第一一五联队　590
布鲁克斯　876,901

C

参谋本部　21,22,44,45,48,123,124,143,514,533,584,597,598,618,

667,729,842,889
草场少将(草场辰已) 592,900
草鞋峡 567,766
巢鸭监狱 122,839,842,890,893,896
差会 126,445,562,565,569,577
岔路口 592,600
长谷川清 258,259,281,309,349,698,700
长勇 122,141,897
陈福宝 871,874,885,900
陈冠麟 275,705
陈光虞 830,840-841,843,847-848,855
陈桂英 711
陈家寿 711,712
陈其采 776
程洁 843,849
程朗波 124,237,681
程瑞芳 68,100,103,224-227,232,236,273-275,277-279,285-289,292-294,407,441,486,497,508,512-514,712,713,717,759,798
创伤记忆 11,12,854,861-863
崇善堂 5,276,664,706,746,846

D

《大阪每日新闻》 638-645
大本营 59,111,143,178,310,584,585,598,619,655,884
《大公报》 545,568,692,698,701,817,857
《大美晚报》 853
大同面粉厂 433,666
德国大使馆(德国使馆) 5,56,72,92,100,117,130,132,133,151,156-158,184,206,209,210,292,305,306,308,311-312,316,321,324,328,330,345,397,408,435,443,477,490,496,504,513,530,544,552,554,567,605,674,796
德国顾问团(德国军事顾问团) 302,817
德国外交部 133,175,302,321,517,519,520,523,529-531,534,539,541,542,545,548,554,567,668,685,737,764,877,902
第二联合航空队 548,625
迪克森 529,533,668
第九师团 45,59,77,235,412,586,587,596,599,672,709
第六师团(熊本师团) 64,197,255,588,590,593,594,601,602,617,624,672,676,819,839,840,850
敌人罪行调查委员会 6,836-838,855,856
第十军 11,46,58,59,64,121,143,147,175,197,310,499,500,584-586,588-590,593,594,597,601,603,613,633,657,839,877,885,887,900
第十六师团(中岛师团、中岛部队) 4,8,59,93,121,122,177,246,405,411,586-588,591-593,596,598-603,606-609,613,614,620,668,

672-674,712,745,839,851,878,893,894
第十一军 604,627,893
第十一师团 44,45,59,177,499,595
第十三师团(荻洲部队) 45,76,591,595,598,600,603,605,610,621,652,897
第一一四师团 64,588-591,594,597
洞富雄 3,4,362
东京 2,3,9,21,25,31,32,45,46,58-60,82,92,111,112,117,119,120,123-124,132-138,142-145,166,177,178,180-182,191,193,205,209-211,246,297,312,462,464,488,507,509,511-513,515,516,522-524,533,535,543,570,571,580,582,618,619,627-629,631,633-645,679,680,690,691,720,726,732,809,816,823,825,827,833,838,839,847,851,852,854,860,889,891
东京大地震 275,706
《东京日日新闻》 291,633-639,644,843,848,851-853,901
东京审判 3,5,12,14,15,25,28,30,48,58,77,81,82,112,122,123,143,146,166,181,465,516-517,523,524,561,566,575,582,583,823,825,826,828,831,833,864,867,868,883,895-897,901,903,905
东史郎 4,9,603,608,668,671,673,694,710,740,767
东中野修道 4,896,898-904
《东京朝日新闻》 645-652,901
督办南京市政公署(伪督办南京市政公署) 32,119,145,146,663,707,771,774,775,789-791
督办南京市政公署秘书处(伪督办南京市政公署秘书处) 663
杜丁(提尔曼·杜丁) 70,155,264,320,323,528,544,561,563,569,570,809,873
独立工兵第一联队 614,615
《读卖新闻》 154,653-658,899
《读者文摘》 566
《敦贺联队史》 599
多田骏 58,123,871,876,877

E

E.A.罗斯 708
二川喜代 706

F

反人道罪 825,826,831,834
饭沼守 117,118,121,122,124,133,134,137,138,178,181,230,283,603,605,758,765,878,880-881
防卫省防卫研究所图书馆 583,592
菲舍尔 160,306,532,533,555,556,713,811
费吴生(菲奇) 57,69,71-74,77,88,90,96,98,103,104,114,119,125,155,161,162,165-167,182-183,191,192,206,219,244,245,257,

260,272,282,292,315,316,317,322,323,363,387,402,417,425,445,453,463,465,468,469,495,517,518,520,525,548,562,566,567,569,570,573,575,579,685,688,691,695,729,798,799,816,902,904
福井淳 82,124,181,582,677,884
弗雷泽 132,321,324,504,539,796
福斯特 58,63,64,70,78,118,130,134-137,152,158,159,165,183,196,200,204,211,212,227,238,245,252,267,268,272,315,317,323,336,338,368-372,429,430,443-445,485,488,491,492,497,502,506,508-509,512,562-566,577,581,690,714,802,876
福田笃泰 181,530,676,679,686,821

G

冈本正一 871,903
冈村宁次 603-605,627,857,858,863,893
冈崎胜男 695
冈田尚 112,878,881,882,896
高斯 156,562,690
格蕾丝·鲍尔(鲍恩典) 372,562
格鲁 205,327,522,551,562,578
公善南堂 664
鼓楼 14,26,34,36,81,113,124,159,177,195,201,212,254,287,299-301,356,443,563,567,575,691,721,723-726,730,872,877,883,904
鼓楼医院(大学医院) 14,40,110,117,132,144,155,161,182,183,265-266,267,268,272-277,278,282,284,300,314,317,323,333,335,338,342,343,352,356,367,358,371-375,378,379,382,397,403,404,412,413,426,442,467,473,493,513,517,526,562,573,575-577,689,713,734,750,792,843,849,871,903
谷寿夫 6,121,258,359,575,676,752,819,820,830,838-843,846-852,856-858,860,861,863-865
广丰备仓 664
光华门 48,62,65,150,264,356,440,593,599,620,765
广田弘毅 21,25,120,327,551,571,582,716,867,868,891
鬼头久二 712
国防部审判战犯军事法庭 715,742,829,830,835,838-841,843,858,863,864
国际红十字会医院 266,709
郭歧 29,83,124,228,257,796,846,847,849
国崎支队 64,589,603,657

H

汉口《大公报》(《大公报》) 545,568,692,698,701

汉口路 87,107,179,180,189,190,225,226,256,257,306,355,419,421,542
韩启桐 776,781,784
韩湘琳 54,89,238,311,332,363,381,421,451,453,454,665
汉中门 62,95,391,613,723,766,841
杭立武 63,88,90,99,338-340,343,344,431,665
河边虎四郎 618
赫尔 211,562,566,578-580
和平门 378,587,588,593,599,730
黑姆佩尔 209,306,317,323,533,548,555
红十字会 74,75,78,98,104,109,130,188,266-268,271,272,274-276,282,315,338,341,367-371,375,382,387,399,425,435,436,441,442,456,465,495,562,577,636,642,646,687,701,703-706,709,710,746,750-751,766,832,849,855,871,872,881
红卍字会(红万字会) 16,47,98,108,124,275,326,363,367,396,435,436,465,501,571,636,642,664,665,673,680,703-706,842,846
沪宁铁路(京沪铁路、京沪线) 36,253,256,297,634,643,659,667,722
花轮义敬 168,237,247,262,284,494,700
《华盛顿邮报》 566,817
华中方面军(中支那方面军) 10,11,22,31,32,46,58,59,64,112,113,117,119,120,123,125,126,131,138,141-143,147,177,178,193,210,230,242,256,288,312,398,405,464,470,471,503,516,584-586,592,603,604,615,628,654,656,667,787,814,839,860,867,882,883,887-889,897
《华中方面军第二期作战计划大纲》 584
华中派遣军 32,138,142,145,604,627,868,872,877,890,893
《皇兵》 852,853
黄学文 797
黄炎培 775

J

《记录南京大屠杀的皇军士兵们》 603,610
基南 870
甲级战犯 2,3,516,823,825,831,833,835,839,844,850,860,867,891,892
江东门 601,602
蒋公穀 68,77,104,158,161,219,224,243,257,265,266,274,796
蒋介石 6,19-21,46,51,56,60-62,64,68,69,87,90,91,100,112,123,152,156,175,198,205,220,240,251,296,302,334,340,344,529,547,553,554,568,580,581,640,646,647,649-651,666,764,773,

775,778,779,811,812,817,826,856,857,859,863
蒋梦麟 779
教导总队 28,29,62,83,233,251,257,650,651,673,709,796,849
教会 14,155,263,296,298 - 302,322,324,329,333,335 - 337,365,368,371,419,461,485,500,513,539,562 - 564,576 - 578,697,806,809
杰弗里 322,324,698
杰弗斯 818,821
今井正刚 628,629,768
金陵大学(金大) 8,9,14,29,40,63,86,88,89,98 - 100,103,104,107 - 110,119,136,137,166,182,183,189,190,200,201,203,204,263,266,274,284,285,287,289,296,299,300,314,315,317,320,323,334,335,338,339,343,366,372,377,392,395 - 397,413,419 - 423,432,438,440,441,443,444,447,457,460,475,485,510,513,517,519,522,526,536,539,546,548,562,563,565,575 - 577,674,677,680,691,702,705,709,711,713,723,747,758,771,790,796,802,810,815,844,855,871,880,903
金陵女子文理学院(金女院、金女大) 11,74,84,98,100,103,105,106,109,110,118,119,183,200,203,212,214,251,273,274,279,285 - 289,292,293,299,300,316,317,323,334,335,338,340,366,405,406 - 409,412,413,419,420,423,428,434,435,441,443,444,457,474,475,481,487,488,490,495,497,500,505,513,519,562,564,572,576,663,692,711,712,797,798,804
金陵中学 289,513,709
近藤 157,539,610
京特(卡尔·京特) 161,320,323,327,328,336,379,380,382,427,430,532
九一八事变(满洲事变) 19,23,62,652,813

K

卡波特·科维尔 551,560,563,818,821
抗日战争 46,220,248,529,560,662,764,779
抗战损失调查委员会 732,775 - 782,789 - 790,837,838
克勒格尔 58,72,88,129,133,158,160,162,183,209 - 211,217,260,268,315,317,323,333,363,379,380,417,430,437,452,453,462,463,478,513,521,523,532,540,541,547,548,552 - 555,674,680,692,709,710,717,754,809,873,874
科明斯·卡尔 885
孔祥熙 20,553,559,654

L

拉贝(约翰·拉贝) 5,9,10,13,29,47,48,51,54-58,61,63,64,70,73,75-79,81,83,86-92,95-100,104,106,110,113,118,125,129-134,142,151,154,155,157-162,165,167,171,172,175,176,178,182-184,187-190,204,206,209,210,217-219,224,225,228,238-241,243-245,250-253,255,260,263-268,271,274,276-279,282,283,285,292,302,303,305,306,310,311,314-317,321,322,329-333,336,343,344,348-354,359,360,363-365,368,369,383-387,391,399,401-404,410,414,416,423-425,429,433-435,437,444-446,449-458,460,462,463,465-467,469,471,472,474-479,482-486,488-491,493,494,496,502,508,509,512-515,517-525,528,531-537,540,545-548,551,552,559,565,569,575,641,663,665,666,676-679,681,684-687,691,692,695-697,699,707,710,713,714,717,718,735,737,750-752,755,758,766,796,798,873,875,881,883,898,899,902

《拉贝日记》 9,10,13,47,79,89,110,303,315-317,390,391,400,401,414,423,424,446,466,467,474,528,533,535,537,565,569,752,758,902

李伯潜 791

李景德 710

李敬芳 712

李秀英 5,95,358,407,840,849,859,898

笠原十九司 4,5,16,407,528

励志社 628,632,649,723,839,841,858

林查理(里格斯) 104,105,108,136,180,182-184,189,193,293,315,317,323,335,363,366,403,404,434,438,475,493,501,511,546,551,562,563,567,575,680,684,692,699,713

铃木二郎 628,631

柳川平助 46,143,197,258,281,839,864,877

刘恩禄 707

陆军省(陆军部) 22,23,44,82,124,142,178,181,268,582,584,585,597,625,626,639,671,675,723,884,891

卢小庭 801

罗森 5,6,29,57,63,72,88,89,92,95,132,133,138,156,157,166,175,184,206,209,219,237,305,313,316,321,322,324,386,416,468,479,494,496,501,504,507-509,512-514,516,529-534,539,540,546,547,551-556,559,560,567,

569,685,689,690,696,753,796,810,811,821,904
罗斯福　2,562,566,578,580,701
罗祚威　709
龙钟煌　830,851,853

M

马吉(约翰·马吉)　58,78,165,166,182,183,187,195,204,209,245,252,267,268,275,283,314,315,317,319,320,322,323,338,342,352,358,367 - 371,373,375,378,380 - 382,386,405 - 406,408,410,425,427,441 - 446,456,461,463 - 465,468,469,473,474,477,478,480,485,486,492,496 - 497,508,517 - 523,525,528,532,540,546,550,559,562,564,566,567,569,574,678,709,710,714,717,792,798,802,805,849,871,876,890,901,902
马超俊　39,89,99,201,343,345,349,354,431,437,666,698,703,749
麦克丹尼尔　155,320,321,323,544,561,886,887
麦克伦(麦卡伦)　69,120,125,161,182,184,195,196,230,260,264,268,272 - 274,316,317,323,372 - 374,378,403 - 405,430,443,486,513,517 - 521,546,566,567,575,686,718
毛泽东　568,812,904
美国大使馆　49,57,91,92,100,117,130,137,143,152,155,158,159,162,182,190 - 192,204,205,210,225,277,278,282,283,297,309 - 313,321,340,349,412,485,496,509,512,513,517,520,522,564,566,576 - 578,580,605,675,685,698,712,796,881
美国国务院　134,135,310,510,690
梅祖芳　841,847
盟军总部　828,829,838,839,864,865
孟肯　155,544,561,563
米尔士　78,86,95,104,105,129,132,159,182,226,236,285,314,316,317,323,338 - 340,343,347 - 348,353,386,387,397,402,409,430,445,446,462,478,494,513,546,562,571,577,680,717,787
米客　660
米捎客　660
民族主义　20,24,147,285,811,812
明德慈善堂　664,706
《莫斯科宣言》　824,826
幕府山(幕府山炮台)　41,62,65,567,591,598,601,610 - 612,621,622,645,650,651,652,709,766,843

N

《奈良联队战记》　600
南京安全区国际委员会(国际委员会)　13,14,68,85,87 - 89,91,92,99,108 - 111,125,126,129,131,134,

148, 158, 184, 189, 200, 212, 213, 286, 288, 289, 292, 293, 302, 314, 315, 320, 332, 337, 339, 343 - 352, 354 - 356, 359, 360, 363 - 369, 371, 379, 381 - 389, 392, 395, 397 - 399, 403 - 405, 407, 412, 413, 415 - 421, 423, 426 - 429, 432 - 435, 437, 438, 441, 444, 445, 450 - 460, 465, 467, 469 - 472, 475, 476, 478, 479, 482, 485, 486, 490, 493 - 495, 499, 513 - 515, 517, 519, 521, 523, 524, 534, 548, 562, 565, 566, 568, 576, 605, 609, 633, 636, 640, 641, 645, 647, 653, 655, 656, 659, 663, 665 - 667, 674 - 681, 684 - 692, 695 - 705, 707, 709, 710, 713, 714, 717, 737, 749, 750, 752, 755, 771, 787, 796, 847, 882, 883, 904

南京帮　58, 134, 450, 485, 713, 714

《南京城攻占要领》　586

南京大屠杀　1 - 18, 25, 26, 28 - 31, 33, 34, 38, 45, 54, 83, 89, 95, 110, 121, 122, 204, 222, 253, 272, 273, 285, 294, 295, 322, 323, 336, 359, 367, 376, 390, 398, 407, 444, 448, 449, 461 - 465, 468, 469, 474, 475, 489, 498, 515 - 517, 523 - 525, 528 - 530, 532, 533, 535, 540, 543 - 548, 551, 552, 554, 559 - 562, 566, 568, 571, 575, 576, 579, 581 - 583, 597, 602, 603, 610, 617 - 619, 632, 659, 661, 663 - 665, 667, 674, 682, 702, 703, 705, 708, 710 - 715, 719, 731 - 733, 737, 746, 748, 757, 770, 782, 789, 790, 794, 796 - 800, 802, 805, 807, 808, 810 - 813, 816 - 818, 821 - 823, 836 - 843, 846, 847, 849 - 865, 867, 868, 871, 872, 875 - 879, 883, 885, 887, 888, 890, 893 - 897, 899, 900, 902 - 905

南京大屠杀案　6, 14 - 16, 517, 523, 524, 823, 836, 838, 839, 842, 843, 851, 854 - 865, 867, 868, 875, 894, 895

南京第二碇泊场司令部　624

南京市第一区区公所(伪南京市第一区区公所)　708

南京攻略战　10, 11, 398, 489, 597, 598, 602, 617 - 619, 627, 633, 638, 639, 645, 651, 653, 658

南京国际救济委员会(南京救济委员会)　78, 104, 131, 165, 279, 349, 383, 386, 395, 433, 436, 448, 449, 456, 573, 699, 700, 703, 770, 771, 773, 789, 790

南京审判　14, 15, 524, 561, 575, 583, 829 - 833, 839, 854, 862 - 863, 871

《南京事件京都师团关系资料集》　603

南京市临时参议会　778, 838, 855, 861

南京卫戍军(卫戍军)　175, 221, 340, 765

南京卫戍司令部　350, 496, 666

《南京战史资料集》　583, 584, 592, 603, 610, 628

内河米　660
宁海路 5 号　215,223,345,369,386,395,452,467,513,555
钮先铭　28,673,754,768
《纽约时报》　70,155,156,264,464,468,544,561,566,568 - 569,739,756,763,768,809,812 - 813,816,873,886,890
诺兰　878 - 882,888 - 890

O

欧阳长麟　846

P

帕奈号　74
帕奈号事件　510
赔偿调查委员会　777
培善堂　664
破坏和平罪　826,831,834,842,847,850,860
PTSD　12,573,794 - 805,807
普里多-布龙　89,162,321,322,324,539,689,690,698,796
普通战争罪　826,831,834,850

Q

《骑兵第三联队史》　618
麒麟门　41,65,592,620,638,644,654
七七事变(卢沟桥事变)　18,19,21,40,41,46,47,50,216,307,329,603,633,813
栖霞山　41,65,161,255,320,327,328,336,379 - 383,427,462,538,541,549,553,566,654
栖霞山难民营　553
前田雄二　628,631,766
桥本欣五郎　156,548,871,877,885
《鲭江步兵第三十六联队史》　617
清濑一郎　876

R

日本大使馆(日本使馆)　47,81,82,114,117,129,133 - 136,154,156,157,159,160,162,167,179 - 181,184,188 - 190,209 - 211,286,292,316,359,360,369,383,385,402 - 404,406,435,437,451,453,457,458,461 - 463,476 - 478,495,499,500,507,509,510 - 512,514,605,680,681,686 - 688,690,695,698,701,705,717,755,776,787,876,883,900,904
日本在华居留民协会　20
日高信六郎　82,146,181,696,878,886,890

S

萨顿　875,876,882,883,886,905
塞克特　20,553,817
三汊河　313,495,567,602,688,897
三文字正平　875,901
扫荡作战(扫荡战)　399,586,596,598,599,602,633,637 - 639,644,645,651,653,898

山炮兵第十九联队　601,621
《山炮兵第十九联队史》　601
山崎正男　499,613
山田诚一郎　709
山田栴二　76,259,591,600,610,611
山田正行　28,29
山田支队　591,595,598,601,603,605,610,621,645,650,651,880
山中峰太郎　852
上村利道　117,121,122,138,143,178,245,471,499,500,603,758,764
尚德义　871,874
沙尔芬贝格　133,137,167,168,193,209,214,222,227,262,305,313,321,324,416,477,496,504,507,508,515,516,530-532,534,535,540,551,555,731,747,752,799,821,874
上海救援南京委员会　691
上海全国基督教总会(NCC)　691
上海商业储蓄银行　133,495,508,688
上河镇　601
上新河　35,125,257,299,439,567,571,767
上元门　591,610
《申报》　152,254,663,668,730,732,739,744,857
《生活》　468,566,682
榊原主计　878,881
史德蔚　562,573,756,903
史迈士　54,57,69,71,74,75,78,81,86,90,105,113,114,117,118,125,126,129,132,134,144,153,159,161,183,184,187,188,196,206,209,210,223,224,226,243,244,277,282,314,316,317,323,333,335,338,340,343,349,352,353,359,363,368,386,392,394,395,399,402,404,417,430,438,445,457-460,462,472,476,478,494,495,501,508,510,513,517,523,524,546,548,560,562,564,566,567,573-575,578,666,677,678,680,681,686,688,695-697,702,706-708,713,714,717,740,745,749,753,761,769,771,772,774,786,815,818,881,902,904
石美瑜　742,819,830,838,841,842,849,851
史密斯　155,320,323,327,328,380,532,544,545,561,787,849
市民呈文　16,737,738,758,790,857,859,862
施佩林　58,71,86,88,90,91,97,99,184,187,209,243,244,314,317,322,333,351,353,363,386,406,417,428,437,445,457,477,496,531,532,534,535,542,548,552,751
石射猪太郎　25,82,142,581,582,878,884,885,902
石原莞尔　19,22,24
狮子山　588,600,733
水西门　34,62,95,103,257,299,424,434,438,588,593,594,601,602,

658,703,733,740,743,757,765,791
斯大林 559,824
司法行政部 827,829,830,832,834,836-838,856
私立义仓 664
斯提尔 69,155,156,320,323,544,561,563,569,570,682,799,809,810,873
松村俊夫 458,898-900
淞沪会战 662,773
松井石根(松井) 3,14,15,22-25,28-30,41,44-46,48,55,58-60,65,112,119-125,137,138,141-144,147-149,177,184,210,249,259,281,290,349,435,437,464,470,471,493,498,499,502,504,516,523,524,532,533,579,584,585,603,604,618,619,637,640,643,648,656,667,668,675,715,765,787,814,838,839,842,844,860,864,868,869,871,872,877-879,880-883,886-890,893-896,902,903,905
宋美龄 64,554,578,580,649
宋煦伯(休伯特·索恩) 69,104,105,183,184,187,194,363,494,546,562,697,699
苏联大使馆(俄国大使馆) 520,877,879,880
绥远事件 19
孙宝贤 84,232,257,709
孙东城 711
孙叔荣 124,275,681,705
孙素珍 711

T

太古洋行 309,314,698
太平门 25,62,396,591,593,596,599,606,607,613,620,649,744,766,879
唐广谱 709
唐生智 60-63,65,68,71,90,91,221,286,340,345,350-352,450,637,648
汤水镇 65,592,595,599
陶德曼 51,86,100,120,204,209,306,349,514,517,523,529-531,534,540,542,543,545,546,552-554,556,559,737,749,750,764,808,810,815,816,822,877,902
陶德曼调停 123
陶锡三(陶锡山) 16,124,550,712,791
特里默 69,264,266,272,274,277,314,315,317,323,364,372,375,379,386,478,562,717
特务宣抚班 792
田伯烈 3-5,166,456,462,468,547,566,568,571,670,852,867,901,902,904
天谷直次郎 386,455
天谷支队 44,64,122,283,598
畑俊六 32,119,131,143-145,177,464,603-605,868,872,877,883,

890,893
天文台 208,593,599,606,723,762,764,765
天野 880
田中正明 3,7,896,897,899－903
田中正一 678
田中奏折 18,19
通济门 196,260,439,586,599,649,662,740,743,752,758,765
涂莹光 874
托马斯·莫罗(莫罗) 30,122,874,890

W

瓦尼娅·奥克斯 676
外江米 660
《外人目睹之日军暴行》 3,5,468,670
外务省 25,82,124,138,142,181,283,479,522,556,570,578,581,656,690,691,810,877,884,885
王承典(吉米、吉米·王) 146,385,501,680,681,684,692,696,698,699
韦伯 872－877,883,885,891,892,897
威尔逊 47,49,58,64,69,118,153,155,217,218,263－265,267,272,274,282,315,317,323,329,335,367,372－374,412,413,425,438,463,473,517－521,525,539,546,562,566,570,572,713,717,792,799,871,903
魏特琳(华群) 425
《魏特琳日记》 10,47,565,758
维新政府(伪维新政府) 32,119,145,146,392,407,557,730,770,774,789
沃尔泽 321,322,324,504,539,796
伍长德 517,871,874
芜湖 36,58,65,99,126,155,156,175,213,230,254,257,262,321,379,488,513,585,639,648,658,659,668,672,708,802,840－842,847,848
邬静怡 712
乌龙山(乌龙山炮台) 41,62,65,591,598,601,605,611,645,650,651
武藤章 30,868,871,883,893,895

X

西山 74,592
希特勒 64,344,349,463,468,529－531,552,554,556,559,569,676,824
西原一策 499,595
下关 34－36,40,41,47,49,56,62,63,65,68－71,89,125,140,152,155,157,163,176,195,197,206,209,213,218,224,232,239－242,244－247,251,254,257,260,272,276,297,299,309,313,321,322,325,326,330,333,338,368,400,432,433,443,461,485,492,495,503,504,509,514,527,536,539,540,567,570,571,587,588,591－594,598－602,604,605,607,608,615,616,626,627,629,630,632,

637,639,648,649,654,655,660,662,666,688,703,711,714,722-725,727,731,733,736,738-740,743,752,760,766-769,788,840,841,843,856,880,898,899
下关码头 68,313,330,368,461,485,503,509,639,767,768
夏明贵 709
夏淑琴 5,319,465,898,900
仙鹤门 25,68,606,879,897
向井敏明 634,635,642,643,715,820,830,838,851-854
向井千惠子 854
《乡土部队奋战史》 602
小川关治郎 15,500,732
小笠原清 846,849
小寺忠雄 674
胁坂次郎 878,900,902
辛德贝格 10,161,255,320,323,327,328,336,371,380-382,427,431,462,486,532
《新华日报》 545,904
新街口 26,34,36,75,87,148,193,219,231,232,241,254,261,344,355,416,457,471,657,706,711,723-726,737,738,760,762,849
《新申报》 154,161,574
《熊本兵团战史支那事变》 601
许传音 77,130,202,465,524,681,705,706,849,871-873,877,900,905
许尔特尔 88,100,156,262,313,321,324,477,504,530,532
须磨弥吉郎 19,20
玄武湖 239,588,608,609,626,627,722,726,751,752,756
玄武门 39,62,588,608,609,626

Y

岩崎昌治 614-616,755
盐泽 706
燕子矶 35,125,536,540,567,709,725
扬子江(长江) 21,34,36,40,41,51,55,60,62,64,65,69,72,74,79,117,146,156-158,165,206,247,250,251,254,264,277,296,308-310,321,333,371,480,490,509,515,517,518,534,540,544,553,554,567,585,593,598,600-602,610,611,613-617,619,623,624,626,630,632,637,639,645,646,648,650,652,657-659,662,668,721-724,726-728,746,751,752,756,757,766-768,812,821,840,850,883,888,897
扬子面粉厂 660
尧化门 68,592,744,897
耶鲁文献 38,447,494,565,566
野炮兵第一二〇联队 589
野田毅(野田岩) 6,634,635,642,643,715,820,830,838,851-854
野战重炮兵第二十二联队 614
乙丙级战犯 823

以德报怨　859,863,865
怡和通砖瓦厂　87,665
挹江门　42,62,69,89,173,195,254,257,270,275,299,313,432,503,596,604,614,723,724,730,738,765,766,897,898
伊藤清　871,877
伊娃·海因兹　264,272,317,323,562
伊佐一男　599,603
雨花台　41,62,65,85,139,355,589,590,594,654,721,724,729,842,848,850,851,854,858
远东国际军事法庭　25,516,566,631,823-828,831,835,838,844,845,855,856,859,860,864,867,868,870,872,891,892,894,896,899,900,902,905
《远东国际军事法庭宪章》　823,825,826,831,860
约翰逊　56,57,122,155,310,343,562,566,571,578-580,647,690,786

Z

早稻田大学　3,706
曾根一夫　4,489,618,667,668,672,674
战车第一大队　596
战犯处理委员会　826,828-830,833,836-839,851,858
战犯改造　866
战犯拘留所　839,840
战犯名单　826,827,837,838,851,863
战犯引渡　838
《战争罪犯审判办法》　828,832,833
《战争罪犯审判条例》　832,833,835,850
张纯如　5,9,463,464,528,702,807
章开沅　9,85,565,713
张厉生　776
张仁德　841,849
张瑞江　711
张素珍　711
张体坤　830,841,851
章文新　713
张文英　710
张秀红　800
张余氏　674
镇江　36,64,65,68,168,217,230,264,328,591,598,600,601,606,638,644,645,650,654,668
《真理报》　569
《朝日新闻》　3,4,854,896,900
朝香宫鸠彦　11,60,120-122,143,249,270,281,503,839
赵永顺　843,849
《芝加哥每日新闻报》　69,155,156,195,254,544,548,561,563,566,682,697,763,799,809,873
《支那事变陆战概史》　597,598
塚本浩次　878,885
中岛今朝吾　4,11,24,76,121,122,177,235,240,242,245,258,268,365,603,606,762,839,863,878,893

中国方面舰队(支那方面舰队) 22,585
中国红十字会南京分会 276,341,706,709,710
中国事变(支那事变) 23,53,93,94,101,102,127,128,139,150,163,164,173,174,185,186,198,199,207,269,270,280,290,557,584,597,598,601,604,617,618,715,894,896,899
中华门(南门) 27,40,47,62,101,115,116,128,139,174,215,242,254,260,299,433,443,465,482,588,590,591,593,594,595,597,601,619,649,657,660,662,703,706,723,733,737,738,740,743,744,762,765,809,840 - 843,846 - 850,856,857,879,898
中山陵 36,61,66,70,193,262,507,540,605,613,635,723,724,762 - 764,878
中山路 34,40,87,107,148,164,172,173,195,217,219,222,226,231,257,306,311,355,400,415,417,421,567,586,588,596,600,608,637,644,649,657,723 - 726,730,732,740,748,760 - 762,809,827
中山门 8,34,62,102,116,128,163,164,239,251,254,261,262,439,586,592,596,625,631,637,644,649,657,723,724,744,765,766,846,878
中山宁人 504,787,878,882 - 884,889,896
塚田攻 123,178,883,889
《中央日报》 50,662,778,857,860
中泽三夫 673,878,879
众志复善堂 664,706
周家凹 589,590,594
周一渔 664,706,707
祝晴川 275,665,705,706
紫金山 34,41,65,98,208,230,355,372,588,592,593,599,600,607,635,636,638,644,652,657,659,723,726,730,746,755,756,760,762 - 765,792,840,852
字林西报 151,161,547,692,739,749
自治委员会(伪南京自治委员会) 12,14,16,31,83,112,113,119,120,124 - 126,129 - 132,138,141,142,169,170,188,193,212 - 215,228 - 231,235,237,261,282,284,287 - 289,384,385,387,389,396,397,420,437,438,477,481,494,495,498,501,514,524,550,565,567,679 - 681,684,685,691,695 - 703,705 - 708,712,732,774,791,792,904
佐藤振寿 628,756
佐佐木到一(佐佐木少将) 118,121,124,177,259,284,285,592,607,627,740,764,769,880
佐佐木支队 508,587,605,897

参考文献

一、档案与资料汇编

1. 德国外交部档案馆(Politisches Archiv des Auswatigen Amts)馆藏档案。

2. 德国西门子公司档案馆(Siemens Archiv)馆藏档案。

3. 国都建设技术专员办事处编:《首都计划》,1929 年。

4. 国民政府文官处编:《国民政府公报》。

5. 江苏省政协文史资料研究委员会编:《江苏文史资料选编》第 16 辑,江苏古籍出版社,1985 年版。

6. 金陵大学:《私立金陵大学六十周年校庆纪念册》,南京大学图书馆特藏部藏。

7. 金陵大学秘书处编辑:《私立金陵大学一览》,1933 年版。

8. [美]陆束屏编译:《南京大屠杀:英美人士的目击报道》,红旗出版社,1999 年版。

9. 美国国家档案馆(The National Archives II,College Park)馆藏档案。

10. 美国国会图书馆(The Libarary of Congress)馆藏图书。

11. 南京市政府秘书处:《十年来之南京》,1937 年,南京图书馆特藏部藏。

12. 南京市政府秘书处:《一年来南京市政》,1935 年。

13. 南京市政公署秘书处编:《南京市政概况》,1938 年,台北文海出版社有限公司再版。

14.《南京市自治工作概论》,1937 年,南京图书馆特藏部藏。

15. 南京特别市社会局档案,南京市档案馆藏。

16. 南京特别市市政府秘书处编:《首都市政公报》。

17. 南京特别市政府秘书处编:《首都市政要览》,1929 年。

18. 南京特务机关调表:《南京市政概况》(昭和十七年三月),南京大学图书馆藏。

19.《南京卫生行政》,1933 年,南京图书馆特藏部藏。

20. 南京大学 2004 年暑期调查,调查人:王圆圆、陈大海、吴自阳、曹芹、沈丽华、毛敏、吴润凯、刘玄、武伟、刘卿、张义中、曹庆榕、孙逊、宫文婷、苏随萌、孟谦、马秀谊,调查团团长张生,副团长任玲玲、姜良芹。调查原件藏南京大学中华民国史研究中心。

21. 南京大学 2005 年暑期调查,调查人:叶铭、吴爱惠、王晓艳、殷昭鲁、孙扬、周颖、马秀谊、屈胜飞、魏兵兵。调查团团长张生,副团长姜良芹、任玲玲。调查原件藏南京大学中华民国史研究中心。

22. 南京大学 2006 年暑期调查,调查人:王舒驰、沈丹、李琳琳、吕敏、戴黛、管华敏、陶仁人、王东进、屈胜飞、易振龙、邱伟、胡凌、杨荣庆、董为民、刘东东、马超俊、何小平、孙香梅、董祝捷、段丽惠、张守涛、单大圣、蒋钰、周添。调查团团长张生,副团长姜良芹、任玲玲,协调员杨骏。调查原件藏南京大学中华民国史研究中心。

23. 秦孝仪主编:《革命文献》第 91 辑,中国国民党党史会 1982 年编辑出版。

24. 日本防卫省防卫研究所图书馆馆藏图书档案。

25. 日本国会图书馆馆藏图书档案。

26. 日本靖国偕行文库馆藏图书档案。

27. 日本外务省外交史料馆馆藏档案。

28. 上海社会科学院历史研究所编:《"八一三"抗战史料选编》,上海人民出版社,1986 年版。

29. 汤美如主编:《南京:一九三七年十一月至一九三八年五月》,章开沅编译,三联书店(香港)有限公司,1995 年版。

30. 伪南京特别市自治委员会档案,南京市档案馆藏。

31. 耶鲁大学神学院图书馆(The Yale University Divinity School Library)馆藏档案。

32. 英国国家档案馆(The National Archives)馆藏档案。

33. 张宪文主编:《南京大屠杀史料集》(第 1—8 册),江苏人民出版社、凤凰出版社,2005 年版。

34. 张宪文主编:《南京大屠杀史料集》(第 9—28 册),江苏人民出版社、凤凰出版社,2006 年版。

35. 张宪文主编:《南京大屠杀史料集》(第 29—55 册),江苏人民出版社、凤凰出版传媒集团,2007 年版。

36. 张宪文主编:《南京大屠杀史料集》(第 56—72 册),江苏人民出版社、凤凰出版传媒集团,2010 年版。

37. 章开沅:《南京大屠杀的历史见证》,湖北人民出版社,1995 年版。

38. 章开沅编译:《天理难容——美国传教士眼中的南京大屠杀(1937—1938),南京大学出版社,1999 年版。

39. 中国第二历史档案馆、南京市档案馆编:《侵华日军南京大屠杀档案》,江苏古籍出版社,1997 年版。

40. 中国第二历史档案馆编:《抗日战争正面战场》,凤凰出版社,2005 年版。

41. 中国第二历史档案馆编:《中华民国史档案资料汇编》(第五辑第二编附录下),江苏古籍出版社,1997 年版。

42. 中国第二历史档案馆馆藏档案。

43. 中国人民政治协商会议全国委员会文史资料研究委员会编:《南京保卫战》,中国文史出版社,1987 年版。

44. 中国人民政治协商会议文史资料研究委员会编:《八一三事变——原国民党将领抗日战争亲历记》,中国文史出版社,1985 年版。

45. 中央档案馆、中国第二历史档案馆、吉林省社会科学院合编:《日本帝国主义侵华档案资料选编:南京大屠杀》,中华书局,1995 年版。

46. 中央档案馆、中国第二历史档案馆、吉林省社会科学院合编:《日本帝国主义侵华档案资料选编:汪伪政权》,中华书局,2004 年版。

二、论著

1. Higashinakano Shudo: *The Nanking Massacre : fact versus fiction : a historian's quest for the truth* ,translated by Sekai Shuppan, Sekai Shuppan, 2005.

2. Iris Chang Memorial Fund, Global Alliance for Preserving the History of WW II in Asia: *Iris Chang and the forgotten holocaust : best essays from Iris Chang Memorial essay contest* 2006, Cozy House Publisher, 2007.

3. Iris Chang Memorial Fund: *The Denial and its cost*, Cozy House Publisher, 2008.

4. [比利时]保罗·韦贝尔:《卢森堡大公国史》,南京大学外文系法文翻译组译,江苏人民出版社,1973 年版。

5. 陈安吉主编:《侵华日军南京大屠杀史国际学术研讨会论文集》,安徽大学出版社 1998 年版。

6. 陈存仁:《抗战时代生活史》,上海人民出版社,2001 年版。

7. 程兆奇:《南京大屠杀研究——日本虚构派批判》,上海辞书出版社,2002 年版。

8. 程兆奇:《日本现存南京大屠杀史料研究》,上海人民出版社,2008 年版。

9. 陈家骝:《日本环境污染的治理和对策》,中国环境科学出版社,1990 年版。

10. 戴均良:《中国城市建设史》,黑龙江人民出版社,1992 年版。

11. 戴袁支:《1937—1938:人道与暴行的见证——经历南京腥风血雨的丹麦人》,

江苏人民出版社,2010 年版。

12. [德]克劳塞维茨:《战争论》,钮先钟译,广西师范大学出版社,2003 年版。

13. [德]约翰·拉贝:《拉贝日记》,郑寿康、杨建明、刘海宁译,江苏人民出版社、江苏教育出版社,1997 年版。

14. 董鉴泓主编:《中国城市建设史(第三版)》,中国建工出版社,2004 年版。

15. [法]皮埃尔·米盖尔:《法国史》,蔡鸿滨等译,商务印书馆,1985 年版。

16. 高兴祖:《日军侵华暴行——南京大屠杀》,上海人民出版社,1985 年版。

17. 鼓楼医院院志编辑室编:《南京鼓楼医院院志(1892—1990)》,金陵图书馆藏。

18. 郭谦:《民国时期统治者对城市下层社会的社会调控》,山东大学博士论文,2007 年。

19. 侯燕:《南京国民政府初建时期的商业概况(1927—1937)》,厦门大学硕士论文,2003 年。

20. 胡华玲:《南京大屠杀中的美国活菩萨——舍命保护中华妇女的魏特琳》,九歌出版社,2003 年版。

21. 黄慧英:《南京大屠杀的见证人——拉贝传》,百家出版社,2002 年版。

22. 江浩:《昭示:中国慰安妇》,青海人民出版社,1998 年版。

23. 蒋公穀:《陷京三月记》,南京出版社,2006 年版。

24. 蒋兰香:《环境犯罪基本理论研究》,知识产权出版社,2008 年版。

25. 蒋赞初:《南京史话》,江苏人民出版社,1980 年版。

26. 经盛鸿:《南京沦陷八年史(1937 年 12 月 13 日至 1945 年 8 月 15 日)》,社会科学文献出版社,2005 年版。

27. 经盛鸿:《武士刀下的南京:日伪统治下的南京殖民社会研究》,南京师范大学出版社,2008 年版。

28. 李恩涵:《日本军战争暴行之研究》,台湾商务印书馆,1994 年版。

29. 李宗仁:《李宗仁回忆录》,广西人民出版社,1988 年版。

30. 林长生:《南京大屠杀之铁证》,中央编译出版社,2005 年版。

31. 刘惠恕:《南京大屠杀新考——兼驳田中正明的“南京大屠杀之虚构”论》,生活·读书·新知三联书店上海分店,1998 年版。

32. 罗玲:《近代南京城市建设研究》,南京大学出版社,1999 年版。

33. [美]E.A.罗斯:《变化中的中国人》,公茂虹、张皓译,时事出版社,1998 年版。

34. [美]J.唐纳德.休斯:《什么是环境史》,梅雪芹译,北京大学出版社,2008 年版。

35. [美]安德鲁·瑞格比:《暴力之后的正义与和解》,刘成译,译林出版社,2003年版。

36. [美]丹·温:《日本在中国的超级大屠杀》,郝平等译,北京大学出版社,2005年版。

37. [美]哈雷特·阿班:《民国采访战:〈纽约时报〉驻华首席记者阿班回忆录》,杨植峰译,广西师范大学出版社,2008年版。

38. [美]柯伟林:《德国与中华民国》,陈谦平等译,江苏人民出版社,2006年版。

39. [美]明妮·魏特琳:《魏特琳日记》,南京师范大学南京大屠杀研究中心译,江苏人民出版社,2000年版。

40. [美]苏珊·布朗米勒:《违背我们的意愿》,祝吉芳译,江苏人民出版社,2006年版。

41. [美]苏珊·乔治、尼吉尔·佩治:《粮食政治入门》,李伙琼、傅忠译,东方出版社,1998年版。

42. [美]威廉·夏伊勒:《第三帝国的兴亡》,董乐山等译,世界知识出版社,1996年版。

43. [美]魏斐德:《上海歹土——战时恐怖活动与城市犯罪,1937—1941》,芮传明译,上海古籍出版社,2003年版。

44. [美]尤金·N·安德森:《中国食物》,马孆、刘东译,江苏人民出版社,2003年版。

45. [美]约翰·H·帕金斯:《地缘政治与绿色革命——小麦、基因与冷战》,王兆飞、郭晓兵等译,华夏出版社,2001年版。

46. [美]张纯如:《南京大屠杀》,马志行、田怀滨、崔乃颖等译,东方出版社,2005年版。该书后来又由杨夏鸣重新翻译出版,定书名为:《南京浩劫——被遗忘的大屠杀》,东方出版社,2008年版。

47. 南京师范大学南京大屠杀研究中心主编:《魏特琳传》,南京出版社,2001年版。

48. 南京市公路管理处编:《南京近代公路史》,江苏科学技术出版社,1990年版。

49. 钮先铭:《还俗记》,中外图书出版社,1971年版。

50. 钮先铭:《佛门避难记》,张生编注,南京师范大学出版社,2005年版。

51. 潘谷西主编:《南京的建筑》,南京出版社,1995年版。

52. 彭剑:《南京大屠杀期间留宁美国传教士心态研究》,华中师范大学硕士论文,2002年。

53. 秦风编:《民国南京:1927—1949》,文汇出版社,2005 年版。

54. 任春晓:《环境哲学新论》,江西人民出版社,2003 年版。

55. 任勇:《日本环境管理及产业污染防治》,中国环境科学出版社,2000 年版。

56. [日]本多胜一:《南京大屠杀始末采访录》,刘春明、吴德利等译校,北岳文艺出版社,2001 年版。

57. [日]大沼保昭:《东京审判·战争责任·战后责任》,宋志勇译,社会科学文献出版社,2009 年版。

58. [日]东史郎:《东史郎日记》,本书编译组译,江苏教育出版社,1999 年 3 月第 1 版。

59. [日]东中野修道:《南京大屠杀的彻底检证》,严欣群译,新华出版社,2000 年版。

60. [日]洞富雄:《南京大屠杀》,毛良鸿等译,上海译文出版社,1987 年版。

61. [日]古屋奎二:《蒋介石秘录》,湖南人民出版社,1988 年版。

62. [日]今井武夫:《今井武夫回忆录》,天津市政协编译委员会译,中国文史出版社,1987 年版。

63. [日]津田道夫:《南京大屠杀和日本人的精神构造》,程兆奇、刘燕译,新星出版社, 2005 年版。

64. [日]笠原十九司:《难民区百日——亲历日军大屠杀的西方人》,李广廉、王志君译,南京师范大学出版社,2005 年版。

65. [日]秦郁彦:《南京大屠杀真相——日本教授的论述》,杨文信译,商务印书馆(香港)有限公司,1995 年版。

66. [日]日本防卫厅防卫研究所战史室:《中国事变陆军作战史》,齐福霖译,中华书局,1981 年版。

67. [日]森山康平:《南京大屠杀与三光政策》,天津市政协编译委员会译,四川教育出版社,1984 年版。

68. [日]松本重治:《上海时代》,曹振威等译,上海书店出版社,2005 年版。

69. [日]松村俊夫:《南京大屠杀大疑问》,赵博源等译,新华出版社,2001 年版。

70. [日]松岗环:《从日本老兵战时书信与日记看——南京大屠杀》,彭曦等译,南京出版社,2007 年版。

71. [日]松岗环:《南京战·被割裂的受害者之魂——南京大屠杀受害者 120 人的证言》,沈维藩译,上海辞书出版社,2005 年版。

72. [日]松冈环:《南京战·寻找被封闭的记忆——侵华日军原士兵 102 人的证

言》,新内如、全美英、李建云译,上海辞书出版社,2002 年版。

73. [日]藤木英雄:《公害犯罪》,丛选功等译,中国政法大学出版社,1992 年版。

74. [日]田中正明:《"南京大屠杀"之虚构》,军事科学院外国军文研究部译(内部读物),世界知识出版社,1985 年版。

75. [日]正村俊之:《秘密和耻辱——日本社会的交流结构》,周维宏译,商务印书馆,2004 年版。

76. 孙宅巍:《澄清历史——南京大屠杀研究与思考》,江苏人民出版社,2005 年版。

77. 孙宅巍主编:《南京大屠杀》,北京出版社,1997 年版。

78. 王俊雄:《国民政府时期南京首都计划之研究》,台湾成功大学博士论文,2002 年。

79. 王翔:《汪伪南京市政研究》,南京大学博士论文,2009 年。

80. 王云骏:《民国南京城市社会管理》,江苏古籍出版社,2001 年版。

81. 王治心:《中国基督教史纲》,上海古籍出版社,2004 年版。

82. 吴广义:《侵华日军南京大屠杀日志》,社会科学文献出版社,2005 年版。

83. 吴景平:《抗战时期的上海经济》,上海人民出版社,2001 年版。

84. 忻平:《1937:深重的灾难与历史的转折》,上海人民出版社,1999 年版。

85. 熊浩:《南京近代城市规划研究》,武汉理工大学硕士论文,2003 年。

86. 徐志耕:《南京大屠杀》,昆仑出版社,1987 年版。

87. 薛冰:《南京城市史》,南京出版社,2008 年版。

88. 杨秉德主编:《中国近代城市与建筑》,中国建工出版社,1993 年版。

89. 叶德伟等编著:《香港沦陷史》,广角镜出版社,1982 年版。

90. 叶兆言:《老南京——旧影秦淮》,江苏美术出版社,1998 年版。

91. 尹集钧:《1937,南京大救援——西方人士和国际安全区》,文汇出版社,1997 年版。

92. [英]埃里克·霍布斯鲍姆:《民族与民族主义》,李金梅译,上海人民出版社,2000 年版。

93. [英]方德万:《中国的民族主义和战争(1925—1945)》,胡允桓译,生活·读书·新知三联书店,2007 年版。

94. [英]齐格蒙·鲍曼:《现代性与大屠杀》,杨渝东等译,译林出版社,2002 年版。

95. [英]田伯烈:《1937:一名英国记者实录的日军暴行》,杨明译,湖北人民出版社,2005 年版。

96. 余子道、曹振威、石源华、张云:《汪伪政权全史》,上海人民出版社,2006 年版。

97. 张斌:《1928—1937 年南京城市居民生活透析》,吉林大学硕士论文,2004 年。

98. 张连红、经盛鸿、陈虹等:《创伤的历史——南京大屠杀与战时中国社会》,南京师范大学出版社,2005 年版。

99. 张生等:《日伪关系研究——以华东地区为中心》,南京出版社,2003 年版。

100. 张宪文主编,张生、申晓云、何庆先、阵蕴茜:《金陵大学史》,南京大学出版社,2002 年版。

101. 张宪文主编:《中国抗日战争史》,南京大学出版社,2001 年版。

102. 张宪文主编:《中华民国史》,南京大学出版社,2006 年版。

103. 张宪文主编:《中华民国史纲》,河南人民出版社,1985 年版。

104. 张宪文主编,张连红、王卫星副主编:《南京大屠杀全史》,江苏人民出版社,2012 年版。

105. 张政:《国民政府与民国电信业(1927—1949)》,广西师范大学硕士论文,2006 年。

106. 张梓太主编:《环境保护法》,中央广播电视大学出版社,2000 年版。

107. 章开沅:《从耶鲁到东京:为南京大屠杀取证》,广东人民出版社,2003 年版。

108. 朱成山主编:《侵华日军南京大屠杀史研究成果交流会论文集》,安徽大学出版社,1999 年版。

109. 朱成山主编:《侵华日军南京大屠杀幸存者证言》,社会科学文献出版社,2005 年版。

三、论文

1. David Askew, *The International Committee for the Nanking Safety Zone: An Introduction*, Sino Japanese Studies, vol. 14, April, 2002.

2. C. X. George Wei, *Politicization and De-politicization of History: The Evolution of International Studies of the Nanjing Massacre*, The Chinese Historical Review, Vol.15, Fall 2008.

3. 包茂宏:《环境史:历史、理论和方法》,《史学理论研究》,2000 年第 4 期。

4. 步平:《中日共同历史研究中的理论与方法问题》,《抗日战争研究》,2011 年第 1 期。

5. 曾明:《南京大屠杀史料国际学术讨论会综述》,《民国档案》,2006 年第 1 期。

6. 陈安吉:《"南京大屠杀史"研究的历史回顾和今后的任务》,《民国档案》,1997年第4期。

7. 陈红民、傅敏:《南京大屠杀研究的回顾与前瞻》,《抗日战争研究》,2008年第4期。

8. 程兆奇:《〈拉贝日记〉是"无根的编造"么? ——对〈真相·南京事件——检证拉贝日记〉的检证》,《近代史研究》,2002年第2期。

9. 程兆奇:《从〈东京审判〉到东京审判》,《史林》,2007年第5期。

10. 程兆奇:《南京大屠杀是东京审判的编造么?》,《近代史研究》,2002年第6期。

11. 程兆奇:《南京大屠杀研究的几个问题》,《史林》,2010年第4期。

12. 程兆奇:《南京大屠杀札记》(之一),《史林》,2002年第3期。

13. 程兆奇:《南京大屠杀札记》(之二),《史林》,2003年第1期。

14. 程兆奇:《南京大屠杀中的日军屠杀令研究》,《历史研究》,2002年第6期。

15. 程兆奇:《日本现存南京大屠杀史料概论》,《社会科学》,2006年第9期。

16. 程兆奇:《松井石根战争责任的再检讨——东京审判有关南京暴行罪被告方证词检证之一》,《近代史研究》,2008年第6期。

17. 程兆奇:《小川关治郎证词的再检讨——东京审判有关南京暴行罪被告方证词检证之二》,《江海学刊》,2010年第4期。

18. 崔巍:《战争进程与南京大屠杀》,《江苏社会科学》,2005年第3期。

19. 戴袁支:《试论〈拉贝日记〉部分插图》,《第二次南京大屠杀史料学术研讨会论文集》,2007年11月。

20. [德]费路(Roland Felber):《国民党中国的德国军事顾问——近期研究述评》,陈谦平译,《民国档案》,1994年第1期。

21. 丁兆东、陈谦平:《略论伪南京市自治委员会的统治》,《民国档案》2004年第2期。

22. 高凡夫:《日本天皇裕仁与南京大屠杀》,《南京社会科学》,2004年第8期。

23. 高凡夫等:《日本军人的性心理与慰安妇制度》,《南京社会科学》,2006年第8期。

24. 高鹏程:《南京大屠杀时期红卍字会活动的两面性》,《南京社会科学》,2010年第6期。

25. 高兴祖:《"南京大屠杀"事件研究现状和今后的课题》,《抗日战争研究》,1996年第3期。

26. 高兴祖:《日军第十六师团中山门外屠杀真相》,《历史研究》,1995 年第 4 期。

27. 郭必强:《国民政府秘密组织赴日揭露南京大屠杀真相述评》,《南京社会科学》,2002 年第 12 期。

28. 黄慧英:《拉贝在“南京大屠杀”期间的行为及思想变化简析》,《民国档案》,1997 年第 4 期。

29. 姜良芹:《从淞沪到南京:蒋介石政战略选择之失误及其转向》,《南京大学学报》(哲学·人文科学·社会科学),2011 年第 1 期。

30. 姜良芹:《南京大屠杀的直接动因》,《江西社会科学》,1999 年第 2 期。

31. 姜良芹等:《从市民呈文看南京大屠杀》,《抗日战争研究》,2007 年第 1 期。

32. 姜良芹等:《南京大屠杀期间市民财产损失的调查与统计——基于国内现存档案资料的分析》,《历史研究》,2012 年第 2 期。

33. 经盛鸿:《不屈的南京民众——沦陷时期南京市民的自发抗日斗争》,《南京社会科学》,2005 年第 8 期。

34. 经盛鸿:《论南京大屠杀期间西方侨民的宣传贡献》,《江海学刊》,2009 年第 1 期。

35. 经盛鸿:《南京沦陷前后的西方侨民及其对日抗争》,《南京社会科学》,2006 年第 4 期。

36. 经盛鸿:《日军大屠杀前的南京建设成就与社会风貌》,《南京社会科学》,2009 年第 6 期。

37. 经盛鸿:《战时日本传媒对南京大屠杀的掩盖与粉饰》,《史学月刊》,2010 年第 8 期。

38. 经盛鸿:《战时日本当局在国内是如何封锁南京大屠杀真相的?》,《江苏社会科学》,2008 年第 3 期。

39. 李寒梅:《中国学术界对“南京大屠杀事件”的研究》,《太平洋学报》,2005 年第 8 期。

40. 李源:《南京特别市第一任市长刘纪文》,《江苏地方志》,2004 年第 5 期。

41. 辽宁省档案馆:《满铁档案中有关南京大屠杀的一组史料》,《民国档案》,1994 年第 2 期。

42. 林挺、刘维荣:《民国时期的南京建筑》,《档案与建筑》,2000 年第 9 期。

43. 刘惠恕:《南京大屠杀时期的南京难民区国际委员会》,《学术月刊》,1995 年第 8 期。

44. 刘家峰、彭剑:《检证〈南京大屠杀的彻底检证〉》,《抗日战争研究》,2001 年第

1 期。

45. 刘燕军:《南京大屠杀的历史记忆(1937—1985)》,《抗日战争研究》,2009 年第 4 期。

46. 罗义俊:《上海南市难民区述略》,《上海师范大学学报》,1990 年第 2 期。

47. 马振犊:《日军大屠杀期间南京军民反抗问题研究》,《抗日战争研究》,2007 年第 4 期。

48. 梅雪芹:《从环境的历史到环境史——关于环境史研究的一种认识》,《世界历史》,2006 年第 6 期。

49. [美]乔治·费区:《南京的毁灭》,郦玉明译,《民国档案》,1995 年第 3 期。

50. 潘涛:《南京安全区的宗教符号分析》,《南京社会科学》,2008 年第 10 期。

51. 彭剑:《被忽视的受害者——南京大屠杀中美国传教士的另一面》,《南京社会科学》,2003 年第 8 期。

52. 彭剑:《仇日乎,反日乎——试析南京大屠杀期间美国传教士对日军之态度》,《南京社会科学》,2004 年第 6 期。

53. 屈胜飞、张生:《南京大屠杀时期难民生活状况研究》,《阅江学刊》,2010 年第 1 期。

54. [日]笠原十九司:《南京大屠杀期间性暴力的构造》,《江海学刊》,2001 年第 6 期。

55. [日]笠原十九司:《南京大屠杀与教科书问题》,《江海学刊》,2003 年第 1 期。

56. [日]笠原十九司:《日中历史共同研究与南京大屠杀论争在日本的终结》,高莹莹译,《抗日战争研究》,2010 年第 4 期。

57. [日]庄司润一郎:《“日中历史共同研究”之回顾——以南京事件为主体》,于文浩译,《抗日战争研究》,2010 年第 4 期。

58. 孙宅巍:《论南京大屠杀的背景和范畴》,《民国档案》,1995 年第 1 期。

59. 孙宅巍:《论南京大屠杀的准备、实施和延伸》,《江海学刊》,2000 年第 5 期。

60. 孙宅巍:《论南京大屠杀遇难人数认定的历史演变》,《江海学刊》,2001 年第 6 期。

61. 孙宅巍:《论南京大屠杀真相的早期传播》,《南京社会科学》,2004 年第 6 期。

62. 孙宅巍:《论南京大屠杀中的性暴力问题》,《民国档案》,2000 年第 4 期。

63. 孙宅巍:《南京大屠杀所造成的社会经济后果研究》,《南京社会科学》,1996 年第 2 期。

64. 孙宅巍:《如何解读东京审判对南京大屠杀遇难人数的认定》,《南京师范大学学报》(社会科学版),2007 年第 6 期。

65. 孙宅巍:《试论“南京大屠杀”中的安全区》,《南京社会科学》,1992 年第 5 期。

66. 王天平:《朝香宫鸠彦与南京大屠杀》,《档案与建设》,2001 年第 2 期。

67. 王卫星:《论南京国际安全区的成立》,《民国档案》,2005 年第 4 期。

68. 王卫星:《南京大屠杀时官兵心态探讨》,《民国档案》,1997 年第 4 期。

69. 王卫星:《日军部署及战略意图与南京大屠杀的原因》,《江海学刊》,2007 年第 6 期。

70. 王卫星:《一部沉重的历史——评〈南京大屠杀〉》,《江苏社会科学》,1998 年第 2 期。

71. 王卫星:《有关南京大屠杀的日军官兵日记》,《抗日战争研究》,2005 年第 4 期。

72. 王卫星:《有关南京大屠杀的英国外交档案的史料价值》,《档案与建设》,2002 年第 3 期。

73. 王希亮:《解析“东京审判史观”及其实质》,《世界历史》,2008 年第 5 期。

74. 王希亮:《日本学术界“南京大屠杀事件”论争及各派论点评析》,《抗日战争研究》,2006 年第 4 期。

75. 王晓艳:《南京大屠杀期间留京西方侨民救济难民活动》,《江苏教育学院学报》(社会科学版),2006 年第 4 期。

76. 王勇忠:《南京大屠杀时期的金陵大学难民收容所》,《抗日战争研究》,2008 年第 4 期。

77. 魏楚雄:《历史与历史学家:海外南京大屠杀研究的争议综述》,《历史研究》,2009 年第 5 期。

78. 温立峰:《“纳粹屠犹和南京大屠杀国际研讨会”综述》,《学海》,2005 年第 6 期。

79. 谢冬慧:《南京国民政府环境法制论略》,《南京社会科学》,2008 年第 4 期。

80. 徐立刚:《南京大屠杀前后留宁欧美侨民的内心世界》,《民国档案》,2001 年第 1 期。

81. 严海建:《对战后南京大屠杀案审判的再认识》,《南京师范大学学报》(社会科学版),2008 年第 3 期。

82. 严海建:《侵华日军军风纪的体系内认识——以〈冈村宁次回忆录〉为考察对象》,《广西社会科学》,2008 年第 2 期。

83. 杨夏鸣、王卫星译:《英国外交档案中有关侵华日军南京大屠杀史料一组》,

《民国档案》,2002 年第 1 期。

84. 杨夏鸣:《美国〈时代周刊〉1937—1941 年有关日军轰炸南京和大屠杀的报道》,《民国档案》,2006 年第 4 期。

85. 杨夏鸣:《美国国家档案馆资料记录的南京大屠杀》,《抗日战争研究》,2005 年第 4 期。

86. 杨夏鸣:《南京暴行:日军行为背后的制度安排》,《江海学刊》,2007 年第 6 期。

87. 杨夏鸣:《试论"南京安全区"功能的错位及其原因》,《抗日战争研究》,2000 年第 4 期。

88. 姚群民:《〈救国时报〉揭露南京大屠杀真相述评》,《民国档案》,2005 年第 4 期。

89. 易青、姜良芹:《"南京大屠杀史料国际学术讨论会"综述》,《抗日战争研究》,2006 年第 1 期。

90. [英]尼尔・格雷戈尔著,杨夏鸣译:《纳粹屠杀与南京暴行的研究:范式转变与比较启示》,《南京大学学报》(哲学・人文科学・社会科学),2010 年第 3 期。

91. 袁茵:《迷失的自我——对南京大屠杀的社会心理学动机与心理学剖析》,《现代传播》2010 年第 10 期。

92. 张连红:《近几年来国内南京大屠杀研究综述》,《江海学刊》,2000 年第 5 期。

93. 张连红:《南京大屠杀的后遗症:幸存者的创伤》,《江海学刊》,2006 年第 3 期。

94. 张连红:《南京大屠杀对南京市民社会心理的影响》,《江苏社会科学》,2000 年第 6 期。

95. 张连红:《南京大屠杀前夕南京人口的变化》,《民国档案》,2004 年第 3 期。

96. 张连红:《南京大屠杀时期的南京市自治委员会与安全区国际委员会》,《民国档案》,2007 年 4 期。

97. 张连红:《南京大屠杀时期的日军当局与南京安全区》,《近代史研究》,2001 年第 3 期。

98. 张连红:《南京大屠杀与南京市民的创伤记忆》,《江海学刊》,2003 年第 1 期。

99. 张连红:《南京大屠杀遇难人口的构成—以南京市常住人口为中心》,《南京师范大学学报》(社会科学版),2007 年第 6 期。

100. 张连红:《南京大屠杀之前南京市民的社会心理》,《抗日战争研究》,2002 年第 4 期。

101. 张连红:《如何记忆南京大屠杀——中日共同历史研究中的学术对话》,《抗日战争研究》,2010 年第 4 期。

102. 张连红:《中日两国南京大屠杀研究的回顾与思考》,《南京大学学报》(哲学·人文科学·社会科学),2007 年第 1 期。

103. 张生:《德国档案中的南京大屠杀》,《抗日战争研究》,2005 年第 4 期。

104. 张生:《从南京大屠杀看中国抗战前途——南京西方人士的观察和预判》,《民国档案》,2006 年第 4 期。

105. 张生:《侵华日军南京大屠杀的"德国视角"——以德国外交档案为中心》,《南京大学学报》,2007 年第 1 期。

106. 张生:《从南京大屠杀的发生看日军的战略时机选择——以日方思虑为中心的考察》,《南京师范大学学报》,2007 年第 6 期。

107. 张生、翟意安:《东京审判南京大屠杀的辩护——以控、辩双方质证为中心的考察》,《抗日战争研究》,2008 年第 4 期。

108. 张生、陈如芳:南京大屠杀期间的鼓楼医院,《北华大学学报》,2008 年第 5 期。

109. 张生:《南京大屠杀受害者 PTSD 初步研究》,《抗日战争研究》,2009 年第 4 期。

110. 张生:《东京审判中日方证人的集体伪证及其后果》,《中国社会科学院报》2010 年 9 月 7 日,第 3 版。

111. 张生:《国际红十字会南京分会在南京大屠杀期间的贡献》,载池子华、郝如一主编:《红十字会与慈善文化》,广西师范大学出版社,2010 年版。

112. 张生:《美国文本记录的南京大屠杀》,《历史研究》,2012 年第 5 期。

113. 张生:《从历史到记忆:深化南京大屠杀研究的逻辑路径》,《南京政治学院学报》,2014 年第 6 期。

114. 张卫波:《近十年"侵华日军南京大屠杀"研究述评》,《中共党史资料》,2006 年第 3 期。

115. 张宪文:《〈南京大屠杀史料集〉的学术价值和政治意义》,《南京大学学报》,2007 年第 1 期。

116. 张燕:《清末及民国时期南京建筑艺术概述》,《民国档案》,1999 年第 4 期。

117. 章开沅:《到底是谁在制造伪证?——驳田中正明〈南京大屠杀之虚构〉对贝德士的诋毁》,《历史研究》,1999 年第 2 期。

118. 朱宝琴:《浅谈运用心理史学研究魏特琳——读〈魏特琳日记〉》,张宪文主编:《民国史研究专集》(未刊),南京大学出版社。

119. 朱成山:《亲历南京大屠杀的外籍人士人数考》,《抗日战争研究》,2005 年第 4 期。

120. 宗玉梅:《1927—1937 年南京国民政府的经济建设述评》,《民国档案》,1992 年第 1 期。

四、报刊与地方志

1.《北华捷报》(The North China Herald)。

2.《大公报》。

3. 江苏省地方志编纂委员会:《江苏省志・粮食志》,江苏人民出版社,1994 年版。

4.《救国时报》。

5.《民国档案》。

6.《读者文摘》(The Reader's Digest)。

7. 美国《华盛顿邮报》(The Reader's Digest)。

8. 美国《纽约时报》(The New York Times)。

9. 美国《芝加哥每日新闻报》(The Chicago Daily News)。

10. 南京市博物馆编:《南京风云志》,江苏人民出版社,1983 年版。

11. 南京市地方志编纂委员会、南京市粮食志编纂委员会:《南京粮食志》,中国城市出版社,1993 年版。

12. 南京市地方志编纂委员会:《南京公用事业志》,海天出版社,1994 年版。

13. 南京市地方志编纂委员会:《南京市政建设志》,海天出版社,1994 年版。

14. 南京市地方志编纂委员会办公室编:《南京简志》,江苏古籍出版社,1986 年版。

15.《南华早报》(The South China Morning Post)。

16.《申报》。

17. 苏联《真理报》(Правда)。

18. 台湾《近代中国》。

19.《新申报》。

20. 意大利《国际关系》(Relazioni Intenazionali)。

21. 意大利《晚邮报》)(Lastam pa)。

22.《中央日报》。

23.《字林西报》(The North China Daily News)。

五、网络资源

1. 南京大学图书馆电子资源:http://lib.nju.edu.cn
2. 南京师范大学中日历史网:http://www.sjhistory.net
3. 中国 918 爱国网:http://www.china918.net

相关人名、舰名译名对照表

1. 外国人译名对照表

姓　　名	中文名	其 他 译 名	国籍	机　　构
Miner Searl Bates	贝德士	裴志、裴滋、贝特斯	美国	金陵大学
W.P.Mills		米尔士、密尔士	美国	长老会
Grace Bauer	鲍恩典	格蕾丝・鲍尔、格瑞丝・鲍尔	美国	金大医院
John Moore Allison		爱利生、亚立逊、阿里逊、爱理逊	美国	美国大使馆
Arthur Menken		阿瑟・孟肯、阿瑟・门肯	美国	派拉蒙公司
C.Yates Madaniel		叶兹・麦克丹尼尔	美国	美联社
Hallett Edward Abend		哈立德・阿本德、哈立特	美国	纽约时报
George A.Fitch	费吴生	菲奇、费奇、费区、费尔生、费思	美国	基督教青年会
Ernest H.Forster		欧内斯特・福斯特、厄内斯特・福斯特、福斯多	美国	圣公会
James Espy		詹姆斯・埃斯皮	美国	美国大使馆
Keenan		基南、季南	美国	远东国际军事法庭
Charles Riggs	林查理	里格斯	美国	金陵大学
Hubert L.Sone	宋煦伯	宋尼	美国	金陵神学院
C.S.Trimmer		特里默、德利漠	美国	金大医院
Mrs.P.D.Twinem	戴赖三夫人	特文兰太太、德威南夫人、特威兰、杜南夫人、特维内姆	美国	金陵大学
Minnie Vautrin	华群	魏特琳	美国	金陵女子文理学院
Robert O.Wilson		罗伯特・威尔逊	美国	金大医院
Iva Hynds		伊娃・海因兹	美国	金大医院

续表

姓　　名	中文名	其他译名	国籍	机　　构
Frank TillmanDurdin		F.提尔曼・杜丁、德丁	美国	纽约时报
Lewis S.C.Symthe		史迈士、斯迈思、路易斯・S.C.史迈士	美国	金陵大学
J.V.Pichering	毕戈林	皮克林	美国	美孚洋行
James H.McCallum	麦克伦	麦卡伦、麦考伦、麦加伦	美国	基督会
John Magee		约翰・马吉、梅奇、马约翰、马冀、麦琪	美国	圣公会
Archibald T.Steele		阿契包德・斯提尔、A.T.斯提尔	美国	芝加哥每日新闻报
Albert N.Steward	史德蔚	司徒华	美国	金陵大学
Ivor Mackay		麦凯、麦寇	英国	太古公司
H.J.Timperley	田伯烈	丁伯莱、丁伯烈	英国	曼彻斯特卫报
L.C.Smith		莱斯利・史密斯	英国	路透社
Prideaux－Brune		普利多—布龙	英国	英国大使馆
Jeffery		杰弗里	英国	英国大使馆
Ziall		齐阿尔、赛尔	白俄	安全区机械师
Cola Podshivoloff		克拉・波德希沃洛夫、普特希伏洛夫	白俄	桑格伦电器商行
John H.D.Rabe	艾拉培	拉贝、雷伯、拉比、锐比、诺波	德国	西门子洋行
Trautmann	陶德曼	特劳德曼	德国	德国驻华使馆
G.Schultze-Pantin		舒尔彻・潘廷、舒尔兹・潘亭	德国	兴明贸易公司
G.F.Rosen		罗森	德国	德国驻华使馆
Christian Kröeger		克勒格尔、克罗戈、克鲁格、克鲁治、克罗格	德国	礼和洋行(卡洛维兹公司)
R.Hempel		黑姆佩尔	德国	北方饭店
A.Zautig		曹迪希	德国	起士林糕饼店
Eward Sperling		施佩林、史波林、斯柏林、斯波林	德国	上海保险公司

续表

姓　　名	中文名	其 他 译 名	国籍	机　　构
Karl Günther	昆德	卡尔·京特	德国	江南水泥厂
Willey Noebel		奈贝尔	德国	德国驻日使馆
Fischer		菲舍尔	德国	德国驻华使馆
Scharffenberg		沙尔芬贝格	德国	德国驻华使馆
Dirksen		迪克森、狄克逊	德国	德国驻日使馆
R.R.Hatz		哈茨	奥地利	安全区机械师
Reverent Jacquinot	饶家驹	饶神父	法国	上海法国教会
J.M.Hanson		汉森、翰生	丹麦	德士古石油公司

2. 相关舰船译名对照表

英文舰船名	常见中文译名	所属国家
Luzon	吕宋	美国
Guam	关	美国
Panay	巴纳、帕奈	美国
Oahu	瓦胡	美国
Maine	缅因	美国
Bee	蜜蜂	英国
Cricket	蟋蟀	英国
Scarab	圣甲虫	英国
Tsuga	津贺	日本
Kutwo	库特沃	英国

后 记

首先，感谢南京大学人文基金和尹衍樑先生慷慨资助。此项资助使本人能够心无旁骛，戮力前行。

2002年，吾师张宪文先生筹划编辑南京大屠杀史相关资料。翌年冬，得吾弟张昊绍介，经祝保平先生，辗转投书时任江苏省省长的梁保华先生，承梁先生玉成，批示资助70万元，收集、整理、翻译、编辑全球相关史料。此后，资助日丰。在张先生领导下，100多名海内外专家携手合作，精诚团结，终于在2011年完成72卷的鸿篇巨制《南京大屠杀史料集》。小子不才，忝列副主编，得老师耳提面命和各位好友的激励，慢慢进入南京大屠杀史研究之中。

南京大学南京大屠杀史研究所成立后，每年须培养1—2名博士生，2—3名硕士生。我受命担当此任，于是和本书的作者董为民、郭昭昭、严海建、屈胜飞、王金静等一起学习、探讨，渐渐有所积累，乃集合诸君之博士、硕士论文和敝人之阶段性研究成果，完成此书。各人所见自有春秋，各专题均有可观之处，我不强削，仅就文字之通畅、注释之格式、全书之总观点和学术史作一统一，以便读者。苏随萌、陈如芳、王晓艳也有相关硕士论文，因故未能收入此书，抱憾殊深。

24年来，我一直得到南京大学历史系的栽培，历史系领导陈谦平教授、孙江林教授，以及范金民教授、水涛教授、计秋风教授的支持，使本人能够免除学术研究的后顾之忧。

这十年间，因共同编辑关系，与孙宅巍老师及经盛鸿、马振犊、曹必宏、张连红、王卫星、杨夏鸣、郭必强、夏蓓、姜良芹、曹大臣、吕晶、雷国山、李斌诸君过从甚密，常得教诲。收集资料和研讨的过程中，得到步平、谭汝谦、杨大庆、蔡德樑夫妇、王鄂、Hans Ven de Van、笠原十九司、小野贤二等先生的帮助，颇得教益。杨骏承担了许多具体的学生工作，使我能够集中精力。谨此一并感谢。

家人的支持自不待言。物质主义日盛之时，从未以阿堵之物评价我的工作，俾我保持对学术的兴趣和敬畏之心。此对学人，实为奢侈之事。

从学术角度说，本书是一种对于过去的重建；从广义上说，因此而成为关于南京大屠杀的“集体记忆”的一部分。南京大屠杀本是关系到近代中国民族国家建构的重要一页，此种集体记忆的框架、刻度、模式、指向等，当然具有鲜明的中国特色，而且处于不断生长的状态之中。所以，本书的“中国面孔”和时代印记是可以想见的。

这些年来，中国日益开放，国人对世界大势日益清晰、理性，南京大屠杀史研究逐渐与国际接轨。此书的问世，亦可视为希图建立“跨越国境的历史认识”和人类共同的集体记忆的努力之一。

然则，南京大屠杀史研究，为一新的专门史。小子虽勉力为之，而不妥错舛之处当亦难免，邦人君子幸教之。

张 生

2012 年 1 月志

增订版后记

2012年新书发布之前，日本名古屋市长河村隆之在会见“友好城市”南京的代表团时，“任性”否认南京大屠杀为事实。那时，是微博的全盛时代，我概然在微博上表示：愿意在任何时间、任何地点、任何旁听人数的情况下，与之就南京大屠杀的基本史实进行公开辩论。一石激起千层浪，其反应之热烈，是长期从事书斋研究的我始料未及的。特别是启明兄、新浪博客和CCTV做了大力推介，使我恍恍惚惚地在一瞬间感受到“公众人物”的滋味，也感受到了南京大屠杀对于国人的意义。

然而，河村未作任何回应。我的注意力转向了另一件事——中组部和团中央选派博士前往中西部挂职锻炼，我报名参加了。差不多过了半年，得到了海南方面选用的通知。12月初，张宪文先生在北京为《南京大屠杀全史》召开新闻发布会，我参加完了之后就去接受培训，当时的中组部常务副部长沈跃跃、团中央书记陆昊和甘肃白银市委书记为我们这些行政“菜鸟”进行了上岗前的培训。

2012年12月18日，我赶到挂职所在地海南省五指山市。那是一个只有10万人口的山区县级市，平均海拔800米，平均气温22摄氏度，空气中的负氧离子达到每立方厘米50000，地表水几乎全为一类水。这样一个美丽恬静的城市，淳朴异常。解放前，猎人捕获野兽，不仅路过的人有份，连同去的狗都有份。但它现在是国家级贫困县市，每年各级财政转移支付达10亿元。进入椰影婆娑的乡村地区，贫穷和落后更是如影随形。在日记中，我写道：“俯下身子，拥抱我苦难深重的大地，服务我胼手胝足的乡亲。”整整一年过后，2013年12月18日凌晨，我在黎明薄薄的晨曦中离开五指山。

五指山一年，不仅结识了少华书记等众多智慧、友善的朋友，更切实地接到了地气。在基层推进一件事的具体、系统和繁难，没有否定学院式研究的价值，毋宁说是一个13亿多人的国家在各个层面的分工。而学院式研究中推衍的国族关怀和命运共同体的理念，在与素不相识的乡民互动中获得实践性的内容。五指山没有被日本人入侵过，当地人熟悉的是王国兴起义的传奇和冯白驹20多年红旗不倒的坚持，但受过基本教育的大多知道抗日战争和南京大屠杀——民族国家的历史叙述整合了半个世纪前还处在“合母制”原始阶段的、近乎哲学家眼中“原境”的当地族群的历史。

回到南京大学，满脑子都是基层党委和行政运作的种种，我没有试图祛除，只是暂时把它们切换到另一个频道；五指山乡村社会的人类学、社会学研究价值，也经常在脑海中浮现，但南京大屠杀最经常地牵动我的心弦——任何社会性的或学术性的弹拨，都会激起波澜——南京大屠杀史本身已经获得询问、追问我这样研究者的“自觉”，成为关涉性存在。增订已有的文本，正是对这一追问的回应。

增订的过程中，服务了 20 年的南京大学历史学系改成了历史学院，新的历史大楼在仙林校区拔地而起，据云系亚洲最大的历史学院大楼，我和团队合作的《钓鱼岛问题文献集》完成了 12 卷的清样……忙碌之中，隐约感受到新的历史扑面而来——纠缠了几千年的东亚，其现实更形诡谲。仿佛有一股浩荡膻腥的海风，从太平洋深处生成，翻滚、搅拌、席卷一切，掀起连天巨浪，吹得人步履踉跄，睁不开眼睛。历史巨潮来袭，历史学人无可退缩。

就在本书即将付梓之时，南京大屠杀相关档案被联合国教科文组织列入“世界记忆名录”。南京大屠杀的历史本就是全人类关于战争与和平的共同记忆的一部分，而其大义名分的正式确定，对研究者提出了更高的要求。南京大屠杀史研究“终结说”（笠原十九司）言之过早，吸取历史的经验教训，升华为人类维护和平的智慧，刚刚开始。

此次增订特别值得一提的是姜良芹教授和王卫星研究员的加入，他们分别以对南京大屠杀期间公私财产损失和南京大屠杀日方视角的精深研究，久为学界所知。他们的贡献，使得本书的关切更加周全。

谢谢南京大学人文基金、南大历史学院对本书修订出版的支持。

谢谢我的家人和朋友。

谢谢已经流逝、而依然存在的，与我的生命结成一体的美好时光。

张　生

2015 年 10 月